ŒUVRES COMPLÈTES

DE

CHATEAUBRIAND

—

TOME XI

PARIS. — IMPRIMERIE DE J. CLAYE
RUE SAINT-BENOIT, 7

LE RÉCIT DE RAPHAËL

(Paradis Perdu Page 199)

ŒUVRES COMPLÈTES

DE

CHATEAUBRIAND

NOUVELLE ÉDITION

REVUE AVEC SOIN SUR LES ÉDITIONS ORIGINALES

PRÉCÉDÉE D'UNE

ÉTUDE LITTÉRAIRE SUR CHATEAUBRIAND

PAR

M. SAINTE-BEUVE

DE L'ACADÉMIE FRANÇAISE

Vignettes dessinées par G. Staal, Racinet, etc., et gravées par F. Delannoy,
G. Thibault, Outhwaitte, Massard, etc.

—◇—

LE PARADIS PERDU
ESSAI SUR LA LITTÉRATURE ANGLAISE

—◇—

PARIS

GARNIER FRÈRES, ÉDITEURS

6 RUE DES SAINTS-PÈRES 6

LE
PARADIS PERDU

REMARQUES.

Je prie le lecteur de consulter l'*Avertissement* placé en tête de l'*Essai sur la Littérature angloise*, et de revoir dans l'*Essai* même les chapitres relatifs à la vie et aux ouvrages de Milton.

Si je n'avois voulu donner qu'une traduction *élégante* du *Paradis perdu*, on m'accordera peut-être assez de connoissance de l'art pour qu'il ne m'eût pas été impossible d'atteindre la hauteur d'une traduction de cette nature; mais c'est une traduction littérale dans toute la force du terme que j'ai entreprise, une traduction qu'un enfant et un poëte pourront suivre sur le texte, ligne à ligne, mot à mot, comme un dictionnaire ouvert sous leurs yeux. Ce qu'il m'a fallu de travail pour arriver à ce résultat, pour dérouler une longue phrase d'une manière lucide sans hacher le style, pour arrêter les périodes sur la même chute, la même mesure, la même harmonie; ce qu'il m'a fallu de travail pour tout cela ne peut se dire. Qui m'obligeoit à cette exactitude, dont il y aura si peu de juges et dont on me saura si peu de gré? Cette conscience que je mets à tout, et qui me remplit de remords quand je n'ai pas fait ce que j'ai pu faire. J'ai refondu trois fois la traduction sur le *manuscrit* et le *placard;* je l'ai remaniée quatre fois d'un bout à l'autre sur les *épreuves;* tâche que je ne me serois jamais imposée si je l'eusse d'abord mieux comprise.

Au surplus, je suis loin de croire avoir évité tous les écueils de ce travail; il est impossible qu'un ouvrage d'une telle étendue, d'une telle difficulté, ne renferme pas quelque contre-sens. Toutefois, il y a plusieurs manières d'entendre les mêmes passages; les Anglois eux-mêmes ne sont pas toujours d'accord sur le texte, comme on peut le voir dans les glossateurs. Pour éviter de se jeter dans des controverses interminables, je prie le lecteur de ne pas confondre un *faux* sens avec un sens *douteux* ou susceptible d'interprétations diverses.

Je n'ai nullement la prétention d'avoir rendu intelligibles des descriptions empruntées de l'Apocalypse ou tirées des Prophètes, telles que *ces mers de verre qui sont fondées en vue, ces roues qui tournent dans des roues,* etc. Pour trouver un sens un peu clair à ces descriptions, il en auroit fallu retrancher la moitié : j'ai exprimé le tout par un rigoureux mot à mot, laissant le champ libre à l'interprétation des nouveaux Swedenborg qui entendront cela couramment.

Milton emprunte quelquefois l'ancien jargon italien : *d'autour d'Ève sont lancés des dards de désir qui souhaite la présence d'Ève.* Je ne sais pas si c'est le désir qui *souhaite;* ce pourroit bien être le *dard* : je n'ai donc pu exprimer que ce que je comprenois (si toutefois je comprenois), étant persuadé qu'on peut comprendre de pareilles choses de cent façons.

Si de longs passages présentent des difficultés, quelques traits rapides n'en offrent pas moins. Que signifie ce vers?

Your fear itself of death removes the fear.

« Votre crainte même de la mort écarte la crainte. »

Il y a des commentaires immenses là-dessus; en voici un : « Le serpent dit : Dieu ne peut vous punir sans cesser d'être juste : s'il n'est plus juste, il n'est plus Dieu; ainsi vous ne devez point craindre sa menace; autrement vous êtes en contradiction avec vous-même, puisque c'est précisément votre crainte qui détruit votre crainte. » Le commentateur ajoute, pour achever l'explication, « qu'il est bien fâché de ne pouvoir répandre un plus grand jour sur cet endroit ».

Dans l'invocation au commencement du VII° livre, on lit :

I have presumed,
(An earthly guest) and drawn empyreal air,
Thy tempering.

J'ai traduit comme mes devanciers : *tempéré par toi.* Richardson prétend que Milton fait ici allusion à ces voyageurs qui pour monter au haut du Ténériffe emportent des éponges mouillées, et se procurent de cette manière un air respirable : voilà beaucoup d'autorités; cependant je crois que *thy tempering* veut dire simplement *ta température. Thy* est le pronom possessif, et non le pronom personnel *thee. Tempering* me semble un mot forgé par Milton, comme tant d'autres : la *température* de la Muse, son *air,* son *élément natal.* Je suis persuadé que c'est là le sens simple et naturel de la phrase; l'autre sens me paroît un sens subtil et détourné; toutefois, je n'ai pas osé le rejeter, parce qu'on a tort quand on a raison contre tout le monde.

Dans la description du cygne, le poëte se sert d'une expression qui donne également ces deux sens : « *Ses ailes lui servoient de manteau superbe,* » ou bien : « *Il formoit sur l'eau une légère écume.* » J'ai conservé le premier sens, adopté par la plupart des traducteurs, tout en regrettant l'autre.

Dans l'invocation du livre IX, la ponctuation qui m'a semblé la meilleure m'a fait adopter un sens nouveau. Après ces mots : *Heroic deemed,* il y a un point et une virgule, de sorte que *chief mastery* me paroît devoir être pris, par exclamation, dans un sens ironique : en effet, la période qui suit est ironique. Le passage devient ainsi beaucoup plus clair que quand on unit *chief mastery* avec le membre de phrase qui le précède.

Vers la fin du dernier discours qu'Adam tient à Ève pour l'engager à ne pas aller seule au travail, il règne beaucoup d'obscurité; mais je pense que cette obscurité est ici un grand art du poëte. Adam est troublé; un pressentiment l'avertit; il ne sait presque plus ce qu'il dit : il y a quelque chose qui fait frémir dans ces ténèbres étendues tout à coup sur les pensées du premier homme prêt à accorder la permission fatale qui doit le perdre, lui et sa race.

J'avois songé à mettre à la fin de ma traduction un tableau des différents sens que l'on peut donner à tels ou tels vers du *Paradis perdu*, mais j'ai été arrêté par cette question que je n'ai cessé de me faire dans le cours de mon travail : Qu'importe tout cela aux lecteurs et aux auteurs d'aujourd'hui? Qu'importe maintenant la conscience en toute chose? Qui lira mes commentaires? Qui s'en souciera?

J'ai calqué le poëme de Milton à la vitre; je n'ai pas craint de changer le régime des verbes lorsqu'en restant plus *françois* j'aurois fait perdre à l'original quelque chose de sa précision, de son originalité ou de son énergie : cela se comprendra mieux par des exemples.

Le poëte décrit le palais infernal; il dit :

> many a row
> Of starry lamps . . . .
> . . . . Yielded light
> As from a sky.

J'ai traduit : « Plusieurs rangs de lampes étoilées... émanent la lumière comme un firmament. » Or je sais qu'*émaner*, en françois, n'est pas un verbe actif : un firmament n'*émane pas de la lumière*, la lumière *émane d'un firmament;* mais traduisez ainsi, que devient l'image? Du moins le lecteur pénètre ici dans le génie de la langue angloise; il apprend la différence qui existe entre les régimes des verbes dans cette langue et dans la nôtre.

Souvent, en relisant mes pages j'ai cru les trouver obscures ou traînantes : j'ai essayé de faire mieux. Lorsque la période a été debout *élégante* ou *claire*, au lieu de *Milton*, je n'ai rencontré que *Bitaubé;* ma prose lucide n'étoit plus qu'une prose commune ou artificielle, telle qu'on en trouve dans tous les écrits communs du genre classique : je suis revenu à ma première traduction. Quand l'obscurité a été invincible, je l'ai laissée : à travers cette obscurité on sentira encore le dieu.

Dans le second livre du *Paradis perdu*, on lit ce passage :

> No rest : through many a dark and dreary vale
> They pass'd, and many a region dolorous,
> O'er many a frozen, many a fiery Alp,
> Rocks, caves, lakes, fens, bogs, dens, and shades of death;
> A universe of death, which God by curse
> Created evil, for evil only good,

> Where all life dies, death lives, and nature breeds,
> Perverse, all monstrous, all prodigious things,
> Abominable, inutterable, and worse
> Than fables yet have feign'd or fear conceived,
> Gorgons, and hydras, and chimæras dire.

« Elles traversent maintes vallées sombres et désertes, maintes régions douloureuses, par-dessus maintes Alpes de glace et maintes Alpes de feu : rocs, grottes, lacs, mares, gouffres, antres et ombres de mort ; univers de mort, que Dieu dans sa malédiction créa mauvais, bon pour le mal seulement ; univers où toute vie meurt, où toute mort vit, où la nature perverse engendre toutes choses monstrueuses, toutes choses prodigieuses, abominables, inexprimables, et pires que ce que la fable inventa ou la frayeur conçut : gorgones et hydres et chimères effroyables. »

Ici le mot répété *many* est traduit par notre vieux mot *maintes*, qui donne à la fois la traduction littérale et presque la même consonnance. Le fameux vers monosyllabique si admiré des Anglois :

> Rocks, caves, lakes, fens, bogs, dens, and shades of death,

j'ai essayé de le rendre par les monosyllabes *rocs, grottes, lacs, mares, gouffres, antres* et *ombres de mort*, en retranchant les articles. Le passage rendu de cette manière produit des effets d'harmonie semblables ; mais, j'en conviens, c'est un peu aux dépens de la syntaxe. Voici le même passage, traduit dans toutes les règles de la grammaire par Dupré de Saint-Maur :

« En vain traversaient-elles des vallées sombres et hideuses, des régions de douleur, des montagnes de glace et de feu ; en vain franchissaient-elles des rochers, des fondrières, des lacs, des précipices et des marais empestés, elles retrouvaient toujours d'épouvantables ténèbres, les ombres de la mort, que Dieu forma dans sa colère, au jour qu'il créa les maux inséparables du crime ; elles ne voyaient que des lieux où la vie expire, et où la mort seule est vivante : la nature perverse n'y produit rien que d'énorme et de monstrueux ; tout en est horrible, inexprimable, et pire encore que tout ce que les fables ont feint ou que la crainte s'est jamais figuré de gorgones, d'hydres et de chimères dévorantes. »

Je ne parle point de ce que le traducteur prête ici au texte ; c'est au lecteur à voir ce qu'il gagne ou perd par cette paraphrase ou par mon mot à mot. On peut consulter les autres traductions, examiner ce que mes prédécesseurs ont *ajouté* ou *omis* (car ils passent en général les endroits difficiles) : peut-être en résultera-t-il cette conviction que la version littérale est ce qu'il y a de mieux pour faire connoître un auteur tel que Milton.

J'en suis tellement convaincu que dans l'*Essai sur la Littérature angloise*, en citant quelques passages du *Paradis perdu*, je me suis légèrement éloigné du texte. Eh bien, qu'on lise les mêmes passages dans la traduction *littérale* du poëme, et l'on verra, ce me semble, qu'ils sont beaucoup mieux rendus, même pour l'harmonie.

Tout le monde, je le sais, a la prétention d'exactitude : je ressemble peut-être à ce bon abbé Leroy, *curé de Saint-Herbland de Rouen* et *prédicateur du roi* : lui aussi a traduit Milton, et en vers! Il dit : « Pour ce qui est de notre traduction, son principal mérite, comme nous l'avons dit, *c'est d'être fidèle.* »

Or voici comme il est fidèle, de son propre aveu. Dans les notes du vii⁰ chant, on lit : « J'ai substitué ceci à la fable de Bellérophon, m'étant proposé d'en purger cet ouvrage. . . . . J'ai adapté au reste les plaintes de Milton, de façon qu'elles puissent convenir encore plus à un homme de mérite. . . . . Ici j'ai changé ou retranché un long récit de l'aventure d'Orphée, mis à mort par les Bacchantes sur le mont Rhodope. »

Changer ou *retrancher* l'admirable passage où Milton se compare à Orphée déchiré par ses ennemis!

« La Muse ne put défendre son fils! »

Je ne crois pas néanmoins qu'il faille aller jusqu'à cette précision de Luneau de Boisjermain : « ne pas avoir besoin de répétition, comme qui seroit non de pouvoir d'un seul coup ». La traduction interlinéaire de Luneau est cependant utile; mais il ne faut pas trop s'y fier, car, par une inadvertance étrange, en suivant le mot à mot elle fourmille de contre-sens; souvent la glose au-dessous donne un sens opposé à la traduction interlinéaire.

Ce que je viens de dire sera mon excuse pour les chicanes de langue que l'on pourroit me faire. Je passe condamnation sur tout, pourvu qu'on m'accorde que le portrait, quelque mauvais qu'on le trouve, est ressemblant.

J'ai déjà signalé[1] les difficultés grammaticales de la langue de Milton ; une des plus grandes vient de l'introduction de plusieurs nominatifs indirects dans une période régie par un principal nominatif, de sorte que tout à coup vous trouverez un *he*, un *their*, qui vous étonnent, qui vous obligent à un effort de mémoire ou qui vous forcent à remonter la période pour retrouver la *personne* ou les *personnes* auxquelles ce *he* ou ce *their* appartiennent. Une autre espèce d'obscurité naît de la concision de l'ellipse; faut-il donc s'étonner de la variété et des contre-sens des traductions dans ces passages ? Ai-je rencontré plus juste? Je le crois, mais je n'en suis pas sûr : il ne me paroît même pas clair que Milton ait toujours bien lui-même rendu sa pensée : ce haut génie s'est contenté quelquefois de l'à-peu-près, et il a dit à la foule : « Devine, si tu peux. »

Le nominatif absolu des Grecs, si fréquent dans le style antique de Milton, est très-inélégant dans notre langue. *Thou looking on* pour *thee looking on.* Je l'ai cependant employé sans égard à son étrangeté, aussi frappante en anglois qu'en françois.

Les ablatifs absolus du latin dont *Le Paradis perdu* abonde sont un peu plus usités dans notre langue; mais en les conservant j'ai parfois été obligé d'y joindre un des temps du verbe *être*, pour faire disparoître une amphibologie.

---

1. Avertissement de l'*Essai sur la Littérature angloise*, à la fin du *Paradis perdu*.

C'est ainsi encore que j'ai complété quelques phrases non complètes. Milton parle des serpents *qui bouclent Mégère* : force est ici de dire *qui forment des boucles sur la tête de Mégère.*

Bentley prétend que, Milton étant aveugle, les éditeurs ont introduit dans *Le Paradis perdu* des interpolations qu'il n'a pas connues : c'est peut-être aller loin ; mais il est certain que la cécité du chantre d'Éden a pu nuire à la correction de son ouvrage. Le poëte composoit la nuit : quand il avoit fait quelques vers, il sonnoit ; sa fille ou sa femme descendoit [1] ; il dictoit : ce premier jet, qu'il oublioit nécessairement bientôt après, restoit à peu près tel qu'il étoit sorti de son génie. Le poëme fut ainsi conduit à sa fin par inspirations et par dictées ; l'auteur ne put en revoir l'ensemble ni sur le manuscrit ni sur les épreuves. Or il y a des négligences, des répétitions de mots, des cacophonies qu'on n'aperçoit et, pour ainsi dire, qu'on n'entend qu'avec l'œil, en parcourant les épreuves. Milton, isolé, sans assistance, sans secours, presque sans amis, étoit obligé de faire tous les changements dans son esprit, et de relire son poëme d'un bout à l'autre dans sa mémoire. Quel prodigieux effort de souvenir ! et combien de fautes ont dû lui échapper !

De là ces phrases inachevées, ces sens incomplets, ces verbes sans régimes, ces noms et ces pronoms sans relatifs dont l'ouvrage fourmille. Le poëte commence une phrase au *singulier* et l'achève au *pluriel ;* inadvertance qu'il n'auroit jamais commise s'il avoit pu voir les épreuves. Pour rendre en françois ces passages, il faut changer les *nombres* des pronoms, des noms et des verbes ; les personnes qui connoissent l'art savent combien cela est difficile. Le poëte ayant à son gré mêlé les nombres a naturellement donné à ses mots la quantité et l'euphonie convenables ; mais le pauvre traducteur n'a pas la même faculté : il est obligé de mettre sa phrase sur ses pieds. S'il opte pour le *singulier*, il tombe dans les verbes de la première conjugaison, sur un *aima*, sur un *parla*, qui viennent heurter une voyelle suivante ; s'en tient-il au *pluriel*, il trouve un *aimoient*, un *parloient*, qui appesantissent et arrêtent la phrase au moment où elle devroit voler. Rebuté, accablé de fatigue, j'ai été cent fois au moment de planter là tout l'ouvrage. Jusque ici les traductions de ce chef-d'œuvre ont été moins de véritables traductions que des *épitômes* ou des *amplifications paraphrasées*, dans lesquelles le sens général s'aperçoit à peine, à travers une foule d'idées et d'images dont il n'y a pas un mot dans le texte. Comme je l'ai dit [2], on peut se tirer tant bien que mal d'un morceau choisi ; mais soutenir une lutte sans cesse renouvelée pendant douze chants, c'est peut-être l'œuvre de patience la plus pénible qu'il y ait au monde.

Dans les sujets riants et gracieux, Milton est moins difficile à entendre, et sa langue se rapproche davantage de la nôtre. Toutefois les traducteurs ont une singulière monomanie : ils changent les pluriels en singuliers, les singuliers en pluriels, les adjectifs en substantifs, les articles en pronoms, les pronoms en articles. Si Milton dit *le* vent, *l'*arbre, *la* fleur, *la* tempête, etc., ils

---

1. *Essai sur la Littérature angloise.*
2. Avertissement de l'*Essai.*

mettent *les* vents, *les* arbres, *les* fleurs, *les* tempêtes, etc. ; s'il dit un esprit *doux*, ils écrivent la *douceur* de l'esprit ; s'il dit *sa* voix, ils traduisent *la* voix, etc. Ce sont là de très-petites choses sans doute ; cependant il arrive, on ne sait comment, que de tels changements répétés produisent à la fin du poëme une prodigieuse altération ; ces changements donnent au génie de Milton cet air de lieu commun qui s'attache à une phraséologie banale.

Je n'ai rien ajouté au texte ; j'ai seulement quelquefois été obligé de suppléer le mot *collectif* par lequel le poëte a oublié de lier les parties d'une longue énumération d'objets.

J'ai négligé çà et là des explétives rédondantes qui embarrassoient la phrase sans ajouter à sa beauté, et qui n'étoient là évidemment que pour la mesure du vers : le sobre et correct Virgile lui-même a recours à ces explétives. On trouvera dans ma traduction *synodes, mémoriaux, recordés, conciles,* que les traducteurs n'ont osé risquer et qu'ils ont rendus par *assemblées, emblèmes, rappelés, conseils,* etc. ; c'est à tort, selon moi. Milton avoit l'esprit rempli des idées et des controverses religieuses ; quand il fait parler les Démons, il rappelle *ironiquement* dans son langage les cérémonies de l'Église romaine ; quand il parle *sérieusement*, il emploie la langue des théologues protestants. Il m'a semblé que cette observation oblige à traduire avec rigueur l'expression miltonienne, faute de quoi on ne feroit pas sentir cette partie intégrante du génie du poëte, la partie religieuse. Ainsi, dans une description du matin, Milton parle de la charmante heure de *Prime* : je suis persuadé que *Prime* est ici le nom d'un office de l'église ; il ne veut pas dire *première* : malgré ma conviction, je n'ai pas risqué le mot *prime*, quoique à mon avis il fasse beauté, en rappelant la prière matinale du monde chrétien.

> L'astre avant-coureur de l'aurore
> Du soleil qui s'approche annonce le retour ;
> Sous le pâle horizon l'ombre se décolore :
> Lève-toi dans nos cœurs, chaste et bienheureux jour.
> RACINE.

Une autre beauté, selon moi, qui se tire encore du langage chrétien, c'est l'affectation de Satan à parler comme le Très-Haut ; il dit toujours ma *droite* au lieu de mon bras : j'ai mis une grande attention à rendre ces tours ; ils caractérisent merveilleusement l'orgueil du Prince des ténèbres.

Dans les cantiques que le poëte fait chanter aux anges, et qu'il emprunte de l'Écriture, il suit l'hébreu, et il ramène quelques mots en refrain au bout du verset. Ainsi *praise* termine presque toutes les strophes de l'hymne d'Adam et d'Ève au lever du jour. J'ai pris garde à cela, et je reproduis à la chute le mot *louange* : mes prédécesseurs, n'ayant peut-être pas remarqué le retour de ce mot, ont fait perdre aux vers leur harmonie lyrique.

Lorsque Milton peint la création, il se sert rigoureusement des paroles de la Genèse, de la traduction angloise ; je me suis servi des mots françois de la traduction de Sacy, quoiqu'ils diffèrent un peu du texte anglois : en des matières aussi sacrées, j'ai cru ne devoir reproduire qu'un texte approuvé par l'autorité de l'Église.

J'ai employé, comme je l'ai dit encore [1], de vieux mots ; j'en ai fait de nouveaux, pour rendre plus fidèlement le texte ; c'est surtout dans les mots négatifs que j'ai pris cette licence : on trouvera donc *inadorée, imparité, inabstinence*, etc. On compte cinq ou six cents mots dans Milton qu'on ne trouve dans aucun dictionnaire anglois. Johnson, parlant du grand poëte, s'exprime ainsi :

Through all his greater works there prevails a uniform peculiarity of diction, a mode and cast of expression which bears little resemblance to that of any former writer, and which is so far removed from common use, that an unlearned reader, when he first opens his book, finds himself surprised by a new language... Our language, says Addison, sunk under him.

« Dans tous les plus grands ouvrages de Milton prévalent une uniforme singularité de diction, un mode et un tour d'expression qui ont peu de ressemblance avec ceux d'aucun écrivain précédent, et qui sont si éloignés de l'usage ordinaire, qu'un lecteur non lettré quand il ouvre son livre pour la première fois se trouve surpris par une langue nouvelle... Notre langue, dit Addison, s'abat (ou *s'enfonce* ou *coule bas*) sous lui. »

Milton imite sans cesse les anciens ; s'il falloit citer tout ce qu'il imite, on feroit un in-folio de notes : pourtant quelques notes seroient curieuses et d'autres seroient utiles pour l'intelligence du texte.

Le poëte, d'après la Genèse, parle de l'Esprit qui féconda l'abîme. Du Bartas avoit dit :

> D'une même façon l'esprit de l'Éternel
> Semble couver ce gouffre.

L'*obscurité* ou les *ténèbres visibles* rappellent l'expression de Sénèque, *non ut per tenebras videamus, sed ut ipsas.*

Satan élevant sa tête au-dessus du lac de feu est une image empruntée à l'Énéide :

> *Pectora quorum inter fluctus arrecta.*

Milton faisant dire à Satan que régner dans l'Enfer est digne d'ambition traduit Grotius : *Regnare dignum est ambitu, etsi in Tartaro.*

La comparaison des anges tombés aux feuilles de l'automne est prise de l'Iliade et de l'Énéide. Lorsque dans son invocation le poëte s'écrie qu'il va chanter des choses qui n'ont encore été dites ni en prose ni en vers, il imite à la fois Lucrèce et Arioste :

> Cosa non detta in prosa mai, ne in rima.

Le *lasciate ogni speranza* est commenté ainsi d'une manière sublime : « Régions de chagrins, obscurité plaintive où l'espérance ne peut jamais venir, elle qui vient à tous : » *hope never comes that comes to all.*

1. Avertissement de l'*Essai.*

Lorsque Milton représente des anges *tournant les uns sur la lance, les autres sur le bouclier*, pour signifier tourner à droite et à gauche, cette façon de parler poétique est empruntée d'un usage commun chez les Romains : le légionnaire tenoit la lance de la main droite et le bouclier de la main gauche : *declinare ad hastam vel ad scutum;* ainsi Milton met à contribution les historiens aussi bien que les poëtes, et, en ayant l'air de ne rien dire, il vous apprend toujours quelque chose. Remarquez que la plupart des citations que je viens d'indiquer se trouvent dans les trois cents premiers vers du *Paradis perdu;* encore ai-je négligé d'autres imitations d'Ézéchiel, de Sophocle, du Tasse, etc.

Le mot *saison* dans le poëme doit être quelquefois traduit par le mot *heure :* le poëte, sans vous le dire, s'est fait Grec, ou plutôt s'est fait Homère, ce qui lui étoit tout naturel ; il transporte dans le dialecte anglois une expression hellénique.

Quand il dit que le nom de la femme est tiré de celui de l'homme, qui le comprendra si l'on ne sait que cela est vrai d'après le texte de la Vulgate, *virago,* et d'après la langue angloise, *woman,* ce qui n'est pas vrai en françois ? Quand il donne à Dieu l'*Empire carré* et à Satan l'*Empire rond,* voulant par là faire entendre que Dieu gouverne le ciel et Satan le monde, il faut savoir que saint Jean dans l'Apocalypse dit : « *Civitas Dei in quadro posita.* »

Il y auroit mille autres remarques à faire de cette espèce, surtout à une époque où les trois quarts des lecteurs ne connoissent pas plus l'Écriture Sainte et les Pères de l'Église qu'ils ne savent le chinois.

Jamais style ne fut plus figuré que celui de Milton : ce n'est point Ève qui est douée d'une majesté virginale, c'est la *majestueuse virginité* qui se trouve dans Ève ; Adam n'est point inquiet, c'est l'*inquiétude* qui agit sur Adam ; Satan ne rencontre pas Ève par hasard, c'est le *hasard* de Satan qui rencontre Ève ; Adam ne veut pas empêcher Ève de s'absenter, il cherche à dissuader l'*absence* d'Ève. Les comparaisons, à cause même de ces tours, sont presque intraduisibles : assez rarement empruntées des images de la nature, elles sont prises des usages de la société, des travaux du laboureur et du matelot, des réminiscences de l'histoire et de la mythologie : ce qui rappelle, pour le dire en passant, que Milton étoit aveugle, et qu'il tiroit de ses souvenirs une partie de son génie. Une comparaison admirable, et qui n'appartient qu'à lui, est celle de cet homme sorti un matin des fumées d'une grande ville pour se promener dans les fraîches campagnes, au milieu des moissons, des troupeaux, et rencontrant une jeune fille plus belle que tout cela : c'est Satan échappé du gouffre de l'Enfer qui rencontre Ève au milieu des retraites fortunées d'Éden. On voit aussi par la vie de Milton qu'il remémore dans cette comparaison le temps de sa jeunesse : dans une des promenades matinales qu'il faisoit autour de Londres, s'offrit à sa vue une jeune femme d'une beauté extraordinaire : il en devint passionnément amoureux, et ne la retrouva jamais, et fit le serment de ne plus aimer [1].

---

1. *Essai sur la Littérature angloise.*

Au reste, Milton n'étoit pas toujours logique : il ne faudra pas croire ma traduction fautive quand les idées manqueront de conséquence et de justesse.

Ce qu'il faut demander au chantre d'Éden, c'est de la poésie, et de la poésie la plus haute à laquelle il soit donné à l'esprit humain d'atteindre; tout vit chez cet homme, les êtres moraux comme les êtres matériels : dans un combat ce ne sont pas les dards qui voûtent le ciel ou qui forment une voûte enflammée, ce sont les *sifflements* mêmes de ces dards; les personnages n'accomplissent pas des actions, ce sont leurs *actions* qui agissent comme si elles étoient elles-mêmes des personnages. Lorsqu'on est si divinement poëte, qu'on habite au plus sublime sommet de l'Olympe, la critique est ridicule en essayant de monter là : les reproches que l'on peut faire à Milton sont des reproches d'une nature inférieure; ils tiennent de la terre où ce dieu n'habite pas. Que dans un homme une qualité s'élève à une hauteur qui domine tout, il n'y a point de tache que cette qualité ne fasse disparoître dans son éclat immense.

Si Milton, très-admiré en Angleterre, est assez peu lu ; s'il est moins populaire que Shakespeare, qui doit une partie de cette popularité au rajeunissement qu'il reçoit chaque jour sur la scène, cela tient à la gravité du poëte, au sérieux du poëme et à la difficulté de l'idiome miltonien. Milton, comme Homère, parle une langue qui n'est pas la langue vulgaire; mais avec cette différence que la langue d'Homère est une langue simple, naturelle, facile à apprendre, au lieu que la langue de Milton est une langue composée, savante, et dont la lecture est un véritable travail. Quelques morceaux choisis du *Paradis perdu* sont dans la mémoire de tout le monde; mais, à l'exception d'un millier de vers de cette sorte, il reste onze mille vers qu'on a lus rapidement, péniblement, ou qu'on n'a jamais lus.

Voilà assez de *remarques* pour les personnes qui savent l'anglois et qui attachent quelque prix à ces choses-là ; en voilà beaucoup trop pour la foule des lecteurs : à ceux-ci il importe fort peu qu'on ait fait ou qu'on n'ait pas fait un contre-sens, et ils se contenteroient tout aussi bien d'une version commune, amplifiée ou tronquée.

On dit que de nouvelles traductions de Milton doivent bientôt paroître; tant mieux! on ne sauroit trop multiplier un chef-d'œuvre : mille peintres copient tous les jours les tableaux de Raphael et de Michel-Ange. Si les nouveaux traducteurs ont suivi mon système, ils reproduiront à peu près ma traduction : ils feront ressortir les endroits où je puis m'être trompé; s'ils ont pris le système de la traduction libre, le mot à mot de mon humble travail sera comme le germe de la belle fleur qu'ils auront habilement développée.

Me seroit-il permis d'espérer que si mon essai n'est pas trop malheureux, il pourra amener quelque jour une révolution dans la manière de traduire? Du temps d'Ablancourt les traductions s'appeloient de *belles infidèles;* depuis ce temps-là on a vu beaucoup d'infidèles qui n'étoient pas toujours belles : on en viendra peut-être à trouver que la fidélité, même quand la beauté lui manque, a son prix.

Il est des génies heureux qui n'ont besoin de consulter personne, qui produisent sans effort avec abondance des choses parfaites ; je n'ai rien de cette félicité naturelle, surtout en littérature : je n'arrive à quelque chose qu'avec de longs efforts ; je refais vingt fois la même page, et j'en suis toujours mécontent : mes *manuscrits* et mes *épreuves* sont, par la multitude des corrections et des renvois, de véritables broderies, dont j'ai moi-même beaucoup de peine à retrouver le fil [1]. Je n'ai pas la moindre confiance en moi ; peut-être même ai-je trop de facilité à recevoir les avis qu'on veut bien me donner ; il dépend presque du premier venu de me faire changer ou supprimer tout un passage : je crois toujours que l'on juge et que l'on voit mieux que moi.

Pour accomplir ma tâche, je me suis environné de toutes les disquisitions des scoliastes ; j'ai lu toutes les traductions françoises, italiennes et latines que j'ai pu trouver. Les traductions latines, par la facilité qu'elles ont à rendre *littéralement* les mots et à suivre les inversions, m'ont été très-utiles.

J'ai quelques amis, que depuis trente ans je suis accoutumé à consulter : je leur ai encore proposé mes doutes dans ce dernier travail ; j'ai reçu leurs notes et leurs observations ; j'ai discuté avec eux les points difficiles ; souvent je me suis rendu à leur opinion, quelquefois ils sont revenus à la mienne. Il m'est arrivé, comme à Louis Racine, que des Anglois m'ont avoué ne pas comprendre le passage sur lequel je les interrogeois. Heureux encore une fois ces esprits qui savent tout et n'ont besoin de personne ! moi, foible, je cherche des appuis, et je n'ai point oublié le précepte du maître :

> Faites choix d'un censeur solide et salutaire,
> Que la raison conduise et le savoir éclaire,
> Et dont le crayon sûr d'abord aille chercher
> L'endroit que l'on sent foible et qu'on se veut cacher.

Dans tout ce que je viens de dire, je ne fais point mon apologie, je cherche seulement une excuse à mes fautes. Un traducteur n'a droit à aucune gloire ; il faut seulement qu'il montre qu'il a été patient, docile et laborieux.

Si j'ai eu le bonheur de faire connoître Milton à la France, je ne me plaindrai pas des fatigues que m'a causées l'excès de ces études : tant il y a cependant que, pour éviter de nouveau l'avenir probable d'une vie fidèle, je ne recommencerois pas un pareil travail ; j'aimerois mieux mille fois subir toute la rigueur de cet avenir.

---

1. C'est l'excuse pour les fautes d'impression, si nombreuses dans mes ouvrages. Les compositeurs, fatigués, se trompent malgré eux, par la multitude des changements, des retranchements ou des additions.

THE VERSE.

" The measure is English heroic verse without rhyme, as that of Homer in Greek, and of Virgil in Latin ; rhyme being no necessary adjunct or true ornament of poem or good verse, in longer works especially, but the invention of a barbarous age, to set off wretched matter and lame metre; graced indeed since by the use of some famous modern poets, carried away by custom, but much to their own vexation, hindrance, and constraint, to express many things otherwise, and for the most part worse, than else they would have expressed them. Not without cause, therefore, some both Italian and Spanish poets of prime note have rejected rhyme both in longer and shorter works, as have also, long since, our best English tragedies, as a thing of itself, to all judicious ears, trivial and of no true musical delight, which consists only in apt numbers, fit quantity of syllables, and the sense variously drawn out from one verse into another, not in the jingling sound of like endings, a fault avoided by the learned ancients both in poetry and all good oratory. This neglect then of rhyme so little is to be taken for a defect, though it may seem so perhaps to vulgar readers, that it rather is to be esteemed an example set, the first in English, of ancient liberty recovered to heroic poem from the troublesome and modern bondage of rhyming. "

VERS.

Le vers héroïque anglois consiste dans la mesure sans rime, comme le vers d'Homère en grec et de Virgile en latin : la rime n'est ni une adjonction nécessaire ni le véritable ornement d'un poëme ou de bons vers, spécialement dans un long ouvrage; elle est l'invention d'un âge barbare, pour relever un méchant sujet ou un mètre boiteux. A la vérité elle a été embellie par l'usage qu'en ont fait depuis quelques fameux poëtes modernes, cédant à la coutume; mais ils l'ont employée à leur grande vexation, gêne et contrainte, pour exprimer plusieurs choses (et souvent de la plus mauvaise manière) autrement qu'ils ne les auroient exprimées. Ce n'est donc pas sans cause que plusieurs poëtes du premier rang, italiens et espagnols, ont rejeté la rime des ouvrages longs ou courts. Ainsi a-t-elle été bannie depuis longtemps de nos meilleures tragédies angloises, comme une chose d'elle-même triviale, sans vraie et agréable harmonie pour toute oreille juste. Cette harmonie naît du convenable nombre, de la convenable quantité des syllabes, et du sens passant avec variété d'un vers à un autre vers; elle ne résulte pas du tintement de terminaisons semblables; faute qu'évitoient les doctes anciens, tant dans la poésie que dans l'éloquence oratoire. L'omission de la rime doit être comptée si peu pour défaut (quoiqu'elle puisse paroître telle aux lecteurs vulgaires), qu'on la doit regarder plutôt comme le premier exemple offert en anglois de l'ancienne liberté rendue au poëme héroïque affranchi de l'incommode et moderne entrave de la rime.

PARADISE LOST

BOOK I.

THE ARGUMENT.

This first book proposes, first in brief, the whole subject: man's disobedience, and the loss thereupon of Paradise, wherein he was placed; then touches the prime cause of his fall, the serpent, or rather Satan in the serpent; who, revolting from God, and drawing to his side many legions of Angels, was, by the command of God, driven out of heaven, with all his crew, into the great deep. Which action passed over, the Poem hastens into the midst of things, presenting Satan with his Angels now fallen into hell, described here, not in the centre (for heaven and earth may be supposed as yet not made, certainly not yet accursed), but in a place of utter darkness, fitliest called Chaos: here Satan, with his Angels lying on the burning lake, thunderstruck and astonished, after a certain space recovers, as from confusion, calls up him who next in order and dignity lay by him: they confer of their miserable fall. Satan awakens all his legions, who lay till then in the same manner confounded: they rise; their numbers, array of battle: their chief leaders named, according to the idols known afterwards in Canaan and the countries adjoining. To these Satan directs his speech, comforts them with hope yet of regaining heaven, but tells them lastly of a new world and new kind of creature to be created, according to an ancient prophecy or report in heaven: for that Angels were long before this visible creation, was the opinion of many ancient Fathers. To find out the truth of this prophecy, and what to determine thereon, he refers to a full council. What his associates thence attempt. Pandæmonium, the palace of Satan, rises, suddenly built out of the deep: the infernal Peers there sit in council.

Of man's first disobedience, and the fruit
Of that forbidden tree whose mortal taste
Brought death into the world, and all our woe,
With loss of Eden, till one greater Man
Restore us, and regain the blissful seat,
Sing, heavenly Muse, that on the secret top
Of Oreb, or of Sinai, didst inspire
That shepherd who first taught the chosen seed,
In the beginning, how the heavens and earth

LE PARADIS PERDU

LIVRE I.

ARGUMENT.

Ce premier livre expose d'abord brièvement tout le sujet, la désobéissance de l'homme, et d'après cela la perte du Paradis, où l'homme étoit placé. Ce livre parle ensuite de la première cause de la chute de l'homme, du serpent, ou plutôt de Satan dans le serpent, qui, se révoltant contre Dieu et attirant de son côté plusieurs légions d'anges, fut, par le commandement de Dieu, précipité du ciel avec toute sa bande dans le grand abîme. Après avoir passé légèrement sur ce fait, le poëme ouvre au milieu de l'action : il présente Satan et ses anges maintenant tombés en enfer. L'Enfer n'est pas décrit ici comme placé dans le centre du monde (car le Ciel et la Terre peuvent être supposés n'être pas encore faits, et certainement pas encore maudits), mais dans le lieu des Ténèbres extérieures, plus convenablement appelé Chaos. Là Satan avec ses anges, couché sur le lac brûlant, foudroyé et évanoui, au bout d'un certain espace de temps revient à lui comme de la confusion d'un songe. Il appelle celui qui le premier après lui en puissance et en dignité gît à ses côtés. Ils confèrent ensemble de leur misérable chute. Satan réveille toutes ses légions, jusque alors demeurées confondues de la même manière. Elles se lèvent : leur nombre, leur ordre de bataille; leurs principaux chefs, nommés d'après les idoles connues par la suite en Chanaan et dans les pays voisins. Satan leur adresse un discours, les console par l'espérance de regagner le Ciel; il leur parle enfin d'un nouveau monde, d'une nouvelle espèce de créatures qui doivent être un jour formées selon une antique prophétie ou une tradition répandue dans le Ciel. Que les anges existassent longtemps avant la création visible, c'étoit l'opinion de plusieurs anciens pères. Pour discuter le sens de la prophétie, et déterminer ce qu'on peut faire en conséquence, Satan s'en réfère à un grand conseil; ses associés adhèrent à cet avis. Le Pandæmonium, palais de Satan, s'élève soudainement bâti de l'abîme; les pairs infernaux y siègent en conseil.

La première désobéissance de l'homme et le fruit de cet arbre défendu dont le mortel goût apporta la mort dans ce monde, et tous nos malheurs, avec la perte d'Éden, jusqu'à ce qu'un Homme plus grand nous rétablît et reconquît le séjour bienheureux, chante, Muse céleste! Sur le sommet secret d'Oreb et de Sinaï tu inspiras le berger qui le premier apprit à la race choisie comment, dans le commencement, le Ciel et la Terre sortirent du chaos. Ou si la colline de

Rose out of chaos : or, if Sion hill
Delight thee more, and Siloa's brook that flow'd
Fast by the oracle of God : I thence
Invoke thy aid to my adventurous song,
That with no middle flight intends to soar.
Above the Aonian mount, while it pursues
Things unattempted yet in prose or rhyme.

And chiefly thou, O Spirit, that dost prefer
Before all temples the upright heart and pure,
Instruct me, for thou know'st : Thou from the first
Wast present, and with mighty wings outspread
Dove-like sat'st brooding on the vast abyss,
And madest it pregnant : what in me is dark
Illumine, what is low raise and support;
That to the height of this great argument
I may assert eternal Providence,
And justify the ways of God to men.

Say first, for Heaven hides nothing from thy view,
Nor the deep tract of hell; say first, what cause
Moved our grand parents, in that happy state
Favour'd of Heaven so highly, to fall off
From their Creator, and transgress his will
For one restraint, lords of the world besides.
Who first seduced them to that foul revolt?
The infernal Serpent : he it was, whose guile,
Stirr'd up with envy and revenge, deceived
The mother of mankind; what time his pride
Had cast him out from heaven, with all his host
Of rebel angels; by whose aid aspiring
To set himself in glory above his peers,
He trusted to have equall'd the Most High,
If he opposed; and with ambitious aim
Against the throne and monarchy of God
Raised impious war in heaven and battle proud,
With vain attempt.

Him the Almighty Power
Hurl'd headlong flaming from the ethereal sky,
With hideous ruin and combustion, down
To bottomless perdition, there to dwell
In adamantine chains and penal fire,
Who durst defy the Omnipotent to arms.
Nine times the space that measures day and night
To mortal men, he with his horrid crew
Lay vanquish'd, rolling in the fiery gulf,
Confounded though immortal : but his doom
Reserved him to more wrath; for now the thought
Both of lost happiness and lasting pain
Torments him; round he throws his baleful eyes,
That witness'd huge affliction and dismay,
Mix'd with obdurate pride and stedfast hate.

Sion, le ruisseau de Siloé, qui couloit rapidement près de l'oracle de Dieu, te plaisent davantage, là j'invoque ton aide pour mon chant aventureux : ce n'est pas d'un vol tempéré qu'il veut prendre l'essor au-dessus des monts d'Aonie, tandis qu'il poursuit des choses qui n'ont encore été tentées ni en prose ni en vers.

Et toi, ô Esprit! qui préfères à tous les temples un cœur droit et pur, instruis-moi, car tu sais! Toi, au premier instant tu étois présent : avec tes puissantes ailes éployées, comme une colombe tu couvas l'immense abîme et tu le rendis fécond. Illumine en moi ce qui est obscur, élève et soutiens ce qui est abaissé, afin que de la hauteur de ce grand argument je puisse affirmer l'éternelle Providence, et justifier les voies de Dieu aux hommes.

Dis d'abord, car ni le Ciel ni la profonde étendue de l'Enfer ne dérobent rien à ta vue, dis quelle cause, dans leur état heureux si favorisé du Ciel, poussa nos premiers parents à se séparer de leur Créateur, à transgresser sa volonté pour une seule restriction, souverains qu'ils étoient du reste du monde. Qui les entraîna à cette honteuse révolte? L'infernal Serpent. Ce fut lui dont la malice, animée d'envie et de vengeance, trompa la mère du genre humain : son orgueil l'avoit précipité du Ciel avec son armée d'anges rebelles, par le secours desquels, aspirant à monter en gloire au-dessus de ses pairs, il se flatta d'égaler le Très-Haut, si le Très-Haut s'opposoit à lui. Plein de cet ambitieux projet contre le trône et la monarchie de Dieu, il alluma au ciel une guerre impie et un combat téméraire, dans une attente vaine.

Le Souverain Pouvoir le jeta flamboyant, la tête en bas, de la voûte éthérée ; ruine hideuse et brûlante, il tomba dans le gouffre sans fond de la perdition, pour y rester chargé de chaînes de diamant, dans le feu qui punit; il avoit osé défier aux armes le Tout-Puissant. Neuf fois l'espace qui mesure le jour et la nuit aux hommes mortels, lui avec son horrible bande fut étendu vaincu, roulant dans le gouffre ardent, confondu, quoique immortel. Mais sa sentence le réservoit encore à plus de colère, car la double pensée de la félicité perdue et d'un mal présent à jamais le tourmente. Il promène autour de lui des yeux funestes, où se peignent une douleur démesurée et la consternation, mêlées à l'orgueil endurci et à l'inébranlable haine.

At once, as far as angels ken, he views
The dismal situation waste and wild :
A dungeon horrible, on all sides round,
As one great furnace, flamed; yet from those flames
No light, but rather darkness visible
Served only to discover sights of woe,
Regions of sorrow, doleful shades, where peace
And rest can never dwell; hope never comes,
That comes to all; but torture without end
Still urges, and a fiery deluge, fed
With ever-burning sulphur unconsumed.

   Such place eternal justice had prepared
For those rebellious; here their prison ordain'd
In utter darkness; and their portion set
As far removed from God and light of heaven,
As from the centre thrice to the utmost pole.
Oh! how unlike the place from whence they fell!

   There the companions of his fall, o'erwhelm'd
With floods and whirlwinds of tempestuous fire,
He soon discerns; and weltering by his side,
One next himself in power, and next in crime,
Long after known in Palestine, and named
Beëlzebub : to whom the arch-enemy,
And thence in heaven call'd Satan, with bold words
Breaking the horrid silence, thus began : —

   "If thou beest he — but, oh! how fallen! how changed
From him, who in the happy realms of light,
Clothed with transcendent brightness, didst outshine
Myriads, though bright! If he, whom mutual league,
United thoughts and counsels, equal hope
And hazard in the glorious enterprise,
Join'd with me once, now misery hath join'd
In equal ruin : into what pit thou seest
From what height fallen : so much the stronger proved
He with his thunder; and till then who knew
The force of those dire arms? Yet not for those,
Nor what the potent Victor in his rage
Can else inflict, do I repent, or change,
Though changed in outward lustre, that fix'd mind
And high disdain from sense of injured merit,
That with the Mightiest raised me to contend,
And to the fierce contention brought along
Innumerable force of spirits arm'd,
That durst dislike his reign; and, me preferring,
His utmost power with adverse power opposed
In dubious battle on the plains of heaven,
And shook his throne.

                "What though the field be lost?
All is not lost; the unconquerable will,
And study of revenge, immortal hate,

D'un seul coup d'œil, et aussi loin que perce le regard des anges, il voit le lieu triste dévasté et désert : ce donjon horrible, arrondi de toutes parts, comme une grande fournaise flamboyoit. De ces flammes point de lumière, mais des ténèbres visibles servent seulement à découvrir des vues de malheur; régions de chagrin, obscurité plaintive, où la paix, où le repos ne peuvent jamais habiter, l'espérance jamais venir, elle qui vient à tous! Mais là des supplices sans fin, là un déluge de feu, nourri d'un soufre qui brûle sans se consumer.

Tel est le lieu que l'Éternelle Justice prépara pour ces rebelles; ici elle ordonna leur prison dans les Ténèbres extérieures; elle leur fit cette part, trois fois aussi éloignée de Dieu et de la lumière du ciel que le centre de la création l'est du pôle le plus élevé. Oh! combien cette demeure ressemble peu à celle d'où ils tombèrent!

Là bientôt l'archange discerne les compagnons de sa chute ensevelis dans les flots et les tourbillons d'une tempête de feu. L'un d'eux se vautroit parmi les flammes à ses côtés, le premier en pouvoir après lui et le plus proche en crime : longtemps après connu en Palestine, il fut appelé Béelzébuth. Le grand ennemi (pour cela nommé Satan dans le Ciel), rompant par ces fières paroles l'horrible silence, commence ainsi :

« Si tu es celui... mais combien déchu, combien différent de celui qui, revêtu d'un éclat transcendant parmi les heureux royaumes de la lumière, surpassoit en splendeur des myriades de brillants esprits!... Si tu es celui qu'une mutuelle ligue, qu'une seule pensée, qu'un même conseil, qu'une semblable espérance, qu'un péril égal dans une entreprise glorieuse, unirent jadis avec moi et qu'un malheur égal unit à présent dans une égale ruine, tu vois de quelle hauteur, dans quel abîme, nous sommes tombés! tant il se montra le plus puissant avec son tonnerre! Mais qui jusque alors avoit connu l'effet de ces armes terribles? Toutefois, malgré ces foudres, malgré tout ce que le Vainqueur dans sa rage peut encore m'infliger, je ne me repens point, je ne change point : rien (quoique changé dans mon éclat extérieur) ne changera cet esprit fixe, ce haut dédain né de la conscience du mérite offensé, cet esprit qui me porta à m'élever contre le Plus Puissant, entraînant dans ce conflit furieux la force innombrable d'esprits armés qui osèrent mépriser sa domination : ils me préférèrent à lui, opposant à son pouvoir suprême un pouvoir contraire; et dans une bataille indécise, au milieu des plaines du Ciel, ils ébranlèrent son trône.

« Qu'importe la perte du champ de bataille : tout n'est pas perdu. Une volonté insurmontable, l'étude de la vengeance, une haine immor-

And courage never to submit or yield,
And what is else not to be overcome:
That glory never shall his wrath or might
Extort from me: to bow and sue for grace
With suppliant knee, and deify his power,
Who from the terror of this arm so late
Doubted his empire; that were low indeed;
That were an ignominy and shame beneath
This downfall; since, by fate, the strength of gods
And this empyreal substance cannot fail;
Since, through experience of this great event,
In arms not worse, in foresight much advanced,
We may with more successful hope resolve
To wage by force or guile eternal war,
Irreconcileable to our grand Foe,
Who now triumphs, and in the excess of joy
Sole reigning holds the tyranny of heaven."

So spake the apostate angel, though in pain,
Vaunting aloud, but rack'd with deep despair:
And him thus answer'd soon his bold compeer:—

"O prince, o chief of many throned powers,
That led the embattled seraphim to war
Under thy conduct, and, in dreadful deeds
Fearless, endanger'd heaven's perpetual King;
And put to proof his high supremacy,
Whether upheld by strength, or chance, or fate:
Too well I see and rue the dire event,
That with sad overthrow and foul defeat
Hath lost us heaven, and all this mighty host
In horrible destruction laid thus low;
As far as gods and heavenly essences
Can perish: for the mind and spirit remains
Invincible, and vigour soon returns;
Though all our glory extinct, and happy state
Here swallow'd up in endless misery.
But what if he our Conqueror (whom I now
Of force believe Almighty, since no less
Than such could have o'erpower'd such force as ours)
Have left us this our spirit and strength entire,
Strongly to suffer and support our pains,
That we may so suffice his vengeful ire;
Or do him mightier service, as his thralls
By right of war, whate'er his business be,
Here in the heart of hell to work in fire,
Or do his errands in the gloomy deep?
What can it then avail, though yet we feel
Strength undiminish'd, or eternal being,
To undergo eternal punishment?"

Whereto with speedy words the arch-fiend replied:—

"Fallen cherub, to be weak is miserable,

telle, un courage qui ne cédera ni ne se soumettra jamais, qu'est-ce autre chose que n'être pas subjugué? Cette gloire, jamais sa colère ou sa puissance ne me l'extorquera. Je ne me courberai point, je ne demanderai point grâce d'un genou suppliant; je ne déifierai point son pouvoir, qui par la terreur de ce bras a si récemment douté de son empire. Cela seroit bas en effet, cela seroit une honte et une ignominie au-dessous même de notre chute, puisque par le destin, la force des dieux, la substance céleste ne peut périr; puisque l'expérience de ce grand événement, dans les armes non affoiblies, ayant gagné beaucoup en prévoyance, nous pouvons, avec plus d'espoir de succès, nous déterminer à faire, par ruse ou par force, une guerre éternelle, irréconciliable, à notre grand Ennemi, qui triomphe maintenant, et qui, dans l'excès de sa joie, régnant seul, tient la tyrannie du Ciel. »

Ainsi parloit l'ange apostat, quoique dans la douleur; se vantant à haute voix, mais déchiré d'un profond désespoir. Et à lui répliqua bientôt son fier compagnon :

« O prince! ô chef de tant de trônes, qui conduisis à la guerre sous ton commandement les séraphins rangés en bataille; qui sans frayeur, dans de formidables actions, mis en péril le Roi perpétuel des Cieux et à l'épreuve son pouvoir suprême, soit qu'il le tînt de la force, du hasard ou du destin; ô chef, je vois trop bien et je maudis l'événement fatal qui, par une triste déroute et une honteuse défaite, nous a ravi le Ciel. Toute cette puissante armée est ainsi plongée dans une horrible destruction, autant que des dieux et des substances divines peuvent périr; car la pensée et l'esprit demeurent invincibles, et la vigueur bientôt revient, encore que toute notre gloire soit éteinte et notre heureuse condition engouffrée ici dans une infinie misère. Mais quoi si lui notre Vainqueur (force m'est de le croire le Tout Puissant, puisqu'il ne falloit rien moins qu'un tel pouvoir pour dompter un pouvoir tel que le nôtre), si ce Vainqueur nous avoit laissé entiers notre esprit et notre vigueur, afin que nous puissions endurer et supporter fortement nos peines, afin que nous puissions suffire à sa colère vengeresse, ou lui rendre un plus rude service comme ses esclaves par le droit de la guerre, ici, selon ses besoins, dans le cœur de l'Enfer, travailler dans le feu, ou porter ses messages dans le noir abîme? Que nous serviroit alors de sentir notre force non diminuée ou l'éternité de notre être, pour subir un éternel châtiment? »

Le grand ennemi répliqua par ces paroles rapides :

« Chérubin tombé, être foible est misérable, soit qu'on agisse ou

Doing, or suffering: but of this be sure,
To do aught good never will be our task,
But ever to do ill our sole delight;
As being the contrary to his high will,
Whom we resist. If then his providence
Out of our evil seek to bring forth good,
Our labour must be to pervert that end,
And out of good still to find means of evil:
Which oft-times may succeed, so as perhaps
Shall grieve him, if I fail not, and disturb
His inmost counsels from their destined aim.

"But see! the angry Victor hath recall'd
His ministers of vengeance and pursuit
Back to the gates of heaven: the sulphurous hail,
Shot after us in storm o'erblown, hath laid
The fiery surge, that from the precipice
Of heaven received us falling; and the thunder,
Wing'd with red lightning and impetuous rage,
Perhaps hath spent his shafts, and ceases now
To bellow through the vast and boundless deep.
Let us not slip the occasion, whether scorn
Or satiate fury yield it from our foe.
Seest thou yon dreary plain, forlorn and wild,
The seat of desolation, void of light,
Save what the glimmering of these livid flames
Casts pale and dreadful? Thither let us tend
From off the tossing of these fiery waves;
There rest, if any rest can harbour there;
And, reassembling our afflicted powers,
Consult how we may henceforth most offend
Our enemy; our own loss how repair;
How overcome this dire calamity;
What reinforcement we may gain from hope;
If not, what resolution from despair."

Thus Satan, talking to his nearest mate,
With head uplift above the wave, and eyes
That sparkling blazed; his other parts besides
Prone on the flood, extended long and large,
Lay floating many a rood; in bulk as huge
As whom the fables name of monstrous size,
Titanian, or Earth-born, that warr'd on Jove,
Briareos, or Typhon, whom the den
By ancient Tarsus held; or that sea-beast
Leviathan, which God of all his works
Created hugest that swim the ocean stream:
Him, haply, slumbering on the Norway foam,
The pilot of some small night-founder'd skiff,
Deeming some island, oft, as seamen tell,
With fixed anchor in his scaly rind,
Moors by his side under the lee, while night

qu'on souffre. Mais sois assuré de ceci : faire le bien ne sera jamais notre tâche ; faire toujours le mal sera notre seul délice, comme étant le contraire de la haute volonté de celui auquel nous résistons. Si donc sa providence cherche à tirer le bien de notre mal, nous devons travailler à pervertir cette fin et à trouver encore dans le bien les moyens du mal. En quoi souvent nous pourrons réussir, de manière peut-être à chagriner l'ennemi et, si je ne me trompe, à détourner ses plus profonds conseils de leur but marqué.

« Mais vois ! le Vainqueur courroucé a rappelé aux portes du ciel ses ministres de poursuite et de vengeance. La grêle de soufre lancée sur nous dans la tempête passée a abattu la vague brûlante qui du précipice du Ciel nous reçut tombants. Le tonnerre, avec ses ailes de rouges éclairs et son impétueuse rage, a peut-être épuisé ses traits, et cesse maintenant de mugir à travers l'abîme vaste et sans bornes. Ne laissons pas échapper l'occasion que nous cède le dédain ou la fureur rassasiée de notre ennemi. Vois-tu au loin cette plaine sèche, abandonnée et sauvage, séjour de la désolation, vide de lumière, hors de celle que la lueur de ces flammes noires et bleues lui jette pâle et effrayante ? Là tendons à sortir des ballottements de ces vagues de de feu, là reposons-nous, si le repos peut habiter là. Rassemblant nos légions affligées, examinons comment nous pourrons dorénavant nuire à notre ennemi, comment nous pourrons réparer notre perte, surmonter cette affreuse calamité ; quel renforcement nous pouvons tirer de l'espérance, si non quelle résolution du désespoir. »

Ainsi parloit Satan à son compagnon le plus près de lui, la tête levée au-dessus des vagues, les yeux étincelants ; les autres parties de son corps, affaissées sur le lac, étendues, longues et larges, flottoient sur un espace de plusieurs arpents. En grandeur il étoit aussi énorme que celui que les fables appellent, de sa taille monstrueuse, Titanien, ou né de la Terre, lequel fit la guerre à Jupiter ; Briarée ou Tiphon, dont la caverne s'ouvroit près de l'ancienne Tarse. Satan égaloit encore cette bête de la mer, Léviathan, que Dieu de toutes ses créatures fit la plus grande entre celles qui nagent dans le cours de l'océan. Souvent la bête dort sur l'écume norvégienne : le pilote de quelque petite barque égarée au milieu des ténèbres la prend pour une île (ainsi le racontent les matelots) ; il fixe l'ancre dans son écorce d'écaille, s'amarre sous le vent à son côté, tandis que la nuit

Invests the sea, and wished morn delays.
So stretch'd out huge in length the arch-fiend lay,
Chain'd on the burning lake; nor ever thence
Had risen or heaved his head, but that the will
And high permission of all-ruling Heaven
Left him at large to his own dark designs;
That with reiterated crimes he might
Heap on himself damnation, while he sought
Evil to others; and enraged might see
How all his malice served but to bring forth
Infinite goodness, grace, and mercy shown
On man by him seduced; but on himself
Treble confusion, wrath, and vengeance pour'd.

    Forthwith upright he rears from off the pool
His mighty stature; on each hand the flames,
Driven backward, slope their pointing spires, and, roll'd
n billows, leave in the midst a horrid vale.
Then with expanded wings he steers his flight
Aloft, incumbent on the dusky air
That felt unusual weight, till on dry land
He lights; if it were land, that ever burn'd
With solid, as the lake with liquid fire;
And such appear'd in hue, as when the force
Of subterranean wind transports a hill
Torn from Pelorus, or the shatter'd side
Of thundering Etna, whose combustible
And fuel'd entrails thence conceiving fire,
Sublimed with mineral fury, aid the winds,
And leave a singed bottom all involved
With stench and smoke : such resting found the sole
Of unblest feet. Him follow'd his next mate;
Both glorying to have 'scaped the Stygian flood,
As gods, and by their own recover'd strength,
Not by the sufferance of supernal Power.

    " Is this the region, this the soil, the clime,"
Said then the lost archangel, " this the seat
That we must change for Heaven? this mournful gloom
For that celestial light? Be it so, since he,
Who now is Sovereign, can dispose and bid
What shall be right : farthest from him is best,
Whom reason hath equall'd, force hath made supreme
Above his equals. Farewell, happy fields,
Where joy for ever dwells! Hail, horrors; hail,
Infernal world! and thou, profoundest hell,
Receive thy new possessor; one who brings
A mind not to be changed by place or time.
The mind is its own place, and in itself
Can make a heaven of hell, a hell of heaven.
What matter where, if I be still the same,
And what I should be; all but less than he

investit la mer et retarde l'aurore désirée. Ainsi, énorme en longueur, le chef ennemi gisoit enchaîné sur le lac brûlant; jamais il n'eût pu se lever ou soulever sa tête si la volonté et la haute permission du régulateur de tous les Cieux ne l'avoient laissé libre dans ses noirs desseins, afin que par ses crimes réitérés il amassât sur lui la damnation alors qu'il cherchoit le mal des autres, afin qu'il pût voir, furieux, que toute sa malice n'avoit servi qu'à faire luire l'infinie bonté, la grâce, la miséricorde sur l'homme par lui séduit, à attirer sur lui-même, Satan, triple confusion, colère et vengeance.

Soudain au-dessus du lac l'archange dresse sa puissante stature; de sa main droite et de sa main gauche, les flammes repoussées en arrière écartent leurs pointes aiguës, et, roulées en vagues, laissent au milieu une horrible vallée. Alors, ailes déployées, il dirige son vol en haut, pesant sur l'air sombre, qui sent un poids inaccoutumé, jusqu'à ce qu'il s'abatte sur la terre aride, si la terre étoit ce qui toujours brûle d'un feu solide, comme le lac brûle d'un liquide feu. Telles apparoissent dans leur couleur (lorsque la violence d'un tourbillon souterrain a transporté une colline arrachée du Pelore ou des flancs déchirés du tonnant Etna), telles apparoissent les entrailles combustibles et inflammables qui, là concevant le feu, sont lancées au Ciel par l'énergie minérale à l'aide des vents, et laissent un fond brûlé, tout enveloppé d'infection et de fumée : pareil fut le sol de repos que toucha Satan de la plante de ses pieds maudits. Béelzébuth, son compagnon le plus proche, le suit, tous deux se glorifiant d'être échappés aux eaux Stygiennes, comme des dieux, par leurs propres forces recouvrées, non par la tolérance du Suprême Pouvoir.

« Est-ce ici la région, le sol, le climat, dit alors l'archange perdu, est-ce ici le séjour que nous devons changer contre le Ciel, cette morne obscurité contre cette lumière céleste? Soit! puisque celui qui maintenant est souverain peut disposer et décider de ce qui sera justice. Le plus loin de lui est le mieux, de lui qui, égalé en raison, s'est élevé au-dessus de ses égaux par la force. Adieu, champs fortunés où la joie habite pour toujours! Salut, horreurs! salut, monde infernal! Et toi, profond Enfer, reçois ton nouveau possesseur. Il t'apporte un esprit que ne changeront ni le temps ni le lieu. L'esprit est à soi-même sa propre demeure; il peut faire en soi un Ciel de l'Enfer, un Enfer du Ciel. Qu'importe où je serai, si je suis toujours le même et ce que je dois être, tout, quoique moindre que celui que le tonnerre a fait plus

Whom thunder hath made greater? Here at least
We shall be free; the Almighty hath not built
Here for his envy; will not drive us hence:
Here we may reign secure; and in my choice
To reign is worth ambition, though in hell:
Better to reign in hell, than serve in heaven.

"But wherefore let we then our faithful friends,
The associates and copartners of our loss,
Lie thus astonish'd on the oblivious pool;
And call them not to share with us their part
In this unhappy mansion; or once more
With rallied arms to try what may be yet
Regain'd in heaven, or what more lost in hell?"

So Satan spake, and him Beëlzebub
Thus answer'd:

"Leader of those armies bright,
Which but the Omnipotent none could have foil'd,
If once they hear that voice, their liveliest pledge
Of hope in fears and dangers, heard so oft
In worst extremes, and on the perilous edge
Of battle when it raged, in all assaults
Their surest signal, they will soon resume
New courage, and revive, though now they lie
Grovelling and prostrate on yon lake of fire,
As we erewhile, astounded and amazed:
No wonder, fallen such a pernicious height."

He scarce had ceased, when the superior fiend
Was moving toward the shore; his ponderous shield,
Ethereal temper, massy, large, and round,
Behind him cast; the broad circumference
Hung on his shoulders, like the moon, whose orb
Through optic glass the Tuscan artist views
At evening, from the top of Fesolé,
Or in Valdarno, to descry new lands,
Rivers or mountains in her spotty globe.
His spear, to equal which the tallest pine,
Hewn on Norwegian hills to be the mast
Of some great ammiral, were but a wand,
He walk'd with to support uneasy steps
Over the burning marl; not like those steps
On heaven's azure: and the torrid clime
Smote on him sore besides, vaulted with fire.
Nathless he so endured, till on the beach
Of that inflamed sea he stood, and call'd
His legions, angel forms, who lay intranced,
Thick as autumnal leaves that strow the brooks
In Vallombrosa, where the Etrurian shades
High over-arch'd imbower; or scatter'd sedge
Afloat, when with fierce winds Orion arm'd
Hath vex'd the Red-Sea coast, whose waves o'erthrew

grand? Ici du moins nous serons libres. Le Tout-Puissant n'a pas bâti ce lieu pour nous l'envier ; il ne voudra pas nous en chasser. Ici nous pourrons régner en sûreté ; et, à mon avis, régner est digne d'ambition, même en Enfer ; mieux vaut régner dans l'Enfer que servir dans le Ciel.

« Mais laisserons-nous donc nos amis fidèles, les associés, les copartageants de notre ruine, étendus, étonnés, sur le lac d'oubli? Ne les appellerons-nous pas à prendre avec nous leur part de ce manoir malheureux, ou, avec nos armes ralliées, à tenter une fois de plus s'il est encore quelque chose à regagner au Ciel ou à perdre dans l'Enfer? »

Ainsi parla Satan, et Béelzébuth lui répondit :

« Chef de ces brillantes armées qui par nul autre que le Tout-Puissant n'auroient été vaincues, si une fois elles entendent cette voix, le gage le plus vif de leur espérance au milieu des craintes et des dangers, cette voix si souvent retentissante dans les pires extrémités, au bord périlleux de la bataille quand elle rugissoit, cette voix, signal le plus rassurant dans tous les assauts, soudain elles vont reprendre un nouveau courage et revivre, quoiqu'elles languissent à présent, gémissantes et prosternées sur le lac de feu, comme nous tout à l'heure assourdis et stupéfaits : qui s'en étonneroit, tombées d'une si pernicieuse hauteur ! »

Béelzébuth avoit à peine cessé de parler, et déjà le grand ennemi s'avançoit vers le rivage : son pesant bouclier, de trempe éthérée, massif, large et rond, étoit rejeté derrière lui ; la large circonférence pendoit à ses épaules, comme la Lune, dont l'orbe, à travers un verre optique, est observé le soir par l'astronome toscan du sommet de Fiesole ou dans le Val d'Arno, pour découvrir de nouvelles terres, des rivières et des montagnes sur son globe tacheté. La lance de Satan (près de laquelle le plus haut pin scié sur les collines de Norvège, pour être le mât de quelque grand vaisseau amiral, ne seroit qu'un roseau) lui sert à soutenir ses pas mal assurés sur la marne brûlante, bien différents de ses pas sur l'azur du Ciel ! Le climat torride voûté de feu le frappe encore d'autres plaies; néanmoins il endure tout, jusqu'à ce qu'il arrive au bord de la mer enflammée. Là il s'arrête. Il appelle ses légions, formes d'anges fanées, qui gisent aussi épaisses que les feuilles d'automne jonchant les ruisseaux de Vallombreuse, où les ombrages étruriens décrivent l'arche élevée d'un berceau ; ainsi surnagent des varechs dispersés, quand Orion, armé des vents impétueux, a battu les côtes de la mer Rouge ; mer dont les

Busiris and his Memphian chivalry,
While with perfidious hatred they pursued
The sojourners of Goshen, who beheld
From the safe shore their floating carcases
And broken chariot-wheels : so thick bestrown,
Abject and lost, lay these, covering the flood,
Under amazement of their hideous change.
    He call'd so loud, that all the hollow deep
Of hell resounded :
                    "Princes, potentates,
Warriors, the flower of heaven, once yours, now lost,
If such astonishment as this can seize
Eternal spirits : or have ye chosen this place
After the toil of battle to repose
Your wearied virtue, for the ease you find
To slumber here, as in the vales of heaven?
Or in this abject posture have ye sworn
To adore the Conqueror? who now beholds
Cherub and seraph rolling in the flood,
With scatter'd arms and ensigns, till anon
His swift pursuers from heaven gates discern
The advantage, and descending tread us down
Thus drooping, or with linked thunderbolts
Transfix us to the bottom of this gulf.
Awake, arise; or be for ever fallen!"

    They heard, and were abash'd, and up they sprung
Upon the wing; as when men wont to watch
On duty, sleeping found by whom they dread,
Rouse and bestir themselves ere well awake.
Nor did they not perceive the evil plight
In which they were, or the fierce pains not feel;
Yet to their general's voice they soon obey'd,
Innumerable.
                As when the potent rod
Of Amram's son, in Egypt's evil day,
Waved round the coast, up call'd a pitchy cloud
Of locusts, warping on the eastern wind,
That o'er the realm of impious Pharaoh hung
Like night, and darken'd all the land of Nile;
So numberless were those bad angels seen,
Hovering on wing under the cope of hell,
'Twixt upper, nether, and surrounding fires :
Till, as a signal given, the uplifted spear
Of their great sultan waving to direct
Their course, in even balance down they light
On the firm brimstone, and fill all the plain.
A multitude, like which the populous north
Pour'd never from her frozen loins, to pass
Rhene or the Danaw, when her barbarous sons

vagues renversèrent Busiris et la cavalerie de Memphis tandis qu'ils poursuivoient d'une haine perfide les étrangers de Gessen, qui virent du sûr rivage les carcasses flottantes, les roues des chariots brisées ; ainsi semées, abjectes, perdues, les légions gisoient, couvrant le lac, dans la stupéfaction de leur changement hideux.

Satan élève une si grande voix que tout le creux de l'Enfer en retentit :

« Princes, potentats, guerriers, fleurs du Ciel, jadis à vous, maintenant perdu ! une stupeur telle que celle-ci peut-elle saisir des esprits éternels, ou avez-vous choisi ce lieu après les fatigues de la bataille, pour reposer votre valeur lassée, pour la douceur que vous trouvez à dormir ici comme dans les vallées du Ciel ? Ou bien, dans cette abjecte posture, avez-vous juré d'adorer le Vainqueur ? Il contemple à présent chérubins et séraphins roulant dans le gouffre armes et enseignes brisées, jusqu'à ce que bientôt ses rapides ministres découvrent des portes du Ciel leur avantage, et, descendant, nous foulent aux pieds ainsi languissants, ou nous attachent à coups de foudre au fond de cet abîme. Éveillez-vous, levez-vous, ou soyez à jamais tombés ! »

Ils l'entendirent, et furent honteux, et se levèrent sur l'aile, comme quand des sentinelles accoutumées à veiller au devoir, surprises endormies par le commandant, qu'elles craignent, se lèvent et se remettent elles-mêmes en faction avant d'être bien éveillées. Non que ces esprits ignorent le malheureux état où ils sont réduits, ou qu'ils ne sentent pas leurs affreuses tortures, mais bientôt ils obéissent innombrables à la voix de leur général.

Comme quand la puissante verge du fils d'Amram, au jour mauvais de l'Égypte, passa ondoyante le long du rivage, et appela la noire nuée de sauterelles, touées par le vent d'Orient, qui se suspendirent sur le royaume de l'impie Pharaon de même que la nuit, et enténébrèrent toute la terre du Nil ; ainsi sans nombre furent aperçus ces mauvais anges, planant sous la coupole de l'Enfer, entre les inférieures, les supérieures et les environnantes flammes, jusqu'à ce qu'à un signal donné, la lance levée droite de leur grand sultan, ondoyant pour diriger leur course, ils s'abattent, d'un égal balancement, sur le soufre affermi, et remplissent la plaine. Ils formoient une multitude telle que le Nord populeux n'en versa jamais de ses flancs glacés pour franchir le Rhin ou le Danube, alors que ses fils barbares tombèrent

Came like a deluge on the south, and spread
Beneath Gibraltar to the Libyan sands.
Forthwith from every squadron and each band
The heads and leaders thither haste, where stood
Their great commander; godlike shapes and forms
Excelling human, princely dignities,
And powers, that erst in Heaven sat on thrones;
Though of their names in heavenly records now
Be no memorial, blotted out and rased
By their rebellion from the Book of Life.
Nor had they yet among the sons of Eve,
Got them new names; till, wandering o'er the earth,
Through God's high sufferance for the trial of man,
By falsities and lies the greatest part
Of mankind they corrupted to forsake
God their Creator, and the invisible
Glory of him that made them to transform
Oft to the image of a brute, adorn'd
With gay religions full of pomp and gold,
And devils to adore for deities:
Then were they known to men by various names,
And various idols through the heathen world.

Say, Muse, their names then known, who first who last,
Roused from the slumber on that fiery couch
At their great emperor's call; as next in worth
Came singly where he stood on the bare strand;
While the promiscuous crowd stood yet aloof.

The chiefs were those, who, from the pit of hell
Roaming to seek their prey on earth, durst fix
Their seats long after next the seat of God,
Their altars by his altar, gods adored
Among the nations round; and durst abide
Jehovah thundering out of Sion, throned
Between the cherubim: yea, often placed
Within his sanctuary itself their shrines,
Abominations; and with cursed things
His holy rites and solemn feats profaned,
And with their darkness durst affront his light.

First Moloch, horrid king, besmear'd with blood
Of human sacrifice, and parents' tears;
Though for the noise of drums and timbrels loud
Their children's cries unheard, that pass'd through fire
To his grim idol. Him the Ammonite
Worshipp'd in Rabba and her watery plain,
In Argob and in Basan, to the stream
Of utmost Arnon. Nor content with such
Audacious neighbourhood, the wisest heart
Of Solomon he led by fraud to build
His temple right against the temple of God,
On that opprobrious hill; and made his grove

comme un déluge sur le Midi, et s'étendirent, au-dessous de Gibraltar, jusqu'aux sables de la Libye.

Incontinent de chaque escadron et de chaque bande les chefs et les conducteurs se hâtèrent là où leur grand général s'étoit arrêté. Semblables à des dieux par la taille et par la forme surpassant la nature humaine, royales Dignités, Puissances, qui siégeoient autrefois dans le Ciel, sur des trônes, quoique dans les archives célestes on ne garde point maintenant la mémoire de leurs noms, effacés et rayés par leur rébellion du Livre de Vie. Ils n'avoient pas encore acquis leurs noms nouveaux parmi les fils d'Ève; mais lorsque errant sur la terre, avec la haute permission de Dieu pour l'épreuve de l'homme, ils eurent, à force d'impostures et de mensonges, corrompu la plus grande partie du genre humain, ils persuadèrent aux créatures d'abandonner Dieu, leur créateur, de transformer souvent la gloire invisible de celui qui les avoit faits dans l'image d'une brute ornée de gaies religions pleines de pompes et d'or, et d'adorer les démons pour divinités : alors ils furent connus aux hommes sous différents noms et par diverses idoles, dans le monde païen.

Muse, redis-moi ces noms alors connus; qui le premier, qui le dernier se réveilla du sommeil sur ce lit de feu, à l'appel de leur grand empereur; quels chefs, les plus près de lui en mérites, vinrent un à un où il se tenoit sur le rivage chauve, tandis que la foule pêle-mêle se tenoit encore au loin.

Ces chefs furent ceux qui, sortis du puits de l'Enfer, rôdant pour saisir leur proie sur la terre, eurent l'audace, longtemps après, de fixer leurs siéges auprès de celui de Dieu, leurs autels contre son autel, dieux adorés parmi les nations d'alentour; et ils osèrent habiter près de Jéhovah, tonnant hors de Sion, ayant son trône au milieu des chérubins : souvent même ils placèrent leurs châsses jusque dans son sanctuaire, abominations! et avec des choses maudites ils profanèrent ses rites sacrés, ses fêtes solennelles, et leurs ténèbres osèrent affronter sa lumière.

D'abord s'avance Moloch, horrible roi, aspergé du sang des sacrifices humains et des larmes des pères et des mères, bien qu'à cause du bruit des tambours et des timbales retentissantes le cri de leurs enfants ne fût pas entendu lorsque à travers le feu ils passoient à l'idole grimée. Les Ammonites l'adorèrent dans Rabba et sa plaine humide, dans Argob et dans Basan, jusqu'au courant de l'Arnon le plus reculé. Non content d'un si audacieux voisinage, il amena, par fraude, le très-sage cœur de Salomon à lui bâtir un temple droit en face du temple de Dieu, sur cette montagne d'Opprobre; et il fit son

The pleasant valley of Hinnom, Tophet thence
And black Gehenna call'd, the type of hell.

    Next Chemos, the obscene dread of Moab's sons,
From Aroar to Nebo, and the wild
Of southmost Abarim; in Hesebon
And Horonaim, Seon's realm, beyond
The flowery dale of Sibma clad with vines,
And Elealé, to the asphaltic pool:
Peor his other name, when he enticed
Israel in Sittim, on their march from Nile,
To do him wanton rites, which cost them woe.
Yet thence his lustful orgies he enlarged
Ev'n to that hill of scandal, by the grove
Of Moloch homicide, lust hard by hate;
Till good Josiah drove them thence to hell.

    With these came they, who, from the bordering flood
Of old Euphrates to the brook that parts
Egypt from Syrian ground, had general names
Of Baalim and Ashtaroth; those male,
These feminine: for spirits, when they please,
Can either sex assume, or both; so soft
And uncompounded is their essence pure;
Not tied or manacled with joint or limb,
Nor founded on the brittle strength of bones,
Like cumbrous flesh; but in what shape they choose,
Dilated or condensed, bright or obscure,
Can execute their airy purposes,
And works of love or enmity fulfil.
For those the race of Israel oft forsook
Their Living Strength, and unfrequented left
His righteous altar, bowing lowly down
To bestial gods; for which their heads as low
Bow'd down in battle, sunk before the spear
Of despicable foes.

               With these in troop
Came Astoreth, whom the Phœnicians call'd
Astarte, queen of heaven, with crescent horns;
To whose bright image nightly by the moon
Sidonian virgins paid their vows and songs;
In Sion also not unsung, where stood
Her temple on the offensive mountain, built
By that uxorious king, whose heart, though large,
Beguiled by fair idolatresses, fell
To idols foul.

           Thammuz came next behind,
Whose annual wound in Lebanon allured
The Syrian damsels to lament his fate
In amorous ditties, all a summer's day;
While smooth Adonis from his native rock

bois sacré de la riante vallée d'Hinnon, de là nommée Tophet et la noire Géhenne, type de l'Enfer.

Après Moloch vint Chemos, l'obscène terreur des fils de Moab, depuis Aroar à Nébo et au désert du plus méridial Abarim; dans Hesebon et Horonaïm, royaume de Séon, au delà de la retraite fleurie de Sibma, tapissée de vignes, et dans Éléalé, jusqu'au lac Asphaltite. Chemos s'appeloit aussi Péor, lorsqu'à Sittim il incita les Israélites, dans leur marche du Nil, à lui faire de lubriques oblations, qui leur coûtèrent tant de maux. De là il étendit ses lascives orgies jusqu'à la colline du Scandale, près du bois de l'homicide Moloch, l'Impudicité tout près de la Haine ; le pieux Josias les chassa dans l'Enfer.

Avec ces divinités vinrent celles qui, du bord des flots de l'antique Euphrate jusqu'au torrent qui sépare l'Égypte de la terre de Syrie, portent les noms généraux de Baal et d'Astaroth, ceux-là mâles, celles-ci femelles ; car les esprits prennent à leur gré l'un ou l'autre sexe, ou tous les deux à la fois. Si ténue et si simple est leur essence pure : elle est ni liée ni cadenassée par des jointures et des membres, ni fondée sur la fragile force des os, comme la lourde chair ; mais dans telle forme qu'ils choisissent, dilatée ou condensée, brillante ou obscure, ils peuvent exécuter leurs résolutions aériennes et accomplir les œuvres de l'amour ou de la haine. Pour ces divinités les enfants d'Israel abandonnèrent souvent leur Force Vivante, et laissèrent infréquenté son autel légitime, se prosternant bassement devant des dieux animaux. Ce fut pour cela que leurs têtes inclinées aussi bas dans les batailles se courbèrent devant la lance du plus méprisable ennemi.

Après ces divinités en troupe parut Astoreth, que les Phéniciens nomment Astarté, reine du Ciel, ornée d'un croissant; à sa brillante image, nuitamment en présence de la lune, les vierges de Sidon payent le tribut de leurs vœux et de leurs chants. Elle ne fut pas aussi non chantée dans Sion, où son temple s'élevoit sur le mont d'Iniquité : temple que bâtit ce roi ami des épouses, dont le cœur, quoique grand, séduit par de belles idolâtres, tomba devant d'infâmes idoles.

A la suite d'Astarté vient Thammuz, dont l'annuelle blessure dans le Liban attire les jeunes Syriennes, pour gémir sur sa destinée dans de tendres complaintes, pendant tout un jour d'été; tandis que le tranquille Adonis, échappant de sa roche native, roule à la mer son

Ran purple to the sea, supposed with blood
Of Thammuz yearly wounded: the love-tale
Infected Sion's daughters with like heat,
Whose wanton passions in the sacred porch
Ezekiel saw, when, by the vision led,
His eye survey'd the dark idolatries
Of alienated Judah.

                Next came one
Who mourn'd in earnest, when the captive ark
Maim'd his brute image, head and hands lopp'd off
In his own temple, on the grunsel edge,
Where he fell flat, and shamed his worshippers:
Dagon his name; sea monster, upward man
And downward fish: yet had his temple high
Rear'd in Azotus, dreaded through the coast
Of Palestine, in Gath, and Ascalon,
And Accaron and Gaza's frontier bounds.

    Him follow'd Rimmon, whose delightful seat
Was fair Damascus, on the fertile banks
Of Abbana and Pharphar, lucid streams.
He also against the house of God was bold:
A leper once he lost, and gain'd a king;
Ahaz, his sottish conqueror, whom he drew
God's altar to disparage, and displace
For one of Syrian mode, whereon to burn
His odious offerings, and adore the gods
Whom he had vanquish'd.

                      After these appear'd
A crew, who under names of old renown,
Osiris, Isis, Orus, and their train,
With monstrous shapes and sorceries abused
Fanatic Egypt and her priests, to seek
Their wandering gods disguised in brutish forms
Rather than human.

                Nor did Israel 'scape
The infection, when their borrow'd gold composed
The calf in Oreb; and the rebel king
Doubled that sin in Bethel and in Dan,
Likening his Maker to the grazed ox;
Jehovah, who in one night, when he pass'd
From Egypt marching, equall'd with one stroke
Both her first-born and all her bleating gods.

    Belial came last, than whom a spirit more lewd
Fell not from heaven, or more gross to love
Vice for itself: to him no temple stood
Or altar smoked; yet who more oft than he
In temples and at altars, when the priest
Turns atheist, as did Eli's sons, who fill'd
With lust and violence the house of God?

onde supposée rougie du sang de Thammuz, blessé tous les ans. Cette amoureuse histoire infecta de la même ardeur les filles de Jérusalem, dont les molles voluptés sous le sacré portique furent vues d'Ezéchiel, lorsque, conduit par la vision, ses yeux découvrirent les noires idolâtries de l'infidèle Juda.

Après Thammuz, il en vint un qui pleura amèrement, quand l'arche captive mutila sa stupide idole, tête et mains émondées, dans son propre sanctuaire, sur le seuil de la porte où elle tomba à plat, et fit honte à ses adorateurs : Dagon est son nom; monstre marin, homme par le haut, poisson par le bas. Et cependant son temple, élevé haut dans Azot, fut redouté le long des côtes de la Palestine, dans Gath, et Ascalon et Accaron, et jusqu'aux bornes de la frontière de Gaza.

Suivoit Rimmon, dont la délicieuse demeure étoit la charmante Damas, sur les bords fertiles d'Abbana et de Pharphar, courants limpides. Lui aussi fut hardi contre la maison de Dieu : une fois il perdit un lépreux et gagna un roi, Achaz, son imbécile conquérant, qu'il engagea à mépriser l'autel du Seigneur et à le déplacer pour un autel à la syrienne, sur lequel Achaz brûla ses odieuses offrandes et adora les dieux qu'il avoit vaincus.

Après ces Démons parut la bande de ceux qui, sous des noms d'antique renommée, Osiris, Isis, Orus et leur train monstrueux en figures et en sorcelleries, abusèrent la fanatique Égypte et ses prêtres, qui cherchèrent leurs divinités errantes, cachées sous des formes de bêtes plutôt que sous des formes humaines.

Point n'échappa Israel à la contagion, quand d'un or emprunté il forma le veau d'Oreb. Le roi rebelle doubla ce péché à Béthel et à Dan, assimilant son Créateur au bœuf paissant, ce Jéhovah qui dans une nuit, lorsqu'il passa dans sa marche à travers l'Égypte, rendit égaux d'un seul coup ses premiers nés et ses dieux bêlants.

Bélial parut le dernier; plus impur esprit, plus grossièrement épris de l'amour du vice pour le vice même, ne tomba du ciel. Pour Bélial aucun temple ne s'élevoit, aucun autel ne fuma : qui cependant est plus souvent que lui dans les temples et sur les autels, quand le prêtre devient athée comme les fils d'Eli, qui remplirent de prostitutions et de violences la maison de Dieu? Il règne aussi dans les palais et

In courts and palaces he also reigns,
And in luxurious cities, where the noise
Of riot ascends above their loftiest towers,
And injury and outrage : and when night
Darkens the streets, then wander forth the sons
Of Belial, flown with insolence and wine.
Witness the streets of Sodom, and that night
In Gibeah, when the hospitable door
Exposed a matron to avoid worse rape.

 These were the prime in order and in might;
The rest were long to tell, though far renown'd,
The Ionian gods, of Javan's issue, held
Gods, yet confess'd later than Heaven and Earth,
Their boasted parents. Titan, heaven's first born,
With his enormous brood, and birthright seized
By younger Saturn : he from mightier Jove,
His own and Rhea's son, like measure found;
So Jove usurping reign'd : these first in Crete
And Ida known : thence on the snowy top
Of cold Olympus ruled the middle air,
Their highest heaven; or on the Delphian cliff,
Or in Dodona, and through all the bounds
Of Doric land; or who with Saturn old
Fled over Adria to the Hesperian fields,
And o'er the Celtic roam'd the utmost isles.

 All these and more came flocking, but with looks
Downcast and damp; yet such wherein appear'd
Obscure some glimpse of joy, to have found their chief
Not in despair, to have found themselves not lost
In loss itself; which on his countenance cast
Like doubtful hue : but he, his wonted pride
Soon recollecting, with high words, that bore
Semblance of worth, not substance, gently raised
Their fainting courage, and dispell'd their fears.

 Then straight commands, that at the warlike sound
Of trumpets loud and clarions, be uprear'd
His mighty standard : that proud honour claim'd
Azazel as his right, a cherub tall;
Who forthwith from the glittering staff unfurl'd
The imperial ensign, which, full high advanced,
Shone like a meteor, streaming to the wind,
With gems and golden lustre rich imblazed,
Seraphic arms and trophies; all the while
Sonorous metal blowing martial sounds :
At which the universal host up sent
A shout that tore hell's concave, and beyond
Frighted the reign of Chaos and old Night.

 All in a moment through the gloom were seen
Ten thousand banners rise into the air
With orient colours waving : with them rose

dans les cours, dans les villes dissolues, où le bruit de la débauche, de l'injure et de l'outrage monte au-dessus des plus hautes tours ; et quand la nuit obscurcit les rues, alors vagabondent les fils de Bélial, gonflés d'insolence et de vin : témoins les rues de Sodome et cette nuit dans Gabaa, lorsque la porte hospitalière exposa une matrone, pour éviter un rapt plus odieux.

Ces démons étoient les premiers en rang et en puissance ; le reste seroit long à dire, bien qu'au loin renommé : dieux d'Ionie, que la postérité de Javan tint pour dieux, mais confessés dieux plus récents que le Ciel et la Terre, leurs parents vantés ; Titan, premier né du Ciel avec son énorme lignée et son droit d'aînesse usurpé par Saturne, plus jeune que lui ; Saturne, traité de la même sorte par le plus puissant Jupiter, son propre fils et fils de Rhée : ainsi Jupiter, usurpant, régna. Ces dieux, d'abord connus en Crète et sur l'Ida, de là sur le sommet neigeux du froid Olympe, gouvernèrent la moyenne région de l'air, leur plus haut ciel, ou sur le rocher de Delphes, ou dans Dodone, et dans toutes les limites de la terre Dorique. L'un d'eux, avec le vieux Saturne, fuit sur l'Adriatique aux champs de l'Hespérie, et par delà la Celtique erra dans les îles les plus reculées.

Tous ces dieux et beaucoup d'autres vinrent en troupe, mais avec des regards baissés et humides, tels cependant qu'on y voyoit une obscure lueur de joie d'avoir trouvé leur chef non désespéré, de s'être trouvés eux-mêmes non perdus dans la perdition même. Ceci refléta sur le visage de Satan comme une couleur douteuse ; mais bientôt, reprenant son orgueil accoutumé, avec de hautes paroles qui avoient l'apparence non la réalité de la dignité, il ranime doucement leur défaillant courage et dissipe leur crainte.

Alors sur le champ il ordonne qu'au bruit guerrier des clairons et des trompettes retentissantes son puissant étendard soit levé. Cet orgueilleux honneur est réclamé comme un droit par Azazel, grand chérubin ; il déferle de l'hast brillante l'enseigne impériale, qui haute et pleinement avancée brille comme un météore s'écoulant dans le vent : les perles et le riche éclat de l'or y blasonnoient les armes et les trophées séraphiques. Pendant tout ce temps l'airain sonore souffle des sons belliqueux, auxquels l'universelle armée renvoie un cri qui déchire la concavité de l'Enfer et épouvante au delà l'empire du Chaos et de la vieille Nuit.

En un moment, à travers les ténèbres, sont vues dix mille bannières qui s'élèvent dans l'air avec des couleurs orientales ondoyantes. Avec ces bannières se dresse une forêt énorme de lances ; et les casques

A forest huge of spears; and thronging helms
Appear'd, and serried shields in thick array
Of depth immeasurable: anon they move
In perfect phalanx to the Dorian mood
Of flutes and soft recorders; such as raised
To height of noblest temper heroes old
Arming to battle; and, instead of rage,
Deliberate valor breathed, firm, and unmoved
With dread of death to flight or foul retreat;
Nor wanting power to mitigate and 'suage
With solemn touches troubled thoughts, and chase
Anguish, and doubt, and fear, and sorrow, and pain,
From mortal or immortal minds.

       Thus they,
Breathing united force, with fixed thought,
Moved on in silence, to soft pipes that charm'd
Their painful steps o'er the burnt soil: and now
Advanced in view they stand, a horrid front
Of dreadful length and dazzling arms, in guise
Of warriors old with order'd spear and shield,
Awaiting what command their mighty chief
Had to impose: he through the armed files
Darts his experienced eye, and soon traverse
The whole battalion views; their order due,
Their visages and stature as of gods;
Their number last he sums.

       And now his heart
Distends with pride, and, hardening in his strength,
Glories: for never, since created man,
Met such imbodied force, as named with these
Could merit more than that small infantry
Warr'd on by cranes; though all the giant brood
Of Phlegra with the heroic race were join'd
That fought at Thebes and Ilium, on each side
Mix'd with auxiliar gods; and what resounds
In fable or romance of Uther's son,
Begirt with British and Armoric knights;
And all who since, baptized or infidel,
Jousted in Aspramont or Montalban,
Damasco, or Morocco, or Trebisond,
Or whom Biserta sent from Afric shore,
When Charlemain, with all his peerage fell,
By Fontarabia.

      Thus far these beyond
Compare of mortal prowess, yet observed
Their dread commander: he, above the rest
In shape and gesture proudly eminent,
Stood like a tower: his form had yet not lost
All her original brightness, nor appear'd
Less than archangel ruin'd, and the excess

pressés apparoissent, et les boucliers se serrent dans une épaisse ligne d'une profondeur incommensurable. Bientôt les guerriers se meuvent en phalange parfaite, au mode dorien des flûtes et des suaves hautbois : un tel mode élevoit à la hauteur du plus noble calme les héros antiques s'armant pour le combat ; au lieu de la fureur, il inspiroit une valeur réglée, ferme, incapable d'être entraînée par la crainte de la mort à la fuite ou à une retraite honteuse. Cette harmonie ne manque pas de pouvoir pour tempérer et apaiser, avec des accords religieux, les pensées troublées, pour chasser l'angoisse, et le doute, et la frayeur, et le chagrin, et la peine des esprits mortels et immortels.

Ainsi respirant la force unie, avec un dessein fixé, marchoient en silence les anges déchus, au son du doux pipeau, qui charmoit leurs pas douloureux sur le sol brûlant, et alors avancés en vue, ils s'arrêtent ; horrible front d'effroyable longueur, étincelant d'armes, à la ressemblance des guerriers de jadis, rangés sous le bouclier et la lance, attendant l'ordre que leur puissant général avoit à leur imposer ! Satan dans les files armées darde son regard expérimenté, et bientôt voit, à travers tout le bataillon, la tenue exacte de ces guerriers, leurs visages, et leurs statures comme celles des dieux ; leur nombre finalement il résume.

Et alors son cœur se dilate d'orgueil, et, s'endurcissant dans sa puissance, il se glorifie ; car depuis que l'homme fut créé jamais force pareille n'avoit été réunie en corps. Nommée auprès de celle-ci, elle ne mériteroit pas qu'on s'y arrêtât plus qu'à cette petite infanterie combattue par les grues. Quand même on y ajouteroit la race gigantesque de Phlégra avec la race héroïque qui lutta devant Thèbes et Ilion, où de l'un et de l'autre côté se mêloient des dieux auxiliaires ; quand on y joindroit ce que le roman ou la fable raconte du fils d'Uther, entouré de chevaliers bretons et armoricains ; quand on rassembleroit tous ceux qui depuis, baptisés ou infidèles, joutèrent dans Aspremont, ou Montauban, ou Damas, ou Maroc, ou Trébisonde, ou ceux que Biserte envoya de la rive africaine, lorsque Charlemagne avec tous ses pairs tomba près de Fontarabie.

Ainsi cette armée des esprits, loin de comparaison avec toute mortelle prouesse, respectoit cependant son retoutable chef. Celui-ci, au-dessus du reste par sa taille et sa contenance, superbement dominateur, s'élevoit comme une tour. Sa forme n'avoit pas encore perdu toute sa splendeur originelle ; il ne paroissoit rien moins qu'un archange tombé, un excès de gloire obscurcie : comme lorsque le

Of glory obscured : as when the sun new-risen
Looks through the horizontal misty air,
Shorn of his beams ; or from behind the moon,
In dim eclipse, disastrous twilight sheds
On half the nations, and with fear of change
Perplexes monarchs : darken'd so, yet shone
Above them all the archangel : but his face
Deep scars of thunder had intrench'd, and care
Sat on his faded cheek; but, under brows
Of dauntless courage and considerate pride,
Waiting revenge : cruel his eye, but cast
Signs of remorse and passion, to behold
The fellows of his crime, the followers rather,
(Far other once beheld in bliss) condemn'd
For ever now to have their lot in pain ;
Millions of spirits for his fault amerced
Of heaven, and from eternal splendors flung
For his revolt ; yet faithful how they stood,
Their glory wither'd : as when heaven's fire
Hath scathed the forest oaks or mountain pines,
With singed top, their stately growth, though bare,
Stands on the blasted heath.

       He now prepared
To speak ; whereat their doubled ranks they bend
From wing to wing, and half inclose him round
With all his peers ; attention held them mute.
Thrice he assay'd, and thrice, in spite of scorn,
Tears, such as angels weep, burst forth ; at last
Words interwove with sighs found out their way.

 " O myriads of immortal spirits ! O powers
Matchless, but with the Almighty ; and that strife
Was not inglorious, though the event was dire,
As this place testifies, and this dire change
Hateful to utter : but what power of mind,
Foreseeing or presaging, from the depth
Of knowledge past or present, could have fear'd,
How such united force of gods, how such
As stood like these, could ever know repulse?
For who can yet believe, though after loss,
That all these puissant legions, whose exile
Hath emptied heaven, shall fail to reascend
Self-raised, and repossess their native seat ?
For me, be witness all the host of heaven,
If counsels different or dangers shunn'd
By me have lost our hopes : but he, who reigns
Monarch in heaven, till then as one secure
Sat on his throne, upheld by old repute,
Consent, or custom ; and his regal state
Put forth at full; but still his strength conceal'd,
Which tempted our attempt, and wrought our fall.

soleil nouvellement levé, tondu de ses rayons, regarde à travers l'air horizontal et brumeux; ou tel que cet astre derrière la lune, dans une sombre éclipse, répand un crépuscule funeste sur la moitié des peuples et par la frayeur des révolutions tourmente les rois : ainsi obscurci brilloit encore au-dessus de tous ses compagnons l'archange. Mais son visage est labouré des profondes cicatrices de la foudre, et l'inquiétude est assise sur sa joue fanée; sous les sourcils d'un courage indompté et d'un orgueil patient veille la vengeance. Cruel étoit son œil; toutefois il s'en échappoit des signes de remords et de compassion, quand Satan regardoit ceux qui partagèrent, ou plutôt qui suivirent son crime (il les avoit vus autrefois bien différents dans la béatitude), condamnés maintenant pour toujours à avoir leur lot dans la souffrance! millions d'esprits mis pour sa faute à l'amende du ciel, et jetés hors des éternelles splendeurs pour sa révolte, néanmoins demeurés fidèles combien que leur gloire fût flétrie. Comme quand le feu du ciel a écorché les chênes de la forêt ou les pins de la montagne, avec une tête passée à la flamme, leur tronc majestueux, quoique nu, reste debout sur la lande brûlée.

Satan se prépare à parler; sur quoi les rangs doublés des bataillons se courbent d'une aile à l'autre aile, et l'entourent à demi de tous ses pairs : l'attention les rend muets. Trois fois il essaye de commencer; trois fois, en dépit de sa fierté, des larmes telles que les anges en peuvent pleurer débordent. Enfin des mots entrecoupés de soupirs forcent le passage :

« O myriades d'esprits immortels! ô puissances qui n'avez de pareil que le Tout-Puissant! il ne fut pas inglorieux, ce combat, bien que l'événement fut désastreux, comme l'attestent ce séjour et ce terrible changement odieux à exprimer. Mais quelle faculté d'esprit, prévoyant et présageant d'après la profondeur de la connoissance du passé ou du présent, auroit craint que la force unie de tant de dieux, de dieux tels que ceux-ci, fût jamais repoussée? Car qui peut croire encore, même après cette défaite, que toutes ces légions puissantes, dont l'exil a rendu le Ciel vide, manqueront à se relever et à reconquérir leur séjour natal? Quant à moi, toute l'armée céleste est témoin si des conseils divers ou des dangers par moi évités ont ruiné nos espérances. Mais celui qui règne monarque dans le Ciel étoit jusque alors demeuré en sûreté assis sur son trône, maintenu par une ancienne réputation, par le consentement ou l'usage; il nous étaloit en plein son faste royal, mais il nous cachoit sa force, ce qui nous tenta à notre tentative et causa notre chute.

"Henceforth his might we know, and know our own;
So as not either to provoke, or dread
New war, provoked : our better part remains
To work in close design, by fraud or guile,
What force effected not; that he no less
At length from us may find, who overcomes
By force, hath overcome but half his foe.

"Space may produce new worlds, whereof so rife
There went a fame in heaven, that he ere long
Intended to create, and therein plant
A generation, whom his choice regard
Should favour equal to the sons of heaven.
Thither, if but to pry, shall be perhaps
Our first eruption; thither or elsewhere :
For this infernal pit shall never hold
Celestial spirits in bondage, nor the abyss
Long under darkness cover. But these thoughts
Full counsel must mature : peace is despair'd;
For who can think submission? war then, war,
Open or understood, must be resolved."

He spake; and, to confirm his words, out flew
Millions of flaming swords, drawn from the thighs
Of mighty cherubim; the sudden blaze
Far round illumined hell : highly they raged
Against the Highest, and fierce with grasped arms
Clash'd on their sounding shields the din of war,
Hurling defiance toward the vault of heaven.

There stood a hill not far, whose grisly top
Belch'd fire and rolling smoke; the rest entire
Shone with a glossy scurf; undoubted sign
That in his womb was hid metallic ore,
The work of sulphur. Thither, wing'd with speed,
A numerous brigade hasten'd; as when bands
Of pioneers, with spade and pickaxe arm'd,
Forerun the royal camp, to trench a field,
Or cast a rampart. Mammon led them on;
Mammon, the least erected spirit that fell
From heaven; for ev'n in heaven his looks and thoughts
Were always downward bent; admiring more
The riches of heaven's pavement, trodden gold,
Than aught divine or holy else enjoy'd
In vision beatific : by him first
Men also, and by his suggestion taught,
Ransack'd the centre, and with impious hands
Rifled the bowels of their mother earth
For treasures better hid. Soon had his crew
Open'd into the hill a spacious wound,
And digg'd out ribs of gold. Let none admire
That riches grow in hell, that soil may best
Deserve the precious bane. And here let those

» Dorénavant nous connoissons sa puissance et nous connoissons la nôtre, de manière à ne provoquer ni craindre une nouvelle guerre, provoquée. Le meilleur parti qui nous reste est de travailler dans un secret dessein à obtenir de la ruse et de l'artifice ce que la force n'a pas effectué, afin qu'à la longue il apprenne du moins ceci de nous : Celui qui a vaincu par la force n'a vaincu qu'à moitié son ennemi.

« L'espace peut produire de nouveaux mondes : à ce sujet un bruit couroit dans le Ciel qu'avant peu le Tout-Puissant avoit l'intention de créer et de placer dans cette création une race que les regards de sa préférence favoriseroient à l'égal des fils du Ciel. Là, ne fût-ce que pour découvrir, se fera peut-être notre première irruption ; là où ailleurs, car ce puits infernal ne retiendra jamais des esprits célestes en captivité, ni l'abîme ne les couvrira longtemps de ses ténèbres. Mais ces projets doivent être mûris en plein conseil. Plus d'espoir de paix, car qui songeroit à la soumission ? Guerre donc ! guerre, ouverte ou cachée, doit être résolue. »

Il dit ; et pour approuver ses paroles volèrent en l'air des millions d'épées flamboyantes, tirées de dessus la cuisse des puissants chérubins ; la lueur subite au loin alentour illumine l'Enfer : les démons poussent des cris de rage contre le Très-Haut, et furieux, avec leurs armes saisies, ils sonnent sur leurs boucliers retentissants le glas de la guerre, hurlant un défi à la voûte du Ciel.

A peu de distance s'élevoit une colline dont le sommet terrible rendoit par intervalles du feu et une roulante fumée ; le reste entier brilloit d'une croûte lustrée ; indubitable signe que dans les entrailles de cette colline étoit cachée une substance métallique, œuvre du soufre. Là, sur les ailes de la vitesse, une nombreuse brigade se hâte, de même que des bandes de pionniers armés de pics et de bêches devancent le camp royal pour se retrancher en plaine ou élever un rempart. Mammon les conduit ; Mammon, le moins élevé des esprits tombés du Ciel, car dans le Ciel même ses regards et ses pensées étoient toujours dirigés en bas ; admirant plus la richesse du pavé du Ciel, où les pas foulent l'or, que toute chose divine ou sacrée dont on jouit dans la vision béatifique. Par lui d'abord, les hommes aussi, et par ses suggestions enseignées, saccagèrent le centre de la terre, et avec des mains impies pillèrent les entrailles de leur mère, pour des trésors qu'il vaudroit mieux cacher. Bientôt la bande de Mammon eut ouvert une large blessure dans la montagne et extrait de ses flancs des côtes d'or. Personne ne doit s'étonner si les richesses croissent dans l'Enfer : ce sol est le plus convenable au précieux poison. Et ici

Who boast in mortal things, and wondering tell
Of Babel, and the works of Memphian kings,
Learn how their greatest monuments of fame,
And strength, and art, are easily outdone
By spirits reprobate, and in an hour
What in an age they with incessant toil
And hands innumerable scarce perform.

Nigh on the plain, in many cells prepared,
That underneath had veins of liquid fire
Sluiced from the lake, a second multitude
With wondrous art founded the massy ore,
Severing each kind, and scumm'd the bullion dross:
A third as soon had form'd within the ground
A various mould, and from the boiling cells
By strange conveyance fill'd each hollow nook:
As in an organ, from one blast of wind,
To many a row of pipes the sound-board breathes.
Anon out of the earth a fabric huge
Rose, like an exhalation, with the sound
Of dulcet symphonies and voices sweet;
Built like a temple, where pilasters round
Were set, and Doric pillars overlaid
With golden architrave: nor did there want
Cornice of frieze with bossy sculptures graven;
The roof was fretted gold. Not Babylon,
Nor great Alcairo such magnificence
Equall'd in all their glories, to inshrine
Belus or Serapis, their gods; or seat
Their kings, when Egypt with Assyria strove
In wealth and luxury.
                 The ascending pile
Stood fix'd her stately height: and straight the doors,
Opening their brazen folds, discover wide
Within her ample spaces o'er the smooth
And level pavement: from the arched roof,
Pendent by subtle magic, many a row
Of starry lamps and blazing cressets, fed
With naphtha and asphaltus, yielded light
As from a sky.
            The hasty multitude
Admiring enter'd, and the work some praise,
And some the architect: his hand was known
In heaven by many a tower'd structure high,
Where sceptred angels held their residence,
And sat as princes; whom the Supreme King
Exalted to such power, and gave to rule,
Each in his hierarchy, the orders bright.

Nor was his name unheard or unadored
In ancient Greece; and in Ausonian land
Men call'd him Mulciber; and how he fell

que ceux qui se vantent des choses mortelles et qui s'en émerveillant disent Babel et les ouvrages des rois de Memphis, que ceux-là apprennent combien leurs plus grands monuments de renommée, de force et d'art, sont aisément surpassés par des esprits réprouvés : ils accomplissent en une heure ce que dans un siècle les rois avec des labeurs incessants et des mains innombrables achèvent à peine.

Tout auprès sur la plaine, dans maints fourneaux préparés sous lesquels passe une veine de feu liquide, éclusée du lac, une seconde troupe avec un art prodigieux fait fondre le minerai massif, sépare chaque espèce, et écume les scories des lingots d'or. Une troisième troupe aussi promptement forme dans la terre des moules variés, et de la matière des bouillants creusets, par une dérivation étonnante, remplissent chaque profond recoin : ainsi dans l'orgue, par un seul souffle de vent divisé entre plusieurs rangs de tuyaux, tout le jeu respire.

Soudain un immense édifice s'éleva de la terre, comme une exhalaison, au son d'une symphonie charmante et de douces voix; édifice bâti ainsi qu'un temple, où tout autour étoient placés des pilastres et des colonnes doriques surchargées d'une architrave d'or : il n'y manquoit ni corniches, ni frises avec des reliefs gravés en bosse. Le plafond étoit d'or ciselé. Ni Babylone ni Memphis, dans toute leur gloire, n'égalèrent une pareille magnificence pour enchâsser Bélus ou Sérapis, leurs dieux, ou pour introniser leurs rois, lorsque l'Égypte et l'Assyrie rivalisoient de luxe et de richesses.

La masse ascendante arrêta fixe sa majestueuse hauteur, et sur le champ les portes, ouvrant leurs battants de bronze, découvrent au large en dedans ses amples espaces sur un pavé nivelé et poli : sous l'arc de la voûte pendent, par une subtile magie, plusieurs files de lampes étoilées et d'étincelants fallots qui, nourris de naphthe et d'asphalte, émanent la lumière comme un firmament.

La foule empressée entre en admirant, et les uns vantent l'ouvrage, les autres l'ouvrier. La main de cet architecte fut connue dans le Ciel par la structure de plusieurs hautes tours, où des anges, portant le sceptre, faisoient leur résidence et siégeoient comme des princes : le Monarque suprême les éleva à un tel pouvoir, et les chargea de gouverner, chacun dans sa hiérarchie, les milices brillantes.

Le même architecte ne fut point ignoré ou sans adorateurs dans l'antique Grèce; et dans la terre d'Ausonie les hommes l'appelèrent Mulciber. Et la fable disoit comment il fut précipité du Ciel, jeté par

From heaven they fabled, thrown by angry Jove
Sheer o'er the crystal battlements: from morn
To noon he fell, from noon to dewy eve,
A summer's day; and with the setting sun
Dropp'd from the zenith like a falling star,
On Lemnos, the Ægean isle : thus they relate,
Erring; for he with this rebellious rout
Fell long before; nor aught avail'd him now
To have built in heaven high towers; nor did he 'scape
By all his engines; but was headlong sent
With his industrious crew to build in hell.
Meanwhile the winged heralds, by command
Of sovereign power, with awful ceremony
And trumpet's sound, throughout the host proclaim
A solemn council forthwith to be held
At Pandæmonium, the high capital
Of Satan and his peers : their summons call'd
From every band and squared regiment
By place or choice the worthiest; they anon
With hundreds and with thousands trooping came
Attended : all access was throng'd; the gates
And porches wide, but chief the spacious hall
(Though like a cover'd field, where champions bold
Wont ride in arm'd, and at the soldan's chair
Defied the best of Panim chivalry
To mortal combat, or career with lance)
Thick swarm'd, both on the ground and in the air,
Brush'd with the hiss of rustling wings. As bees.
In spring time, when the sun with Taurus rides
Pour forth their populous youth about the hive
In clusters : they among fresh dews and flowers
Fly to and fro, or on the smoothed plank,
The suburb of their straw-built citadel,
New rubb'd with balm, expatiate, and confer
Their state affairs : so thick the airy crowd
Swarm'd and were straiten'd, till the signal given.

  Behold a wonder! They, but now who seem'd
In bigness to surpass Earth's giant sons,
Now less than smallest dwarfs, in narrow room
Throng numberless, like that Pygmean race
Beyond the Indian mount; or fairy elves,
Whose midnight revels, by a forest side,
Or fountain, some belated peasant sees,
Or dreams he sees, while over-head the moon
Sits arbitress, and nearer to the earth
Wheels her pale course : they, on their mirth and dance
Intent, with jocund music charm his ear :
At once with joy and fear his heart rebounds.

  Thus incorporeal spirits to smallest forms
Reduced their shapes immense, and were at large,

Jupiter en courroux pardessus les créneaux de cristal : du matin jusqu'au midi il roula, du midi jusqu'au soir d'un jour d'été; et avec le soleil couchant il s'abattit du zénith, comme une étoile tombante, dans Lemnos, île de l'Égée : ainsi les hommes le racontoient, en se trompant ; car la chute de Mulciber avec cette bande rebelle avoit eu lieu longtemps auparavant. Il ne lui servit de rien à présent d'avoir élevé de hautes tours dans le Ciel ; il ne se sauva point à l'aide de ses machines ; mais il fut envoyé la tête la première, avec sa horde industrieuse, bâtir dans l'Enfer.

Cependant les hérauts ailés, par le commandement du souverain pouvoir, avec un appareil redoutable, et au son des trompettes, proclament dans toute l'armée la convocation d'un conseil solennel qui doit se tenir incontinent à Pandæmonium, la grande capitale de Satan et de ses pairs. Leurs sommations appellent, de chaque bande et de chaque régiment régulier, les plus dignes en rang ou en mérite ; ils viennent aussitôt, par troupes de cent et de mille, avec leurs cortéges. Tous les abords sont obstrués ; les portes et les larges parvis s'encombrent, mais surtout l'immense salle (quoique semblable à un champ couvert, où de vaillants champions étoient accoutumés à chevaucher en armes, et devant le siège du soudan, à défier la fleur de la chevalerie païenne, au combat à mort ou au courre d'une lance). L'essaim des esprits fourmille épais, à la fois sur la terre et dans l'air froissé du sifflement de leurs ailes bruyantes. Au printemps, quand le Soleil marche avec le Taureau, des abeilles répandent en grappes autour de la ruche leur populeuse jeunesse : elles voltigent çà et là parmi la fraîche rosée et les fleurs, ou, sur une planche unie, faubourg de leur citadelle de paille, nouvellement frottée de baume, elles discourent et délibèrent de leurs affaires d'État : aussi épaisse la troupe aérienne fourmilloit et étoit serrée, jusqu'au moment du signal donné.

Voyez la merveille ! ceux qui paroissoient à présent surpasser en grandeur les géants, fils de la Terre, à présent moindres que les plus petits nains, s'entassent sans nombre dans un espace étroit : ils ressemblent à la race des pygmées au delà de la montagne de l'Inde, ou bien à des fées dans leur orgie de minuit, à la lisière d'une forêt ou au bord d'une fontaine, que quelque paysan en retard voit ou rêve qu'il voit, tandis que sur sa tête la lune siège arbitre et incline plus près de la terre sa pâle course. Appliqués à leurs danses et à leurs jeux, ces esprits légers charment l'oreille du paysan avec une agréable musique ; son cœur bat à la fois de joie et de frayeur.

Ainsi, des esprits incorporels réduisirent à la plus petite proportion leur stature immense, et furent au large, quoique toujours sans

Though without number still, amidst the hall
Of that infernal court. But far within,
And in their own dimensions, like themselves,
The great seraphic lords and cherubim
In close recess and secret conclave sat;
A thousand demi-gods on golden seats,
Frequent and full. After short silence then,
And summons read, the great consult began.

END OF BOOK I.

nombre, dans la salle de cette cour infernale. Mais loin dans l'intérieur, et dans leurs propres dimensions, semblables à eux-mêmes, les grands seigneurs séraphiques et les chérubins se réunissent en un lieu retiré; et en secret conclave mille demi-dieux assis sur des siéges d'or, conseil nombreux et complet! Après un court silence et la semonce lue, la grande délibération commença.

FIN DU LIVRE I.

BOOK II.

THE ARGUMENT.

The consultation begun, Satan debates whether another battle be to be hazarded for the recovery of heaven : some advise it, others dissuade. A third proposal is preferred, mentioned before by Satan, to search the truth of that prophecy or tradition in heaven concerning another world, and another kind of creature, equal, or not much inferior, to themselves, about this time to be created : their doubt who shall be sent on this difficult search : Satan their chief undertakes alone the voyage, is honoured and applauded. The council thus ended, the rest betake them several ways, and to several employments, as their inclinations lead them, to entertain the time till Satan return. He passes on his journey to hell gates : finds them shut, and who sat there to guard them; by whom at length they are opened, and discover to him the great gulf between hell and heaven : with what difficulty he passes through, directed by Chaos, the Power of that place, to the sight of this new world which he sought.

High on a throne of royal state, which far
Outshone the wealth of Ormus and of Ind,
Or where the gorgeous east with richest hand
Showers on her kings barbaric pearl and gold,
Satan exalted sat, by merit raised
To that bad eminence : and, from despair
Thus high uplifted beyond hope, aspires
Beyond thus high; insatiate to pursue
Vain war with heaven, and, by success untaught,
His proud imaginations thus display'd : —
"Powers and Dominions, Deities of heaven,
For since no deep within her gulf can hold
Immortal vigour, though oppress'd and fallen,
I give not heaven for lost : from this descent
Celestial virtues rising, will appear
More glorious and more dread than from no fall,
And trust themselves to fear no second fate.
Me though just right and the fix'd laws of heaven

LIVRE II.

ARGUMENT.

La délibération commencée, Satan examine si une autre bataille doit être hasardée pour recouvrer le Ciel : quelques-uns sont de cet avis, d'autres en dissuadent. Une troisième proposition, suggérée d'abord par Satan, est préférée ; on conclut à éclaircir la vérité de cette prophétie ou de cette tradition du Ciel, concernant un autre monde et une autre espèce de créatures égales ou peu inférieures aux anges qui devoient être formées à peu près dans ce temps. Embarras pour savoir qui sera envoyé à cette difficile recherche. Satan, leur chef, entreprend seul le voyage; il est honoré et applaudi. Le conseil ainsi fini, les esprits prennent différents chemins, et s'occupent à différents exercices suivant que leur inclination les y porte, pour passer le temps jusqu'au retour de Satan. Celui-ci, dans son voyage, arrive aux portes de l'Enfer; il les trouve fermées ; et qui siégeoit là pour les garder. Par qui enfin elles sont ouvertes. Satan découvre l'immense gouffre entre l'Enfer et le Ciel. Avec quelles difficultés il le traverse : dirigé par le Chaos, puissance de ce lieu, il parvient à la vue du monde nouveau qu'il cherchoit.

Haut, sur un trône d'une magnificence royale, qui effaçoit de beaucoup en éclat la richesse d'Ormus et de l'Inde ou des contrées du splendide Orient, dont la main la plus opulente fait pleuvoir sur ses rois barbares les perles et l'or, Satan est assis, porté par le mérite à cette mauvaise prééminence. Du désespoir si haut élevé au delà de l'espérance, il aspire encore plus haut : insatiable de poursuivre une vaine guerre contre les cieux, et non instruit par son succès, il déploya de la sorte ses imaginations orgueilleuses :

« Pouvoirs et dominations ! divinités du Ciel ! puisque aucune profondeur ne peut retenir dans ses abîmes une vigueur immortelle, quoique opprimé et tombé, je ne regarde pas le Ciel comme perdu. De cet abaissement des vertus célestes relevées paroîtront plus glorieuses et plus redoutables que s'il n'y avoit pas eu de chute, et rassurées par elles-mêmes contre la crainte d'une seconde catastrophe. Un

Did first create your leader; next free choice,
With what besides, in council or in fight,
Hath been achieved of merit; yet this loss,
Thus far at least recover'd, hath much more
Establish'd in a safe unenvied throne,
Yielded with full consent. The happier state
In heaven, which follows dignity, might draw
Envy from each inferior; but who here
Will envy whom the highest place exposes
Foremost to stand against the Thunderer's aim
Your bulwark, and condemns to greatest share
Of endless pain? Where there is then no good
For which to strive, no strife can grow up there
From faction; for none sure will claim in hell
Precedence; none, whose portion is so small
Of present pain, that with ambitious mind
Will covet more. With this advantage then
To union, and firm faith, and firm accord,
More than can be in heaven, we now return
To claim our just inheritance of old;
Surer to prosper than prosperity
Could have assured us : and by what best way,
Whether of open war or covert guile,
We now debate. Who can advise, may speak."

He ceased; and next him Moloch, sceptred king,
Stood up, the strongest and the fiercest spirit
That fought in heaven, now fiercer by despair :
His trust was with the Eternal to be deem'd
Equal in strength, and rather than be less
Cared not to be at all : with that care lost
Went all his fear : of God, or hell, or worse,
He reck'd not; and these words thereafter spake : —

"My sentence is for open war : of wiles,
More unexpert, I boast not : them let those
Contrive who need, or when they need, not now.
For while they sit contriving, shall the rest,
Millions that stand in arms, and longing wait
The signal to ascend, sit lingering here
Heaven's fugitives, and for their dwelling-place
Accept this dark opprobrious den of shame,
The prison of his tyranny who reigns
By our delay? no; let us rather choose,
Arm'd with hell flames and fury, all at once
O'er heaven's high towers to force resistless way,
Turning our tortures into horrid arms
Against the Torturer; when to meet the noise
Of his almighty engine he shall hear
Infernal thunder; and for lightning see
Black fire and horror shot with equal rage
Among his angels; and his throne itself

juste droit et les lois fixées du Ciel m'ont d'abord créé votre chef, ensuite un choix libre et ce qui, en outre, dans le conseil ou dans le combat, a été achevé de quelque valeur : cependant notre malheur est du moins jusque là assez bien réparé, puisqu'il m'a établi beaucoup plus en sûreté sur un trône non envié, cédé d'un plein consentement. Dans le Ciel, le plus heureux état qu'une dignité accompagne peut attirer la jalousie de chaque inférieur; mais ici qui envieroit celui que la plus haute place expose le plus en avant, comme votre boulevard, aux coups du Foudroyant et le condamne à la plus forte part des souffrances sans terme? Là où il n'est aucun bien à disputer, là aucune dispute ne peut naître des factions, car nul sûrement ne réclamera la préséance dans l'Enfer; nul, dont la portion du présent malheur est si petite, par un esprit ambitieux n'en convoitera une plus grande. Donc avec cet avantage pour l'union, et cette constante fidélité, et cet accord plus ferme qu'il ne peut l'être dans le Ciel, nous venons maintenant réclamer notre juste héritage d'autrefois; plus assurés de prospérer que si la prospérité nous en assuroit elle-même. Et quelle voie est la meilleure, la guerre ouverte ou la guerre cachée? C'est ce que nous débattrons à présent. Que celui qui peut donner un avis parle. »

Satan se tut; et près de lui Moloch, roi portant le sceptre, se leva; Moloch, le plus fort, le plus furieux des esprits qui combattirent dans le Ciel, à présent plus furieux par le désespoir. Sa prétention est d'être réputé égal en force à l'Éternel, et plutôt que d'être moins, il ne se soucioit pas du tout d'exister : délivré de ce soin d'être, il étoit délivré de toute crainte. De Dieu, ou de l'Enfer, ou de pire que l'Enfer, il ne tenoit compte : et d'après cela il prononça ces mots :

« Mon avis est pour la guerre ouverte : aux ruses très-inexpert, point ne m'en vante. Que ceux-là qui en ont besoin trament, mais quand il en est besoin, non à présent. Car tandis qu'ils sont assis complotant faudra-t-il que des millions d'esprits qui restent debout armés, et soupirant après le signal de la marche, languissent ici fugitifs du Ciel et acceptent pour leur demeure cette sombre et infame caverne de la honte, prison d'une tyrannie qui règne par nos retardements? Non : plutôt armés de la furie et des flammes de l'Enfer, tous à la fois, au-dessus des remparts du Ciel, préférons de nous frayer un chemin irrésistible, transformant nos tortures en des armes affreuses contre l'auteur de ces tortures : alors pour répondre au bruit de son foudre tout-puissant il entendra le tonnerre infernal, et pour éclairs il verra un feu noir et l'horreur lancés d'une égale rage parmi ses anges, son trône même enveloppé du bitume du Tartare et d'une

Mix'd with Tartarean sulphur and strange fire,
His own invented torments. But perhaps
The way seems difficult and steep, to scale
With upright wing against a higher foe.
Let such bethink them, if the sleepy drench
Of that forgetful lake benumb not still,
That in our proper motion we ascend
Up to our native seat : descent and fall
To us is adverse. Who but felt of late,
When the fierce Foe hung on our broken rear
Insulting, and pursued us through the deep,
With what compulsion and laborious flight
We sunk thus low? the ascent is easy then :
The event is fear'd; should we again provoke
Our stronger, some worse way his wrath may find
To our destruction; if there be in hell
Fear to be worse destroy'd: what can be worse
Than to dwell here, driven out from bliss, condemn'd
In this abhorred deep to utter woe;
Where pain of unextinguishable fire
Must exercise us without hope of end,
The vassals of his anger, when the scourge
Inexorably, and the torturing hour
Calls us to penance? more destroy'd than thus,
We should be quite abolish'd, and expire.
What fear we then? what doubt we to incense
His utmost ire? which, to the height enraged,
Will either quite consume us, and reduce
To nothing this essential; happier far
Than miserable to have eternal being; —
Or if our substance be indeed divine,
And cannot cease to be, we are at worst
On this side nothing : and by proof we feel
Our power sufficient to disturb his heaven,
And with perpetual inroads to alarm,
Though inaccessible, his fatal throne :
Which, if not victory, is yet revenge."

He ended frowning, and his look denounced
Desperate revenge and battle dangerous
To less than gods. On the other side up rose
Belial, in act more graceful and humane :
A fairer person lost not heaven; he seem'd
For dignity composed and high exploit :
But all was false and hollow; though his tongue
Dropp'd manna, and could make the worse appear
The better reason, to perplex and dash
Maturest counsels; for his thoughts were low;
To vice industrious, but to nobler deeds
Timorous and slothful : yet he pleased the ear,
And with persuasive accent thus began : —

flamme étrange; tourments par lui-même inventés. Mais peut-être la route paroît difficile et roide pour escalader à tire d'aile un ennemi plus élevé? Ceux qui se l'imaginent peuvent se souvenir (si le breuvage assoupissant de ce lac d'oubli ne les engourdit pas encore) que de notre propre mouvement nous nous élevons à notre siége natif; la descente et la chute nous sont contraires. Dernièrement, lorsque le fier Ennemi pendoit sur notre arrière-garde rompue, nous insultant, et qu'il nous poursuivoit à travers le gouffre, qui n'a senti avec quelle contrainte et quel vol laborieux nous nous coulions bas ainsi? L'ascension est donc aisée.

« On craint l'événement : faudra-t-il encore provoquer notre Plus Fort à chercher quel pire moyen sa colère peut trouver à notre destruction, s'il est en Enfer une crainte d'être détruit davantage? Que peut-il y avoir de pis que d'habiter ici, chassés de la félicité, condamnés dans ce gouffre abhorré à un total malheur ; dans ce gouffre où les ardeurs d'un feu inextinguible doivent nous éprouver sans espérance de finir, nous les vassaux de sa colère, quand le fouet inexorable et l'heure de la torture nous appellent au châtiment? Plus détruits que nous ne le sommes, nous serions entièrement anéantis ; il nous faudroit expirer. Que craignons-nous donc? Pourquoi balancerions-nous à allumer son plus grand courroux, qui, monté à la plus grande fureur, nous consumeroit et annihileroit à la fois notre substance? beaucoup plus heureux que d'être misérables et éternels! Ou si notre substance est réellement divine et ne peut cesser d'être, nous sommes dans la pire condition de ce côté-ci du néant, et nous avons la preuve que notre pouvoir suffit pour troubler son Ciel et pour alarmer par des incursions perpétuelles son trône fatal, quoique inaccessible : si ce n'est là victoire, du moins c'est vengeance. »

Il finit en sourcillant; et son regard dénonçoit une vengeance désespérée, une dangereuse guerre pour tout ce qui seroit moins que des dieux. Du côté opposé se leva Bélial, d'une contenance plus gracieuse et plus humaine.

Les cieux n'ont pas perdu une plus belle créature : il sembloit créé pour la dignité et les grands exploits; mais en lui tout étoit faux et vide, bien que sa langue distillât la manne, qu'il pût faire passer la plus mauvaise raison pour la meilleure, embrouiller et déconcerter les plus mûrs conseils. Car ses pensées étoient basses ; ingénieux aux vices, mais craintif et lent aux actions plus nobles : toutefois il plaisoit à l'oreille, et avec un accent persuasif il commença ainsi :

"I should be much for open war, O Peers,
As not behind in hate, if what was urged,
Main reason to persuade immediate war,
Did not dissuade me most, and seem to cast
Ominous conjecture on the whole success :
When he, who most excels in fact of arms,
In what he counsels and in what excels
Mistrustful, grounds his courage on despair
And utter dissolution, as the scope
Of all his aim, after some dire revenge.
First, what revenge? the towers of heaven are fill'd
With armed watch, that render all access
Impregnable; oft on the bordering deep
Encamp their legions, or with obscure wing
Scout far and wide into the realm of night,
Scorning surprise. Or could we break our way
By force, and at our heels all hell should rise
With blackest insurrection, to confound
Heaven's purest light; yet our great Enemy
All incorruptible would on his throne
Sit unpolluted, and the ethereal mould
Incapable of stain would soon expel
Her mischief, and purge off the baser fire,
Victorious. —

"Thus repulsed, our final hope
Is flat despair : we must exasperate
The Almighty Victor to spend all his rage,
And that must end us ; that must be our cure,
To be no more : sad cure! for who would lose,
Though full of pain, this intellectual being,
Those thoughts that wander through eternity,
To perish rather, swallow'd up and lost
In the wide womb of uncreated night,
Devoid of sense and motion? and who knows,
Let this be good, whether our angry Foe
Can give it, or will ever? how he can,
Is doubtful; that he never will, is sure.
Will he, so wise, let loose at once his ire,
Belike through impotence, or unaware,
To give his enemies their wish, and end
Them in his anger, whom his anger saves
To punish endless?

"Wherefore cease we then?
Say they who counsel war; — we are decreed,
Reserved, and destined to eternal woe;
Whatever doing, what can we suffer more?
What can we suffer worse?

"Is this then worst,
Thus sitting, thus consulting, thus in arms?
What! when we fled amain, pursued and struck

« Je serois beaucoup pour la guerre ouverte, ô pairs, comme ne restant point en arrière en fait de haine, si ce qui a été allégué comme principale raison pour nous déterminer à une guerre immédiate n'étoit pas plus propre à m'en dissuader et ne me sembloit être de sinistre augure pour tout le succès : celui qui excelle le plus dans les faits d'armes, plein de méfiance dans ce qu'il conseille et dans la chose en quoi il excelle, fonde son courage sur le désespoir et sur un entier anéantissement, comme le but auquel il vise, après quelque cruelle revanche.

« Premièrement, quelle revanche? Les tours du Ciel sont remplies de gardes armés, qui rendent tout accès impossible. Souvent leurs légions campent au bord de l'abîme, ou d'une aile obscure fouillent au loin et au large les royaumes de la nuit, sans crainte de surprise. Quand nous nous ouvririons un chemin par la force, quand tout l'Enfer sur nos pas se lèveroit, dans la plus noire insurrection, pour confondre la plus pure lumière du Ciel, notre grand Ennemi tout incorruptible demeureroit encore sur son trône non souillé, et la substance éthérée incapable de tache sauroit bientôt expulser son mal et purger le Ciel du feu inférieur victorieux.

« Ainsi repoussés, notre finale espérance est un plat désespoir : il nous faut exciter le Tout-Puissant vainqueur à épuiser toute sa rage et à en finir avec nous ; nous devons mettre notre soin à n'être plus ; triste soin! Car qui voudroit perdre, quoique remplies de douleur, cette substance intellectuelle, ces pensées qui errent à travers l'Éternité, pour périr, englouti et perdu dans les larges entrailles de la nuit incréée, privé de sentiment et de mouvement? Et qui sait, même quand cela seroit bon, si notre Ennemi courroucé peut et veut nous donner cet anéantissement? Comment il le peut est douteux ; comment il ne le voudra jamais est sûr. Voudra-t-il, lui si sage, lâcher à la fois son ire, apparemment par impuissance et par distraction, pour accorder à ses ennemis ce qu'ils désirent et pour anéantir dans sa colère ceux que sa colère sauve afin de les punir sans fin?

« Qui nous arrête donc? disent ceux qui conseillent la guerre. Nous sommes jugés, réservés, destinés à un éternel malheur. Quoi que nous fassions, que pouvons-nous souffrir de plus? que pouvons-nous souffrir de pis?

« Est-ce donc le pire des états que d'être ainsi siégeant, ainsi délibérant, ainsi en armes? Ah! quand nous fuyions, vigoureusement poursuivis et frappés du calamiteux tonnerre du Ciel, et quand nous

With heaven's afflicting thunder, and besought
The deep to shelter us? this hell then seem'd
A refuge from those wounds : or when we lay
Chain'd on the burning lake? that sure was worse.
What, if the breath that kindled those grim fires
Awaked should blow them into sevenfold rage,
And plunge us in the flames? or from above
Should intermitted vengeance arm again
His red right hand to plague us? what, if all
Her stores were open'd, and this firmament
Of hell should spout her cataracts of fire,
Impendent horrors, threat'ning hideous fall
One day upon our heads? while we, perhaps
Designing or exhorting glorious war,
Caught in a fiery tempest, shall be hurl'd,
Each on his rock transfix'd, the sport and prey
Of racking whirlwinds, or for ever sung
Under yon boiling ocean, wrapp'd in chains :
There to converse with everlasting groans,
Unrespited, unpitied, unreprieved,
Ages of hopeless end? this would be worse.
War therefore, open or conceal'd, alike
My voice dissuades; for what can force or guile
With him, or who deceive his mind, whose eye
Views all things at one view? He from heaven's height
All these our motions vain sees and derides;
Not more almighty to resist our might,
Than wise to frustrate all our plots and wiles.

" Shall we then live thus vile, the race of heaven,
Thus trampled, thus expell'd, to suffer here
Chains and these torments? better these than worse,
By my advice; since fate inevitable
Subdues us, and omnipotent decree,
The Victor's will. To suffer, as to do,
Our strength is equal; nor the law unjust
That so ordains. This was at first resolved,
If we were wise, against so great a Foe
Contending, and so doubtful what might fall.

" I laugh, when those, who at the spear are bold
And venturous, if that fail them, shrink and fear
What yet they know must follow, to endure
Exile, or ignominy, or bonds, or pain,
The sentence of their Conqueror.

       " This is now
Our doom; which if we can sustain and bear,
Our supreme Foe in time may much remit
His anger; and perhaps thus far removed
Not mind us not offending, satisfied
With what is punish'd : whence these raging fires
Will slacken, if his breath stir not their flames.

suppliions l'abîme de nous abriter, cet Enfer nous paroissoit alors un refuge contre ces blessures ; ou quand nous demeurions enchaînés sur le lac brûlant, certes, c'étoit un pire état ! — Que seroit-ce si l'haleine qui alluma ces pâles feux se réveilloit, leur souffloit une septuple rage et nous rejetoit dans les flammes, ou si là-haut la vengeance intermittente réarmoit sa Droite rougie pour nous tourmenter ? Que seroit-ce si tous ses trésors s'ouvroient et si ce firmament de l'Enfer versoit ses cataractes de feu ; horreurs suspendues menaçant un jour nos têtes de leur effroyable chute ? Tandis que nous projetons ou conseillons une guerre glorieuse, saisis peut-être par une tempête brûlante, nous serons lancés et chacun sur un roc transfixés, jouet et proie des tourbillons déchirants, ou plongés à jamais, enveloppés de chaînes, dans ce bouillant océan. Là nous y converserons avec nos soupirs éternels, sans répit, sans miséricorde, sans relâche pendant des siècles, dont la fin ne peut être espérée : notre condition seroit pire. Ma voix vous dissuadera donc pareillement de la guerre ouverte ou cachée. Car que peut la force ou la ruse contre Dieu, ou qui peut tromper l'esprit de celui dont l'œil voit tout d'un seul regard ? De la hauteur des Cieux il s'aperçoit et se rit de nos délibérations vaines, non moins tout-puissant qu'il est à résister à nos forces qu'habile à déjouer nos ruses et nos complots.

« Mais vivrons-nous ainsi avilis ? La race du Ciel restera-t-elle ainsi foulée aux pieds, ainsi bannie, condamnée à supporter ici ces chaînes et ces tourments ?... Cela vaut mieux que quelque chose de pire, selon moi, puisque nous sommes subjugués par l'inévitable sort et le décret tout-puissant, la volonté du Vainqueur. Pour souffrir, comme pour agir, notre force est pareille ; la loi qui en a ordonné ainsi n'est pas injuste : ceci dès le commencement auroit été compris si nous avions été sages en combattant un si grand ennemi, et quand ce qui pouvoit arriver étoit si douteux.

« Je ris quand ceux qui sont hardis et aventureux à la lance se font petits lorsqu'elle vient à leur manquer ; ils craignent d'endurer ce qu'ils savent pourtant devoir suivre : l'exil, ou l'ignominie, ou les chaînes, ou les châtiments, loi de leur vainqueur.

« Tel est à présent notre sort ; lequel si nous pouvons nous y soumettre et le supporter, notre suprême Ennemi pourra avec le temps adoucir beaucoup sa colère ; et peut-être si loin de sa présence, ne l'offensant pas, il ne pensera pas à nous, satisfait de la punition subie. De là ces feux cuisants se ralentiront, si son souffle ne ranime pas

Our purer essence then will overcome
Their noxious vapour, or, inured, not feel;
Or changed at length, and to the place conform'd
In temper and in nature, will receive
Familiar the fierce heat, and void of pain
This horror will grow mild, this darkness light:
Besides what hope the never-ending flight
Of future days may bring, what chance, what change
Worth waiting: since our present lot appears
For happy though but ill, for ill not worst,
If we procure not to ourselves more woe."

   Thus Belial, with words clothed in reason's garb
Counsell'd ignoble ease and peaceful sloth,
Not peace: and after him thus Mammon spake:—

   " Either to disenthrone the King of heaven
We war, if war be best; or to regain
Our own right lost. Him to unthrone we then
May hope, when everlasting fate shall yield
To fickle chance, and Chaos judge the strife;
The former, vain to hope, argues as vain
The latter: for what place can be for us
Within heaven's bound, unless heaven's Lord supreme
We overpower? Suppose he should relent
And publish grace to all, on promise made
Of new subjection; with what eyes could we
Stand in his presence humble, and receive
Strict laws imposed, to celebrate his throne
With warbled hymns, and to his Godhead sing
Forced hallelujahs; while he lordly sits
Our envied Sovereign, and his altar breathes
Ambrosial odours and ambrosial flowers,
Our servile offerings? This must be our task
In heaven, this our delight: how wearisome
Eternity so spent in worship paid
To whom we hate!

                " Let us not then pursue,
By force impossible, by leave obtain'd
Unacceptable, though in heaven, our state
Of splendid vassalage: but rather seek
Our own good from ourselves; and from our own
Live to ourselves; though in this vast recess,
Free, and to none accountable; preferring
Hard liberty before the easy yoke
Of servile pomp. Our greatness will appear
Then most conspicuous, when great things of small,
Useful of hurtful, prosperous of adverse,
We can create; and in what place soe'er
Thrive under evil, and work ease out of pain
Through labour and endurance.

                          " This deep world

leurs flammes. Notre substance pure alors surmontera la vapeur insupportable, ou y étant accoutumée ne la sentira plus, ou bien encore altérée à la longue, et devenue conforme aux lieux en tempérament et en nature, elle se familiarisera avec la brûlante ardeur qui sera vide de peine. Cette horreur deviendra douceur, cette obscurité lumière. Sans parler de l'espérance que le vol sans fin des jours à venir peut nous apporter, des chances, des changements valant la peine d'être attendus : puisque notre lot présent peut passer pour heureux, quoiqu'il soit mauvais, de mauvais il ne deviendra pas pire, si nous ne nous attirons pas nous-mêmes plus de malheurs. »

Ainsi Bélial, par des mots revêtus du manteau de la raison, conseilloit un ignoble repos, paisible bassesse, non la paix. Après lui, Mammon parla :

« Nous faisons la guerre (si la guerre est le meilleur parti), ou pour détrôner le roi du Ciel, ou pour regagner nos droits perdus. Détrôner le roi du Ciel, nous pouvons espérer cela, quand le Destin d'éternelle durée cédera à l'insconstant Hasard, et quand le Chaos jugera le différend. Le premier but, vain à espérer, prouve que le second est aussi vain ; car est-il pour nous une place dans l'étendue du Ciel, à moins que nous ne subjuguions le Monarque suprême du Ciel ? Supposons qu'il s'adoucisse, qu'il fasse grâce à tous, sur la promesse d'une nouvelle soumission, de quel œil pourrions-nous humiliés demeurer en sa présence, recevoir l'ordre, strictement imposé, de glorifier son trône en murmurant des hymnes, de chanter à sa divinité des *alleluia* forcés, tandis que lui siégera impérieusement notre Souverain envié, tandis que son autel exhalera des parfums d'ambroisie et des fleurs d'ambroisie, nos serviles offrandes? Telle sera notre tâche dans le Ciel, telles seront nos délices. Oh! combien ennuyeuse une éternité ainsi consumée en adorations offertes à celui qu'on hait !

« N'essayons donc pas de ravir de force ce qui obtenu par le consentement seroit encore inacceptable, même dans le Ciel, l'honneur d'un splendide vasselage ! Mais cherchons plutôt notre bien en nous ; et vivons de notre fonds pour nous-mêmes, libres quoique dans ce vaste souterrain, ne devant compte à personne, préférant une dure liberté au joug léger d'une pompe servile. Notre grandeur alors sera beaucoup plus frappante, lorsque nous créerons de grandes choses avec de petites, lorsque nous ferons sortir l'utile du nuisible, un état prospère d'une fortune adverse, lorsque dans quelque lieu que ce soit nous lutterons contre le mal, et tirerons l'aise de la peine, par le travail et la patience.

« Craignons-nous ce monde profond d'obscurité? Combien de fois

Of darkness do we dread? how oft amidst
Thick clouds and dark doth heaven's all-ruling Sire
Choose to reside, his glory unobscured,
And with the majesty of darkness round
Covers his throne; from whence deep thunders roar
Mustering their rage, and heaven resembles hell!
As he our darkness, cannot we his light
Imitate when we please? This desert soil
Wants not her hidden lustre, gems and gold;
Nor want we skill or art, from whence to raise
Magnificence; and what can heaven show more?
Our torments also may in length of time
Become our elements; these piercing fires
As soft as now severe; our temper changed
Into their temper; which must needs remove
The sensible of pain. All things invite
To peaceful counsels, and the settled state
Of order; how in safety best we may
Compose our present evils, with regard
Of what we are, and where; dismissing quite
All thoughts of war. Ye have what I advise."

He scarce had finish'd, when such murmur fill'd
The assembly, as when hollow rocks retain
The sound of blustering winds, which all night long
Had roused the sea, now with hoarse cadence lull
Sea faring men o'erwatch'd, whose bark by chance,
Or pinnace, anchors in a craggy bay
After the tempest: such applause was heard
As Mammon ended; and his sentence pleased,
Advising peace: for such another field
They dreaded worse than hell: so much the fear
Of thunder and the sword of Michael
Wrought still within them: and no less desire
To found this nether empire; which might rise,
By policy and long process of time,
In emulation opposite to heaven.

Which when Beëlzebub perceived, than whom,
Satan except, none higher sat; with grave
Aspect he rose, and in his rising seem'd
A pillar of state: deep on his front engraven
Deliberation sat and public care;
And princely counsel in his face yet shone,
Majestic though in ruin: sage he stood,
With Atlantean shoulders fit to bear
The weight of mightiest monarchies: his look
Drew audience and attention still as night
Or summer's noon-tide air, while thus he spake:—

"Thrones and imperial Powers, offspring of heaven
Ethereal Virtues; or these titles now
Must we renounce, and, changing style, be call'd

parmi les nuages noirs et épais, le souverain seigneur du ciel s'est-il plu à résider, sans obscurcir sa gloire, à couvrir son trône de la majesté des ténèbres d'où rugissent les profonds tonnerres en réunissant leur rage : le Ciel alors ressemble à l'Enfer! De même qu'il imite notre nuit, ne pouvons-nous, quand il nous plaira, imiter sa lumière? Ce sol désert ne manque point de trésor caché, diamants et or; nous ne manquons point non plus d'habileté ou d'art pour en étaler la magnificence : et qu'est-ce que le Ciel peut montrer de plus? Nos supplices aussi par longueur de temps peuvent devenir notre élément, ces flammes cuisantes devenir aussi bénignes qu'elles sont aujourd'hui cruelles; notre nature se peut changer dans la leur, ce qui doit éloigner de nous nécessairement le sentiment de la souffrance. Tout nous invite donc aux conseils pacifiques et à l'établissement d'un ordre stable : nous examinerons comment en sûreté nous pouvons le mieux adoucir nos maux présents, eu égard à ce que nous sommes et au lieu où nous sommes, renonçant entièrement à toute idée de guerre. Vous avez mon avis. »

A peine a-t-il cessé de parler qu'un murmure s'élève dans l'assemblée : ainsi lorsque les rochers creux retiennent le son des vents tumultueux qui toute la nuit ont soulevé la mer; alors leur cadence rauque berce les matelots excédés de veilles et dont la barque, ou la pinasse, par fortune, a jeté l'ancre dans une baie rocailleuse, après la tempête : de tels applaudissements furent ouïs quand Mammon finit; et son discours plaisoit, conseillant la paix; car un autre champ de bataille étoit plus craint des esprits rebelles que l'Enfer, tant la frayeur du tonnerre et de l'épée de Michel agissoit encore sur eux! Et ils ne désiroient pas moins de fonder cet empire inférieur qui pourroit s'élever par la politique et le long progrès du temps, rival de l'empire opposé du Ciel.

Quand Belzébuth s'en aperçut (nul, Satan excepté, n'occupe un plus haut rang), il se leva avec une contenance sérieuse, et en se levant il sembla une colonne de l'État. Profondément sur son front sont gravés les soins publics et la réflexion; le conseil d'un prince brilloit encore sur son visage majestueux, bien qu'il ne soit plus qu'une ruine. Sévère, il se tient debout, montrant ses épaules d'Atlas, capables de porter le poids des plus puissantes monarchies. Son regard commande à l'auditoire, et tandis qu'il parle il attire l'attention, calme comme la nuit ou comme le midi d'un jour d'été :

« Trônes et puissances impériales, enfants du ciel, vertus éthérées, devons-nous maintenant renoncer à ces titres, et, changeant de style,

Princes of hell? for so the popular vote
Inclines, here to continue, and build up here
A growing empire. Doubtless; while we dream,
And know not that the King of Heaven hath doom'd
This place our dungeon, not our safe retreat
Beyond his potent arm, to live exempt
From heaven's high jurisdiction, in new league
Banded against his throne; but to remain
In strictest bondage, though thus far removed,
Under the inevitable curb, reserved
His captive multitude : for He, be sure,
In height or depth, still first and last will reign
Sole king, and of his kingdom lose no part
By our revolt; but over hell extend
His empire, and with iron sceptre rule
Us here, as with his golden those in heaven.

" What sit we then projecting peace and war?
War hath determined us, and foil'd with loss
Irreparable; terms of peace yet none
Vouchsafed or sought : for what peace will be given
To us enslaved, but custody severe,
And stripes, and arbitrary punishment
Inflicted? and what peace can we return,
But to our power hostility and hate,
Untamed reluctance, and revenge, though slow,
Yet ever plotting how the Conqueror least
May reap his conquest, and may least rejoice
In doing what we most in suffering feel?
Nor will occasion want, nor shall we need
With dangerous expedition to invade
Heaven, whose high walls fear no assault, or siege,
Or ambush from the deep.

" What if we find
Some easier enterprise? There is a place,
(If ancient and prophetic fame in heaven
Err not) another world, the happy seat
Of some new race call'd Man, about this time
To be created like to us, though less
In power and excellence; but favour'd more
Of Him who rules above : so was his will
Pronounced among the gods, and by an oath,
That shook heaven's whole circumference, confirm'd.
Thither let us bend all our thoughts, to learn
What creatures there inhabit; of what mould,
Or substance; how endued, and what their power,
And where their weakness; how attempted best,
By force or subtlety. Though heaven be shut,
And heaven's high Arbitrator sit secure
In his own strength, this place may lie exposed
The utmost border of his kingdom, left

nous appeler princes de l'Enfer? car le vote populaire incline à demeurer ici, et à fonder ici un croissant empire. Sans doute! tandis que nous rêvons! nous ne savons donc pas que le Roi du Ciel nous a assigné ce lieu, notre donjon, non comme une retraite sûre (hors de l'atteinte de son bras puissant, pour y vivre affranchis de la haute juridiction du Ciel dans une nouvelle ligue formée contre son trône), mais pour y demeurer dans le plus étroit esclavage, quoique si loin de lui, sous le joug inévitable réservé à sa multitude captive? Quant à lui, soyez-en certains, dans la hauteur des cieux ou dans la profondeur de l'abîme, il régnera le premier et le dernier, seul roi, n'ayant perdu par notre révolte aucune partie de son royaume. Mais sur l'Enfer il étendra son empire, et il nous gouvernera ici avec un sceptre de fer, comme il gouverne avec un sceptre d'or les habitants du Ciel.

« Que signifie donc de siéger ainsi, délibérant de paix ou de guerre? Nous nous étions déterminés à la guerre, et nous avons été défaits avec une perte irréparable. Personne n'a encore demandé ou imploré des conditions de paix. Car quelle paix nous seroit accordée, à nous esclaves, sinon durs cachots, et coups, et châtiments arbitrairement infligés? Et quelle paix pouvons-nous donner en retour, sinon celle qui est en notre pouvoir, hostilités et haine, répugnance invincible, et vengeance, quoique tardive, néanmoins complotant toujours, chercher comment le conquérant peut moins moissonner sa conquête et peut moins se réjouir en faisant ce qu'en souffrant nous sentons le plus, nos tourments? L'occasion ne nous manquera pas; nous n'aurons pas besoin, par une expédition périlleuse, d'envahir le Ciel, dont les hautes murailles ne redoutent ni siége ni assaut, ni les embûches de l'abîme.

« Ne pourrions-nous trouver quelque entreprise plus aisée? Si l'ancienne et prophétique tradition du Ciel n'est pas mensongère, il est un lieu, un autre monde, heureux séjour d'une nouvelle créature appelée l'Homme. A peu près dans ce temps, elle a dû être créée semblable à nous, bien que moindre en pouvoir et en excellence; mais elle est plus favorisée de celui qui règle tout là-haut. Telle a été la volonté du Tout-Puissant prononcée parmi les dieux, et qu'un serment, dont fut ébranlée toute la circonférence du Ciel, confirma. Là doivent tendre toutes nos pensées, afin d'apprendre quelles créatures habitent ce monde, quelle est leur forme et leur substance, comment douées, quelle est leur force et où est leur foiblesse, si elles peuvent le mieux être attaquées par la force ou par la ruse. Quoique le Ciel soit fermé et que souverain Arbitre siège en sûreté dans sa propre force, le nouveau séjour peut demeurer exposé aux confins les plus

To their defence who hold it : here perhaps
Some advantageous act may be achieved
By sudden onset; either with hell fire
To waste his whole creation, or possess
All as our own, and drive, as we were driven,
The puny habitants, or if not drive,
Seduce them to our party, that their God
May prove their foe, and with repenting hand
Abolish his own works. This would surpass
Common revenge, and interrupt his joy
In our confusion; and our joy upraise
In his disturbance : when his darling sons,
Hurl'd headlong to partake with us, shall curse
Their frail original and faded bliss,
Faded so soon. Advise, if this be worth
Attempting; or to sit in darkness here
Hatching vain empires. "

      Thus Beëlzebub
Pleaded his devilish counsel, first devised
By Satan, and in part proposed. For whence,
But from the author of all ill, could spring
So deep a malice, to confound the race
Of mankind in one root, and earth with hell
To mingle and involve, done all to spite
The great Creator? But their spite still serves
His glory to augment.

      The bold design
Pleased highly those infernal States, and joy
Sparkled in all their eyes; with full assent
They vote : whereat his speech he thus renews : —
" Well have ye judged, well ended long debate,
Synod of gods! and, like to what ye are,
Great things resolved; which from the lowest deep
Will once more lift us up, in spite of fate,
Nearer our ancient seat; perhaps in view
Of those bright confines, whence, with neighbouring arms
And opportune excursion, we may chance
Re-enter heaven; or else in some mild zone
Dwell, not unvisited of heaven's fair light,
Secure; and at the brightening orient beam
Purge off this gloom : the soft delicious air,
To heal the scar of these corrosive fires,
Shall breathe her balm.

     " But, first, whom shall we send
In search of this new world? whom shall we find
Sufficient? who shall tempt with wandering feet
The dark unbottom'd infinite abyss,
And through the palpable obscure find out
His uncouth way? or spread hi airy flight,
Upborne with indefatigable wings,

reculés du royaume de ce monarque, et abandonné à la défense de ceux qui l'habitent; là peut-être pourrons-nous achever quelque aventure profitable, par une attaque soudaine, soit qu'avec le feu de l'Enfer nous dévastions toute sa création entière, soit que nous nous en emparions comme de notre propre bien et que nous en chassions (ainsi que nous avons été chassés) les foibles possesseurs. Ou si nous ne les chassons pas, nous pourrons les attirer à notre parti, de manière que leur Dieu deviendra leur ennemi et d'une main repentante détruira son propre ouvrage. Ceci surpasseroit une vengeance ordinaire, et interromproit la joie que le vainqueur éprouve de notre confusion; notre joie naîtroit de son trouble, alors que ses enfants chéris, précipités pour souffrir avec nous, maudiroient leur frêle naissance, leur bonheur flétri, flétri si tôt. Avisez si cela vaut la peine d'être tenté, ou si nous devons, accroupis ici dans les ténèbres, couver de chimériques empires. »

Ainsi Belzébuth donna son conseil diabolique, d'abord imaginé et en partie proposé par Satan. Car de qui, si ce n'est de l'auteur de tout mal, pouvoit sortir cet avis d'une profonde malice, de frapper la race humaine dans sa racine, de mêler et d'envelopper la terre avec l'Enfer, tout cela en dédain du grand Créateur? Mais ces mépris des démons ne serviront qu'à augmenter sa gloire.

Le dessein hardi plut hautement à ces états infernaux, et la joie brilla dans tous les yeux; on vote d'un consentement unanime. Belzébuth reprend la parole:

« Bien avez-vous jugé, bien fini ce long débat, synode des dieux! Et vous avez résolu une chose grande comme vous l'êtes, une chose qui du plus profond de l'abîme nous élèvera encore une fois, en dépit du sort, plus près de notre ancienne demeure. Peut-être à la vue de ces frontières brillantes, avec nos armes voisines et une incursion opportune, avons-nous des chances de rentrer dans le Ciel, ou du moins d'habiter sûrement une zone tempérée, non sans être visités de la belle lumière du Ciel : au rayon du brillant orient nous nous délivrerons de cette obscurité; l'air doux et délicieux, pour guérir les escarres de ces feux corrosifs, exhalera son baume.

« Mais d'abord qui enverrons-nous à la recherche de ce nouveau monde? Qui jugerons-nous capable de cette entreprise? Qui tentera d'un pas errant le sombre abîme, infini, sans fond, et à travers l'obscurité palpable trouvera son chemin sauvage? Ou qui déployera son

Over the vast abrupt, ere he arrive
The happy isle? what strength, what art can then
Suffice, or what evasion bear him safe
Through the strict senteries and stations thick
Of angels watching round? here he had need
All circumspection; and we now no less
Choice in our suffrage: for on whom we send,
The weight of all, and our last hope, relies."

   This said, he sat; and expectation held
His look suspense, awaiting who appear'd
To second, or oppose, or undertake
The perilous attempt: but all sat mute,
Pondering the danger with deep thoughts; and each
In other's countenance read his own dismay,
Astonish'd: none among the choice and prime
Of those heaven-warring champions could be found,
So hardy as to proffer or accept
Alone the dreadful voyage: till at last,
Satan, whom now transcendent glory raised
Above his fellows, with monarchal pride,
Conscious of highest worth, unmoved thus spake:

   " O progeny of heaven, empyreal thrones,
With reason hath deep silence and demur
Seized us, though undismay'd. Long is the way
And hard, that out of hell leads up to light:
Our prison strong, this huge convex of fire
Outrageous to devour, immures us round
Ninefold; and gates of burning adamant
Barr'd over us prohibit all egress.
These pass'd, if any pass, the void profound
Of unessential Night receives him next,
Wide gaping; and with utter loss of being
Threatens him, plunged in that abortive gulf.
If thence he 'scape into whatever world,
Or unknown region; what remains him less
Than unknown dangers and as hard escape?
But I should ill become this throne, O peers,
And this imperial sovereignty, adorn'd
With splendor, arm'd with power, if aught proposed
And judged of public moment, in the shape
Of difficulty or danger, could deter
Me from attempting. Wherefore do I assume
These royalties, and not refuse to reign,
Refusing to accept as great a share
Of hazard as of honour, due alike
To him who reigns and so much to him due
Of hazard more, as he above the rest
High honour'd sits?

            " Go, therefore, mighty powers,
Terror of heaven, though fallen! intend at home,

vol aérien, soutenu par d'infatigables ailes sur le précipice abrupte et vaste, avant d'arriver à l'île heureuse? Quelle force, quel art peuvent alors lui suffire? Ou quelle fuite secrète le fera passer en sûreté à travers les sentinelles serrées et les stations multipliées des anges veillant à la ronde? Ici il aura besoin de toute sa circonspection; et nous n'avons pas besoin dans ce moment de moins de discernement dans notre suffrage; car sur celui que nous enverrons reposera le poids de notre entière et dernière espérance. »

Cela dit, il s'assied, et l'expectation tient son regard suspendu, attendant qu'il se présente quelqu'un pour seconder, combattre ou entreprendre la périlleuse aventure: mais tous demeurent assis et muets, pesant le danger dans de profondes pensées; et chacun, étonné, lit son propre découragement dans la contenance des autres. Parmi la fleur et l'élite de ces champions qui combattirent contre le Ciel on ne peut trouver personne assez hardi pour demander ou accepter seul le terrible voyage : jusqu'à ce qu'enfin Satan, qu'une gloire transcendante place à présent au-dessus de ses compagnons, dans un orgueil monarchique, plein de la conscience de son haut mérite, parla de la sorte, sans émotion :

« Postérité du Ciel, trônes, empyrées, c'est avec raison que nous sommes saisis d'étonnement et de silence, quoique non intimidés! Long et dur est le chemin qui de l'Enfer conduit à la lumière; notre prison est forte; cette énorme convexité de feu, violent pour dévorer, nous entoure neuf fois : et les portes d'un diamant brûlant, barricadées contre nous, prohibent toute sortie. Ces portes-ci passées (si quelqu'un les passe), le vide profond d'une nuit informe, large bâillant, le reçoit, et menace de la destruction entière de son être celui qui se plongera dans le gouffre avorté. Si de là l'explorateur s'échappe dans un monde, quel qu'il soit, ou dans une région inconnue, que lui reste-t-il? Des périls inconnus, une évasion difficile. Mais je conviendrois mal à ce trône, ô pairs! à cette souveraineté impériale ornée de splendeur, armée de pouvoir, si la difficulté ou le danger d'une chose proposée et jugée d'utilité publique pouvoit me détourner de l'entreprendre. Pourquoi assumerois-je sur moi les dignités royales? Je ne refuserois pas de régner et je refuserois d'accepter une aussi grande part de péril que d'honneur! part également due à celui qui règne, et qui lui est d'autant plus due qu'il siège plus honoré au-dessus du reste.

« Allez donc, trônes puissants, terreur du Ciel, quoique tombés, allez essayer dans notre demeure (tant qu'ici sera notre demeure) ce

While here shall be our home, what best may ease
The present misery, and render hell
More tolerable: if there be cure or charm
To respite, or deceive, or slack the pain
Of this ill mansion. Intermit no watch
Against a wakeful Foe; while I abroad
Through all the coasts of dark destruction seek
Deliverance for us all: this enterprise
None shall partake with me."

       Thus saying rose
The monarch, and prevented all reply;
Prudent, lest from his resolution raised
Others among the chief might offer now,
Certain to be refused, what erst they fear'd;
And so refused might in opinion stand
His rivals; winning cheap the high repute,
Which he through hazard huge must earn.

         But they
Dreaded not more the adventure, than his voice
Forbidding; and at once with him they rose:
Their rising all at once was as the sound
Of thunder heard remote. Towards him they bend
With awful reverence prone; and as a god
Extol him equal to the Highest in heaven.
Nor fail'd they to express how much they praised,
That for the general safety he despised
His own: for neither do the spirits damn'd
Lose all their virtue; lest bad men should boast
Their specious deeds on earth, which glory excites,
Or close ambition varnish'd o'er with zeal.

 Thus they their doubtful consultations dark
Ended, rejoicing in their matchless chief:
As when from mountain tops the dusky clouds
Ascending, while the north wind sleeps, o'erspead
Heaven's cheerful face; the louring element
Scowls o'er the darken'd lands cape snow, or shower;
If chance the radiant sun with farewell sweet
Extend his evening beam, the fields revive,
The birds their notes renew, and bleating herds
Attest their joy, that hill and valley rings.
O shame to men! devil with devil damn'd
Firm concord holds; men only disagree
Of creatures rational, though under hope
Of heavenly grace, and God proclaiming peace,
Yet live in hatred, enmity, and strife
Among themselves, and levy cruel wars,
Wasting the earth, each other to destroy:
As if, which might induce us to accord,
Man had not hellish foes enow besides,
That day and night for his destruction wait.

qui peut le mieux adoucir la présente misère et rendre l'Enfer plus supportable, s'il est des soins ou un charme pour suspendre, ou tromper ou ralentir les tourments de ce malheureux séjour. Ne cessez de veiller contre un ennemi qui veille, tandis qu'au loin, parcourant les rivages de la noire destruction, je chercherai la délivrance de tous. Cette entreprise, personne ne la partagera avec moi. »

Ainsi disant, le monarque se leva et prévint toute réplique ; prudent, il a peur que d'autres chefs, enhardis par sa résolution, ne vinssent offrir à présent, certains d'être refusés, ce qu'ils avoient redouté d'abord : et ainsi refusés, ils seroient devenus ses rivaux dans l'opinion, achetant à bon marché la haute renommée que lui Satan doit acquérir au prix de dangers immenses.

Mais les esprits rebelles ne craignoient pas plus l'aventure que la voix qui la défendoit, et avec Satan ils se levèrent : le bruit qu'ils firent en se levant tous à la fois fut comme le bruit du tonnerre, entendu dans le lointain. Ils s'inclinèrent devant leur général avec une vénération respectueuse, et l'exaltèrent comme un dieu égal au Très-Haut, qui est le plus élevé dans le Ciel. Ils ne manquèrent pas d'exprimer par leurs louanges combien ils prisoient celui qui pour le salut général méprisoit le 'sien ; car les esprits réprouvés ne perdent pas toute leur vertu, de peur que les méchants ne puissent se vanter sur la terre de leurs actions spécieuses qu'excite une vaine gloire ou qu'une secrète ambition recouvre d'un vernis de zèle.

Ainsi se terminèrent les sombres et douteuses délibérations des démons, se réjouissant dans leur chef incomparable. Comme quand, du sommet des montagnes, les nues ténébreuses, se répandant tandis que l'aquilon dort, couvrent la face riante du Ciel, l'élément sombre verse sur le paysage obscurci la neige ou la pluie : si par hasard le brillant soleil, dans un doux adieu, allonge son rayon du soir, les campagnes revivent, les oiseaux renouvellent leurs chants, et les brebis bêlantes témoignent leur joie, qui fait retentir les collines et les vallées. Honte aux hommes ! le démon s'unit au démon damné dans une ferme concorde ; les hommes seuls, de toutes les créatures raisonnables, ne peuvent s'entendre, bien qu'ils aient l'espérance de la grâce divine ; Dieu proclamant la paix, ils vivent néanmoins entre eux dans la haine, l'inimitié et les querelles ; ils se font des guerres cruelles, et dévastent la terre pour se détruire les uns les autres : comme si (ce qui devroit nous réunir) l'homme n'avoit pas assez d'ennemis infernaux qui jour et nuit veillent pour sa destruction !

The Stygian council thus dissolved; and forth
In order came the grand infernal peers:
Midst came their mighty paramount, and seem'd
Alone the antagonist of Heaven; nor less
Than hell's dread emperor, with pomp supreme
And God-like imitated state: him round
A globe of fiery seraphim inclosed,
With bright imblazonry and horrent arms.
Then of their session ended they bid cry
With trumpets' regal sound the great result:
Toward the four winds four speedy cherubim
Put to their mouths the sounding alchymy,
By herald's voice explain'd; the hollow abyss
Heard far and wide; and all the host of hell
With deafening shout return'd them loud acclaim.

Thence more at ease their minds, and somewhat raised
By false presumptuous hope, the ranged powers
Disband; and, wandering, each his several way
Pursues, as inclination or sad choice
Leads him perplex'd; where he may likeliest find
Truce to his restless thoughts, and entertain
The irksome hours, till his great chief return.

Part, on the plain, or in the air sublime,
Upon the wing or in swift race contend,
As at the Olympian games or Pythian fields:
Part curb their fiery steeds, or shun the goal
With rapid wheels, or fronted brigades form.
As when to warn proud cities war appears
Waged in the troubled sky, and armies rush
To battle in the clouds, before each van
Prick forth the airy knights, and couch their spears
Till thickest legions close: with feats of arms
From either end of heaven the welkin burns.

Others, with vast Typhœan rage more fell,
Rend up both rocks and hills, and ride the air
In whirlwind: hell scarce holds the wild uproar.
As when Alcides, from Œchalia crown'd
With conquest, felt the envenom'd robe, and tore
Through pain up by the roots Thessalian pines;
And Lichas from the top of Œta threw
Into the Euboic sea.

     Others, more mild,
Retreated in a silent valley, sing
With notes angelical to many a harp
Their own heroic deeds, and hapless fall
By doom of battle; and complain that fate
Free virtue should inthral to force or chance.
Their song was partial; but the harmony,
(What could it less when spirits immortal sing?)

Le concile stygien ainsi dissous, sortirent en ordre les puissants pairs infernaux : au milieu d'eux marchoit leur grand souverain, et il sembloit seul l'antagoniste du Ciel non moins que l'empereur formidable de l'Enfer : autour de lui, dans une pompe suprême et une majesté imitée de Dieu, un globe de chérubins de feu l'enferme avec des drapeaux blasonnés et des armes effrayantes. Alors on ordonne de crier au son royal des trompettes le grand résultat de la session finie. Aux quatre vents, quatre rapides chérubins approchent de leur bouche le bruyant métal, dont le son est expliqué par la voix du héraut : le profond abîme l'entendit au loin, et tout l'ost de l'Enfer renvoya des cris assourdissants et de grandes acclamations.

De là, l'esprit plus à l'aise et en quelque chose relevé par une fausse et présomptueuse espérance, les bataillons formés se débandèrent; chaque démon à l'aventure prend un chemin divers, selon que l'inclination ou un triste choix le conduit irrésolu ; il va où il croit plus vraisemblablement faire trêve à ses pensées agitées et passer les heures ennuyeuses jusqu'au retour du grand chef.

Les uns, dans la plaine ou dans l'air sublime, sur l'aile ou dans une course rapide, se disputent, comme aux jeux Olympiques ou dans les champs Pythiens; les autres domptent leurs coursiers de feu, ou évitent la borne avec les roues rapides, ou alignent le front des brigades. Comme quand, pour avertir des cités orgueilleuses, la guerre semble régner parmi le Ciel troublé, des armées se précipitent aux batailles dans les nuages; de chaque avant-garde les cavaliers aériens piquent en avant, lances baissées, jusqu'à ce que les épaisses légions se joignent; par des faits d'armes, d'un bout de l'Empyrée à l'autre, le firmament est en feu.

D'autres esprits, plus cruels, avec une immense rage typhéenne, déchirent collines et rochers, et chevauchent sur l'air en tourbillons; l'Enfer peut à peine contenir l'horrible tumulte. Tel Alcide revenant d'Œchalie, couronné par la victoire, sentit l'effet de la robe empoisonnée; de douleur il arracha par les racines les pins de la Thessalie, et du sommet de l'Œta il lança Lychas dans la mer d'Eubée.

D'autres esprits, plus tranquilles, retirés dans une vallée silencieuse, chantent sur des harpes, avec des sons angéliques, leurs propres héroïques combats et le malheur de leur chute par la sentence des batailles; ils se plaignoient de ce que le destin soumet le courage indépendant à la force ou à la fortune. Leur concert était en parties : mais l'harmonie (pouvoit-elle opérer un moindre effet, quand des

Suspended hell, and took with ravishment
The thronging audience.
                    In discourse more sweet,
(For eloquence the soul, song charms the sense)
Others apart sat on a hill retired,
In thoughts more elevate, and reason'd high
Of providence, foreknowledge, will, and fate;
Fix'd fate, free will, foreknowledge absolute:
And found no end, in wandering mazes lost.
Of good and evil much they argued then,
Of happiness and final misery,
Passion and apathy, and glory and shame;
Vain wisdom all, and false philosophy:
Yet with a pleasing sorcery could charm
Pain for a while or anguish, and excite
Fallacious hope; or arm the obdured breast
With stubborn patience as with triple steel.

    Another part, in squadrons and gross bands,
On bold adventure to discover wide
That dismal world, if any clime perhaps,
Might yield them easier habitation, bend
Four ways their flying march along the banks
Of four infernal rivers, that disgorge
Into the burning lake their baleful streams:
Abhorred Styx, the flood of deadly hate;
Sad Acheron, of sorrow, black and deep;
Cocytus, named of lamentation loud
Heard on the rueful stream; fierce Phlegethon,
Whose waves of torrent fire inflame with rage.

    Far off from these, a slow and silent stream,
Lethe, the river of oblivion, rolls
Her watery labyrinth; whereof who drinks,
Forthwith his former state and being forgets,
Forgets both joy and grief, pleasure and pain.

    Beyond this flood a frozen continent
Lies dark and wild, beat with perpetual storms
Of whirlwind, and dire hail which on firm land
Thaws not; but gathers heap, and ruin seems
Of ancient pile: all else deep snow and ice;
A gulf profound as that Serbonian bog
Betwixt Damiata and mount Casius old,
Where armies whole have sunk: the parching air
Burns frore, and cold performs the effect of fire.

    Thither by harpy-footed furies haled,
At certain revolutions all the damn'd
Are brought; and feel by turns the bitter change
Of fierce extremes, extremes by change more fierce:
From beds of raging fire to starve in ice
Their soft ethereal warmth; and there to pine
Immovable, infix'd, and frozen round,

esprits immortels chantent?), l'harmonie suspendoit l'Enfer et tenoit dans le ravissement la foule pressée.

En discours plus doux encore (car l'éloquence charme l'âme, la musique les sens), d'autres, assis à l'écart sur une montagne solitaire, s'entretiennent de pensées plus élevées, raisonnent hautement sur la Providence, la prescience, la volonté et le destin : destin fixé, volonté libre, prescience absolue ; ils ne trouvent point d'issue, perdus qu'ils sont dans ces tortueux labyrinthes. Ils argumentent beaucoup du mal et du bien, de la félicité et de la misère finales, de la passion et de l'apathie, de la gloire et de la honte : vaine sagesse ! fausse philosophie ! laquelle cependant peut, par un agréable prestige, charmer un moment leur douleur ou leur angoisse, exciter leur fallacieuse espérance ou armer leur cœur endurci d'une patience opiniâtre comme d'un triple acier.

D'autres, en escadrons et en grosses troupes, cherchent par de hardies aventures à découvrir au loin si dans ce monde sinistre quelque climat peut-être ne pourroit leur offrir une habitation plus supportable ; ils dirigent par quatre chemins leur marche ailée le long des rivages des quatre rivières infernales qui dégorgent dans le lac brûlant leurs ondes lugubres : le Styx abhorré, fleuve de la haine mortelle ; le triste Achéron, profond et noir fleuve de la douleur ; le Cocyte, ainsi nommé de grandes lamentations entendues sur son onde contristée ; l'ardent Phlégeton, dont les vagues en torrent de feu s'enflamment avec rage.

Loin de ces fleuves, un lent et silencieux courant, le Léthé, fleuve d'oubli, déroule son labyrinthe humide. Qui boit de son eau oublie sur-le-champ son premier état et son existence, oublie à la fois la joie et la douleur, le plaisir et la peine.

Au delà du Léthé, un continent gelé s'étend sombre et sauvage, battu de tempêtes perpétuelles, d'ouragans, de grêle affreuse qui ne fond point sur la terre ferme, mais s'entasse en monceaux et ressemble aux ruines d'un ancien édifice. Partout ailleurs, neige épaisse et glace ; abîme profond semblable au marais Serbonian, entre Damiette et le vieux mont Casius, où des armées entières ont été englouties. L'air desséchant brûle glacé, et le froid accomplit les effets du feu.

Là, traînés à de certaines époques par les furies aux pieds de harpie, tous les anges damnés sont conduits : ils ressentent tour à tour l'amer changement des cruels extrêmes, extrêmes devenus plus cruels par le changement. D'un lit de feu ardent transportés dans la glace, où s'épuise leur douce chaleur éthérée, ils transissent quelque temps immobiles, fixés et gelés tout alentour ; de là ils sont rejetés dans le

Periods of time; thence hurried back to fire.
They ferry over this Lethean sound
Both to and fro, their sorrow to augment,
And wish and struggle, as they pass, to reach
The tempting stream, with one small drop to lose
In sweet forgetfulness all pain and woe,
All in one moment, and so near the brink
But Fate withstands, and to oppose the attempt
Medusa with Gorgonian terror guards
The ford, and of itself the water flies
All taste of living wight, as once it fled
The lip of Tantalus.
     Thus roving on
In confused march forlorn, the adventurous bands,
With shuddering horror pale, and eyes aghast,
View'd first their lamentable lot, and found
No rest: through many a dark and dreary vale
They pass'd, and many a region dolorous,
O'er many a frozen, many a fiery Alp,
Rocks, caves, lakes, fens, bogs, dens, and shades of death,
A universe of death, which God by curse
Created evil, for evil only good,
Where all life dies, death lives, and nature breeds,
Perverse, all monstrous, all prodigious things,
Abominable, inutterable, and worse
Than fables yet have feign'd, or fear conceived,
Gorgons, and hydras, and chimæras dire.

 Meanwhile, the adversary of God and man,
Satan, with thoughts inflamed of highest design,
Puts on swift wings, and toward the gates of hell
Explores his solitary flight: sometimes
He scours the right-hand coast, sometimes the left;
Now shaves with level wing the deep, then soars
Up to the fiery concave towering high.
As when far off at sea a fleet descried
Hangs in the clouds, by equinoctial winds
Close sailing from Bengala, or the isles
Of Ternate and Tidore, whence merchants bring
Their spicy drugs: they on the trading flood
Through the wide Ethiopian to the Cape
Ply, stemming nightly toward the pole: so seem'd
Far off the flying fiend.
     At last appear
Hell bounds, high reaching to the horrid roof,
And thrice threefold the gates; three folds were brass,
Three iron; three of adamantine rock,
Impenetrable, impaled with circling fire,
Yet unconsumed.
     Before the gates there sat
On either side a formidable shape;

feu. Ils traversent dans un bac le détroit du Léthé en allant et venant : leur supplice s'en accroît ; ils désirent et s'efforcent d'atteindre, lorsqu'ils passent, l'eau tentatrice : ils voudroient, par une seule goutte, perdre dans un doux oubli leurs souffrances et leurs malheurs, le tout en un moment et si près du bord ! Mais le destin les en écarte, et pour s'opposer à leur entreprise, Méduse, avec la terreur d'une gorgone, garde le gué : l'eau se dérobe d'elle-même au palais de toute créature vivante, comme elle fuyoit la lèvre de Tantale.

Ainsi errantes dans leur marche confuse et abandonnée, les Bandes aventureuses, pâles et frissonnant d'horreur, les yeux hagards, voient pour la première fois leur lamentable lot, et ne trouvent point de repos ; elles traversent maintes vallées sombres et désertes, maintes régions douloureuses, par dessus maintes alpes de glace et maintes alpes de feu : rocs, grottes, lacs, mares, gouffres, antres et ombres de mort, univers de mort, que Dieu dans sa malédiction créa mauvais, bon pour le mal seulement ; univers où toute vie meurt, ou toute mort vit, où la nature perverse engendre des choses monstrueuses, des choses prodigieuses, abominables, inexprimables, pires que ce que la fable inventa ou la frayeur conçut : gorgones et hydres et chimères effroyables.

Cependant l'adversaire de Dieu et de l'homme, Satan, les pensées enflammées des plus hauts desseins, a mis ses ailes rapides, et vers les portes de l'Enfer explore sa route solitaire ; quelquefois il parcourt la côte à main droite, quelquefois la côte à main gauche ; tantôt de ses ailes nivelées il rase la surface de l'abîme, tantôt, pointant haut, il prend l'essor vers la convexité ardente. Comme quand au loin, à la mer, une flotte découverte est suspendue dans les nuages ; serrée par les vents de l'équinoxe, elle fait voile du Bengale ou des îles de Ternate et de Tidor, d'où les marchands apportent les épiceries : ceux-ci, sur les vagues commerçantes, à travers le vaste océan Éthiopien jusqu'au Cap, font route vers le pôle, malgré la marée et la nuit : ainsi se montre au loin le vol de l'ennemi ailé.

Enfin, les bornes de l'Enfer s'élèvent jusqu'à l'horrible voûte, et les trois fois triples portes apparoissent : ces portes sont formées de trois lames d'airain, de trois lames de fer, de trois lames de roc de diamant, impénétrables, palissadées d'un feu qui tourne alentour et ne se consume point.

Là devant les portes, de l'un et de l'autre côté, sont assises deux formidables figures : l'une ressemblait jusqu'à la ceinture à une

The one seem'd woman to the waist, and fair,
But ended foul in many a scaly fold,
Voluminous and vast, a serpent arm'd
With mortal sting: about her middle round
A cry of hell hounds never ceasing bark'd
With wide Cerberean mouths full loud, and rung
A hideous peal: yet, when they list, would creep,
If aught disturb'd their noise, into her womb,
And kennel there; yet there still bark'd and howl'd
Within unseen. Far less abhorr'd than these
Vex'd Scylla, bathing in the sea that parts
Calabria from the hoarse Trinacrian shore;
Nor uglier follow the night-hag, when, call'd
In secret, riding through the air she comes,
Lured with the smell of infant blood, to dance
With Lapland witches, while the labouring moon
Eclipses at their charms.
      The other shape,
If shape it might be call'd, that shape had none
Distinguishable in member, joint, or limb,
Or substance might be call'd that shadow seem'd,
For each seem'd either; black it stood as night,
Fierce as ten furies, terrible as hell,
And shook a dreadful dart; what seem'd his head
The likeness of a kingly crown had on.

Satan was now at hand, and from his seat
The monster moving onward came as fast,
With horrid strides; hell trembled as he strode
The undaunted fiend what this might be admired;
Admired, not fear'd: God and his Son except,
Created thing naught valued he, nor shunn'd;
And with disdainful look thus first began: —

"Whence and what art thou, execrable shape,
That darest, though grim and terrible, advance
Thy miscreated front athwart my way
To yonder gates? through them I mean to pass,
That be assured, without leave ask'd of thee;
Retire, or taste thy folly; and learn by proof,
Hell-born, not to contend with spirits of heaven!"

To whom the goblin full of wrath replied: —

"Art thou that traitor angel, art thou he,
Who first broke peace in heaven, and faith, till then
Unbroken, and in proud rebellious arms
Drew after him the third part of heaven's sons
Conjured against the Highest; for which both thou
And they, outcast from God, are here condemn'd
To waste eternal days in woe and pain?
And reckon'st thou thyself with spirits of heaven,
Hell-doom'd, and breathest defiance here and scorn,
Where I reign king, and, to enrage thee more,

SATAN, LE PÉCHÉ ET LA MORT

Garnier frères, Éditeurs (Le Paradis perdu, Page 84.)

femme et à une femme belle, mais elle finissoit sale en replis écailleux, volumineux et vastes, en serpent armé d'un mortel aiguillon. A sa ceinture une meute de chiens de l'Enfer, ne cessant jamais d'aboyer avec de larges gueules de Cerbère, faisoit retentir un hideux fracas. Cependant, si quelque chose troubloit le bruit de ces dogues, ils pouvoient à volonté rentrer en rampant aux entrailles du monstre, et y faire leur chenil : toutefois, là même encore ils aboyoient et hurloient sans être vus. Beaucoup moins abhorrés que ceux-ci étoient les chiens qui tourmentoient Scylla, lorsqu'elle se baignoit dans la mer par laquelle la Calabre est séparée du rauque rivage de Trinacrie ; un cortége moins laid suit la Sorcière de nuit, quand, appelée en secret, chevauchant dans l'air, elle vient, alléchée par l'odeur du sang d'un enfant, danser avec les sorciers de Laponie, tandis que la lune en travail s'éclipse à leurs enchantements.

L'autre figure, si l'on peut appeler figure ce qui n'avoit rien de distinct en membres, jointures, articulations, ou si l'on peut nommer substance ce qui sembloit une ombre (car chacune sembloit l'une et l'autre), cette figure étoit noire comme la nuit, féroce comme dix furies, terrible comme l'Enfer ; elle brandissoit un effroyable dard ; ce qui paroissoit sa tête portoit l'apparence d'une couronne royale.

Déjà Satan approchoit, et le monstre, se levant de son siége, s'avança aussi vite par d'horribles enjambées : l'Enfer trembla à sa marche. L'indomptable ennemi regarda avec étonnement ce que ceci pouvoit être ; il s'en étonnoit, et ne craignoit pas : excepté Dieu et son fils, il n'estime ni ne craint chose créée, et avec un regard de dédain il prit le premier la parole.

« D'où viens-tu, et qui es-tu, forme exécrable, qui oses, quoique grimée et terrible, mettre ton front difforme au travers de mon chemin à ces portes? Je prétends les franchir, sois-en sûre, sans t'en demander la permission. Retire-toi ou sois payée de ta folie : née de l'Enfer, apprends par expérience à ne point disputer avec les esprits du Ciel. »

A quoi le gobelin, plein de colère, répondit :

« Es-tu cet ange traître? es-tu celui qui le premier rompit la paix et la foi du Ciel, jusque alors non rompues, et qui, dans l'orgueilleuse rébellion de tes armes, entraîna après lui la troisième partie des fils du Ciel conjurés contre le Très-Haut? pour lequel fait, toi et eux, rejetés de Dieu, êtes ici condamnés à consumer des jours éternels dans les tourments et la misère. Et tu te comptes parmi les esprits du Ciel, proie de l'Enfer? Et tu exhales bravades et dédains, ici où je règne en roi, et, ce qui doit augmenter ta rage, où je suis ton Seigneur et roi?

Thy king and lord? Back to thy punishment,
False fugitive, and to thy speed add wings;
Lest with a whip of scorpions I pursue
Thy lingering, or with one stroke of this dart
Strange horror seize thee, and pangs unfelt before."

So spake the grisly terror; and in shape,
So speaking, and so threatening, grew tenfold
More dreadful and deform: on the other side,
Incensed with indignation, Satan stood
Unterrified, and like a comet burn'd,
That fires the length of Ophiuchus huge
In the arctic sky, and from his horrid hair
Shakes pestilence and war. Each at the head
Level'd his deadly aim; their fatal hands
No second stroke intend; and such a frown
Each cast at the other, as when two black clouds,
With heaven's artillery fraught, come rattling on
Over the Caspian; then stand front to front,
Hovering a space, till winds the signal blow
To join their dark encounter in mid air:
So frown'd the mighty combatants, that hell
Grew darker at their frown; so match'd they stood;
For never but once more was either like
To meet so great a Foe; and now great deeds
Had been achieved, whereof all hell had rung,
Had not the snaky sorceress, that sat
Fast by hell gate, and kept the fatal key,
Risen, and with hideous outcry, rush'd between.

"O father, what intends thy hand," she cried,
"Against thy only son? What fury, O son,
Possesses thee to bend that mortal dart
Against thy father's head? and know'st for whom?
For him who sits above, and laughs the while
At thee, ordain'd his drudge, to execute
Whate'er his wrath, which he calls justice, bids;
His wrath, which one day will destroy ye both."

She spake, and at her words the hellish pest
Forbore, then these to her Satan return'd:—

"So strange thy outcry, and thy words so strange
Thou interposest, that my sudden hand
Prevented spares to tell thee yet by deeds
What it intends; till first I know of thee,
What thing thou art, thus double-form'd; and why,
In this infernal vale first met, thou call'st
Me father, and that phantasm call'st my son:
I know thee not, nor ever saw till now
Sight more detestable than him and thee."

To whom thus the portress of hell gate replied:—

"Hast thou forgot me then, and do I seem
Now in thine eye so foul, once deem'd so fair

Arrière à ton châtiment, faux fugitif! A ta vitesse ajoute des ailes, de peur qu'avec un fouet de scorpions je ne hâte ta lenteur, ou qu'à un seul coup de ce dard tu ne te sentes saisi d'une étrange horreur, d'angoisses non encore éprouvées. »

Ainsi dit la pâle Terreur, et ainsi parlant et ainsi menaçant, son aspect devient dix fois plus terrible et plus difforme. D'un autre côté, enflammé d'indignation, Satan demeuroit sans épouvante ; il ressembloit à une brûlante comète qui met en feu l'espace de l'énorme Ophiucus dans le ciel arctique, et qui de sa crinière horrible secoue la peste et la guerre. Les deux combattants ajustent à la tête l'un de l'autre un coup mortel ; leurs fatales mains ne comptent pas en frapper un second, et ils échangent d'affreux regards : comme quand deux noires nuées, chargées de l'artillerie du Ciel, viennent mugissant sur la mer Caspienne ; elles s'arrêtent un moment front à front suspendues, jusqu'à ce que le vent leur souffle le signal de se joindre dans leur noire rencontre au milieu des airs. Les puissants champions se regardent d'un œil si sombre que l'Enfer devint plus obscur au froncement de leur sourcil ; tant ces rivaux étoient semblables ! car jamais ni l'un ni l'autre ne doivent plus rencontrer qu'une seule fois un si grand Ennemi [1]. Et maintenant auroient été accomplis des faits terribles, dont tout l'Enfer eût retenti, si la sorcière à serpents qui se tenoit assise près de la porte infernale, et qui gardoit la fatale clef, se levant avec un affreux cri, ne se fût jetée entre les combattants.

« O père, que prétend ta main contre ton unique fils? Quelle fureur, ô fils, te pousse à tourner ton dard mortel contre la tête de ton père? Et sais-tu pour qui? Pour celui qui est assis là-haut, et qui rit de toi, son esclave, destiné à exécuter quoi que ce soit que sa colère, qu'il nomme justice, te commande, sa colère qui un jour vous détruira tous les deux. »

Elle dit ; à ces mots le fantôme infernal pestiféré s'arrêta. Satan répondit alors par ces paroles :

« Ton cri si étrange et tes paroles si étranges nous ont tellement séparés que ma main, soudain arrêtée, veut bien ne pas encore te dire par des faits ce qu'elle prétend. Je veux auparavant savoir de toi quelle chose tu es, toi ainsi à double forme, et pourquoi, dans cette vallée de l'Enfer me rencontrant pour la première fois, tu m'appelles ton père, et pourquoi tu appelles ce spectre mon fils. Je ne te connois pas ; je ne vis jamais jusqu'à présent d'objet plus détestable que lui et toi.

La portière de l'Enfer lui répliqua :

« M'as-tu donc oubliée, et semblé-je à présent à tes yeux si horrible,

---

1. Le Christ.

In heaven? when at the assembly, and in sight
Of all the seraphim with thee combined
In bold conspiracy against heaven's King,
All on a sudden miserable pain
Surprised thee; dim thine eyes, and dizzy swum
In darkness, while thy head flames thick and fast
Threw forth; till on the left side opening wide,
Likest to thee in shape and countenance bright,
Then shining heavenly fair, a goddess arm'd,
Out of thy head I sprung: amazement seized
All the host of heaven; back they recoil'd afraid
At first, and call'd me Sin, and for a sign
Portentous held me: but, familiar grown,
I pleased, and with attractive graces won
The most averse; thee chiefly; who full oft
Thyself in me thy perfect image viewing
Becamest enamour'd; and such joy thou took'st
With me in secret, that my womb conceived
A growing burden.
     Meanwhile war arose,
And fields were fought in heaven; wherein remain'd
(For what could else?) to our Almighty Foe
Clear victory, to our part loss and rout
Through all the empyrean: down they fell
Driven headlong from the pitch of heaven, down
Into this deep, and in the general fall
I also; at which time this powerful key
Into my hand was given, with charge to keep
These gates for ever shut, which none can pass
Without my opening.
     Pensive here I sat
Alone, but long I sat not, till my womb,
Pregnant by thee and now excessive grown,
Prodigious motion felt and rueful throes.
At last this odious offspring whom thou seest,
Thine own begotten, breaking violent way,
Tore through my entrails, that, with fear and pain
Distorted, all my nether shape thus grew
Transform'd; but he, my inbred enemy,
Forth issued, brandishing his fatal dart
Made to destroy: I fled, and cried out, *Death*;
Hell trembled at the hideous name, and sigh'd
From all her caves, and back resounded, *Death*.
 I fled, but he pursued, though more, it seems,
Inflamed with lust than rage; and, swifter far,
Me overtook, his mother, all dismay'd;
And, in embraces forcible and foul
Ingendering with me, of that rape begot
These yelling monsters, that with ceaseless cry
Surround me, as thou saw'st; hourly conceived

moi jadis réputée si belle dans le Ciel? Au milieu de leur assemblée et à la vue des séraphins entrés avec toi dans une hardie conspiration contre le Roi du Ciel, tout d'un coup une douleur cruelle te saisit; tes yeux, obscurcis et éblouis, nagèrent dans les ténèbres, tandis que ta tête jeta des flammes épaisses et rapides : elle se fendit largement du côté gauche; semblable à toi en forme et en brillant maintien, alors éclatante et divinement belle, je sortis de ta tête déesse armée. L'étonnement saisit tous les guerriers du Ciel; ils reculèrent d'abord effrayés, et m'appelèrent Péché et me regardèrent comme un mauvais présage. Mais bientôt familiarisés avec moi, je leur plus, et mes grâces séduisantes gagnèrent ceux qui m'avoient le plus en aversion, toi principalement. Contemplant très-souvent en moi ta parfaite image, tu devins amoureux, et tu goûtas en secret avec moi de telles joies, que mes entrailles conçurent un croissant fardeau.

« Cependant, la guerre éclata, et l'on combattit dans les champs du Ciel. A notre puissant Ennemi (pouvoit-il en être autrement) demeura une victoire éclatante, à notre parti la perte et la déroute dans tout l'Empyrée. En bas nos légions tombèrent, précipitées la tête la première du haut du Ciel, en bas, dans cet abîme, et moi avec elles dans la chute générale. En ce temps-là cette clef puissante fut remise dans mes mains, avec ordre de tenir ces portes à jamais fermées, afin que personne ne les passe, si je ne les ouvre.

« Pensive je m'assis solitaire, mais je ne demeurai pas assise longtemps : mes flancs fécondés par toi, et maintenant excessivement grossis, éprouvèrent des mouvements prodigieux et les poignantes douleurs de l'enfantement. Enfin, cet odieux rejeton que tu vois, de toi engendré, se frayant la route avec violence, déchira mes entrailles; lesquelles étant tordues par la terreur et la souffrance, toute la partie inférieure de mon corps devint ainsi déformée. Mais lui, mon ennemi né, en sortit brandissant son fatal dard, fait pour détruire. Je fuis, et je criai : Mort! L'Enfer trembla à cet horrible nom, soupira du fond de toutes ses cavernes, et répéta : Mort!

« Je fuyois; mais le spectre me poursuivit, quoique, à ce qu'il sembloit, plus enflammé de luxure que de rage : beaucoup plus rapide que moi, il m'atteignit, moi, sa mère, tout épouvantée. Dans des embrassements forcenés et souillés engendrant avec moi, de ce rapt vinrent ces monstres aboyants qui poussant un cri continu m'entourent, comme tu le vois, conçus d'heure en heure, d'heure en heure

And hourly born, with sorrow infinite
To me; for, when they list, into the womb
That bred them they return, and howl and gnaw
My bowels, their repast; then bursting forth
Afresh with conscious terrors vex me round,
That rest or intermission none I find.
Before mine eyes in opposition sits
Grim Death, my son and foe, who sets them on;
And me his parent would full soon devour
For want of other prey, but that he knows
His end with mine involved; and knows that I
Should prove a bitter morsel, and his bane,
Whenever that shall be; so Fate pronounced.
But thou, O father, I forewarn thee, shun
His deadly arrow; neither vainly hope
To be invulnerable in those bright arms,
Though temper'd heavenly, for that mortal dint,
Save he who reigns above, none can resist."

She finish'd, and the subtle fiend his lore
Soon learn'd, now milder, and thus answer'd smooth:—
"Dear daughter, since thou claim'st me for thy sire,
And my fair son here show'st me, the dear pledge
Of dalliance had with thee in heaven, and joys
Then sweet, now sad to mention, through dire change
Befallen us, unforeseen, unthought of; know,
I come no enemy, but to set free
From out this dark and dismal house of pain,
Both him and thee, and all the heavenly host
Of spirits, that, in our just pretences arm'd,
Fell with us from on high: from them I go
This uncouth errand sole, and one for all
Myself expose; with lonely steps to tread
The unfounded deep, and through the void immense
To search with wandering quest a place foretold
Should be, and, by concurring signs, ere now
Created, vast and round, a place of bliss
In the purlieus of heaven, and therein placed
A race of upstart creatures, to supply
Perhaps our vacant room; though more removed,
Lest heaven, surcharged with potent multitude,
Might hap to move new broils. Be this, or aught
Than this more secret, now design'd, I haste
To know; and, this once known, shall soon return,
And bring ye to the place where thou and Death
Shall dwell at ease, and up and down unseen
Wing silently the buxom air, imbalm'd
With odours; there ye shall be fed and fill'd
Immeasurably; all things shall be your prey."

He ceased, for both seem'd highly pleased, and Death
Grinn'd horrible a ghastly smile, to hear

enfantés, avec une douleur infinie pour moi. Quand ils le veulent, ils rentrent dans le sein qui les nourrit; ils hurlent et rongent mes entrailles, leur festin; puis sortant derechef, ils m'assiègent de si vives terreurs, que je ne trouve ni repos ni relâche.

« Devant mes yeux, assise en face de moi, l'effrayante Mort, mon fils et mon ennemi, excite ces chiens. Et moi, sa mère, elle m'auroit bientôt dévorée, faute d'une autre proie, si elle ne savoit que sa fin est enveloppée dans la mienne, si elle ne savoit que je deviendrai pour elle un morceau amer, son poison, quand jamais cela arrivera : ainsi l'a prononcé le destin. Mais toi, ô mon père, je t'en préviens, évite sa flèche mortelle; ne te flatte pas vainement d'être invulnérable sous cette armure brillante, quoique de trempe céleste : car à cette pointe mortelle, hors celui qui règne là-haut, nul ne peut résister. »

Elle dit; et le subtile ennemi profite aussitôt de la leçon; il se radoucit, et répond ainsi avec calme :

« Chère fille, puisque tu me réclames pour ton père et que tu me fais voir mon fils si beau (ce cher gage des plaisirs que nous avons eus ensemble dans le Ciel, de ces joies alors douces, aujourd'hui tristes à rappeler à cause du changement cruel tombé sur nous d'une manière imprévue, et auquel nous n'avions pas pensé), chère fille, apprends que je ne viens pas en ennemi, mais pour vous délivrer de ce morne et affreux séjour des peines, vous deux, mon fils et toi, et toute la troupe des esprits célestes qui, pour nos justes prétentions armés, tombèrent avec nous. Envoyé par eux, j'entreprends seul cette rude course, m'exposant seul pour tous; je vais poser mes pas solitaires sur l'abîme sans fond, et, dans mon enquête errante, chercher à travers l'immense vide s'il ne seroit pas un lieu prédit, lequel, à en juger par le concours de plusieurs signes, doit être maintenant créé vaste et rond. C'est un séjour de délices, placé sur la lisière du Ciel, habité par des êtres de droite stature, destinés peut-être à remplir nos places vacantes; mais ils sont tenus plus éloignés, de peur que le Ciel, surchargé d'une puissante multitude, ne vînt à exciter de nouveaux troubles. Que ce soit cela, ou quelque chose de plus secret, je cours m'en instruire; le secret une fois connu, je reviendrai aussitôt, et je vous transporterai, Toi et la Mort, dans un séjour où vous demeurerez à l'aise, où en haut et en bas vous volerez silencieusement, sans être vus, dans un doux air embaumé de parfums. Là vous serez nourris et repus sans mesure; tout sera votre proie. »

Il se tut, car les deux formes parurent hautement satisfaites, et la Mort grimaça horrible un sourire épouvantable, en apprenant que sa

His famine should be fill'd, and bless'd his maw
Destined to that good hour: no less rejoiced
His mother bad, and thus bespake her sire:—
  "The key of this infernal pit by due,
And by command of heaven's all-powerful King,
I keep, by him forbidden to unlock
These adamantine gates; against all force
Death ready stands to interpose his dart,
Fearless to be o'ermatch'd by living might.
But what owe I to his commands above,
Who hates me, and hath hither thrust me down
Into this gloom of Tartarus profound,
To sit in hateful office, here confined,
Inhabitant of heaven and heavenly-born,
Here, in perpetual agony and pain,
With terrors and with clamors compass'd round
Of mine own brood, that on my bowels feed?
Thou art my father, thou my author, thou
My being gavest me; whom should I obey
But thee? whom follow? thou wilt bring me soon
To that new world of light and bliss, among
The gods who live at ease; where I shall reign
At thy right hand voluptuous, as beseems
Thy daughter and thy darling, without end."
  Thus saying, from her side the fatal key,
Sad instrument of all our woe, she took;
And, towards the gate rolling her bestial train,
Forthwith the huge portcullis high up drew,
Which but herself not all the Stygian powers
Could once have moved; then in the keyhole turns
The intricate wards, and every bolt and bar
Of massy iron or solid rock with ease
Unfastens: on a sudden open fly
With impetuous recoil and jarring sound
The infernal doors, and on their hinges grate
Harsh thunder, that the lowest bottom shook
Of Erebus.
      She open'd, but to shut
Excell'd her power; the gates wide open stood,
That with extended wings a banner'd host,
Under spread ensigns marching, might pass through
With horse and chariots rank'd in loose array;
So wide they stood, and like a furnace mouth
Cast forth redounding smoke and ruddy flame.
  Before their eyes in sudden view appear
The secrets of the hoary deep; a dark
Illimitable ocean, without bound,
Without dimension, where length, breadth, and height,
And time, and place, are lost; where eldest Night
And Chaos, ancestors of Nature, hold

faim seroit rassasiée ; elle bénit ses dents, réservées à cette bonne heure d'abondance. Sa mauvaise mère ne se réjouit pas moins, et tint ce discours à son père :

« Je garde la clef de ce puits infernal par mon droit, et par l'ordre du Roi tout-puissant du Ciel ; il m'a défendu d'ouvrir ces portes adamantines : contre toute violence la Mort se tient prête à interposer son dard, sans crainte d'être vaincue d'aucun pouvoir vivant. Mais que dois-je aux ordres d'en haut, au commandement de celui qui me hait, et qui m'a poussée ici en bas dans ces ombres du profond Tartare, pour y demeurer assise dans un emploi odieux, ici confinée, moi habitante du Ciel et née du Ciel, ici plongée dans une perpétuelle agonie, environnée des terreurs et des clameurs de ma propre géniture, qui se nourrit de mes entrailles ? Tu es mon père, tu es mon auteur, tu m'as donné l'être : à qui dois-je obéir, si ce n'est à toi ? Qui dois-je suivre ? Tu me transporteras bientôt dans ce nouveau monde de lumière et de bonheur, parmi les dieux qui vivent tranquilles, où, voluptueuse, assise à ta droite, comme il convient à ta fille et à ton amour, je régnerai sans fin. »

Elle dit, et prit à son côté la clef fatale, triste instrument de tous nos maux ; et, traînant vers la porte sa croupe bestiale, elle lève sans délai l'énorme herse qu'elle seule pouvoit lever, et que toute la puissance stygienne n'auroit pu ébranler. Ensuite elle tourne dans le trou de la clef les gardes compliquées, et détache sans peine les barres et les verrous de fer massif ou de solide roc. Soudain volent ouvertes, avec un impétueux recul et un son discordant, les portes infernales : leurs gonds firent gronder un rude tonnerre, qui ébranla le creux le plus profond de l'Érèbe.

Le Péché les ouvrit, mais les fermer surpassoit son pouvoir ; elles demeurent toutes grandes ouvertes : une armée, ailes étendues, marchant enseignes déployées, auroit pu passer à travers avec ses chevaux et ses chars rangés en ordre sans être serrés ; si larges sont ces portes ! comme la bouche d'une fournaise, elles vomissent une surabondante fumée et une flamme rouge.

Aux yeux de Satan et des deux Spectres apparoissent soudain les secrets du vieil abîme : sombre et illimité océan, sans borne, sans dimension, où la longueur, la largeur et la profondeur, le temps et l'espace sont perdus, où la Nuit aînée et le Chaos, aïeux de la nature,

Eternal anarchy, amidst the noise
Of endless wars, and by confusion stand.

   For hot, cold, moist, and dry, four champions fierce,
Strive here for mastery, and to battle bring
Their embryon atoms; they around the flag
Of each his faction, in their several clans,
Light-arm'd or heavy, sharp, smooth, swift, or slow,
Swarm populous, unnumber'd as the sands
Of Barca or Cyrene's torrid soil,
Levied to side with warring winds, and poise
Their lighter wings. To whom these most adhere,
He rules a moment: Chaos umpire sits,
And by decision more embroils the fray
By which he reigns: next him, high arbiter,
Chance governs all.
              Into this wild abyss,
The womb of nature, and perhaps her grave,—
Of neither sea, nor shore, nor air, nor fire,
But all these in their pregnant causes mix'd
Confusedly, and which thus must ever fight,
Unless the Almighty Maker them ordain
His dark materials to create more worlds;—
Into this wild abyss the wary fiend
Stood on the brink of hell, and look'd a while,
Pondering his voyage; for no narrow frith
He had to cross. Nor was his ear less peal'd
With noises loud and ruinous (to compare
Great things with small) than when Bellona storms,
With all her battering engines bent to rase
Some capital city; or less than if this frame
Of heaven were falling, and these elements
In mutiny had from her axle torn
The stedfast earth. At last his sail-broad vans
He spreads for flight, and in the surging smoke
Uplifted spurns the ground.
                    Thence many a league,
As in a cloudy chair, ascending rides
Audacious; but, that seat soon failing, meets
A vast vacuity: all unawares
Fluttering his pennons vain, plumb down he drops
Ten thousand fathom deep; and to this hour
Down had been falling, had not by ill chance
The strong rebuff of some tumultuous cloud,
Instinct with fire and nitre, hurried him
As many miles aloft: that fury stay'd,
Quench'd in a boggy Syrtis, neither sea,
Nor good dry land: nigh founder'd on he fares,
Treading the crude consistence, half on foot,
Half flying, behoves him now both oar and sail.
As when a gryphon, through the wilderness

maintiennent une éternelle anarchie au milieu du bruit des éternelles guerres, et se soutiennent par la confusion.

Le chaud, le froid, l'humide et le sec, quatre fiers champions, se disputent la supériorité, et mènent au combat leurs embryons d'atomes. Ceux-ci, autour de l'enseigne de leurs factions, dans leurs clans divers, pesamment ou légèrement armés, aigus, émoussés, rapides ou lents, essément leurs populations, aussi innombrables que les sables de Barca ou que l'arène torride de Cyrène, enlevés pour prendre parti dans la lutte des vents, et pour servir de lest à leurs ailes légères. L'atome auquel adhèrent un plus grand nombre d'atomes gouverne un moment. Le Chaos siège surarbitre, et ses décisions embrouillent de plus en plus le désordre par lequel il règne : après lui, juge suprême, le Hasard gouverne tout.

Dans ce sauvage abîme, berceau de la nature, et peut-être son tombeau; dans cet abîme qui n'est ni mer, ni terre, ni air, ni feu, mais tous ces éléments qui, confusément mêlés dans leurs causes fécondes, doivent ainsi se combattre toujours, à moins que le tout-puissant Créateur n'arrange ses noirs matériaux pour former de nouveaux mondes; dans ce sauvage abîme, Satan, le prudent ennemi, arrêté sur le bord de l'Enfer, regarde quelque temps : il réfléchit sur son voyage, car ce n'est pas un petit détroit qu'il lui faudra traverser. Son oreille est assourdie de bruits éclatants et destructeurs non moins violents (pour comparer les grandes choses aux petites) que ceux des tempêtes de Bellone quand elle dresse ses foudroyantes machines pour raser quelque grande cité; ou moins grand seroit le fracas si cette structure du Ciel s'écrouloit, et si les éléments mutinés avoient arraché de son axe la terre immobile. Enfin, Satan, pour prendre son vol, déploie ses ailes égales à de larges voiles; et enlevé dans la fumée ascendante, il repousse du pied le sol.

Pendant plusieurs lieues porté comme sur une chaire de nuages, il monte audacieux; mais ce siège lui manquant bientôt, il rencontre un vaste vide : tout surpris, agitant en vain ses ailes, il tombe comme un plomb à dix mille brasses de profondeur. Il seroit encore tombant à cette heure si par un hasard malheureux la forte explosion de quelque nuée tumultueuse imprégnée de feu et de nitre ne l'eût rejeté d'autant de milles en haut. Cet orage s'arrêta, éteint dans une syrte spongieuse, qui n'étoit ni mer ni terre sèche. Satan, presque englouti, traverse la substance crue, moitié à pied, moitié en volant; il lui faut alors rames et voiles. Un griffon, dans le désert, poursuit d'une course

With winged course, o'er hill or moory dale,
Pursues the Arimaspian, who by stealth
Had from his wakeful custody purloin'd
The guarded gold; so eagerly the fiend
O'er bog or steep, through strait, rough, dense, or rare,
With head, hands, wings, or feet, pursues his way,
And swims, or sinks, or wades, or creeps, or flies.

 At length a universal hubbub wild
Of stunning sounds and voices all confused,
Borne through the hollow dark, assaults his ear
With loudest vehemence: thither he plies,
Undaunted to meet there whatever power
Or spirit of the nethermost abyss
Might in that noise reside, of whom to ask
Which way the nearest coast of darkness lies,
Bordering on light.
     When straight behold the throne
Of Chaos, and his dark pavilion spread
Wide on the wasteful deep: with him enthroned
Sat sable-vested Night, eldest of things,
The consort of his reign; and by them stood
Orcus and Ades, and the dreaded name
Of Demogorgon; Rumour next, and Chance,
And Tumult and Confusion all imbroil'd;
And Discord with a thousand various mouths.
To whom Satan turning boldly, thus: —
         " Ye powers,
And spirits of this nethermost abyss,
Chaos and ancient Night, I come no spy,
With purpose to explore or to disturb
The secrets of your realm; but by constraint
Wandering this darksome desert, — as my way
Lies through your spacious empire up to light, —
Alone, and without guide, half lost, I seek
What readiest path leads where your gloomy bounds
Confine with heaven; or if some other place,
From your dominion won, the ethereal King
Possesses lately, thither to arrive
I travel this profound: direct my course;
Directed, no mean recompense it brings
To your behoof, if I that region lost,
All usurpation thence expell'd, reduce
To her original darkness and your sway,
Which is my present journey, and once more
Erect the standard there of ancient Night:
Yours be the advantage all, mine the revenge."

 Thus Satan; and him thus the anarch old,
With faltering speech and visage incomposed,
Answer'd: —
     " I know thee, stranger, who thou art".

ailée sur les montagnes où les vallées marécageuses l'Arimaspien qui ravit subtilement à sa garde vigilante l'or conservé : ainsi l'ennemi continue avec ardeur sa route à travers les marais, les précipices, les détroits, à travers les éléments rudes, denses ou rares ; avec sa tête, ses mains, ses ailes, ses pieds, il nage, plonge, guée, rampe, vole.

Enfin, une étrange et universelle rumeur de sons sourds et de voix confuses, née du creux des ténèbres, assaillit l'oreille de Satan avec la plus grande véhémence. Intrépide, il tourne son vol de ce côté, pour rencontrer le pouvoir quelconque ou l'esprit du profond abîme qui réside dans ce bruit, afin de lui demander de quel côté se trouve la limite des ténèbres la plus rapprochée confinant à la lumière.

Soudain voici le trône du Chaos, et son noir pavillon se déploie immense sur le gouffre de ruines. La Nuit, vêtue d'une zibeline noire, siège sur le trône à côté du Chaos : fille aînée des êtres, elle est la compagne de son règne. Auprès d'eux se tiennent Orcus et Adès, et Démogorgon au nom redouté, ensuite la Rumeur, et le Hasard, et le Tumulte, et la Confusion toute brouillée, et la Discorde aux mille bouches différentes. Satan hardiment va droit au Chaos :

« Vous, pouvoirs et esprits de ce profond abîme, Chaos et antique Nuit, je ne viens point à dessein, en espion, explorer ou troubler les secrets de votre royaume ; mais, contraint d'errer dans ce sombre désert, mon chemin vers la lumière m'a conduit à travers votre vaste empire ; seul et sans guide, à demi perdu, je cherche le sentier le plus court qui mène à l'endroit où vos obscures frontières touchent au Ciel. Ou, si quelque autre lieu envahi sur votre domaine a dernièrement été occupé par le roi Éthéré, c'est afin d'arriver là que je voyage dans ces profondeurs. Dirigez ma course : bien dirigée, elle n'apportera pas une médiocre récompense à vos intérêts, si de cette région perdue, toute usurpation étant chassée, je la ramène à ces ténèbres primitives et à votre sceptre (mon voyage actuel n'a pas d'autre but); j'y planterai de nouveau l'étendard de l'antique Nuit. A vous tous les avantages, à moi la vengeance ! »

Ainsi Satan : ainsi le vieil Anarque, avec une voix chevrotante et un visage décomposé, lui répondit :

« Je te connois, étranger ; tu es ce chef puissant des anges qui der-

That mighty leading angel, who of late
Made head against heaven's King, though overthrown,
I saw and heard; for such a numerous host
Fled not in silence through the frighted deep,
With ruin upon ruin, rout on rout,
Confusion worse confounded; and heaven gates
Pour'd out by millions her victorious bands
Pursuing. I upon my frontiers here
Keep residence; if all I can will serve,
That little which is left so to defend,
Encroach'd on still through your intestine broils
Weakening the sceptre of old Night : first hell,
Your dungeon, stretching far and wide beneath;
Now lately heaven and earth, another world,
Hung o'er my realm, link'd in a golden chain
To that side heaven from whence your legions fell :
If that way be your walk, you have not far;
So much the nearer danger : go, and speed :
Havoc, and spoil, and ruin are my gain."

He ceased; and Satan stay'd not to reply;
But, glad that now his sea should find a shore,
With fresh alacrity and force renew'd
Springs upward, like a pyramid of fire,
Into the wild expanse; and through the shock
Of fighting elements, on all sides round
Environ'd, wins his way; harder beset
And more endanger'd, than when Argo pass'd
Through Bosphorus betwixt the justling rocks :
Or when Ulysses on the larboard shunn'd
Charybdis, and by the other whirlpool steer'd.

So he with difficulty and labour hard
Moved on, with difficulty and labour he;
But he once past, soon after, when man fell,
(Strange alteration!) Sin and Death amain
Following his track (such was the will of Heaven),
Paved after him a broad and beaten way
Over the dark abyss, whose boiling gulf
Tamely endured a bridge of wondrous length,
From hell continued, reaching the utmost orb
Of this frail world; by which the spirits perverse
With easy intercourse pass to and fro
To tempt or punish mortals, except whom
God and good angels guard by special grace.

But now at last the sacred influence
Of light appears, and from the walls of heaven
Shoots far into the bosom of dim night
A glimmering dawn : here Nature first begins
Her farthest verge, and Chaos to retire
As from her outmost works, a broken foe,
With tumult less and with less hostile din;

nièrement fit tête au Roi du Ciel et fut renversé. Je vis et j'entendis, car une si nombreuse milice ne put fuir en silence à travers l'abîme effrayé, avec ruine sur ruine, déroute sur déroute, confusion pire que la confusion : les portes du Ciel versèrent par millions ses bandes victorieuses à la poursuite. Je suis venu résider ici sur mes frontières ; tout mon pouvoir suffit à peine pour sauver le peu qui me reste à défendre, et sur lequel empiètent encore vos divisions intestines, qui affoiblissent le sceptre de la vieille Nuit. D'abord l'Enfer, votre cachot, s'est étendu long et large sous mes pieds ; ensuite, dernièrement, le Ciel et la Terre, un autre monde, pendent au-dessus de mon royaume, attachés par une chaîne d'or à ce côté du Ciel d'où vos légions tombèrent. Si votre marche doit vous faire prendre cette route, vous n'avez pas loin ; le danger est d'autant plus près. Allez, hâtez-vous : ravages, et dépouilles, et ruines, sont mon butin.

Il dit ; et Satan ne s'arrête pas à lui répondre : mais, plein de joie que son océan trouve un rivage, avec une ardeur nouvelle et une force renouvelée, il s'élance dans l'immense étendue comme une pyramide de feu : à travers le choc des éléments en guerre qui l'entourent de toutes parts, il poursuit sa route, plus assiégé et plus exposé que le navire Argo quand il passa le Bosphore entre les rochers qui s'entreheurtent, plus en péril qu'Ulysse, lorsque d'un côté évitant Charybde, sa manœuvre le portoit dans un autre gouffre.

Ainsi Satan s'avançoit avec difficulté et un labeur pénible ; il s'avançoit avec difficulté et labeur. Mais une fois qu'il eut passé, bientôt après, quand l'homme tomba, quelle étrange altération ! le Péché et la Mort, suivant de près la trace de l'ennemi (telle fut la volonté du Ciel), pavèrent un chemin large et battu sur le sombre abîme, dont le gouffre bouillonnant souffrit avec patience qu'un pont d'une étonnante longueur s'étendît de l'Enfer à l'orbe extérieur de ce globe fragile. Les esprits pervers, à l'aide de cette communication facile, vont et viennent pour tenter ou punir les mortels, excepté ceux que Dieu et les saints anges gardent par une grâce particulière.

Mais enfin l'influence sacrée de la lumière commence à se faire sentir, et des murailles du Ciel un rayon pousse au loin dans le sein de l'obscure nuit une aube scintillante : ici de la nature commence l'extrémité la plus éloignée ; le Chaos se retire, comme de ses ouvrages avancés ; ennemi vaincu, il se retire avec moins de tumulte et moins

That Satan, with less toil, and now with ease,
Wafts on the calmer wave by dubious light;
And, like a weather-beaten vessel, holds
Gladly the port, though shrouds and tackle torn;
Or in the emptier waste, resembling air,
Weighs his spread wings, at leisure to behold
Far off the empyreal heaven, extended wide
In circuit, undetermined square or round,
With opal towers and battlements adorn'd
Of living sapphire, once his native seat;
And fast by, hanging in a golden chain,
This pendent world, in bigness as a star
Of smallest magnitude close by the moon.
Thither, full fraught with mischievous revenge,
Accursed, and in a cursed hour, he hies

END OF BOOK II.

d'hostile fracas. Satan, avec moins de fatigue, et bientôt avec aisance, guidé par une douteuse lumière, glisse sur les vagues apaisées, et comme un vaisseau battu des tempêtes, haubans et cordages brisés, il entre joyeusement au port. Dans l'espace plus vide ressemblant à l'air, l'archange balance ses ailes déployées, pour contempler de loin et à loisir le Ciel empyrée : si grande en est l'étendue qu'il ne peut déterminer si elle est carrée ou ronde. Il découvre les tours d'opale, les créneaux ornés d'un vivant saphir, jadis sa demeure natale; il aperçoit attaché au bout d'une chaîne d'or ce monde suspendu, égal à une étoile de la plus petite grandeur serrée près de la lune. Là Satan, tout chargé d'une pernicieuse vengeance, maudit et dans une heure maudite, se hâta.

FIN DU LIVRE II.

BOOK III.

THE ARGUMENT.

God sitting on his throne sees Satan flying towards this world, then newly created; shows him to the Son, who sat at his right hand; foretells the success of Satan in perverting mankind; clears his own justice and wisdom from all imputation, having created man free, and able enough to have withstood his tempter; yet declares his purpose of grace towards him, in regard he fell not of his own malice, as did Satan, but by him seduced. The Son of God renders praises to his Father for the manifestation of his gracious purpose towards man; but God again declares, that grace cannot be extended towards man without the satisfaction of divine justice; man hath offended the majesty of God by aspiring to Godhead, and therefore with all his progeny devoted to death must die, unless some one can be found sufficient to answer for his offence, and undergo his punishment. The Son of God freely offers himself a ransom for man; the Father accepts him, ordains his incarnation, pronounces his exaltation above all names in heaven and earth; commands all the angels to adore him; they obey, and, hymning to their harps in full quire, celebrate the Father and the Son. Meanwhile, Satan alights upon the bare convex of this world's outermost orb; where wandering he first finds a place, since called the Limbo of Vanity; what persons and things fly up thither; thence comes to the gate of heaven, described ascending by stairs, and the waters above the firmament that flow about it; his passage thence to the orb of the sun; he finds there Uriel, the regent of that orb; but first changes himself into the shape of a meaner angel, and, pretending a zealous desire to behold the new creation, and man whom God had placed here, inquires of him the place of his habitation, and is directed; alights first on Mount Niphates.

Hail, holy Light! offspring of heaven first-born,
Or of the Eternal co-eternal beam,
May I express thee unblamed? since God is light,
And never but in unapproached light
Dwelt from eternity; dwelt then in thee,
Bright effluence of bright essence increate.
Or hear'st thou rather pure ethereal stream,
Whose fountain who shall tell? before the sun,

LIVRE III.

ARGUMENT.

Dieu, siégeant sur son trône, voit Satan qui vole vers ce monde nouvellement créé. Il le montre à son Fils, assis à sa droite. Il prédit le succès de Satan, qui pervertira l'espèce humaine. L'Éternel justifie sa justice et sa sagesse de toute imputation, ayant créé l'homme libre et capable de résister au Tentateur. Cependant il déclare son dessein de faire grâce à l'homme, parce qu'il n'est pas tombé par sa propre méchanceté, comme Satan, mais par la séduction de Satan. Le Fils de Dieu glorifie son Père pour la manifestation de sa grâce envers l'Homme; mais Dieu déclare encore que cette grâce ne peut être accordée à l'Homme si la justice divine ne reçoit satisfaction : l'Homme a offensé la majesté de Dieu en aspirant à la divinité; et c'est pourquoi, dévoué à la mort avec toute sa postérité, il faut qu'il meure, à moins que quelqu'un ne soit trouvé capable de répondre pour son crime et de subir sa punition. Le Fils de Dieu s'offre volontairement pour rançon de l'Homme. Le Père l'accepte, ordonne l'Incarnation, et prononce que le Fils soit exalté au-dessus de tous, dans le ciel et sur la terre. Il commande à tous les anges de l'adorer. Ils obéissent, et, chantant en chœur sur leurs harpes, ils célèbrent le Fils et le Père. Cependant Satan descend sur la convexité nue de l'orbe le plus extérieur de ce monde, où, errant le premier, il trouve un lieu appelé dans la suite le limbe de vanité : quelles personnes et quelles choses volent à ce lieu. De là l'ennemi arrive aux portes du Ciel. Les degrés par lesquels on y monte décrits, ainsi que les eaux qui coulent au-dessus du firmament. Passage de Satan à l'orbe du Soleil. Il y rencontre Uriel, régent de cet orbe, mais il prend auparavant la forme d'un ange inférieur, et prétextant un pieux désir de contempler la nouvelle création et l'Homme que Dieu y a placé, il s'informe de la demeure de celui-ci : Uriel l'en instruit. Satan s'abat d'abord sur le sommet du mont Niphates.

Salut, Lumière sacrée, fille du Ciel, née la première, ou de l'Éternel rayon coéternel! Ne puis-je pas te nommer ainsi sans être blâmé? Puisque Dieu est lumière, et que de toute éternité il n'habita jamais que dans une lumière inaccessible, il habita donc en toi, brillante effusion d'une brillante essence incréée. Ou préfères-tu t'entendre appeler ruisseau de pur éther? Qui dira ta source? Avant le soleil, avant les cieux, tu étois, et à la voix de Dieu, tu couvris comme d'un

Before the heavens thou wert, and at the voice
Of God, as with a mantle, didst invest
The rising world of waters dark and deep,
Won from the void and formless infinite.

Thee I revisit now with bolder wing,
Escaped the Stygian pool, though long detain'd
In that obscure sojourn; while in my flight
Through utter and through middle darkness borne,
With other notes than to the Orphean lyre,
I sung of Chaos and eternal Night;
Taught by the heavenly Muse to venture down
The dark descent, and up to reascend,
Though hard and rare : thee I revisit safe,
And feel thy sovreign vital lamp; but thou
Revisit'st not these eyes, that roll in vain
To find thy piercing ray, and find no dawn;
So thick a drop serene hath quench'd their orbs,
Or dim suffusion veil'd.
     Yet not the more
Cease I to wander where the Muses haunt
Clear spring, or shady grove, or sunny hill,
Smit with the love of sacred song; but chief
Thee, Sion, and the flowery brooks beneath,
That wash thy hallow'd feet, and warbling flow,
Nightly I visit; nor sometimes forget
Those other two equal'd with me in fate,
So were I equal'd with them in renown,
Blind Thamyris and blind Mæonides,
And Tiresias and Phineus, prophets old :
Then feed on thoughts, that voluntary move
Harmonious numbers; as the wakeful bird
Sings darkling, and in shadiest covert hid
Tunes her nocturnal note.
     Thus with the year
Seasons return, but not to me returns
Day, or the sweet approach of even or morn,
Or sight of vernal bloom, or summer's rose,
Or flocks, or herds, or human face divine;
But cloud instead, and ever-during dark
Surrounds me, from the cheerful ways of men
Cut off, and for the book of knowledge fair
Presented with a universal blank
Of nature's works, to me expunged and rased,
And wisdom at one entrance quite shut out.

So much the rather thou, celestial Light,
Shine inward, and the mind through all her powers
Irradiate; there plant eyes, all mist from thence
Purge and disperse, that I may see and tell
Of things invisible to mortal sight.

Now had the Almighty Father from above,

manteau le monde s'élevant des eaux ténébreuses et profondes; conquête faite sur l'infini vide et sans forme.

Maintenant je te visite de nouveau d'une aile plus hardie, échappé au lac Stygien, quoique longtemps retenu dans cet obscur séjour. Lorsque, dans mon vol, j'étois porté à travers les ténèbres extérieures et moyennes, j'ai chanté, avec des accords différents de ceux de la lyre d'Orphée, le Chaos et l'éternelle Nuit. Une Muse céleste m'apprit à m'aventurer dans la noire descente et à la remonter; chose rare et pénible. Sauvé, je te visite de nouveau, et je sens ta lampe vitale et souveraine. Mais toi tu ne reviens point visiter ces yeux, qui roulent en vain pour rencontrer ton rayon perçant, et ne trouvent point d'aurore, tant une goutte sereine a profondément éteint leurs orbites, ou un sombre tissu les a voilés!

Cependant, je ne cesse d'errer aux lieux fréquentés des Muses, claires fontaines, bocages ombreux, collines dorées du soleil, épris que je suis de l'amour des chants sacrés. Mais toi surtout, ô Sion, toi et les ruisseaux fleuris qui baignent tes pieds saints et coulent en murmurant, je vous visite pendant la nuit. Je n'oublie pas non plus ces deux mortels, semblables à moi en malheur (puissé-je les égaler en gloire!), l'aveugle Thamyris et l'aveugle Méonides, Tirésias et Phinée, prophètes antiques. Alors je me nourris des pensées qui produisent d'elles-mêmes les nombres harmonieux, comme l'oiseau qui veille chante dans l'obscurité : caché sous le plus épais couvert, il soupire ses nocturnes complaintes.

Ainsi avec l'année reviennent les saisons, mais le jour ne revient pas pour moi; je ne vois plus les douces approches du matin et du soir, ni la fleur du printemps, ni la rose de l'été, ni les troupeaux, ni la face divine de l'homme. Des nuages et des ténèbres qui durent toujours m'environnent. Retranché des agréables voies des humains, le livre des belles connoissances ne me présente qu'un blanc universel, où les ouvrages de la nature sont effacés et rayés pour moi : la sagesse à l'une de ses entrées m'est entièrement fermée.

Brille donc d'autant plus intérieurement, ô céleste lumière! que toutes les puissances de mon esprit soient pénétrées de tes rayons : mets des yeux à mon âme; disperse et dissipe loin d'elle tous les brouillards, afin que je puisse voir et dire des choses invisibles à l'œil mortel.

Déjà le Père tout-puissant, du haut du Ciel du pur empyrée, où il

From the pure empyrean where he sits
High throned above all height, bent down his eye,
His own works and their works at once to view.
About him all the sanctities of heaven
Stood thick as stars, and from his sight received
Beatitude past utterance; on his right
The radiant image of his glory sat,
His only Son : on earth he first beheld
Our two first parents, yet the only two
Of mankind, in the happy garden placed,
Reaping immortal fruits of joy and love,
Uninterrupted joy, unrival'd love,
In blissful solitude : he then survey'd
Hell and the gulf between, and Satan there
Coasting the wall of heaven on this side night
In the dun air sublime, and ready now
To stoop with wearied wings, and willing feet,
On the bare outside of this world, that seem'd
Firm land embosom'd without firmament,
Uncertain which, in ocean or in air.
Him God beholding from his prospect high,
Wherein past, present, future he beholds,
Thus to his only Son foreseeing spake : —

"Only begotten Son, seest thou what rage
Transports our adversary? whom no bounds
Prescribed, no bars of hell, nor all the chains
Heap'd on him there, nor yet the main abyss
Wide interrupt, can hold; so bent he seems
On desperate revenge, that shall redound
Upon his own rebellious head. And now,
Through all restraint broke loose, he wings his way
Not far off heaven, in the precincts of light,
Directly towards the new-created world,
And man there placed; with purpose to assay
If him by force he can destroy, or worse,
By some false guile pervert; and shall pervert
For man will hearken to his glozing lies,
And easily transgress the sole command,
Sole pledge of his obedience : so will fall,
He and his faithless progeny.

       "Whose fault?
Whose but his own? Ingrate, he had of me
All he could have : I made him just and right,
Sufficient to have stood, though free to fall.
Such I created all the ethereal powers
And spirits, both them who stood and them who fail'd:
Freely they stood who stood, and fell who fell.
Not free, what proof could they have given sincere
Of true allegiance, constant faith, or love?
Where only, what they needs must do, appear'd,

siège sur un trône au-dessus de toute hauteur, avoit abaissé son regard pour contempler à la fois ses ouvrages et les ouvrages de ses ouvrages. Autour de lui toutes les saintetés du Ciel se pressoient comme des étoiles, et recevoient de sa vue une béatitude qui surpasse toute expression ; à sa droite étoit assise la radieuse image de sa gloire, son Fils unique. Il aperçut d'abord sur la terre nos deux premiers parents, les deux seuls êtres de l'espèce humaine, placés dans le jardin des délices, goûtant d'immortels fruits de joie et d'amour ; joie non interrompue, amour sans rival dans une heureuse solitude. Il aperçut aussi l'Enfer et le gouffre entre l'Enfer et la création ; il vit Satan côtoyant le mur du Ciel, du côté de la nuit dans l'air sublime et sombre, et près de s'abattre, avec ses ailes fatiguées et un pied impatient, sur la surface aride de ce monde qui lui semble une terre ferme, arrondie et sans firmament : l'archange est incertain si ce qu'il voit est l'océan ou l'air. Dieu l'observant de ce regard élevé dont il découvre le présent, le passé et l'avenir, parla de la sorte à son Fils unique, en prévoyant cet avenir :

« Unique Fils que j'ai engendré, vois-tu quelle rage transporte notre adversaire? Ni les bornes prescrites, ni les barreaux de l'Enfer, ni toutes les chaînes amoncelées sur lui, ni même du profond chaos l'interruption immense, ne l'ont pu retenir ; tant il semble enclin à une vengeance désespérée qui retombera sur sa tête rebelle. Maintenant, après avoir rompu tous ses liens, il vole non loin du Ciel sur les limites de la lumière, directement vers le monde nouvellement créé, et vers l'homme placé là, dans le dessein d'essayer s'il pourra le détruire par la force, ou, ce qui serait pire, le pervertir par quelque fallacieux artifice ; et il le pervertira : l'homme écoutera ses mensonges flatteurs, et transgressera facilement l'unique commandement, l'unique gage de son obéissance : il tombera lui et sa race infidèle.

« A qui sera la faute ? à qui, si ce n'est à lui seul ? Ingrat ! il avoit de moi tout ce qu'il pouvoit avoir ; je l'avois fait juste et droit, capable de se soutenir, quoique libre de tomber. Je créai tels tous les pouvoirs éthérés et tous les esprits, ceux qui se soutinrent et ceux qui tombèrent : librement se sont soutenus ceux qui se sont soutenus, et tombés ceux qui sont tombés. N'étant pas libres, quelle preuve sincère auroient-ils pu donner d'une vraie obéissance, de leur constante foi ou de leur amour ? Lorsqu'ils n'auroient fait seulement que ce qu'ils auroient été contraints de faire, et non ce qu'ils auroient voulu, quelle

Not what they would: what praise could they receive?
What pleasure I from such obedience paid?
When will and reason, (reason also is choice)
Useless and vain, of freedom both despoil'd,
Made passive both, had served necessity,
Not me.

"They therefore, as to right belong'd,
So were created, nor can justly accuse
Their Maker, or their making, or their fate;
As if predestination over-ruled
Their will, disposed by absolute decree
Or high foreknowledge: they themselves decreed
Their own revolt, not I: if I foreknew,
Foreknowledge had no influence on their fault;
Which had no less proved certain unforeknown.
So without least impulse or shadow of fate,
Or aught by me immutably foreseen,
They trespass, authors to themselves in all,
Both what they judge and what they choose; for so
I form'd them free, and free they must remain,
Till they enthral themselves; I else must change
Their nature, and revoke the high decree,
Unchangeable, eternal, which ordain'd
Their freedom: they themselves ordain'd their fall.

"The first sort by their own suggestion fell,
Self-tempted, self-depraved: man falls deceived
By the other first: man therefore shall find grace,
The other none: in mercy and justice both,
Through heaven and earth, so shall my glory excel;
But mercy first and last shall brightest shine."

Thus while God spake, ambrosial fragance fill'd
All heaven, and in the blessed spirits elect
Sense of new joy ineffable diffused.
Beyond compare the Son of God was seen
Most glorious; in him all his Father shone
Substantially express'd; and in his face
Divine compassion visibly appear'd,
Love without end, and without measure grace,
Which uttering, thus he to his Father spake:—

"O Father, gracious was that word which closed
Thy sovreign sentence, that man should find grace;
For which both heaven and earth shall high extol
Thy praises, with the innumerable sound
Of hymns and sacred songs, wherewith thy throne
Encompass'd shall resound thee ever bless'd.

"For should man finally be lost? should man,
Thy creature late so loved, thy youngest son,
Fall circumvented thus by fraud, though join'd
With his own folly? that be from thee far,
That far be from thee, Father, who art judge

louange en auroient-ils pu recevoir? quel plaisir aurois-je trouvé dans une obéissance ainsi rendue, alors que la volonté et la raison (raison est aussi choix), inutiles et vaines, toutes deux dépouillées de liberté, toutes deux passives, eussent servi la nécessité, non pas moi?

« Ainsi créés, comme il appartenoit de droit, ils ne peuvent donc justement accuser leur Créateur, ou leur nature, ou leur destinée, comme si la prédestination, dominant leur volonté, en disposa par un décret absolu, ou par une prescience suprême. Eux-mêmes ont décrété leur propre révolte, moi non : si je l'ai prévue, ma prescience n'a eu aucune influence sur leur faute, qui, n'étant pas prévue, n'en auroit pas moins été certaine. Ainsi, sans la moindre impulsion, sans la moindre ombre de destinée ou de chose quelconque par moi immuablement prévue, ils pèchent, auteurs de tout pour eux-mêmes, à la fois en ce qu'ils jugent et en ce qu'ils choisissent : car ainsi je les ai créés libres, et libres ils doivent demeurer, jusqu'à ce qu'ils s'enchaînent eux-mêmes. Autrement, il me faudroit changer leur nature, révoquer le haut décret irrévocable, éternel, par qui fut ordonnée leur liberté : eux seuls ont ordonné leur chute.

« Les premiers coupables tombèrent par leur propre suggestion, tentés par eux-mêmes, par eux-mêmes dépravés : l'homme tombe déçu par les premiers coupables. L'homme, à cause de cela, trouvera grâce; les autres n'en trouveront point. Par la miséricorde et par la justice, dans le ciel et sur la terre, ainsi ma gloire triomphera; mais la miséricorde, la première et la dernière, brillera la plus éclatante. »

Tandis que Dieu parloit, un parfum d'ambroisie remplissoit tout le Ciel, et répandoit parmi les bienheureux, esprits élus, le sentiment d'une nouvelle joie ineffable. Au-dessus de toute comparaison, le Fils de Dieu se montroit dans une très-grande gloire : en lui brilloit tout son Père substantiellement exprimé. Une divine compassion apparut visible sur son visage, avec un amour sans fin et une grâce sans mesure; il les fit connoître à son Père, en lui parlant de la sorte :

« O mon Père! miséricordieuse a été cette parole qui a terminé ton arrêt suprême : l'homme trouvera grâce! Pour cette parole le Ciel et la Terre publieront hautement tes louanges par les innombrables concerts des hymnes et des sacrés cantiques : de ces cantiques ton trône environné retentira de toi à jamais béni. Car l'homme seroit-il finalement perdu? L'homme, ta créature dernièrement encore si aimée, ton plus jeune fils tomberoit-il circonvenu par la fraude, bien qu'en y mêlant sa propre folie? Que cela soit loin de toi, que cela soit loin de toi, ô Père, toi qui juges de toutes les choses faites, et qui seul juges

Of all things made, and judgest only right.
Or shall the adversary thus obtain
His end, and frustrate thine? shall he fulfil
His malice, and thy goodness bring to naught;
Or proud return, though to his heavier doom,
Yet with revenge accomplish'd, and to hell
Draw after him the whole race of mankind,
By him corrupted? or wilt thou thyself
Abolish thy creation, and unmake,
For him, what for thy glory thou hast made?
So should thy goodness and thy greatness both
Be question'd and blasphemed without defence."
To whom the great Creator thus replied: —

" O Son, in whom my soul hath chief delight,
Son of my bosom, Son, who art alone
My word, my wisdom, and effectual might,
All hast thou spoken as my thoughts are, all
As my eternal purpose hath decreed :
Man shall not quite be lost, but saved who will;
Yet not of will in him, but grace in me
Freely vouchsafed: once more I will renew
His lapsed powers, though forfeit and enthral'd
By sin to foul exorbitant desires :
Upheld by me, yet once more he shall stand
On even ground against his mortal foe;
By me upheld, that he may know how frail
His fallen condition is, and to me owe
All his deliverance, and to none but me.

" Some I have chosen of peculiar grace,
Elect above the rest; so is my will :
The rest shall hear me call, and oft be warn'd
Their sinful state, and to appease betimes
The incensed Deity, while offer'd grace
Invites; for I will clear their senses dark,
What may suffice, and soften stony hearts
To pray, repent, and bring obedience due.
To prayer, repentance, and obedience due,
Though but endeavour'd with sincere intent,
Mine ear shall not be slow, mine eye not shut :
And I will place within them as a guide
My umpire Conscience, whom if they will hear,
Light after light, well used, they shall attain;
And to the end, persisting, safe arrive.

" This my long sufferance and my day of grace
They who neglect and scorn shall never taste;
But hard be harden'd, blind be blinded more,
That they may stumble on, and deeper fall;
And none but such from mercy I exclude.

" But yet all is not done; man disobeying,
Disloyal breaks his fealty, and sins

équitablement ! Ou l'adversaire obtiendra-t-il ainsi ses fins et te frustrera-t-il des tiennes? Satisfera-t-il sa malice et réduira-t-il ta bonté à néant? Ou s'en retournera-t-il plein d'orgueil, quoique sous un plus pesant arrêt, et cependant avec une vengeance satisfaite, entraînant après lui dans l'Enfer la race entière des humains, par lui corrompue? Ou veux-tu toi-même abolir ta création, et défaire pour cet ennemi ce que tu as fait pour ta gloire? Ta bonté et ta grandeur pourroient être mises ainsi en question et blasphémées sans être défendues. »

Le grand Créateur lui répondit :

« O mon Fils, en qui mon âme a ses principales délices, Fils de mon sein, Fils qui es seul mon Verbe, ma sagesse et mon effectuelle puissance, toutes tes paroles ont été comme sont mes pensées, toutes comme ce que mon éternel dessein a décrété : l'homme ne périra pas tout entier, mais se sauvera qui voudra; non cependant par une volonté de lui-même, mais par une grâce de moi, librement accordée. Une fois encore je renouvellerai les pouvoirs expirés de l'homme, quoique forfaits et assujettis par le péché à d'impurs et exorbitants désirs. Relevé par moi, l'homme se tiendra debout une fois encore sur le même terrain que son mortel ennemi; l'homme sera par moi relevé, afin qu'il sache combien est débile sa condition dégradée, afin qu'il ne rapporte qu'à moi sa délivrance, et à nul autre qu'à moi.

« J'en ai choisi quelques-uns, par une grâce particulière élus au-dessus des autres : telle est ma volonté. Les autres entendront mon appel : ils seront souvent avertis de songer à leur état criminel et d'apaiser au plus tôt la divinité irritée, tandis que la grâce offerte les y invite. Car j'éclairerai leurs sens ténébreux d'une manière suffisante, et j'amollirai leur cœur de pierre, afin qu'ils puissent prier, se repentir et me rendre l'obéissance due : à la prière, au repentir, à l'obéissance due (quand elle ne seroit que cherchée avec une intention sincère), mon oreille ne sera point sourde, mon œil fermé. Je mettrai dans eux, comme un guide, mon arbitre, la conscience : s'ils veulent l'écouter, ils atteindront lumière après lumière; celle-ci bien employée et eux persévérant jusqu'à la fin, ils arriveront en sûreté.

« Ma longue tolérance et mon jour de grâce, ceux qui les négligeront et les mépriseront ne les goûteront jamais; mais l'endurci sera plus endurci, l'aveugle plus aveuglé, afin qu'ils trébuchent et tombent plus bas. Et nuls que ceux-ci je n'exclus de la miséricorde.

« Mais cependant tout n'est pas fait : l'homme désobéissant rompt déloyalement sa foi, et pèche contre la haute suprématie du Ciel;

Against the high supremacy of Heaven,
Affecting Godhead, and so losing all,
To expiate his treason hath naught left;
But to destruction sacred and devote,
He with his whole posterity must die;
Die he or justice must: unless for him
Some other able, and as willing, pay
The rigid satisfaction, death for death.

"Say, heavenly powers, where shall we find such love
Which of you will be mortal to redeem
Man's mortal crime; and just the unjust to save?
Dwells in all heaven charity so dear?"

He ask'd, but all the heavenly quire stood mute;
And silence was in heaven: on man's behalf
Patron or intercessor none appear'd;
Much less that durst upon his own head draw
The deadly forfeiture, and ransom set.
And now without redemption all mankind
Must have been lost, adjudged to death and hell
By doom severe, had not the Son of God,
In whom the fulness dwells of love divine,
His dearest mediation thus renew'd : —

"Father, thy word is pass'd; man shall find grace;
And shall grace not find means? that finds her way
The speediest of thy winged messengers,
To visit all thy creatures, and to all
Comes unprevented, unimplored, unsought?
Happy for man, so coming; he her aid
Can never seek, once dead in sins and lost;
Atonement for himself or offering meet,
Indebted and undone, hath none to bring.

"Behold me then, me for him, life for life,
I offer : on me let thine anger fall;
Account me man; I for his sake will leave
Thy bosom, and this glory next to thee
Freely put off, and for him lastly die
Well pleased; on me let Death wreak all his rage;
Under his gloomy power I shall not long
Lie vanquish'd; thou hast given me to possess
Life in myself for ever; by thee I live,—
Though now to Death I yield, and am his due
All that of me can die.

"Yet that debt paid,
Thou wilt not leave me in the loathsome grave
His prey, nor suffer my unspotted soul
For ever with corruption there to dwell :
But I shall rise victorious, and subdue
My vanquisher, spoil'd of his vaunted spoil;
Death his death's wound shall then receive, and stoop
Inglorious, of his mortal sting disarm'd.

affectant la divinité, et perdant tout ainsi, il ne laisse rien pour expier sa trahison ; mais consacré et dévoué à la destruction, lui et toute sa postérité doivent mourir. Lui ou la justice doivent mourir, à moins que pour lui un autre ne soit capable, s'offrant volontairement de donner la rigide satisfaction : mort pour mort.

« Dites, pouvoirs célestes, où nous trouverons un pareil amour? Qui de vous se fera mortel pour racheter le mortel crime de l'homme? et quel juste sauvera l'injuste? Une charité si tendre habite-t-elle dans tout le Ciel ? »

Il adressoit cette demande ; mais tout le chœur divin resta muet, et le silence étoit dans le Ciel. En faveur de l'homme ni patron ni intercesseur ne paroît, ni encore moins qui ose attirer sur sa tête la proscription mortelle et payer rançon. Et alors, privée de rédemption, la race humaine entière eût été perdue, adjugée par un arrêt sévère à la Mort et à l'Enfer, si le Fils de Dieu, en qui réside la plénitude de l'amour divin, n'eût ainsi renouvelé sa plus chère médiation :

« Mon Père, ta parole est prononcée : l'homme trouvera grâce. La grâce ne trouvera-t-elle pas quelque moyen de salut, elle qui, le plus rapide de tes messagers ailés, trouve un passage pour visiter tes créatures et venir à toutes, sans être prévue, sans être implorée, sans être cherchée? Heureux l'homme si elle le prévient ainsi ! il ne l'appellera jamais à son aide, une fois perdu et mort dans le péché : endetté et ruiné, il ne peut fournir pour lui ni expiation ni offrande.

« Me voici donc, moi pour lui, vie pour vie ; je m'offre : sur moi laisse tomber ta colère ; compte-moi pour homme. Pour l'amour de lui, je quitterai ton sein, et je me dépouillerai volontairement de cette gloire que je partage avec toi ; pour lui je mourrai satisfait. Que la mort exerce sur moi toute sa fureur ; sous son pouvoir ténébreux je ne demeurerai pas longtemps vaincu. Tu m'as donné de posséder la vie en moi-même à jamais ; par toi je vis, quoique à présent je cède à la Mort ; je suis son dû en tout ce qui peut mourir en moi.

« Mais cette dette payée, tu ne me laisseras pas sa proie dans l'impur tombeau ; tu ne souffriras pas que mon âme sans tache habite là pour jamais avec la corruption ; mais je ressusciterai victorieux, et je subjuguerai mon vainqueur dépouillé de ses dépouilles vantées. La Mort recevra alors sa blessure de mort, et rampera inglorieuse, désar-

I through the ample air in triumph high
Shall lead hell captive, maugre hell, and show
The powers of darkness bound. Thou, at the sight
Pleased, out of heaven shalt look down and smile;
While, by thee raised, I ruin all my foes,
Death last, and with his carcase glut the grave:
Then, with the multitude of my redeem'd,
Shall enter heaven long absent, and return,
Father, to see thy face, wherein no cloud
Of anger shall remain, but peace assured
And reconcilement: wrath shall be no more
Thenceforth, but in thy presence joy entire."

His words here ended, but his meek aspect
Silent yet spake, and breath'd immortal love
To mortal men, above which only shone
Filial obedience: as a sacrifice
Glad to be offer'd, he attends the will
Of his great Father. Admiration seized
All heaven, what this might mean and whither tend,
Wondering; but soon the Almighty thus replied:—

" O thou, in heaven and earth the only peace
Found out for mankind under wrath, O thou,
My sole complacence! well thou know'st how dear
To me are all my works; nor man the least,
Though last created; that for him I spare
Thee from my bosom and right hand, to save,
By losing thee a while, the whole race lost.
Thou therefore, whom thou only canst redeem,
Their nature also to thy nature join;
And be thyself man among men on earth,
Made flesh, when time shall be, of virgin seed,
By wondrous birth: be thou in Adam's room
The head of all mankind, though Adam's son.
As in him perish all men, so in thee,
As from a second root, shall be restored,
As many as are restored; without thee none.
His crime makes guilty all his sons; thy merit
Imputed shall absolve them, who renounce
Their own both righteous and unrighteous deeds,
And live in thee transplanted, and from thee
Receive new life. So man, as is most just,
Shall satisfy for man, be judged and die;
And dying rise, and rising with him raise
His brethren, ransom'd with his own dear life.
So heavenly love shall outdo hellish hate,
Giving to death, and dying to redeem;
So dearly to redeem what hellish hate
So easily destroy'd; and still destroys
In those who, when they may, accept not grace.
    Nor shalt thou, by descending to assume

mée de son dard mortel. Moi, à travers les airs, dans un grand triomphe, j'emmènerai l'Enfer captif malgré l'Enfer, et je montrerai les pouvoirs des ténèbres enchaînés. Toi, charmé à cette vue, tu laisseras tomber du Ciel un regard, et tu souriras, tandis qu'élevé par toi je confondrai tous mes ennemis, la Mort la dernière, et avec sa carcasse je rassasierai le sépulcre. Alors, entouré de la multitude par moi rachetée, je rentrerai dans le Ciel après une longue absence; j'y reviendrai, ô mon Père, pour contempler ta face, sur laquelle aucun nuage de colère ne restera, mais où l'on verra la paix assurée et la réconciliation; désormais la colère n'existera plus, mais en ta présence la joie sera entière. »

Ici ses paroles cessèrent : mais son tendre aspect silencieux parloit encore, et respiroit un immortel amour pour les hommes mortels, au-dessus duquel brilloit seulement l'obéissance filiale. Content de s'offrir en sacrifice, il attend la volonté de son Père. L'admiration saisit tout le Ciel, qui s'étonne de la signification de ces choses, et ne sait où elles tendent. Bientôt le Tout-Puissant répliqua ainsi :

« O toi, sur la Terre et dans le Ciel, seule paix trouvée pour le genre humain sous le coup de la colère; ô toi, unique objet de ma complaisance, tu sais combien me sont chers tous mes ouvrages; l'homme ne me l'est pas moins, quoique le dernier créé, puisque pour lui je te séparerai de mon sein et de ma droite, afin de sauver (en te perdant quelque temps) toute la race perdue. Toi donc qui peux seul la racheter, joins à ta nature la nature humaine, et sois toi-même homme parmi les hommes sur la terre; fais-toi chair quand les temps seront accomplis, et sors du sein d'une Vierge par une naissance miraculeuse. Sois le chef du genre humain dans la place d'Adam, quoique fils d'Adam. Comme en lui périssent tous les hommes, en toi, ainsi que d'une seconde racine, seront rétablis tous ceux qui doivent l'être; sans toi, personne. Le crime d'Adam rend coupables tous ses fils; ton mérite, qui leur sera imputé, absoudra ceux qui, renonçant à leurs propres actions, justes ou injustes, vivront en toi transplantés, et de toi recevront une nouvelle vie. Ainsi l'homme, comme cela est juste, donnera satisfaction pour l'homme; il sera jugé et mourra, et en mourant il se relèvera, et en se relevant relèvera avec lui tous ses frères rachetés par son sang précieux. Ainsi l'amour céleste l'emportera sur la haine infernale en se donnant à la mort, en mourant pour racheter si chèrement ce que la haine infernale a si aisément détruit, ce qu'elle continuera de détruire dans ceux qui, lorsqu'ils le peuvent, n'acceptent point la grâce.

« O mon Fils! en descendant à l'humaine nature, tu n'amoindris ni

Man's nature, lessen or degrade thine own.
Because thou hast, though throned in highest bliss
Equal to God, and equally enjoying
God-like fruition, quitted all to save
A world from utter loss; and hast been found
By merit more than birthright Son of God:
Found worthiest to be so by being good,
Far more than great or high. Because in thee
Love hath abounded more than glory abounds;
Therefore thy humiliation shall exalt
With thee thy manhood also to this throne;
Here shalt thou sit incarnate, here shalt reign
Both God and Man, Son both of God and Man,
Anointed universal King.

      " All power
I give thee; reign for ever, and assume
Thy merits; under thee, as head supreme,
Thrones, princedoms, powers, dominions, I reduce:
All knees to thee shall bow; of them that bide
In heaven, or earth, or under earth in hell.
When thou, attended gloriously from heaven,
Shalt in the sky appear, and from thee send
The summoning archangels to proclaim
Thy dread tribunal, forthwith from all winds
The living, and forthwith the cited dead
Of all past ages, to the general doom
Shall hasten: such a peal shall rouse their sleep.
Then, all thy saints assembled, thou shalt judge
Bad men and angels; the arraign'd shall sink
Beneath thy sentence; hell, her numbers full,
Thenceforth shall be for ever shut. Meanwhile
The world shall burn, and from her ashes spring
New heaven and earth, wherein the just shall dwell,
And after all their tribulations long
See golden days, fruitful of golden deeds,
With joy and love triumphing, and fair truth:
Then thou thy regal sceptre shalt lay by,
For regal sceptre then no more shall need;
God shall be all in all. But, all ye gods,
Adore him, who to compass all this dies;
Adore the Son, and honour him as me."

  No sooner had the Almighty ceased, but all
The multitude of angels with a shout,
Loud as from numbers without number, sweet
As from blest voices, uttering joy; heaven rung
With jubilee, and loud hosannas fill'd
The eternal regions. Lowly reverent
Towards either throne they bow, and to the ground
With solemn adoration down they cast
Their crowns inwove with amarant and gold;

ne dégrades la tienne. Parce que tu as, quoique assis sur un trône dans la plus haute béatitude, égal à Dieu, jouissant également du bonheur divin; parce que tu as tout quitté pour sauver un monde d'une entière perdition; parce que ton mérite, plus encore que ton droit de naissance, Fils de Dieu, t'a rendu plus digne d'être ce Fils, étant bon beaucoup plus encore que grand et puissant; parce que l'amour a abondé en toi plus que la gloire, ton humiliation élèvera avec toi à ce trône ton humanité. Ici tu t'assiéras incarné; ici tu régneras à la fois Dieu et homme, à la fois Fils de Dieu et de l'homme, établi par l'onction Roi universel.

« Je te donne tout pouvoir : règne à jamais; et revêts-toi de tes mérites; je te soumets, comme chef suprême, les trônes, les princes, les pouvoirs, les dominations : tous les genoux fléchiront devant toi, les genoux de ceux qui habitent au Ciel, ou sur la terre, ou sous la terre, en Enfer. Quand, glorieusement entouré d'un cortége céleste, tu apparoîtras sur les nuées; quand tu enverras les archanges, tes hérauts, annoncer ton redoutable jugement, aussitôt des quatre vents les vivants appelés, de tous les siècles passés les morts ajournés, se hâteront à la sentence générale; si grand sera le bruit qui réveillera leur sommeil! Alors, dans l'assemblée des saints, tu jugeras les méchants, hommes et anges : convaincus, ils s'abîmeront sous ton arrêt. L'Enfer, rempli de ses multitudes, sera fermé pour toujours. Cependant, le monde sera consumé; de ses cendres sortira un ciel nouveau, une nouvelle terre, où les justes habiteront. Après leurs longues tribulations, ils verront des jours d'or, fertiles en actions d'or, avec la joie et le triomphant amour, et la vérité belle. Alors tu déposeras ton sceptre royal, car il n'y aura plus besoin de sceptre royal; Dieu sera tout en tous. Mais vous, anges, adorez celui qui, pour accomplir tout cela, meurt; adorez-le comme moi. »

Le Tout-Puissant n'eut pas plus tôt cessé de parler, que la foule des anges (avec une acclamation forte comme celle d'une multitude sans nombre, douce comme provenant de voix saintes) fit éclater la joie : le Ciel retentit de bénédictions, et d'éclatants *hosanna* remplirent les régions éternelles. Les anges révérencieusement s'inclinèrent devant les deux trônes, et, avec une solennelle adoration, ils jetèrent sur le parvis leurs couronnes entremêlées d'or et d'amarante; immortelle amarante! Cette fleur commença jadis à s'épanouir près de l'arbre de

Immortal amarant, a flower which once
In Paradise fast by the tree of life
Began to bloom; but soon for man's offence
To heaven removed, where first it grew, there grows,
And flowers aloft shading the fount of life,
And where the river of bliss through midst of heaven
Rolls o'er Elysian flowers her amber stream;
With these, that never fade, the spirits elect
Bind their resplendent locks inwreathed with beams.

Now in loose garlands thick thrown off, the bright
Pavement, that like a sea of jasper shone,
Impurpled with celestial roses smiled.
Then crown'd again their golden harps they took,
Harps ever tuned, that glittering by their side
Like quivers hung, and with preamble sweet
Of charming symphony they introduce
Their sacred song, and waken raptures high;
No voice exempt, no voice but well could join
Melodious part: such concord is in heaven.

Thee, Father, first they sung, Omnipotent,
Immutable, Immortal, Infinite,
Eternal King; thee, Author of all being,
Fountain of light, thyself invisible
Amidst the glorious brightness where thou sitt'st
Throned inaccessible; but when thou shadest
The full blaze of thy beams, and through a cloud
Drawn round about thee like a radiant shrine,
Dark with excessive bright thy skirts appear,
Yet dazzle heaven; that brightest seraphim
Approach not, but with both wings veil their eyes.

Thee next they sang of all creation first,
Begotten Son, Divine Similitude,
In whose conspicuous countenance, without cloud
Made visible, the Almighty Father shines,
Whom else no creature can behold: on thee
Impress'd the effulgence of his glory abides;
Transfused on thee his ample Spirit rests.
He heaven of heavens and all the powers therein
By thee created, and by thee threw down
The aspiring dominations: thou that day
Thy Father's dreadful thunder didst not spare,
Nor stop thy flaming chariot-wheels, that shook
Heaven's everlasting frame; while o'er the necks
Thou drovest of warring angels disarray'd.
Back from pursuit thy powers with loud acclaim
Thee only extoll'd, Son of thy Father's might,
To execute fierce vengeance on his foes;
Not so on man; him, through their malice fallen,
Father of mercy and grace, thou didst not doom
So strictly; but much more to pity incline.

vie, dans le paradis terrestre ; mais bientôt après le péché de l'homme elle fut reportée au Ciel, où elle croissait d'abord : là elle croît encore ; elle fleurit en ombrageant la fontaine de vie et les bords du fleuve de la félicité, qui au milieu du Ciel roule son onde d'ambre sur des fleurs élysiennes. Avec ces fleurs d'amarante jamais fanées les esprits élus attachent leur resplendissante chevelure, entrelacée de rayons.

Maintenant ces guirlandes détachées sont jetées éparses sur le pavé étincelant, qui brilloit comme une mer de jaspe, et souriait empourpré des roses célestes. Ensuite, couronnés de nouveau, les anges saisissent leurs harpes d'or, toujours accordées, et qui, brillantes à leur côté, étoient suspendues comme des carquois. Par le doux prélude d'une charmante symphonie ils introduisent leur chant sacré et éveillent l'enthousiasme sublime. Aucune voix ne se tait ; pas une voix qui ne puisse facilement se joindre à la mélodie, tant l'accord est parfait dans le Ciel !

Toi, ô Père, ils te chantèrent le premier, tout-puissant, immuable, immortel, infini, Roi éternel ; toi, auteur de tous les êtres, fontaine de lumière, toi, invisible dans les glorieuses splendeurs où tu es assis sur un trône inaccessible, et même lorsque tu ombres la pleine effusion de tes rayons, et qu'à travers un nuage arrondi autour de toi comme un radieux tabernacle, les bords de tes vêtements, obscurcis par leur excessif éclat, apparoissent : cependant encore le Ciel est ébloui, et les plus brillants séraphins ne s'approchent qu'en voilant leurs yeux de leurs deux ailes.

Ils te chantèrent ensuite, ô toi, le premier de toute la création, Fils engendré, divine ressemblance sur le clair visage de qui brille le Père tout-puissant, sans nuage rendu visible, qu'aucune créature ne pourroit autrement regarder ailleurs ! En toi imprimée la splendeur de sa gloire habite ; transfusé dans toi son vaste esprit réside. Par toi il créa le Ciel des cieux et toutes les puissances qu'il renferme, et par toi il précipita les ambitieuses dominations. Ce jour-là tu n'épargnas point le terrible tonnerre de ton Père ; tu n'arrêtas pas les roues de ton chariot flamboyant, qui ébranloient la structure éternelle du Ciel, tandis que tu passois sur le cou des anges rebelles dispersés : revenu de la poursuite, tes saints, par d'immenses acclamations, t'exaltèrent, toi unique Fils de la puissance de ton Père, exécuteur de sa fière vengeance sur ses ennemis ! non pas de même sur l'homme !... Tu ne condamnas pas avec tant de rigueur l'homme tombé par la malice des esprits rebelles, ô Père de grâce et de miséricorde ; mais tu inclines

No sooner did thy dear and only Son
Perceive thee purposed not to doom frail man
So strictly, but much more to pity inclined;
He, to appease thy wrath, and end the strife
Of mercy and justice in thy face discern'd,
Regardless of the bliss wherein he sat
Second to thee, offer'd himself to die
For man's offence. O unexampled love,
Love no where to be found less than Divine!
Hail, Son of God! Saviour of men! Thy name
Shall be the copious matter of my song
Henceforth; and never shall my harp thy praise
Forget; nor from thy Father's praise disjoin.

 Thus they in heaven, above the starry sphere,
Their happy hours in joy and hymning spent.
Meanwhile upon the firm opacous globe
Of this round world, whose first convex divides
The luminous inferior orbs, inclosed
From Chaos and the inroad of Darkness old;
Satan alighted walks : a globe far off
It seem'd, now seems a boundless continent,
Dark, waste, and wild, under the frown of night
Starless, exposed, and ever-threatening storms
Of Chaos blustering round, inclement sky;
Save on that side, which from the wall of heaven,
Though distant far, some small reflection gains
Of glimmering air, less vex'd with tempest loud.

 Here walk'd the fiend at large in spacious field.
As when a vulture on Imaus bred,
Whose snowy ridge the roving Tartar bounds,
Dislodging from a region scarce of prey
To gorge the flesh of lambs or yeanling kids
On hills where flocks are fed, flies toward the springs
Of Ganges or Hydaspes, Indian streams:
But in his way lights on the barren plains
Of Sericana, where Chineses drive
With sails and wind their cany waggons light :
So on this windy sea of land the fiend
Walk'd up and down alone, bent on his prey;
Alone, for other creature in this place,
Living or lifeless, to be found was none;
None yet, but store hereafter from the earth
Up hither like aerial vapours flew
Of all things transitory and vain, when sin
With vanity had fill'd the works of men.

 Both all things vain, and all who in vain things
Built their fond hopes of glory or lasting fame,
Or happiness in this or the other life;
All who have their reward on earth, the fruits
Of painful superstition and blind zeal,

beaucoup plus à la pitié. Ton cher et unique Fils n'eut pas plus tôt aperçu ta résolution de ne pas condamner avec tant de rigueur l'homme fragile, mais d'incliner beaucoup plus à la pitié, que pour apaiser ta colère, pour finir le combat entre la miséricorde et la justice que l'on discernoit sur ta face, ton Fils, sans égard à la félicité dont il jouissoit assis près de toi, s'offrit lui-même à la mort, pour l'offense de l'homme. O amour sans exemple, amour qui ne pouvoit être trouvé que dans l'amour divin! Salut, Fils de Dieu, sauveur des hommes! Ton nom dorénavant sera l'ample matière de mon chant! Jamais ma harpe n'oubliera ta louange, ni ne la séparera de la louange de ton Père.

Ainsi les anges dans le Ciel, au-dessus de la sphère étoilée, passoient leurs heures fortunées dans la joie à chanter des hymnes. Cependant, descendu sur le ferme et opaque globe de ce monde sphérique, Satan marche sur la première convexité qui, enveloppant les orbes inférieurs lumineux, les sépare du chaos et de l'invasion de l'antique nuit. De loin cette convexité sembloit un globe; de près elle semble un continent sans bornes, sombre, désolé et sauvage, exposé aux tristesses d'une nuit sans étoiles et aux orages, toujours menaçants, du chaos qui gronde alentour; Ciel inclément, excepté du côté de la muraille du Ciel, quoique très-éloignée : là, quelque petit reflet d'une clarté débile se glisse moins tourmenté par la tempête mugissante.

Ici marchoit à l'aise, l'ennemi, dans un champ spacieux. Quand un vautour, élevé sur l'Immaüs (dont la chaîne neigeuse enferme le Tartare vagabond), quand ce vautour abandonne une région dépourvue de proie, pour se gorger de la chair des agneaux ou des chevreaux d'un an sur les collines qui nourrissent les troupeaux, il vole vers les sources du Gange ou de l'Hydaspe, fleuves de l'Inde; mais, dans son chemin, il s'abat sur les plaines arides de Séricane, où les Chinois conduisent, à l'aide du vent et des voiles, leurs légers chariots de roseaux; ainsi, sur cette mer battue du vent, l'ennemi marchoit seul çà et là, cherchant sa proie; seul, car de créature vivante ou sans vie on n'en trouve aucune dans ce lieu, aucune encore; mais là, dans la suite, montèrent de la terre, comme une vapeur aérienne, toutes les choses vaines et transitoires, lorsque le péché eut rempli de vanité les œuvres des hommes.

Là volèrent à la fois et les choses vaines et ceux qui sur les choses vaines bâtissent leurs confiantes espérances de gloire, de renommée durable, ou de bonheur dans cette vie ou dans l'autre : tous ceux qui sur la terre ont leur récompense, fruit d'une pénible superstition ou

Naught seeking but the praise of men, here find
Fit retribution, empty as their deeds:
All the unaccomplish'd works of nature's hand,
Abortive, monstrous, or unkindly mix'd,
Dissolved on earth, fleet hither, and in vain,
Till final dissolution, wander here,
Not in the neighbouring moon, as some have dream'd:
Those argent fields more likely habitants,
Translated saints, or middle spirits hold
Betwixt the angelical and human kind.

   Hither, of ill-join'd sons, and daughters born
First from the ancient world those giants came
With many a vain exploit, though then renown'd:
The builders next of Babel on the plain
Of Sennaar, and still with vain design
New Babels, had they wherewithal, would build;
Others came single; he, who to be deem'd
A god, leap'd fondly into Ætna flames,
Empedocles; and he who, to enjoy
Plato's Elysium, leap'd into the sea,
Cleombrotus, and many more too long,
Embryos and idiots, eremites and friars,
White, black, and gray, with all their trumpery.
Here pilgrims roam, that stray'd so far to seek
In Golgotha him dead, who lives in heaven;
And they, who to be sure of Paradise,
Dying put on the weeds of Dominic,
Or in Franciscan think to pass disguised;
They pass the planets seven, and pass the fix'd,
And that crystalline sphere whose balance weighs
The trepidation talk'd, and that first moved:
And now Saint Peter at heaven's wicket seems
To wait them with his keys, and now at foot
Of heaven's ascent they lift their feet, when, lo!
A violent cross wind from either coast
Blows them transverse ten thousand leagues awry
Into the devious air: then might ye see
Cowls, hoods, and habits with their wearers toss'd
And flutter'd into rags; then reliques, beads,
Indulgences, dispenses, pardons, bulls,
The sport of winds: all these, upwhirl'd aloft,
Fly o'er the backside of the world far off,
Into a limbo large and broad, since call'd
The Paradise of Fools, to few unknown
Long after, now unpeopled, and untrod.

   All this dark globe the fiend found as he pass'd;
And long he wander'd; till at last a gleam
Of dawning light turn'd thitherward in haste
His travel'd steps: far distant he descries,
Ascending by degrees magnificent

d'un zèle aveugle, ne cherchant rien que les louanges des hommes, trouvent ici une rétribution convenable, vide comme leurs actions. Tous les ouvrages imparfaits des mains de la nature, les ouvrages avortés, monstrueux, bizarrement mélangés, après s'être dissous sur la terre, fuient ici, errent ici vainement jusqu'à la dissolution finale. Ils ne vont pas dans la Lune voisine, comme quelques-uns l'ont rêvé : les habitants de ces champs d'argent sont plus vraisemblablement des saints transportés ou des esprits tenant le milieu entre l'ange et l'homme.

Ici arrivèrent d'abord de l'ancien monde les enfants des fils et des filles mal assortis, ces géants, avec leurs vains exploits, quoique alors renommés ; après eux arrivèrent les bâtisseurs de Babel dans la plaine de Sennaar, lesquels, toujours remplis de leur vain projet, bâtiroient encore, s'ils avoient avec quoi, de nouvelles Babels. D'autres vinrent un à un celui qui pour être regardé comme un Dieu, sauta de gaieté de cœur dans les flammes de l'Etna, Empédocles ; celui qui pour jouir de l'Élysée de Platon se jeta dans la mer, Cléombrote. Il seroit trop long de dire les autres, les embryons, les idiots, les ermites, les moines blancs, noirs, gris, avec toutes leurs tromperies. Ici rôdent les pèlerins qui allèrent si loin chercher mort sur le Golgotha celui qui vit dans le Ciel ; ici se retrouvent les hommes qui pour être sûrs du Paradis mettent en mourant la robe d'un dominicain ou d'un franciscain, et s'imaginent entrer ainsi déguisés. Ils passent les sept planètes ; ils passent les étoiles fixes, et cette sphère cristalline dont le balancement produit la trépidation dont on a tant parlé, et ils passent ce Ciel qui le premier fut mis en mouvement. Déjà saint Pierre, au guichet du Ciel, semble attendre les voyageurs avec ses clefs ; maintenant au bas des degrés du Ciel ils lèvent le pied pour monter ; mais regardez ! un vent violent et croisé, soufflant en travers de l'un et de l'autre côté, les jette à dix mille lieues à la renverse dans le vague de l'air. Alors vous pourriez voir capuchons, couvrechefs, robes, avec ceux qui les portent, ballottés et déchirés en lambeaux ; reliques, chapelets, indulgences, dispenses, pardons, bulles, jouets des vents. Tout cela pirouette en haut et vole au loin par-dessus le dos du monde, dans le limbe vaste et large appelé depuis le *Paradis des fous*, lieu qui dans la suite des temps a été inconnu de peu de personnes, mais qui alors n'était ni peuplé ni frayé.

L'ennemi, en passant, trouva ce globe ténébreux ; il le parcourut longtemps, jusqu'à ce qu'enfin la lueur d'une lumière naissante attira en hâte de ce côté ses pas voyageurs. Il découvre au loin un grand édifice qui par des degrés magnifiques s'élève à la muraille du

Up to the wall of heaven, a structure high;
At top whereof, but far more rich, appear'd
The work as of a kingly palace gate,
With frontispiece of diamond and gold
Embellish'd; thick with sparkling orient gems
The portal shone, inimitable on earth
By model or by shading pencil drawn.
The stairs were such as whereon Jacob saw
Angels ascending and descending, bands
Of guardians bright, when he from Esau fled
To Padan-Aram in the field of Luz,
Dreaming by night under the open sky,
And waking cried, "This is the gate of heaven."

Each stair mysteriously was meant, nor stood
There always, but drawn up to heaven sometimes
Viewless; and underneath a bright sea flow'd
Of jasper, or of liquid pearl, whereon
Who after came from earth, sailing arrived,
Wafted by angels; or flew o'er the lake,
Rapt in a chariot draw by fiery steeds.
The stairs were then let down; whether to dare
The fiend by easy ascent, or aggravate
His sad exclusion from the doors of bliss:

Direct against which open'd from beneath,
Just o'er the blissful seat of Paradise,
A passage down to the earth, a passage wide;
Wider by far than that of after-times
Over Mount Sion, and, though that were large,
Over the promised land to God so dear;
By which, to visit oft those happy tribes,
On high behests his angels to and fro
Pass'd frequent, and his eye with choice regard,
From Paneas, the fount of Jordan's flood,
To Beërsaba, where the Holy Land
Borders on Ægypt and the Arabian shore:
So wide the opening seem'd, where bounds were set
To darkness, such as bound the ocean wave.
Satan from hence, now on the lower stair,
That scaled by steps of gold to heaven gate,
Looks down with wonder at the sudden view
Of all this world at once.

      As when a scout,
Through dark and desert ways with peril gone
All night, at last by break of cheerful dawn
Obtains the brow of some high-climbing hill,
Which to his eye discovers unaware
The goodly prospect of some foreign land
First seen: or some renown'd metropolis,
With glistering spires and pinnacles adorn'd,
Which now the rising sun gilds with his beams:

Ciel. Au sommet de ces degrés apparoît, mais beaucoup plus riche, un ouvrage semblable à la porte d'un royal palais, embelli d'un frontispice de diamants et d'or. Le portique brilloit de perles orientales étincelantes, inimitables sur la terre par aucun modèle ou par le pinceau. Les degrés étoient semblables à ceux par lesquels Jacob vit monter et descendre des anges (cohortes de célestes gardiens) lorsque pour fuir Esaü, allant à Padan-Aran, il rêva la nuit, dans la campagne de Luza, sous le ciel ouvert, et s'écria en s'éveillant : « C'est ici la porte du Ciel. »

Chaque degré renfermoit un mystère : cette échelle des degrés n'étoit pas toujours là, mais elle étoit quelquefois retirée invisible dans le Ciel ; au-dessous rouloit une brillante mer de jaspe ou de perles liquides, sur laquelle ceux qui dans la suite vinrent de la terre faisoient voile, conduits par des anges, ou voloient au-dessus du lac, ravis dans un char que tiroient des coursiers de feu. Les degrés descendoient alors en bas, soit pour tenter l'ennemi par une ascension aisée, soit pour aggraver sa triste exclusion des portes de la béatitude.

Directement en face de ces portes, et juste au-dessus de l'heureux séjour du Paradis, s'ouvroit un passage à la terre ; passage large, beaucoup plus large que ne le fut dans la suite des temps celui qui, quoique spacieux, descendoit sur le mont Sion et sur la terre promise, si chère à Dieu. Par ce chemin, pour visiter les tribus heureuses, les anges, porteurs des ordres suprêmes, passoient et repassoient fréquemment : d'un œil de complaisance, le Très-Haut regardoit lui-même les tribus depuis Panéas, source des eaux du Jourdain, jusqu'à Bersabée, où la Terre Sainte confine à l'Égypte et au rivage d'Arabie. Telle paroissoit cette vaste ouverture, où des limites étoient mises aux ténèbres, semblables aux bornes qui arrêtent le flot de l'Océan. De là parvenu au degré inférieur de l'escalier qui par des marches d'or monte à la porte du Ciel, Satan regarde en bas : il est saisi d'étonnement à la vue soudaine de l'univers.

Quand un espion a marché toute une nuit avec péril, à travers des sentiers obscurs et déserts, au réveil de la réjouissante aurore, il gagne enfin le sommet de quelque colline haute et roide : inopinément à ses yeux se découvre l'agréable perspective d'une terre étrangère, vue pour la première fois, ou d'une métropole fameuse ornée de pyramides et de tours étincelantes que le soleil levant dore de ses

Such wonder seized, though after heaven seen,
The spirit malign; but much more envy seized,
At sight of all this world beheld so fair.
  Round he surveys (and well might, where he stood
So high above the circling canopy
Of night's extended shade), from eastern point
Of Libra to the fleecy star that bears
Andromeda far off Atlantic seas
Beyond the horizon: then from pole to pole
He views in breadth; and without longer pause
Downright into the world's first region throws
His flight precipitant; and winds with ease
Through the pure marble air his oblique way
Amongst innumerable stars, that shone
Stars distant, but nigh hand seem'd other worlds.
Or other worlds they seem'd, or happy isles,
Like those Hesperian gardens, famed of old.
Fortunate fields, and groves and flowery vales.
Thrice happy isles; but who dwelt happy there
He stay'd not to inquire.
       Above them all,
The golden sun, in splendor likest heaven,
Allured his eye: thither his course he bends
Through the calm firmament; but up or down,
By centre or eccentric, hard to tell,
Or longitude, where the great luminary,
Aloof the vulgar constellations thick,
That from his lordly eye keep distance due,
Dispenses light from far; they, as they move
Their starry dance in numbers that compute
Days, months, and years, towards his all-cheering lamp
Turn swift their various motions; or are turn'd
By his magnetic beam, that gently warms
The universe, and to each inward part
With gentle penetration, though unseen,
Shoots invisible virtue even to the deep;
So wondrously was set his station bright.
  There lands the fiend; a spot like which perhaps
Astronomer in the sun's lucent orb
Through his glazed optic tube yet never saw.
The place he found beyond expression bright,
Compared with aught on earth, metal or stone;
Not all parts like, but all alike inform'd
With radiant light, as glowing iron with fire:
If metal, part seem'd gold, part silver clear;
If stone, carbuncle most or chrysolite,
Ruby or topaz, to the twelve that shone
In Aaron's breastplate; and a stone besides
Imagined rather oft than elsewhere seen;
That stone, or like to that which here below

rayons : l'esprit malin fut frappé d'un pareil étonnement, quoiqu'il eût autrefois vu le Ciel ; mais il éprouve encore moins d'étonnement que d'envie, à l'aspect de tout ce monde qui paroît si beau.

Il regardoit l'espace tout alentour (et il le pouvoit facilement, étant placé si haut au-dessus du pavillon circulaire de l'ombre vaste de la nuit), depuis le point oriental de la Balance jusqu'à l'étoile laineuse qui porte Andromède loin des mers atlantiques au delà de l'horizon ; ensuite il regarde en largeur d'un pôle à l'autre, et sans plus tarder, droit en bas dans la première région du monde il jette son vol précipité. Il suit avec aisance à travers le pur marbre de l'air sa route oblique parmi d'innombrables étoiles, qui de loin brilloient comme des astres, mais qui de près sembloient d'autres mondes ; ce sont d'autres mondes ou des îles de bonheur, comme ces jardins des Hespérides renommés dans l'antiquité : champs fortunés, bocages, vallées fleuries, îles trois fois heureuses ! Mais qui habitoit là heureux ? Satan ne s'arrêta pas pour s'en enquérir.

Au-dessus de toutes les étoiles, le Soleil d'or, égal au Ciel en splendeur, attire ses regards : vers cet astre il dirige sa course dans le calme firmament, mais si ce fut par le haut ou par le bas, par le centre, ou par l'excentrique, ou par la longitude, c'est ce qu'il seroit difficile de dire. Il s'avance au lieu d'où le grand luminaire dispense de loin la clarté aux nombreuses et vulgaires constellations, qui se tiennent à une distance convenable de l'œil de leur Seigneur. Dans leur marche elles forment leur danse étoilée en nombres qui mesurent les jours, les mois et les ans ; elles se pressent d'accomplir leurs mouvements variés vers son vivifiant flambeau, ou bien elles sont tournées par son rayon magnétique, qui échauffe doucement l'univers, et qui dans toute partie intérieure, avec une bénigne pénétration, quoique non aperçu, darde une invisible vertu jusqu'au fond de l'abîme, tant fut merveilleusement placée sa station brillante !

Là aborde l'ennemi : une pareille tache n'a peut-être jamais été aperçue de l'astronome, à l'aide de son verre optique dans l'orbe luisant du Soleil. Satan trouva ce lieu éclatant au delà de toute expression, comparé à quoi que ce soit sur la terre, métal ou pierre. Toutes les parties n'étoient pas semblables, mais toutes étoient également pénétrées d'une lumière rayonnante, comme le fer ardent l'est du feu : métal, partie sembloit d'or, partie d'argent fin ; pierre, partie paroissoit escarboucle ou chrysolithe, partie rubis ou topaze, tels qu'aux douze pierres qui brilloient sur le pectoral d'Aaron : ou c'est encore la

Philosophers in vain so long have sought;
In vain, though by their powerful art they bind
Volatile Hermes, and call up unbound
In various shapes old Proteus from the sea,
Drain'd through a limbeck to his native form.
  What wonder then if fields and regions here
Breathe forth elixir pure, and rivers run
Potable gold; when with one virtuous touch,
The arch-chemic sun, so far from us remote,
Produces, with terrestrial humor mix'd,
Here in the dark so many precious things,
Of colour glorious and effect so rare?
  Here matter new to gaze the devil met
Undazzled; far and wide his eye commands:
For sight no obstacle found here, nor shade,
But all sunshine. As when his beams at noon
Culminate from the equator, as they now
Shot upward still direct, whence no way round
Shadow from body opaque can fall;
                                And the air,
No where so clear, sharpen'd his visual ray
To objects distant far; whereby he soon
Saw within ken a glorious angel stand,
The same whom John saw also in the sun:
His back was turn'd, but not his brightness hid;
Of beaming sunny rays a golden tiar
Circled his head; nor less his locks behind
Illustrious on his shoulders fledge with wings
Lay waving round: on some great charge employ'd
He seem'd, or fix'd in cogitation deep.
Glad was the spirit impure, as now in hope
To find who might direct his wandering flight
To Paradise, the happy seat of man,
His journey's end, and our beginning woe.
  But first he casts to change his proper shape;
Which else might work him danger or delay:
And now a stripling cherub he appears,
Not of the prime, yet such as in his face
Youth smiled celestial, and to every limb
Suitable grace diffused, so well he feign'd;
Under a coronet his flowing hair
In curls on either cheek play'd: wings he wore
Of many a colour'd plume sprinkled with gold;
His habit fit for speed succinct; and held
Before his decent steps a silver wand.
  He drew not nigh unheard; the angel bright,
Ere he drew nigh, his radiant visage turn'd,
Admonish'd by his ear; and straight was known
The archangel Uriel, one of the seven,
Who in God's presence nearest to his throne

pierre souvent imaginée plutôt que vue ; pierre que les philosophes d'ici-bas ont en vain si longtemps cherchée, quoique, par leur art puissant, ils fixent le volatil Hermès, évoquent de la mer sous ses différentes figures le vieux Protée, réduit à travers un alambic à sa forme primitive.

Quelle merveille y a-t-il donc si ces champs, si ces régions exhalent un élixir pur, si les rivières roulent l'or potable, quand par la vertu d'un seul toucher le grand alchimiste, le soleil (tant éloigné de nous!) produit, mêlé avec les humeurs terrestres, ici dans l'obscurité, tant de précieuses choses de couleurs si vives et d'effets si rares ?

Ici le Démon, sans être ébloui, rencontre de nouveaux sujets d'admirer ; son œil commande au loin, car la vue ne rencontre ici ni obstacle ni ombre, mais tout est soleil : ainsi quand à midi ses rayons culminants tombent du haut de l'équateur, comme alors ils sont dardés perpendiculaires, sur aucun lieu alentour l'ombre d'un corps opaque ne peut descendre.

Un air qui n'est nulle part aussi limpide rendoit le regard de Satan plus perçant pour les objets éloignés : il découvre bientôt à portée de la vue un ange glorieux qui se tenoit debout, le même ange que saint Jean vit aussi dans le soleil. Il avoit le dos tourné, mais sa gloire n'étoit point cachée. Une tiare d'or des rayons du soleil couronnoit sa tête ; non moins brillante, sa chevelure sur ses épaules, où s'attachent des ailes, flottoit ondoyante : il sembloit occupé de quelque grande fonction ou plongé dans une méditation profonde. L'esprit impur fut joyeux, dans l'espoir de trouver à présent un guide qui pût diriger son vol errant au Paradis terrestre ; séjour heureux de l'Homme, fin du voyage de Satan, et où commencèrent nos maux.

Mais d'abord l'ennemi songe à changer sa propre forme, qui pourroit autrement lui susciter péril ou retard ; soudain il devient un adolescent chérubin, non de ceux du premier ordre, mais cependant tel que sur son visage sourioit une céleste jeunesse et que sur tous ses membres étoit répandue une grâce convenable, tant il sait bien feindre. Sous une petite couronne ses cheveux roulés en boucles se jouoient sur ses deux joues ; il portoit des ailes dont les plumes, de diverses couleurs, étoient semées de paillettes d'or ; son habit court étoit fait pour une marche rapide, et il tenoit devant ses pas, pleins de décence, une baguette d'argent.

Il ne s'approcha pas sans être entendu ; comme il avançoit, l'ange brillant, averti par son oreille, tourna son visage radieux : il fut reconnu sur-le-champ pour l'archange Uriel, l'un des sept qui, en présence de Dieu, et les plus voisins de son trône, se tiennent prêts à son

Stand ready at command, and are his eyes
That run through all the heavens, or down to the earth
Bear his swift errands, over moist and dry,
O'er sea and land : him Satan thus accosts : —

"Uriel, for thou of those seven spirits that stand
In sight of God's high throne, gloriously bright,
The first art wont his great authentic will
Interpreter through highest heaven to bring,
Where all his sons thy embassy attend;
And here art likeliest by supreme decree
Like honour to obtain, and as his eye
To visit oft this new creation round;
Unspeakable desire to see, and know
All these his wondrous works, but chiefly man,
His chief delight and favour, him for whom
All these his works so wondrous he ordain'd,
Hath brought me from the quires of cherubim
Alone thus wandering. Brightest seraph, tell
In which of all these shining orbs hath man
His fixed seat, or fixed seat hath none,
But all these shining orbs his choice to dwell;
That I may find him, and, with secret gaze
Or open admiration, him behold,
On whom the great Creator hath bestow'd
Worlds, and on whom hath all these graces pour'd;
That both in him and all things, as is meet,
The universal Maker we may praise;
Who justly hath driven out his rebel foes
To deepest hell; and, to repair that loss,
Created this new happy race of men
To serve him better : wise are all his ways."

So spake the false dissembler unperceived;
For neither man nor angel can discern
Hypocrisy, the only evil that walks
Invisible, except to God alone,
By his permissive will, through heaven and earth :
And oft, though wisdom wake, suspicion sleeps
At wisdom's gate, and to simplicity
Resigns her charge, while goodness thinks no ill
Where no ill seems; which now for once beguiled
Uriel, though regent of the sun, and held
The sharpest-sighted spirit of all in heaven :
Who to the fraudulent impostor foul,
In his uprightness, answer thus return'd : —

"Fair angel, thy desire, which tends to know
The works of God, thereby to glorify
The great Work-master, leads to no excess
That reaches blame, but rather merits praise
The more it seems excess, that led thee hither
From thy empyreal mansion thus alone,

commandement. Ces sept archanges sont les yeux de l'Éternel; ils parcourent tous les cieux, ou en bas à ce globe ils portent ses prompts messages sur l'humide et le sec, sur la terre et sur la mer. Satan aborde Uriel, et lui dit :

« Uriel, toi qui des sept esprits glorieusement brillants qui se tiennent debout devant le trône élevé de Dieu es accoutumé, interprète de sa grande volonté, à la transmettre le premier au plus haut Ciel, où tous ses fils attendent ton ambassade, ici sans doute, par décret suprême, tu obtiens le même honneur, et comme un des yeux de l'Éternel tu visites souvent cette nouvelle création. Un désir indicible de voir et de connoître les étonnants ouvrages de Dieu, mais particulièrement l'homme, objet principal de ses délices et de sa faveur, l'homme pour qui il a ordonné tous ces ouvrages si merveilleux, ce désir m'a fait quitter les chœurs de chérubins, errant seul ici. O le plus brillant des séraphins! dis dans lequel de ces orbes éclatants l'homme a sa résidence fixée, ou si, n'ayant aucune demeure fixe, il peut habiter à son choix tous ces orbes éclatants ? Dis-moi où je puis trouver, où je puis contempler avec un secret étonnement, ou avec une admiration ouverte, celui à qui le Créateur a prodigué des mondes et sur qui il a répandu toutes ses grâces? Tous deux ensuite, et dans l'homme et dans toutes choses, nous pourrons, comme il convient, louer le Créateur universel, qui a justement précipité au plus profond de l'Enfer ses ennemis rebelles, et qui pour réparer cette perte à créé cette nouvelle et heureuse race d'hommes pour le mieux servir : sages sont toutes ses voies! »

Ainsi parla le faux dissimulateur sans être reconnu, car ni l'homme ni l'ange ne peuvent discerner l'hypocrisie : c'est le seul mal qui dans le Ciel et sur la terre marche invisible, excepté à Dieu, et par la permission de Dieu. Souvent, quoique la Sagesse veille, le Soupçon dort à la porte de la Sagesse, et résigne sa charge à la Simplicité : la Bonté ne pense point au mal, là où il ne semble pas y avoir de mal. Ce fut cela qui cette fois trompa Uriel, bien que régent du soleil, et regardé comme l'esprit des cieux dont la vue est la plus perçante. A l'impur et perfide imposteur il répondit dans sa sincérité :

« Bel ange, ton désir qui tend à connoître les œuvres de Dieu, afin de glorifier par là le grand ouvrier, ne conduit à aucun excès qui encoure le blâme; au contraire, plus ce désir paroît excessif, plus il mérite de louanges, puisqu'il t'amène seul ici de ta demeure empyrée, pour t'assurer

To witness with thine eyes what some perhaps,
Contented with report, hear only in heaven:
For wonderful indeed are all his works,
Pleasant to know, and worthiest to be all
Had in remembrance always with delight;
But what created mind can comprehend
Their number; or the wisdom infinite
That brought them forth, but hid their causes deep?
  "I saw, when at his word the formless mass,
This world's material mould, came to a heap:
Confusion heard his voice; and wild uproar
Stood ruled; stood vast infinitude confined;
Till at his second bidding darkness fled,
Light shone, and order from disorder sprung.
Swift to their several quarters hasted then
The cumbrous elements, earth, flood, air, fire;
And this ethereal quintessence of heaven
Flew upward, spirited with various forms,
That roll'd orbicular, and turn'd to stars
Numberless, as thou seest, and how they move;
Each had his place appointed, each his course;
The rest in circuit walls this universe.
  "Look downward on that globe, whose hither side
With light from hence, though but reflected, shines;
That place is earth, the seat of man; that light
His day, which else, as the other hemisphere,
Night would invade; but there the neighbouring moon,
So call that opposite fair star, her aid
Timely interposes; and her monthly round
Still ending, still renewing, through mid heaven,
With borrow'd light her countenance triform
Hence fills and empties to enlighten the earth;
And in her pale dominion checks the night.
That spot to which I point is Paradise,
Adam's abode; those lofty shades his bower:
Thy way thou canst not miss, me mine requires."
  Thus said, he turn'd; and Satan, bowing low,
As to superior spirits is wont in heaven,
Where honour due and reverence none neglects,
Took leave; and toward the coast of earth beneath,
Down from the ecliptic, sped with hoped success,
Throws his steep flight in many an airy wheel,
Nor stay'd, till on Niphates', top he lights.

END OF BOOK III.

par le témoignage de tes yeux de ce que peut-être quelques-uns se sont contentés d'entendre seulement raconter dans le Ciel. Car merveilleux, en verité, sont les ouvrages du Très-Haut, charmants à connoître, et tous dignes d'être à jamais gardés avec délices dans la mémoire! Quel esprit créé pourroit en calculer le nombre, ou comprendre la sagesse infinie qui les enfanta, mais qui en cacha les causes profondes?

« Je le vis, quand à sa parole la masse informe, moule matériel de ce monde, se réunit en monceau : la confusion entendit sa voix, le farouche tumulte se soumit à des règles, le vaste infini demeura limité, A sa seconde parole les ténèbres fuirent, la lumière brilla, l'ordre naquit du désordre. Rapides à leurs différentes places, se hâtèrent les éléments grossiers, la terre, l'eau, l'air, le feu; la quintessence éthérée du Ciel s'envola en haut; animée sous différentes formes, elle roula orbiculaire et se convertit en étoiles sans nombre, comme tu le vois : selon leur motion chacune eut sa place assignée, chacune sa course; le reste en circuit mure l'univers.

« Regarde en bas ce globe dont ce côté brille de la lumière réfléchie qu'il reçoit d'ici : ce lieu est la Terre, séjour de l'homme. Cette lumière est le jour de la Terre, sans quoi la nuit envahiroit cette moitié du globe terrestre, comme l'autre hémisphère. Mais la Lune voisine (ainsi est appelée cette belle planète opposée) interpose à propos son secours ; elle trace son cercle d'un mois toujours finissant, toujours renouvelant au milieu du Ciel, par une lumière empruntée, sa face triforme. De cette lumière elle se remplit et elle se vide tour à tour pour éclairer la Terre, sa pâle domination arrête la nuit. Cette tache que je te montre est le Paradis, demeure d'Adam ; ce grand ombrage est son berceau : tu ne peux manquer ta route; la mienne me réclame. »

Il dit, et se retourna. Satan, s'inclinant profondément devant un esprit supérieur, comme c'est l'usage dans le Ciel, où personne ne néglige de rendre le respect et les honneurs qui sont dus, prend congé : vers la côte de la Terre au-dessous, il se jette en bas de l'écliptique : rendu plus agile par l'espoir du succès, il précipite son vol perpendiculaire en tournant comme une roue aérienne; il ne s'arrêta qu'au moment où sur le sommet du Niphates il s'abattit.

FIN DU LIVRE III.

BOOK IV.

THE ARGUMENT.

Satan, now in prospect of Eden, and nigh the place where he must attempt the bold enterprise which he undertook alone against God and man, falls into many doubts with himself, and many passions, fear, envy, and despair; but at length confirms himself in evil, journeys on to Paradise, whose outward prospect and situation is described; overleaps the bounds; sits in the shape of a cormorant on the Tree of Life, as the highest in the garden, to look about him. The garden described; Satan's first sight of Adam and Eve: his wonder at their excellent form and happy state, but with resolution to work their fall: overhears their discourse; thence gathers that the Tree of Knowledge was forbidden them to eat of, under penalty of death; and thereon intends to found his temptation, by seducing them to transgress: then leaves them awhile to know farther of their state by some other means. Meanwhile, Uriel, descending on a sunbeam, warns Gabriel, who had in charge the gate of Paradise, that some evil spirit had escaped the deep, and passed at noon by his sphere in the shape of a good angel down to Paradise, discovered afterwards by his furious gestures in the mount. Gabriel promises to find him ere morning. Night coming on, Adam and Eve discourse of going to their rest: their bower described; their evening worship. Gabriel, drawing forth his bands of night-watch to walk the rounds of Paradise, appoints two strong angels to Adam's bower, lest the evil spirit should be there doing some harm to Adam or Eve sleeping; there they find him at the ear of Eve, tempting her in a dream, and bring him, though unwilling, to Gabriel; by whom questioned, he scornfully answers, prepares resistance, but, hindered by a sign from heaven, flies out of Paradise.

Oh! for that warning voice, which he, who saw
The Apocalypse, heard cry in heaven aloud,
Then when the dragon, put to second rout,
Came furious down to be revenged on men,
"Woe to the inhabitants on earth!" that now,
While time was, our first parents had been warn'd
The coming of their secret foe, and 'scaped,
Haply so 'scaped his mortal snare; for now
Satan, now first inflamed with rage, came down,

LIVRE IV.

ARGUMENT.

Satan, à la vue d'Éden et près du lieu où il doit tenter l'entreprise hardie qu'il a seul projetée contre Dieu et contre l'homme, flotte dans le doute et est agité de plusieurs passions, la frayeur, l'envie et le désespoir. Mais enfin il se confirme dans le mal ; il s'avance vers le Paradis, dont l'aspect extérieur et la situation sont décrits. Il en franchit les limites ; il se repose, sous la forme d'un cormoran, sur l'arbre de vie, comme le plus haut du jardin, pour regarder autour de lui. Description du jardin ; première vue d'Adam et d'Ève par Satan ; son étonnement à l'excellence de leur forme et à leur heureux état ; sa résolution de travailler à leur chute. Il entend leurs discours ; il apprend qu'il leur étoit défendu, sous peine de mort, de manger du fruit de l'arbre de science : il projette de fonder là-dessus sa tentation en leur persuadant de transgresser l'ordre : il les laisse quelque temps pour en apprendre davantage sur leur état par quelque autre moyen. Cependant Uriel, descendant sur un rayon du soleil, avertit Gabriel (qui avoit sous sa garde la porte du Paradis) que quelque mauvais esprit s'est échappé de l'abîme, qu'il a passé à midi par la sphère du Soleil sous la forme d'un bon ange, qu'il est descendu au Paradis et s'est trahi après par ses gestes furieux sur la montagne : Gabriel promet de le trouver avant le matin. La nuit venant, Adam et Ève parlent d'aller à leur repos. Leur bosquet décrit : leur prière du soir. Gabriel, faisant sortir ses escadrons de Veilles de nuit pour faire la ronde dans le Paradis, détache deux forts anges vers le berceau d'Adam, de peur que le malin esprit ne fût là faisant du mal à Adam et Ève endormis. Là ils trouvent Satan à l'oreille d'Ève, occupé à la tenter dans un songe, et ils l'amènent, quoiqu'il ne le voulût pas, à Gabriel. Questionné par celui-ci, il répond dédaigneusement, se prépare à la résistance ; mais, empêché par un signe du Ciel, il fuit hors du Paradis.

Oh ! que ne se fit-elle entendre, cette voix admonitrice dont l'apôtre qui vit l'Apocalypse fut frappé quand le dragon, mis dans une seconde déroute, accourut furieux pour se venger sur les hommes ; voix qui crioit avec force dans le ciel : *Malheur aux habitants de la terre !* Alors, tandis qu'il en étoit temps, nos premiers parents eussent été avertis de la venue de leur secret ennemi ; ils eussent peut-être ainsi échappé à son piége mortel ! Car à présent Satan, à présent enflammé

The tempter ere the accuser of mankind,
To wreak on innocent frail man his loss
Of that first battle, and his flight to hell:
Yet not rejoicing in his speed, though bold
Far off and fearless, nor with cause to boast,
Begins his dire attempt; which, nigh the birth,
Now rolling, boils in his tumultuous breast,
And like a devilish engine back recoils
Upon himself:

    Horror and doubt distract
His troubled thoughts, and from the bottom stir
The hell within him; for within him hell
He brings, and round about him, nor from hell
One step, no more than from himself, can fly
By change of place: now conscience wakes despair
That slumber'd; wakes the bitter memory
Of what he was, what is, and what must be
Worse; of worse deeds worse sufferings must ensue.
Sometimes towards Eden, which now in his view
Lay pleasant, his grieved look he fixes sad;
Sometimes towards heaven and the full-blazing sun,
Which now sat high in his meridian tower:
Then, much revolving, thus in sighs began:—

"O thou, that, with surpassing glory crown'd,
Look'st from thy sole dominion like the God
Of this new world; at whose sight all the stars
Hide their diminish'd heads; to thee I call,
But with no friendly voice; and add thy name,
O sun, to tell thee how I hate thy beams,
That bring to my remembrance from what state
I fell, how glorious once — above thy sphere:

"Till pride and worse ambition threw me down,
Warring in heaven against heaven's matchless King.
Ah, wherefore? he deserved no such return
From me, whom he created what I was
In that bright eminence, and with his good
Upbraided none; nor was his service hard.
What could be less than to afford him praise,
The easiest recompense, and pay him thanks?
How due! yet all his good proved ill in me,
And wrought but malice; lifted up so high,
I 'sdain'd subjection, and thought one step higher
Would set me highest, and in a moment quit
The debt immense of endless gratitude,
So burdensome; still paying, still to owe:
Forgetful what from him I still received;
And understood not that a grateful mind
By owing owes not, but still pays, at once
Indebted and discharged: what burden then?
Oh! had his powerful destiny ordain'd

de rage, descendit pour la première fois sur la Terre ; tentateur avant d'être accusateur du genre humain, il vint pour faire porter la peine de sa première bataille perdue, et de sa fuite dans l'Enfer, à l'homme, innocent et fragile. Toutefois, quoique téméraire et sans frayeur, il ne se réjouit pas dans sa vitesse ; il n'a point de sujet de s'enorgueillir en commençant son affreuse entreprise. Son dessein, maintenant près d'éclore, roule et bouillonne dans son sein tumultueux, et comme une machine infernale il recule sur lui-même :

L'horreur et le doute déchirent les pensées troublées de Satan, et jusqu'au fond soulèvent l'Enfer au dedans de lui ; car il porte l'Enfer en lui et autour de lui ; il ne peut pas plus fuir l'Enfer d'un pas, qu'il ne peut se fuir lui-même en changeant de place. La conscience éveille le désespoir qui sommeilloit, éveille dans l'archange le souvenir amer de ce qu'il fut, de ce qu'il est, et de ce qu'il doit être : de pires actions doivent amener de plus grands supplices. Quelquefois sur Éden, qui maintenant se déploie agréable à sa vue, il attache tristement son regard malheureux ; quelquefois il le fixe sur le Ciel et sur le soleil, resplendissant alors dans sa haute tour du midi. Après avoir tout repassé dans son esprit, il s'exprima de la sorte avec des soupirs :

« O toi qui, couronné d'une gloire incomparable, regardes du haut de ton empire solitaire comme le Dieu de ce monde nouveau ! toi à la vue duquel toutes les étoiles cachent leur tête amoindrie, je crie vers toi, mais non avec une voix amie ; je ne prononce ton nom, ô soleil ! que pour te dire combien je hais tes rayons. Ils me rappellent l'état dont je suis tombé, et combien autrefois je m'élevois glorieusement au-dessus de ta sphère.

« L'orgueil et l'ambition m'ont précipité ; j'ai fait la guerre dans le Ciel au roi du Ciel, qui n'a point d'égal. Ah ! pourquoi ? il ne méritoit pas de moi un pareil retour, lui qui m'avoit créé ce que j'étois dans un rang éminent ; il ne me reprochoit aucun de ses bienfaits, son service n'avoit rien de rude. Que pouvois-je faire de moins que de lui offrir des louanges, hommage si facile ! que de lui rendre des actions de grâces ? combien elles lui étoient dues ! Cependant toute sa bonté n'a opéré en moi que le mal, n'a produit que la malice. Élevé si haut, j'ai dédaigné la sujétion ; j'ai pensé qu'un degré plus haut je deviendrois le Très-Haut ; que dans un moment j'acquitterois la dette immense d'une reconnoissance éternelle, dette si lourde ; toujours payer, toujours devoir. J'oubliois ce que je recevois toujours de lui ; je ne compris pas qu'un esprit reconnoissant, en devant ne doit pas, mais qu'il paye sans cesse, à la fois endetté et acquitté. Étoit-ce donc là un fardeau ? Oh ! que son puissant destin ne me créa-

Me some inferior angel, I had stood
Then happy; no unbounded hope had raised
Ambition! Yet why not? some other power
As great might have aspired, and me, though mean,
Drawn to his part; but other powers as great
Fell not, but stand unshaken, from within
Or from without, to all temptations arm'd.
Hadst thou the same free will and power to stand?
Thou hadst: whom hast thou then or what to accuse,
But Heaven's free love dealt equally to all?

"Be then his love accursed; since love or hate,
To me alike, it deals eternal woe:
Nay, cursed be thou; since against his thy will
Chose freely what it now so justly rues.

"Me miserable! which way shall I fly
Infinite wrath, and infinite despair?
Which way I fly is hell; myself am hell
And in the lowest deep a lower deep
Still threatening to devour me opens wide;
To which the hell I suffer seems a heaven.

"Oh! then at last relent: is there no place
Left for repentance, none for pardon left?
None left but by submission; and that word
Disdain forbids me, and my dread of shame
Among the spirits beneath; whom I seduced
With other promises and other vaunts
Than to submit; boasting I could subdue
The Omnipotent. Ay me! they little know
How dearly I abide that boast so vain;
Under what torments inwardly I groan,
While they adore me on the throne of hell.
With diadem and sceptre high advanced,
The lower still I fall; only supreme
In misery: such joy ambition finds.

" But say I could repent, and could obtain
By act of grace my former state; how soon
Would height recall high thoughts, how soon unsay
What feign'd submission swore! Ease would recant
Vows made in pain, as violent and void.
For never can true reconcilement grow
Where wounds of deadly hate have pierced so deep;
Which would but lead me to a worse relapse
And heavier fall: so should I purchase dear
Short intermission bought with double smart.
This knows my Punisher; therefore as far
From granting he, as I from begging peace:
All hope excluded thus; behold, instead
Of us outcast, exiled, his new delight,
Mankind, created, and for him this world.
So farewell hope; and with hope farewell fear;

t-il un ange inférieur! je serois encore heureux; une espérance sans bornes n'eût pas fait naître l'ambition. Cependant, pourquoi non? quelque autre pouvoir aussi grand auroit pu aspirer au trône et m'auroit, malgré mon peu de valeur, entraîné dans son parti. Mais d'autres pouvoirs aussi grands ne sont pas tombés; ils sont restés inébranlables, armés au dedans et au dehors contre toute tentation. N'avois-tu pas la même volonté libre, et la même force pour résister? Tu l'avois : qui donc et quoi donc pourrois-tu accuser, si ce n'est le libre amour du Ciel qui agit également envers tous?

» Qu'il soit donc maudit, cet amour, puisque l'amour ou la haine, pour moi semblables, m'apportent l'éternel malheur! Non! sois maudit toi-même, puisque, par ta volonté contraire à celle de Dieu, tu as choisi librement ce dont tu te repens si justement aujourd'hui!

« Ah! moi, misérable! par quel chemin fuir la colère infinie et l'infini désespoir? Par quelque chemin que je fuie, il aboutit à l'Enfer; moi-même je suis l'Enfer; dans l'abîme le plus profond est au dedans de moi un plus profond abîme qui, large ouvert, menace sans cesse de me dévorer; auprès de ce gouffre l'Enfer où je souffre semble le Ciel.

« Oh! ralentis tes coups! n'est-il aucune place laissée au repentir, aucune à la miséricorde? Aucune, il faut la soumission. Ce mot, l'orgueil et ma crainte de la honte aux yeux des esprits de dessous me l'interdisent; je les séduisis avec d'autres promesses, avec d'autres assurances que des assurances de soumission, me vantant de subjuguer le Tout-Puissant! Ah! malheureux que je suis! ils savent peu combien chèrement je paye cette jactance si vaine, sous quels tourments intérieurement je gémis, tandis qu'ils m'adorent sur le trône de l'Enfer! Le plus élevé avec le sceptre et le diadème, je suis tombé le plus bas, seulement supérieur en misères! telle est la joie que trouve l'ambition.

« Mais supposez qu'il soit possible que je me repente, que j'obtienne par un acte de grâce mon premier état, ah! la hauteur du rang feroit bientôt renaître la hauteur des pensées : combien seroit rétracté vite ce qu'une feinte soumission auroit juré! L'allégement du mal désavoueroit comme nuls et arrachés par la violence des vœux prononcés dans la douleur. Jamais une vraie réconciliation ne peut naître là où les blessures d'une haine mortelle ont pénétré si profondément. Cela ne me conduiroit qu'à une pire infidélité et à une chute plus pesante. J'achèterois cher une courte intermission payée d'un double supplice. Il le sait, celui qui me punit; il est aussi loin de m'accorder la paix que je suis loin de la mendier. Tout espoir exclu, voici qu'au lieu de nous, rejetés, exilés, il a créé l'homme, son nouveau délice, et pour

Farewell remorse: all good to me is lost;
Evil, be thou my good; by thee at least
Divided empire with heaven's King I hold,
By thee, and more than half perhaps will reign;
As man ere long and this new world shall know."
   Thus while he spake, each passion dimm'd his face
Thrice changed with pale ire, envy, and despair;
Which marr'd his borrow'd visage, and betray'd
Him counterfeit, if any eye beheld:
For heavenly minds from such distempers foul
Are ever clear. Whereof he soon aware
Each perturbation smoothed with outward calm,
Artificer of fraud; and was the first
That practised falsehood under saintly show,
Deep malice to conceal, couch'd with revenge:
Yet not enough had practised to deceive
Uriel once warn'd; whose eye pursued him down
The way he went, and on the Assyrian mount
Saw him disfigured, more than could befall
Spirit of happy sort: his gestures fierce
He mark'd and mad demeanour, then alone,
As he supposed, all unobserved, unseen.
   So on he fares, and to the border comes
Of Eden, where delicious Paradise,
Now nearer, crowns with her enclosure green,
As with a rural mound, the champain head
Of a steep wilderness, whose hairy sides
With thicket overgrown, grotesque and wild,
Access denied; and overhead up grew
Insuperable height of loftiest shade,
Cedar, and pine, and fir, and branching palm,
A silvan scene; and, as the ranks ascend
Shade above shade, a woody theatre
Of stateliest view. Yet higher than their tops
The verdurous wall of Paradise up sprung;
Which to our general sire gave prospect large
Into his nether empire neighbouring round.
   And higher than that wall a circling row
Of goodliest trees loaden with fairest fruit,
Blossoms and fruits at once of golden hue,
Appear'd, with gay enamel'd colours mix'd:
On which the sun more glad impress'd his beams,
Than in fair evening cloud, or humid bow,
When God hath shower'd the earth.
                          So lovely seem'd
That landscape: and of pure now purer air
Meets his approach, and to the heart inspires
Vernal delight and joy, able to drive
All sadness but despair: now gentle gales,
Fanning their odoriferous wings, dispense

l'homme ce monde. Ainsi, adieu espérance, et avec l'espérance, adieu crainte, adieu remords! Tout bien est perdu pour moi. Mal, sois mon bien : par toi au moins je tiendrai l'empire divisé entre moi et le roi du Ciel ; par toi je régnerai peut-être sur plus d'une moitié de l'univers, ainsi que l'homme et ce monde nouveau l'apprendront en peu de temps. »

Tandis qu'il parloit de la sorte, chaque passion obscurcissoit son visage, trois fois changé par la pâle colère, l'envie et le désespoir; passions qui défiguroient son visage emprunté, et auraient trahi son déguisement si quelque œil l'eût aperçu ; car les esprits célestes sont toujours exempts de ces honteux désordres. Satan s'en ressouvint bientôt, et couvrit ses perturbations d'un dehors de calme : artisan de fraude, ce fut lui qui le premier pratiqua la fausseté sous une apparence sainte, afin de cacher sa profonde malice renfermée dans la vengeance. Toutefois il n'étoit pas encore assez exercé dans son art pour tromper Uriel, une fois prévenu : l'œil de cet archange l'avoit suivi dans la route qu'il avoit prise ; il le vit sur le mont Assyrien plus défiguré qu'il ne pouvoit convenir à un esprit bienheureux; il remarqua ses gestes furieux, sa contenance égarée lorsqu'il se croyoit seul, non observé, non aperçu.

Satan poursuit sa route, et approche de la limite d'Éden. Le délicieux Paradis, maintenant plus près, couronne de son vert enclos, comme d'un boulevard champêtre, le sommet aplati d'une solitude escarpée ; les flancs hirsutes de ce désert, hérissés d'un buisson épais, capricieux et sauvage, défendent tout abord. Sur sa cime croissoient à une insurmontable hauteur les plus hautes futaies de cèdres, de pins, de sapins, de palmiers, scène sylvaine ; et comme leurs rangs superposent ombrage sur ombrage, ils forment un théâtre de forêts de l'aspect le plus majestueux. Cependant plus haut encore que leurs cimes montoit la muraille verdoyante du Paradis : elle ouvroit à notre premier père une vaste perspective sur les contrées environnantes de son empire.

Et plus haut que cette muraille, qui s'étendoit circulairement au-dessous de lui, apparoissoit un cercle des arbres les meilleurs et chargés des plus beaux fruits. Les fleurs et les fruits dorés formoient un riche émail de couleurs mêlées : le soleil y imprimoit ses rayons avec plus de plaisir que dans un beau nuage du soir, ou dans l'arc humide, lorsque Dieu arrose la terre.

Ainsi charmant étoit ce paysage. A mesure que Satan s'en approche, il passe d'un air pur dans un air plus pur, qui inspire au cœur des délices et des joies printanières, capables de chasser toute tristesse, hors celle du désespoir. De douces brises secouant leurs ailes odorifé-

Native perfumes, and whisper whence they stole
Those balmy spoils. As when to them who sail
Beyond the Cape of Hope, and now are pass'd
Mozambic, off at sea north-east winds blow
Sabæan odours from the spicy shore
Of Araby the Bless'd; with such delay
Well pleased they slack their course, and many a league
Cheer'd with the grateful smell old Ocean smiles:
So entertain'd those odorous sweets the fiend
Who came their bane; though with them better pleased
Than Asmodëus with the fishy fume,
That drove him, though enamour'd, from the spouse
Of Tobit's son, and with a vengeance sent
From Media post to Egypt, there fast bound.

Now to the ascent of that steep savage hill
Satan had journey'd on, pensive and slow;
But farther way found none; so thick entwined,
As one continued brake, the undergrowth
Of shrubs and tangling bushes had perplex'd
All path of man or beast that pass'd that way.
One gate there only was, and that look'd east
On the other side: which when the arch-felon saw,
Due entrance he disdain'd; and in contempt,
At one slight bound high overleap'd all bound
Of hill or highest wall, and sheer within
Lights on his feet.

As when a prowling wolf,
Whom hunger drives to seek new haunt for prey
Watching where shepherds pen their flocks at eve
In hurdled cotes amid the field secure,
Leaps o'er the fence with ease into the fold:
Or as a thief, bent to unhoard the cash
Of some rich burgher, whose substantial doors,
Cross-barr'd and bolted fast, fear no assault,
In at the window climbs, or o'er the tiles:
So clomb this first grand thief into God's fold;
So since into his church lewd hirelings climb.

Thence up he flew; and on the Tree of Life,
The middle tree and highest there that grew,
Sat like a cormorant; yet not true life
Thereby regain'd, but sat devising death
To them who lived; nor on the virtue thought
Of that life-giving plant, but only used
For prospect, what well used had been the pledge
Of immortality. So little knows
Any, but God alone, to value right
The good before him; but perverts best things
To worst abuse, or to their meanest use.

Beneath him with new wonder now he views,
To all delight of human sense exposed,

rantes dispensoient des parfums naturels et révéloient les lieux auxquels elles dérobèrent ces dépouilles embaumées. Comme aux matelots qui ont cinglé au delà du cap de Bonne-Espérance et ont déjà passé Mozambique, les vents du nord-est apportent, loin en mer, les parfums du Saba du rivage aromatique de l'Arabie Heureuse : charmés du retard, ces navigateurs ralentissent encore leur course ; et pendant plusieurs lieues, réjoui par la senteur agréable, le vieil Océan sourit ; ainsi ces suaves émanations accueillent l'ennemi qui venoit les empoisonner. Il en étoit plus satisfait que ne le fut Asmodée de la fumée du poisson qui le chassa, quoique amoureux, d'auprès de l'épouse du fils de Tobie ; la vengeance le força de fuir de la Médie jusqu'en Égypte, où il fut fortement enchaîné.

Pensif et avec lenteur, Satan a gravi le flanc de la colline sauvage et escarpée ; mais bientôt il ne trouve plus de route pour aller plus loin, tant les épines entrelacées comme une haie continue, et l'exubérance des buissons, ferment toute issue à l'homme ou à la bête qui prend ce chemin. Le Paradis n'avoit qu'une porte, et elle regardoit l'orient du côté opposé ; ce que l'archi-félon ayant vu, il dédaigna l'entrée véritable ; par mépris, d'un seul bond léger, il franchit toute l'enceinte de la colline et de la plus haute muraille, et tombe en dedans sur ses pieds.

Comme un loup rôdant, contraint par la faim de chercher les nouvelles traces d'une proie, guette le lieu où les pasteurs ont enfermé leurs troupeaux dans des parcs en sûreté, le soir au milieu des champs, il saute facilement par-dessus les claies, dans la bergerie ; ou comme un voleur âpre à débarrasser de son trésor un riche citadin dont les portes épaisses, barrées et verrouillées, ne redoutent aucun assaut, il grimpe aux fenêtres ou sur les toits : ainsi le premier grand voleur escalade le bercail de Dieu, ainsi depuis escaladèrent son Église les impurs mercenaires.

Satan s'envola, et sur l'arbre de vie (l'arbre du milieu et l'arbre le plus haut du Paradis) il se posa, semblable à un cormoran. Il n'y regagna pas la véritable vie, mais il y médita la mort de ceux qui vivoient ; il ne pensa point à la vertu de l'arbre qui donne la vie et dont le bon usage eût été le gage de l'immortalité, mais il se servit seulement de cet arbre pour étendre sa vue au loin : tant il est vrai que nul ne connoît, Dieu seul excepté, la juste valeur du bien présent ; mais on pervertit les meilleures choses par le plus lâche abus ou par le plus vil usage.

Au-dessous de lui, avec une nouvelle surprise, dans un étroit espace, il voit renfermée pour les délices des sens de l'homme toute la

In narrow room, Nature's whole wealth, yea more,
A heaven on earth: for blissful Paradise
Of God the garden was, by him in the east
Of Eden planted; Eden stretch'd her line
From Auran eastward to the royal towers
Of great Seleucia, built by Grecian kings;
Or where the sons of Eden long before
Dwelt in Telassar. In this pleasant soil
His far more pleasant garden God ordain'd:
Out of the fertile ground he caused to grow
All trees of noblest kind for sight, smell, taste;
And all amid them stood the Tree of Life,
High eminent, blooming ambrosial fruit
Of vegetable gold; and next to Life,
Our death, the Tree of Knowledge, grew fast by,
Knowledge of good bought dear by knowing ill.

Southward through Eden went a river large,
Nor changed his course, but through the shaggy hill
Pass'd underneath ingulfed; for God had thrown
That mountain as his garden mould, high raised
Upon the rapid current, which through veins
Of porous earth with kindly thirst up drawn,
Rose a fresh fountain, and with many a rill
Water'd the garden; thence united fell
Down the steep glade, and met the nether flood,
Which from his darksome passage now appears;
And now, divided into four main streams,
Runs diverse, wandering many a famous realm
And country, whereof here needs no account.

But rather to tell how, if art could tell,
How from that sapphire fount the crisped brooks,
Rolling on orient pearl and sands of gold,
With mazy error under pendent shades
Ran nectar, visiting each plant, and fed
Flowers worthy of Paradise; which not nice art
In beds and curious knots, but nature boon
Pour'd forth profuse on hill, and dale, and plain;
Both where the morning sun first warmly smote
The open field, and where the unpierced shade
Imbrown'd the noontide bowers.

       Thus was this place
A happy rural seat of various view:
Groves whose rich trees wept odorous gums and balm,
Others, whose fruit, burnish'd with golden rind,
Hung amiable, Hesperian fables true,
If true, here only, and of delicious taste.
Betwixt them lawns, or level downs, and flocks
Grazing the tender herb, were interposed;
Or palmy hillock, or the flowery lap
Of some irriguous valley spread her store;

richesse de la nature, ou plutôt il voit un ciel sur la terre ; car ce bienheureux Paradis étoit le jardin de Dieu, par lui-même planté à l'orient d'Éden. Éden s'étendoit à l'est, depuis Auran jusqu'aux tours royales de la Grande-Séleucie, bâtie par les rois grecs, ou jusqu'au lieu où les fils d'Éden habitèrent longtemps auparavant, en Telassar. Sur ce sol agréable Dieu traça son plus charmant jardin ; il fit sortir de la terre féconde les arbres de la plus noble espèce pour la vue, l'odorat et le goût. Au milieu d'eux étoit l'arbre de vie, haut, élevé, épanouissant son fruit d'ambroisie d'or végétal. Tout près de la vie, notre mort, l'arbre de la science, croissoit ; science du bien, achetée cher par la connoissance du mal.

Au midi, à travers Éden, passoit un large fleuve ; il ne changeoit point de cours, mais sous la montagne raboteuse il se perdoit engouffré : Dieu avoit jeté cette montagne comme le sol de son jardin, élevé sur le rapide courant. L'onde, à travers les veines de la terre poreuse qui l'attiroit en haut par une douce soif, jaillissoit fraîche fontaine et arrosoit le jardin d'une multitude de ruisseaux. De là, ces ruisseaux réunis tomboient d'une clairière escarpée et rencontroient au-dessous le fleuve qui ressortoit de son obscur passage : alors divisé en quatre branches principales, il prenoit des routes diverses, errant par des pays et des royaumes fameux, dont il est inutile ici de parler.

Disons plutôt, si l'art le peut dire, comment de cette fontaine de saphir les ruisseaux tortueux roulent sur des perles orientales et des sables d'or ; comment en sinueuses erreurs sous les ombrages abaissés ils épandent le nectar, visitent chaque plante et nourrissent des fleurs dignes du Paradis. Un art raffiné n'a point rangé ces fleurs en couches ou en bouquets curieux ; mais la nature libérale les a versées avec profusion sur la colline, dans le vallon, dans la plaine, là où le soleil du matin échauffe d'abord la campagne ouverte, et là où le feuillage impénétrable rembrunit à midi les bosquets.

Tel étoit ce lieu : asile heureux et champêtre d'un aspect varié : bosquets dont les arbres riches pleurent des larmes de baumes et de gommes parfumées ; bocage dont le fruit, d'une écorce d'or poli, se suspend aimable ; fables vraies de l'Hespérie d'un goût délicieux, si elles sont vraies, c'est seulement ici. Entre ces bosquets sont interposés des clairières, des pelouses rases, des troupeaux paissant l'herbe tendre ; ou bien des monticules plantés de palmiers s'élèvent ; le giron

Flowers of all hue, and without thorn the rose.

 Another side, umbrageous grots and caves
Of cool recess, o'er which the mantling vine
Lays forth her purple grape, and gently creeps
Luxuriant: meanwhile murmuring waters fall
Down the slope hills, dispersed, or in a lake,
That to the fringed bank with myrtle crown'd
Her crystal mirror holds, unite their streams.
The birds their quire apply; airs, vernal airs,
Breathing the smell of field and grove, attune
The trembling leaves; while universal Pan,
Knit with the Graces and the Hours in dance,
Led on the eternal spring. Not that fair field
Of Enna, where Proserpine gathering flowers,
Herself a fairer flower, by gloomy Dis
Was gather'd, which cost Ceres all that pain
To seek her through the world; nor that sweet grove
Of Daphne by Orontes, and the inspired
Castalian spring, might with this Paradise
Of Eden strive; nor that Nyseian isle
Girt with the river Triton, where old Cham,
Whom Gentiles Ammon call and Libyan Jove,
Hid Amalthea, and her florid son,
Young Bacchus, from his stepdame Rhea's eye;
Nor where Abassin kings their issue guard,
Mount Amara, though this by some supposed
True Paradise, under the Ethiop line
By Nilus' head, enclosed with shining rock,
A whole day's journey high, but wide remote
From this Assyrian garden, where the fiend
Saw, undelighted, all delight, all kind
Of living creatures, new to sight and strange.

 Two of far nobler shape, erect and tall,
Godlike erect, with native honour clad
In naked majesty, seem'd lords of all;
And worthy seem'd: for in their looks divine
The image of their glorious Maker shone,
Truth, wisdom, sanctitude severe and pure,
Severe, but in true filial freedom placed;
Whence true authority in men: though both
Not equal, as their sex not equal, seem'd:
For contemplation he and valour form'd,
For softness she and sweet attractive grace;
He for God only, she for God in him.
His fair large front and eye sublime declared
Absolute rule; and hyacinthine locks
Round from his parted forelock manly hung
Clustering, but not beneath his shoulders broad.
She, as a veil, down to the slender waist
Her unadorned golden tresses wore

fleuri de quelque vallon arrosé déploie ses trésors; fleurs de toutes couleurs, et la rose sans épines.

D'un autre côté sont des antres et des grottes ombragées qui servent de fraîches retraites; la vigne, les enveloppant de son manteau, étale ses grappes de pourpre et rampe élégamment opulente. En même temps des eaux sonores tombent de la déclivité des collines; elles se dispersent, ou dans un lac qui étend son miroir de cristal à un rivage dentelé et couronné de myrtes elles unissent leur cours. Les oiseaux s'appliquent à leur chœur; des brises, de printanières brises, soufflant les parfums des champs et des bocages, accordent à l'unisson les feuilles tremblantes, tandis que l'universel Pan, dansant avec les Grâces et les Heures, conduit un printemps éternel. Ni la charmante campagne d'Enna, où Proserpine cueillant des fleurs, elle-même fleur plus belle, fut cueillie par le sombre Pluton (Cérès, dans sa peine, la chercha par toute la terre), ni l'agréable bois de Daphné près l'Oronte, ni la source inspirée de Castalie, ne peuvent se comparer au paradis d'Eden; encore moins l'île de Nisée, qu'entoure le fleuve Triton, où le vieux Cham (appelé Ammon par les Gentils, et Jupiter Libyen) cacha Amalthée et son fils florissant, le jeune Bacchus, loin des yeux de sa marâtre. Le mont Amar, où les rois d'Abyssinie gardent leur enfants, (quoique supposé par quelques-uns le véritable Paradis), ce mont, sous la ligne éthiopique, près de la source du Nil, entouré d'un roc brillant, que l'on met tout un jour à monter, est loin d'approcher du jardin d'Assyrie, où l'ennemi vit sans plaisir tous ces plaisirs, toutes les créatures vivantes, nouvelles et étranges à la vue.

Deux d'entre elles, d'une forme bien plus noble, d'une stature droite et élevée, droite comme celle des Dieux, vêtues de leur dignité native dans une majesté nue, paroissoient les seigneurs de tout et sembloient dignes de l'être. Dans leurs regards divins brilloit l'image de leur glorieux auteur, avec la raison, la sagesse, la sainteté sévère et pure, sévère, mais placée dans cette véritable liberté filiale qui fait la véritable autorité dans les hommes. Ces deux créatures ne sont pas égales, de même que leurs sexes ne sont pas pareils : lui formé pour la contemplation et le courage, elle pour la mollesse et la grâce séduisante; lui pour Dieu seulement, elle pour Dieu en lui. Le beau et large front de l'homme et son œil sublime annoncent la suprême puissance; ses cheveux d'hyacinthe, partagés sur le devant, pendent en grappes d'une manière mâle, mais non au-dessous de ses fortes épaules. La femme porte comme un voile sa chevelure d'or, qui descend éparse et sans ornement jusqu'à sa fine ceinture, se roule en capricieux anneaux, comme la vigne replie ses attaches; symbole de

Dishevel'd, but in wanton ringlets waved
As the vine curls her tendrils; which implied
Subjection, but required with gentle sway,
And by her yielded, by him best received,
Yielded with coy submission, modest pride,
And sweet, reluctant, amorous delay.
Nor those mysterious parts were then conceal'd;
Then was not guilty shame: dishonest shame
Of nature's works, honour dishonourable,
Sin-bred, how have ye troubled all mankind
With shows instead, mere shows of seeming pure,
And banish'd from man's life his happiest life,
Simplicity and spotless innocence!

So pass'd they naked on, nor shunn'd the sight
Of God or angel, for they thought no ill:
So hand in hand they pass'd, the loveliest pair
That ever since in love's embraces met;
Adam the goodliest man of men since born
His sons, the fairest of her daughters Eve.

Under a tuft of shade, that on a green
Stood whispering soft, by a fresh fountain side
They sat them down; and, after no more toil
Of their sweet gardening labour than sufficed
To recommend cool zephyr, and made ease
More easy, wholesome thirst and appetite
More grateful, to their supper fruits they fell,
Nectarine fruits, which the compliant boughs
Yielded them, sidelong as they sat recline
On the soft downy bank damask'd with flowers.
The savoury pulp they chew, and in the rind,
Still as they thirsted, scoop the brimming stream:

Nor gentle purpose nor endearing smiles
Wanted, nor youthful dalliance, as beseems
Fair couple, link'd in happy nuptial league,
Alone as they. About them frisking play'd
All beasts of the earth, since wild, and of all chase
In wood or wilderness, forest or den:
Sporting the lion ramp'd, and in his paw
Dandled the kid: bears, tigers, ounces, pards,
Gambol'd before them; the unwieldy elephant,
To make them mirth, used all his might, and wreathed
His lithe proboscis; close the serpent sly
Insinuating, wove with Gordian twine
His braided train, and of his fatal guile
Gave proof unheeded; others on the grass
Couch'd, and now fill'd with pasture gazing sat,
Or bedward ruminating; for the sun
Declined, was hasting now with prone career
To the ocean isles, and in the ascending scale
Of heaven the stars that usher evening rose:

dépendance, mais d'une dépendance demandée avec une douce autorité, par la femme accordée, par l'homme mieux reçue ; accordée avec une soumision contenue, un décent orgueil, un tendre résistance, un amoureux délai. Aucune partie mystérieuse de leur corps n'étoit alors cachée ; alors la honte coupable n'existoit point : honte déshonnête des ouvrages de la nature, honneur déshonorable, enfant du péché, combien avez-vous troublé la race humaine avec des apparences, de pures apparences de pureté ! Vous avez banni de la vie de l'homme sa plus heureuse vie, la simplicité et l'innocence sans tache !

Ainsi passoit le couple nu ; il n'évitoit ni la vue de Dieu ni celle des anges, car il ne songeoit point au mal : ainsi passoit, en se tenant par la main, le plus beau couple qui depuis s'unit jamais dans les embrassements de l'amour : Adam, le meilleur des hommes, qui furent ses fils ; Ève, la plus belle des femmes, qui naquirent ses filles.

Sous un bouquet d'ombrage, qui murmure doucement sur un gazon vert, ils s'assirent au bord d'une limpide fontaine. Ils ne s'étoient fatigués au labeur de leur riant jardinage qu'autant qu'il le falloit pour rendre le frais zéphyr plus agréable, le repos plus paisible, la soif et la faim plus salutaires. Ils cueillirent les fruits de leur repas du soir ; fruits délectables, que leur cédoient les branches complaisantes, tandis qu'ils reposoient inclinés sur le mol duvet d'une couche damassée de fleurs. Ils suçoient des pulpes savoureuses, et à mesure qu'ils avoient soif, ils buvoient dans l'écorce des fruits l'eau débordante.

A ce festin ne manquoient ni les doux propos, ni les tendres sourires, ni les jeunes caresses naturelles à des époux si beaux, enchaînés par l'heureux lien nuptial, et qui étoient seuls. Autour d'eux folâtroient les animaux de la terre, depuis devenus sauvages, et que l'on chasse dans les bois ou dans les déserts, dans les forêts ou dans les cavernes. Le lion en jouant se cabroit, et dans ses griffes berçoit le chevreau ; les ours, les tigres, les léopards, les panthères gambadoient devant eux ; l'informe éléphant, pour les amuser, employoit toute sa puissance et contournoit sa trompe flexible ; le serpent rusé, s'insinuant tout auprès, entrelaçoit en nœud gordien sa queue repliée, et donnoit de sa fatale astuce une preuve non comprise. D'autres animaux, couchés sur le gazon et rassasiés de pâture, regardoient au hasard ou ruminoient à moitié endormis. Le soleil baissé hâtoit sa carrière, inclinée vers les îles de l'Océan, et dans l'échelle ascendante du ciel les étoiles, qui introduisent la nuit, se levoient. Le triste Satan,

When Satan still in gaze, as first he stood,
Scarce thus at length fail'd speech recover'd sad:
"O hell! what do mine eyes with grief behold?
Into our room of bliss thus high advanced
Creatures of other mould, earth-born perhaps,
Not spirits, yet to heavenly spirits bright
Little inferior; whom my thoughts pursue
With wonder, and could love; so lively shines
In them divine resemblance, and such grace
The hand that form'd them on their shape hath pour'd!
Ah! gentle pair, ye little think how nigh
Your change approaches, when all these delights
Will vanish, and deliver ye to woe;
More woe, the more your taste is now of joy.
Happy, but for so happy ill secured
Long to continue; and this high seat your heaven
Ill fenced for heaven to keep out such a foe
As now is enter'd: yet no purposed foe
To you, whom I could pity thus forlorn,
Though I unpitied.
     League with you I seek,
And mutual amity, so strait, so close,
That I with you must dwell, or you with me
Henceforth: my dwelling haply may not please,
Like this fair Paradise, your sense; yet such
Accept, your Maker's work; he gave it me,
Which I as freely give: hell shall unfold,
To entertain you two, her widest gates,
And send forth all her kings: there will be room,
Not like these narrow limits, to receive
Your numerous offspring; if no better place,
Thank him who puts me loth to this revenge
On you, who wrong me not, for him who wrong'd.
And should I at your harmless innocence
Melt, as I do; yet public reason just,
Honour and empire with revenge enlarged,
By conquering this new world, compels me now
To do, what else, though damn'd, I should abhor."
So spake the fiend, and with necessity,
The tyrant's plea, excused his devilish deeds.
Then from his lofty stand on that high tree
Down he alights among the sportful herd
Of those four-footed kinds; himself now one,
Now other, as their shape served best his end;
Nearer to view his prey, and, unespied,
To mark what of their state he more might learn,
By word or action mark'd: about them round
A lion now he stalks with fiery glare;
Then as a tiger, who by chance hath spied
In some purlieu two gentle fawns at play

encore dans l'étonnement où il avoit été d'abord, put à peine recouvrer sa parole faillie :

« O Enfer! qu'est-ce que mes yeux voient avec douleur? A notre place et si haut dans le bonheur sont élevées des créatures d'une autre substance, nées de la terre peut-être et non purs esprits, cependant peu inférieures aux brillants esprits célestes. Mes pensées s'attachent à elles avec surprise ; je pourrois les aimer, tant la divine ressemblance éclate vivement en elles, et tant la main qui les pétrit a répandu de grâces sur leur forme! Ah! couple charmant, vous ne vous doutez guère combien votre changement approche ; toutes vos délices vont s'évanouir et vous livrer au malheur ; malheur d'autant plus grand que vous goûtez maintenant plus de joie! Couple heureux, mais trop mal gardé pour continuer longtemps d'être si heureux : ce séjour élevé, votre ciel, est mal fortifié pour un ciel, et pour forclore un ennemi tel que celui qui maintenant y est entré : non que je sois votre ennemi décidé ; je pourrois avoir pitié de vous ainsi abandonnés, bien que de moi on n'ait pas eu pitié.

« Je cherche à contracter avec vous une alliance, une amitié mutuelle, si étroite, si resserrée, qu'à l'avenir j'habite avec vous, ou que vous habitiez avec moi. Ma demeure ne plaira peut-être pas à vos sens autant que ce beau Paradis ; cependant, telle qu'elle est, acceptez-la ; c'est l'ouvrage de votre Créateur : il me donna ce qu'à mon tour libéralement je donne : l'Enfer, pour vous recevoir tous les deux, ouvrira ses plus larges portes, et enverra au-devant de vous tous ses rois. Là, vous aurez la place que vous n'auriez pas dans ces enceintes étroites, pour loger votre nombreuse postérité. Si le lieu n'est pas meilleur, remerciez celui qui m'oblige, malgré ma répugnance, à me venger sur vous, qui ne m'avez fait aucun tort, de lui qui m'outragea. Et quand je m'attendrirois à votre inoffensive innocence (comme je le fais), une juste raison publique, l'honneur, l'empire que ma vengeance agrandira par la conquête de ce nouveau monde, me contraindroient à présent de faire ce que sans cela j'abhorrois, tout damné que je suis. »

Ainsi s'exprima l'ennemi, et par la nécessité, (prétexte des tyrans) excusa son projet diabolique.

De sa haute station sur le grand arbre, il s'abattit parmi le troupeau folâtre des quadrupèdes : lui-même devenu tantôt l'un d'entre eux, tantôt l'autre, selon que leur forme sert mieux son dessein. Il voit de plus près sa proie ; il épie, sans être découvert, ce qu'il peut apprendre encore de l'état des deux époux par leurs paroles ou par leurs actions. Il marche autour d'eux, lion à l'œil étincelant ; il les

Straight couches close; then, rising, changes oft
His couchant watch, as one who chose his ground,
Whence rushing he might surest seize them both,
Griped in each paw: when Adam first of men
To first of women Eve, thus moving speech,
Turn'd him all ear to hear new utterance flow:—

"Sole partner and sole part of all these joys,
Dearer thyself than all; needs must the Power
That made us, and for us this ample world,
Be infinitely good, and of his good
As liberal and free as infinite;
That raised us from the dust, and placed us here
In all this happiness; who at his hand
Have nothing merited, nor can perform
Aught whereof he hath need; he who requires
From us no other service than to keep
This one, this easy charge; of all the trees
In Paradise that bear delicious fruit
So various, not to taste that only Tree
Of Knowledge, planted by the Tree of Life;
So near grows death to life, whate'er death is;
Some dreadful thing no doubt: for well thou know'st
God hath pronounced it death to taste that tree;
The only sign of our obedience left
Among so many signs of power and rule
Conferr'd upon us; and dominion given
Over all other creatures that possess
Earth, air, and sea. Then let us not think hard
One easy prohibition, who enjoy
Free leave so large to all things else, and choice
Unlimited of manifold delights:
But let us ever praise him, and extol
His bounty; following our delightful task
To prune these growing plants, and tend these flowers;
Which, were it toilsome, yet with thee were sweet."

To whom thus Eve replied:—

"O thou, for whom
And from whom I was form'd, flesh of thy flesh,
And without whom am to no end, my guide
And head; what thou hast said is just and right:
For we to him indeed all praises owe,
And daily thanks: I chiefly, who enjoy
So far the happier lot, enjoying thee
Pre-eminent by so much odds, while thou
Like consort to thyself canst no where find.

"That day I oft remember, when from sleep
I first awaked, and found myself reposed
Under a shade on flowers; much wondering where
And what I was, whence thither brought, and how.
Not distant far from thence a murmuring sound

suit comme un tigre, lequel a découvert par hasard deux jolis faons, jouant à la lisière d'une forêt : la bête cruelle se rase, se relève, change souvent la couche de son guet; comme un ennemi il choisit le terrain d'où s'élançant il puisse saisir plus sûrement les deux jeunes faons, chacun dans une de ses griffes. Adam, le premier des hommes, adressant ce discours à Ève, la première des femmes, rendit Satan tout oreille pour entendre couler les paroles d'une langue nouvelle :

« Unique compagne qui seule partages avec moi tous ces plaisirs, et qui m'es plus chère que tout, il faut que le pouvoir qui nous a faits, et qui a fait pour nous ce vaste monde, soit infiniment bon, et qu'il soit aussi généreux qu'il est bon, et aussi libre dans sa bonté qu'il est infini. Il nous a tirés de la poussière et placés ici dans toute cette félicité, nous qui n'avons rien mérité de sa main, et qui ne pouvons rien faire dont il ait besoin : il n'exige autre chose de nous que ce seul devoir, que cette facile obligation; de tous les arbres du Paradis qui portent des fruits variés et délicieux, nous ne nous interdirons que l'arbre de science, planté près de l'arbre de vie; si près de la vie croît la mort! Qu'est-ce que la mort? quelque chose de terrible sans doute, car, tu le sais, Dieu a prononcé que goûter à l'arbre de science c'est la mort. Voilà la seule marque d'obéissance qui nous soit imposée, parmi tant de marques de pouvoir et d'empire à nous conférées, et après que la domination nous a été donnée sur toutes les autres créatures qui possèdent la terre, l'air et la mer. Ne trouvons donc pas rude une légère prohibition, nous qui avons d'ailleurs le libre et ample usage de toutes choses et le choix illimité de tous les plaisirs. Mais louons Dieu à jamais; glorifions sa bonté; continuons, dans notre tâche délicieuse, à élaguer ces plantes croissantes, à cultiver ces fleurs; tâche qui, fût-elle fatigante, seroit douce avec toi. »

Ève lui répondit :

« O toi, pour qui et de qui j'ai été formée, chair de ta chair, et sans qui mon être est sans but, ô mon guide et mon chef, ce que tu as dit est juste et raisonnable. Nous devons en vérité à notre Créateur des louanges et des actions de grâce journalières : moi principalement, qui jouis de la plus heureuse part en te possédant, toi supérieur par tant d'imparités, et qui ne peux trouver un compagnon semblable à toi.

« Souvent je me rappelle ce jour où je m'éveillai du sommeil pour la première fois; je me trouvai posée à l'ombre sur des fleurs, ne sachant, étonnée, ce que j'étois, où j'étois, d'où et comment j'avois été portée là. Non loin de ce lieu, le son murmurant des eaux sortoit

Of waters issued from a cave, and spread
Into a liquid plain; then stood unmoved,
Pure as the expanse of heaven : I thither went
With unexperienced thought, and laid me down
On the green bank, to look into the clear
Smooth lake, that to me seem'd another sky.
As I bent down to look, just opposite
A shape within the watery gleam appear'd,
Bending to look on me : I started back,
It started back; but pleased I soon return'd,
Pleased it return'd as soon with answering looks
Of sympathy and love : there I had fix'd
Mine eyes till now, and pined with vain desire,
' Had not a voice thus warn'd me : —

      " What thou seest,
What there thou seest, fair creature, is thyself;
With thee it came and goes : but follow me,
And I will bring thee where no shadow stays
Thy coming, and thy soft embraces; he
Whose image thou art, him thou shalt enjoy
Inseparably thine; to him shalt bear
Multitudes like thyself, and thence be call'd
Mother of human race.'

      " What could I do,
But follow straight, invisibly thus led?
Till I espied thee, fair indeed and tall,
Under a platane; yet, methought, less fair,
Less winning soft, less amiably mild,
Than that smooth watery image. Back I turn'd:
Thou following criedst aloud, ' Return, fair Eve;
Whom fliest thou? whom thou fliest, of him thou art,
His flesh, his bone; to give thee being I lent
Out of my side to thee, nearest my heart,
Substantial life; to have thee by my side
Henceforth an individual solace dear.
Part of my soul, I seek thee, and thee claim,
My other half : ' with that thy gentle hand
Seized mine : I yielded ; and from that time see
How beauty is excell'd by manly grace,
And wisdom, which alone is truly fair. "

 So spake our general mother ; and, with eyes
Of conjugal attraction unreproved
And meek surrender, half-embracing lean'd
On our first father; half her swelling breast
Naked met his, under the flowing gold
Of her loose tresses hid : he, in delight
Both of her beauty and submissive charms,
Smiled with superior love; as Jupiter
On Juno smiles, when he impregns the clouds
That shed May flowers; and press'd her matron lip

d'une grotte, et les eaux se déployoient en nappe liquide : alors elles demeuroient tranquilles et pures comme l'étendue du ciel. J'allai là avec une pensée sans expérience ; je me couchai sur le bord verdoyant, pour regarder dans le lac uni et clair qui me sembloit un autre firmament. Comme je me baissois pour regarder, juste à l'opposé une forme apparut dans le cristal de l'eau, se penchant pour me regarder : je tressaillis en arrière ; elle tressaillit en arrière : charmée, je revins bientôt ; charmée, elle revint aussitôt avec des regards de sympathie et d'amour. Mes yeux seroient encore attachés sur cette image, je m'y serois consumée d'un vain désir, si une voix ne m'eût ainsi avertie :

« Ce que tu vois, belle créature, ce que tu vois là est toi-même : avec toi cet objet vient et s'en va ; mais suis-moi : je te conduirai là où ce n'est point une ombre qui attend ta venue et tes doux embrassements. Celui dont tu es l'image, tu en jouiras inséparablement. Tu lui donneras une multitude d'enfants semblables à toi-même, et tu seras appelée la Mère du genre humain.

« Que pouvois-je faire, sinon suivre invisiblement conduite ? Je t'entrevis grand et beau, en vérité, sous un platane, et cependant tu me semblas moins beau, d'une grâce moins attrayante, d'une douceur moins aimable que cette molle image des eaux. Je retourne sur mes pas, tu me suis et tu t'écries : « Reviens, belle Ève ! qui fuis-tu ? De celui que tu fuis tu es née ; tu es sa chair, ses os. Pour te donner l'être, je t'ai prêté, de mon propre côté, du plus près de mon cœur, la substance et la vie, afin que tu sois à jamais à mon côté, consolation inséparable et chérie. Partie de mon âme, je te cherche ! je réclame mon autre moitié. » — De ta douce main tu saisis la mienne ; je cédai, et depuis ce moment j'ai vu combien la beauté est surpassée par une grâce mâle et par la sagesse, qui seule est vraiment belle. »

Ainsi parla notre commune mère, et avec des regards pleins d'un charme conjugal non repoussé, dans un tendre abandon, elle s'appuie embrassant à demi notre premier père ; la moitié de son sein gonflé et nu, caché sous l'or flottant de ses tresses éparses, vient rencontrer le sein de son époux. Lui, ravi de sa beauté et de ses charmes soumis, Adam sourit d'un amour supérieur, comme Jupiter sourit à Junon lorsqu'il féconde les nuages qui répandent les fleurs de mai ; Adam presse d'un baiser pur les lèvres de la mère des hommes. Le Démon

With kisses pure. Aside the devil turn'd
For envy; yet with jealous leer malign
Eyed them askance, and to himself thus plain'd: —
  "Sight hateful, sight tormenting! thus these two,
Imparadised in one another's arms,
The happier Eden, shall enjoy their fill
Of bliss on bliss; while I to hell am thrust,
Where neither joy nor love, but fierce desire,
Among our other torments not the least,
Still unfulfill'd, with pain of longing pines.
  "Yet let me not forget what I have gain'd
From their own mouths; all is not theirs, it seems:
One fatal tree there stands, of Knowledge call'd,
Forbidden them to taste: knowledge forbidden?
Suspicious, reasonless. Why should their Lord
Envy them that? can it be sin to know?
Can it be death? and do they only stand
By ignorance? is that their happy state,
The proof of their obedience and their faith?
Oh! fair foundation laid whereon to build
Their ruin! hence I will excite their minds
With more desire to know, and to reject
Envious commands, invented with design
To keep them low, whom knowledge might exalt
Equal with gods; aspiring to be such,
They taste and die: what likelier can ensue?
But first with narrow search I must walk round
This garden, and no corner leave unspied;
A chance but chance may lead where I may meet
Some wandering spirit of heaven by fountain side,
Or in thick shade retired, from him to draw
What farther would be learn'd. Live while ye may,
Yet happy pair; enjoy, till I return,
Short pleasures; for long woes are to succeed."
  So saying, his proud step he scornful turn'd,
But with sly circumspection, and began
Through wood, through waste, o'er hill, o'er dale his roam.
  Meanwhile in utmost longitude, where heaven
With earth and ocean meets, the setting sun
Slowly descended, and with right aspect
Against the eastern gate of Paradise
Level'd his evening rays: it was a rock
Of alabaster, piled up to the clouds,
Conspicuous far, winding with one ascent
Accessible from earth, one entrance high;
The rest was craggy cliff, that overhung
Still as it rose, impossible to climb.
  Betwixt these rocky pillars Gabriel sat,
Chief of the angelic guards, awaiting night;
About him exercised heroic games

détourne la tête d'envie, toutefois d'un œil méchant et jaloux il les regarde de côté, et se plaint ainsi à lui-même :

« Vue odieuse, spectacle torturant! Ainsi ces deux êtres emparadisés dans les bras l'un de l'autre, se formant un plus heureux Éden, posséderont leur pleine mesure de bonheur sur bonheur, tandis que moi je suis jeté à l'Enfer, où ne sont ni joie ni amour, mais où brûle un violent désir (de nos tourments, tourment qui n'est pas le moindre), désir qui, n'étant jamais satisfait, se consume dans le supplice de la passion.

« Mais que je n'oublie pas ce que j'ai appris de leur propre bouche; il paroît que tout ne leur appartient pas : un arbre fatal s'élève ici et appelé l'arbre de la science; il leur est défendu d'y goûter. La science défendue! cela est suspect, déraisonnable. Pourquoi leur maître leur envieroit-il la science? Est-ce un crime de connoître? Est-ce la mort? Existent-ils seulement par ignorance? Est-ce là leur état fortuné, preuve de leur obéissance et de leur foi? Quel heureux fondement posé pour y bâtir leur ruine! Par là j'exciterai dans leur esprit un plus grand désir de savoir et de rejeter un commandement envieux, inventé dans le dessein de tenir abaissés ceux que la science élèveroit à la hauteur des dieux : aspirant à devenir tels, ils goûtent et meurent! Quoi de plus vraisemblable? Mais d'abord, avec de minutieuses recherches, marchons autour de ce jardin, et ne laissons aucun recoin sans l'avoir examiné. Le hasard, mais le hasard seul, peut me conduire là où je rencontrerai quelque esprit du ciel, errant au bord d'une fontaine ou retiré dans l'épaisseur de l'ombre; j'apprendrai de lui ce que j'ai encore à apprendre. Vivez, tandis que vous le pouvez encore, couple heureux encore! jouissez, jusqu'à ce que je revienne, de ces courts plaisirs; de longs malheurs vont les suivre. »

Ainsi disant il tourne dédaigneusement ailleurs ses pas superbes, mais avec une circonspection artificieuse, et il commença sa recherche à travers les bois et les plaines, sur les collines et dans les vallées.

Cependant aux extrémités de l'Occident, où le ciel rencontre l'Océan et la terre, le soleil couchant descendoit avec lenteur, et frappoit horizontalement de ses rayons la porte orientale du Paradis. C'étoit un roc d'albâtre montant jusqu'aux nues, et que l'on découvroit de loin. Un sentier tortueux, accessible du côté de la terre, menoit à une entrée élevée; le reste étoit un pic escarpé qui surplomboit en s'élevant, et qu'on ne pouvoit gravir.

Entre les deux piliers du roc se tenoit assis Gabriel, chef des gardes angéliques; il attendoit la nuit. Autour de lui s'exerçoit à des jeux héroïques la jeunesse du ciel désarmée; mais près d'elle des armures

The unarm'd youth of heaven; but nigh at hand
Celestial armoury, shields, helms, and spears,
Hung high with diamond flaming and with gold.
    Thither came Uriel, gliding through the even
On a sunbeam, swift as a shooting star
In autumn thwarts the night, when vapours fired
Impress the air, and shows the mariner
From what point of his compass to beware
Impetuous winds: he thus began in haste:—
    "Gabriel, to thee thy course by lot hath given
Charge and strict watch, that to this happy place
No evil thing approach or enter in.
This day at height of noon came to my sphere
A spirit, zealous, as he seem'd, to know
More of the Almighty's works, and chiefly man,
God's latest image: I described his way
Bent all on speed, and mark'd his airy gait;
But in the mount that lies from Eden north,
Where he first lighted, soon discern'd his looks
Alien from heaven, with passions foul obscured:
Mine eye pursued him still, but under shade
Lost sight of him: one of the banish'd crew
I fear, hath ventured from the deep, to raise
New troubles; him thy care must be to find."
    To whom the winged warrior thus return'd:
    "Uriel, no wonder if thy perfect sight,
Amid the sun's bright circle where thou sitt'st,
See far and wide: in at this gate none pass
The vigilance here placed, but such as come
Well known from heaven; and since meridian hour
No creature thence. If spirit of other sort,
So minded, have o'erleap'd these earthly bounds
On purpose, hard thou know'st it to exclude
Spiritual substance with corporeal bar.
But if within the circuit of these walks
In whatsoever shape he lurk, of whom
Thou tell'st, by morrow dawning I shall know."
    So promised he; and Uriel to his charge
Return'd on that bright beam, whose point now raised
Bore him slope downward to the sun, now fallen
Beneath the Azores; whither the prime orb,
Incredible how swift, had thither roll'd
Diurnal; or this less volubil earth,
By shorter flight to the east, had left him there,
Arraying with reflected purple and gold
The clouds that on his western throne attend.
    Now came still evening on, and twilight gray
Had in her sober livery all things clad:
Silence accompanied; for beast and bird,
They to their grassy couch, these to their nests,

divines, des cuirasses, des boucliers, des casques et des lances, suspendues en faisceaux, brilloient du feu du diamant et de l'or.

Là descendit Uriel, glissant à travers le soir sur un rayon du soleil, rapide comme une étoile qui tombe en automne à travers la nuit, lorsque des vapeurs enflammées sillonnent l'air; elle apprend au marinier de quel point de la boussole il se doit garder des vents impétueux. Uriel adresse à Gabriel ces paroles hâtées :

« Gabriel, ton rang t'a fait obtenir pour ta part l'emploi de veiller avec exactitude à ce qu'aucune chose nuisible ne puisse approcher ou entrer dans cet heureux séjour. Aujourd'hui, vers le haut du midi, est venu à ma sphère un esprit désireux, en apparence, de connoître un plus grand nombre des ouvrages du Tout-Puissant, et surtout l'homme, la dernière image de Dieu. Je lui ai tracé sa route toute rapide, et j'ai remarqué sa démarche aérienne. Mais sur la montagne qui s'élève au nord d'Éden, et où il s'est d'abord arrêté, j'ai bientôt découvert ses regards étrangers au ciel, obscurcis par de mauvaises passions. Je l'ai encore suivi des yeux, mais je l'ai perdu de vue sous l'ombrage. Quelqu'un de la troupe bannie, je le crains, s'est aventuré hors de l'abîme pour élever de nouveaux troubles : ton soin est de le trouver. »

Le guerrier ailé lui répondit :

« Uriel, il n'est pas étonnant qu'assis dans le cercle brillant du soleil ta vue parfaite s'étende au loin et au large. A cette porte personne ne passe, la Vigilance ici placée, personne qui ne soit bien connu comme venant du ciel : depuis l'heure du midi, aucune créature du ciel ne s'est présentée : si un esprit d'une autre espèce a franchi pour quelque projet ces limites de la terre, il est difficile, tu le sais, d'arrêter une substance spirituelle par une barrière matérielle; mais si dans l'enceinte de ces promenades s'est glissé un de ceux que tu dis, sous quelque forme qu'il se soit caché, je le saurai demain au lever du jour. »

Ainsi le promit Gabriel, et Uriel retourna à son poste sur ce même rayon lumineux dont la pointe, maintenant élevée, le porte obliquement en bas au soleil tombé au-dessous des Açores; soit que le premier orbe, incroyablement rapide, eût roulé jusque là dans sa révolution diurne; soit que la terre moins vite, par une fuite plus courte vers l'est, eût laissé là le soleil, peignant de reflets de pourpre et d'or les nuages qui sur son trône occidental lui font cortége.

Maintenant le soir s'avançoit tranquille, et le crépuscule grisâtre avoit revêtu tous les objets de sa grave livrée; le silence l'accompagnoit, les animaux et les oiseaux étoient retirés, ceux-là à leur couche

Were slunk, all but the wakeful nightingale;
She all night long her amorous descant sung;
Silence was pleased:
                Now glow'd the firmament
With living sapphires: Hesperus, that led
The starry host, rode brightest, till the moon,
Rising in clouded majesty, at length,
Apparent queen, unveil'd her peerless light,
And o'er the dark her silver mantle threw.
  When Adam thus to Eve:—
                "Fair consort, the hour
Of night, and all things now retired to rest
Mind us of like repose; since God hath set
Labour and rest, as day and night, to men
Successive; and the timely dew of sleep,
Now falling with soft slumbrous weight, inclines
Our eyelids: other creatures all day long
Rove idle, unemploy'd, and less need rest:
Man hath his daily work of body or mind
Appointed, which declares his dignity,
And the regard of Heaven on all his ways
While other animals unactive range,
And of their doings God takes no account.
To-morrow, ere fresh morning streak the east
With first approach of light, we must be risen,
And at our pleasant labour, to reform
Yon flowery arbours, yonder alleys green,
Our walk at noon, with branches overgrown,
That mock our scant manuring, and require
More hands than ours to lop their wanton growth:
Those blossoms also, and those dropping gums,
That lie bestrown, unsightly and unsmooth,
Ask riddance, if we mean to tread with ease;
Meanwhile, as nature wills, night bids us rest."
  To whom thus Eve, with perfect beauty adorn'd:—
  "My author and disposer, what thou bidd'st
Unargued I obey; so God ordains.
God is thy law, thou mine: to know no more
Is woman's happiest knowledge and her praise.
With thee conversing, I forget all time;
All seasons, and their change, all please alike.
Sweet is the breath of morn, her rising sweet,
With charm of earliest birds; pleasant the sun,
When first on this delightful land he spreads
His orient beams, on herb, tree, fruit, and flower,
Glistering with dew; fragrant the fertile earth
After soft showers; and sweet the coming on
Of grateful evening mild; then silent night,
With this her solemn bird, and this fair moon,
And these the gems of heaven, her starry train:
But neither breath of morn, when she ascends

herbeuse, ceux-ci dans leur nid. Le rossignol seul veilloit ; toute la nuit il chanta sa complainte amoureuse : le silence étoit ravi.

Bientôt le firmament étincela de vivants saphirs. Hespérus, qui conduisoit la milice étoilée, marcha le plus brillant, jusqu'à ce que la lune, se levant dans une majesté nuageuse, reine manifeste, dévoila sa lumière de perle et jeta son manteau d'argent sur l'ombre.

Adam s'adressant à Ève :

« Belle compagne, l'heure de la nuit et toutes choses allées au repos nous invitent à un repos semblable. Dieu a rendu le travail et le repos, comme le jour et la nuit, alternatifs pour l'homme : la rosée du sommeil, tombant à propos avec sa douce et assoupissante pesanteur, abaisse nos paupières. Les autres créatures tout le long du jour errent oisives, non employées, et ont moins besoin de repos : l'homme a son ouvrage quotidien assigné de corps ou d'esprit, ce qui déclare sa dignité et l'attention que le Ciel donne à toutes ses voies. Les animaux, au contraire, rôdent à l'aventure désœuvrés, et Dieu ne tient pas compte de ce qu'ils font. Demain, avant que le frais matin annonce dans l'orient la première approche de la lumière, il faudra nous lever et retourner à nos agréables travaux. Nous avons à émonder là-bas ces berceaux fleuris, ces allées vertes, notre promenade à midi, qu'embarrasse l'excès des rameaux : ils se rient de notre insuffisante culture, et demanderoient plus de mains que les nôtres pour élaguer leur folle croissance. Ces fleurs aussi, et ces gommes qui tombent, restent à terre, raboteuses et désagréables à la vue ; elles veulent être enlevées, si nous désirons marcher à l'aise ; maintenant, selon la volonté de la nature, la nuit nous commande le repos. »

Ève, ornée d'une parfaite beauté, lui répondit :

« Mon auteur et mon souverain, tu commandes, j'obéis : ainsi Dieu l'ordonne ; Dieu est ta loi, tu es la mienne. N'en savoir pas davantage est la gloire de la femme et sa plus heureuse science. En causant avec toi j'oublie le temps ; les heures et leurs changements également me plaisent. Doux est le souffle du matin, doux le lever du matin avec le charme des oiseaux matineux ; agréable est le soleil lorsque dans ce délicieux jardin il déploie ses premiers rayons sur l'herbe, l'arbre, le fruit, et la fleur brillante de rosée ; parfumée est la terre fertile après de molles ondées ; charmant est le venir d'un soir paisible et gracieux ; charmante la nuit silencieuse avec son oiseau solennel, et cette lune si belle et ces perles du Ciel qui forment sa cour étoilée : mais ni le souffle du matin quand il monte avec le charme des oiseaux

With charm of earliest birds; nor rising sun
On this delightful land; nor herb, fruit, flower,
Glistering with dew; nor fragrance after showers;
Nor grateful evening mild; nor silent night,
With this her solemn bird; nor walk by moon,
Or glittering starlight, without thee is sweet.

"But wherefore all night long shine these? for whom
This glorious sight, when sleep hath shut all eyes?"

To whom our general ancestor replied:—

"Daughter of God and man, accomplish'd Eve,
Those have their course to finish, round the earth,
By morrow evening; and from land to land
In order, though to nations yet unborn,
Ministering light prepared, they set and rise;
Lest total darkness should by night regain
Her old possession, and extinguish life
In nature and all things; which these soft fires
Not only enlighten, but with kindly heat
Of various influence foment and warm,
Temper or nourish, or in part shed down
Their stellar virtue on all kinds that grow
On earth, made hereby apter to receive
Perfection from the sun's more potent ray.
These then, though unbeheld in deep of night,
Shine not in vain; nor think, though men were none,
That heaven would want spectators, God want praise:
Millions of spiritual creatures walk the earth
Unseen, both when we wake, and when we sleep:
All these with ceaseless praise his works behold
Both day and night. How often from the steep
Of echoing hill or thicket have we heard
Celestial voices to the midnight air,
Sole, or responsive each to other's note,
Singing their great Creator! oft in bands
While they keep watch, or nightly rounding walk,
With heavenly touch of instrumental sounds,
In full harmonic number join'd, their songs
Divide the night, and lift our thoughts to heaven."

Thus talking, hand in hand alone they pass'd
On to their blissful bower: it was a place
Chosen by the sovereign Planter, when he framed
All things to man's delightful use: the roof
Of thickest covert was inwoven shade,
Laurel and myrtle, and what higher grew
Of firm and fragrant leaf: on either side
Acanthus and each odorous bushy shrub
Fenced up the verdant wall; each beauteous flower,
Iris all hues, roses, and jessamin,
Rear'd high their flourish'd heads between, and wrought
Mosaic; under-foot the violet,

matineux, ni le soleil levant sur ce délicieux jardin, ni l'herbe, ni le fruit, ni la fleur qui brille de rosée, ni le parfum après une ondée, ni le soir paisible et gracieux, ni la nuit silencieuse avec son oiseau solennel, ni la promenade aux rayons de la lune ou à la tremblante lumière de l'étoile, n'ont de douceur sans toi.

« Mais pourquoi ces étoiles brillent-elles la nuit entière? Pour qui ce glorieux spectacle, quand le sommeil a fermé tous les yeux? »

Notre commun ancêtre répliqua :

« Fille de Dieu et de l'homme, Ève accomplie, ces astres ont leur course à finir, autour de la terre, du soir au lendemain : de contrée en contrée, afin de dispenser la lumière préparée pour des nations qui ne sont pas nées encore, ils se couchent et se lèvent, car il seroit à craindre que des ténèbres totales regagnassent pendant la nuit leur antique possession, et qu'elles éteignissent la vie dans la nature et en toutes choses. Non-seulement ces feux modérés éclairent, mais par une chaleur amie, de diverse influence, ils fomentent, échauffent, tempèrent, nourrissent, ou bien ils communiquent une partie de leur vertu stellaire à toutes les espèces d'êtres qui croissent sur la terre, et les rendent plus aptes à recevoir la perfection du plus puissant rayon du soleil. Ces astres, quoique non aperçus dans la profondeur de la nuit, ne brillent donc pas en vain. Ne pense pas que s'il n'étoit point d'homme le ciel manquât de spectateurs, et Dieu de louanges : des millions de créatures spirituelles marchent invisibles dans le monde, quand nous veillons et quand nous dormons; par des cantiques sans fin, elles louent les ouvrages du Très-Haut qu'elles contemplent jour et nuit. Que de fois sur la pente d'une colline à écho, ou dans un bosquet, n'avons-nous pas entendu des voix célestes à minuit (seules ou se répondant les unes les autres) chanter le grand Créateur? Souvent en troupes quand ils sont de veilles, ou pendant leurs rondes nocturnes, au son d'instruments divinement touchés, les anges joignent leurs chants en pleine harmonie : ces chants divisent la nuit et élèvent nos pensées vers le ciel. »

Ils parlent ainsi, et main en main ils entrent solitaires sous leur fortuné berceau : c'était un lieu choisi par le Planteur souverain, quand il forma toutes choses pour l'usage délicieux de l'homme. La voûte de l'épais couvert était un ombrage entrelacé de laurier et de myrte, et ce qui croissoit plus haut étoit d'un feuillage aromatique et ferme. De l'un et l'autre côté l'acanthe et des buissons odorants et touffus élevoient un mur de verdure ; de belles fleurs, l'iris de toutes les nuances, les roses et le jasmin, dressoient leurs tiges épanouies et formoient une mosaïque. Sous les pieds la violette, le safran, l'hya-

Crocus, and hyacinth, with rich inlay
Broider'd the ground, more colour'd than with stone
Of costliest emblem.
                   Other creature here,
Bird, beast, insect, or worm, durst enter none;
Such was their awe of man. In shadier bower,
More sacred and sequester'd, though but feign'd,
Pan or Sylvanus never slept; nor nymph
Nor Faunus haunted. Here, in close recess,
With flowers, garlands, and sweet-smelling herbs,
Espoused Eve deck'd first her nuptial bed;
And heavenly quires the hymenæan sung,
What day the genial angel to our sire
Brought her in naked beauty more adorn'd,
More lovely, than Pandora, whom the gods
Endow'd with all their gifts; and, oh! too like
In sad event, when to unwiser son
Of Japhet brought by Hermes she ensnared
Mankind with her fair looks, to be avenged
On him who had stole Jove's authentic fire.

  Thus, at their shady lodge arrived, both stood,
Both turn'd, and under open sky adored
The God that made both sky, air, earth, and heaven,
Which they beheld, the moon's resplendent globe,
And starry pole.
                "Thou also mad'st the night,
Maker Omnipotent, and thou the day,
Which we, in our appointed work employ'd,
Have finish'd, happy in our mutual help
And mutual love, the crown of all our bliss
Ordain'd by thee; and this delicious place,
For us too large, where thy abundance wants
Partakers, and uncropt falls to the ground.
But thou hast promised from us two a race
To fill the earth, who shall with us extol
Thy goodness infinite; both when we wake,
And when we seek, as now, thy gift of sleep."

  This said unanimous, and other rites
Observing none, but adoration pure,
Which God likes best, into their inmost bower
Handed they went; and, eased the putting off
These troublesome disguises which we wear,
Straight side by side were laid; nor turn'd, I ween,
Adam from his fair spouse, nor Eve the rites
Mysterious of connubial love refused:
Whatever hypocrites austerely talk
Of purity, and place, and innocence;
Defaming as impure what God declares
Pure, and commands to some, leaves free to all,
Our Maker bids increase; who bids abstain

cinthe, en riche marqueterie brodoient la terre, plus colorée qu'une pierre du plus coûteux dessin.

Aucune autre créature, quadrupède, oiseau, insecte ou reptile, n'osoit entrer en ce lieu; tel étoit leur respect pour l'homme. Jamais, même dans les fictions de la fable, sous un berceau ombragé, plus sacré et plus écarté, jamais Pan ou Sylvain ne dormirent, Nymphe ni Faune n'habitèrent. Là, dans un réduit fermé avec des fleurs, des guirlandes et des herbes d'une suave odeur, Ève épousée embellit pour la première fois sa couche nuptiale, et les chœurs célestes chantèrent l'épithalame. Ce jour-là l'ange de l'hymen amena Ève à notre Père dans sa beauté nue, plus ornée, plus charmante que Pandore, que les dieux dotèrent de tous leurs dons (oh! trop semblable à elle par le triste événement), alors que, conduite par Hermès au fils imprudent de Japhet, elle enlaça l'espèce humaine dans ses beaux regards, afin de venger Jupiter de celui qui avoit dérobé le feu authentique.

Ainsi arrivés à leur berceau ombragé, Ève et Adam tous deux s'arrêtèrent, tous deux se retournèrent, et sous le ciel ouvert ils adorèrent le Dieu qui fit à la fois le ciel, l'air, la terre, le ciel qu'ils voyoient, le globe resplendissant de la lune, et le pôle étoilé.

« Tu as aussi fait la nuit, Créateur tout-puissant! et tu as fait le jour que nous avons employé et fini dans notre travail prescrit, heureux de notre assistance mutuelle, et de notre mutuel amour, couronne de toute cette félicité ordonnée par toi! Et tu as fait ce lieu délicieux, trop vaste pour nous, où l'abondance manque de partageants et tombe sur le sol non moissonnée. Mais tu nous as promis une race issue de nous qui remplira la terre, qui glorifiera avec nous ta bonté infinie, et quand nous nous éveillons, et quand nous cherchons, comme à cette heure, le sommeil, ton présent. »

Ils dirent ainsi unanimes, n'observant d'autres rites qu'une adoration pure, que Dieu aime le mieux. Ils entrèrent en se tenant par la main dans l'endroit le plus secret de leur berceau; et n'ayant point la peine de se débarrasser de ces incommodes déguisements que nous portons, ils se couchèrent l'un près de l'autre. Adam ne se détourna pas, je pense, de sa belle épouse, ni Ève ne refusa pas les rites mystérieux de l'amour conjugal, malgré tout ce que disent austèrement les hypocrites de la pureté du Paradis, de l'innocence, diffamant comme impur ce que Dieu déclare pur, ce qu'il commande à quelques-uns, ce qu'il permet à tous. Notre Créateur ordonna de multiplier qui

But our destroyer, foe to God and man!

    Hail, wedded love, mysterious law, true source
Of human offspring, sole propriety
In Paradise of all things common else!
By thee adulterous lust was driven from men
Among the bestial herds to range; by thee,
Founded in reason, loyal, just, and pure,
Relations dear, and all the charities
Of father, son, and brother, first were known.
Far be it that I should write thee sin or blame,
Or think thee unbefitting holiest place;
Perpetual fountain of domestic sweets,
Whose bed is undefiled and chaste pronounced,
Present, or past, as saints and patriarchs used.
Here Love his golden shafts employs, here lights
His constant lamp, and waves his purple wings,
Reigns here and revels; not in the bought smile
Of harlots, loveless, joyless, unendear'd,
Casual fruition; nor in court-amours,
Mix'd dance, or wanton mask, or midnight ball,
Or serenade, which the starved lover sings
To his proud fair, best quitted with disdain.
These, lull'd by nightingales, embracing slept,
And on their naked limbs the flowery roof
Shower'd roses, which the morn repair'd. Sleep on,
Blest pair; and, O! yet happiest: if ye seek
No happier state, and know to know no more!

    Now had night measured with her shadowy cone
Half way up hill this vast sublunar vault;
And from their ivory port the cherubim,
Forth issuing at the accustom'd hour, stood arm'd
To their night-watches in warlike parade;
When Gabriel to his next in power thus spake:—

    " Uzziel, half there draw off, and coast the south
With strictest watch; these other wheel the north:
Our circuit meets full west."

                           As flame they part,
Half wheeling to the shield, half to the spear.
From these two strong and subtle spirits he call'd
That near him stood, and gave them thus in charge:—

    " Ithuriel and Zephon, with wing'd speed
Search through this garden, leave unsearch'd no nook;
But chiefly where those two fair creatures lodge,
Now laid perhaps asleep, secure of harm.
This evening from the sun's decline arrived,
Who tells of some infernal spirit seen

ordonne de s'abstenir, si ce n'est notre destructeur, l'ennemi de Dieu et de l'homme?

Salut, amour conjugal, mystérieuse loi, véritable source de l'humaine postérité, seule propriété dans le Paradis, où tous les autres biens étoient en commun! Par toi l'ardeur adultère fut chassée des hommes et reléguée parmi le troupeau des bêtes; par toi, fondées sur la raison loyale, juste et pure, les relations chéries et toutes les charités du père, du fils et du frère, furent connues pour la première fois. Loin de moi d'écrire que tu sois un péché ou une honte, ou de penser que tu ne conviennes pas au lieu le plus sacré, toi, source perpétuelle des douceurs domestiques, toi, dont le lit a été déclaré chaste et insouillé pour le présent et pour le passé, et dans lequel sont entrés les saints et les patriarches. Ici l'amour emploie ses flèches dorées, ici il allume son flambeau durable et agite ses ailes de pourpre; ici il règne et se délecte. Il n'est point dans le sourire acheté des prostituées sans passion, sans joies et que rien ne rend chères; il n'est point dans des jouissances passagères, ni parmi les favorites de cour, ni dans une danse mêlée, ni sous le masque lascif, ni dans le bal de minuit, ni dans la sérénade que chante un amant affamé à sa fière beauté, qu'il feroit mieux de quitter avec dédain. Bercés par les rossignols, Adam et Ève dormoient en se tenant embrassés; sur leurs membres nus le dôme fleuri faisoit pleuvoir des roses, dont le matin réparoit la perte. Dors, couple béni! Oh! toujours plus heureux si tu ne cherches pas un plus heureux état, et si tu sais ne pas savoir davantage!

Déjà la nuit de son cône ténébreux avoit mesuré la moitié de sa course vers le plus haut de cette vaste voûte sublunaire; et les chérubins, sortant de leurs portes d'ivoire à l'heure accoutumée, étoient armés pour leurs veilles nocturnes, dans une tenue de guerre, lorsque Gabriel dit à celui qui approchoit le plus de son pouvoir:

« Uzziel, prends la moitié de ces guerriers, et côtoie le midi avec la plus stricte surveillance; l'autre moitié tournera au nord: notre ronde se rencontrera à l'ouest. »

Ils se divisent comme la flamme, la moitié tournant sur le bouclier, l'autre sur la lance. Gabriel appelle deux esprits adroits et forts qui se tenoient près de lui, et il leur donne cet ordre:

« Ithuriel et Zéphon, de toute la vitesse de vos ailes, parcourez ce jardin; ne laissez aucun coin sans l'avoir visité, mais surtout l'endroit où habitent ces deux belles créatures qui dorment peut-être à présent, se croyant à l'abri du mal. Ce soir, vers le déclin du soleil, quelqu'un est arrivé; il dit d'un infernal esprit lequel a été vu dirigeant sa

Hitherward bent (who could have thought?) escaped
The bars of hell, on errand bad no doubt:
Such, where ye find, seize fast, and hither bring."

So saying, on he led his radiant files,
Dazzling the moon; these to the bower direct
In search of whom they sought: him there they found
Squat like a toad, close at the ear of Eve,
Assaying by his devilish art to reach
The organs of her fancy, and with them forge
Illusions as he list, phantasm, and dreams;
Or if, inspiring venom, he might taint
The animal spirits, that from pure blood arise
Like gentle breaths from rivers pure; thence raise
At least distemper'd, discontented thoughts,
Vain hopes, vain aims, inordinate desires,
Blown up with high conceits engendering pride.
Him thus intent Ithuriel with his spear
Touch'd lightly; for no falsehood can endure
Touch of celestial temper, but returns
Of force to its own likeness: up he starts
Discover'd and surprised. As when a spark
Lights on a heap of nitrous powder, laid
Fit for the tun, some magazine to store
Against a rumour'd war; the smutty grain,
With sudden blaze diffused, inflames the air;
So started up in his own shape the fiend.
Back stepp'd those two fair angels, half amazed
So sudden to behold the grisly king;
Yet thus, unmoved with fear, accost him soon:

"Which of those rebel spirits adjudged to hell
Comest thou, escaped thy prison? and, transform'd,
Why sat'st thou like an enemy in wait,
Here watching at the head of these that sleep?"

"Know ye not then," said Satan, fill'd with scorn,
"Know ye not me? ye knew me once no mate
For you, there sitting where ye durst not soar:
Not to know me argues yourselves unknown,
The lowest of your throng; or, if ye know,
Why ask ye, and superfluous begin
Your message, like to end as much in vain?"

To whom thus Zephon, answering scorn with scorn: —

"Think not, revolted spirit, thy shape the same,
Or undiminish'd brightness, to be known,
As when thou stood'st in heaven upright and pure.
That glory then, when thou no more wast good,
Departed from thee: and thou resemblest now
Thy sin and place of doom obscure and foul.

marche vers ce lieu (qui l'auroit pu penser?), échappé des barrières de l'Enfer et à mauvais dessein sans doute : en quelque endroit que vous le rencontriez, saisissez-le et amenez-le ici. »

En parlant de la sorte il marchoit à la tête de ses files radieuses qui éclipsoient la lune. Ithuriel et Zéphon vont droit au berceau, à la découverte de celui qu'ils cherchoient. Là ils le trouvèrent tapi comme un crapaud, tout près de l'oreille d'Ève, essayant par son art diabolique d'atteindre les organes de son imagination et de forger avec eux des illusions à son gré, de fantômes et songes; ou bien en soufflant son venin il tâchoit d'infecter les esprits vitaux qui s'élèvent du pur sang, comme de douces haleines s'élèvent d'une rivière pure : de là du moins pourroient naître ces pensées déréglées et mécontentes, ces vaines espérances, ces projets vains, ces désirs désordonnés, enflés d'opinions hautaines qui engendrent l'orgueil.

Tandis qu'il étoit ainsi appliqué, Ithuriel le touche légèrement de sa lance, car aucune imposture ne peut endurer le contact d'une trempe céleste, et elle retourne de force à sa forme naturelle. Découvert et surpris, Satan tressaille : comme quand une étincelle tombe sur un amas de poudre nitreuse préparée pour le tonneau, afin d'approvisionner un magasin sur un bruit de guerre; le grain noir, dispersé par une soudaine explosion, embrase l'air : de même éclata dans sa propre forme l'ennemi. Les deux beaux anges reculèrent d'un pas, à demi étonnés de voir si subitement le terrible monarque. Cependant, non émus de frayeur, ils l'accostent bientôt :

« Lequel es-tu de ces esprits rebelles adjugés à l'Enfer? Viens-tu, échappé de ta prison? Et pourquoi, transformé, te tiens-tu comme un ennemi en embuscade, veillant ici au chevet de ceux qui dorment? »

« Vous ne me connoissez donc pas, reprit Satan, plein de dédain; vous ne me connoissez pas, moi? Vous m'avez pourtant connu autrefois, non votre camarade, mais assis où vous n'osiez prendre l'essor. Ne pas me connoître, c'est vous avouer vous-mêmes inconnus, et les plus infimes de votre bande. Ou, si vous me connoissez, pourquoi m'interroger et commencer d'une manière superflue votre mission, qui finira d'une manière aussi vaine? »

Zéphon lui rendit mépris pour mépris :

« Ne crois pas, esprit révolté, que ta forme restée la même, ou que ta splendeur non diminuée, doivent être connues, comme lorsque tu te tenois dans le Ciel droit et pur. Cette gloire, quand tu cessas d'être bon, se sépara de toi. Tu ressembles à présent à ton péché et à la demeure obscure et souillée de ta condamnation. Mais viens; car il faudra, sois-en sûr, que tu rendes compte à celui qui nous envoie et

But come; for thou, be sure, shalt give account
To him who sent us, whose charge is to keep
This place inviolable, and these from harm."

So spake the cherub; and his grave rebuke,
Severe in youthful beauty, added grace
Invincible : abash'd the devil stood,
And felt how awful goodness is, and saw
Virtue in her shape how lovely; saw, and pined
His loss : but chiefly to find here observed
His lustre visibly impair'd; yet seem'd
Undaunted.

    "If I must contend," said he,
"Best with the best, the sender not the sent,
Or all at once; more glory will be won,
Or less be lost."

     "Thy fear," said Zephon bold,
"Will save us trial what the least can do
Single against thee, wicked and thence weak."

The fiend replied not, overcome with rage;
But, like a proud steed rein'd, went haughty on,
Champing his iron curb : to strive or fly
He held it vain; awe from above had quell'd
His heart, not else dismay'd. Now drew they nigh
The western point, where those half-rounding guards
Just met, and closing stood in squadron join'd,
Awaiting next command. To whom their chief,
Gabriel, from the front thus call'd aloud : —

"O friends! I hear the tread of nimble feet
Hasting this way, and now by glimpse discern
Ithuriel and Zephon through the shade;
And with them comes a third of regal port,
But faded splendor wan; who by his gait
And fierce demeanour seems the prince of hell,
Nor likely to part hence without contest :
Stand firm; for in his look defiance lours."

He scarce had ended, when those two approach'd,
And brief related whom they brought, where found,
How busied, in what form and posture couch'd.

To whom with stern regard thus Gabriel spake : —

"Why hast thou, Satan, broke the bounds prescribed
To thy transgressions? and disturb'd the charge
Of others, who approve not to transgress
By thy example? but have power and right
To question thy bold entrance on this place;
Employ'd, it seems, to violate sleep, and those
Whose dwelling God hath planted here in bliss."

To whom thus Satan, with contemptuous brow : —

dont la charge est de conserver ce lieu inviolable et de préserver ceux-ci de tout mal. »

Ainsi parla le chérubin : sa grave réprimande, sévère dans une beauté pleine de jeunesse, lui donnoit un grâce invincible. Le Démon resta confus; il sentoit combien la droiture est imposante, et il voyoit combien dans sa forme la vertu est aimable ; il le voyoit, et gémissoit de l'avoir perdue, mais surtout de trouver qu'on s'étoit aperçu de l'altération sensible de son éclat. Toutefois il paroissoit encore intrépide.

« Si je dois combattre, dit-il, que ce soit le chef contre le chef, contre celui qui envoie, non contre celui qui est envoyé, ou contre tous à la fois : plus de gloire sera gagnée, ou moins perdue. »

« Ta frayeur, dit le hardi Zéphon, nous épargnera l'épreuve de ce que le moindre d'entre nous peut faire seul contre toi, méchant et par conséquent foible. »

L'ennemi ne répliqua point, étouffant de rage; mais, comme un orgueilleux coursier dans ses freins, il marche la tête haute, rongeant son mors de fer : combattre ou fuir lui parut inutile; une crainte d'en haut avoit dompté son cœur; non autrement étonné. Maintenant ils approchoient du point occidental où les gardes de demi-ronde s'étoient tout juste rencontrés, et réunis ils formoient un escadron attendant le prochain ordre. Gabriel, leur chef, placé sur le front, leur crie :

« Amis, j'entends le bruit d'un pied agile qui se hâte par ce chemin, et à une lueur je discerne maintenant Ithuriel et Zéphon à travers l'ombre. Avec eux s'avance un troisième personnage d'un port de roi, mais d'une splendeur pâle et fanée : à sa démarche, et à sa farouche contenance, il paroît être le prince de l'Enfer, qui probablement ne partira pas d'ici sans conteste : demeurez fermes, car son regard se couvre et nous défie. »

A peine a-t-il fini de parler, qu'Ithuriel et Zéphon le joignent, lui racontent brièvement qui ils amènent, où ils l'ont trouvé, comment occupé, sous quelle forme et dans quelle posture il étoit couché.

Gabriel parla de la sorte avec un regard sévère :

« Pourquoi, Satan, as-tu franchi les limites prescrites à tes révoltes? Pourquoi viens-tu troubler dans leur emploi ceux qui ne veulent pas se révolter à ton exemple? Mais ils ont le pouvoir et le droit de te questionner sur ton entrée audacieuse dans ce lieu, où tu t'occupois, à ce qu'il semble, à violer le sommeil et à inquiéter ceux dont Dieu a placé la demeure ici dans la félicité. »

Satan répondit avec un sourcil méprisant :

"Gabriel, thou hadst in heaven the esteem of wise,
And such I held thee; but this question ask'd
Puts me in doubt. Lives there who loves his pain?
Who would not, finding way, break loose from hell,
Though thither doom'd? thou wouldst thyself, no doubt,
And boldly venture to whatever place
Farthest from pain, where thou mightst hope to change
Torment with ease, and soonest recompense
Dole with delight; which in this place I sought.
To thee no reason, who know'st only good,
But evil hast not tried: and wilt object
His will who bounds us? Let him surer bar
His iron gates, if he intends our stay
In that dark durance: thus much what was ask'd.
The rest is true, they found me where they say;
But that implies not violence or harm."

Thus he in scorn. The warlike angel moved,
Disdainfully half smiling, thus replied:—
"Oh! loss of one in heaven to judge of wise!
Since Satan fell, whom folly overthrew;
And now returns him from his prison 'scaped,
Gravely in doubt whether to hold them wise
Or not, who ask what boldness brought him hither
Unlicensed from his bounds in hell prescribed:
So wise he judges it to fly from pain
However, and to 'scape his punishment.
So judge thou still, presumptuous; till the wrath,
Which thou incurr'st by flying, meet thy flight
Sevenfold, and scourge that wisdom back to hell,
Which taught thee yet no better, that no pain
Can equal anger infinite provoked.
But wherefore thou alone? wherefore with thee
Came not all hell broke loose? is pain to them
Less pain, less to be fled; or thou than they
Less hardy to endure? Courageous chief!
The first in flight from pain? hadst thou alleged
To thy deserted host this cause of flight,
Thou surely hadst not come sole fugitive."

To which the fiend thus answer'd, frowning stern:—
"Not that I less endure, or shrink from pain,
Insulting angel! well thou know'st I stood
Thy fiercest; when in battle to thy aid
The blasting vollied thunder made all speed,
And seconded thy else not dreaded spear.
But still thy words at random, as before,
Argue thy inexperience what behoves
From hard assays and ill successes past
A faithful leader; not to hazard all
Through ways of danger by himself untried:
I therefore, I alone first undertook

« Gabriel, tu avois dans le Ciel la réputation d'être sage, et je te tenois pour tel; mais la question que tu me fais me met en doute. Qu'il vive en Enfer, celui qui aime son supplice! Qui ne voudroit, s'il en trouvoit le moyen, s'échapper de l'Enfer, quoiqu'il y soit condamné? Toi-même tu le voudrois sans doute; tu t'aventurerois hardiment vers le lieu, quel qu'il fût, le plus éloigné de la douleur, où tu pusses espérer changer la peine en plaisir et remplacer le plus tôt possible la souffrance par la joie : c'est ce que j'ai cherché dans ce lieu. Ce ne sera pas là une raison pour toi qui ne connois que le bien et n'a pas essayé du mal. M'objecteras-tu la volonté de celui qui nous enchaîna? Qu'il barricade plus sûrement ses portes de fer, s'il prétend nous retenir dans cette sombre géhenne! En voilà trop pour la question. Le reste est vrai : ils m'ont trouvé où ils le disent; mais cela n'implique ni violence ni tort. »

Il dit ainsi avec dédain. L'ange guerrier, ému, moitié souriant avec mépris, lui répliqua :

« Ah! quelle perte a faite le Ciel d'un juge pour juger ce qui est sage, depuis que Satan est tombé, renversé par sa folie! Maintenant il revient échappé de sa prison, gravement en doute s'il doit tenir pour sages, ou non, ceux qui lui demandent quelle audace l'a conduit ici sans permission, hors des limites de l'Enfer à lui prescrites; tant il juge sage de fuir la peine, n'importe comment, et de se dérober à son châtiment! Présomptueux, juge ainsi, jusqu'à ce que la colère que tu as encourue en fuyant rencontre sept fois ta fuite et qu'à coups de fouet elle reconduise à l'Enfer cette sagesse qui ne t'a pas encore assez appris qu'aucune peine ne peut égaler la colère infinie provoquée. Mais pourquoi es-tu seul? Pourquoi tout l'Enfer déchaîné n'est-il pas venu avec toi? Le supplice est-il moins supplice pour tes compagnons? est-il moins à fuir, ou bien es-tu moins ferme qu'eux à l'endurer! Chef courageux! le premier à te soustraire aux tourments, si tu avois allégué à ton armée désertée par toi cette raison de fuite, certainement tu ne serois pas venu seul fugitif. »

A quoi l'ennemi répondit sourcillant, terrible :

« Tu sais bien, ange insultant, que je n'ai pas moins de courage à supporter la peine, et que je ne recule pas devant elle : j'ai bravé ta plus grande fureur, quand dans la bataille la noire volée du tonnerre vint à ton aide en toute hâte et seconda ta lance, autrement non redoutée. Mais tes paroles jetées au hasard, comme toujours, montrent ton inexpérience de ce qu'il convient de faire à un chef fidèle, d'après les durs essais et les mauvais succès du passé : il ne doit pas tout risquer dans les chemins du péril, qu'il n'a pas lui-même reconnus.

To wing the desolate abyss, and spy
This new-created world, whereof in hell
Fame is not silent; here in hope to find
Better abode, and my afflicted powers
To settle here on earth, or in mid air;
Though for possession put to try once more
What thou and thy gay legions dare against;
Whose easier business were to serve their Lord
High up in heaven, with songs to hymn his throne,
And practised distances to cringe, not fight."

    To whom the warrior angel soon replied:—
"To say and straight unsay, pretending first
Wise to fly pain, professing next the spy,
Argues no leader, but a liar traced,
Satan! and couldst thou faithful add? O name,
O sacred name of faithfulness profaned!
Faithful to whom? to thy rebellious crew?
Army of fiends, fit body to fit head.
Was this your discipline and faith engaged,
Your military obedience, to dissolve
Allegiance to the acknowledged Power supreme?
And thou, sly hypocrite, who now wouldst seem
Patron of liberty! who more than thou
Once fawn'd, and cringed, and servilely adored
Heaven's awful monarch? wherefore but in hope
To dispossess him, and thyself to reign?
But mark what I arreed thee now: Avaunt!
Fly thither whence thou fled'st: if from this hour
Within these hallow'd limits thou appear,
Back to the infernal pit I drag thee chain'd,
And seal thee so, as henceforth not to scorn
The facile gates of hell too slightly barr'd."

    So threaten'd he: but Satan to no threats
Gave heed, but waxing more in rage replied:

    "Then, when I am thy captive, talk of chains,
Proud limitary cherub; but ere then
Far heavier load thyself expect to feel
From my prevailing arm; though heaven's King
Ride on thy wings, and thou with thy compeers,
Used to the yoke, draw'st his triumphant wheels
In progress through the road of heaven star-paved."

    While thus he spake, the angelic squadron bright
Turn'd fiery red, sharpening in mooned horns
Their phalanx, and began to hem him round
With ported spears, as thick as when a field
Of Ceres, ripe for harvest, waving bends
Her bearded grove of ears, which way the wind
Sways them: the careful plowman doubting stands,
Lest on the threshing floor his hopeful sheaves
Prove chaff. On the other side, Satan, alarm'd,

Ainsi donc j'ai entrepris le premier de voler seul à travers l'abîme désolé, et de découvrir ce monde nouvellement créé, sur lequel dans l'Enfer la renommée n'a pas gardé le silence. Ici je suis venu dans l'espoir de trouver un séjour meilleur, d'établir sur la terre ou dans le milieu de l'air mes puissances affligées ; dussions-nous, pour en prendre possession, essayer encore une fois ce que toi et tes élégantes légions oseront contre nous. Ce leur est une besogne plus facile de servir leur Seigneur au haut du Ciel, de chanter des hymmes à son trône, de s'incliner à des distances marquées, que de combattre ! »

L'ange guerrier répondit aussitôt :

« Dire et se contredire, prétendre d'abord qu'il est sage de fuir la peine, professer ensuite l'espionnage, montre non un chef, mais un menteur avéré, Satan. Et oses-tu te donner le titre de fidèle? O nom, ô nom sacré de fidélité profanée ! Fidèle à qui? A ta bande rebelle, armée de pervers, digne corps d'une digne tête ?. Était-ce là votre discipline et votre foi jurée, votre obéissance militaire, de rompre votre serment d'allégeance au pouvoir suprême reconnu ? Et toi, rusé hypocrite, aujourd'hui champion de la liberté, qui jadis plus que toi flatta, s'inclina, et servilement adora le redoutable monarque du Ciel? Pourquoi, sinon dans l'espoir de le déposséder et de régner toi-même? Mais écoute à présent ce que je te conseille : Loin d'ici! fuis là d'où tu as fui : si à compter de cette heure tu te montres dans ces limites sacrées, je te traîne enchaîné au puits infernal ; je t'y scellerai de manière que désormais tu ne mépriseras plus les faciles portes de l'Enfer, trop légèrement barrées. »

Ainsi il menaçoit : mais Satan ne fait aucune attention à ces menaces; mais sa rage croissant, il répliqua :

« Alors que je serai ton captif, parle de chaînes, fier chérubin de frontière ; mais avant cela attends-toi toi-même à sentir le poids, beaucoup plus pesant, de mon bras vainqueur, bien que le roi du Ciel chevauche sur tes ailes, et qu'avec tes compères, façonnés au joug, tu tires ses roues triomphantes dans sa marche sur le chemin du Ciel, pavé d'étoiles. »

Tandis qu'il parle, les angéliques escadrons devinrent rouges de feu ; aiguisant en croissant les pointes de leur phalange, ils commencent à l'entourer de leurs lances en arrêt : telle dans un champ de Cérès mûr pour la moisson, une forêt barbelée d'épis ondoie et s'incline de quelque côté que le vent la balaye ; le laboureur, inquiet, regarde ; il craint que sur l'aire les gerbes, son espérance, ne laissent que du chaume. De son côté, Satan alarmé, rassemblant toute sa force,

Collecting all his might, dilated stood,
Like Teneriff or Atlas, unremoved :
His stature reach'd the sky, and on his crest
Sat horror plumed; nor wanted in his grasp
What seem'd both spear and shield.
       Now dreadful deeds
Might have ensued; nor only Paradise
In this commotion, but the starry cope
Of heaven perhaps, or all the elements
At least had gone to wrack, disturb'd and torn
With violence of this conflict; had not soon
The Eternal, to prevent such horrid fray,
Hung forth in heaven his golden scales, yet seen
Betwixt Astrea and the Scorpion sign,
Wherein all things created first he weigh'd,
The pendulous round earth with balanced air
In counterpoise; now ponders all events,
Battles, and realms : in these he put two weights,
The sequel each of parting and of fight :
The latter quick upflew and kick'd the beam;
Which Gabriel spying, thus bespake the fiend :—

"Satan, I know thy strength, and thou know'st mine;
Neither our own, but given : what folly then
To boast what arms can do! since thine no more
Than Heaven permits, nor mine, though doubled now
To trample thee as mire : for proof look up,
And read thy lot in yon celestial sign,
Where thou art weigh'd, and shown how light, how weak,
If thou resist."
     The fiend look'd up, and knew
His mounted scale aloft : nor more; but fled
Murmuring, and with him fled the shades of night.

END OF BOOK IV.

s'élève dilaté, inébranlable comme le Ténériffe ou l'Atlas. Sa tête atteint le Ciel, et sur son casque l'horreur siège comme un panache; sa main ne manquoit point de ce qui sembloit une lance et un bouclier.

Des faits terribles se fussent accomplis; non-seulement le Paradis dans cette commotion, mais peut-être la voûte étoilée du Ciel, ou au moins tous les éléments, seroient allés en débris, confondus et déchirés par la violence de ce combat, si l'Éternel, pour prévenir cet horrible tumulte, n'eût aussitôt suspendu ses balances d'or, que l'on voit encore entre Astrée et le signe du Scorpion. Dans ces balances, le Créateur pesa d'abord toutes les choses créées, la terre ronde et suspendue avec l'air pour contre-poids; maintenant, il y pèse les événements, les batailles et les royaumes. Il mit deux poids dans les bassins, dans l'un le départ, dans l'autre le combat; le dernier bassin monta rapidement et frappa le fléau. Gabriel s'en apercevant, dit à l'ennemi :

« Satan, je connois ta force et tu connois la mienne; ni l'une ni l'autre ne nous est propre, mais elles nous ont été données. Quelle folie donc de vanter ce que les armes peuvent faire, puisque ni ta force ni la mienne ne sont que ce que permet le Ciel, quoique la mienne soit à présent doublée, afin que je te foule aux pieds comme la fange! Pour preuve, regarde en haut; lis ton destin dans ce signe céleste où tu es pesé, et vois combien tu es léger, combien foible, si tu résistes. »

L'ennemi leva les yeux, et reconnut que son bassin étoit monté en haut. C'en est fait; il fuit en murmurant, et avec lui fuirent les ombres de la nuit.

FIN DU LIVRE IV.

BOOK V.

THE ARGUMENT.

Morning approached, Eve relates to Adam her troublesome dream; he likes it not, yet comforts her: they come forth to their day-labours: their morning hymn at the door of their bower. God, to render man inexcusable, sends Raphael to admonish him of his obedience, of his free estate, of his enemy near at hand, who he is, and why his enemy, and whatever else may avail Adam to know. Raphael comes down to Paradise; his appearance described; his coming discerned by Adam afar off, sitting at the door of his bower; he goes out to meet him, brings him to his lodge, entertains him with the choicest fruits of Paradise got together by Eve; their discourse at table: Raphael performs his message, minds Adam of his state and of his enemy; relates, at Adam's request, who that enemy is, and how he came to be so, beginning from his first revolt in heaven, and the occasion thereof; how he drew his legions after him to the parts of the north, and there incited them to rebel with him, persuading all but only Abdiel, a seraph, who in argument dissuades and opposes him, then forsakes him.

Now morn, her rosy steps in the eastern clime
Advancing, sow'd the earth with orient pearls,
When Adam waked, so custom'd; for his sleep
Was airy-light, from pure digestion bred,
And temperate vapours bland, which the only sound
Of leaves and fuming rills, Aurora's fan,
Lightly dispersed, and the shrill matin song
Of birds on every bough: so much the more
His wonder was to find unwaken'd Eve
With tresses discomposed, and glowing cheek,
As through unquiet rest: he, on his side
Leaning half-raised, with looks of cordial love
Hung over her enamour'd and beheld
Beauty, which, whether waking or asleep,
Shot forth peculiar graces; then with voice
Mild, as when Zephyrus on Flora breathes,
Her hand soft touching, whisper'd thus:—

LIVRE V.

ARGUMENT.

Le matin approchoit ; Ève raconte à Adam son rêve fâcheux. Il n'aime pas ce rêve ; cependant il la console. Ils sortent pour leurs travaux du jour : leur hymne du matin à la porte de leur berceau. Dieu, afin de rendre l'homme inexcusable, envoie Raphael pour l'exhorter à l'obéissance, lui rappeler son état libre, le mettre en garde contre son ennemi, qui est proche, lui apprendre quel est cet ennemi, pourquoi il est son ennemi, et tout ce qu'il est utile en outre à Adam de connoître. Raphael descend au Paradis ; sa figure décrite ; sa venue découverte au loin par Adam, assis à la porte de son berceau. Adam va à la rencontre de l'ange, l'amène à sa demeure et lui offre les fruits les plus choisis, cueillis par Ève ; leurs discours à table. Raphael accomplit son message, fait souvenir Adam de son état et de son ennemi ; à la demande d'Adam, il raconte quel est cet ennemi, comment il l'est devenu, en commençant à la première révolte de Satan dans le ciel ; il dit la cause de cette révolte ; comment l'esprit rebelle entraîna ses légions après lui dans les parties du Nord, comment il les incita à se révolter avec lui, les persuada tous, excepté Abdiel, le séraphin, qui combat ses raisons, s'oppose à lui et l'abandonne.

Déjà le matin, avançant ses pas de rose dans les régions de l'est, semait la terre de perles orientales, lorsque Adam s'éveilla, telle était sa coutume, car son sommeil, léger comme l'air, entretenu par une digestion pure et des vapeurs douces et tempérées, étoit légèrement dispersé par le seul bruit des ruisseaux fumants, des feuilles agitées (éventail de l'aurore), et par le chant matinal et animé des oiseaux sur toutes les branches : il est d'autant plus étonné de trouver Ève non éveillée, la chevelure en désordre et les joues rouges comme dans un repos inquiet. Il se soulève à demi, appuyé sur le coude ; penché amoureusement sur elle, il contemple avec des regards d'un cordial amour la beauté qui, éveillée ou endormie, brille de grâces particulières. Alors d'une voix douce, comme quand Zéphyre souffle sur Flore, touchant doucement la main d'Ève, il murmure ces mots :

"Awake,
My fairest, my espoused, my latest found,
Heaven's last, best gift, my ever new delight!
Awake; the morning shines, and the fresh field
Calls us; we lose the prime, to mark how spring
Our tended plants, how blows the citron grove,
What drops the myrrh, and what the balmy reed,
How nature paints her colours, how the bee
Sits on the bloom extracting liquid sweet."

Such whispering waked her, but with startled eye
On Adam; whom embracing, thus she spake: —

"O sole in whom my thoughts find all repose,
My glory, my perfection; glad I see
Thy face, and morn return'd; for I this night
(Such night till this I never pass'd) have dream'd,
If dream'd, not, as I oft am wont, of thee,
Works of day past, or morrow's next design;
But of offence and trouble, which my mind
Knew never till this irksome night. Methought
Close at mine ear one call'd me forth to walk
With gentle voice; I thought it thine: it said,
'Why sleep'st thou, Eve? now is the pleasant time,
The cool, the silent, save where silence yields
To the night-warbling bird, that now awake
Tunes sweetest his love-labour'd song: now reigns
Full-orb'd the moon, and with more pleasing light
Shadowy sets off the face of things; in vain,
If none regard: heaven wakes with all his eyes.
Whom to behold but thee, nature's desire?
In whose sight all things joy, with ravishment
Attracted by thy beauty still to gaze.'

"I rose as at thy call, but found thee not;
To find thee I directed then my walk;
And on, methought, alone I pass'd through ways
That brought me on a sudden to the tree
Of interdicted knowledge: fair it seem'd,
Much fairer to my fancy than by day:
And, as I wondering look'd, beside it stood
One shaped and wing'd like one of those from heaven
By us oft seen; his dewy locks distill'd
Ambrosia; on that tree he also gazed:

"And, 'O fair plant,' said he, 'with fruit surcharged,
Deigns none to ease thy load, and taste thy sweet,
Nor God, nor man? is knowledge so despised?
Or envy, or what reserve forbids to taste?
Forbid who will, none shall from me withhold
Longer thy offer'd good; why else set here?'

"This said, he paused not, but with venturous arm
He pluck'd, he tasted; me damp horror chill'd
At such bold words vouch'd with a deed so bold:

« Éveille-toi, ma très-belle, mon épouse, mon dernier bien trouvé, le meilleur et le dernier présent du Ciel, mon délice toujours nouveau! éveille-toi! Le matin brille, et la fraîche campagne nous appelle ; nous perdons les prémices du jour, le moment de remarquer comment poussent nos plantes soignées, comment fleurit le bocage de citronniers, d'où coule la myrrhe, et ce que distille le balsamique roseau, comment la nature peint ses couleurs, comment l'abeille se pose sur la fleur pour en extraire la douceur liquide. »

Ainsi murmurant, il l'éveille, mais jetant sur Adam un œil effrayé, et l'embrassant, elle parla ainsi :

« O toi, le seul en qui mes pensées trouvent tout repos, ma gloire, ma perfection, que j'ai de joie de voir ton visage et le matin revenu! Cette nuit (jusqu'à présent je n'ai jamais passé une nuit pareille), je rêvois (si je rêvois) non de toi, comme je le fais souvent, non des ouvrages du jour passé ou du projet du lendemain, mais d'offense et de trouble que mon esprit ne connut jamais avant cette nuit accablante. Il m'a semblé que quelqu'un, attaché à mon oreille, m'appeloit avec une voix douce, pour me promener : je crus que c'étoit la tienne ; elle disoit : Pourquoi dors-tu, Ève? Voici l'heure charmante, fraîche, silencieuse, sauf où le silence cède à l'oiseau harmonieux de la nuit, qui, maintenant éveillé, soupire sa plus douce chanson, enseignée par l'amour. La lune, remplissant tout son orbe, règne, et avec une plus agréable clarté fait ressortir sur l'ombre la face des choses ; c'est en vain, si personne ne regarde. Le Ciel veille avec tous ses yeux, pour qui contempler, si ce n'est toi, ô désir de la nature! A ta vue, toutes les choses se réjouissent, attirées par ta beauté pour l'admirer toujours avec ravissement.

« Je me suis levé à ton appel, mais je ne t'ai point trouvé. Pour te chercher, j'ai dirigé alors ma promenade ; il m'a semblé que je passois seule des chemins qui m'ont conduite tout à coup à l'arbre de la science défendue : il paroissoit beau, beaucoup plus beau à mon imagination que pendant le jour. Et comme je le regardois en m'étonnant, une figure se tenoit auprès, semblable par la forme et les ailes à l'un de ceux-là du Ciel que nous avons vus souvent : ses cheveux, humides de rosée exhaloient l'ambroisie ; il contemploit l'arbre aussi :

« Et il disoit : « O belle plante, de fruit surchargée, personne ne daigne-t-il te soulager de ton poids et goûter de ta douceur, ni Dieu ni homme? La science est-elle si méprisée? L'envie, ou quelque réserve, défend-elle de goûter? Le défende qui voudra, nul ne me privera plus longtemps de ton bien offert : pourquoi autrement est-il ici? »

« Il dit, et ne s'arrêta pas ; mais d'une main téméraire il arrache, il

But he thus, overjoy'd: —

                " 'O fruit divine,
Sweet of thyself, but much more sweet thus cropt;
Forbidden here it seems, as only fit
For gods, yet able to make gods of men:
And why not gods of men, since good, the more
Communicated, more abundant grows,
The author not impair'd, but honour'd more?
Here, happy creature, fair angelic Eve,
Partake thou also; happy though thou art,
Happier thou mayst be, worthier canst not be:
Taste this, and be henceforth among the gods
Thyself a goddess; not to earth confined,
But sometimes in the air, as we, sometimes
Ascend to heaven, by merit thine, and see
What life the gods live there, and such live thou.'

"So saying, he drew nigh, and to me held,
Ev'n to my mouth of that same fruit held part
Which he had pluck'd: the pleasant savoury smell
So quicken'd appetite, that I, methought,
Could not but taste. Forthwith up to the clouds
With him I flew; and underneath beheld
The earth outstretch'd immense, a prospect wide
And various: wondering at my flight and change
To this high exaltation, suddenly
My guide was gone, and I, methought, sunk down,
And fell asleep: but, oh! how glad I waked
To find this but a dream!"

                Thus Eve her night
Related, and thus Adam answer'd sad: —

"Best image of myself, and dearer half,
The trouble of thy thoughts this night in sleep
Affects me equally; nor can I like
This uncouth dream, of evil sprung I fear:
Yet evil whence? in thee can harbour none,
Created pure. But know, that in the soul
Are many lesser faculties that serve
Reason as chief; among these Fancy next
Her office holds; of all external things,
Which the five watchful senses represent,
She forms imaginations, airy shapes,
Which Reason, joining or disjoining, frames
All what we affirm or what deny, and call
Our knowledge or opinion; then retires
Into her private cell, when nature rests.
Oft in her absence mimic fancy wakes
To imitate her; but, misjoining shapes,
Wild work produces oft, and most in dreams;
Ill matching words and deeds long past or late.

goûte. Moi, je fus glacée d'une froide horreur à des paroles si hardies, confirmées par une si hardie action. Mais lui, transporté de joie :

« O fruit divin, doux par toi-même, mais beaucoup plus doux ainsi cueilli, défendu ici, ce semble, comme ne convenant qu'à des dieux, et cependant capable de faire dieux des hommes ! Et pourquoi pas, puisque, plus le bien est communiqué, plus il croît abondant ; puisque l'auteur de ce bien n'est pas offensé, mais honoré davantage ! Ici, créature heureuse ! Ève, bel ange, partage avec moi : quoique tu sois heureuse, tu peux être plus heureuse encore, bien que tu ne puisses être plus digne du bonheur. Goûte ceci, et sois désormais parmi les dieux, toi-même déesse, non plus à la terre confinée, mais, comme nous, tantôt tu seras dans l'air, tantôt tu monteras au Ciel par ton propre mérite, et tu verras de quelle vie vivent là les dieux, et tu vivras d'une pareille vie. »

« Parlant ainsi, il approche, et me porte jusqu'à la bouche la partie de ce même fruit qu'il tenoit, et qu'il avoit arraché : l'odeur agréable et savoureuse éveilla si fort l'appétit, qu'il me parut impossible de ne pas goûter. Aussitôt je m'envole avec l'esprit au haut des nues, et au-dessous de moi je vois la terre se déployer immense ; perspective étendue et variée. Dans cette extrême élévation, m'étonnant de mon vol et de mon changement, mon guide disparoît tout à coup ; et moi, ce me semble, je suis précipitée en bas, et je tombe endormie. Mais, oh ! que je fus heureuse, lorsque je me réveillai, de trouver que cela n'étoit qu'un songe ! »

Ainsi Ève raconta sa nuit, et ainsi Adam lui répondit, attristé :

« Image la plus parfaite de moi-même, et ma plus chère moitié, le trouble de tes pensées cette nuit, dans le sommeil, m'affecte comme toi ; je ne puis aimer ce songe décousu, provenu du mal, je le crains ; cependant le mal, d'où viendroit-il ? Aucun mal ne peut habiter en toi, créature si pure. Mais sache que dans l'âme il existe plusieurs facultés inférieures qui servent la raison comme leur souveraine. Entre celles-ci l'imagination exerce le principal office : de toutes les choses extérieures que représentent les cinq sens éveillés elle se crée des fantaisies, des formes aériennes, que la raison assemble ou sépare et dont elle compose tout ce que nous affirmons, ou ce que nous nions, et ce que nous appelons notre science ou notre opinion. La raison se retire dans sa cellule secrète, quand la nature repose : souvent pendant son absence l'imagination, qui se plaît à contrefaire, veille pour l'imiter ; mais joignant confusément les formes, elle produit souvent un ouvrage bizarre, surtout dans les songes, assortissant mal des paroles et des actions récentes ou depuis longtemps passées.

"Some such resemblances, methinks, I find
Of our last evening's talk in this thy dream,
But with addition strange; yet be not sad:
Evil into the mind of God or man
May come and go, so unapproved; and leave
No spot or blame behind : which gives me hope
That what in sleep thou didst abhor to dream,
Waking thou never wilt consent to do.
Be not dishearten'd then; nor cloud those looks,
That wont to be more cheerful and serene
Than when fair morning first smiles on the world :
And let us to our fresh employments rise
Among the groves, the fountains, and the flowers,
That open now their choicest bosom'd smells,
Reserved from night, and kept for thee in store."

So cheer'd he his fair spouse, and she was cheer'd,
But silently a gentle tear let fall
From either eye, and wiped them with her hair:
Two other precious drops, that ready stood,
Each in their crystal sluice, he ere they fell
Kiss'd, as the gracious signs of sweet remorse,
And pious awe that fear'd to have offended.

So all was clear'd, and to the field they haste.
But first, from under shady arborous roof
Soon as they forth were come to open sight
Of day-spring and the sun, who, scarce uprisen,
With wheels yet hovering o'er the ocean-brim,
Shot parallel to the earth his dewy ray,
Discovering in wide landscape all the east
Of Paradise and Eden's happy plains,
Lowly they bow'd adoring, and began
Their orisons, each morning duly paid
In various style; for neither various style
Nor holy rapture wanted they to praise
Their Maker, in fit strains pronounced, or sung
Unmeditated; such prompt eloquence
Flow'd from their lips, in prose or numerous verse,
More tuneable than needed lute or harp
To add more sweetness: and they thus began :—

"These are thy glorious works, Parent of good,
Almighty! Thine this universal frame,
Thus wondrous fair; thyself how wondrous then!
Unspeakable, who sitt'st above these heavens,
To us invisible, or dimly seen
In these thy lowest works; yet these declare
Thy goodness beyond thought, and power divine.

"Speak, ye who best can tell, ye sons of light,
Angels; for ye behold him, and with songs
And choral symphonies, day without night,
Circle his throne rejoicing, ye in heaven,

« Je trouve ainsi, à ce qu'il me paroît, quelques traces de notre dernière conversation du soir dans ton rêve, mais avec une addition étrange. Cependant, ne sois pas triste, le mal peut aller et venir dans l'esprit de Dieu ou de l'homme sans leur aveu, et n'y laisser ni tache ni blâme ; ce qui me donne l'espoir que ce que tu abhorrois de rêver dans le sommeil, éveillée tu ne consentirois jamais à le faire. N'aie donc pas le cœur abattu ; ne couvre pas de nuages ces regards qui ont coutume d'être plus radieux et plus sereins que ne l'est à la terre le premier sourire d'un beau matin. Levons-nous pour nos fraîches occupations parmi les bocages, les fontaines et les fleurs, qui entr'ouvrent à présent leur sein, rempli des parfums les plus choisis, réservés de la nuit, et gardés pour toi. »

Il ranimoit ainsi sa belle épouse, et elle étoit ranimée ; mais silencieusement ses yeux laissèrent tomber un doux pleur ; elle les essuya avec ses cheveux ; deux autres précieuses larmes se montroient déjà à leur source de cristal ; Adam les cueillit dans un baiser avant leur chute, comme les signes gracieux d'un tendre remords et d'une timidité pieuse, qui craignoit d'avoir offensé.

Ainsi tout fut éclairci, et ils se hâtèrent vers la campagne. Mais au moment où ils sortirent de dessous la voûte de leur berceau d'arbres, ils se trouvèrent d'abord en pleine vue du jour naissant et du soleil, à peine levé, qui effleuroit encore des roues de son char l'extrémité de l'Océan, lançoit parallèles à la terre ses rayons remplis de rosée, découvrant dans un paysage immense tout l'orient du paradis et les plaines heureuses d'Éden ; ils s'inclinèrent profondément, adorèrent, et commencèrent leurs prières, chaque matin dûment offertes en différent style ; car ni le style varié ni le saint enthousiasme ne leur manquoient pour louer leur Créateur en justes accords prononcés ou chantés sans préparations aucunes. Une éloquence rapide couloit de leurs lèvres, en prose ou en vers nombreux, si remplis d'harmonie, qu'ils n'avoient besoin ni du luth, ni de la harpe pour ajouter à leur douceur.

« Ce sont là tes glorieux ouvrages, Père du bien, ô Tout-Puissant ! Elle est tienne, cette structure de l'univers, si merveilleusement belle ! Quelle merveille es-tu donc toi-même, Être inénarrable, toi qui, assis au-dessus des cieux, es pour nous ou invisible ou obscurément entrevu dans tes ouvrages les plus inférieurs, lesquels pourtant font éclater au delà de toute pensée ta bonté et ton pouvoir divin.

« Parlez, vous qui pouvez mieux dire, vous fils de la lumière, anges ! car vous le contemplez, et avec des cantiques et des chœurs de symphonies, dans un jour sans nuit, pleins de joie, vous entourez son trône, vous dans le Ciel !

"On earth join all ye creatures to extol
Him first, him last, him midst, and without end.

" Fairest of stars, last in the train of night,
If better thou belong not to the dawn,
Sure pledge of day, that crown'st the smiling morn
With thy bright circlet; praise him in thy sphere
While day arises, that sweet hour of prime.

"Thou sun, of this great world both eye and soul,
Acknowledge him thy greater; sound his praise
In thy eternal course, both when thou climb'st,
And when high noon hast gain'd, and when thou fall'st.

"Moon, that now meet'st the orient sun, now fly'st,
With the fix'd stars, fix'd in their orb that flies;
And ye five other wandering fires, that move
In mystic dance not without song, resound
His praise, who out of darkness call'd up light.

" Air, and ye elements, the eldest birth
Of nature's womb, that in quaternion run
Perpetual circle, multiform, and mix
And nourish all things; let your ceaseless change
Vary to our great Maker still new praise.

" Ye mists and exhalations, that now rise
From hill or steaming lake, dusky or gray,
Till the sun paint your fleecy skirts with gold,
In honour to the world's great Author rise;
Whether to deck with clouds the uncolour'd sky,
Or wet the thirsty earth with falling showers,
Rising or falling still advance his praise.

" His praise, ye winds, that from four quarters blow,
Breathe soft or loud; and wave your tops, ye pines,
With every plant, in sign of worship, wave.

" Fountains, and ye that warble, as ye flow,
Melodious murmurs, warbling tune his praise.

" Join voices, all ye living souls : ye birds,
That singing up to heaven-gate ascend,
Bear on your wings and in your notes his praise.

" Ye that in waters glide, and ye that walk
The earth, and stately tread, or lowly creep;
Witness if I be silent, morn or even,
To hill or valley, fountain or fresh shade,
Made vocal by my song, and taught his praise.

" Hail, universal Lord! be bounteous still
To give us only good; and if the night
Have gather'd aught of evil or conceal'd,
Disperse it, as now light dispels the dark."

« Sur la terre que toutes les créatures le glorifient, lui le premier, lui le dernier, lui le milieu, lui sans fin !

« O la plus belle des étoiles, la dernière du cortége de la nuit, si plutôt tu n'appartiens pas à l'aurore, gage assuré du jour, toi dont le cercle brillant couronne le riant matin, célèbre le Seigneur dans ta sphère, quand l'aube se lève, à cette charmante première heure !

« Toi, soleil, à la fois l'œil et l'âme de ce grand univers, reconnois-le plus grand que toi, fais retentir sa louange dans ta course éternelle, et quand tu gravis le Ciel, et quand tu atteins la hauteur du midi, et lorsque tu tombes !

« Lune, qui tantôt rencontres le soleil dans l'orient, qui tantôt fuis avec les étoiles fixes, fixées dans leur orbe, qui fuit ; et vous, autres feux errants, qui tous cinq figurez une danse mystérieuse, non sans harmonie, chantez la louange de celui qui des ténèbres appela la lumière !

« Air, et vous éléments, les premiers nés des entrailles de la nature, vous qui dans un quaternaire parcourez un cercle perpétuel, vous qui, multiformes, mélangez et nourrissez toutes choses, que vos changements sans fin varient de notre grand Créateur la nouvelle louange !

« Vous, brouillards et exhalaisons qui en ce moment, gris ou ternes, vous élevez de la colline ou du lac fumeux jusqu'à ce que le soleil peigne d'or vos franges laineuses, levez-vous en honneur du grand Créateur du monde ! et soit que vous tendiez de nuages le ciel décoloré, soit que vous abreuviez le sol altéré avec des pluies tombantes, en montant ou en descendant, répandez toujours sa louange !

« Sa louange, vous, ô vents, qui soufflez des quatre parties de la terre, soupirez-la avec douceur ou force ! Inclinez vos têtes, vous, pins. Vous, plantes de chaque espèce, en signe d'adoration, balancez-vous !

« Fontaines, et vous qui gazouillez tandis que vous coulez, mélodieux murmures, en gazouillant dites sa louange !

« Unissez vos voix, vous toutes âmes vivantes : oiseaux qui montez en chantant à la porte du Ciel, sur vos ailes et dans vos hymnes, élevez sa louange !

« Vous qui glissez dans les eaux, et vous qui vous promenez sur la terre, qui la foulez avec majesté, ou qui rampez humblement, soyez témoins que je ne garde le silence ni le matin ni le soir ; je prête ma voix à la colline ou à la vallée, à la fontaine ou au frais ombrage, et mon chant les instruit de sa louange.

« Salut, universel Seigneur ! sois toujours libéral pour ne nous donner que le bien. Et si la nuit a recueilli ou caché quelque chose de mal, disperse-le, comme la lumière chasse maintenant les ténèbres. »

So pray'd they innocent, and to their thoughts
Firm peace recover'd soon, and wonted calm.
On to their morning's rural work they haste,
Among sweet dews and flowers, where any row
Of fruit-trees over-woody reach'd too far
Their pamper'd boughs, and needed hands to check
Fruitless embraces: or they led the vine
To wed her elm; she, spoused, about him twines
Her marriageable arms, and with her brings
Her dower, the adopted clusters, to adorn
His barren leaves. Them thus employ'd beheld
With pity heaven's high King, and him call'd
Raphael, the sociable spirit, that deign'd
To travel with Tobias, and secured
His marriage with the seventimes-wedded maid.

"Raphael," said he, "thou hear'st what stir on earth
Satan, from hell 'scaped through the darksome gulf,
Hath raised in Paradise, and how disturb'd
This night the human pair; how he designs
In them at once to ruin all mankind:
Go therefore, half this day as friend with friend
Converse with Adam; in what bower or shade
Thou find'st him from the heat of noon retired,
To respite his day-labour with repast,
Or with repose; and such discourse bring on,
As may advise him of his happy state;
Happiness in his power left free to will,
Left to his own free will, his will though free,
Yet mutable; whence warn him to beware
He swerve not, too secure: tell him withal
His danger, and from whom; what enemy,
Late fall'n himself from heaven, is plotting now
The fall of others from like state of bliss;
By violence? no, for that shall be withstood;
But by deceit and lies: this let him know,
Lest, wilfully transgressing, he pretend
Surprisal, unadmonish'd, unforewarn'd."

So spake the Eternal Father, and fulfill'd
All justice: nor delay'd the winged saint
After his charge received; but from among
Thousand celestial ardours, where he stood
Veil'd with his gorgeous wings, up springing light,
Flew through the midst of heaven: the angelic quires,
On each hand parting, to his speed gave way
Through all the empyreal road; till, at the gate
Of heaven arrived, the gate self-open'd wide
On golden hinges turning, as by work
Divine the sovereign Architect had framed.
From hence no cloud, or, to obstruct his sight,
Star interposed, however small, he sees,

Innocents ils prièrent, et leurs pensées recouvrèrent promptement une paix ferme et le calme accoutumé. Ils s'empressèrent à leur ouvrage champêtre du matin, parmi la rosée et les fleurs, là où quelques rangs d'arbres fruitiers surchargés de bois étaloient trop leurs branches touffues et avoient besoin qu'une main réprimât leurs embrassements inféconds ; ils amènent la vigne pour la marier à son ormeau ; elle, épousée, entrelace autour de lui ses bras nubiles et lui apporte en dot ses grappes adoptées, afin d'orner son feuillage stérile. Le puissant roi du Ciel vit avec pitié nos premiers parents occupés de la sorte ; il appelle à lui Raphael, esprit sociable qui daigna voyager avec Tobie et assura son mariage avec la vierge sept fois mariée.

« Raphael, dit-il, tu sais quel désordre sur la terre Satan, échappé de l'Enfer à travers le gouffre ténébreux, a élevé dans le Paradis ; tu sais comment il a troublé cette nuit le couple humain, et comment il projette de perdre en lui du même coup la race humaine. Va donc, cause la moitié de ce jour avec Adam comme un ami avec un ami ; tu le trouveras dans quelque berceau ou sous quelque ombrage, retiré à l'abri de la chaleur du midi pour se délasser un moment de son travail quotidien, par la nourriture ou par le repos. Tiens-lui des discours tels qu'ils lui rappellent son heureux état, le bonheur qu'il possède laissé libre à volonté, laissé à sa propre volonté libre, à sa volonté qui, quoique libre, est changeante ; avertis-le de prendre garde de s'égarer par trop de sécurité. Dis-lui surtout son danger et de qui il vient ; dis-lui quel ennemi, lui-même récemment tombé du Ciel, complote à présent de faire tomber les autres d'un pareil état de félicité : par la violence ? Non, car elle seroit repoussée ; mais par la fraude et les mensonges. Fais-lui connoître tout cela, de peur qu'ayant volontairement transgressé, il n'allègue la surprise, n'ayant été ni averti ni prévenu. »

Ainsi parla l'éternel Père, et il accomplit toute justice. Le saint ailé ne diffère pas après avoir reçu sa mission ; mais du milieu de mille célestes ardeurs où il se tenoit voilé de ses magnifiques ailes, il s'élève léger et vole à travers le Ciel. Les chœurs angéliques, s'écartant des deux côtés, livrent un passage à sa rapidité à travers toutes les routes de l'empyrée, jusqu'à ce qu'arrivé aux portes du Ciel elles s'ouvrent largement d'elles-mêmes, tournant sur leurs gonds d'or : ouvrages divins du souverain architecte. Aucun nuage, aucune étoile interposés n'obscurcissant sa vue, il aperçoit la Terre, toute

Not unconform to other shining globes,
Earth, and the garden of God, with cedars crown'd
Above all hills : as when by night the glass
Of Galileo, less assured, observes
Imagined lands and regions in the moon :
Or pilot, from amidst the Cyclades
Delos or Samos first appearing, kens
A cloudy spot. Down thither prone in flight
He speeds, and through the vast ethereal sky
Sails between worlds and worlds, with steady wing :
Now on the polar winds, then with quick fan
Winnows the buxom air; till, within soar
Of towering eagles, to all the fowls he seems
A phœnix, gazed by all, as that sole bird,
When, to enshrine his reliques in the Sun's
Bright temple, to Egyptian Thebes he flies.

At once on the eastern cliff of Paradise
He lights, and to his proper shape returns
A seraph wing'd : six wings he wore, to shade
His lineaments divine : the pair that clad
Each shoulder broad came mantling o'er his breast
With regal ornament; the middle pair
Girt like a starry zone his waist, and round
Skirted his loins and thighs with downy gold
And colours dipp'd in heaven; the third his feet
Shadow'd from either heel with feather'd mail,
Sky-tinctured grain. Like Maia's son he stood,
And shook his plumes, that heavenly fragrance fill'd
The circuit wide.
                        Straight knew him all the bands
Of angels under watch; and to his state,
And to his message high, in honour rise;
For on some message high they guess'd him bound.
Their glittering tents he pass'd, and now is come
Into the blissful field, through groves of myrrh,
And flowering odours, cassia, nard, and balm;
A wilderness of sweets : for nature here,
Wanton'd as in her prime, and play'd at will
Her virgin fancies, pouring forth more sweet,
Wild above rule or art, enormous bliss.

Him through the spicy forest onward come
Adam discern'd, as in the door he sat
Of his cool bower, while now the mounted sun
Shot down direct his fervid rays, to warm
Earth's inmost womb, more warmth than Adam needs :
And Eve within, due at her hour prepared
For dinner savoury fruits, of taste to please
True appetite, and not disrelish thirst
Of nectarous draughts between, from milky stream,
Berry, or grape : to whom thus Adam call'd :

petite qu'elle est, et ressemblant assez aux autres globes lumineux : il découvre le jardin de Dieu couronné de cèdres au-dessus de toutes les collines : ainsi, mais moins sûrement, pendant la nuit, le verre de Galilée observe dans la Lune des terres et des régions imaginaires ; ainsi le pilote, parmi les Cyclades voyant d'abord apparoître Delos ou Samos, les prend pour une tache de nuage. Là en bas Raphael hâte son vol précipité, et à travers le vaste firmament éthéré, vogue entre des mondes et des mondes. Tantôt, l'aile immobile, il est porté sur les vents polaires ; tantôt son aile, éventail vivant, frappe l'air élastique, jusqu'à ce que, parvenu à la hauteur de l'essor des aigles, il semble à tous les volatiles un phénix, regardé par tous avec admiration comme cet oiseau unique alors que, pour enchâsser ses reliques dans le temple brillant du Soleil, il vole vers la Thèbes d'Égypte.

Tout à coup, sur le sommet oriental du Paradis, l'ange s'abat, et reprend sa première forme, séraphin ailé. Pour ombrager ses membres divins, il porte six ailes ; la paire qui revêt chacune de ses larges épaules revient, ornement royal, comme un manteau sur sa poitrine ; la paire du milieu entoure sa taille ainsi qu'une zone étoilée, borde ses reins et ses cuisses d'un duvet d'or, et de couleurs trempées dans le Ciel ; la dernière paire ombrage ses pieds, et s'attache à ses talons en plume maillée, couleur du firmament : semblable au fils de Maïa, il se tient debout et secoue ses plumes, qui remplissent d'un parfum céleste la vaste enceinte d'alentour.

Incontinent toutes les troupes d'anges de garde le reconnurent et se levèrent en honneur de son rang et de son message suprême, car elles pressentirent qu'il étoit chargé de quelque haut message. Il passe leurs tentes brillantes, et il entre dans le champ fortuné au travers des bocages de myrrhe, des odeurs florissantes de la cassie, du nard et du baume, désert de parfums. Ici la nature folâtroit dans son enfance et se jouoit à volonté dans ses fantaisies virginales, versant abondamment sa douceur, beauté sauvage au-dessus de la règle et de l'art ; ô énormité de bonheur !

Raphael s'avançoit dans la forêt aromatique ; Adam l'aperçut ; il étoit assis à la porte de son frais berceau, tandis que le soleil à son midi dardoit à plomb ses rayons brûlants pour échauffer la terre dans ses plus profondes entrailles (chaleur plus forte qu'Adam n'avoit besoin) ; Ève dans l'intérieur du berceau, attentive à son heure, préparoit pour le dîner des fruits savoureux, d'un goût à plaire au véritable appétit et à ne pas ôter, par intervalles, la soif d'un breuvage de nectar que fournissent le lait, la baie ou la grappe. Adam appelle Ève :

"Haste hither, Eve, and worth thy sight behold,
Eastward among those trees, what glorious shape
Comes this way moving; seems another morn
Risen on mid-noon; some great behest from Heaven
To us perhaps he brings, and will vouchsafe
This day to be our guest. But go with speed,
And, what thy stores contain, bring forth, and pour
Abundance, fit to honour and receive
Our heavenly stranger: well we may afford
Our givers their own gifts, and large bestow
From large bestow'd, where nature multiplies
Her fertile growth, and by disburdening grows
More fruitful; which instructs us not to spare."

To whom thus Eve:—

"Adam, earth's hallow'd mould
Of God inspired; small store will serve, where store,
All seasons, ripe for use hangs on the stalk:
Save what by frugal storing firmness gains
To nourish, and superfluous moist consumes:
But I will haste, and from each bough and brake,
Each plant and juiciest gourd, will pluck such choice
To entertain our angel-guest, as he
Beholding shall confess, that here on earth
God hath dispensed his bounties as in heaven."

So saying, with dispatchful looks in haste
She turns, on hospitable thought intent:
What choice to choose for delicacy best;
What order, so contrived as not to mix
Tastes, not well join'd, inelegant; but bring
Taste after taste upheld with kindliest change:
Bestirs her then, and from each tender stalk,
Whatever earth, all-bearing mother, yields
In India East or West, or middle shore
In Pontus or the Punic coast, or where
Alcinous reign'd; fruit of all kinds, in coat
Rough, or smooth rind, or bearded husk, or shell,
She gathers, tribute large, and on the board
Heaps with unsparing hand. For drink the grape
She crushes, inoffensive must, and meaths
From many a berry, and from sweet kernels press'd
She tempers dulcet creams: nor these to hold
Wants her fit vessels pure; then strows the ground
With rose and odours from the shrub unfumed.

Meanwhile our primitive great sire, to meet
His godlike guest, walks forth; without more train
Accompanied than with his own complete
Perfections: in himself was all his state;
More solemn than the tedious pomp that waits
On princes, when their rich retinue long

« Accours ici, Ève ; contemple quelque chose digne de ta vue : à l'orient, entre ces arbres, quelle forme glorieuse s'avance par ce chemin ! elle semble une autre aurore levée à midi. Ce messager nous apporte peut-être quelque grand commandement du Ciel et daignera ce jour être notre hôte. Mais va vite, et ce que contiennent tes réserves, apporte-le ; prodigue l'abondance convenable pour honorer et recevoir notre divin étranger. Nous pouvons bien offrir leurs propres dons à ceux qui nous les donnent, et répandre largement ce qui nous est largement accordé, ici où la nature multiplie sa fertile production, et en s'en débarrassant devient plus féconde ; ce qui nous enseigne à ne point épargner. »

Ève lui répond :

« Adam, moule sanctifié d'une terre inspirée de Dieu, peu de provisions sont nécessaires là où ces provisions en toutes les saisons mûrissent pour l'usage suspendues à la branche, excepté des fruits qui dans une réserve frugale acquièrent de la consistance pour nourrir et perdent une humidité superflue. Mais je me hâterai, et de chaque rameau et de chaque tige, de chaque plante et de chaque courge succulente, j'arracherai un tel choix pour traiter notre hôte angélique qu'en le voyant il avouera qu'ici sur la terre Dieu a répandu ses bontés comme dans le Ciel. »

Elle dit, et part à la hâte avec des regards empressés, préoccupée de pensées hospitalières. Comment choisir ce qu'il y a de plus délicat ? quel ordre suivre pour ne pas mêler les goûts, pour ne pas les assortir inélégants, mais pour qu'une saveur succède à une saveur relevée par le changement le plus agréable ? Ève court, et de chaque tendre tige elle cueille ce que la terre, cette mère qui porte tout, donne à l'Inde orientale ou occidentale, aux rivages du milieu, dans le Pont, sur la côte punique ou sur les bords qui virent régner Alcinoüs ; fruits de toutes espèces, d'une écorce raboteuse ou d'une peau unie, renfermés dans une bogue ou dans une coquille ; large tribut qu'Ève recueille et qu'elle amoncelle sur la table d'une main prodigue. Pour boisson elle exprime de la grappe un vin doux et inoffensif ; elle écrase différentes baies, et des douces amandes pressées elle mélange une crème onctueuse ; elle ne manque point de vases convenables et purs pour contenir ces breuvages. Puis elle sème la terre de roses, et des parfums de l'arbrisseau qui n'ont point été exhalés par le feu.

Cependant notre premier père, pour aller à la rencontre de son hôte céleste, s'avance hors du berceau, sans autre suite que celle de ses propres perfections ; en lui étoit toute sa cour ; cour plus solennelle que l'ennuyeuse pompe que traînent les princes, alors que leur riche

Of horses led, and grooms besmear'd with gold,
Dazzles the crowd, and sets them all agape.
Nearer his presence Adam, though not awed,
Yet with submiss approach and reverence meek,
As to a superior nature bowing low,
Thus said : —
    " Native of heaven, for other place
None can than heaven such glorious shape contain;
Since, by descending from the thrones above,
Those happy places thou hast deign'd awhile
To want, and honour these; vouchsafe with us
Two only, who yet by sovereign gift possess
This spacious ground, in yonder shady bower
To rest; and what the garden choicest bears
To sit and taste, till this meridian heat
Be over, and the sun more cool decline."

 Whom thus the angelic Virtue answer'd mild :
"Adam, I therefore came; nor art thou such
Created, or such place hast here to dwell,
As may not oft invite, though spirits of heaven,
To visit thee : lead on then where thy bower
O'ershades; for these mid-hours, till evening rise,
I have at will."
    So to the silvan lodge
They came, that like Pomona's arbour smiled,
With flowerets deck'd, and fragrant smells; but Eve,
Undeck'd save with herself, more lovely fair
Than wood-nymph, or the fairest goddess feign'd
Of three that in Mount Ida naked strove,
Stood to entertain her guest from heaven; no veil
She needed, virtue-proof; no thought infirm
Alter'd her cheek. On whom the angel Hail
Bestow'd; the holy salutation used
Long after to blest Mary, second Eve.

 "Hail, mother of mankind, whose fruitful womb
Shall fill the world more numerous with thy sons,
Than with these various fruits the trees of God
Have heap'd this table!"
    Raised of grassy turf
Their table was, and mossy seats had round,
And on her ample square from side to side
All autumn piled; though spring and autumn here
Danced hand in hand. Awhile discourse they hold;
No fear lest dinner cool; when thus began
Our author :
    "Heavenly stranger, please to taste
These bounties, which our Nourisher, from whom
All perfect good, unmeasured out, descends,
To us for food and for delight hath caused
The earth to yield; unsavoury food perhaps,

et long cortége de pages chamarrés d'or, de chevaux conduits en main, éblouit les spectateurs et les laisse la bouche béante. Dès qu'il fut en présence de l'archange, Adam, quoique non intimidé, toutefois avec un abord soumis et une douceur respectueuse, s'inclinant profondément comme devant une nature supérieure, lui dit :

« Natif du Ciel (car aucun autre lieu que le Ciel ne peut renfermer une si glorieuse forme), puisque en descendant des trônes d'en haut tu as consenti à te priver un moment de ces demeures fortunées et à honorer celles-ci, daigne avec nous, qui ne sommes ici que deux, et qui cependant, par un don souverain, possédons cette terre spacieuse, daigne te reposer sous l'ombrage de ce berceau : viens t'asseoir pour goûter ce que ce jardin offre de plus choisi, jusqu'à ce que la chaleur du midi soit passée, et que le soleil plus refroidi décline. »

L'angélique Vertu lui répondit avec douceur :

« Adam, c'est pour cela même que je viens ici : tu es créé tel, ou tu as ici un tel séjour pour demeure, que cela peut souvent inviter les esprits mêmes du Ciel à te visiter. Conduis-moi donc où ton berceau surombrage ; car de ces heures du milieu du jour jusqu'à ce que le soir se lève, je puis disposer. »

Ils arrivèrent à la demeure sylvaine, qui, semblable à la retraite de Pomone, sourioit parée de fleurs et de senteurs charmantes. Mais Ève, non parée, excepté d'elle-même (plus aimablement belle qu'une nymphe des bois ou que la plus belle des trois déesses fabuleuses qui luttèrent nues sur le mont Ida), Ève se tenoit debout pour servir son hôte du Ciel : couverte de sa vertu, elle n'avoit pas besoin de voile, aucune pensée infirme n'altéroit sa joue. L'ange lui donna le salut, la sainte salutation employée longtemps après pour bénir Marie, seconde Ève.

« Salut, mère des hommes, dont les entrailles fécondes rempliront le monde de tes fils, plus nombreux que ces fruits variés dont les arbres de Dieu ont chargé cette table ! »

Leur table étoit un gazon élevé et touffu, entouré de siéges de mousse. Sur son ample surface carrée, d'un bout à l'autre, tout l'automne étoit entassé, quoique alors le printemps et l'automne dansassent ici main en main. Adam et l'ange discoururent quelque temps (ils ne craignoient pas que les mets refroidissent). Notre père commença de la sorte :

« Céleste étranger, qu'il te plaise goûter ces bontés que notre Nourricier, de qui tout bien parfait descend sans mesure, a ordonné à la terre de nous céder pour aliment et pour délice; nourriture peut-être

To spiritual natures : only this I know,
That one celestial Father gives to all."

To whom the angel :

"Therefore what he gives
(Whose praise be ever sung) to man in part
Spiritual, may of purest spirits be found
No ingrateful food : and food alike those pure
Intelligential substances require,
As doth your rational; and both contain
Within them every lower faculty
Of sense, whereby they hear, see, smell, touch, taste,
Tasting concoct, digest, assimilate,
And corporeal to incorporeal turn.

" For know, whatever was created needs
To be sustain'd and fed : of elements
The grosser feeds the purer ; earth the sea;
Earth and the sea feed air; the air those fires
Ethereal, and as lowest first the moon;
Whence in her visage round those spots, unpurged
Vapours not yet into her substance turn'd.
Nor doth the moon no nourishment exhale
From her moist continent to higher orbs.
The sun, that light imparts to all, receives
From all his alimental recompense
In humid exhalations, and at even
Sups with the ocean. Though in heaven the trees
Of life ambrosial fruitage bear, and vines
Yield nectar; though from off the boughs each morn
We brush mellifluous dews, and find the ground
Cover'd with pearly grain; yet God hath here
Varied his bounty so with new delights,
As may compare with heaven; and to taste
Think not I shall be nice."

So down they sat,
And to their viands fell; nor seemingly
The angel, nor in mist, the common gloss
Of theologians; but with keen dispatch
Of real hunger, and concoctive heat
To transubstantiate : what redounds, transpires
Through spirits with ease; nor wonder, if by fire
Of sooty coal the empiric alchemist
Can turn, or holds it possible to turn,
Metal of drossiest ore to perfect gold,
As from the mine,

Meanwhile at table Eve
Minister'd naked, and their flowing cups
With pleasant liquors crown'd. O innocence
Deserving Paradise! if ever, then,
Then had the sons of God excuse to have been
Enamour'd at that sight; but in those hearts

insipide pour des natures spirituelles. Je sais seulement ceci : un Père céleste donne à tous. »

L'ange répondit :

« Ainsi ce qu'il donne (sa louange soit à jamais chantée !) à l'homme, en partie spirituel, peut n'être pas trouvé une ingrate nourriture par les purs esprits. Les substances intellectuelles demandent la nourriture comme vos substances rationnelles ; les unes et les autres ont en elles la faculté inférieure des sens, au moyen desquels elles écoutent, voient, sentent, touchent et goûtent : le goût raffine, digère, assimile et transforme le corporel en incorporel.

« Sache que tout ce qui a été créé a besoin d'être soutenu et nourri : parmi les éléments, le plus grossier alimente le plus pur : la terre nourrit la mer, la terre et la mer nourrissent l'air, l'air nourrit ces feux éthérés, et d'abord la Lune, comme le plus abaissé : de là sur sa face ronde ces taches, vapeurs non purifiées qui ne sont point encore converties en sa substance. La Lune de son continent humide exhale aussi l'aliment aux orbes supérieurs. Le Soleil, qui dispense la lumière à tous, reçoit de tous en humides exhalaisons ses récompenses alimentaires ; et le soir il fait son repas avec l'océan. Quoique dans le Ciel les arbres de vie portent un fruitage d'ambroisie, et que les vignes donnent le nectar ; quoique chaque matin nous enlevions sur les rameaux des rosées de miel, que nous trouvions le sol couvert d'un grain perlé, cependant ici Dieu a varié sa bonté avec tant de nouvelles délices, qu'on peut comparer ce jardin au Ciel ; et pour ne pas goûter à ces dons, ne pense pas que je sois assez difficile. »

Ainsi l'ange et Adam s'assirent et tombèrent sur leurs mets. L'ange mangea non pas en apparence, en fumée, le dire commun des théologiens, mais avec la vive hâte d'une faim réelle et la chaleur digestive pour transsubstancier : ce qui surabonde transpire facilement à travers les esprits. Il ne faut pas s'en étonner, si par le feu du noir charbon l'empyrique alchimiste peut transmuer, ou croit qu'il est possible de transmuer les métaux les plus grossiers en or aussi parfait que celui de la mine.

Cependant, à table Ève servoit nue, et couronnoit d'agréable liqueur leurs coupes à mesure qu'elles se vidoient. Oh ! innocence digne du Paradis ! si jamais les fils de Dieu eussent pu avoir une excuse pour aimer, c'eût été alors, c'eût été à cette vue ! Mais dans ces cœurs

Love unlibidinous reign'd, nor jealousy
Was understood, the injured lover's hell.

Thus when with meats and drinks they had sufficed,
Not burdened nature, sudden mind arose
In Adam, not to let the occasion pass,
Given him by this great conference, to know
Of things above his world, and of their being
Who dwell in heaven, whose excellence he saw
Transcend his own so far; whose radiant forms
Divine effulgence, whose high power, so far
Exceeded human; and his wary speech
Thus to the empyreal minister he framed : —
"Inhabitant with God, now know I well
Thy favour, in this honour done to man;
Under whose lowly roof thou hast vouchsafed
To enter, and these earthly fruits to taste,
Food not of angels, yet accepted so,
As that more willingly thou couldst not seem
At heaven's high feast to have fed; yet what compare?"

To whom the winged Hierarch replied : —

"O Adam, one Almighty is, from whom
All things proceed, and up to him return,
If not depraved from good; created all
Such to perfection, one first matter all,
Endued with various forms, various degrees
Of substance, and, in things that live, of life;
But more refined, more spiritous, and pure,
As nearer to him placed, or nearer tending
Each in their several active spheres assign'd,
Till body up to spirit work, in bounds
Proportion'd to each kind.

"So from the root
Springs lighter the green stalk; from thence the leaves
More airy; last the bright consummate flower
Spirits odorous breathes : flowers and their fruit,
Man's nourishment, by gradual scale sublimed,
To vital spirits aspire, to animal,
To intellectual; give both life and sense,
Fancy and understanding, whence the soul
Reason receives :

" And reason is her being,
Discursive or intuitive : discourse
Is oftest yours, the latter most is ours,
Differing but in degree, of kind the same.
Wonder not then, what God for you saw good
If I refuse not, but convert, as you,
To proper substance. Time may come, when men
With angels may participate, and find,
No inconvenient diet nor too light fare :
And from these corporal nutriments perhaps

l'amour pudique régnoit, et ils ignoroient la jalousie, l'enfer de l'amant outragé.

Quand ils furent rassasiés de mets et de breuvages, sans surcharger la nature, soudain il vint à la pensée d'Adam de ne pas laisser passer l'occasion que lui donnoit ce grand entretien de s'instruire des choses au-dessus de sa sphère, de s'enquérir des êtres qui habitent dans le Ciel, dont il voyoit l'excellence l'emporter de si loin sur la sienne, et dont les formes radieuses (splendeur divine), dont la haute puissance, surpassoient de si loin les formes et la puissance humaines. Il adresse ainsi ce discours circonspect au ministre de l'Empyrée :

« Toi qui habites avec Dieu, je connois bien à présent ta bonté dans cet honneur fait à l'homme, sous l'humble toit duquel tu as daigné entrer et goûter ces fruits de la terre, qui, n'étant pas nourriture d'ange, sont néanmoins acceptés par toi, de sorte que tu sembles ne pas avoir été nourri aux grands festins du Ciel : cependant quelle comparaison ! »

Le hiérarque ailé répliqua :

« O Adam, il est un seul Tout-Puissant, de qui toutes choses procèdent et à qui elles retournent, si leur bonté n'a pas été dépravée : toutes ont été créées semblables en perfection, toutes formées d'une seule matière première, douées de diverses formes, de différents degrés de substance et de vie dans les choses qui vivent. Mais ces substances sont plus raffinées, plus spiritualisées et plus pures, à mesure qu'elles sont plus rapprochées de Dieu ou qu'elles tendent à s'en rapprocher plus, chacune dans leurs diverses sphères actives assignées, jusqu'à ce que le corps s'élève à l'esprit dans les bornes proportionnées à chaque espèce.

« Ainsi de la racine s'élance plus légère la verte tige ; de celle-ci sortent les feuilles plus aériennes ; enfin la fleur parfaite exhale ses esprits odorants. Les fleurs et leur fruit, nourriture de l'homme, volatilisés dans une échelle graduelle, aspirent aux esprits vitaux, animaux, intellectuels ; ils donnent à la fois la vie et le sentiment, l'imagination et l'entendement, d'où l'âme reçoit la raison.

La raison discursive ou intuitive est l'essence de l'âme : la raison discursive vous appartient le plus souvent, l'intuitive appartient surtout à nous ; ne différant qu'en degrés, en espèces elles sont les mêmes. Ne vous étonnez donc pas que ce que Dieu a vu bon pour vous, je ne le refuse pas ; mais que je le convertisse, comme vous, en ma propre substance. Un temps peut venir où les hommes participeront à la nature des anges, où ils ne trouveront ni diète incommode ni nourriture trop légère. Peut-être, nourris de ces aliments corporels

Your bodies may at last turn all to spirit,
Improved by tract of time, and, wing'd, ascend
Ethereal, as we; or may, at choice,
Here or in heavenly Paradises dwell;
If ye be found obedient, and retain
Unalterably firm his love entire
Whose progeny you are. Meanwhile enjoy
Your fill what happiness this happy state
Can comprehend, incapable of more."

    To whom the patriarch of mankind replied : —
"O favourable spirit, propitious guest,
Well hast thou taught the way that might direct
Our knowledge, and the scale of nature set
From centre to circumference; whereon,
In contemplation of created things,
By steps we may ascend to God. But say,
What meant that caution join'd, 'If ye be found
Obedient?' Can we want obedience then
To him, or possibly his love desert,
Who form'd us from the dust and placed us here
Full to the utmost measure of what bliss
Human desires can seek or apprehend?"

    To whom the angel : —
                    "Son of heaven and earth,
Attend: that thou art happy, owe to God;
That thou continuest such, owe to thyself,
That is, to thy obedience; therein stand.
This was that caution given thee; be advised.
God made thee perfect, not immutable;
And good he made thee; but to persevere
He left it in thy power; ordain'd thy will
By nature free, not over-ruled by fate
Inextricable, or strict necessity :
Our voluntary service he requires,
Not our necessitated; such with him
Finds no acceptance, nor can find; for how
Can hearts, not free, be tried whether they serve
Willing or no, who will but what they must
By destiny, and can no other choose?
Myself, and all the angelic host, that stand
In sight of God, enthroned, our happy state
Hold, as you yours, while our obedience holds;
On other surety none : freely we serve,
Because we freely love, as in our will
To love or not; in this we stand or fall :
And some are fallen, to disobedience fallen,
And so from heaven to deepest hell; O fall
From what high state of bliss, into what woe!"

    To whom our great progenitor : —
                            "Thy words

vos corps pourront à la longue devenir tout esprit, perfectionnés par le laps du temps, et sur des ailes s'envoler comme nous dans l'Éther; ou bien ils pourront habiter à leur choix ici ou dans le Paradis céleste, si vous êtes trouvés obéissants, si vous gardez inaltérable un amour entier et constant à celui dont vous êtes la progéniture. En attendant, jouissez de toute la félicité que cet heureux état comporte, incapable qu'il est d'une plus grande. »

Le patriarche du genre humain répliqua :

« O esprit favorable, hôte propice, tu nous as bien enseigné le chemin qui peut diriger notre savoir, et l'échelle de nature qui va du centre à la circonférence ; de là en contemplation des choses créées, nous pouvons monter par degrés jusqu'à Dieu. Mais dis-moi ce que signifie cet avertissement ajouté : Si vous êtes trouvés obéissants ? Pouvons-nous donc lui manquer d'obéissance, ou nous seroit-il possible de déserter l'amour de celui qui nous forma de la poussière et nous plaça ici, comblés au delà de toute mesure d'un bonheur au delà de celui que les désirs humains peuvent chercher ou concevoir ? »

L'ange :

« Fils du ciel et de la terre, écoute ! Que tu sois heureux, tu le dois à Dieu ; que tu continues de l'être, tu le devras à toi-même, c'est-à-dire à ton obéissance : reste dans cette obéissance. C'est là l'avertissement que je t'ai donné : retiens-le. Dieu t'a fait parfait, non immuable ; il t'a fait bon, mais il t'a laissé maître de persévérer ; il a ordonné que ta volonté fût libre par nature, qu'elle ne fût pas réglée par le destin inévitable ou par l'inflexible nécessité. Il demande notre service volontaire, non pas notre service forcé : un tel service n'est et ne peut être accepté par lui ; car comment s'assurer que des cœurs non libres agissent volontairement ou non, eux qui ne veulent que ce que la destinée les force de vouloir, et qui ne peuvent faire un autre choix ? Moi-même et toute l'armée des anges, qui restons debout en présence du trône de Dieu, notre heureux état ne dure, comme vous le vôtre, qu'autant que dure notre obéissance : nous n'avons point d'autre sûreté. Librement nous servons parce que nous aimons librement, selon qu'il est dans notre volonté d'aimer ou de ne pas aimer ; par ceci nous nous maintenons ou nous tombons. Quelques-uns sont tombés, parce qu'ils sont tombés dans la désobéissance ; et ainsi du haut du Ciel ils ont été précipités dans le plus profond Enfer : ô chute ! de quel haut état de béatitude dans quel malheur ! »

Notre grand ancêtre :

« Attentif à tes paroles, divin instructeur, je les ai écoutées d'une

Attentive, and with more delighted ear,
Divine instructor, I have heard, than when
Cherubic songs by night from neighbouring hills
Aerial music send : nor knew I not
To be both will and deed created free;
Yet that we never shall forget to love
Our Maker, and obey him whose command
Single is yet so just, my constant thoughts
Assured me, and still assure : though what thou tell'st
Hath pass'd in heaven, some doubts within me move,
But more desire to hear, if thou consent,
The full relation, which must needs be strange,
Worthy of sacred silence to be heard;
And we have yet large day; for scarce the sun
Hath finish'd half his journey, and scarce begins
His other half in the great zone of heaven."

Thus Adam made request; and Raphael,
After short pause assenting, thus began : —
"High matter thou enjoin'st me, O prime of men,
Sad task and hard; for how shall I relate
To human sense the invisible exploits
Of warring spirits? how, without remorse,
The ruin of so many, glorious once
And perfect while they stood? how last unfold
The secrets of another world, perhaps
Not lawful to reveal? yet for thy good
This is dispensed; and what surmounts the reach
Of human sense, I shall delineate so,
By likening spiritual to corporal forms,
As may express them best; though what if earth
Be but the shadow of heaven, and things therein
Each to other like, more than on earth is thought?

" As yet this world was not, and Chaos wild
Reign'd where these heavens now roll, where earth now rests
Upon her centre poised; when on a day,
(For time, though in eternity, applied
To motion, measures all things durable
By present, past, and future) on such day
As heaven's great year brings forth, the empyreal host
Of angels, by imperial summons call'd,
Innumerable before the Almighty's throne
Forthwith, from all the ends of heaven, appear'd
Under their hierarchs in orders bright:
Ten thousand thousand ensigns high advanced,
Standards and gonfalons 'twixt van and rear
Stream in the air, and for distinction serve
Of hierarchies, of orders, and degrees;
Or in their glittering tissues bear imblazed
Holy memorials, acts of zeal and love
Recorded eminent. Thus when in orbs

oreille plus ravie que du chant des chérubins, quand la nuit, des coteaux voisins, ils envoient une musique aérienne. Je n'ignorois pas avoir été créé libre de volonté et d'action ; nous n'oublierons jamais d'aimer notre Créateur, d'obéir à celui dont l'unique commandement est toutefois si juste : mes constantes pensées m'en ont toujours assuré et m'en assureront toujours. Cependant, ce que tu dis de ce qui s'est passé dans le Ciel fait naître en moi quelque doute, mais un plus vif désir encore, si tu y consens, d'en entendre le récit entier ; il doit être étrange et digne d'être écouté dans un religieux silence. Nous avons encore beaucoup de temps, car à peine le soleil achève la moitié de sa course, et commence à peine l'autre moitié dans la grande zone du Ciel. »

Telle fut la demande d'Adam : Raphael consentant, après une courte pause, parla de la sorte :

« Quel grand sujet tu m'imposes, ô premier des hommes ! tâche difficile et triste ! car comment retracerai-je aux sens humains les invisibles exploits d'esprits combattants ? comment, sans en être affligé, raconter la ruine d'un si grand nombre d'anges autrefois glorieux et parfaits, tant qu'ils restèrent fidèles ! Comment enfin dévoiler les secrets d'un autre monde, qu'il n'est peut-être pas permis de révéler ? Cependant, pour ton bien, toute dispense est accordée. Ce qui est au-dessus de la portée du sens humain, je le décrirai de manière à l'exprimer le mieux possible, en comparant les formes spirituelles aux formes corporelles : si la terre est l'ombre du ciel, les choses, dans l'une et l'autre, ne peuvent-elles se ressembler plus qu'on ne le croit sur la terre ?

« Alors que ce monde n'étoit pas encore, le chaos informe régnoit où roulent à présent les Cieux, où la terre demeure à présent en équilibre sur son centre, un jour (car le temps, quoique dans l'éternité, appliqué au mouvement, mesure toutes les choses qui ont une durée par le présent, le passé et l'avenir), un de ces jours qu'amène la grande année du Ciel, les armées célestes des anges, appelées de toutes les extrémités du Ciel par une convocation souveraine, s'assemblèrent innombrables devant le trône du Tout-Puissant, sous leurs hiérarques en ordres brillants. Dix mille bannières levées s'avancèrent, étendards et gonfalons entre l'arrière et l'avant-garde, flottoient en l'air, et servoient à distinguer les hiérarchies, les rangs et les degrés, où dans leurs tissus étincelants portoient blasonnés de saints mémoriaux, des actes éminents de zèle et d'amour, recordés. Lorsque dans des cercles

Of circuit inexpressible they stood,
Orb within orb, the Father infinite,
By whom in bliss embosom'd sat the Son,
Amidst, as from a flaming mount, whose top
Brightness had made invisible, thus spake: —

"'Hear, all ye angels, progeny of light,
Thrones, dominations, princedoms, virtues, powers
Hear my decree, which unrevoked shall stand:
This day I have begot whom I declare
My only Son, and on this holy hill
Him have anointed, whom ye now behold
At my right hand; your head I him appoint;
And by myself have sworn, to him shall bow
All knees in heaven, and shall confess him Lord.
Under his great vicegerent reign abide
United, as one individual soul,
For ever happy: him who disobeys,
Me disobeys, breaks union; and that day,
Cast out from God and blessed vision, falls
Into utter darkness, deep ingulf'd, his place
Ordain'd without redemption, without end.'

"So spake the Omnipotent, and with his words
All seem'd well pleased; all seem'd, but were not all.

"That day, as other solemn days, they spent
In song and dance about the sacred hill;
Mystical dance, which yonder starry sphere
Of planets, and of fix'd, in all her wheels,
Resembles nearest, mazes intricate,
Eccentric, intervolved, yet regular
Then most, when most irregular they seem;
And in their motions harmony divine
So smoothes her charming tones, that God's own ear
Listens delighted.

"Evening now approach'd;
(For we have also our evening and our morn,
We ours for change delectable, not need)
Forthwith from dance to sweet repast they turn
Desirous; all in circles as they stood,
Tables are set, and on a sudden piled
With angels' food; and rubied nectar flows
In pearl, in diamond, and massy gold,
Fruit of delicious vines, the growth of heaven.
On flowers reposed, and with fresh flowerets crown'd,
They eat, they drink, and in communion sweet
Quaff immortality and joy, secure
Of surfeit, where full measure only bounds
Excess, before the all-bounteous King, who shower'd
With copious hand, rejoicing in their joy.

"Now when ambrosial night with clouds exhaled
From that high mount of God, whence light and shade

d'une circonférence indicible les légions se tinrent immobiles, orbes dans orbes, le Père infini, près duquel étoit assis le Fils dans le sein de la béatitude, parla, comme du haut d'un mont flamboyant dont l'éclat avoit rendu le sommet invisible :

« Écoutez tous, vous anges, race de la lumière, trônes, dominations, principautés, vertus, puissances, écoutez mon décret qui demeurera irrévocable : ce jour j'ai engendré celui que je déclare mon Fils unique, et sur cette sainte montagne j'ai sacré celui que vous voyez maintenant à ma droite. Je l'ai établi votre chef, et j'ai juré par moi-même que tous les genoux dans les Cieux fléchiroient devant lui et le confesseroient Seigneur. Sous le règne de ce grand vice-gérant demeurez unis, comme une seule âme indivisible, à jamais heureux. Qui lui désobéit me désobéit, rompt l'union : ce jour-là, rejeté de Dieu et de la vision béatifique, il tombe profondément abîmé dans les ténèbres extérieures, sa place ordonnée sans rédemption, sans fin. »

« Ainsi dit le Tout-Puissant. Tous parurent satisfaits de ses paroles ; tous le parurent, mais tous ne l'étoient pas.

« Ce jour, comme les autres jours solennels, ils l'employèrent en chants et en danses autour de la colline sacrée (danses mystiques, que la sphère étoilée des planètes et des étoiles fixes, dans toutes ses révolutions, imite de plus près par ses labyrinthes tortueux, excentriques, entrelacés, jamais plus réguliers que quand ils paroissent le plus irréguliers) ; dans leurs mouvements l'harmonie divine adoucit si bien ses tons enchanteurs, que l'oreille de Dieu même écoute charmée.

« Le soir approchoit (car nous avons aussi notre soir et notre matin, non par nécessité, mais pour variété délectable) ; après les danses, les esprits furent désireux d'un doux repas. Comme il se tenoient tous en cercle, des tables s'élevèrent et furent soudain chargées de la nourriture des anges. Le nectar couleur de rubis, fruit des vignes délicieuses qui croissent dans le Ciel, coule dans des coupes de perles, de diamants et d'or massif. Couchés sur les fleurs et couronnés de fraîches guirlandes, ils mangent, ils se désaltèrent, et dans une aimable communion boivent à longs traits l'immortalité et la joie. Aucune surabondance n'est à craindre là où une pleine mesure est la seule limite à l'excès, en présence du Dieu de toute bonté, qui leur versoit d'une main prodigue, se réjouissant de leur plaisir.

« Cependant la nuit d'ambroisie, exhalée avec les nuages de cette haute montagne de Dieu, d'où sortent la lumière et l'ombre, avoit

Spring both, the face of brightest heaven had changed
To grateful twilight (for night comes not there
In darker veil), and roseate dews disposed
All but the unsleeping eyes of God to rest;
Wide over all the plain, and wider far
Than all this globous earth in plain outspread,
(Such are the courts of God) the angelic throng,
Dispersed in bands and files, their camp extend
By living streams among the trees of life,
Pavilions numberless and sudden rear'd,
Celestial tabernacles, where they slept
Fann'd with cool winds; save those, who, in their course,
Melodious hymns about the sovereign throne
Alternate all night long:

     " But not so waked
Satan; so call him now; his former name
Is heard no more in heaven: he of the first,
If not the first archangel, great in power,
In favour and pre-eminence, yet fraught
With envy against the Son of God, that day
Honour'd by his great Father, and proclaim'd
Messiah King anointed, could not bear
Through pride that sight, and thought himself impair'd.
Deep malice thence conceiving and disdain,
Soon as midnight brought on the dusky hour
Friendliest to sleep and silence, he resolved
With all his legions to dislodge, and leave
Unworshipp'd, unobey'd, the throne supreme,
Contemptuous; and his next subordinate
Awakening, thus to him in secret spake:—

 " ' Sleep'st thou, companion dear? what sleep can close
Thy eyelids? and remember'st what decree
Of yesterday, so late hath pass'd the lips
Of heaven's Almighty? Thou to me thy thoughts
Wast wont, I mine to thee was wont to impart:
Both waking we were one; how then can now
Thy sleep dissent? New laws thou seest imposed;
New laws from him who reigns, new minds may raise
In us who serve, new counsels to debate
What doubtful may ensue: more in this place
To utter is not safe. Assemble thou
Of all those myriads which we lead the chief;
Tell them, that by command, ere yet dim night
Her shadowy cloud withdraws, I am to haste,
And all who under me their banners wave,
Homeward, with flying march, where we possess
The quarters of the north, there to prepare
Fit entertainment to receive our King,
The great Messiah, and his new commands;
Who speedily through all the hierarchies

changé la face brillante du Ciel en un gracieux crépuscule (car la nuit ne vient point là sous un plus sombre voile), et une rosée parfumée de rose disposa tout au repos, hors les yeux de Dieu, qui ne dorment jamais. Dans une vaste plaine, beaucoup plus vaste que ne le seroit le globe de la terre déployé en plaine (tels sont les parvis de Dieu), l'armée angélique, dispersée par bandes et par files, étendit son camp le long des ruisseaux vivants, parmi les arbres de vie ; pavillons sans nombre soudain dressés, célestes tabernacles où les anges sommeillent caressés de fraîches brises, excepté ceux qui dans leur course alternent toute la nuit, autour du trône suprême, des hymnes mélodieux.

« Mais il ne veilloit pas de la sorte, Satan (ainsi l'appelle-t-on maintenant, son premier nom n'est plus prononcé dans le Ciel). Lui parmi les premiers, sinon le premier des archanges, grand en pouvoir, en faveur, en prééminence, lui cependant saisi d'envie contre le Fils de Dieu, honoré ce jour-là de son père, et proclamé Messie roi consacré, ne put par orgueil supporter cette vue, et il se crut dégradé. De là concevant un dépit et une malice profonde, aussitôt que minuit eut amené l'heure obscure la plus amie du sommeil et du silence, il résolut de se retirer avec toutes ses légions, et, contempteur du trône suprême, à le laisser désobéi et inadoré. Il éveilla son premier subordonné, et lui parla ainsi à voix basse :

« Dors-tu, compagnon cher ? Quel sommeil peut clore tes paupières ? Ne te souvient-il plus du décret d'hier, échappé si tard aux lèvres du souverain du Ciel ? Tu es accoutumé à me communiquer tes pensées, je suis habitué à te faire part des miennes : éveillés nous ne faisons qu'un ; comment donc ton sommeil pourroit-il à présent nous rendre dissidents ? De nouvelles lois, tu le vois, nous sont imposées : de nouvelles lois de celui qui règne peuvent faire naître en nous, qui servons, de nouveaux sentiments et de nouveaux conseils pour débattre les chances qui peuvent suivre : dans ce lieu il ne seroit pas sûr d'en dire davantage. Assemble les chefs de toutes ces myriades que nous conduisons ; dis-leur que par ordre, avant que la nuit obscure ait retiré son ombreux nuage, je dois me hâter, avec tous ceux qui sous moi font flotter leurs bannières, de revoler promptement vers le lieu où nous possédons les quartiers du nord, pour faire les préparatifs convenables à la réception de notre roi, le grand Messie, et de ses nouveaux commandements : son intention est de passer promptement en

Intends to pass triumphant, and give laws.'
 "So spake the false archangel, and infused
Bad influence into the unwary breast
Of his associate: he together calls,
Or several one by one, the regent powers,
Under him regent; tells, as he was taught,
That the Most High commanding, now ere night,
Now ere dim night had disincumber'd heaven,
The great hierarchal standard was to move;
Tells the suggested cause, and casts between
Ambiguous words and jealousies, to sound
Or taint integrity: but all obey'd
The wonted signal and superior voice
Of their great potentate; for great indeed
His name, and high was his degree in heaven:
His countenance, as the morning-star that guides
The starry flock, allured them; and with lies
Drew after him the third part of heaven's host.
 "Meanwhile the Eternal eye, whose sight discerns
Abstrusest thoughts, from forth his holy mount,
And from within the golden lamps that burn
Nightly before him, saw without their light
Rebellion rising; saw in whom, how spread
Among the sons of morn, what multitudes
Were banded to oppose his high decree;
And, smiling, to his only Son thus said:—
 "'Son, thou in whom my glory I behold
In full resplendence, heir of all my might,
Nearly it now concerns us to be sure
Of our omnipotence, and with what arms
We mean to hold what anciently we claim
Of deity or empire: such a foe
Is rising, who intends to erect his throne
Equal to ours, throughout the spacious north;
Nor so content, hath in his thought to try
In battle, what our power is, or our right.
Let us advise, and to this hazard draw
With speed what force is left, and all employ
In our defence; lest unawares we lose
This our high place, our sanctuary, our hill.'
 "To whom the Son, with calm aspect and clear,
Lightning divine, ineffable, serene,
Made answer:—
 "'Mighty Father, thou thy foes
Justly hast in derision, and, secure,
Laugh'st at their vain designs and tumults vain,
Matter to me of glory, whom their hate
Illustrates; when they see all regal power
Given me to quell their pride, and in event
Know whether I be dextrous to subdue

triomphe au milieu de toutes les hiérarchies et de leur dicter des lois. »

« Ainsi parla le perfide archange, et il versa une maligne influence dans le sein inconsidéré de son compagnon ; celui-ci appelle ensemble, ou l'un après l'autre, les chefs qui commandent sous lui-même commandant. Il leur dit, comme il en étoit chargé, que par ordre du Très-Haut, avant que la nuit, avant que la sombre nuit ait abandonné le Ciel, le grand étendard hiérarchique doit marcher en avant ; il leur en dit la cause suggérée, et jette parmi eux des mots ambigus et jaloux, afin de sonder ou de corrompre leur intégrité. Tous obéirent au signal accoutumé et à la voix supérieure de leur grand potentat ; car grand en vérité étoit son nom, et haut son rang dans le Ciel : son air, pareil à celui de l'étoile du matin qui guide le troupeau étoilé, les séduisit, et ses impostures entraînèrent à sa suite la troisième partie de l'ost du Ciel.

« Cependant l'Œil éternel, dont le regard découvre les plus secrètes pensées, du haut de sa montagne sainte et du milieu des lampes d'or qui brûlent nuitamment devant lui, vit sans leur lumière la rébellion naissante ; il vit en qui elle se formoit, comment elle se répandoit parmi les fils du matin, quelles multitudes se liguoient pour s'opposer à son auguste décret. En souriant, il dit à son Fils unique :

« Fils, en qui je vois ma gloire dans toute sa splendeur, héritier de tout mon pouvoir, une chose maintenant nous touche de près ; il s'agit de notre omnipotence, des armes que nous prétendons employer pour maintenir ce que de toute ancienneté nous prétendons de divinité et d'empire. Un ennemi s'élève avec l'intention d'ériger son trône égal aux nôtres, dans tout le vaste septentrion. Non content de cela, il a en pensée d'éprouver dans une bataille ce qu'est notre force ou notre droit. Songeons-y donc, et, dans ce danger, rassemblons promptement les forces qui nous restent ; servons-nous-en dans notre défense, de crainte de perdre par mégarde notre haute place, notre sanctuaire, notre montagne. »

« Le Fils lui répondit d'un air calme et pur, ineffable, serein et brillant de divinité :

« Père tout-puissant, tu as justement tes ennemis en dérision ; dans ta sécurité tu ris de leurs vains projets, de leurs vains tumultes, sujet de gloire pour moi, qu'illustre leur haine, quand ils verront toute la puissance royale à moi donnée pour dompter leur orgueil et pour leur apprendre par l'événement si je suis habile à réprimer les

Thy rebels, or be found the worst in heaven.
" So spake the Son.
"But Satan, with his powers,
Far was advanced on winged speed: an host
Innumerable as the stars of night,
Or stars of morning, dew-drops, which the sun
Impearls on every leaf and every flower.
Regions they pass'd, the mighty regencies
Of seraphim, and potentates, and thrones,
In their triple degrees; regions, to which
All thy dominion, Adam, is no more
Than what this garden is to all the earth,
And all the sea, from one entire globose
Stretch'd into longitude;
"Which having pass'd,
At length into the limits of the north
They came; and Satan to his royal seat;
High on a hill far blazing, as a mount
Raised on a mount, with pyramids and towers
From diamond quarries hewn and rocks of gold;
The palace of great Lucifer (so call
That structure in the dialect of men
Interpreted), which not long after, he,
Affecting all equality with God,
In imitation of that mount whereon
Messiah was declared in sight of heaven,
The mountain of the Congregation call'd;
For thither he assembled all his train,
Pretending so commanded to consult
About the great reception of their King,
Thither to come; and with calumnious art
Of counterfeited truth thus held their ears:—

"'Thrones, dominations, princedoms, virtues, powers;
If these magnific titles yet remain
Not merely titular, since by decree
Another now hath to himself engross'd
All power, and us eclipsed under the name
Of King anointed, for whom all this haste
Of midnight march, and hurried meeting here,
This only to consult how we may best,
With what may be devised of honours new,
Receive him coming to receive from us
Knee-tribute yet unpaid, prostration vile!
Too much to one! but double how endured,
To one, and to his image now proclaim'd?
But what if better counsels might erect
Our minds, and teach us to cast off this yoke?
Will ye submit your necks, and choose to bend
The supple knee? Ye will not, if I trust
To know ye right, or if ye know yourselves

rebelles, ou si je dois être regardé comme le dernier dans le Ciel. »

« Ainsi parla le Fils.

« Mais Satan avec ses forces étoit déjà avancé dans sa course ailée ; armée innombrable comme les astres de la nuit, ou comme ces gouttes de rosée, étoiles du matin, que le soleil convertit en perles sur chaque feuille et sur chaque fleur. Ils passèrent des régions puissantes régences de séraphins, de potentats et de trônes, dans leurs triples degrés, régions auxquelles ton empire, Adam, n'est pas plus que ce jardin n'est à toute la terre et à toute la mer, au globe entier étendu en longueur.

« Ces régions passées, ils arrivèrent enfin aux limites du nord, et Satan à son royal séjour, placé haut sur une colline, étincelant au loin comme une montagne élevée sur une montagne, avec des pyramides et des tours taillées dans des carrières de diamants et dans des rochers d'or ; palais du grand Lucifer (ainsi cette structure est appelée dans la langue des hommes), que peu de temps après, affectant l'égalité avec Dieu, en imitation de la montagne où le Messie fut proclamé à la vue du Ciel, Satan nomma la *montagne d'Alliance* ; car ce fut là qu'il assembla toute sa suite, prétendant qu'il en avoit reçu l'ordre, pour délibérer sur la grande réception à faire à leur roi, prêt à venir. Avec cet art calomnieux qui contrefait la vérité, il captiva ainsi leurs oreilles :

« Trônes, dominations, principautés, vertus, puissances, si ces titres magnifiques restent encore et ne sont pas purement de vains noms, depuis que par un décret un autre s'est enflé de tout pouvoir et nous a éclipsés par son titre de Roi consacré ! Pour lui nous avons fait en toute hâte cette marche de minuit, nous nous sommes assemblés ici en désordre, uniquement pour délibérer avec quels nouveaux honneurs nous pouvons le mieux recevoir celui qui vient recevoir de nous le tribut du genou, non encore payé, vile prosternation : à un seul, c'étoit déjà trop ; mais le payer double, comment l'endurer ? le payer au premier et à son image maintenant proclamée ! Mais qu'importe, si de meilleurs conseils élèvent nos esprits et nous apprennent à rejeter ce joug ? Voulez-vous tendre le cou ? Préférez-vous fléchir un genou assoupli ? Vous ne le voudrez pas, si je me flatte de vous bien connoître, ou si vous vous connoissez vous-mêmes pour natifs et fils du Ciel que

Natives and sons of heaven, possess'd before
By none; and if not equal all, yet free,
Equally free; for orders and degrees
Jar not with liberty, but well consist.
Who can in reason then, or right, assume
Monarchy over such as live by right
His equals? if in power and splendor less,
In freedom equal: or can introduce
Law and edict on us? who without law
Err not: much less for this to be our Lord,
And look for adoration; to the abuse
Of those imperial titles, which assert
Our being ordain'd to govern, not to serve.'

"Thus far his bold discourse without control
Had audience; when among the seraphim,
Abdiel, than whom none with more zeal adored
The Deity, and divine commands obey'd,
Stood up, and in a flame of zeal severe
The current of his fury thus opposed:—

"'O argument blasphemous, false, and proud!
Words which no ear ever to hear in heaven
Expected, least of all from thee, ingrate,
In place thyself so high above thy peers.
Canst thou with impious obloquy condemn
The just decree of God, pronounced and sworn,
That to his only Son, by right endued
With regal sceptre, every soul in heaven
Shall bend the knee, and in that honour due
Confess him rightful King? unjust, thou say'st,
Flatly unjust, to bind with laws the free,
And equal over equals to let reign,
One over all with unsucceeded power.

"'Shalt thou give law to God? shalt thou dispute
With him the points of liberty, who made
Thee what thou art, and form'd the powers of heaven
Such as he pleased, and circumscribed their being?
Yet, by experience taught, we know how good,
And of our good and of our dignity
How provident he is; how far from thought
To make us less, bent rather to exalt
Our happy state, under one head more near
United. But to grant it thee unjust,
That equal over equals monarch reign:
Thyself, though great and glorious, dost thou count,
Or all angelic nature join'd in one,
Equal to him Begotten Son? by whom,
As by his word, the mighty Father made
All things, ev'n thee; and all the spirits of heaven
By him created in their bright degrees;
Crown'd them with glory, and to their glory named

personne ne posséda avant nous. Si nous ne sommes pas tous égaux, nous sommes tous libres, également libres : car les rangs et les degrés ne jurent pas avec la liberté, mais s'accordent avec elle. Qui donc, en droit ou en raison, peut s'arroger la monarchie parmi ceux qui de droit vivent ses égaux, sinon en pouvoir ou en éclat, du moins en liberté? Qui peut introduire des lois et des édits parmi nous, nous qui même sans lois n'errons jamais? Beaucoup moins celui-ci peut-il être notre maître et prétendre à notre adoration au détriment de ces titres impériaux qui attestent que notre être est fait pour gouverner, non pour servir? »

« Jusque là ce hardi discours avoit été écouté sans contrôle, lorsque, parmi les séraphins, Abdiel (personne avec plus de ferveur n'adoroit Dieu et n'obéissoit aux divins commandements) se leva, et, dans le feu d'un zèle sévère, s'opposa ainsi au torrent de la furie de Satan :

« O argument blasphématoire, faux et orgueilleux ! paroles qu'aucune oreille ne pouvoit s'attendre à écouter dans le Ciel, mais moins encore de toi que de tous les autres, ingrat, élevé si haut toi-même au-dessus de tes pairs. Peux-tu avec une obliquité impie condamner ce juste décret de Dieu, prononcé et juré : que devant son Fils unique, investi par droit du sceptre royal, toute âme dans le ciel ployera le genou, et par cet honneur dû le confessera Roi légitime. Il est injuste, dis-tu, tout net injuste de lier par des lois celui qui est libre et de laisser l'égal régner sur des égaux, un sur tous avec un pouvoir auquel nul autre ne succédera.

« Donneras-tu des lois à Dieu? Prétends-tu discuter des points de liberté avec celui qui t'a fait ce que tu es, qui a formé les puissances du Ciel comme il lui a plu, et qui a circonscrit leur être? Cependant, enseignés par l'expérience, nous savons combien il est bon, combien il est attentif à notre bien et à notre dignité, combien il est loin de sa pensée de nous amoindrir, incliné qu'il est plutôt à exalter notre heureux état, en nous unissant plus étroitement sous un chef. Mais quand on t'accorderoit qu'il est injuste que l'égal règne monarque sur des égaux, toi-même, quoique grand et glorieux, penses-tu que toi ou toutes les natures angéliques réunies en une seule égalent son Fils engendré? Par lui comme par sa parole, le Père tout-puissant a fait toutes choses, même toi et tous les esprits du Ciel, créés par lui dans leurs ordres brillants; il les a couronnés de gloire, et à leur gloire les a

Thrones, dominations, princedoms, virtues, powers,
Essential powers; nor by his reign obscured,
But more illustrious made; since he the head
One of our number thus reduced becomes;
His laws our laws; all honour to him done
Returns our own. Cease then this impious rage,
And tempt not these; but hasten to appease
The incensed Father and the incensed Son,
While pardon may be found in time besought.'

"So spake the fervent angel; but his zeal
None seconded, as out of season judged,
Or singular and rash: whereat rejoiced
The Apostate, and, more haughty, thus replied:—

"'That we were form'd then, say'st thou? and the work
Of secondary hand by task transferr'd
From Father to his Son? strange point and new!
Doctrine which we would know whence learn'd: who saw
When this creation was? Remember'st thou
Thy making, while the Maker gave thee being?
We know no time when we were not as now;
Know none before us; self-begot, self-raised
By our own quickening power, when fatal course
Had circled his full orb, the birth mature
Of this our native heaven, ethereal sons.
Our puissance is our own; our own right hand
Shall teach us highest deeds, by proof to try
Who is our equal: then thou shalt behold
Whether by supplication we intend
Address, and to begirt the almighty throne
Beseeching or besieging. This report,
These tidings carry to the anointed King;
And fly, ere evil intercept thy flight.'

"He said; and, as the sound of waters deep,
Hoarse murmur echoed to his words applause
Through the infinite host; nor less for that
The flaming seraph fearless, though alone,
Encompass'd round with foes, thus answer'd bold:—

"'O alienate from God, O spirit accursed,
Forsaken of all good! I see thy fall
Determined, and thy hapless crew, involved
In this perfidious fraud, contagion spread
Both of thy crime and punishment. Henceforth
No more be troubled how to quit the yoke
Of God's Messiah; those indulgent laws
Will not be now vouchsafed; other decrees
Against thee are gone forth without recall:
That golden sceptre, which thou didst reject,
Is now an iron rod, to bruise and break
Thy disobedience. Well thou didst advise:
Yet not for thy advice or threats I fly

nommés trônes, dominations, principautés, vertus, puissances, essentielles puissances ! non par son règne obscurcies, mais rendues plus illustres, puisque lui, notre chef, ainsi réduit, devient un de nous. Ses lois sont nos lois ; tous les honneurs qu'on lui rend nous reviennent. Cesse donc cette rage impie, et ne tente pas ceux-ci ; hâte-toi d'apaiser le Père irrité et le Fils irrité, tandis que le pardon imploré à temps peut être obtenu. »

« Ainsi parla l'ange fervent ; mais son zèle non secondé fut jugé hors de saison ou singulier et téméraire. L'apostat s'en réjouit et lui répliqua avec plus de hauteur :

« Nous avons donc été formés, dis-tu, et œuvre de seconde main, transférés par tâche du Père à son Fils ? Assertion étrange et nouvelle ! Nous voudrions bien savoir où tu as appris cette doctrine. Qui a vu cette création lorsqu'elle eut lieu ? Te souviens-tu d'avoir été fait, et quand le Créateur te donna l'être ? Nous ne connoissons point de temps où nous n'étions pas comme à présent ; nous ne connoissons personne avant nous : engendrés de nous-mêmes, sortis de nous-mêmes par notre propre force vive, lorsque le cours de la fatalité eut décrit son plein orbite, et que notre naissance fut mûre, nous naquîmes de notre Ciel natal, fils éthérés. Notre puissance est de nous ; notre droite nous enseignera les faits les plus éclatants, pour éprouver celui qui est notre égal. Tu verras alors si nous prétendons nous adresser à lui par supplications, et environner le trône suprême en le suppliant ou en l'assiégeant. Ce rapport, ces nouvelles, porte-les à l'Oint du Seigneur, et fuis avant que quelque malheur n'interrompe ta fuite. »

« Il dit ; et, comme le bruit des eaux profondes, un murmure rauque répondit à ces paroles, applaudies de l'ost innombrable. Le flamboyant séraphin n'en fut pas moins sans crainte quoique seul et entouré d'ennemis ; intrépide il réplique :

« O abandonné de Dieu, ô esprit maudit, dépouillé de tout bien ! je vois ta chute certaine, et ta bande malheureuse, enveloppée dans cette perfidie, est atteinte de la contagion de ton crime et de ton châtiment. Désormais ne t'agite plus pour savoir comment tu secoueras le joug du Messie de Dieu ; ces indulgentes lois ne seront plus désormais invoquées : d'autres décrets sont déjà lancés contre toi sans appel. Ce sceptre d'or que tu repousses est maintenant une verge de fer pour meurtrir et briser ta désobéissance. Tu m'as bien conseillé : je fuis, non toutefois par ton conseil et devant tes menaces ; je fuis ces tentes

These wicked tents devoted; lest the wrath
Impendent, raging into sudden flame,
Distinguish not: for soon expect to feel
His thunder on thy head, devouring fire:
Then who created thee lamenting learn;
When, who can uncreate thee, thou shalt know.'
"So spake the seraph Abdiel, faithful found
Among the faithless, faithful only he;
Among innumerable false, unmoved,
Unshaken, unseduced, unterrified,
His loyalty he kept, his love, his zeal:
Nor number nor example with him wrought
To swerve from truth, or change his constant mind,
Though single. From amidst them forth he pass'd,
Long way through hostile scorn; which he sustain'd
Superior, nor of violence fear'd aught;
And, with retorted scorn, his back he turn'd
On those proud towers to swift destruction doom'd.

END OF BOOK V.

criminelles et réprouvées, dans la crainte que l'imminente colère éclatant dans une flamme soudaine ne fasse aucune distinction. Attends-toi à sentir bientôt sur ta tête son tonnerre, feu qui dévore. Alors tu appendras, en gémissant, à connoître celui qui t'a créé quand tu connoîtras celui qui peut t'anéantir. »

« Ainsi parla le séraphin Abdiel, trouvé fidèle parmi les infidèles, fidèle seul. Chez d'innombrables imposteurs, immuable, inébranlé, non séduit, non terrifié, il garda sa loyauté, son amour et son zèle. Ni le nombre ni l'exemple ne purent le contraindre à s'écarter de la vérité ou à altérer, quoique seul, la constance de son esprit. Il se retira du milieu de cette armée : pendant un long chemin, il passa à travers les dédains ennemis ; il les soutint, supérieur à l'injure, ne craignant rien de la violence : avec un mépris rendu, il tourna le dos à ces orgueilleuses tours, vouées à une prompte destruction. »

FIN DU LIVRE V.

BOOK VI.

THE ARGUMENT.

Raphael continues to relate how Michael and Gabriel were sent forth to battle against Satan and his angels. The first fight described: Satan and his powers retire under night: he calls a council, invents devilish engines, which, in the second day's fight, put Michael and his angels to some disorder; but they at length, pulling up mountains, overwhelmed both the force and machines of Satan: yet, the tumult not so ending, God on the third day sends Messiah his Son, for whom he had reserved the glory of that victory. He, in the power of his Father, coming to the place, and causing all his legions to stand still on either side, with his chariot and thunder driving into the midst of his enemies, pursues them, unable to resist, towards the wall of heaven, which opening, they leap down with horror and confusion into the place of punishment prepared for them in the deep. Messiah returns with triumph to his Father.

"All night the dreadless angel, unpursued,
Through heaven's wide champain held his way; till Morn,
Waked by the circling hours, with rosy hand
Unbarr'd the gates of light. There is a cave
Within the mount of God, fast by his throne,
Where light and darkness in perpetual round
Lodge and dislodge by turns, which makes through heaven
Grateful vicissitude, like day and night;
Light issues forth, and at the other door
Obsequious darkness enters, till her hour
To veil the heaven, though darkness there might well
Seem twilight here :

"And now went forth the Morn,
Such as in highest heaven, array'd in gold
Empyreal : from before her vanish'd Night,
Shot through with orient beams; when all the plain,
Cover'd with thick embattled squadrons bright,
Chariots, and flaming arms, and fiery steeds,

LIVRE VI.

ARGUMENT.

Raphael continue à raconter comment Michel et Gabriel furent envoyés pour combattre contre Satan et ses anges. La première bataille décrite. Satan, avec ses puissances, se retire pendant la nuit : il convoque un conseil, invente des machines diaboliques, qui, au second jour de la bataille, mirent en désordre Michel et ses anges. Mais à la fin, arrachant les montagnes, ils ensevelirent les forces et les machines de Satan. Cependant, le tumulte ne cessant pas, Dieu, le troisième jour, envoya son fils le Messie, auquel il avoit réservé la gloire de cette victoire. Le Fils, dans la puissance de son Père, venant au lieu du combat, ordonnant à toutes ses légions de rester tranquilles des deux côtés, se précipitant avec son char et son tonnerre au milieu des ennemis, les poursuit, incapables qu'ils étoient de résister, vers la muraille du Ciel. Le Ciel s'ouvrant, ils tombent en bas avec horreur et confusion, au lieu du châtiment préparé pour eux dans l'abîme. Le Messie retourne triomphant à son père.

« Toute la nuit l'ange intrépide, non poursuivi, continua sa route à travers la vaste plaine du Ciel, jusqu'à ce que le matin, éveillé par les heures qui marchent en cercle, ouvrit avec sa main de rose les portes de la lumière. Il est sous le mont de Dieu et tout près de son trône une grotte qu'habitent et déshabitent tour à tour la lumière et les ténèbres, en perpétuelle succession, ce qui produit dans le Ciel une agréable vicissitude, pareille au jour et à la nuit. La lumière sort, et par l'autre porte entrent les ténèbres obéissantes attendant l'heure de voiler les Cieux, bien que là les ténèbres ressemblent au crépuscule ici.

« Maintenant l'aurore se levoit, telle qu'elle est dans le plus haut Ciel, vêtue de l'or de l'empyrée; devant elle s'évanouissoit la nuit, percée des rayons de l'Orient : soudain toute la campagne, couverte d'épais et brillants escadrons rangés en bataille, de chariots, d'armes

Reflecting blaze on blaze, first met his view :
War he perceived, war in procinct; and found
Already known what he for news had thought
To have reported gladly then he mix'd
Among those friendly powers, who him received
With joy and acclamations loud, that one,
That of so many myriads fallen, yet one
Return'd not lost. On to the sacred hill
They led him high applauded, and present
Before the seat supreme; from whence a voice,
From midst a golden cloud, thus mild was heard : —

' Servant of God, well done; well hast thou fought
The better fight, who single hast maintain'd
Against revolted multitudes the cause
Of truth, in word mightier than they in arms;
And for the testimony of truth hast borne
Universal reproach, far worse to bear
Than violence; for this was all thy care,
To stand approved in sight of God, though worlds
Judged thee perverse : the easier conquest now
Remains thee, aided by this host of friends,
Back on thy foes more glorious to return,
Than scorn'd thou didst depart; and to subdue
By force, who reason for their law refuse;
Right reason for their law, and for their King
Messiah, who by right of merit reigns.
Go, Michael, of celestial armies prince;
And thou, in military prowess next,
Gabriel, lead forth to battle these my sons
Invincible; lead forth my armed saints,
By thousands and by millions, ranged for fight;
Equal in number to that godless crew
Rebellious : them with fire and hostile arms
Fearless assault; and, to the brow of heaven
Pursuing, drive them out from God and bliss,
Into their place of punishment, the gulf
Of Tartarus, which ready opens wide
His fiery chaos to receive their fall.'

' So spake the sovereign voice, and clouds began
To darken all the hill, and smoke to roll
In dusky wreaths, reluctant flames, the sign
Of wrath awaked; nor with less dread the loud
Ethereal trumpet from on high 'gan blow :
At which command the powers militant,
That stood for heaven, in mighty quadrate join'd
Of union irresistible, moved on
In silence their bright legions, to the sound
Of instrumental harmony, that breathed
Heroic ardour to adventurous deeds
Under their godlike leaders, in the cause

flamboyantes, de chevaux de feu, réfléchissant éclair sur éclair, frappe la vue d'Abdiel ; il aperçut la guerre, la guerre dans son appareil, et il trouva déjà connue la nouvelle qu'il croyoit apporter. Il se mêla plein de joie à ces puissances amies, qui le reçurent avec allégresse et avec d'immenses acclamations, le seul qui de tant de myriades perdues, le seul qui revenoit sauvé. Elles le conduisent hautement applaudi à la montagne sacrée, et le présentent au trône suprême. Une voix du milieu d'un nuage d'or fut doucement entendue :

« Serviteur de Dieu, tu as bien fait ; tu as bien combattu dans le meilleur combat, toi qui seul as soutenu contre des multitudes révoltées la cause de la vérité, plus puissant en paroles qu'elles ne le sont en armes. Et pour rendre témoignage à la vérité tu as bravé le reproche universel, pire à supporter que la violence ; car ton unique soin étoit de demeurer approuvé du regard de Dieu, quoique des mondes te jugeassent pervers. Un triomphe plus facile maintenant te reste, aidé d'une armée d'amis : c'est de retourner chez tes ennemis plus glorieux que tu n'en fus méprisé quand tu les quittas, de soumettre par la force ceux qui refusent la raison pour leur loi, la droite raison pour leur loi, et pour leur roi le Messie, régnant par droit de mérite.

« Va, Michel, prince des armées célestes, et toi immédiatement après lui en achèvements militaires, Gabriel : conduisez au combat ceux-ci, mes invincibles enfants ; conduisez mes saints armés, rangés par milliers et millions pour la bataille, égaux en nombre à cette foule rebelle et sans Dieu. Assaillez-les sans crainte avec le feu et les armes hostiles ; en les poursuivant jusqu'aux bord du Ciel, chassez-les de Dieu et du bonheur vers le lieu de leur châtiment, le gouffre du Tartare, qui déjà ouvre large son brûlant chaos pour recevoir leur chute. »

« Ainsi parla la voix souveraine, et les nuages commencèrent à obscurcir toute la montagne, et la fumée à rouler en noirs torses, en flammes retenues, signal du réveil de la colère. Avec non moins de terreur, l'éclatante trompette éthérée commence à souffler d'en haut ; à ce commandement les puissances militantes qui tenoient pour le Ciel (formées en puissant carré dans une union irrésistible) avancèrent en silence leurs brillantes légions, au son de l'instrumentale harmonie qui inspire l'héroïque ardeur des actions aventureuses, sous

Of God and his Messiah. On they move
Indissolubly firm; nor obvious hill,
Nor straitening vale, nor wood, nor stream, divides
Their perfect ranks; for high above the ground
Their march was, and the passive air upbore
Their nimble tread : as when the total kind
Of birds, in orderly array on wing,
Came summon'd over Eden to receive
Their names of thee; so over many a tract
Of heaven they march'd, and many a province wide,
Tenfold the length of this terrene.

       " At last,
Far in the horizon to the north appear'd
From skirt to skirt a fiery region, stretch'd
In battailous aspect, and nearer view
Bristled with upright beams innumerable
Of rigid spears, and helmets throng'd, and shields
Various, with boastful argument portray'd,
The banded powers of Satan hasting on
With furious expedition; for they ween'd
That self-same day, by fight or by surprise,
To win the mount of God, and on his throne
To set the envier of his state, the proud
Aspirer : but their thoughts proved fond and vain
In the mid way. Though strange to us it seem'd
At first, that angel should with angel war,
And in fierce hosting meet, who wont to meet
So oft in festivals of joy and love
Unanimous, as sons of one great Sire,
Hymning the Eternal Father : but the shout
Of battle now began, and rushing sound
Of onset ended soon each milder thought.

" High in the midst, exalted as a god,
The apostate in his sun-bright chariot sat.
Idol of majesty divine, enclosed
With flaming cherubim and golden shields;
Then lighted from his gorgeous throne, for now
Twixt host and host but narrow space was left,
A dreadful interval; and front to front
Presented stood in terrible array
Of hideous length. Before the cloudy van,
On the rough edge of battle ere it join'd,
Satan, with vast and haughty strides advanced,
Came towering, arm'd in adamant and gold.
Abdiel that sight endured not, where he stood
Among the mightiest, bent on highest deeds;
And thus his own undaunted heart explores : —

" ' O heaven! that such resemblance of the Highest
Should yet remain, where faith and realty
Remain not : wherefore should not strength and might

des chefs immortels, pour la cause de Dieu et de son Messie. Elles avancent fermes, sans se rompre : ni haute colline, ni vallée rétrécie, ni bois, ni ruisseau, ne divisent leurs rangs parfaits ; car elles marchent élevées au-dessus du sol, et l'air obéissant soutient leur pas agile : comme l'espèce entière des oiseaux rangés en ordre sur leur aile furent appelés dans Éden, pour recevoir leurs noms de toi, ô Adam ! Ainsi les légions parcoururent maints espaces dans le Ciel, maintes provinces dix fois grandes comme la longueur de la Terre.

« Enfin, loin à l'horizon du nord se montra, d'une extrémité à l'autre, une région de feu, étendue sous la forme d'une armée. Bientôt, en approchant, apparurent les puissances liguées de Satan, hérissées des rayons innombrables des lances droites et inflexibles : partout casques pressés, boucliers variés peints d'insolents emblèmes : ces troupes se hâtoient avec une précipitation furieuse ; car elles se flattoient d'emporter ce jour-là même, par combat ou surprise, le mont de Dieu, et d'asseoir sur son trône le superbe aspirant, envieux de son empire : mais, au milieu du chemin, leurs pensées furent reconnues folles et vaines. Il nous sembla d'abord extraordinaire que l'ange fît la guerre à l'ange, qu'ils se rencontrassent dans une furieuse hostilité, ceux-là accoutumés à se rencontrer si souvent unis aux fêtes de la joie et de l'amour, comme fils d'un seul maître, et chantant l'éternel Père ; mais le cri de la bataille s'éleva, et le bruit rugissant de la charge mit fin à toute pensée plus douce.

« Au milieu des siens, l'apostat, élevé comme un Dieu, étoit assis sur son char de soleil, idole d'une majesté divine, entouré de chérubins flamboyants et de boucliers d'or. Bientôt il descendit de ce trône pompeux ; car il ne restoit déjà plus entre les deux armées qu'un espace étroit (intervalle effrayant !), et front contre front elles présentoient arrêtées une terrible ligne d'une affreuse longueur. A la sombre avant-garde, sur le rude bord des bataillons, avant qu'ils se joignissent, Satan à pas immenses et superbes, couvert d'une armure d'or et de diamant, s'avançoit comme une tour. Abdiel ne put supporter cette vue ; il se tenoit parmi les plus braves, et se préparoit aux plus grands exploits ; il sonde ainsi son cœur résolu :

« — O Ciel ! une telle ressemblance avec le Très-Haut peut-elle rester où la foi et la réalité ne restent plus ? Pourquoi la puissance ne

I see that most through sloth had rather serve,
Ministering spirits, train'd up in feast and song:
Such hast thou arm'd, the minstrelsy of heaven,
Servility with freedom to contend,
As both their deeds compared this day shall prove.

" To whom in brief thus Abdiel stern replied : —

" ' Apostate, still thou err'st, nor end wilt find
Of erring, from the path of truth remote :
Unjustly thou depravest it with the name
Of servitude, to serve whom God ordains,
Or Nature : God and Nature bid the same,
When he who rules is worthiest, and excels
Them whom he governs. This is servitude,
To serve the unwise, or him who hath rebell'd
Against his worthier, as thine now serve thee,
Thyself not free, but to thyself enthrall'd ;
Yet lewdly darest our ministering upbraid.
Reign thou in hell, thy kingdom; let me serve
In heaven God ever bless'd, and his divine
Behests obey, worthiest to be obey'd :
Yet chains in hell, not realms, expect: meanwhile
From me return'd, as erst thou saidst, from flight,
This greeting on thy impious crest receive.'

" So saying, a noble stroke he lifted high,
Which hung not, but so swift with tempest fell
On the proud crest of Satan, that no sight,
Nor motion of swift thought, less could his shield
Such ruin intercept : ten paces huge
He back recoil'd; the tenth on bended knee
His massy spear upstay'd : as if on earth,
Winds under ground, or waters forcing way,
Sidelong had push'd a mountain from his seat,
Half sunk with all his pines. Amazement seized
The rebel thrones, but greater rage, to see
Thus foil'd their mightiest; ours joy fill'd, and shout,
Presage of victory, and fierce desire
Of battle : whereat Michael bid sound
The archangel trumpet; through the vast of heaven,
It sounded, and the faithful armies rung
Hosanna to the Highest : nor stood at gaze
The adverse legions, nor less hideous join'd
The horrid shock.   Now storming fury rose,
And clamor such as heard in heaven till now
Was never; arms on armour clashing bray'd
Horrible discord, and the madding wheels
Of brazen chariots raged : dire was the noise
Of conflict; over head the dismal hiss
Of fiery darts in flaming volleys flew,
And flying vaulted either host with fire.

défaille-t-elle pas là où la vertu a failli, ou pourquoi le plus présomptueux n'est-il pas le plus foible ? Quoique à le voir Satan semble invincible, me confiant au secours du Tout-Puissant, je prétends éprouver la force de celui dont j'ai déjà éprouvé la raison fausse et corrompue : n'est-il pas juste que celui qui l'a emporté dans la lutte de la vérité l'emporte dans les armes, vainqueur pareillement dans les deux combats ? Si le combat est brutal et honteux quand la raison se mesure avec la force, encore il est d'autant plus juste que la raison triomphe. »

« Ainsi réfléchissant, il sort à l'opposite du milieu de ses pairs armés ; il rencontre à mi-voie son audacieux ennemi, qui, se voyant prévenu, en devient plus furieux ; il le défie ainsi avec assurance :

« Superbe, vient-on au devant de toi ? Ton espérance étoit d'atteindre inopposé la hauteur où tu aspires, d'atteindre le trône de Dieu non gardé et son côté abandonné par la terreur de ton pouvoir ou de ta langue puissante. Insensé ! tu ne songeois pas combien il est vain de se lever en armes contre le Tout-Puissant, contre celui qui des plus petites choses auroit pu lever sans fin d'incessantes armées pour écraser ta folie, ou de sa main solitaire, atteignant au delà de toute limite, il pourroit d'un seul coup, sans assistance, te finir et ensevelir tes légions sous les ténèbres. Mais t'en aperçois-tu ? Tous ne sont pas à ta suite ; il en est qui préfèrent la foi et la piété envers Dieu, bien qu'ils te fussent invisibles alors qu'à ton monde je semblois être dans l'erreur, en différant seul de l'avis de tous. Tu la vois ma secte maintenant : apprends trop tard que quelques-uns peuvent savoir quand des milliers se trompent. »

« Le grand ennemi, le regardant de travers d'un œil de dédain :

« A la male heure pour toi, mais à l'heure désirée de ma vengeance, toi que je cherchois le premier, tu reviens de ta fuite, ange séditieux, pour recevoir ta récompense méritée, pour faire le premier essai de ma droite provoquée, puisque ta langue, inspirée de la contradiction, osa la première s'opposer à la troisième partie des dieux réunis en synode, pour assurer leurs divinités. Ceux qui sentent en eux une vigueur divine ne peuvent accorder l'omnipotence à personne. Mais tu te portes en avant de tes compagnons, ambitieux que tu es de m'enlever quelques plumes, pour que ton succès puisse annoncer la destruction du reste : je m'arrête un moment, de peur que tu ne te vantes qu'on n'ait pu te répondre ; je veux t'apprendre ceci : je crus d'abord que liberté et Ciel ne faisoient qu'un pour les âmes célestes ;

There fail where virtue fails? or weakest prove
Where boldest, though to sight unconquerable?
His puissance, trusting in the Almighty's aid,
I mean to try, whose reason I have tried
Unsound and false : nor is it aught but just,
That he, who in debate of truth hath won,
Should win in arms, in both disputes alike
Victor; though brutish that contest and foul,
When reason hath to deal with force; yet so
Most reason is that reason overcome.'

" So pondering, and, from his armed peers
Forth stepping opposite, half-way he met
His daring foe, at this prevention more
Incensed, and thus securely him defied : —

" Proud, art thou met? thy hope was to have reach'd
The height of thy aspiring unopposed :
The throne of God unguarded, and his side
Abandon'd, at the terror of thy power
Or potent tongue : fool! not to think how vain
Against the Omnipotent to rise in arms;
Who out of smallest things could, without end,
Have raised incessant armies to defeat
Thy folly; or with solitary hand
Reaching beyond all limit, at one blow,
Unaided, could have finish'd thee, and whelm'd
Thy legions under darkness : but thou seest
All are not of thy train; there be, who faith
Prefer, and piety to God, though then
To thee not visible, when I alone
Seem'd in thy world erroneous to dissent
From all : my sect thou seest; now learn too late
How few sometimes may know, when thousands err.

" Whom the grand foe, with scornful eye askance,
Thus answer'd : —

" ' Ill for thee, but in wish'd hour
Of my revenge first sought for, thou return'st
From flight, seditious angel! to receive
Thy merited reward, the first assay
Of this right hand provoked, since first that tongue,
Inspired with contradiction, durst oppose
A third part of the gods, in synod met
Their deities to assert; who, while they feel
Vigour divine within them, can allow
Omnipotence to none. But well thou comest
Before thy fellows, ambitious to win
From me some plume, that thy success may show
Destruction to the rest : this pause between,
(Unanswer'd lest thou boast) to let thee know, —
At first I thought that liberty and heaven
To heavenly souls had been all one; but now

mais je vois à présent que plusieurs, par bassesse, préfèrent servir ; esprits domestiques, traînés dans les fêtes et les chansons ! Tels sont ceux que tu as armés, les ménétriers du Ciel, l'esclavage pour combattre la liberté : ce que sont leurs actions comparées, ce jour le prouvera. »

« Le sévère Abdiel répond brièvement :

« Apostat, tu te trompes encore : éloigné de la voie de la vérité, tu ne cesseras plus d'errer. Injustement tu flétris du nom de servitude l'obéissance que Dieu ou la nature ordonne. Dieu et la nature commandent la même chose, lorsque celui qui gouverne est le plus digne, et qu'il excelle sur ceux qu'il gouverne. La servitude est de servir l'insensé ou celui qui s'est révolté contre un plus digne que lui, comme les tiens te servent à présent, toi non libre, mais esclave de toi-même. Et tu oses effrontément insulter à notre devoir ! Règne dans l'Enfer, ton royaume ; laisse-moi servir dans le Ciel Dieu à jamais béni, obéir à son divin commandement, qui mérite le plus d'être obéi ; toutefois, attends dans l'Enfer, non des royaumes, mais des chaînes. Cependant, revenu de ma fuite, comme tu le disois tout à l'heure, reçois ce salut sur ta crête impie. »

« A ces mots, il lève un noble coup, qui ne resta pas suspendu, mais tomba comme la tempête sur la crête orgueilleuse de Satan : ni la vue, ni le mouvement de la rapide pensée, moins encore le bouclier, ne purent prévenir la ruine. Dix pas énormes il recule ; au dixième, sur son genou fléchi, il est soutenu par sa lance massive, comme si, sur la terre, des vents sous le sol, ou des eaux forçant leur passage, eussent poussé obliquement hors de sa place une montagne, à moitié abîmée avec tous ses pins. L'étonnement saisit les trônes rebelles, mais une rage plus grande encore, quand ils virent ainsi abattu le plus puissant d'entre eux. Les nôtres, remplis de joie et de l'ardent désir de combattre, poussèrent un cri, présage de la victoire. Michel ordonne de sonner l'archangélique trompette ; elle retentit dans le vaste du Ciel, et les armées fidèles chantent Hosanna au Très-Haut. De leur côté, les légions adverses ne restèrent pas à nous contempler ; non moins terribles, elles se joignirent dans l'horrible choc.

Alors s'élevèrent une orageuse furie et des clameurs telles qu'on n'en avait jamais jusqu'alors entendu dans le Ciel. Les armes, heurtant l'armure, crient en horrible désaccord ; les roues furieuses des chariots d'airain rugissent avec rage : terrible est le bruit de la bataille ! Sur nos têtes les sifflements aigus des dards embrasés volent en flamboyantes volées, et en volant voûtent de feu les deux osts. Sous cette

So under fiery cope together rush'd
Both battles main, with ruinous assault
And inextinguishable rage. All heaven
Resounded; and had earth been then, all earth
Had to her centre shook. What wonder? when
Millions of fierce encountering angels fought
On either side, the least of whom could wield
These elements, and arm him with the force
Of all their regions : how much more of power
Army against army numberless to raise
Dreadful combustion warring; and disturb,
Though not destroy, their happy native seat :
Had not the eternal King omnipotent,
From his strong hold of heaven, high overruled
And limited their might; though number'd such
As each divided legion might have seem'd
A numerous host; in strength each armed hand
A legion; led in fight, yet leader seem'd
Each warrior, single as in chief ; expert
When to advance, or stand, or turn the sway
Of battle, open when, and when to close
The ridges of grim war : no thought of flight,
None of retreat, no unbecoming deed
That argued fear; each on himself relied,
As only in his arm the moment lay
Of victory.

" Deeds of eternal fame
Were done, but infinite; for wide was spread
That war and various; sometimes on firm ground
A standing fight; then, soaring on main wing,
Tormented all the air; all air seem'd then
Conflicting fire. Long time in even scale
The battle hung; till Satan, who that day
Prodigious power had shown, and met in arms
No equal, ranging through the dire attack
Of fighting seraphim confused, at length
Saw where the sword of Michael smote, and fell'd
Squadrons at once.

" With huge-handed sway
Brandish'd aloft, the horrid edge came down
Wide-wasting : such destruction to withstand
He hasted, and opposed the rocky orb
Of tenfold adamant, his ample shield,
A vast circumference. At his approach,
The great archangel from his warlike toil
Surceased; and glad, as hoping here to end
Intestine war in heaven, the arch-foe subdued
Or captive dragg'd in chains, with hostile frown
And visage all inflamed, first thus began : —

" ' Author of evil, unknown till thy revolt,

coupole ardente se précipitoient au combat les corps d'armée, dans un assaut funeste et une fureur inextinguible ; tout le Ciel retentissoit : si la terre eût été alors, toute la terre eût tremblé jusqu'à son centre. Faut-il s'en étonner, quand de l'un et de l'autre côté, fiers adversaires, combattoient des millions d'anges, dont le plus foible pourroit manier les éléments et s'armer de la force de toutes leurs régions ? Combien donc deux armées combattant l'une contre l'autre avoient-elles plus de pouvoir pour allumer l'épouvantable combustion de la guerre, pour bouleverser, sinon pour détruire leur fortuné séjour natal, si le Roi tout-puissant et éternel, tenant le Ciel d'une main ferme, n'eût dominé et limité leur force. En nombre, chaque légion ressembloit à une nombreuse armée ; en force, chaque main armée valoit une légion. Conduit au combat, chaque soldat paroissoit un chef, chaque chef un soldat ; ils savoient quand avancer ou s'arrêter, quand détourner le fort de la bataille, quand ouvrir et quand fermer les rangs de la hideuse guerre. Ni pensée de fuite, ni pensée de retraite, ni action malséante qui marquât la peur : chacun comptoit sur soi, comme si de son bras seul dépendoit le moment de la victoire.

« Des faits d'une éternelle renommée furent accomplis, mais sans nombre ; car immense et variée se déployoit cette guerre : tantôt combat maintenu sur un terrain solide, tantôt prenant l'essor sur une aile puissante, et tourmentant tout l'air ; alors tout l'air sembloit un feu militant. La bataille en balance égale fut longtemps suspendue, jusqu'à ce que Satan, qui ce jour-là avoit montré une force prodigieuse et ne rencontroit point d'égal dans les armes, jusqu'à ce que Satan, courant de rang en rang à travers l'affreuse mêlée des séraphins en désordre, vit enfin le lieu où l'épée de Michel fauchoit et abattoit des escadrons entiers.

« Michel tenoit à deux mains, avec une force énorme, cette épée qu'il brandissoit en l'air : l'horrible tranchant tomboit, dévastant au large. Pour arrêter une telle destruction, Satan se hâte, et oppose au fer de Michel l'orbe impénétrable de dix feuilles de diamant, son ample bouclier, vaste circonférence. A son approche, le grand archange sursit à son travail guerrier ; ravi, dans l'espoir de terminer ici la guerre intestine du Ciel (le grand ennemi étant vaincu ou traîné captif dans les chaînes), il fronce un sourcil redoutable, et le visage enflammé, il parle ainsi le premier :

« Auteur du mal, inconnu et sans nom dans le Ciel jusqu'à ta

Unnamed in heaven; now plenteous as thou seest
These acts of hateful strife, hateful to all,
Though heaviest by just measure on thyself
And thy adherents: how hast thou disturb'd
Heaven's blessed peace, and into nature brought
Misery, uncreated till the crime
Of thy rebellion! how hast thou instill'd
Thy malice into thousands, once upright
And faithful, now proved false! But think not here
To trouble holy rest; heaven casts thee out
From all her confines: heaven, the seat of bliss,
Brooks not the works of violence and war.
Hence then, and evil go with thee along,
Thy offspring, to the place of evil, hell;
Thou and thy wicked crew! there mingle broils,
Ere this avenging sword begin thy doom;
Or some more sudden vengeance, wing'd from God,
Precipitate thee with augmented pain.'

"So spake the prince of angels; to whom thus
The adversary:—

"'Nor think thou with wind
Of airy threats to awe whom yet with deeds
Thou canst not. Hast thou turn'd the least of these
To flight? or if to fall, but that they rise
Unvanquish'd, easier to transact with me
That thou shouldst hope, imperious, and with threats
To chase me hence? err not, that so shall end
The strife which thou call'st evil, but we style
The strife of glory; which we mean to win,
Or turn this heaven itself into the hell
Thou fablest; here however to dwell free,
If not to reign: meanwhile thy utmost force,
And join him named Almighty to thy aid,
I fly not; but have sought thee far and nigh.'

"They ended parle, and both address'd for fight
Unspeakable; for who, though with the tongue
Of angels, can relate, or to what things
Liken on earth conspicuous, that may lift
Human imagination to such height
Of godlike power? for likest gods they seem'd,
Stood they or moved, in stature, motion, arms,
Fit to decide the empire of great heaven.
Now waved their fiery swords, and in the air
Made horrid circles; two broad suns their shields
Blazed opposite, while expectation stood
In horror: from each hand with speed retired,
Where erst was thickest fight, the angelic throng,
And left large field, unsafe within the wind
Of such commotion;

"Such as, to set forth

révolte, aujourd'hui abondant comme tu le vois à ces actes d'une lutte odieuse, odieuse à tous, quoique par une juste mesure elle pèse le plus sur toi et sur tes adhérents, comment as-tu troublé l'heureuse paix du Ciel et apporté dans la nature la misère, incréée avant le crime de ta rébellion! combien as-tu empoisonné de ta malice des milliers d'anges, jadis droits et fidèles, maintenant devenus traîtres! Mais ne crois pas bannir d'ici le saint repos; le Ciel te rejette de toutes ses limites; le Ciel, séjour de la félicité, n'endure point les œuvres de la violence et de la guerre. Hors d'ici donc! Que le mal, ton fils, aille avec toi au séjour du mal, l'Enfer, avec toi et ta bande perverse! Là fomente des troubles; mais n'attends pas que cette épée vengeresse commence ta sentence, ou que quelque vengeance plus soudaine à qui Dieu donnera des ailes te précipite avec des douleurs redoublées. »

« Ainsi parle le prince des anges. Son adversaire réplique :

« Ne pense pas par le vent de tes menaces imposer à celui à qui tu ne peux imposer par tes actions. Du moindre de ceux-ci as-tu causé la fuite? ou si tu les forças à la chute, ne se sont-ils pas relevés invaincus? Espérerois-tu réussir plus aisément avec moi, arrogant, et avec tes menaces me chasser d'ici? Ne t'y trompe pas : il ne finira pas ainsi le combat que tu appelles mal, mais que nous appelons combat de gloire. Nous prétendons le gagner, ou transformer ce Ciel dans l'Enfer, dont tu dis des fables. Ici du moins nous habiterons libres, si nous ne régnons. Toutefois je ne fuirois pas ta plus grande force, quand celui qu'on nomme le Tout-Puissant viendroit à ton aide : de près comme de loin je t'ai cherché. »

« Ils cessèrent de parler, et tous deux se préparèrent à un combat inexprimable : qui pourroit le raconter, même avec la langue des anges? à quelles choses pourroit-on le comparer sur la terre, qui fussent assez remarquables pour élever l'imagination humaine à la hauteur d'un pouvoir semblable à celui d'un Dieu? Car ces deux chefs, soit qu'ils marchassent ou demeurassent immobiles, ressembloient à des dieux par la taille, le mouvement, les armes, faits qu'ils étoient pour décider de l'empire du grand Ciel. Maintenant leurs flamboyantes épées ondoyent et décrivent dans l'air des cercles affreux; leurs boucliers, deux larges soleils, resplendissent opposés, tandis que l'attente reste dans l'horreur. De chaque côté la foule des anges se retira précipitamment du lieu où la mêlée étoit auparavant le plus épaisse, et laissa un vaste champ où il n'y avoit pas sûreté dans le vent d'une pareille commotion.

« Telles, pour faire comprendre les grandes choses par les petites,

Great things by small, if, nature's concord broke,
Among the constellations war were sprung,
Two planets, rushing from aspect malign
Of fiercest opposition, in mid sky
Should combat, and their jarring spheres confound.

"Together both, with next to almighty arm
Uplifted imminent one stroke they aim'd
That might determine, and not need repeat,
As not of power, at once; nor odds appear'd
In might or swift prevention: but the sword
Of Michael from the armoury of God
Was given him temper'd so, that neither keen
Nor solid might resist that edge: it met
The sword of Satan, with steep force to smite
Descending, and in half cut sheer; nor stay'd,
But with swift wheel reverse, deep entering, shared
All his right side.

"Then Satan first knew pain,
And writhed him to and fro convolved; so sore
The griding sword with discontinuous wound
Pass'd through him: but the ethereal substance closed,
Not long divisible; and from the gash
A stream of nectarous humour issuing flow'd
Sanguine, such as celestial spirits may bleed,
And all his armour stain'd, erewhile so bright.
Forthwith on all sides to his aid was run
By angels many and strong, who interposed
Defence; while others bore him on their shields
Back to his chariot, where it stood retired
From off the files of war: there they him laid
Gnashing for anguish, and despite, and shame,
To find himself not matchless, and his pride
Humbled by such rebuke: so far beneath
His confidence to equal God in power.

"Yet soon he heal'd; for spirits that live throughout
Vital in every part, not as frail man
In entrails, heart or head, liver or reins,
Cannot but by annihilating die;
Nor in their liquid texture mortal wound
Receive, no more than can the fluid air:
All heart they live, all head, all eye, all ear,
All intellect, all sense; and, as they please,
They limb themselves, and colour, shape, or size
Assume, as likes them best, condense or rare.

"Meanwhile in other parts like deeds deserved
Memorial, where the might of Gabriel fought,
And with fierce ensigns pierced the deep array
Of Moloch, furious king; who him defied,
And at his chariot-wheels to drag him bound
Threaten'd, nor from the Holy One of heaven

si la concorde de la nature se rompoit, si parmi les constellations la guerre étoit déclarée, telles deux planètes, précipitées sous l'influence maligne de l'opposition la plus violente, combattroient au milieu du firmament et confondroient leurs sphères ennemies.

« Les deux chefs lèvent ensemble leurs menaçants bras, qui approchent en pouvoir de celui du Tout-Puissant ; ils ajustent un coup capable de tout terminer, et qui, n'ayant pas besoin d'être répété, ne laisse pas le pouvoir indécis. En vigueur ou en agilité, ils ne paroissent pas inégaux ; mais l'épée de Michel, tirée de l'arsenal de Dieu, lui avoit été donnée trempée, de sorte que nulle autre par la pointe ou la lame ne pouvoit résister à ce tranchant. Elle rencontre l'épée de Satan, et, descendant pour frapper avec une force précipitée, la coupe net par la moitié ; elle ne s'arrête pas, mais d'un rapide revers, entrant profondément, elle fend tout le côté droit de l'archange.

« Alors pour la première fois Satan connut la douleur et se tordit çà et là convulsé ; tant la tranchante épée, dans une blessure continue, passa cruelle à travers lui ! Mais la substance éthérée, non longtemps divisible, se réunit : un ruisseau de nectar sortit de la blessure, se répandit couleur de sang (de ce sang tel que les esprits célestes peuvent en répandre), et souilla son armure, jusqu'alors si brillante. Aussitôt à son aide accoururent de tous côtés un grand nombre d'anges vigoureux qui interposèrent leur défense, tandis que d'autres l'emportent sur leurs boucliers à son char, où il demeura retiré loin des rangs de la guerre. Là ils le déposèrent grinçant les dents de douleur, de dépit et de honte, de trouver qu'il n'étoit pas sans égal : son orgueil étoit humilié d'un pareil échec, si fort au-dessous de sa prétention d'égaler Dieu en pouvoir.

« Toutefois il guérit vite ; car les esprits qui vivent en totalité, vivant entiers dans chaque partie (non, comme l'homme frêle, dans les entrailles, le cœur ou la tête, le foie ou les reins), ne sauroient mourir que par l'anéantissement : ils ne peuvent recevoir de blessure mortelle dans leur tissu liquide, pas plus que n'en peut recevoir l'air fluide ; ils vivent tout cœur, toute tête, tout œil, tout oreille, tout intellect, tout sens ; ils se donnent à leur gré des membres, et ils prennent la couleur, la forme et la grosseur qu'ils aiment le mieux, dense ou rare.

« Cependant des faits semblables, et qui méritoient d'être remémorés, se passoient ailleurs, là où la puissance de Gabriel combattoit : avec de fières enseignes, il perçoit les bataillons profonds de Moloch, roi furieux, qui le défioit et qui menaçoit de le traîner attaché aux roues de son char ; la langue blasphématrice de cet ange n'épargnoit

Refrain'd his tongue blasphemous; but anon,
Down cloven to the waist, with shatter'd arms
And uncouth pain fled bellowing.

                             " On each wing,
Uriel, and Raphael, his vaunting foe,
Though huge, and in a rock of diamond arm'd,
Vanquish'd Adramelech and Asmodai,
Two potent thrones, that to be less than gods
Disdain'd, but meaner thoughts learn'd in their flight,
Mangled with ghastly wounds through plate and mail.
Nor stood unmindful Abdiel to annoy
The atheist crew, but with redoubled blow
Ariel, and Arioc, and the violence
Of Ramiel scorch'd and blasted, overthrew.

  " I might relate of thousands, and their names
Eternize here on earth; but those elect
Angels, contented with their fame in heaven,
Seek not the praise of men : the other sort,
In might though wondrous and in acts of war,
Nor of renown less eager, yet by doom
Cancel'd from heaven and sacred memory,
Nameless in dark oblivion let them dwell :
For strength from truth divided and from just,
Illaudable, naught merits but dispraise
And ignominy; yet to glory aspires
Vain-glorious, and through infamy seeks fame :
Therefore eternal silence be their doom.

  "And now, their mightiest quell'd, the battle swerved,
With many an inroad gored; deformed rout
Enter'd, and foul disorder; all the ground
With shiver'd armour strown, and on a heap
Chariot and charioteer lay overturn'd,
And fiery foaming steeds; what stood, recoil'd
O'erwearied, through the faint Satanic host,
Defensive scarce; or with pale fear surprised,
Then first with fear surprised, and sense of pain,
Fled ignominious, to such evil brought
By sin of disobedience; till that hour
Not liable to fear, or flight, or pain.

  " Far otherwise the inviolable saints,
In cubic phalanx firm, advanced entire,
Invulnerable, impenetrably arm'd;
Such high advantages their innocence
Gave them above their foes; not to have sinn'd,
Not to have disobey'd; in fight they stood
Unwearied, unobnoxious to be pain'd
By wound, though from their place by violence moved.

  " Now Night her course began, and, over heaven
Inducing darkness, grateful truce imposed,
And silence on the odious din of war :

pas même l'unité sacrée du Ciel. Mais tout à l'heure, fendu jusqu'à la ceinture, ses armes brisées et dans une affreuse douleur, il fuit en mugissant.

« A chaque aile, Uriel et Raphael vainquirent d'insolents ennemis, Adramalech et Asmodée, quoique énormes et armés de rochers de diamant : deux puissants trônes, qui dédaignoient d'être moins que des dieux ; leur fuite leur enseigna des pensées plus humbles, broyés qu'ils furent par des blessures effroyables, malgré la cuirasse et la cotte de mailles. Abdiel n'oublia pas de fatiguer la troupe athée ; à coups redoublés il renversa Ariel, Arioc, et la violence de Ramiel, écorché et brûlé.

« Je pourrois parler de mille autres et éterniser leurs noms ici sur la terre ; mais ces anges élus, contents de leur renommée dans le Ciel, ne cherchent pas l'approbation des hommes. Quant aux autres, bien qu'étonnants en puissance, en actions de guerre, et avides de renommée, comme ils sont par arrêt effacés du Ciel et de la mémoire sacrée, laissons-les habiter sans nom le noir oubli. La force séparée de la vérité et de la justice, indigne de louange, ne mérite que reproche et ignominie : toutefois, vaine et arrogante, elle aspire à la gloire, et cherche à devenir fameuse par l'infamie : que l'éternel silence soit son partage !

« Et maintenant, leurs plus puissants chefs abattus, l'armée plia, par plusieurs charges enfoncée : la déroute informe et le honteux désordre y entrèrent ; le champ de bataille étoit semé d'armes brisées ; les chars et leurs conducteurs, les coursiers de flammes écumants, étoient renversés en monceaux. Ce qui reste debout recule accablé de fatigue dans l'ost satanique exténué, qui se défend à peine ; surpris par la pâle frayeur, pour la première fois surpris par la frayeur et par le sentiment de la douleur, ces anges fuient ignominieusement, amenés à ce mal par le péché de la désobéissance : jusqu'à cette heure, ils n'avoient été assujettis ni à la crainte, ni à la fuite, ni à la douleur.

« Il en étoit tout autrement des inviolables saints ; d'un pas assuré en phalange carrée, ils avançoient entiers, invulnérables, impénétrablement armés : tel étoit l'immense avantage que leur donnoit leur innocence sur leurs ennemis ; pour n'avoir pas péché, pour n'avoir pas désobéi, au combat ils demeuroient sans fatigue, inexposés à souffrir des blessures, bien que de leur rang par la violence écartés.

« La nuit à présent commençoit sa course ; répandant dans le Ciel l'obscurité, elle imposa le silence et une agréable trêve à l'odieux

Under her cloudy covert both retired,
Victor and vanquish'd. On the foughten field
Michaël and his angels prevalent
Encamping, placed in guard their watches round,
Cherubic waving fires : on the other part,
Satan with his rebellious disappear'd,
Far in the dark dislodged; and, void of rest,
His potentates to council call'd by night;
And in the midst thus undismay'd began : —

" ' O! now in danger tried, now known in arms
Not to be overpower'd, companions dear,
Found worthy not of liberty alone,
Too mean pretence! but what we more affect,
Honour, dominion, glory, and renown;
Who have sustain'd one day in doubtful fight,
(And if one day, why not eternal days?)
What heaven's Lord had powerfulest to send
Against us from about his throne, and judged
Sufficient to subdue us to his will,
But proves not so : then fallible, it seems,
Of future we may deem him, though till now
Omniscient thought. True is, less firmly arm'd,
Some disadvantage we endured, and pain
Till now not known, but, known, as soon contemn'd;
Since now we find this our empyreal form
Incapable of mortal injury,
Imperishable; and, though pierced with wound,
Soon closing, and by native vigour heal'd.
Of evil then so small, as easy think
The remedy; perhaps more valid arms,
Weapons more violent, when next we meet,
May serve to better us, and worse our foes:
Or equal what between us made the odds,
In nature none : if other hidden cause
Left them superior, while we can preserve
Unhurt our minds, and understanding sound,
Due search and consultation will disclose.'

" He sat; and in the assembly next upstood
Nisroc, of principalities the prime :
As one he stood escaped from cruel fight,
Sore toil'd, his riven arms to havoc hewn,
And, cloudy in aspect, thus answering spake : —

" ' Deliverer from new lords, leader to free
Enjoyment of our right as gods; yet hard
For gods, and too unequal work we find,
Against unequal arms to fight in pain,
Against unpain'd, impassive; from which evil
Ruin must needs ensue; for what avails
Valour or strength, though matchless, quell'd with pain
Which all subdues, and makes remiss the hands

fracas de la guerre : sous son abri nébuleux se retirèrent le vainqueur et le vaincu. Michel et ses anges, restés les maîtres, campent sur le champ de bataille, posent leurs sentinelles alentour, chérubins agitant des flammes. De l'autre part, Satan avec ses rebelles disparut, au loin retiré dans l'ombre. Privé de repos, il appelle de nuit ses potentats au conseil ; au milieu d'eux et non découragé, il leur parle ainsi :

« O vous, à présent par le danger éprouvés, à présent connus dans les armes pour ne pouvoir être dominés, chers compagnons trouvés dignes non-seulement de la liberté (trop mince prétention), mais, ce qui nous touche davantage, dignes d'honneur, d'empire, de gloire et de renommée ! Vous avez soutenu pendant un jour dans un combat douteux (et si pendant un jour, pourquoi pas pendant des jours éternels?), vous avez soutenu l'attaque de ce que le Seigneur du Ciel, d'autour de son trône, avoit envoyé de plus puissant contre nous, ce qu'il avoit jugé suffisant pour nous soumettre à sa volonté : il n'en est pas ainsi arrivé !... Donc, ce semble, nous pouvons le regarder comme faillible lorsqu'il s'agit de l'avenir, bien que jusque ici on avoit cru à son omniscience. Il est vrai, moins fortement armés, nous avons eu quelques souffrances, jusque alors inconnues; mais aussitôt qu'elles ont été connues, elles ont été méprisées, puisque nous savons maintenant que notre forme empyrée, ne pouvant recevoir d'atteinte mortelle, est impérissable; quoique percée de blessures, elle se referme bientôt, guérie par sa vigueur native. A un mal si léger regardez donc le remède comme facile. Peut-être des armes plus valides, des armes plus impétueuses, serviront dans la prochaine rencontre à améliorer notre position, à rendre pire celle de nos ennemis, ou à égaliser ce qui fait entre nous l'imparité, qui n'existe pas dans la nature. Si quelque autre cause cachée les a laissés supérieurs, tant que nous conservons notre esprit entier et notre entendement sain, une délibération et une active recherche découvriront cette cause. »

« Il s'assit, et dans l'assemblée se leva Nisroc, le chef des principautés ; il se leva comme un guerrier échappé d'un combat cruel : travaillé de blessures, ses armes fendues et hachées jusqu'à destruction, d'un air sombre il parla en répondant ainsi :

« Libérateur, toi qui nous délivras des nouveaux maîtres, guide à la libre jouissance de nos droits comme dieux, il est dur cependant pour des dieux, nous la trouvons trop inégale, la tâche de combattre dans la douleur contre des armes inégales, contre des ennemis exempts de douleur et impassibles. De ce mal notre ruine doit nécessairement advenir; car que sert la valeur, ou la force, quoique sans pareilles, lorsqu'on est dompté par la douleur, qui subjugue tout et fait lâcher

Of mightiest? Sense of pleasure we may well
Spare out of life perhaps, and not repine,
But live content, which is the calmest life:
But pain is perfect misery, the worst
Of evils, and, excessive, overturns
All patience. He who therefore can invent
With what more forcible we may offend
Our yet unwounded enemies, or arm
Ourselves with like defence, to me deserves
No less than for deliverance what we owe.'

"Whereto, with look composed, Satan replied:—
"'Not uninvented that, which thou aright
Believest so main to our success, I bring.
Which of us, who beholds the bright surface
Of this ethereous mould whereon we stand,
This continent of spacious heaven, adorn'd
With plant, fruit, flower ambrosial, gems, and gold;
Whose eye so superficially surveys
These things, as not to mind from whence they grow
Deep under ground, materials dark and crude,
Of spiritous and fiery spume; till touch'd
With heaven's ray, and temper'd, they shoot forth
So beauteous, opening to the ambient light?

"'These in their dark nativity the deep
Shall yield us, pregnant with infernal flame,
Which, into hollow engines long and round,
Thick-ramm'd, at the other bore with touch of fire
Dilated and infuriate, shall send forth
From far, with thundering noise, among our foes
Such implements of mischief, as shall dash
To pieces and o'erwhelm whatever stands
Adverse, that they shall fear we have disarm'd
The Thunderer of his only dreaded bolt.
Nor long shall be our labour; yet ere dawn
Effect shall end our wish. Meanwhile revive;
Abandon fear; to strength and counsel join'd
Think nothing hard, much less to be despair'd.'

"'He ended; and his words their drooping cheer
Enlighten'd, and their languish'd hope revived:
The invention all admired, and each, how he
To be the inventer miss'd; so easy it seem'd
Once found, which yet unfound most would have thought
Impossible: yet, haply, of thy race
In future days, if malice should abound,
Some one, intent on mischief, or inspired
With devilish machination, might devise
Like instrument to plague the sons of men
For sin, on war and mutual slaughter bent.

"Forthwith from council to the work they flew:
None arguing stood; innumerable hands

les mains aux plus puissants? Peut-être pourrions-nous retrancher de la vie le sentiment du plaisir et ne pas nous plaindre, mais vivre contents, ce qui est la vie la plus calme; mais la douleur est la parfaite misère, le pire des maux ; et si elle est excessive, elle surmonte toute patience. Celui qui pourra donc inventer quelque chose de plus efficace pour porter des blessures à nos ennemis, encore invulnérables, ou qui saura nous armer d'une défense pareille à la leur, ne méritera pas moins de moi que celui auquel nous devons notre délivrance. »

« Satan, avec un visage composé, répliqua :

« Ce secours non encore inventé, que tu crois justement si essentiel à nos succès, je te l'apporte. Qui de nous contemple la brillante surface de ce terrain céleste sur lequel nous vivons, ce spacieux continent du Ciel orné de plantes, de fruits, de fleurs, d'ambroisie, de perles et d'or ; qui de nous regarde assez superficiellement ces choses pour ne comprendre d'où elles germent profondément sous la terre? matériaux noirs et crus d'une écume spiritueuse et ignée, jusqu'à ce que, touchées et pénétrées d'un rayon des Cieux, elles poussent si belles et s'épanouissent à la lumière ambiante?

« Ces semences dans leur noire nativité, l'abîme nous les cédera, fécondées d'une flamme infernale. Foulées dans des machines creuses, longues et rondes; à l'autre ouverture dilatées et embrasées par le toucher du feu, avec le bruit du tonnerre, elles enverront de loin à notre ennemi de tels instruments de désastre, qu'ils abîmeront, mettront en pièces tout ce qui s'élèvera à l'opposé; nos adversaires craindront que nous n'ayons désarmé le Dieu Tonnant de son seul trait redoutable. Notre travail ne sera pas long; avant le lever du jour l'effet remplira notre attente. Cependant revivons! quittons la frayeur : à la force et à l'habileté réunies, songeons que rien n'est difficile, encore moins désespéré. »

« Il dit : ses paroles firent briller leur visage abattu, et ravivèrent leur languissante espérance. Tous admirent l'invention ; chacun s'étonne de n'avoir pas été l'inventeur; tant paroît aisée une fois trouvée la chose qui non trouvée auroit été crue impossible! Par hasard, dans les jours futurs (si la malice doit abonder), quelqu'un de ta race, ô Adam, appliqué à la perversité ou inspiré par une machination diabolique, pourroit inventer un pareil instrument pour désoler les fils des hommes entraînés par le péché à la guerre et au meurtre.

« Les démons sans délai volent du conseil à l'ouvrage; nul ne demeure discourant; d'innombrables mains sont prêtes; en un mo-

Were ready; in a moment up they turn'd
Wide the celestial soil, and saw beneath
The originals of nature in their crude
Conception; sulphurous and nitrous foam
They found, they mingled, and, with subtle art,
Concocted and adusted they reduced
To blackest grain, and into store convey'd.

"Part hidden veins digg'd up (not hath this earth
Entrails unlike) of mineral and stone,
Whereof to found their engines and their balls
Of missive ruin; part incentive reed
Provide, pernicious with one touch to fire.
So all, ere dayspring, under conscious night
Secret they finish'd, and in order set,
With silent circumspection, unespied.

"Now when fair Morn orient in heaven appear'd,
Up rose the victor-angels, and to arms
The matin trumpet sung: in arms they stood
Of golden panoply, refulgent host,
Soon banded; others from the dawning hills
Look'd round, and scouts each coast light-armed scour,
Each quarter; to descry the distant foe,
Where lodged, or whither fled; or if for fight,
In motion or in halt: him soon they met
Under spread ensigns moving nigh, in slow
But firm battalion. Back with speediest sail,
Zophiel, of cherubim the swiftest wing,
Came flying, and in mid air aloud thus cried: —

"'Arm, warriors, arm for fight; the foe at hand,
Whom fled we thought, will save us long pursuit.
This day, fear not his flight; so thick a cloud
He comes: and settled in his face I see
Sad resolution, and secure. Let each
His adamantine coat gird well, and each
Fit well his helm, gripe fast his orbed shield,
Borne even or high; for this day will pour down,
If I conjecture aught, no drizzling shower,
But rattling storm of arrows barb'd with fire.'

"So warn'd he them, aware themselves; and soon
In order, quit of all impediment,
Instant without disturb they took alarm,
And onward moved embattl'd; when, behold!
Not distant far, with heavy pace the foe
Approaching gross and huge; in hollow cube
Training his devilish enginery, impaled
On every side with shadowing squadrons deep,
To hide the fraud. At interview both stood
Awhile; but suddenly at head appear'd
Satan, and thus was heard commanding loud: —

ment ils retournent largement le sol céleste, et ils aperçoivent dessous les rudiments de la nature dans leur conception brute; ils rencontrent les écumes sulfureuses et nitreuses, les marient, et par un art subtil les réduisent, adustes et cuites, en grains noirs, et les mettent en réserve.

« Les uns fouillent les veines cachées des métaux et des pierres (cette terre a des entrailles assez semblables) pour y trouver leurs machines et leurs balles, messagères de ruine; les autres se pourvoient de roseaux allumés, pernicieux par le seul toucher du feu. Ainsi avant le point du jour ils finirent tout en secret, la nuit le sachant, et se rangèrent en ordre avec une silencieuse circonspection, sans être aperçus.

« Dès que le bel et matinal orient apparut dans le Ciel, les anges victorieux se levèrent et la trompette du matin chanta : Aux armes ! Ils prirent leurs rangs en panoplie d'or; troupe resplendissante, bientôt réunie. Quelques-uns du haut des collines de l'aurore regardent alentour, et des éclaireurs légèrement armés rôdent de tous côtés dans chaque quartier pour découvrir le distant ennemi, pour savoir dans quel lieu il a campé ou fui, si pour combattre il est en mouvement ou fait halte. Bientôt ils le rencontrèrent, bannières déployées, s'approchant en bataillon lent, mais serré. En arrière, d'une vitesse extrême, Zophiel, des chérubins l'aile la plus rapide, vient volant et crie du milieu des airs :

« Aux armes, guerriers! aux armes pour le combat! l'ennemi est près; ceux que nous croyions en fuite nous épargneront ce jour une longue poursuite : ne craignez pas qu'ils fuient; ils viennent aussi épais qu'une nuée, et je vois fixée sur leur visage la morne résolution et la confiance. Que chacun endosse bien sa cuirasse de diamant, que chacun enfonce bien son casque, que chacun embrasse fortement son large bouclier, baissé ou levé; car ce jour, si j'en crois mes conjectures, ne répandra pas une bruine, mais un orage retentissant de flèches barbelées de feu. »

« Ainsi Zophiel avertissoit ceux qui d'eux-mêmes étoient sur leurs gardes. En ordre, libres de toutes entraves, s'empressant sans trouble, ils vont au cri d'alarme et s'avancent en bataille. Quand voici venir à peu de distance, à pas pesants, l'ennemi s'approchant épais et vaste, traînant dans un carré creux ses machines diaboliques, enfermées de tous côtés par des escadrons profonds qui voiloient la fraude. Les deux armées s'apercevant s'arrêtent quelque temps, mais soudain Satan parut à la tête de la sienne, et fut entendu, commandant ainsi à haute voix :

"' Vanguard, to right and left the front unfold;
That all may see, who hate us, how we seek
Peace and composure, and with open breast
Stand ready to receive them, if they like
Our overture, and turn not back perverse:
But that I doubt; however witness, heaven;
Heaven, witness thou anon, while we discharge
Freely our part: ye, who appointed stand,
Do as you have in charge; and briefly touch
What we propound, and loud that all may hear.'

"So scoffing in ambiguous words, he scarce
Had ended; when to right and left the front
Divided, and to either flank retired:
Which to our eyes discover'd, new and strange,
A triple mounted row of pillars laid
On wheels; (for like to pillars most they seem'd,
Or hollow'd bodies made of oak or fir
With branches lopp'd, in wood or mountain fell'd)
Brass, iron, stony mould, had not their mouths
With hideous orifice gaped on us wide,
Portending hollow truce: at each behind
A seraph stood, and in his hand a reed
Stood waving tipp'd with fire; while we, suspense,
Collected stood, within our thoughts amused;

"Not long; for sudden all at once their reeds
Put forth, and to a narrow vent applied
With nicest touch. Immediate in a flame,
But soon obscured with smoke, all heaven appear'd,
From those deep-throated engines belch'd, whose roar
Embowel'd with outrageous noise the air,
And all her entrails tore, disgorging foul
Their devilish glut, chain'd thunderbolts and hail
Of iron globes; which, on the victor host
Level'd, with such impetuous fury smote,
That, whom they hit, none on their feet might stand,
Though standing else as rocks; but down they fell
By thousands, angel on archangel roll'd;
The sooner for their arms: unarm'd, they might
Have easily, as spirits, evaded swift
By quick contraction or remove; but now
Foul dissipation follow'd, and forced rout;
Nor served it to relax their serried files.
What should they do? if on they rush'd, repulse
Repeated, and indecent overthrow
Doubled, would render them yet more despised,
And to their foes a laughter; for in view
Stood rank'd of seraphim another row,
In posture to displode their second tire
Of thunder: back defeated to return
They worse abhorr'd. Satan beheld their plight,

« Avant-garde! à droite et à gauche déployez votre front, afin que tous ceux qui nous haïssent puissent voir combien nous cherchons la paix et la conciliation, combien nous sommes prêts à les recevoir à cœur ouvert, s'ils accueillent nos ouvertures et s'ils ne nous tournent pas le dos méchamment; mais je le crains. Cependant témoin le Ciel!... ô Ciel, sois témoin, à cette heure, que nous déchargeons franchement notre cœur! Vous qui, désignés, vous tenez debout, acquittez-vous de votre charge; touchez brièvement ce que nous proposons, et haut, que tous puissent entendre. »

« Ainsi se raillant en termes ambigus, à peine a-t-il fini de parler, qu'à droite et à gauche le front se divise, et sur l'un et l'autre flanc se retire : à nos yeux se découvre, chose nouvelle et étrange! un triple rang de colonnes de bronze, de fer, de pierre, posées sur des roues, car elles auroient ressemblé beaucoup à des colonnes ou à des corps creux faits de chêne ou de sapin émondé dans le bois, ou abattu sur la montagne, si le hideux orifice de leur bouche n'eût bâillé largement devant nous, pronostiquant une fausse trêve. Derrière chaque pièce se tenoit un séraphin; dans sa main se balançoit un roseau allumé, tandis que nous demeurions en suspens réunis et préoccupés dans nos pensées.

« Ce ne fut pas long, car soudain tous à la fois les séraphins étendent leurs roseaux, et les appliquent à une ouverture étroite qu'ils touchent légèrement. A l'instant tout le Ciel apparut en flammes, mais aussitôt obscurci par la fumée, flammes vomies de ces machines à la gorge profonde, dont le rugissement effondroit l'air avec un bruit furieux et déchiroit toutes ses entrailles, dégorgeant leur surabondance infernale: des tonnerres ramés, des grêles de globes de fer. Dirigés contre l'ost victorieux, ils frappent avec une furie tellement impétueuse, que ceux qu'ils touchent ne peuvent rester debout, bien qu'autrement ils seroient restés fermes comme des rochers. Ils tombent par milliers, l'ange roulé sur l'archange, et plus vite encore à cause de leurs armes : désarmés ils auroient pu aisément, comme esprits, s'échapper rapides par une prompte contraction ou par un déplacement; mais alors il s'ensuivit une honteuse dispersion et une déroute forcée. Il ne leur servit de rien de relâcher leurs files serrées : que pouvoient-ils faire? Se précipiteroient-ils en avant? Une répulsion nouvelle, une indécente chute répétée, les feroient mépriser davantage et les rendroient la risée de leurs ennemis: car on apercevoit rangée une autre ligne de séraphins, en posture de faire éclater leur second tir de foudre : reculer battus, c'est ce qu'abhorroient le plus les anges fidèles.

And to his mates thus in derision call'd : —

"'O friends, why come not on these victors proud?
Erewhile they fierce were coming; and when we,
To entertain them fair with open front.
And breast, (what could we more?) propounded terms
Of composition, straight they changed their minds,
Flew off, and into strange vagaries fell,
As they would dance; yet for a dance they seem'd
Somewhat extravagant and wild, perhaps
For joy of offer'd peace : but I suppose,
If our proposals once again were heard,
We should compel them to a quick result.'

"To whom thus Belial, in like gamesome mood : —
"'Leader, the terms we sent were terms of weight,
Of hard contents, and full of force urged home;
Such as we might perceive amused them all,
And stumbled many : who receives them right,
Had need from head to foot well understand;
Not understood, this gift they had besides,
They show us when our foes walk not upright.

"So they among themselves in pleasant vein
Stood scoffing, heighten'd in their thoughts beyónd
All doubt of victory; Eternal Might
To match with their inventions they presumed
So easy, and of his thunder made a scorn,
And all his host derided, while they stood
Awhile in trouble : but they stood not long;
Rage prompted them at length, and found them arms
Against such hellish mischief fit to oppose.

"Forthwith (behold the excellence, the power,
Which God hath in his mighty angels placed!)
Their arms away they threw, and to the hills,
(For earth hath this variety from heaven
Of pleasure situate in hill and dale)
Light as the lightning glimpse, they ran, they flew;
From their foundations loosening to and fro,
They pluck'd the seated hills, with all their load,
Rocks, waters, woods, and by the shaggy tops
Uplifting, bore them in their hands. Amaze,
Be sure, and terror, seized the rebel host,
When coming towards them so dread they saw
The bottom of the mountains upward turn'd;
Till on those cursed engines' triple row
They saw them whelm'd, and all their confidence
Under the weight of mountains buried deep;
Themselves invaded next, and on their heads
Main promontories flung, which in the air
Came shadowing, and oppress'd whole legions arm'd.
Their armour help'd their harm, crush'd in and bruised

Satan vit leur détresse, et s'adressant en dérision à ses compagnons :

« Amis, pourquoi ces superbes vainqueurs ne marchent-ils pas en avant? Tout à l'heure ils s'avançoient fiers, et quand, pour les bien recevoir avec un front et un cœur ouverts (que pouvons-nous faire de plus?), nous leur proposons des termes d'accommodement, soudain ils changent d'idées, ils fuient, et tombent dans d'étranges folies, comme s'ils vouloient danser! Toutefois pour une danse ils semblent un peu extravagants et sauvages; peut-être est-ce de la joie de la paix offerte. Mais je suppose que si une fois de plus nos propositions étoient entendues, nous les pourrions contraindre à une prompte résolution. »

« Bélial, sur le même ton de plaisanterie :

« Général, les termes d'accommodement que nous leur avons envoyés sont des termes de poids, d'un contenu solide, et pleins d'une force qui porte coup. Ils sont tels, comme nous pouvons le voir, que tous en ont été amusés et plusieurs étourdis : celui qui les reçoit en face est dans la nécessité, de la tête aux pieds, de les bien comprendre; s'ils ne sont pas compris, ils ont du moins l'avantage de nous faire connoître quand nos ennemis ne marchent pas droit. »

« Ainsi, dans une veine de gaieté, ils bouffonnoient entre eux, élevés dans leurs pensées au-dessus de toute incertitude de victoire : ils présumoient si facile d'égaler par leurs inventions l'Éternel Pouvoir, qu'ils méprisoient son tonnerre, et qu'ils rioient de son armée tandis qu'elle resta dans le trouble. Elle n'y resta pas longtemps : la rage inspira enfin les légions fidèles, et leur trouva des armes à opposer à cet infernal malheur.

« Aussitôt (admire l'excellence et la force que Dieu a mises dans ses anges puissants!) ils jettent au loin leurs armes; légers comme le sillon de l'éclair, ils courent, ils volent aux collines (car la terre tient du Ciel cette variété agréable de colline et de vallée); ils les ébranlent en les secouant çà et là dans leurs fondements, arrachent les montagnes avec tout leur poids, rochers, fleuves, forêts, et, les enlevant par leurs têtes chevelues, les portent dans leurs mains. L'étonnement et, sois-en sûr, la terreur, saisirent les rebelles quand, venant si redoutables vers eux, ils virent le fond des montagnes tourné en haut, jusqu'à ce que, lancées sur le triple rang des machines maudites, ces machines et toute la confiance des ennemis furent profondément ensevelies sous le faix de ces monts. Les ennemis eux-mêmes furent envahis après; au-dessus de leurs têtes voloient de grands promontoires qui venoient dans l'air répandant l'ombre et accabloient des légions entières armées. Leurs armures accroissoient leur souf-

Into their substance pent, which wrought them pain
Implacable, and many a dolorous groan;
Long struggling underneath, ere they could wind
Out of such prison, though spirits of purest light,
Purest at first, now gross by sinning grown.

" The rest, in imitation, to like arms
Betook them, and the neighbouring hills uptore:
So hills amid the air encounter'd hills,
Hurl'd to and fro with jaculation dire,
That under ground they fought in dismal shade;
Infernal noise! war seem'd a civil game
To this uproar: horrid confusion heap'd
Upon confusion rose : and now all heaven
Had gone to wrack, with ruin overspread,
Had not the Almighty Father, where he sits
Shrined in his sanctuary of heaven secure,
Consulting on the sum of things, foreseen
This tumult, and permitted all, advised:
That his great purpose he might so fulfil,
To honour his anointed Son avenged
Upon his enemies; and to declare
All power on him transferr'd: whence to his Son,
The Assessor of his throne, he thus began : —

" ' Effulgence of my glory, Son beloved;
Son, in whose face invisible is beheld
Visibly, what by Deity I am;
And in whose hand what by decree I do,
Second Omnipotence; two days are pass'd,
Two days, as we compute the days of heaven,
Since Michael and his powers went forth to tame
These disobedient : sore hath been their fight,
As likeliest was, when two such foes met arm'd:
For to themselves I left them ; and thou know'st,
Equal in their creation they were form'd,
Save what sin hath impair'd; which yet hath wrought
Insensibly, for I suspend their doom :
Whence in perpetual fight they needs must last
Endless, and no solution will be found.

" ' War wearied hath perform'd what war can do,
And to disorder'd rage let loose the reins,
With mountains, as with weapons, arm'd; which makes
Wild work in heaven, and dangerous to the main.
Two days are therefore pass'd, the third is thine :
For thee I have ordain'd it; and thus far
Have suffer'd, that the glory may be thine
Of ending this great war, since none but thou
Can end it. Into thee such virtue and grace
Immense I have transfused, that all may know
In heaven and hell thy power above compare;
And, this perverse commotion govern'd thus,

france : leur substance enfermée dedans étoit écrasée et broyée, ce qui les travailloit d'implacables tourments et leur arrachoit des gémissements douloureux. Longtemps ils luttèrent sous cette masse avant de pouvoir s'évaporer d'une telle prison, quoique esprits de la plus pure lumière, la plus pure naguère, maintenant devenue grossière par le péché.

« Le reste de leurs compagnons, nous imitant, saisit de pareilles armes, et arracha les coteaux voisins : ainsi les monts rencontrent dans l'air les monts lancés de part et d'autre avec une projection funeste, de sorte que sous la terre on combat dans une ombre effrayante; bruit infernal! La guerre ressemble à des jeux publics auprès de cette rumeur. Une horrible confusion entassée sur la confusion s'éleva. Et alors tout le Ciel seroit allé en débris et se seroit couvert de ruines, si le Père tout-puissant qui siège enfermé dans son inviolable sanctuaire des Cieux, pesant l'ensemble des choses, n'avoit prévu ce tumulte et n'avoit tout permis pour accomplir son grand dessein : honorer son Fils consacré, vengé de ses ennemis, et déclarer que tout pouvoir lui étoit transféré. A ce Fils, assesseur de son trône, il adresse ainsi la parole :

« Splendeur de ma gloire, Fils bien aimé, Fils sur le visage duquel est vu visiblement ce que je suis invisible dans ma divinité, toi dont la main exécute ce que je fais par décret, seconde omnipotence! deux jours déjà passés (deux jours tels que nous comptons les jours du Ciel) depuis que Michel est parti avec ses puissances pour dompter ces désobéissants. Le combat a été violent, comme il étoit très-probable qu'il le seroit, quand deux pareils ennemis se rencontrent en armes ; car je les ai laissés à eux-mêmes, et tu sais qu'à leur création je les fis égaux, et que le péché seul les a dépareillés, lequel encore a opéré insensiblement, car je suspends leur arrêt : dans un perpétuel combat, il leur faudroit donc nécessairement demeurer sans fin, et aucune solution ne seroit trouvée.

« La guerre lassée a accompli ce que la guerre peut faire, et elle a lâché les rênes à une fureur désordonnée, se servant de montagnes pour armes; œuvre étrange dans le Ciel et dangereuse à toute la nature. Deux jours se sont donc écoulés; le troisième est tien : à toi je l'ai destiné, et j'ai pris patience jusque ici, afin que la gloire de terminer cette grande guerre t'appartienne, puisque nul autre que toi ne la peut finir. En toi j'ai transfusé une vertu, une grâce si immense, que tous, au Ciel et dans l'Enfer, puissent connoître ta force incomparable : cette commotion perverse ainsi apaisée manifestera que tu

To manifest thee worthiest to be heir
Of all things; to be heir and to be King
By sacred unction, thy deserved right.
Go then, thou Mightiest, in thy Father's might;
Ascend my chariot, guide the rapid wheels
That shake heaven's basis, bring forth all my war,
My bow and thunder; my almighty arms
Gird on, and sword upon thy puissant thigh;
Pursue these sons of darkness; drive them out
From all heaven's bounds into the utter deep :
There let them learn, as likes them, to despise
God, and Messiah his anointed King.'

"He said; and on his Son with rays direct
Shone full : he all his Father full express'd
Ineffably into his face received;
And thus the Filial Godhead answering spake : —

"'O Father, O Supreme of heavenly thrones,
First, Highest, Holiest, Best; thou always seek'st
To glorify thy Son, I always thee,
As is most just : this I my glory account,
My exaltation, and my whole delight,
That thou, in me well pleased, declarest thy will
Fulfill'd, which to fulfil is all my bliss.
Sceptre and power, thy giving, I assume;
And gladlier shall resign, when in the end
Thou shalt be all in all, and I in thee
For ever; and in me all whom thou lovest :

"'But whom thou hatest, I hate; and can put on
Thy terrors, as I put thy mildness on,
Image of thee in all things; and shall soon,
Arm'd with thy might, rid heaven of these rebell'd,
To their prepared ill mansion driven down,
To chains of darkness, and the undying worm;
That from thy just obedience could revolt,
Whom to obey is happiness entire.
Then shall thy saints unmix'd, and from the impure
Far separate, circling thy holy mount,
Unfeigned halleluiahs to thee sing,
Hymns of high praise, and I among them chief.'

"So said, he, o'er his sceptre bowing, rose
From the right hand of Glory where he sat;
And the third sacred morn began to shine,
Dawning through heaven : forth rush'd with whirlwind sound
The chariot of paternal Deity,
Flashing thick flames, wheel within wheel undrawn,
Itself instinct with spirit, but convoy'd
By four cherubic shapes; four faces each
Had wondrous; as with stars, their bodies all
And wings were set with eyes; with eyes the wheels
Of beryl, and careering fires between !

es le plus digne d'être héritier de toutes choses, d'être héritier et d'être-roi par l'onction sainte, ton droit mérité. Va donc, toi, le plus puissant dans la puissance de ton père ; monte sur mon chariot, guide les roues rapides qui ébranlent les bases du Ciel ; emporte toute ma guerre, mon arc et mon tonnerre ; revêts mes toutes-puissantes armes, suspends mon épée à ta forte cuisse. Poursuis ces fils des ténèbres, chasse-les de toutes les limites du Ciel dans l'abîme extérieur. Là, qu'ils apprennent, puisque cela leur plaît, à mépriser Dieu, et le Messie son roi consacré. »

« Il dit, et sur son Fils ses rayons directs brillent en plein ; lui reçut ineffablement sur son visage tout son Père pleinement exprimé, et la divinité filiale répondit ainsi :

« — O Père, ô souverain des trônes célestes, le Premier, le Très-Haut, le Très-Saint, le Meilleur ! tu as toujours cherché à glorifier ton Fils ; moi, toujours à te glorifier, comme il est très-juste. Ceci est ma gloire, mon élévation, et toute ma félicité, que, te complaisant en moi, tu déclares ta volonté accomplie : l'accomplir est tout mon bonheur. Le sceptre et le pouvoir, ton présent, je les accepte, et avec plus de joie je te les rendrai, lorsqu'à la fin des temps tu seras tout en tout, et moi en toi pour toujours, et en moi tous ceux que tu aimes.

« Mais celui que tu hais, je le hais, et je puis me revêtir de tes terreurs comme je me revêts de tes miséricordes, image de toi en toutes choses. Armé de ta puissance, j'affranchirai bientôt le Ciel de ces rebelles, précipités dans leur mauvaise demeure préparée ; ils seront livrés à des chaînes de ténèbres et au ver qui ne meurt point, ces méchants qui ont pu se révolter contre l'obéissance qui t'est due, toi à qui obéir est la félicité suprême ! Alors ces saints, sans mélange, et séparés loin des impurs, entoureront ta montagne sacrée, te chanteront des alléluias sincères, des hymnes de haute louange, et avec eux, moi leur chef. »

« Il dit : s'inclinant sur son sceptre, il se leva de la droite de gloire où il siège ; et le troisième matin sacré perçant à travers le Ciel commençoit à briller. Soudain s'élance, avec le bruit d'un tourbillon, le chariot de la divinité paternelle, jetant d'épaisses flammes, roues dans des roues, char non tiré, mais animé d'un esprit, et escorté de quatre formes de chérubins. Ces figures ont chacune quatre faces surprenantes ; tout leur corps et leurs ailes sont semés d'yeux semblables à des étoiles ; les roues, de béril, ont aussi des yeux, et dans leur course

Over their heads a crystal firmament,
Whereon a sapphire throne, inlaid with pure
Amber, and colours of the showery arch.
"He, in celestial panoply all arm'd
Of radiant Urim, work divinely wrought,
Ascended; at his right hand Victory
Sat eagle-wing'd; beside him hung his bow
And quiver with three-bolted thunder stored,
And from about him fierce effusion roll'd
Of smoke, and bickering flame, and sparkles dire.

"Attended with ten thousand thousand saints,
He onward came; far off his coming shone:
And twenty thousand (I their number heard)
Chariots of God, half on each hand, were seen.
He on the wings of cherub rode sublime
On the crystalline sky, in sapphire throned,
Illustrious far and wide; but by his own
First seen: them unexpected joy surprised,
When the great ensign of Messiah blazed
Aloft by angels borne, his sign in heaven;
Under whose conduct Michael soon reduced
His army, circumfused on either wing,
Under their Head embodied all in one.

"Before him Power Divine his way prepared;
At his command the uprooted hills retired
Each to his place; they heard his voice, and went
Obsequious: heaven his wonted face renew'd,
And with fresh flowerets hill and valley smiled.

"This saw his hapless foes, but stood obdured,
And to rebellious fight rallied their powers,
Insensate, hope conceiving from despair:
In heavenly spirits could such perverseness dwell?
But to convince the proud what signs avail,
Or wonders move the obdurate to relent?
They, harden'd more by what might most reclaim,
Grieving to see his glory, at the sight
Took envy; and, aspiring to his height,
Stood re-embattled fierce, by force or fraud
Weening to prosper, and at length prevail
Against God and Messiah, or to fall
In universal ruin lost; and now
To final battle drew, disdaining flight,
Or faint retreat; when the great Son of God
To all his host on either hand thus spake: —

"'Stand still in bright array, ye saints; here stand,
Ye angels arm'd; this day from battle rest:
Faithful hath been your warfare, and of God
Accepted, fearless in his righteous cause;
And as ye have received, so have ye done,
Invincibly: but of this cursed crew

le feu en sort de tous côtés. Sur leur tête est un firmament de cristal où s'élève un trône de saphir marqueté d'ambre pur et des couleurs de l'arc pluvieux.

« Tout armé de la panoplie céleste du radieux Urim, ouvrage divinement travaillé, le Fils monte sur ce char. A sa main droite est assise la Victoire aux ailes d'aigle ; à son côté pendent son arc et son carquois rempli de trois carreaux de foudre ; et autour de lui roulent des flots furieux de fumée, de flammes belliqueuses et d'étincelles terribles.

« Accompagné de dix mille mille saints il s'avance : sa venue brille au loin, et vingt mille chariots de Dieu (j'en ai ouï compter le nombre) sont vus à l'un et à l'autre de ses cotés. Lui, sur les ailes des chérubins, est porté sublime dans le Ciel de cristal, sur un trône de saphir éclatant au loin. Mais les siens l'aperçurent les premiers ; une joie inattendue les surprit quand flamboya, porté par des anges, le grand étendard du Messie, son signe dans le Ciel. Sous cet étendard Michel réunit aussitôt ses bataillons, répandus sur les deux ailes, et sous leur chef ils ne forment plus qu'un seul corps.

« Devant le Fils la puissance divine préparoit son chemin : à son ordre les montagnes déracinées se retirèrent chacune à leur place : elles entendirent sa voix, s'en allèrent obéissantes ; le Ciel renouvelé reprit sa face accoutumée, et avec de fraîches fleurs la colline et le vallon sourirent.

« Ils virent cela, les malheureux ennemis, mais ils demeurèrent endurcis, et pour un combat rebelle rallièrent leurs puissances : insensés ! concevant l'espérance du désespoir ! Tant de perversité peut-elle habiter dans des esprits célestes ? Mais pour convaincre l'orgueilleux, à quoi servent les prodiges, ou quelles merveilles peuvent porter l'opiniâtre à céder ? Ils s'obstineront davantage par ce qui devoit le plus les ramener : désolés de la gloire du Fils, à cette vue l'envie les saisit ; aspirant à sa hauteur, ils se remirent fièrement en bataille, résolus par force ou par fraude de réussir et de prévaloir à la fin contre Dieu et son Messie, ou de tomber dans une dernière et universelle ruine : maintenant ils se préparent au combat décisif, dédaignant la fuite ou une lâche retraite, quand le grand Fils de Dieu à toute son armée rangée à sa droite et à sa gauche parla ainsi :

« — Restez toujours tranquilles dans cet ordre brillant, vous, saints ; restez ici, vous, anges armés ; ce jour reposez-vous de la bataille. Fidèle a été votre vie guerrière, et elle est acceptée de Dieu ; sans crainte dans sa cause juste, ce que vous avez reçu vous avez employé invinciblement. Mais le châtiment de cette bande maudite

The punishment to other hand belongs;
Vengeance is his, or whose he sole appoints :
Number to this day's work is not ordain'd,
Nor multitude; stand only, and behold
God's indignation on these godless pour'd
By Me; not you, but Me, they have despised,
Yet envied; against Me is all their rage,
Because the Father, to whom in heaven supremo
Kingdom, and power, and glory appertains,
Hath honour'd Me according to his will.
Therefore to Me their doom he hath assign'd;
That they may have their wish, to try with Me
In battle which the stronger proves; they all,
Or I alone against them; since by strength
They measure all, of other excellence
Not emulous, nor care who them excels;
Nor other strife with them do I vouchsafe.'

" So spake the Son; and into terror changed
His countenance, too severe to be beheld,
And full of wrath, bent on his enemies.
At once the Four spread out their starry wings
With dreadful shade contiguous, and the orbs
Of his fierce chariot roll'd, as with the sound
Of torrent floods, or of a numerous host.
He on his impious foes right onward drove,
Gloomy as night; under his burning wheels
The stedfast empyrean shook throughout,
All but the throne itself of God. Full soon
Among them he arrived; in his right hand
Grasping ten thousand thunders, which he sent
Before him, such as in their souls infix'd
Plagues : they, astonish'd, all resistance lost,
All courage; down their idle weapons dropp'd :
O'er shield, and helms, and helmed heads he rode
Of thrones and mighty seraphim prostrate,
That wish'd the mountains now might be again
Thrown on them, as a shelter from his ire.
Nor less on either side tempestuous fell
His arrows, from the fourfold-visaged Four,
Distinct with eyes, and from the living wheels
Distinct alike with multitude of eyes;
One Spirit in them ruled; and every eye
Glared lightning, and shot forth pernicious fire
Among the accursed, that wither'd all their strength,
And of their wonted vigour left them drain'd,
Exhausted, spiritless, afflicted, fallen.
Yet half his strength he put not forth, but check'd
His thunder in mid volley; for he meant
Not to destroy, but root them out of heaven :
The overthrown he raised; and as a herd

appartient à un autre bras; la vengeance est à lui ou à celui qu'il en a seul chargé. Ni le nombre ni la multitude ne sont appelés à l'œuvre de ce jour; demeurez seulement, et contemplez l'indignation de Dieu, versée par moi sur ces impies. Ce n'est pas vous, c'est moi, qu'ils ont méprisé, moi qu'ils ont envié; contre moi est toute leur rage, parce que le Père, à qui dans le royaume suprême du Ciel la puissance et la gloire appartiennent, m'a honoré selon sa volonté. C'est donc pour cela qu'il m'a chargé de leur jugement, afin qu'ils aient ce qu'ils souhaitent, l'occasion d'essayer avec moi dans le combat qui est le plus fort, d'eux tous contre moi, ou de moi seul contre eux. Puisqu'ils mesurent tout par la force, qu'ils ne sont jaloux d'aucune autre supériorité, que peu leur importe qui les surpasse autrement, je consens à n'avoir pas avec eux d'autre dispute. »

« Ainsi parla le Fils, et en terreur changea sa contenance, trop sévère pour être regardée; rempli de colère, il marche à ses ennemis. Les quatre figures déploient à la fois leurs ailes étoilées avec une ombre formidable et continue; et les orbes de son char de feu roulèrent avec le fracas du torrent des grandes eaux ou d'une nombreuse armée. Lui sur ses impies adversaires fond droit en avant, sombre comme la nuit. Sous ses roues brûlantes, l'immobile empyrée trembla dans tout son entier; tout, excepté le trône même de Dieu. Bientôt il arrive au milieu d'eux; dans sa main droite tenant dix mille tonnerres, il les envoie devant lui tels qu'ils percent de plaies les âmes des rebelles. Étonnés, ils cessent toute résistance, ils perdent tout courage : leurs armes inutiles tombent. Sur les boucliers et les casques, et les têtes des trônes et des puissants séraphins prosternés, le Messie passe; ils souhaitent alors que les montagnes soient encore jetées sur eux comme un abri contre sa colère! Non moins tempêtueuses, des deux côtés ses flèches partent des quatre figures à quatre visages semés d'yeux, et sont jetées par les roues vivantes, également semées d'une multitude d'yeux. Un esprit gouvernoit ces roues; chaque œil lançoit des éclairs, et dardoit parmi les maudits une pernicieuse flamme, qui flétrissoit toute leur force, desséchoit leur vigueur accoutumée, et les laissoit épuisés, découragés, désolés, tombés. Encore le Fils de Dieu n'employa-t-il pas la moitié de sa force, mais retint à moitié son tonnerre : car son dessein n'étoit pas de les détruire, mais de les déraciner du Ciel. Il releva ceux qui étoient abattus, et comme une horde de boucs, ou un troupeau timide

Of goats or timorous flock together throng'd,
Drove them before him thunder-struck, pursued
With terrors and with furies to the bounds
And crystal wall of heaven; which, opening wide,
Roll'd inward, and a spacious gap disclosed
Into the wasteful deep: the monstrous sight
Struck them with horror backward, but far worse
Urged them behind: headlong themselves they threw
Down from the verge of heaven: eternal wrath
Burn'd after them to the bottomless pit.

" Hell heard the unsufferable noise; hell saw
Heaven ruining from heaven, and would have fled
Affrighted; but strict fate had cast too deep
Her dark foundations, and too fast had bound.

" Nine days they fell: confounded Chaos roar'd,
And felt tenfold confusion in their fall
Through his wild anarchy; so huge a rout
Incumber'd him with ruin: hell at last
Yawning received them whole, and on them closed;
Hell, their fit habitation, fraught with fire
Unquenchable, the house of woe and pain.
Disburden'd heaven rejoiced, and soon repair'd
Her mural breach, returning whence it roll'd.

" Sole victor, from the expulsion of his foes,
Messiah his triumphal chariot turn'd:
To meet him all his saints, who silent stood
Eye-witnesses of his almighty acts,
With jubilee advanced; and, as they went,
Shaded with branching palm, each order bright,
Sung triumph, and him sung victorious King,
Son, Heir, and Lord, to him dominion given,
Worthiest to reign:

" He, celebrated, rode
Triumphant through mid heaven, into the courts
And temple of his mighty Father throned
On high; who into glory him received,
Where now he sits at the right hand of bliss.

" Thus, measuring things in heaven by things on earth,
At thy request, and that thou mayst beware
By what is past, to thee I have reveal'd
What might have else to human race been hid;
The discord which befell, and war in heaven
Among the angelic powers, and the deep fall
Of those too high aspiring, who rebell'd
With Satan; he who envies now thy state,
Who now is plotting how he may seduce
Thee also from obedience, that, with him
Bereaved of happiness, thou mayst partake
His punishment, eternal misery;
Which would be all his solace and revenge,

pressé ensemble, il les chasse devant lui foudroyés, poursuivis par les terreurs et les furies, jusqu'aux limites et à la muraille de cristal du Ciel. Le Ciel s'ouvre, se roule en dedans, et laisse à découvert par une brèche spacieuse l'abîme dévasté. Cette vue monstrueuse les frappe d'horreur; ils reculent, mais une horreur bien plus grande les repousse : tête baissée, ils se jettent eux-mêmes en bas du bord du Ciel : la colère éternelle brûle après eux dans le gouffre sans fond.

« L'Enfer entendit le bruit épouvantable; l'Enfer vit le Ciel croulant du Ciel : il auroit fui effrayé; mais l'inflexible Destin avoit jeté trop profondément ses bases ténébreuses et l'avoit trop fortement lié.

« Neuf jours ils tombèrent; le Chaos confondu rugit, et sentit une décuple confusion dans leur chute à travers sa féroce anarchie; tant cette énorme déroute l'encombra de ruines! L'Enfer béant les reçut tous enfin, et se referma sur eux; l'Enfer, leur convenable demeure, l'Enfer pénétré d'un feu inextinguible, maison de malheur et de tourment. Le Ciel soulagé se réjouit; il répara bientôt la brèche de sa muraille, en retournant au lieu d'où il s'étoit replié.

« Seul vainqueur, par l'expulsion de ses ennemis, le Messie ramena son char de triomphe. Tous ses saints, qui silencieux furent témoins oculaires de ses actes tout-puissants, pleins d'allégresse au-devant de lui s'avancèrent; et dans leur marche, ombragés de palmes, chaque brillante hiérarchie chantoit le triomphe, le chantoit lui, roi victorieux, fils, héritier du Seigneur. A lui tout pouvoir est donné; de régner il est le plus digne!

« Célébré, il passe triomphant au milieu du Ciel, dans les parvis et dans le temple de son Père tout-puissant élevé sur un trône; son Père le reçut dans la gloire où maintenant il est assis à la droite de la béatitude.

« C'est ainsi que (mesurant les choses du Ciel aux choses de la terre), à ta demande, ô Adam, et pour que tu sois en garde par ce qui s'est passé, je t'ai révélé ce qui autrement auroit pu demeurer caché à la race humaine : la discorde survenue et la guerre dans le Ciel entre les puissances angéliques, et la chute profonde de ceux qui, aspirant trop haut, se révoltèrent avec Satan : il est maintenant jaloux de ton état, et complote pour te détourner aussi de l'obéissance, afin qu'avec lui, privé de félicité, tu partages son châtiment, l'éternelle misère. Ce seroit toute sa consolation et sa vengeance s'il pou-

As a despite done against the Most High,
Thee once to gain companion of his woe.
But listen not to his temptations; warn
Thy weaker; let it profit thee to have heard,
By terrible example, the reward
Of disobedience : firm they might have stood,
Yet fell : remember, and fear to transgress."

END OF BOOK VI.

voit, comme une peine faite au Très-Haut, t'obtenir une fois pour compagnon de son malheur. Mais ne prête pas l'oreille à ses tentations; avertis ta plus faible; profite d'avoir appris d'un exemple terrible la récompense de la désobéissance : ils auroient pu demeurer fermes; cependant ils tombèrent; qu'il t'en souvienne, et crains de transgresser. »

FIN DU LIVRE VI.

BOOK VII.

THE ARGUMENT.

Raphael, at the request of Adam, relates how and wherefore this world was first created; that God, after the expelling of Satan and his angels out of heaven, declared his pleasure to create another world, and other creatures to dwell therein; sends his Son with glory, and attendance of angels, to perform the work of creation in six days; the angels celebrate with hymns the performance thereof, and his re-ascension into heaven.

    Descend from heaven, Urania, by that name
If rightly thou art call'd, whose voice divine
Following, above the Olympian hill I soar,
Above the flight of Pegasean wing.
The meaning, not the name, I call: for thou
Nor of the Muses nine, nor on the top
Of old Olympus dwell'st; but, heavenly-born,
Before the hills appear'd, or fountain flow'd,
Thou with Eternal Wisdom didst converse,
Wisdom thy sister, and with her didst play
In presence of the Almighty Father, pleased
With thy celestial song.   Up-led by thee,
Into the heaven of heavens I have presumed,
An earthly guest, and drawn empyreal air,
Thy tempering: with like safety guided down,
Return me to my native element;
Lest from this flying steed unrein'd, (as once
Bellerophon, though from a lower clime)
Dismounted, on the Aleian field I fall,
Erroneous there to wander, and forlorn.
    Half yet remains unsung, but narrower bound
Within the visible diurnal sphere :
Standing on earth, not rapt above the pole,
More safe I sing with mortal voice, unchanged
To hoarse or mute, though fallen on evil days,

LIVRE VII.

ARGUMENT.

Raphaël, à la demande d'Adam, raconte comment et pourquoi ce monde a été d'abord créé : Dieu, ayant expulsé du ciel Satan et ses anges, déclara que son plaisir étoit de créer un autre monde et d'autres créatures pour y habiter. Il envoie son Fils dans la gloire, et avec un cortége d'anges, pour accomplir l'œuvre de la création en six jours. Les anges célèbrent par des cantiques cette création et la réascension du Fils au ciel.

Descends du Ciel, Uranie, si de ce nom tu es justement appelée ! En suivant ta voix divine, j'ai pris mon essor au-dessus de l'Olympe, au-dessus du vol de l'aile de Pégase. Ce n'est pas le nom, c'est le sens de ce nom que j'invoque ; car tu n'es pas une des neuf Muses, et tu n'habites pas le sommet du vieil Olympe ; mais née du Ciel, avant que les collines parussent ou que la fontaine coulât, tu conversois avec l'éternelle Sagesse, la Sagesse ta sœur, et tu te jouois avec elle en présence du Père tout-puissant, qui se plaisoit à ton chant céleste. Enlevé par toi je me suis hasardé dans le Ciel des Cieux, moi, hôte de la terre, et j'ai respiré l'air de l'empyrée que tu tempérois : avec la même sûreté guidé en bas, rends-moi à mon élément natal, de peur que, démonté par ce coursier volant sans frein (comme autrefois Bellérophon dans une région plus abaissée), je ne tombe sur le champ Aléien, pour y errer égaré et abandonné.

La moitié de mon sujet reste encore à chanter, mais dans les bornes plus étroites de la sphère diurne et visible. Arrêté sur la terre, non ravi au-dessus du pôle, je chanterai plus sûrement d'une voix mortelle ; elle n'est devenue ni enrouée ni muette, quoique je sois tombé dans

On evil days though fallen, and evil tongues;
In darkness, and with dangers compass'd round,
And solitude; yet not alone, while thou
Visit'st my slumbers nightly, or when morn
Purples the east :

    Still govern thou my song,
Urania, and fit audience find, though few :
But drive far off the barbarous dissonance
Of Bacchus and his revellers, the race
Of that wild rout that tore the Thracian bard
In Rhodope, where woods and rocks had ears
To rapture, till the savage clamor drown'd
Both harp and voice; nor could the Muse defend
Her son. So fail not thou, who thee implores :
For thou art heavenly, she an empty dream.

 Say, goddess, what ensued, when Raphaël,
The affable archangel, had forewarn'd
Adam, by dire example, to beware
Apostasy, by what befell in heaven
To those apostates; lest the like befall
In Paradise to Adam or his race,
Charged not to touch the interdicted tree,
If they transgress, and slight that sole command,
So easily obey'd amid the choice
Of all tastes else to please their appetite,
Though wandering.

    He, with his consorted Eve,
The story heard attentive, and was fill'd
With admiration and deep muse, to hear
Of things so high and strange; things, to their thought
So unimaginable, as hate in heaven,
And war so near the peace of God in bliss,
With such confusion : but the evil, soon
Driven back, redounded as a flood on those
From whom it sprung; impossible to mix
With blessedness.

    Whence Adam soon repeal'd
The doubts that in his heart arose; and now
Led on, yet sinless, with desire to know
What nearer might concern him; how this world
Of heaven and earth conspicuous first began;
When, and whereof created; for what cause;
What within Eden, or without, was done
Before his memory : as one, whose drouth
Yet scarce allay'd, still eyes the current stream,
Whose liquid murmur heard new thirst excites,
Proceeded thus to ask his heavenly guest :

 " Great things and full of wonder in our ears,
Far differing from this world, thou hast reveal'd,
Divine interpreter! by favour sent

de mauvais jours, dans de mauvais jours, quoique tombé parmi des langues mauvaises, parmi les ténèbres et la solitude, et entouré de périls. Cependant, je ne suis pas seul, lorsque la nuit tu visites mes sommeils, ou lorsque le matin empourpre l'orient.

Préside toujours à mes chants, Uranie ! et trouve un auditoire convenable, quoique peu nombreux. Mais chasse au loin la barbare dissonnance de Bacchus et de ses amis de la joie ; race de cette horde forcenée qui déchira le barde de la Thrace sur le Rhodope, où l'oreille des bois et des rochers étoit ravie, jusqu'à ce que la clameur sauvage eut noyé la harpe et la voix : la muse ne put défendre son fils. Tu ne manqueras pas ainsi, Uranie, à celui qui t'implore ; car toi, tu es un songe céleste, elle un songe vain.

Dis, ô déesse, ce qui suivit après que Raphael, l'archange affable, eut averti Adam de se garder de l'apostasie, par l'exemple terrible de ce qui arriva dans le Ciel à ces apostats, de peur qu'il n'en arrivât de même dans le Paradis à Adam et à sa race (chargés de ne pas toucher à l'arbre interdit) s'ils transgressoient et méprisoient ce seul commandement, si facile à observer, au milieu du choix de tous les autres goûts qui pouvoient plaire à leurs appétits, quel qu'en fût le caprice.

Adam, avec Ève sa compagne, avoit écouté attentivement l'histoire ; il étoit rempli d'admiration et plongé dans une profonde rêverie en écoutant des choses si élevées et si étranges ; choses à leur pensée si inimaginables, la haine dans le Ciel, la guerre si près de la paix de Dieu dans le bonheur, avec une telle confusion ! Mais bientôt le mal chassé retomboit comme un déluge sur ceux dont il avoit jailli, impossible à mêler à la béatitude.

Maintenant Adam réprima bientôt les doutes qui s'élevoient dans son cœur, et il est conduit (encore sans péché) par le désir de connoître ce qui le touche de plus près : comment ce monde visible du Ciel et de la terre commença ; quand et d'où il fut créé ; pour quelle cause ; ce qui fut fait en dedans ou en dehors d'Eden, avant ce dont il a souvenir. Comme un homme de qui l'altération est à peine soulagée suit de l'œil le cours du ruisseau dont le liquide murmure entendu excite une soif nouvelle, Adam procède de la sorte à interroger son hôte céleste :

« De grandes choses et pleines de merveilles, bien différentes de celles de ce monde, tu as révélées à nos oreilles, interprète divin, par

Down from the empyrean, to forewarn
Us timely of what might else have been our loss,
Unknown, which human knowledge could not reach;
For which to the infinitely Good we owe
Immortal thanks, and his admonishment
Receive, with solemn purpose to observe
Immutably his sovereign will, the end
Of what we are. But since thou hast vouchsafed
Gently, for our instruction, to impart
Things above earthly thought, which yet concern
Our knowing, as to highest Widsom seem'd,
Deign to descend now lower, and relate
What may no less perhaps avail us known;
How first began this heaven which we behold
Distant so high, with moving fires adorn'd
Innumerable; and this which yields or fills
All space, the ambient air wide interfused,
Embracing round this florid earth : what cause
Moved the Creator, in his holy rest
Through all eternity, so late to build
In Chaos; and the work begun, how soon
Absolved; if unforbid thou mayst unfold
What we, not to explore the secrets, ask,
Of his eternal empire, but the more
To magnify his works, the more we know.

"And the great light of day yet wants to run
Much of his race though steep; suspense in heaven
Held by thy voice, thy potent voice he hears;
And longer will delay to hear thee tell
His generation, and the rising birth
Of Nature from the unapparent deep :
Or if the star of evening and the moon
Haste to thy audience, Night with her will bring
Silence; and Sleep, listening to thee, will watch;
Or we can bid his absence, till thy song
End, and dismiss thee ere the morning shine."

Thus Adam his illustrious guest besought;
And thus the godlike angel answer'd mild : —

" This also thy request, with caution ask'd,
Obtain; though to recount almighty works
What words or tongue of seraph can suffice,
Or heart of man suffice to comprehend?
Yet what thou canst attain, which best may serve
To glorify the Maker, and infer
Thee also happier, shall not be withheld
Thy hearing; such commission from above
I have received, to answer thy desire
Of knowledge within bounds; beyond, abstain
To ask; nor let thine own inventions hope
Things not reveal'd, which the invisible King,

faveur envoyé de l'Empyrée pour nous avertir à temps de ce qui auroit pu causer notre perte s'il nous eût été inconnu, l'humaine connoissance n'y pouvant atteindre. Nous devons des remerciements immortels à l'infinie bonté, et nous recevons son avertissement avec une résolution solennelle d'observer invariablement sa volonté souveraine, la fin de ce que nous sommes. Mais puisque tu as daigné avec complaisance nous faire part, pour notre instruction, de choses au-dessus de la pensée terrestre (choses qu'il nous importoit de savoir, comme il l'a semblé à la suprême sagesse), daigne maintenant descendre plus bas, et nous raconter ce qui peut-être ne nous est pas moins utile de savoir : quand commença ce Ciel que nous voyons si distant et si haut, orné de feux mouvants et innombrables; qu'est-ce que cet air ambiant qui donne ou remplit tout espace, cet air largement répandu, embrassant tout autour cette terre fleurie; quelle cause mut le Créateur, dans son saint repos de toute éternité, à bâtir si tard dans le Chaos, et comment l'ouvrage commencé fut tôt achevé. S'il ne te l'est pas défendu, tu peux nous dévoiler ce que nous demandons, non pour sonder les secrets de son éternel empire, mais pour glorifier d'autant plus ses œuvres que nous les connoîtrons davantage.

« Et la grande lumière du jour a encore à parcourir beaucoup de sa carrière, quoique déjà sur son déclin : suspendu dans le Ciel, le soleil retenu par ta voix écoute ta voix puissante; il s'arrêtera plus longtemps pour te ouïr raconter son origine et le lever de la nature du sein du confus abîme. Ou, si l'étoile du soir et la lune à ton audience se hâtent, la nuit avec elle amènera le silence ; le sommeil en écoutant veillera, ou bien nous pourrons lui commander l'absence jusqu'à ce que ton chant finisse, et te renvoie avant que brille le matin. »

Ainsi Adam supplia son hôte illustre, et ainsi l'ange, semblable à un dieu, lui répondit avec douceur :

« Que cette demande faite avec prudence te soit accordée ; mais pour raconter les œuvres du Tout-Puissant, quelles paroles, quelle langue de séraphin peuvent suffire, ou quel cœur d'homme suffiroit à les comprendre? Cependant, ce que tu peux atteindre, ce qui peut le mieux servir à glorifier le Créateur et à te rendre aussi plus heureux ne sera pas soustrait à ton oreille. J'ai reçu la commission d'en haut de répondre à ton désir de savoir, dans certaines limites : au delà, abstiens-toi de demander; ne laisse pas tes propres imaginations espérer des choses non révélées, que le roi invisible, seul omniscient,

Only Omniscient, hath suppress'd in night,
To none communicable in earth or heaven:
Enough is left besides to search and know:
But knowledge is as food, and needs no less
Her temperance over appetite, to know
In measure what the mind may well contain;
Oppresses else with surfeit, and soon turns
Wisdom to folly, as nourishment to wind.

"Know then, that, after Lucifer from heaven
(So call him, brighter once amidst the host
Of angels, than that star the stars among)
Fell with his flaming legions through the deep
Into his place, and the great Son return'd
Victorious with his saints, the Omnipotent
Eternal Father from his throne beheld
Their multitude, and to his Son thus spake: —

"'At least our envious foe hath fail'd, who thought
All like himself rebellious; by whose aid
This inaccessible high strength, the seat
Of Deity supreme, us dispossess'd,
He trusted to have seized, and into fraud
Drew many, whom their place knows here no more;
Yet far the greater part have kept, I see,
Their station: heaven, yet populous, retains
Number sufficient to possess her realms
Though wide, and this high temple to frequent
With ministeries due, and solemn rites:
But, lest his heart exalt him in the harm
Already done, to have dispeopled heaven,
My damage fondly deem'd, I can repair
That detriment, if such it be to lose
Self-lost; and in a moment will create
Another world, out of one man a race
Of men innumerable, there to dwell,
Not here; till by degrees of merit raised,
They open to themselves at length the way
Up hither, under long obedience tried;
And earth be changed to heaven, and heaven to earth,
One kingdom, joy and union without end.

"'Meanwhile inhabit lax, ye powers of heaven;
And thou, my Word, begotten Son, by thee
This I perform; speak thou, and be it done!
My overshadowing Spirit and Might with thee
I send along: ride forth, and bid the deep
Within appointed bounds be heaven and earth;
Boundless the deep, because I AM, who fill
Infinitude; nor vacuous the space;
Though I, uncircumscribed myself, retire,
And put not forth my goodness, which is free
To act or not: necessity and chance

a ensevelies dans la nuit, incommunicables à personne sur la terre ou dans le Ciel : assez reste en dehors de cela à chercher et à connoître. Mais la science est comme la nourriture ; elle n'a pas moins besoin de tempérance pour en régler l'appétit et pour savoir en quelle mesure l'esprit la peut bien supporter ; autrement elle oppresse par son excès et change bientôt la sagesse en folie, comme la nourriture en fumée.

« Sache donc : après que Lucifer (ainsi appelé parce qu'il brilloit autrefois dans l'armée des anges plus que cette étoile parmi les étoiles) eut été précipité du Ciel dans son lieu avec ses légions brûlantes, à travers l'abîme, le Fils étant retourné victorieux avec ses saints, le Tout-Puissant, éternel Père, contempla de son trône leur multitude, et parla de la sorte à son Fils :

« Du moins notre jaloux ennemi s'est trompé, lui qui croyoit que tous comme lui seroient rebelles : par leur secours il se flattoit (nous une fois dépossédés) de saisir cette inaccessible et haute forteresse, siége de la divinité suprême. Dans sa trahison il a entraîné plusieurs dont la place ici n'est plus connue. Cependant, la plus grande partie, je le vois, garde toujours son poste : le Ciel, peuplé encore, conserve un nombre suffisant d'habitants pour remplir ses royaumes, quoique vastes, pour fréquenter ce haut temple avec des observances dues et des rites solennels. Mais, de peur que le cœur de l'ennemi ne s'enfle du mal déjà fait, en dépeuplant le Ciel (ce qu'il estime follement être un dommage pour moi), je puis réparer ce dommage, si c'en est un de perdre ce qui est perdu de soi-même. Dans un moment je créerai un autre monde ; d'un seul homme je créerai une race d'hommes innombrables pour habiter là, non ici, jusqu'à ce qu'élevés par degrés de mérite, éprouvés par une longue obéissance, ils s'ouvrent eux-mêmes enfin le chemin pour monter ici ; et que la terre changée dans le Ciel, et le Ciel dans la terre, ne forme plus qu'un royaume, en joie et en union sans fin.

« En attendant, demeurez moins pressés, vous, puissances célestes ; et toi, mon Verbe, fils engendré, par toi j'opère ceci : parle, et qu'il soit fait ! Avec toi j'envoie ma puissance et mon esprit, qui couvre tout de son ombre. Va et ordonne à l'abîme, dans des limites fixées, d'être terre et Ciel. L'abîme est sans bornes, parce que je suis : l'infini est rempli par moi ; l'espace n'est pas vide. Quoique moi-même je ne sois circonscrit dans aucune étendue, je me retire et n'étends pas partout ma bonté, qui est libre d'agir ou de n'agir pas : néces-

Approach not me, and what I will is fate.'
"So spake the Almighty, and to what he spake,
His Word, the filial Godhead, gave effect.
Immediate are the acts of God, more swift
Than time or motion; but to human ears
Cannot without process of speech be told,
So told as earthly notion can receive.

"Great triumph and rejoicing was in heaven,
When such was heard declared the Almighty's will :—

"' Glory they sung to the Most High, good will
To future men, and in their dwellings peace :
Glory to him, whose just avenging ire
Had driven out the ungodly from his sight
And the habitations of the just; to him
Glory and praise, whose wisdom had ordain'd
Good out of evil to create; instead
Of spirits malign, a better race to bring
Into their vacant room, and thence diffuse
His good to worlds and ages infinite.'

"So sang the hierarchies :
"Meanwhile the Son
On his great expedition now appear'd,
Girt with omnipotence, with radiance crown'd
Of majesty divine : sapience and love
Immense, and all his Father in him shone.
About his chariot numberless were pour'd
Cherub and seraph, potentates and thrones,
And virtues, winged spirits, and chariots wing'd
From the armoury of God; where stand of old
Myriads, between two brazen mountains lodged
Against a solemn day, harness'd at hand,
Celestial equipage; and now came forth
Spontaneous, for within them spirit lived,
Attendant on their Lord : heaven open'd wide
Her ever-during gates, harmonious sound,
On golden hinges moving, to let forth
The King of Glory, in his powerful Word
And Spirit, coming to create new worlds.

"On heavenly ground they stood; and from the shore
They view'd the vast-immeasurable abyss
Outrageous as a sea, dark, wasteful, wild,
Up from the bottom turn'd by furious winds
And surging waves, as mountains, to assault
Heaven's height, and with the centre mix the pole.

"' Silence, ye troubled waves, and thou deep, peace,'
Said then the omnific Word; 'your discord end!'

' Nor stay'd; but, on the wings of cherubim
Uplifted, in paternal glory rode
Far into Chaos, and the world unborn;
For Chaos heard his voice : him all his train

sité et hasard n'approchent pas de moi ; ce que je veux est destin. »

« Ainsi parla le Tout-Puissant, et ce qu'il avoit dit, son Verbe, la divinité filiale, l'exécuta. Immédiats sont les actes de Dieu, plus rapides que le temps et le mouvement, mais à l'oreille humaine ils ne peuvent être dits que par la succession du discours, et dits de telle sorte que l'intelligence terrestre puisse les recevoir.

« Grand triomphe et grande réjouissance furent aux Cieux, quand la volonté du Tout-Puissant entendue fut ainsi déclarée. Ils chantèrent :

« Gloire au Très-Haut ! bonne volonté aux hommes à venir, et paix dans leur demeure ! Gloire à celui dont la juste colère vengeresse a chassé le méchant de sa vue et des habitations du juste ! A lui gloire et louange dont la sagesse a ordonné de créer le bien du mal : au lieu des malins esprits, une race meilleure sera mise dans leur place vacante, et sa bonté se répandra dans des mondes et dans des siècles sans fin. »

« Ainsi chantoient les hiérarchies.

« Cependant le Fils parut pour sa grande expédition, ceint de la toute-puissance, couronné des rayons de la majesté divine : la sagesse et l'amour immense, et tout son Père, brilloient en lui. Autour de son char se répandoient sans nombre chérubins, séraphins, potentats, trônes, vertus, esprits ailés, et les chars ailés de l'arsenal de Dieu : ces chars de toute antiquité, placés par myriades entre deux montagnes d'airain, étoient réservés pour un jour solennel, tout prêts harnachés, équipages célestes ; maintenant ils se présentent spontanément (car en eux vit un esprit) pour faire cortège à leur maître. Le Ciel ouvrit dans toute leur largeur ses portes éternelles, tournant sur leurs gonds d'or avec un son harmonieux, pour laisser passer le roi de gloire dans son puissant Verbe et dans son Esprit, qui venoit de créer de nouveaux mondes.

« Ils s'arrêtèrent tous sur le sol du Ciel, et contemplèrent du bord l'incommensurable abîme, orageux comme une mer, sombre, dévasté, sauvage, bouleversé jusqu'au fond par des vents furieux, enflant des vagues comme des montagnes, pour assiéger la hauteur du Ciel et pour confondre le centre avec le pôle.

« Silence, vous, vagues troublées ! et toi, abîme, paix, dit le Verbe, qui fait tout ; cessez vos discordes ! »

« Il ne s'arrêta point, mais enlevé sur les ailes des chérubins, plein de la gloire paternelle, il entra dans le chaos et dans le monde qui n'étoit pas né ; car le chaos entendit sa voix : le cortège des anges le

Follow'd in bright procession, to behold
Creation, and the wonders of his might.
Then stay'd the fervid wheels; and in his hand
He took the golden compasses, prepared
In God's eternal store to circumscribe
This universe, and all created things:
One foot he centred, and the other turn'd
Round through the vast profundity obscure;
And said:—

" ' Thus far extend, thus far thy bounds;
This be thy just circumference, O world!'

" Thus God the heaven created, thus the earth,
Matter unform'd and void: darkness profound
Cover'd the abyss; but on the watery calm
His brooding wings the Spirit of God outspread,
And vital virtue infused, and vital warmth,
Throughout the fluid mass; but downward purged
The black, tartareous, cold, infernal dregs,
Adverse to life: then founded, then conglobed
Like things to like; the rest to several place
Disparted, and between spun out the air;
And earth, self-balanced, on her centre hung.

" ' Let there be light,' said God;

" And forthwith light
Ethereal, first of things, quintessence pure,
Sprung from the deep; and from her native east
To journey through the airy gloom began,
Sphered in a radiant cloud, for yet the sun
Was not; she in a cloudy tabernacle
Sojourn'd the while.

" God saw the light was good;
And light from darkness by the hemisphere
Divided: light the day, and darkness night
He named.   Thus was the first day even and morn:
Nor past uncelebrated, nor unsung
By the celestial quires, when orient light
Exhaling first from darkness they beheld;
Birth-day of heaven and earth: with joy and shout
The hollow universal orb they fill'd,
And touch'd their golden harps, and hymning praised
God and his works; Creator him they sung,
Both when first evening was, and when first morn.

"Again, God said:—

" ' Let there be firmament
Amid the waters, and let it divide
The waters from the waters.'

" And God made
The firmament, expanse of liquid, pure,
Transparent, elemental air, diffused
In circuit to the uttermost convex

suivoit dans une procession brillante, pour voir la création et les merveilles de sa puissance. Alors il arrête les roues ardentes, et prend dans sa main le compas d'or préparé dans l'éternel trésor de Dieu, pour tracer la circonférence de cet univers et de toutes les choses créées. Une pointe de ce compas il appuie au centre, et tourne l'autre dans la vaste et obscure profondeur, et il dit :

« Jusque là étends-toi, jusque là vont tes limites ; que ceci soit ton exacte circonférence, ô monde ! »

« Ainsi Dieu créa le Ciel, ainsi il créa la Terre, matière informe et vide. De profondes ténèbres couvroient l'abîme ; mais sur le calme des eaux l'esprit de Dieu étendit ses ailes paternelles, et infusa la vertu vitale et la chaleur vitale à travers la masse fluide ; mais il précipita en bas la lie noire, tartaréenne, froide, infernale, opposée à la vie. Alors il réunit, alors il engloba les choses semblables avec les choses semblables ; il répartit le reste en plusieurs places, et étendit l'air entre les objets : la Terre, d'elle-même balancée, sur son centre posa.

« Que la lumière soit ! » dit Dieu :

« Soudain la lumière éthérée, première des choses, quintessence pure, jaillit de l'abîme, et partie de son orient natal, elle commença à voyager à travers l'obscurité aérienne, enfermée dans un nuage sphérique rayonnant, car le Soleil n'étoit pas encore : dans ce nuageux tabernacle elle séjourna quelque temps.

« Dieu vit que la lumière étoit bonne, et il sépara la lumière des ténèbres par hémisphère : il donna à la lumière le nom de jour, et aux ténèbres le nom de nuit. Et du soir et du matin se fit le premier jour. Il ne passa pas sans être célébré, ce jour, sans être chanté par les chœurs célestes, lorsqu'ils virent l'orient pour la première fois exhalant la lumière des ténèbres ; jour de naissance du Ciel et de la Terre. Ils remplirent de cris de joie et d'acclamations l'orbe universel ; ils touchèrent leurs harpes d'or, glorifiant par des hymnes Dieu et ses œuvres ; ils le chantèrent Créateur, quand le premier soir fut, et quand fut le premier matin.

« Dieu dit derechef :

« Que le firmament soit au milieu des eaux, et qu'il sépare les eaux d'avec les eaux. »

« Et Dieu fit le firmament, étendue d'air élémentaire, liquide, pur, transparent, répandu en circonférence jusqu'à la convexité la plus

Of this great round; partition firm and sure,
The waters underneath from those above
Dividing: for as earth, so he the world
Built on circumfluous waters calm, in wide
Crystalline ocean, and the loud misrule
Of Chaos far removed; lest fierce extremes
Contiguous might distemper the whole frame:
And heaven he named the firmament: so even
And morning chorus sung the second day.

" The earth was form'd, but in the womb as yet
Of waters, embryon immature involved,
Appear'd not: over all the face of earth
Main ocean flow'd, not idle; but, with warm
Prolific humour softening all her globe,
Fermented the great mother to conceive,
Satiate with genial moisture;

" When God said: —
"' Be gather'd now, ye waters under heaven,
Into one place, and let dry land appear.'

" Immediately the mountains huge appear
Emergent, and their broad bare backs upheave
Into the clouds; their tops ascend the sky:
So high as heaved the tumid hills, so low
Down sunk a hollow bottom broad and deep,
Capacious bed of waters: thither they
Hasted with glad precipitance, uproll'd,
As drops on dust conglobing from the dry:
Part rise in crystal wall, or ridge direct,
For haste; such flight the great command impress'd
On the swift floods: as armies at the call
Of trumpets (for of armies thou hast heard)
Troop to their standard; so the watery throng,
Wave rolling after wave, where way they found,
If steep, with torrent rapture; if through plain,
Soft ebbing: nor withstood them rock or hill;
But they, or under ground, or circuit wide
With serpent error wandering, found their way,
And on the washy ooze deep channels wore;
Easy, ere God had bid the ground be dry,
All but within those banks, where rivers now
Stream, and perpetual draw their humid train.

" The dry land, earth; and the great receptacle
Of congregated waters, he call'd seas:
And saw that it was good; and said: —

"' Let the earth
Put forth the verdant grass, herb yielding seed,
And fruit-tree yielding fruit after her kind,
Whose seed is in herself upon the earth.'

" He scarce had said, when the bare earth, till then

reculée de son grand cercle ; division ferme et sûre, séparant les eaux inférieures de celles qui sont au-dessus. Car ainsi que la terre, Dieu bâtit le monde sur les eaux calmes circonfluentes, dans un large océan de cristal, et fort éloigné du bruyant désordre du chaos, de peur que ses rudes extrémités contiguës ne dérangeassent la structure entière de ce monde : et Dieu donna au firmament le nom de Ciel. Ainsi du soir et du matin, le chœur chanta le second jour.

« La Terre étoit créée, mais encore ensevelie, embryon prématuré, dans les entrailles des eaux ; elle n'apparoissoit pas : sur toute la surface de la Terre le plein océan s'étendoit, non inutile, car par une humidité tiède et prolifique, attendrissant tout le globe de la Terre, il faisoit fermenter cette mère commune pour qu'elle pût concevoir, saturée d'une moiteur vivifiante.

« Dieu dit alors :

« — Que les eaux qui sont sous le Ciel se rassemblent dans un seul lieu, et que l'élément aride paroisse. »

« Aussitôt apparoissent deux montagnes énormes, émergentes, et leurs larges dos pelés se soulevant jusqu'aux nues ; leurs têtes montent dans le Ciel. Aussi hautes que s'élevèrent les collines intumescentes, aussi bas s'affaissa un bassin creux, vaste et profond, ample lit des eaux. Elles y courent avec une précipitation joyeuse, enroulées comme des gouttes sur la poussière qui se forme en globules par l'aridité. Une partie de ces eaux avec hâte s'élève en mur de cristal ou en montagne à pic : telle fut la vitesse que le grand commandement imprima aux flots agiles. Comme des armées à l'appel des trompettes (car tu as entendu parler d'armées) s'attroupent autour de leurs étendards, ainsi la multitude liquide roule vague sur vague là où elle trouve une issue, dans la pente escarpée torrent impétueux, dans la plaine courant paisible. Ni les rochers ni les collines n'arrêtent ces ondes ; mais sous la terre, ou en longs circuits promenant leurs sinueuses erreurs, elles se frayent un chemin, et percent dans le sol limoneux de profonds canaux ; chose facile avant que Dieu eût ordonné à la terre de devenir sèche partout, excepté entre ces bords où coulent aujourd'hui les fleuves qui entraînent incessamment leur humide cortége.

« Dieu appela terre l'élément aride, et le grand réservoir des eaux rassemblées, il l'appela mer ; il vit que cela étoit bon, et dit :

« Que la terre produise de l'herbe verte, l'herbe qui porte de la graine, et les arbres fruitiers qui portent des fruits, chacun selon son espèce, et qui renferment leur semence en eux-mêmes sur la terre. »

« A peine a-t-il parlé que la terre nue (jusqu'alors déserte et chauve,

Desert and bare, unsightly, unadorn'd,
Brought forth the tender grass, whose verdure clad
Her universal face with pleasant green;
Then herbs of every leaf, that sudden flower'd,
Opening their various colours, and made gay
Her bosom, smelling sweet: and, these scarce blown,
Forth flourish'd thick the clustering vine, forth crept
The swelling gourd, up stood the corny reed
Embattled in her field, and the humble shrub,
And bush with frizzled hair implicit: last
Rose, as in dance, the stately trees, and spread
Their branches hung with cópious fruit, or gemm'd
Their blossoms: with high woods the fields were crown'd,
With tufts the valleys, and each fountain-side;
With borders long the rivers: that earth now
Seem'd like to heaven, a seat where gods might dwell,
Or wander with delight, and love to haunt
Her sacred shades:

    "Though God had yet not rain'd
Upon the earth, and man to till the ground
None was: but from the earth a dewy mist
Went up, and water'd all the ground, and each
Plant of the field; which, ere it was in the earth,
God made, and every herb, before it grew
On the green stem: God saw that it was good:
So even and morn recorded the third day.

"Again the Almighty spake:—

    "'Let there be lights
High in the expanse of heaven, to divide
The day from night; and let them be for signs,
For seasons, and for days, and circling years;
And let them be for lights, as I ordain
Their office in the firmament of heaven,
To give light on the earth.' And it was so.

"And God made two great lights, great for their use
To man, the greater to have rule by day,
The less by night, altern; and made the stars,
And set them in the firmament of heaven
To illuminate the earth, and rule the day
In their vicissitude, and rule the night,
And light from darkness to divide. God saw,
Surveying his great work, that it was good:

"For of celestial bodies first the sun,
A mighty sphere, he framed, unlightsome first,
Though of ethereal mould: then form'd the moon
Globose, and every magnitude of stars,
And sow'd with stars the heaven, thick as a field:
Of light by far the greater part he took,
Transplanted from her cloudy shrine, and placed
In the sun's orb, made porous to receive

sans ornement, désagréable à la vue) poussa une herbe tendre, qui revêtit universellement sa surface d'une charmante verdure; alors les plantes de différentes feuilles, qui soudain fleurirent en déployant leurs couleurs variées, égayèrent son sein, suavement parfumé. Et celles-ci étoient à peine épanouies que la vigne fleurit, chargée d'une multitude de grappes; la courge enflée rampa, le chalumeau du blé se rangea en bataille dans son champ, l'humble buisson et l'arbrisseau mêlèrent leur chevelure hérissée. Enfin s'élevèrent, comme en cadence, les arbres majestueux, et ils déployèrent leurs branches surchargées, enrichies de fruits ou emperlées de fleurs. Les collines se couronnèrent de hautes forêts, les vallées et les fontaines de touffes de bois, les fleuves de bordures le long de leur cours. La Terre à présent parut un Ciel, séjour où les dieux pouvoient habiter, errer avec délices, et se plaire à fréquenter ses sacrés ombrages.

« Cependant Dieu n'avoit pas encore fait tomber la pluie sur la terre, et il n'y avoit encore aucun homme pour labourer les champs; mais il s'élevoit du sol une vapeur de rosée qui humectoit toute la terre, et toutes les plantes des champs, que Dieu créa avant qu'elles fussent dans la terre, toutes les herbes avant qu'elles grandissent sur la verte tige. Dieu vit que cela étoit bon. Et le soir et le matin célébrèrent le troisième jour.

« Le Tout-Puissant parla encore :

« — Que des corps de lumière soient faits dans la haute étendue du Ciel, afin qu'ils séparent le jour de la nuit; et qu'ils servent de signes pour les saisons et pour les jours et le cours des années, et qu'ils soient pour flambeaux : comme je l'ordonne, leur office, dans le firmament du Ciel, sera de donner la lumière à la terre! » Et cela fut fait ainsi.

« Et Dieu fit deux grands corps lumineux (grands par leur utilité pour l'homme), le plus grand pour présider au jour, le plus petit pour présider à la nuit. Et il fit les étoiles, et les mit dans le firmament du Ciel pour illuminer la Terre, et pour régler le jour et pour régler la nuit dans leur vicissitude, et pour séparer la lumière d'avec les ténèbres. Dieu vit en contemplant son grand ouvrage que cela étoit bon.

« Car le soleil, sphère puissante, fut celui des corps célestes qu'il fit le premier, non lumineux d'abord, quoique de substance éthérée. Ensuite il forma la Lune globuleuse et les étoiles de toutes grandeurs, et il sema le Ciel d'étoiles comme un champ. Il prit la plus grande partie de la lumière dans son tabernacle de nuée; il la transplanta, et la plaça dans l'orbe du Soleil, fait poreux pour recevoir et boire la

And drink the liquid light; firm to retain
Her gather'd beams, great palace now of light.
Hither, as to their fountain, other stars
Repairing, in their golden urns draw light,
And hence the morning planet gilds her horns;
By tincture or reflection they augment
Their small peculiar, though from human sight
So far remote, with diminution seen.
First in his east the glorious lamp was seen,
Regent of day, and all the horizon round
Invested with bright rays, jocund to run
His longitude through heaven's high road; the gray
Dawn, and the Pleiades, before him danced,
Shedding sweet influence:

      " Less bright the moon,
But opposite in level'd west was set,
His mirror, with full face borrowing her light
From him; for other light she needed none
In that aspect, and still that distance keeps
Till night; then in the east her turn she shines,
Revolved on heaven's great axle, and her reign
With thousand lesser lights dividual holds,
With thousand thousand stars, that then appear'd
Spangling the hemisphere: then first adorn'd
With their bright luminaries, that set and rose
Glad evening and glad morn crown'd the fourth day.

" And God said: —

      " Let the waters generate
Reptile with spawn abundant, living soul:
And let fowl fly above the earth, with wings
Display'd on the open firmament of heaven.'

" And God created the great whales, and each
Soul living, each that crept, which plenteously
The waters generated by their kinds:
And every bird of wing after his kind;
And saw that it was good, and bless'd them, saying: —

" ' Be fruitful, multiply, and in the seas,
And lakes, and running streams, the waters fill;
And let the fowl be multiplied on the earth.'

" Forthwith the sounds and seas, each creek and bay,
With fry innumerable swarm, and shoals
Of fish that with their fins, and shining scales,
Glide under the green wave, in sculls that oft
Bank the mid sea: part single, or with mate,
Graze the sea-weed their pasture, and through groves
Of coral stray; or, sporting with quick glance,
Show to the sun their waved coats dropt with gold;
Or, in their pearly shells at ease, attend
Moist nutriment; or under rocks their food
In jointed armour watch: on smooth the seal,

lumière liquide, fait compacte pour retenir ses rayons recueillis, aujourd'hui grand palais de la lumière. Là, comme à leur fontaine, les autres astres se réparant, puisent la lumière dans leurs urnes d'or, et c'est là que la planète du matin dore ses cornes. Par impression ou par réflexion ces astres augmentent leur petite propriété, bien que si loin de l'œil humain on ne les voie que diminués. D'abord dans son orient se montra le glorieux flambeau, régent du jour ; il investit tout l'horizon de rayons étincelants, joyeux de courir vers son occident sur le grand chemin du Ciel : le pâle crépuscule et les Pléiades formoient des danses devant lui, répandant une bénigne influence.

« Moins éclatante, mais à l'opposite, sur le même niveau dans l'ouest, la Lune étoit suspendue : miroir du Soleil, elle en emprunte la lumière sur sa pleine face; dans cet aspect, elle n'avoit besoin d'aucune autre lumière, et elle garda cette distance jusqu'à la nuit; alors elle brilla à son tour dans l'orient, sa révolution étant accomplie sur le grand axe des Cieux ; elle régna dans son divisible empire avec mille plus petites lumières, avec mille et mille étoiles! Elles apparurent alors semant de paillettes l'hémisphère qu'ornoient, pour la première fois, leurs luminaires radieux, qui se couchèrent et se levèrent. Le joyeux soir et le joyeux matin couronnèrent le quatrième jour.

« Et Dieu dit :

« Que les eaux engendrent les reptiles, abondants en frai, créatures vivantes. Et que les oiseaux volent au-dessus de la terre, les ailes déployées sous le firmament ouvert du Ciel. »

« Et Dieu créa les grandes baleines et tous les animaux qui ont la vie, tous ceux qui glissent dans les eaux et qu'elles produisent abondamment, chacun selon leurs espèces; il créa aussi les oiseaux pourvus d'ailes, chacun selon son espèce : et il vit que cela étoit bon, et il les bénit en disant :

« Croissez et multipliez ; remplissez les eaux de la mer, des lacs et des rivières ; que les oiseaux se multiplient sur la terre. »

« Aussitôt les détroits et les mers, chaque golfe et chaque baie, fourmillent de frai innombrable et d'une multitude de poissons, qui, avec leurs nageoires et leurs brillantes écailles, glissent sous la verte vague; leurs troupes forment souvent des bancs au milieu de la mer. Ceux-ci, solitaires ou avec leurs compagnons, broutent l'algue, leur pâturage, et s'égarent dans des grottes de corail, ou, se jouant, éclair rapide, montrent au soleil leur robe ondée parsemée de gouttes d'or; ceux-là, à l'aise dans leur coquille de nacre, attendent leur humide aliment, ou, dans une armure qui les couvre, épient leur proie sous

And bended dolphins play; part huge of bulk,
Wallowing unwieldy, enormous in their gait,
Tempest the ocean : there leviathan,
Hugest of living creatures, on the deep
Stretch'd like a promontory, sleeps or swims,
And seems a moving land; and at his gills
Draws in, and at his trunk spouts out, a sea.

" Meanwhile the tepid caves, and fens, and shores,
Their brood as numerous hatch, from the egg that soon
Bursting with kindly rupture forth disclosed
Their callow young; but feather'd soon and fledged,
They summ'd their pens : and, soaring the air sublime,
With clang despised the ground, under a cloud
In prospect; there the eagle and the stork
On cliffs and cedar-tops their eyries build.

" Part loosely wing the region; part, more wise,
In common, ranged in figure, wedge their way,
Intelligent of seasons, and set forth
Their airy caravan, high over seas
Flying, and over lands, with mutual wing
Easing their flight; so steers the prudent crane
Her annual voyage, borne on winds; the air
Floats as they pass, fann'd with unnumber'd plumes.

" From branch to branch the smaller birds with song
Solaced the woods, and spread their painted wings
Till even; nor then the solemn nightingale
Ceased warbling, but all night tuned her soft lays.

" Others, on silver lakes and rivers, bathed
Their downy breast, the swan with arched neck,
Between her white wings mantling proudly, rows
Her state with oary feet; yet oft they quit
The dank, and, rising on stiff pennons, tower
The mid aerial sky : others on ground
Walk'd firm; the crested cock, whose clarion sounds
The silent hours; and the other, whose gay train
Adorns him, colour'd with the florid hue
Of rainbows and starry eyes. The waters thus
With fish replenish'd, and the air with fowl,
Evening and morn solemnised the fifth day.

" The sixth, and of creation last, arose
With evening harps and matin; when God said : —

" ' Let the earth bring forth soul living in her kind,
Cattle, and creeping things, and beast of the earth,
Each in their kind.'

" The earth obey'd, and straight
Opening her fertile womb, teem'd at a birth
Innumerous living creatures, perfect forms,
Limb'd and full grown : out of the ground uprose,

les rochers. Le veau marin et les dauphins voûtés folâtrent sur l'eau calme; des poissons d'une masse prodigieuse, d'un port énorme, se vautrant pesamment, font une tempête dans l'Océan. Là Léviathan, la plus grande des créatures vivantes, étendu sur l'abîme comme un promontoire, dort ou nage, et semble une terre mobile; ses ouies attirent en dedans, et ses naseaux rejettent en dehors une mer.

« Cependant, les antres tièdes, les marais, les rivages, font éclore leur couvée nombreuse de l'œuf qui, bientôt se brisant, laisse apercevoir par une favorable fracture les petits tout nus : bientôt emplumés, et en état de voler, ils ont toutes leurs ailes ; et avec un cri de triomphe, prenant l'essor dans l'air sublime, ils dédaignent la terre qu'ils voient en perspective sous un nuage. Ici l'aigle et la cigogne, sur les roches escarpées et sur la cime des cèdres, bâtissent leurs aires.

« Une partie des oiseaux plane indolemment dans la région de l'air ; d'autres, plus sages, formant une figure, tracent leur chemin en commun : intelligents des saisons, ils font partir leurs caravanes aériennes, qui volent au-dessus des terres et des mers, et d'une aile mutuelle facilitent leur fuite : ainsi les prudentes cigognes, portées sur les vents, gouvernent leur voyage de chaque année ; l'air flotte, tandis qu'elles passent, vanné par des plumes innombrables.

« De branche en branche les oiseaux plus petits solacient les bois de leur chant, et déploient jusqu'au soir leurs ailes peinturées : alors même le rossignol solennel ne cesse pas de chanter, mais toute la nuit il soupire ses tendres lais.

« D'autres oiseaux encore baignent dans les lacs argentés et dans les rivières leur sein duvéteux. Le cygne, au cou arqué, entre deux ailes blanches, manteau superbe, fait nager sa dignité avec ses pieds en guise de rames ; souvent il quitte l'humide élément, et, s'élevant sur ses ailes tendues, il monte dans la moyenne région de l'air. D'autres sur la terre marchent fermes, le coq crêté dont le clairon sonne les heures silencieuses, et cet oiseau qu'orne sa brillante queue, enrichie des couleurs vermeilles de l'arc-en-ciel et d'yeux étoilés. Ainsi les eaux remplies de poissons et l'air d'oiseaux le matin et le soir solennisèrent le cinquième jour.

« Le sixième et dernier jour de la création se leva enfin, au son des harpes du soir et du matin, quand Dieu dit :

« Que la terre produise des animaux vivants, chacun selon son espèce ; les troupeaux et les reptiles, et les bêtes de la terre, chacun selon son espèce ! »

« La terre obéit : et soudain, ouvrant ses fertiles entrailles, elle enfanta dans une seule couche d'innombrables créatures vivantes, de

As from his lair, the wild beast, where he wons
In forest wild, in thicket, brake, or den;
Among the trees in pairs they rose, they walk'd:
The cattle in the fields and meadows green:
Those rare and solitary, these in flocks
Pasturing at once, and in broad herds upsprung.
The grassy clods now calved; now half appear'd
The tawny lion, pawing to get free
His hinder parts; then springs, as broke from bonds,
And rampant shakes his brinded mane: the ounce,
The libbard, and the tiger, as the mole
Rising, the crumbled earth above them threw
In hillocks: the swift stag from under ground
Bore up his branching head: scarce from his mould,
Behemoth, biggest born of earth, upheaved
His vastness: fleeced the flocks and bleating rose,
As plants; ambiguous between sea and land
The river-horse, and scaly crocodile.

" At once came forth whatever creeps the ground,
Insect or worm: those waved their limber fans
For wings, and smallest lineaments exact
In all the liveries deck'd of summer's pride,
With spots of gold and purple, azure and green
These as a line their long dimension drew,
Streaking the ground with sinuous trace; not all
Minims of nature; some of serpent kind,
Wondrous in length and corpulence, involved
Their snaky folds, and added wings.

" First crept
The parsimonious emmet, provident
Of future; in small room large heart enclosed;
Pattern of just equality, perhaps
Hereafter, joined in her popular tribes
Of commonalty: swarming next appear'd
The female bee, that feeds her husband drone
Deliciously, and builds her waxen cells
With honey stored: the rest are numberless,
And thou their natures know'st, and gavest them names
Needless to thee repeated; nor unknown
The serpent, subtlest beast of all the field,
Of huge extent sometimes, with brazen eyes
And hairy mane terrific, though to thee
Not noxious, but obedient at thy call.

" Now heaven in all her glory shone, and roll'd
Her motions, as the great first Mover's hand
First wheel'd their course: earth in her rich attire
Consummate lovely smiled; air, water, earth,
By fowl, fish, beast, was flown, was swum, was walk'd,
Frequent; and of the sixth day yet remain'd:

" There wanted yet the master-work, the end

formes parfaites, pourvues de membres et en pleine croissance. Du sol comme de son gîte se leva là bête fauve, là où elle se tient d'ordinaire, dans la forêt déserte, le buisson, la fougeraie ou la caverne ; elles se levèrent par couple sous les arbres : elles marchèrent, le bétail dans les champs et les prairies vertes, ceux-ci rares et solitaires, ceux-là en troupeaux pâturant à la fois, et jaillis du sol en bandes nombreuses. Tantôt les grasses mottes de terre mettent bas une génisse ; tantôt paroît à moitié un lion roux, grattant pour rendre libre la partie postérieure de son corps : alors il s'élance comme échappé de ses liens, et, se dressant, secoue sa crinière tavelée. L'once, le léopard et le tigre, s'élevant comme la taupe, jettent par-dessus eux en monticules la terre émiettée. Le cerf rapide de dessous le sol lève sa tête branchue. A peine Béhémot, le plus gros des fils de la Terre, peut dégager de son moule son vaste corps. Les brebis laineuses et bêlantes poussent comme des plantes ; le cheval marin et le crocodile écailleux restent indécis entre la terre et l'eau.

« A la fois fut produit tout ce qui rampe sur la terre, insecte ou ver : les uns, en guise d'ailes, agitent leurs souples éventails, et décorent leurs plus petits linéaments réguliers de toutes les livrées de l'orgueil de l'été, taches d'or et de pourpre, d'azur et de vert ; les autres tirent comme une ligne leur longue dimension, rayant la terre d'une sinueuse trace. Ils ne sont pas tous les moindres de la nature : quelques-uns de l'espèce du serpent, étonnants en longueur, et en grosseur, entrelacent leurs tortueux replis, et y ajoutent des ailes

« D'abord l'économe fourmi, prévoyante de l'avenir ; dans un petit corps elle renferme un grand cœur ! modèle peut-être à l'avenir de la juste égalité, elle unit en communauté ses tribus populaires. Ensuite parut en essaim l'abeille femelle qui nourrit délicieusement son mari fainéant, et bâtit ses cellules de cire remplies de miel. Le reste est sans nombre, et tu sais leur nature, et tu leur donnas des noms inutiles à te répéter. Il ne t'est pas inconnu, le serpent (la bête la plus subtile des champs) ; d'une énorme étendue quelquefois, il a des yeux d'airain, une crinière hirsute et terrible, quoiqu'il ne te soit point nuisible et qu'il obéisse à ton appel.

« Les cieux brilloient maintenant dans toute leur gloire, et rouloient selon les mouvements que la main du grand premier moteur imprima d'abord à leur cours. La terre achevée dans son riche appareil sourioit charmante ; l'air, l'eau, la terre, étoient fréquentés par l'oiseau qui vole, le poisson qui nage, la bête qui marche : et le sixième jour n'étoit pas encore accompli.

« Il y manquoit le chef-d'œuvre, la fin de tout ce qui a été fait, un

Of all yet done; a creature, who, not prone
And brute as other creatures, but endued
With sanctity of reason, might erect
His stature, and upright with front serene
Govern the rest, self-knowing; and from thence
Magnanimous to correspond with Heaven,
But grateful to acknowledge whence his good
Descends; thither, with heart, and voice, and eyes,
Directed in devotion, to adore
And worship God Supreme, who made him chief
Of all his works: therefore the Omnipotent
Eternal Father (for where is not he
Present?) thus to his Son audibly spake:—

"'Let us make now man in our image, man
In our similitude, and let them rule
Over the fish and fowl of sea and air,
Beast of the field, and over all the earth,
And every creeping thing that creeps the ground.'

"This said, he form'd thee, Adam! thee, O man
Dust of the ground, and in thy nostrils breathed
The breath of life; in his own image he
Created thee, in the image of God
Express; and thou becamest a living soul.
Male he created thee; but thy consort
Female, for race; then bless'd mankind, and said:—

"'Be fruitful, multiply, and fill the earth;
Subdue it, and throughout dominion hold
Over fish of the sea, and fowl of the air,
And every living thing that moves on the earth,
Wherever thus created, for no place
Is yet distinct by name.' Thence, as thou know'st,
He brought thee into this delicious grove,
This garden, planted with the trees of God,
Delectable both to behold and taste;
And freely all their pleasant fruit for food
Gave thee: all sorts are here that all the earth yields,
Variety without end; but of the tree,
Which, tasted, works knowledge of good and evil,
Thou mayst not; in the day thou eat'st, thou diest:
Death is the penalty imposed; beware,
And govern well thy appetite; lest Sin
Surprise thee, and her black attendant, Death.

"Here finish'd he, and all that he had made
View'd, and behold all was entirely good;
So even and morn accomplish'd the sixth day:
Yet not till the Creator, from his work
Desisting, though unwearied, up return'd,
Up to the heaven of heavens, his high abode;
Thence to behold this new-created world,
The addition of his empire, how it show'd

être non courbé, non brute comme les autres créatures, mais qui, doué de la sainteté de la raison, pût dresser sa stature droite, et avec un front serein, se connoissant soi-même, gouverner le reste ; un être qui, magnanime, pût correspondre d'ici avec le Ciel, mais reconnoître, dans sa gratitude, d'où son bien descend, et, le cœur, la voix, les yeux dévotement dirigés là, adorer, révérer le Dieu suprême qui le fit chef de tous ses ouvrages. C'est pourquoi le Père tout-puissant, éternel (car où n'est-il pas présent?), distinctement à son Fils parla de la sorte :

« Faisons à présent l'Homme à notre image et à notre ressemblance ; et qu'il commande aux poissons de la mer, aux oiseaux du Ciel, aux bêtes des champs, à toute la terre et à tous les reptiles qui se remuent sur la terre. »

« Cela dit, il te forma, toi, Adam, toi, ô Homme, poussière de la terre! et il souffla dans tes narines le souffle de la vie : il te créa à sa propre image, à l'image exacte de Dieu, et tu devins une âme vivante. Mâle il te créa, mais il créa femelle ta compagne, pour ta race. Alors il bénit le genre humain, et dit :

« Croissez, multipliez, et remplissez la Terre et vous l'assujettissez, et dominez sur les poissons de la mer, sur les oiseaux du Ciel, et sur tous les animaux vivants qui se meuvent sur la terre, partout où ils ont été créés, car aucun lieu n'est encore désigné par un nom. » De là, comme tu sais, il te porta dans ce délicieux bocage, dans ce jardin planté des arbres de Dieu, délectables à voir et à goûter. Et il te donna libéralement tout leur fruit agréable pour nourriture (ici sont réunies toutes les espèces que porte toute la terre, variété infinie!) ; mais du fruit de l'arbre qui goûté, produit la connoissance du bien et du mal, tu dois t'abstenir ; le jour où tu en manges, tu meurs. La mort est la peine imposée ; prends garde, et gouverne bien ton appétit, de peur que le péché ne te surprenne, et sa noire suivante, la mort.

« Ici Dieu finit ; et tout ce qu'il avoit fait, il le regarda, et vit que tout étoit entièrement bon : ainsi le soir et le matin accomplirent le sixième jour ; toutefois non pas avant que le Créateur, cessant son travail quoique non fatigué, retournât en haut, en haut au Ciel des cieux, sa sublime demeure, pour contempler de là ce monde nouvellement créé, cette addition à son empire, pour voir comment il se

In prospect from his throne, how good, how fair,
Answering his great idea.

"Up he rode,
Follow'd with acclamation, and the sound
Symphonious of ten thousand harps, that tuned
Angelic harmonies: the earth, the air
Resounded (thou remember'st, for thou heard'st),
The heavens and all the constellations rung,
The planets in their station listening stood,
While the bright pomp ascended jubilant.

"'Open, ye everlasting gates!' they sung;
'Open, ye heavens! your living doors; let in
The great Creator, from his work return'd
Magnificent, his six days' work, a world;
Open, and henceforth oft; for God will deign
To visit oft the dwellings of just men,
Delighted; and with frequent intercourse
Thither will send his winged messengers
On errands of supernal grace.'

"So sung
The glorious train ascending: he through heaven,
That open'd wide her blazing portals, led
To God's eternal house direct the way;
A broad and ample road, whose dust is gold
And pavement stars, as stars to thee appear,
Seen in the Galaxy, that milky way,
Which nightly, as a circling zone, thou seest
Powder'd with stars.

"And now on earth the seventh
Evening arose in Eden, for the sun
Was set, and twilight from the east came on,
Forerunning night; when at the holy mount
Of heaven's high-seated top, the imperial throne
Of Godhead, fix'd for ever firm and sure,
The Filial Power arrived, and sat him down
With his great Father; for he also went
Invisible, yet stay'd, (such privilege
Hath Omnipresence) and the work ordain'd,
Author and End of all things: and, from work
Now resting, bless'd and hallow'd the seventh day,
As resting on that day from all his work.
But not in silence holy kept: the harp
Had work, and rested not; the solemn pipe,
And dulcimer, all organs of sweet stop,
All sounds on fret by string or golden wire,
Temper'd soft tunings, intermix'd with voice
Choral or unison: of incense clouds,
Fuming from golden censers, hid the mount,
Creation and the six days' acts they sung.

"'Great are thy works, Jehovah! infinite

montroit en perspective de son trône, combien bon, combien beau, répondant à sa grande idée.

« Il s'enleva, suivi d'acclamations, et au son mélodieux de dix mille harpes qui faisoient entendre d'angéliques harmonies. La terre, l'air, résonnoient (tu t'en souviens, car tu les entendis); les Cieux et toutes les constellations retentirent, les planètes s'arrêtèrent dans leur station pour écouter, tandis que la pompe brillante montoit en jubilation. Ils chantoient :

« Ouvrez-vous, portes éternelles ; ouvrez, ô Cieux, vos portes vivantes ; laissez entrer le grand Créateur, revenu magnifique de son ouvrage, de son ouvrage des six jours, un monde ! Ouvrez-vous, et désormais ouvrez-vous souvent ; car Dieu délecté daignera souvent visiter les demeures des hommes justes, et par une fréquente communication il y enverra ses courriers ailés, pour les messages de sa grâce suprême. »

« — Ainsi chantoit le glorieux cortége dans son ascension : le Verbe à travers le Ciel, qui ouvrit dans toute leur grandeur ses portes éclatantes, suivit le chemin direct jusqu'à la maison éternelle de Dieu ; chemin large et ample, dont la poussière est d'or et le pavé d'étoiles, comme les étoiles que tu vois dans la Galaxie, cette voie lactée que tu découvres la nuit, comme une zone poudrée d'étoiles.

« Et maintenant, sur la terre, le septième soir s'éleva dans Éden, car le soleil s'étoit couché, et le crépuscule, avant-coureur de la nuit, venoit de l'orient, quand au saint mont, sommet élevé du Ciel, trône impérial de la divinité, à jamais fixe, ferme et sûr, la puissance filiale arriva et s'assit avec son Père. Car lui aussi, quoiqu'il demeurât à la même place (tel est le privilége de l'omniprésence), étoit allé invisible à l'ouvrage ordonné, lui commencement et fin de toutes choses. Et se reposant alors du travail, il bénit et sanctifia le septième jour, parce qu'il se reposa ce jour-là de tout son ouvrage. Mais il ne fut pas chômé dans un sacré silence : la harpe eut du travail, et ne se reposa pas ; la flûte grave, le tympanon, tous les orgues au clavier mélodieux, tous les sons touchés sur la corde ou le fil d'or, confondirent de doux accords entremêlés de voix en chœur ou à l'unisson. Des nuages d'encens, fumant dans des encensoirs d'or, cachèrent la montagne. La création et l'œuvre des six jours furent chantées :

« Grands sont tes ouvrages, ô Jehovah ! infini ton pouvoir ! quelle

Thy power? what thought can measure thee, or tongue
Relate thee? Greater now in thy return
Than from the giant angels: thee that day
Thy thunders magnified; but to create
Is greater than created to destroy.
Who can impair thee, Mighty King, or bound
Thy empire? easily the proud attempt
Of spirits apostate, and their counsels vain,
Thou hast repell'd; while impiously they thought
Thee to diminish, and from thee withdraw
The number of thy worshippers. Who seeks
To lessen thee, against his purpose serves
To manifest the more thy might: his evil
Thou usest, and from thence createst more good.
Witness this new-made world, another heaven
From heaven-gate not far, founded in view
On the clear hyaline, the glassy sea;
Of amplitude almost immense, with stars
Numerous, and every star perhaps a world
Of destined habitation; but thou know'st
Their seasons: among these the seat of men,
Earth with her nether ocean circumfused,
Their pleasant dwelling-place, Thrice happy men,
And sons of men, whom God hath thus advanced!
Created in his image, there to dwell
And worship him; and in reward to rule
Over his works, on earth, in sea, or air,
And multiply a race of worshippers
Holy and just: thrice happy, if they know
Their happiness, and persevere upright!'
  "So sung they, and the empyrean rung
With halleluiahs: thus was sabbath kept.
  "And thy request think now fulfill'd, that ask'd
How first this world and face of things began,
And what before thy memory was done
From the beginning; that posterity,
Inform'd by thee, might know: if else thou seek'st
Aught, not surpassing human measure, say."

END OF BOOK VII.

pensée te peut mesurer, quelle langue te raconter ? Plus grand maintenant dans ton retour qu'après le combat des anges géants. Toi, ce jour-là tes foudres te magnifièrent, mais il est plus grand de créer que de détruire ce qui est créé. Qui peut te nuire, roi puissant, ou borner ton empire ? Facilement as-tu repoussé l'orgueilleuse entreprise des esprits apostats et dissipé leurs vains conseils, lorsque, dans leur impiété, ils s'imaginèrent te diminuer et retirer de toi la foule de tes adorateurs. Qui cherche à t'amoindrir ne sert, contre son dessein, qu'à manifester d'autant plus ta puissance ; tu emploies la méchanceté de ton ennemi, et tu en fais sortir le bien : témoin ce monde nouvellement créé, autre Ciel non loin de la porte du Ciel, fondé en vue sur le pur cristallin, la mer de verre ; d'une étendue presque immense, ce Ciel a de nombreuses étoiles, et chaque étoile est peut-être un monde destiné à être habité. Mais tu connois leurs temps. Au milieu de ces mondes se trouve la Terre, demeure des hommes, leur séjour agréable, avec son océan inférieur répandu alentour. Trois fois heureux les hommes et les fils des hommes que Dieu a favorisés ainsi ! qu'il a créés à son image, pour habiter là et pour l'adorer, et en récompense régner sur toutes ses œuvres, sur la terre, la mer ou l'air, et multiplier une race d'adorateurs saints et justes ! Trois fois heureux s'ils connoissent leur bonheur et s'ils persévèrent dans la justice.

« Ils chantoient ainsi, et l'Empyrée retentit d'alléluias ; ainsi fut gardé le jour du sabbat.

« Je pense maintenant, ô Adam, avoir pleinement satisfait à ta requête, qui demanda comment ce monde et la face des choses commencèrent d'abord, et ce qui fut fait avant ton souvenir, dès le commencement, afin que la postérité, instruite par toi, le pût apprendre. Si tu as à rechercher quelque autre chose ne surpassant pas l'intelligence humaine, parle ! »

FIN DU LIVRE VII.

BOOK VIII.

THE ARGUMENT.

Adam inquires concerning celestial motions, is doubtfully answered, and exhorted to search rather things more worthy of knowledge: Adam assents; and, still desirous to detain Raphael, relates to him what he remembered since his own creation; his placing in Paradise; his talk with God concerning solitude and fit society; his first meeting and nuptials with Eve; his discourse with the angel thereupon, who, after admonitions repeated, departs.

The angel ended, and in Adam's ear
So charming left his voice, that he awhile
Thought him still speaking, still stood fix'd to hear;
Then, as new-waked, thus gratefully replied: —
" What thanks sufficient, or what recompense
Equal, have I to render thee, divine
Historian, who thus largely hast allay'd
The thirst I had of knowledge, and vouchsafed
This friendly condescension to relate
Things else by me unsearchable; now heard
With wonder, but delight, and, as is due,
With glory attributed to the high
Creator? Something yet of doubt remains,
Which only thy solution can resolve.
" When I behold this goodly frame, this world,
Of heaven and earth consisting, and compute
Their magnitudes; this earth, a spot, a grain,
An atom, with the firmament compared
And all her number'd stars, that seem to roll
Spaces incomprehensible (for such
Their distance argues, and their swift return
Diurnal), merely to officiate light
Round this opacous earth, this punctual spot,
One day and night; in all their vast survey
Useless besides; reasoning I oft admire,

LIVRE VIII.

ARGUMENT.

Adam s'enquiert des mouvements célestes; il reçoit une réponse douteuse, et est exhorté à chercher de préférence des choses plus dignes d'être connues. Adam y consent; mais, désirant encore retenir Raphael, il lui raconte les choses dont il se souvient depuis sa propre création : sa translation dans le Paradis; son entretien avec Dieu touchant la solitude et une société convenable; sa première rencontre et ses noces avec Ève. Son discours là-dessus avec l'Ange, qui part après des admonitions répétées.

L'ange finit, et dans l'oreille d'Adam laisse sa voix si charmante que pendant quelque temps, croyant qu'il parloit encore, il restoit encore immobile pour l'écouter. Enfin, comme nouvellement éveillé, il lui dit, plein de reconnoissance :

« Quels remerciements suffisants, ou quelle récompense proportionnée, ai-je à t'offrir, divin historien qui as si abondamment étanché la soif que j'avois de connoître, qui as eu cette condescendance amicale de raconter des choses autrement pour moi inscrutables, maintenant entendues avec surprise, mais avec délice et, comme il est dû, avec une gloire attribuée au souverain Créateur. Néanmoins, quelque doute me reste, que ton explication peut seule résoudre.

« Lorsque je vois cette excellente structure, ce monde, composé du Ciel et de la Terre, et que je calcule leurs grandeurs, cette Terre est une tache, un grain, un atome, comparée avec le firmament et tous ses astres comptés, qui semblent rouler dans des espaces incompréhensibles, car leur distance et leur prompt retour diurne le prouvent. Quoi? uniquement pour administrer la lumière l'espace d'un jour et d'une nuit autour de cette Terre opaque, et de cette tache d'un point, eux, dans toute leur vaste inspection d'ailleurs inutiles! En raisonnant

How Nature, wise and frugal, could commit
Such disproportions, with superfluous hand
So many nobler bodies to create,
Greater so manifold, to this one use,
For aught appears, and on their orbs impose
Such restless revolution day by day
Repeated; while the sedentary earth,
That better might with far less compass move,
Served by more noble than herself, attains
Her end without least motion, and receives,
As tribute, such a sumless journey brought
Of incorporeal speed, her warmth and light;
Speed, to describe whose swiftness number fails."

So spake our sire, and by his countenance seem'd
Entering on studious thoughts abstruse; which Eve
Perceiving, where she sat retired in sight,
With lowliness majestic from her seat,
And grace that won who saw to wish her stay,
Rose, and went forth among her fruits and flowers,
To visit how they prosper'd, bud and bloom,
Her nursery; they at her coming sprung
And, touch'd by her fair tendance, gladlier grew,
Yet went she not, as not with such discourse
Delighted, or not capable her ear
Of what was high : such pleasure she reserved,
Adam relating, she sole auditress :
Her husband the relater she preferr'd
Before the angel, and of him to ask
Chose rather; he, she knew, would intermix
Grateful digressions, and solve high dispute
With conjugal caresses : from his lip
Not words alone pleased her. Oh! when meet now
Such pairs in love and mutual honour join'd?
With goddess-like demeanour forth she went,
Not unattended; for on her, as queen,
A pomp of winning Graces waited still,
And from about her shot darts of desire
Into all eyes, to wish her still in sight.

And Raphael now, to Adam's doubt proposed,
Benevolent and facile thus replied : —

"To ask or search, I blame thee not; for heaven
Is as the book of God before thee set,
Wherein to read his wondrous works, and learn
His seasons, hours, or days, or months, or years :
This to attain, whether heaven move or earth,
Imports not, if thou reckon right; the rest
From man or angel the great Architect
Did wisely to conceal, and not divulge
His secrets to be scann'd by them who ought
Rather admire; or, if they list to try

j'admire souvent comment la nature sobre, et sage, a pu commettre de pareilles disproportions, a pu, d'une main prodigue, créer les corps les plus beaux, multiplier les plus grands pour ce seul usage (à ce qu'il paroît), et imposer à leurs orbes de telles révolutions sans repos, jour par jour répétées. Et cependant la Terre sédentaire (qui pourroit se mouvoir mieux dans un cercle beaucoup moindre), servie par plus noble qu'elle, atteint ses fins sans le plus petit mouvement et reçoit la chaleur et la lumière, comme le tribut d'une course incalculable, apporté avec une rapidité incorporelle, rapidité telle que les nombres manquent pour l'exprimer. »

Ainsi parla notre premier père, et il sembla par sa contenance entrer dans des pensées studieuses et abstraites ; ce qu'Ève apercevant du lieu où elle étoit assise retirée en vue, elle se leva avec une modestie majestueuse et une grâce qui engageoient celui qui la voyoit à souhaiter qu'elle restât. Elle alla parmi ses fruits et ses fleurs pour examiner comment ils prospéroient, bouton et fleur ; ses élèves, ils poussèrent à sa venue, et, touchés par sa belle main, grandirent plus joyeusement. Cependant elle ne se retira point, comme non charmée de tels discours, ou parce que son oreille n'étoit pas capable d'entendre ce qui étoit élevé ; mais elle se réservoit ce plaisir, Adam racontant, elle seule auditrice ; elle préféroit à l'ange son mari le narrateur, et elle aimoit mieux l'interroger ; elle savoit qu'il entremêleroit d'agréables digressions et résoudroit les hautes difficultés par des caresses conjugales : des lèvres de son époux les paroles ne lui plaisoient pas seules. Oh ! quand se rencontre à présent un pareil couple, mutuellement uni en dignité et en amour ? Ève s'éloigna avec la démarche d'une déesse ; elle n'étoit pas sans suite, car près d'elle, comme une reine, un cortége de grâces attrayantes se tient toujours ; et d'autour d'elle jaillissoient dans tous les yeux des traits de désir qui faisoient souhaiter encore sa présence.

Et Raphael, bienveillant et facile, répond à présent au doute qu'Adam avoit proposé ;

« De demander ou de t'enquérir je ne te blâme pas, car le Ciel est comme le livre de Dieu ouvert devant toi, dans lequel tu peux lire ses merveilleux ouvrages et apprendre ses saisons, ses heures, ou ses jours, ou ses mois, ou ses années : pour atteindre à ceci, que le Ciel ou la Terre se meuvent, peu importe si tu comptes juste. Le grand architecte a fait sagement de cacher le reste à l'homme ou à l'ange, de ne pas divulguer ses secrets pour être scrutés par ceux qui doivent

Conjecture, he his fabric of the heavens
Hath left to their disputes; perhaps to move
His laughter at their quaint opinions wide
Hereafter, when they come to model heaven
And calculate the stars; how they will wield
The mighty frame; how build, unbuild, contrive,
To save appearances; how gird the sphere
With centric and eccentric scribbled o'er,
Cycle and epicycle, orb in orb:
Already by thy reasoning this I guess,
Who art to lead thy offspring, and supposest
That bodies bright and greater should not serve
The less not bright; nor heaven such journeys run,
Earth sitting still, when she alone receives
The benefit.

"Consider first, that great
Or bright infers not excellence: the earth,
Though, in comparison of heaven, so small,
Nor glistering, may of solid good contain
More plenty than the sun that barren shines;
Whose virtue on itself works no effect,
But in the fruitful earth; there first received,
His beams, unactive else, their vigour find.
Yet not to earth are those bright luminaries
Officious; but to thee, earth's habitant.

"And for the heaven's wide circuit, let it speak
The Maker's high magnificence; who built
So spacious, and his line stretch'd out so far,
That man may know he dwells not in his own;
An edifice too large for him to fill,
Lodged in a small partition; and the rest
Ordain'd for uses to his Lord best known.
The swiftness of those circles attribute,
Though numberless, to his omnipotence,
That to corporeal substances could add
Speed almost spiritual: me thou think'st not slow,
Who since the morning-hour set out from heaven
Where God resides, and ere mid-day arrived
In Eden; distance inexpressible
By numbers that have name.

"But this I urge,
Admitting motion in the heavens, to show
Invalid that which thee to doubt it moved;
Not that I so affirm, though so it seem
To thee, who hast thy dwelling here on earth.
God, to remove his ways from human sense,
Placed heaven from earth so far, that earthly sight,
If it presume, might err in things too high,
And no advantage gain.

"What if the sun

plutôt les admirer : ou s'ils veulent hasarder des conjectures, il a livré
son édifice des Cieux à leurs disputes, afin peut-être d'exciter son rire
par leurs opinions vagues et subtiles, quand dans la suite ils viendront
à mouler le Ciel et à calculer les étoiles. Comme ils manieront la puissante structure ! comme ils bâtiront, débâtiront, s'ingénieront pour
sauver les apparences! comme ils ceindront la sphère de cercles concentriques et excentriques, de cycles et d'épicycles, d'orbes dans des
orbes, mal écrits sur elle! Déjà je devine ceci par ton raisonnement,
toi qui dois guider ta postérité, et qui supposes que des corps plus
grands et lumineux n'en doivent pas servir de plus petits privés de
lumière, ni le Ciel parcourir de pareils espaces, tandis que la Terre,
assise tranquille, reçoit seule le bénéfice de cette course.

« Considère d'abord que grandeur ou éclat ne suppose pas excellence : la Terre, bien qu'en comparaison du Ciel si petite et sans
lumière, peut contenir des qualités solides en plus d'abondance que
le Soleil, qui brille stérile, et dont la vertu n'opère pas d'effet sur luimême, mais sur la Terre féconde : là ses rayons reçus d'abord (inactifs ailleurs) trouvent leur vigueur. Encore ces éclatants luminaires
ne sont pas serviables à la Terre, mais à toi, habitant de la Terre.

« Quant à l'immense circuit du Ciel, qu'il raconte la haute magnificence du Créateur, lequel a bâti d'une manière si vaste et étendu
ses lignes si loin afin que l'homme puisse savoir qu'il n'habite pas
chez lui ; édifice trop grand pour qu'il le remplisse, logé qu'il est dans
une petite portion : le reste est formé pour des usages mieux connus
de son souverain Seigneur. Attribue la vitesse de ces cercles, quoique
sans nombre, à l'omnipotence de Dieu, qui pourroit ajouter à des substances matérielles une rapidité presque spirituelle. Tu ne me crois pas
lent, moi qui depuis l'heure matinale parti du Ciel, où Dieu réside,
suis arrivé dans Éden avant le milieu du jour ; distance inexprimable
dans des nombres qui aient un nom.

« Mais, j'avance ceci, en admettant le mouvement des Cieux, pour
montrer combien a peu de valeur ce qui te porte à en douter, non que
j'affirme ce mouvement, quoiqu'il te semble tel, à toi qui as ta
demeure ici sur la Terre, Dieu, pour éloigner ses voies du sens humain,
a placé le Ciel tellement loin de la Terre, que la vue terrestre, si elle
s'aventure, puisse se perdre dans des choses trop sublimes, et n'en
tirer aucun avantage.

« Quoi ? si le Soleil est le centre du monde, et si d'autres astres

Be centre to the world; and other stars,
By his attractive virtue and their own
Incited, dance about him various rounds?
Their wandering course, now high, now low, then hid,
Progressive, retrograde, or standing still,
In six thou seest; and what if seventh to these
The planet earth, so steadfast though she seem,
Insensibly three different motions move?
Which else to several spheres thou must ascribe,
Moved contrary with thwart obliquities;
Or save the sun his labour, and that swift
Nocturnal and diurnal rhomb supposed,
Invisible else above all stars, the wheel
Of day and night; which needs not thy belief,
If earth, industrious of herself, fetch day
Travelling east, and with her part averse
From the sun's beam meet night, her other part
Still luminous by his ray. What if that light
Sent from her through the wide transpicuous air,
To the terrestrial moon be as a star,
Enlightening her by day, as she by night
This earth? reciprocal, if land be there,
Fields and inhabitants: her spots thou seest
As clouds, and clouds may rain, and rain produce
Fruits in her soften'd soil, for some to eat
Allotted there:

"And other suns perhaps,
With their attendant moons, thou wilt descry
Communicating male and female light;
Which two great sexes animate the world,
Stored in each orb perhaps with some that live.
For such vast room in nature unpossess'd
By living soul, desert and desolate,
Only to shine, yet scarce to contribute
Each orb a glimpse of light, convey'd so far
Down to this habitable, which returns
Light back to them, is obvious to dispute.

"But whether thus these things, or whether not;
Whether the sun, predominant in heaven,
Rise on the earth; or earth rise on the sun;
He from the east his flaming road begin,
Or she from west her silent course advance,
With inoffensive pace that spinning sleeps
On her soft axle; while she paces even,
And bears thee soft with the smooth air along;
Solicit not thy thoughts with matters hid;
Leave them to God above; him serve and fear.
Of other creatures, as him pleases best,
Wherever placed, let him dispose; joy thou
In what he gives to thee, this Paradise

(par sa vertu attractive et par la leur même incités) dansent autour de lui des rondes variées? Tu vois dans six planètes leur course errante, maintenant haute, maintenant basse, tantôt cachée, progressive, rétrograde ou demeurant stationnaire : que seroit-ce si la septième planète, la Terre (quoiqu'elle semble si immobile), se mouvoit insensiblement par trois mouvements divers? Sans cela, ces mouvements, ou tu les dois attribuer à différentes sphères mues en sens contraire croisant leurs obliquités, ou tu dois sauver au Soleil sa fatigue ainsi qu'à ce rhombe rapide supposé nocturne et diurne, invisible d'ailleurs au-dessus de toutes les étoiles, roue du jour et de la nuit. Tu n'aurois plus besoin d'y croire si la Terre, industrieuse d'elle-même, cherchoit le jour en voyageant à l'orient, et si de son hémisphère opposé au rayon du Soleil elle rencontroit la nuit son autre hémisphère étant encore éclairé de la lumière du jour. Que seroit-ce si cette lumière reflétée par la Terre à travers la vaste transparence de l'air étoit comme la lumière d'un astre pour le globe terrestre de la Lune, la Terre éclairant la Lune pendant le jour, comme la Lune éclaire la Terre pendant la nuit? Réciprocité dans le cas où la Lune auroit une terre, des champs et des habitants. Tu vois ces taches comme des nuages ; les nuages peuvent donner de la pluie, et la pluie peut produire des fruits dans le sol amolli de la Lune, pour nourrir ceux qui sont placés là.

« Peut-être découvriras-tu d'autres soleils accompagnés de leurs lunes, communiquant la lumière mâle et femelle ; ces deux grands sexes animent le monde, peut-être rempli dans chacun de ses orbes par quelque créature qui vit. Car qu'une aussi vaste étendue de la nature soit privée d'âmes vivantes ; qu'elle soit déserte, désolée, faite seulement pour briller, pour payer à peine à chaque orbe une foible étincelle de lumière envoyée si loin, en bas à cet orbe habitable qui lui renvoie cette lumière, c'est ce qui sera une éternelle matière de dispute.

Mais que ces choses soient ou ne soient pas ainsi ; que le Soleil dominant dans le Ciel se lève sur la Terre, ou que la Terre se lève sur le Soleil ; que le Soleil commence dans l'orient sa carrière ardente, ou que la Terre s'avance de l'occident dans une course silencieuse, à pas inoffensifs, dorme sur son axe doux, tandis qu'elle marche d'un mouvement égal et t'emporte mollement avec l'atmosphère tranquille : ne fatigue pas tes pensées de ces choses cachées ; laisse-les au Dieu d'en haut ; sers-le et crains-le. Qu'il dispose comme il lui plaît des autres créatures, quelque part qu'elles soient placées. Réjouis-toi dans

And thy fair Eve; heaven is for thee too high
To know what passes there : be lowly wise :
Think only what concerns thee, and thy being;
Dream not of other worlds; what creatures there
Live, in what state, condition, or degree :
Contented that thus far hath been reveal'd,
Not of earth only, but of highest heaven."

 To whom thus Adam, clear'd of doubt, replied : —
"How fully hast thou satisfied me, pure
Intelligence of heaven, angel serene!
And, freed from intricacies, taught to live
The easiest way; nor with perplexing thoughts
To interrupt the sweet of life, from which
God hath bid dwell far off all anxious cares,
And not molest us; unless we ourselves
Seek them with wandering thoughts, and notions vain.
But apt the mind or fancy is to rove
Uncheck'd, and of her roving is no end;
Till warn'd, or by experience taught, she learn,
That not to know at large of things remote
From use, obscure and subtle; but to know
That which before us lies in daily life,
Is the prime wisdom : what is more, is fume,
Or emptiness, or fond impertinence;
And renders us, in things that most concern,
Unpractised, unprepared, and still to seek.
Therefore from this high pitch let us descend
A lower flight, and speak of things at hand
Useful; whence, haply, mention may arise
Of something not unseasonable to ask,
By sufferance, and thy wonted favour, deign'd.

"Thee I have heard relating what was done
Ere my remembrance : now, hear me relate
My story, which perhaps thou hast not heard :
And day is not yet spent; till then thou seest
How subtly to detain thee I devise;
Inviting thee to hear while I relate;
Fond, were it not in hope of thy reply :
For, while I sit with thee, I seem in heaven;
And sweeter thy discourse is to my ear
Than fruits of palm-tree pleasantest to thirst
And hunger both, from labour at the hour
Of sweet repast; they satiate, and soon fill,
Though pleasant; but thy words, with grace divine
Imbued, bring to their sweetness no satiety."

 To whom thus Raphael answer'd heavenly meek : —
"Nor are thy lips ungraceful, sire of men,
Nor tongue ineloquent : for God on thee
Abundantly his gifts hath also pour'd
Inward and outward both, his image fair :

ce qu'il t'a donné, ce Paradis et ta belle Ève. Le Ciel est pour toi trop élevé, pour que tu puisses savoir ce qui s'y passe. Sois humblement sage; pense seulement à ce qui concerne toi et ton être; ne rêve point d'autres mondes, des créatures qui y vivent, de leur état, de leur condition ou degré : sois content de ce qui t'a été révélé jusqu'ici, non-seulement de la Terre, mais du plus haut Ciel. »

Adam, éclairci sur ses doutes, lui répliqua :

« Combien pleinement tu m'as satisfait, pure intelligence du Ciel, ange serein ! et combien, délivré de sollicitudes, tu m'as enseigné pour vivre le chemin le plus aisé ; tu m'as appris à ne point interrompre, avec des imaginations perplexes, la douceur d'une vie dont Dieu a ordonné à tous soucis pénibles d'habiter loin, et de ne pas nous troubler, à moins que nous ne les cherchions nous-mêmes par des pensées errantes et des notions vaines. Mais l'esprit ou l'imagination est apte à s'égarer sans retenue : il n'est point de fin à ses erreurs, jusqu'à ce qu'avertie, ou enseignée par l'expérience, elle apprenne que la première sagesse n'est pas de connoître amplement les matières obscures, subtiles et d'un usage éloigné, mais ce qui est devant nous dans la vie journalière ; le reste est fumée, ou vanité, ou folle extravagance, et nous rend, dans les choses qui nous concernent le plus, sans expérience, sans habitude, et cherchant toujours. Ainsi descendons de cette hauteur, abaissons notre vol et parlons des choses utiles près de nous ; d'où par hasard peut naître l'occasion de te demander quelque chose non hors de saison, m'accordant ta complaisance et ta faveur accoutumée.

« Je t'ai entendu raconter ce qui a été fait avant mon souvenir ; à présent écoute-moi raconter mon histoire, que tu ignores peut-être. Le jour n'est pas encore dépensé ; jusque ici tu vois de quoi je m'avise subtilement pour te retenir, t'invitant à entendre mon récit ; folie ! si ce n'étoit dans l'espoir de ta réponse : car tandis que je suis assis avec toi, je me crois dans le Ciel ; ton discours est plus flatteur à mon oreille que les fruits les plus agréables du palmier ne le sont à la faim et à la soif, après le travail, à l'heure du doux repas : ils rassasient et bientôt lassent, quoique agréables, mais tes paroles, imbues d'une grâce divine, n'apportent à leur douceur aucune satiété. »

Raphael répliqua, célestement doux :

« Tes lèvres ne sont pas sans grâce, père des hommes, ni ta langue sans éloquence, car Dieu avec abondance a aussi répandu ses dons sur toi extérieurement et intérieurement, toi sa brillante image : parlant

Speaking or mute, all comeliness and grace
Attends thee; and each word, each motion forms:
Nor less think we in heaven of thee on earth
Than of our fellow-servant, and inquire
Gladly into the ways of God with man:
For God, we see, hath honour'd thee, and set
On man his equal love.

               "Say therefore on;
For I that day was absent, as befell,
Bound on a voyage uncouth and obscure,
Far on excursion toward the gates of hell;
Squared in full legion (such command we had),
To see that none thence issued forth a spy,
Or enemy, while God was in his work;
Lest he, incensed at such eruption bold,
Destruction with creation might have mix'd.
Not that they durst without his leave attempt:
But us he sends upon his high behests
For state, as Sovereign King; and to inure
Our prompt obedience.

               "Fast we found, fast shut
The dismal gates, and barricadoed strong:
But long ere our approaching heard within
Noise, other than the sound of dance or song;
Torment, and loud lament, and furious rage.
Glad we return'd up to the coasts of light
Ere sabbath evening: so we had in charge.
But thy relation now; for I attend,
Pleased with thy words no less than thou with mine."

  So spake the godlike power, and thus our sire:—
"For man to tell how human life began
Is hard; for who himself beginning knew?
Desire with thee still longer to converse
Induced me.

            "As new waked from soundest sleep,
Soft on the flowery herb I found me laid,
In balmy sweat; which with his beams the sun
Soon dried, and on the reeking moisture fed.
Straight toward heaven my wondering eyes I turn'd,
And gazed awhile the ample sky; till, raised
By quick instinctive motion, up I sprung
As thitherward endeavouring, and upright
Stood on my feet.

              "About me round I saw
Hill, dale, and shady woods, and sunny plains,
And liquid lapse of murmuring streams; by these
Creatures that lived and moved, and walk'd or flew:
Birds on the branches warbling; all things smiled;
With fragance and with joy my heart o'erflow'd.

  "Myself I then perused, and limb by limb

où muet, toute beauté et toute grâce t'accompagnent et forment chacune de tes paroles, chacun de tes mouvements. Dans le Ciel nous ne te regardons pas moins que comme notre compagnon de service sur la terre, et nous nous enquérons avec plaisir des voies de Dieu dans l'homme ; car Dieu, nous le voyons, t'a honoré, et a placé dans l'homme son égal amour.

« Parle donc, car il arriva que le jour où tu naquis j'étois absent, engagé dans un voyage difficile et ténébreux, au loin dans une excursion vers les portes de l'Enfer. En pleine légion carrée (ainsi nous en avions reçu l'ordre), nous veillâmes à ce qu'aucun espion ou aucun ennemi ne sortît de là, tandis que Dieu étoit à son ouvrage, de peur que lui, irrité par cette irruption audacieuse, ne mêlât la destruction à la création. Non que les esprits rebelles osassent sans sa permission rien tenter, mais il nous envoya pour établir ses hauts commandements comme souverain roi et pour nous accoutumer à une prompte obéissance.

« Nous trouvâmes étroitement fermées les horribles portes, étroitement fermées et barricadées fortement : mais longtemps avant notre approche nous entendîmes au dedans un bruit autre que le son de la danse et du chant : tourment, et haute lamentation, et rage furieuse ! Contents, nous retournâmes aux rivages de la lumière avant le soir du sabbat ; tel étoit notre ordre. Mais ton récit à présent : car je l'attends, non moins charmé de tes paroles que toi des miennes. »

Ainsi parla ce pouvoir semblable à un Dieu, et alors notre premier père :

« Pour l'homme, dire comment la vie humaine commença, est difficile : car qui connut soi-même son commencement ? Le désir de converser plus longtemps encore avec toi m'induit à parler.

« Comme nouvellement éveillé du plus profond sommeil, je me trouvai couché mollement sur l'herbe fleurie, dans une sueur embaumée, que par ses rayons le soleil sécha en se nourrissant de la fumante humidité. Droit vers le Ciel je tournai mes yeux étonnés, et contemplai quelque temps le firmament spacieux, jusqu'à ce que, levé par une rapide et instinctive impulsion, je bondis, comme m'efforçant d'atteindre là, et je me tins debout sur mes pieds.

« Autour de moi, j'aperçus une colline, une vallée, des bois ombreux, des plaines rayonnantes au soleil, et une liquide chute de ruisseaux murmurants ; dans ces lieux j'aperçus des créatures qui vivoient et se mouvoient, qui marchoient ou voloient, des oiseaux gazouillant sur les branches : tout sourioit ; mon cœur étoit noyé de joie et de parfum.

« Je me parcours alors moi-même, et membre à membre, je m'exa-

Survey'd, and sometimes went, and sometimes ran
With supple joints, as lively vigour led :
But who I was, or where, or from what cause,
Knew not : to speak I tried, and forthwith spak
My tongue obey'd, and readily could name
Whate'er I saw.

   " ' Thou sun,' said I, ' fair light,
And thou enlighten'd earth, so fresh and gay,
Ye hills, and dales, ye rivers, woods, and plains,
And ye that live and move, fair creatures, tell,
Tell, if ye saw, how came I thus, how here?
Not of myself; by some great Maker then,
In goodness and in power pre-eminent :
Tell me, how may I know him, how adore;
From whom I have that thus I move and live,
And feel that I am happier than I know?'

" While thus I call'd, and stray'd I knew not whither,
From where I first drew air, and first beheld
This happy light; when answer none return'd,
On a green shady bank, profuse of flowers,
Pensive I sat me down : there gentle sleep
First found me, and with soft oppression seized
My drowsed sense; untroubled, though I thought
I then was passing to my former state
Insensible, and forthwith to dissolve :

" When suddenly stood at my head a dream,
Whose inward apparition gently moved
My fancy to believe I yet had being,
And lived : one came, methought, of shape divine,
And said : —

   " ' Thy mansion wants thee, Adam; rise,
First man, of men innumerable ordain'd
First father! call'd by thee, I come thy guide
To the garden of bliss, thy seat prepared.'

" So saying, by the hand he took me raised,
And over fields and waters, as in air
Smooth sliding without step, last led me up
A woody mountain; whose high top was plain,
A circuit wide enclosed, with goodliest trees
Planted, with walks and bowers; that what I saw
Of earth before scarce pleasant seem'd. Each tree
Loaden with fairest fruit that hung to the eye
Tempting, stirr'd in me sudden appetite
To pluck and eat; whereat I waked, and found
Before mine eyes all real, as the dream
Had lively shadow'd : here had new begun
My wandering, had not He, who was my guide
Up hither, from among the trees appear'd,

mine, et quelquefois je marche, et quelquefois je cours avec des jointures flexibles, selon qu'une vigueur animée me conduit ; mais qui j'étois, où j'étois, par quelle cause j'étois, je ne le savois pas. J'essayai de parler, et sur-le-champ je parlai ; ma langue obéit et put nommer promptement tout ce que je voyois.

« Toi, soleil, dis-je, belle lumière! et toi, terre éclairée, si fraîche et si riante! vous, collines et vallées, vous, rivières, bois et plaines, et vous qui vivez et vous mouvez, belles créatures, dites, dites, si vous l'avez vu, comment suis-je ainsi venu, comment suis-je ici? Ce n'est pas de moi-même : c'est donc par quelque grand créateur prééminent en bonté et en pouvoir. Dites-moi comment je puis le connoître, comment l'adorer, celui par qui je me meus, je vis, et sens que je suis plus heureux que je ne le sais?

« Pendant que j'appelois de la sorte et que je m'égarois je ne sais où, loin du lieu où j'avois d'abord respiré l'air et vu d'abord cette lumière fortunée, comme aucune réponse ne m'étoit faite, je m'assis pensif sur un banc vert, ombragé et prodigue de fleurs. Là, un agréable sommeil s'empara de moi pour la première fois, et accabla d'une douce oppression mes sens assoupis, non troublés, bien qu'alors je me figurasse repasser à mon premier état d'insensibilité et me dissoudre.

« Quand soudain à ma tête se tint un songe dont l'apparition intérieure inclina doucement mon imagination à croire que j'avois encore l'être et que je vivois. Quelqu'un vint, ce me semble, de forme divine, et me dit :

« Ta demeure te manque, Adam ; lève-toi, premier homme, toi destiné à devenir le premier père d'innombrables hommes! Appelé par toi, je viens ton guide au jardin de béatitude, ta demeure préparée. »

« Ainsi disant, il me prit par la main et me leva : et sur les campagnes et les eaux doucement glissant comme dans l'air sans marcher, il me transporta enfin sur une montagne boisée, dont le sommet étoit une plaine : circuit largement clos, planté d'arbres les meilleurs, de promenades et de bosquets ; de sorte que ce que j'avois vu sur la terre auparavant sembloit à peine agréable. Chaque arbre chargé du plus beau fruit, qui pendoit en tentant l'œil, excitoit en moi un désir soudain de cueillir et de manger. Sur quoi je m'éveillai, et trouvai devant mes yeux, en réalité, ce que le songe m'avoit vivement offert en image. Ici auroit recommencé ma course errante si celui qui étoit mon guide à cette montagne n'eût apparu parmi les arbres ; présence

Presence Divine. Rejoicing, but with awe,
In adoration at his feet I fell
Submiss: He rear'd me, and, —
     "'Whom thou sought'st I am,'
Said mildly; 'Author of all this thou seest
Above, or round about thee, or beneath.
This Paradise I give thee; count it thine
To till and keep, and of the fruit to eat:
Of every tree that in the garden grows
Eat freely with glad heart; fear here no dearth:
But of the tree, whose operation brings
Knowledge of good and ill, which I have set
The pledge of thy obedience and thy faith,
Amid the garden, by the tree of life,
Remember what I warn thee, shun to taste,
And shun the bitter consequence: for know,
The day thou eat'st thereof, my sole command
Transgress'd, inevitably thou shalt die,
From that day mortal; and this happy state
Shalt lose, expell'd from hence into a world
Of woe and sorrow.'
    "Sternly he pronounced
The rigid interdiction, which resounds
Yet dreadful in mine ear, though in my choice
Not to incur: but soon his clear aspect,
Return'd and gracious purpose thus renew'd: —
 "'Not only these fair bounds, but all the earth
To thee and to thy race I give; as lords
Possess it, and all things that therein live,
Or live in sea or air; beast, fish, and fowl.
In sign whereof, each bird and beast behold
After their kinds; I bring them to receive
From thee their names, and pay thee fealty
With low subjection; understand the same
Of fish within their watery residence,
Not hither summon'd, since they cannot change
Their element, to draw the thinner air.

 "As thus he spake, each bird and beast behold
Approaching two and two; these cowering low
With blandishment; each bird stoop'd on his wing.
I named them as they pass'd, and understood
Their nature; with such knowledge God endued
My sudden apprehension: but in these
I found not what methought I wanted still;
And to the heavenly Vision thus presumed: —
 "'Oh, by what name, for thou above all these,
Above mankind, or aught than mankind higher,
Surpassest far my naming; how may I
Adore thee, Author of this universe,
And all this good to man? for whose well-being

divine! Rempli de joie, mais avec une crainte respectueuse, je tombai soumis en adoration à ses pieds. Il me releva, et :

« Je suis celui que tu cherches, me dit-il avec douceur; auteur de tout ce que tu vois au-dessus, ou autour de toi, ou au-dessous. Je te donne ce Paradis, regarde-le comme à toi pour le cultiver et le bien tenir, et en manger le fruit. De chaque arbre qui croît dans le jardin, mange librement et de bon cœur; ne crains point ici de disette; mais de l'arbre dont l'opération apporte la connoissance du bien et du mal, arbre que j'ai planté comme le gage de ton obéissance et de ta foi, dans le jardin auprès de l'arbre de vie (souviens-toi de ce dont je t'avertis), évite de goûter et évite la conséquence amère. Car sache que le jour où tu en mangeras, ma seule défense étant transgressée, inévitablement tu mourras, mortel de ce jour; et tu perdras ton heureuse situation, chassé d'ici dans un monde de malheur et de misère. »

« Il prononça sévèrement cette rigoureuse sentence, qui résonne encore terrible à mon oreille, bien qu'il ne dépende que de moi de ne pas l'encourir. Mais il reprit bientôt son aspect serein, et renouvela de la sorte son gracieux propos :

« Non-seulement cette belle enceinte, mais la terre entière, je la donne à toi et à ta race. Possédez-la comme seigneurs, et toutes les choses qui vivent dedans, ou qui vivent dans la mer, ou dans l'air, animaux, poissons, oiseaux. En signe de quoi, voici les animaux et les oiseaux, chacun selon son espèce ; je te les amène pour recevoir leurs noms de toi, et pour te rendre foi et hommage avec une soumission profonde. Entends la même chose des poissons dans leur aquatique demeure, non semoncés ici, parce qu'ils ne peuvent changer leur élément pour respirer un air plus subtil. »

« Comme il parloit, voici les animaux et les oiseaux s'approchant deux à deux; les animaux fléchissant humblement le genou avec des flatteries, les oiseaux abaissés sur leurs ailes. Je les nommois à mesure qu'ils passoient et je comprenois leur nature (tant étoit grand le savoir dont Dieu avoit doué ma soudaine intelligence); mais parmi ces créatures je ne trouvai pas ce qui me sembloit manquer encore, et j'osai m'adresser ainsi à la céleste vision :

« — Oh! de quel nom t'appeler, car toi au-dessus de toutes ces créatures, au-dessus de l'espèce humaine, ou au-dessus de ce qui est plus haut que l'espèce humaine, tu surpasses beaucoup tout ce que je puis nommer? Comment puis-je t'adorer, auteur de cet univers et de tout ce bien donné à l'homme, pour le bien-être duquel, si largement

So amply, and with hands so liberal,
Thou hast provided all things : but with me
I see not who partakes. In solitude
What happiness? who can enjoy alone?
Or, all enjoying, what contentment find?'

"Thus I presumptuous; and the Vision bright,
As with a smile more brighten'd, thus replied : —

"'What call'st thou solitude? Is not the earth
With various living creatures, and the air
Replenish'd, and all these at thy command
To come and play before thee? Know'st thou not
Their language and their ways? They also know,
And reason not contemptibly : with these
Find pastime, and bear rule; thy realm is large.'

"So spake the Universal Lord, and seem'd
So ordering : I, with leave of speech implored,
And humble deprecation, thus replied : —

"'Let not my words offend thee, heavenly Power :
My Maker, be propitious while I speak.
Hast thou not made me here thy substitute,
And these inferior far beneath me set?
Among unequals what society
Can sort, what harmony, or true delight?
Which must be mutual, in proportion due
Given and received : but, in disparity,
The one intense, the other still remiss,
Cannot well suit with either, but soon prove
Tedious alike : of fellowship I speak,
Such as I seek, fit to participate
All rational delight; wherein the brute
Cannot be human consort : they rejoice
Each with their kind, lion with lioness;
So fitly them in pairs thou hast combined :
Much less can bird with beast, or fish with fowl
So well converse, nor with the ox the ape;
Worse then can man with beast, and least of all.'

"Whereto the Almighty answer'd, not displeased : —

"'A nice and subtle happiness, I see,
Thou to thyself proposest, in the choice
Of thy associates, Adam, and wilt taste
No pleasure, though in pleasure, solitary.
What think'st thou then of me, and this my state?
Seem I to thee sufficiently possess'd
Of happiness, or not? who am alone
From all eternity, for none I know
Second to me or like, equal much less.
How have I then with whom to hold converse,
Save with the creatures which I made, and those
To me inferior, infinite descents
Beneath what other creatures are to thee?

et d'une main libérale, tu as pourvu à toutes choses? mais avec moi, je ne vois personne qui partage. Dans la solitude est-il un bonheur? qui peut jouir seul, ou, en jouissant de tout, quel contentement trouver? »

« Ainsi je parlois présomptueux, et la vision, comme avec un sourire plus brillante, répliqua ainsi :

« Qu'appelles-tu solitude? La terre et l'air ne sont-ils pas remplis de diverses créatures vivantes, et toutes celles-ci ne sont-elles pas à ton commandement pour venir jouer devant toi? Ne connois-tu pas leur langage et leurs mœurs? Elles savent aussi, et ne raisonnent pas d'une manière méprisable. Trouve un passe-temps avec elles, et domine sur elles; ton royaume est vaste. »

« Ainsi parla l'universel Seigneur et sembla dicter des ordres. Moi, ayant imploré par une humble prière la permission de parler, je répliquai :

« Que mes discours ne t'offensent pas, céleste Puissance; mon Créateur, sois propice tandis que je parle. Ne m'as-tu pas fait ici ton représentant, et n'as-tu pas placé bien au-dessous de moi ces inférieures créatures? Entre inégaux quelle société, quelle harmonie, quel vrai délice, peuvent s'assortir? Ce qui doit être mutuel doit être donné et reçu en juste proportion; mais en disparité, si l'un est élevé, l'autre toujours abaissé, ils ne peuvent bien se convenir l'un l'autre, mais ils se deviennent bientôt également ennuyeux. Je parle d'une société telle que je la cherche, capable de participer à tout délice rationnel, dans lequel la brute ne sauroit être la compagne de l'homme : les brutes se réjouissent chacune avec leur espèce, le lion avec la lionne; si convenablement tu les as unies deux à deux! L'oiseau peut encore moins converser avec le quadrupède, le poisson avec l'oiseau, le singe avec le bœuf : l'homme peut donc encore moins s'associer à la bête, et il peut le moins de tous. »

« A quoi le Tout-Puissant, non offensé, répondit :

« Tu te proposes, je le vois, un bonheur fin et délicat dans le choix de tes associés, Adam, et dans le sein du plaisir tu ne goûteras aucun plaisir étant seul. Que penses-tu donc de moi et de mon état? Te semblai-je ou non posséder suffisamment de bonheur, moi qui suis seul de toute éternité? car je ne me connois ni second, ni semblable, d'égal beaucoup moins. Avec qui donc puis-je converser, si ce n'est avec les créatures que j'ai faites? et celles-ci, à moi inférieures, descendent infiniment plus au-dessous de moi que les autres créatures au-dessous de toi. »

"He ceased; I lowly answer'd:—

　　　　　　　　　　　" 'To attain
The height and depth of thy eternal ways
All human thoughts come short, Supreme of things!
Thou in thyself art perfect, and in thee
Is no deficience found: not so is man,
But in degree; the cause of his desire
By conversation with his like to help,
Or solace his defects. No need that thou
Shouldst propagate, already Infinite;
And through all numbers absolute, though One;
But man by number is to manifest
His single imperfection, and beget
Like of his like, his image multiplied,
In unity defective; which requires
Collateral love, and dearest amity.
Thou in thy secresy, although alone,
Best with thyself accompanied, seek'st not
Social communication; yet, so pleased,
Canst raise thy creature to what height thou wilt
Of union or communion, deified:
I, by conversing, cannot these erect
From prone; nor in their ways complacence find.'

"Thus I embolden'd spake, and freedom used
Permissive, and acceptance found: which gain'd
This answer from the gracious Voice Divine:—

"'Thus far to try thee, Adam, I was pleased;
And find thee knowing, not of beasts alone,
Which thou hast rightly named, but of thyself
Expressing well the spirit within thee free,
My image, not imparted to the brute;
Whose fellowship therefore, unmeet for thee,
Good reason was thou freely shouldst dislike;
And be so minded still: I, ere thou spakest,
Knew it not good for man to be alone;
And no such company as then thou saw'st
Intended thee; for trial only brought,
To see how thou couldst judge of fit and meet:
What next I bring shall please thee, be assured,
Thy likeness, thy fit help, thy other self
Thy wish exactly to thy heart's desire.'

"He ended, or I heard no more; for now
My earthly by his heavenly overpower'd,
Which it had long stood under, strain'd to the height
In that celestial colloquy sublime,
As with an object that excels the sense.
Dazzled and spent, sunk down; and sought repair
Of sleep, which instantly fell on me, call'd
By nature as in aid, and closed mine eyes.

"Mine eyes he closed, but open left the cell

« Il se tut, je repris humblement :

« Pour atteindre la hauteur et la profondeur de tes voies éternelles, toutes pensées humaines sont courtes. Souverain des choses, tu es parfait en toi-même, et on ne trouve rien en toi de défectueux ; l'homme n'est pas ainsi ; il ne se perfectionne que par degrés : c'est la cause de son désir de société avec son semblable pour aider ou consoler ses insuffisances. Tu n'as pas besoin de te propager, déjà Infini et accompli dans tous les nombres, quoique tu sois Un ; mais l'homme par le nombre doit manifester sa particulière imperfection, et engendrer son pareil de son pareil, en multipliant son image défectueuse en unité, ce qui exige un amour mutuel et la plus tendre amitié. Toi dans ton secret, quoique seul, supérieurement accompagné de toi-même, tu ne cherches pas de communication sociale : cependant, si cela te plaisoit, tu pourrois élever ta créature déifiée à quelque hauteur d'union ou de communion que tu voudrois : moi en conversant je ne puis redresser ces brutes courbées ni trouver ma complaisance dans leurs voies. »

« Ainsi enhardi, je parlai ; et j'usai de la liberté accordée, et je trouvai accueil : ce qui m'obtint cette réponse de la gracieuse Voix divine :

« Jusque ici, Adam, je me suis plu à t'éprouver, et j'ai trouvé que tu connoissois non-seulement les bêtes, que tu as proprement nommées, mais toi-même, exprimant bien l'esprit libre en toi, mon image, qui n'a point été départie à la brute, dont la compagnie pour cela ne peut te convenir ; tu avois une bonne raison pour la désapprouver franchement : pense toujours de même. Je savois, avant que tu parlasses, qu'il n'est pas bon pour l'homme d'être seul ; une compagnie telle que tu la voyois alors je ne t'ai pas destinée ; je te l'ai présentée seulement comme une épreuve, pour voir comment tu jugerois du juste et du convenable. Ce que je te vais maintenant apporter te plaira ; sois-en sûr ; c'est ta ressemblance, ton aide convenable, ton autre toi-même, ton souhait exactement selon le désir de ton cœur. »

« Il finit, ou je ne l'entendis plus, car alors ma nature terrestre, accablée par sa nature céleste (sous laquelle elle s'étoit tenue long-temps exaltée à la hauteur de ce colloque divin et sublime), ma nature, éblouie et épuisée comme quand un objet surpasse les sens, s'affaissa, et chercha la réparation du sommeil qui tomba à l'instant sur moi, appelé comme en aide par la nature, et il ferma mes yeux.

« Mes yeux il ferma, mais laissa ouverte la cellule de mon imagi-

Of fancy, my internal sight; by which,
Abstract as in a trance, methought I saw
Though sleeping, where I lay, and saw the shape
Still glorious before whom awake I stood;
Who stooping, open'd my left side, and took
From thence a rib, with cordial spirits warm,
And life-blood streaming fresh; wide was the wound,
But suddenly with flesh fill'd up and heal'd.

" The rib he form'd and fashion'd with his hands;
Under his forming hands a creature grew,
Man-like, but different sex, so lovely fair,
That what seem'd fair in all the world, seem'd now
Mean, or in her summ'd up, in her contain'd
And in her looks; which from that time infused
Sweetness into my heart unfelt before,
And into all things from her air inspired
The spirit of love and amorous delight.
She disappear'd, and left me dark; I waked
To find her, or for ever to deplore
Her loss, and other pleasures all abjure :

" When out of hope, behold her, not far off,
Such as I saw her in my dream, adorn'd
With what all earth or heaven could bestow
To make her amiable; on she came
Led by her heavenly Maker, though unseen,
And guided by his voice; nor uninform'd
Of nuptial sanctity, and marriage rites :
Grace was in all her steps, heaven in her eye,
In every gesture dignity and love.
I, overjoy'd, could not forbear aloud : —

" ' This turn hath made amends; thou hast fulfill'd
Thy words, Creator bounteous and benign,
Giver of all things fair! but fairest this
Of all thy gifts! nor enviest. I now see
Bone of my bone, flesh of my flesh, myself
Before me : Woman is her name; of man
Extracted : for this cause he shall forego
Father and mother, and to his wife adhere;
And they shall be one flesh, one heart, one soul.

" She heard me thus; and though divinely brought,
Yet innocence, and virgin modesty,
Her virtue, and the conscience of her worth,
That would be woo'd, and not unsought be won,
Not obvious, not obtrusive, but retired,
The more desirable; or, to say all,
Nature herself, though pure of sinful thought,
Wrought in her so, that, seeing me, she turn'd :
I follow'd her; she what was honour knew,
And with obsequious majesty approved
My pleaded reason. To the nuptial bower

nation, ma vue intérieure, par laquelle, ravi comme en extase, je vis, à ce qu'il me sembla, quoique dormant où j'étois, je vis la forme toujours glorieuse devant qui je m'étois tenu éveillé, laquelle, se baissant, m'ouvrit le côté gauche, y prit une côte toute chaude des esprits du cœur, et le sang de la vie coulant frais : large étoit la blessure, mais soudain remplie de chair et guérie.

« La forme pétrit et façonna cette côte avec ses mains ; sous ses mains créatrices se forma une créature semblable à l'homme, mais de sexe différent, si agréablement belle, que ce qui sembloit beau dans tout le monde sembloit maintenant chétif, ou paroissoit réuni en elle, contenu en elle et dans ses regards, qui depuis ce temps ont épanché dans mon cœur une douceur jusque alors non éprouvée : son air inspira à toutes choses l'esprit d'amour et un amoureux délice. Elle disparut, et me laissa dans les ténèbres. Je m'éveillai pour la trouver, ou pour déplorer à jamais sa perte et abjurer tous les autres plaisirs.

« Lorsque j'étois hors d'espoir, la voici non loin, telle que je la vis dans mon songe, ornée de ce que toute la terre ou le ciel pouvoient prodiguer pour la rendre aimable. Elle vint conduite par son céleste créateur (quoique invisible) et guidée par sa voix. Elle n'étoit pas ignorante de la nuptiale sainteté et des rites du mariage : la grâce étoit dans tous ses pas, le ciel dans ses yeux ; dans chacun de ses mouvements, la dignité et l'amour. Transporté de joie, je ne pus m'empêcher de m'écrier à voix haute :

« Cette fois tu m'as dédommagé ! tu as rempli ta promesse, Créateur généreux et plein de bénignité, donateur de toutes les choses belles ; mais celui-ci est le plus beau de tous tes présents ! et tu ne me l'as pas envié. Je vois maintenant l'os de mes os, la chair de ma chair, moi-même devant moi. La femme est son nom ; son nom est tiré de l'homme : c'est pourquoi l'homme quittera son père et sa mère et s'attachera à sa femme, et ils seront une chair, un cœur, une âme. »

« Ma compagne m'entendit ; et quoique divinement amenée, cependant l'innocence, et la modestie virginale, sa vertu, et la conscience de son prix (prix qui doit être imploré, et ne doit pas être accordé sans être recherché, qui ne s'offrant pas, ne se livrant pas lui-même, est d'autant plus désirable qu'il est plus retiré), pour tout dire enfin, la nature elle-même (quoique pure de pensée pécheresse) agit tellement en elle, qu'en me voyant elle se détourna. Je la suivis ; elle connut ce que c'étoit qu'honneur, et avec une condescendante majesté elle approuva mes raisons alléguées. Je la conduisis au berceau nuptial, rougissante comme le matin : tout le ciel et les constel-

I led her blushing like the morn : all heaven,
And happy constellations, on that hour
Shed their selectest influence; the earth
Gave sign of gratulation, and each hill;
Joyous the birds; fresh gales and gentle airs
Whisper'd it to the woods, and from their wings
Flung rose, flung odours from the spicy shrub,
Disporting, till the amorous bird of night
Sung spousal, and bid haste the evening-star
On his hill top, to light the bridal lamp.

" Thus have I told thee all my state, and brought
My story to the sum of earthly bliss,
Which I enjoy; and must confess to find
In all things else delight indeed, but such
As, used or not, works in the mind no change,
Nor vehement desire; these delicacies
I mean of taste, sight, smell, herbs, fruits, and flowers,
Walks, and the melody of birds :

"But here
Far otherwise, transported I behold,
Transported touch; here passion first I felt,
Commotion strange! in all enjoyments else
Superior and unmoved; here only weak
Against the charm of beauty's powerful glance.
Or nature fail'd in me, and left some part
Not proof enough such object to sustain;
Or, from my side subducting, took perhaps
More than enough; at least on her bestow'd
Too much of ornament, in outward show
Elaborate, of inward less exact.
For well I understand in the prime end
Of nature her the inferior, in the mind
And inward faculties, which most excel :
In outward also her resembling less
His image who made both, and less expressing
The character of that dominion given
O'er other creatures : yet, when I approach
Her loveliness, so absolute she seems,
And in herself complete, so well to know
Her own, that what she wills to do or say,
Seems wisest, virtuousest, discreetest, best :
All higher knowledge in her presence falls
Degraded; wisdom in discourse with her
Loses discountenanced, and like folly shows;
Authority and reason on her wait,
As one intended first, not after made
Occasionally; and, to consummate all,
Greatness of mind, and nobleness, their seat
Build in her loveliest, and create an awe
About her, as a guard angelic placed."

lations fortunées versèrent sur cette heure leur influence la plus choisie ; la terre et ses collines donnèrent un signe de congratulation ; les oiseaux furent joyeux ; les fraîches brises, les vents légers murmurèrent cette union dans les bois, et leurs ailes en se jouant nous jetèrent des parfums du buisson embaumé, jusqu'à ce que l'amoureux oiseau de la nuit chanta les noces et ordonna à l'étoile du soir de hâter ses pas sur le sommet de sa colline, pour allumer le flambeau nuptial.

« Ainsi je t'ai raconté toute ma condition, et j'ai amené mon histoire jusqu'au comble de la félicité terrestre dont je jouis. Je dois avouer que dans toutes les autres choses je trouve à la vérité du plaisir, mais tel que, goûté ou non, il n'opère dans mon esprit ni changement ni véhément désir : je parle de ces délicatesses de goût, de vue, d'odorat, d'herbes, de fruits, de fleurs, de promenades et de mélodie des oiseaux.

« Mais ici bien autrement : transporté je vois, transporté je touche ! Ici pour la première fois je sentis la passion, commotion étrange ! supérieur et calme dans toutes les autres jouissances, ici foible uniquement contre le charme du regard puissant de la beauté. Ou la nature a failli en moi, et m'a laissé quelque partie non assez à l'épreuve pour résister à un pareil objet ; ou, dans ce qu'on a soustrait de mon côté on m'a peut-être pris plus qu'il ne falloit : du moins on a prodigué à la femme trop d'ornements, à l'extérieur achevée, à l'intérieur moins finie. Je comprends bien que, selon le premier dessein de la nature, elle est l'inférieure par l'esprit et les facultés intérieures qui excellent le plus ; extérieurement aussi elle ressemble moins à l'image de celui qui nous fit tous deux, et elle exprime moins le caractère de cette domination donnée sur les autres créatures. Cependant, quand j'approche de ses séductions, elle me semble si parfaite et en elle-même si accomplie, si instruite de ses droits, que ce qu'elle veut faire ou dire paroît le plus sage, le plus vertueux, le plus discret, le meilleur. Toute science plus haute tombe abaissée en sa présence ; la sagesse, discourant avec elle, se perd déconcertée et paroît folie. L'autorité et la raison la suivent, comme si elle avoit été projetée la première, non faite la seconde occasionnellement : pour achever tout, la grandeur d'âme et la noblesse établissent en elle leur demeure la plus charmante, et créent autour d'elle un respect mêlé de frayeur, comme une garde angélique. »

To whom the angel with contracted brow: —

"Accuse not nature; she hath done her part,
Do thou but thine, and be not diffident
Of wisdom; she deserts thee not, if thou
Dismiss not her, when most thou need'st her nigh,
By attributing overmuch to things
Less excellent, as thou thyself perceivest.

"For, what admirest thou, what transports thee so?
An outside; fair, no doubt, and worthy well
Thy cherishing, thy honouring, and thy love;
Not thy subjection: weigh with her thyself;
Then value: oft-times nothing profits more
Than self-esteem, grounded on just and right
Well managed; of that skill the more thou know'st,
The more she will acknowledge thee her head,
And to realities yield all her shows:
Made so adorn for thy delight the more,
So awful, that with honour thou mayst love
Thy mate, who sees when thou art seen least wise.

"But if the sense of touch, whereby mankind
Is propagated, seem such dear delight
Beyond all other; think the same vouchsafed
To cattle and each beast; which would not be
To them made common and divulged, if aught
Therein enjoy'd were worthy to subdue
The soul of man, or passion in him move.

"What higher in her society thou find'st
Attractive, human, rational, love still;
In loving thou dost well, in passion not,
Wherein true love consists not: love refines
The thoughts, and heart enlarges; hath his seat
In reason, and is judicious; is the scale
By which to heavenly love thou mayst ascend,
Not sunk in carnal pleasure; for which cause,
Among the beasts no mate for thee was found."

To whom thus, half abash'd, Adam replied: —

"Neither her outside form'd so fair, nor aught
In procreation common to all kind,
(Though higher of the genial bed by far
And with mysterious reverence I deem)
So much delights me, as those graceful acts,
Those thousand decencies, that daily flow
From all her words and actions, mix'd with love
And sweet compliance, which declare unfeign'd
Union of mind, or in us both one soul;
Harmony to behold in wedded pair
More grateful than harmonious sound to the ear.

"Yet these subject not: I to thee disclose

L'ange fronçant le sourcil, lui répondit :

« N'accuse point la nature ; elle a rempli sa tâche ; remplis la tienne, et ne te défie pas de la sagesse ; elle ne t'abandonnera pas, si tu ne la renvoies quand tu aurois le plus besoin d'elle près de toi, alors que tu attaches trop de prix à des choses moins excellentes, comme tu t'en aperçois toi-même.

« Aussi bien qu'admires-tu ? qu'est-ce qui te transporte ainsi ? Des dehors ! beaux sans doute et bien dignes de ta tendresse, de ton hommage et de ton amour, non de ta servitude. Pèse-toi avec la femme, ensuite évalue : souvent rien n'est plus profitable que l'estime de soi-même bien ménagée et fondée en justice et en raison. Plus tu connoîtras de cette science, plus ta compagne te reconnoîtra pour son chef, et à des réalités cédera toutes ses apparences. Elle est faite ainsi ornée pour te plaire davantage, ainsi imposante pour que tu puisses aimer avec honneur ta compagne, qui voit quand tu parois le moins sage.

« Mais si le sens du toucher, par lequel l'espèce humaine est propagée, te paroît un délice cher au-dessus de tout autre, songe que le même sens a été accordé au bétail et à chaque bête : lequel ne leur auroit pas été révélé et rendu commun si quelque chose existoit là-dedans digne de subjuguer l'âme de l'homme ou de lui inspirer la passion.

« Ce que tu trouves d'élevé, d'attrayant, de doux, de raisonnable, dans la société de ta compagne, aime-le toujours ; en aimant tu fais bien ; dans la passion, non, car en celle-ci le véritable amour ne consiste pas. L'amour épure les pensées et élargit le cœur ; il a son siége dans la raison, et il est judicieux : il est l'échelle par laquelle tu peux monter à l'amour céleste, n'étant pas plongé dans le plaisir charnel : c'est pour cette cause que parmi les bêtes aucune compagne ne t'a été trouvée. »

Adam, à demi honteux, répliqua :

« Ni l'extérieur de la femme, formé si beau ni rien de la procréation commune à toutes les espèces (quoique je pense du lit nuptial d'une manière beaucoup plus élevée et avec un mystérieux respect) ne me plaisent autant dans ma compagne que ces manières gracieuses, ces mille décences sans cesse découlant de toutes ses paroles et de toutes ses actions mêlées d'amour, de douce complaisance, qui révèlent une union sincère d'esprit ou une seule âme entre nous deux : harmonie de deux époux, plus agréable à voir qu'un son harmonieux à entendre.

« Toutefois, ces choses ne me subjuguent pas : je te découvre ce que

What inward thence I feel, not therefore foil'd;
Who meet with various objects, from the sense
Variously representing; yet, still free,
Approve the best, and follow what I approve.
To love, thou blamest me not; for love, thou say'st,
Leads up to heaven, is both the way and guide;
Bear with me then, if lawful what I ask:
Love not the heavenly spirits, and how their love
Express they? by looks only? or do they mix
Irradiance, virtual or immediate touch?"

 To whom the angel, with a smile that glow'd
Celestial rosy red, love's proper hue,
Answer'd: —

   "Let it suffice thee that thou know'st
Us happy; and without love no happiness.
Whatever pure thou in the body enjoy'st
(And pure thou wert created) we enjoy
In eminence; and obstacle find none
Of membrane, joint, or limb, exclusive bars:
Easier than air with air, if spirits embrace,
Total they mix, union of pure with pure
Desiring; nor restrain'd conveyance need,
As flesh to mix with flesh, or soul with soul.

 "But I can now no more; the parting sun,
Beyond the earth's green cape and verdant isles
Hesperian, sets; my signal to depart.
Be strong, live happy, and love! but, first of all,
Him, whom to love is to obey, and keep
His great command: take heed, lest passion sway
Thy judgment to do aught, which else free will
Would not admit: thine, and of all thy sons,
The weal or woe in thee is placed; beware!
I in thy persevering shall rejoice,
And all the blest: stand fast: to stand or fall
Free in thine own arbitrement it lies.
Perfect within, no outward aid require;
And all temptation to transgress repel."

 So saying, he arose; whom Adam thus
Follow'd with benediction: —

    "Since to part,
Go, heavenly guest, ethereal messenger,
Sent from whose sovereign goodness I adore!
Gentle to me and affable hath been
Thy condescension, and shall be honour'd ever
With grateful memory: thou to mankind
Be good and friendly still, and oft return!"

 So parted they; the angel up to heaven
From the thick shade, and Adam to his bower.

END OF BOOK VIII.

je sens intérieurement, sans pour cela que je sois vaincu, moi qui rencontre des objets divers diversement représentés par les sens; cependant, toujours libre, j'approuve le meilleur, et je suis ce que j'approuve. Tu ne me blâmes pas d'aimer, car l'amour, tu le dis, nous élève au ciel; il en est à la fois le chemin et le guide. Souffre-moi donc, si ce que je demande est permis : les esprits célestes n'aiment-ils point? Comment expriment-ils leur amour? Par regards seulement? Où mêlent-ils leur lumière rayonnante par un toucher virtuel ou immédiat? »

L'ange avec un sourire qu'animoit la rougeur des roses célestes, propre couleur de l'amour, lui répondit :

« Qu'il te suffise de savoir que nous sommes heureux, et que sans amour il n'y a point de bonheur. Tout ce que tu goûtes de plaisir pur dans ton corps (et tu fus créé pur), nous le goûtons dans un degré plus éminent : nous ne trouvons point d'obstacles de membrane, de jointure, ou de membre, barrières exclusives. Plus aisément que l'air avec l'air, si les esprits s'embrassent, ils se confondent, le pur désirant l'union avec le pur : ils n'ont pas besoin d'un moyen de transmission borné, comme la chair pour s'unir à la chair, ou l'âme à l'âme.

« Mais je ne puis à présent rester davantage : le soleil, s'abaissant au delà des terres du cap Vert et des îles verdoyantes de l'Hespérie, se couche : c'est le signal de mon départ. Sois ferme; vis heureux et aime! mais aime Dieu avant tout; lui obéir, c'est l'aimer. Observe son grand commandement : prends garde que la passion n'entraîne ton jugement à faire ce qu'autrement ta volonté libre n'admettroit pas. Le malheur ou le bonheur de toi et de tes fils est en toi placé. Sois sur tes gardes; moi et tous les esprits bienheureux, nous nous réjouirons dans ta persévérance. Tiens-toi ferme : rester debout ou tomber dépend de ton libre arbitre. Parfait intérieurement, ne cherche pas de secours extérieur, et repousse toute tentation de désobéir. »

Il dit, et se leva. Adam le suivoit avec des bénédictions.

« Puisqu'il te faut partir, va, hôte céleste, messager divin, envoyé de celui dont j'adore la bonté souveraine! Douce et affable a été pour moi ta condescendance; elle sera honorée à jamais dans ma reconnoissante mémoire. Sois toujours bon et amical pour l'espèce humaine, et reviens souvent! »

Ainsi, ils se séparèrent : de l'épais ombrage, l'ange retourna au ciel, et Adam à son berceau.

FIN DU LIVRE VIII.

BOOK IX.

THE ARGUMENT.

Satan having encompassed the earth, with meditated guile returns, as a mist, by night into Paradise; enters into the serpent sleeping. Adam and Eve in the morning go forth to their labours, which Eve proposes to divide in several places, each labouring apart: Adam consents not, alleging the danger, lest that enemy, of whom they were forewarned, should tempt her found alone: Eve, loth to be thought not circumspect or firm enough, urges her going apart, the rather desirous to make trial of her strength: Adam at last yields; the serpent finds her alone: his subtle approach, first gazing, then speaking; with much flattery extolling Eve above all other creatures. Eve, wondering to hear the serpent speak, asks how he attained to human speech, and such understanding, not till now: the serpent answers, that by tasting of a certain tree in the garden he attained both to speech and reason, till then void of both: Eve requires him to bring her to that tree, and finds it to be the tree of knowledge forbidden; the serpent, now grown bolder, with many wiles and arguments induces her at length to eat; she, pleased with the taste, deliberates awhile whether to impart thereof to Adam or not; at last brings him of the fruit; relates what persuaded her to eat thereof: Adam, at first amazed, but perceiving her lost, resolves, through vehemence of love, to perish with her; and, extenuating the trespass, eats also of the fruit: the effects thereof in them both; they seek to cover their nakedness; then fall to variance and accusation of one another.

No more of talk where God or angel guest
With man, as with his friend, familiar used
To sit indulgent, and with him partake
Rural repast; permitting him the while
Venial discourse unblamed. I now must change
Those notes to tragic; foul distrust, and breach
Disloyal on the part of man, revolt
And disobedience: on the part of Heaven
Now alienated, distance and distaste,
Anger and just rebuke, and judgment given,
That brought into this world a world of woe,

LIVRE IX.

ARGUMENT.

Satan ayant parcouru la terre avec une fourberie méditée revient de nuit comme un brouillard dans le Paradis ; il entre dans le serpent endormi. Adam et Ève sortent au matin pour leurs ouvrages, qu'Ève propose de diviser en différents endroits, chacun travaillant à part. Adam n'y consent pas, alléguant le danger, de peur que l'ennemi dont ils ont été avertis ne la tentât quand il la trouverait seule. Ève, offensée de n'être pas crue ou assez circonspecte ou assez ferme, insiste pour aller à part, désireuse de mieux faire preuve de sa force. Adam cède enfin ; le serpent la trouve seule : sa subtile approche, d'abord contemplant, ensuite parlant, et avec beaucoup de flatterie élevant Ève au-dessus de toutes les autres créatures. Ève, étonnée d'entendre le serpent parler, lui demande comment il a acquis la voix humaine et l'intelligence qu'il n'avoit pas jusque alors. Le serpent répond qu'en goûtant d'un certain arbre dans le Paradis il a acquis à la fois la parole et la raison, qui lui avoient manqué jusque alors. Ève lui demande de la conduire à cet arbre, et elle trouve que c'est l'arbre de la science défendue. Le serpent, à présent devenu plus hardi, par une foule d'astuces et d'arguments, l'engage à la longue à manger. Elle, ravie du goût, délibère un moment si elle en fera part ou non à Adam ; enfin elle lui porte du fruit ; elle raconte ce qui l'a persuadée d'en manger. Adam, d'abord consterné, mais voyant qu'elle étoit perdue, se résout, par véhémence d'amour, à périr avec elle, et, atténuant la faute, il mange aussi du fruit : ses effets sur tous deux. Ils cherchent à couvrir leur nudité, ensuite ils tombent en désaccord et s'accusent l'un l'autre.

Plus de ces entretiens dans lesquels Dieu ou l'ange, hôtes de l'homme, comme avec leur ami avoient accoutumé de s'asseoir, familiers et indulgents, et de partager son champêtre repas, durant lequel ils lui permettoient sans blâme des discours excusables. Désormais il me faut passer de ces accents aux accents tragiques : de la part de l'homme, honteuse défiance et rupture déloyale, révolte et désobéissance ; de la part du Ciel (maintenant aliéné), éloignement et dégoût, colère et juste réprimande, et arrêt prononcé, lequel arrêt fit entrer dans ce monde un monde de calamités, le

Sin and her shadow Death, and Misery,
Death's harbinger:
                    Sad task! yet argument
Not less, but more heroic, than the wrath
Of stern Achilles on his foe pursued
Thrice fugitive about Troy wall; or rage
Of Turnus for Lavinia disespoused;
Or Neptune's ire, or Juno's that so long
Perplex'd the Greek, and Cytherea's son;
If answerable style I can obtain
Of my celestial patroness, who deigns
Her nightly visitation unimplored,
And dictates to me slumbering; or inspires
Easy my unpremeditated verse:

Since first this subject for heroic song
Pleased me, long choosing and beginning late;
Not sedulous by nature to indite
Wars, hitherto the only argument
Heroic deem'd; chief mastery to dissect
With long and tedious havoc fabled knights,
In battles feign'd; the better fortitude
Of patience and heroic martyrdom
Unsung; or to describe races and games,
Or tilting furniture, imblazon'd shields,
Impresses quaint, caparisons and steeds,
Bases and tinsel trappings, gorgeous knights
At joust and tournament; then marshal'd fease
Served up in hall with sewers and seneshals;
The skill of artifice or office mean,
Not that which justly gives heroic name
To person or to poem.
                    Me, of these
Nor skill'd nor studious, higher argument
Remains; sufficient of itself to raise
That name, unless an age too late, or cold
Climate, or years, damp my intended wing
Depress'd; and much they may, if all be mine,
Not hers, who brings it nightly to my ear.

The sun was sunk, and after him the star
Of Hesperus, whose office is to bring
Twilight upon the earth, short arbiter
'Twixt day and night; and now from end to end
Night's hemisphere had veil'd the horizon round.
When Satan, who late fled before the threats
Of Gabriel out of Eden, now improved
In meditated fraud and malice, bent
On man's destruction, maugre what might hap
Of heavier on himself, fearless return'd.
By night he fled, and at midnight return'd
From compassing the earth; cautious o day,

péché et son ombre, la mort, et la misère, avant-coureur de la mort.

Triste tâche! cependant sujet non moins élevé, mais plus héroïque que la colère de l'implacable Achille contre son ennemi, poursuivi trois fois fugitif autour des murs de Troie, ou que la rage de Turnus pour Lavinie démariée, ou que le courroux de Neptune et celui de Junon, qui si longtemps persécuta le Grec et le fils de Cythérée ; sujet non moins élevé, si je puis obtenir de ma céleste patronne un style approprié, de cette patronne qui daigne, sans être implorée, me visiter la nuit, et qui dicte à mon sommeil ou inspire facilement mon vers non prémédité.

Ce sujet me plut d'abord pour un chant héroïque, longtemps choisi, commencé tard. La nature ne m'a point rendu diligent à raconter les combats, regardés jusque ici comme le seul sujet héroïque. Quel chef-d'œuvre! disséquer avec un long et ennuyeux ravage des chevaliers fabuleux dans des batailles feintes (et le plus noble courage de la patience, et le martyre héroïque, demeurent non chantés!), ou décrire des courses et des jeux, des appareils de pas d'armes, des boucliers blasonnés, des devises ingénieuses, des caparaçons et des destriers, des housses et des harnais de clinquant, des superbes chevaliers aux joutes et aux tournois, puis des festins ordonnés, servis dans une salle par des écuyers tranchants et des sénéchaux ! L'habileté dans un art ou dans un travail chétif n'est pas ce qui donne justement un nom héroïque à l'auteur ou au poëme.

Pour moi (de ces choses ni instruit ni studieux), un sujet plus haut me reste, suffisant de lui-même pour immortaliser mon nom, à moins qu'un siècle trop tardif, le froid climat ou les ans n'engourdissent mon aile humiliée : ils le pourroient, si tout cet ouvrage étoit le mien, non celui de la Divinité qui chaque nuit l'apporte à mon oreille.

Le soleil s'étoit précipité, et après lui l'astre d'Hesperus, dont la fonction est d'amener le crépuscule à la terre, conciliateur d'un moment entre le jour et la nuit; et à présent l'hémisphère de la nuit avoit voilé d'un bout à l'autre le cercle de l'horizon, quand Satan, qui dernièrement s'étoit enfui d'Éden devant les menaces de Gabriel, maintenant perfectionné en fraude méditée et en malice, acharné à la destruction de l'homme, malgré ce qui pouvoit arriver de plus aggravant pour lui-même, revint sans frayeur. Il s'envola de nuit, et revint à minuit, ayant achevé le tour de la terre, se précautionnant contre le

Since Uriel, regent of the sun, descried
His entrance, and forewarn'd the cherubim
That kept their watch; thence full of anguish driven,
The space of seven continued nights he rode
With darkness; thrice the equinoctial line
He circled; four times cross'd the car of night
From pole to pole, traversing each colure;
On the eighth return'd; and, on the coast averse
From entrance or cherubic watch, by stealth
Found unsuspected way.
     There was a place,
Now not, though sin, not time, first wrought the change,
Where Tigris, at the foot of Paradise,
Into a gulf shot underground; till part
Rose up a fountain by the tree of life:
In with the river sunk, and with it rose,
Satan, involved in rising mist; then sought
Where to lie hid: sea he had search'd, and land
From Eden over Pontus, and the pool
Mæotis, up beyond the river Ob;
Downward as far antarctic; and in length,
West from Orontes to the ocean barr'd
At Darien; thence to the land where flow
Ganges and Indus:
     Thus the orb he roam'd
With narrow search; and with inspection deep
Consider'd every creature, which of all
Most opportune might serve his wiles; and found
The serpent subtlest beast of all the field.
Him, after long debate irresolute
Of thoughts revolved, his final sentence chose;
Fit vessel, fittest imp of fraud, in whom
To enter, and his dark suggestions hide
From sharpest sight; for, in the wily snake
Whatever sleights, none would suspicious mark,
As from his wit and native subtlety
Proceeding; which, in other beasts observed,
Doubt might beget of diabolic power
Active within, beyond the sense of brute.
Thus he resolved; but first from inward grief
His bursting passion into plaints thus pour'd:—

"O earth, how like to heaven, if not preferr'd
More justly, seat worthier of gods, as built
With second thoughts, reforming what was old!
For what God, after better, worse would build?
Terrestrial heaven, danced round by other heavens
That shine, yet bear their bright officious lamps,
Light above light, for thee alone, as seems;
In thee concentring all their precious be
Of sacred influence! As God in heave

jour, depuis qu'Uriel, régent du soleil, découvrit son entrée dans Éden, et en prévint les chérubins qui tenoient leur veille. De là, chassé plein d'angoisse, il rôda pendant sept nuits continues avec les ombres. Trois fois il circula autour de la ligne équinoxiale ; quatre fois il croisa le char de la nuit de pôle en pôle, en traversant chaque colure. A la huitième nuit il retourna, et du côté opposé de l'entrée du Paradis, ou de la garde des Chérubins, il trouva d'une manière furtive un passage non suspecté.

Là étoit un lieu qui n'existe plus (le péché, non le temps, opéra d'abord ce changement), d'où le Tigre du pied du Paradis s'élançoit dans un gouffre sous la terre, jusqu'à ce qu'une partie de ses eaux ressortît en fontaine auprès de l'arbre de vie. Satan s'abîme avec le fleuve, et se relève avec lui, enveloppé dans la vapeur émergente. Il cherche ensuite où se tenir caché : il avoit exploré la mer et la terre depuis Éden jusqu'au Pont-Euxin et les Palus-Méotides, par delà le fleuve d'Oby descendant aussi loin que le pôle antarctique ; en longueur à l'Occident, depuis l'Oronte jusqu'à l'Océan que barre l'isthme de Darien, et de là jusqu'au pays où coulent le Gange et l'Indus.

Ainsi il avoit rôdé sur le globe avec une minutieuse recherche, et considéré avec une inspection profonde chaque créature, pour découvrir celle qui seroit la plus propre de toutes à servir ses artifices ; et il trouva que le serpent étoit le plus fin de tous les animaux des champs. Après un long débat, irrésolu et tournoyant dans ses pensées, Satan, par une détermination finale, choisit la plus convenable greffe du mensonge, le vase convenable dans lequel il pût entrer et cacher ses noires suggestions au regard le plus perçant : car dans le rusé serpent toutes les finesses ne seroient suspectes à personne, comme procédant de son esprit et de sa subtilité naturelle, tandis que, remarquées dans d'autres animaux, elles pourroient engendrer le soupçon d'un pouvoir diabolique, actif en eux et surpassant l'intelligence de ces brutes. Satan prit cette résolution ; mais d'abord de sa souffrance intérieure, sa passion éclatant s'exhala en ces plaintes :

« O Terre, combien tu ressembles au Ciel, si tu ne lui es plus justement préférée ! Demeure plus digne des dieux, comme étant bâtie par les secondes pensées reformant ce qui étoit vieux. Car quel Dieu voudroit élever un pire ouvrage après en avoir bâti un meilleur ? Terrestre ciel autour duquel se meuvent d'autres cieux qui brillent : encore leurs lampes officieuses apportent-elles lumière sur lumière, pour toi seul, comme il semble, concentrant en toi tous leurs précieux rayons d'une influence sacrée ! De même que dans le Ciel Dieu est

Is centre, yet extends to all; so thou,
Centring, receivest from all those orbs : in thee,
Not in themselves, all their known virtue appears
Productive in herb, plant, and nobler birth
Of creatures animate with gradual life,
Of growth, sense, reason, all summ'd up in man.

" With what delight could I have walk'd thee round,
If I could joy in aught! sweet interchange
Of hill, and valley, rivers, woods, and plains,
Now land, now sea, and shores with forest crown'd,
Rocks, dens, and caves! But I in none of these
Find place or refuge; and the more I see
Pleasures about me, so much more I feel
Torment within me, as from the hateful siege
Of contraries : all good to me becomes
Bane, and in heaven much worse would be my state.

" But neither here seek I, no, nor in heaven
To dwell, unless by mastering heaven's Supreme :
Nor hope to be myself less miserable
By what I seek, but others to make such
As I, though thereby worse to me redound :
For only in destroying I find ease
To my relentless thoughts; and, him destroy'd,
Or won to what may work his utter loss,
For whom all this was made; all this will soon
Follow, as to him link'd in weal or woe :
In woe then; that destruction wide may range.
To me shall be the glory sole among
The infernal powers, in one day to have marr'd
What he, Almighty styled, six nights and days
Continued making; and who knows how long
Before had been contriving? though perhaps
Not longer than since I, in one night, freed
From servitude inglorious well nigh half
The angelic name, and thinner left the throng
Of his adorers.

   " He, to be avenged,
And to repair his numbers thus impair'd,
Whether such virtue spent of old now fail'd
More angels to create, if they at least
Are his created; or, to spite us more,
Determined to advance into our room
A creature form'd of earth; and him endow,
Exalted from so base original,
With heavenly spoils, our spoils : what he decreed,
He effected; man he made, and for him built
Magnificent this world, and earth his seat,
Him lord pronounced; and, O indignity!
Subjected to his service angel-wings,

centre, et toutefois s'étend à tout, de même toi, centre, tu reçois de tous ces globes : en toi, non en eux-mêmes, toute leur vertu connue apparoît productive dans l'herbe, dans la plante et dans la plus noble naissance des êtres animés d'une graduelle vie : la végétation, le sentiment, la raison, tous réunis dans l'homme.

« Avec quel plaisir j'aurois fait le tour de la Terre si je pouvois jouir de quelque chose ! Quelle agréable succession de collines, de vallées, de rivières, de bois et de plaines ! à présent la terre, à présent la mer, des rivages couronnés de forêts, des rochers, des antres, des grottes ! Mais je n'y ai trouvé ni demeure ni refuge ; et plus je vois de félicités autour de moi, plus je sens de tourments en moi, comme si j'étois le siége odieux des contraires : tout bien pour moi devient poison, et dans le Ciel ma condition seroit encore pire.

« Mais je ne cherche à demeurer ni ici ni dans le Ciel, à moins que je n'y domine le souverain maître des Cieux. Je n'espère point être moins misérable par ce que je cherche ; je ne veux que rendre d'autres tels que je suis, dussent par là redoubler mes maux, car c'est seulement dans la destruction que je trouve un adoucissement à mes pensées sans repos. L'homme, pour qui tout ceci a été fait, étant détruit, ou porté à faire ce qui opérera sa perte entière, tout ceci le suivra bientôt comme enchaîné à lui en bonheur ou malheur. En malheur donc ! Qu'au loin la destruction s'étende ! A moi seul, parmi les pouvoirs infernaux, appartiendra la gloire d'avoir corrompu dans un seul jour ce que celui nommé le Tout-Puissant continua de faire pendant six nuits et six jours. Et qui sait combien de temps auparavant il l'avoit médité ? quoique peut-être ce ne soit que depuis que dans une seule nuit j'ai affranchi d'une servitude inglorieuse près de la moitié des races angéliques et éclairci la foule de ses adorateurs.

« Lui, pour se venger, pour réparer ses nombres ainsi diminués, soit que sa vertu de longtemps épuisée lui manquât maintenant pour créer d'autres anges (si pourtant ils sont sa création), soit que pour nous dépiter davantage il se déterminât à mettre en notre place une créature formée de terre, il l'enrichit (elle sortie d'une si basse origine !) de dépouilles célestes nos dépouilles. Ce qu'il décréta, il l'accomplit : il fit l'homme, et lui bâtit ce monde magnifique, et de la terre, sa demeure, il le proclama seigneur. Oh ! indignité ! il assujettit

And flaming ministers to watch and tend
Their earthy charge.
                 " Of these the vigilance
I dread; and, to elude, thus wrapp'd in mist
Of midnight vapour glide obscure; and pry
In every bush and brake, where hap may find
The serpent sleeping; in whose mazy folds
To hide me, and the dark intent I bring.
O foul descent! that I, who erst contended
With gods to sit the highest, am now constrain'd
Into a beast; and, mix'd with bestial slime,
This essence to incarnate and imbrute
That to the height of deity aspired!
But what will not ambition and revenge
Descend to? Who aspires, must down as low
As high he soar'd; obnoxious, first or last,
To basest things. Revenge, at first though sweet,
Bitter ere long, back on itself recoils:
Let it; I reck not, so it light well aim'd,
Since higher I fall short, on him who next
Provokes my envy, this new favourite
Of Heaven, this man of clay, son of despite;
Whom, us the more to spite, his Maker raised
From dust: spite then with spite is best repaid."

    So saying, through each thicket dank or dry,
Like a black mist low-creeping, he held on
His midnight search, where soonest he might find
The serpent: him fast sleeping soon he found
In labyrinth of many a round self-roll'd,
His head the midst, well stored with subtle wiles:
Not yet in horrid shade or dismal den,
Nor nocent yet; but, on the grassy herb,
Fearless, unfear'd he slept: in at his mouth
The devil enter'd; and his brutal sense,
In heart or head, possessing, soon inspired
With act intelligential; but his sleep
Disturb'd not, waiting close the approach of morn.

    Now, when as sacred light began to dawn
In Eden on the humid flowers, that breathed
Their morning incense, when all things that breathe,
From the earth's great altar send up silent praise
To the Creator, and his nostrils fill
With grateful smell, forth came the human pair,
And join'd their vocal worship to the quire
Of creatures wanting voice; that done, partake
The season, prime for sweetest scents and airs:
Then commune, how that day they best may ply
Their growing work; for much their work outgrew
The hands' dispatch of two, gardening so wide;
And Eve first to her husband thus began: —

au service de l'homme les ailes de l'ange, il astreignit des ministres flamboyants à veiller et à remplir leur terrestre fonction.

« Je crains la vigilance de ceux-ci ; pour l'éviter, enveloppé ainsi dans le brouillard et la vapeur de minuit, je glisse obscur, je fouille chaque buisson, chaque fougeraie où le hasard peut me faire trouver le serpent endormi, afin de me cacher dans ses replis tortueux, moi et la noire intention que je porte. Honteux abaissement ! moi qui naguère combattis les dieux pour siéger le plus haut, réduit aujourd'hui à m'unir à un animal, et mêlé à la fange de la bête, à incarner cette essence, à abrutir celui qui aspiroit à la hauteur de la divinité! Mais à quoi l'ambition et la vengeance ne peuvent-elles pas descendre? Qui veut monter doit ramper aussi bas qu'il a volé haut, exposé tôt ou tard aux choses les plus viles. La vengeance, quoique douce d'abord, amère avant peu, sur elle-même recule. Soit! peu m'importe, pourvu que le coup éclate bien miré : puisque, en ajustant plus haut, je suis hors de portée, je vise à celui qui le second provoque mon envie, à ce nouveau favori du Ciel, à cet homme d'argile, à ce fils du dépit que, pour nous marquer plus de dédain, son auteur éleva de la poussière : la haine par la haine est mieux payée. »

Il dit. A travers les buissons humides ou arides, comme un brouillard noir et rampant, il poursuit sa recherche de minuit pour rencontrer le serpent le plus tôt possible. Il le trouva bientôt profondément endormi, roulé sur lui-même dans un labyrinthe de cercles, sa tête élevée au milieu et remplie de fines ruses. Non encore dans une ombre horrible ou un repaire effrayant, non encore nuisible, sur l'herbe épaisse, sans crainte et non craint il dormoit. Le démon entra par sa bouche, et, s'emparant de son instinct brutal dans la tête ou dans le cœur, il lui inspira bientôt des actes d'intelligence ; mais il ne troubla pas son sommeil, attendant ainsi renfermé l'approche du matin.

Déjà la lumière sacrée commençoit de poindre dans Éden parmi les fleurs humides qui exhaloient leur encens matinal, alors que toutes les choses qui respirent sur le grand autel de la terre élèvent vers le Créateur des louanges silencieuses et une odeur qui lui est agréable : le couple humain sortit de son berceau, et joignit l'adoration de sa bouche au chœur des créatures privées de voix. Cela fait, nos parents profitent de l'heure, la première pour les plus doux parfums et les plus douces brises. Ensuite ils délibèrent comment ce jour-là ils peuvent le mieux s'appliquer à leur croissant ouvrage, car cet ouvrage dépassoit de beaucoup l'activité des mains des deux créatures qui cultivoient une si vaste étendue. Ève la première parla de la sorte à son mari :

"Adam, well may we labour still to dress
This garden, still to tend plant, herb, and flower,
Our pleasant task enjoin'd; but, till more hands
Aid us, the work under our labour grows,
Luxurious by restraint: what we by day
Lop overgrown, or prune, or prop, or bind,
One night or two with wanton growth derides,
Tending to wild. Thou therefore now advise,
Or hear what to my mind first thoughts present.

"Let us divide our labours; thou, where choice
Leads thee, or where most needs; whether to wind
The woodbine round this arbour, or direct
The clasping ivy where to climb: while I,
In yonder spring of roses intermix'd
With myrtle, find what to redress till noon:
For, while so near each other thus all day
Our task we choose, what wonder if so near
Looks intervene and smiles, or object new
Casual discourse draw on; which intermits
Our day's work, brought to little, though begun
Early, and the hour of supper comes unearn'd?"

To whom mild answer Adam thus return'd:—

"Sole Eve, associate sole, to me beyond
Compare above all living creatures dear!
Well hast thou motion'd, well thy thoughts employ'd
How we might best fulfil the work which here
God hath assign'd us; nor of me shalt pass
Unpraised; for nothing lovelier can be found
In woman, than to study household good,
And good works in her husband to promote,
Yet not so strictly hath our Lord imposed
Labour, as to debar us when we need
Refreshment, whether food, or talk between,
Food of the mind, or this sweet intercourse
Of looks and smiles; for smiles from reason flow,
To brute denied, and are of love the food;
Love, not the lowest end of human life.
For not to irksome toil, but to delight,
He made us, and delight to reason join'd.
These paths and bowers doubt not but our joint hands
Will keep from wilderness with ease, as wide
As we need walk; till younger hands ere long
Assist us:

"But if much converse perhaps
Thee satiate, to short absence I could yield;
For solitude sometimes is best society,
And short retirement urges sweet return.

« Adam, nous pouvons nous occuper encore à parer ce jardin, à relever encore la plante, l'herbe et la fleur, agréable tâche qui nous est imposée. Mais jusqu'à ce qu'un plus grand nombre de mains viennent nous aider, l'ouvrage sous notre travail augmente, prodigue par contrainte : ce que pendant le jour nous avons taillé de surabondant, ou ce que nous avons élagué, ou appuyé, ou lié, en une nuit ou deux, par un fol accroissement se rit de nous et tend à redevenir sauvage. Avise donc à cela maintenant, ou écoute les premières idées qui se présentent à mon esprit.

« Divisons nos travaux : toi, va où ton choix te guide, ou du côté qui réclame le plus de soin, soit pour tourner le chèvre-feuille autour de ce berceau, soit pour diriger le lierre grimpant là où il veut monter, tandis que moi là-bas, dans ce plant de roses entremêlées de myrte, je trouverai jusqu'à midi des choses à redresser. Car lorsque ainsi nous choisissons tout le jour notre tâche si près l'un de l'autre, faut-il s'étonner qu'étant si près, des regards et des sourires interviennent, ou qu'un objet nouveau amène un entretien imprévu qui réduit notre travail du jour interrompu à peu de chose, bien que commencé matin ? Alors arrive l'heure du souper non gagnée. »

Adam lui fit cette douce réponse :

« Ma seule Ève, ma seule associée, à moi sans comparaison plus chère que toutes les créatures vivantes, bien as-tu proposé, bien as-tu employé tes pensées pour découvrir comment nous pourrions accomplir le mieux ici l'ouvrage que Dieu nous a assigné. Tu ne passeras pas sans être louée de moi, car rien n'est plus aimable dans une femme que d'étudier le devoir de famille et de pousser son mari aux bonnes actions. Cependant, notre maître ne nous a pas si étroitement imposé le travail qu'il nous interdise le délassement quand nous en avons besoin, soit par la nourriture, soit par la conversation entre nous (nourriture de l'esprit), soit par ce doux échange des regards et des sourires : car les sourires découlent de la raison ; refusés à la brute, ils sont l'aliment de l'amour : l'amour n'est pas la fin la moins noble de la vie humaine. Dieu ne nous a pas faits pour un travail pénible, mais pour le plaisir, et pour le plaisir joint à la raison. Ne doute pas que nos mains unies ne défendent facilement contre le désert ces sentiers et ces berceaux, dans l'étendue dont nous avons besoin pour nous promener, jusqu'à ce que de plus jeunes mains viennent avant peu nous aider.

» Mais si trop de conversation peut-être te rassasie, je pourrois consentir à une courte absence, car la solitude est quelquefois la meilleure société, et une courte séparation précipite un doux retour. Mais

But other doubt possesses me, lest harm
Befall thee sever'd from me; for thou know'st
What hath been warn'd us; what malicious foe,
Envying our happiness, and of his own
Despairing, seeks to work us woe and shame
By sly assault; and somewhere nigh at hand
Watches, no doubt, with greedy hope to find
His wish and best advantage, us asunder;
Hopeless to circumvent us join'd, where each
To other speedy aid might lend at need:
Whether his first design be to withdraw
Our fealty from God; or to disturb
Conjugal love, than which perhaps no bliss
Enjoy'd by us excites his envy more;
Or this, or worse, leave not the faithful side
That gave thee being, still shades thee, and protects.
The wife, where danger or dishonour lurks,
Safest and seemliest by her husband stays,
Who guards her, or with her the worst endures."

To whom the virgin majesty of Eve,
As one who loves, and some unkindness meets,
With sweet austere composure thus replied:—

"Offspring of heaven and earth, and all earth's lord!
That such an enemy we have, who seeks
Our ruin, both by thee inform'd I learn,
And from the parting angel overheard,
As in a shady nook I stood behind,
Just then return'd at shut of evening flowers.
But that thou shouldst my firmness therefore doubt
To God or thee, because we have a foe
May tempt it, I expected not to hear.
His violence thou fear'st not; being such
As we, not capable of death or pain,
Can either not receive, or can repel.
His fraud is then thy fear; which plain infers
Thy equal fear that my firm faith and love
Can by his fraud be shaken or seduced;
Thoughts, which how found they harbour in thy breast,
Adam, misthought of her to thee so dear?"

To whom with healing words Adam replied:—

"Daughter of God and man, immortal Eve!
For such thou art; from sin and blame entire:
Not diffident of thee, do I dissuade
Thy absence from my sight, but to avoid
The attempt itself, intended by our foe;
For he who tempts, though in vain, at least asperses
The tempted with dishonour foul; supposed
Not incorruptible of faith, not proof
Against temptation: thou thyself with scorn

une autre inquiétude m'obsède : j'ai peur qu'il ne t'arrive quelque mal quand tu seras sevrée de moi ; car tu sais de quoi nous avons été avertis, tu sais quel malicieux ennemi, enviant notre bonheur et désespérant du sien, cherche à opérer notre honte et notre misère par une attaque artificieuse ; il veille sans doute quelque part près d'ici, dans l'avide espérance de trouver l'objet de son désir et son plus grand avantage, nous étant séparés ; il est sans espoir de nous circonvenir réunis, parce qu'au besoin nous pourrions nous prêter l'un à l'autre un rapide secours. Soit qu'il ait pour principal dessein de nous détourner de la foi envers Dieu, soit qu'il veuille troubler notre amour conjugal, qui excite peut-être son envie plus que tout le bonheur dont nous jouissons ; que ce soit là son dessein, ou quelque chose de pire, ne quitte pas le côté fidèle qui t'a donné l'être, qui t'abrite encore et te protège. La femme, quand le danger ou le déshonneur l'épie, demeure plus en sûreté et avec plus de bienséance auprès de son mari, qui la garde ou endure avec elle toutes les extrémités. »

La majesté virginale d'Ève, comme une personne qui aime et qui rencontre quelque rigueur, lui répondit avec une douce et austère tranquillité :

« Fils de la Terre et du Ciel, et souverain de la terre entière, que nous ayons un ennemi qui cherche notre ruine, je l'ai su de toi et de l'ange dont je surpris les paroles à son départ, lorsque je me tenois en arrière dans un enfoncement ombragé, tout juste alors revenue au fermer des fleurs du soir. Mais que tu doutes de ma constance envers Dieu ou envers toi, parce que nous avons un ennemi qui la peut tenter, c'est ce que je ne m'attendois pas à ouïr. Tu ne crains pas la violence de l'ennemi ; étant tels que nous sommes, incapables de mort ou de douleur, nous ne pouvons recevoir ni l'une ni l'autre, ou nous pouvons les repousser. Sa fraude cause donc ta crainte ; d'où résulte clairement ton égale frayeur de voir mon amour et ma constante fidélité ébranlés ou séduits par sa ruse. Comment ces pensées ont-elles trouvé place dans ton sein, ô Adam ? as-tu pu mal penser de celle qui t'est si chère ? »

Adam par ces paroles propres à la guérir répliqua :

« Fille de Dieu et de l'homme, immortelle Ève, car tu es telle, non encore entamée par le blâme et le péché ; ce n'est pas en défiance de toi que je te dissuade de l'absence loin de ma vue, mais pour éviter l'entreprise de notre ennemi. Celui qui tente, même vainement, répand du moins le déshonneur sur celui qu'il a tenté ; il a supposé sa foi non incorruptible, non à l'épreuve de la tentation. Toi-même tu

And anger wouldst resent the offer'd wrong,
Though ineffectual found : misdeem not then,
If such affront I labour to avert
From thee alone, which on us both at once
The enemy, though bold, will hardly dare;
Or daring, first on me the assault shall light.
Nor thou his malice and false guile contemn :
Subtle he needs must be, who could seduce
Angels : nor think superfluous others' aid.
I, from the influence of thy looks, receive
Access in every virtue; in thy sight
More wise, more watchful, stronger, if need were
Of outward strength; while shame, thou looking on,
Shame to be overcome or over-reach'd,
Would utmost vigour raise, and raised unite.
Why shouldst not thou like sense within thee feel
When I am present, and thy trial choose
With me, best witness of thy virtue tried?"

So spake domestic Adam in his care
And matrimonial love; but Eve, who thought
Less attributed to her faith sincere,
Thus her reply with accent sweet renew'd : —

"If this be our condition, thus to dwell
In narrow circuit straiten'd by a foe,
Subtle or violent, we not endued
Single with like defence, wherever met;
How are we happy, still in fear of harm?
But harm precedes not sin : only our foe,
Tempting, affronts us with his foul esteem
Of our integrity : his foul esteem
Sticks no dishonour on our front, but turns
Foul on himself.

"Then wherefore shunn'd or fear'd
By us? who rather double honour gain
From his surmise proved false; find peace within,
Favour from Heaven, our witness, from the event.
And what is faith, love, virtue, unassay'd
Alone, without exterior help sustain'd?
Let us not then suspect our happy state
Left so imperfect by the Maker wise,
As not secure to single or combined.
Frail is our happiness, if this be so;
And Eden were no Eden, thus exposed."

To whom thus Adam fervently replied : —

"O woman, best are all things as the will
Of God ordain'd them : his creating hand
Nothing imperfect or deficient left
Of all that he created : much less man,
Or aught that might his happy state secure,
Secure from outward force : within himself

ressentirois avec dédain et colère l'injure offerte, quoique demeurée sans effet. Ne te méprends donc pas si je travaille à détourner un pareil affront de toi seule ; un affront qu'à nous deux à la fois l'ennemi, bien qu'audacieux, oseroit à peine offrir, ou, s'il l'osoit, l'assaut s'adresseroit d'abord à moi : ne méprise pas sa malice et sa perfide ruse ; il doit être astucieux, celui qui a pu séduire des anges. Ne pense pas que le secours d'un autre soit superflu. L'influence de tes regards me donne accès à toutes les vertus : à ta vue, je me sens plus sage, plus vigilant, plus fort ; s'il étoit nécessaire de force extérieure, tandis que tu me regarderois, la honte d'être vaincu ou trompé soulèveroit ma plus grande vigueur, et la soulèveroit tout entière. Pourquoi ne sentirois-tu pas au-dedans de toi la même impression quand je suis présent, et ne préférerois-tu pas subir ton épreuve avec moi, moi le meilleur témoin de ta vertu éprouvée ? »

Ainsi parla Adam, dans sa sollicitude domestique et son amour conjugal ; mais Ève, qui pensa qu'on n'accordoit pas assez à sa foi sincère, renouvela sa répartie avec un doux accent :

« Si notre condition est d'habiter ainsi dans une étroite enceinte, resserrés par un ennemi subtil ou violent (nous n'étant pas doués séparément d'une force égale pour nous défendre partout où il nous rencontrera), comment sommes-nous heureux, toujours dans la crainte du mal ? Mais le mal ne précède point le péché : seulement notre ennemi, en nous tentant, nous fait un affront par son honteux mépris de notre intégrité. Son honteux mépris n'attache point le déshonneur à notre front, mais retombe honteusement sur lui.

« Pourquoi donc seroit-il évité et craint par nous, qui gagnons plutôt un double honneur de sa prénotion prouvée fausse, qui trouvons dans l'événement la paix intérieure et la faveur du Ciel, notre témoin ? Et qu'est-ce que la fidélité, l'amour, la vertu, essayés seuls, sans être soutenus d'un secours extérieur ? Ne soupçonnons donc pas notre heureux état d'avoir été laissé si imparfait par le sage Créateur, que cet état ne soit pas assuré, soit que nous soyons séparés ou réunis. Fragile est notre félicité s'il en est de la sorte. Ainsi exposé, Éden ne seroit pas Éden. »

Adam avec ardeur répliqua :

« Femme, toutes choses sont pour le mieux, comme la volonté de Dieu les a faites. Sa main créatrice n'a laissé rien de défectueux ou d'incomplet dans tout ce qu'il a créé, et beaucoup moins dans l'homme ou dans ce qui peut assurer son heureux état, garanti contre la force

The danger lies, yet lies within his power :
Against his will he can receive no harm :
But God left free the will; for what obeys
Reason, is free; and reason he made right,
But bid her well beware, and still erect,
Lest, by some fair-appearing good surprised
She dictate false, and misinform the will
To do what God expressly hath forbid.

" Not then mistrust, but tender love, enjoins,
That I should mind thee oft; and thou mind me.
Firm we subsist, yet possible to swerve;
Since reason not impossibly may meet
Some specious object by the foe suborn'd,
And fall into deception unaware,
Not keeping strictest watch, as she was warn'd.
Seek not temptation then, which to avoid
Were better, and most likely if from me
Thou sever not : trial will come unsought.
Wouldst thou approve thy constancy? approve
First thy obedience; the other who can know?
Not seeing thee attempted, who attest?
But if thou think trial unsought may find
Us both securer than thus warn'd thou seem'st,
Go; for thy stay, not free, absents thee more;
Go in thy native innocence, rely
On what thou hast of virtue; summon all :
For God towards thee hath done his part; do thine."

So spake the patriarch of mankind; but Eve
Persisted; yet submiss, though last, replied : —

" With thy permission then, and thus forewarn'd
Chiefly by what thy own last reasoning words
Touch'd only; that our trial, when least sought,
May find us both perhaps far less prepared;
The willinger I go, nor much expect
A foe so proud will first the weaker seek;
So bent, the more shall shame him his repulse."

Thus saying, from her husband's hand her hand
Soft she withdrew, and, like a wood-nymph light,
Oread or Dryad, or of Delia's train,
Betook her to the groves; but Delia's self
In gait surpass'd, and goddess-like deport,
Though not as she with bow and quiver arm'd,
But with such gardening tools as art, yet rude,
Guiltless of fire, had form'd, or angels brought.
To Pales, or Pomona, thus adorn'd,
Likest she seem'd; Pomona, when she fled
Vertumnus; or to Ceres in her prime,

extérieure. Le péril de l'homme est en lui-même, et c'est aussi dans lui qu'est sa puissance : contre sa volonté, il ne peut recevoir aucun mal ; mais Dieu a laissé la volonté libre, car qui obéit à la raison est libre ; et Dieu a fait la raison droite, mais il lui a commandé d'être sur ses gardes, et toujours debout, de peur que surprise par quelque belle apparence de bien elle ne dicte faux et n'informe mal la volonté, pour lui faire faire ce que Dieu a défendu expressément.

« Ce n'est donc point la méfiance, mais un tendre amour qui ordonne à moi de t'avertir souvent, à toi aussi de m'avertir. Nous subsistons affermis ; cependant il est possible que nous nous égarions, puisqu'il n'est pas impossible que la raison, par l'ennemi subornée, ne puisse rencontrer quelque objet spécieux, et tomber surprise dans une déception imprévue, faute d'avoir conservé l'exacte vigilance, comme elle en avoit été avertie. Ne cherche donc point la tentation, qu'il seroit mieux d'éviter, et tu l'éviteras probablement si tu ne te sépares pas de moi : l'épreuve viendra sans être cherchée. Veux-tu prouver ta constance, prouve d'abord ton obéissance. Mais qui connoîtra la première si tu n'as point été tentée, qui l'attestera? Si tu penses qu'une épreuve non cherchée peut nous trouver tous deux plus en sûreté qu'il ne te semble que nous le sommes, toi ainsi avertie... va ! car ta présence contre ta volonté te rendroit plus absente ; va dans ton innocence native, appuie-toi sur ce que tu as de vertu, réunis-la toute, car Dieu envers toi a fait son devoir ; fais le tien. »

Ainsi parla le patriarche du genre humain, mais Ève persista. Et quoique soumise, elle répliqua la dernière :

« C'est donc avec ta permission, ainsi prévenue et surtout à cause de ce que tes dernières paroles, pleines de raison, n'ont fait que toucher : l'épreuve étant moins cherchée nous trouveroit peut-être moins préparés ; c'est pour cela que je m'éloigne plus volontiers. Je ne dois pas beaucoup m'attendre qu'un ennemi aussi fier s'adresse d'abord à la plus foible ; s'il y étoit enclin, il n'en seroit que plus honteux de sa défaite. »

Ainsi disant, elle retire doucement sa main de celle de son époux, et comme une nymphe légère des bois, Oréade, ou Dryade, ou du cortége de la déesse de Délos, elle vole aux bocages. Elle surpassoit Diane elle-même par sa démarche et son port de déesse, quoiqu'elle ne fût point armée comme elle de l'arc et du carquois, mais de ces instruments de jardinage, tel que l'art, simple encore et innocent du feu, les avoit formés, ou tels qu'ils avoient été apportés par les anges. Ornée comme Palès ou Pomone, elle leur ressembloit : à Pomone quand elle fuit Vertumne, à Cérès dans sa fleur, lorsqu'elle étoit

Yet virgin of Proserpina from Jove.
Her long with ardent look his eye pursued
Delighted, but desiring more her stay.
Oft he to her his charge of quick return
Repeated: she to him as oft engaged
To be return'd by noon amid the bower,
And all things in best order to invite
Noontide repast, or afternoon's repose.

Oh! much deceived, much failing, hapless Eve,
Of thy presumed return! event perverse!
Thou never from that hour in Paradise
Found'st either sweet repast or sound repose;
Such ambush, hid among sweet flowers and shades,
Waited with hellish rancour imminent
To intercept thy way, or send thee back
Despoil'd of innocence, of faith, of bliss!

For now, and since first break of dawn, the fiend,
Mere serpent in appearance, forth was come:
And on his quest, where likeliest he might find
The only two of mankind, but in them
The whole included race, his purposed prey.
In bower and field he sought, where any tuft
Of grove or garden plot more pleasant lay,
Their tendance, or plantation for delight;
By fountain or by shady rivulet
He sought them both, but wish'd his hap might find
Eve separate; he wish'd, but not with hope
Of what so seldom chanced; when to his wish,
Beyond his hope, Eve separate he spies,
Veil'd in a cloud of fragance, where she stood,
Half spied, so thick the roses blushing round
About her glow'd, oft stooping to support
Each flower of tender stalk, whose head, though gay
Carnation, purple, azure, or speck'd with gold,
Hung drooping unsustain'd; them she upstays
Gently with myrtle band, mindless the while
Herself, though fairest unsupported flower,
From her best prop so far, and storm so nigh.

Nearer he drew, and many a walk traversed
Of stateliest covert, cedar, pine, or palm;
Then voluble and bold, now hid, now seen,
Among thick-woven arborets, and flowers
Imborder'd on each bank, the hand of Eve:
Spot more delicious than those gardens feign'd
Or of revived Adonis, or renown'd
Alcinous, host of old Laertes' son;
Or that, not mystic, where the sapient king
Held dalliance with his fair Egyptian spouse.

Much he the place admired, the person more,
As one who, long in populous city pent,

vierge encore de Proserpine, qu'elle eut de Jupiter. Adam étoit ravi : son œil la suivit longtemps d'un regard enflammé ; mais il désiroit davantage qu'elle fût restée. Souvent il lui répète l'ordre d'un prompt retour ; aussi souvent elle s'engage à revenir à midi au berceau, à mettre toute chose dans le meilleur ordre, pour inviter Adam au repas du milieu du jour ou au repos de l'après-midi.

Oh ! combien déçue, combien trompée, malheureuse Ève, sur ton retour présumé ! événement pervers ! A compter de cette heure, jamais tu ne trouveras dans le Paradis ni doux repas ni profond repos ! Une embûche est dressée parmi ces fleurs et ces ombrages ; tu es attendue par une rancune infernale qui menace d'intercepter ton chemin ou de te renvoyer dépouillée d'innocence, de fidélité, de bonheur....!

Car maintenant, et depuis l'aube du jour, l'ennemi (simple serpent en apparence) étoit venu, cherchant le lieu où il pourroit rencontrer plus vraisemblablement les deux seuls de l'espèce humaine, mais en eux toute leur race, sa proie projetée. Il cherche dans le bocage et dans la prairie, là où quelque bouquet de bois, quelque partie du jardin, objet de leur soin ou de leur plantation, se montrent plus agréables pour leurs délices ; au bord d'une fontaine, ou d'un petit ruisseau ombragé, il les cherche tous deux ; mais il désiroit que son destin pût rencontrer Ève séparée d'Adam ; il le désiroit, mais non avec l'espérance de ce qui arrivoit si rarement, quand, selon son désir et contre son espérance, il découvre Ève seule, voilée d'un nuage de parfums là où elle se tenoit à demi aperçue ; tant les roses épaisses et touffues rougissoient autour d'elle. Souvent elle se baissoit pour relever les fleurs d'une foible tige, dont la tête, quoique d'une vive carnation, empourprée, azurée ou marquetée d'or, pendoit sans support ; elle les redressoit gracieusement avec un lien de myrte, sans songer qu'elle-même, la fleur la plus belle, étoit non soutenue, son meilleur appui si loin, la tempête si proche !

Le serpent s'approchoit ; il franchit mainte avenue du plus magnifique couvert, cèdre, pin ou palmier. Tantôt ondoyant et hardi, tantôt caché, tantôt vu parmi les arbustes entrelacés et les fleurs formant bordure des deux côtés, ouvrage de la main d'Ève : retraite plus délicieuse que ces fabuleux jardins d'Adonis ressuscité, ou d'Alcinoüs renommé, hôte du fils du vieux Laerte, ou bien encore que ce jardin, non mystique, dans lequel le sage roi se livroit à de mutuelles caresses avec la belle Égyptienne, son épouse.

Satan admire le lieu, encore plus la personne. Comme un homme longtemps enfermé dans une cité populeuse, dont les maisons serrées

Where houses thick and sewers annoy the air,
Forth issuing on a summer's morn, to breathe
Among the pleasant villages and farms
Adjoin'd, from each thing met conceives delight,
The smell of grain, or tedded grass, or kine,
Or dairy, each rural sight, each rural sound;
If chance, with nymph-like step, fair virgin pass,
What pleasing seem'd, for her now pleases more;
She most, and in her look sums all delight:
Such pleasure took the serpent to behold
This flowery plat, the sweet recess of Eve
Thus early, thus alone: her heavenly form
Angelic, but more soft, and feminine
Her graceful innocence, her every air
Of gesture, or least action, overawed
His malice, and with rapine sweet bereaved
His fierceness of the fierce intent it brought:
That space the evil one abstracted stood
From his own evil, and for the time remain'd
Stupidly good, of enmity disarm'd,
Of guile, of hate, of envy, of revenge:
But the hot hell that always in him burns,
Though in mid heaven, soon ended his delight,
And tortures him now more, the more he sees
Of pleasure, not for him ordain'd: then soon
Fierce hate he recollects, and all his thoughts
Of mischief, gratulating, thus excites:

"Thoughts, whither have ye led me? with what sweet
Compulsion thus transported, to forget
What hither brought us? hate, not love; nor hope
Of Paradise for hell, hope here to taste
Of pleasure; but all pleasure to destroy,
Save what is in destroying: other joy
To me is lost. Then, let me not let pass
Occasion which now smiles; behold alone
The woman, opportune to all attempts,
Her husband (for I view far round) not nigh,
Whose higher intellectual more I shun,
And strength, of courage haughty, and of limb
Heroic built, though of terrestrial mould;
Foe not informidable! exempt from wound,
I not; so much hath hell debased, and pain
Enfeebled me, to what I was in heaven.
She fair, divinely fair, fit love for gods!
Not terrible, though terror be in love
And beauty, not approach'd by stronger hate,
Hate stronger, under show of love well feign'd;
The way which to her ruin now I tend."

So spake the enemy of mankind, enclosed
In serpent, inmate bad! and toward Eve

et les égouts corrompent l'air, par un matin d'été, il sort pour respirer dans les villages agréables et dans les fermes adjacentes ; de toutes choses qu'il rencontre il tire un plaisir ; l'odeur des blés ou de l'herbe fauchée, ou celle des vaches et des laiteries, chaque objet rustique, chaque bruit champêtre, tout le charme ; si d'aventure une belle vierge au pas de nymphe vient à passer, ce qui plaisoit à cet homme lui plaît davantage à cause d'elle ; elle l'emporte sur tout, et dans son regard elle réunit toutes les délices : le serpent prenoit un pareil plaisir à voir ce plateau fleuri, doux abri d'Ève ainsi matineuse, ainsi solitaire ! Sa forme angélique et céleste, mais plus suave et plus féminine, sa gracieuse innocence, toute la façon de ses gestes ou de ses moindres mouvements, intimident la malice de Satan, et par un doux larcin depouillent sa violence de l'intention violente qu'il apportoit. Dans cet intervalle le mal unique demeure abstrait de son propre mal, et pendant ce temps demeura stupidement bon, désarmé qu'il étoit d'inimitié, de fourberie, de haine, d'envie, de vengeance. Mais l'enfer ardent qui brûle toujours en lui, quoique dans un demi-ciel, finit bientôt ses délices, et le torture d'autant plus qu'il voit plus de plaisir non destiné pour lui. Alors il rappelle la haine furieuse, et, caressant ses pensées de malheur, il s'excite de la sorte :

« Pensées, où m'avez-vous conduit ! par quelle douce impulsion ai-je été poussé à oublier ce qui nous a amené ici ? La haine ! non l'amour, ni l'espoir du Paradis pour l'Enfer, ni l'espoir de goûter ici le plaisir, mais de détruire tout plaisir, excepté celui qu'on éprouve à détruire : toute autre joie pour moi est perdue. Ainsi ne laissons pas échapper l'occasion qui me rit à présent : voici la femme seule, exposée à toutes les attaques ; son mari (car je vois au loin tout alentour) n'est pas auprès d'elle ; j'évite davantage sa plus haute intelligence et sa force ; d'un courage fier, bâti de membres héroïques quoique moulés en terre, ce n'est point un ennemi peu redoutable ; lui exempt de blessures, moi non ! tant l'Enfer m'a dégradé, tant la souffrance m'a fait déchoir de ce que j'étois dans le ciel ! Ève est belle, divinement belle, faite pour l'amour des dieux ; elle n'a rien de terrible, bien qu'il y ait de la terreur dans l'amour et dans la beauté quand elle n'est pas approchée par une haine plus forte ; haine d'autant plus forte qu'elle est mieux déguisée sous l'apparence de l'amour : c'est le chemin que je tente pour la ruine d'Ève. »

Ainsi parle l'ennemi du genre humain, mauvais hôte du serpent dans lequel il étoit renfermé, et vers Ève il poursuit sa route. Il ne se

Address'd his way: not with indented wave,
Prone on the ground, as since; but on his rear,
Circular base of rising folds, that tower'd
Fold above fold, a surging maze! his head
Crested aloft, and carbuncle his eyes;
With burnish'd neck of verdant gold, erect
Amidst his circling spires, that on the grass
Floated redundant: pleasing was his shape
And lovely; never since of serpent-kind
Lovelier, not those that in Illyria changed
Hermione and Cadmus, or the god
In Epidaurus; nor to which transform'd
Ammonian Jove or Capitoline was seen;
He with Olympias; this with her who bore
Scipio, the height of Rome.
      With track obliqu
At first, as one who sought access, but fear'd
To interrupt, sidelong he works his way.
As when a ship, by skilful steersman wrought
Nigh river's mouth or foreland, where the wind
Veers oft, as oft so steers, and shifts her sail:
So varied he, and of his tortuous train
Curl'd many a wanton wreath in sight of Eve,
To lure her eye;
     She, busied, heard the sound
Of rustling leaves, but minded not, as used
To such disport before her through the field,
From every beast; more duteous at her call,
Than at Circean call the herd disguised.
 He, bolder now, uncall'd before her stood,
But as in gaze admiring: oft he bow'd
His turret crest, and sleek enamel'd neck,
Fawning; and lick'd the ground whereon she trod.
His gentle dumb expression turn'd at length
The eye of Eve, to mark his play; he, glad
Of her attention gain'd, with serpent-tongue
Organic, or impulse of vocal air,
His fraudulent temptation thus began:—

 "Wonder not, sovereign mistress, if perhaps
Thou canst, who art sole wonder! much less arm
Thy looks, the heaven of mildness, with disdain,
Displeased that I approach thee thus, and gaze
Insatiate; I thus single; nor have fear'd
Thy awful brow, more awful thus retired.
Fairest resemblance of thy Maker fair,
Thee all things living gaze on, all things thine
By gift, and thy celestial beauty adore
With ravishment beheld! there best beheld,
Where universally admired; but here
In this enclosure wild, these beasts among,

traînoit pas alors sur la terre en ondes dentelées comme il a fait depuis : mais il se dressoit sur sa croupe, base circulaire de replis superposés qui montoient en forme de tour, orbe sur orbe, labyrinthe croissant ! Une crête s'élevoit haute sur sa tête ; ses yeux étoient d'escarboucle, son cou étoit d'un or vert bruni ; il se tenoit debout au milieu de ses spirales arrondies, qui sur le gazon flottoient redondantes. Agréable et charmante étoit sa forme : jamais serpents depuis n'ont été plus beaux, ni celui dans lequel furent changés en Illyrie Hermione et Cadmus, ni celui qui fut le dieu d'Épidaure, ni ceux en qui transformés furent vus Jupiter Ammon et Jupiter Capitolin, le premier avec Olympias, le second avec celle qui enfanta Scipion, la grandeur de Rome.

D'une course oblique, comme quelqu'un qui cherche accès auprès d'une personne, mais qui craint de l'interrompre, il trace d'abord son chemin de côté : tel qu'un vaisseau manœuvré par un pilote habile à l'embouchure d'une rivière ou près d'un cap, autant de fois que le vent tourne, autant de fois il vire de bord et change sa voile : ainsi Satan varioit ses mouvements, et de sa queue formoit de capricieux anneaux à la vue d'Ève, pour amorcer ses regards.

Occupée, elle entendit le bruit des feuilles froissées ; mais elle n'y fit aucune attention, accoutumée qu'elle étoit dans les champs à voir se jouer devant elle toutes les bêtes, plus soumises à sa voix que ne le fut à la voix de Circé le troupeau métamorphosé.

Plus hardi alors, le serpent non appelé se tint devant Ève, mais comme dans l'étonnement de l'admiration : souvent d'une manière caressante il baissoit sa crête superbe, son cou poli et émaillé, et léchoit la terre qu'Ève avoit foulée. Sa gentille expression muette amène enfin les regards d'Ève à remarquer son badinage. Ravi d'avoir fixé son attention, Satan, avec la langue organique du serpent, ou par l'impulsion de l'air vocal, commença de la sorte sa tentation astucieuse.

« Ne sois pas émerveillée, maîtresse souveraine, si tu peux l'être, toi qui es la seule merveille. Encore moins n'arme pas de mépris ton regard, ciel de la douceur, irritée que je m'approche de toi et que je te contemple insatiable : moi ainsi seul, je n'ai pas craint ton front imposant, plus imposant encore ainsi retirée. O la plus belle ressemblance de ton beau Créateur, toi toutes les choses vivantes t'admirent, toutes les choses, qui t'appartiennent en don, adorent ta beauté céleste contemplée avec ravissement. La beauté est considérée davantage là où elle est universellement admirée, mais ici, dans cet enclos sauvage,

Beholders rude, and shallow to discern
Half what in thee is fair, one man except,
Who sees thee? (and what is one?) who shouldst be seen
A goddess among gods, adored and served
By angels numberless, thy daily train."

So glozed the tempter, and his proem tuned:
Into the heart of Eve his words made way,
Though at the voice much marvelling; at length,
Not unamazed, she thus in answer spake:—

"What may this mean? language of man pronounced
By tongue of brute, and human sense express'd?
The first, at least, of these I thought denied
To beasts; whom God, on their creation-day,
Created mute to all articulate sound:
The latter I demur; for in their looks
Much reason, and in their actions, oft appears.
Thee, serpent, subtlest beast of all the field
I knew, but not with human voice endued:
Redouble then this miracle, and say,
How camest thou speakable of mute; and how
To me so friendly grown above the rest
Of brutal kind, that daily are in sight?
Say, for such wonder claims attention due."

To whom the guileful tempter thus replied:—

"Empress of this fair world, resplendent Eve!
Easy to me it is to tell thee all
What thou command'st; and right thou shouldst be obey'd:

"I was at first as other beasts that graze
The trodden herb, of abject thoughts and low,
As was my food; nor aught but food discern'd,
Or sex, and apprehended nothing high:
Till, on a day roving the field, I chanced
A goodly tree far distant to behold
Loaden with fruit of fairest colours mix'd,
Ruddy and gold: I nearer drew to gaze;
When from the boughs a savoury odour blown,
Grateful to appetite, more pleased my sense
Than smell of sweetest fennel, or the teats
Of ewe or goat dropping with milk at even,
Unsuck'd of lamb or kid, that tend their play.

"To satisfy the sharp desire I had
Of tasting those fair apples, I resolved
Not to defer; hunger and thirst at once,
Powerful persuaders, quicken'd at the scent
Of that alluring fruit, urged me so keen.
About the mossy trunk I wound me soon;
For, high from ground, the branches would require
Thy utmost reach or Adam's: round the tree

parmi ces bêtes (spectateurs grossiers et insuffisants pour discerner la moitié de ce qui en toi est beau), un homme excepté, qui te voit? Et qu'est-ce qu'un seul à te voir, toi qui devrois être vue déesse parmi les dieux, adorée et servie des anges sans nombre, ta cour journalière? »

Telles étoient les flatteries du tentateur, tel fut le ton de son prélude : ses paroles firent leur chemin dans le cœur d'Ève, bien qu'elle s'étonnât beaucoup de la voix. Enfin, non sans cesser d'être surprise, elle répondit :

« Qu'est-ce que ceci, le langage de l'homme prononcé, la pensée humaine exprimée par la langue d'une brute? Je croyois du moins que la parole avoit été refusée aux animaux, que Dieu au jour de leur création les avoit faits muets pour tout son articulé. Quant à la pensée, je doutois; car dans les regards et dans les actions des bêtes souvent paroît beaucoup de raison. Toi, serpent, je te connoissois bien pour le plus subtil des animaux des champs; mais j'ignorois que tu fusses doué de la voix humaine. Redouble donc ce miracle, et dis comment tu es devenu parlant de muet que tu étois, et comment tu es devenu plus mon ami que le reste de l'espèce brute qui est journellement sous mes yeux. Dis, car une telle merveille réclame l'attention qui lui est due. »

L'astucieux tentateur répliqua de la sorte :

« Impératrice de ce monde beau, Ève resplendissante, il m'est aisé de te dire tout ce que tu ordonnes; il est juste que tu sois obéie.

« J'étois d'abord comme sont les autres bêtes qui paissent l'herbe foulée aux pieds; mes pensées étoient abjectes et basses comme l'étoit ma nourriture; je ne pouvois discerner que l'aliment ou le sexe, et ne comprenois rien d'élevé, jusqu'à ce qu'un jour, roulant dans la campagne, je découvris au loin par hasard un bel arbre chargé de fruits des plus belles couleurs mêlées, pourpre et or. Je m'en approchois pour le contempler, quand des rameaux s'exhala un parfum savoureux, agréable à l'appétit; il charma mes sens plus que l'odeur du doux fenouil, plus que la mamelle de la brebis ou de la chèvre, qui laisse échapper le soir le lait non sucé de l'agneau ou du chevreau occupés de leurs jeux.

« Pour satisfaire le vif désir que je ressentois de goûter à ces belles pommes, je résolus de ne pas différer : la faim et la soif, conseillères persuasives, aiguisées par l'odeur de ce fruit séducteur, me pressoient vivement. Soudain je m'entortille au tronc moussu, car pour atteindre aux branches élevées au-dessus de la terre cela demanderoit ta haute taille ou celle d'Adam. Autour de l'arbre se tenoient toutes les autres

All other beasts that saw, with like desire
Longing and envying stood, but could not reach.
Amid the tree now got, where plenty hung
Tempting so nigh, to pluck and eat my fill
I spared not; for such pleasure till that hour,
At feed or fountain, never had I found.

" Sated at length, ere long I might perceive
Strange alteration in me, to degree
Of reason in my inward powers; and speech
Wanted not long; though to this shape retain'd.
Thenceforth to speculations high or deep
I turn'd my thoughts, and with capacious mind
Consider'd all things visible in heaven,
Or earth, or middle; all things fair and good:
But all that fair and good in thy divine
Semblance, and in thy beauty's heavenly ray,
United I beheld; no fair to thine
Equivalent or second! which compell'd
Me thus, though importune perhaps, to come
And gaze, and worship thee, of right declared
Sovereign of creatures, universal dame! "

So talk'd the spirited sly snake; and Eve,
Yet more amazed, unwary thus replied: —

" Serpent, thy overpraising leaves in doubt
The virtue of that fruit, in thee first proved:
But say, where grows the tree? from hence how far?
For many are the trees of God that grow
In Paradise, and various, yet unknown
To us; in such abundance lies our choice,
As leaves a greater store of fruit untouch'd
Still hanging incorruptible, till men
Grow up to their provision, and more hands
Help to disburden Nature of her birth."

To whom the wily adder, blithe and glad: —

" Empress, the way is ready, and not long;
Beyond a row of myrtles, on a flat,
Fast by a fountain, one small thicket past
Of blowing myrrh and balm: if thou accept
My conduct, I can bring thee thither soon."

" Lead then," said Eve.

                    He, leading, swiftly roll'd
In tangles, and made intricate seem straight,
To mischief swift. Hope elevates, and joy
Brightens his crest. As when a wandering fire,
Compact of unctuous vapour, which the night
Condenses, and the cold environs round,
Kindled through agitation to a flame,
Which oft, they say, some evil spirit attends,
Hovering and blazing with delusive light,
Misleads the amazed night-wanderer from his way

bêtes qui me voyoient ; languissant d'un pareil désir, elles me portoient envie, mais ne pouvoient arriver au fruit. Déjà parvenu au milieu de l'arbre où pendoit l'abondance si tentante et si près, je ne me fis faute de cueillir et de manger à satiété ; car jusqu'à cette heure je n'avois jamais trouvé un pareil plaisir aux aliments ou à la fontaine.

« Rassasié enfin, je ne tardai pas d'apercevoir en moi un changement étrange au degré de raison de mes facultés intérieures ; la parole ne me manqua pas longtemps, quoique je conservasse ma forme. Dès ce moment, je tournai mes pensées vers des méditations élevées ou profondes, et je considérai d'un esprit étendu toutes les choses visibles dans le ciel, sur la terre ou dans l'air, toutes les choses bonnes et belles. Mais tout ce qui est beau et bon, dans ta divine image et dans le rayon céleste de ta beauté je le trouve réuni. Il n'est point de beauté à la tienne pareille ou seconde ! elle m'a contraint, quoique importun peut-être, à venir, à te contempler, à t'adorer, toi qui de droit es déclarée souveraine des créatures, dame universelle ! »

Ainsi parle l'animé et rusé serpent, et Ève, encore plus surprise, lui répliqua imprudente :

« Serpent, tes louanges excessives me laissent en doute de la vertu de ce fruit sur toi le premier éprouvée. Mais dis-moi, où croît l'arbre ? est-il loin d'ici ? Car nombreux sont les arbres de Dieu qui croissent dans le Paradis, et plusieurs nous sont encore inconnus : une telle abondance s'offre à notre choix, que nous laissons un grand trésor de fruits sans les toucher ; ils restent suspendus incorruptibles jusqu'à ce que les hommes naissent pour les cueillir, et qu'un plus grand nombre de mains nous aident à soulager la nature de son enfantement. »

L'insidieuse couleuvre joyeuse et satisfaite :

« Impératrice, le chemin est facile et n'est pas long ; il se trouve au delà d'une allée de myrtes, sur une pelouse, tout près d'une fontaine, quand on a passé un petit bois exhalant la myrrhe et le baume. Si tu m'acceptes pour conducteur, je t'y aurai bientôt menée. »

« Conduis-moi donc, » dit Ève.

Le serpent, guide, roule rapidement ses anneaux, et les fait paroître droits, quoique entortillés, prompt qu'il est au crime. L'espérance l'élève et la joie enlumine sa crête : comme un feu follet, formé d'une onctueuse vapeur que la nuit condense et que la frigidité environne, s'allume en une flamme par le mouvement (lequel feu accompagne souvent, dit-on, quelque malin esprit) ; voltigeant et brillant d'une lumière trompeuse, il égare de sa route le voyageur nocturne

To bogs and mires, and oft through pond or pool;
There swallow'd up and lost, from succour far:
So glister'd the dire snake, and into fraud
Led Eve, our credulous mother, to the tree
Of prohibition, root of all our woe;
Which when she saw, thus to her guide she spake:—

" Serpent, we might have spared our coming hither,
Fruitless to me, though fruit be here to excess,
The credit of whose virtue rest with thee;
Wondrous indeed, if cause of such effects!
But of this tree we may not taste nor touch;
God so commanded, and left that command
Sole daughter of his voice: the rest, we live
Law to ourselves; our reason is our law."

To whom the tempter guilefully replied:—

" Indeed! hath God then said that of the fruit
Of all these garden-trees ye shall not eat,
Yet lords declared of all in earth or air?"

To whom thus Eve, yet sinless:—

" Of the fruit
Of each tree in the garden we may eat;
But of the fruit of this fair tree amidst
The garden, God hath said, ' Ye shall not eat
Thereof, nor shall ye touch it, lest ye die.' "

She scarce had said, though brief, when now more bold
The tempter, but with show of zeal and love
To man, and indignation at his wrong,
New part puts on; and, as to passion moved,
Fluctuates disturb'd, yet comely and in act
Raised, as of some great matter to begin.
As when of old some orator renown'd,
In Athens, or free Rome, where eloquence
Flourish'd, since mute, to some great cause address'd,
Stood in himself collected; while each part,
Motion, each act won audience ere the tongue
Sometimes in height began, as no delay
Of preface brooking, through his zeal of right:
So standing, moving, or to height upgrown,
The tempter, all impassion'd, thus began:—

" O sacred, wise, and wisdom-giving plant,
Mother of science! now I feel thy power
Within me clear; not only to discern
Things in their causes, but to trace the ways
Of highest agents, deem'd however wise.
Queen of this universe! do not believe
Those rigid threats of death: ye shall not die;
How should you? by the fruit? it gives you life
To knowledge; by the threatener? look on me,

étonné; il le conduit dans des marais et des fondrières, à travers des viviers et des étangs où il s'engloutit et se perd loin de tout secours : ainsi reluisoit le serpent fatal, et par supercherie menoit Ève, notre mère crédule, à l'arbre de prohibition, racine de tout notre malheur. Dès qu'elle le vit, elle dit à son guide :

« Serpent, nous aurions pu éviter notre venir ici infructueux pour moi, quoique le fruit soit ici en abondance. Le bénéfice de sa vertu sera seul pour toi; vertu merveilleuse en vérité, si elle produit de pareils effets! Mais nous ne pouvons à cet arbre ni toucher ni goûter : ainsi Dieu l'a ordonné, et il nous a laissé cette défense, la seule fille de sa voix : pour le reste, nous vivons loi à nous-mêmes; notre raison est notre loi. »

Le tentateur plein de tromperie répliqua :

« En vérité! Dieu a donc dit que du fruit de tous les arbres de ce jardin vous ne mangerez pas, bien que vous soyez déclarés seigneurs de tous sur la terre et dans l'air? »

Ève, encore sans péché :

« Du fruit de chaque arbre de ce jardin nous pouvons manger, mais du fruit de ce bel arbre dans le jardin, Dieu a dit : Vous n'en mangerez point; vous n'y toucherez point, de peur que vous ne mouriez. »

A peine a-t-elle dit brièvement, que le tentateur, maintenant plus hardi (mais avec une apparence de zèle et d'amour pour l'homme, d'indignation pour le tort qu'on lui faisoit), joue un rôle nouveau. Comme touché de compassion, il se balance troublé, pourtant avec grâce, et il se lève posé comme prêt à traiter quelque matière importante : au vieux temps, dans Athènes et dans Rome libre, où florissoit l'éloquence (muette depuis), un orateur renommé, chargé de quelque grande cause, se tenoit debout en lui-même recueilli, tandis que chaque partie de son corps, chacun de ses mouvements, chacun de ses gestes obtenoient audience avant sa parole; quelquefois il débutoit avec hauteur, son zèle pour la justice ne lui permettant pas le délai d'un exorde : ainsi s'arrêtant, se remuant, se grandissant de toute sa hauteur, le tentateur, tout passionné, s'écria :

« O plante sacrée, sage et donnant la sagesse, mère de la science, à présent je sens au-dedans de moi ton pouvoir qui m'éclaire, non-seulement pour discerner les choses dans leurs causes, mais pour découvrir les voies des agents suprêmes, réputés sages cependant. Reine de cet univers, ne crois pas ces rigides menaces de mort : vous ne mourrez point : comment le pourriez-vous? Par le fruit? Il vous donnera la vie de la science. Par l'auteur de la menace? Regardez-

Me, who have touch'd and tasted; yet both live,
And life more perfect have attain'd than fate
Meant me, by venturing higher than my lot.
Shall that be shut to man, which to the beast
Is open? or will God incense his ire
For such a petty trespass? and not praise
Rather your dauntless virtue, whom the pain
Of death denounced, whatever thing death be,
Deterr'd not from achieving what might lead
To happier life, knowledge of good and evil;
Of good, how just? of evil, if what is evil
Be real; why not known, since easier shunn'd?
God therefore cannot hurt ye, and be just :
Not just, not God; not fear'd then, nor obey'd:
Your fear itself of death removes the fear.

" Why then was this forbid? why, but to awe?
Why, but to keep ye low and ignorant,
His worshippers? He knows, that in the day
Ye eat thereof, your eyes, that seem so clear,
Yet are but dim, shall perfectly be then
Open'd and clear'd, and ye shall be as gods,
Knowing both good and evil, as they know.
That ye shall be as gods, since I as man,
Internal man, is but proportion meet;
I, of brute, human; ye, of human, gods.

" So ye shall die perhaps, by putting off
Human, to put on gods; death to be wish'd,
Though threaten'd, which no worse than this can bring.
And what are gods, that man may not become
As they, participating godlike food?
The gods are first, and that advantage use
On our belief, that all from them proceeds:
I question it; for this fair earth I see,
Warm'd by the sun, producing every kind;
Them, nothing: if they all things, who enclosed
Knowledge of good and evil in this tree,
That whoso eats thereof forthwith attains
Wisdom without their leave? and wherein lies
The offence, that man should thus attain to know?
What can your knowledge hurt him, or this tree
Impart against his will, if all be his?
Or is it envy? and can envy dwell
In heavenly breasts? These, these, and many more
Causes import your need of this fair fruit.
Goddess humane, reach then, and freely taste."

He ended; and his words, replete with guile,
Into her heart too easy entrance won :
Fix'd on the fruit she gazed, which to behold

moi ; moi qui ai touché et goûté, cependant je vis, j'ai même atteint une vie plus parfaite que celle que le sort me destinoit, en osant m'élever au-dessus de mon lot. Seroit-il fermé à l'homme ce qui est ouvert à la bête? Ou Dieu allumera-t-il sa colère pour une si légère offense? Ne louera-t-il pas plutôt votre courage indompté qui, sous la menace de la mort dénoncée (quelque chose que soit la mort), ne fut point détourné d'achever ce qui pouvoit conduire à une plus heureuse vie, à la connoissance du bien et du mal. Du bien? quoi de plus juste! Du mal? (si ce qui est mal est réel) pourquoi ne pas le connoître, puisqu'il en seroit plus facilement évité! Dieu ne peut donc vous frapper et être juste : s'il n'est pas juste, il n'est pas Dieu ; il ne faut alors ni le craindre ni lui obéir. Votre crainte elle-même écarte la crainte de la mort.

« Pourquoi donc fut ceci défendu? Pourquoi, sinon pour vous effrayer? Pourquoi, sinon pour vous tenir bas et ignorants, vous ses adorateurs? Il sait que le jour où vous mangerez du fruit vos yeux, qui semblent si clairs, et qui cependant sont troubles, seront parfaitement ouverts et éclaircis, et vous serez comme des dieux, connoissant à la fois le bien et le mal, comme ils le connoissent. Que vous soyez comme des dieux, puisque je suis comme un homme, comme un homme intérieurement, ce n'est qu'une juste proportion gardée, moi de brute devenu homme, vous d'hommes devenus dieux.

« Ainsi, vous mourrez peut-être en vous dépouillant de l'homme pour revêtir le dieu : mort désirable, quoique annoncée avec menaces, puisqu'elle ne peut annoncer rien de pire que ceci! Et que sont les dieux pour que l'homme ne puisse devenir comme eux, en participant à une nourriture divine? Les dieux existèrent les premiers, et ils se prévalent de cet avantage pour nous faire croire que tout procède d'eux : j'en doute ; car je vois cette belle terre échauffée par le soleil, et produisant toutes choses ; eux, rien. S'ils produisent tout, qui donc a renfermé la connoissance du bien et du mal dans cet arbre, de manière que quiconque mange de son fruit acquiert aussitôt la sagesse sans leur permission? En quoi seroit l'offense, que l'homme parvînt ainsi à connoître? En quoi votre science pourroit-elle nuire à Dieu, ou que pourroit communiquer cet arbre contre sa volonté, si tout est à lui? Agiroit-il par envie? L'envie peut-elle habiter dans les cœurs célestes? Ces raisons, ces raisons et beaucoup d'autres prouvent le besoin que vous avez de ce beau fruit. Divinité humaine, cueille et goûte librement. »

Il dit, et ses paroles, grosses de tromperie, trouvèrent dans le cœur d'Ève une entrée trop facile. Les yeux fixes, elle contemploit le fruit,

Might tempt alone; and in her ears the sound
Yet rung of his persuasive words, impregn'd
With reason, to her seeming, and with truth:
Meanwhile the hour of noon drew on, and waked
An eager appetite, raised by the smell
So savoury of that fruit, which with desire,
Inclinable now grown to touch or taste,
Solicited her longing eye; yet first
Pausing awhile, thus to herself she mused:—

"Great are thy virtues, doubtless, best of fruits,
Though kept from man, and worthy to be admired;
Whose taste, too long forborne, at first assay
Gave elocution to the mute, and taught
The tongue not made for speech to speak thy praise.
Thy praise he also, who forbids thy use,
Conceals not from us, naming thee the tree
Of knowledge, knowledge both of good and evil;
Forbids us then to taste: but his forbidding
Commends thee more, while it infers the good
By thee communicated, and our want:
For good unknown sure is not had; or, had
And yet unknown, is as not had at all.

"In plain then, what forbids he but to know,
Forbids us good, forbids us to be wise?
Such prohibitions bind not. But, if death
Bind us with after-bands, what profits then
Our inward freedom? In the day we eat
Of this fair fruit, our doom is, we shall die!
How dies the serpent? he hath eaten and lives,
And knows, and speaks, and reasons, and discerns,
Irrational till then. For us alone
Was death invented? or to us denied
This intellectual food, for beasts reserved?
For beasts it seems: yet that one beast which first
Hath tasted envies not, but brings with joy
The good befallen him, author unsuspect,
Friendly to man, far from deceit or guile.
What fear I then? rather, what know to fear
Under this ignorance of good or evil,
Of God or death, of law or penalty?
Here grows the cure of all, this fruit divine,
Fair to the eye, inviting to the taste
Of virtue to make wise: what hinders then
To reach, and feed at once both body and mind?"

So saying, her rash hand in evil hour
Forth reaching to the fruit, she pluck'd, she eat!
Earth felt the wound; and Nature from her seat,
Sighing through all her works, gave signs of woe,
That all was lost.
     Back to the thicket slunk

EVE TENTÉE PAR LE SERPENT

Garnier frères Editeurs (Paradis Perdu Page 343)

qui rien qu'à le voir pouvoit tenter : à ses oreilles retentissoit encore le son de ces paroles persuasives qui lui paroissoient remplies de raison et de vérité. Cependant, l'heure de midi approchoit et réveilloit dans Ève un ardent appétit qu'excitoit encore l'odeur si savoureuse de ce fruit; inclinée qu'elle étoit maintenant à le toucher et à le goûter, elle y attachoit avec désir son œil avide. Toutefois, elle s'arrête un moment et fait en elle-même ces réflexions :

« Grandes sont tes vertus sans doute, ô le meilleur des fruits! Quoique tu sois interdit à l'homme, tu es digne d'être admiré, toi dont le suc, trop longtemps négligé, a donné dès le premier essai la parole au muet et a enseigné à une langue incapable de discours à publier ton mérite. Celui qui nous interdit ton usage ne nous a pas caché non plus ton mérite, en te nommant l'arbre de science; science à la fois et du bien et du mal. Il nous a défendu de te goûter, mais sa défense te recommande davantage, car elle conclut le bien que tu communiques et le besoin que nous en avons : le bien inconnu assurément on ne l'a point, ou si on l'a, et qu'il reste encore inconnu, c'est comme si on ne l'avoit pas du tout.

« En termes clairs, que nous défend-il, lui, de connoître? Il nous défend le bien, il nous défend d'être sages. De telles prohibitions ne lient pas... Mais si la mort nous entoure des dernières chaînes, à quoi nous profitera notre liberté intérieure? Le jour que nous mangerons de ce beau fruit, tel est notre arrêt, nous mourrons... Le serpent est-il mort? Il a mangé, et il vit, et il connoît, et il parle, et il raisonne, et il discerne, lui jusqu'alors irraisonnable. La mort n'a-t-elle été inventée que pour nous seuls? ou cette intellectuelle nourriture à nous refusée n'est-elle réservée qu'aux bêtes, qu'aux bêtes, ce semble? Mais l'unique brute qui la première en a goûté, loin d'en être avare, communique avec joie le bien qui lui en est échu, conseillère non suspecte, amie de l'homme, éloignée de toute déception et de tout artifice. Que crains-je donc? ou plutôt sais-je ce que je dois craindre dans cette ignorance, du bien et du mal, de Dieu ou de la mort, de la loi ou de la punition? Ici croît le remède à tout, ce fruit divin, beau à la vue, attrayant au goût, et dont la vertu est de rendre sage. Qui empêche donc de le cueillir et d'en nourrir à la fois le corps et l'esprit? »

Elle dit, et sa main téméraire, dans une mauvaise heure, s'étend vers le fruit : elle arrache! elle mange! La terre sentit la blessure; la nature sur ses fondements, soupirant à travers tous ses ouvrages, par des signes de malheur annonça que tout étoit perdu.

Le serpent coupable s'enfuit dans un hallier, et il le pouvoit bien,

The guilty serpent, and well might; for Eve,
Intent now wholly on her taste, naught else
Regarded; such delight till then, as seem'd,
In fruit she never tasted; whether true
Or fancied so, through expectation high
Of knowledge: nor was godhead from her thought.
Greedily she ingorged without restraint,
And knew not eating death : satiate at length,
And heighten'd as with wine, jocund and boon,
Thus to herself she pleasingly began : —

"O sovereign, virtuous, precious of all trees
In Paradise! of operation blest
To sapience, hitherto obscured, infamed,
And thy fair fruit let hang, as to no end
Created; but henceforth my early care,
Not without song, each morning, and due praise,
Shall tend thee, and the fertile burden ease
Of thy full branches offer'd free to all;
Till, dieted by thee, I grow mature
In knowledge, as the gods, who all things know;
Though others envy what they cannot give :
For, had the gift been theirs, it had not here
Thus grown.

"Experience, next, to thee I owe,
Best guide : not following thee, I had remain'd
In ignorance; thou open'st wisdom's way,
And givest access, though secret she retire.

"And I perhaps am secret : Heaven is high,
High, and remote to see from thence distinct
Each thing on earth; and other care perhaps
May have diverted from continual watch
Our great Forbidder, safe with all his spies
About him. But to Adam in what sort
Shall I appear? shall I to him make known
As yet my change, and give him to partake
Full happiness with me; or rather not,
But keep the odds of knowledge in my power
Without copartner? so to add what wants
In female sex, the more to draw his love,
And render me more equal; and perhaps,
A thing not undesirable, sometime
Superior; for, inferior, who is free?
This may be well : but what if God have seen,
And death ensue? then I shall be no more!
And Adam, wedded to another Eve,
Shall live with her enjoying, I extinct;
A death to think! Confirm'd then I resolve,
Adam shall share with me in bliss or woe :
So dear I love him, that with him all deaths
I could endure, without him live no life."

car maintenant Ève, attachée au fruit tout entière, ne regardoit rien autre chose. Il lui sembloit que jusque là elle n'avoit jamais goûté dans un fruit un pareil délice, soit que cela fût vrai, soit qu'elle se l'imaginât dans la haute attente de la science : sa divinité ne sortoit point de sa pensée. Avidement et sans retenue, elle se gorgea du fruit et ne savoit pas qu'elle mangeoit la mort. Enfin, rassasiée, exaltée comme par le vin, joyeuse et folâtre, pleine de satisfaction d'elle-même, elle se parle ainsi :

« O roi de tous les arbres du Paradis, arbre vertueux, précieux, dont l'opération bénie est la sagesse ! arbre jusque ici ignoré, dégradé, ton beau fruit demeuroit suspendu comme n'étant créé à aucune fin ! Mais dorénavant mon soin matinal sera pour toi, non sans le chant et la louange qui te sont dus à chaque aurore ; je soulagerai tes branches du poids fertile offert libéralement à tous, jusqu'à ce que, nourrie par toi, je parvienne à la maturité de la science comme les dieux qui savent toutes choses, quoiqu'ils envient aux autres ce qu'ils ne peuvent leur donner. Si le don eût été un des leurs, il n'auroit pas crû ici.

« Expérience, que ne te dois-je pas, ô le meilleur des guides ! En ne te suivant pas, je serois restée dans l'ignorance ; tu ouvres le chemin de la sagesse, et tu donnes accès auprès d'elle, malgré le secret où elle se retire.

« Et moi peut-être aussi suis-je cachée. Le Ciel est haut, haut, trop éloigné pour voir de là distinctement chaque chose sur la terre : d'autres soins peut-être peuvent avoir distrait d'une continuelle vigilance notre grand prohibiteur, en sûreté avec tous ses espions autour de lui... Mais de quelle manière paroîtrai-je devant Adam ? lui ferai-je connoître à présent mon changement ? lui donnerai-je en partage ma pleine félicité, ou plutôt non ? Garderai-je les avantages de la science en mon pouvoir, sans copartenaire, afin d'ajouter à la femme ce qui lui manque, pour attirer d'autant plus l'amour d'Adam, pour me rendre plus égale à lui, et peut-être (chose désirable) quelquefois supérieure ? car inférieure, qui est libre ? Ceci peut bien être... Mais quoi ! si Dieu a vu ? si la mort doit s'ensuivre ? alors je ne serai plus, et Adam, marié à une autre Ève, vivra en joie avec elle, moi éteinte : le penser, c'est mourir ! Confirmée dans ma résolution, je me décide : Adam partagera avec moi le bonheur ou la misère. Je l'aime si tendrement qu'avec lui je puis souffrir toutes les morts : vivre sans lui n'est pas la vie. »

So saying, from the tree her step she turn'd;
But first low reverence done, as to the power
That dwelt within, whose presence had infused
Into the plant scientia1 sap, derived
From nectar, drink of gods.
      Adam the while,
Waiting desirous her return, had wove
Of choicest flowers a garland, to adorn
Her tresses, and her rural labours crown;
As reapers oft are wont their harvest queen.
Great joy he promised to his thoughts, and new
Solace in her return, so long delay'd:
Yet oft his heart, divine of something ill,
Misgave him; he the faltering measure felt;
And forth to meet her went, the way she took
That morn when first they parted:
      By the tree
Of knowledge he must pass; there he her met,
Scarce from the tree returning; in her hand
A bough of fairest fruit, that downy smiled,
New gather'd, and ambrosial smell diffused.
To him she hasted; in her face excuse
Came prologue, and apology too prompt;
Which, with bland words at will, she thus address'd:—

"Hast thou not wonder'd, Adam, at my stay?
Thee I have miss'd, and thought it long, deprived
Thy presence; agony of love till now
Not felt, nor shall be twice; for never more
Mean I to try, what rash untried I sought,
The pain of absence from thy sight. But strange
Hath been the cause, and wonderful to hear:

"This tree is not, as we are told, a tree
Of danger tasted, nor to evil unknown
Opening the way; but of divine effect
To open eyes, and make them gods who taste;
And hath been tasted such: the serpent, wise,
Or not restrain'd as we, or not obeying,
Hath eaten of the fruit; and is become,
Not dead, as we are threaten'd, but thenceforth
Endued with human voice and human sense,
Reasoning to admiration; and with me
Persuasively hath so prevail'd, that I
Have also tasted, and have also found
The effects to correspond: opener mine eyes,
Dim erst, dilated spirits, ampler heart,
And growing up to godhead; which for thee
Chiefly I sought, without thee can despise.
For bliss, as thou hast part, to me is bliss;
Tedious, unshared with thee, and odious soon.
Thou therefore also taste, that equal lot

Ainsi disant, elle détourna ses pas de l'arbre; mais auparavant elle lui fait une révérence profonde, comme au pouvoir qui habite cet arbre et dont la présence a infusé dans la plante une sève savante découlée du nectar, breuvage des dieux.

Pendant ce temps-là Adam, qui attendoit son retour avec impatience, avoit tressé une guirlande des fleurs les plus choisies, pour orner sa chevelure et couronner ses travaux champêtres, comme les moissonneurs ont souvent coutume de couronner leur reine des moissons. Il se promettoit une grande joie en pensée et une consolation nouvelle dans un retour si longtemps différé. Toutefois, devinant quelque chose de malheureux, le cœur lui manquoit; il en sentoit les battements inégaux : pour rencontrer Ève, il alla par le chemin qu'elle avoit pris le matin, au moment où ils se séparèrent.

Il devoit passer près de l'arbre de science : là il la rencontra à peine revenant de l'arbre; elle tenoit à la main un rameau du plus beau fruit couvert de duvet qui sourioit, nouvellement cueilli, et répandoit l'odeur de l'ambroisie. Elle se hâta vers Adam, l'excuse parut d'abord sur son visage comme le prologue de son discours, et une trop prompte apologie; elle adresse à son époux des paroles caressantes qu'elle avoit à volonté :

« N'as-tu pas été étonné, Adam, de mon retard? Je t'ai regretté, et j'ai trouvé long le temps, privée de ta présence; agonie d'amour, jusqu'à présent non sentie et qui ne le sera pas deux fois; car jamais je n'aurai l'idée d'éprouver (ce que j'ai cherché téméraire et sans expérience) la peine de l'absence, loin de ta vue. Mais la cause en est étrange, et merveilleuse à entendre.

« Cet arbre n'est pas, comme on nous le dit, un arbre de danger, quand on y goûte; il n'ouvre pas la voie à un mal inconnu; mais il est d'un effet divin pour ouvrir les yeux, et il fait dieux ceux qui y goûtent; il a été trouvé tel en y goûtant. Le sage serpent (non retenu comme nous, ou n'obéissant pas) a mangé du fruit : il n'y a pas trouvé mort, dont nous sommes menacés; mais dès ce moment il est doué de la voix humaine et du sens humain, raisonnant d'une manière admirable. Et il a agi sur moi avec tant de persuasion, que j'ai aussi goûté et que j'ai trouvé aussi les effets répondant à l'attente : mes yeux, troubles auparavant, sont plus ouverts, mon esprit plus étendu, mon cœur plus ample. Je m'élève à la divinité, que j'ai cherchée principalement pour toi; sans toi je puis la mépriser. Car la félicité dont tu as ta part est pour moi la félicité, ennuyeuse et bientôt odieuse avec toi non partagée. Goûte donc aussi à ce fruit; qu'un sort égal nous

May join us, equal joy, as equal love;
Lest, thou not tasting, different degree
Disjoin us, and I then too late renounce
Deity for thee, when fate will not permit."

Thus Eve with countenance blithe her story told;
But in her cheek distemper flushing glow'd.
On the other side, Adam, soon, as he heard
The fatal trespass done by Eve, amazed,
Astonied stood and blank, while horror chill
Ran through his veins, and all his joints relax'd;
From his slack hand the garland wreathed for Eve
Down dropp'd, and all the faded roses shed:
Speechless he stood and pale; till thus at length
First to himself he inward silence broke:—

"O fairest of creation, last and best
Of all God's works! creature in whom excell'd
Whatever can to sight or thought be form'd,
Holy, divine, good, amiable, or sweet!
How art thou lost! how on a sudden lost,
Defaced, deflower'd, and now to death devote!
Rather, how hast thou yielded to transgress
The strict forbiddance? how to violate
The sacred fruit forbidden? Some cursed fraud
Of enemy hath beguiled thee, yet unknown:
And me with thee hath ruin'd; for with thee
Certain my resolution is to die.
How can I live without thee? how forego
Thy sweet converse, and love so dearly join'd,
To live again in these wild woods forlorn?
Should God create another Eve, and I
Another rib afford; yet loss of thee
Would never from my heart: no, no! I feel
The link of nature draw me: flesh of flesh,
Bone of my bone thou art, and from thy state
Mine never shall be parted, bliss or woe."

So having said, as one from sad dismay
Recomforted, and after thoughts disturb'd
Submitting to what seem'd remediless,
Thus in calm mood his words to Eve he turn'd:—

"Bold deed thou hast presumed, adventurous Eve,
And peril great provoked, who thus hast dared,
Had it been only coveting to eye
That sacred fruit, sacred to abstinence;
Much more to taste it, under ban to touch.
But past who can recall, or done undo?
Not God omnipotent, nor fate: yet so
Perhaps thou shalt not die; perhaps the fact
Is not so heinous now, foretasted fruit,
Profaned first by the serpent, by him first
Made common, and unhallow'd, ere our taste:

unisse dans une égale joie, comme dans un égal amour, de peur que si tu t'abstiens un différent degré de condition ne nous sépare, et que je ne renonce trop tard pour toi à la divinité, quand le sort ne le permettra plus. »

Ève ainsi raconta son histoire d'un air animé ; mais sur sa joue le désordre monte et rougit. Adam, de son côté, dès qu'il est instruit de la fatale désobéissance d'Ève, interdit, confondu, devient blanc, tandis qu'une froide horreur court dans ses veines et disjoint tous ses os. De sa main défaillante la guirlande tressée pour Ève tombe, et répand les roses flétries : il demeure pâle et sans voix, jusqu'à ce qu'enfin d'abord en lui-même il rompt son silence intérieur :

« O le plus bel être de la création, le dernier et le meilleur de tous les ouvrages de Dieu, créature en qui excelloit pour la vue ou la pensée ce qui fut jamais formé de saint, de divin, de bon, d'aimable et de doux ! Comment es-tu perdue ? comment soudain perdue, défigurée, flétrie et maintenant dévolue à la mort ? ou plutôt comment as-tu cédé à la tentation de transgresser la stricte défense ? de violer le sacré fruit défendu ? Quelque maudit artifice d'un ennemi t'a déçue, d'un ennemi que tu ne connoissois pas ; et moi avec toi, il m'a perdu ; car certainement ma résolution est de mourir avec toi. Comment pourrois-je vivre sans toi, comment quitter ton doux entretien et notre amour si tendrement uni, pour survivre abandonné dans ces bois sauvages ? Dieu créât-il une autre Ève et moi fournirois-je une autre côte, ta perte encore ne sortiroit jamais de mon cœur. Non, non ! je me sens attiré par le lien de la nature : tu es la chair de ma chair, l'os de mes os ; de ton sort le mien ne sera jamais séparé, bonheur ou misère ! »

Ayant dit ainsi, comme un homme revenu d'une triste épouvante, et après des pensées agitées se soumettant à ce qui semble irrémédiable, il se tourne vers Ève, et lui adresse ces paroles d'un ton calme :

« Une action hardie tu as tentée, Ève aventureuse : un grand péril tu as provoqué, toi qui non-seulement as osé convoiter des yeux ce fruit sacré, objet d'une sainte abstinence, mais qui, bien plus hardie encore, y as goûté, malgré la défense d'y toucher. Mais qui peut rappeler le passé et défaire ce qui est fait ? Ni le Dieu tout-puissant ni le destin ne le pourroient. Cependant, peut-être ne mourras-tu point ; peut-être l'action n'est-elle pas si détestable, à présent que le fruit a été goûté et profané par le serpent, qu'il en a fait un fruit commun, privé

Nor yet on him found deadly; he yet lives;
Lives, as thou said'st, and gains to live, as man,
Higher degree of life : inducement strong
To us, as likely tasting to attain
Proportional ascent; which cannot be
But to be gods, or angels, demigods.

"Nor can I think that God, Creator wise,
Though threatening, will in earnest so destroy
Us his prime creatures, dignified so high,
Set over all his works; which in our fall,
For us created, needs with us must fail,
Dependent made; so God shall uncreate,
Be frustrate, do, undo, and labour lose;
Not well conceived of God, who, though his power
Creation could repeat, yet would be loth
Us to abolish, lest the adversary
Triumph, and say, — 'Fickle their state whom God
Most favours; who can please him long? Me first
He ruin'd, now mankind; whom will he next?' —
Matter of scorn, not to be given the foe.
However, I with thee have fix'd my lot,
Certain to undergo like doom : if death
Consort with thee, death is to me as life;
So forcible within my heart I feel
The bond of nature draw me to my own;
My own in thee, for what thou art is mine;
Our state cannot be sever'd; we are one,
One flesh; to lose thee were to lose myself."

So Adam; and thus Eve to him replied : —

"O glorious trial of exceeding love,
Illustrious evidence, example high!
Engaging me to emulate; but, short
Of thy perfection, how shall I attain,
Adam? from whose dear side I boast me sprung,
And gladly of our union hear thee speak,
One heart, one soul in both; whereof good proof
This day affords, declaring thee resolved,
Rather than death, or aught than death more dread,
Shall separate us, link'd in love so dear,
To undergo with me one guilt, one crime,
If any be, of tasting this fair fruit;
Whose virtue (for of good still good proceeds,
Direct, or by occasion) hath presented
This happy trial of thy love, which else
So eminently never had been known.

"Were it I thought death menaced would ensue
This my attempt, I would sustain alone
The worst, and not persuade thee : rather die
Deserted than oblige thee with a fact
Pernicious to thy peace : chiefly, assured

de sainteté, avant que nous y ayons touché. Le serpent n'a pas trouvé qu'il fût mortel ; le serpent vit encore ; il vit, ainsi que tu le dis, et il a gagné de vivre comme l'homme, d'un plus haut degré de vie ; puissante induction pour nous d'atteindre pareillement, en goûtant ce fruit, une élévation proportionnée, qui ne peut être que de devenir dieux, anges ou demi-dieux.

« Je ne puis penser que Dieu, sage créateur, quoique menaçant, veuille sérieusement ainsi nous détruire, nous ses premières créatures, élevées si haut en dignité et placées au-dessus de tous ses ouvrages, lesquels créés pour nous doivent tomber nécessairement avec nous dans notre chute, puisqu'ils sont faits dépendants de nous. Ainsi Dieu décréeroit, seroit frustré, feroit et déferoit, et perdroit son travail : cela ne se concevroit pas bien de Dieu, qui, quoique son pouvoir pût répéter la création, cependant répugneroit à nous détruire, de peur que l'adversaire ne triomphât et ne dît : — « Inconstant est l'état de ceux que Dieu favorise le plus ! Qui peut lui plaire longtemps ? Il m'a ruiné le premier. Maintenant c'est l'espèce humaine. Qui ensuite ? — » Sujet de raillerie qui ne doit pas être donné à un ennemi. Quoi qu'il en soit, j'ai lié mon sort au tien, résolu à subir le même arrêt. Si la mort m'associe avec toi, la mort est pour moi comme la vie, tant dans mon cœur je sens le lien de la nature m'attirer puissamment à mon propre bien en toi ; car ce que tu es m'appartient, notre état ne peut être séparé ; nous ne faisons qu'un, une même chair : te perdre, c'est me perdre moi-même. »

Ainsi parla Adam ; ainsi Ève lui répliqua :

« O glorieuse épreuve d'un excessif amour, illustre témoignage, noble exemple qui m'engage à l'imiter ! Mais n'approchant pas de ta perfection, comment l'atteindrai-je, ô Adam, moi qui me vante d'être issue de ton côté, et qui t'entends parler avec joie de notre union, d'un cœur et d'une âme entre nous deux ? Ce jour fournit une bonne preuve de cette union, puisque tu déclares que plutôt que la mort, ou quelque chose de plus terrible que la mort, ne nous sépare (nous liés d'un si tendre amour), tu es résolu à commettre avec moi la faute, le crime (s'il y a crime), de goûter ce beau fruit dont la vertu (car le bien toujours procède du bien, directement ou indirectement) a offert cette heureuse épreuve à ton amour, qui sans cela n'eût jamais été si excellemment connu.

« Si je pouvois croire que la mort annoncée dût suivre ce que j'ai tenté, je supporterois seule le pire destin, et ne chercherois pas à te persuader : plutôt mourir abandonnée que de t'obliger à une action pernicieuse pour ton repos, depuis surtout que je suis assurée d'une

Remarkably so late of thy so true,
So faithful, love unequal'd : but I feel
Far otherwise the event; not death, but life
Augmented, open'd eyes, new hopes, new joys,
Taste so divine, that what of sweet before
Hath touch'd my sense, flat seems to this, and harsh.
On my experience, Adam, freely taste,
And fear of death deliver to the winds."

So saying, she embraced him, and for joy
Tenderly wept; much won, that he his love
Had so ennobled, as of choice to incur
Divine displeasure for her sake, or death.
In recompense (for such compliance bad
Such recompense best merits), from the bough
She gave him of that fair enticing fruit
With liberal hand : he scrupled not to eat,
Against his better knowledge; not deceived,
But fondly overcome with female charm.

Earth trembled from her entrails, as again
In pangs; and Nature gave a second groan;
Sky lour'd, and, muttering thunder, some sad drops
Wept at completing of the mortal sin
Original :
   While Adam took no thought,
Eating his fill; nor Eve to iterate
Her former trespass fear'd, the more to soothe
Him with her loved society; that now,
As with new wine intoxicated both,
They swim in mirth, and fancy that they feel
Divinity within them breeding wings,
Wherewith to scorn the earth : but that false fruit
Far other operation first display'd,
Carnal desire inflaming : he on Eve
Began to cast lascivious eyes; she him
As wantonly repaid; in lust they burn:
Till Adam thus 'gan Eve to dalliance move : —

"Eve, now I see thou art exact of taste,
And elegant, of sapience no small part;
Since to each meaning savour we apply,
And palate call judicious : I the praise
Yield thee, so well this day thou hast purvey'd.
Much pleasure we have lost, while we abstain'd
From this delightful fruit, nor known till now
True relish, tasting : if such pleasure be
In things to us forbidden, it might be wish'd
For this one tree had been forbidden ten.
But come, so well refresh'd, now let us play,
As meet is, after such delicious fare;
For never did thy beauty, since the day
I saw thee first and wedded thee, adorn'd

manière remarquable de ton amour si vrai, si fidèle et sans égal. Mais je sens bien autrement l'événement : non la mort, mais la vie augmentée, des yeux ouverts, de nouvelles espérances, des joies nouvelles, un goût si divin que, quelque douceur qui ait auparavant flatté mes sens, elle me semble, auprès de celle-ci, âpre ou insipide. D'après mon expérience, Adam, goûte franchement et livre aux vents la crainte de la mort. »

Elle dit, l'embrasse et pleure de joie tendrement ; c'étoit avoir beaucoup gagné qu'Adam eût ennobli son amour au point d'encourir pour elle le déplaisir divin ou la mort. En récompense (car une complaisance si criminelle méritoit cette haute récompense), d'une main libérale elle lui donne le fruit de la branche, attrayant et beau. Adam ne fit aucun scrupule d'en manger, malgré ce qu'il savoit : il ne fut pas trompé ; il fut follement vaincu par le charme d'une femme.

La terre trembla jusque dans ses entrailles, comme de nouveau dans les douleurs, et la nature poussa un second gémissement. Le ciel se couvrit, fit entendre un sourd tonnerre, pleura quelques larmes tristes quand s'acheva le mortel péché originel !

Adam n'y prit pas garde, mangeant à satiété. Ève ne craignit point de réitérer sa transgression première, afin de mieux charmer son époux par sa compagnie aimée. Tous deux, à présent comme enivrés d'un vin nouveau, nagent dans la joie ; ils s'imaginent sentir en eux la Divinité qui leur fait naître des ailes avec lesquelles ils dédaigneront la terre. Mais ce fruit perfide opéra un tout autre effet, en allumant pour la première fois le désir charnel. Adam commença d'attacher sur Ève des regards lascifs ; Ève les lui rendit aussi voluptueusement : ils brûlent impudiques. Adam excite ainsi Ève aux molles caresses :

« Ève, à présent je le vois, tu es d'un goût sûr et élégant ; ce n'est pas la moindre partie de la sagesse, puisque à chaque pensée nous appliquons le mot saveur, et que nous appelons notre palais judicieux : je t'en accorde la louange, tant tu as bien pourvu à ce jour ! Nous avons perdu beaucoup de plaisir en nous abstenant de ce fruit délicieux ; jusque ici en goûtant nous n'avions pas connu le vrai goût. Si le plaisir est tel dans les choses à nous défendues, il seroit à souhaiter qu'au lieu d'un seul arbre on nous en eût défendu dix. Mais viens, si bien réparés, jouons maintenant comme il convient après un si délicieux repas ; car jamais ta beauté, depuis le jour que je te vis pour la

With all perfections, so inflame my sense
With ardour to enjoy thee, fairer now
Than ever; bounty of this virtuous tree!"

So said he, and forbore not glance or toy
Of amorous intent; well understood
Of Eve, whose eye darted contagious fire.
Her hand he seized, and to a shady bank,
Thick over-head with verdant roof embower'd,
He led her nothing loth; flowers were the couch,
Pansies, and violets, and asphodel,
And hyacinth; earth's freshest, softest lap.
There they their fill of love and love's disport
Took largely, of their mutual guilt the seal,
The solace of their sin; till dewy sleep
Oppress'd them, wearied with their amorous play.

Soon as the force of that fallacious fruit,
That with exhilarating vapour bland
About their spirits had play'd, and inmost powers
Made err, was now exhaled; and grosser sleep,
Bred of unkindly fumes, with conscious dreams
Encumber'd, now had left them; up they rose
As from unrest; and, each the other viewing,
Soon found their eyes how open'd, and their minds
How darken'd; innocence, that as a veil
Had shadow'd them from knowing ill, was gone;
Just confidence, and native righteousness,
And honour, from about them, naked left
To guilty shame : he cover'd, but his robe
Uncover'd more. So rose the Danite strong,
Herculean Samson, from the harlot-lap
Of Philistean Dalilah, and waked
Shorn of his strength; they destitute and bare
Of all their virtue : silent, and in face
Confounded, long they sat, as stricken mute :
Till Adam, though not less than Eve abash'd,
At length gave utterance to these words constrain'd : —

" O Eve, in evil hour thou didst give ear
To that false worm, of whomsoever taught
To counterfeit man's voice; true in our fall,
False in our promised rising; since our eyes
Open'd we find indeed, and find we know
Both good and evil; good lost, and evil got:
Bad fruit of knowledge, if this be to know;
Which leaves us naked thus, of honour void,
Of innocence, of faith, of purity,
Our wonted ornaments now soil'd and stain'd,
And in our faces evident the signs
Of foul concupiscence; whence evil store,
Ev'n shame, the last of evils : of the first
Be sure then. How shall I behold the face

première fois et t'épousai ornée de toutes les perfections, n'enflamma mes sens de tant d'ardeur pour jouir de toi, plus charmante à présent que jamais ! O bonté de cet arbre plein de vertu ! »

Il dit, et n'épargna ni regard, ni badinage d'une intention amoureuse. Il fut compris d'Ève, dont les yeux lançoient des flammes contagieuses. Il saisit sa main, et vers un gazon ombragé qu'un toit de feuillage épais et verdoyant couvroit en berceau, il conduisit son épouse, nullement résistante. De fleurs étoit la couche, pensées, violettes, asphodèles, hyacinthes ; le plus doux, le plus frais giron de la terre. Là ils s'assouvirent largement d'amour et de jeux d'amour ; sceau de leur mutuel crime, consolation de leur péché, jusqu'à ce que la rosée du sommeil les opprimât, fatigués de leur amoureux déduit.

Sitôt que se fut exhalée la force de ce fruit fallacieux, dont l'enivrante et douce vapeur s'étoit jouée autour de leurs esprits et avoit fait errer leurs facultés intérieures, dès qu'un sommeil plus grossier, engendré de malignes fumées et surchargé de songes remémoratifs, les eut quittés, ils se levèrent comme d'une veille laborieuse. Ils se regardèrent l'un l'autre, et bientôt ils connurent comment leurs yeux étoient ouverts, comment leurs âmes obscurcies. L'innocence, qui de même qu'un voile leur avoit dérobé la connoissance du mal, avoit disparu. La juste confiance, la native droiture, l'honneur, n'étant plus autour d'eux, les avoient laissés nus à la honte coupable : elle les couvrit, mais sa robe les découvrit davantage. Ainsi le fort Danite, l'herculéen Samson se leva du sein prostitué de Dalila, la Philistine, et s'éveilla tondu de sa force : Ève et Adam s'éveillèrent nus et dépouillés de toute leur vertu. Silencieux et la confusion sur le visage, longtemps ils restèrent assis, comme devenus muets, jusqu'à ce qu'Adam, non moins honteux que sa compagne, donna enfin passage à ces paroles contraintes :

« O Ève, dans une heure mauvaise tu prêtas l'oreille à ce reptile trompeur : de qui que ce soit qu'il ait appris à contrefaire la voix de l'homme, il a dit vrai sur notre chute, faux sur notre élévation promise, puisque en effet nous trouvons nos yeux ouverts, et trouvons que nous connoissons à la fois le bien et le mal, le bien perdu, le mal gagné ! Triste fruit de la science, si c'est science de savoir ce qui nous laisse ainsi nus, privés d'honneur, d'innocence, de foi, de pureté, notre parure accoutumée, maintenant souillée et tachée, et sur nos visages les signes évidents d'une infâme volupté, d'où s'amasse un méchant trésor, et même la honte, le dernier des maux ! Du bien perdu sois donc sûre... Comment pourrois-je désormais regarder la

Henceforth of God or angel, erst with joy
And rapture so oft beheld? Those heavenly shapes
Will dazzle now this earthly, with their blaze
Insufferably bright. Oh! might I here
In solitude live savage, in some glade
Obscured; where highest woods, impenetrable
To star or sun-light, spread their umbrage broad
And brown as evening! cover me, ye pines!
Ye cedars, with innumerable boughs
Hide me, where I may never see them more!
But let us now, as in bad plight, devise
What best may for the present serve to hide
The parts of each from other, that seem most
To shame obnoxious, and unseemliest seen;
Some tree, whose broad smooth leaves together sew'd,
And girded on our loins, may cover round
Those middle parts; that this new-comer, Shame,
There sit not, and reproach us as unclean."

So counsel'd he, and both together went
Into the thickest wood; there soon they chose
The fig-tree; not that kind for fruit renown'd,
But such as at this day, to Indians known,
In Malabar or Decan spreads her arms
Branching so broad and long, that in the ground
The bended twigs take root, and daughters grow
About the mother-tree, a pillar'd shade
High over-arch'd, and echoing walks between:
There oft the Indian herdsman, shunning heat,
Shelters in cool, and tends his pasturing herds
At loop-holes cut through thickest shade :

       Those leaves
They gather'd, broad as Amazonian targe;
And, with what skill they had, together sew'd,
To gird their waist; vain covering, if to hide
Their guilt and dreaded shame! Oh! how unlike
To that first naked glory! Such of late
Columbus found the American, so girt
With feather'd cincture; naked else, and wild
Among the trees on isles and woody shores.
Thus fenced, and, as they thought, their shame in part
Cover'd, but not at rest or ease of mind,
They sat them down to weep :

       Nor only tears
Rain'd at their eyes, but high winds worse within
Began to rise; high passions, anger, hate,
Mistrust, suspicion, discord; and shook sore
Their inward state of mind, calm region once
And full of peace, now toss'd and turbulent:
For understanding ruled not, and the will
Heard not her lore; both in subjection now

face de Dieu ou de son ange qu'auparavant avec joie et ravissement j'ai si souvent contemplée? Ces célestes formes éblouiront maintenant cette terrestre substance par leurs rayons d'un insupportable éclat. Oh! que ne puis-je ici dans la solitude vivre sauvage, en quelque obscure retraite où les plus grands bois impénétrables à la lumière de l'étoile ou du soleil déploient leur vaste ombrage, bruni comme le soir! Couvrez-moi, vous pins, vous cèdres, sous vos rameaux innombrables, cachez-moi là où je ne puisse jamais voir ni Dieu ni son ange. Mais délibérons, en cet état déplorable, sur le meilleur moyen de nous cacher à présent l'un à l'autre ce qui semble le plus sujet à la honte et le plus indécent à la vue. Les feuilles larges et satinées de quelque arbre, cousues ensemble et ceintes autour de nos reins, nous peuvent couvrir, afin que cette compagne nouvelle, la honte, ne siège pas là et ne nous accuse pas comme impurs. »

Tel fut le conseil d'Adam. Ils entrèrent tous deux dans le bois le plus épais : là ils choisirent bientôt le figuier, non cette espèce renommée pour son fruit, mais celui que connoissent aujourd'hui les Indiens du Malabar et du royaume de Decan; il étend ses bras, et ses branches poussent si amples et si longues, que leurs tiges courbées prennent racine, filles qui croissent autour de l'arbre mère; monument d'ombre à la voûte élevée, aux promenades pleines d'échos : là souvent le pâtre indien, évitant la chaleur, s'abrite au frais et surveille ses troupeaux paissant à travers les entaillures pratiquées dans la plus épaisse ramée.

Adam et Ève cueillirent ces feuilles larges comme un bouclier d'amazone : avec l'art qu'ils avoient, ils les cousirent pour en ceindre leurs reins; vain tissu! si c'étoit pour cacher leur crime et la honte redoutée. Oh! combien ils différoient de leur première et glorieuse nudité! Tels, dans ces derniers temps, Colomb trouva les Américains portant une ceinture de plumes, nus du reste, et sauvages parmi les arbres, dans les îles et sur les rivages couverts de bois : ainsi nos premiers parents étoient enveloppés et, comme ils le croyoient, leur honte en partie voilée; mais n'ayant l'esprit ni à l'aise ni en repos, ils s'assirent à terre pour pleurer.

Non-seulement des larmes débordèrent de leurs yeux, mais de grandes tempêtes commencèrent à s'élever au-dedans d'eux-mêmes, de violentes passions, la colère, la haine, la méfiance, le soupçon, la discorde; elles ébranlèrent douloureusement l'état intérieur de leur esprit, région calme naguère et pleine de paix, maintenant agitée et turbulente, car l'entendement ne gouvernoit plus et la volonté n'écoutoit plus sa leçon; ils étoient assujettis tous deux à l'appétit sensuel,

To sensual appetite, who from beneath
Usurping over sovereign reason claim'd
Superior sway :
     From thus distemper'd breast,
Adam, estranged in look and alter'd style,
Speech intermitted thus to Eve renew'd : —
 "Would thou hadst hearken'd to my words, and stay'd
With me, as I besought thee, when that strange
Desire of wandering, this unhappy morn,
I know not whence possess'd thee; we had then
Remain'd still happy : not, as now, despoil'd
Of all our good; shamed, naked, miserable!
Let none henceforth seek needless cause to approve
The faith they owe; when earnestly they seek
Such proof, conclude they then begin to fail."
 To whom, soon moved with touch of blame, thus Eve: —
 "What words have pass'd thy lips, Adam, severe?
Imputest thou that to my default, or will
Of wandering, as thou call'st it, which who knows
But might as ill have happen'd, thou being by,
Or to thyself perhaps? Hadst thou been there,
Or here the attempt, thou couldst not have discern'd,
Fraud in the serpent, speaking as he spake;
No ground of enmity between us known,
Why he should mean me ill, or seek to harm.
Was I to have never parted from thy side?
As good have grown there still a lifeless rib.
Being as I am, why didst not thou, the head,
Command me absolutely not to go,
Going into such danger, as thou said'st?
Too facile then, thou didst not much gainsay;
Nay, didst permit, approve, and fair dismiss.
Hadst thou been firm and fix'd in thy dissent,
Neither had I transgress'd, nor thou with me."
 To whom, then first incensed, Adam replied : —
 "Is this the love, is this the recompense
Of mine to thee, ingrateful Eve? express'd
Immutable, when thou wert lost, not I;
Who might have lived, and joy'd immortal bliss,
Yet willingly chose rather death with thee?
And am I now upbraided as the cause
Of thy transgressing? not enough severe,
It seems, in my restraint : what could I more?
I warn'd thee, I admonish'd thee, foretold
The danger and the lurking enemy
That lay in wait; beyond this, had been force;
And force upon free will hath here no place.
But confidence then bore thee on; secure
Either to meet no danger, or to find
Matter of glorious trial : and perhaps

dont l'usurpation, venue d'en bas, réclamoit sur la souveraine raison une domination supérieure.

D'un cœur troublé, avec un regard aliéné et une parole altérée, Adam reprit ainsi son discours interrompu :

« Que n'écoutas-tu mes paroles et ne restas-tu avec moi, comme je t'en suppliois, lorsque dans cette malheureuse matinée tu étois possédée de cet étrange désir d'errer, qui te venoit je ne sois d'où ! Nous serions alors restés encore heureux, et non, comme à présent, dépouillés de tout notre bien, honteux, nus, misérables. Que personne ne cherche désormais une inutile raison pour justifier la fidélité due : quand on cherche ardemment une pareille preuve, concluez que l'on commence à faillir. »

Ève aussitôt, émue de ce ton de reproche :

« Quels mots sévères sont échappés de tes lèvres, Adam ? Imputes-tu à ma foiblesse ou à mon envie d'errer, comme tu l'appelles, ce qui auroit pu arriver aussi mal toi présent (qui sait), ou à toi-même peut-être ? Eusses-tu été là, ou l'attaque ici, tu n'aurois pu découvrir l'artifice du serpent, parlant comme il parloit. Entre lui et nous aucune cause d'inimitié n'étant connue, pourquoi m'auroit-il voulu du mal et cherché à me faire du tort ? Ne devois-je jamais me séparer de ton côté ? Autant auroit valu croître là toujours, côte sans vie. Étant ce que je suis, toi, le chef, pourquoi ne m'as-tu pas défendu absolument de m'éloigner, puisque j'allois à un tel péril, comme tu le dis ? Trop facile alors, tu ne te fis pas beaucoup contredire ; bien plus, tu me permis, tu m'approuvas, tu me congédias de bon accord. Si tu eusses été ferme et arrêté dans ton refus, je n'aurois pas transgressé, ni toi avec moi. »

Adam, irrité pour la première fois, lui répliqua :

« Est-ce là ton amour ? est-ce là la récompense du mien, Ève ingrate ; de mon amour que je t'ai déclaré inaltérable lorsque tu étois perdue, et que je ne l'étois pas ; moi qui aurois pu vivre et jouir d'un éternel bonheur, et qui toutefois ai volontairement préféré la mort avec toi ? Et maintenant tu me reproches d'être la cause de ta transgression ! il te semble que je ne t'ai pas retenue avec assez de sévérité ! Que pouvois-je de plus ? Je t'avertis, je t'exhortai, je te prédis le danger, l'ennemi aux aguets placé en embuscade. Au delà de ceci, il ne restoit que la force, et la force n'a point lieu contre une volonté libre. Mais la confiance en toi-même t'a emportée, certaine que tu étois ou de ne pas rencontrer de péril ou d'y trouver matière d'une glorieuse épreuve. Peut-être aussi ai-je erré en admirant si excessi-

I also err'd, in overmuch admiring
What seem'd in thee so perfect, that I thought
No evil durst attempt thee; but I rue
That error now, which is become my crime,
And thou the accuser. Thus it shall befall
Him, who, to worth in woman overtrusting;
Lets her will rule: restraint she will not brook;
And, left to herself, if evil thence ensue,
She first his weak indulgence will accuse.
    Thus they in mutual accusation spent
The fruitless hours, but neither self-condemning;
And of their vain contest appear'd no end.

END OF BOOK IX.

vement ce qui sembloit en toi si parfait que je croyois que le mal n'oseroit attenter sur toi ; mais je maudis maintenant cette erreur devenue mon crime, et toi l'accusatrice ! Ainsi il en arrivera à celui qui, se fiant trop au mérite de la femme, laissera gouverner la volonté de la femme : contrariée, la femme ne supportera aucune contrainte ; laissée à elle même, si le mal s'ensuit, elle accusera d'abord la foible indulgence de l'homme. »

Ainsi dans une mutuelle accusation Ève et Adam dépensoient les heures infructueuses ; mais ni l'un ni l'autre ne se condamnant soi-même, à leur vaine dispute il sembloit n'y avoir point de fin.

FIN DU LIVRE IX.

BOOK X.

THE ARGUMENT.

Man's transgression known, the guardian-angels forsake Paradise, and return up to heaven to approve their vigilance, and are approved; God declaring that the entrance of Satan could not be by them prevented. He sends his Son to judge the transgressors; who descends and gives sentence accordingly; then in pity clothes them both, and reascends. Sin and Death, sitting till then at the gates of hell, by wondrous sympathy feeling the success of Satan in this new world, and the sin by man there committed, resolve to sit no longer confined in hell, but to follow Satan their sire up to the place of man: to make the way easier from hell to this world to and fro, they pave a broad highway or bridge over Chaos, according to the track that Satan first made; then, preparing for earth, they meet him, proud of his success, returning to hell; their mutual gratulation. Satan arrives at Pandæmonium; in full assembly relates with boasting his success against man; instead of applause is entertained with a general hiss by all his audience, transformed with himself also suddenly into serpents, according to his doom given in Paradise; then, deluded with a show of the forbidden tree springing up before them, they, greedily reaching to take of the fruit, chew dust and bitter ashes. The proceedings of Sin and Death; God foretels the final victory of his Son over them, and the renewing of all things; but for the present commands his angels to make several alterations in the heavens and elements. Adam, more and more perceiving his fallen condition, heavily bewails, rejects the condolement of Eve; she persists, and at length appeases him: then, to evade the curse likely to fall on their offspring, proposes to Adam violent ways, which he approves not; but, conceiving better hope, puts her in mind of the late promise made them, that her seed should be revenged on the serpent; and exhorts her with him to seek peace of the offended Deity by repentance and supplication.

Meanwhile the heinous and despiteful act
Of Satan done in Paradise, and how
He, in the serpent, had perverted Eve,
Her husband she, to taste the fatal fruit,
Was known in heaven; for what can 'scape the eye
Of God all-seeing, or deceive his heart
Omniscient? who, in all things wise and just,

LIVRE X.

ARGUMENT.

La transgression de l'homme étant connue, les anges de garde quittent le Paradis et retournent au ciel pour justifier leur vigilance ; ils sont approuvés, Dieu déclarant que l'entrée de Satan n'a pu être prévenue par eux. Dieu envoie son Fils pour juger les transgresseurs ; il descend et prononce conformément la sentence. Alors il en a pitié, les vêtit tous deux, et remonte vers son Père. Le Péché et la Mort, assis jusque alors aux portes de l'Enfer, par une merveilleuse sympathie, sentant le succès de Satan dans ce nouveau monde, et la faute que l'homme y a commise, se résolvent de ne pas rester confinés plus longtemps dans l'Enfer et de suivre Satan, leur Père, dans la demeure de l'homme. Pour faire une route plus commode pour aller et venir de l'Enfer à ce monde, ils pavent çà et là un large grand chemin ou un pont au-dessus du Chaos en suivant la première trace de Satan. Ensuite, se préparant à gagner la Terre, ils le rencontrent, fier de son succès, revenant à l'Enfer. Leurs mutuelles félicitations. Satan arrive à Pandæmonium. Il raconte avec jactance en pleine assemblée son succès sur l'homme. Au lieu d'applaudissements, il est accueilli par un sifflement général de tout son auditoire, transformé tout à coup, ainsi que lui-même, en serpents, selon sa sentence prononcée dans le Paradis. Alors, trompés par une apparence de l'arbre défendu qui s'élève devant eux, ils cherchent avidement à atteindre le fruit, et mâchent de la poussière et des cendres amères. Progrès du Péché et de la Mort. Dieu prédit la victoire finale de son Fils sur eux et le renouvellement de toutes choses ; mais pour le moment il ordonne à ses anges de faire divers changements dans les cieux et les éléments. Adam, apercevant de plus en plus sa condition dégradée, se lamente tristement, et rejette la consolation d'Ève. Elle persiste, et l'apaise à la fin. Alors, pour empêcher la malédiction de tomber probablement sur leur postérité, elle propose à Adam des moyens violents, qu'il n'approuve pas. Mais concevant une meilleure espérance, il lui rappelle la dernière promesse qui leur fut faite, que sa race se vengera du serpent, et il l'exhorte à chercher avec lui la réconciliation de la Divinité offensée par le repentir et la prière.

Cependant, l'action haineuse et méchante que Satan avoit faite dans Éden étoit connue du Ciel ; on savoit comment dans le serpent il avoit séduit Ève, elle son mari, et l'avoit engagé à goûter le fruit fatal. Car qui peut échapper à l'œil de Dieu, qui voit tout, ou tromper son esprit, qui sait tout ! Sage et juste en toutes choses, l'Éternel n'em-

Hinder'd not Satan to attempt the mind
Of man, with strength entire, and free-will arm'd
Complete to have discover'd and repulsed
Whatever wiles of foe or seeming friend.
For still they knew, and ought to have still remember'd,
The high injunction not to taste that fruit,
Whoever tempted; which they not obeying,
Incurr'd (what could they less?) the penalty;
And, manifold in sin, deserved to fall.

Up into heaven from Paradise in haste
The angelic guards ascended, mute and sad
For man; for of his state by this they knew,
Much wondering how the subtle fiend had stolen
Entrance unseen.
     Soon as the unwelcome news
From earth arrived at heaven-gate, displeased
All were who heard; dim sadness did not spare
That time celestial visages, yet, mix'd
With pity, violated not their bliss.
About the new-arrived in multitudes
The ethereal people ran, to hear and know
How all befell: they towards the throne supreme,
Accountable, made haste, to make appear,
With righteous plea, their utmost vigilance,
And easily approved; when the Most High
Eternal Father, from his secret cloud
Amidst, in thunder utter'd thus his voice : —

"Assembled angels, and ye powers return'd
From unsuccessful charge, be not dismay'd,
Nor troubled at these tidings from the earth,
Which your sincerest care could not prevent;
Foretold so lately what would come to pass,
When first this tempter cross'd the gulf from hell.
I told ye then he should prevail, and speed
On his bad errand; man should be seduced,
And flatter'd out of all, believing lies
Against his Maker; no decree of mine
Concurring, to necessitate his fall,
Or touch with lightest moment of impulse
His free-will, to her own inclining left
In even scale. But fallen he is; and now
What rests, but that the mortal sentence pass
On his transgression, death denounced that day?
Which he presumes already vain and void,
Because not yet inflicted, as he fear'd,
By some immediate stroke; but soon shall find
Forbearance no acquittance, ere day end.
Justice shall not return as bounty scorn'd.

"But whom send I to judge them? whom but thee,
Vicegerent Son? To thee I have transferr'd

pêcha point Satan de tenter l'esprit de l'homme armé d'une force entière et d'une volonté libre, parfaites pour découvrir et repousser les ruses d'un ennemi ou d'un faux ami. Car Adam et Ève connoissoient et devoient toujours se rappeler l'importante injonction de ne jamais toucher au fruit, qui que ce fût qui les tentât. N'obéissant pas, ils encoururent la peine : que pouvoient-ils attendre de moins? La complication de leur péché méritoit leur chute.

Les gardes angéliques du Paradis se hâtèrent de monter au Ciel, mornes et abattus, en songeant à l'homme, car par ceci ils connoissoient son état; ils s'étonnoient beaucoup que le subtil ennemi, sans être vu, leur eût dérobé son entrée.

Sitôt que ces fâcheuses nouvelles arrivèrent de la terre à la porte du Ciel, tous ceux qui les entendirent furent affligés. Une sombre tristesse n'épargna pas dans ce moment les visages divins; cependant, mêlée de pitié, elle ne viola pas leur béatitude. Autour des nouveaux arrivés le peuple éthéré accourut en foule pour écouter et apprendre comment tout étoit advenu. Ils se hâtèrent vers le trône suprême, responsables qu'ils étoient, afin d'exposer dans un juste plaidoyer leur extrême vigilance, aisément approuvée. Quand le Très-Haut, l'Éternel Père, du fond de son secret nuage, fit sortir ainsi sa voix dans le tonnerre :

« Anges assemblés, et vous puissances revenues d'une commission infructueuse, ne soyez ni découragés ni troublés de ces nouvelles de la terre que vos soins les plus sincères ne pouvoient prévenir ! J'avois prédit dernièrement ce qui arriveroit, lorsque, pour la première fois, le tentateur, sorti de l'enfer, traversoit l'abîme. Je vous ai annoncé qu'il prévaudroit, prompt dans son mauvais message; que l'homme seroit séduit, perdu par la flatterie, et croyant le mensonge contre son Créateur. Aucun de mes décrets concourant n'a nécessité sa chute ou touché du plus léger mouvement d'impulsion sa volonté libre, laissée à sa propre inclination dans un juste équilibre. Mais l'homme est tombé, et maintenant que reste-t-il à faire, sinon à prononcer l'arrêt mortel contre sa transgression, la mort dénoncée pour ce jour même. Il la présume déjà vaine et nulle, parce qu'elle ne lui a pas encore été infligée, comme il le craignoit, par quelque coup subit, mais bientôt il trouvera, avant que le jour finisse, que sursis n'est pas acquittement : la justice ne reviendra pas dédaignée comme la bonté.

« Mais qui enverrai-je pour juger les coupables? qui, sinon toi, vice-régent, mon Fils? A toi j'ai transféré tout jugement au Ciel, sur

All judgment, whether in heaven, or earth, or hell.
Easy it may be seen that I intend
Mercy colleague with justice, sending thee,
Man's friend, his Mediator, his design'd
Both ransom and Redeemer voluntary,
And destined man himself to judge man fallen."

So spake the Father; and, unfolding bright
Toward the right hand his glory, on the Son
Blazed forth unclouded deity : he full
Resplendent all his Father manifest
Express'd, and thus divinely answer'd mild : —

"Father Eternal, thine is to decree;
Mine, both in heaven and earth, to do thy will
Supreme; that thou in me, thy Son beloved,
Mayst ever rest well pleased. I go to judge
On earth these thy transgressors; but thou know'st
Whoever judged, the worst on me must light,
When time shall be; for so I undertook
Before thee; and, not repenting, this obtain
Of right, that I may mitigate their doom
On me derived : yet I shall temper so
Justice with mercy, as may illustrate most
Them fully satisfied, and thee appease.
Attendance none shall need, nor train, where none
Are to behold the judgment but the judged,
Those two; the third best absent is condemn'd,
Convict by flight, and rebel to all law :
Conviction to the serpent none belongs."

Thus saying, from his radiant seat he rose
Of high collateral glory. Him thrones, and powers,
Princedoms, and dominations ministrant,
Accompanied to heaven-gate; from whence
Eden, and all the coast, in prospect lay.
Down he descended straight; the speed of gods
Time counts not, though with swiftest minutes wing'd.

Now was the sun in western cadence low
From noon; and gentle airs, due at their hour,
To fan the earth now waked, and usher in
The evening cool; when he, from wrath more cool,
Came the mild Judge and Intercessor both,
To sentence man. The voice of God they heard
Now walking in the garden, by soft winds
Brought to their ears while day declined; they heard,
And from his presence hid themselves among
The thickest trees, both man and wife; till God
Approaching, thus to Adam call'd aloud : —

"Where art thou, Adam, wont with joy to meet
My coming seen far off? I miss thee here;
Not pleased, thus entertain'd with solitude,
Where obvious duty erewhile appear'd unsought :

la Terre et dans l'enfer. On verra facilement que je me propose de donner la miséricorde pour collègue à la justice en t'envoyant, toi l'ami de l'homme, son médiateur, à la fois désigné rançon et rédempteur volontaire, en t'envoyant, toi destiné à devenir homme, pour juger l'homme tombé. »

Ainsi parla le Père; il entr'ouvrit brillante la droite de sa gloire, et rayonna sur son Fils sa divinité dévoilée. Le Fils, plein de splendeur, exprima manifestement tout son père, et lui répondit ainsi, divinement doux :

« Éternel Père ! à toi d'ordonner, à moi de faire dans le Ciel et sur la Terre ta volonté suprême, afin que tu puisses toujours mettre ta complaisance en moi, ton fils bien aimé. Je vais juger sur la Terre ceux-ci tes pécheurs; mais tu le sais, quel que soit le jugement, la peine la plus grande doit tomber sur moi, quand le temps sera accompli, car je m'y suis engagé en ta présence. Je ne m'en repens pas, et par cela j'obtiens le droit d'adoucir leur sentence, sur moi dérivée : je tempérerai la justice par la miséricorde, de manière qu'elles seront le plus glorifiées, en étant pleinement satisfaites et toi apaisé. Il n'y aura besoin ni de suite ni de cortége, là où personne ne doit assister au jugement, excepté les deux qui seront jugés ; le troisième coupable, absent, n'en est que mieux condamné ; convaincu par sa fuite et rebelle à toutes les lois : la conviction du serpent n'importe à personne. »

Il dit, et se leva de son siége, rayonnant d'une haute gloire collatérale; les trônes, les puissances, les principautés, les dominations, ses ministres, l'accompagnèrent jusqu'à la porte du Ciel, d'où l'on aperçoit Éden et toute la côte en perspective : soudain il est descendu ; le temps ne mesure point la promptitude des dieux, bien qu'il soit ailé des plus rapides minutes.

Le soleil, dans sa chute occidentale, étoit alors descendu du midi ; les vents légers, à leur heure marquée pour souffler sur la terre, s'éveilloient et introduisoient en elle la tranquille fraîcheur du soir. Dans ce moment, avec une colère plus tranquille, vint l'intercesseur et doux juge pour sentencier l'homme. La voix de Dieu qui se promenoit dans le jardin fut portée par les suaves brises à l'oreille d'Adam et d'Ève, au déclin du jour; ils l'entendirent, et ils se cachèrent parmi les arbres les plus touffus. Mais Dieu s'approchant appelle Adam à haute voix :

« Adam, où es-tu, toi accoutumé à rencontrer avec joie ma venue, dès que tu la voyois de loin? Je ne suis pas satisfait de ton absence ici. T'entretiens-tu avec la solitude, là où naguère un devoir empressé

Or come I less conspicuous, or what change
Absents thee, or what chance detains? Come forth!"

He came; and with him Eve, more loth, though first
To offend; discountenanced both and discomposed;
Love was not in their looks, either to God
Or to each other; but apparent guilt,
And shame, and perturbation, and despair,
Anger, and obstinacy, and hate, and guile.
Whence Adam, faltering long, thus answer'd brief:—
"I heard thee in the garden; and of thy voice
Afraid, being naked, hid myself."
           To whom
The gracious Judge, without revile, replied:—
"My voice thou oft hast heard, and hast not fear'd,
But still rejoiced; how is it now become
So dreadful to thee? That thou art naked, who
Hath told thee? Hast thou eaten of the tree,
Whereof I gave thee charge thou shouldst not eat?"

To whom thus Adam, sore beset, replied:—
"O heaven! in evil strait this day I stand
Before my Judge; either to undergo
Myself the total crime, or to accuse
My other self, the partner of my life;
Whose failing, while her faith to me remains,
I should conceal, and not expose to blame
By my complaint: but strict necessity
Subdues me, and calamitous constraint;
Lest on my head both sin and punishment,
However insupportable, be all
Devolved; though, should I hold my peace, yet thou
Wouldst easily detect what I conceal.

"This woman, whom thou madest to be my help,
And gavest me as thy perfect gift, so good,
So fit, so acceptable, so divine,
That from her hand I could suspect no ill;
And what she did, whatever in itself,
Her doing seem'd to justify the deed;
She gave me of the tree, and I did eat."

To whom the Sovereign Presence thus replied:—
"Was she thy God, that her thou didst obey
Before his voice? or was she made thy guide,
Superior, or but equal, that to her
Thou didst resign thy manhood, and the place
Wherein God set thee above her made of thee,
And for thee, whose perfection far excell'd
Hers in all real dignity? Adorn'd
She was indeed, and lovely, to attract
Thy love, not thy subjection; and her gifts
Were such, as under government well seem'd,
Unseemly to bear rule; which was thy part

te faisoit paroître sans être cherché? Me présenté-je avec moins d'éclat? Quel changement cause ton absence? Quel hasard t'arrête! Viens. »

Il vint, et Ève à regret avec lui, quoiqu'elle eût été la première à offenser, tous deux interdits et décomposés. L'amour n'étoit dans leurs regards ni pour Dieu ni pour l'un l'autre, mais on y apercevoit le crime, la honte, le trouble, le désespoir, la colère, l'obstination, la haine et la tromperie. Adam, après avoir longtemps balbutié, répond en peu de mots :

« Je t'ai entendu dans le jardin, et j'ai eu peur de ta voix, parce que j'étois nu : c'est pourquoi je me suis caché. »

A quoi le Juge miséricordieux répliqua sans lui faire de reproche :

« Tu as souvent entendu ma voix, et tu n'en as pas eu peur, mais elle t'a toujours réjoui : comment est-elle devenue pour toi si terrible? Tu es nu, qui te l'a dit? As-tu mangé du fruit de l'arbre dont je t'ai défendu de manger? »

Adam, assiégé de misères, répondit :

« O Ciel! dans quelle voie étroite je comparois ce jour devant mon juge, ou pour me charger moi-même de tout le crime, ou pour accuser mon autre moi-même, la compagne de ma vie! Je devrois cacher sa faute, pendant que sa fidélité me reste, et ne pas l'exposer au blâme par ma plainte; mais une rigoureuse nécessité, une contrainte déplorable, m'obligent à parler, de peur que sur ma tête à la fois le péché et le châtiment, néanmoins insupportables, ne soient dévolus tout entiers. Quand je garderois mon silence, tu découvrirois aisément ce que je cacherois.

« Cette femme que tu fis pour être mon aide, que tu m'as donnée comme ton présent accompli, qui étoit si bonne, si convenable, si acceptable, si divine, de la main de laquelle je n'aurois pu soupçonner aucun mal, qui dans tout ce qu'elle faisoit sembloit justifier son action par la manière de la faire, cette femme m'a donné du fruit de l'arbre, et j'ai mangé. »

La souveraine Présence répliqua ainsi :

« Étoit-elle ton Dieu pour lui obéir plutôt qu'à la voix de ton Créateur? Avoit-elle été faite pour être ton guide, ton supérieur, même ton égal, pour que tu lui résignasses ta virilité et le rang où Dieu t'avoit assis au-dessus d'elle, elle faite de toi et pour toi, dont les perfections surpassoient de si loin les siennes en réelle dignité? A la vérité, elle étoit ornée et charmante pour attirer ton amour, non ta dépendance. Ses qualités étoient telles qu'elles sembloient bonnes à être gouvernées, peu convenables pour dominer; l'autorité étoit ton

And person, hadst thou known thyself aright."
So having said, he thus to Eve in few : —
"Say, woman, what is this which thou hast done?"
To whom sad Eve, with shame nigh overwhelm'd,
Confessing soon, yet not before her Judge
Bold or loquacious, thus abash'd replied: —
" The serpent me beguiled, and I did eat."
Which when the Lord God heard, without delay
To judgment he proceeded on the accused
Serpent, though brute; unable to transfer
The guilt on him who made him instrument
Of mischief, and polluted from the end
Of his creation : justly then accursed,
As vitiated in nature : more to know
Concern'd not man (since he no farther knew),
Nor alter'd his offence; yet God at last
To Satan, first in sin, his doom applied;
Though in mysterious terms, judged as then best:
And on the serpent thus his curse let fall : —
"Because thou hast done this, thou art accursed
Above all cattle, each beast of the field :
Upon thy belly groveling thou shalt go,
And dust shalt eat all the days of thy life.
Between thee and the woman I will put
Enmity; and between thine and her seed :
Her seed shall bruise thy head, thou bruise his heel."
So spake this oracle, then verified,
When Jesus, son of Mary, second Eve,
Saw Satan fall, like lightning, down from heaven,
Prince of the air; then, rising from his grave,
Spoil'd principalities and powers, triumph'd,
In open show; and, with ascension bright,
Captivity led captive through the air,
The realm itself of Satan, long usurp'd;
Whom he shall tread at last under our feet;
Ev'n he, who now foretold his fatal bruise :
And to the woman thus his sentence turn'd : —
" Thy sorrow I will greatly multiply
By thy conception ; children thou shalt bring
In sorrow forth; and to thy husband's will
Thine shall submit; he over thee shall rule."
On Adam last thus judgment he pronounced : —
" Because thou hast hearken'd to the voice of thy wife,
And eaten of the tree, concerning which
I charged thee, saying, ' Thou shalt not eat thereof;'
Cursed is the ground for thy sake : thou in sorrow
Shalt eat thereof all the days of thy life;
Thorns also and thistles it shall bring thee forth
Unbid; and thou shalt eat the herb of the field :
In the sweat of thy face shalt thou eat bread,

lot, appartenant à ta personne, si tu l'eusses toi-même bien connue. »

Dieu ayant ainsi parlé, adressa à Ève ce peu de mots :

« Dis, femme, pourquoi as-tu fait cela ? »

La triste Ève, presque abîmée dans la honte, se confessant vite, ne fut devant son juge ni hardie ni diserte ; elle répondit confuse :

« Le serpent m'a trompée, et j'ai mangé. »

Ce que le Seigneur Dieu ayant entendu, il procéda sans délai au jugement du serpent accusé, bien qu'il fût brute, incapable de rejeter son crime sur celui qui le fit l'instrument du mal et le déprava dans les fins de sa création, justement maudit alors comme vicié dans sa nature. Il n'importoit pas à l'homme d'en connoître davantage, puisqu'il ne savoit rien de plus ; cela n'eût pas diminué sa faute. Cependant, Dieu appliqua la sentence à Satan, le premier dans le péché, mais en termes mystérieux qu'il jugea alors les meilleurs, et il laissa tomber ainsi sa malédiction sur le serpent :

« Parce que tu as fait cela, tu es maudit entre tous les animaux et toutes les bêtes de la terre. Tu ramperas sur le ventre et tu mangeras la terre tous les jours de ta vie. Je mettrai une inimitié entre toi et la femme, entre sa race et la tienne ; elle te brisera la tête, et tu tâcheras de la mordre par le talon. »

Ainsi fut prononcé l'oracle, vérifié quand Jésus, fils de Marie, seconde Ève, vit comme un éclair tomber du ciel Satan, prince de l'air. Alors Jésus, sortant du tombeau, dépouilla les principautés et les Puissances infernales, et triompha ouvertement en pompe : et dans une ascension glorieuse il emmena à travers les airs la captivité captive, le royaume même longtemps usurpé par Satan. Celui-là brisera enfin Satan sous nos pieds, celui-là même qui prédit à présent cette fatale meurtrissure.

Il se tourna vers la femme pour lui prononcer sa sentence :

« Je t'affligerai de plusieurs maux pendant ta grossesse, tu enfanteras dans la douleur, tu seras sous la puissance de ton mari et il te dominera. »

A Adam le dernier, il prononce ainsi son arrêt :

« Parce que tu as écouté la voix de ta femme et que tu as mangé du fruit de l'arbre dont je t'avois défendu de manger en te disant :
« Tu n'en mangeras point, » la terre sera maudite à cause de ce que tu as fait. Tu n'en tireras de quoi te nourrir pendant toute ta vie qu'avec beaucoup de travail : elle te produira des épines et des ronces, et tu te nourriras de l'herbe de la terre. Tu mangeras ton pain à

Till thou return unto the ground; for thou
Out of the ground wast taken; know thy birth;
For dust thou art, and shalt to dust return."

So judged he man, both Judge and Saviour sent;
And the instant stroke of death, denounced that day,
Removed far off: then, pitying how they stood
Before him naked to the air, that now
Must suffer change, disdain'd not to begin
Thenceforth the form of servant to assume,
As when he wash'd his servants' feet; so now,
As father of his family, he clad
Their nakedness with skins of beasts, or slain,
Or as the snake with youthful coat repaid;
And thought not much to clothe his enemies:
Nor he their outward only with the skins
Of beasts, but inward nakedness, much more
Opprobrious, with his robe of righteousness
Arraying, cover'd from his Father's sight.
To him with swift ascent he up return'd,
Into his blissful bosom reassumed,
In glory, as of old: to him appeased,
All, though all-knowing, what had pass'd with man
Recounted, mixing intercession sweet.

Meanwhile, ere thus was sinn'd and judged on earth,
Within the gates of hell sat Sin and Death,
In counterview within the gates, that now
Stood open wide, belching outrageous flame
Far into Chaos, since the fiend pass'd through,
Sin opening; who thus now to Death began: —

"O son, why sit we here each other viewing
Idly, while Satan, our great author, thrives
In other worlds, and happier seat provides
For us, his offspring dear? It cannot be
But that success attends him; if mishap,
Ere this he had return'd, with fury driven
By his avengers; since no place like this
Can fit his punishment, or their revenge.

"Methinks I feel new strength within me rise,
Wings growing, and dominion given me large,
Beyond this deep: whatever draws me on,
Or sympathy, or some connatural force,
Powerful at greatest distance to unite
With secret amity things of like kind,
By secretest conveyance. Thou, my shade
Inseparable, must with me along;
For Death from Sin no power can separate.
But, lest the difficulty of passing back
Stay his return perhaps over this gulf
Impassable, impervious; let us try
Adventurous work, yet to thy power and mine

la sueur de ton visage, jusqu'à ce que tu retournes en la terre d'où tu as été tiré. Car tu es poudre et tu retourneras en poudre. »

Ainsi jugea l'homme celui qui fut envoyé à la fois Juge et Sauveur : il recula bien loin le coup subit de la mort annoncée pour ce jour-là : ensuite ayant compassion de ceux qui se tenoient nus devant lui, exposés à l'air qui maintenant alloit souffrir de grandes altérations, il ne dédaigna pas de commencer à prendre la forme d'un serviteur, comme quand il lava les pieds de ses serviteurs; de même à présent comme un père de famille, il couvrit leur nudité de peaux de bêtes, ou tuées, ou qui, de même que le serpent, avoient rajeuni leur peau. Il ne réfléchit pas longtemps pour vêtir ses ennemis : non-seulement il couvrit leur nudité extérieure de peaux de bêtes, mais leur nudité intérieure, beaucoup plus ignominieuse; il l'enveloppa de sa robe de justice et la déroba aux regards de son Père. Puis il s'éleva rapidement vers lui; reçu dans son sein bienheureux, il rentra dans la gloire comme autrefois : à son Père apaisé il raconta (quoique le Père sût tout) ce qui s'étoit passé avec l'homme, entremêlant son récit d'une douce intercession.

Cependant, avant qu'on eût péché et jugé sur la terre, le Péché et la Mort étoient assis en face l'un de l'autre en dedans des portes de l'Enfer; ces portes étoient restées béantes, vomissant au loin dans le Chaos une flamme impétueuse, depuis que l'ennemi les avoit passées, le Péché les ouvrant. Bientôt celui-ci commença de parler à la Mort :

« O mon fils, pourquoi sommes-nous assis oisifs à nous regarder l'un l'autre, tandis que Satan, notre grand auteur, prospère dans d'autres mondes et cherche à nous pourvoir d'un séjour plus heureux, nous, sa chère engeance ? Le succès l'aura sans doute accompagné : s'il lui étoit mésavenu, avant cette heure il seroit retourné, chassé par la furie de ses persécuteurs, puisque aucun autre lieu ne peut autant que celui-ci convenir à son châtiment ou à leur vengeance.

« Je crois sentir qu'une puissance nouvelle s'élève en moi, qu'il me croît des ailes, qu'une vaste domination m'est donnée au delà de cet abîme. Je ne sais quoi m'attirer, soit sympathie, soit une force conaturelle pleine de puissance, pour unir à la plus grande distance dans une secrète amitié les choses de même espèce par les routes les plus secrètes. Toi, mon ombre inséparable, tu dois me suivre, car aucun pouvoir ne peut séparer la Mort du Péché. Mais dans la crainte que notre père soit arrêté peut-être par la difficulté de repasser ce golfe impassable, impraticable, essayons (travail aventureux, non pourtant disproportionné à ta force et à la mienne), essayons de fonder sur

Not unagreeable, to found a path
Over this main from hell to that new world,
Where Satan now prevails; a monument
Of merit high to all the infernal host,
Easing their passage hence, for intercourse,
Or transmigration, as their lot shall lead;
Nor can I miss the way, so strongly drawn
By this new-felt attraction and instinct."

Whom thus the meagre shadow answer'd soon :—
"Go, whither fate and inclination strong
Leads thee; I shall not lag behind, nor err
The way, thou leading; such a scent I draw
Of carnage, prey innumerable, and taste
The savour of death from all things there that live;
Nor shall I to the work thou enterprisest
Be wanting, but afford thee equal aid."

So saying, with delight he snuff'd the smell
Of mortal change on earth. As when a flock
Of ravenous fowl, though many a league remote,
Against the day of battle, to a field
Where armies lie encamp'd, come flying, lured
With scent of living carcases design'd
For death, the following day, in bloody fight:
So scented the grim feature, and upturn'd
His nostril wide into the murky air;
Sagacious of his quarry from so far.

Then both from out hell-gates, into the waste
Wide anarchy of Chaos, damp and dark,
Flew diverse; and with power (their power was great)
Hovering upon the waters, what they met
Solid or slimy, as in raging sea
Tost up and down, together crowded drove,
From each side shoaling, towards the mouth of hell:
As when two polar winds, blowing adverse
Upon the Cronian sea, together drive
Mountains of ice, that stop the imagined way
Beyond Petsora eastward, to the rich
Cathaian coast. The aggregated soil
Death with his mace petrific, cold and dry,
As with a trident, smote, and fix'd as firm
As Delos, floating once; the rest his look
Bound with Gorgonian rigour not to move.
And with asphaltic slime, broad as the gate,
Deep to the roots of hell the gather'd beach
They fasten'd, and the mole immense wrought on,
Over the foaming deep high-arch'd, a bridge
Of length prodigious, joining to the wall
Immoveable of this now fenceless world,
Forfeit to Death; from hence a passage broad,

cet océan un chemin depuis l'Enfer jusqu'au monde nouveau où Satan maintenant l'emporte; monument d'un grand avantage à toutes légions infernales, qui leur rendra d'ici le trajet facile pour leur communication ou leur transmigration, selon que le sort les conduira. Je ne puis manquer le chemin, tant je suis attiré avec force par cette nouvelle attraction et ce nouvel instinct. »

L'ombre maigre lui répondit aussitôt :

« Va où le destin et la force de l'inclination te conduisent. Je ne traînerai pas derrière, ni ne me tromperai de chemin, toi servant de guide; tant je respire odeur de carnage, proie innombrable; tant je goûte la saveur de la mort de toutes les choses qui vivent là! Je ne manquerai pas à l'ouvrage que tu entreprends, mais je te prêterai un mutuel secours. »

En parlant de la sorte, le monstre, avec délices, renifla le parfum du mortel changement arrivé sur la Terre : comme quand une bande d'oiseaux carnassiers, malgré la distance de plusieurs lieues, vient volant, avant le jour d'une bataille, au champ où campent les armées, alléchée qu'elle est par la senteur des vivantes carcasses promises à la mort le lendemain, dans un sanglant combat : ainsi éventoit les trépas la hideuse figure qui, renversant dans l'air empoisonné sa large narine, flairoit de si loin sa curée.

Soudain, hors des portes de l'Enfer, dans la vaste et vide anarchie du Chaos sombre et humide, les deux fantômes s'envolèrent en sens contraire. Avec force (leur force étoit grande) planant sur les eaux, ce qu'ils rencontrent de solide ou de visqueux, ballotté haut et bas comme dans une mer houleuse, ils le chassent ensemble amassé, et de chaque côté l'échouent vers la bouche du Tartare : ainsi deux vents polaires, soufflant, opposés, sur la mer Cronienne, poussent ensemble des montagnes de glaces qui obstruent le passage présumé au delà de Petzora à l'orient, vers la côte opulente du Cathai.

La Mort, de sa massue pétrifiante, froide et sèche, frappe comme d'un trident la matière agglomérée, la fixe aussi ferme que Délos, jadis flottante; le reste fut enchaîné immobile par l'inflexibilité de son regard de Gorgone.

Les deux fantômes cimentèrent avec un bitume asphaltique le rivage ramassé, large comme les portes de l'Enfer et profond comme ses racines. Le môle immense, courbé en avant, forma une arche élevée sur l'écumant abîme; pont d'une longueur prodigieuse, atteignant à la muraille inébranlable de ce monde, à présent sans défense, confisqué au profit de la Mort : de là un chemin large, doux, commode,

Smooth, easy, inoffensive, down to hell.
So, if great things to small may be compared,
Xerxes, the liberty of Greece to yoke,
From Susa, his Memnonian palace high,
Came to the sea; and, over Hellespont
Bridging his way, Europe with Asia join'd,
And scourged with many a stroke the indignant waves.

Now had they brought the work by wondrous art
Pontifical, a ridge of pendent rock,
Over the vex'd abyss, following the track
Of Satan to the self-same place where he
First lighted from his wing, and landed safe
From out of Chaos, to the outside bare
Of this round world: with pins of adamant
And chains they made all fast: too fast they made
And durable! And now in little space
The confines met of empyrean heaven,
And of this world; and, on the left hand, hell
With long reach interposed; three several ways
In sight, to each of these three places led.
And now their way to earth they had descried,
To Paradise first tending; when, behold!
Satan, in likeness of an angel bright,
Betwixt the Centaur and the Scorpion steering
His zenith, while the sun in Aries rose:
Disguised he came; but those his children dear
Their parent soon discern'd, though in disguise.

He, after Eve seduced, unminded slunk
Into the wood fast by; and, changing shape,
To observe the sequel, saw his guileful act
By Eve, though all unweeting, seconded
Upon her husband; saw their shame that sought
Vain covertures; but when he saw descend
The Son of God to judge them, terrified
He fled; not hoping to escape, but shun
The present; fearing, guilty, what his wrath
Might suddenly inflict; that past, return'd
By night, and listening where the hapless pair
Sat in their sad discourse and various plaint,
Thence gather'd his own doom; which understood
Not instant, but of future time, with joy
And tidings fraught, to hell he now return'd:
And at the brink of Chaos, near the foot
Of this new wondrous pontifice, unhoped
Met, who to meet him came, his offspring dear.
Great joy was at their meeting, and at sight
Of that stupendous bridge his joy increased.
Long he admiring stood; till Sin, his fair
Enchanting daughter, thus the silence broke: —

"O parent, these are thy magnific deeds,

uni, descendit à l'enfer. Tel, si les petites choses peuvent être comparées aux grandes, Xerxès, parti de son grand palais Memnonien, vint de Suze jusqu'à la mer pour enchaîner la liberté de la Grèce; il se fit, par un pont, un chemin sur l'Hellespont, joignit l'Europe à l'Asie, et frappa de verges les flots indignés.

La Mort et le Péché, par un art merveilleux, avoient maintenant poussé leur ouvrage (chaîne de rochers suspendus sur l'abîme tourmenté, en suivant la trace de Satan) jusqu'à la place même où Satan ploya ses ailes et s'abattit, au sortir du Chaos, sur l'aride surface de ce monde sphérique. Ils affermirent le tout avec des clous et des chaînes de diamant : trop ferme ils le firent et trop durable! Alors, dans un petit espace, ils rencontrèrent les confins du ciel empyrée et de ce monde; sur la gauche étoit l'Enfer avec un long gouffre interposé. Trois différents chemins en vue conduisoient à chacune de ces trois demeures. Et maintenant les monstres prirent le chemin de la Terre qu'ils avoient aperçue, se dirigeant vers Éden; quand voici Satan, sous la forme d'un ange de lumière, gouvernant sur son zénith entre le Centaure et le Scorpion, pendant que le soleil se levoit dans le Bélier. Il s'avançoit déguisé; mais ceux-ci, ses chers enfants, reconnurent vite leur père, bien que travesti.

Satan, après avoir séduit Ève, s'étoit jeté non remarqué dans le bois voisin, et, changeant de forme pour observer la suite de l'événement, il vit son action criminelle répétée par Ève, quoique sans méchante intention, auprès de son mari; il vit leur honte chercher des voiles inutiles. Mais quand il vit descendre le Fils de Dieu pour les juger, frappé de terreur, il fuit, non qu'il espérât échapper, mais il évitoit le présent, craignant, coupable qu'il étoit, ce que la colère du Fils lui pouvoit soudain infliger. Cela passé, il revint de nuit, et écoutant, au lieu où les deux infortunés étoient assis, leur triste discours et leur diverse plainte, il en recueillit son propre arrêt; il comprit que l'exécution de cet arrêt n'étoit pas immédiate, mais pour un temps à venir : chargé de joie et de nouvelles, il retourna alors à l'Enfer. Sur les bords du Chaos, près du pied de ce nouveau pont merveilleux, il rencontra inespérément ceux qui venoient pour le rencontrer, ses chers rejetons. L'allégresse fut grande à leur jonction; la vue du pont prodigieux accrut la joie de Satan : il demeura longtemps en admiration, jusqu'à ce que le Péché, sa fille enchanteresse, rompit ainsi le silence :

« O mon père, ce sont là tes magnifiques ouvrages, tes trophées,

Thy trophies! which thou view'st as not thine own:
Thou art their author, and prime architect:
For I no sooner in my heart divined
(My heart, which by a secret harmony
Still moves with thine, join'd in connexion sweet)
That thou on earth hadst prosper'd, which thy looks
Now also evidence, but straight I felt,
Though distant from thee worlds between, yet felt
That I must after thee, with this thy son;
Such fatal consequence unites us three.
Hell could no longer hold us in our bounds,
Nor this unvoyageable gulf obscure
Detain from following thy illustrious track:
Thou hast achieved our liberty, confined
Within hell-gates till now; thou us impower'd
To fortify thus far, and overlay,
With this portentous bridge, the dark abyss.

"Thine now is all this world; thy virtue hath won
What thy hands builded not; thy wisdom gain'd
With odds what war hath lost; and fully avenged
Our foil in heaven: here thou shalt monarch reign,
There didst not; there let him still victor sway,
As battle hath adjudged; from this new world
Retiring, by his own doom alienated;
And henceforth monarchy with thee divide
Of all things, parted by the empyreal bounds,
His quadrature, from thy orbicular world;
Or try thee now more dangerous to his throne."

Whom thus the prince of darkness answer'd glad:—
"Fair daughter, and thou son and grandchild both;
High proof ye now have given to be the race
Of Satan (for I glory in the name,
Antagonist of heaven's Almighty King);
Amply have merited of me, of all
The infernal empire, that so near heaven's door
Triumphal with triumphal act have met,
Mine, with this glorious work; and made one realm,
Hell and this world, our realm, one continent
Of easy thoroughfare.
              "Therefore,— while I
Descend through darkness, on your road, with ease,
To my associate powers, them to acquaint
With these successes, and with them rejoice;—
You two this way, among these numerous orbs,
All yours, right down to Paradise descend;
There dwell, and reign in bliss; thence on the earth
Dominion exercise and in the air,
Chiefly on man, sole lord of all declared:
Him first make sure your thrall, and lastly kill.
My substitutes I send ye, and create

que tu contemples comme n'étant pas les tiens : tu en es l'auteur et le premier architecte ; car je n'eus pas plus tôt deviné dans mon cœur (mon cœur, qui par une secrète harmonie bat avec le tien, uni dans une douce intimité), je n'eus pas plus tôt deviné que tu avois prospéré sur la terre, ce que tes regards manifestent à présent, que je me sentis (quoique séparée de toi par des mondes) attirée vers toi avec celui-ci, ton fils ; tant une fatale conséquence nous unit tous trois ! Ni l'Enfer ne peut nous retenir plus longtemps dans ses limites, ni ce gouffre obscur et impraticable nous empêcher de suivre ton illustre trace. Tu as achevé notre liberté : confinés jusqu'à présent au dedans des portes de l'Enfer, tu nous as donné la force de bâtir ainsi au loin et de surcharger de cet énorme pont le sombre abîme.

« Tout ce monde est tien désormais ; ta vertu a gagné ce que ta main n'a point bâti ; ta sagesse a recouvré avec avantage ce que la guerre avoit perdu, et vengé pleinement notre défaite dans le Ciel. Ici tu régneras monarque, là tu ne régnois pas : qu'il domine encore là ton vainqueur, comme le combat l'a décidé en se retirant de ce monde nouveau, aliéné par sa propre sentence. Désormais qu'il partage avec toi la monarchie de toutes choses divisées par les frontières de l'Empyrée : à lui la cité de forme carrée, à toi le monde orbiculaire, ou qu'il ose t'éprouver, toi à présent plus dangereux pour son trône. »

Le prince des ténèbres lui répondit avec joie :

« Fille charmante, et toi, mon fils et petit-fils à la fois, vous avez donné aujourd'hui une grande preuve que vous êtes la race de Satan, car je me glorifie de ce nom, antagoniste du roi tout-puissant du Ciel. Bien avez-vous mérité de moi et de tout l'infernal empire, vous qui si près de la porte du Ciel avez répondu à mon triomphe par un acte triomphal, à mon glorieux ouvrage par cet ouvrage glorieux, et qui avez fait de l'Enfer et de ce monde un seul royaume (notre royaume), un seul continent de communication facile.

« Ainsi, pendant qu'à travers les ténèbres je vais descendre aisément par votre chemin chez mes puissances associées pour leur apprendre ces succès et me réjouir avec elles, vous deux, le long de cette route, parmi ces orbes nombreux (tous à vous), descendez droit au Paradis, habitez-y, et régnez dans la félicité. De là exercez votre domination sur la Terre et dans l'air, principalement sur l'homme, déclaré le seigneur de tout : faites-en d'abord votre vassal assuré, et à la fin tuez-le. Je vous envoie mes substituts et je vous crée sur la

Plenipotent on earth, of matchless might
Issuing from me; on your joint vigour now
My hold of this new kingdom all depends,
Through Sin to Death exposed by my exploit.
If your joint power prevail, the affairs of hell
No detriment need fear: go, and be strong!"

So saying, he dismiss'd them; they with speed
Their course through thickest constellations held,
Spreading their bane; the blasted stars look'd wan;
And planets, planet-struck, real eclipse
Then suffer'd. The other way Satan went down
The causey to hell-gate: on either side
Disparted Chaos overbuilt exclaim'd,
And with rebounding surge the bars assail'd,
That scorn'd his indignation.
      Through the gate,
Wide open and unguarded, Satan pass'd,
And all about found desolate; for those,
Appointed to sit there, had left their charge,
Flown to the upper world; the rest were all
Far to the inland retired, about the walls
Of Pandæmonium, city and proud seat
Of Lucifer; so by allusion call'd
Of that bright star to Satan paragon'd:
There kept their watch the legions, while the grand
In council sat, solicitous what chance
Might intercept their emperor sent; so he
Departing gave command, and they observed.

As when the Tartar from his Russian foe,
By Astracan, over the snowy plains,
Retires; or Bactrian Sophi, from the horns
Of Turkish crescent, leaves all waste beyond
The realm of Aladule, in his retreat
To Tauris or Casbeen; so these, the late
Heaven-banished host, left desert utmost hell
Many a dark league, reduced in careful watch
Round their metropolis; and now expecting
Each hour their great adventurer, from the search
Of foreign worlds.
      He through the midst unmark'd,
In show plebeian angel militant
Of lowest order, pass'd; and from the door
Of that Plutonian hall, invisible
Ascended his high throne; which, under state
Of richest texture spread, at the upper end
Was placed in regal lustre. Down awhile
He sat, and round about him saw, unseen:
At last, as from a cloud, his fulgent head
And shape star-bright appear'd, or brighter; clad
With what permissive glory since his fall

Terre plénipotentiaires d'un pouvoir sans pareil émanant de moi. — Maintenant, de votre force unie dépend tout entière ma tenure du nouveau royaume que le Péché a livré à la Mort par mes exploits. Si votre puissance combinée prévaut, les affaires de l'Enfer n'ont à craindre aucun détriment : allez, et soyez forts. »

Ainsi disant, il les congédie ; avec rapidité, ils prennent leur course à travers les constellations les plus épaisses, en répandant leur poison : les étoiles infectées pâlirent, et les planètes, frappées de la maligne influence qu'elles répandent elles-mêmes, subirent alors une éclipse réelle. Par l'autre chemin, Satan descendit la chaussée jusqu'à la porte de l'Enfer. Des deux côtés le Chaos divisé et surbâti s'écria, et d'une houle rebondissante assaillit les barrières qui méprisoient son indignation.

A travers la porte de l'Enfer, large, ouverte et non gardée, Satan passe et trouve tout désolé alentour ; car ceux qui avoient été commis pour siéger là avoient abandonné leur poste, s'étoient envolés vers le monde supérieur. Tout le reste s'étoit retiré loin dans l'intérieur, autour des murs de Pandæmonium, ville et siége superbe de Lucifer (ainsi nommé par allusion à cette étoile brillante comparée à Satan). Là veilloient les légions, tandis que les grands siégeoient au conseil, inquiets du hasard qui pouvoit retenir leur empereur par eux envoyé : en partant, il avoit ainsi donné l'ordre, et ils l'observoient.

Comme lorsque le Tartare, loin du Russe, son ennemi, par Astracan, à travers les plaines neigeuses, se retire ; ou comme quand le sophi de la Bactriane, fuyant devant les cornes du croissant turc, laisse tout dévasté au delà du royaume d'Aladule, dans sa retraite vers Tauris ou Casbin : ainsi ceux-ci (l'ost, dernièrement banni du ciel) laissèrent désertes plusieurs lieues de ténèbres dans le plus reculé de l'Enfer, et se concentrèrent en garde vigilante autour de leur métropole : ils attendoient d'heure en heure le grand aventurier revenant de la recherche des mondes étrangers.

Il passa au milieu de la foule sans être remarqué, sous la figure d'un ange militant plébéien du dernier ordre ; de la porte de la salle Plutonienne il monta invisible sur son trône élevé, lequel, sous la pompe du plus riche tissu déployé, étoit placé au bout de la salle, dans une royale magnificence. Il demeura assis quelque temps, et autour de lui il vit sans être vu ; enfin, comme d'un nuage, sa tête radieuse et sa forme d'étoile étincelante apparurent ; ou plus brillant encore, il étoit revêtu d'une gloire de permission ou de fausse splen-

Was left him, or false glitter : all amazed
At that so sudden blaze, the Stygian throng
Bent their aspect, and whom they wish'd beheld,
Their mighty chief return'd : loud was the acclaim;
Forth rush'd in haste the great consulting peers,
Raised from their dark divan, and with like joy
Congratulant approach'd him; who with hand
Silence, and with these words attention won : —

" Thrones, dominations, princedoms, virtues, powers,
For in possession such, not only of right,
I call ye, and declare ye now; return'd
Successful beyond hope, to lead ye forth
Triumphant out of this infernal pit
Abominable, accursed, the house of woe,
And dungeon of our tyrant : now possess,
As lords, a spacious world, to our native heaven
Little inferior, by my adventure hard
With peril great achieved.

     " Long were to tell
What I have done, what suffer'd; with what pai
Voyaged the unreal, vast, unbounded deep
Of horrible confusion; over which
By Sin and Death a broad way now is paved,
To expedite your glorious march; but I
Toil'd out my uncouth passage, forced to ride
The untractable abyss, plunged in the womb
Of unoriginal Night and Chaos wild;
That, jealous of their secrets, fiercely opposed
My journey strange, with clamorous uproar
Protesting fate supreme.

     " Thence how I found
The new-created world, which fame in heaven
Long had foretold, a fabric wonderful
Of absolute perfection! therein man
Placed in a Paradise, by our exile
Made happy; him by fraud I have seduced
From his Creator; and, the more to increase
Your wonder, with an apple; he, thereat
Offended, worth your laughter! hath given up
Both his beloved man and all his world,
To Sin and Death a prey; and so to us,
Without our hazard, labour, or alarm,
To range in, and to dwell, and over man
To rule, as over all he should have ruled.

" True is, me also he hath judged, or rather
Me not, but the brute serpent, in whose shape
Man I deceived : that which to me belongs
Is enmity, which he will put between
Me and mankind; I am to bruise his heel;
His seed, when is not set, shall bruise my head.

deur qui lui avoit été laissée depuis sa chute. Tout étonnée à ce soudain éclat, la troupe stygienne y porte ses regards, et reconnoît celui qu'elle désiroit, son puissant chef revenu. Bruyante fut l'acclamation; en hâte se précipitèrent les pairs qui délibéroient : levés de leur sombre divan, ils s'approchèrent de Satan dans une égale joie, pour le féliciter. Lui avec la main obtient le silence et l'attention par ces paroles :

« Trônes, dominations, principautés, vertus, puissances, car je vous appelle ainsi, et je vous déclare tels à présent, non-seulement de droit, mais par possession; après un succès au delà de toute espérance, je suis revenu pour vous conduire triomphants hors de ce gouffre infernal, abominable, maudit, maison de misère, donjon de notre tyran! Possédez maintenant comme seigneurs un monde spacieux, peu inférieur à notre ciel natal, et que je vous ai acquis avec de grands périls, par mon entreprise ardue.

« Long seroit à vous raconter ce que j'ai fait, ce que j'ai souffert, avec quelle peine j'ai voyagé dans la vaste profondeur de l'horrible confusion, sans bornes, sans réalité, sur laquelle le Péché et la Mort viennent de paver une large voie pour faciliter votre glorieuse marche; mais moi, je me suis laborieusement ouvert un passage non frayé, forcé de monter l'indomptable abîme, de me plonger dans les entrailles de la nuit sans origine et du farouche Chaos, qui, jaloux de leurs secrets, s'opposèrent violemment à mon étrange voyage par une furieuse clameur, protestant devant le destin suprême.

« Je ne vous dirai point comment j'ai trouvé ce monde nouvellement créé, que la renommée depuis longtemps avoit annoncé dans le Ciel, merveilleux édifice d'une perfection achevée, où l'homme, par notre exil, placé dans un paradis, fut fait heureux. J'ai éloigné l'homme, par ruse, de son Créateur; je l'ai séduit, et pour accroître votre surprise, avec une pomme! De cela le Créateur offensé (pouvez-vous n'en point rire?) a donné l'homme son bien aimé, et tout le monde, en proie au Péché et à la Mort, et par conséquent à nous, qui l'avons gagné sans risque, sans travail ou alarmes, pour le parcourir, l'habiter, et dominer sur l'homme, comme sur tout ce qu'il auroit dominé.

« Il est vrai que Dieu m'a aussi jugé; ou plutôt il ne m'a pas jugé, mais le brute serpent sous la forme duquel j'ai séduit l'homme. Ce qui m'appartient dans ce jugement est l'inimitié qu'il établira entre moi et le genre humain : je lui mordrai le talon, et sa race, on ne dit pas quand, me meurtrira la tête. Qui n'achèteroit un monde au prix

A world who would not purchase with a bruise,
Or much more grievous pain? Ye have the account
Of my performance: what remains, ye gods,
But up, and enter now into full bliss?"

So having said, awhile he stood, expecting
Their universal shout, and high applause,
To fill his ear: when, contrary, he hears
On all sides, from innumerable tongues,
A dismal universal hiss, the sound
Of public scorn: he wonder'd, but not long
Had leisure, wondering at himself now more:
His visage drawn he felt to sharp and spare;
His arms clung to his ribs; his legs entwining
Each other, till supplanted down he fell
A monstrous serpent on his belly prone,
Reluctant, but in vain; a greater Power
Now ruled him, punish'd in the shape he sinn'd,
According to his doom. He would have spoke,
But hiss for hiss return'd with forked tongue
To forked tongue; for now were all transform'd
Alike, to serpents all, as accessories
To his bold riot: dreadful was the din
Of hissing through the hall, thick-swarming now
With complicated monsters head and tail,
Scorpion, and asp, and amphisbæna dire,
Cerastes horn'd, hydrus, and elops drear,
And dipsas (not so thick swarm'd once the soil
Bedropt with blood of Gorgon, or the isle
Ophiusa):
    But still greatest he the midst,
Now dragon grown, larger than whom the sun
Ingender'd in the Pythian vale on slime,
Huge Python, and his power no less he seem'd
Above the rest still to retain. They all
Him follow'd, issuing forth to the open field,
Where all yet left of that revolted rout,
Heaven-fallen, in station stood or just array;
Sublime with expectation when to see
In triumph issuing forth their glorious chief.
They saw, but other sight instead! a crowd
Of ugly serpents; horror on them fell,
And horrid sympathy: for, what they saw,
They felt themselves, now changing: down their arms,
Down fell both spear and shield; down they as fast;
And the dire hiss renew'd, and the dire form
Catch'd, by contagion; like in punishment,
As in their crime. Thus was the applause they meant
Turn'd to exploding hiss, triumph to shame
Cast on themselves from their own mouths.
          There stood

d'une meurtrissure, ou pour une peine beaucoup plus grande? Voilà le récit de mon ouvrage. Que vous reste-t-il à faire à vous, dieux? A vous lever et à entrer à présent en pleine béatitude. »

Ayant parlé de la sorte, il s'arrête un moment, attendant leur universelle acclamation et leur haut applaudissement pour remplir son oreille, quand au contraire il entend de tous côtés un sinistre et universel sifflement de langues innombrables, bruit du mépris public. Il s'étonne, mais il n'en eut pas longtemps le loisir, car à présent il s'étonne plus de lui-même. Il sent son visage détiré s'effiler et s'amaigrir; ses bras se collent à ses côtes, ses jambes s'entortillent l'une dans l'autre, jusqu'à ce que, privé de ses pieds, il tombe serpent monstrueux sur son ventre rampant; il résiste, mais en vain; un plus grand pouvoir le domine, puni selon son arrêt, sous la figure dans laquelle il avoit péché. Il veut parler, mais avec une langue fourchue à des langues fourchues il rend sifflement pour sifflement : car tous les démons étoient pareillement transformés, tous serpents comme complices de sa débauche audacieuse. Terrible fut le bruit du sifflement dans la salle remplie d'une épaisse fourmilière de monstres compliqués de têtes et de queues; scorpion, aspic, amphisbène cruelle, céraste armé de cornes, hydre, élope sinistre, et dipsade : non, jamais un tel essaim de reptiles ne couvrit ou la terre arrosée du sang de la Gorgone, ou l'île d'Ophiuse.

Mais, encore le plus grand au milieu de tous, Satan étoit devenu dragon, surpassant en grosseur l'énorme Python, que le soleil engendra du limon dans la vallée pythienne : il n'en paroissoit pas moins encore conserver sa puissance sur le reste. Ils le suivirent tous, quand il sortit pour gagner la campagne ouverte : là ceux qui restoient des bandes rebelles tombées du ciel étoient stationnés, ou en ordre de bataille, ravis dans l'attente de voir s'avancer en triomphe leur prince glorieux : mais ils virent un tout autre spectacle, une multitude de laids serpents. L'horreur les saisit, et en même temps une horrible sympathie; ce qu'ils voyoient, ils le devinrent, subitement transformés : tombent leurs bras, tombent leurs lances et leurs boucliers, tombent eux-mêmes aussi vite : et ils renouvellent l'affreux sifflement, et ils prennent la forme affreuse qu'ils gagnent par contagion, égaux dans la punition comme dans le crime. Ainsi l'applaudissement qu'ils préparoient fut changé en une explosion de sifflements ; triomphe de la honte, qui de leurs propres bouches rejaillissoit sur eux-mêmes.

Près de là étoit un bois élevé tout à coup au moment même de leur

A grove hard by, sprung up with this their change,
His will who reigns above, to aggravate
Their penance, laden with fair fruit, like that
Which grew in Paradise, the bait of Eve
Used by the tempter: on that prospect strange
Their earnest eyes they fix'd, imagining
For one forbidden tree a multitude
Now risen, to work them farther woe or shame;
Yet, parch'd with scalding thirst and hunger fierce,
Though to delude them sent, could not abstain;
But on they roll'd in heaps, and, up the trees
Climbing, sat thicker than the snaky locks
That curl'd Megæra. Greedily they pluck'd
The fruitage fair to sight, like that which grew
Near that bituminous lake where Sodom flamed;
This more delusive, not the touch, but taste
Deceived: they fondly thinking to allay
Their appetite with gust, instead of fruit
Chew'd bitter ashes, which the offended taste
With spattering noise rejected: oft they assay'd,
Hunger and thirst constraining; drugg'd as oft,
With hatefulest disrelish writhed their jaws,
With soot and cinders fill'd; so oft they fell
Into the same illusion, not as man
Whom they triumph'd once lapsed. Thus were they plagued,
And worn with famine long and ceaseless hiss,
Till their lost shape, permitted, they resumed;
Yearly enjoin'd, some say, to undergo
This annual humbling certain number'd days,
To dash their pride and joy for man seduced.
However, some tradition they dispersed
Among the heathen of their purchase got;
And fabled how the serpent, whom they call'd
Ophion, with Eurynome, the wide
Encroaching Eve perhaps, had first the rule
Of high Olympus; thence by Saturn driven
And Ops, ere yet Dictæan Jove was born.

Meanwhile in Paradise the hellish pair
Too soon arrived; Sin, there in power before,
Once actual; now in body, and to dwell
Habitual habitant; behind her Death,
Close following, pace for pace, not mounted yet
On his pale horse; to whom Sin thus began:—

"Second of Satan sprung, all-conquering Death!
What think'st thou of our empire now, though earn'd
With travail difficult? not better far,
Than still at hell's dark threshold to have sat watch,
Unnamed, undreaded, and thyself half-starved?"

Whom thus the sin-born monster answer'd soon:—
"To me, who with eternal famine pine,

métamorphose, par la volonté de celui qui règne là-haut ; pour aggraver leur peine il étoit chargé d'un beau fruit, semblable à celui qui croissoit dans Éden, amorce d'Ève employée par le tentateur. Sur cet objet étrange les démons fixèrent leurs yeux ardents, s'imaginant qu'au lieu d'un arbre défendu il en étoit sorti une multitude, afin de les engager plus avant dans la honte ou le malheur. Cependant, dévorés d'une soif ardente et d'une faim cruelle, qui ne leur furent envoyées que pour les tromper, ils ne peuvent s'abstenir ; ils roulent en monceaux, grimpent aux arbres, attachés là plus épais que les nœuds de serpent qui formoient des boucles sur la tête de Mégère. Ils arrachent avidement le fruitage beau à la vue, semblable à celui qui croît près de ce lac de bitume où Sodome brûla. Le fruit infernal, plus décevant encore, trompe le goût, non le toucher. Les mauvais esprits, espérant follement apaiser leur faim, au lieu de fruit, mâchent d'amères cendres que leur goût offensé rejette avec éclaboussure et bruit. Contraints par la faim et la soif, ils essayent d'y revenir ; autant de fois empoisonnés, un abominable dégoût tord leurs mâchoires, remplies de suie et de cendres. Ils tombèrent souvent dans la même illusion, non comme l'homme, dont ils triomphèrent, qui n'y tomba qu'une fois. Ainsi ils étoient tourmentés, épuisés de faim et d'un long et continuel sifflement, jusqu'à ce que par permission ils reprissent leur forme perdue. On dit qu'il fut ordonné que chaque année ils subiroient pendant un certain nombre de jours cette annuelle humiliation, pour briser leur orgueil et leur joie d'avoir séduit l'homme. Toutefois, ils répandirent dans le monde païen quelques traditions de leur conquête ; ils racontèrent dans des fables comment le serpent, qu'ils appellèrent Ophion, avec Eurynome, qui peut-être dans des temps éloignés usurpa le nom d'Ève, régna le premier sur le haut Olympe, d'où il fut chassé par Saturne et par Ops, avant même que Jupiter Dictéen fût né.

Cependant, le couple infernal arriva trop tôt dans le Paradis : le Péché y avoit été d'abord potentiel, ensuite actuel, maintenant il y entroit corporel pour y demeurer continuel habitant. Derrière lui la Mort le suivoit de près pas à pas, non encore montée sur son cheval pâle. Le Péché lui dit :

« Second rejeton de Satan, Mort, qui dois tout conquérir, que penses-tu de notre empire nouveau, quoique nous l'ayons gagné par un travail difficile ? Ne vaut-il pas beaucoup mieux être ici que de veiller encore assis au seuil du noir Enfer, sans noms, sans être redoutés, et toi-même à demi morte de faim ? »

Le monstre né du Péché lui répondit aussitôt :

« Quant à moi, qui languis d'une éternelle faim, Enfer, Terre ou

Alike is hell, or Paradise, or heaven;
There best where most with ravine I may meet:
Which here, though plenteous, all too little seems
To stuff this maw, this vast un-hidebound corpse."

To whom the incestuous mother thus replied:—
"Thou therefore on these herbs, and fruits, and flowers,
Feed first; on each beast next, and fish, and fowl;
No homely morsels: and whatever thing
The scythe of Time mows down, devour unspared,
Till I, in man residing, through the race,
His thoughts, his looks, words, actions, all infect;
And season him thy last and sweetest prey."

This said, they both betook them several ways,
Both to destroy, or unimmortal make
All kinds, and for destruction to mature
Sooner or later; which the Almighty seeing,
From his transcendent seat the saints among,
To those bright orders utter'd thus his voice:—
"See, with what heat these dogs of hell advance
To waste and havoc yonder world, which I
So fair and good created; and had still
Kept in that state, had not the folly of man
Let in these wasteful furies, who impute
Folly to me; so doth the prince of hell
And his adherents, that with so much ease
I suffer them to enter and possess
A place so heavenly; and, conniving, seem
To gratify my scornful enemies,
That laugh, as if, transported with some fit
Of passion, I to them had quitted all,
At random yielded up to their misrule;
And know not that I call'd, and drew them thither,
My hell-hounds, to lick up the draff and filth
Which man's polluting sin with taint hath shed
On what was pure; till, cramm'd and gorged, nigh burst
With suck'd and glutted offal, at one sling
Of thy victorious arm, well-pleasing Son,
Both Sin, and Death, and yawning grave, at last,
Through Chaos hurl'd, obstruct the mouth of hell
For ever, and seal up his ravenous jaws.
Then heaven and earth renew'd shall be made pure
To sanctity, that shall receive no stain:
Till then, the curse pronounced on both precedes."

He ended, and the heavenly audience loud
Sung hallelujah, as the sound of seas,
Through multitude that sung:
                "Just are thy ways,
Righteous are thy decrees on all thy works:
Who can extenuate thee?"
                Next, to the Son,

Ciel, tout m'est égal ; je suis le mieux là où je trouve le plus de proie, laquelle, quoique abondante ici, semble en tout petite pour bourrer cet estomac, ce vaste corps que ne resserre point la peau. »

La mère incestueuse répliqua :

« Nourris-toi donc d'abord de ces herbes, de ces fruits, de ces fleurs, ensuite de chaque bête, et poisson, et oiseau, bouchées friandes ; dévore sans les épargner toutes les autres choses que la faux du temps moissonne, jusqu'au jour où, après avoir résidé dans l'homme et dans sa race, après avoir infecté ses pensées, ses regards, ses paroles, ses actions, je l'aie assaisonné pour ta dernière et ta plus douce proie. »

Cela dit, les monstres prirent l'un et l'autre des routes différentes, l'un et l'autre afin de détruire et de désimmortaliser les créatures, de les mûrir pour la destruction plus tôt ou plus tard ; ce que le Tout-Puissant voyant du haut de son trône sublime au milieu des saints, à ces ordres brillants il fit entendre ainsi sa voix :

« Voyez avec quelle ardeur ces dogues de l'enfer s'avancent pour désoler et ravager ce monde, que j'avois créé si bon et si beau, et que j'aurois encore maintenu tel, si la folie de l'homme n'y eût laissé entrer ces furies dévastatrices qui m'imputent cette folie : ainsi fait le prince et ses adhérents, parce que je souffre avec tant de facilité qu'ils prennent et possèdent une demeure aussi céleste, que je semble conniver à la satisfaction de mes insolents ennemis, qui rient comme si, transporté d'un accès de colère, je leur avois tout abandonné, j'avois tout livré à l'aventure, à leur désordre. Ils ignorent que j'ai appelé et attiré ici eux, mes chiens infernaux, pour lécher la saleté et l'immondice dont le péché souillant de l'homme a répandu la tache sur ce qui étoit pur, jusqu'à ce que, rassasiés, gorgés, prêts à crever de la desserte sucée et avalée par eux, d'un seul coup de fronde de ton bras vainqueur, ô Fils bien aimé, le Péché, la Mort et le tombeau béant soient enfin précipités à travers le chaos, la bouche de l'Enfer étant à jamais fermée, et scellées ses mâchoires voraces. Alors la Terre et le Ciel renouvelés seront purifiés, pour sanctifier ce qui ne recevra plus de tache. Jusqu'à ce moment la malédiction prononcée contre les deux coupables précédera. »

Il finit, et le céleste auditoire entonna des alleluias semblables au bruit des mers ; la multitude chanta :

« Justes sont tes voies, équitables tes décrets sur toutes tes œuvres ! Qui pourroit t'affoiblir ? »

Ensuite ils chantèrent le Fils, destiné rédempteur de l'humaine

Destined Restorer of mankind, by whom
New heaven and earth shall to the ages rise,
Or down from heaven descend.

      Such was their song;
While the Creator, calling forth by name
His mighty angels, gave them several charge,
As sorted best with present things. The sun
Had first his precept so to move, so shine,
As might affect the earth with cold and heat
Scarce tolerable, and from the north to call
Decrepit winter; from the south to bring
Solstitial summer's heat. To the blanc moon
Her office they prescribed; to the other five
Their planetary motions, and aspects,
In sextile, square, and trine, and opposite,
Of noxious efficacy, and when to join
In synod unbenign; and taught the fix'd
Their influence malignant when to shower,
Which of them rising with the sun, or falling,
Should prove tempestuous: to the winds they set
Their corners, when with bluster to confound
Sea, air, and shore; the thunder when to roll
With terror through the dark aereal hall.

 Some say, he bid his angels turn askance
The poles of earth, twice ten degrees and more,
From the sun's axle; they with labour push'd
Oblique the centric globe: some say, the sun
Was bid turn reins from the equinoctial road
Like-distant breadth to Taurus with the seven
Atlantic Sisters, and the Spartan Twins
Up to the tropic Crab: thence down amain
By Leo, and the Virgin, and the Scales,
As deep as Capricorn; to bring in change
Of seasons to each clime; else had the spring
Perpetual smiled on earth with vernant flowers,
Equal in days and nights, except to those
Beyond the polar circles; to them day
Had unbenighted shone; while the low sun,
To recompense his distance, in their sight
Had rounded still the horizon, and not known
Or east or west; which had forbid the snow
From cold Estotiland, and south as far
Beneath Magellan.

     At that tasted fruit,
The sun, as from Thyestean banquet turn'd,
His course intended; else, how had the world
Inhabited, though sinless, more than now,
Avoided pinching cold and scorching heat?
These changes in the heavens, though slow, produced
Like change on sea and land; sideral blast,

race, par qui un nouveau ciel, une nouvelle terre, s'élèveront dans les âges où descendront du ciel.

Tel fut leur chant.

Cependant le Créateur, appelant par leurs noms ses anges puissants, les chargea de diverses commissions qui convenoient le mieux à l'état présent des choses. Le Soleil reçut le premier l'ordre de se mouvoir de sorte, de briller de manière à affecter la Terre d'un froid et d'une chaleur à peine supportables, d'appeler du nord l'hiver décrépit et d'amener du midi l'ardeur du solstice d'été. Les anges prescrivirent à la blanche Lune ses fonctions, et aux cinq autres planètes leurs mouvements et leurs aspects en sextile, quadrat, trine, et opposite d'une efficacité nuisible; ils leur enseignèrent quand elles devoient se réunir dans une conjonction défavorable, et ils enseignèrent aux étoiles fixes comment verser leur influence maligne, quelles seroient celles d'entre elles qui, se levant ou se couchant avec le soleil, deviendroient orageuses. Aux vents ils assignèrent leurs quartiers, et quand avec fracas ils devoient troubler la mer, l'air et le rivage. Au tonnerre ils apprirent à rouler avec terreur dans les salles ténébreuses de l'air.

Les uns disent que le Tout-Puissant commanda à ses anges d'incliner les pôles de la Terre deux fois dix degrés et plus sur l'axe du Soleil; avec effort ils poussèrent obliquement ce globe central : les autres prétendent qu'il fut ordonné au Soleil de tourner ses rênes dans une largeur également distante de la ligne équinoxiale, entre le Taureau, les sept Sœurs atlantiques et les Jumeaux de Sparte, en s'élevant au tropique du Cancer; de là en descendant au Capricorne par le Lion, la Vierge et la Balance, afin d'apporter à chaque climat la vicissitude des saisons. Sans cela le printemps perpétuel, avec de vernales fleurs, auroit souri à la Terre égal en jours et en nuits, excepté pour les habitants au delà des cercles polaires : pour ceux-ci le jour eût brillé sans nuit, tandis que le Soleil abaissé, en compensation de sa distance, eût tourné à leur vue autour de l'horizon, et ils n'auroient connu ni Orient ni Occident; ce qui au Nord eût écarté la neige de l'Estotiland glacé, et au Sud, des terres magellaniques.

A l'heure où le fruit fut goûté, le Soleil, comme du banquet de Thyeste, détourna sa route proposée. Autrement, comment le monde habité, quoique sans péché, auroit-il pu éviter plus qu'aujourd'hui le froid cuisant et la chaleur ardente? Ces changements dans les cieux, bien que lents, en produisirent de pareils dans la mer et sur la terre,

Vapour, and mist, and exhalation hot,
Corrupt and pestilent :

      Now, from the north
Of Norumbega, and the Samoed shore,
Bursting their brazen dungeon, arm'd with ice,
And snow, and hail, and stormy gust and flaw,
Boreas, and Cæcias, and Argestes loud,
And Thrascias, rend the woods, and seas upturn;
With adverse blast upturns them from the south
Notus, and Afer black with thunderous clouds
From Serraliona : thwart of these, as fierce,
Forth rush the Levant and the Ponent winds
Eurus and Zephyr, with their lateral noise,
Sirocco and Libecchio. Thus began
Outrage from lifeless things : but Discord first,
Daughter of Sin, among the irrational
Death introduced, through fierce antipathy :
Beast now with beast 'gan war, and fowl with fowl,
And fish with fish : to graze the herb all leaving,
Devour'd each other; nor stood much in awe
Of man, but fled him; or, with countenance grim,
Glared on him passing.

      These were from without
The growing miseries, which Adam saw
Already in part, though hid in gloomiest shade,
To sorrow abandon'd, but worse felt within;
And, in a troubled sea of passion tost,
Thus to disburden sought with sad complaint :—

"O miserable of happy ! is this the end
Of this new glorious world, and me so late
The glory of that glory, who now become
Accursed, of blessed? Hide me from the face
Of God, whom to behold was then my height
Of happiness! Yet well, if here would end
The misery ; I deserved it, and would bear
My own deservings; but this will not serve:
All that I eat or drink, or shall beget,
Is propagated curse. O voice, once heard
Delightfully, 'Increase and multiply';
Now death to hear! for what can I increase
Or multiply, but curses on my head?
Who of all ages to succeed, but, feeling
The evil on him brought by me, will curse
My head? 'Ill fare our ancestor impure!
For this we may thank Adam!' but his thanks
Shall be the execration :

      "So, besides
Mine own that bide upon me, all from me
Shall with a fierce reflux on me rebound;
On me, as on their natural centre, light

tempête sidérale, vapeur et brouillard, et exhalaison brûlante, corrompue et pestilentielle.

Maintenant du septentrion de Norumbeca et des rivages de Samoyèdes, forçant leur prison d'airain, armés de glace, et de neige, et de grêle, et d'orageuses rafales et de tourbillons, Borée et Cœcias, et le bruyant Argeste et Thracias, déchirent les bois et les mers bouleversées; elles le sont encore par les souffles contraires du Midi, de Notus et d'Afer noircis des nuées tonnantes de Serraliona. Au travers de ceux-ci, avec non moins de furie, se précipitent les vents du Levant et du Couchant, Eurus et Zéphire et leurs collatéraux bruyants, Siroc et Libecchio. Ainsi la violence commença dans les choses sans vie; mais la Discorde, première fille du Péché, introduisit la mort parmi les choses irrationnelles, au moyen de la furieuse antipathie : la bête alors fit la guerre à la bête, l'oiseau à l'oiseau, le poisson au poisson : cessant de paître l'herbe, tous les animaux vivants se dévorèrent les uns les autres, et n'eurent plus de l'homme une crainte mêlée de respect, mais ils le fuirent, ou dans une contenance farouche ils le regardèrent quand il passoit.

Telles étoient au dehors les croissantes misères qu'Adam entrevit déjà en partie, bien que caché dans l'ombre la plus ténébreuse et au chagrin abandonné. Mais en dedans de lui il sentoit un plus grand mal; ballotté dans une orageuse mer de passions, il cherche à soulager son cœur par ces tristes plaintes :

« Oh! quelle misère après quelle félicité! Est-ce donc la fin de ce monde glorieux et nouveau? Et moi, si récemment la gloire de cette gloire, suis-je devenu à présent maudit, de béni que j'étois? Cachez-moi de la face de Dieu, dont la vue étoit alors le comble du bonheur! Encore si c'étoit là que devoit s'arrêter l'infortune : je l'ai méritée et je supporterois mes propres démérites; mais ceci ne serviroit à rien. Tout ce que je mange ou bois, tout ce que j'engendrerai est une malédiction propagée. O parole ouïe jadis avec délices : *Croissez et multipliez!* aujourd'hui mortelle à entendre! Car que puis-je faire croître et multiplier, si ce n'est des malédictions sur ma tête? Qui, dans les âges à venir, sentant les maux par moi répandus sur lui, ne maudira pas ma tête? — « Périsse notre impur ancêtre! ainsi nous te remercions, Adam! » — Et ces remerciements seront une exécration!

« Ainsi, outre la malédiction qui habite en moi, toutes celles venues de moi me reviendront par un violent reflux; elles se réuniront en moi comme dans leur centre naturel, et avec quelle pesanteur, quoi-

Heavy, though in their place. O fleeting joys
Of Paradise, dear-bought with lasting woes!
Did I request thee, Maker, from my clay
To mould me man? Did I solicit thee
From darkness to promote me, or here place
In this delicious garden? As my will
Concurr'd not to my being, it were but right
And equal to reduce me to my dust;
Desirous to resign and render back
All I received: unable to perform
Thy terms too hard, by which I was to hold
The good I sought not. To the loss of that,
Sufficient penalty, why hast thou added
The sense of endless woes? Inexplicable
Thy justice seems:

"Yet, to say truth, too late
I thus contest; then should have been refused
Those terms, whatever, when they were proposed:
Thou didst accept them; wilt thou enjoy the good,
Then cavil the conditions? and, though God
Made thee without thy leave, what if thy son
Prove disobedient, and, reproved, retort,
Wherefore didst thou beget me? I sought it not:
Wouldst thou admit for his contempt of thee
That proud excuse? yet him not thy election,
But natural necessity begot.
God made thee of choice his own, and of his own
To serve him; thy reward was of his grace;
Thy punishment then justly is at his will.
Be it so, for I submit: his doom is fair,
That dust I am, and shall to dust return:

"O welcome hour whenever! Why delays
His hand to execute what his decree
Fix'd on this day? Why do I overlive?
Why am I mock'd with death, and lengthen'd out
To deathless pain? How gladly would I meet
Mortality my sentence, and be earth
Insensible! How glad would lay me down,
As in my mother's lap! There I should rest,
And sleep secure: his dreadful voice no more
Would thunder in my ears; no fear of worse
To me, and to my offspring, would torment me
With cruel expectation.

"Yet one doubt
Pursues me still, lest all I cannot die;
Lest that pure breath of life, the spirit of man
Which God inspired, cannot together perish
With this corporeal clod: then, in the grave,
Or in some other dismal place, who knows
But I shall die a living death? O thought

que à leur place! O joies fugitives du Paradis, chèrement achetées par des malheurs durables! T'avais-je requis dans mon argile, ô Créateur, de me mouler en homme? T'ai-je sollicité de me tirer des ténèbres ou de me placer ici, dans ce délicieux jardin? Comme ma volonté n'a pas concouru à mon être, il seroit juste et équitable de me réduire à ma poussière, moi désireux de résigner, de rendre ce que j'ai reçu, incapable que je suis d'accomplir tes conditions trop dures, desquelles je devois tenir un bien que je n'avois pas cherché. A la perte de ce bien, peine suffisante, pourquoi as-tu ajouté le sentiment d'un malheur sans fin? Inexplicable paroît ta justice.....

« Mais pour dire la vérité, trop tard je conteste ainsi; car j'aurois dû refuser les conditions, quelconques, quand elles me furent proposées. Tu les a acceptées, Adam; jouiras-tu du bien, et pointilleras-tu sur les conditions? Dieu t'a fait sans ta permission : quoi! si ton fils devient désobéissant, et si, réprimandé par toi, il te répond : « Pourquoi m'as-tu engendré, je ne te le demandois pas? » admettrois-tu, en mépris de toi, cette orgueilleuse excuse? Cependant ton élection ne l'auroit pas engendré, mais la nécessité de la nature. Dieu t'a fait de son propre choix, et de son propre choix pour le servir; ta récompense étoit sa grâce; ton châtiment est donc justement de sa volonté. Qu'il en soit ainsi, car je me soumets; son arrêt est équitable : poussière je suis, et je retournerai en poussière.

« O heure bien-venue, en quelque temps qu'elle vienne! Pourquoi la main du Tout-Puissant tarde-t-elle à exécuter ce que son décret fixa pour ce jour? Pourquoi faut-il que je survive? Pourquoi la mort se rit-elle de moi, et pourquoi suis-je prolongé pour un tourment immortel? Avec quel plaisir je subirois la mortalité, ma sentence, et serois une terre insensible! Avec quelle joie je me coucherois, comme dans le sein de ma mère! Là je reposerois et dormirois en sûreté. La terrible voix de Dieu ne tonneroit plus à mon oreille; la crainte d'un mal pire pour moi et pour ma postérité ne me tourmenteroit plus par une cruelle attente.....

« Cependant, un doute me poursuit encore : s'il m'étoit impossible de mourir; si le pur souffle de la vie, l'esprit de l'homme que Dieu lui inspira, ne pouvoit périr avec cette corporelle argile? Alors dans le tombeau, ou dans quelque autre funeste lieu, qui sait si je ne mourrai pas d'une mort vivante? O pensée horrible, si elle est vraie!

Horrid, if true! Yet why? It was but breath
Of life that sinn'd; what dies but what had life
And sin? The body properly hath neither.
All of me then shall die: let this appease
The doubt, since human reach no farther knows.

"For, though the Lord of all be infinite,
Is his wrath also? Be it, man is not so,
But mortal doom'd. How can he exercise
Wrath without end on man, whom death must end?
Can he make deathless death? That were to make
Strange contradiction, which to God himself
Impossible is held; as argument
Of weakness, not of power. Will he draw out,
For anger's sake, finite to infinite,
In punish'd man, to satisfy his rigour
Satisfied never? That were to extend
His sentence beyond dust and nature's law,
By which all causes else, according still
To the reception of their matter, act;
Not to the extent of their own sphere. But say
That death be not one stroke, as I supposed,
Bereaving sense, but endless misery
From this day onward; which I feel begun
Both in me, and without me; and so last
To perpetuity: — ay, me! that fear
Comes thundering back with dreadful revolution
On my defenceless head.

"Both Death and I
Am found eternal, and incorporate both:
Nor I on my part single; in me all
Posterity stands cursed: fair patrimony
That I must leave ye, sons! Oh! were I able
To waste it all myself, and leave ye none!
So disinherited, how would you bless
Me, now your curse! Ah, why should all mankind
For one man's fault, thus guiltless be condemn'd,
If guiltless? But from me what can proceed
But all corrupt; both mind and will depraved,
Not to do only, but to will the same
With me? How can they then acquitted stand
In sight of God?

"Him, after all disputes,
Forced I absolve: all my evasions vain,
And reasonings, though through mazes, lead me stil
But to my own conviction: first and last
On me, me only, as the source and spring
Of all corruption, all the blame lights due;
So might the wrath! Fond wish! couldst thou support
That burden, heavier than the earth to bear;
Than all the world much heavier, though divided

Mais pourquoi le seroit-elle? Ce n'est que le souffle de la vie qui a péché : qui peut mourir, si ce n'est ce qui eut vie et pécha? Le corps n'a proprement eu part ni à la vie ni au péché : tout mourra donc de moi : que ceci apaise mes doutes, puisque la portée humaine ne peut savoir rien au delà.

« Et parce que le Seigneur de tout est infini, sa colère le seroit-elle aussi? Soit! L'homme ne l'est pas, mais il est destiné à la mort. Comment le Très-Haut exerceroit-il une colère sans fin sur l'homme que la mort doit finir? Peut-il faire la mort immortelle? Ce seroit tomber dans une contradiction étrange, tenue pour impossible à Dieu, comme arguant de foiblesse, non de puissance. Par amour de sa colère, étendroit-il le fini jusqu'à l'infini dans l'homme puni, pour satisfaire sa rigueur jamais satisfaite? Ce seroit prolonger son arrêt au delà de la poussière et de la loi de nature, par laquelle toutes les causes agissent selon la capacité des êtres sur lesquels agit leur matière, non selon l'étendue de leur propre sphère. Mais penser que la mort n'est pas, comme je l'ai supposé, un coup qui nous prive du sentiment, mais qu'elle est, à compter de ce jour, une misère interminable que je commence à sentir à la fois en moi et hors de moi, et ainsi à perpétuité... Hélas! cette crainte revient foudroyante, comme une révolution terrible sur ma tête sans défense.

« La mort et moi nous sommes éternels et incorporés ensemble. Je n'ai pas ma part seul : en moi toute la postérité est maudite ; beau patrimoine que je vous lègue, mes fils! Oh! que ne le puis-je consumer tout entier et ne vous en laisser rien! Ainsi déshérités, combien vous me béniriez, moi aujourd'hui votre maudit! Ah! pour la faute d'un seul homme, la race humaine innocente seroit-elle condamnée, si toutefois elle est innocente? Car que peut-il sortir de moi qui ne soit corrompu, d'un esprit et d'une volonté dépravés, qui ne soit non-seulement prêt à faire mais à vouloir faire la même chose que moi? Comment pourroient-ils donc demeurer acquittés en présence de Dieu?

« Lui, après tous ces débats, je suis forcé de l'absoudre. Toutes mes vaines évasions, tous mes raisonnements, à travers leurs labyrinthes, me ramènent à ma propre conviction. En premier et en dernier lieu, sur moi, sur moi seul, comme la source et l'origine de toute corruption, tout le blâme dûment retombe : puisse aussi sur moi retomber toute la colère! Désir insensé! pourrois-tu soutenir ce fardeau plus pesant que la terre à porter, beaucoup plus pesant que l'univers, bien que partagé entre moi et cette mauvaise femme! Ainsi ce que tu désires

With that bad woman? Thus, what thou desirest,
And what thou fear'st, alike destroys all hope
Of refuge, and concludes thee miserable
Beyond all past example and future:
To Satan only like both crime and doom.
O conscience! into what abyss of fears
And horrors hast thou driven me? out of which
I find no way, from deep to deeper plunged!"

    Thus Adam to himself lamented loud,
Through the still night; not now, as ere man fell,
Wholesome, and cool, and mild, but with black air
Accompanied; with damps and dreadful gloom;
Which to his evil conscience represented
All things with double terror, on the ground
Outstretch'd he lay, on the cold ground; and oft
Cursed his creation; death as oft accused
Of tardy execution, since denounced
The day of his offence.

                    "Why comes not death,"
Said he, "with one thrice-acceptable stroke
To end me? Shall truth fail to keep her word,
Justice divine not hasten to be just?
But death comes not at call; justice divine
Mends not her slowest pace for prayers or cries.
O woods, O fountains, hillocks, dales, and bowers!
With other echo late I taught your shades
To answer, and resound far other song."

    Whom thus afflicted when sad Eve beheld,
Desolate where she sat, approaching nigh,
Soft words to his fierce passion she assay'd;
But her with stern regard he thus repell'd: —

    "Out of my sight, thou serpent! That name best
Befits thee with him leagued, thyself as false
And hateful; nothing wants, but that thy shape,
Like his, and colour serpentine, may show
Thy inward fraud; to warn all creatures from thee
Henceforth; lest that too-heavenly form, pretended
To hellish falsehood, snare them! But for thee
I had persisted happy: had not thy pride
And wandering vanity, when least was safe,
Rejected my forewarning, and disdain'd
Not to be trusted; longing to be seen,
Though by the devil himself, him overweening
To over-reach; but, with the serpent meeting,
Fool'd and beguiled; by him thou, I by thee,
To trust thee from my side; imagined wise,
Constant, mature, proof against all assaults;
And understood not all was but a show,
Rather than solid virtue; all but a rib
Crooked by nature, bent, as now appears,

et ce que tu crains détruit pareillement toute espérance de refuge, et te déclare misérable au delà de tout exemple passé et futur, semblable seulement à Satan en crime et en destinée. O conscience ! dans quel gouffre de craintes et d'horreurs m'as-tu poussé ? Pour en sortir je ne trouve aucun chemin, plongé d'un abîme dans un plus profond abîme ! »

Ainsi à haute voix se lamentoit Adam dans la nuit calme, nuit qui n'étoit plus (comme avant que l'homme tombât) saine, fraîche et douce, mais accompagnée d'un air sombre avec d'humides et redoutables ténèbres, qui à la mauvaise conscience de notre premier père présentoient toutes les choses avec une double terreur. Il étoit étendu sur la terre, sur la froide terre ; et il maudissoit souvent sa création ; aussi souvent il accusoit la mort d'une tardive exécution, puisqu'elle avoit été dénoncée le jour même de l'offense.

« Pourquoi la mort, disoit-il, ne vient-elle pas m'achever d'un coup trois fois heureux ? La vérité manquera-t-elle de tenir sa parole ? la justice divine ne se hâtera-t-elle pas d'être juste ? Mais la mort ne vient point à l'appel ; la justice divine ne presse point son pas le plus lent pour des prières ou des cris. Bois, fontaines, collines, vallées, bocages, par un autre écho naguère j'instruisois vos ombrages à me répondre, à retentir au loin d'un autre chant ! »

Lorsque la triste Ève, de l'endroit où elle étoit assise désolée, vit l'affliction d'Adam, s'approchant de près, elle essaya de douces paroles contre sa violente douleur. Mais il la repoussa d'un regard sévère :

« Loin de ma vue, toi serpent !... Ce nom te convient le mieux à toi, liguée avec lui, toi-même, aussi fausse et aussi haïssable. Il ne te manque rien que d'avoir une figure semblable à la sienne et la couleur du serpent, pour annoncer ta fourberie intérieure, afin de mettre à l'avenir toutes les créatures en garde contre toi, de crainte que cette trop céleste forme, couvrant une fausseté infernale, ne les prenne au piége. Sans toi j'aurois continué d'être heureux, n'eussent ton orgueil et ta vanité vagabonde, quand tu étois le moins en sûreté, rejeté mon avertissement et ne se fussent irrités qu'on ne se confiât pas en eux. Tu brûlois d'être vue du démon lui-même, que, présomptueuse, tu croyois duper ; mais l'étant rencontrée avec le serpent, tu as été jouée et trompée, toi par lui, moi par toi, pour m'être confié à toi, sortie de mon côté. Je te crus sage, constante, d'un esprit mûr, à l'épreuve de tous les assauts, et je ne compris pas que tout étoit chez toi apparence plutôt que solide vertu, que tu n'étois qu'une côte recourbée de sa nature, plus inclinée (comme à présent je le vois) vers la partie gauche

More to the part sinister, from me drawn;
Well if thrown out, as supernumerary
To my just number found.

      "Oh! why did God,
Creator wise, that peopled highest heaven
With spirits masculine, create at last
This novelty on earth, this fair defect
Of nature, and not fill the world at once
With men, as angels, without feminine;
Or find some other way to generate
Mankind? This mischief had not then befallen,
And more that shall befall; innumerable
Disturbances on earth through female snares,
And strait conjunction with this sex : for either
He never shall find out fit mate, but such
As some misfortune brings him, or mistake;
Or whom he wishes most shall seldom gain,
Through her perverseness, but shall see her gain'd
By a far worse; or, if she love, withheld
By parents; or his happiest choice too late
Shall meet, already link'd and wedlock-bound
To a fell adversary, his hate or shame :
Which infinite calamity shall cause
To human life, and household peace confound."

 He added not, and from her turn'd; but Eve,
Not so repulsed, with tears that ceased not flowing,
And tresses all disorder'd, at his feet
Fell humble : and, embracing them, besought
His peace, and thus proceeded in her plaint : —

 "Forsake me not thus, Adam! witness, Heaven,
What love sincere, and reverence in my heart
I bear thee, and unweeting have offended,
Unhappily deceived! Thy suppliant,
I beg, and clasp thy knees : bereave me not,
Whereon I live, thy gentle looks, thy aid,
Thy counsel, in this uttermost distress
My only strength and stay : forlorn of thee,
Whither shall I betake me, where subsist?
While yet we live, scarce one short hour perhaps,
Between us two let there be peace; both joining,
As join'd in injuries, one enmity
Against a foe by doom express assign'd us
That cruel serpent : on me exercise not
Thy hatred for this misery befallen;
On me already lost, me than thyself
More miserable! both have sinn'd; but thou
Against God only, I against God and thee;
And to the place of judgment will return,
There with my cries importune Heaven, that all
The sentence, from thy head removed, may light

d'où elle fut tirée de moi. Bien! si elle eût été jetée dehors, comme trouvée surnuméraire dans mon juste nombre.

« Oh! pourquoi Dieu, créateur sage, qui peupla les plus hauts cieux d'esprits mâles, créa-t-il à la fin cette nouveauté sur la terre, ce beau défaut de la nature? Pourquoi n'a-t-il pas tout d'un coup rempli le monde d'hommes, comme il a rempli le ciel d'anges, sans femmes? Pourquoi n'a-t-il pas trouvé une autre voie de perpétuer l'espèce humaine? Ce malheur ni tous ceux qui suivront ne seroient pas arrivés; troubles innombrables causés sur la terre par les artifices des femmes et par l'étroit commerce avec ce sexe. Car, ou l'homme ne trouvera jamais la compagne qui lui convient, mais il l'aura telle que la lui amènera quelque infortune ou quelque méprise; ou celle qu'il désirera le plus, il l'obtiendra rarement de sa perversité, mais il la verra obtenue par un autre moins méritant que lui; ou si elle l'aime, elle sera retenue par ses parents; ou le choix le plus heureux se présentera trop tard à lui déjà engagé, et enchaîné par les liens du mariage à une cruelle ennemie, sa haine ou sa honte. De là une calamité infinie se répandra sur la vie humaine et troublera la paix du foyer. »

Adam n'ajouta plus rien, et se détourna d'Ève. Mais Ève non rebutée, avec des larmes qui ne cessoient de couler et les cheveux tout en désordre, tomba humble à ses pieds, et, les embrassant, elle implora sa paix et fit entendre sa plainte :

« Ne m'abandonne pas ainsi, Adam; le ciel est témoin de l'amour sincère et du respect que je te porte dans mon cœur. Je t'ai offensé sans intention, malheureusement trompée! Ta suppliante, je mendie la miséricorde et j'embrasse tes genoux. Ne me prive pas de ce dont je vis, de tes doux regards, de ton secours, de ton conseil, qui dans cette extrême détresse sont ma seule force et mon seul appui. Délaissée de toi, où me retirer? où subsister! Tandis que nous vivons encore (à peine une heure rapide peut-être), que la paix soit entre nous deux! Unis dans l'offense, unissons-nous dans l'inimitié contre l'ennemi qui nous a été expressément désigné par arrêt, ce cruel serpent. Sur moi n'exerce pas ta haine pour ce malheur arrivé, sur moi déjà perdue, moi plus misérable que toi. Nous avons péché tous les deux; mais toi contre Dieu seulement, moi contre Dieu et toi. Je retournerai au lieu même du jugement; là par mes cris j'importunerai le Ciel, afin que la sentence écartée de ta tête tombe sur moi, l'unique cause pour

On me, sole cause to thee of all this woe;
Me, me only, just object of his ire!"

She ended weeping; and her lowly plight,
Immoveable, till peace obtain'd from fault
Acknowledged and deplored, in Adam wrought
Commiseration; soon his heart relented
Towards her, his life so late, and sole delight,
Now at his feet submissive in distress;
Creature so fair his reconcilement seeking,
His counsel, whom she had displeased, his aid:
As one disarm'd, his anger all he lost;
And thus with peaceful words upraised her soon: —

"Unwary, and too desirous, as before
So now, of what thou know'st not, who desirest
The punishment all on thyself; alas!
Bear thine own first, ill able to sustain
His full wrath, whose thou feel'st as yet least part,
And my displeasure bear'st so ill. If prayers
Could alter high decrees, I to that place
Would speed before thee, and be louder heard,
That on my head all might be visited;
Thy frailty and infirmer sex forgiven,
To me committed, and by me exposed.

"But rise; let us no more contend, nor blame
Each other, blamed enough elsewhere, but strive
In offices of love, how we may lighten
Each other's burden, in our share of woe;
Since this day's death denounced, if aught I see,
Will prove no sudden, but a slow-paced evil;
A long day's dying, to augment our pain;
And to our seed (O hapless seed!) derived."

To whom thus Eve, recovering heart, replied: —

"Adam, by sad experiment I know
How little weight my words with thee can find,
Found so erroneous; thence by just event
Found so unfortunate: nevertheless,
Restored by thee, vile as I am, to place
Of new acceptance, hopeful to regain
Thy love, the sole contentment of my heart,
Living or dying, from thee I will not hide
What thoughts in my unquiet breast are risen,
Tending to some relief of our extremes,
Or end; though sharp and sad, yet tolerable,
As in our evils, and of easier choice.

"If care of our descent perplex us most,
Which must be born to certain woe, devour'd
By Death at last; and miserable it is,

toi de toute cette misère ! moi, moi seule, juste objet de la colère de Dieu ! »

Elle finit en pleurant ; et son humble posture, dans laquelle elle demeura immobile jusqu'à ce qu'elle eût obtenu la paix pour sa faute reconnue et déplorée, excita la commisération dans Adam. Bientôt son cœur s'attendrit pour elle, naguère sa vie et son seul délice, maintenant soumise à ses pieds dans la détresse ; créature si belle, cherchant la réconciliation, le conseil et le secours de celui à qui elle avoit déplu. Tel qu'un homme désarmé, Adam perd toute sa colère ; il relève son épouse, et bientôt avec ces paroles pacifiques :

« Imprudente, trop désireuse (à présent comme auparavant) de ce que tu ne connois pas, tu souhaites que le châtiment entier tombe sur toi ! Hélas ! souffre d'abord ta propre peine, incapable que tu serois de supporter la colère entière de Dieu, dont tu ne sens encore que la moindre partie, toi qui supportes si mal mon déplaisir ? Si les prières pouvoient changer les décrets du Très-Haut, je me hâterois de me rendre, avant toi, à cette place de notre jugement ; je me ferois entendre avec plus de force, afin que ma tête fût seule visitée de Dieu, qu'il pardonnât ta fragilité, ton sexe plus infirme à moi confié, par moi exposé.

« Mais lève-toi ; ne disputons plus, ne nous blâmons plus mutuellement, nous assez blâmés ailleurs ! Efforçons-nous, par les soins de l'amour, d'alléger l'un pour l'autre en le partageant le poids du malheur, puisque ce jour de la mort dénoncée (comme je l'entrevois) n'arrivera pas soudain ; mais il viendra comme un mal au pas tardif, comme un jour qui meurt longuement, afin d'augmenter notre misère ; misère transmise à notre race : ô race infortunée ! »

Ève, reprenant cœur, répliqua ;

« Adam, je sais, par une triste expérience, le peu de poids que peuvent avoir auprès de toi mes paroles trouvées si pleines d'erreur, et de là, par un juste événement, trouvées si fatales ; néanmoins, tout indigne que je suis, puisque tu m'accueilles de nouveau et me rends ma place, pleine d'espoir de regagner ton amour (seul contentement de mon cœur, soit que je meure ou que je vive), je ne te cacherai pas les pensées qui se sont élevées dans mon sein inquiet : elles tendent à soulager nos maux ou à les finir ; quoiqu'elles soient poignantes et tristes, toutefois elles sont tolérables, comparées à nos souffrances, et d'un choix plus aisé.

« Si l'inquiétude touchant notre postérité est ce qui nous tourmente le plus, si cette postérité doit être née pour un malheur certain, et finalement dévorée par la mort, il seroit misérable d'être la cause de

To be to others cause of misery,
Our own begotten, and of our loins to bring
Into this cursed world a woful race,
That after wretched life must be at last
Food for so foul a monster; in thy power
It lies, yet ere conception, to prevent
The race unblest, to being yet unbegot.
Childless thou art, childless remain : so Death
Shall be deceived his glut, and with us two
Be forced to satisfy his ravenous maw.

" But if thou judge it hard and difficult,
Conversing, looking, loving, to abstain
From love's due rites, nuptial embraces sweet;
And with desire to languish without hope,
Before the present object languishing
With like desire; which would be misery
And torment less than none of what we dread;
Then, both ourselves and seed at once to free
From what we fear for both, let us make short, —
Let us seek death; or, he not found, supply
With our own hands his office on ourselves.
Why stand we longer shivering under fears,
That show no end but death; and have the power,
Of many ways to die the shortest choosing,
Destruction with destruction to destroy?

She ended here, or vehement despair
Broke off the rest; so much of death her thoughts
Had entertain'd, as died her cheeks with pale.
But Adam, with such counsel nothing sway'd,
To better hopes his more attentive mind
Labouring had raised; and thus to Eve replied : —

" Eve, thy contempt of life and pleasure seems
To argue in thee something more sublime
And excellent, than what thy mind contemns;
But self-destruction therefore sought refutes
That excellence thought in thee, and implies,
Not thy contempt, but anguish and regret
For loss of life and pleasure overloved.
Or if thou covet death, as utmost end
Of misery, so thinking to evade
The penalty pronounced; doubt not but God
Hath wiselier arm'd his vengeful ire, than so
To be forestall'd; much more I fear lest death,
So snatch'd, will not exempt us from the pain
We are by doom to pay; rather, such acts
Of contumacy will provoke the Highest
To make death in us live : then let us seek
Some safer resolution, which methinks
I have in view, calling to mind with heed
Part of our sentence, that thy seed shall bruise

la misère des autres, de nos propres fils, misérable de faire descendre de nos reins dans ce monde maudit une race infortunée, laquelle, après une déplorable vie, doit être la pâture d'un monstre si impur ; il est en ton pouvoir, du moins avant la conception, de supprimer la race non bénie, n'étant pas encore engendrée. Sans enfants tu es, sans enfants demeure : ainsi la mort sera déçue dans son insatiabilité, et ses voraces entrailles seront obligées de se contenter de nous deux.

« Mais si tu penses qu'il est dur et difficile en conversant, en regardant, en aimant, de s'abstenir des devoirs de l'amour et du doux embrassement nuptial, de languir de désir sans espérance, en présence de l'objet languissant du même désir (ce qui ne seroit pas une misère et un tourment moindres qu'aucun de ceux que nous appréhendons), alors, afin de nous délivrer à la fois nous et notre race de ce que nous craignons pour tous les deux, coupons court. — Cherchons la mort, ou si nous ne la trouvons pas, que nos mains fassent sur nous-mêmes son office. Pourquoi restons-nous plus longtemps frissonnant de ces craintes qui ne présentent d'autre terme que la mort, quand il est en notre pouvoir (des divers chemins pour mourir choisissant le plus court) de détruire la destruction par la destruction ?.... »

Elle finit là son discours, ou un véhément désespoir en brisa le reste. Ses pensées l'avoient tellement nourrie de mort, qu'elles teignirent ses joues de pâleur. Mais Adam, qui ne se laissa dominer en rien par un tel conseil, s'étoit élevé, en travaillant son esprit plus attentif, à de meilleures espérances. Il répondit :

« Ève, ton mépris de la vie et du plaisir semble prouver en toi quelque chose de plus sublime et de plus excellent que ce que ton âme dédaigne ; mais la destruction de soi-même, par cela qu'elle est recherchée, détruit l'idée de cette excellence supposée en toi, et implique non ton mépris, mais ton angoisse et ton regret de la perte de la vie, et du plaisir trop aimé. Ou si tu convoites la mort comme la dernière fin de la misère, t'imaginant éviter par là la punition prononcée, ne doute pas que Dieu n'ait trop sagement armé son ire vengeresse, pour qu'il puisse être ainsi surpris. Je craindrois beaucoup plus qu'une mort ainsi ravie ne nous exemptât pas de la peine que notre arrêt nous condamne à payer, et que de tels actes de contumace ne provoquassent plutôt le Très-Haut à faire vivre la mort en nous. Cherchons donc une résolution plus salutaire, que je crois apercevoir, lorsque je rappelle avec attention à mon esprit cette partie de notre sentence : *Ta race écrasera la tête du serpent.* Réparation pitoyable, si cela ne

The serpent's head; piteous amends! unless
Be meant, whom I conjecture, our grand foe,
Satan; who, in the serpent, hath contrived
Against us this deceit : to crush his head
Would be revenge indeed! which will be lost
By death brought on ourselves, or childless days
Resolved, as thou proposest; so our foe
Shall 'scape his punishment ordain'd, and we
Instead shall double ours upon our heads.

"No more be mention'd then of violence
Against ourselves; and wilful barrenness,
That cuts us off from hope; and savours only
Rancour and pride, impatience and despite,
Reluctance against God and his just yoke
Laid on our necks. Remember with what mild
And gracious temper he both heard, and judged,
Without wrath or reviling : we expected
Immediate dissolution, which we thought
Was meant by death that day; when, lo! to thee
Pains only in child-bearing were foretold,
And bringing forth; soon recompensed with joy,
Fruit of thy womb : on me the curse aslope
Glanced on the ground; with labour I must earn
My bread; what harm? Idleness had been worse;
My labour will sustain me; and, lest cold
Or heat should injure us, his timely care
Hath, unbesought, provided; and his hands
Clothed us, unworthy, pitying while he judged;
How much more, if we pray him, will his ear
Be open, and his heart to pity incline,
And teach us farther by what means to shun
The inclement seasons, rain, ice, hail, and snow!
Which now the sky, with various face, begins
To show us in this mountain; while the winds
Blow moist and keen, shattering the graceful locks
Of these fair-spreading trees; which bids us seek
Some better shroud, some better warmth to cherish
Our limbs benumb'd, ere this diurnal star
Leave cold the night, how we his gather'd beams
Reflected may with matter sere foment;
Or, by collision of two bodies, grind
The air attrite to fire; as late the clouds
Justling, or push'd with winds, rude in their shock,
Tine the slant lightning; whose thwart flame driven down,
Kindles the gummy bark of fir or pine,
And sends a comfortable heat from far,
Which might supply the sun : such fire to use,
And what may else be remedy or cure
To evils which our own misdeeds have wrought,
He will instruct us praying, and of grace

devoit s'entendre, comme je le conjecture, de notre grand ennemi, Satan, qui dans le serpent a pratiqué contre nous cette fraude. Écraser sa tête seroit vengeance, en vérité, laquelle vengeance sera perdue par la mort amenée sur nous-mêmes, ou par des jours écoulés sans enfants, comme tu le proposes : ainsi notre ennemi échapperoit à sa punition ordonnée, et nous, au contraire, nous doublerions la nôtre sur nos têtes.

« Qu'il ne soit donc plus question de violence contre nous-mêmes ni de stérilité volontaire, qui nous sépareroit de toute espérance, qui ne feroit sentir en nous que rancune et orgueil, qu'impatience et dépit, révolte contre Dieu et contre son juste joug, sur notre cou imposé. Rappelle-toi avec quelle douce et gracieuse bonté il nous écouta tous les deux et nous jugea sans colère et sans reproche. Nous attendions une dissolution immédiate, que nous croyions ce jour-là exprimée par le mot Mort : eh bien, à toi furent seulement prédites les douleurs de la grossesse et de l'enfantement, bientôt récompensées par la joie du fruit de tes entrailles : sur moi la malédiction ne faisant que m'effleurer a frappé la terre. Je dois gagner mon pain par le travail : quel mal à cela? L'oisiveté eût été pire; mon travail me nourrira. Dans la crainte que le froid ou la chaleur ne nous blessât, sa sollicitude, sans être implorée, nous a pourvus à temps, ses mains nous ont vêtus, nous, indignes, ayant pitié de nous quand il nous jugeoit! Oh! combien davantage, si nous le prions, son oreille s'ouvrira et son cœur inclinera à la pitié ! Il nous enseignera de plus les moyens d'éviter l'inclémence des saisons, la pluie, la glace, la grêle, la neige, que le ciel à présent, avec une face variée, commence à nous montrer sur cette montagne, tandis que les vents soufflent perçants et humides, endommageant la gracieuse chevelure de ces beaux arbres qui étendent leurs rameaux. Ceci nous ordonne de chercher quelque meilleur abri, quelque chaleur meilleure pour ranimer nos membres engourdis, avant que cet astre du jour laisse le froid à la nuit; cherchons comment nous pouvons avec ces rayons recueillis et réfléchis animer une matière sèche, ou comment, par la collision de deux corps rapidement tournés, le frottement peut enflammer l'air : ainsi tout à l'heure les nuages se heurtant ou poussés par les vents, rudes dans leur choc, ont fait partir l'éclair oblique dont la flamme descendue en serpentant a embrasé l'écorce résineuse du pin et du sapin et répandu au loin une agréable chaleur qui peut suppléer le soleil. User de ce feu, et de ce qui d'ailleurs peut soulager ou guérir les maux que nos fautes ont produits, c'est ce dont nous instruira notre juge, en le priant et

Beseeching him; so as we need not fear
To pass commodiously this life, sustain'd
By him with many comforts, till we end
In dust, our final rest and native home.

"What better can we do, than, to the place
Repairing where he judged us, prostrate fall
Before him reverent; and there confess
Humbly our faults, and pardon beg; with tears
Watering the ground, and with our sighs the air
Frequenting, sent from hearts contrite, in sign
Of sorrow unfeign'd, and humiliation meek?
Undoubtedly he will relent, and turn
From his displeasure; in whose look serene,
When angry most he seem'd and most severe,
What else but favour, grace, and mercy shone?"

So spake our father penitent; nor Eve
Felt less remorse: they, forthwith to the place
Repairing where he judged them, prostrate fell
Before him reverent; and both confess'd
Humbly their faults, and pardon begg'd; with tears
Watering the ground, and with their sighs the air
Frequenting, sent from hearts contrite, in sign
Of sorrow unfeign'd, and humiliation meek.

END OF BOOK X.

en implorant sa merci : nous n'avons donc pas à craindre de passer incommodément cette vie, soutenus de lui par divers conforts, jusqu'à ce que nous finissions dans la poussière, notre dernier repos et notre demeure natale.

« Que pouvons-nous faire de mieux que de retourner au lieu où il nous a jugés, de tomber prosternés révérencieusement devant lui, là de confesser humblement nos fautes, d'implorer notre pardon, baignant la terre de larmes, remplissant l'air de nos soupirs poussés par des cœurs contrits, en signe d'une douleur sincère et d'une humiliation profonde? Sans doute, il s'apaisera, et reviendra de son déplaisir. Dans ses regards sereins, lorsqu'il sembloit être le plus irrité et le plus sévère, y brilloit-il autre chose que faveur, grâce et merci? »

Ainsi parla notre père pénitent; Ève ne sentit pas moins de remords : ils allèrent aussitôt à la place où Dieu les avoit jugés; ils tombèrent prosternés révérencieusement devant lui, et tous deux confessèrent humblement leur faute et implorèrent leur pardon, baignant la terre de larmes, remplissant l'air de leurs soupirs poussés par des cœurs contrits, en signe d'une douleur sincère et d'une humiliation profonde.

FIN DU LIVRE X.

BOOK XI.

THE ARGUMENT.

The Son of God presents to his Father the prayers of our first parents, now repenting, and intercedes for them : God accepts them, but declares that they must no longer abide in Paradise; sends Michael with a band of cherubim to dispossess them; but first to reveal to Adam future things : Michael's coming down. Adam shows to Eve certain ominous signs; he discerns Michael's approach; goes out to meet him; the angel denounces their departure. Eve's lamentation. Adam pleads, but submits : the angel leads him up to a high hill; sets before him in vision what shall happen till the flood.

    Thus they, in lowliest plight, repentant stood,
Praying; for from the mercy-seat above
Prevenient grace descending had removed
The stony from their hearts, and made new flesh
Regenerate grow instead, that sighs now breathed
Unutterable, which the Spirit of prayer
Inspired, and wing'd for heaven with speedier flight
Than loudest oratory : yet their port
Not of mean suitors; nor important less
Seem'd their petition, than when the ancient pair
In fables old, less ancient yet than these,
Deucalion and chaste Pyrrha, to restore
The race of mankind drown'd, before the shrine
Of Themis stood devout.
                      To heaven their prayers
Flew up, nor miss'd the way, by envious winds
Blown vagabond or frustrate : in they pass'd
Dimensionless through heavenly doors; then clad
With incense, where the golden altar fumed,
By their great Intercessor, came in sight
Before the Father's throne : them the glad Son
Presenting, thus to intercede began :—
    "See, Father, what first-fruits on earth are sprung

LIVRE XI.

ARGUMENT.

Le Fils de Dieu présente à son Père les prières de nos premiers parents maintenant repentants, et il intercède pour eux. Dieu les exauce, mais il déclare qu'ils ne peuvent plus habiter longtemps dans le Paradis. Il envoie Michel avec une troupe de chérubins pour les en déposséder et pour révéler d'abord à Adam les choses futures. Descente de Michel. Adam montre à Ève certains signes funestes : il discerne l'approche de Michel, va à sa rencontre : l'ange leur annonce leur départ. Lamentations d'Ève. Adam s'excuse, mais se soumet : l'ange le conduit au sommet d'une haute colline, et lui découvre, dans une vision, ce qui arrivera jusqu'au déluge.

Ils prioient ; dans l'état le plus humble ils demeuroient repentants ; car du haut du trône de la miséricorde, la grâce prévenante descendue avoit ôté la pierre de leurs cœurs, et fait croître à sa place une nouvelle chair régénérée qui exhaloit à présent d'inexprimables soupirs ; inspirés par l'esprit de prière, ces soupirs étoient portés au ciel sur des ailes d'un vol plus rapide que la plus impétueuse éloquence. Toutefois, le maintien d'Adam et d'Ève n'étoit pas celui de vils postulants : leur demande ne parut pas moins importante que l'étoit celle de cet ancien couple des fables antiques (moins ancien pourtant que celui-ci), de Deucalion et de la chaste Pyrrha, alors que pour rétablir la race humaine submergée il se tenoit religieusement devant le sanctuaire de Thémis.

Les prières d'Adam et d'Ève volèrent droit au ciel ; elles ne manquèrent pas le chemin, vagabondes ou dispersées par les vents envieux : toutes spirituelles, elles passèrent la porte divine ; alors revêtues par leur grand médiateur de l'encens qui fumoit sur l'autel d'or, elles arrivèrent jusqu'à la vue du Père, devant son trône. Le Fils, plein de joie en les présentant, commence ainsi à intercéder.

« Considère, ô mon Père, quels premiers fruits sur la terre sont

From thy implanted grace in man; these sighs
And prayers, which in this golden censer, mix'd
With incense, I thy priest before thee bring;
Fruits of more pleasing savour, from thy seed
Sown with contrition in his heart, than those
Which, his own hand manuring, all the trees
Of Paradise could have produced, ere fallen
From innocence. Now therefore bend thine ear
To supplication; hear his sighs, though mute:
Unskilful with what words to pray, let me
Interpret for him; me, his Advocate
And propitiation: all his works on me,
Good or not good, ingraft; my merit those
Shall perfect, and for these my death shall pay.
Accept me; and, in me, from these receive
The smell of peace toward mankind : let him live
Before thee reconciled, at least his days
Number'd, though sad; till death, his doom (which
To mitigate thus plead, not to reverse)
To better life shall yield him; where with me
All my redeem'd may dwell in joy and bliss;
Made one with me, as I with thee am one."

To whom the Father, without cloud, serene : —

"All thy request for man, accepted Son,
Obtain; all thy request was my decree :
But, longer in that Paradise to dwell,
The law I gave to nature him forbids :
Those pure immortal elements, that know
No gross, no unharmonious mixture foul,
Eject him, tainted now; and purge him off,
As a distemper gross, to air as gross,
And mortal food; as may dispose him best
For dissolution wrought by sin, that first
Distemper'd all things, and of incorrupt
Corrupted.

"I, at first, with two fair gifts
Created him endow'd; with happiness,
And immortality : that fondly lost,
This other served but to eternize woe;
Till I provided death : so death becomes
His final remedy; and, after life,
Tried in sharp tribulation, and refined
By faith and faithful works, to second life,
Waked in the renovation of the just,
Resigns him up with heaven and earth renew'd.

"But let us call to synod all the bless'd,
Through heaven's wide bounds : from them I will not hide
My judgments; how with mankind I proceed,
As how with peccant angels late they saw :

sortis de ta grâce implantée dans l'homme, ces soupirs et ces prières que, mêlés à l'encens dans cet encensoir d'or, moi, ton prêtre, j'apporte devant toi ; fruits provenus de la semence jetée avec la contrition dans le cœur d'Adam, fruits d'une saveur plus agréable que ceux (l'homme les cultivant de ses propres mains) qu'auroient pu produire tous les arbres du Paradis, avant que l'homme fût déchu de l'innocence. Incline donc à présent l'oreille à sa supplication, entends ses soupirs quoique muets : ignorant des mots dans lesquels il doit prier, laisse-moi les interpréter pour lui, moi son avocat, sa victime de propitiation ; greffe sur moi toutes ses œuvres, bonnes ou non bonnes ; mes mérites perfectionneront les premières, et ma mort expiera les secondes. Accepte-moi, et par moi reçois de ces infortunés une odeur de paix favorable à l'espèce humaine. Que l'homme réconcilié vive au moins devant toi, ses jours comptés, quoique tristes, jusqu'à ce que la mort, son arrêt (dont je demande l'adoucissement, non la révocation) le rende à la meilleure vie, où tout mon peuple racheté habitera avec moi dans la joie et la béatitude, ne faisant qu'un avec moi, comme je ne fais qu'un avec toi. »

Le Père, sans nuage, serein :

« Toutes tes demandes pour l'homme, Fils agréable, sont obtenues ; toutes tes demandes étoient mes décrets. Mais d'habiter plus longtemps dans le Paradis, la loi que j'ai donnée à la nature le défend à l'homme. Ces purs et immortels éléments qui ne connoissent rien de matériel, aucun mélange inharmonieux et souillé, le rejettent, maintenant infecté ; ils veulent s'en purger comme d'une maladie grossière, le renvoyer à un air grossier, à une nourriture mortelle comme à ce qui peut le mieux le disposer à la dissolution opérée par le péché, lequel altéra le premier toutes les choses et d'incorruptibles les rendit corruptibles.

« Au commencement j'avois créé l'homme doué de deux beaux présents, de bonheur et d'immortalité : le premier il l'a follement perdu, la second n'eût servi qu'à éterniser sa misère ; alors je l'ai pourvu de la mort ; ainsi la mort est devenue son remède final. Après une vie éprouvée par une cruelle tribulation, épurée par la foi et par les œuvres de cette foi, éveillé à une seconde vie dans la rénovation du juste, la mort élèvera l'homme vers moi avec le ciel et la terre renouvelés.

« Mais appelons maintenant en congrégation tous les bénis, dans les vastes enceintes du ciel ; je ne veux pas leur cacher mes jugements : qu'ils voient comment je procède avec l'espèce humaine, ainsi qu'ils ont vu dernièrement ma manière d'agir avec les anges pécheurs :

And in their state, though firm, stood more confirm'd."
    He ended, and the Son gave signal high
To the bright minister that watch'd: he blew
His trumpet, heard in Oreb since perhaps
When God descended, and perhaps once more
To sound at general doom. The angelic blast
Fill'd all the regions : from their blissful bowers
Of amaranthine shade, fountain or spring,
By the waters of life, where'er they sat
In fellowships of joy, the sons of light
Hasted, resorting to the summons high;
And took their seats : till from his throne supreme
The Almighty thus pronounced his sovereign will : —
    "O sons, like one of us man is become,
To know both good and evil, since his taste
Of that defended fruit; but let him boast
His knowledge of good lost, and evil got;
Happier, had it sufficed him to have known
Good by itself, and evil not at all.
He sorrows now, repents and prays contrite,
My motions in him; longer than they move,
His heart I know how variable and vain,
Self-left. Lest therefore his now bolder hand
Reach also of the tree of life, and eat,
And live for ever, dream at least to live
For ever, to remove him I decree,
And send him from the garden forth to till
The ground whence he was taken, fitter soil.
    "Michael, this my behest have thou in charge :
Take to thee from among the cherubim
Thy choice of flaming warriors, lest the fiend,
Or in behalf of man, or to invade
Vacant possession, some new trouble raise :
Haste thee, and from the Paradise of God
Without remorse drive out the sinful pair;
From hallow'd ground the unholy : and denounce
To them, and to their progeny, from thence
Perpetual banishment. Yet, lest they faint
At the sad sentence rigorously urged,
(For I behold them soften'd, and with tears
Bewailing their excess) all terror hide.
If patiently thy bidding they obey,
Dismiss them not disconsolate; reveal
To Adam what shall come in future days,
As I shall thee enlighten; intermix
My covenant in the woman's seed renew'd;
So send them forth, though sorrowing, yet in peace.
    "And on the east side of the garden place,
Where entrance up from Eden easiest climbs,
Cherubic watch ; and of a sword the flame

mes saints, quoique stables dans leur état, en sont demeurés plus affermis. »

Il dit, et le Fils donna le grand signal au brillant ministre qui veilloit ; soudain il sonna de sa trompette (peut-être entendue depuis sur Oreb quand Dieu descendit, et qui retentira peut-être encore une fois au jugement dernier). Le souffle angélique remplit toutes les régions ; de leurs bosquets fortunés qu'ombrageoit l'amarante, du bord de la source, ou de la fontaine, du bord des eaux de la vie, partout où ils se reposoient en sociétés de joie, les fils de la lumière se hâtèrent, se rendant à l'impérieuse sommation ; et ils prirent leurs places, jusqu'à ce que, du haut de son trône suprême, le Tout-Puissant annonça ainsi sa souveraine volonté :

« Enfants, l'homme est devenu comme l'un de nous ; il connoît le bien et le mal depuis qu'il a goûté de ce fruit défendu ; mais qu'il se glorifie de connoître le bien perdu et le mal gagné : plus heureux, s'il lui avoit suffi de connoître le bien par lui-même, et le mal pas du tout. A présent il s'afflige, se repent et prie avec contrition : mes mouvements sont en lui ; ils agissent plus longtemps que lui ; je sais combien son cœur est variable et vain, abandonné à lui-même. Dans la crainte qu'à présent sa main, devenue plus audacieuse, ne se porte aussi sur l'arbre de vie, qu'il n'en mange, qu'il ne vive toujours, ou qu'il ne rêve du moins de vivre toujours, j'ai décidé de l'éloigner, de l'envoyer hors du jardin labourer la terre d'où il a été tiré ; sol qui lui convient mieux..

« Michel, je te charge de mon ordre : avec toi prends à ton choix de flamboyants guerriers parmi les chérubins, de peur que l'ennemi, ou en faveur de l'homme, ou pour envahir sa demeure vacante, n'élève quelque nouveau trouble. Hâte-toi, et du Paradis de Dieu chasse sans pitié le couple pécheur, chasse de la terre sacrée les profanes, et dénonce-leur et à toute leur postérité le perpétuel bannissement de ce lieu. Cependant, de peur qu'ils ne s'évanouissent en entendant leur triste arrêt rigoureusement prononcé (car je les vois attendris et déplorant leurs excès avec larmes), cache-leur toute terreur. S'ils obéissent patiemment à ton commandement, ne les congédie pas inconsolés ; révèle à Adam ce qui doit arriver dans les jours futurs, selon les lumières que je te donnerai ; entremêle à ce récit mon alliance renouvelée avec la race de la femme : ainsi renvoie-les, quoique affligés, cependant en paix.

« A l'orient du jardin, du côté où il est plus facile de gravir Éden, place une garde de chérubins et la flamme largement ondoyante

Wide-waving; all approach far off to fright,
And guard all passage to the tree of life;
Lest Paradise a receptacle prove
To spirits foul, and all my trees their prey,
With whose stolen fruit man once more to delude."

He ceased; and the archangelic power prepared
For swift descent; with him the cohort bright
Of watchful cherubim: four faces each
Had, like a double Janus; all their shape
Spangled with eyes more numerous than those
Of Argus, and more wakeful than to drowse,
Charm'd with Arcadian pipe, the pastoral reed
Of Hermes, or his opiate rod.
                            Meanwhile,
To resalute the world with sacred light,
Leucothea waked, and with fresh dews embalm'd
The earth; when Adam and first matron Eve
Had ended now their orisons, and found
Strength added from above; new hope to spring
Out of despair; joy, but with fear yet link'd;
Which thus to Eve his welcome words renew'd: —

"Eve, easily may faith admit, that all
The good which we enjoy from Heaven descends;
But that from us aught should ascend to Heaven
So prevalent as to concern the mind
Of God high-blest, or to incline his will,
Hard to belief may seem; yet this will prayer,
Or one short sigh of human breath, upborne
Ev'n to the seat of God : for since I sought
By prayer the offended Deity to appease,
Kneel'd, and before him humbled all my heart,
Methought I saw him placable and mild
Bending his ear; persuasion in me grew
That I was heard with favour; peace return'd
Home to my breast, and to my memory
His promise, that thy seed shall bruise our foe;
Which, then not minded in dismay, yet now
Assures me that the bitterness of death
Is past, and we shall live. Whence hail to thee,
Eve, rightly call'd mother of all mankind,
Mother of all things living, since by thee
Man is to live; and all things live for man."

To whom thus Eve, with sad demeanour, meek :—

"Ill-worthy I, such title should belong
To me transgressor; who, for thee ordain'd
A help, became thy snare; to me reproach
Rather belongs, distrust, and all dispraise :
But infinite in pardon was my Judge,
That I who first brought death on all, am graced

d'une épée, afin d'effrayer au loin quiconque voudroit approcher, et interdire tout passage à l'arbre de vie, de peur que le Paradis ne devienne le réceptacle d'esprits impurs, que tous mes arbres ne soient leur proie, dont ils déroberoient le fruit, pour séduire l'homme encore une fois. »

Il se tut : l'archangélique pouvoir se prépare à une descente rapide et avec lui la cohorte brillante des vigilants chérubins. Chacun d'eux, ainsi qu'un double Janus, avoit quatre faces ; tout leur corps étoit semé d'yeux comme des paillettes, plus nombreux que les yeux d'Argus, et plus vigilants que ceux-ci qui s'assoupirent, charmés par la flûte arcadienne, par le roseau pastoral d'Hermès, ou par sa baguette soporifique.

Cependant, pour saluer de nouveau le monde avec la lumière sacrée, Leucothoé s'éveilloit et embaumoit la terre d'une fraîche rosée, alors qu'Adam et Ève, notre première mère, finissoient leur prière et trouvoient leur force augmentée d'en haut : ils sentoient de leur désespoir sourdre une nouvelle espérance, une joie, mais encore liée à la frayeur. Adam renouvela à Ève ses paroles bien venues :

« Ève, la foi peut aisément admettre que tout le bien dont nous jouissons descend du ciel ; mais que de nous quelque chose puisse monter au ciel, assez prévalant pour occuper l'esprit de Dieu souverainement heureux, ou pour incliner sa volonté, c'est ce qui paroît difficile à croire. Cependant, cette prière du cœur, un soupir rapide de la poitrine de l'homme volent jusqu'au trône de Dieu : car depuis que j'ai cherché par la prière d'apaiser la Divinité offensée, que je me suis agenouillé, et que j'ai humilié tout mon cœur devant Dieu, il me semble que je le vois placable et doux me prêtant l'oreille. Je sens naître en moi la persuasion qu'avec faveur j'ai été écouté. La paix est rentrée au fond de mon sein, et dans ma mémoire la promesse que ta race écrasera notre ennemi. Cette promesse, que je ne me rappelai pas d'abord dans mon épouvante, m'assure à présent que l'amertume de la mort est passée et que nous vivrons. Salut donc à toi, Ève, justement appelée la mère du genre humain, la mère de toutes choses vivantes, puisque par toi l'homme doit vivre et que toutes choses vivent pour l'homme. »

Ève, dont le maintien étoit doux et triste :

« Je suis peu digne d'un pareil titre, moi pécheresse, moi qui ayant été ordonnée pour être ton aide suis devenue ton piége : reproche, défiance et tout blâme, voilà plutôt ce qui m'appartient. Mais infini dans sa miséricorde a été mon juge, de sorte que moi qui apportai la première la mort à tous, je suis qualifiée la source de vie ! Tu m'es

The source of life; next favourable thou,
Who highly thus to entitle me vouchsafest,
Far other name deserving. But the field
To labour calls us, now with sweat imposed,
Though after sleepless night : for see! the morn,
All unconcern'd with our unrest, begins
Her rosy progress smiling : let us forth;
I never from thy side henceforth to stray,
Where'er our day's work lies, though now enjoin'd
Laborious till day droop : while here we dwell,
What can be toilsome in these pleasant walks?
Here let us live, though in fallen state, content."

So spake, so wish'd, much-humbled Eve; but fate
Subscribed not : nature first gave signs, impress'd
On bird, beast, air; air suddenly eclipsed,
After short blush of morn : nigh in her sight
The bird of Jove, stoop'd from his aery tour,
Two birds of gayest plume before him drove;
Down from a hill the beast that reigns in woods,
First hunter then, pursued a gentle brace,
Goodliest of all the forest, hart and hind :
Direct to the eastern gate was bent their flight.
Adam observed; and with his eye the chase
Pursuing, not unmoved, to Eve thus spake : —

"O Eve, some farther change awaits us nigh,
Which Heaven by these mute signs in nature shows
Forerunners of his purpose; or to warn
Us, haply too secure of our discharge
From penalty, because from death released
Some days : how long, and what till then our life,
Who knows? or more than this, that we are dust,
And thither must return, and be no more?
Why else this double object in our sight,
Of flight pursued in the air, and o'er the ground
One way the self-same hour? why in the east
Darkness ere day's mid-course, and morning-light
More orient in yon western cloud, that draws
O'er the blue firmament a radiant white,
And slow descends with something heavenly fraught?"

He err'd not; for by this the heavenly bands
Down from a sky of jasper lighted now
In Paradise, and on a hill made halt;
A glorious apparition, had not doubt
And carnal fear that day dimm'd Adam's eye.
Not that more glorious, when the angels met
Jacob in Mahanaim, where he saw
The field pavilion'd with his guardians bright;
Nor that, which on the flaming mount appear'd
In Dothan, cover'd with a camp of fire,
Against the Syrian king, who to surprise

ensuite favorable, quand tu daignes m'appeler hautement ainsi, moi qui mérite un tout autre nom ! Mais les champs nous appellent au travail maintenant imposé avec sueur, quoique après une nuit sans sommeil. Car vois ! le matin, tout indifférent à notre insomnie, recommence en souriant sa course de roses. Marchons ! désormais je ne m'éloignerai plus jamais de ton côté, en quelque endroit que notre travail journalier soit situé, quoique maintenant il nous soit prescrit pénible jusqu'au tomber du jour. Tandis que nous demeurons ici, que peut-il y avoir de fatigant dans ces agréables promenades ? Vivons donc ici contents, bien que dans un état déchu. »

Ainsi parla, ainsi souhaita la très-humiliée Ève ; mais le destin ne souscrivit pas à ses vœux. La nature donna d'abord des signes exprimés par l'oiseau, la brute et l'air : l'air s'obscurcit soudainement après la courte rougeur du matin ; à la vue d'Ève l'oiseau de Jupiter fondit de la hauteur de son vol sur deux oiseaux du plus brillant plumage, et les chassa devant lui ; descendu de la colline, l'animal qui règne dans les bois (premier chasseur alors) poursuivit un joli couple, le plus charmant de toute la forêt, le cerf et la biche : leur fuite se dirigeoit vers la porte orientale. Adam les observa, et suivant des yeux cette chasse, il dit à Ève, non sans émotion :

« O Ève, quelque changement ultérieur nous attend bientôt ! le ciel par ces signes muets dans la nature nous montre les avant-coureurs de ses desseins, ou il nous avertit que nous comptons peut-être trop sur la remise de la peine, parce que la mort est reculée de quelques jours. De quelle longueur et quelle sera notre vie jusque là, qui le sait ? Savons-nous plus que ceci : nous sommes poudre, et nous retournerons en poudre, et nous ne serons plus ? Autrement, pourquoi ce double spectacle offert à notre vue, cette poursuite dans l'air et sur la terre d'un seul côté, et à la même heure ? Pourquoi cette obscurité dans l'orient avant que le jour soit à mi-course ? Pourquoi la lumière du matin brille-t-elle davantage dans une nue de l'occident qui déploie sur le bleu firmament une blancheur rayonnante, et descend avec lenteur chargée de quelque chose de céleste ? »

Adam ne se trompoit pas, car dans ce temps les cohortes angéliques descendoient à présent d'un nuage de jaspe dans le Paradis, et firent halte sur une colline ; apparition glorieuse, si le doute et la crainte de la chair n'eussent ce jour-là obscurci les yeux d'Adam ! Elle ne fut pas plus glorieuse cette autre vision, quand à Mahanaïm les anges rencontrèrent Jacob qui vit la campagne tendue des pavillons de ses gardiens éclatants, ou cette vision à Dothan sur une montagne enflammée, couverte d'un camp de feu prêt à marcher contre le roi

One man, assassin-like, had levied war,
War unproclaim'd.
     The princely hierarch
In their bright stand there left his powers, to seize
Possession of the garden : he alone,
To find where Adam shelter'd, took his way,
Not unperceived of Adam, who to Eve,
While the great visitant approach'd, thus spake : —

 "Eve, now expect great tidings, which perhaps
Of us will soon determine, or impose
New laws to be observed : for I descry,
From yonder blazing cloud that veils the hill,
One of the heavenly host; and, by his gait,
None of the meanest : some great potentate,
Or of the thrones above; such majesty
Invests him coming : yet not terrible,
That I should fear; nor sociably mild,
As Raphael, that I should much confide;
But solemn and sublime; whom, not to offend,
With reverence I must meet, and thou retire."

 He ended; and the archangel soon drew nigh
Not in his shape celestial, but as man
Clad to meet man : over his lucid arms
A military vest of purple flow'd,
Livelier than Melibœan, or the grain
Of Sarra, worn by kings and heroes old
In time of truce; Iris had dipt the woof :
His starry helm unbuckled show'd him prime
In manhood where youth ended : by his side,
As in a glistering zodiac, hung the sword,
Satan's dire dread; and in his hand the spear.
Adam bow'd low : he, kingly, from his state
Inclined not, but his coming thus declared :

 " Adam, Heaven's high behest no preface needs
Sufficient that thy prayers are heard; and Death,
Then due by sentence when thou didst transgress,
Defeated of his seizure many days,
Given thee of grace; wherein thou mayst repent,
And one bad act with many deeds well done
Mayst cover : well may then thy Lord, appeased,
Redeem thee quite from Death's rapacious claim;
But longer in this Paradise to dwell
Permits not : to remove thee I am come,
And send thee from the garden forth, to till
The ground whence thou wast taken, fitter soil.

 He added not; for Adam, at the news
Heart-struck, with chilling gripe of sorrow stood,
That all his senses bound : Eve, who unseen,
Yet all had heard, with audible lament

syrien, lequel, pour surprendre un seul homme, avoit, comme un assassin fait la guerre, la guerre non déclarée.

Le prince hiérarche laissa sur la colline à leur brillant poste ses guerriers pour prendre possession du jardin. Seul pour trouver l'endroit où Adam s'étoit abrité, il s'avança, non sans être aperçu de notre premier père, qui dit à Ève pendant que la grande visite s'approchoit :

« Ève, prépare-toi maintenant à de grandes nouvelles, qui peut-être vont bientôt décider de nous, ou nous imposer l'observation de nouvelles lois; car je découvre là-bas, descendu du nuage étincelant qui voile la colline, quelqu'un de l'armée céleste, et à en juger par son port, ce n'est pas un des moindres : c'est un grand potentat ou l'un des trônes d'en haut, tant il est dans sa marche revêtu de majesté ! Cependant, il n'a ni un air terrible que je doive craindre, ni, comme Raphael, cet air sociablement doux qui fasse que je puisse beaucoup me confier à lui : mais il est solennel et sublime. Afin de ne pas l'offenser, il faut que je l'aborde avec respect, et toi que tu te retires. »

Il dit, et l'archange arriva vite près de lui, non dans sa forme céleste, mais comme un homme vêtu pour rencontrer un homme : sur ses armes brillantes flottoit une cotte de mailles d'une pourpre plus vive que celle de Mélibée ou de Sarra, que portoient les rois et les héros antiques dans les temps de trêve : Iris en avoit teint la trame. Le casque étoilé de l'archange, dont la visière n'étoit pas baissée, le faisoit voir dans cette primeur de virilité où finit la jeunesse. Au côté de Michel, comme un éclatant zodiaque, pendoit l'épée terreur de Satan, et dans sa main, une lance. Adam fit une inclination profonde; Michel royalement n'incline pas sa grandeur, mais explique ainsi sa venue :

« Adam, le commandant suprême du Ciel n'a besoin d'aucun préambule : il suffit que tes prières aient été écoutées, et que la mort (qui t'étoit due par sentence, quand tu transgressas) soit privée de son droit de saisie pour plusieurs jours de grâce, à toi accordés, pendant lesquels tu pourras te repentir et couvrir de bonnes œuvres un méchant acte. Il se peut alors que ton Seigneur apaisé te rédime entièrement des avares réclamations de la mort. Mais il ne permet pas que tu habites plus longtemps ce Paradis : je suis venu pour t'en faire sortir et t'envoyer, hors de ce jardin, labourer la terre d'où tu as été tiré; sol qui te convient mieux. »

L'archange n'ajouta rien de plus ; car Adam, frappé au cœur par ces nouvelles, demeura sous le serrement glacé de la douleur, qui le priva de ses sens. Ève, qui sans être vue avoit cependant tout entendu,

Discover'd soon the place of her retire : —
"O unexpected stroke, worse than of death!
Must I thus leave thee, Paradise? thus leave
Thee, native soil! these happy walks and shades,
Fit haunt of gods? where I had hope to spend,
Quiet though sad, the respite of that day
That must be mortal to us both. O flowers,
That never will in other climate grow,
My early visitation, and my last
At even, which I bred up with tender hand
From the first opening bud, and gave ye names!
Who now shall rear ye to the sun, or rank
Your tribes, and water from the ambrosial fount?
Thee lastly, nuptial bower! by me adorn'd
With what to sight or smell was sweet! from thee
How shall I part, and whither wander down
Into a lower world, to this obscure
And wild? how shall we breathe in other air
Less pure, accustom'd to immortal fruits?"

Whom thus the angel interrupted mild : —
"Lament not, Eve; but patiently resign
What justly thou hast lost; nor set thy heart,
Thus over-fond, on that which is not thine :
Thy going is not lonely; with thee goes
Thy husband; him to follow thou art bound :
Where he abides, think there thy native soil."

Adam, by this from the cold sudden damp
Recovering, and his scatter'd spirits return'd,
To Michael thus his humble words address'd : —

"Celestial, whether among the thrones, or named
Of them the highest; for such of shape may seem
Prince above princes! gently hast thou told
Thy message, which might else in telling wound,
And in performing end us; what besides
Of sorrow, and dejection, and despair,
Our frailty can sustain, thy tidings bring;
Departure from this happy place, our sweet
Recess, and only consolation left
Familiar to our eyes : all places else
Inhospitable appear, and desolate;
Nor knowing us, nor known :

     " And, if by prayer
Incessant I could hope to change the will
Of Him who all things can, I would not cease
To weary him with my assiduous cries :
But prayer against his absolute decree
No more avails than breath against the wind,
Blown stifling back on him that breathes it forth :

"Therefore to his great bidding I submit.
This most afflicts me; that, departing hence,

ADAM ET ÈVE CHASSÉS DU PARADIS

découvrit bientôt par un éclatant gémissement le lieu de sa retraite.

« O coup inattendu, pire que la mort! faut-il donc te quitter, ô Paradis! vous quitter ainsi, ô toi, terre natale, ô vous, promenades charmantes, ombrages dignes d'être fréquentés des dieux! Ici j'avois espéré passer tranquille, bien que triste, répit de ce jour qui doit être mortel à tous deux. O fleurs qui ne croîtrez jamais dans un autre climat, qui le matin receviez ma première visite et le soir ma dernière; vous que j'ai élevées d'une tendre main depuis le premier bouton entr'ouvert, et à qui j'ai donné des noms! ô fleurs! qui maintenant vous tournera vers le soleil ou rangera vos tribus, et vous arrosera de la fontaine d'ambroisie? Toi enfin, berceau nuptial, orné par moi de tout ce qui est doux à l'odorat ou à la vue, comment me séparerai-je de toi? Où m'égarerai-je dans un monde inférieur, qui auprès de celui-ci est obscur et sauvage? Comment pourrons-nous respirer dans un autre air moins pur, nous, accoutumés à des fruits immortels? »

L'ange interrompit doucement :

« Ève, ne te lamente point, mais résigne patiemment ce que tu as justement perdu; ne mets pas ton cœur ainsi trop passionné dans ce qui n'est pas à toi. Tu ne t'en vas point solitaire; avec toi s'en va ton mari. Tu es obligée de le suivre : songe que là où il habite, là est ton pays natal. »

Adam, revenant alors de son saisissement subit et glacé, rappela ses esprits confus, et adressa à Michel ces humbles paroles :

« Être céleste, soit que tu sièges parmi les trônes ou qu'on te nomme le plus grand d'entre eux, car une telle forme peut paroître celle d'un prince au-dessus des princes, tu as redit doucement ton message, par lequel autrement tu aurois pu en l'annonçant nous blesser et en l'accomplissant nous tuer. Ce qu'en outre de chagrin, d'abattement, de désespoir, notre foiblesse peut soutenir, tes nouvelles l'apportent, le partir de cet heureux séjour, notre tranquille retraite, et seule consolation laissée familière à nos yeux! Toutes les autres demeures nous paroissent inhospitalières et désolées, inconnus d'elles, de nous inconnues.

« Si par l'incessante prière je pouvois espérer changer la volonté de celui qui peut toutes choses, je ne cesserois de le fatiguer de mes cris assidus; mais contre son décret absolu la prière n'a pas plus de force que notre haleine contre le vent, refoulée suffoquante en arrière sur celui qui l'exhale au dehors.

« Je me soumets donc à son grand commandement. Ce qui m'afflige le plus, c'est qu'en m'éloignant d'ici je serai caché de sa face, privé

As from his face I shall be hid, deprived
His blessed countenance : here I could frequent,
With worship place by place where he vouchsafed
Presence Divine; and to my sons relate;
' On this mount he appear'd; under this tree
Stood visible; among these pines his voice
I heard; here with him at this fountain talk'd.'

"So many grateful altars I would rear
Of grassy turf, and pile up every stone
Of lustre from the brook, in memory
Or monument to ages; and thereon
Offer sweet-smelling gums, and fruits, and flowers.
In yonder nether world where shall I seek
His bright appearances, or footsteps trace?
For though I fled him angry, yet, recall'd
To life prolong'd and promised race, I now
Gladly behold though but his utmost skirts
Of glory; and far off his steps adore."

To whom thus Michael with regard benign :—

"Adam, thou know'st heaven his, and all the earth;
Not this rock only; his omnipresence fills
Land, sea, and air, and every kind that lives,
Fomented by his virtual power and warm'd :
All the earth he gave thee to possess and rule,
No despicable gift; surmise not then
His presence to these narrow bounds confined
Of Paradise, or Eden : this had been
Perhaps thy capital seat, from whence had spread
All generations; and had hither come
From all the ends of the earth, to celebrate
And reverence thee, their great progenitor.
But this pre-eminence thou hast lost, brought down
To dwell on even ground now with thy sons :

"Yet doubt not, but in valley and in plain,
God is as here; and will be found alike
Present; and of his presence many a sign
Still following thee, still compassing thee round
With goodness and paternal love, his face
Express, and of his steps the track divine.
Which that thou mayst believe, and be confirm'd
Ere thou from hence depart, know, I am sent
To show thee what shall come in future days
To thee and to thy offspring : good with ba
Expect to hear, supernal grace contending
With sinfulness of men; thereby to learn
True patience, and to temper joy with fear
And pious sorrow; equally inured
By moderation either state to bear,
Prosperous or adverse : so shalt thou lead
Safest thy life, and best prepared endure

de sa protection sacrée. Ici j'aurois pu fréquenter en adoration, de place en place, les lieux où la divine présence daigna se montrer; j'aurois dit à mes fils : — Sur cette montagne il m'apparut; sous cet arbre il se rendit visible ; parmi ces pins j'entendis sa voix; ici, au bord de cette fontaine, je m'entretins avec lui.

« Ma reconnoissance auroit élevé plusieurs autels de gazon, et j'aurois entassé les pierres lustrées du ruisseau, en souvenir ou monument pour les âges : sur ces autels j'aurois offert les suaves odeurs des gommes doucement parfumées, des fruits et des fleurs. Dans le monde ici-bas, au-dessous, où chercherai-je ses brillantes apparitions et les vestiges de ses pieds? Car bien que je fuis sa colère, cependant, rappelé à la vie prolongée et une postérité m'étant promise, à présent je contemple avec joie l'extrémité des bords de sa gloire, et j'adore de loin ses pas. »

Michel, avec des regards pleins de bénignité :

« Adam, tu le sais, le ciel et toute la terre sont à Dieu, et non pas ce roc seulement : son omniprésence remplit la terre, la mer, l'air et toutes les choses qui vivent fomentées et échauffées par son pouvoir virtuel. Il t'a donné toute la terre pour la posséder et la gouverner; présent non méprisable ! N'imagine donc pas que sa présence soit confinée dans les bornes étroites de ce Paradis ou d'Éden. Éden auroit peut-être été ton siége principal, d'où toutes les générations se seroient répandues, et où elles seroient revenues de toutes les extrémités de la terre, pour te célébrer et te révérer, toi leur grand auteur. Mais cette prééminence, tu l'as perdue, descendu que tu es pour habiter maintenant la même terre que tes fils.

« Cependant ne doute pas que Dieu ne soit dans la plaine et dans la vallée comme il est ici, qu'il ne s'y trouve également présent : les signes de sa présence te suivront encore; tu seras encore environné de sa bonté, de son paternel amour, de son image expresse et de la trace divine de ses pas. Afin que tu puisses le croire et t'en assurer avant ton départ d'ici, sache que je suis envoyé pour te montrer ce qui, dans les jours futurs, doit arriver à toi et à ta race. Prépare-toi à entendre le bien et le mal, à voir la grâce surnaturelle lutter avec la méchanceté des hommes : de ceci tu apprendras la vraie patience et à tempérer la joie par la crainte et par une sainte tristesse, accoutumé par la modération à supporter également l'une et l'autre fortune, prospère ou adverse. Ainsi, tu conduiras le plus sûrement ta

Thy mortal passage when it comes. Ascend
This hill; let Eve (for I have drench'd her eyes)
Here sleep below, while thou to foresight wakest;
As once thou slept'st, while she to life was form'd."

To whom thus Adam gratefully replied:—

"Ascend; I follow thee, safe guide, the path
Thou lead'st me; and to the hand of Heaven submit,
However chastening; to the evil turn
My obvious breast; arming to overcome
By suffering, and earn rest from labour won,
If so I may attain."
     So both ascend
In the visions of God. It was a hill,
Of Paradise the highest; from whose top,
The hemisphere of earth, in clearest ken,
Stretch'd out to the amplest reach of prospect lay.
Not higher that hill, nor wider looking round,
Whereon, for different cause, the tempter set
Our second Adam, in the wilderness;
To show him all earth's kingdoms, and their glory.

His eye might there command wherever stood
City of old or modern fame, the seat
Of mightiest empire, from the destined walls
Of Cambalu, seat of Cathaian Can,
And Samarchand by Oxus, Temir's throne,
To Paquin of Sinæan kings; and thence
To Agra and Lahor of Great Mogul,
Down to the Golden Chersonese; or where
The Persian in Ecbatan sat, or since
In Hispahan; or where the Russian ksar
In Mosco; or the sultan in Bizance,
Turchestan-born: nor could his eye not ken
The empire of Negus to his utmost port
Ercoco, and the less maritime kings,
Monbaza, and Quiloa, and Melind,
And Sofala, thought Ophir, to the realm
Of Congo, and Angola farthest south;
Or thence from Niger flood to Atlas mount,
The kingdoms of Almansor, Fez, and Sus,
Morocco, and Algiers, and Tremisen;
On Europe thence, and where Rome was to sway
The world: in spirit perhaps he also saw
Rich Mexico, the seat of Montezume,
And Cusco in Peru, the richer seat
Of Atabalipa; and yet unspoil'd
Guiana, whose great city Geryon's sons
Call El Dorado.
     But to nobler sights
Michael from Adam's eyes the film removed,
Which that false fruit that promised clearer sight

vie, et tu seras mieux préparé à endurer ton passage de la mort, quand il arrivera. Monte sur cette colline; laisse ton épouse (car j'ai éteint ses yeux) dormir ici en bas, tandis que tu veilleras pour la prévision de l'avenir, comme tu dormis autrefois quand Ève fut formée pour la vie. »

Adam, plein de reconnoissance, lui répondit :

« Monte; je te suis, guide sûr, dans le sentier où tu me conduis, et sous la main du Ciel je m'abaisse, quoiqu'elle me châtie. Je présente mon sein au-devant du mal, en l'armant de souffrance pour vaincre et gagner le repos acquis par le travail, si de la sorte j'y puis atteindre. »

Tous deux montent dans les visions de Dieu : c'étoit une montagne, la plus haute du Paradis, du sommet de laquelle l'hémisphère de la terre, distinct à la vue, s'offroit étendu à la plus grande portée de la perspective. Elle n'étoit pas plus haute, elle ne commandoit pas une plus large vue à l'entour, cette montagne sur laquelle (par une raison différente) le tentateur transporta notre second Adam dans le désert pour lui montrer tous les royaumes de la terre et leur gloire.

Là, l'œil d'Adam pouvoit dominer, quelque part qu'elles fussent assises, les cités d'antique ou moderne renommée, les capitales des empires les plus puissants, depuis les murs destinés pour Cambalu, siége du Kan de Cathai, et depuis Samarcande, trône de Témir, près de l'Oxus, jusqu'à Pékin, séjour des rois de la Chine; et de là, jusqu'à Agra et Lahor, du grand Mogol; descendant jusqu'à la Chersonèse d'or, ou bien vers le lieu qu'habitoit jadis le Perse dans Ecbatane, ou depuis dans Ispahan, ou vers Moscow, du czar de Russie, ou dans Byzance soumise au sultan, né Turkestan. Son œil pouvoit voir encore l'empire de Négus jusqu'à Erecco, son port le plus éloigné, et les plus petits rois maritimes de Monbaza, de Quiloa, de Melinde et de Sofala qu'on croit être Ophir, jusqu'au royaume de Congo, et celui d'Angola le plus éloigné vers le Sud. De là, depuis le fleuve Niger jusqu'au mont Atlas, les royaumes d'Almanzor, de Fez, de Sus, de Maroc, d'Alger et de Tremizen, et ensuite en Europe les lieux d'où Rome devoit dominer le monde. Peut-être vit-il aussi en esprit la riche Mexico, siége de Montézume, et dans le Pérou Cusco, siége plus riche d'Atabalippa, et la Guyane non encore dépouillée, et dont la grande cité est appelée El-Dorado par les enfants de Géryon.

Mais pour de plus nobles spectacles, Michel enleva la taie formée sur les yeux d'Adam par le fruit trompeur qui avoit promis une vue

Had bred : Then purged with euphrasy and rue
The visual nerve, for he had much to see;
And from the well of life three drops instill'd.
So deep the power of these ingredients pierced,
Ev'n to the inmost seat of mental sight,
That Adam, now enforced to close his eyes,
Sunk down, and all his spirits became entranced;
But him the gentle angel by the hand
Soon raised, and his attention thus recall'd : —

"Adam, now ope thine eyes, and first behold
The effects, which thy original crime hath wrought
In some to spring from thee; who never touch'd
The excepted tree; nor with the snake conspired;
Nor sinn'd thy sin; yet from that sin derive
Corruption, to bring forth more violent deeds.

His eyes he open'd, and beheld a field,
Part arable and tilth, whereon were sheaves
New-reap'd; the other part sheep-walks and folds
In the midst an altar as the landmark stood
Rustic, of grassy sward : thither anon
A sweaty reaper from his tillage brought
First-fruits, the green ear, and the yellow sheaf,
Uncull'd, as came to hand; a shepherd next,
More meek, came with the firstlings of his flock,
Choicest and best; then, sacrificing, laid
The inwards and their fat, with incense strow'd,
On the cleft wood, and all due rites perform'd :
His offering soon propitious fire from heaven
Consumed with nimble glance, and grateful steam;
The other's not, for his was not sincere;
Whereat he inly raged, and, as they talk'd,
Smote him into the midriff with a stone
That beat out life : he fell; and, deadly pale,
Groan'd out his soul with gushing blood effused.

Much at that sight was Adam in his heart
Dismay'd, and thus in haste to the angel cried : —

"O teacher, some great mischief hath befallen
To that meek man, who well had sacrificed :
Is piety thus and pure devotion paid?"

To whom Michael thus, he also moved, replied : —

"These two are brethren, Adam, and to come
Out of thy loins; the unjust the just hath slain,
For envy that his brother's offering found
From Heaven acceptance; but the bloody fact
Will be avenged; and the other's faith, approved,
Lose no reward; though here thou see him die,
Rolling in dust and gore."

plus perçante. L'ange lui nettoya le nerf optique avec l'eufraise et la rue, car il avoit beaucoup à voir, et versa dans ses yeux trois gouttes de l'eau du puits de vie. La vertu de ces collyres pénétra si avant, même dans la partie la plus intérieure de la vue mentale, qu'Adam, forcé alors de fermer les yeux, tomba, et tous ses esprits s'engourdirent; mais l'ange gracieux le releva aussitôt par la main, et rappela ainsi son attention :

« Adam, ouvre maintenant les yeux, et vois d'abord les effets que ton péché originel a opérés dans quelques-uns de ceux qui doivent naître de toi, qui n'ont jamais ni touché à l'arbre défendu, ni conspiré avec le serpent, ni péché ton péché. Et cependant de ce péché dérive la corruption qui doit produire des actions plus violentes. »

Adam ouvrit les yeux, et vit un champ : dans une partie de ce champ, arable et labourée, étoient des javelles nouvellement moissonnées; dans l'autre partie des parcs et des pâturages de brebis : au milieu, comme une borne d'héritage, s'élevoit un autel rustique de gazon. Là tout à l'heure un moissonneur, couvert de sueur, apporta les premiers fruits de son labourage, l'épi vert et la gerbe jaune, non triés, et comme ils s'étoient trouvés sous la main. Après lui un berger plus doux vint, avec les premiers nés de son troupeau, les meilleurs et les mieux choisis : alors les sacrifiant, il en étendit les entrailles et la graisse parsemées d'encens sur du bois fendu, et il accomplit tous les rites convenables. Bientôt un feu propice du ciel consuma son offrande avec une flamme rapide et une fumée agréable; l'autre offrande ne fut pas consumée, car elle n'étoit pas sincère : de quoi le laboureur sentit une rage intérieure, et comme il causoit avec le berger, il le frappa au milieu de la poitrine d'une pierre qui lui fit rendre la vie : il tomba, et, mortellement pâle, exhala son âme gémissante avec un torrent de sang répandu.

A ce spectacle, Adam fut épouvanté dans son cœur, et en hâte cria à l'ange :

« Oh! maître, quelque grand malheur est arrivé à ce doux homme qui avoit bien sacrifié! Est-ce ainsi que la piété et une dévotion pure sont récompensées? »

Michel, ému aussi, répliqua :

« Ces deux-ci sont frères, Adam, et ils sortiront de tes reins : l'injuste a tué le juste par envie de ce que le ciel avoit accepté l'offrande de son frère. Mais l'action sanguinaire sera vengée; et la foi du juste approuvée ne perdra pas sa récompense, bien que tu le voies ici mourir, se roulant dans la poussière et le sang caillé. »

To which our sire:

"Alas! both for the deed, and for the cause:
But have I now seen death? Is this the way
I must return to native dust? O sight
Of terror, foul and ugly to behold,
Horrid to think, how horrible to feel!
　　　To whom thus Michael: —

"Death thou hast seen
In his first shape on man; but many shapes
Of death, and many are the ways that lead
To his grim cave, all dismal; yet to sense
More terrible at the entrance, than within.
Some, as thou saw'st, by violent stroke shall die;
By fire, flood, famine, by intemperance more
In meats and drinks, which on the earth shall brin
Diseases dire, of which a monstrous crew
Before thee shall appear; that thou mayst know
What misery the inabstinence of Eve
Shall bring on men."
　　　Immediately a place
Before his eyes appear'd, sad, noisome, dark;
A lazar-house it seem'd; wherein were laid
Numbers of all diseased; all maladies
Of ghastly spasm, or racking torture, qualms
Of heart-sick agony, all feverous kinds,
Convulsions, epilepsies, fierce catarrhs,
Intestine stone and ulcer, colic pangs,
Demoniac phrensy, moping melancholy,
And moon-struck madness, pining atrophy,
Marasmus, and wide-wasting pestilence,
Dropsies, and asthmas, and joint-racking rheums.
Dire was the tossing, deep the groans; Despair
Tended the sick, busiest from couch to couch;
And over them triumphant Death his dart
Shook, but delay'd to strike, though oft invoked
With vows, as their chief good and final hope.

Sight so deform what heart of rock could long
Dry-eyed behold? Adam could not, but wept,
Though not of woman born; compassion quell'd
His best of man, and gave him up to tears
A space, till firmer thoughts restrain'd excess;
And, scarce recovering words, his plaint renew'd: —

"O miserable mankind, to what fall
Degraded, to what wretched state reserved!
Better end here unborn. Why is life given
To be thus wrested from us? rather, why
Obtruded on us thus? who, if we knew
What we receive, would either not accept
Life offer'd, or soon beg to lay it down;

Notre premier père :

« Hélas! pour quelle action! et par quelle cause! mais ai-je vu maintenant la mort? Est-ce par ce chemin que je dois retourner à ma poussière natale? O spectacle de terreur! Mort difforme et affreuse à voir! horrible à penser! combien horrible à souffrir! »

Michel :

« Tu as vu la mort sous la première forme dans laquelle elle s'est montrée à l'homme ; mais variées sont les formes de la mort, nombreux les chemins qui conduisent à sa caverne effrayante ; tous sont funestes. Cependant, cette caverne est plus terrible pour les sens à l'entrée qu'elle ne l'est au dedans. Quelques-uns, comme tu l'as vu, mourront d'un coup violent; quelques autres par le feu, l'eau, la famine; un bien plus grand nombre par l'intempérance du boire et du manger, qui produira sur la terre de cruelles maladies, dont une troupe monstrueuse va paroître devant toi, afin que tu puisses connoître quelles misères l'inabstinence d'Ève apportera aux hommes. »

Aussitôt parut devant ses yeux un lieu triste, infect, obscur, qui ressembloit à un lazaret. Dans ce lieu étoient des multitudes de malades, toutes les maladies qui causent d'horribles spasmes, de déchirantes tortures, des défaillances de cœur souffrant l'agonie, les fièvres de toutes espèces, les convulsions, les épilepsies, les cruels catarrhes, la pierre intestine, et l'ulcère, la colique aiguë, la frénésie démoniaque, la mélancolie songeresse et la lunatique démence, la languissante atrophie, le marasme, la peste qui moissonne largement, les hydropisies, les asthmes et les rhumatismes qui brisent les joints. Cruelles étoient les secousses, profonds les gémissements. Le Désespoir, empressé de lit en lit, visitoit les malades, et sur eux la Mort triomphante brandissoit son dard, mais elle différoit de frapper, quoique souvent invoquée par leurs vœux, comme leur premier bien et leur dernière espérance.

Quel cœur de rocher auroit pu voir longtemps d'un œil sec un spectacle si horrible? Adam ne le put, et il pleura, quoiqu'il ne fût pas né de la femme : la compassion vainquit ce qu'il y a de meilleur dans l'homme, et pendant quelques moments le livra aux pleurs, jusqu'à ce que de plus fermes pensées en modérèrent enfin l'excès. Recouvrant à peine la parole, il renouvela ses plaintes.

« O malheureuse espèce humaine! à quel abaissement descendue! à quel misérable état réservée! mieux vaudroit n'être pas née! Pourquoi la vie nous a-t-elle été donnée, si elle nous devoit être ainsi arrachée? plutôt, pourquoi nous a-t-elle été ainsi imposée? Qui, si nous connoissions ce que nous recevons, ou voudroit accepter la vie offerte,

Glad to be so dismiss'd in peace. Can thus
The image of God in man, created once
So goodly and erect; though faulty since,
To such unsightly sufferings be debased
Under inhuman pains? Why should not man,
Retaining still divine similitude
In part, from such deformities be free,
And, for his Maker's image sake, exempt?"

"Their Maker's image," answer'd Michael, "then
Forsook them, when themselves they vilified
To serve ungovern'd appetite; and took
His image whom they served, a brutish vice,
Inductive mainly to the sin of Eve.
Therefore so abject is their punishment,
Disfiguring not God's likeness, but their own;
Or if his likeness, by themselves defaced:
While they pervert pure Nature's healthful rules
To loathsome sickness; worthily, since they
God's image did not reverence in themselves."

"I yield it just," said Adam, " and submit.
But is there yet no other way, besides
These painful passages, how we may come
To death, and mix with our connatural dust?"

"There is," said Michael, " if thou well observe
The rule of — Not too much : by temperance taught,
In what thou eat'st and drink'st; seeking from thence
Due nourishment, not gluttonous delight;
Till many years over thy head return,
So mayst thou live; till, like ripe fruit, thou drop
Into thy mother's lap; or be with ease
Gather'd, not harshly pluck'd, for death mature :
This is old age; but then, thou must outlive
Thy youth, thy strength, thy beauty; which will change
To wither'd, weak, and gray; thy senses then,
Obtuse, all taste of pleasure must forego,
To what thou hast; and, for the air of youth,
Hopeful and cheerful, in thy blood will reign
A melancholy damp of cold and dry
To weigh thy spirits down, and last consume
The balm of life."

To whom our ancestor : —
"Henceforth I fly not death, nor would prolong
Life much; bent rather, how I may be quit,
Fairest and easiest, of this cumbrous charge;
Which I must keep till my appointed day
Of rendering up, and patiently attend
My dissolution."

Michael replied : —
"Nor love thy life, nor hate; but what thou livest

ou aussitôt ne demanderoit à la déposer, content d'être renvoyé en paix? L'image de Dieu, créée d'abord dans l'homme, si belle et si droite, quoique depuis fautive, peut-elle être ravalée à des souffrances hideuses à voir, à des tortures inhumaines? Pourquoi l'homme, retenant encore une partie de la ressemblance divine, ne seroit-il pas affranchi de ces difformités? pourquoi n'en seroit-il pas exempté, par égard pour l'image de son créateur? »

« L'image de leur créateur, répondit Michel, s'est retirée d'eux quand ils se sont avilis eux-mêmes pour satisfaire des appétits déréglés; ils prirent alors l'image de celui qu'ils servoient, du vice brutal qui principalement induisit Ève au péché. C'est pour cela que leur châtiment est si abject; ils ne défigurent pas la ressemblance de Dieu, mais la leur; ou si cette ressemblance est par eux-mêmes effacée lorsqu'ils pervertissent les règles saintes de la pure nature en maladie dégoûtante, ils sont punis convenablement, puisqu'ils n'ont pas respecté en eux-mêmes l'image de Dieu. »

« Je reconnois que cela est juste, dit Adam, et je m'y soumets; mais n'est-il d'autre voie que ces pénibles sentiers pour arriver à la mort et nous mêler à notre poussière consubstantielle? »

« Il en est une, dit Michel, si tu observes la règle : *rien de trop;* règle enseignée par la tempérance dans ce que tu manges et bois, cherchant une nourriture nécessaire et non de gourmandes délices : jusqu'à ce que les années reviennent nombreuses sur ta tête, puisses-tu vivre ainsi, jusqu'à ce que, comme un fruit mûr, tu tombes dans le sein de ta mère ou que tu sois cueilli avec facilité, non arraché avec rudesse, étant mûr pour la mort : ceci est le vieil âge. Mais alors tu survivras à ta jeunesse, à ta force, à ta beauté devenue fanée, faible et grise. Alors tes sens émoussés perdront tout goût de plaisir pour ce que tu as. Au lieu de ce souffle de jeunesse, de gaieté et d'espérance, circulera dans ton sang une vapeur mélancolique, froide et stérile, pour appesantir tes esprits et consumer enfin le baume de ta vie. »

Notre grand ancêtre :

« Désormais je ne fuis point la mort, ni ne voudrois prolonger beaucoup ma vie, incliné plutôt à m'enquérir comment je puis le plus doucement et le plus aisément quitter cet incommode fardeau qu'il me faudra porter jusqu'au jour marqué pour le rendre, et attendre avec patience ma dissolution! »

Michel répliqua :

« N'aime ni ne hais ta vie : mais ce que tu vivras, vis-le bien. Ta

Live well : how long, or short, permit to Heaven :
And now prepare thee for another sight."

   He look'd, and saw a spacious plain, whereon
Were tents of various hue; by some, were herds
Of cattle grazing; others, whence the sound
Of instruments, that made melodious chime,
Was heard, of harp and organ; and who moved
Their stops and chords was seen; his volant touch
Instinct through all proportions, low and high,
Fled and pursued transverse the resonant fugue.

   In other part stood one who, at the forge
Labouring, two massy clods of iron and brass
Had melted (whether found where casual fire
Had wasted woods on mountain or in vale,
Down to the veins of earth; thence gliding hot
To some cave's mouth; or whether wash'd by stream
From under ground); the liquid ore he drain'd
Into fit moulds prepared; from which he form'd
First his own tools; then, what might else be wrought
Fusil or graven in metal.

                    After these,
But on the hither side, a different sort
From the high neighbouring hills, which was their seat,
Down to the plain descended; by their guise
Just men they seem'd, and all their study bent
To worship God aright, and know his works
Not hid; nor those things last, which might preserve
Freedom and peace to men :

                         They on the plain
Long had not walk'd, when from the tents, behold!
A bevy of fair women, richly gay
In gems and wanton dress; to the harp they sung
Soft amorous ditties, and in dance came on.
The men, though grave, eyed them, and let their eyes
Rove without rein; till, in the amorous net
Fast caught, they liked; and each his liking chose.
And now of love they treat, till the evening star,
Love's harbinger, appear'd; then, all in heat,
They light the nuptial torch, and bid invoke
Hymen, then first to marriage rites invoked :
With feast and music all the tents resound.

   Such happy interview, and fair event
Of love and youth not lost, songs, garlands, flowers,
And charming symphonies, attach'd the heart
Of Adam, soon inclined to admit delight,
The bent of nature; which he thus express'd : —

   " True opener of mine eyes, prime angel blest;

vie sera-t-elle longue ou courte? laisse faire au Ciel! Prépare-toi maintenant à un autre spectacle. »

Adam regarda, et il vit une plaine spacieuse, couverte de tentes de différentes couleurs; près de quelques-unes paissoient des troupeaux de bétail. De plusieurs autres on entendoit s'élever le son d'instruments qui produisoient les mélodieux accords de la harpe et de l'orgue : on voyoit celui qui faisoit mouvoir les touches et les cordes; sa main légère par toutes les proportions voloit inspirée en bas et en haut, et poursuivoit en travers la fugue sonore.

Dans un autre endroit se tenoit un homme qui, travaillant à la forge, avoit fondu deux massifs blocs de fer et de cuivre; soit qu'il les eût trouvés là où un incendie fortuit avoit consumé les bois sur une montagne ou dans une vallée (embrasement descendu dans les veines de la terre, et de là faisant couler la matière brûlante par la bouche de quelque cavité), soit qu'un torrent eût dégagé ces masses de dessous la terre, l'homme versa le minéral liquide dans des moules exprès préparés : il en forma d'abord ses propres outils, ensuite ce qui pouvoit être façonné par la fonte ou gravé en métal.

Après ces personnages, mais du côté le plus rapproché d'eux, des hommes d'une espèce différente, du sommet des montagnes voisines, leur séjour ordinaire, descendirent dans la plaine : par leurs manières ils sembloient des hommes justes, et toute leur étude les portoit à adorer Dieu en vérité, à connoître ses ouvrages non cachés, et ces choses qui peuvent maintenir la liberté et la paix parmi les hommes.

Ils n'eurent pas longtemps marché dans la plaine, quand voici venir des tentes une volée de belles femmes, richement parées de pierreries et de voluptueux atours : elles chantoient sur la harpe de douces et amoureuses ballades, et s'avançoient en dansant. Les hommes, quoique graves, les regardèrent et laissèrent leurs yeux errer sans frein; pris tout d'abord au filet amoureux, ils aimèrent, et chacun choisit celle qu'il aimoit : ils s'entretinrent d'amour jusqu'à ce que l'étoile du soir, avant-coureur de l'amour, parut. Alors, pleins d'ardeur, ils allument la torche nuptiale et ordonnent d'invoquer l'hymen, pour la première fois aux cérémonies du mariage invoqué alors : de fête et de musique toutes les tentes retentissent.

Cette entrevue si heureuse, cette rencontre charmante d'amour et de jeunesse, non perdue, ces chants, ces guirlandes, ces fleurs, ces agréables symphonies, attachent le cœur d'Adam (promptement incliné à se rendre à la volupté, penchant de la nature!), sur quoi il s'exprime de cette manière :

« O toi qui m'as véritablement ouvert les yeux, premier ange béni,

Much better seems this vision, and more hope
Of peaceful days portends, than those two past:
Those were of hate and death, or pain much worse;
Here nature seems fulfill'd in all her ends."
    To whom thus Michael : —

                    "Judge not what is best
By pleasure, though to nature seeming meet;
Created as thou art, to nobler end
Holy and pure, conformity divine.

"Those tents thou saw'st so pleasant, were the tents
Of wickedness, wherein shall dwell his race
Who slew his brother; studious they appear
Of arts that polish life, inventors rare;
Unmindful of their Maker, though his Spirit
Taught them; but they his gifts acknowledged none.
Yet they a beauteous offspring shall beget;
For that fair female troop thou saw'st, that seem'd
Of goddesses, so blithe, so smooth, so gay,
Yet empty of all good, wherein consists
Woman's domestic honour and chief praise;
Bred only and completed to the taste
Of lustful appetence, to sing, to dance,
To dress, and troll the tongue, and roll the eye : —
To these that sober race of men, whose lives
Religious titled them the sons of God,
Shall yield up all their virtue, all their fame,
Ignobly, to the trains and to the smiles
Of these fair atheists; and now swim in joy
(Ere long to swim at large), and laugh, for which
The world ere long a world of tears must weep."

    To whom thus Adam, of short joy bereft : —

" O pity and shame, that they, who to live well
Enter'd so fair, should turn aside to tread
Paths indirect, or in the midway faint!
But still I see the tenour of man's woe
Holds on the same, from woman to begin."

"From man's effeminate slackness it begins,"
Said the angel, " who should better hold his place
By wisdom, and superior gifts received.
But now prepare thee for another scene."

He look'd, and saw wide territory spread
Before him, towns, and rural works between;
Cities of men with lofty gates and towers,
Concourse in arms, fierce faces threatening war,
Giants of mighty bone and bold emprise;
Part wield their arms, part curb the foaming steed,
Single or in array of battle ranged
Both horse and foot, nor idly mustering stood :

cette vision me paroît bien meilleure et présage plus d'espérance de jours pacifiques que les deux visions précédentes : celles-là étoient des visions de haine et de mort ou de souffrances pires : ici la nature semble remplie dans toutes ses fins. »

Michel :

« Ne juge point de ce qui est meilleur par le plaisir, quoique paroissant convenir à la nature : tu es créé pour une plus noble fin, une fin sainte et pure, conformité divine.

« Ces tentes que tu vois si joyeuses sont les tentes de la méchanceté, sous lesquelles habitera la race de celui qui tua son frère. Ces hommes paroissent ingénieux dans les arts qui polissent la vie, inventeurs rares, oublieux de leur créateur, quoique enseignés de son Esprit ; mais ils ne reconnoissent aucun de ses dons ; toutefois ils engendreront une superbe race, car cette belle troupe de femmes que tu as vues, qui sembloient des divinités, si enjouées, si attrayantes, si gaies, sont cependant vides de ce bien dans lequel consiste l'honneur domestique de la femme et sa principale gloire ; nourries et accomplies seulement pour le goût d'une appétence lascive, pour chanter, danser, se parer, remuer la langue et roûler les yeux. Cette sobre race d'hommes, dont les vies religieuses leur avoient acquis le titre d'enfants de Dieu, sacrifieront ignoblement toute leur vertu, toute leur gloire, aux amorces et aux sourires de ces belles athées ; ils nagent maintenant dans la joie, et ils nageront avant peu dans un plus large abîme : ils rient, et pour ce rire la terre avant peu versera un monde de pleurs. »

Adam, privé de sa courte joie :

« O pitié ! ô honte ! que ceux qui pour bien vivre débutèrent si parfaitement, se jettent à l'écart, suivent des sentiers détournés, ou défaillent à moitié chemin ! Mais je vois toujours que le malheur de l'homme tient de la même cause : il commence à la femme. »

« Il commence, dit l'Ange, à la mollesse efféminée de l'homme, qui auroit dû mieux garder son rang par la sagesse et par les dons supérieurs qu'il avoit reçus. Mais à présent prépare-toi pour une autre scène. »

Adam regarda, et il vit un vaste territoire déployé devant lui, entrecoupé de villages et d'ouvrages champêtres : cités pleines d'hommes, avec des portes et des tours élevées, concours de peuple en armes, visages hardis menaçant la guerre, géants aux grands os et d'une entreprenante audace ! Ceux-ci manient leurs armes, ceux-là domptent le coursier écumant : isolés ou rangés en ordre de bataille, cavaliers et fantassins ne sont pas là pour une montre oisive.

One way a band select from forage drives
A herd of beeves, fair oxen and fair kine,
From a fat meadow-ground; or fleecy flock,
Ewes and their bleating lambs over the plain,
Their booty; scarce with life the shepherds fly,
But call in aid, which makes a bloody fray:
With cruel tournament the squadrons join;
Where cattle pastured late, now scatter'd lies
With carcases and arms the ensanguined field,
Deserted.
   Others to a city strong
Lay siege, encamp'd; by battery, scale, and mine,
Assaulting: others from the wall defend
With dart and javelin, stones, and sulphurous fire;
On each hand slaughter and gigantic deeds.

In other part the sceptred heralds call
To council, in the city-gates; anon
Gray-headed men and grave, with warriors mix'd,
Assemble, and harangues are heard, but soon
In factious opposition; till at last
Of middle age one rising, eminent
In wise deport, spake much of right and wrong,
Of justice, of religion, truth, and peace,
And judgment from above: him old and young
Exploded, and had seized with violent hands;
Had not a cloud descending snatch'd him thence,
Unseen amid the throng: so violence
Proceeded, and oppression, and sword-law,
Through all the plain, and refuge none was found.

Adam was all in tears, and to his guide
Lamenting turn'd full sad:—
     "Oh! what are those,
Death's ministers, not men? who thus deal death
Inhumanly to men, and multiply
Ten thousand-fold the sin of him who slew
His brother: for of whom such massacre
Make they, but of their brethren; men of men?
But who was that just man, whom had not Heaven
Rescued, had in his righteousness been lost?"

To whom thus Michael:—
     "These are the product
Of those ill-mated marriages thou saw'st;
Where good with bad were match'd, who of themselves
Abhor to join; and, by imprudence mix'd,
Produce prodigious births of body or mind.
Such were these giants, men of high renown;
For in those days might only shall be admired,
And valour and heroic virtue call'd.
To overcome in battle, and subdue
Nations, and bring home spoils with infinite

D'un côté, un détachement choisi amène du fourrage un troupeau de gros bétail, de beaux bœufs et de belles vaches, enlevés des gras pâturages, ou une multitude laineuse, des brebis et leurs bêlants agneaux butinés dans la plaine. Le berger échappe à peine avec la vie, mais il appelle au secours; de là une rencontre sanglante. Dans une cruelle joute les escadrons se joignent : là où ils paissoient tout à l'heure, les troupeaux sont maintenant dispersés avec les carcasses et les armes sur le sol sanglant changé en désert.

D'autres guerriers campés mettent le siége devant une forte cité; ils l'assaillent par la batterie, l'escalade et la mine : du haut des murs les assiégés se défendent avec le dard et la javeline, avec des pierres et un feu de soufre : de part et d'autre carnage et faits gigantesques.

Ailleurs, les héros qui portent le sceptre convoquent le conseil aux portes d'une ville : aussitôt des hommes graves et à tête grise, confondus avec des guerriers, s'assemblent : des harangues sont entendues; mais bientôt elles éclatent en opposition factieuse; enfin, se levant, un personnage de moyen âge, éminent par son sage maintien, parle beaucoup de droit et de tort, d'équité, de religion, de vérité et de paix, et de jugement d'en haut. Vieux et jeunes le frondent; ils l'eussent saisi avec des mains violentes, si un nuage descendant ne l'eût enlevé sans être vu du milieu de la foule. Ainsi procédoient la force, et l'oppression, et la loi de l'épée dans toute la plaine, et nul ne trouvoit un refuge.

Adam étoit tout en pleurs : vers son guide il tourne gémissant, et plein de tristesse :

« Oh! qui sont ceux-ci? Des ministres de la mort, non des hommes, eux qui distribuent ainsi la mort inhumainement aux hommes, et qui multiplient dix mille fois le péché de celui qui tua son frère. Car de qui font-ils un tel massacre, sinon de leurs frères? Hommes, ils égorgent des hommes! Mais quel étoit ce juste qui, si le Ciel ne l'eût sauvé, eût été perdu dans toute sa droiture? »

Michel :

« Ceux-ci sont le fruit de ces mariages mal assortis que tu as vus, dans lesquels le bon est appareillé au mauvais, qui d'eux-mêmes abhorrent de s'unir; mêlés par imprudence, ils ont produit ces enfantements monstrueux de corps ou d'esprit. Tels seront ces géants, hommes de haute renommée; car dans ces jours la force seule sera admirée, et s'appellera valeur et héroïque vertu : vaincre dans les combats, subjuguer les nations, rapporter les dépouilles d'une infinité d'hommes massacrés, sera regardé comme le faîte le plus élevé de la

Man-slaughter, shall be held the highest pitch
Of human glory; and for glory done
Of triumph, to be styled great conquerors,
Patrons of mankind, gods, and sons of gods;
Destroyers rightlier call'd, and plagues of men.
Thus fame shall be achieved, renown on earth;
And what most merits fame in silence hid.
But he, the seventh from thee, whom thou beheldst
The only righteous in a world perverse,
And therefore hated, therefore so beset
With foes, for daring single to be just,
And utter odious truth, that God would come
To judge them with his saints; him the Most High,
Rapt in a balmy cloud with winged steeds,
Did, as thou saw'st, receive, to walk with God
High in salvation and the climes of bliss,
Exempt from death; to show thee what reward
Awaits the good, the rest what punishment;
Which now direct thine eyes, and soon behold."

He look'd, and saw the face of things quite changed:
The brazen throat of war had ceased to roar;
All now was turn'd to jollity and game,
To luxury and riot, feast and dance;
Marrying or prostituting, as befell,
Rape or adultery, where passing fair
Allured them; thence from cups to civil broils.
At length a reverend sire among them came,
And of their doings great dislike declared,
And testified against their ways: he oft
Frequented their assemblies, whereso met,
Triumphs or festivals; and to them preach'd
Conversion and repentance, as to souls
In prison, under judgments imminent;
But all in vain: which when he saw, he ceased
Contending, and removed his tents far off:

Then, from the mountain hewing timber tall,
Began to build a vessel of huge bulk;
Measured by cubit, length, and breadth, and height,
Smear'd round with pitch; and in the side a door
Contrived; and of provisions laid in large,
For man and beast: when, lo, a wonder strange!
Of every beast, and bird, and insect small,
Came sevens and pairs, and enter'd in as taught
Their order: last the sire and his three sons,
With their four wives; and God made fast the door.

Meanwhile the south wind rose, and with black wings
Wide-hovering, all the clouds together drove
From under heaven; the hills to their supply
Vapour, and exhalation, dusk and moist,
Sent up amain: and now the thicken'd sky

gloire humaine; et pour la gloire obtenue du triomphe seront réputés conquérants, patrons de l'espèce humaine, dieux et fils de dieux, ceux-là qui seroient nommés plus justement destructeurs et fléaux des hommes. Ainsi s'obtiendront la réputation, la renommée sur la terre, et ce qui mériteroit le plus la gloire restera caché dans le silence. Mais lui, ce septième de tes descendants que tu as vu, l'unique juste dans un monde pervers, pour cela haï, pour cela obsédé d'ennemis, parce qu'il a seul osé être juste et annoncer cette odieuse vérité que Dieu viendroit les juger avec ses saints; lui, le Très-Haut l'a fait ravir par des coursiers ailés sur une nue embaumée; il l'a reçu pour marcher avec Dieu dans la haute voie du salut, dans les régions de bénédiction, exempt de mort. Afin de te montrer quelle récompense attend les bons, quelle punition les méchants, dirige ici à présent tes regards et contemple. »

Adam regarda, et il vit la face des choses entièrement changée : la gorge de bronze de la guerre avoit cessé de rugir; tout alors étoit devenu folâtrerie et jeu, luxure et débauche, fête et danse, mariage ou prostitution, au hasard, rapt ou adultère partout où une belle femme, venant à passer, amorçoit les hommes; de la coupe des plaisirs sortirent des discordes civiles. A la fin un personnage vénérable vint parmi eux, leur déclara la grande aversion qu'il avoit de leurs actions, et protesta contre leurs voies. Il fréquentoit souvent leurs assemblées, où il ne rencontroit que triomphes ou fêtes, et il leur prêchoit la conversion et le repentir, comme à des âmes emprisonnées sous le coup d'arrêts imminents : mais le tout en vain! Quand il vit cela, il cessa ses remontrances, et transporta ses tentes au loin.

Alors, abattant sur la montagne de hautes pièces de charpente, il commença à bâtir un vaisseau d'une étrange grandeur, et le mesura par coudées en longueur, largeur et hauteur. Il l'enduisit de bitume, et dans un côté il pratiqua une porte. Il le remplit en quantité de provisions pour l'homme et les animaux. Quand voici un étrange prodige! chaque espèce d'animaux, d'oiseaux et de petits insectes vinrent sept et par paires, et entrèrent dans l'arche comme ils en avoient reçu l'ordre. Le père et ses trois fils et leurs quatre femmes entrèrent les derniers, et Dieu ferma la porte.

En même temps le vent du midi s'élève et avec ses noires ailes et volant au large, il rassemble toutes les nuées de dessous le Ciel. A leur renfort les montagnes envoient vigoureusement les vapeurs et les exhalaisons sombres et humides; et alors le firmament épaissi se

Like a dark ceiling stood; down rush'd the rain
Impetuous; and continued, till the earth
No more was seen: the floating vessel swum
Uplifted, and secure with beaked prow
Rode tilting o'er the waves; all dwellings else
Flood overwhelm'd, and them with all their pomp
Deep under water roll'd: sea cover'd sea,
Sea without shore; and in their palaces,
Where luxury late reign'd, sea-monsters whelp'd
And stabled; of mankind, so numerous late,
All left in one small bottom swum embark'd.

How didst thou grieve then, Adam, to behold
The end of all thy offspring, end so sad,
Depopulation! Thee another flood,
Of tears and sorrow a flood thee also drown'd,
And sunk thee as thy sons; till, gently rear'd
By the angel, on thy feet thou stood'st at last,
Though comfortless; as when a father mourns
His children all in view destroy'd at once;
And scarce to the angel utter'dst thus thy plaint: —

"O visions ill foreseen! better had I
Lived ignorant of future! so had borne
My part of evil only, each day's lot
Enough to bear; those now, that were dispensed
The burden of many ages, on me light
At once, by my foreknowledge gaining birth
Abortive, to torment me ere their being,
With thought that they must be. Let no man seek
Henceforth to be foretold, what shall befall
Him or his children; evil he may be sure,
Which neither his foreknowing can prevent;
And he the future evil shall no less
In apprehension than in substance feel,
Grievous to bear: but that care now is past;
Man is not whom to warn: those few escaped
Famine and anguish will at last consume,
Wandering that watery desert: I had hope,
When violence was ceased, and war on earth,
All would have then gone well; peace would have crown'd
With length of happy days the race of man;
But I was far deceived; for now I see
Peace to corrupt no less than war to waste.
How comes it thus? unfold, celestial guide,
And whether here the race of man will end."

To whom thus Michael: —

"Those, whom last thou saw'st
In triumph and luxurious wealth, are they
First seen in acts of prowess eminent
And great exploits, but of true virtue void;
Who, having spilt much blood, and done much waste,

tient comme un plafond obscur : en bas se précipite la pluie impétueuse, et elle continua jusqu'à ce que la terre ne fût plus vue. L'Arche flottante nagea soulevée, et en sûreté avec le bec de sa proue, alla luttant contre les vagues. L'inondation monta par-dessus toutes les autres habitations qui roulèrent avec toute leur pompe au fond sous l'eau. La mer couvrit la mer, mer sans rivages! Dans les palais, où peu auparavant régnoit le luxe, les monstres marins mirent bas et s'établèrent. Du genre humain, naguère si nombreux, tout ce qui reste surnage embarqué dans un petit vaisseau.

Combien tu souffris alors, ô Adam, de voir la fin de toute ta postérité, fin si triste, dépopulation! Toi-même autre déluge, déluge de chagrins et de larmes, toi aussi fus noyé et toi aussi abîmé comme tes fils, jusqu'à ce que, par l'ange doucement relevé, tu te tins debout enfin, bien que désolé, comme quand un père pleure ses enfants tous à sa vue détruits à la fois; à peine tu pus exprimer ainsi ta plainte à l'ange :

« O visions malheureusement prévues! mieux j'aurois vécu ignorant de l'avenir! je n'aurois eu du mal que ma seule part : c'est assez de supporter le lot de chaque jour. A présent ces peines qui divisées sont le fardeau de plusieurs siècles pèsent à la fois sur moi par ma connoissance antérieure; elles obtiennent une naissance prématurée afin de me tourmenter avant leur existence, par l'idée de ce qu'elles seront. Que nul homme ne cherche désormais à savoir d'avance ce qui arrivera à lui ou à ses enfants : il peut se tenir bien assuré du mal, que sa prévoyance ne peut prévenir; et le mal futur, il ne le sentira pas moins pénible à supporter en appréhension qu'en réalité. Mais ce soin est à présent inutile, il n'y a plus d'hommes à avertir! Ce petit nombre échappé sera consumé à la longue par la famine et les angoisses, en errant dans ce désert liquide. J'avois espéré, quand la violence et la guerre eurent cessé sur la terre, que tout alors iroit bien, que la paix couronneroit l'espèce humaine d'une longue suite d'heureux jours. Mais j'étois bien trompé; car, je le vois maintenant, la paix ne corrompt pas moins que la guerre ne dévaste. Comment en arrive-t-il de la sorte, apprends-le moi, céleste guide, et dis si la race des hommes doit ici finir. »

Michel :

« Ceux que tu as vus dernièrement en triomphe et dans une luxurieuse opulence sont ceux que tu vis d'abord faisant des actes d'éminente prouesse et de grands exploits; mais ils étoient vides de la véritable vertu. Après avoir répandu beaucoup de sang, commis beau-

Subduing nations, and achieved thereby
Fame in the world, high titles, and rich prey;
Shall change their course to pleasure, ease, and sloth,
Surfeit, and lust; till wantonness and pride
Raise out of friendship hostile deeds in peace.

"The conquer'd also, and enslaved by war,
Shall, with their freedom lost, all virtue lose
And fear of God; from whom their piety feign'd
In sharp contest of battle found no aid
Against invaders; therefore, cool'd in zeal
Thenceforth shall practise how to live secure,
Worldly or dissolute, on what their lords
Shall leave them to enjoy; for the earth shall bear
More than enough, that temperance may be tried:
So all shall turn degenerate, all depraved;
Justice and temperance, truth and faith forgot:
One man except, the only son of light
In a dark age, against example good,
Against allurement, custom, and a world
Offended: fearless of reproach and scorn,
Or violence, he of their wicked ways
Shall them admonish; and before them set
The paths of righteousness, how much more safe,
And full of peace; denouncing wrath to come
On their impenitence; and shall return
Of them derided, but of God observed
The one just man alive:

"By his command
Shall build a wondrous ark, as thou beheldst
To save himself and household, from amidst
A world devote to universal wrack.
No sooner he, with them of man and beast
Select for life, shall in the ark be lodged,
And shelter'd round, but all the cataracts
Of heaven set open on the earth shall pour
Rain, day and night; all fountains of the deep,
Broke up, shall heave the ocean to usurp
Beyond all bounds; till inundation rise
Above the highest hills:

"Then shall this mount
Of Paradise by might of waves be moved
Out of his place, push'd by the horned flood,
With all his verdure spoil'd, and trees adrift,
Down the great river to the opening gulf,
And there take root, an island salt and bare,
The haunt of seals, and orcs, and sea-mew's clang
To teach thee that God attributes to place
No sanctity, if none be thither brought
By men who there frequent, or therein dwell.
And now, what farther shall ensue, behold."

coup de ravages pour subjuguer les nations, et acquis par là dans le monde une grande renommée, de hauts titres et un riche butin, ils ont changé leur carrière en celle du plaisir, de l'aisance, de la paresse, de la crapule et de la débauche, jusqu'à ce qu'enfin l'incontinence et l'orgueil ont fait naître de l'amitié d'hostiles actions dans la paix.

« Les vaincus aussi et les esclaves par la guerre avec leur liberté perdue perdront toute vertu et la crainte de Dieu, auprès de qui leur hypocrite piété dans la cruelle contention des batailles ne trouvera point de secours contre les envahisseurs. Par cette raison, refroidis dans leur zèle, ils ne songeront plus désormais qu'à vivre tranquilles, mondains ou dissolus, avec ce que leurs maîtres leur laisseront pour en jouir. Car la terre produira toujours plus qu'assez pour mettre à l'épreuve la tempérance. Ainsi tout dégénérera, tout se dépravera. La justice et la tempérance, la vérité et la foi, seront oubliées ! Un homme sera excepté, fils unique de lumière dans un siècle de ténèbres, bon malgré les exemples, malgré les amorces, les coutumes et un monde irrité. Sans craindre le reproche et le mépris ou la violence, il avertira les hommes de leurs iniques voies ; il tracera devant eux les sentiers de la droiture, beaucoup plus sûrs et pleins de paix, leur annonçant la colère prête à visiter leur impénitence ; et il se retirera d'entre eux insulté, mais aux regards de Dieu le seul homme juste vivant.

« Par son ordre il bâtira une arche merveilleuse (comme tu l'as vu) pour se sauver lui et sa famille du milieu d'un monde dévoué à un naufrage universel. Il ne sera pas plutôt logé dans l'arche et à couvert avec les hommes et les animaux choisis pour la vie, que toutes les cataractes du ciel s'ouvrant verseront la pluie jour et nuit sur la terre ; tous les réservoirs de l'abîme crèveront et enfleront l'océan qui usurpera tous les rivages, jusqu'à ce que l'inondation s'élève au-dessus des plus hautes montagnes.

« Alors ce mont du Paradis sera emporté par la puissance des vagues hors de sa place ; poussé par le débordement cornu, dépouillé de toute sa verdure et ses arbres en dérive, il descendra vers le grand fleuve jusqu'à l'ouverture du golfe, et là il prendra racine ; île salée et nue, hantise des phoques, des orques et des mouettes au cri perçant. Ceci doit t'apprendre que Dieu n'attache la sainteté à aucun lieu, si elle n'y est apportée par les hommes qui le fréquentent ou l'habitent. Et regarde maintenant ce qui doit s'ensuivre. »

He look'd, and saw the ark hull on the flood,
Which now abated; for the clouds were fled,
Driven by a keen north wind, that, blowing dry,
Wrinkled the face of deluge, as decay'd;
And the clear sun on his wide watery glass
Gazed hot, and of the fresh wave largely drew,
As after thirst; which made their flowing shrink
From standing lake to tripping ebb, that stole
With soft foot towards the deep; who now had stopt
His sluices, as the heaven his windows shut.

The ark no more now floats, but seems on ground,
Fast on the top of some high mountain fix'd.
And now the tops of hills, as rocks, appear;
With clamour thence the rapid currents drive,
Towards the retreating sea, their furious tide.
Forthwith from out the ark a raven flies;
And, after him, the surer messenger,
A dove, sent forth once and again to spy
Green tree or ground, whereon his foot may light:
The second time returning, in his bill
An olive-leaf he brings, pacific sign:
Anon dry ground appears, and from his ark
The ancient sire descends, with all his train:
Then with uplifted hands, and eyes devout,
Grateful to Heaven, over his head beholds
A dewy cloud, and in the cloud a bow
Conspicuous with three listed colours gay,
Betokening peace from God, and covenant new:
Whereat the heart of Adam, erst so sad,
Greatly rejoiced; and thus his joy broke forth: —

" O thou, who future things canst represent
As present, heavenly instructor! I revive
At this last sight; assured that man shall live,
With all the creatures, and their seed preserve.
Far less I now lament for one whole world
Of wicked sons destroy'd, than I rejoice
For one man found so perfect, and so just,
That God vouchsafes to raise another world
From him, and all his anger to forget.
But say, what mean those colour'd streaks in heaven
Distended, as the brow of God appeased?
Or serve they, as a flowery verge, to bind
The fluid skirts of that same watery cloud,
Lest it again dissolve, and shower the earth?"

To whom the archangel: —

"Dextrously thou aim'st;
So willingly doth God remit his ire,
Though late repenting him of man depraved;
Grieved at his heart, when looking down he saw
The whole earth fill'd with violence, and all flesh

Adam regarda, et il vit l'arche flotter sur l'amas des eaux qui maintenant s'abaissoit, car les nuages avoient fui, chassés par un vent aigu du nord qui, soufflant sec, ridoit la face du déluge à mesure qu'il se desséchoit. Le soleil clair, sur son miroir liquide, dardoit ses chauds regards et buvoit largement la fraîche vague, comme ayant soif : ce qui fit que d'un lac immobile, les eaux, en rétrécissant leur inondation, devinrent un ebbe agile, qui se déroba d'un pas léger vers l'abîme, lequel avoit maintenant baissé ses écluses, comme le ciel fermé ses cataractes.

L'arche ne flotte plus ; mais elle paroît atterrie et fixée fortement au sommet de quelque haute montagne. A présent les cimes des collines apparoissent comme des rochers ; les courants rapides conduisent à grand bruit leur furieuse marée dans la mer, qui se retire. Aussitôt s'envole de l'arche un corbeau et après lui une colombe, plus sûre messagère, envoyée une fois et derechef pour découvrir quelque arbre verdoyant, ou quelque terre sur laquelle elle pût poser son pied : revenue la seconde fois, elle rapporte dans son bec un rameau d'olivier, signe pacifique. Bientôt la terre paroît sèche, et l'antique père descend de son arche avec toute sa suite. Alors, plein de gratitude, levant ses mains et ses pieux regards vers le ciel, il vit sur sa tête un nuage de rosée, et dans ce nuage un arc remarquable par trois bandes de brillantes couleurs, annonçant la paix de Dieu et une alliance nouvelle. A cette vue, le cœur d'Adam, auparavant si triste, grandement se réjouit, et il éclate ainsi dans sa joie :

« O toi, qui peux offrir les choses futures comme étant présentes, instructeur céleste, je renais à cette dernière vision, assuré que l'homme vivra avec toutes les créatures, et que leur race sera conservée. Je gémis beaucoup moins à présent de la destruction d'un monde entier d'enfants coupables, que je ne me réjouis de trouver un homme si parfait et si juste, que Dieu ait daigné faire sortir un autre monde de cet homme, et oublier sa colère. Mais dis-moi ce que signifient ces bandes colorées dans le ciel, dessinées comme le sourcil de Dieu apaisé ? Servent-elles comme une hart fleurie à lier les fluides bords de cette même nuée d'eau, de peur qu'elle ne se dissolve encore, et n'inonde la terre ? »

L'archange :

« Ingénieusement tu as conjecturé : oui, Dieu a bien voulu calmer sa colère, quoiqu'il se soit dernièrement repenti d'avoir créé l'homme dépravé ; il s'étoit affligé dans son cœur, lorsque abaissant ses regards il avoit vu la terre entière remplie de violence, et toute chair corrompant ses voies. Cependant, les méchants écartés, un homme juste

Corrupting each their way; yet, those removed,
Such grace shall one just man find in his sight,
That he relents, not to blot out mankind;
And makes a covenant never to destroy
The earth again by flood; nor let the sea
Surpass his bounds; nor rain to drown the world,
With man therein or beast; but, when he brings
Over the earth a cloud, will therein set
His triple-colour'd bow, whereon to look,
And call to mind his covenant: day and night,
Seed time and harvest, heat and hoary frost,
Shall hold their course; till fire purge all things new
Both heaven and earth, wherein the just shall dwell."

END OF BOOK XI.

trouve tellement grâce à ses yeux qu'il s'apaise et n'efface pas du monde le genre humain ; il fait la promesse de ne jamais détruire encore la terre par un déluge, de ne laisser jamais l'Océan franchir ses bornes, ni la pluie noyer le monde avec l'homme et les animaux dedans ; mais quand il ramènera un nuage sur la terre, il y placera son arc de triple couleur, afin qu'on le regarde et qu'il rappelle son alliance à l'esprit. Le jour et la nuit, le temps de la semaille et de la moisson, la chaleur et la blanche gelée, suivront leurs cours, jusqu'à ce que le feu purifie toutes les choses nouvelles, avec le Ciel et la Terre où le juste habitera. »

FIN DU LIVRE XI.

BOOK XII.

THE ARGUMENT.

The angel Michael continues, from the flood, to relate what shall succeed : then, in the mention of Abraham, comes by degrees to explain who that seed of the woman shall be, which was promised Adam and Eve in the Fall; his incarnation, death, resurrection, and ascension; the state of the church till his second coming. Adam, greatly satisfied and recomforted by these relations and promises, descends the hill with Michael; wakens Eve, who all this while had slept, but with gentle dreams composed to quietness of mind and submission. Michael in either hand leads them out of Paradise, the fiery sword waving behind them, and the cherubim taking their stations to guard the place.

As one who in his journey bates at noon,
Though bent on speed; so here the archangel paused
Betwixt the world destroy'd and world restored,
If Adam aught perhaps might interpose;
Then, with transition sweet, new speech resumes : —

" Thus thou hast seen one world begin, and end;
And man, as from a second stock, proceed.
Much thou hast yet to see; but I perceive
Thy mortal sight to fail; objects divine
Must needs impair and weary human sense :
Henceforth what is to come I will relate;
Thou therefore give due audience, and attend.

" This second source of men, while yet but few,
And while the dread of judgment past remains
Fresh in their minds, fearing the Deity,
With some regard to what is just and right
Shall lead their lives, and multiply apace;
Labouring the soil, and reaping plenteous crop,
Corn, wine, and oil; and from the herd or flock,
Oft sacrificing bullock, lamb, or kid,
With large wine-offerings pour'd, and sacred feast,

LIVRE XII.

ARGUMENT.

L'ange Michel continue de raconter ce qui arrivera depuis le déluge. Quand il est question d'Abraham, il en vient à expliquer par degrés quel sera celui de la race de la femme promis à Adam et à Ève dans leur chute : son incarnation, sa mort, sa résurrection et son ascension. État de l'Église jusqu'à son second avénement. Adam, grandement satisfait et rassuré par ces récits et ces promesses, descend de la montagne avec Michel. Il éveille Ève, qui avoit dormi pendant tout ce temps-là, mais que des songes paisibles avoient disposée à la tranquillité d'esprit et à la soumission. Michel les conduit tous deux par la main hors du Paradis, l'épée flamboyante s'agitant derrière eux, et les chérubins prenant leur station pour garder le lieu.

Comme un voyageur qui, dans sa route, s'arrête à midi, quoique pressé d'arriver, ainsi l'archange fit une pause entre le monde détruit et le monde réparé, dans la supposition qu'Adam avoit peut-être quelque chose à exprimer. Il reprit ensuite son discours par une douce transition :

« Ainsi tu as vu un monde commencer et finir, et l'homme sortir comme d'une seconde souche. Tu as encore beaucoup à voir ; mais je m'aperçois que ta vue mortelle défaille. Les objets divins doivent nécessairement affoiblir et fatiguer les sens humains. Dorénavant je te raconterai ce qui doit advenir ; écoute donc avec une application convenable, et sois attentif.

« Tant que cette seconde race des hommes sera peu nombreuse et tant que la crainte du jugement passé demeurera fraîche dans leur esprit, craignant la divinité, ayant quelque égard à ce qui est juste et droit, ils régleront leur vie et multiplieront rapidement. Ils laboureront la terre, recueilleront d'abondantes récoltes de blé, de vin, d'huile, et sacrifiant souvent de leurs troupeaux un taureau, un agneau, un chevreau avec de larges libations de vin, et des fêtes sacrées, ils

Shall spend their days in joy unblamed; and dwell
Long time in peace, by families and tribes,
Under paternal rule : till one shall rise
Of proud ambitious heart; who, not content
With fair equality, fraternal state,
Will arrogate dominion undeserved
Over his brethren, and quite dispossess
Concord and law of nature from the earth;
Hunting, (and men, not beasts shall be his game)
With war, and hostile snare, such as refuse
Subjection to his empire tyrannous :
A mighty hunter thence he shall be styled
Before the Lord; as in despite of Heaven,
Or from Heaven, claiming second sovereignty;
And from rebellion shall derive his name,
Though of rebellion others he accuse.

" He with a crew, whom like ambition joins
With him or under him to tyrannize,
Marching from Eden towards the west, shall find
The plain, wherein a black bituminous gurge
Boils out from under ground, the mouth of hell.
Of brick, and of that stuff, they cast to build
A city and tower, whose top may reach to heaven,
And get themselves a name; lest, far dispersed
In foreign lands, their memory be lost;
Regardless whether good or evil fame.
But God, who oft descends to visit men
Unseen, and through their habitations walks
To mark their doings, them beholding soon
Comes down to see their city, ere the tower
Obstruct heaven-towers; and in derision sets
Upon their tongues a various spirit, to rase
Quite out their native language; and, instead,
To sow a jangling noise of words unknown :
Forthwith a hideous gabble rises loud
Among the builders; each to other calls,
Not understood; till hoarse, and all in rage,
As mock'd they storm : great laughter was in heaven,
And looking down, to see the hubbub strange,
And hear the din : thus was the building left
Ridiculous, and the work Confusion named."

Whereto thus Adam, fatherly displeased : —

" O execrable son! so to aspire
Above his brethren; to himself assuming
Authority usurp'd, from God not given :
He gave us only over beast, fish, fowl,
Dominion absolute; that right we hold
By his donation; but man over men
He made not lord; such title to himself
Reserving, human left from human free.

passeront leurs jours dans une innocente joie ; ils habiteront longtemps en paix par familles et tribus sous le sceptre paternel, jusqu'à ce qu'il s'élève un homme d'un cœur fier et ambitieux qui (non satisfait de cette égalité belle, fraternel état) voudra s'arroger une injuste domination sur ses frères et ôter entièrement à la concorde et à la loi de la nature la possession de la terre. Il fera la chasse (les hommes, non les bêtes, seront sa proie) par la guerre et les piéges ennemis à ceux qui refuseront de se soumettre à son tyrannique empire. De là il sera appelé un fort chasseur devant le Seigneur, prétendant tenir ou du Ciel ou en dépit du Ciel cette seconde souveraineté ; son nom dérivera de la rébellion, quoique de rébellion il accusera les autres.

« Cet homme, avec une troupe qu'une égale ambition unit à lui, ou sous lui, pour tyranniser, marchant d'Éden vers l'occident, trouvera une plaine où un gouffre noir et bitumineux, bouche de l'Enfer, bouillonne en sortant de la terre. Avec des briques et avec cette matière, ces hommes se préparent à bâtir une ville et une tour dont le sommet puisse atteindre le ciel et leur faire un nom, de peur que, dispersés dans les terres étrangères, leur mémoire ne soit perdue, sans se soucier que leur renommée soit bonne ou mauvaise. Mais Dieu, qui sans être vu descend souvent pour visiter les hommes, et qui se promène dans leurs habitations afin d'observer leurs œuvres, les apercevant bientôt, vient en bas considérer leur cité avant que la tour offusque les tours du Ciel. Par dérision il met sur leurs langues un esprit de variété pour effacer tout à fait leur langage naturel et pour semer à sa place un bruit discordant de mots inconnus. Aussitôt un hideux babil se propage parmi les architectes ; ils s'appellent les uns les autres sans s'entendre, jusqu'à ce qu'enroués, et tous en fureur comme étant bafoués, ils se battent. Une grande risée fut dans le Ciel en voyant le tumulte étrange et en entendant la rumeur : ainsi la ridicule bâtisse fut abandonnée et l'ouvrage nommée Confusion. »

Alors Adam, paternellement affligé :

« O fils exécrable ! aspirer ainsi à s'élever au-dessus de ses frères, s'attribuant une autorité usurpée, qui n'est pas donnée de Dieu ! L'Éternel nous accorda seulement une domination absolue sur la bête, le poisson et l'oiseau : nous tenons ce droit de sa concession ; mais il n'a pas fait l'homme seigneur des hommes ; se réservant ce titre à lui-même, il a laissé ce qui est humain libre de ce qui est humain.

But this usurper his encroachment proud
Stays not on man; to God his tower intends
Siege and defiance : wretched man! what food
Will he convey up thither, to sustain
Himself and his rash army; where thin air
Above the clouds will pine his entrails gross,
And famish him of breath, if not of bread?"

To whom thus Michael : —

" Justly thou abhorr'st
That son, who on the quiet state of men
Such trouble brought, affecting to subdue
Rational liberty; yet know withal,
Since thy original lapse, true liberty
Is lost, which always with right reason dwells
Twinn'd, and from her hath no dividual being :
Reason in man obscured, or not obey'd,
Immediately inordinate desires
And upstart passions catch the government
From reason; and to servitude reduce
Man, till then free. Therefore, since he permits
Within himself unworthy powers to reign
Over free reason, God, in judgment just,
Subjects him from without to violent lords;
Who oft as undeservedly enthral
His outward freedom : tyranny must be;
Though to the tyrant thereby no excuse.
Yet sometimes nations will decline so low
From virtue, which is reason, that no wrong,
But justice, and some fatal curse annex'd,
Deprives them of their outward liberty;
Their inward lost : witness the irreverent son
Of him who built the ark; who, for the shame
Done to his father, heard this heavy curse,
Servant of servants, on his vicious race.

" Thus will this latter, as the former world,
Still tend from bad to worse; till God at last,
Wearied with their iniquities, withdraw
His presence from among them, and avert
His holy eyes; resolving from thenceforth
To leave them to their own polluted ways;
And one peculiar nation to select
From all the rest, of whom to be invoked,
A nation from one faithful man to spring :
Him on this side Euphrates yet residing,
Bred up in idol-worship :

" Oh! that men
(Canst thou believe?) should be so stupid grown,
While yet the patriarch lived who 'scaped the flood,
As to forsake the living God, and fall
To worship their own work in wood and stone,

Mais cet usurpateur ne s'arrête pas à son orgueilleux empiétement sur l'homme ; sa tour prétend défier et assiéger Dieu ; homme misérable ! Quelle nourriture ira-t-il porter si haut, pour s'y soutenir lui et sa téméraire armée, là au-dessus des nuages, où l'air subtil feroit languir ses entrailles grossières et l'affameroit de respiration, sinon de pain ? »

Michel :

« Tu abhorres justement ce fils qui apportera un pareil trouble dans l'état tranquille des hommes, en s'efforçant d'asservir la liberté rationnelle. Toutefois, apprends de plus que depuis ta faute originelle la vraie liberté a été perdue ; cette liberté, jumelle de la droite raison, habite toujours avec elle, et hors d'elle n'a point d'existence divisée : aussitôt que la raison dans l'homme est obscurcie ou non obéie, les désirs désordonnés et les passions vives saisissent l'empire de la raison et réduisent en servitude l'homme, jusque alors libre. Conséquemment, puisque l'homme permet au dedans de lui-même à d'indignes pouvoirs de régner sur la raison libre, Dieu, par un juste arrêt, l'assujettit au dehors à de violents maîtres, qui souvent aussi asservissent induement son extérieure liberté : il faut que la tyrannie soit, quoique le tyran n'ait point d'excuse. Cependant, quelquefois les nations tomberont si bas au-dessous de la vertu (qui est la raison) que non l'injustice, mais la justice, et quelque fatale malédiction annexée, les privera de leur liberté extérieure, leur liberté intérieure étant perdue : témoin le fils irrévérend de celui qui bâtit l'arche, lequel, pour l'affront qu'il fit à son père, entendit contre sa vicieuse race cette pesante malédiction: *Tu seras l'esclave des esclaves.*

« Ainsi ce dernier monde, comme le premier, ira sans cesse de mal en pis, jusqu'à ce que Dieu, fatigué enfin de leurs iniquités, retire sa présence du milieu d'eux, et détourne ses saints regards, résolu d'abandonner désormais les hommes à leurs propres voies corrompues et de se choisir parmi toutes les nations un peuple de qui il sera invoqué, un peuple à naître d'un homme plein de foi. Cet homme, résidant encore sur les bords de l'Euphrate, aura été élevé dans l'idolâtrie.

« Oh ! pourras-tu croire que les hommes, tandis que le patriarche sauvé du déluge existoit encore, soient devenus assez stupides pour abandonner le Dieu vivant, pour s'abaisser à adorer comme dieux leurs

For gods! Yet him God the Most High vouchsafes
To call by vision, from his father's house,
His kindred, and false gods, into a land
Which he will show him; and from him will raise
A mighty nation, and upon him shower
His benediction so, that in his seed
All nations shall be blest :

    " He straight obeys;
Not knowing to what land, yet firm believes :
I see him, but thou canst not, with what faith
He leaves his gods, his friends, and native soil,
Ur of Chaldæa, passing now the ford
To Haran; after him a cumbrous train
Of herds and flocks, and numerous servitude;
Not wandering poor, but trusting all his wealth
With God, who call'd him, in a land unknown.
Canaan he now attains : I see his tents
Pitch'd about Sechem, and the neighbouring plain
Of Moreh; there by promise he receives
Gift to his progeny of all that land,
From Hamath northward to the Desert south :
(Things by their names I call, though yet unnamed)
From Hermon east to the great western sea;
Mount Hermon; yonder sea; — each place behold
In prospect, as I point them; on the shore
Mount Carmel; here, the double-founted stream
Jordan, true limit eastward; but his sons
Shall dwell to Senir, that long ridge of hills.

    " This ponder, that all nations of the earth
Shall in his seed be blessed : by that seed
Is meant thy great Deliverer, who shall bruise
The serpent's head; whereof to thee anon
Plainlier shall be reveal'd.

    " This patriarch blest,
Whom faithful Abraham due time shall call,
A son, and of his son a grandchild, leaves;
Like him in faith, in wisdom, and renown;
The grandchild, with twelve sons increased, departs
From Canaan, to a land hereafter call'd
Egypt, divided by the river Nile;
See where it flows, disgorging at seven mouths
Into the sea : to sojourn in that land
He comes, invited by a younger son
In time of dearth; a son, whose worthy deeds
Raise him to be the second in that realm
Of Pharaoh :

    " There he dies, and leaves his race
Growing into a nation; and now grown
Suspected to a sequent king, who seeks
To stop their overgrowth, as inmate guests

propres ouvrages de bois et de pierre ! Cependant, le Très-Haut daignera, par une vision, appeler cet homme de la maison de son père, du milieu de sa famille et des faux dieux dans une terre qu'il lui montrera : il fera sortir de lui un puissant peuple et répandra sur lui sa bénédiction, de façon que dans sa race toutes les nations seront bénies.

« Il obéit ponctuellement ; il ne connoît point la terre où il va, cependant il croit ferme. Je le vois (mais tu ne le peux voir) avec quelle foi il laisse ses dieux, ses amis, son sol natal, Ur de Chaldée ; il passe maintenant le gué à Haran ; après lui marche une suite embarrassante de bestiaux, de troupeaux et de nombreux serviteurs : il n'erre pas pauvre, mais il confie toute sa richesse à Dieu qui l'appelle dans une terre inconnue. Maintenant il atteint Chanaan : je vois ses tentes plantées aux environs de Sichem et dans la plaine voisine de Moreh : là il reçoit la promesse du don de toute cette terre à sa postérité, depuis Hamath, au nord, jusqu'au désert, au sud (j'appelle ces lieux par leurs noms, quoiqu'ils soient encore sans noms), depuis Hermon au levant jusqu'à la grande mer occidentale. Ici le mont Hermon ; là la mer. Regarde chaque lieu en perspective comme je te les indique de la main : sur le rivage, le mont Carmel ; ici, le fleuve à deux sources, le Jourdain, vraie l'imite à l'orient ; mais les fils de cet homme habiteront à Senir cette longue chaîne de collines.

« Pèse ceci : toutes les nations de la terre seront bénies dans la race de cet homme. Par cette race est désigné ton grand Libérateur, qui écrasera la tête du serpent, ce qui te sera bientôt plus clairement révélé.

« Ce patriarche béni (qui dans un temps prescrit sera appelé le fidèle Abraham) laissera un fils, et de ce fils un petit-fils, égal à lui en foi, en sagesse et en renom. Le petit-fils, avec ses douze enfants, part de Chanaan pour une terre, appelée Égypte dans la suite, que divise le fleuve le Nil. Vois où ce fleuve coule et se décharge dans la mer, par sept embouchures. Le père vient habiter cette terre dans un temps de disette, invité par un de ses plus jeunes enfants, fils que de dignes actions ont élevé au second rang dans ce royaume de Pharaon.

« Il meurt et laisse sa postérité qui devient une nation. Cette nation, maintenant accrue, cause de l'inquiétude à un nouveau roi qui cherche à arrêter leur accroissement excessif, comme aubains trop nombreux :

Too numerous; whence of guests he makes them slaves
Inhospitably, and kills their infant males :
Till by two brethren (these two brethren call
Moses and Aaron) sent from God to claim
His people from enthralment, they return,
With glory and spoil, back to their promised land.

"But first, the lawless tyrant, who denies
To know their God, or message to regard,
Must be compell'd by signs and judgments dire;
To blood unshed the rivers must be turn'd;
Frogs, lice, and flies must all his palace fill
With loath'd intrusion, and fill all the land;
His cattle must of rot and murrain die;
Botches and blains must all his flesh emboss,
And all his people; thunder mix'd with hail,
Hail mix'd with fire, must rend the Egyptian sky,
And wheel on the earth, devouring where it rolls;
What it devours not, herb, or fruit, or grain,
A darksome cloud of locusts swarming down
Must eat, and on the ground leave nothing green.
Darkness must overshadow all his bounds,
Palpable darkness, and blot out three days;
Last, with one midnight-stroke, all the first-born
Of Egypt must lie dead.

"Thus with ten wounds
The river-dragon tamed at length submits
To let his sojourners depart, and oft
Humbles his stubborn heart: but still, as ice
More harden'd after thaw; till, in his rage
Pursuing whom he late dismiss'd, the sea
Swallows him with his host; but them lets pass,
As on dry land, between two crystal walls;
Awed by the rod of Moses so to stand
Divided till his rescued gain their shore :
Such wondrous power God to his saint will lend,
Though present in his angel, who shall go
Before them in a cloud, and pillar of fire;
By day a cloud, by night a pillar of fire
To guide them in their journey, and remove
Behind them, while the obdurate king pursues :
All night he will pursue; but his approach
Darkness defends between till morning watch;
Then through the fiery pillar and the cloud,
God looking forth will trouble all his host,
And craze their chariot-wheels : when by command
Moses once more his potent rod extends
Over the sea; the sea his rod obeys;
On their embattled ranks the waves return,
And overwhelm their war :

"The race elect

pour cela, contre les droits de l'hospitalité, de ses hôtes il fait des esclaves et met à mort leurs enfants mâles; jusqu'à ce que deux frères (ces deux frères, nommés Moïse et Aaron) soient suscités de Dieu pour tirer ce peuple de la captivité, pour le reconduire avec gloire et chargé de dépouilles vers leur terre promise.

« Mais d'abord le tyran sans lois (qui refuse de reconnaître leur Dieu ou d'avoir égard à son message) doit y être forcé par des signes et des jugements terribles : les fleuves doivent être convertis en sang qui n'aura point été versé ; les grenouilles, la vermine, les moucherons doivent remplir tout le palais du roi et remplir tout le pays de leur intrusion dégoûtante. Les troupeaux du roi doivent mourir du tac et de la contagion; les tumeurs et les ulcères doivent boursoufler toute sa chair et toute celle de son peuple; le tonnerre mêlé de grêle, la grêle mêlée de feu doivent déchirer le ciel d'Égypte et tourbillonner sur la terre, dévorant tout là où ils roulent. Ce qu'ils ne dévoreront pas en herbe, fruit ou graine, doit être mangé d'un nuage épais de sauterelles descendues en fourmilière et ne laissant rien de vert sur la terre. L'obscurité doit faire disparoître toutes les limites (palpable obscurité), et effacer trois jours ; enfin, d'un coup de minuit, tous les premiers-nés d'Égypte doivent être frappés de mort.

« Ainsi dompté par dix plaies, le dragon du fleuve se soumet enfin à laisser aller les étrangers, et souvent humilie son cœur obstiné, mais comme la glace toujours plus durcie après le dégel. Dans sa rage, poursuivant ceux qu'il avoit naguère congédiés, la mer l'engloutit avec son armée, et laisse passer les étrangers comme sur un terrain sec entre deux murs de cristal. Les vagues, tenues en respect par la verge de Moïse, demeurent ainsi divisées jusqu'à ce que le peuple délivré ait gagné le rivage. Tel est le prodigieux pouvoir que Dieu prêtera à son prophète, quoique toujours présent dans son ange qui marchera devant ces peuples dans une nuée et dans une colonne de feu; le jour une nuée, la nuit une colonne de feu, afin de les guider dans leur voyage et d'écarter derrière eux le roi obstiné qui les poursuit. Le roi les poursuivra toute la nuit, mais les ténèbres s'interposent et les défendent de son approche jusqu'à la veille du matin. Alors Dieu, regardant entre la colonne de feu et la nuée, troublera les ennemis et brisera les roues de leurs chariots; quand Moïse, par ordre, étend encore une fois sa verge puissante sur la mer, la mer obéit à sa verge : les vagues retombent sur les bataillons de l'Égypte et ensevelissent leur guerre.

« La race choisie et délivrée s'avance du rivage vers Chanaan, à tra-

Safe towards Canaan from the shore advance
Through the wild Desert; not the readiest way,
Lest, entering on the Canaanite alarm'd,
War terrify them inexpert, and fear
Return them back to Egypt, choosing rather
Inglorious life with servitude; for life
To noble and ignoble is more sweet
Untrain'd in arms, where rashness leads not on.

" This also shall they gain by their delay
In the wide wilderness; there they shall found
Their government, and their great senate choose
Through the twelve tribes, to rule by laws ordain'd:
God from the mount of Sinai, whose gray top
Shall tremble, he descending, will himself
In thunder, lightning, and loud trumpets' sound,
Ordain them laws; part, such as appertain
To civil justice; part, religious rites
Of sacrifice; informing them, by types
And shadows, of that destined Seed to bruise
The serpent, by what means he shall achieve
Mankind's deliverance.

    " But the voice of God
To mortal ear is dreadful: they beseech
That Moses might report to them his will,
And terror cease: he grants what they besought;
Instructed that to God is no access
Without mediator; whose high office now
Moses in figure bears, to introduce
One greater, of whose day he shall foretell;
And all the prophets in their age the times
Of great Messiah shall sing.

    " Thus, laws and rites
Establish'd, such delight hath God in men
Obedient to his will, that he vouchsafes
Among them to set up his tabernacle; —
The Holy One with mortal men to dwell:
By his prescript a sanctuary is framed
Of cedar, overlaid with gold; therein
An ark, and in the ark his testimony,
The records of his covenant; over these
A mercy-seat of gold, between the wings
Of two bright cherubim: before him burn
Seven lamps, as in a zodiac representing
The heavenly fires; over the tent a cloud
Shall rest by day, a fiery gleam by night;
Save when they journey, and at length they come,
Conducted by his angel, to the land
Promised to Abraham and his seed:

    " The rest
Were long to tell; how many battles fought;

vers l'inhabité désert; elle ne prend pas le chemin le plus court, de peur qu'en entrant chez les Chananéens alarmés la guerre ne l'effraye, elle inexpérimentée, et que la crainte ne la fasse retourner en Égypte, préférant une vie inglorieuse dans la servitude; car la vie inaccoutumée aux armes est plus douce au noble et au non-noble, quand la témérité ne les conduit pas.

« Ce peuple gagnera encore ceci par son séjour dans la vaste solitude : il y fondera son gouvernement et choisira parmi les douze tribus son grand sénat pour commander selon les lois prescrites. Du mont Sinaï (dont le sommet obscur tremblera à la descente de Dieu), Dieu lui-même, au milieu du tonnerre, des éclairs et du bruit éclatant des trompettes, donnera des lois à ce peuple. Une partie de ces lois appartiendra à la justice civile, une autre partie aux cérémonies religieuses du sacrifice; ces cérémonies apprendront à connoître par des types et des ombres Celui qui de cette race est destiné à écraser le serpent, et les moyens par lesquels il achèvera la délivrance du genre humain.

« Mais la voix de Dieu est terrible à l'oreille mortelle : les tribus choisies le supplient de faire connoître sa volonté par Moïse et de cesser la terreur; il accorde ce qu'elles implorent, instruites qu'on ne peut avoir accès auprès de Dieu sans médiateur, de qui Moïse remplit alors la haute fonction en figure, afin de préparer la voie à un plus grand Médiateur, dont il prédira le jour; et tous les prophètes, chacun dans leur âge, chanteront le temps du grand Messie.

« Ces lois et ces rites établis, Dieu se plaira tant aux hommes obéissants à sa volonté, qu'il daignera placer au milieu d'eux son tabernacle, pour que le Saint et l'Unique habite avec les hommes mortels. Dans la forme qu'il a prescrite, un sanctuaire de cèdre est fabriqué et revêtu d'or. Dans ce sanctuaire est une arche, et dans cette arche son témoignage, titre de son alliance. Au-dessus s'élève le trône d'or de la Miséricorde, entre les ailes de deux brillants chérubins. Devant Lui brûlent sept lampes, représentant, comme dans un zodiaque, les flambeaux du Ciel. Sur la tente reposera un nuage pendant le jour, un rayon de feu pendant la nuit, excepté quand les tribus seront en marche. Et conduites par l'ange du Seigneur, elles arrivent enfin à la terre promise à Abraham et à sa race.

« Le reste seroit trop long à te raconter : combien de batailles

How many kings destroy'd, and kingdoms won;
Or how the sun shall in mid heaven stand still
A day entire, and night's due course adjourn,
Man's voice commanding, — "Sun, in Gibeon stand,
And thou, moon, in the vale of Ajalon,
Till Israel overcome!" — so call the third
From Abraham, son of Isaac; and from him
His whole descent, who thus shall Canaan win."

Here Adam interposed :
"O sent from Heaven,
Enlightener of my darkness, gracious things
Thou hast reveal'd; those chiefly, which concern
Just Abraham and his seed : now first I find
Mine eyes true opening, and my heart much eased;
Erewhile perplex'd with thoughts, what would become
Of me and all mankind : but now I see
His day, in whom all nations shall be blest;
Favour unmerited by me, who sought
Forbidden knowledge by forbidden means.
This yet I apprehend not; why to those
Among whom God will deign to dwell on earth,
So many and so various laws are given :
So many laws argue so many sins
Among them : how can God with such reside?"

To whom thus Michael : —
"Doubt not but that sin
Will reign among them, as of thee begot;
And therefore was law given them, to evince
Their natural pravity, by stirring up
Sin against law to fight; that when they see
Law can discover sin, but not remove,
Save by those shadowy expiations weak,
The blood of bulls and goats; they may conclude
Some blood more precious must be paid for man;
Just for unjust; that in such righteousness
To them by faith imputed, they may find
Justification towards God, and peace
Of conscience; which the law by ceremonies
Cannot appease; nor man the moral part
Perform; and, not performing, cannot live.

"So law appears imperfect; and but given
With purpose to resign them, in full time,
Up to a better covenant; disciplined
From shadowy types to truth; from flesh to spirit;
From imposition of strict laws to free
Acceptance of large grace; from servile fear,
To filial; works of law to works of faith.

"And therefore shall not Moses, though of God
Highly beloved, being but the minister
Of law, his people into Canaan lead;

livrées; combien de rois domptés et de royaumes conquis; comment le soleil s'arrêtera immobile un jour entier, au milieu du Ciel, et retardera la course ordinaire de la nuit à la voix d'un homme disant : — « Soleil, arrête-toi sur Gabaon, et toi, Lune, sur la vallée d'Ajalon, jusqu'à ce que Israel ait vaincu. » — Ainsi s'appellera le troisième descendant d'Abraham, fils d'Isaac, et de lui ce nom passera à sa postérité, qui sera victorieuse ainsi de Chanaan. »

Ici Adam interrompit l'Ange :

« O envoyé du Ciel, flambeau de mes ténèbres, de belles choses tu m'as révélées, particulièrement celles qui regardent le juste Abraham et sa race! A présent, pour la première fois, je trouve mes yeux véritablement ouverts et mon cœur beaucoup soulagé. J'étois auparavant troublé par la pensée de ce qui m'arriveroit à moi et à tout le genre humain; mais à présent je vois son jour, le jour de celui en qui toutes les nations seront bénies : faveur par moi imméritée, moi qui cherchai la science défendue par des moyens défendus. Cependant, je ne comprends pas ceci : pourquoi à ceux parmi lesquels Dieu daignera habiter sur la terre tant et de si diverses lois ont-elles été données? Tant de lois supposent parmi eux autant de péchés : comment Dieu peut-il résider au milieu de ces hommes? »

Michel :

« Ne doute pas que le péché ne règne parmi eux, comme engendré de toi; et ainsi la loi leur a été donnée pour démontrer leur dépravation native, qui excite sans cesse le péché à combattre contre la loi. De là, quand ils verront que la loi peut bien découvrir le péché, mais ne peut l'écarter (sinon par ces faibles ombres d'expiations, le sang des taureaux et des boucs), ils en concluront que quelque sang plus précieux doit payer la dette humaine, celui du juste pour l'injuste, afin que dans cette justice à eux appliquée par la foi ils trouvent leur justification auprès de Dieu et la paix de la conscience, que la loi par des cérémonies ne peut calmer, puisque l'homme ne peut accomplir la partie morale de la loi, et que ne l'accomplissant pas il ne peut vivre.

« Ainsi la loi paroît imparfaite et seulement donnée pour livrer les hommes, dans la plénitude des temps, à une meilleure alliance; pour les faire passer, disciplinés, de l'ombre des figures à la vérité, de la chair à l'esprit, de l'imposition des lois étroites à la libre acceptation d'une large grâce, de la servile frayeur à la crainte filiale, des œuvres de la loi aux œuvres de la foi.

« A cause de cela, Moïse (quoique si particulièrement aimé de Dieu), n'étant que le ministre de la loi, ne conduira pas le peuple dans Cha-

But Joshua, whom the Gentiles Jesus call;
His name and office bearing, who shall quell
The adversary-serpent, and bring back
Through the world's wilderness long-wander'd man
Safe to eternal Paradise of rest.

"Meanwhile they, in their earthly Canaan placed,
Long time shall dwell and prosper, but when sins
National interrupt their public peace,
Provoking God to raise them enemies;
From whom as oft he saves them penitent
By judges first, then under kings; of whom
The second, both for piety renown'd
And puissant deeds, a promise shall receive
Irrevocable, that his regal throne
For ever shall endure; the like shall sing
All prophecy, that of the royal stock
Of David (so I name this king) shall rise
A son, the woman's seed to thee foretold,
Foretold to Abraham, as in whom shall trust
All nations; and to kings foretold, of kings
The last; for of his reign shall be no end.

But first, a long succession must ensue;
And his next son, for wealth and wisdom famed,
The clouded ark of God, till then in tents
Wandering, shall in a glorious temple enshrine.
Such follow him as shall be register'd
Part good, part bad; of bad the longer scroll:
Whose foul idolatries, and other faults
Heap'd to the popular sum, will so incense
God, as to leave them, and expose their land,
Their city, his temple, and his holy ark,
With all his sacred things, a scorn and prey
To that proud city, whose high walls thou saw'st
Left in confusion; Babylon thence call'd.

"There in captivity he lets them dwell
The space of seventy years; then brings them back,
Remembering mercy, and his covenant sworn
To David, stablish'd as the days of heaven.
Return'd from Babylon by leave of kings
Their lords, whom God disposed, the house of God
They first re-edify, and for a while
In mean estate live moderate; till, grown
In wealth and multitude, factious they grow
But first among the priests dissension springs,
Men who attend the altar, and should most
Endeavour peace: their strife pollution brings
Upon the temple itself: at last, they seize
The sceptre, and regard not David's sons;
Then lose it to a stranger, that the true
Anointed King Messiah might be born

naan : ce sera Josué, appelé Jésus par les Gentils ; Jésus qui aura le nom et fera l'office de Celui qui doit dompter le serpent ennemi, et ramener en sûreté à l'éternel Paradis du repos l'homme longuement égaré dans la solitude du monde.

« Cependant, placés dans leur Chanaan terrestre, les Israélites y demeureront et y prospéreront longtemps : mais quand les péchés de la nation auront troublé leur paix publique, ils provoqueront Dieu à leur susciter des ennemis, dont il les délivrera aussi souvent qu'ils se montreront pénitents, d'abord au moyen des juges, ensuite par des rois ; le second desquels (renommé pour sa piété et ses grandes actions) recevra la promesse irrévocable que son trône subsistera à jamais. Toutes les prophéties chanteront de même que de la souche royale de David (j'appelle ainsi ce roi) sortira un Fils, ce Fils de la race de la femme, à toi prédit, prédit à Abraham comme celui en qui espèrent toutes les nations, celui qui est prédit aux rois, des rois le dernier, car son règne n'aura point de fin.

« Mais d'abord passera une longue succession de rois : le premier des fils de David, célèbre par son opulence et sa sagesse, renfermera dans un temple superbe l'arche de Dieu couverte d'une nue, qui jusque alors avoit erré sous des tentes. Ceux qui succéderont à ce prince seront inscrits partie au nombre des bons, partie au nombre des mauvais rois ; la plus longue liste sera celle des mauvais. Les honteuses idolâtries et les autres péchés de ces derniers, ajoutés à la somme des iniquités du peuple, irriteront tellement Dieu, qu'il se retirera d'eux, qu'il abandonnera leur terre, leur cité, son temple, son arche sainte avec toutes les choses sacrées, objets du mépris et proie de cette orgueilleuse cité dont tu as vu les hautes murailles laissées dans la confusion, d'où elle fut appelée Babylone.

« Là Dieu laisse son peuple habiter en captivité l'espace de soixante-dix ans ; ensuite il l'en retire, se souvenant de sa miséricorde et de son alliance jurée à David, invariable comme les jours du Ciel. Revenus de Babylone avec l'agrément des rois leurs maîtres, que Dieu disposera en faveur des Israélites, ils réédifieront d'abord la maison de Dieu. Pendant quelque temps ils vivront modérés, dans un état médiocre, jusqu'à ce que, augmentés en nombre et en richesse, ils deviennent factieux ; mais la dissension s'engendrera d'abord parmi les prêtres, hommes qui servent l'autel et qui devroient le plus s'efforcer à la paix. Leur discorde amènera l'abomination dans le temple même ; ils saisiront enfin le sceptre, sans égard pour les fils de David, et ensuite ils le perdent, et il passera à un étranger, afin que le véri-

Barr'd of his right :

"Yet at his birth a star,
Unseen before in heaven, proclaims him come;
And guides the eastern sages, who inquire
His place, to offer incense, myrrh, and gold :
His place of birth a solemn angel tells
To simple shepherds, keeping watch by night:
They gladly thither haste, and by a quire
Of squadron'd angels hear his carol sung.
A virgin is his mother, but his sire
The power of the Most High : he shall ascend
The throne hereditary, and bound his reign
With earth's wide bounds, his glory with the heavens."

He ceased; discerning Adam with such joy
Surcharged, as had like grief been dew'd in tears,
Without the vent of words; which these he breathed : —

" O prophet of glad tidings, finisher
Of utmost hope; now clear I understand
What oft my steadiest thoughts have search'd in vain;
Why our great Expectation should be call'd
The seed of woman ; virgin mother, hail!
High in the love of Heaven; yet from my loins
Thou shalt proceed, and from thy womb the Son
Of God Most High; so God with man unites.
Needs must the serpent now his capital bruise
Expect with mortal pain : say where and when
Their fight, what stroke shall bruise the victor's heel?"

To whom thus Michael : —

" Dream not of their fight
As of a duel, or the local wounds
Of head or heel : not therefore joins the Son
Manhood to godhead, with more strength to foil
Thy enemy; nor so is overcome
Satan, whose fall from heaven, a deadlier bruise
Disabled not to give thee thy death's wound :
Which he, who comes thy Saviour, shall recure,
Not by destroying Satan, but his works
In thee, and in thy seed : nor can this be
But by fulfilling that which thou didst want,
Obedience to the law of God, imposed
On penalty of death! and suffering death,
The penalty to thy transgression due,
And due to theirs which out of thine will grow :

" So only can high justice rest appaid.
The law of God exact he shall fulfil
Both by obedience and by love, though love
Alone fulfil the law ; thy punishment
He shall endure by coming in the flesh
To a reproachful life and cursed death ;
Proclaiming life to all who shall believe

table roi par l'onction, le Messie, puisse naître dépouillé de son droit.

« Cependant, à sa naissance, une étoile, qui n'avoit pas été vue auparavant dans le ciel, proclame sa venue et guide les sages de l'Orient, qui s'enquièrent de sa demeure pour offrir de l'encens, de la myrrhe et de l'or. Un ange solennel dit le lieu de sa naissance à de simples bergers qui veilloient pendant la nuit. Ils y courent en hâte pleins de joie, et ils entendent son Noël chanté par un chœur d'anges. Une Vierge est sa mère, mais son père est le pouvoir du Très-Haut. Il montera sur le trône héréditaire : il bornera son règne par les larges limites de la terre, sa gloire par les cieux. »

Michel s'arrêta, apercevant Adam accablé d'une telle joie, qu'il étoit, comme dans la douleur, baigné de larmes, sans respiration et sans paroles ; il exhala enfin celles-ci :

« O prophète d'agréables nouvelles ! toi qui achèves les plus hautes espérances ! à présent je comprends clairement ce que souvent mes pensées les plus appliquées ont cherché en vain : pourquoi l'objet de notre grande attente sera appelé la race de la femme. Vierge mère, je te salue ! toi haute dans l'amour du ciel ! Cependant, tu sortiras de mes reins, et de tes entrailles sortira le Fils du Dieu Très-Haut : ainsi Dieu s'unira avec l'homme. Le serpent doit attendre maintenant l'écrasement de sa tête avec une mortelle peine. Dis où et quand leur combat, quel coup blessera le talon du vainqueur. »

Michel :

« Ne rêve pas de leur combat comme d'un duel, ni ne songe de blessures locales à la tête ou au talon : le Fils ne réunit point l'humanité à la divinité pour vaincre ton ennemi avec plus de force ; ni Satan ne sera dominé de la sorte, lui que sa chute du Ciel (blessure bien plus mortelle) n'a pas rendu incapable de te donner ta blessure de mort. Celui qui vient ton Sauveur te guérira, non en détruisant Satan, mais ses œuvres en toi et dans ta race. Ce qui ne peut être qu'en accomplissant (ce à quoi tu as manqué) l'obéissance à la loi de Dieu, imposée sous peine de mort, et en souffrant la mort, peine due à ta transgression et due à ceux qui doivent naître de toi.

« Ainsi seulement la souveraine justice peut être satisfaite : ton Rédempteur remplira exactement la loi de Dieu à la fois par obéissance et par amour, bien que l'amour seul remplisse la loi. Il subira ton châtiment en se présentant dans la chair à une vie outragée et à une mort maudite, annonçant la vie à tous ceux qui croiront en sa

In his redemption; and that his obedience,
Imputed, becomes theirs by faith; his merits
To save them, not their own, though legal, works.
For this he shall live hated, be blasphemed,
Seized on by force, judged, and to death condemned
A shameful and accursed, nail'd to the cross
By his own nation; slain for bringing life :
But to the cross he nails thy enemies,
The law that is against thee, and the sins
Of all mankind with him there crucified,
Never to hurt them more who rightly trust
In this his satisfaction :

"So he dies,
But soon revives; death over him no power
Shall long usurp; ere the third dawning light
Return, the stars of morn shall see him rise
Out of his grave, fresh as the dawning light,
The ransom paid, which man from death redeems;
His death for man, as many as offer'd life
Neglect not, and the benefit embrace
By faith not void of works : this godlike act
Annuls thy doom, the death thou shouldst have died,
In sin for ever lost from life; this act
Shall bruise the head of Satan, crush his strength.
Defeating Sin and Death, his two main arms;
And fix far deeper in his head their stings
Than temporal death shall bruise the victor's heel,
Or theirs whom he redeems; a death-like sleep,
A gentle wasting to immortal life.

"Nor after resurrection shall he stay
Longer on earth, than certain times to appear
To his disciples, men who in his life
Still follow'd him; to them shall leave in charge
To teach all nations what of him they learn'd
And his salvation : them who shall believe
Baptizing in the profluent stream, the sign
Of washing them from guilt of sin to life
Pure, and in mind prepared, if so befall,
For death, like that which the Redeemer died.
All nations they shall teach; for, from that day
Not only to the sons of Abraham's loins
Salvation shall be preach'd, but to the sons
Of Abraham's faith wherever through the world;
So in his seed all nations shall be blest.

"Then to the heaven of heavens he shall ascend
With victory, triumphing through the air
Over his foes and thine; there shall surprise
The serpent, prince of air, and drag in chains
Through all his realm, and there confounded leave;
Then enter into glory, and resume

Rédemption, qui croiront que son obéissance leur sera imputée, qu'elle deviendra la leur par la foi, que ses mérites les sauveront; non leurs propres œuvres, quoique conformes à la loi. Pour cela haï, il sera blasphémé, saisi par force, jugé, condamné à mort comme infame et maudit, cloué à la croix par sa propre nation, tué pour avoir apporté la vie. Mais à sa croix il clouera tes ennemis; le jugement rendu contre toi, les péchés de tout le genre humain, seront crucifiés avec lui; et rien ne nuira plus à ceux qui se confieront justement dans sa satisfaction.

« Il meurt, mais bientôt revit. La mort sur lui n'usurpera pas longtemps le pouvoir : avant que la troisième aube du jour revienne, les étoiles du matin le verront se lever de sa tombe, frais comme la lumière naissante, la rançon qui rachète l'homme de la mort étant payée. Sa mort satisfera pour l'homme aussi souvent qu'il ne négligera point une vie ainsi offerte, et qu'il en embrassera le mérite par une foi non dénuée d'œuvres. Cet acte divin annule ton arrêt, cette mort dont tu serois mort dans le péché, pour jamais perdu à la vie, cet acte brisera la tête de Satan, écrasera sa force par la défaite du péché et de la mort, ses deux armes principales, enfoncera leur aiguillon dans sa tête beaucoup plus profondément que la mort temporelle ne brisera le talon du vainqueur ou de ceux qu'il rachète; mort comme un sommeil, passage doux à une immortelle vie.

« Après sa résurrection, il ne restera sur la terre que le temps suffisant pour apparoître à ses disciples, hommes qui le suivirent toujours pendant sa vie. Il les chargera d'enseigner aux nations ce qu'ils apprirent de lui et de sa rédemption, baptisant dans le courant de l'eau ceux qui croiront : signe qui, en les lavant de la souillure du péché pour une vie pure, les préparera en esprit (s'il en arrivoit ainsi) à une mort pareille à celle dont le Rédempteur mourut. Ces disciples instruiront toutes les nations; car à compter de ce jour le salut sera prêché non-seulement aux fils sortis des reins d'Abraham, mais aux fils de la foi d'Abraham par tout le monde; ainsi dans la race d'Abraham toutes les nations seront bénies.

« Ensuite le Sauveur montera dans le Ciel des cieux avec la victoire, triomphant au milieu des airs de ses ennemis et des tiens : il y surprendra le serpent, prince de l'air; il le traînera enchaîné à travers tout son royaume, et l'y laissera confondu. Alors il entrera dans la

His seat at God's right hand, exalted high
Above all names in heaven; and thence shall come,
When this world's dissolution shall be ripe,
With glory and power to judge both quick and dead;
To judge the unfaithful dead, but to reward
His faithful, and receive them into bliss,
Whether in heaven or earth; for then the earth
Shall all be Paradise, far happier place
Than this of Eden, and far happier days."

So spake the archangel Michael; then paused,
As at the world's great period; and our sire,
Replete with joy and wonder, thus replied: —

"O goodness infinite, goodness immense!
That all this good of evil shall produce,
And evil turn to good; more wonderful
Than that, which by creation first brought forth
Light out of darkness! Full of doubt I stand,
Whether I should repent me now of sin
By me done, and occasion'd; or rejoice
Much more, that much more good thereof shall spring;
To God more glory, more good-will to men
From God, and over wrath grace shall abound.
But say, if our Deliverer up to heaven
Must reascend, what will betide the few
His faithful, left among the unfaithful herd,
The enemies of truth? Who then shall guide
His people, who defend? Will they not deal
Worse with his followers than with him they dealt?"

"Be sure they will," said the angel; "but from Heaven
He to his own a Comforter will send,
The promise of the Father, who shall dwell
His Spirit within them; and the law of faith,
Working through love, upon their hearts shall write,
To guide them in all truth; and also arm
With spiritual armour, able to resist
Satan's assaults, and quench his fiery darts;
What man can do against them, not afraid,
Though to the death: against such cruelties
With inward consolations recompensed,
And oft supported so as shall amaze
Their proudest persecutors; for the Spirit,
Pour'd first on his apostles, whom he sends
To evangelize the nations, then on all
Baptized, shall them with wondrous gifts endue
To speak all tongues, and do all miracles,
As did their Lord before them. Thus they win
Great numbers of each nation to receive
With joy the tidings brought from Heaven: at length,
Their ministry perform'd, and race well run,

gloire, reprendra sa place à la droite de Dieu, exalté hautement au-dessus de tous les noms dans le Ciel. De là, quand la dissolution de ce monde sera mûre, il viendra, dans la gloire et la puissance, juger les vivants et les morts, juger les infidèles morts, mais récompenser les fidèles et les recevoir dans la béatitude, soit au Ciel ou sur la Terre ; car la Terre alors sera toute Paradis ; bien plus heureuse demeure que celle d'Éden, et bien plus heureux jours ! »

Ainsi parla l'archange Michel, et il fit une pause, comme s'il étoit à la grande période du monde ; notre Père, rempli de joie et d'admiration, s'écria :

« O bonté infinie, bonté immense ! qui du mal produira tout ce bien, et le mal changera en bien ! merveille plus grande que celle qui d'abord par la création fit sortir la lumière des ténèbres. Je suis rempli de doute : dois-je me repentir à présent du péché que j'ai commis et occasionné, ou dois-je m'en réjouir beaucoup plus, puisqu'il en résultera beaucoup plus de bien : à Dieu plus de gloire, aux hommes plus de bonne volonté de la part de Dieu, et la grâce surabondant où avoit abondé la colère? Mais dis-moi, si notre Libérateur doit remonter aux Cieux, que deviendra le peu de ses fidèles, laissé parmi le troupeau infidèle, les ennemis de la vérité? Qui alors guidera son peuple? qui le défendra? Ne traiteront-ils pas plus mal ses disciples qu'ils ne l'ont traité lui-même? »

« Sois sûr qu'ils le feront, dit l'ange ; mais du Ciel il enverra aux siens un *Consolateur,* la promesse du Père, son Esprit, qui habitera en eux et écrira la loi de la foi dans leur cœur, opérant par l'amour pour les guider en toute vérité. Il les revêtira encore d'une armure spirituelle, capable de résister aux attaques de Satan et d'éteindre ses dards de feu. Ils ne seront point effrayés de tout ce que l'homme pourra faire contre eux, pas même de la mort. Ils seront dédommagés de ces cruautés par des consolations intérieures, et souvent soutenus au point d'étonner leurs plus fiers persécuteurs ; car l'Esprit (descendu d'abord sur les apôtres que le Messie envoya évangéliser les nations, et descendu ensuite sur tous les baptisés) remplira ces apôtres de dons merveilleux pour parler toutes les langues et faire tous les miracles que leur maître faisoit devant eux. Ils détermineront ainsi une grande multitude dans chaque nation à recevoir avec joie les nouvelles appor-

Their doctrine and their story written left,
They die:
     "But in their room, as they forewarn,
Wolves shall succeed for teachers, grievous wolves,
Who all the sacred mysteries of Heaven
To their own vile advantages shall turn
Of lucre and ambition; and the truth
With superstitions and traditions taint,
Left only in those written records pure,
Though not but by the Spirit understood.

"Then shall they seek to avail themselves of names,
Places, and titles, and with these to join
Secular power; though feigning still to act
By spiritual, to themselves appropriating
The Spirit of God, promised alike, and given
To all believers; and, from that pretence,
Spiritual laws by carnal power shall force
On every conscience; laws, which none shall find
Left them inroll'd, or what the Spirit within
Shall on the heart engrave.
      " What will they then
But force the Spirit of grace itself, and bind
His consort Liberty? what but unbuild
His living temples, built by faith to stand,
Their own faith, not another's? for on earth
Who against faith and conscience can be heard
Infaillible? yet many will presume:
Whence heavy persecution shall arise
On all, who in the worship persevere
Of spirit and truth; the rest, far greater part,
Will deem in outward rites and specious forms
Religion satisfied; truth shall retire
Bestuck with slanderous darts, and works of faith
Rarely be found:
     "So shall the world go on,
To good malignant, to bad men benign;
Under her own weight groaning; till the day
Appear of respiration to the just,
And vengeance to the wicked, at return
Of him so lately promised to thy aid,
The woman's seed; obscurely then foretold,
Now amplier known thy Saviour and thy Lord:

"Last, in the clouds, from heaven to be reveal'd
In glory of the Father, to dissolve
Satan with his perverted world; then raise
From the conflagrant mass, purged and refined,
New heavens, new earth, ages of endless date,
Founded in righteousness, and peace, and love;
To bring forth fruits, joy and eternal bliss."

He ended; and thus Adam last replied:—

tées du Ciel. Enfin, leur ministère étant accompli, leur course achevée, leur doctrine et leur histoire laissées écrites, ils meurent.

« Mais à leur place, comme ils l'auront prédit, des loups succéderont aux pasteurs, loups ravissants, qui feront servir les sacrés mystères du Ciel à leurs propres et vils avantages, à leur cupidité, à leur ambition ; et par des superstitions, des traditions humaines, ils infecteront la vérité, déposée pure seulement dans ces actes écrits, mais qui ne peut être entendue que par l'Esprit.

« Ils chercheront à se prévaloir de noms, de places, de titres, et à joindre à ceux-ci la temporelle puissance, quoiqu'en feignant d'agir par la puissance spirituelle, s'appropriant l'Esprit de Dieu, promis également et donné à tous les croyants. Dans cette prétention, des lois spirituelles seront imposées par la force charnelle à chaque conscience, lois que personne ne trouvera sur le rôle de celles qui ont été laissées ou que l'Esprit grave intérieurement dans le cœur.

« Que voudront-ils donc, sinon contraindre l'Esprit de la grâce même, et lier la Liberté, sa compagne ? Que voudront-ils, sinon démolir les temples vivants de Dieu, bâtis pour durer par la foi, leur propre foi, non celle d'un autre (car sur terre, qui peut être écouté comme infaillible contre la foi et la conscience) ? Cependant, plusieurs se présumeront tels : de là une accablante persécution s'élèvera contre tous ceux qui persévéreront à adorer en esprit et en vérité. Le reste, ce sera le plus grand nombre, s'imaginera satisfaire à la religion par des cérémonies extérieures et des formalités spécieuses. La vérité se retirera percée des traits de la calomnie, et les œuvres de la foi seront rarement trouvées.

« Ainsi ira le monde, malveillant aux bons, favorable aux méchants, et sous son propre poids gémissant, jusqu'à ce que se lève le jour de repos pour le juste, de vengeance pour le méchant ; jour du retour de celui si récemment promis à ton aide, de ce fils de la femme, alors obscurément annoncé, à présent plus amplement connu pour ton Sauveur et ton Maître.

« Enfin, sur les nuages, il viendra du Ciel pour être révélé dans la gloire du Père, pour dissoudre Satan avec son monde pervers. Alors, de la masse embrasée, purifiée et raffinée, il élèvera de nouveaux Cieux, une nouvelle Terre, des âges d'une date infinie, fondés sur la justice, la paix, l'amour, et qui produiront pour fruits la joie et l'éternelle félicité. »

L'ange finit, et Adam lui répliqua pour la dernière fois :

"How soon hath thy prediction, seer blest,
Measured this transient world, the race of time,
Till time stand fix'd! Beyond is all abyss,
Eternity, whose end no eye can reach.
Greatly instructed I shall hence depart,
Greatly in peace of thought, and have my fill
Of knowledge, what this vessel can contain;
Beyond which was my folly to aspire.
Henceforth I learn, that to obey is best,
And love with fear the only God; to walk
As in his presence, ever to observe
His providence, and on him sole depend,
Merciful over all his works, with good
Still overcoming evil, and by small
Accomplishing great things, by things deem'd weak
Subverting worldly strong, and worldly wise
By simply meek : that suffering for truth's sake
Is fortitude to highest victory :
And, to the faithful, death the gate of life;
Taught this by his example, whom I now
Acknowledge my Redeemer ever blest."

To whom thus also the angel last replied : —

"This having learn'd, thou hast attain'd the sum
Of wisdom : hope no higher, though all the stars
Thou knew'st by name, and all the ethereal powers,
All secrets of the deep, all Nature's works,
Or works of God in heaven, air, earth, or sea,
And all the riches of this world enjoy'dst,
And all the rule, one empire : only add
Deeds to thy knowledge answerable; add faith,
Add virtue, patience, temperance; add love,
By name to come call'd charity, the soul
Of all the rest : then wilt thou not be loth
To leave this Paradise, but shalt possess
A paradise within thee, happier far.

"Let us descend now therefore from this top
Of speculation; for the hour precise
Exacts our parting hence; and see! the guards,
By me encamp'd on yonder hill, expect
Their motion; at whose front a flaming sword,
In signal of remove, waves fiercely round.
We may no longer stay : go, waken Eve;
Her also I with gentle dreams have calm'd
Portending good, and all her spirits composed
To meek submission : thou, at season fit,
Let her with thee partake what thou hast heard;
Chiefly, what may concern her faith to know,
The great deliverance by her seed to come
(For by the woman's seed) on all mankind;
That ye may live, which will be many days,

« Combien ta prédiction, ô bienheureux voyant, a mesuré vite ce monde passager, la course du temps jusqu'au jour où il s'arrêtera fixé! Au delà, tout est abîme, éternité, dont l'œil ne peut atteindre la fin! Grandement instruit, je partirai d'ici, grandement en paix de pensée, et je suis rempli de connoissances autant que ce vase peut en contenir; aspirer au delà a été ma folie. J'apprends de ceci que le mieux est d'obéir, d'aimer Dieu seul avec crainte, de marcher comme sa présence, de reconnoître sans cesse sa providence, de ne dépendre que de lui, miséricordieux pour tous ses ouvrages, surmontant toujours le mal par le bien, par de petites choses accomplissant les grandes, par des moyens réputés foibles renversant la force du monde, et le sage du monde par la simplicité de l'humble; je sais désormais que souffrir pour la cause de la vérité, c'est s'élever par la force à la plus haute victoire, et que pour le fidèle la mort est la porte de la vie; je suis instruit de cela par l'exemple de celui que je reconnois à présent pour mon Rédempteur à jamais béni. »

L'Ange à Adam répliqua aussi pour la dernière fois :

« Ayant appris ces choses, tu as atteint la somme de la sagesse. N'espère rien de plus haut, quand même tu connoîtrois toutes les étoiles par leur nom et tous les pouvoirs éthérés, tous les secrets de l'abîme, tous les ouvrages de la nature, ou toutes les œuvres de Dieu dans le Ciel, l'air, la terre ou la mer, quand tu jouirois de toutes les richesses de ce monde et le gouvernerois comme un seul empire. Ajoute seulement à tes connoissances des actions qui y répondent, ajoute la foi, ajoute la vertu, la patience, la tempérance; ajoute l'amour, dans l'avenir nommé charité, âme de tout le reste. Alors, tu regretteras moins de quitter ce Paradis, puisque tu posséderas en toi-même un Paradis bien plus heureux.

« Descendons maintenant de cette cime de spéculation; car l'heure précise exige notre départ d'ici. Regarde! ces gardes que j'ai campés sur cette colline attendent l'ordre de se mettre en marche : à leur front, une épée flamboyante, en signal du bannissement, ondoie avec violence. Nous ne pouvons rester plus longtemps. Va, éveille Ève : elle aussi, je l'ai calmée par de doux rêves, présages du bien, et j'ai disposé tous ses esprits à une humble soumission. Dans un moment convenable, tu lui feras part de ce que tu as entendu, surtout de ce qu'il importe à sa foi de connoître, la grande délivrance du genre humain, qui doit venir de sa race, de la race de la femme. Puissiez-

Both in one faith unanimous, though sad,
With cause, for evils past; yet much more cheer'd
With meditation on the happy end."
  He ended, and they both descend the hill:
Descended, Adam to the bower, where Eve
Lay sleeping, ran before; but found her waked;
And thus with words not sad she him received:—
  "Whence thou return'st, and whither went'st, I know;
For God is also in sleep; and dreams advise,
Which he hath sent propitious, some great good
Presaging, since with sorrow and heart's distress
Wearied I fell asleep: but now lead on;
In me is no delay; with thee to go,
Is to stay here; without thee here to stay,
Is to go hence unwilling: thou to me
Art all things under heaven, all places thou,
Who for my wilful crime art banish'd hence.
This farther consolation yet secure
I carry hence; though all by me is lost,
Such favour I unworthy am vouchsafed,
By me the promised Seed shall all restore."
  So spake our mother Eve, and Adam heard
Well pleased, but answer'd not: for now, too nigh
The archangel stood; and from the other hill
To their fix'd station, all in bright array
The cherubim descended; on the ground
Gliding meteorous, as evening-mist
Risen from a river o'er the marish glides,
And gathers ground fast at the labourer's heel
Homeward returning. High in front advanced,
The brandish'd sword of God before them blazed,
Fierce as a comet; which with torrid heat,
And vapour as the Libyan air adust,
Began to parch that temperate clime: whereat
In either hand the hastening angel caught
Our lingering parents, and to the eastern gate
Led them direct, and down the cliff as fast
To the subjected plain; then disappear'd.
  They, looking back, all the eastern side beheld
Of Paradise, so late their happy seat,
Waved over by that flaming brand; the gate
With dreadful faces throng'd, and fiery arms.
Some natural tears they dropt, but wiped them soon:
The world was all before them, where to choose
Their place of rest, and Providence their guide.
They, hand in hand, with wandering steps and slow
Through Eden took their solitary way.

END OF PARADISE LOST.

vous vivre (vos jours seront nombreux) dans une foi unanime, quoique tristes, à cause des maux passés, cependant encore beaucoup plus consolés par la méditation d'une heureuse fin. »

Il finit, et tous deux descendent la colline. Arrivés au bas, Adam courut en avant au berceau où Ève s'étoit endormie, mais il la trouva éveillée; elle le reçut ainsi avec ces paroles qui n'étoient plus tristes :

« D'où tu reviens et où tu étois allé, je le sais, car Dieu est aussi dans le sommeil et instruit les songes : il me les a envoyés propices, présageant un grand bien, depuis que, fatiguée de chagrin et de détresse de cœur, je tombai endormie; mais à présent guide-moi; en moi, plus de retardement : aller avec toi, c'est rester ici; rester sans toi ici, c'est sortir d'ici involontairement. Tu es pour moi toutes choses sous le ciel, tu es tous les lieux pour moi, toi qui pour mon crime volontaire es banni d'ici! Cependant, j'emporte d'ici cette dernière consolation, qui me rassure : bien que par moi tout ait été perdu, malgré mon indignité, une faveur m'est accordée : par moi la race promise réparera tout. »

Ainsi parle Ève, notre mère, et Adam l'entendit charmé, mais ne répondit point; l'archange étoit trop près, et de l'autre colline à leur poste assigné, tous dans un ordre brillant les chérubins descendoient : ils glissoient, météores sur la terre, ainsi qu'un brouillard du soir élevé d'un fleuve glisse sur un marais et envahit rapidement le sol sur les talons du laboureur qui retourne à sa chaumière. De front, ils s'avançoient; devant eux, le glaive brandissant du Seigneur flamboyoit furieux comme une comète : la chaleur torride de ce glaive et sa vapeur, telle que l'air brûlé de la Libye, commençoient à dessécher le climat tempéré du Paradis, quand l'Ange hâtant nos languissants parents, les prit par la main, les conduisit droit à la porte orientale; de là aussi vite jusqu'au bas du rocher, dans la plaine inférieure, et disparut.

Ils regardèrent derrière eux, et virent toute la partie orientale du Paradis, naguère leur heureux séjour, ondulée par le brandon flambant : la porte étoit obstruée de figures redoutables et d'armes ardentes.

Adam et Ève laissèrent tomber quelques naturelles larmes, qu'ils essuyèrent vite. Le monde entier étoit devant eux, pour y choisir le lieu de leur repos, et la Providence étoit leur guide. Main en main, à pas incertains et lents, il prirent à travers Éden leur chemin solitaire.

FIN DU PARADIS PERDU.

ESSAI

SUR

LA LITTÉRATURE

ANGLOISE

ET

CONSIDÉRATIONS

SUR LE GÉNIE DES TEMPS, DES HOMMES
ET DES RÉVOLUTIONS

AVERTISSEMENT.

L'*Essai sur la Littérature angloise* se compose :

1º De quelques morceaux détachés de mes anciennes études, morceaux corrigés dans le style, rectifiés pour les jugements, augmentés ou resserrés quant au texte ;

2º De divers extraits de mes *Mémoires*, extraits qui se trouvoient avoir des rapports directs ou indirects avec le travail que je livre au public ;

3º De recherches récentes relatives à la matière de cet Essai.

J'ai visité les États-Unis ; j'ai passé huit ans exilé en Angleterre ; j'ai revu Londres comme ambassadeur après l'avoir vu comme émigré : je crois savoir l'anglois autant qu'un homme peut savoir une langue étrangère à la sienne.

J'ai lu en conscience tout ce que j'ai dû lire sur le sujet traité dans ces deux volumes ; j'ai rarement cité les autorités, parce qu'elles sont connues des hommes de lettres, et que les gens du monde ne s'en soucient guère : que font à ceux-ci Warton, Evans, Jones, Percy, Owen, Ellis, Leyden, Édouard Williams, Tyrwhit, Roquefort, Tressan, les collections des historiens, les recueils des poëtes, les manuscrits, etc.? Je veux pourtant mentionner ici un ouvrage françois, précisément parce que les journaux me semblent l'avoir trop négligé : on consacre de longs articles à des écrits futiles ; à peine accorde-t-on une vingtaine de lignes à des livres instructifs et sérieux.

Les *Essais historiques sur les Bardes, les Jongleurs*, etc., de M. l'abbé de La Rue, méritent de fixer l'attention de quiconque aime une critique saine, une érudition puisée aux sources et non composée de bribes de lectures, dérobées à quelque investigateur oublié. Un de mes honorables et savants confrères de l'Académie françoise n'est pas toujours, il est vrai, d'accord avec l'historien des bardes; M. de La Rue est *trouvère* et M. Raynouard *troubadour :* c'est la querelle de la langue d'oc et de la langue d'oil[1].

L'*Idée de la Poésie angloise* (1749) de l'abbé Yart, la *Poétique angloise* (1806) de M. Hennel peuvent être consultées avec fruit. M. Hennel sait parfaitement la langue dont il parle. Au surplus, on annonce diverses collections; et pour les vrais amateurs de la littérature angloise, la *Bibliothèque anglo-françoise* de M. O'Sullivan ne laissera rien à désirer.

J'ai peu de chose à dire de ma traduction. Des éditions, des commentaires, des *illustrations*, des recherches, des biographies de Milton, il y en a par milliers. Il existe en prose et en vers une douzaine de traductions françoises et une quarantaine d'imitations du poëte, toutes très-bonnes; après moi viendront d'autres traducteurs, tous excellents. A la tête des traducteurs en prose est Racine le fils, à la tête des traducteurs en vers l'abbé Delille.

Une traduction n'est pas la *personne,* elle n'est qu'un *portrait :* un grand maître peut faire un admirable portrait : soit; mais si l'original étoit placé auprès de la copie, les spectateurs le verroient chacun à sa manière et différeroient de jugement sur la ressemblance. Traduire, c'est donc se vouer au métier le plus ingrat et le moins estimé qui fut oncques; c'est se battre avec des mots pour leur faire rendre dans un idiome étranger un sentiment, une pensée autrement exprimés, un son qu'ils n'ont pas dans la langue de l'auteur. Pourquoi donc ai-je traduit Milton? Par une raison que l'on trouvera à la fin de cet *Essai.*

Qu'on ne se figure pas d'après ceci que je n'ai mis aucun soin à mon travail : je pourrois dire que ce travail est l'ouvrage entier de ma vie, car il y a trente ans que je lis, relis et traduis Milton. Je sais respecter le public; il veut bien vous traiter sans façon, mais il ne permet pas que vous preniez avec lui la même liberté : si vous ne vous souciez guère de lui, il se souciera encore moins de vous. J'en appelle au surplus aux hommes qui croient encore qu'*écrire* est un *art :* eux seuls pourront savoir ce que la traduction du *Paradis perdu* m'a coûté d'études et d'efforts.

Quant au système de cette traduction, je m'en suis tenu à celui que j'avois adopté autrefois pour les fragments de Milton, cités dans le *Génie du Christianisme.* La traduction littérale me paroit toujours la meilleure : une traduc-

---

1. Au moment même où j'écris cet éloge de l'abbé de La Rue, dont je ne connois que les ouvrages, je reçois, comme un remerciement, le *billet de part* qui m'annonce la mort de cet ami de Walter Scott.

tion interlinéaire seroit la perfection du genre, si on lui pouvoit ôter ce qu'elle a de sauvage.

Dans la traduction littérale, la difficulté est de ne pas reproduire un mot noble par le mot correspondant qui peut être bas, de ne pas rendre pesante une phrase légère, légère une phrase pesante, en vertu d'expressions qui se ressemblent, mais qui n'ont pas la même prosodie dans les deux idiomes.

Milton, outre les luttes qu'il faut soutenir contre son génie, offre des obscurités grammaticales sans nombre; il traite sa langue en tyran, viole et méprise les règles : en françois, si vous supprimiez ce qu'il supprime par l'ellipse; si vous perdiez sans cesse comme lui votre *nominatif,* votre *régime;* si vos *relatifs* perplexes rendoient indécis vos *antécédents,* vous deviendriez inintelligible. L'invocation du *Paradis perdu* présente toutes ces difficultés réunies : l'inversion suspensive qui jette à la césure du septième vers le *Sing, heavenly Muse,* est admirable; je l'ai conservée afin de ne pas tomber dans la froide et régulière invocation grecque et françoise, *Muse céleste, chante,* et pour que l'on sente tout d'abord qu'on entre dans des régions inconnues : Louis Racine l'a conservée également, mais il a cru devoir la régulariser à l'aide d'un gallicisme qui fait disparoître toute poésie : *c'est ce que je t'invite à chanter, Muse céleste.*

Milton, après ce début, prend son vol, et prolonge son invocation à travers des phrases incidentes et interminables, lesquelles produisant des régimes indirects, obligent le lecteur à des efforts d'attention antipathiques à l'esprit françois. Point d'autre moyen de s'en tirer que de couper l'invocation et l'exposition, de régénérer le nominatif dans le nom ou le pronom. Milton, comme un fleuve immense, entraîne avec lui ses rivages et les limons de son lit, sans s'embarrasser si son onde est pure ou troublée.

On peut s'exercer sur quelques morceaux choisis d'un ouvrage, et espérer en venir à bout avec du temps; mais c'est tout une autre affaire lorsqu'il s'agit de la traduction complète de cet ouvrage, de la traduction de 10,467 vers, lorsqu'il faut suivre l'écrivain non-seulement à travers ses beautés, mais encore à travers ses défauts, ses négligences et ses lassitudes; lorsqu'il faut donner un égal soin aux endroits arides et ennuyeux, être attentif à l'expression, au style, à l'harmonie, à tout ce qui compose le poëte; lorsqu'il faut étudier le sens, choisir celui qui paroît le plus beau quand il y en a plusieurs, ou deviner le plus probable par le caractère du génie de l'auteur; lorsqu'il faut se souvenir de tels passages souvent placés à une grande distance de l'endroit obscur, et qui l'éclaircissent : ce travail fait en conscience asseroit l'esprit le plus laborieux et le plus patient.

AVERTISSEMENT.

J'ai cherché à représenter Milton dans sa sévérité; je n'ai fui ni l'expression horrible, ni l'expression simple, quand je l'ai rencontrée : le Péché a des chiens aboyants, ses enfants, qui rentrent dans leur *chenil*, dans ses entrailles; je n'ai point rejeté cette image. Ève dit que le serpent ne vouloit point lui *faire du mal, du tort*, je me suis bien gardé de poétiser cette naïve expression d'une jeune femme qui fait une grande révérence à l'arbre de la science après en avoir mangé du fruit : c'est comme cela que j'ai senti Milton. Si je n'ai pu rendre les beautés du *Paradis perdu*, je n'aurai pas pour excuse de les avoir ignorées.

Milton a fait une foule de mots qu'on ne trouve pas dans les dictionnaires : il est rempli d'hébraïsmes, d'hellénismes, de latinismes : il appelle, par exemple, un Commandement, une Loi de Dieu, *la première fille de sa voix;* il emploie le nominatif absolu des Grecs, l'ablatif absolu des Latins. Quand ses mots composés n'ont pas été trop étrangers à notre langue dans leur étymologie tirée des langues mortes ou de l'italien, je les ai adoptés : ainsi j'ai dit *emparadisé, fragrance*, etc. Il y a quelques idiotismes anglois, que presque tous les traducteurs ont passés, comme *planet-struck* : j'ai du moins essayé d'en faire comprendre le sens, sans avoir recours à une trop longue périphrase.

Au reste, les changements arrivés dans nos institutions nous donnent mieux l'intelligence de quelques formes oratoires de Milton. Notre langue est devenue aussi plus hardie et plus populaire. Milton a écrit, comme moi, dans un temps de révolution et dans des idées qui sont à présent celles de notre siècle : il m'a donc été plus facile de garder ces tours que les anciens traducteurs n'ont pas osé hasarder. Le poëte use de vieux mots anglois, souvent d'origine françoise ou latine; je les ai *translatés* par le vieux mot françois, en respectant la langue rhythmique et son caractère de vétusté. Je ne crois pas que ma traduction soit plus longue que le texte; je n'ai pourtant rien passé.

Enfin, j'ai pris la peine de traduire moi-même de nouveau jusqu'au petit article sur les *vers blancs*, ainsi que les anciens arguments des livres, parce qu'il est probable qu'ils sont de Milton. Le respect pour le génie a vaincu l'ennui du labeur; tout m'a paru sacré dans le texte, parenthèses, points, virgules : les enfants des Hébreux étoient obligés d'apprendre la Bible par cœur depuis *Béresith* jusqu'à *Malachie*.

Qui s'inquiète aujourd'hui de tout ce que je viens de dire? qui s'avisera de suivre une traduction sur le texte? qui saura gré au traducteur d'avoir vaincu une difficulté, d'avoir pâli autour d'une phrase des journées entières? Lorsque Clément mettoit en lumière un gros volume à propos de la traduction des *Géorgiques,* chacun le lisoit et prenoit parti pour ou contre l'abbé Delille : en sommes-nous là? Il peut arriver cependant que mon lecteur soit quelque vieil amateur de l'école classique, revivant au souvenir de ses anciennes admirations, ou quelque jeune poëte de l'école romantique allant à la chasse des images, des idées, des expressions pour en faire sa proie, comme d'un butin enlevé à l'ennemi.

Au reste, je parle fort au long de Milton dans l'*Essai sur la Littérature angloise,* puisque je n'ai écrit cet essai qu'à l'occasion du *Paradis perdu.* J'analyse ses divers ouvrages ; je montre que les révolutions ont rapproché Milton de nous; qu'il est devenu un homme de notre temps; qu'il étoit aussi grand écrivain en prose qu'en vers : pendant sa vie, la prose le rendit célèbre, la poésie après sa mort; mais la renommée du prosateur s'est perdue dans la gloire du poëte.

Je dois prévenir que dans cet *Essai* je ne me suis pas collé à mon sujet comme dans la *traduction* : je m'occupe de tout, du présent, du passé, de l'avenir; je vais çà et là; quand je rencontre le moyen âge, j'en parle; quand je me heurte contre la Réformation, je m'y arrête; quand je trouve la révolution angloise, elle me remet la nôtre en mémoire, et j'en cite les hommes et les faits. Si un royaliste anglois est jeté en geôle, je songe au logis que j'occupois à la Préfecture de police.

Les poëtes anglois me conduisent aux poëtes françois; lord Byron me rappelle mon exil en Angleterre, mes promenades à la colline d'Harrow et mes voyages à Venise; ainsi du reste. Ce sont des mélanges qui ont tous les tons, parce qu'ils parlent de toutes les choses; ils passent de la critique littéraire élevée ou familière à des considérations historiques, à des récits, à des portraits, à des souvenirs généraux ou personnels. C'est pour ne surprendre personne, pour que l'on sache d'abord ce qu'on va lire, pour qu'on voie bien que la littérature angloise n'est ici que le fond de mes stromates ou le canevas de mes broderies; c'est pour tout cela que j'ai donné un second titre à cet Essai.

INTRODUCTION.

DU LATIN

COMME SOURCE DES LANGUES DE L'EUROPE LATINE.

Lorsqu'un peuple puissant a passé, que la langue dont il se servoit n'est plus parlée, cette langue reste monument d'un autre âge, où l'on admire les chefs-d'œuvre d'un pinceau et d'un ciseau brisés. Dire comment les idiomes des peuples de l'Ausonie devinrent l'idiome latin, ce que cet idiome retint du caractère des tribus sauvages qui le formèrent, ce qu'il perdit et gagna par la conversion d'un gouvernement libre en un gouvernement despotique, et plus tard par la révolution opérée dans la religion de l'État; dire comment les nations conquises et conquérantes apportèrent une foule de locutions étrangères à cet idiome, comment les débris de cet idiome formèrent la base sur laquelle s'élevèrent les dialectes de l'ouest et du midi de l'Europe moderne, seroit le sujet d'un immense ouvrage de philologie.

Rien en effet ne pourroit être plus curieux et plus instructif que de prendre le latin à son commencement et de le conduire à sa fin à travers les siècles et les génies divers. Les matériaux de ce travail sont déjà tout préparés dans les sept traités de Jean-Nicolas Funck : *De Origine linguæ latinæ tractatus; de Pueritia latinæ linguæ tract.; de Adolescentia latinæ linguæ tract.; de virili Ætate latinæ linguæ tract.; de imminenti latinæ linguæ Senectute tract.; de vegeta latinæ linguæ Senectute tract.; de inerti et de crepita latinæ linguæ Senectute tractatus.*

La langue grecque dorique, la langue étrusque et osque des hymnes des Saliens et de la Loi des Douze Tables, dont les enfants chantoient encore les articles en vers du temps de Cicéron, ont produit la langue rude de Duillius, de Cæcilius et d'Ennius, la langue vive de Plaute, satirique de Lucilius, grécisée de Térence, philosophique, triste, lente et spondaïque de Lucrèce, éloquente de Cicéron et de Tite Live, claire et correcte de César, élégante d'Horace, brillante d'Ovide, poétique et concise de Catulle, harmonieuse de Tibulle, divine de Virgile, pure et sage de Phèdre.

Cette langue du siècle d'Auguste (je ne sais à quelle date placer Quinte-Curce) devint, en s'altérant, la langue énergique de Tacite, de Lucain, de Sénèque, de Martial, la langue copieuse de Pline l'ancien, la langue fleurie de Pline le jeune, la langue effrontée de Suétone, violente de Juvénal, obscure de Perse, enflée ou plate de Stace et de Silius Italicus.

Après avoir passé par les grammairiens Quintilien et Macrobe; par les épitomistes Florus, Velleius Paterculus, Justin, Orose, Sulpice Sévère; par les Pères de l'Église et les auteurs ecclésiastiques Tertullien, Cyprien, Ambroise, Hilaire de Poitiers, Paulin, Augustin, Jérôme, Salvien; par les apologistes Lactance, Arnobe, Minutius Felix; par les panégyristes Eumène, Mamertin, Nazairius; par les historiens de la décadence, Ammien Marcellin et les biographes de l'*Histoire auguste,* par les poëtes de la décadence et de la chute, Ausone, Claudien, Rutilius, Sidoine Apollinaire, Prudence, Fortunat; après avoir reçu de la conversion des religions, de la transformation des mœurs, de l'invasion des Goths, des Alains, des Huns, des Arabes, etc., les expressions obligées des nouveaux besoins et des idées nouvelles, cette langue retourna à une autre barbarie dans le premier historien de ces Francs qui commencèrent une autre langue, après avoir détruit l'empire romain chez nos pères.

Les auteurs ont noté eux-mêmes les altérations successives du latin de siècle en siècle : Cicéron affirme que dans les Gaules on employoit beaucoup de mots dont l'usage n'étoit pas reçu à Rome : *verba non trita Romæ;* Martial se sert d'expressions celtiques, et s'en vante; saint Jérôme dit que de son temps la langue latine changeoit dans tous les pays : *regionibus mutatur;* Festus, au ve siècle, se plaint de l'ignorance où l'on est déjà tombé touchant la construction du latin; saint Grégoire le Grand déclare qu'il a peu de souci des solécismes et des barbarismes; Grégoire de Tours réclame l'indulgence du lecteur pour s'être écarté, dans le style et dans les mots, des règles de la grammaire, dont il n'est pas bien instruit : *non sum imbutus;* les serments de Charles le Chauve et de Louis le Germanique nous montrent le latin expirant; les hagiographes du viie siècle font l'éloge des évêques qui savent parler *purement* le latin, et les conciles du ixe siècle ordonnent aux évêques de prêcher en langue *romane rustique*.

INTRODUCTION. 489

C'est donc du VIIe au IXe siècle, entre ces deux époques précises, que le latin se métamorphosa en *roman* de différentes nuances et de divers accents, selon les provinces où il étoit en usage. Le latin correct, qui reparoît dans les historiens et les écrivains à compter du règne de Charlemagne, n'est plus le latin *parlé*, mais le latin *appris* Le mot *latin* ne signifia bientôt plus que *roman* ou *langue romance*, et fut pris ensuite pour le mot *langue* en général : *les oiseaux chantent en leur* LATIN.

Une langue civilisée née d'une langue barbare diffère, dans ses éléments, d'une langue barbare émanée d'une langue civilisée : la première doit rester plus originale, parce qu'elle s'est créée d'elle-même et qu'elle a seulement développé son germe ; la seconde (la langue barbare), entée sur une langue civilisée, perd sa sève naturelle et porte des fruits étrangers.

Tel est le latin relativement à l'idiome sauvage qui l'engendra ; telles sont les langues modernes de l'Europe latine, par rapport à la langue polie dont elles dérivent. Une langue vivante qui sort d'une langue vivante continue sa vie ; une langue vivante qui s'épanche d'une langue morte prend quelque chose de la mort de sa mère ; elle garde une foule de mots expirés : ces mots ne rendent pas plus les perceptions de l'existence que le silence n'exprime les sons.

Y a-t-il eu vers la fin de la latinité un idiome de transition entre le latin et les dialectes modernes, idiome d'un usage général de ce côté-ci des Alpes et du Rhin ? La langue *romane rustique*, si souvent mentionnée dans les conciles du IXe siècle, étoit-elle cette langue *romane*, ce *provençal* parlé dans le midi de la France ? Le provençal était-il le *catalan*, et fut-il formé à la cour des comtes de Barcelone ? Le *roman* du nord de la Loire, le *roman* wallon ou le *roman des trouvères,* qui devint le françois, précéda-t-il le *roman* du midi de la Loire ou le *roman des troubadours ?* La langue d'oc et la langue d'oïl empruntèrent-elles le sujet de leurs chansons et de leurs histoires à des *lais armoricains* et à des *lais gallois ?* Matière d'une controverse qui ne finira qu'au moment où le savant ouvrage de M. Fauriel aura répandu la lumière sur cet obscur sujet.

LA LANGUE ANGLOISE

DIVISÉE EN CINQ ÉPOQUES.

Parmi les langues formées du latin, je compte la langue angloise, bien qu'elle ait une double origine ; mais je ferai voir que depuis la conquête des Normands jusque sous le règne du premier Tudor la langue franco-romane domina, et que dans la langue angloise moderne une immense quantité de mots latins et françois sont demeurés acquis au nouvel idiome.

La langue *romane rustique* se divisa donc en deux branches : la langue d'oc et la langue d'oil. Quand les Normands se furent emparés de la province à laquelle ils ont laissé leur nom, ils apprirent la langue d'oil ; on parloit celle-ci à Rouen ; on se servoit du danois à Bayeux. Guillaume porta les deux idiomes *françois* en Angleterre, avec les aventuriers accourus des deux côtés de la Loire.

Mais dans les siècles qui précédèrent, tandis que les Gaules formoient leur langage des débris du latin, la Grande-Bretagne, d'où les Romains s'étoient depuis longtemps retirés, et où les nations du Nord s'étoient successivement établies, avoit conservé ses idiomes primitifs.

Ainsi donc, l'histoire de la langue angloise se divise en cinq époques :

1° L'époque anglo-saxonne, de 450 à 780. Le moine Augustin, en 570, fit connoître en Angleterre l'alphabet romain ;

2° L'époque danoise-saxonne de 780 à l'invasion des Normands. On a principalement de cette époque des manuscrits dits d'Alfred, et deux traductions des quatre évangélistes ;

3° L'époque anglo-normande commencée en 1066. La langue normande n'étoit autre chose que le neustrien, c'est-à-dire la langue françoise de ce côté-ci de la Loire, ou la langue d'oil. Les Normands se servoient, pour garder la mémoire de leurs chansons, de caractères appelés *runstabath* : ce sont les lettres runiques ; on y joignit celles qu'Ethicus avoit inventées auparavant et dont saint Jérôme avoit donné les signes ;

4° L'époque normande-françoise : lorsque Éléonore de Guyenne eut apporté à Henri II les provinces occidentales de la France, depuis la Basse-Loire jusqu'aux Pyrénées, et que des princesses du sang de saint Louis eurent successivement épousé des monarques anglois, les États, les propriétés, les familles, les coutumes, les mœurs, se trouvèrent si mêlés, que le françois devint la langue commune des nobles, des ecclésiastiques, des savants et des commerçants des deux royaumes. Dans le Domesday-Book, carte topographique et cadastre des propriétés, dressé par ordre de Guillaume le Conquérant, les noms des lieux sont écrits en latin, selon la prononciation françoise. Ainsi une foule de mots latins entrèrent directement dans la langue angloise par la religion et par ses ministres, dont la langue étoit latine, et indirectement par l'intermédiaire des mots normands et françois. Le normand de Guillaume le Bâtard retenoit aussi des expressions scandinaves ou germaniques que les enfants de Rollon avoient introduites dans l'idiome du pays frank par eux conquis;

5° L'époque purement dite angloise, quand l'*anglois* fut écrit et parlé tel qu'il existe aujourd'hui.

Ces cinq époques se trouveront placées dans les cinq parties qui divisent cet Essai.

Ces cinq parties se rangent naturellement sous ces titres :

1°. *Littérature sous le règne des Anglo-Saxons, des Danois et pendant le moyen âge;*

2° *Littérature sous les Tudors;*

3° *Littérature sous les deux premiers Stuarts et pendant la république;*

4° *Littérature sous les deux derniers Stuarts;*

5° *Littérature sous la maison d'Hanovre.*

Lorsqu'on étudie les diverses littératures, une foule d'allusions et de traits échappent si les usages et les mœurs des peuples ne sont pas assez présents à la mémoire. Une vue de la littérature isolée de l'histoire des nations créeroit un prodigieux mensonge : en entendant des poëtes successifs chanter imperturbablement leurs amours et leurs moutons, on se figureroit l'existence non interrompue de l'âge d'or sur la terre. Et pourtant dans cette même Angleterre dont il s'agit ici ces concerts retentissoient au milieu de l'invasion des Romains, des Pictes, des Saxons et des Danois; au milieu de la conquête des Normands, du soulèvement des barons, des contestations des premiers Plantagenètes pour la couronne, des guerres civiles de la Rose rouge et de la Rose blanche, des ravages de la Réformation, des supplices commandés par Henri VIII, des bûchers ordonnés par Marie; au milieu des massacres et de l'esclavage de l'Irlande, des désolations de l'Écosse, des échafauds de Charles Ier et de Sidney, de la fuite de Jacques, de la proscription du prétendant et des jacobites; le tout mêlé d'orages parlementaires, de crimes de cour et de mille guerres étrangères.

L'ordre social, en dehors de l'ordre politique, se compose de la religion, de l'intelligence et de l'industrie matérielle : il y a toujours chez une nation au moment des catastrophes, et parmi les plus grands événements, un prêtre qui prie, un poëte qui chante, un auteur qui écrit, un savant qui médite, un peintre, un statuaire, un architecte, qui peint, sculpte et bâtit, un ouvrier qui travaille. Ces hommes marchent à côté des révolutions, et semblent vivre d'une vie à part : si vous ne voyez qu'eux, vous voyez un monde réel, vrai, immuable, base de l'édifice humain, mais qui paroît fictif et étranger à la société de convention, à la société politique. Seulement, le prêtre dans son cantique, le poëte, le savant, l'artiste, dans leurs compositions, l'ouvrier dans son travail, révèlent, de fois à autre, l'époque où ils vivent, marquent le contre-coup des événements qui leur firent répandre avec plus d'abondance leurs sueurs, leurs plaintes et les dons de leur génie.

Pour détruire cette illusion de deux vues présentées séparément, pour ne pas créer le mensonge que j'indique au commencement de ce chapitre, pour ne pas jeter tout à coup le lecteur non préparé dans l'histoire des chansons, des ouvrages et des auteurs des premiers siècles de la littérature angloise, je crois à propos de reproduire ici le tableau général du moyen âge : ces prolégomènes serviront à l'intelligence du sujet.

MOYEN AGE.

LOIS ET MONUMENTS.

Le moyen âge offre un tableau bizarre, qui semble être le produit d'une imagination puissante, mais déréglée. Dans l'antiquité, chaque nation sort, pour ainsi dire, de sa propre source; un esprit primitif, qui pénètre tout et se fait sentir partout, rend homogènes les institutions et les mœurs. La société du moyen âge étoit composée des débris de mille autres sociétés : la civilisation romaine, le paganisme même y avoient laissé des traces; la religion chrétienne y apportoit ses croyances et ses solennités; les barbares franks, goths, burgondes, anglo-saxons, danois, normands, retenoient les usages et le caractère propres à leurs races. Tous les genres de propriété se mêloient, toutes les espèces de lois se confondoient, l'aleu, le fief, la mainmorte, le code, le digeste, les lois salique, gombette, visigothe, le droit coutumier; toutes les formes de liberté et de servitude se rencontroient; la liberté monarchique du roi, la liberté aristocratique du noble, la liberté individuelle du prêtre, la liberté collective des communes, la liberté privilégiée des villes, de la magistrature, des corps de métiers et des marchands, la liberté représentative de la nation, l'esclavage romain, le servage barbare, la servitude de l'urbain. De là ces spectateurs incohérents, ces usages qui se paroissent contredire, qui ne se tiennent que par le lien de la religion. On diroit de peuples divers sans aucun rapport les uns avec les autres, mais seulement convenus de vivre sous un commun maître, autour d'un même autel.

Jusque dans son apparence extérieure, l'Europe offroit alors un tableau plus pittoresque et plus national qu'elle ne le présente aujourd'hui. Aux monuments nés de notre religion et de nos mœurs, nous avons substitué, par affectation de l'architecture bâtarde romaine, des monuments qui ne sont ni en harmonie avec notre ciel ni appropriés à nos besoins; froide et servile copie, laquelle a introduit le mensonge dans nos arts, comme le calque de la littérature latine a détruit dans notre littérature l'originalité du génie frank. Ce n'étoit pas ainsi qu'imitoit le moyen âge; les esprits de ce temps-là admiroient aussi les Grecs et les Romains; ils recherchoient et étudioient leurs ouvrages, mais au lieu de s'en laisser dominer, ils les maîtrisoient, les façonnoient à leur guise, les rendoient françois, et ajoutoient à leur beauté par cette métamorphose pleine de création et d'indépendance.

Les premières églises chrétiennes dans l'Occident ne furent que des temples retournés : le culte païen étoit extérieur, la décoration du temple fut extérieure; le culte chrétien étoit intérieur, la décoration de l'église fut intérieure. Les colonnes passèrent du dehors au dedans de l'édifice, comme dans les basiliques où se tinrent les assemblées des fidèles quand ils sortirent des cryptes et des catacombes. Les proportions de l'église surpassèrent en étendues celles du temple, parce que la foule chrétienne s'entassoit sous la voûte de l'église, et que la foule païenne étoit répandue sous le péristyle du temple. Mais lorsque les chrétiens devinrent les maîtres, ils changèrent cette économie, et ornèrent aussi du côté du paysage et du ciel leurs édifices.

Et afin que les appuis de la nef aérienne n'en déparassent pas la structure, le ciseau les avoit taillés; on n'y voyoit plus que des arches de pont, des pyramides, des aiguilles et des statues.

Les ornements qui n'adhéroient pas à l'édifice se marioient à son style : les tombeaux étoient de forme gothique, et la basilique, qui s'élevoit comme un grand catafalque au-dessus d'eux, sembloit s'être moulée sur leur forme. Les arts du dessin participoient de ce goût fleuri et composite : sur les murs et sur les vitraux étoient peints des paysages, des scènes de la religion et de l'histoire nationale.

Dans les châteaux, les armoiries coloriées, encadrées dans des losanges d'or, formoient des plafonds semblables à ceux des beaux palais du *cinque cento* de l'Italie. L'écriture même étoit dessinée; l'hiéroglyphe germanique, substitué au jambage rectiligne romain, s'harmonioit avec les pierres sépulcrales. Les tours isolées, qui servoient de vedettes sur les hauteurs; les donjons enserrés dans les bois, ou suspendus sur la cime des rochers comme l'aire des vautours; les ponts pointus et étroits jetés hardiment sur les torrents; les villes fortifiées que l'on rencontroit à chaque pas, et dont les créneaux étoient à la fois les remparts et les ornements; les chapelles, les oratoires, les ermitages, placés dans les lieux les plus pittoresques au bord des chemins et des eaux; les beffrois, les flèches des paroisses de campagne, les abbayes, les monastères, les cathédrales; tous ces édifices que nous ne voyons plus qu'en petit nombre et dont le temps a noirci, obstrué, brisé les dentelles, avoient alors l'éclat de la jeunesse; ils sortoient des mains de l'ouvrier : l'œil, dans la blancheur de leurs pierres, ne perdoit rien de la légèreté de leurs détails, de l'élégance de leurs réseaux, de la variété de leurs guillochis, de leurs gravures, de leurs ciselures, de leurs découpures et de toutes les fantaisies d'une imagination libre et inépuisable.

Dans le court espace de dix-huit ans, de 1136 à 1154, il n'y eut pas moins de onze cent quinze châteaux bâtis dans la seule Angleterre.

La chrétienté élevoit à frais communs, au moyen des quêtes et des aumônes, les cathédrales dont chaque État particulier n'étoit pas assez riche pour payer les travaux, et dont presque aucune n'est achevée. Dans ces vastes et mystérieux édifices se gravoient en relief et en creux, comme avec un emporte-pièce, les parures de l'autel, les monogrammes sacrés, les vêtements et les choses à l'usage des prêtres. Les bannières, les croix de divers agencements, les calices, les ostensoirs, les dais, les chapes, les capuchons, les crosses, les mitres dont les formes se retrouvent dans le gothique, conservoient les symboles du culte en produisant des effets d'art inattendus. Assez souvent les gouttières et les gargouilles étoient taillées en figures de démons obscènes ou de moines vomissants. Cette architecture du moyen âge offroit un mélange du tragique et du bouffon, du gigantesque et du gracieux, comme les poëmes et les romans de la même époque.

Les plantes de notre sol, les arbres de nos bois, le trèfle et le chêne décoroient aussi les églises, de même que l'acanthe et le palmier avoient embelli les temples du pays et du siècle de Périclès. Au dedans, une cathédrale étoit une forêt, un labyrinthe dont les mille arcades, à chaque mouvement du spectateur, se croisoient, se séparoient, s'enlaçoient de nouveau. Cette forêt étoit éclairée par des rosaces à jour incrustées de vitraux peints, qui ressembloient à des soleils brillants de mille couleurs sous la feuillée : en dehors, cette même cathédrale avoit l'air d'un monument auquel on auroit laissé sa cage, ses arcs-boutants et ses échafauds.

COSTUMES. — FÊTES ET JEUX.

La population en mouvement autour des édifices est décrite dans les chroniques et peinte dans les vignettes. Les diverses classes de la société et les habitants des différentes provinces se distinguoient, les uns par la forme des vêtements, les autres par des modes locales. Les populations n'avoient pas cet aspect uniforme qu'une même manière de se vêtir donne à cette heure aux habitants de nos villes et de nos campagnes. La noblesse, les chevaliers, les magistrats, les évêques, le clergé séculier, les religieux de tous les ordres, les pèlerins, les pénitents gris, noirs et blancs, les ermites, les confréries, les corps de métiers, les bourgeois, les paysans offroient une variété infinie de costumes : nous voyons encore quelque chose de cela en Italie. Sur ce point, il s'en faut rapporter aux arts : que peut faire le peintre de notre vêtement étriqué, de notre petit chapeau rond et de notre chapeau à trois cornes?

Du XIIe au XIVe siècle, le paysan et l'homme du peuple portèrent la jaquette ou la casaque grise liée aux flancs par un ceinturon. Le sayon de peau, le *péliçon* d'où est venu le surplis, étoient communs à tous les états. La pelisse fourrée et la robe longue orientale enveloppoient le chevalier quand il quittoit son armure; les manches de cette robe couvroient les mains; elle ressembloit au cafetan turc d'aujourd'hui; la toque ornée de plumes, le capuchon ou chaperon, tenoient lieu de turban. De la robe ample on passa à l'habit étroit, puis on revint à la robe, qui fut blasonnée. Les hauts-de-chausses, si courts et si serrés qu'ils en étoient indécents, s'arrêtoient au milieu de la cuisse; les bas-de-chausses étoient dissemblables; on avoit une jambe d'une couleur, une jambe d'une autre couleur. Il en étoit de même du hoqueton mi-parti noir et blanc, et du chaperon mi-parti bleu et rouge. « Et si étoient leurs robes si étroites à vêtir et à dépouiller qu'il sembloit qu'on les écorchât. Les autres avoient leurs robes relevées sur les reins comme femmes, si avoient leurs chaperons découpés menuement tout en tour. Et si avoient leur chausse d'un drap et l'autre de l'autre. Et leur venoient leurs cornettes et leurs manches près de terre, et sembloient mieux être jongleurs qu'autres gens. Et pour ce ne fut pas merveilles si Dieu voulut corriger les méfaits des François par son fléau (la peste). »

Par-dessus la robe, dans les jours de cérémonie, on attachoit un manteau, tantôt court, tantôt long. Le manteau de Richard Ier étoit fait d'une étoffe à raies, semée de globes et de demi-lunes d'argent, à l'imitation du système céleste (Winesalf). Des colliers pendants servoient également de parure aux hommes et aux femmes.

Les souliers pointus et rembourrés à la *poulaine* furent longtemps en vogue. L'ouvrier en découpoit le dessus comme des fenêtres d'église; ils étoient longs de deux pieds pour le noble, ornés à l'extrémité de cornes, de griffes ou de figures grotesques : ils s'allongèrent encore, de sorte qu'il devint impossible de marcher sans en relever la pointe et l'attacher au genou avec une chaîne d'or ou d'argent. Les évêques excommunièrent les souliers à la poulaine et les traitèrent de *péché contre nature*. On déclara qu'ils étoient *contre les bonnes mœurs, et inventés en dérision du Créateur*. En Angleterre, un acte du parlement défendit aux cordonniers de fabriquer des souliers ou des bottines dont la pointe excédât deux pouces. Les larges babouches carrées par le bout remplacèrent la chaussure à bec. Les modes varioient autant que celles de nos jours; on connoissoit le chevalier ou la dame qui, le premier ou la première, avoit imaginé une *haligote* (mode) nouvelle : l'inventeur des souliers à la poulaine étoit le chevalier anglois Robert le Cornu. (*W. Malmesbury*.)

Les *gentilfames* usoient sur la peau d'un linge très-fin; elles étoient vêtues de tuniques montantes enveloppant la gorge, armoriées à droite de l'écu de leur mari, à gauche de celui de leur famille. Tantôt elles portoient leurs cheveux ras, lissés sur le front et recouverts d'un petit bonnet entrelacé de rubans; tantôt elles les dérouloient épars sur leurs épaules; tantôt elles les bâtissoient en pyramide haute de trois pieds; elles y suspendoient ou des barbettes, ou de longs voiles, ou des banderoles de soie tombant jusqu'à terre et voltigeant au gré du vent; au temps de la reine Isabeau, on fut obligé d'élever et d'élargir les portes pour donner passage aux coiffures des châtelaines. Ces coiffures étoient soutenues par deux cornes recourbées, charpente de l'édifice : du haut de la corne, du côté droit, descendoit un tissu léger que la jeune femme laissoit flotter, ou qu'elle ramenoit sur son sein comme une guimpe, en l'entortillant à son bras gauche. Une femme en plein *esbattement* étaloit des colliers, des bracelets et des bagues. A sa ceinture, enrichie d'or, de perles et de pierres précieuses, s'attachoit une escarcelle brodée : elle galopoit sur un palefroi, portoit un oiseau sur le poing, ou une canne à la main. « Quoi de plus ridicule, dit Pétrarque dans une lettre adressée au pape en 1366, que de voir les hommes le ventre sanglé! En bas de longs souliers pointus; en haut, des toques chargées de plumes : cheveux tressés allant de ci, de là, par derrière comme la queue d'un animal, retapés sur le front avec des épingles à tête d'ivoire. » Pierre de Blois ajoute qu'il étoit du bel usage de parler avec affectation. Et quelle langue parloit-on ainsi? La langue de Robert Wace ou du Roman du Rou, de Ville-Hardouin, de Joinville et de Froissart!

Le luxe des habits et des fêtes passoit toute croyance; nous sommes de mesquins personnages auprès de ces barbares des XIIIe et XIVe siècles. On vit dans un tournoi mille chevaliers vêtus d'une robe uniforme de soie, nommée *cointise*, et le lendemain ils parurent avec un accoutrement nouveau aussi magnifique (*Mathieu Paris*). Un des habits de Richard II, roi d'Angleterre, lui coûta trente mille marcs d'argent (*Knyghton*). Jean Arundel avoit cinquante-deux habits complets d'étoffe d'or (*Hollingshed chron.*).

Une autre fois, dans un autre tournoi, défilèrent d'abord, un à un, soixante superbes chevaux richement caparaçonnés, conduits chacun par un écuyer d'honneur et précédés de trompettes et de ménestriers; vinrent ensuite soixante jeunes dames montées sur des palefrois, superbement vêtues, chacune menant en lesse, avec une chaîne d'argent, un chevalier armé de toutes pièces. La danse et la musique faisoient partie de ces *bandors* (réjouissances). Le roi, les prélats, les barons, les chevaliers, sautoient au son des vielles, des musettes et des *chiffonies*.

Aux fêtes de Noël arrivoient de grandes mascarades. En 1348, en Angleterre, on prépara quatre-vingts tuniques de bougran, quarante-deux masques et un grand nombre de vêtements bizarres, pour les mascarades. En 1377, une mascarade, composée d'environ cent trente personnes, déguisées de différentes manières, offrit un divertissement au prince de Galles.

La balle, le mail, le palet, les quilles, les dés, affoloient tous les esprits. Il reste une note d'Édouard II de la somme de cinq shillings, laquelle somme il avoit empruntée à son barbier pour jouer à croix ou pile.

REPAS.

Quant au repas, on l'annonçoit au son du cor chez les nobles : cela s'appeloit *corner l'eau*, parce qu'on se lavoit les mains avant de se mettre à table. On dînoit à neuf heures du matin, et l'on soupoit à cinq heures du soir. On étoit assis sur des *banques* ou bancs, tantôt élevés, tantôt assez bas, et la table montoit et descendoit en proportion. Du banc est venu le mot *banquet*. Il y avoit des tables d'or et d'argent ciselées; les tables de bois étoient couvertes de nappes doubles appelées *doubliers;* on les plissoit comme *rivière ondoyante qu'un petit vent frais fait doucement soulever*. Les serviettes sont plus modernes. Les fourchettes, que ne connoissoient point les Romains, furent aussi inconnues des François jusqu'à la fin du xive siècle; on ne les trouve que sous Charles V.

On mangeoit à peu près tout ce que nous mangeons, et même avec des raffinements que nous ignorons aujourd'hui; la civilisation romaine n'avoit point péri dans la cuisine. Parmi les mets recherchés, je trouve le *dellegrous*, le *maupigyrum*, le *karumpie*. Qu'étoit-ce? On servoit des pâtisseries de formes obscènes, qu'on appeloit de leurs propres noms; les ecclésiastiques, les femmes et les jeunes filles rendoient ces grossièretés innocentes par une pudique ingénuité. La langue étoit alors toute nue; les traductions de la Bible de ces temps sont aussi crues et plus indécentes que le texte. *L'instruction du chevalier Geoffroy la Tour Landry, gentilhomme angevin, à ses filles*, donne la mesure de la liberté des enseignements et des mots.

On usoit en abondance de bière, de cidre et de vin de toutes les sortes : il est fait mention du cidre sous la seconde race. Le clairet étoit du vin clarifié mêlé à des épiceries, l'hypocras du vin adouci avec du miel. Un festin donné en Angleterre par un abbé, en 1310, réunit six mille convives devant trois mille plats. Au repas de noce du comte de Cornouailles, en 1243, trente mille plats furent servis, et en 1251 soixante bœufs gras furent fournis par le seul archevêque d'York pour le mariage de Marguerite d'Angleterre avec Alexandre III, roi d'Écosse. Les repas royaux étoient mêlés d'intermèdes : on y entendoit toutes *ménestrandies;* les clercs chantoient *chansons*, rondeaux et virelais. « Quand le roi (Henri II d'Angleterre) sort dans la matinée, dit Pierre de Blois, vous voyez une multitude de gens courant çà et là, comme s'ils étoient privés de la raison; des chevaux se précipitent les uns sur les autres, des voitures renversent des voitures; des comédiens, des filles publiques, des joueurs, des cuisiniers, des confiseurs, des baladins, des danseurs, des barbiers, des compagnons de débauches, des parasites, font un bruit horrible; en un mot, la confusion des fantassins et des cavaliers est si insupportable, que vous diriez que l'abîme s'est ouvert et que l'enfer a vomi tous ses diables. »

Lorsque Thomas Becket (saint Thomas de Cantorbéry) alloit en voyage, il étoit suivi d'environ deux cents cavaliers, écuyers, pages, clercs et officiers de sa maison. Avec lui cheminoient huit chariots tirés chacun par cinq forts chevaux; deux de ces chariots contenoient la bière, un autre portoit les meubles de sa chapelle, un autre ceux de sa chambre, un autre ceux de sa cuisine; les trois derniers étoient remplis de provisions, de vêtements et de divers objets. Il avoit en outre douze chevaux de bât, chargés de coffres qui contenoient son argent, sa vaisselle d'or, ses livres, ses habillements, ses ornements d'autel. Chaque chariot étoit gardé par un énorme mâtin surmonté d'un singe. (*Salisb.*)

On avoit été obligé de frapper la table par des lois somptuaires : ces lois n'accordoient aux riches que deux services et deux sortes de viandes, à l'exception des prélats et des barons, qui mangeoient de tout en toute liberté; elles ne permettoient la viande aux négociants et aux artisans qu'à un seul repas; pour les autres repas, ils se devoient contenter de lait, de beurre et de légumes.

MOEURS.

On rencontroit sur les chemins des baternes ou litières, des mules, des palefrois et des voitures à bœufs : les roues des charrettes étoient à l'antique. Les chemins se distinguoient en chemins *péageaux* et en *sentiers;* des lois en régloient la largeur : le chemin péageau devoit avoir quatorze pieds; les sentiers pouvoient être ombragés, mais il falloit élaguer les arbres le long des voies royales, excepté les *arbres d'abris*. Le service des fiefs creusa cette multitude infinie de chemins de traverse dont nos campagnes sont sillonnées.

C'étoit le temps du merveilleux en toute chose : l'aumônier, le moine, le pèlerin, le chevalier, le troubadour, avoient toujours à dire ou à chanter des aventures. Le soir, autour du foyer à bancs, on écoutoit ou le roman du roi Arthur, d'Ogier le Danois, de Lancelot du Lac, ou l'histoire du *gobelin* Orthon, grand nouvelliste qui venoit dans le vent et qui fut tué dans une grosse truie noire. (*Froissart.*)

Avec ces contes on écoutoit encore le sirvante du jongleur contre un chevalier félon, ou le récit de la vie d'un pieux personnage. Ces vies de saints, recueillies par les Bollandistes, n'étoient pas d'une imagination moins brillante que les relations profanes : incantations de sorciers, tours de lutins et de farfadets, courses de loups-garous, esclaves rachetés, attaques de brigands, voyageurs sauvés, et qui à cause de leur beauté épousent les filles de leurs hôtes (*Saint-Maxime*); lumières qui pendant la nuit révèlent au milieu des buissons le tombeau de quelque vierge; châteaux qui paroissent soudainement illuminés. (*Saint Viventius; Maure et Brista.*)

Saint Déicole s'étoit égaré; il rencontre un berger et le prie de lui enseigner un gîte : « Je n'en connois pas, dit le berger, si ce n'est dans un lieu arrosé de fontaines, au domaine du puissant vassal Weissart. — Peux-tu m'y conduire? répondit le saint. — Je ne puis laisser mon troupeau, répliqua le pâtre. » Déicole fiche son bâton en terre, et quand le pâtre revint, après avoir conduit le saint, il trouve son troupeau couché paisiblement autour du bâton miraculeux. Weissart, terrible châtelain, menace de faire mutiler Déicole; mais Berthilde, femme de Weissart, a une grande vénération pour le prêtre de Dieu. Déicole entre dans la forteresse; les serfs, empressés, le veulent débarrasser de son manteau; il les remercie, et suspend ce manteau à un rayon du soleil qui passoit à travers la lucarne d'une tour. (*Boll.*, t. II, p. 202.)

Giralde, natif du pays de Galles, raconte, dans sa *Topographie de l'Irlande*, que saint Kewen priant Dieu, les deux mains étendues, une hirondelle entra par la fenêtre de sa cellule et déposa un œuf dans une de ses mains. Le saint n'abaissa point sa main; il ne la ferma que quand l'hirondelle eut déposé tous ses œufs et achevé de les couver. En souvenir de cette bonté et de cette patience, la statue du solitaire en Irlande porte une hirondelle dans une main.

L'abbé Turketult avoit en sa possession le pouce de saint Barthélemi, et il s'en servoit pour se signer dans les moments de danger, de tempête et de tonnerre.

Les barbares aimoient les anachorètes : c'étoient des soldats de différentes milices, également éprouvés, également durs à eux-mêmes, dormant sur la terre, habitant le rocher, se plaisant aux pèlerinages lointains, à la vastité des déserts et des forêts. Aussi les ermites conduisoient-ils les batailles : campés le soir dans les cimetières, ils y composoient et chantoient à la foule armée le *Dies iræ* et le *Stabat mater*. Les Anglo-Saxons ne virent pas moins de dix rois et de onze reines abandonner le monde et se retirer dans les cloîtres.

Cependant il ne faudroit pas se laisser tromper par les mots, ces reines étoient des femmes de pirates du Nord, arrivées dans des barques, célébrant leurs noces sur des chariots, comme les filles de Clodion le Chevelu, de belles et blanches Norvégiennes passées des dieux de l'Edda au dieu de l'Évangile, et des walkiries aux anges.

SUITE DES MŒURS.
VIGUEUR ET FIN DES SIÈCLES BARBARES.

Chercher à dérouler avec méthode le tableau des mœurs de ce temps seroit à la fois tenter l'impossible et mentir à la confusion de ces mœurs. Il faut jeter pêle-mêle toutes ces scènes telles qu'elles se succédoient, sans ordre, ou s'enchevêtroient dans une commune action, dans un même moment : il n'y avoit d'unité que dans le mouvement général qui entraînoit la société vers son perfectionnement, par la loi naturelle de l'existence humaine.

D'un côté la chevalerie, de l'autre le soulèvement des masses rustiques; tous les déréglements de la vie dans le clergé et toute l'ardeur de la foi. Des gyrovagues, ou moines errants, cheminant à pied ou chevauchant sur une petite mule, prêchoient contre tous les scandales; ils se faisoient brûler vifs par les papes, auxquels ils reprochoient leurs désordres, et noyer par les princes, dont ils attaquoient la tyrannie. Des gentilshommes s'embusquoient sur les chemins et dévalisoient les passants, tandis que d'autres gentilshommes devenoient, en Espagne, en Grèce, en Dalmatie, seigneurs des immortelles cités dont ils ignoroient l'histoire. Cours d'amour où l'on raisonnoit d'après toutes les règles du scotisme, et dont les chanoines étoient membres; troubadours et ménestrels vaguant de château en château, déchirant les hommes dans des satires, louant les dames dans des ballades; bourgeois, divisés en corps de métiers, célébrant des solennités patronales où les saints du paradis étoient mêlés aux divinités de la fable; représentations théâtrales, *miracles* et *mystères,* dans les églises; *fêtes des fous* ou des *cornards;* messes sacriléges; soupes grasses mangées sur l'autel; l'*Ite missa est* répondu par trois braiements d'âne; barons et chevaliers s'engageant, dans des repas mystérieux, à porter la guerre chez des peuples, faisant vœu sur un paon ou sur un héron d'accomplir les faits d'armes pour leurs mies; juifs massacrés et se massacrant entre eux, conspirant avec les lépreux pour empoisonner les puits et les fontaines; tribunaux de toutes les sortes condamnant, en vertu de toutes les espèces de lois, à toutes les sortes de supplices; accusés de toutes les catégories, depuis l'hérésiarque écorché et brûlé vif, jusqu'aux adultères attachés nus l'un à l'autre et promenés au milieu de la foule; le juge prévaricateur substituant à l'homicide riche condamné un prisonnier innocent; pour dernière confusion, pour dernier contraste, la vieille société, civilisée à la manière des anciens, se perpétuant dans les abbayes; les étudiants des universités faisant renaître les disputes philosophiques de la Grèce; le tumulte des écoles d'Athènes et d'Alexandrie se mêlant au bruit des tournois, des carrousels et des pas d'armes; placez, enfin, au-dessus et en dehors de cette société si agitée un autre principe de mouvement, un tombeau objet de toutes les tendresses, de tous les regrets, de toutes les espérances, qui attiroit sans cesse au delà des mers les rois et les sujets, les vaillants et les coupables; les premiers pour chercher des ennemis, des royaumes, des aventures; les seconds pour accomplir des vœux, expier des crimes, apaiser des remords : voilà tout le moyen âge.

L'Orient, malgré le mauvais succès des croisades, resta longtemps pour les peuples de l'Europe le pays de la religion et de la gloire; ils tournoient sans cesse les yeux vers ce beau soleil, vers ces palmes de l'Idumée, vers ces plaines de Rama où les infidèles se reposoient à l'ombre des oliviers plantés par Baudoin, vers ces champs d'Ascalon qui gardoient encore les traces de Godefroi de Bouillon, de Coucy, de Tancrède, de Philippe-Auguste, de Richard Cœur de Lion, de saint Louis, vers cette Jérusalem un moment délivrée, puis retombée dans ses fers, et qui se montroit à eux comme à Jérémie, insultée des passants, noyée de ses pleurs, privée de son peuple, assise dans la solitude.

Tels furent ces siècles d'imagination et de force qui marchoient avec cet attirail au milieu des événements les plus variés, au milieu des hérésies, des schismes, des guerres féodales, civiles et étrangères; ces siècles doublement favorables au génie ou par la solitude des cloîtres, quand on la recherchoit, ou par le monde le plus étrange et le plus divers, quand on le préféroit à la solitude. Pas un seul point où il ne se passât quelque fait nouveau, car chaque seigneurie laïque ou ecclésiastique étoit un petit État qui gravitoit dans son orbite et avoit ses phases; à dix lieues de distance, les coutumes ne se ressembloient plus. Cet ordre de choses, extrêmement nuisible à la civilisation générale, imprimoit à l'esprit particulier un mouvement extraordinaire : aussi toutes les grandes découvertes appartiennent-elles à ces siècles. Jamais l'individu n'a tant vécu : le roi rêvoit l'agrandissement de son empire, le seigneur la conquête du fief de son voisin, le bourgeois l'augmentation de ses priviléges, et le marchand de nouvelles routes à son commerce. On ne connoissoit le fond de rien ; on n'avoit rien épuisé ; on avoit foi à tout ; on étoit à l'entrée et comme au bord de toutes les espérances, de même qu'un voyageur sur une montagne attend le lever du jour dont il aperçoit l'aurore. On fouilloit le passé ainsi que l'avenir ; on découvroit avec la même joie un vieux manuscrit et un nouveau monde ; on marchoit à grands pas vers des destinées ignorées, comme on a toute sa vie devant soi dans la jeunesse. L'enfance de ces siècles fut barbare, leur virilité pleine de passion et d'énergie, et ils ont laissé leur riche héritage aux âges civilisés qu'ils portèrent dans leur sein fécond.

PREMIÈRE PARTIE.

PREMIÈRE ET SECONDE ÉPOQUE
DE LA LITTÉRATURE ANGLOISE.

LITTÉRATURE SOUS LE RÈGNE DES ANGLO-SAXONS, DES DANOIS,
ET PENDANT LE MOYEN AGE.

DES ANGLO-SAXONS A GUILLAUME LE CONQUÉRANT. — BRETONS.

TACITE. — POÉSIES ERSES.

Entrons maintenant dans les diverses époques de la langue et de la littérature angloises. Le lecteur placera facilement sur le tableau que je viens de tracer les auteurs et leurs ouvrages à mesure que je les ferai passer devant ses yeux. Il s'agit d'abord de l'époque anglo-saxonne; mais avant de nous en occuper voyons s'il ne reste aucune trace de la langue des Bretons sous la domination romaine.

César ne nous parle que des mœurs de ces insulaires. Tacite nous a conservé quelques discours des chefs bretons; j'omets la harangue de Caractacus à Claude, et ne citerai, en l'abrégeant, que le discours de Galgacus dans les montagnes de la Calédonie :

... « Le jour de votre liberté commence... La terre nous manque et le refuge de la mer nous est interdit par la flotte romaine; il ne nous reste que les armes. Dans le lieu le plus retiré de nos déserts, n'apercevant pas même de loin les rivages assujettis, nos regards n'ont point été souillés du contact de la domination étrangère. Placés aux extrémités de la terre et de la liberté, jusqu'à présent la renommée de notre solitude et de ses replis nous a défendus : à présent les bornes de la Bretagne apparoissent. Tout ce qui est inconnu est magnifique; mais au delà de la Calédonie, aucune nation à chercher, rien, hormis les flots et les écueils, et les Romains sont arrivés jusqu'à nous.

« ... Dans la famille des esclaves, le dernier venu est le jouet de ses compagnons : nous, les plus nouveaux, et conséquemment les plus méprisés dans cet univers de la vieille servitude, nous ne pourrions attendre que la mort, car nous n'avons ni guérets, ni mines, ni ports où l'on puisse user nos bras. Courage donc, vous qui chérissez la vie ou la gloire! Les épouses des Romains ne les ont point suivis; leurs pères ne sont pas là pour leur faire honte de la fuite : ils regardent en tremblant ce ciel, cette mer, ces forêts qu'ils n'ont jamais vus. Enfermés et déjà vaincus, nos dieux les livrent entre nos mains... Ici votre chef, ici votre armée; là le tribut, les travaux, les souffrances de l'esclavage : des maux éternels ou la vengeance sont pour vous dans ce champ de bataille. Marchez au combat! pensez à vos ancêtres et à votre postérité. »

Après Tacite, qui a paraphrasé quelques mots de Galgacus conservés par tradition dans les camps romains, un abîme se creuse : on traverse quinze siècles avant d'entendre parler de nouveau du génie des Bretons, et encore comment ! Macpherson transportant en Écosse le barde irlandois Ossian, défigurant la véritable histoire de Fingal, cousant trois ou quatre lambeaux de vieilles ballades à un mensonge, nous représente un poëte de la Calédonie tout aussi réellement que Tacite nous en a représenté un guerrier. Puisque après tout nous n'avons qu'Ossian; puisque les fragments qu'on pourroit donner comme venant des bardes appartiennent plutôt aux diverses espèces de *chanteurs* que je rappellerai tout à l'heure, il faut bien faire usage du travail de Macpherson. Mais comme les poëmes que John Smith ajouta à ceux qu'avoit publiés le premier éditeur du barde écossois sont moins connus, j'en extrairai de préférence quelques passages :

« Filles des champs aériens de Trenmor, préparez la robe de vapeur transparente et colorée. Dargo, pourquoi m'avois-tu fait oublier Armor ? Pourquoi l'aimois-je tant ? Pourquoi étois-je tant aimée ? Nous étions deux fleurs qui croissoient ensemble dans les fentes du rocher; nos têtes humides de rosée sourioient aux rayons du soleil. Ces fleurs avoient pris racine dans le roc aride. Les vierges de Morven disoient : Elles sont solitaires, mais elles sont charmantes. Le daim, dans sa course, s'élançoit par-dessus ces fleurs, et le chevreuil épargnoit leurs tiges délicates.

« Le soleil de Morven est couché pour moi. Il brilla pour moi ce soleil dans la nuit de mes premiers malheurs, au défaut du soleil de ma patrie; mais il vient de disparoître à son tour; il me laisse dans une ombre éternelle. »

« Dargo, pourquoi t'es-tu retiré si vite ? »...

« ... Partout sur les mers, au sommet des collines, dans les profondes vallées, j'ai suivi ta course. En vain mon père espéra mon retour, en vain ma mère pleura mon absence ; leurs yeux mesurèrent souvent l'étendue des flots, souvent les rochers répétèrent leurs cris. Parents, amis, je fus sourde à votre voix ! Toutes mes pensées étoient pour Dargo ; je l'aimois de toute la force de mes souvenirs pour Armor. Dargo, l'autre nuit j'ai goûté le sommeil à tes côtés sur la bruyère. N'est-il pas de place cette nuit dans ta nouvelle couche ? Ta Crimoïna veut reposer auprès de toi, dormir pour toujours à tes côtés.

« Le chant de Crimoïna alloit en s'affoiblissant à mesure qu'il approchoit de sa fin ; par degrés s'éteignoit la voix de l'étrangère : l'instrument échappa aux bras d'albâtre de la fille de Lochlin ; Dargo se lève : il étoit trop tard ! l'âme de Crimoïna avoit fui sur les sons de la harpe. »

On croira ce que l'on pourra des traductions calédoniennes de Tacite et de John Smith. Les historiens mentent un peu plus que les poëtes, sans en excepter Tacite, qui toutefois répandoit sa parole brûlante sur les tyrans, comme on jette de la chaux vive sur les cadavres pour les consumer.

ANGLO-SAXONS ET DANOIS.

Les Anglo-Saxons ayant succédé aux Romains, et les Danois étant venus à leur tour au partage de la Grande-Bretagne, il seroit presque impossible de séparer *littérairement* l'époque des Anglo-Saxons de celle des Danois ; c'est pourquoi je les confonds ici.

Les Danois amenèrent avec eux leurs scaldes : ceux-ci se mêlèrent aux bardes galliques. Trois choses ne pouvoient être saisies pour dette, chez un homme libre du pays de Galles : son cheval, son épée et sa harpe. Les nations entières, dans leur âge héroïque, sont poëtes : on chantoit à la guerre, on chantoit aux festins, on chantoit à la mort ; on redoutoit surtout de mourir dans son lit comme une femme. Starcather n'ayant pu trouver sa fin dans les combats, se mit une chaîne d'or au cou, et déclara la donner aux passants assez charitables pour le débarrasser de sa tête. Siward, comte danois du Northumberland, honteux de vieillir et craignant d'être emporté d'une maladie, dit à ses amis : « Revêtez-moi de ma cotte de mailles ; ceignez-moi mon épée ; placez mon casque sur ma tête, mon bouclier dans ma main gauche, ma hache dorée dans ma main droite ; que je tombe dans la garbe d'un guerrier. »

Sur le champ de bataille, les hymnes, accompagnés du choc des armes, éclatoient d'une manière si terrible, que les Danois, pour empêcher leurs chevaux d'en être effrayés, les rendoient sourds.

Les croyances étoient à l'avenant de ces mœurs poétiques. Quinze jeunes femmes et dix-huit jeunes hommes balloient un jour dans un cimetière ; le prêtre Robert, qui disoit la messe, les fit inviter à se retirer ; ils se moquèrent du prêtre. L'officiant pria Dieu et saint Magnus de punir la troupe impie, en l'obligeant à chanter et à danser une année entière : sa prière fut exaucée ; un des condamnés prit par la main sa sœur, qui figuroit avec lui ; le bras se sépara du corps sans que l'invalide de Dieu perdît une goutte de sang, et elle continua de sauter. Toute l'année les quadrilles ne souffrirent ni du froid, ni du chaud, ni de la faim, ni de la soif, ni de la fatigue ; leurs vêtements ne s'usèrent pas. Commençoit-il à pleuvoir ? il s'élevoit autour d'eux une maison magnifique. Leur danse incessante creusa la terre, et ils s'y enfoncèrent jusqu'à mi-corps. Au bout de l'an, l'évêque Hubert brisa les liens invisibles dont les mains des danseurs et danseuses étoient enchaînées : la troupe tomba dans un sommeil qui dura trois jours et trois nuits.

Une vieille, nommée Thorbiorga, fameuse sorcière, fut invitée au château du comte Torchill, afin de dire quand se termineroient la peste et la famine du comté. Thorbiorga arriva sur le soir : robe de drap vert boutonnée du haut jusqu'en bas ; collier de grains de verre ; peau d'agneau noir, doublée d'une peau de chat blanc, sur la tête ; souliers de peau de veau, le poil en dessus, liés avec des courroies ; gants de peau de chat blanc, la fourrure en dedans ; ceinture *huntandique*, au bout de laquelle pendoit un sac rempli de grimoires. La sorcière soutenoit son corps grêle sur un bâton à viroles de cuivre. Elle fut reçue avec beaucoup de respect : assise sur un siége élevé, elle mangea un potage de lait de chèvre, et un ragoût de cœurs de différents animaux. Le lendemain Thorbiorga, après avoir symétrisé ses instruments d'astrologie selon le thème céleste, ordonna à la jeune Godréda, sa compagne, d'entonner l'invocation magique *vardlokur*. Godréda chanta d'une voix si douce, que le manoir du laird Torchill en fut ravi. Il eût été bien malheureusement né celui qui ne fût pas né poëte en ce temps-là.

Les rois mêmes l'étoient : Alfred le Grand, Canut le Grand furent l'honneur des walkiries. Les bardes et les scaldes s'éjouissoient à la table des princes, qui les combloient de présents : « Si je demandois la lune à mon hôte, s'écrie un barde, il me l'accorderoit. » Les poëtes ont toujours été affriandés par la lune.

Cœdmon rêvoit en vers et composoit des poëmes en dormant : poésie est songe.

« Je sais, dit un autre barde, un chant pour émousser le fer; je sais un chant pour tuer la tempête. » On reconnoissoit ces inspirés à leur air; ils sembloient ivres; leurs regards et leurs gestes étoient désignés par un mot consacré : *Skallviengl*, « folie poétique. »

La chronique saxonne donne en vers le récit d'une victoire remportée par les Anglo-Saxons sur les Danois, et l'histoire de Norvége conserve l'apothéose d'un pirate de Danemark, tué avec cinq autres chefs de corsaires sur les côtes d'Albion.

« Le roi Éthelstan, le chef des chefs, celui qui donne des colliers aux braves, et son frère, le noble Edmond, ont combattu à Brunan-Burgh avec le tranchant de l'épée. Ils ont fendu le mur des boucliers, ils ont abattu les guerriers de renom, la race des Scots et les hommes des navires.

« Olaf s'est enfui avec peu de gens, et il a pleuré sur les flots. L'étranger ne racontera point cette bataille, assis à son foyer, entouré de sa famille, car ses parents y succombèrent, et ses amis n'en revinrent pas. Les rois du Nord, dans leurs conseils, se lamenteront de ce que leurs guerriers ont voulu jouer au jeu du carnage avec les enfants d'Edward.

« Le roi Éthelstan et son frère Edmond retournent sur les terres de Ouest-Sex. Ils laissent derrière eux le corbeau se repaissant de cadavres, le corbeau noir au bec pointu, et le crapaud à la voix rauque, et l'aigle affamé de chair, et le milan vorace, et le loup fauve des bois.

« Jamais plus grand carnage n'eut lieu dans cette île; jamais plus d'hommes n'y périrent par le tranchant de l'épée, depuis le jour où les Saxons et les Angles vinrent de l'est à travers l'Océan, où ils entrèrent en Bretagne, ces nobles artisans de guerre, qui vainquirent les Welches et prirent le pays. »

Maintenant la chanson en l'honneur du pirate :

« Il m'est venu un songe : je me suis vu, au point du jour, dans la salle du Valhalla, préparant tout pour la réception des hommes tués dans les batailles.

« J'ai réveillé les héros dans leur sommeil; je les ai engagés à se lever, à ranger les bancs, à disposer les coupes à boire, comme pour l'arrivée d'un roi.

« D'où vient tout ce bruit? s'écrie Bragg; d'où vient que tant d'hommes s'agitent et que l'on remue tous les bancs? C'est qu'Érik doit venir, répond Oden; je l'attends. Qu'on se lève, qu'on aille à sa rencontre.

« Pourquoi donc sa venue te plaît-elle davantage que celle d'un autre roi? C'est qu'en beaucoup de lieux il a rougi son épée de sang; c'est que son épée sanglante a traversé beaucoup de lieux.

« Je te salue, Érik, brave guerrier ; entre, sois le bien-venu dans cette demeure. Dis-nous quels rois t'accompagnent, combien viennent avec toi du combat ?

« Cinq rois viennent, répond Érik, et moi je suis le sixième. »

Je ne pouvois mieux faire que d'emprunter cette traduction à l'*Histoire de la Conquête d'Angleterre par les Normands*. Jouissons des travaux de M. A. Thierry, mais apprenons de lui ce qu'ils lui ont coûté, notre admiration s'augmentera de notre reconnoissance :

« Je venois d'entrer avec ardeur dans une série de recherches toutes nouvelles pour moi. Quelque étendu que fût le cercle de ces travaux, ma cécité complète ne m'auroit pas empêché de le parcourir : j'étois résigné, autant que doit l'être un homme de cœur ; j'avois fait amitié avec les ténèbres. Mais d'autres épreuves survinrent . . . . . .
. . . . Aveugle et souffrant sans espoir et presque sans relâche, je puis rendre ce témoignage, qui de ma part ne sera pas suspect : il y a au monde quelque chose qui vaut mieux que les jouissances matérielles, mieux que la fortune, mieux que la santé elle-même, c'est le dévouement à la science. »

Graves et touchantes paroles pour lesquelles je ne me reproche point de m'être écarté de mon sujet.

J'ai déjà dit quelque chose de ce sujet dans *mes études historiques*. Les nautonniers normands célébroient eux-mêmes leurs courses :

« Je suis né dans le haut pays de Norvége, chez des peuples habiles à manier l'arc ; mais j'ai préféré hisser ma voile, l'effroi des laboureurs du rivage. J'ai aussi lancé ma barque parmi les écueils, *loin du séjour des hommes.* »

Ce scalde des mers avoit raison, puisque les Danes ont découvert le Vineland ou l'Amérique *loin du séjour des hommes.*

Angelbert gémit sur la bataille de Fontenay et sur la mort de Hugues, bâtard de Charlemagne. La fureur de la poésie étoit telle qu'on trouve des vers de toutes mesures jusque dans les diplômes du VIIIe, du IXe et du Xe siècle. Un chant teutonique conserve le souvenir d'une victoire remportée sur les Normands, l'an 881, par Louis, fils de Louis le Bègue. « J'ai connu un roi appelé le seigneur Louis, qui servoit Dieu de bon cœur, parce que Dieu le récompensoit. . . . . Il saisit la lance et le bouclier, monta promptement à cheval, et vola pour tirer vengeance de ses ennemis. » Personne n'ignore que Charlemagne avoit fait recueillir les anciennes chansons des Germains.

La parole usitée dans les forêts est dès sa naissance une parole complète pour la poésie : sous le rapport des passions et des images, elle dégénère en se perfectionnant. Les chants nationaux des barbares étoient accompagnés du son du fifre, du tambour et de la musette. Les Scythes, dans la joie des festins, faisoient résonner la corde de leur arc. La cithare ou la guitare étoit en usage dans les Gaules, et la harpe dans l'île des Bretons. L'oreille dédaigneuse des Grecs et des Romains n'entendoit, dans les entretiens des Franks et des Bretons, que des croassements de corbeaux ou des sons non articulés sans aucun rapport avec la voix humaine. Quand les nations du Nord eurent triomphé, force fut de trouver ce langage harmonieux, et de comprendre les ordres que le maître dictoit à l'esclave.

Les rhythmes militaires se viennent terminer à la chanson de Roland, dernier chant de l'Europe barbare. « A la bataille d'Hastings, dit encore le grand peintre d'histoire que j'ai cité, un Normand, appelé Taillefer, poussa son cheval en avant du front de bataille, et entonna le chant des exploits, fameux dans toute la Gaule, de Charlemagne et Roland. En chantant il jouoit de son épée, la lançoit en l'air avec force et la recevoit dans sa main droite. Les Normands répétoient ces refrains, ou crioient : Dieu aide ! Dieu aide ! »

> « Taillefer, qui mult bien chantout,
> Sor un cheval qui tost alout,
> Devant le duc alout chantant
> De Karlemagne et de Rollant
> Et d'Olivier et des vassaux
> Qui moururent à Roncevaux. »

Ces rimes sont de Wace, mais Geoffroy Gaimar a de plus longs détails sur Taillefer. Il est curieux d'observer comment les usages se transforment et cependant se perpétuent : le tambour maître, qui jette sa canne en l'air et qui la reçoit dans sa main à la tête d'un régiment, est la traduction du jongleur militaire.

Avant même la bataille d'Hastings, il existe un autre témoignage des provocations de la chanson du soldat : en 1054, Guillaume battit les François à Mortemer en Normandie ; un de ses serviteurs, monté dans un arbre, cria toute la nuit :

> Franceis, Franceis, levez ! levez !
> Tenez vos yeies ; trop dormez ;
> Allez vos amis enterrer
> Ki sont occis à Mortemer.

Ce singulier héraut d'armes, insultant du haut d'un chêne l'ennemi vaincu, offre un tableau naïf des mœurs de ce temps.

TROISIÈME ET QUATRIÈME ÉPOQUE

DE LA LITTÉRATURE ANGLOISE.

ÉPOQUES ANGLO-NORMANDE ET NORMANDE FRANÇOISE,
DE GUILLAUME LE CONQUÉRANT ET DE HENRI II A HENRI VIII.

TROUVÈRES ANGLO-NORMANDS.

Après la conquête des Normands, le moyen âge commence, et les choses changent de face. L'Angleterre a éprouvé dans son idiome des révolutions inconnues aux autres pays : le *teutonique* des Angles refoula le *gallique* des Bretons dans les vallées du pays de Galles ; le *danois*, le *scandinave*, ou le *goth*, renferma l'*erse* parmi les highlanders écossois et altéra le pur *saxon*; le *normand*, ou le *vieux françois*, relégua l'*anglo-saxon* chez les vaincus.

Sous Guillaume et ses premiers successeurs, on écrivit et l'on chanta en latin, en calédonien, en gallique, en anglo-saxon, en roman des trouvères, et quelquefois en roman des troubadours. Il y eut des poëtes, des bardes, des jongleurs, des ménestrels, des contéors, des fabléors, des gestéors, des harpéors. La poésie prit toute espèce de formes, et donna à ses œuvres toutes sortes de noms : lais, ballades, rotruënges, chansons à carole, chansons de gestes, contes, sirventois, satires, fabliaux, jeux-partis, dictiés. Dès le vi^e siècle, Fortunat donne le nom de lais, *leudi*, aux chants des barbares. On comptoit des romans d'amour, des romans de chevalerie, des romans du Saint-Graal, des romans de la Table-Ronde, des romans de Charlemagne, des romans d'Alexandre, des pièces saintes. Dans le *Songe du dieu d'amour*, le pont qui conduit au palais du dieu est composé de *rotruënges*, stances accompagnées de la vielle ; les planches sont faites de *dits* et de *chansons*, les solives de *sons de harpe*, les piles des *doux lais des Bretons*.

Robert de Courte-Heuse, duc de Normandie, fils aîné de Guillaume le Conquérant, enfermé pendant vingt-huit ans dans le château de Cardiff, au bord de la mer, apprit la langue des bardes gallois. A travers les fenêtres de sa prison, il voyoit un chêne dominer la forêt dont le promontoire de Penarth étoit couvert. Il disoit à ce chêne : « Chêne, planté au sein des bois, d'où tu vois les flots de la Saverne lutter contre la mer; chêne, né sur ces hauteurs où le sang a coulé en ruisseaux; chêne, qui as vécu au milieu des tempêtes, malheur à l'homme qui n'est pas assez vieux pour mourir! »

Un autre prince anglois, Richard Cœur de Lion, fut couronné comme troubadour. Il avoit composé en langue romane du midi, sa langue maternelle, un sirvente sur sa captivité à Worms. Parmi les poëtes ses contemporains, Richard n'est pas fils d'Éléonore de Guienne, mais de la princesse d'Antioche, trouvée en pleine mer sur un vaisseau tout d'or, dont les cordages étoient de soie blanche. Ce vaisseau est la grande *serpente* des romanciers. Quand les enfants des femmes arabes étoient méchants, elles les menaçoient du *roi Richard*, et quand un cheval ombrageux tressailloit, le cavalier sarrasin le frappoit de l'éperon en lui disant : *Et cuides-tu que ce soit le roi Richard?* Guillaume Blondel (qu'il ne faut pas confondre avec le trouvère Blondel de Nesle) étoit un des ménestrels de Richard : nous n'avons pas sa chanson fidèle ; il n'en est resté que la tradition.

Rien n'étoit plus célèbre que l'histoire populaire du *marquis au court nez*.

Guillaume, trouvère anglo-normand, a laissé dans son poëme des *Joies de Notre-Dame* une description curieuse de Rome et de ses monuments au XIe siècle. Il composa un petit poëme, fort ingénieux, sur ces trois mots : *fumée, pluie* et *femme*, qui chassent un homme de sa maison : la maison c'est le ciel, la fumée l'orgueil, la pluie, la convoitise, la femme la volupté : trois choses qui empêchent d'entrer dans le ciel, maison de l'homme.

Un moine du mont Saint-Michel, dans la description qu'il fait des fêtes de ce monastère (alors sous la domination angloise), nous apprend que « dessous Avranches, vers Bretagne, étoit la forêt de Cuokelunde, remplie de cerfs, mais où il n'y a à présent que des poissons. En la forêt avoit un monument. » Le poëte place l'irruption de la mer sous le règne de Childebert.

Geoffroy Gaimar, auteur de l'Histoire des Rois anglo-saxons, emprunta des bardes gallois le *Brut d'Angleterre*, que Wace traduisit du latin de Geoffroy de Montmouth. Celui-ci, selon M. l'abbé de la Rue, l'avoit traduit de l'original bas-breton apporté en Angleterre par Gautier Galenius, archidiacre d'Oxford.

Brut ou Brutus est un arrière-petit-fils d'Énée, premier roi des Bretons. Du roi Brut descendit Arthur ou Arthus, roi de l'Armorique, dont nous autres Bretons attendons le retour comme les juifs attendent le messie. Arthur institua l'ordre de chevalerie de la Table-Ronde : tous les chevaliers de cet ordre ont leur histoire, d'où il advient qu'un premier roman a ce que les ménestrels appeloient des *branches*, ainsi que dans Arioste un conte en engendre un autre. Arthur et ses chevaliers sont un calque de Charlemagne et de ses preux. Mais n'est-il pas inconcevable qu'on cherche toujours l'origine de ces merveilles dans le faux Turpin, qui écrivoit en 1095, sans s'apercevoir qu'elle se trouve dans l'histoire des *Faits et gestes de Karle le Grand*, compilés en 884 par le moine de Saint-Gall?

Le roman du Rou est encore de Robert Wace. Là se lit l'histoire authentique des fées de ma patrie, de la forêt de Bréchéliant, remplie de tigres et de lions : *l'homme sauvage* y règne, et le roi Arthur le veut percer avec *l'escalibar*, sa grande épée. Dans cette forêt de Bréchéliant murmure la fontaine Barenton. Un bassin d'or est attaché au vieux chêne dont les rameaux ombragent la fontaine ; il suffit de puiser de l'eau avec la coupe et d'en répandre quelques gouttes pour susciter des tempêtes. Robert Wace eut la curiosité de visiter la forêt, et n'aperçut rien :

Fol m'en revins, fol y allai.

Un charme mal employé fit périr l'enchanteur Merlin dans la forêt de Bréchéliant. Pieux et sincère Breton, je ne place pas Bréchéliant près Quintin, comme le veut le roman du Rou ; je tiens Bréchéliant pour Becherel, près de Combourg. Plus heureux que Wace, j'ai vu la fée Morgen et rencontré Tristan et Yseult; j'ai puisé de l'eau avec ma main dans la fontaine (le bassin d'or m'a toujours manqué), et en jetant cette eau en l'air, j'ai rassemblé les orages : on verra dans mes *Mémoires* à quoi ces orages m'ont servi.

Le trouvère anonyme continuateur du Brut d'Angleterre est un Anglo-Saxon : il s'exprime avec la verve de la haine contre Guillaume, venu « non élever des villes, mais les détruire ; non bâtir des hameaux, mais semer des forêts. » Le poëme offre un ingénieux épisode.

Le conquérant veut savoir quel sera le sort de sa postérité : il convoque une assemblée de notables et des principaux membres du clergé d'Angleterre et de Normandie. Le conseil, fort embarrassé, mande séparément les trois fils du roi : Robert de Courte-Heuse paroît le premier. Un sage clerc lui dit : « Beau fils, si Dieu tout-puissant avoit fait de vous un oiseau, quel oiseau voudriez-vous être? »

« Un épervier, répond Robert. Cet oiseau, pour sa valeur, est chéri des princes, aimé des chevaliers, porté sur la main des dames. »

Après Robert de Courte-Heuse vient Guillaume le Roux : « Il auroit voulu être un aigle, parce que l'aigle est le roi des oiseaux. »

Après Guillaume le Roux se présenta Henri, son jeune frère : « Il voudroit être un estournel, parce que l'estournel (l'étourneau) est un oiseau simple, qui ne fait de mal à personne et vole de concert avec ses semblables ; s'il est mis en cage, il se console en chantant. »

Courte-Heuse, vaillant comme l'épervier, mourut dans les fers ; Guillaume, roi comme l'aigle, fut cruel et finit mal ; Henri fut doux, bienfaisant comme l'estournel ; il eut des peines, mais les années (complainte longue, triste et à même refrain) les adoucirent.

PARADIS TERRESTRE. DESCENTE AUX ENFERS.

Un trouvère anonyme célèbre le voyage de saint Bradan, l'Irlandois, au paradis terrestre. Le saint, accompagné de ses moines, découvre dans une île le *paradis des oiseaux* : ces oiseaux répondent à la psalmodie du saint ; c'étoient apparemment les ancêtres de l'oiseau des jardins d'Armide.

Dans une autre île est un arbre à feuilles d'un rouge pâle ; des volatiles blancs se perchent sur l'arbre. Un de ces cygnes, interrogé par Bradan, lui répond : « Mes compagnons et moi nous sommes des anges chassés du ciel avec Lucifer. Nous lui avions obéi comme à notre chef, en sa qualité d'archange ; mais n'ayant point partagé son orgueil, Dieu nous a seulement exilés dans cette île. » Voilà l'ange repentant de Klopstock.

Du *paradis des oiseaux*, saint Bradan, toujours avec ses moines, arrive dans une autre île, où s'élève l'abbaye de Saint-Alban.

Il court de nouveau au large, est attaqué par un serpent, qu'une bête envoyée de Dieu combat, puis par un griffon, qu'un dragon avale. Des poissons étranges viennent écouter le solitaire célébrant la Saint-Pierre en haute mer.

La barque aborde aux enfers : les ténèbres obscurcissent la région maudite ; la fumée, les étincelles, les flammes, forment un voile impénétrable à la clarté du jour. Sur une roche escarpée on aperçoit un homme nu, lacéré de coups de fouet, la chair en lambeaux, le visage couvert d'un drap : ce damné est Judas ; il raconte au saint ses inexprimables tourments ; pour chaque jour de la semaine, il y a une nouvelle douleur.

Marie, dite de France, dont nous avons un recueil de lais, mit en vers *Le Purgatoire de saint Patrick d'Irlande,* qu'Henri, moine de Saltry, composa primitivement en latin dans le XIIe siècle. Par une caverne au-dessus de laquelle saint Patrick bâtit un couvent, on descendoit au lieu d'expiation.

Deux autres trouvères traitent le même sujet : ils mènent O'Wein au purgatoire; le chevalier passe auprès de l'enfer, dont il voit les tourments, parvient au paradis terrestre, et s'approche du paradis céleste.

Adam de Ross chante à son tour la descente de saint Paul aux enfers. L'archange saint Michel sert de guide à l'apôtre. Il lui dit : « Bonhomme, suis-moi sans effroi, sans peur et sans soupçon. Dieu veut que je te montre les grincements de dents, le travail et la *tristor* que souffrent les pécheurs. »

Michel va devant; Paul le suit, disant les psaumes. A la porte de l'enfer croît un arbre de feu; à ses branches sont suspendues les âmes des avares et des calomniateurs. L'air est rempli de diables volants, qui conduisent les méchants aux brasiers.

Les deux voyageurs parcourent les régions désolées. L'archange explique à l'apôtre les tourments infligés à différents crimes : au sein d'une immense forge, d'une vaste mine, où grondent et brillent des fournaises ardentes, coulent des fleuves de métaux fondus dans lesquels nagent des démons. A mesure que les envoyés du ciel s'enfoncent dans le giron du globe, les supplices deviennent plus terribles : saint Paul est saisi de pitié.

Un puits scellé de sept sceaux présente son orbite : l'archange lève les sceaux, en écartant l'apôtre pour laisser s'exhaler la vapeur pestilentielle. Au fond du puits gémissent les plus grands coupables; saint Paul demande combien dureront les peines; saint Michel répond : « Cent quarante mille ans; mais je n'en suis pas bien sûr. »

L'apôtre invite l'archange à conjurer Dieu d'adoucir les souffrances des réprouvés; des anges compatissants se joignent à leurs prières; elles sont écoutées; le Seigneur ordonne qu'à l'avenir les supplices cesseront depuis le samedi jusqu'au lundi matin. Saint Bradan, dans son voyage au paradis terrestre, avoit obtenu la même grâce pour Judas. La durée de cette suspension des supplices est la même que la durée fixée par les premières trèves que l'on appeloit *paix de Dieu.*

Le moyen âge n'est pas le temps du style proprement dit, mais c'est le temps de l'expression pittoresque, de la peinture naïve, de l'invention féconde. On voit avec un sourire d'admiration ce que des peuples ingénus tiroient des croyances qu'on leur enseignoit ; à leur imagination, grande, vive et vagabonde, à leurs mœurs cruelles, à leur courage indomptable, à leur instinct de conquérants et de voyageurs mal comprimé, les prêtres, missionnaires et poëtes offroient de merveilleux tourments, des périls éternels, des invasions à tenter, mais sans changer de place, dans des régions inconnues. Le paradis terrestre que la muse chrétienne montroit en perspective aux barbares (lieu de délices où ils ne pouvoient arriver que par un long chemin et après de rudes travaux) étoit comme cette Rome qu'ils avoient cherchée jadis au bout du monde, à travers mille périls, la torche et l'épée à la main.

Le voyage d'Ulysse aux champs Cimmériens et la descente d'Énée au Tartare renferment l'idée primitive de ces fictions. Cette idée fut communiquée aux siècles chrétiens par la littérature classique; on la retrouve dans tout le moyen âge sous le titre de *visio inferni*. L'arbre de feu aux branches duquel sont suspendues les âmes des avares est l'orme où les songes viennent se réfugier dans le vestibule du Tartare (*Énéid.*, liv. VI.)

Les trois ouvrages du trouvère de Saint-Bradan, de Marie de France et d'Adam de Ross, rappellent le *paradis*, le *purgatoire* et l'*enfer* de *La divina Commedia*. Saint Paul est conduit aux enfers par l'archange saint Michel, comme Dante par Virgile; saint Paul est saisi de pitié, comme Dante; saint Bradan trouve Judas, comme Dante le rencontre, le plus tourmenté des damnés : la douleur varie pour Judas chez le trouvère (le trouvère ne donne que cent quarante mille années à la durée des tourments); la douleur est une et constante comme l'éternité, chez le poëte.

Cancellieri prétend que Dante a pris le fond de sa composition dans les *Visions de l'Enfer* d'Albéric, moine au mont Cassin vers l'an 1120. Qu'est-ce que cela prouve? Que Dante a travaillé sur les idées et les croyances de son temps, ainsi qu'Homère avec les traditions de son siècle. Mais le génie, à qui est-il? A Dante et à Homère. Dante a visiblement emprunté quelques traits de son Ugolin au Tydée de Stace : qu'importe?

Dans le moyen âge, Virgile est surnommé *Le poëte*; il se retrouve partout. Les moines auteurs de la tragédie de *Saint-Martial de Limoges* font apparaître l'auteur de *L'Enéide* avec les prophètes; il chante au berceau du Messie un *Benedicamus* rimé. Dante a naturellement été conduit à prendre le poëte latin pour guide aux enfers; c'étoit comme quelqu'un de son temps : Virgile ne fut-il pas déclaré seigneur de Mantoue en 1227? Dante naquit en 1265.

Dans l'ordre historique du moyen âge, ainsi que dans l'ordre religieux, deux ou trois idées générales dominent : les barbares ont voulu descendre d'Énée; nous venons tous des Troyens; personne ne tire son origine des Huns, des Goths, des Francs, des Angles. D'un côté, les nations barbares, civilisées par les prêtres chrétiens, ont eu honte de leur barbarie; de l'autre, elles ont tenu à l'honneur d'être sorties de la même source que cet empire romain dont elles s'étoient faites les héritières après l'avoir mis à mort : les filles de Jason déchirèrent leur père pour le rajeunir.

MIRACLES. MYSTÈRES. SATIRES.

Les *miracles* et les *mystères* firent une partie essentielle de la littérature de tous les chrétiens, depuis le xe jusqu'au xvie siècle. Geoffroi, abbé de Saint-Alban, composa en langue d'oïl *Le Miracle de sainte Catherine* : c'est le premier drame écrit en françois dont jusque ici on ait connoissance. L'auteur le fit jouer dans une église en 1110, et emprunta, pour en revêtir les acteurs, les chapes de l'abbaye de Saint-Alban.

Le clergé encourageoit ces spectacles, comme un enseignement public de l'histoire du christianisme : le théâtre grec eut la même origine religieuse. Les *miracles* et les *mystères* se donnoient en plein jour dans les églises, dans les cours des palais de justice, aux carrefours des villes, dans les cimetières ; ils étoient annoncés en chaire par le prédicateur; souvent un abbé ou un évêque y présidoit, la crosse à la main. Le tout finissoit quelquefois par des combats d'animaux, des joutes, des luttes, des danses et des courses. Clément VI accorda mille ans d'indulgence aux personnes pieuses qui suivroient le cours des pièces saintes à Chester.

Ces spectacles étoient pour les plébéiens ce qu'étoient les tournois pour les nobles. Le moyen âge comptoit beaucoup plus de solennités que les siècles modernes : les véritables joies naissent partout des croyances nationales. La révolution n'a pas eu le pouvoir de créer une seule fête durable, et s'il est encore des jours fériés populaires, en dépit de l'incrédulité ils appartiennent tous au vieux christianisme : on ne prend bien qu'aux plaisirs qui sont en même temps des souvenirs et des espérances. La philosophie attriste les hommes; un peuple athée n'a qu'une fête : celle de la mort.

Les représentations théâtrales passèrent de la *clergie* aux laïques. Des marchands drapiers donnèrent à Londres *La Création*. Adam et Ève paroissoient tout nus. Des teinturiers jouèrent *Le Déluge*. La femme de Noé refusoit d'entrer dans l'arche, et souffletoit son mari.

Le cours que M. Magnin fait aujourd'hui avec autant de savoir que de talent complétera le cercle des connoissances sur les *mystères* et sur l'époque qui les a précédés : sujet plein d'intérêt et inhérent aux entrailles de notre histoire.

Les *satires* occupoient une grande place dans les poésies de l'Angleterre normande. Les dames, respectées des chevaliers, l'étoient fort peu des jongleurs ; ceux-ci leur reprochoient l'amour de la parure et des petits chiens. « Si vous voulez faire une visite à une dame, enveloppez-vous bien, empruntez même la chape de Saint-Pierre de Rome, car en entrant vous serez assailli des chiens de toutes espèces : vous en trouverez de petits sautant comme griffillons, et d'énormes levriers rampant comme des lions. » (*L'abbé de La Rue.*)

On maltraite encore les dames dans *Les Noces des Filles du Diable*, dans *L'Apparition de saint Pierre,* stances contre le mariage. Le Pape, les évêques, les moines, les nobles, les riches, les médecins, les divers états de la vie, ont leur lot dans *Le Roman des Romans*, dans *Le Bezant de Dieu*, dans *Le Pater noster des Gourmands*, dans les *Litanies des Vilains, Le Credo du Juif, L'Épître* et *L'Évangile des Femmes,* et surtout dans ces satires générales qui portoient le nom de *Bible* :

> An other abbai is their bi
> For soth a gret nunnerie, etc.

« Auprès d'une abbaye se trouve un couvent de nonnes, au bord d'une rivière douce comme du lait. Aux jours d'été les jeunes nonnes remontent cette rivière en bateaux ; et quand elles sont loin de l'abbaye, le diable se met tout nu, se couche sur le rivage et se prépare à nager, agile. Il enlève les jeunes moines, et revient chercher les nonnes. Il enseigne à celles-ci une oraison : le moine bien disposé aura douze femmes à l'année, et il deviendra bientôt le père abbé. » Je supprime de grossières obscénités.

Le *Credo de Pierre le Laboureur* (Peter Plowman) est une satire amère contre les moines mendiants :

> I fond in a freture a frere on a benche, etc.

« J'ai rencontré, assis sur un banc, un frère affreux ; il étoit gros comme un tonneau ; son visage étoit si plein qu'il avoit l'air d'une vessie remplie de vent, ou d'un sac suspendu à ses deux joues et à son menton. C'étoit une véritable oie grasse, qui faisoit remuer sa chair comme une boue tremblante [1]. »

---

1. *Pierre le Laboureur* est un nom générique sous lequel la plupart des poëtes du XIIIe et du XIVe siècle ont donné leurs satires : ainsi on a la *Vision de Pierre Plowman*,

Les châtelains et les châtelaines chantoient, aimoient, se gaudissoient, et par moments ne croyoient pas trop en Dieu. Le vicomte de Beaucaire menace son fils Aucassin de l'enfer, s'il ne se sépare de Nicolette, sa mie. Le damoiseau répond qu'il se soucie fort peu du paradis, rempli de moines fainéants demi-nus, de vieux prêtres crasseux et d'ermites en haillons; il veut aller en enfer, où les grands rois, les paladins, les barons tiennent leur cour plénière; il y trouvera de belles femmes, qui ont aimé des ménestriers et des jongleurs, *amis du vin et de la joie*. Un troubadour dit son *Pater*, pour que Dieu accorde à tous ceux qui aiment le plaisir qu'il eut une nuit avec Ogine.

CHANGEMENT DANS LA LITTÉRATURE.
LUTTE DES DEUX LANGUES.

L'époque des bardes, des trouvères, des troubadours, des jongleurs, des ménestrels anglo-galliques, anglo-saxons, anglo-normands, dura près de trois cents ans, de Guillaume le Conquérant à Édouard III. La féodalité altéra peu à peu son esprit et ses coutumes; les croisades agrandirent le cercle des idées et des images, la poésie suivit le mouvement des mœurs; l'orgue, la harpe et la musette prirent de nouveaux sons dans les abbayes, dans les châteaux et sur les montagnes. Selon la tradition populaire, Édouard Ier ordonna de mettre à mort les ménestrels du pays de Galles, qui nourrissoient au fond du cœur des vieux Bretons le sentiment de la patrie et la haine de l'étranger. Gray a fait chanter le dernier de ces bardes :

Ruin seize thee, ruthless king!

« Que la destruction te saisisse, roi cruel ! »

Les *lais*, les *sirvantois*, les romans versifiés, etc., devinrent des pièces de vers séparées, des histoires plus courtes, proportionnées à l'étendue de la mémoire. On sent par la forme même des poëmes, autant que par le style et l'expression des sentiments, qu'une révolution s'est accomplie, que déjà des siècles se sont écoulés.

L'introduction, à l'aide des troubadours et des jongleurs normands, de la poésie provençale et françoise eut l'inconvénient d'enlever aux compositions saxonnes leur originalité native : elles ne furent plus qu'une imitation, quelquefois charmante, il est vrai, d'une nature

---

de Robert Langland, le *Credo de Pierre Plowman*, composé vers l'an 1390, etc., etc. Il ne faut pas confondre ces divers ouvrages.

étrangère. Un poëte compare l'objet de son amour à un oiseau dont le plumage ressemble à toutes sortes de pierreries et de fleurs. L'amant trop discret pour faire connoître sa maîtresse au profane vulgaire dit gracieusement : « Son nom est dans une note du rossignol. »

Hire nome is in a note of the nyghtingale;

et ce nom, il envoie les curieux le demander à *Jean*.

La langue d'oil, en usage parmi les vainqueurs, tenoit le Pouillé des richesses aristocratiques, célébroit les faits d'armes des chevaliers et les amours des *nobles dames*. Guillaume le Conquérant, dit Sugulphe, détestoit la langue angloise. Il ordonna que les lois et les actes judiciaires fussent écrits en françois, et que l'on enseignât aux enfants dans les écoles les premiers rudiments des lettres en françois.

J'ai dit que les propriétés de France et d'Angleterre furent mêlées par la conquête, et que les propriétaires françois transportèrent leur idiome avec eux. Voici la preuve du fait : des religieux bretons, manceaux, normands, possédoient des couvents et des abbayes dans la Grande-Bretagne ; les familles de Ponthieu, de la Normandie, de la Bretagne, et ensuite de toutes les provinces apportées par Léonore de Guyenne, ou conquises par Édouard III et Henri V, eurent des terres dans le royaume anglo-normand.

Guillaume le Bâtard fit présent à Alain, duc de Bretagne, son gendre, de quatre cent quarante deux seigneuries dans le Yorskshire ; elles formèrent depuis le comté de Richemond (*Domesday-Book*). Les ducs de Bretagne, successeurs d'Alain, inféodèrent ces domaines à des chevaliers bretons, cadets des familles de Rohan, de Tinteniac, de Châteaubriand, de Goyon, de Montboucher ; et longtemps après le comté de Richemond (*honor Richemundiæ*) fut érigé en duché sous Charles II pour un bâtard de ce roi.

La langue françoise méprisoit et persécutoit la langue anglo-saxonne. « Tantôt c'étoit un évêque saxon chassé de son siége parce qu'il ne savoit pas le françois ; tantôt des moines dont on lacéroit les chartes, comme de nulle valeur, parce qu'elles étoient en langue saxonne ; tantôt un accusé que les juges normands condamnoient, sans vouloir l'entendre, parce qu'il ne parloit qu'anglois ; tantôt une famille dépouillée et recevant d'eux, à titre d'aumône, une parcelle de son propre héritage. » (Aug. Thierry.)

Les deux langues rivales étoient comme les drapeaux des deux partis sous lesquels on combattoit à outrance. Elles luttoient partout ; elles fournissoient aux barbarismes du latin d'alors : Guillaume Wyrcester écrivoit du duc d'York : *et* ARRIVAVIT *apud Redbanke prope Cestriam*, « et il ARRIVA chez Redbank près Chester. » Jean Rous dit que le marquis de Dorset et le chevalier Thomas Grey furent obligés de prendre la fuite, pour avoir machiné la mort du duc (le duc d'York, régent sous Henri VI), protecteur des Anglois, *quod ipsi* CONTRIVISSENT *mortem ducis protectoris Angliæ.* CONTRIVE, mot anglois, *machiner.*

Quelquefois les deux langues alternent dans la même pièce de vers et riment ensemble ; les jongleurs vantoient incessamment le beau françois ; ils célébroient

>Mainte belle dame courtoise
>Bien parlant en langue françoise.

Il est, disoient-ils,

>Il est sages, biaux et courtois
>Et gentiel hom de par françois
>Miex valt sa parole françoise
>Que de Glocestre la ricoise.
>Seïez de bouere et cortois
>Et sachez bien parler françois.

Le *françois* amenoit toujours à la rime le *courtois*, à la grande déplaisance des Anglo-Saxons.

Édouard Ier écouta très-respectueusement la lecture d'une bulle latine de Boniface VIII, et ordonna de la traduire en *françois*, parce qu'il ne l'avoit pas comprise.

Pierre de Blois nous apprend qu'au commencement du XIIe siècle Gillibert ne savoit pas l'anglois ; mais, versé dans le latin et le *françois*, il prêchoit au *peuple* les dimanches et fêtes. Wadington, historien poëte du XIIIe siècle, déclare qu'il écrit ses ouvrages en *françois*, non en anglois, afin d'être mieux entendu des *petits* et des *grands* ; preuve que l'idiôme étranger étoit prêt à étouffer l'ancien idiome du pays.

On trouve en manuscrit dans la bibliothèque harleyenne une grammaire françoise et épistolaire pour tous les états ; une autre en vers françois, et un glossaire roman-latin.

On traduisoit quelquefois en anglois les ouvrages écrits en françois : c'étoit, comme le disoient les poëtes, par commisération pour les *lewed*, la classe basse et ignorante.

>For lewed men I undyrtoke
>In englyshe tonge to make this boke.

Les pauvres scaldes, battus par les trouvères des vainqueurs, et retirés au sein des vaincus, travailloient à reprendre le dessus au moyen des masses. Ils chantoient les aventures plébéiennes et mettoient en scène, dans une suite de tableaux, *Peter Ploughman*. Ainsi se partageoient les deux muses et les deux peuples. La muse nationale reprochoit au gentilhomme de ne se servir que du françois :

> French use this gentleman
> And never english can.

« Ce gentilhomme ne fait usage que du françois, et jamais de l'anglois. »

Un proverbe disoit : « Il ne manque à Jacques pour jouer le seigneur que de savoir le françois. »

Ces divisions venoient de loin. Le comte anglo-saxon Gualléve (c'est le célèbre Waltheof) avoit été décapité, sous le règne du conquérant, pour s'être associé à la conspiration de Roger, comte de Hereford, et de Ralph, comte de Norfolk. Guallève, comte de Northampton, étoit fils de Siward, duc de Northumbrie. Son corps fut transporté à Croyland par l'abbé Ulfketel. Quelques années après, le corps ayant été exhumé, on le trouva entier et la tête réunie au tronc : une petite ligne rouge indiquoit seulement au cou le passage du fer ; à ce collier du martyre, les Anglo-Saxons reconnurent Guallève pour un saint. Les Normands se moquoient du miracle. Audin, moine de cette nation, s'écrioit que le fils de Siward n'avoit été qu'un méchant traître, justement puni : Audin mourut subitement d'une colique.

L'abbé Goisfred, successeur d'Ingulf, eut une vision : une nuit il aperçut au tombeau du comte l'apôtre Barthélemy, et Guthlac l'anachorète, revêtus d'aubes blanches. Barthélemy tenant la tête de Guallève, remise à sa place, disoit : « Il n'est pas décapité. » Guthlac, placé aux pieds de Guallève, répondoit : « Il fut comte. » L'apôtre répliquoit : « Maintenant il est roi. » Les populations anglo-saxonnes accouroient en pèlerinage au tombeau de leur compatriote. Cette histoire fait voir d'une manière frappante la séparation et l'antipathie des deux peuples. (*Orderic Vital.*)

Enfin, selon Milton, l'usage du françois remonte beaucoup plus haut, car il en fixe la date au règne d'Édouard le Confesseur. « Alors, dit-il, les Anglois commencèrent à laisser de côté leurs anciens usages et à imiter les manières des François dans plusieurs choses ; les grands à parler françois dans leurs maisons, à écrire leurs actes et leurs lettres en françois, comme preuve de leur politesse, honteux qu'ils étoient de leur propre langage ; présage de leur sujétion prochaine à un peuple dont ils affectoient les vêtements, les coutumes et le langage. » (*Hist. of Eng.*, lib. VI.)

RETOUR PAR LA LOI A LA LANGUE NATIONALE.

Édouard III, au moment où le françois prenoit le dessus par les victoires mêmes de ce monarque, par la permanence des armées angloises sur le sol françois, par l'occupation des villes enlevées à notre patrie, Édouard, ayant besoin de la *pédaille* et de la *ribaudaille* angloises, accorda l'usage de l'idiome insulaire dans les *plaidoiries civiles;* toutefois les *arrêts* résultant de ces plaidoiries se rendoient toujours en françois. L'acte même du parlement de 1362, qui ordonne de se servir à l'avenir de l'idiome anglois, est rédigé en françois. Les fléaux du ciel furent obligés de se mêler à la puissance des lois pour tuer la langue des vainqueurs : on remarque que le françois commença à décliner dans la grande peste de 1349.

Tandis qu'Édouard toléroit, dans son intérêt, un usage fort borné de l'anglo-saxon, lui et sa cour continuoient à parler françois. Il étoit fils d'une princesse de France, au nom de laquelle il réclamoit la couronne de saint Louis : sur les champs de bataille, on n'aperçoit aucune différence entre les combattants; dans les deux armées, les frères sont opposés aux frères, les pères aux enfants; Créci, Poitiers, Azincourt, ne présentent que les désastres d'une vaste guerre civile. Philippine de Hainaut, femme d'Édouard III, parloit françois; elle avoit Froissart pour secrétaire, et le curé de Lestines écrivoit dans un françois charmant les amours d'Édouard et d'Alix de Salisbury.

Les convives du *vœu du héron* parlent françois : le trop fameux Robert d'Artois est le héros de la fête.

Édouard, entre les mains de Philippe de Valois, avoit accepté par le mot *voire* (oui) ce serment françois qu'il viola : « Sire, vous devenez homme du roi de France, mon seigneur, de la Guienne et de ses appartenances, que vous reconnoissez tenir de lui, comme pair de France, selon la forme des paix faites entre ses prédécesseurs et les vôtres, selon ce que vous et vos ancêtres avez fait pour le même duché à ses devanciers rois de France. »

Après la bataille de Créci, on fit le recensement des morts; c'est un Anglois, Michel de Northburgh, qui parle de la sorte (*Avesburg hist.*) : « Fusrent mortz le roi de Beaume (de Bohême), le ducz de Loreigne, le counte d'Alescun (d'Alençon), le counte de Flandres, le counte de Bloys, le counte de Harcourt et ses II filtz; et Pheppe de Valois et le markis qu'est appelé le Elitz (Elu) du Romayns, eschappèrent navfrés, à ceo qe homme (on) dist. La summe des bones gentz d'armes qi fusrent mortz en le chaumpe à ceste jour, sans comunes et pédailles (gens de pied), amonte à mille DXLII acomptés. »

Les *Anglois*, en faisant en *françois* le dénombrement des morts de l'armée *françoise* purent se souvenir qu'ils n'avoient pas toujours été vainqueurs, et qu'ils conservoient dans leur langue la preuve même de leur asservissement et de l'inconstance de la fortune.

Dans les actes de Rymer, les originaux depuis l'an 1101 jusque vers l'an 1460 sont presque exclusivement latins et françois. Les nombreux statuts des règnes de Henri IV, Henri V, Henri VI et Édouard IV, furent composés, transcrits sur les rôles et promulgués en françois. Il faut descendre aussi bas que l'an 1425 pour trouver le premier acte anglois de la chambre des communes. Cependant, lorsque Henri V assiégeoit Rouen, en 1418, les ambassadeurs qu'il sembloit vouloir envoyer aux conférences du Pont-de-l'Arche déclinèrent la mission sous prétexte qu'ils *ignoroient la langue du pays;* mais ce fait n'a aucune valeur : Henri ne *vouloit pas la paix*. Après sa mort, on voit les soldats de son armée s'exprimer dans la même langue que la Pucelle, et déposer comme témoins à charge dans le procès de cette femme héroïque.

Enfin, le parlement, convoqué le 20 janvier 1483 à Westminster, sous Richard III, rédigea les bills en anglois, et son exemple fut suivi par les parlements qui lui succédèrent. Il n'a tenu à rien que les trois royaumes de la Grande-Bretagne ne parlassent françois : Shakespeare auroit écrit dans la langue de Rabelais.

CHAUCER. BOWER. BARBOUR.

En même temps que les tribunaux retournèrent par ordonnance au dialecte du sol, Chaucer fut appelé à réhabiliter la harpe des bardes; mais Bower, son devancier de quelques années, et son rival, composoit encore dans les deux langues : il réussissoit beaucoup mieux en françois qu'en anglois. Froissart, contemporain de Bower, n'a rien qui puisse se comparer pour l'élégance et la grâce à cette ballade du poëte d'outre-mer :

> Amour est chose merveilleuse
> Dont nul porra avoir le droit certain :
> Amour de soi est la foi trichereuse
> Qui plus promet, et moins aporte en main ;
> Le riche est povre, et le courtois vilain,
> L'épine est molle et la rose est ortie,
> En toutz errours l'amour se justifie.

> L'amer est doulz, la douceur furieuse,
> Labour est aise, et le repos grevein,
> Le doel plaisant, la seurté perileuse;
> Le halt est bas; si est le bas haltein,
> Quant l'en mieulx quide avoir, tout est en vein;
> Le ris en plour, le sens torne en folie,
> En toutz erreurs l'amour se justifie.
>
> . . . .
> Ore est amour salvage, ore est soulein,
> N'est qui d'amour poet dire la sotie,
> Amour est serf, amour est souverein,
> En toutz erreurs amour se justifie.

La langue angloise de Chaucer est loin d'avoir ce poli du vieux françois, lequel a déjà quelque chose d'achevé dans ce petit genre de littérature. Cependant l'idiome du poëte anglo-saxon, amas hétérogène de patois divers, est devenu la souche de l'anglois moderne.

Courtisan, lancastrien, wiclefiste, infidèle à ses convictions, traître à son parti, tantôt banni, tantôt voyageur, tantôt en faveur, tantôt en disgrâce, Chaucer avoit rencontré Pétrarque à Padoue : au lieu de remonter aux sources saxonnes, il emprunta le goût de ses chants aux troubadours provençaux et à l'amant de Laure, et le caractère de ses contes à Boccace.

Dans *La Cour d'amour,* la dame de Chaucer lui promet le bonheur au mois de mai : tout vient à point à qui sait attendre. Le 1er mai arrive : les oiseaux célèbrent l'office en l'honneur de l'amour du poëte, menacé d'être heureux : l'aigle entonne le *Veni, Creator,* et le rossignol soupire le *Domine, labia mea aperies.*

Le *Plough-man* (toujours le canevas du vieux *Pierre Plowman*) a de la verve : le clergé, les leadies et les lords sont l'objet de l'attaque du poëte :

> Suche as can nat ysay ther Crede,
> With prayer shul be made prelates :
> Nother canne thei the Gospell rede,
> Suche shul now weldin hie estates.
>
> There was more mercy in Maximine
> And Nero, that never was gode,
> Than there is now in some of them,
> Whan he hath on his furred hode.

« Tel qui ne sait pas son *Credo* est fait prélat par des sollicitations; tel qui ne peut pas lire l'Évangile est pourvu d'un riche état forestier.

« Il y avoit plus d'humanité dans Maxime et dans Néron, qui ne fut jamais bon, qu'on n'en trouve dans tel d'entre eux, aussitôt qu'il porte sa hotte fourrée. » (*Chaperon*.)

Le poëte écrivoit à son château de Dunnington, sous le *chêne de Chaucer*, ses *Contes de Cantorbéry*, dans la forme du Décaméron. A son début la littérature angloise du moyen âge fut défigurée par la littérature romane ; à sa naissance, la littérature angloise moderne se masqua en littérature italienne.

En France, cette rage d'imitation enleva peut-être au siècle de Louis XIV une originalité regrettable : heureusement Racine, Boileau, Bossuet, Fénelon, n'ayant étudié que les Grecs et les Latins, le génie du grand roi et le génie de Rome et d'Athènes se marièrent ; il résulta de cette haute alliance des ouvrages qui eurent des modèles et qui en serviront à jamais.

Wiclef doit être compté parmi les auteurs anglois de l'époque de Chaucer. Pour premier acte de sa réforme, il fit sur la Vulgate une traduction angloise de la Bible que l'on consulte encore comme monument de la langue. Luther, marchant sur ses traces, traduisit en allemand la Bible, mais d'après l'hébreu.

Depuis Alfred le Grand, fondateur des libertés britanniques, la nation ne fut jamais totalement exclue du pouvoir. Les poésies, les chroniques et les romans de l'Angleterre ont un élément qui manquoit anciennement aux nôtres, l'élément populaire : l'action dramatique des ouvrages de nos voisins en est vivifiée, et il en sort des beautés de contraste avec les mœurs religieuses, aristocratiques et chevaleresques. On est tout étonné de trouver dans l'Écossois Barbour, contemporain de Chaucer, ces vers sur la liberté : un sentiment immortel semble avoir communiqué au langage une immortelle jeunesse ; le style et les mots n'ont presque point vieilli :

> Ah! freedom is a noble thing!
> Freedom makes man to have a liking:
> Freedom all solace to man gives...
> He lives at ease that freely lives:
> A noble heart may have none ease,
> Nor nought else that may it please,
> If freedom fail.

« Ah! la liberté est une noble chose! la liberté rend l'homme content de lui ; la liberté donne à l'homme toute consolation. Il vit satisfait celui qui vit libre. Un noble cœur ne peut avoir ni jouissance, ni rien qui puisse plaire, si la liberté manque. »

Nos poëtes, en France, étoient loin alors de la dignité de ce langage, que Dante avoit fait connoître à l'Italie.

SENTIMENT DE LA LIBERTÉ POLITIQUE;
POURQUOI DIFFÉRENT CHEZ LES ÉCRIVAINS ANGLOIS
ET CHEZ LES ÉCRIVAINS FRANÇOIS DES XVIe ET XVIIe SIÈCLES.
PLACE OCCUPÉE PAR LE PEUPLE
DANS LES ANCIENNES INSTITUTIONS DES DEUX MONARCHIES.

Les institutions politiques ont autant d'influence que les mœurs sur la littérature. Si le sentiment de la liberté se montre moins à cette époque dans les écrivains de notre nation que dans ceux de l'Angleterre, c'est que les deux peuples n'étoient pas placés dans des conditions semblables : arrivés à une portion différente de l'autorité publique par des routes diverses, ils ne pouvoient avoir le même langage.

Ceci vaut la peine de s'arrêter un moment, pour faire sortir de la poésie la philosophie de l'histoire, qui s'y trouve souvent cachée : nous sentirons mieux comment les poëtes françois et les poëtes anglois ont été conduits à parler de la liberté ou à se taire sur elle lorsque nous nous rappellerons mieux le rôle que chacun des deux peuples jouoit dans les institutions nationales. En ce qui touche l'Angleterre, je n'aurai qu'à transcrire quelques pages d'un ouvrage fort court, mais excellent, intitulé : *Vue générale de la Constitution de l'Angleterre, par un Anglois* [1], ouvrage très-supérieur à tout ce que brocha jadis le théoricien genevois Delolme, appuyé de Blackstone.

« Pendant plus de deux cents ans après Guillaume le Conquérant, le parlement anglois étoit presque le même dans sa composition et dans ses fonctions principales que le parlement de Paris, depuis Hugues Capet jusqu'à saint Louis, avec cette différence pourtant que le parlement françois, quoique quelquefois censé national, n'étoit réellement que le parlement du duché de France et de quelques autres pays des environs, tandis que le parlement anglois étoit une assemblée des principaux personnages du royaume, et que son autorité étoit reconnue partout.

« Les membres des deux parlements, anglois et françois, étoient les barons, les chevaliers et les prélats, et un certain nombre de gens de justice, tous convoqués, pour un temps limité, par des lettres du roi. Les deux parlements ne formoient chacun qu'une seule chambre, et étoient aussi bien une cour de justice suprême qu'une assemblée politique. Mais tandis que les membres du parlement d'Angleterre acqué-

1. Frisel.

roient tous les jours plus d'importance politique, et que leur voix *consultative* se changeoit insensiblement en voix *délibérative*, au point qu'ils finirent par établir *légalement* qu'ils pouvoient refuser toutes les demandes des rois, comme ceux-ci pouvoient refuser les leurs, les membres du parlement de Paris perdoient graduellement de leur considération par l'accroissement progressif du pouvoir royal : au lieu d'obtenir une voix *délibérative* dans les grandes affaires nationales, ils furent chaque jour moins *consultés* sur les questions politiques, et ils finirent par être regardés principalement comme des juges de la cour baronniale du duché de France. »

. . . .

« Philippe-Auguste établit l'institution de la pairie, et rendit les pairs membres du parlement de Paris, pour en augmenter l'importance par un simulacre de l'ancien baronnage national, sans diminuer en rien, par ce moyen, l'influence royale. Si en réunissant la Normandie à la couronne il avoit donné aux principaux barons et ecclésiastiques normands le droit d'être membres du parlement de Paris, et que ses successeurs eussent fait de même dans les différentes provinces dont ils se rendirent successivement les maîtres, le parlement de Paris seroit devenu un vrai parlement national, comme celui d'Angleterre, et les députés des villes principales auroient fini naturellement par y être admis. Mais Philippe, comme ses successeurs, trouva qu'il valoit mieux de laisser exister séparément les *parlements* ou *états* des provinces qu'il réunit, que de les agréger au gouvernement de France. Les provinces aussi étoient jalouses de la conservation de leurs parlements. Saint Louis appela une fois dans le parlement un bon nombre de grands seigneurs et prélats de tout le royaume, et des députés de plusieurs villes; de manière que ce parlement fut exactement pareil au parlement d'Angleterre de la même époque; mais cet exemple ne fut suivi ni par lui-même ni par son successeur, Philippe le Hardi, qui, au contraire, dégoûta, autant qu'il put, les grands seigneurs de se rendre au parlement.

« Ce fut Philippe le Bel qui donna le plus grand coup à l'autorité du parlement par son *invention* des états généraux, lesquels, quoi qu'en disent les auteurs à système, n'ont jamais existé avant son règne. En ne laissant venir aux *états* les prélats et les grands seigneurs que par députation, et en les confondant ainsi avec le reste de la noblesse et du clergé, il leur ôta toute leur importance; bornant aussi les fonctions des *états* à émettre des *doléances*, il les réduisit presque à rien. »

. . . .

« Quelque temps après l'introduction régulière des députés ou chevaliers des comtés dans le parlement, il s'y opéra un changement considérable, qui eut des effets très-importants. Ce changement consista dans la formation de la chambre des communes; formation due au hasard, et dont les politiques d'alors ne prévirent sûrement pas les résultats. En outre des subsides fournis par le parlement, depuis que les villes étoient devenues des corporations politiques, jouissant de différents priviléges, les rois étoient dans l'usage de leur demander de temps en temps, et sans l'avis du parlement, différentes sommes d'argent, selon le plus ou moins d'importance et de richesse de ces villes. Ces sommes d'argent étoient réglées de gré à gré avec des commissaires royaux et les principaux habitants de chaque ville. Enfin, sous Henri III, vers le milieu du xiiie siècle, le fameux comte de Leicester fit convoquer au parlement les députés des villes principales, espérant par ce moyen les mieux engager à lui fournir l'argent dont il avoit besoin pour soutenir ses entreprises criminelles. Cet exemple pourtant ne fut pas suivi dans les parlements suivants. Ce ne fut qu'à la fin du xiiie siècle (l'an 1295) qu'Edouard Ier, pressé par le besoin d'argent et fatigué des négociations partielles avec les bourgeois des différentes villes, imagina de convoquer régulièrement deux députés de chaque ville en même temps et dans le même endroit que le parlement. Ces députés ne faisoient pas partie du parlement, et n'avoient aucune voix dans les délibérations nationales. Leurs fonctions se bornoient à fixer la somme d'argent qu'ils pouvoient fournir entre eux pour le *taillage* de leurs villes respectives. Ces députés étoient en même temps autorisés à exposer les besoins de leurs villes; et pour les engager à payer le plus possible on écoutoit leurs doléances avec attention, et on accordoit toutes celles de leurs demandes qui paroissoient raisonnables. Dans les commencements ils délibéroient séparés des barons et des chevaliers, et suivoient les instructions de leurs commettants pour les besoins qu'ils avoient à exposer et le *maximum* de l'impôt qu'ils devoient accorder. »

. . . .

« On ne sait pas au juste quand les députés des comtés s'assemblèrent pour la première fois dans la même salle avec les députés des villes. Quoique ces deux espèces de députés différassent beaucoup entre eux sous les rapports de leur existence politique, ils se ressembloient cependant par leur qualité commune de *mandataires* de leurs concitoyens; et il est probable que les *chevaliers* des comtés aussi bien que les *bourgeois* des villes étoient souvent obligés de suivre les instructions de leurs commettants. On trouva donc qu'il étoit plus commode pour l'expédition des affaires de les assembler dans la même salle, et d'envoyer ensuite le résultat de leurs délibérations aux pairs, que de laisser les chevaliers délibérer à part dans la salle de ces derniers. Il est probable aussi que les grands barons, qui commençoient à regarder les chevaliers comme leurs inférieurs, étoient bien aises d'avoir un prétexte honnête pour les éloigner de leur salle. Des raisons plus accidentelles, comme le plus ou moins de grandeur de la salle où s'assembloient les pairs, peuvent avoir occasionné la séparation des membres du parlement. Quoi qu'il en soit, il est certain que les députés des comtés et ceux des villes étoient réunis dans la même salle au commencement du xive siècle. Cependant, malgré cette réunion, il exista une très-grande différence entre eux : les chevaliers des comtés faisoient partie intégrante du parlement et délibéroient sur toutes les affaires quelconques de la même manière que les grands barons ou pairs, tandis que les députés des villes n'avoient d'autres pouvoirs que celui de régler l'impôt que leurs commettants devoient payer ; et une fois cette affaire terminée, ils pouvoient s'en aller sans attendre la fin de la session. Il est pourtant naturel de supposer qu'à mesure que les villes devenoient plus riches leurs députés acquéroient plus d'importance, et qu'au lieu de retourner chez eux quand ils avoient réglé l'impôt ils restoient pour écouter les délibérations des chevaliers sur les lois générales, dont aucune n'étoit sans intérêt pour eux. Peu à peu on les consulta sur ces lois. De la *consultation* à la *délibération* il n'y a qu'une nuance ; aussi vers la fin du xive siècle les députés des villes avoient acquis tous les droits politiques de ceux des comtés, et ils étoient tous confondus sous le nom général de députés des *communes.* »

On ne peut exposer avec plus de netteté la manière dont le parlement anglois s'est formé, et comment, au moment d'arriver aux mêmes institutions, nous fûmes jetés dans une autre route. Le reste de la brochure, où l'auteur examine le principe de l'aristocratie angloise, la nature du prétendu *veto*, et la balance imaginaire des trois pouvoirs, est de la même rectitude de jugement et de la même vérité de faits.

En France, le parlement dit de Paris et ensuite les états généraux ne se divisèrent pas en deux chambres : le clergé, formé en ordre, ne se mêla pas aux barons, aux pairs et à la noblesse de chevalerie ; celle-ci ne se réunit pas aux députés des villes, et resta avec les barons. Le tiers demeura à part. De là, trois ordres, qui se classèrent par numéros, premier, second, troisième. Cette constitution des états généraux, dont la France entière ne reconnut jamais le pouvoir national, se répétoit dans les états particuliers des provinces, véritables souverains de ces provinces. Mais le tiers état, qui dans les états généraux ou particuliers n'acquit jamais d'importance que dans les temps de trouble, s'emparoit du pouvoir public d'une autre manière.

On parle toujours des *trois ordres* comme constituant essentiellement les états dits *généraux*. Néanmoins, il arrivoit que des bailliages ne nommoient des députés que pour *un* ou *deux* ordres. En 1614, le bailliage d'Amboise n'en nomma ni pour le clergé ni pour la noblesse, le bailliage de Châteauneuf en Thimerais n'envoya ni pour le clergé ni pour le tiers état; Le Puy, La Rochelle, le Lauraguais, Calais, la haute Marche, Chatellerault, firent défaut pour le clergé, et Montdidier et Roy pour la noblesse. Néanmoins, les états de 1614 furent appelés *états généraux*. Aussi, les anciennes chroniques, s'exprimant d'une manière plus correcte, disent en parlant de nos assemblées nationales, ou *les trois états*, ou *les notables bourgeois*, ou *les barons et les évêques*, selon l'occurrence, et elles attribuent à ces assemblées ainsi composées la même force législative.

Dans les diverses provinces, souvent le tiers, tout convoqué qu'il étoit, ne députoit pas, et cela par une raison inaperçue, mais fort naturelle : le tiers s'étoit emparé de la magistrature. Il en avoit chassé les gens d'épée; il y régnoit d'une manière absolue, comme juge, avocat, procureur, greffier, clerc, etc.; il faisoit les lois civiles et criminelles, et, à l'aide de l'usurpation des parlements, il exerçoit même le pouvoir politique. Les ministres de la monarchie étoient aux trois quarts pris dans son sein ; plusieurs fois il commanda les armées dans la dignité militaire du maréchalat. La fortune, l'honneur, la vie des citoyens relevoient de lui ; tout obéissoit à ses arrêts, toute tête tomboit sous le glaive de ses justices. Quand donc il jouissoit *seul* ainsi d'une puissance sans bornes, qu'avoit-il besoin d'aller chercher une foible portion de cette puissance dans des assemblées où on l'avoit vu paroître à genoux?

Le peuple, métamorphosé en moine, s'étoit réfugié dans les cloîtres, et gouvernoit la société par l'opinion religieuse; le peuple, métamorphosé en collecteur, en ministre du commerce et des manufactures, s'étoit réfugié dans la finance, et gouvernoit la société par l'argent; le peuple, métamorphosé en magistrat, s'étoit réfugié dans les tribunaux, et gouvernoit la société par la loi. Ce grand royaume de France, aristocrate dans ses parties, étoit démocrate dans son ensemble, sous la direction de son roi, avec lequel il s'entendoit à merveille et marchoit presque toujours d'accord : c'est ce qui explique sa longue existence.

Maintenant on comprend pourquoi le tiers état en 1789 s'est

rendu subitement maître de la nation : il s'étoit saisi de toutes les hauteurs, emparé de tous les postes. Le peuple, n'ayant pris que peu de part à la constitution de l'État, mais incorporé dans les autres pouvoirs, s'est trouvé en mesure de conquérir la seule liberté qui lui manquoit, la liberté politique. En Angleterre, au contraire, le peuple, occupant depuis plusieurs siècles une place importante dans la constitution, ayant mis à mort des nobles et des rois, donné et retiré des couronnes, se trouve arrêté actuellement qu'il prétend étendre ses droits. Il a à se combattre lui-même; il se fait obstacle, il se trouve sur son propre chemin. C'est évidemment la liberté populaire britannique dans sa vieille forme qui lutte aujourd'hui contre la liberté populaire dans sa forme nouvelle.

Barbour a donc pu chanter cette liberté dans les nobles vers que j'ai cités à la fin du dernier chapitre; il a donc pu la chanter dans un temps où elle étoit inconnue en France de l'auteur du *Dittié de l'Épinette amoureuse, ballades, virelais, Plaidoyer de la rose et de la violette;* liberté ignorée, à cette même époque, de la Vénitienne Christine de Pisan et du traducteur des fables d'Ésope, qui les publia sous le titre de *Bestiaire*.

JACQUES Ier, ROI D'ÉCOSSE, DUMBARD, DOUGLAS, WORCESTER, RIVERS.

Jacques Ier, le roi le plus accompli et le plus infortuné de ces princes malheureux qui régnèrent en Écosse, surpassa, comme poëte, Barbour, Occlève et Lydgate. Dix-huit ans captif en Angleterre, il composa dans sa prison son *King's Quair* (le Livre du Roi), ouvrage en six chants, divisés par strophes, chacune de sept vers. Lady Jeanne Beaufort le lui inspira.

« Un matin d'un jour de mai, dit le roi poëte, appuyé sur la fenêtre de ma prison et regardant le château de Windsor, j'écoutois les chants du rossignol. J'admirois ce que peut la passion de l'amour, que je n'avois jamais sentie. En abaissant mes regards, je vis se promener au pied de la tour la plus belle et la plus fraîche des jeunes fleurs. »

Le premier a des visions; il est transporté sur un nuage à la planète de Vénus; il voyage au palais de Minerve. Revenu de ses extases, il s'approche de la fenêtre; une tourterelle d'une blancheur éclatante se vient poser sur sa main; elle porte dans son bec une fleur; elle la lui donne, et s'envole. Sur les feuilles de la fleur sont écrits ces mots : « Éveille-toi, ô amant ! je t'apporte de joyeuses nouvelles. »

On doit à Jacques Ier le mode d'une musique plaintive inconnue avant lui.

Ce fut sous le règne de Jacques Ier, vers l'an 1446, que Henri le Ménestrel ou Harry l'Aveugle (*Blind Harry*) chanta le guerrier Guillaume Wallace, si populaire en Écosse. Quelques critiques préfèrent le ménestrel Henry à Barbour et à Chaucer.

Dumbard et Douglas fleurirent encore en Écosse.

En Angleterre, le comte de Worcester et le comte de Rivers, tous deux protecteurs des lettres et les cultivant eux-mêmes, perdirent la tête sur l'échafaud. Rivers et Caxton, son imprimeur et son panégyriste, sont les premiers auteurs dont les écrits aient été donnés par la presse angloise. Les ouvrages de Rivers consistoient en traductions du françois, notamment des Proverbes de Christine de Pisan.

Sous Henri VII, le premier Tudor, il y eut beaucoup de poëtes sans génie : un des serviteurs de ce roi, qui mit fin aux guerres des maisons d'York et de Lancastre, avoit quelque talent pour la satire.

BALLADES ET CHANSONS POPULAIRES.

Les ballades et chansons populaires, tant écossoises qu'angloises et irlandoises, du xive et du xve siècle, sont simples sans être naïves : la naïveté est un fruit de la Gaule. La simplicité vient du cœur, la naïveté, de l'esprit : un homme simple est presque toujours un bon homme; un homme naïf peut n'être pas toujours bon; et pourtant la naïveté ne cesse jamais d'être naturelle, tandis que la simplicité est souvent l'effet de l'art.

Les plus renommées des ballades angloises et écossoises sont Les Enfants dans le Bois (*The Children in the Wood*), et la *Chanson du Saule*, altérée par Shakespeare. Dans l'original, c'est un amant qui se plaint d'être abandonné. « Une pauvre âme étoit assise en soupirant sous un sycomore : O saule, saule, saule ! la main sur son sein, la tête sur ses genoux; ô saule, saule, saule ! ô saule, saule, saule ! Chantez : Oh! le saule vert sera ma guirlande, etc. » Cette chanson s'est emparée si fortement de l'imagination des poëtes anglois, que Rowe n'a pas craint de l'imiter après Shakespeare.

Robin Hood, voleur célèbre, est un personnage favori des ballades : il y a vingt chansons sur sa naissance, sur son prétendu combat avec le roi Richard et sur ses exploits avec Petit-John : sa longue histoire rimée et celle d'Adam Bell ressembloient aux complaintes latines de la Jacquerie ou aux confessions de potence que le peuple répétoit dans nos rues :

> Or prions le doux Rédempteur
> Qu'il nous préserve de malheur,
> De la potence et des galères,
> Et de plusieurs autres misères.

Lady Anne Bothwell est le *Dors, mon enfant*, de *Berquin*; le *Friar* (le Moine) est l'aventure du père Arsène, et celle-ci vient du *Comte de Comminges*. Le *Hunting in Chevy-Chace*, très-belle ballade (la chasse dans Chevy-Chasse), décrit le combat du comte de Douglas et du comte Percy dans une forêt sur la frontière d'Écosse.

Selon moi, les deux ballades qui sortent le plus des lieux communs sont *Sir Cauline* et *Childe Waters* : pour en sentir le rhythme, on n'a pas besoin de savoir l'anglois; la mesure tombe aussi marquée que celle d'une valse. Chaque strophe se forme de quatre vers, alternativement de huit et de six syllabes; quelques vers redondants sont ajoutés aux strophes du *Sir Cauline*. La langue de ces ballades n'est pas tout à fait du temps où elles furent composées; le style en paroît rajeuni.

Sir Cauline, chevalier à la cour d'un roi d'Irlande, est devenu amoureux de Christabelle, fille unique de ce roi; Christabelle, comme toutes les princesses bien élevées de ce temps-là, connoît la vertu des simples. Sir Cauline est malade d'amour. Le roi, après avoir entendu la messe, un dimanche, s'en va dîner. Il s'enquiert du chevalier Cauline, chargé de lui verser à boire; un courtisan répond que l'échanson est au lit. Le roi ordonne à sa fille de visiter le chevalier, et de lui porter du pain et du vin. Christabelle se rend à la chambre du chevalier. « Comment vous portez-vous, mylord ? — Oh! bien malade, belle lady. — Levez-vous, homme, et ne restez pas couché comme un poltron, car on dit dans la salle de mon père que vous mourez d'amour pour moi. — Belle lady! c'est pour l'amour de vous que je me dessèche. Si vous vouliez me réconforter d'un baiser, je passerois de la peine au bonheur. — Sire chevalier, mon père est un roi, et je suis sa seule héritière. — O lady! tu es la fille d'un roi, et je ne suis pas ton égal! mais qu'il me soit permis d'accomplir quelque fait d'armes pour devenir ton bachelier. »

Christabelle envoie Cauline sur le coteau d'Eldridge, à l'endroit où croît une épine isolée au milieu d'une bruyère. Le seigneur d'Eldridge est un chevalier païen d'une force prodigieuse. Sir Cauline le combat, lui coupe une main et le désarme. Christabelle déclare qu'elle n'aura d'autre mari que le vainqueur.

Dans la seconde partie de la ballade, le roi, étant allé prendre l'air sur le soir, rencontre par malheur Christabelle et Cauline *in dalliance sweet* (dans un doux abandon). Il renferme Cauline au fond d'une cave, Christabelle au haut d'une tour ; il vouloit tout d'abord occire le chevalier, car ce roi étoit « un homme colère, » dit la chanson, *an angrye man was he*. Mais, adouci par les prières de la reine, il se contenta de le bannir à perpétuité. Cependant, il cherche à consoler sa fille, qui pleure ; il fait proclamer un tournois. A ce tournois se présentent un chevalier inconnu, couvert d'une armure noire, puis un géant, qui se propose de venger l'autre géant d'Eldridge. Le chevalier noir ose seul se mesurer avec le mécréant provocateur ; il le tue, et meurt lui-même de ses blessures. Christabelle meurt aussi, après avoir reconnu sir Cauline dans le chevalier noir et pansé ses plaies. « Un profond soupir brisa son gentil cœur en deux. »

> A deep-fette sighe
> That burst her gentle heart in twayne.

Ainsi trépassèrent les deux amants, comme Pyrame et Thisbé. La complainte françoise a célébré ceux-ci :

> Ils étoient si parfaits,
> Qu'on disoit qu'ils étoient
> Les plus beaux de la ville.

Vers naturels et tels, grâce à Dieu, qu'on s'est mis à les faire aujourd'hui.

Le sujet de la ballade de sir Cauline se retrouve à peu près partout. La ballade *Childe-Waters* peint la vie privée dans ce qu'elle a d'intime et de pathétique. Le mot *Childe* ou *Chield*, maintenant *Child* (enfant), est employé par les vieux poëtes anglois comme une sorte de titre ; ce titre est donné au prince Arthur dans la *Fairie Queen* (La Reine des Fées) ; le fils du roi est appelé *Childe-Tristram*. Voici cette ballade à quelques strophes près. Vous remarquerez qu'*Ellen* répète presque mot à mot les paroles de *Childe-Waters,* de même que les héros d'Homère répètent *totidem verbis* les messages des chefs. La nature, lorsqu'elle n'est pas sophistiquée, a un type commun dont l'empreinte est gravée au fond des mœurs de tous les peuples.

CHILDE-WATERS.

Childe-Waters étoit dans son écurie, et flattoit de sa main son coursier, blanc comme du lait. Vers lui s'avance une jeune lady, aussi belle que quiconque porta jamais habillement de femme.

Elle dit : « Le Christ vous sauve, bon Childe-Waters ! » Elle dit : « Le Christ vous sauve, et voyez ! ma ceinture d'or, qui étoit trop longue, est maintenant trop courte pour moi. »

« Et tout cela est que d'un enfant de vous je sens le poids à mon côté. Ma robe verte est trop étroite ; auparavant elle étoit trop large. »

— « Si l'enfant est mien, belle Ellen, dit-il, s'il est mien, comme vous me le dites, prenez pour vous Cheshire et Lancashire ensemble ; prenez-les pour être votre bien.

« Si l'enfant est mien, belle Ellen, dit-il, s'il est mien, comme vous le jurez, prenez pour vous Cheshire et Lancashire ensemble, et faites cet enfant votre héritier. »

Elle dit : « J'aime mieux avoir un baiser, Childe-Waters, de ta bouche que d'avoir ensemble Cheshire et Lancashire, qui sont au nord et au sud.

« Et j'aime mieux avoir un regard, Childe-Waters, de tes yeux que d'avoir Cheshire et Lancashire ensemble et de les prendre pour mon bien. »

— « Demain, Ellen, je dois chevaucher loin dans la contrée du nord : la plus belle lady que je rencontrerai, Ellen, il faudra qu'elle vienne avec moi. »

— « Quoique je ne sois pas cette belle lady, laisse-moi aller avec toi ; et je vous prie, Childe-Waters, laissez-moi être votre page à pied. »

— « Si vous voulez être mon page à pied, Ellen, comme vous me le dites, il faut alors couper votre robe verte un pouce au-dessus de vos genoux.

« Ainsi ferez de vos cheveux blonds, un pouce au-dessus de vos yeux. Vous ne direz à personne quel est mon nom, et alors vous serez mon page à pied. »

Elle tout le long du jour que Childe-Waters chevaucha courut pieds

nus à son côté, et il ne fut jamais assez courtois chevalier pour dire :
« Ellen, voulez-vous chevaucher? »

« Chevauchez doucement, dit-elle, ô Childe-Waters! pourquoi chevauchez-vous si vite? L'enfant qui n'appartient à d'autre homme qu'à toi brisera mes entrailles. »

Il dit : — « Vois-tu cette eau, Ellen, qui coule à plein bord? » — — « J'espère en Dieu, ô Childe-Waters! vous ne souffrirez jamais que je nage. »

Mais quand elle vint à la rivière, elle y entra jusqu'aux épaules. « Que le Seigneur du ciel soit maintenant mon aide, car il faut que j'apprenne à nager. »

Les eaux salées enflèrent ses vêtements ; notre lady souleva son sein. Childe-Waters étoit un homme de malheur : bon Dieu ! obliger la belle Ellen à nager !

Et quand elle fut de l'autre côté de l'eau, elle vint à ses genoux. Il dit : « Viens ici, toi, belle Ellen : vois là-bas ce que je vois.

« Ne vois-tu pas un château, Ellen, dont la porte brille d'un or rougi? De vingt-quatre belles ladies qui sont là, la plus belle est ma compagne. »

— « Je vois maintenant le château, Childe-Waters, d'or rougi brille la porte. Dieu vous donne bonne connoissance de vous-même et de votre digne compagne ! »

Là étoient vingt-quatre belles ladies folâtrant au bal, et Ellen, la plus belle lady de toutes, mena le destrier à l'écurie.

Et alors parla la sœur de Childe-Waters. Voici les mots qu'elle dit : « Vous avez le plus joli petit page, mon frère, que j'aie jamais vu.

« Mais ses flancs sont si gros, sa ceinture est placée si haut ! Childe-Waters, je vous prie, laissez-le coucher dans ma chambre. »

— « Il n'est pas convenable qu'un petit page à pied, qui a couru à travers les marais et la boue, couche dans la chambre d'une lady qui porte de si riches atours.

« Il est plus convenable pour un petit page à pied, qui a couru à travers les marais et la boue, de souper sur ses genoux, devant le feu de la cuisine. »

Quand chacun eut soupé, chacun prit le chemin de son lit. Il dit : « Viens ici, mon petit page à pied, et écoute ce que je dis :

« Descends à la ville et reste dans la rue : la plus belle femme que tu pourras trouver, arrête-la pour dormir dans mes bras. Apporte-la dans tes deux bras, de peur qu'elle ne se salisse les pieds. »

Ellen est allée à la ville ; elle a demeuré dans la rue : la plus belle femme qu'elle a pu rencontrer, elle l'a arrêtée pour dormir dans les bras de Childe-Waters. Elle l'a apportée dans ses deux bras, de peur qu'elle ne se salît les pieds.

« Je vous prie maintenant, bon Childe-Waters, de me laisser coucher à vos pieds, car il n'y a pas de place dans cette maison où je puisse essayer de dormir. »

Il lui accorda la permission, et la belle Ellen se coucha au pied de son lit. Cela fait, la nuit passa vite, et quand le jour approcha,

Il dit : « Lève-toi, mon petit page à pied ; va donner à mon cheval le blé et le foin ; donne-lui à présent la bonne avoine noire, afin qu'il m'emmène mieux. »

Lors se leva la belle Ellen, et donna au cheval le blé et le foin : elle en fit ainsi de la bonne avoine noire, afin que le cheval emmenât mieux *Childe-Waters*.

Elle appuya son dos contre le bord de la mangeoire, et gémit tristement ; elle appuya son dos contre le bord de la mangeoire, et là elle fit sa plainte.

Et elle fut entendue de la mère chérie de Childe-Waters. La mère entendit la dolente douleur ; elle dit : « Debout, toi, Childe-Waters ! et va à l'écurie.

« Car dans ton écurie est un spectre qui gémit péniblement, ou bien quelque femme est en travail d'enfant ; elle commence la douleur. »

Childe-Waters se leva promptement ; il revêtit sa chemise de soie, et mit ses autres habits sur son corps blanc comme du lait.

Et quand il fut à la porte de l'écurie, il s'arrêta tout court pour entendre comment sa belle Ellen faisoit ses lamentations.

Elle disoit : « Lullabye, mon cher enfant ! Lullabye, cher enfant ! cher ! Je voudrois que ton père fût un roi, et que ta mère fût enfermée dans une bière. »

— « Paix à présent, dit Childe-Waters, bonne et belle Ellen ! prends courage, je te prie, et les noces et les relevailles auront lieu ensemble le même jour. »

Un caractère sauvage se décèle dans cette chanson. Childe-Waters est atroce : il se plaît à mettre sa maîtresse à l'épreuve des plus abominables tortures du corps et de l'âme. Ellen, ensorcelée, s'y soumet avec la résignation d'un amour qui compte pour rien les sacrifices. Elle fait une longue course à pied ; elle traverse un fleuve à la nage ; elle subit toutes les humiliations dans le château des vingt-quatre femmes ; elle s'entend dire, de la bouche même de son amant moqueur, qu'il aime la plus belle de ces femmes ; d'après son ordre, elle va lui chercher une courtisane ; elle, pauvre Ellen, qu'il força de courir pieds nus dans la fange, doit enlever dans ses bras cette courtisane, de peur qu'elle ne se salisse les pieds. Jamais une plainte, pas un reproche ; et quand elle met au jour son enfant, au milieu de ses douleurs, elle le berce des paroles d'une nourrice ; elle demande un trône pour Childe-Waters, un cercueil pour elle. L'homme cruel est touché, et se croit enfin le père de l'innocente créature. Mais les noces et les relevailles ne viendront-elles pas trop tard ?

Childe-Waters et Childe-Harold n'ont-ils pas quelques traits de ressemblance ? Lord Byron auroit-il moulé son caractère sur un ancien héros de ballade, comme il monta sa lyre sur le vieux mode des poëtes du xve siècle ?

Il seroit possible que la première idée de cette ballade eût été empruntée de la dixième nouvelle, dixième journée du Décaméron. Griselda, éprouvée par Gualtieri, seroit Ellen, et le nom même de *Waters* n'est qu'une forme de celui de *Gautier*. Mais entre les deux nouvelles il y a la différence de la nature humaine angloise et de la nature humaine italienne.

Avant de quitter le moyen âge, je mentionnerai une chose dont on a pu s'apercevoir : je n'ai point parlé des auteurs qui ont écrit en latin pendant les sept ou huit siècles que nous venons de parcourir. Cela n'entroit point dans le plan que je me suis tracé, parce qu'en effet la littérature latine du moyen âge, et avant le moyen âge, appartient également à l'Europe de cette époque ; or, il ne s'agit ici que de l'idiome ou des idiomes particuliers aux Anglois. Ainsi je n'ai rien dit de Gildas dans le vi^e siècle ; de Nennius, abbé de Banchor, d'Aldhelm, dans le viie ; de Bède, d'Alcuin, de Boniface, archevêque de Mayence et Anglois, de Willebald, d'Eddius, moine de Cantorbery, de Dungal et de Clément, dans le viiie ; de Jean Scot Érigène, d'Asser, à qui l'on doit la vie d'Alfred le Grand, dont il étoit le favori, dans le ixe ; de saint Dunstan, d'Elfrie le grammairien, dans le xe ; d'Ingulphe, dans le xie, de Lanfranc, d'Anselme, de Robert White, de Guillaume de Malmsbury, de Huntington, de Jean de Salisbury, de Pierre de Blois, de Géraud-Barry, dans les xiie et xiiie; de Roger Bacon, de Michel Scot, de Guillaume Ockam, de Matthieu Paris, de Thomas Wykes, d'Hemmingford, d'Avesbury, dans les xiiie et xive siècles. Ce n'est pas que ces écrivains ne soient remplis des choses les plus curieuses pour l'étude de l'histoire, pour celle des mœurs, des sciences et des arts. Il seroit à désirer que nous eussions des traductions des principaux ouvrages de ces auteurs.

Ici finit la première partie de cet essai. La littérature angloise, pour ainsi dire orale dans ses quatre premières époques, est parlée plutôt qu'écrite; transmise à la postérité au moyen d'une sorte de sténographie, elle a les avantages et les défauts de l'improvisation : la poésie est simple, mais incorrecte; l'histoire curieuse, mais renfermée dans le cercle individuel. Maintenant nous allons voir la haute poésie étouffer la poésie intime, et la grande histoire tuer la petite : cette révolution littéraire va s'opérer par la marche graduelle de la civilisation, au moment où une revolution religieuse va rompre l'unité catholique et la fraternité européenne.

DEUXIÈME PARTIE.

CINQUIÈME ET DERNIÈRE ÉPOQUE

DE LA LANGUE ANGLOISE.

LITTÉRATURE SOUS LES TUDORS.

Jusque ici la poésie angloise s'est montrée à nous catholique : les muses habitoient au Vatican et chantoient sous le dôme à moitié formé de Saint-Pierre, que leur élevoit Michel-Ange : maintenant elles vont apostasier et devenir protestantes. Leur changement de religion ne se fit pourtant pas sentir d'une manière bien tranchée, car la réformation eut lieu avant que la langue fût sortie de la barbarie : tous les écrivains du premier ordre parurent après le règne de Henri VIII. On verra ma remarque au sujet de Shakespeare, de Pope et de Dryden.

Quoi qu'il en soit, un grand fait domine l'époque où nous entrons : de même que j'ai peint au lecteur le *moyen âge* avant de lui parler des auteurs de ces bas siècles, il me semble convenable d'ouvrir la seconde partie de cet Essai par quelques recherches sur la réformation. Comment fut-elle préparée? Quelles en ont été les conséquences pour l'esprit humain, pour les lettres, les arts et les gouvernements? Questions dignes de nous arrêter.

HÉRÉSIES ET SCHISMES QUI PRÉCÉDÈRENT LE SCHISME DE LUTHER.

Depuis le moment où la croix fut plantée à Jérusalem, l'unité de l'Église ne cessa point d'être attaquée. Les philosophies des Hébreux, des Perses, des Indiens, des Égyptiens s'étoient concentrées dans l'Asie sous la domination de Rome : de ce foyer allumé par l'étincelle évangélique jaillit cette multitude d'opinions aussi diverses que les mœurs des hérésiarques étoient dissemblables. On pourroit dresser un catalogue des systèmes philosophiques, et placer à côté de chaque système l'hérésie qui lui correspond. Tertullien l'avoit reconnu : les hérésies furent au christianisme ce que les systèmes philosophiques furent au paganisme, avec cette différence que les systèmes philosophiques étoient les vérités du culte païen, et les hérésies les erreurs de la religion chrétienne.

Saint Augustin comptoit de son temps quatre-vingt-huit hérésies, en commençant aux Simoniens et finissant aux Pélagiens.

L'Église faisoit tête à tout : sa lutte perpétuelle donne la raison de ces conciles, de ces synodes, de ces assemblées de tous les noms, de toutes les sortes, que l'on remarque dès la naissance du christianisme. C'est une chose prodigieuse que l'infatigable activité de la communauté chrétienne : occupée à se défendre contre les édits des empereurs et contre les supplices, elle étoit encore obligée de combattre ses enfants et ses ennemis domestiques. Il y alloit, il est vrai, de l'existence même de la foi : si les hérésies n'avoient été continuellement retranchées du sein de l'Église par des canons, dénoncées et stigmatisées par des écrits, les peuples n'auroient plus su de quelle religion ils étoient. Au milieu des sectes se propageant sans obstacles, se ramifiant à l'infini, le principe chrétien se fût épuisé dans ses dérivations nombreuses, comme un fleuve se perd dans la multitude de ses canaux.

Le moyen âge, proprement dit, n'ignora point le schisme. Plusieurs novateurs en Italie, Wiclef en Angleterre, Jérôme de Prague et Jean Huss en Allemagne, furent les précurseurs des réformateurs du xvie siècle. Une foule d'hérésies se trouvoient au fond des doctrines qui donnèrent lieu aux horribles croisades contre les malheureux albigeois. Jusque dans les écoles de théologie, un esprit de curiosité ébranloit les dogmes de l'Église : les questions étoient tour à tour obscènes, impies et puériles.

Valfrède, au xe siècle, s'éleva contre la résurrection des corps. Béranger expliqua à sa manière l'Eucharistie. Les erreurs de Roscelius, d'Abailard, de Gilbert de la Porée, de Pierre Lombard et de Pierre de Poitiers, furent célèbres : on demandoit si Jésus-Christ, comme homme, étoit quelque chose ; ceux qui le nioient furent appelés *Nihilianistes*. On en vint à ne plus lire les Écritures et à ne tirer les arguments en preuve de la vérité chrétienne que de la doctrine d'Aristote. La scolastique domina tout, et Guillaume d'Auxerre se servit le premier des termes de *materia* et de *forma*, appliqués à la doctrine des sacrements. Héloïse vouloit savoir d'Abailard pourquoi les quadrupèdes et les oiseaux furent les seuls animaux amenés à Adam pour recevoir des noms ; Jésus-Christ, entre sa mort et sa résurrection, fut-il ce qu'il avoit été avant sa mort et depuis sa résurrection? Son corps glorieux étoit-il assis ou debout dans le ciel? Son corps que l'on mangeoit dans l'Eucharistie étoit-il nu ou vêtu? Telles étoient les choses dont les esprits les plus orthodoxes s'enquéroient, et Luther lui-même, dans ses investigations, avoit moins d'audace.

ATTAQUES CONTRE LE CLERGÉ.

Avec les hérésies contre l'Église marchoient de tout temps, comme je l'ai dit ailleurs, les satires contre le clergé, mêlées aux reproches fondés qu'on pouvoit faire aux prêtres : Luther sur ce point encore n'approcha pas de ses devanciers. Les pasteurs s'étoient dépravés comme le troupeau; si l'on veut pénétrer à fond l'intérieur de la société de ces temps-là, il faut lire les conciles et les *chartes d'abolition* (lettres de grâce accordées par les rois); là se montrent à nu les plaies de la société. Les conciles reproduisent sans cesse les plaintes contre la licence des mœurs; les *chartes d'abolition* gardent les détails des jugements et des crimes qui motivoient les lettres royaux. Les capitulaires de Charlemagne et de ses successeurs sont remplis de dispositions pour la réforme du clergé.

On connoît l'épouvantable histoire du prêtre Anastase, enfermé vivant avec un cadavre, par la vengeance de l'évêque Caulin (Grégoire de Tours). Dans les canons ajoutés au premier concile de Tours, sous l'épiscopat de saint Perpert, on lit : « Il nous a été rapporté, ce qui est horrible (*quod nefas*), qu'on établissoit des auberges dans les églises, et que le lieu où l'on ne doit entendre que des prières et des louanges de Dieu retentit de bruit de festins, de paroles obscènes, de débats et de querelles. »

Baronius, si favorable à la cour de Rome, nomme le xe siècle le siècle de fer, tant il voit de désordres dans l'Église. L'illustre et savant Gherbert, avant d'être pape sous le nom de Sylvestre II, et n'étant encore qu'archevêque de Reims, disoit : « Déplorable Rome, tu donnas à nos ancêtres les lumières les plus éclatantes, et maintenant tu n'as plus que d'horribles ténèbres... Nous avons vu Jean Octavien conspirer, au milieu de mille prostituées, contre le même Othon qu'il avoit proclamé empereur. Il est renversé, et Léon le Néophyte lui succède. Othon s'éloigne de Rome, et Octavien y entre; il chasse Léon, coupe les doigts, les mains et le nez au diacre Jean, et, après avoir ôté la vie à beaucoup de personnages distingués, il périt bientôt lui-même..... Sera-t-il possible de soutenir encore qu'une si grande quantité de prêtres de Dieu, dignes par leur vie et leur mérite d'éclairer l'univers, se doivent soumettre à de tels monstres, dénués de toute connaissance des sciences divines et humaines? »

Saint Bernard ne montre pas plus d'indulgence aux vices de son siècle; saint Louis fut obligé de fermer les yeux sur les prostitutions et les désordres qui régnoient dans son armée. Pendant le règne de Philippe le Bel, un concile est convoqué exprès pour remédier au débordement des mœurs. L'an 1351, les prélats et les ordres mendiants exposent leurs mutuels griefs à Avignon devant Clément VII. Ce pape, favorable aux moines, apostrophe les prélats : « Parlerez-vous d'humilité, vous, si vains et si pompeux dans vos montures et vos équipages? Parlerez-vous de pauvreté, vous, si avides, que tous les bénéfices du monde ne vous suffiroient pas? Que dirai-je de votre chasteté?..... Vous haïssez les mendiants, vous leur fermez vos portes, et vos maisons sont ouvertes à des sycophantes et à des infâmes (*lenonibus et truffatoribus*). »

La simonie étoit générale, les prêtres violoient presque partout la règle du célibat; ils vivoient avec des femmes perdues, des concubines et des chambrières; un abbé de Noréis avoit dix-huit enfants. En Biscaye on ne vouloit que des prêtres qui eussent des *commères*, c'est-à-dire des femmes supposées légitimes.

Pétrarque écrit à l'un de ses amis : « Avignon est devenu un enfer, la sentine de toutes les abominations. Les maisons, les palais, les églises, les chaires du pontife et des cardinaux, l'air et la terre, tout est imprégné de mensonge; on traite le monde futur, le jugement dernier, les peines de l'enfer, les joies du paradis, de fables absurdes et puériles. » Pétrarque cite à l'appui de ces assertions des anecdotes scandaleuses sur les débauches des cardinaux.

Dans un sermon prononcé devant le pape en 1364, le docteur Nicolas Orem prouva que l'Antechrist ne tarderoit pas à paroître, par six raisons tirées de la perte de la doctrine, de l'orgueil des prélats, de la tyrannie des chefs de l'Église et de leur aversion pour la vérité.

Ces reproches, perpétués de siècle en siècle, furent reproduits par Érasme et Rabelais. Tout le monde apercevoit ces vices, qu'un pouvoir longtemps sans contrôle et la grossièreté du moyen âge introduisirent dans l'Église. Les rois ne se soumettoient plus au joug des papes; le long schisme du xive siècle avoit attiré les regards de la foule sur le désordre et l'ambition du gouvernement pontifical; les magistrats faisoient lacérer et brûler les bulles; les conciles mêmes s'occupoient des moyens de remédier aux abus.

Ainsi, lorsque Luther parut la Réformation étoit dans tous les esprits; il cueillit un fruit mûr et près de tomber. Mais voyons quel étoit Luther : il nous ramènera naturellement à Henri VIII, car il tient à ce roi par ses innovations religieuses et par les querelles qu'il eut avec le fondateur de l'Église anglicane.

LUTHER.

Martin Luther, créateur d'une religion de princes et de gentilshommes, étoit fils d'un paysan. Il raconte en peu de mots son histoire, avec cette humilité effrontée qui vient du succès de toute une vie [1] :

« J'ai souvent conversé avec Mélanchthon, et lui ai raconté ma vie de point en point. Je suis fils d'un paysan ; mon père, mon grand-père, mon aïeul, étoient de vrais paysans. Mon père est allé à Mansfeld et y est devenu mineur. Moi, j'y suis né. Que je dusse être ensuite bachelier, docteur, etc., cela n'étoit point dans les étoiles. N'ai-je pas étonné des gens en me faisant moine? Puis en quittant le bonnet brun pour un autre? Cela vraiment a bien chagriné mon père, et lui a fait mal. Ensuite je me suis pris aux cheveux avec le pape, j'ai épousé une nonne échappée, et j'en ai eu des enfants. Qui a vu cela dans les étoiles? Qui m'auroit annoncé d'avance qu'il en dût arriver ainsi? »

Né à Eisleben le 10 novembre 1483, envoyé dès l'âge de six ans à l'école à Eisenach, Luther chantoit de porte en porte pour gagner son pain : « Et moi aussi, dit-il, j'ai été un pauvre mendiant, j'ai reçu du pain aux portes des maisons. » Une dame charitable, Ursule Schweikkard, en eut pitié et le fit élever; il entra en 1501 à l'université d'Erfurth : enfant pauvre et obscur, il ouvrit cette ère nouvelle qui commence à lui; ère que tant de changements et de calamités devoient rendre impérissable dans la mémoire des hommes.

Luther se livra d'abord à l'étude du droit ; il la prit en aversion, et s'occupa de théologie, de musique et de littérature : il vit un de ses compagnons tué d'un coup de foudre, promit à sainte Anne de se faire moine, et, le 17 juillet 1505, entra la nuit dans le couvent des Augustins à Erfurth : il s'enferma dans le cloître avec un Plaute et un Virgile pour changer le monde chrétien.

Deux ans après, il fut ordonné prêtre. « Lorsque je dis une première messe, j'étois presque mort, car je n'avois aucune foi ; puis vinrent les dégoûts, les tentations, les doutes. » Dans le dessein de raffermir ses croyances, Luther partit pour Rome.

---

1. Ce que je vais citer de Luther est tiré en grande partie de l'ouvrage dernièrement publié par M. Michelet, et intitulé : *Mémoires de Luther*.

Là il trouva l'incrédulité assise sur le tombeau de saint Pierre, et le paganisme ressuscité au Vatican. Jules II, le casque en tête, ne rêvoit que combats, et les cardinaux, cicéroniens de langage, étoient transformés en poëtes, en diplomates et en guerriers. La papauté, prête à devenir gibeline, avoit, sans s'en apercevoir, abdiqué l'autorité temporelle : le pape, en se faisant prince à la manière des autres princes, avoit cessé d'être le représentant de la république chrétienne ; il avoit renoncé à ce terrible tribunat des peuples dont il étoit auparavant investi par l'élection populaire. Luther ne vit pas cela ; il ne saisit que le petit côté des choses : il revint en Allemagne, frappé seulement du scandale de l'athéisme et des mœurs de la cour de Rome.

A Jules II succéda Léon X, rival de Luther ; le siècle fut divisé entre le pape et le moine : Léon X lui imposa son nom, Luther sa puissance.

Il s'agissoit de faire achever Saint-Pierre ; l'argent manquoit. Sans avoir la foi qui faisoit au moyen âge jaillir des trésors, on se souvint à Rome du temps où la chrétienté contribuoit de ses aumônes à la construction des cathédrales et des abbayes. Léon X fit vendre en Allemagne, par les Dominicains, les indulgences que vendoient auparavant les Augustins. Luther, devenu vicaire provincial des Augustins, s'éleva contre l'abus de ces indulgences. Il s'adressa à l'évêque de Brandebourg, à l'archevêque de Mayence : il n'obtint qu'une réponse évasive du premier ; le second ne répondit point. Alors il proposa publiquement les thèses qu'il prétendoit soutenir contre les indulgences. L'Allemagne fut ébranlée : Tetzel brûla les propositions de Luther ; les étudiants de Wittemberg brûlèrent les propositions de Tetzel. Étonné de son succès, Luther auroit volontiers reculé.

Léon X entendit de loin un bruit qui s'élevoit de l'autre côté des Alpes, une rumeur survenue chez les barbares : « Rivalité de moines, » disoit-il. Les Athéniens se moquoient des barbares de la Macédoine. Le goût du prince de l'Église pour les lettres l'emportoit sur de plus hautes considérations ; il trouvoit que frère Luther étoit « un beau génie ». *Fra Martino haveva un bellissimo ingenio* [1]. Néanmoins, pour complaire à ses théologiens, il somma ce beau génie de comparoître à Rome.

Luther, fort de l'appui de l'électeur de Saxe, éluda cet ordre. Cité à Augsbourg, il y vint avec un sauf-conduit de l'empereur. Il disputa avec le légat Caïetano de Vio : on ne s'entendit point ; on ne s'entendoit jamais dans ces joutes de paroles. Luther en appela au pape mieux informé : il avoue qu'avec un peu moins de hauteur de la part

---

1. Bandello.

du légat il se fût rendu, parce que dans ce temps-là *il voyoit encore bien peu les erreurs du pape.*

Léon X sollicitoit l'électeur de Saxe de lui livrer Luther : Frédéric résista. Luther rassuré écrivit au pape : « J'en atteste Dieu et les hommes; je n'ai jamais voulu, je ne veux pas davantage aujourd'hui toucher à l'Église romaine ni à votre sainte autorité. Je reconnois pleinement que cette Église est au-dessus de tout, qu'on ne peut rien préférer, de ce qui est au ciel et sur la terre, si ce n'est Jésus-Christ, Notre-Seigneur. »

Luther étoit sincère, quoique les apparences fussent contre lui; car en même temps qu'il s'explique ainsi avec le Pape il disoit à Spalatin : « Je ne sais si le pape n'est pas l'Antechrist ou l'apôtre de l'Antechrist. » Bientôt il publia son livre *De la Captivité de Babylone.* Il y déclare que l'Église est captive, le Christ profané dans l'idolâtrie de la messe, méconnu dans le dogme de la transsubstantiation et prisonnier du pape.

Et tenant à constater qu'il attaquoit encore plus la papauté que le pape, il disoit dans une nouvelle lettre à Léon X : « Il faut bien qu'une fois pourtant, très-honorable Père, je me souvienne de toi. Ta renommée tant célébrée des gens de lettres, ta vie irréprochable te mettroit au-dessus de toute attaque. Je ne suis pas si sot que de m'en prendre à toi, lorsqu'il n'est personne qui ne te loue. Je t'ai appelé un Daniel dans Babylone ; j'ai protesté de ton innocence... Oui, cher Léon, tu me fais l'effet de Daniel dans la fosse, d'Ézéchiel parmi les scorpions. Que pourrois-tu seul contre ces monstres? Ajoutons encore trois ou quatre cardinaux, savants et vertueux. Vous seriez empoisonnés infailliblement, si vous osiez entreprendre de remédier à tant de maux... C'en est fait de la cour de Rome. »

Il y a plus de trois siècles que cette prédiction est échappée à Luther, et la cour de Rome existe encore.

Les lettres du moine trouvoient Léon X occupé avec Michel-Ange à élever Saint-Pierre, et écrivant à Raphael : « Vous ferez l'honneur de mon pontificat. » *Léon X*, dit Palavicini, *con maggior cura chiamò coloro à cui fosser note le favole della Grecia e le delizie de' Poeti, che l'istorie della chiesa et la dottrina de' Padri.*

Les croassements germaniques de Luther impatientoient le Médicis au milieu des arts, sous le beau ciel de l'Italie. Pour étouffer ces bruits importuns, et ne se pouvant persuader qu'il s'agissoit d'un schisme, il prépara la bulle *de condamnation.*

La bulle arrivée en Allemagne, le peuple se soulève : à Erfurth, on la jette à l'eau ; elle est brûlée à Wittemberg ; première flamme d'un embrasement qui de l'Europe devoit se répandre dans les autres parties de la terre.

Ici un beau combat entre Luther et Luther, car, encore une fois, Luther étoit un homme de conviction. Ce combat est bien reproduit dans M. Michelet, la part faite à la traduction, qui donne inévitablement et nécessairement à la littérature et aux idées l'expression de la littérature moderne et des idées de notre siècle.

Au commencement de son traité *De servo Arbitrio*, Luther dit à Érasme :

« Sans doute, tu te sens quelque peu arrêté en présence d'une suite si nombreuse d'érudits, devant le consentement de tant de siècles, où brillèrent des hommes si habiles dans les lettres sacrées, où parurent de si grands martyrs, glorifiés par de nombreux miracles. Ajoute encore les théologiens plus récents, tant d'académies, de conciles, d'évêques, de pontifes. De ce côté se trouvent l'érudition, le génie, le nombre, la grandeur, la hauteur, la force, la sainteté, les miracles; et que n'y a-t-il pas? Dumien Wiclef et Laurent Valla (et aussi Augustin, quoique tu l'oublies), puis Luther : un pauvre homme, né d'hier, seul avec quelques amis qui n'ont ni tant d'érudition, ni tant de génie, ni le nombre, ni la grandeur, ni la sainteté, ni les miracles : à eux tous ils ne pourroient guérir un cheval boiteux..... »

Dans ce traité *De servo Arbitrio*, Luther se déclare pour la grâce contre le libre arbitre; celui qui étendit, s'il n'établit pas, le *libre examen* chargeoit la volonté de chaînes : ces contradictions sont naturelles aux hommes. Il n'y a d'ailleurs aucune liaison directe entre la fatalité providentielle et le despotisme social; ce sont deux ordres de faits distincts : l'un appartient au domaine de la philosophie et de la théorie, l'autre est du ressort de la politique et de la pratique.

L'Allemagne est le pays de l'honnêteté, du génie et des songes : plus les abstractions des esprits brumeux sont inintelligibles, plus elles excitent d'enthousiasme parmi les rêveurs qui les croient comprendre. Les compatriotes de Luther firent des opinions de saint Augustin ressuscitées la règle de leur foi. Luther s'adressa surtout aux nobles : il dédia sa défense des articles condamnés au seigneur Fabien de Feilitzsch : « Que cet écrit me recommande à toi et à toute votre noblesse. » Il publia son pamphlet : *A la noblesse chrétienne d'Allemagne sur l'amélioration de la chrétienté*. Les principaux nobles, amis de Luther, étoient Silvestre de Scauenberg, Franz de Sickingen, Taubenheim et Ulrich de Hutten. Le margrave de Brandebourg sollicitoit la faveur de voir le nouvel apôtre. C'est ainsi qu'en France et en Angleterre les réformistes furent des rois, des princes et des nobles : en France, la sœur de François I*er*, Jeanne d'Albret, Henri IV, les Châtillon, les Bouillon, les Rohan ; en Angleterre, Henri VIII, ses évêques et sa cour.

Quand j'avançai cela dans les *Études historiques,* j'eus le malheur, contre mon intention, de blesser des susceptibilités ; j'en conviens, dans nos temps de démocratie, il est peut-être dur pour ceux qui se disent les fondateurs de la liberté populaire de se trouver, par origine, des *aristocrates* descendus d'une race de princes et de nobles : qu'y faire ? C'est la stricte vérité ; on la pourroit appuyer d'une masse de faits irrécusables.

La diète de Worms fut le triomphe de Luther : il y comparut devant l'empereur Charles Quint six électeurs, un archiduc, deux landgraves, vingt-sept ducs, un grand nombre de comtes, d'archevêques et d'évêques. Il entra dans la ville monté sur un char, escorté de cent gentilshommes armés de toutes pièces. On chantoit devant lui un hymne, *la Marseillaise* du temps :

> Notre dieu est une forteresse,
> Une épée et une bonne armure [1].

Le peuple étoit monté sur les toits pour voir passer Martin. Ferme et modéré, le docteur ne voulut rien rétracter de ce qu'il avoit avancé touchant les doctrines, mais il offrit de désavouer ce qui pouvoit lui être échappé d'inconvenant contre les personnes. Ainsi, comme l'a dit M. Mignet d'une manière remarquable, Luther dit *non* au pape, *non* à l'empereur. Cela prouve de la conviction et du courage, mais de ce courage facile quand on est bien défendu, quand on est environné de beaucoup d'éclat, quand on est excité par l'ambition de devenir chef de secte et par l'espoir d'une grande renommée. Au surplus, tous les sectaires ont dit *non*. L'hérésie d'Arius dura plus de trois siècles dans sa vigueur et subsiste encore ; elle divisa le monde civilisé et s'empara de tout le monde barbare, les Francs de Clovis exceptés : Alaric et Genseric, qui saccagèrent Rome catholique, étoient ariens. Arius avoit dit *non* bien avant Luther, dont les doctrines n'ont pas encore atteint l'âge de celles du prêtre d'Alexandrie.

Luther étoit encouragé dans le sein de la diète même : des nobles et des comtes étoient allés le visiter. « Le Pape, dit Luther, avoit écrit à l'empereur de ne point observer le sauf-conduit. Les évêques y poussoient ; mais les princes et les états n'y voulurent point con-

---

[1]. M. Heine, *Revue des Deux Mondes.*

sentir; car il en fût résulté bien du bruit. J'avois tiré un grand éclat de tout cela; *ils devoient avoir peur de moi plus que je n'avois d'eux.* En effet, le landgrave de Hesse, qui étoit encore un jeune seigneur, demanda à m'entendre, vint me trouver, causa avec moi, et me dit à la fin : « Cher docteur, si vous avez raison, que Notre-Seigneur Dieu vous soit en aide! »

Quoi qu'il en soit, l'apparition de Luther à la diète montroit quelque force d'âme, car Jean Huss, malgré le passeport d'un empereur, n'en avoit pas moins été brûlé vif. Quand le Christ parut devant Pilate, il étoit seul, abandonné même de ses douze disciples : toutes les puissances de la terre s'élevoient contre lui, et l'on n'eut point égard au sauf-conduit qu'il avoit du ciel.

La diète publia le ban impérial; il frappoit Luther et ses adhérents. Voltaire prétend que Charles Quint hésita entre le moine d'Erfurth et Rome. Le sauf-conduit fut maintenu dans l'acte du ban. Le même Charles Quint qui accorda une audience solennelle à Luther refusa d'entendre Fernand Cortès.

Le réformateur se retira : l'électeur de Saxe, pour le soustraire à tout danger, et peut-être d'accord avec Martin lui-même, le fit enlever et l'enferma dans le château de Wartbourg. Du haut de sa forteresse, Luther lança une multitude d'écrits, imitant Athanase, qui combattoit pour la foi du fond des grottes de l'Égypte. Il étoit tenté : *sa chair indomptée le brûloit d'un feu dévorant.* Dans son Pathmos (ainsi ce nouveau saint Jean appelle-t-il le château de Wartbourg), il croyoit ouïr, la nuit, des noisettes se heurter dans un sac, et entendre un grand bruit sur les marches d'un escalier que fermoient des chaînes et une porte de fer : c'étoit l'apostasie qui revenoit. Luther, rendu impétueux par cette captivité bienveillante, qui lui donnoit l'air d'un martyr, ne parloit plus que de *briser les cèdres, d'abaisser les Pharaons superbes et endurcis.* Il écrivoit rudement à l'archevêque de Mayence, et datoit ainsi : « Donné en mon désert, le dimanche après la sainte Catherine, 25 novembre 1521. » Le cardinal archevêque de Mayence répondoit humblement, ou fièrement : « Cher docteur, j'ai reçu votre lettre...; je souffre volontiers une réprimande fraternelle et chrétienne. »

Prêchant son nouvel Évangile, Martin disoit : « J'espère qu'ils me tueront; mais mon heure n'est pas encore venue : il faut qu'auparavant je rende encore plus furieuse cette race de vipères. » Il hésite d'abord à se prononcer contre les vœux monastiques; puis, se fortifiant dans ses idées, il déclare qu'il a formé « une vigoureuse conspiration pour les détruire et les mettre au néant ».

Il n'approuvoit pas les théologiens démagogues, qui marchoient sur ses traces et qui brisoient les images. « Si tu veux éprouver leurs inspirations, écrit-il à Mélanchthon, demande s'ils ont ressenti ces angoisses spirituelles et ces naissances divines, ces morts et ces enfers. »

Il avoit commencé à publier sa traduction de la Bible : des princes et des évêques la prohibèrent ; comme sectaire et comme auteur, il s'irrita, la colère lui donna la prévision de l'avenir. « Le peuple s'agite de tous côtés, il a les yeux ouverts ; il ne veut plus, il ne peut plus se laisser opprimer. C'est le Seigneur qui mène tout cela et qui ferme les yeux des princes sur ces symptômes menaçants ; c'est lui qui consommera tout par leur aveuglement et leur violence : il me semble voir l'Allemagne nager dans le sang.

« Qu'ils sachent bien que le glaive de la guerre civile est suspendu sur leurs têtes. »

Et qui suspendoit le glaive de la guerre civile sur la tête de ces princes, si ce n'étoit Luther ?

Dans cette année 1522, Henri VIII, encore orthodoxe, fit paroître le livre dont je parlerai ailleurs et qu'il avoit fait faire ou revoir peut-être par son chapelain et ses ministres théologiens. Le moine réformateur malmène son collègue le roi réformateur. « Quel est donc ce Henri, ce nouveau Thomiste, ce disciple du monstre, pour que je respecte ses blasphèmes et sa violence ? Il est le défenseur de l'Église, oui, de son Église à lui, qu'il porte si haut, de cette prostituée qui vit dans la pourpre, ivre de débauches, de cette mère de fornications. Moi, mon chef est Christ ; je frapperai du même coup cette Église et son défenseur, qui ne font qu'un ; je les briserai. » Henri VIII, ne pouvant brûler Luther, répliqua : ses bûchers étoient plus redoutables que ses écrits.

La réformation s'étendoit à l'aide de l'imprimerie, qui sembloit avoir été découverte à temps pour la propagation des nouvelles doctrines ; l'Église luthérienne s'établissoit ; on sait ce qu'elle a rejeté et ce qu'elle a conservé des dogmes de l'Église romaine. Mais le schisme entroit de toutes parts dans la nouvelle communion ; Calvin paroissoit à Genève ; Luther se brouilloit avec Carlostadt, et écrivoit contre lui des pamphlets amers. Les paysans se soulevèrent contre leurs seigneurs, et se jetèrent sur les biens des princes ecclésiastiques : de là les troubles de la Souabe, de Francfort, du pays de Bade, de l'Alsace, du Palatinat, de la Bavière, de la Hesse. En vain Luther fit ce qu'il put pour désarmer la foule ; en vain s'écrioit-il que la révolte n'a jamais eu une bonne fin, que qui se sert de l'épée périra par l'épée :

le glaive étoit tiré; il ne devoit rentrer dans le fourreau qu'après deux siècles d'immolation.

Dans la réponse de Luther aux douze articles des paysans de la Souabe, il y a des choses justes et raisonnables : il dit aussi aux seigneurs des vérités qui pouvoient leur sembler hardies ; mais entraîné par le caractère de sa réformation, ennemi du peuple, il se montre d'une dureté révoltante contre les paysans ; il ne donne pas une larme à leurs malheurs.

« Je crois, dit-il, que tous les paysans doivent périr plutôt que les princes et les magistrats, parce que les paysans prennent l'épée sans l'autorité divine... Nulle miséricorde, nulle tolérance n'est due aux paysans, mais l'indignation de Dieu et des hommes... Les paysans sont dans le ban de Dieu et de l'empereur. On peut les traiter comme des chiens enragés. »

Et cependant ces *chiens enragés* avoient été déchaînés par la parole de Luther. Pour ces hommes mis *au ban de Dieu*, on ne sent dans l'émancipateur de l'esprit humain aucune sympathie des libertés populaires.

Il se brouilla avec tous les sectaires qui sortirent de sa réforme ; il ne pardonna jamais à Érasme son *De libero Arbitrio*.

« Dès que je reviendrai en santé, je veux, avec l'aide de Dieu, écrire contre lui, et le tuer. Nous avons souffert qu'il se moquât de nous et nous prît à la gorge, mais aujourd'hui qu'il en veut faire autant au Christ, nous voulons nous mettre contre lui... Il est vrai qu'écraser Érasme, c'est écraser une punaise ; mais mon Christ dont il se moque m'importe plus que le péril d'Érasme.

« Si je vis, je veux, avec l'aide de Dieu, purger l'Église de son ordure. C'est lui qui a semé et fait naître Crotus, Egranus, Witzeln, Œcolampade, Campanus et d'autres visionnaires ou épicuriens. Je ne veux plus le reconnoître dans l'Église, qu'on le sache bien... »

« S'il prêche, cela sonne faux comme un vase fêlé ; il a attaqué la papauté, et maintenant il tire sa tête du sac. »

Érasme et Luther avoient été longtemps amis et regardés tous deux comme des hérétiques.

« Voilà, dit très-bien M. Nisard, de petites questions pour les partisans du fatalisme historique, qui grossissent et grandissent un homme de tout ce qui s'est fait après lui, et par des causes qu'il n'auroit ni voulues ni prévues : mais je ne les trouve pas déjà si mauvaises pour l'heure où nous sommes. A cette heure-là, en effet, de qui pensez-vous qu'il soit demeuré le plus de choses, de Luther niant le libre arbitre et remplaçant le dogme par le dogme, ou, plus crûment, la superstition par la superstition, ou d'Érasme revendiquant pour l'homme la liberté de la conscience[1] ? »

Les Turcs ayant assiégé Vienne, Luther appela noblement les Allemands à la défense de la patrie. Puis vinrent les ligues de Smalkade, les anabaptistes de Munster. Ceux-ci prêchèrent contre le pape et contre Luther ; ils préféroient même le premier au dernier : ils considéroient Luther comme l'ami de la noblesse, et il fut maudit par eux, de même qu'il l'avoit été par les paysans de la Souabe.

MARIAGE, VIE PRIVÉE DE LUTHER.

Luther devoit à ses opinions une démarche qui en étoit la conséquence et la suite. Il avoit ouvert la porte des cloîtres, il en sortoit une foule d'hommes et de femmes dont il ne savoit que faire : il se maria donc, tant pour leur donner un bon exemple que pour se débarrasser de ses tentations. Quiconque a enfreint les règles cherche à entraîner les faibles avec soi et à se couvrir de la multitude : par ce consentement d'un grand nombre, on se flatte de faire croire à la justice et au droit d'une action qui souvent ne fut que le résultat d'un accident ou d'une passion irréfléchie. Des vœux saints furent doublement violés ; Luther épousa une religieuse. Tout cela est peut-être bien selon la nature, mais il y a une nature plus élevée : il est difficile, quelles que soient d'ailleurs les vertus de deux époux, qu'ils inspirent la confiance et le respect en faisant le serment de l'union conjugale au même autel où ils prononcèrent les vœux de chasteté et de solitude. Jamais le chrétien ne déposera dans le cœur d'un prêtre le fardeau caché de sa vie si ce prêtre a une autre épouse que cette Église mystérieuse qui garde le secret des fautes et console les douleurs. Le Christ, pontife et victime, vécut dans le célibat, et quitta la terre à la fin de la jeunesse.

La religieuse que Luther épousa se nommoit Catherine de Bora : il l'aima, vécut bien avec elle, et travailla de ses propres mains pour la nourrir. Celui qui fit des princes et dépouilla le clergé de ses richesses resta pauvre ; il s'honora par son indigence, comme nos premiers révolutionnaires. On lit ces paroles touchantes dans son testament :

« Je certifie que nous n'avons ni argent comptant ni trésor d'aucune espèce. En cela rien d'étonnant, si l'on veut considérer que nous n'avons eu d'autre revenu que mon salaire et quelques présents. »

---

[1]: D. Nisard, *Érasme*, 2e partie ; *Revue des Deux Mondes*, 15 septembre 1835.

On suit avec intérêt Luther dans sa vie privée et dans ses opinions particulières. Il a plusieurs belles pensées sur la nature, sur la Bible, sur les écoles, sur l'éducation, sur la foi, sur la loi. Ce qu'il dit de l'imprimerie est curieux. Une idée individuelle le conduit à une vérité générale et à une vue de l'avenir :

« L'imprimerie est le dernier et le suprême don, le *summum et postremum donum*, par lequel Dieu avance les choses de l'Évangile. C'est la dernière flamme qui luit avant l'extinction du monde. Grâce à Dieu, elle est venue à la fin. »

Il faut entendre Luther dans l'intimité des sentiments domestiques :

« Cet enfant (son fils) et tout ce qui m'appartient est haï de leurs partisans, haï des diables. Cependant tous ces ennemis n'inquiètent guère le cher enfant; il ne s'inquiète pas de ce que tant et de si puissants seigneurs lui en veulent, il suce gaiement la mamelle, regarde autour de lui en riant tout haut, et les laisse gronder tant qu'ils veulent. »

Ailleurs, parlant encore de ses enfants, il dit :

« Telles étoient nos pensées dans le paradis, simples et naïves, innocentes, sans méchanceté ni hypocrisie; nous eussions été véritablement comme cet enfant quand il parle de Dieu et qu'il en est si sûr. »

« Quels ont dû être les sentiments d'Abraham, lorsqu'il a consenti à sacrifier et égorger son fils unique? Il n'en aura rien dit à Sara. »

Le dernier trait est d'une familiarité et d'une tendresse presque sublimes.

Il déplore la mort de sa petite fille Élisabeth :

« Ma petite fille Élisabeth est morte; je m'étonne comme elle m'a laissé le cœur malade, un cœur de femme, tant je suis ému. Je n'aurois jamais cru que l'âme d'un père fût si tendre pour son enfant.

« Dans le plus profond de mon cœur sont encore gravés ses traits, ses paroles, ses gestes, pendant sa vie et sur son lit de mort; mon obéissante et respectueuse fille! La mort même du Christ (et que sont toutes les morts en comparaison!) ne peut me l'arracher de la pensée comme elle le devroit...

« Chère Catherine, songe pourtant où elle est allée. Elle a certes fait un heureux voyage. La chair saigne sans doute, c'est sa nature; mais l'esprit vit et se trouve selon ses souhaits. Les enfants ne disputent point; comme on leur dit, ils croient : chez les enfants tout est simple. Ils meurent sans chagrin ni angoisses, sans disputes, sans tentations de la mort, sans douleur corporelle, tout comme s'ils s'endormoient. »

En lisant des choses si douces, si religieuses, si pénétrantes, on se sent désarmé; on oublie la fougue du sectaire.

On trouve, sur la mort de son père, ces paroles d'une profondeur et d'une simplicité bibliques :

« Je succède à son nom; voici maintenant que je suis pour ma famille le *vieux Luther* : c'est mon tour, c'est mon droit de le suivre par la mort. »

Luther, devenu malade et triste, disoit :

« L'empire tombe, les rois tombent, les prêtres tombent, et le monde entier chancelle, comme une grande maison qui va crouler annonce sa ruine par de petites lézardes. »

La mort de Luther fut paisible; il désiroit mourir, et disoit :

« Que notre Seigneur vienne donc vite et m'emmène. Qu'il vienne surtout avec son jugement dernier, je tendrai le cou; qu'il lance le tonnerre, et que je repose . . . .
. . . . . . Fi de nous! sur notre vie, nous ne donnons pas même la dîme à Dieu; et nous croirions avec nos bonnes œuvres mériter le ciel! Qu'ai-je fait, moi?
. . . .

« Ce petit oiseau a choisi son abri et va dormir bien paisiblement; il ne s'inquiète pas; il ne songe point au gîte du lendemain; il se tient bien tranquille sur sa petite branche et laisse Dieu songer pour lui. »

« Je te recommande mon âme, ô mon Seigneur Jésus-Christ! Je quitterai ce corps terrestre, je vais être enlevé de cette vie; mais je sais que je resterai éternellement auprès de toi. »

« Il répéta encore trois fois : *In manus tuas commendo spiritum meum; redemisti me, Domine, Deus veritatis.* Soudain il ferma les yeux, et tomba évanoui. Le comte Albrecht et sa femme, ainsi que les médecins, lui prodiguèrent des secours pour le rendre à la vie; ils n'y parvinrent qu'avec peine. Le docteur Jonas lui dit alors : Révérend père, mourez-vous avec constance dans la foi que vous avez enseignée? Il répondit par un *oui* distinct, et se rendormit. Bientôt il pâlit, devint froid, respira encore une fois profondément, et mourut[1]. »

PORTRAITS DE LUTHER.

Voilà le *oui* final qui suivit le *non* prononcé à Worms. Oui Luther persista, et avec lui les sectes dont il fut le père; mais la preuve qu'il ne sentoit pas la portée du mouvement qu'il avoit produit, c'est qu'il

---

1. Extrait de la *Relation de Jonas et de Cœbius*, dans M. Michelet.

se refusa à tout accord avec ces sectes. Ainsi chez le landgrave de Hesse, il ne voulut rien céder à Zwingli, à Bucer et à Œcolampade, qui le supplioient de s'entendre avec eux : ils lui auroient donné la Suisse et les bords du Rhin ; ainsi il blâma Mélanchthon qui essayoit entre les catholiques et les protestants, une conciliation à peu près pareille à celle dont s'occupa Bossuet avec Leibnitz ; ainsi il condamna les paysans de la Souabe et les anabaptistes de Munster, beaucoup moins à cause des désordres dont ils s'étoient rendus coupables que parce qu'ils ne vouloient pas se renfermer dans le cercle par lui tracé. Un homme à grandes conceptions, désirant changer la face du monde, se seroit élevé au-dessus de ses propres opinions ; il n'auroit pas arrêté les esprits qui cherchoient la destruction de ce que lui-même prétendoit détruire. Luther fut le premier obstacle à la réformation de Luther.

Quant au caractère, le réformateur n'en manqua pas, mais après tout il ne fit point éclater ce courage dominateur que montrèrent dans la religion catholique et dans l'hérésie tant de martyrs et d'enthousiastes ; il ne fut ni l'invincible Arius, ni l'indomptable Jean Huss : il ne s'expose qu'une fois, après laquelle il se tient à l'écart, menace beaucoup de loin, s'écrie qu'il bravera tout, et ne brave rien. Il refuse d'aller à la diète d'Augsbourg, et demeure prudemment renfermé dans la forteresse de Wartbourg. Il dit souvent qu'il est *seul,* qu'il va descendre de son Sinaï, de sa Sion, et il y reste. Quand il disoit cela, loin d'être *seul,* il étoit derrière les ducs de Mecklembourg et de Brunswick, derrière le grand-maître de l'ordre Teutonique, derrière l'électeur de Saxe, le landgrave de Hesse ; il avoit devant lui l'incendie par lui-même allumé, et l'on ne pouvoit plus l'atteindre à travers cette barricade de flammes.

Reconnoissons dans Luther un homme d'esprit et d'imagination, écrivain, poëte, musicien, et d'ailleurs très-bon homme. Il a fixé la prose allemande ; sa traduction de la Bible, infidèle, parce qu'il savoit mal l'hébreu, est restée ; on chante encore dans les églises luthériennes ses psaumes composés d'après les Saintes Écritures. Il étoit désintéressé, doux mari, père tendre, abstraction faite du moine et de la nonne épousée. On sent en lui cette candide et simple nature allemande, pleine des meilleurs sentiments de l'humanité, et qui inspire la confiance au premier abord ; mais aussi on retrouve en Luther la grossièreté germanique, ces vertus et ces talents, lesquels s'inspirent, encore même aujourd'hui, de ce *faux Bacchus* maudit par un autre réformateur, Julien l'Apostat.

Luther étoit de bonne foi ; il ne tomba dans le schisme qu'après de longs combats; il exprime souvent ses doutes, presque ses remords; il conserve les tentations du cloître. Un homme léger, qui se fait religieux pour avoir vu un de ses amis tué d'un coup de foudre, peut bien jeter le froc pour avoir assisté à la vente des indulgences : il ne faut prêter à tout cela ni hautes idées ni vues profondes. C'étoit très-sérieusement que Luther se croyoit attaqué du diable; il le combattoit la nuit à la sueur de son front : *Multas noctes mihi satis amarulentas et acerbas reddere ille novit.* Quand il étoit trop tourmenté du démon, il le mettoit en fuite en lui disant trois mots que je n'oserois répéter et qu'on peut lire dans les curieux extraits de M. Michelet[1]. Le Christ avoit parlé autrement à Satan; il s'étoit contenté de lui dire : « Tu ne tenteras point le Seigneur ton Dieu. » Quelquefois Luther, dans son exaltation, se pensoit envahi par la Divinité, se dépouilloit de son moi et s'écrioit : « Je ne connois pas Luther : que le diable emporte Luther! »

Luther ne composoit pas son éloquence de termes choisis, et à propos du pape il se souvient trop du lama. Sa doctrine en faveur des grands est aussi relâchée que son éloquence est quelquefois souillée : il admit presque la polygamie, et permit deux femmes au landgrave de Hesse. S'il n'eût renoncé à l'autorité papale, il auroit pu s'appuyer d'une décrétale de 762, du pape Grégoire II.

PORTRAIT DE LUTHER PAR MAINBOURG, BOSSUET ET VOLTAIRE.

On peut remarquer, à l'honneur des écrivains catholiques et des prêtres, la justice qu'ils ont rendue à Luther dans les portraits qu'ils ont faits de lui.

« C'étoit un homme d'un esprit vif et subtil, dit le père Mainbourg dans son style un peu vieilli, naturellement éloquent, disert et poli dans sa langue, infiniment laborieux, et si assidu à l'étude, qu'il y passoit quelquefois des jours entiers, sans même se donner le loisir de prendre un morceau; ce qui lui acquit une assez grande connoissance des langues et des Pères, à la lecture desquels, et surtout à celle de saint Augustin, dont il fit un très-mauvais usage, il s'étoit fort attaché, contre l'ordinaire des théologiens de son temps. Il avoit la complexion forte et robuste pour durer au travail sans détriment de la santé; tempérament bilieux et sanguin; ayant l'œil pénétrant et tout de feu, le ton de voix agréable et fort élevé quand il étoit une fois échauffé, l'air fier, intrépide et hautain, qu'il savoit pourtant radoucir quand

---

1. *Mémoires de Luther*, t. III, p. 186, ligne 4.

il vouloit, pour contrefaire l'humble, le modeste et le mortifié, ce qui ne lui arrivoit pas trop souvent... Voilà le véritable caractère de Martin Luther, dans lequel on peut dire qu'il y eut un grand mélange de quelques bonnes et de plusieurs mauvaises qualités, et qu'il fut bien plus débauché encore dans l'esprit que dans les mœurs et dans sa vie, laquelle il passa toujours assez régulière. »

Bossuet a fait de Luther un portrait qu'on pourroit croire flatté à force d'être impartial :

« Les deux partis qui partagent la réforme l'ont également reconnu pour leur auteur. Ce n'a pas été seulement les luthériens, ses sectateurs, qui lui ont donné à l'envi de grandes louanges; Calvin admire souvent ses vertus, sa magnanimité, sa constance, l'industrie incomparable qu'il a fait paroître contre le pape : c'est la trompette ou plutôt le tonnerre; c'est la foudre qui a tiré le monde de sa léthargie; ce n'étoit pas Luther qui parloit, c'étoit Dieu qui foudroyoit par sa bouche. Il est vrai qu'il eut de la force dans le génie, de la véhémence dans ses discours, une éloquence vive et impétueuse qui entraînoit les peuples et les ravissoit; une hardiesse extraordinaire quand il se vit soutenu et applaudi, avec un air d'autorité qui faisoit trembler devant lui ses disciples; de sorte qu'ils n'osoient le contredire ni dans les grandes choses ni dans les petites. Ce ne fut pas seulement le peuple qui regarda Luther comme un prophète, les doctes du parti le donnoient pour tel. Mélanchthon, qui se rangea sous sa discipline dès le commencement de ces disputes, se laissa d'abord tellement persuader qu'il y avoit en cet homme quelque chose d'extraordinaire et de prophétique qu'il fut longtemps sans en pouvoir revenir, malgré tous les défauts qu'il découvroit de jour en jour dans son maître, et il écrivoit à Érasme, en parlant de Luther : *Vous savez qu'il faut éprouver et non pas mépriser les prophètes.* Cependant, ce nouveau prophète s'emportoit à des excès inouïs. Il outroit tout : parce que les prophètes, par l'ordre de Dieu, faisoient de terribles invectives, il devint le plus violent de tous les hommes et le plus fécond en paroles outrageuses. Luther parloit de lui-même de manière à faire rougir tous ses amis. Enflé de son savoir, médiocre au fond, mais grand pour le temps, et trop grand pour son salut et pour le repos de l'Église, il se mettoit au-dessus de tous les hommes, et non-seulement de ceux de son siècle, mais des plus illustres siècles passés. Il faut avouer qu'il avoit beaucoup de force dans l'esprit : rien ne lui manquoit que la règle, que l'on ne peut avoir que dans l'Église, et sous le joug d'une autorité légitime. Si Luther se fût tenu sous ce joug, si nécessaire à toutes sortes d'esprits, et surtout aux esprits bouillants et impétueux comme le sien;

s'il eût pu retrancher de ses discours ses emportements, ses plaisanteries, ses arrogances brutales, ses excès, ou, pour mieux dire, ses extravagances, la force avec laquelle il manie la vérité n'auroit pas servi à la séduction. C'est pourquoi on le voit encore invincible quand il traite les dogmes anciens qu'il avoit pris dans le sein de l'Église; mais l'orgueil suivoit de près ses victoires. »

Le patriarche de l'incrédulité, Voltaire, a traité Luther moins favorablement que le jésuite Mainbourg et l'évêque de Meaux.

« On ne peut, dit-il, sans rire de pitié lire la manière dont Luther traite tous ses adversaires et surtout le pape : Petit pape, petit papelin, vous êtes un âne, un ânon; allez doucement, il fait glacé; vous vous rompriez les jambes, et on diroit : Que diable est ceci? le petit ânon de papelin est estropié. Un âne sait qu'il est âne, une pierre sait qu'elle est pierre; mais ces petits ânons de papes ne savent pas qu'ils sont ânons. »

Ces moqueries de Voltaire sont justes, mais elles ne comptent pas.

CE QU'IL FAUT PENSER DE LUTHER.

Le mouvement que Luther opéra ne vint point de son génie : il n'avoit point de génie; il faut se souvenir que le mot de génie au temps de Bossuet ne signifioit pas ce qu'il signifie aujourd'hui. Luther, je l'ai dit, avoit seulement beaucoup d'esprit et surtout beaucoup d'imagination. Il céda à l'irascibilité de son caractère, sans comprendre la révolution qu'il opéroit, et laquelle même il entrava en s'obstinant à la concentrer dans sa personne : il eût échoué comme tous ses prédécesseurs si la dépouille du clergé ne se fût trouvée là pour tenter la cupidité du pouvoir.

Après l'événement on a systématisé la réformation; le caractère de notre siècle est de systématiser tout, sottise, lâcheté, crime : on fait honneur à la *pensée* de bassesses ou de forfaits auxquels elle n'a pas songé, et qui n'ont été produits que par un instinct vil ou un déréglement brutal : on prétend trouver du génie dans l'appétit d'un tigre. De là ces phrases d'apparat, ces maximes d'échafaud, qui veulent être profondes, qui, passant de l'histoire ou du roman au langage vulgaire, entrent dans le commerce des crimes au rabais, des assassins pour une timbale d'argent ou pour la vieille robe d'une pauvre femme.

On a prétendu que le libre examen fut le principe constitutif de la réformation. Il faudroit d'abord s'entendre sur ce qu'on appelle le *libre examen* : le libre examen de quoi? De la religion, des idées philosophiques? Il y avoit longtemps que l'on en avoit usé. Le *libre examen* des questions sociales, de la liberté politique? Non, certes; et c'est ce que je montrerai dans le chapitre suivant.

Il est même douteux que le *libre examen* en religion ait hâté cette révolution anti-chrétienne qui est au fond de la pensée de ceux dont le *libre examen* est la doctrine favorite. Bayle, qui ne sera pas suspect en cette matière, fait cette observation pleine de profondeur et de sagacité : « On peut assurer que le nombre des esprits tièdes, indifférents, dégoûtés du christianisme, diminua beaucoup plus qu'il n'augmenta par les troubles qui agitèrent l'Europe à l'occasion de Luther. Chacun prit parti avec chaleur : les uns demeurèrent dans la communion romaine, les autres embrassèrent la protestante. Les premiers conçurent pour leur communion plus de zèle qu'ils n'en avoient, les autres furent tout de feu pour leur nouvelle créance. On ne sauroit nombrer ces personnes qui, au dire de Coeffeteau, rejetoient le christianisme à la vue de tant de disputes. »

Si l'on dit que dans un temps donné le *libre examen de la vérité religieuse* entraîna comme déduction, comme corollaire, le *libre examen de la vérité politique*; si l'on dit avec Voltaire *que ce n'est qu'après Luther que les séculiers ont dogmatisé*, j'en conviendrai : mais on fût arrivé là par le progrès naturel de la civilisation : on n'avoit nullement besoin de passer à travers les fureurs de la Ligue, les massacres de l'Irlande et de l'Écosse, les tueries des paysans de l'Allemagne, les guerres civiles de la Suisse et la guerre de Trente ans. Ces torrents de sang, au lieu de précipiter la marche de l'esprit humain, l'ont arrêté deux siècles sur leurs bords et l'ont empêché d'avancer : les horreurs de 1793 retarderont pour des temps infinis l'émancipation des peuples. La réformation eut tout simplement pour origine l'orgueilleuse colère d'un moine et l'avidité des princes : les changements opérés depuis un siècle avant la réformation, dans les lois et dans les mœurs, amenoient de nécessité des changements dans le culte; Luther vint en son temps, voilà tout. C'est un exemple de plus de cette renommée des choses et du hasard, qui s'attache à des capacités peu supérieures. Bayle encore fait cette autre remarque judicieuse : « Wiclef et plusieurs autres... n'avoient pas moins d'habileté ni moins de mérite que Luther : mais ils entreprirent la guérison de la maladie avant la crise. »

Berington, dans son *Histoire littéraire,* juge, comme moi, que l'on fût arrivé à toutes les réformes nécessaires sans être obligé de passer par tant de malheurs. « Dans l'Angleterre, ma patrie, dit-il, ces nobles édifices qui étoient les monuments de la généreuse piété de nos ancêtres auroient été préservés de la destruction et seroient devenus non l'asile de la fainéantise monacale, mais celui du loisir studieux, du mérite modeste et de la philosophie chrétienne. »

Le protestantisme peut à bon droit revendiquer des vertus, il n'est pas aussi heureux dans ses fondateurs : Luther, moine apostat approbateur du massacre des paysans ; Calvin, docteur aigre qui brûla Servet ; Henri VIII, réviseur du Missel et qui fit périr soixante-douze mille hommes dans les supplices : voilà ses trois Christs.

LA RÉFORMATION.

Mais laissant à part l'ouvrier, et ne considérant que l'œuvre, il est des vérités qu'il seroit injuste de nier. La réformation, en ouvrant les siècles modernes, les sépara du siècle limitrophe et indéterminé qui suivit la disparition du moyen âge : elle réveilla les idées de l'antique égalité ; elle servit à métamorphoser une société toute militaire en une société rationnelle, civile et industrielle ; elle fit naître la propriété moderne des capitaux, propriété mobile, progressive, sans bornes, qui combat la propriété bornée, fixe et despotique de la terre. Ce bien est immense : il a été mêlé de beaucoup de mal, et ce mal, l'impartialité historique ne permet pas de le taire.

Le christianisme commença chez les hommes par les classes plébéiennes, pauvres et ignorantes. Jésus-Christ appela les petits, et ils allèrent à leur maître. La foi monta peu à peu dans les hauts rangs, et s'assit enfin sur le trône impérial. Le christianisme étoit alors catholique ou universel ; la religion, dite catholique, partit d'en bas pour arriver aux sommités sociales : la papauté n'étoit que le tribunat des peuples, lorsque l'*âge politique* du christianisme arriva.

Le protestantisme suivit une route opposée : il s'introduisit par la tête du corps politique, par les princes et les nobles, par les prêtres et les magistrats, par les savants et les gens de lettres, et il descendit lentement dans les conditions inférieures ; les deux empreintes de ces deux origines sont restées distinctes dans les deux communions.

La communion réformée n'a jamais été aussi populaire que le culte catholique ; de race princière et patricienne, elle ne sympathise pas avec la foule. Équitable et moral, le protestantisme est exact dans ses devoirs ; mais sa bonté tient plus de la raison que de la tendresse : il vêtit celui qui est nu, mais il ne le réchauffe pas dans son sein ; il ouvre des asiles à la misère, mais il ne vit pas et ne pleure pas avec elle dans ses réduits les plus abjects ; il soulage l'infortune, mais il n'y compatit pas. Le moine et le curé sont les compagnons du pauvre ; pauvres comme lui, ils ont pour leurs compagnons les entrailles de Jésus-Christ : les haillons, la paille, les plaies, les cachots, ne leur inspirent ni dégoût ni répugnance ; la charité en a parfumé l'indigence et le malheur. Le prêtre catholique est le successeur des douze hommes du peuple qui prêchèrent Jésus-Christ ressuscité ; il bénit le corps du mendiant expiré, comme la dépouille sacrée d'un être aimé de Dieu et ressuscité à l'éternelle vie. Le pasteur protestant abandonne le nécessiteux sur son lit de mort ; pour lui les tombeaux ne sont point une religion, car il ne croit pas à ces lieux expiatoires où les prières d'un ami vont délivrer une âme souffrante. Dans ce monde, le ministre ne se précipite point au milieu du feu, de la peste ; il garde pour sa famille particulière ces soins affectueux que le prêtre de Rome prodigue à la grande famille humaine.

Sous le rapport religieux, la réformation conduit insensiblement à l'indifférence ou à l'absence complète de foi : la raison en est que l'indépendance de l'esprit aboutit à deux abîmes : le doute ou l'incrédulité.

Et, par une réaction naturelle, la réformation, à sa naissance, ressuscita le fanatisme catholique qui s'étoignoit : elle pourroit donc être accusée d'avoir été la cause indirecte des meurtres de la Saint-Barthélemy, des fureurs de la Ligue, de l'assassinat de Henri IV, des massacres d'Irlande, de la révocation de l'édit de Nantes et des dragonades. Le protestantisme crioit à l'intolérance de Rome, tout en égorgeant les catholiques en Angleterre et en France, en jetant au vent les cendres des morts, en allumant les bûchers à Genève, en se souillant des violences de Munster, en dictant les lois atroces qui ont accablé les Irlandois, à peine aujourd'hui délivrés après trois siècles d'oppression. Que prétendoit la réformation relativement au dogme et à la discipline ? Elle pensoit bien raisonner en niant quelques mystères de la foi catholique, en même temps qu'elle en retenoit d'autres tout aussi difficiles à comprendre. Elle attaquoit les abus de la cour de Rome ? Mais ces abus ne se seroient-ils pas détruits par les progrès de la civilisation ? Ne s'élevoit-on pas de toutes parts et depuis longtemps contre ces abus, comme je viens de le montrer ?

La réformation, pénétrée de l'esprit de son fondateur, se déclara ennemie des arts ; elle saccagea les tombeaux, les églises et les monuments ; elle fit en France et en Angleterre des monceaux de ruines. En retranchant l'imagination des facultés de l'homme, elle coupa les ailes au génie et le mit à pied. Elle éclata au sujet de quelques aumônes destinées à élever au monde chrétien la basilique de Saint-

Pierre. Les Grecs auroient-ils refusé les secours demandés à leur piété pour bâtir un temple à Minerve?

Si la réformation, à son origine, eût obtenu un plein succès, elle auroit établi, du moins pendant quelque temps, une autre espèce de barbarie; traitant de superstition la pompe des autels, d'idolâtrie les chefs-d'œuvre de la sculpture, de l'architecture et de la peinture, elle tendoit à faire disparoître la haute éloquence et la grande poésie, à détériorer le goût par la répudiation des modèles, à introduire quelque chose de froid, de sec, de doctrinaire, de pointilleux dans l'esprit; à substituer une société guindée et toute matérielle à une société aisée et tout intellectuelle, à mettre les machines et le mouvement d'une roue en place des mains et d'une opération mentale. Ces vérités se confirment par l'observation d'un fait.

Dans les diverses branches de la religion réformée, cette communion s'est plus ou moins rapprochée du beau, selon qu'elle s'est plus ou moins éloignée de la religion catholique. En Angleterre, où la hiérarchie ecclésiastique s'est maintenue, les lettres ont eu leur siècle classique. Le luthéranisme conserve des étincelles d'imagination que cherche à éteindre le calvinisme, et ainsi de suite en descendant jusqu'au quaker, qui voudroit réduire la vie sociale à la grossièreté des manières et à la pratique des métiers.

Shakespeare, selon toutes les probabilités, s'il étoit quelque chose, étoit catholique; Pope et Dryden le furent; Milton a imité quelques parties des poëmes de saint Avite et de Masenius; Klopstock a emprunté la plupart des croyances romaines. De nos jours, en Allemagne, la haute imagination ne s'est manifestée que quand l'esprit du protestantisme s'est affoibli et dénaturé : les Gœthe et les Schiller ont montré leur génie en traitant des sujets catholiques. Rousseau et Mme de Staël, en France, font une brillante exception à la règle; mais étoient-ils protestants à la manière des premiers disciples de Calvin? C'est à Rome que les peintres, les architectes et les sculpteurs des cultes dissidents viennent aujourd'hui chercher des inspirations que la tolérance universelle leur permet de recueillir.

L'Europe, que dis-je? le monde est couvert de monuments de la religion catholique. On lui doit cette architecture gothique, qui rivalise par les détails et qui efface en grandeur les monuments de la Grèce. Il y a plus de trois cents ans que le protestantisme est né; il est puissant en Angleterre, en Allemagne, en Amérique; il est pratiqué de plusieurs millions d'hommes. Qu'a-t-il élevé? Il vous montrera les ruines qu'il a faites, au milieu desquelles il a planté quelques jardins ou établi quelques manufactures. Rebelle à l'autorité des traditions, à l'expérience des âges, à l'antique sagesse des vieillards, le protestantisme se détacha du passé et planta une société sans racines. Avouant pour père un moine allemand du xvie siècle, le réformé renonça à la magnifique généalogie qui fait remonter le catholique, par une suite de saints et de grands hommes, jusqu'à Jésus-Christ, de là jusqu'aux patriarches et au berceau de l'univers. Le siècle protestant dénia à sa première apparition toute parenté avec le siècle de ce Léon protecteur du monde civilisé contre Attila, et avec le siècle de cet autre Léon qui, mettant fin au monde barbare, embellit la société lorsqu'il n'étoit plus nécessaire de la défendre.

Si la réformation rétrécissoit le génie dans l'éloquence, la poésie et les arts, elle comprimoit les grands cœurs à la guerre; l'héroïsme est l'imagination dans l'ordre militaire. Le catholicisme avoit produit les chevaliers; le protestantisme fit des capitaines, braves et vertueux comme La Noue, mais sans élan (Falkland excepté), souvent cruels à froid et austères moins de mœurs que d'esprit : les Châtillon furent toujours effacés par les Guise. Le seul guerrier de mouvement et de vie que les protestants comptassent parmi eux, Henri IV, leur échappa. La réformation ébaucha Gustave-Adolphe, Charles XII et Frédéric; elle n'auroit pas fait Bonaparte, de même qu'elle avorta de Tillotson et du ministre Claude, et n'enfanta ni Fénelon ni Bossuet, de même qu'elle éleva Inigo Jones et Web, et ne créa point Raphael et Michel-Ange.

On a écrit que le protestantisme avoit été favorable à la liberté politique; qu'il avoit émancipé les nations : les faits parlent-ils comme les écrivains?

Il est certain qu'à sa naissance la réformation fut républicaine, mais dans le sens aristocratique, parce que ses premiers disciples furent des gentilshommes. Les calvinistes rêvèrent pour la France une espèce de gouvernement à principautés fédérales, qui l'auroient fait ressembler à l'empire germanique : chose étrange! on auroit vu renaître la féodalité par le protestantisme. Les nobles se précipitèrent par instinct dans ce culte nouveau et à travers lequel s'exhaloit jusqu'à eux une sorte de réminiscence de leur pouvoir évanoui. Mais cette première ferveur passée, les peuples ne recueillirent du protestantisme aucune liberté politique.

Jetez les yeux sur le nord de l'Europe, dans les pays où la réformation est née, où elle s'est maintenue, vous verrez partout l'unique volonté d'un maître : la Prusse, la Saxe, sont restées sous la monarchie absolue; le Danemark étoit devenu un despotisme légal.

Le protestantisme échoua dans les pays républicains, il ne pénétra point dans la monarchie élective et républicaine de Pologne; il ne put envahir Gênes; à peine obtint-il à Venise et à Ferrare une petite Église clandestine, qui mourut : les arts et le beau soleil du midi lui étoient mortels.

En Suisse, il ne réussit que dans les cantons aristocratiques, analogues à sa nature, et encore avec une grande effusion de sang. Les cantons populaires ou démocratiques, Schwitz, Ury et Underwald, berceau de la liberté helvétique, le repoussèrent.

En Angleterre, il n'a point été le véhicule de la constitution, formée bien avant le xvie siècle dans le giron de la foi catholique. Quand la Grande-Bretagne se sépara de la cour de Rome, le parlement avoit déjà jugé et déposé des rois; les trois pouvoirs étoient distincts; l'impôt et l'armée ne se levoient que du consentement des communes et des lords; la monarchie représentative étoit trouvée et marchoit : le temps, le civilisation, les lumières croissantes, y auroient ajouté les ressorts qui lui manquoient encore, tout aussi bien sous l'influence du culte catholique que sous l'empire du culte protestant. Le peuple anglois fut si loin d'obtenir une extension de ses libertés par le renversement de la religion de ses pères que jamais le sénat de Tibère ne fut plus vil que le parlement de Henri VIII : ce parlement alla jusqu'à décréter que la seule volonté du tyran fondateur de l'Église anglicane avoit force de loi. L'Angleterre fut-elle plus libre sous le sceptre d'Élisabeth que sous celui de Marie? La vérité est que le protestantisme n'a rien changé aux institutions : là où il a trouvé une monarchie représentative ou des républiques aristocratiques, comme en Angleterre et en Suisse, il les a adoptées; là où il a rencontré des gouvernements militaires, comme dans le nord de l'Europe, il s'en est accommodé, et les a même rendus plus absolus.

Si les colonies angloises ont formé la république plébéienne des États-Unis, elles n'ont point dû leur émancipation au protestantisme; ce ne sont point des guerres religieuses qui les ont délivrées; elles se sont révoltées contre l'oppression de la mère patrie, protestante comme elles. Le Maryland, État catholique et très-peuplé, fit cause commune avec les autres États, et aujourd'hui la plupart des États de l'ouest sont catholiques; les progrès de cette communion dans ce pays passent toute croyance, parce qu'elle s'y est rajeunie dans son élément évangélique, la liberté populaire, tandis que les autres communions y meurent dans une indifférence profonde.

Enfin, auprès de cette grande république des colonies angloises protestantes, viennent de s'élever les grandes républiques des colonies espagnoles catholiques : certes celles-ci, pour arriver à l'indépendance, ont eu bien d'autres obstacles à surmonter que les colonies anglo-américaines, nourries au gouvernement représentatif avant d'avoir rompu le foible lien qui les attachoit au sein maternel.

Une seule république s'est formée en Europe à l'aide du protestantisme, la république hollandoise ; mais la Hollande appartenoit à ces communes industrielles des Pays-Bas qui pendant plus de quatre siècles luttèrent pour secouer le joug de leurs princes, et s'administrèrent en forme de républiques municipales, toutes zélées catholiques qu'elles étoient. Philippe II et les princes de la maison d'Autriche ne purent étouffer dans la Belgique cet esprit d'indépendance, et ce sont des prêtres catholiques qui l'ont rendue un moment, aujourd'hui même, à l'état républicain.

Une branche de luthéranisme a seule été politique, la branche calviniste avec ses rameaux divers, en allant de l'anabaptiste au socinien ; néanmoins, cette branche n'a dans le fait rien produit pour la liberté populaire. En France, le calvinisme eut pour disciples des prêtres et des nobles. Si Knox et Buchanan, en Écosse, prêchèrent la souveraineté du peuple, le jésuite Mariana, La Boëtie et Bodin répandirent les mêmes doctrines parmi les catholiques. On verra que Milton, ennemi de ces rois protestants qu'il ne put cependant empêcher de remonter sur le trône, étoit aussi partisan de la *république aristocratique* et grand adversaire de l'égalité et de la démocratie.

Concluons de l'étroite investigation des faits que le protestantisme n'a point affranchi les peuples : il a apporté aux hommes la liberté philosophique, non la liberté politique ; or la première liberté n'a conquis nulle part la seconde, si ce n'est en France, vraie patrie de la catholicité. Comment arrive-t-il que l'Allemagne, très-philosophique de sa nature, et déjà armée du protestantisme, n'ait pas fait un pas vers la liberté politique dans le xvIII^e siècle, tandis que la France, très-peu philosophique de tempérament, et sous le joug du catholicisme, a gagné dans le même siècle toutes ses libertés?

Descartes, fondateur du doute raisonné, auteur de la *Méthode* et des *Méditations,* destructeur du dogmatisme scolastique ; Descartes, qui soutenoit que pour atteindre à la vérité il falloit se défaire de toutes les opinions reçues, Descartes fut toléré à Rome, pensionné du cardinal Mazarin et persécuté par les théologiens de la Hollande.

L'homme de théorie méprise souverainement la pratique : de la hauteur de sa doctrine, jugeant les choses et les peuples, méditant sur les lois générales de la société, portant la hardiesse de ses recherches jusque dans les mystères de la nature divine, il se sent et se croit indépendant parce qu'il n'a que le corps d'enchaîné. Penser tout et ne faire rien, c'est à la fois le caractère et la vertu du génie philosophique : ce génie désire le bonheur du genre humain, le spectacle de la liberté le charme, mais peu lui importe de le voir par les fenêtres d'une prison. Comme Socrate, le protestantisme a été un accoucheur d'esprits; malheureusement, les intelligences qu'il a mises au jour n'ont été jusqu'ici que de belles esclaves.

Au surplus, la plupart de ces réflexions sur la religion réformée ne se doivent appliquer qu'au passé : aujourd'hui les protestants, pas plus que les catholiques, ne sont ce qu'ils ont été; les premiers même ont gagné en imagination, en poésie, en éloquence, en raison, en liberté, en vraie piété, ce que les seconds ont perdu. Les antipathies entre les diverses communions n'existent plus; les enfants du Christ, de quelque lignée qu'ils proviennent, se sont resserrés au pied du Calvaire, souche commune de la famille. Les désordres et l'ambition de la cour romaine ont cessé; il n'est plus resté au Vatican que la vertu des premiers évêques, la protection des arts et la majesté des souvenirs. Tout tend à recomposer l'unité catholique; avec quelques concessions de part et d'autre, l'accord seroit bientôt fait. Pour jeter un nouvel éclat, le christianisme n'attend qu'un génie supérieur venu à son heure et dans sa place. La religion chrétienne entre dans une ère nouvelle; comme les institutions et les mœurs, elle subit la troisième transformation; elle cesse d'être politique selon le vieil artifice social : elle marche au grand principe de l'Évangile, l'égalité démocratique naturelle devant les hommes, comme elle l'avoit déjà reconnue devant Dieu; elle devient philosophique, sans cesser d'être divine; son cercle flexible s'étend avec les lumières et les libertés, tandis que la Croix marque à jamais son centre immobile.

COMMENCEMENT DE LA LITTÉRATURE PROTESTANTE.

KNOX. BUCHANAN.

Quand une fois une route est ouverte, il ne manque pas d'hommes qui s'y viennent précipiter : Henri VIII suivit bientôt Luther. En établissant la plus rude des tyrannies religieuses et politiques, il montra combien la réformation étoit favorable à l'indépendance des opinions et à la liberté.

Bien que je vienne d'avancer que le beau subsista de préférence dans les lettres là où les auteurs se rapprochèrent davantage du génie de l'Église romaine, il faut convenir toutefois que le changement de religion n'apporta pas une altération immédiate dans la littérature angloise : pourquoi? Parce que la réformation eut lieu, comme je l'ai dit plus haut, avant que la langue fût sortie de la barbarie : tous les grands écrivains parurent après le règne de Henri VIII.

Mais si les innovations dans le culte, en raison de l'époque où elles furent introduites, n'établirent pas une ligne de démarcation très-visible dans l'échelle ascendante de la littérature, elles en tracèrent une très-profonde dans l'échelle descendante. La littérature en Europe fut coupée en deux par la réformation; chaque part forma une littérature rivale et souvent ennemie l'une de l'autre.

Ce seroit le sujet d'un ouvrage utile pour le goût, curieux pour la critique, philosophique pour l'histoire de l'esprit humain, que l'examen et la comparaison de la littérature catholique et de la littérature protestante, depuis la division des idées par le schisme. Les lettres en Angleterre, en Écosse, en Allemagne, en Hollande, dans la France calviniste, ne sont ni les lettres dans la France restée fidèle à ses autels, ni les lettres en Espagne et en Italie. Qu'auroient été Milton, Addison, Hume, Robertson, catholiques? Que seroient devenus Racine, Bossuet, Massillon, Bourdaloue, protestants? Ces deux littératures opposées ont agi et réagi l'une sur l'autre. L'éloquence de la chaire, par exemple, a changé de route depuis la réformation : les pasteurs ont prêché la morale, les prêtres le dogme; ces derniers ne parurent plus occupés qu'à se défendre, pressés entre Luther, qui les poursuivoit, et Voltaire, qui s'avançoit au-devant d'eux. Les protestants allèrent trop loin; les catholiques restèrent trop en arrière.

La politique et la philosophie envahirent la littérature de la réformation; cette littérature devint roide et raisonneuse. Knox, prêtre écossois apostat, qui fit pleurer l'infortunée Marie Stuart par son menaçant fanatisme, qui publia *Le premier son de la trompette contre le gouvernement des femmes*, qui établit le dogme de la souveraineté du peuple en matière religieuse et politique : *plebis est religionem reformare; principes ob justas causas deponi possunt*, etc. L'évêque de Luçon, depuis cardinal de Richelieu, réfuta les principes de Knox dans un ouvrage de controverse : « Les vostres, dit-il, ont escrit que par droict divin et humain, il est permis de tuer les roys impies, que c'est chose conforme à la parole de Dieu, qu'un homme privé par spécial instinct peut tuer un tyran, doctrine détestable en touts poincts, qui n'entrera jamais en la pensée de l'Église catholique. ».

Buchanan développa les mêmes principes que Knox dans son Traité *De Jure regni apud Scotos*; Knox et Buchanan vivoient au commencement de la réformation; ils étoient liés avec Calvin et Théodore de Beze; tous deux, contemporains de Henri VIII, avoient écrit comme catholiques avant d'écrire comme protestants. — Knox fut *prêtre*, Buchanan *précepteur domestique* de Montaigne : on peut voir dans les écrits en prose du premier et dans les poésies du second comment les doctrines nouvelles avoient modifié leur génie.

HENRI VIII AUTEUR.

On pourroit étudier dans les propres ouvrages de Henri VIII la même métamorphose du style et des idées. Il y avoit loin de « l'Instruction du Chrétien » (*Institution of a Christian man*) : de « la Science du Chrétien » (*Erudition of a Christian man*), à l'*Assertio septem Sacramentorum*; traité, dit Hume, qui ne fait pas tort à sa capacité (de Henri VIII), « *which does no discredit to his capacity* ». L'apôtre-roi, dans son impartialité, faisoit brûler ensemble un luthérien et un catholique.

Nous avons vu comment la colère de Luther fut provoquée par l'ouvrage de Henri VIII. On ne sait guère aujourd'hui que l'*Assertio* eût une multitude d'éditions : publiée en 1521, on la trouve encore réimprimée quarante ans après, à Paris, en 1562. Elle est précédée d'une dédicace de l'*invincible* Henri au pape Léon X. Henri prie Sa Sainteté de l'excuser d'avoir, tout jeune qu'il est (lui Henri), au milieu de l'occupation des armes et des soins divers du trône, osé défendre la religion; mais il n'a pu voir attaquer les choses saintes, l'hérésie déborder de toutes parts, sans en être indigné : il envoie son travail au vrai juge, afin qu'il le corrige s'il y trouve des erreurs.

Le doux et benin roi s'adresse ensuite aux lecteurs; il leur déclare que sans éloquence et sans savoir, seulement excité par la fidélité et la piété envers sa mère, l'Église, épouse du Christ, il vient combattre pour elle; il leur demande si jamais une pareille peste (la doctrine luthérienne) s'est répandue parmi le troupeau du Seigneur; si jamais serpent eut un poison pareil à celui que distille le livre de la *Captivité de Babylone*?

De là, entrant en matière, il dit un mot des indulgences et soutient la croyance du purgatoire. Il met Luther en opposition avec lui-même, et affirme qu'il falsifie le Nouveau Testament ; il établit par l'autorité des canons et par la tradition historique le pouvoir universel de la papauté ; il argumente en faveur des sept sacrements. Quant à l'eucharistie, il répond à l'objection contre l'*eau*, que si l'Église catholique mêle l'eau au vin dans le calice, c'est que du côté du Christ mourant il sortit du sang et de l'eau, *quia aqua cum sanguine de latere morientis effluxit*. Il invite enfin dans sa peroraison tous les chrétiens à se réunir contre Luther, comme ils se réuniroient contre les Turcs, les Sarrasins et tous les Infidèles, *adversus Turcas, adversus Saracenos, adversus quicquid est uspiam infidelium consistent*.

Le docteur Martin se fâcha et outragea le docteur Henri. Henri en écrivit à son cousin le duc de Saxe. Celui-ci prêcha Luther, et le moine consentit à adresser au roi une lettre plus modérée. Elle est datée de Wittemberg, le 1er septembre 1525 : à entendre le réformateur repentant, il ne s'est pas emporté contre le souverain, mais contre des misérables qui ont osé mettre un libelle sous le nom d'un auguste monarque. Il espère que le roi voudra bien lui faire une réponse clémente et bénigne : « de ta majesté royale, le très-soumis Martin Luther, signé de ma propre main. »

Dans sa réplique, Henri s'excuse de n'avoir pas répondu plus tôt ; la lettre de Luther ne lui est pas arrivée directement : elle s'est égarée en chemin. Il dit ensuite au nouvel apôtre que ses erreurs sont honteuses et ses hérésies insensées ; que son érudition et ses raisonnements, ni appuyés ni soutenus, prouvent une impudence obstinée : « Si tu as une véritable repentance, Luther, ce n'est pas à mes pieds qu'il faut te prosterner, mais aux pieds de Dieu. »

Le roi qui fut le mari de six femmes, qui envoya deux reines à l'échafaud, qui chassa les religieuses et les moines de leurs couvents, qui fonda une église où le clergé se marie, où les vœux monastiques sont abolis, crie à Luther : « Rends au cloître la chétive femme (*muliercula*), épouse adultère du Christ, avec laquelle tu vis sous le nom d'époux dans une très-scélérate débauche et une double damnation. Passe le reste de tes jours dans les larmes et les gémissements pour la foule de tes péchés ; retourne à ton monastère : là tu pourras rétracter tes erreurs, et, par le salut de ton âme, racheter les périls de ton corps. Là, gémissant sur tes hérésies pestilentielles, sur tes erreurs dissolues, implore la miséricorde divine, non avec une confiante arrogance, un geste, un verbe, un esprit publicains, mais avec une pénitence assidue. Change-toi ; amende-toi : jusque là je serai contristé ; toi tu seras perdu, et par toi, malheureux, une multitude périra. »

Afin qu'il ne manquât rien à cette scène, Léon X décerna à Henri VIII le titre de *défenseur de la foi*, porté par les rois protestants d'Angleterre presque jusqu'à nos jours. On voyoit au Vatican une harpe qu'un *chieftain* d'Irlande avoit jadis fait passer au saint-siége, en signe de vassalité : Léon X la renvoya au *défenseur de la foi*, pour inféoder l'Irlande à la couronne britannique. L'Irlande ne devoit pas se tenir offensée d'être donnée comme une harpe lorsque l'investiture de Rome elle-même se faisoit par un camail, *prefecturæ Romanæ investitura fiebat per mantum* (Décret. Innoc. III, liv. I). Si Henri VIII avoit mis la main sur Luther, il y auroit eu un réformateur de moins en Europe.

N'oublions pas que tandis que Henri VIII étoit déclaré *défenseur de la foi* par la cour de Rome Luther étoit élu *Pape* dans une des chapelles du Vatican par les soldats luthériens du catholique Charles Quint.

L'histoire présente des spectacles bien divers : en offre-t-elle un plus extraordinaire que celui de la querelle de Luther et de Henri VIII, quand on songe à ce que furent ces deux champions et à la révolution qu'ils ont produite? Voilà les instituteurs des peuples, les anachorètes du rocher, les austères enfants des doctes déserts d'une nouvelle Thébaïde, auxquels les hommes de raison, de lumière, de vertu, de liberté, ont soumis leur conscience et leur génie! Qui mène donc le genre humain?

HENRI VIII; SUITE.

Henri VIII étoit auteur en vers comme il l'étoit en prose : il jouoit de la flûte et de l'épinette; il mit en musique des ballades pour sa cour, des messes pour sa chapelle : il reste de lui un motet, une antienne et beaucoup d'échafauds. N'étoit-ce pas un troubadour d'une grande imagination que cet homme, lequel se servit d'une statue de bois de la Vierge pour matière du bûcher de l'ancien confesseur de Catherine d'Aragon; que cet homme qui manda à son tribunal le cadavre de saint Thomas de Cantorbery, le jugea, le condamna à mort, malgré la maxime de droit, *non bis in idem*; qui fit lier des fagots sur le dos de cinq anabaptistes hollandois, et se donna le joyeux spectacle de cinq autodafés errants? Il eut un jour un beau sujet de sonnet romantique : du haut d'une colline solitaire du parc de Richemont, il épia la nouvelle du supplice d'Anne Boleyn; il tressaillit d'aise au signal parti de la Tour de Londres. Quelle volupté! le fer avoit tranché le cou délicat, ensanglanté les beaux cheveux auxquels le roi poëte avoit attaché ses fatales caresses.

SURREY, THOMAS MORE.

Sous Henri VIII nous trouvons Surrey et Thomas More. Le comte de Surrey détacha la poésie angloise des formes du moyen âge; il acheva de la jeter dans le cadre italien, en composant des sonnets, à la manière de Pétrarque, pour Géraldine. On a cru que Géraldine *avoit été* Élisabeth Fitz-Gérald; d'autres la font fille de lord Cildair : toujours ces femmes belles et aimées *ont été;* elles ne sont plus. Surrey, se trouvant à Florence, envoya un cartel de défi à tout chrétien, juif, maure, turc et cannibale, soutenant, lui Surrey, envers et contre tous, l'incomparable beauté de Géraldine : Pétrarque soupiroit pour Laure, et ne se battoit pas. Les Anglois promenoient alors leur chevalerie et leurs passions sur ces ruines où ils traînent aujourd'hui leurs modes et leur ennui.

Revenu à Londres, Surrey fut d'abord enfermé dans le château de Windsor par l'orthodoxe Henri VIII; le comte étoit accusé d'avoir fait gras en carême :

> Here noble Surrey felt the sacred rage.
> POPE.

La dernière victime du premier roi protestant de la Grande-Bretagne fut le noble amant de Géraldine : le prince réformateur prouva l'attachement qu'il portoit aux lettres, en livrant à la hache du bourreau Thomas More et le poëte qui commence la série des poëtes anglois modernes. On montre à la Tour de Londres les épées qui abattirent des têtes illustres : un morceau de fer survit au moule qui renfermoit la puissance ou le génie.

Surrey, dans sa traduction de quelques passages de l'*Énéide*, inventa le vers blanc, que Milton et Thomson adoptèrent, que le lord Byron a rejeté.

Thomas More, en latin *Morus*, étoit, comme son bon roi, poëte et prosateur. La plupart de ses ouvrages sont écrits en latin. La tête du chancelier fut exposée pendant quatorze jours sur le pont de Londres. Henri VIII, dans sa clémence, avoit commué la peine de la potence, prononcée contre l'auteur de l'*Utopie*, en celle de la décapitation, à quoi le magistrat lettré répondit : « Dieu préserve mes amis de la même faveur! »

A cette époque, dans un espace d'environ vingt-cinq années, la prose fut moins heureuse que la poésie. Il est difficile de lire avec quelque profit, ou quelque plaisir, Wolsey, Crammer, Habington, Drummong et Joseph Hall, le prédicateur.

ÉDOUARD VI ET MARIE.

Edouard VI et la reine Marie, qui succédèrent à Henri VIII et précédèrent Élisabeth, sont aussi comptés au nombre des auteurs dans la Grande-Bretagne. Le jeune roi, mort à seize ans, élevé par deux savants de cette époque, John Cheke et Antony Cooke, et enseigné par Cardan, laissa un journal écrit de sa main et utile à l'histoire. Tenu à l'écart et comme exilé dans sa jeunesse, Édouard jouissoit des loisirs que d'autres princes ont trouvés dans le bannissement en terre étrangère.

Édouard étoit zélé réformateur et sa sœur Marie fut violente catholique : elle ramena de force la nation à la communion romaine. Gardiner et tant d'autres, qui avoient brûlé les catholiques pour la réformation, brûlèrent pour le catholicisme les protestants qu'eux-mêmes avoient faits : on voit ainsi, dans les révolutions, de vieux hommes fidèles à tous les pouvoirs, ranimer leur carcasse pour radoter leur bassesse. Les communes se prostituoient aux volontés de Marie, comme elles s'étoient livrées aux ordres de son père. On changeoit de foi plus que d'habit; on jura, puis on rejura le contraire de ce qu'on avoit déjà juré; puis on retourna aux premiers serments sous Élisabeth. Combien faut-il de parjures pour faire une fidélité?

Marie a laissé des lettres latines et françoises : Érasme a loué les premières, et elles ne valent rien du tout; les secondes sont illisibles.

ÉLISABETH.

SPENSER.

C'est de l'époque de Spenser que date la poésie angloise moderne. La *Fairie Queen* est, comme chacun sait, un ouvrage allégorique : il s'agit de douze Vertus morales privées, classées comme dans l'Arioste; ces Vertus sont transformées en chevaliers, et le roi Arthur est à la tête de l'escadron. La reine des fées, Gloriana, est Élisabeth, et Philippe Sidney, le roi Arthur. Lord Buckhurst, dans *Le Miroir des Magistrats*, a pu fournir la première idée de *La Reine des Fées*. La forme du poëme de Spenser est calquée sur l'*Orlando* et la *Gerusalemme*. Chaque chant se compose de stances de neuf vers. Les six derniers chants manquent, sauf deux fragments.

L'allégorie fut en vogue dans les lais, réputés élégants et polis, du moyen âge. Vous trouvez partout dames Loyauté, Raison, Prouesse, écuyer Désir, chevalier Amour et la châtelaine sa mère, empereur Orgueil, etc. Qui pouvoit mettre ces choses-là dans les esprits des xiiie, xive, xve et xvie siècles? L'éducation classique. Élevés parmi les dieux de l'antiquité et au fond d'un monde passé, il sortoit de l'enceinte des colléges des hommes subtils, sans rapport avec la foule vivante. Né pouvant employer les divinités païennes parce qu'ils étoient chrétiens, ils inventoient des divinités morales, ils faisoient prendre à ces graves songes les mœurs de la chevalerie, et les mêloient aux fées populaires : ils leur ouvroient les tournois, les châteaux des barons et des comtes, la cour des ducs et des rois, ayant soin de les conduire à Lisieux et à Pontoise, où l'on parloit le *beau françois*.

Spenser a l'imagination brillante, l'invention féconde, l'abondance rhythmique ; avec tout cela, il est glacé et ennuyeux. Nos voisins trouvent sans doute dans *La Reine des Fées* ce charme d'un vieux style qui nous plaît tant dans notre propre langue, mais que nous ne pouvons sentir dans une langue étrangère.

Spenser commença son poëme en Irlande, dans le château de Kilcoman, et dans une concession de trois mille vingt-huit acres de terre, confisqués à la propriété du comte de Desmond. C'est là qu'assis à des foyers qui n'étoient pas les siens, et dont les héritiers erroient sans asile, il célébra la montagne de Mole et les rives de la Mulla, sans songer que des orphelins fugitifs ne voyoient plus ces champs paternels. Virgile auroit dû se rappeler au poëte :

> Nos patriæ fines et dulcia linquimus arva;
> Nos patriam fugimus. . . . .

On a de Spenser une espèce de mémoire sur les mœurs et les antiquités de l'Irlande, que je préfère à la *Fairie Queen* (*Vue sur la situation de l'Irlande*, 1633).

Les Anglois faisoient autrefois le commerce de leurs enfants, et les vendoient, surtout en Irlande. Un concile tenu à Armach, en 1117, par les ecclésiastiques irlandois, déclara « qu'afin d'éviter la colère de Jésus-Christ, ennemi de la servitude, on affranchiroit dans toute l'île les esclaves anglois, et on leur rendroit leur ancienne liberté. » *Wilkin, Concil.*, tom. Ier.) Comment les Irlandois ont-ils été payés de cette résolution de leurs pères? On le sait. Le temps de l'affranchissement du Christ est enfin venu pour eux.

SHAKESPEARE.

Nous arrivons à Shakespeare! parlons-en tout à notre aise, comme dit Montesquieu d'Alexandre.

Je cite seulement ici pour mémoire *Everyman*, joué sous Henri VIII, l'*Aiguille de la mère Gurton*, par Stell, en 1551. Les auteurs dramatiques contemporains de Shakespeare étoient Robert Green, Heywood, Decker, Rowley, Peal, Chapman, Ben-Johnson, Beaumont, Fletcher : *jacet oratio!* Pourtant la comédie du *Fox* et celle de *L'Alchimiste*, de Ben-Johnson, sont encore estimées.

Spenser fut le poëte célèbre sous Élisabeth. L'auteur éclipsé de *Macbeth* et de *Richard III* se montroit à peine dans les rayons du *Calendrier du Berger* et de *La Reine des Fées*. Montmorency, Biron, Sully, tour à tour ambassadeurs de France auprès d'Élisabeth et de Jacques Ier, entendirent-ils jamais parler d'un baladin acteur dans ses propres farces et dans celles des autres? Prononcèrent-ils jamais le nom, si barbare en françois, de *Shakespeare?* Soupçonnèrent-ils qu'il y avoit là une gloire devant laquelle leurs honneurs, leurs pompes, leurs rangs, viendroient s'abîmer? Hé bien! le comédien de tréteaux, chargé du rôle du spectre dans *Hamlet*, étoit le grand fantôme, l'ombre du moyen âge qui se levoit sur le monde, comme l'astre de la nuit, au moment où le moyen âge achevoit de descendre parmi les morts : siècles énormes que Dante ouvrit, que ferma Shakespeare [1].

Dans le *précis historique* de Witheloke, contemporain du chantre du *Paradis perdu*, on lit : « Un certain aveugle, nommé Milton, secrétaire du parlement pour les dépêches latines. » Molière, l'*histrion*, jouoit son Pourceaugnac, de même que Shakespeare, le *bateleur*, grimaçoit son Falstaff. Camarade du pauvre Mondorge, l'auteur du *Tartufe* avoit changé son illustre nom de *Poquelin* pour le nom obscur de *Molière*, afin de ne pas déshonorer son père le tapissier.

> Avant qu'un peu de terre obtenu par prière
> Pour jamais sous la terre eût enfermé Molière,
> Mille de ses beaux traits, aujourd'hui si vantés,
> Furent des sots esprits à nos yeux rebutés.

Ainsi ces voyageurs voilés qui viennent de fois à autre s'asseoir à

---

1. Shakespeare écrit lui-même son nom *Shakspeare* : l'autre orthographe a prévalu. On trouve aussi souvent *Shakespear*.

notre table sont traités par nous en hôtes vulgaires; nous ignorons leur nature immortelle jusqu'au jour de leur disparition. En quittant la terre ils se transfigurent, et nous disent, comme l'envoyé du ciel à Tobie : « Je suis l'un des Sept qui sommes présents devant le Seigneur. »

Ces divinités méconnues des hommes à leur passage ne se méconnoissent point entre elles. Qu'a besoin mon Shakespeare, dit Milton, pour ses os vénérés de pierres entassées par le travail d'un siècle ; ou faut-il que ses saintes reliques soient cachées sous une pyramide à pointe étoilée [1]? Fils chéri de la mémoire, grand héritier de la gloire, que t'importe un si foible témoignage de ton nom, toi qui t'es bâti, à notre merveilleux étonnement, un monument de longue vie....? Tu demeures enseveli dans une telle pompe, que les rois pour avoir un pareil tombeau souhaiteroient mourir. »

> What needs my Shakspear, for his honour'd bones,
> The labour of an age in piled stones?
> Or that his hallow'd reliques should be hid
> Under a star-ypointing pyramid?
> Dear son of memory, great heir of fame,
> What needst thou such weak witness of thy name?
> Thou in our wonder and astonishment
> Hast built thyself a live-long monument.
> . . . .
> And so sepulchred in such pomp dost lie,
> That Kings for such a tomb would wish to die.

Michel-Ange, enviant le sort et le génie de Dante, s'écrie :

> Pur fuss' io tal : . . . .
> Per l'aspro esilio suo con sua virtute,
> Darei del mondo il piu felice stato.

« Que n'ai-je été tel que lui!.... Pour son dur exil avec sa vertu, je donnerois toutes les félicités de la terre. »

Le Tasse célèbre Camoëns encore presque ignoré, et lui sert de renommée en attendant la messagère aux cent bouches :

> Vasco. . . . .
> . . . .
> . . . . buon Luigi
> Tant' oltre stende il glorioso volo,
> Che i tuoi spalmati legni andar men lunge.
>   (CAMOENS.)

---

[1]. C'est la traduction mot pour mot : on peut aussi traduire (par un de ces souvenirs classiques si familiers au génie de Milton) une pyramide dont le *sommet frappe les astres, porte les astres, perce les astres*.

« Vasco. . . . . Camoëns a tant déployé son vol glorieux, que tes vaisseaux spalmés ont été moins loin. »

Est-il rien de plus admirable que cette société d'illustres égaux se révélant les uns aux autres par des signes, se saluant et s'entretenant ensemble dans une langue d'eux seuls connue?

Mais que pensoit Milton des prédictions heureuses faites aux Stuarts à travers le terrible drame du *Prince de Danemark*? L'apologiste du jugement de Charles Ier étoit à même de prouver à *son* Shakespeare qu'il s'étoit trompé; il pouvoit lui dire, en se servant de ces paroles d'Hamlet : *L'Angleterre n'a pas encore usé les souliers avec lesquels elle a suivi le corps!* La prophétie a été retranchée : les Stuarts ont disparu d'Hamlet comme du monde.

QUE J'AI MAL JUGÉ SHAKESPEARE AUTREFOIS.
FAUX ADMIRATEURS DU POETE.

J'ai mesuré autrefois Shakespeare avec la lunette classique; instrument excellent pour apercevoir les ornements de bon ou de mauvais goût, les détails parfaits ou imparfaits; mais microscope inapplicable à l'observation de l'ensemble, le foyer de la lentille ne portant que sur un point et n'embrassant pas la surface entière. Dante, aujourd'hui l'objet d'une de mes plus hautes admirations, s'offrit à mes yeux dans la même perspective raccourcie. Je voulois trouver une épopée selon les *règles* dans une épopée libre qui renferme l'histoire des idées, des connoissances, des croyances, des hommes et des événements de toute une époque; monument semblable à ces cathédrales empreintes du génie des vieux âges, où l'élégance et la variété des détails égalent la grandeur et la majesté de l'ensemble.

L'école classique, qui ne mêloit pas la vie des auteurs à leurs ouvrages, se privoit encore d'un puissant moyen d'appréciation. Le bannissement de Dante donne une clef de son génie : quand on suit le proscrit dans les cloîtres où il *demandoit la paix*; quand on assiste à la composition de ses poëmes sur les grands chemins, en divers lieux de son exil; quand on entend son dernier soupir s'exhaler en terre étrangère, ne lit-on pas avec plus de charme les belles strophes mélancoliques des trois destinées de l'homme après sa mort?

Qu'Homère n'ait pas existé; que ce soit la Grèce entière qui chante au lieu d'un de ses fils, je pardonne aux érudits cette poétique hérésie; mais toutefois je ne veux rien perdre des aventures d'Homère. Oui, le poëte a nécessairement joué dans son berceau avec neuf tourterelles ; son gazouillement enfantin ressembloit au ramage de neuf espèces d'oiseaux. Niez-vous ces faits *incontestables*? Comment comprendrez-vous alors la ceinture de Vénus? Nargue des anachronismes! Je tiens que la vie du père des fables a été retracée par Hérodote, père de l'histoire. Pourquoi donc serois-je allé à Chio et à Smyrne, si ce n'eût été pour y saluer l'école et le fleuve de Mélésigène, en dépit de Wolf, de Woold, d'Ilgen, de Dugaz-Montbel et de leurs semblables? Des traditions relatives au chantre de l'Odyssée, je ne repousse que celle qui fait du poëte un Hollandois. Génie de la Grèce, génie d'Homère, d'Hésiode, d'Eschyle, de Sophocle, d'Euripide, de Sapho, de Simonide, d'Alcée, trompez-nous toujours : je crois ferme à vos mensonges ; ce que vous dites est aussi vrai qu'il est vrai que je vous ai vu assis sur le mont Hymète, au milieu des abeilles, sous le portique d'un couvent de caloyers : vous étiez devenu chrétien, mais vous n'en aviez pas moins gardé votre lyre d'or, et vos ailes couleur du ciel où se dessinent les ruines d'Athènes.

Toutefois, si jadis on resta trop en deçà du romantique, maintenant on a passé le but ; chose ordinaire à l'esprit françois, qui sautille du blanc au noir comme le cavalier au jeu d'échecs. Le pis est que notre enthousiasme actuel pour Shakespeare est moins excité par ses clartés que par ses taches ; nous applaudissons en lui ce que nous sifflerions ailleurs.

Pensez-vous que les adeptes soient ravis des traits de passion de Roméo et Juliette? Il s'agit bien de cela! Vous n'avez donc pas entendu Mercutio comparer Roméo à *un hareng saure sans ses œufs* ?

<small>Without his roe, like a dried herring.</small>

Pierre n'a-t-il pas dit aux musiciens : « Je ne vous apporterai pas des *croches*, je ferai de vous un *ré*, je ferai de vous un *fa*; *notez*-moi bien ? »

I will carry no crotchets : I'll re you, I'll fa you; do you note me.

Pauvres gens qui ne sentez pas ce qu'il y a de merveilleux dans ce dialogue : la nature elle-même prise sur le fait! Quelle simplicité! quel naturel! quelle franchise! quel contraste comme dans la vie! quel rapprochement de tous les langages, de toutes les scènes, de tous les rangs de la société!

Et toi, Shakespeare, je te suppose revenant au monde, et je m'amuse de la colère où te mettroient tes faux adorateurs. Tu t'indignerois du culte rendu à des trivialités dont tu serois le premier à rougir, bien qu'elles ne fussent pas de toi, mais de ton siècle ; tu déclarerois incapables de sentir tes beautés des hommes capables de se passionner pour tes défauts, capables surtout de les imiter de sang-froid, au milieu des mœurs nouvelles.

OPINION DE VOLTAIRE SUR SHAKESPEARE.
OPINION DES ANGLOIS.

Voltaire fit connoître Shakespeare à la France. Le jugement qu'il porta d'abord du tragique anglois fut, comme la plupart de ses premiers jugements, pleins de mesure, de goût et d'impartialité. Il écrivoit à lord Bolingbroke vers 1730 :

« Avec quel plaisir n'ai-je pas vu à Londres votre tragédie de *Jules César*, qui depuis cent cinquante années fait les délices de votre nation ! »

Il dit ailleurs :

« Shakespeare créa le théâtre anglois. Il avoit un génie plein de force et de fécondité, de naturel et de sublime, sans la moindre étincelle de bon goût et sans la moindre connoissance des règles. Je vais vous dire une chose hasardée, mais vraie : c'est que le mérite de cet auteur a perdu le théâtre anglois. Il y a de si belles scènes, des morceaux si grands et si terribles répandus dans ses farces monstrueuses qu'on appelle *tragédies*, que ces pièces ont toujours été jouées avec un grand succès. »

Telles furent les premières opinions de Voltaire sur Shakespeare ; mais lorsqu'on eut voulu faire passer ce génie pour un modèle de perfection, lorsqu'on ne rougit point d'abaisser devant lui les chefs-d'œuvre de la scène grecque et françoise, alors l'auteur de *Mérope* sentit le danger. Il vit qu'en révélant des beautés il avoit séduit des hommes qui, comme lui, ne sauroient pas séparer l'alliage de l'or. Il voulut revenir sur ses pas ; il attaqua l'idole par lui-même encensée ; il étoit trop tard, et en vain il se repentit d'avoir *ouvert la porte à la médiocrité, déifié le sauvage ivre, placé le monstre sur l'autel.*

Irons-nous plus loin dans notre engouement que nos voisins eux-mêmes ? En théorie, admirateurs sans réserve de Shakespeare, leur zèle en pratique est beaucoup plus circonspect : pourquoi ne jouent-ils pas tout entier l'œuvre du dieu ? Par quelle audace ont-ils resserré, rogné, altéré, transposé des scènes d'*Hamlet*, de *Macbeth*, d'*Othello*, du *Marchand de Venise*, de *Richard III*, etc. ? Pourquoi ces sacriléges ont-ils été commis par les hommes les plus éclairés des trois royaumes ?

Dryden assure que *la langue de Shakespeare est hors d'usage*, et il a repétri avec Davenant les ouvrages de Shakespeare. Shaftesbury déclare que le style du vieux ménestrel est *grossier et barbare, ses tournures et son esprit tout à fait passés de mode.* Pope remarque qu'il a écrit *pour la populace,* sans songer à plaire à *des esprits d'une meilleure sorte ; qu'il présente à la critique le sujet le plus agréable et le plus dégoûtant.* Tate s'étoit approprié *Le roi Lear,* alors si complétement oublié qu'on ne s'aperçut pas du plagiat. Rowe dans sa Vie de Shakespeare prononce aussi bien des blasphèmes. Sherlock a osé dire qu'*il n'y a rien de médiocre dans Shakespeare ; que tout ce qu'il a écrit est excellent ou détestable ; que jamais il ne suivit ni même ne conçut un plan, mais qu'il fait souvent fort bien une scène.* Lansdown a poussé l'impiété jusqu'à refaire *Le Marchand de Venise.* Prenons bien garde à d'innocentes méprises : quand nous nous pâmons à telle scène du dénouement de *Roméo et Juliette,* nous croyons brûler d'un pur amour pour Shakespeare, et nos ardents hommages s'adressent à Garrick. Comme le jeune Diafoirus, nous nous trompons de caresses, de personnes et de compliments : — « Madame, c'est avec justice que le ciel vous a concédé le nom de belle-mère. — Ce n'est pas ma femme, monsieur, c'est ma fille à qui vous parlez. — Où donc est-elle ? — Elle va venir. — Attendrai-je, mon père, qu'elle soit venue ? »

Écoutons Johnson, le grand admirateur de Shakespeare, le restaurateur de sa gloire : « Shakespeare avec ses qualités a des défauts, et des défauts capables d'obscurcir et d'engourdir tout autre mérite que le sien... Les effusions de la passion, quand la force de la situation les fait sortir de son génie, sont pour la plupart frappantes et énergiques ; mais, lorsqu'il sollicite son invention, et qu'il tend ses facultés, le fruit de cet enfantement laborieux est l'enflure, la bassesse, l'ennui et l'obscurité, *tumour, meanness, tediousness and obscurity.* Dans la narration, il affecte une pompe disproportionnée de diction... Il a des scènes d'une excellence continue et non douteuse ; mais il n'a pas peut-être une seule pièce qui, si elle étoit aujourd'hui représentée comme l'ouvrage d'un contemporain, pût être entendue jusqu'au bout. »

Sommes-nous meilleurs juges d'un auteur anglois que le célèbre critique Johnson ? Et néanmoins, si nous venions dire maintenant en France des choses aussi crues, ne serions-nous pas lapidés ? Le malin Aristarque n'auroit-il pas raison, quand il soupçonne certains enthousiastes de caresser leurs propres difformités sur les bosses de Shakespeare ?

Si vous vous rappelez ce que j'ai dit des changements survenus dans la langue écrite et parlée en Angleterre et des deux époques où le normand et l'italien envahirent l'idiome anglo-saxon, vous aurez déjà une idée des compositions de l'Eschyle britannique. On y retrouve le mélange des sujets et des styles du midi et du nord. Dans les sujets empruntés de l'Italie, Shakespeare transporte le naturel de sentiment des nations scandinaves et calédoniennes; dans les sujets tirés des chroniques septentrionales, il introduit l'affectation du style des populations transalpines; passant de la ballade écossoise à la nouvelle italienne, il n'a en propre que son génie : ce présent du ciel étoit assez beau pour s'en contenter.

QUE LES DÉFAUTS DE SHAKESPEARE TIENNENT A SON SIÈCLE.

LANGUE DE SHAKESPEARE. — LANGUE DE DANTE.

Mais s'il n'est pas raisonnable d'offrir pour modèle, dans les Œuvres de Shakespeare, ce que l'on stigmatise dans les autres monuments de la même époque, il seroit injuste d'attribuer au poëte seul des infirmités de goût et de diction auxquelles son temps étoit sujet. L'orateur de la chambre des communes compare Henri VIII à Salomon pour la justice et la prudence, à Samson pour la force et le courage, à Absalon pour la grâce et la beauté. Un autre orateur, de la même chambre, déclare à la reine Élisabeth que parmi les grands législateurs on a compté trois femmes : la reine Palestina avant le déluge, la reine Cérès après, et la reine Marie, mère du roi Stilicus; la reine Élisabeth sera la quatrième. Le roi Jacques Ier parle comme le tragique lorsqu'il dit à son parlement : « Je suis l'époux, et la Grande-Bretagne est mon épouse légitime : je suis la tête, elle est le corps. L'Angleterre et l'Écosse étant deux royaumes dans une même île, je ne puis, moi, prince chrétien, tomber dans le crime de bigamie. »

Le *beau style*, vers le milieu du XVIe siècle, étoit un canevas scolastique et subtil, brodé de sentences, de jeux de mots et de *concetti* italiens. Élisabeth auroit pu donner à son poëte des leçons de collége; elle parloit latin, composoit des épigrammes en grec, traduisoit des tragédies de Sophocle et des harangues de Démosthène. A sa cour galante, guindée, quintessenciée, pesante et réformatrice, il étoit du bon ton d'entremêler les locutions angloises d'expressions françoises, et d'articuler de manière à laisser un doute dans les sons, pour produire une équivoque dans les mots.

En France, même afféterie : Ronsard est à sa manière une espèce de Shakespeare, non par son génie, non par son néologisme grec, mais par le tour forcé de sa phrase. Les Mémoires, charmants d'ailleurs, de la savante Marguerite ou *Margot* de Valois, jargonnent une métaphysique sentimentale qui couvre assez mal des sensations très-physiques. Un demi-siècle plus tôt, la sœur de François Ier avoit donné des *contes*, lesquels ont du moins le naturel de ceux de Boccace. La *Guisiade*, de Pierre-Mathieu, tragédie classique, avec des chœurs, sur un sujet national, reproduit la phraséologie de Shakespeare : d'Epernon s'écrie :

> Venez, mes compagnons, monstres abominables,
> Jetez sur Blois l'horreur de vos traits effroyables :
> Prenez pour mains des crocs, pour yeux des dards de feux,
> Pour voix un gros canon, des serpents pour cheveux ;
> Changez Blois en enfer, apportez-y vos gênes,
> Vos roues, vos gibets, vos feux, vos fouets, vos peines.

Coligny, dans la tragédie qui porte son nom :

> O mânes noircissants ès enfers impiteux !
> O mes chers compagnons, hé ! que je suis honteux
> Qu'un enfant ait bridé mon effroyable audace !
> Que me reste-t-il, chétif, pour hontoyer ma race,
> Sinon que me cacher et du vilain licol,
> De mes bourrelles mains hault estraindre mon col ?

Il est bon de faire ici une observation sur deux hommes que les imaginations à la fois vagues et systématiques de nos jours confondent souvent et fort mal à propos, mêlant les temps, les positions, les supériorités et les souvenirs.

Il n'en fut pas de Shakespeare comme il en fut de Dante : le tragique anglois rencontra une langue non achevée, il est vrai, mais aux trois quarts faite, déjà employée par de grands esprits et des poëtes célèbres, Bacon et Thomas More, Surrey et Spenser. Cette langue étoit devenue une espèce de barbare maniérée, grotesquement attifée, surchargée de modes étrangères. Se figure-t-on ce que souffroit Shakespeare lorsque, au milieu d'une vive conception, il étoit obligé d'introduire dans sa phrase inspirée quelques mots d'outre-mer : *Bon ! je proteste !* ou tel autre. Se représente-t-on ce colosse obligé d'enfoncer ses pieds énormes dans de petits sabots chinois, trébuchant avec des entraves qu'il rompoit en rugissant, comme un lion brise ses chaînes?

Dante, venu deux siècles et demi avant Shakespeare, ne trouva rien en arrivant au monde. La société latine expirée avoit laissé une langue belle, mais d'une beauté morte; langue inutile à l'usage commun, parce qu'elle n'exprimoit plus le caractère, les idées, les mœurs et les besoins de la vie nouvelle. La nécessité de s'entendre avoit fait naître un idiome vulgaire employé des deux côtés des Alpes du midi, et aux deux versants des Pyrénées orientales. Dante adopta ce bâtard de Rome, que les savants et les hommes du pouvoir dédaignoient de reconnoître; il le trouva vagabond dans les rues de Florence, nourri au hasard par un peuple républicain, dans toute la rudesse plébéienne et démocratique. Il communiqua au fils de son choix sa virilité, sa simplicité, son indépendance, sa noblesse, sa tristesse, sa sublimité sainte, sa grâce sauvage. Dante tira du néant la parole de son esprit; il donna l'être au verbe de son génie; il fabriqua lui-même la lyre dont il devoit obtenir des sons si beaux, comme ces astronomes qui inventèrent les instruments avec lesquels ils mesurèrent les cieux. L'*italien* et la *Divina Commedia* jaillirent à la fois de son cerveau; du même coup l'illustre exilé dota la race humaine d'une langue admirable et d'un poëme immortel.

ÉTAT MATÉRIEL DU THÉATRE EN ANGLETERRE AU XVIe SIÈCLE.

Du temps de Shakespeare de jeunes garçons remplissoient encore les rôles de femmes, les acteurs ne se distinguoient des spectateurs que par les plumes dont ils ornoient leurs chapeaux et les nœuds de rubans qu'ils portoient sur leurs souliers : point de musique dans les entr'actes. Les pièces se jouoient souvent dans la cour des auberges : les fenêtres de la maison donnant sur cette cour servoient de loges. Lorsqu'on représentoit une tragédie à Londres, la salle étoit tendue de noir, comme la nef d'une église pour un enterrement.

Quant aux moyens d'illusion, Shakespeare les rappelle, en s'en moquant, dans *Le Songe d'une nuit d'été* : un homme enduit de plâtre figuroit la muraille interposée entre Pyrame et Thisbé, et l'écartement des doigts de cet homme, la crevasse formée dans cette muraille. Un comparse avec une lanterne, un buisson et un chien, signifioient le clair de la lune. La scène, sans changer, étoit supposée tantôt un jardin rempli de fleurs, tantôt un rocher contre lequel se brisoit un vaisseau, tantôt un champ de bataille où quatre matamores désignoient deux armées. Pour attirail dramatique, dans l'inventaire d'une troupe de comédiens, on trouve un dragon, une roue pour le siége de Londres, un grand cheval avec ses jambes, des membres de Maures, quatre têtes de Turcs, une bouche de fer, chargée apparemment de prononcer les accents les plus doux et les plus sublimes du poëte. On avoit aussi de *fausses peaux* à l'usage des personnages qu'on écorchoit vifs sur la scène, comme le juge prévaricateur dans *Cambyse* : un pareil spectacle feroit aujourd'hui courir tout Paris.

Au reste, la vérité du théâtre et l'exactitude du costume sont beaucoup moins nécessaires à l'art qu'on ne le suppose. Le génie de Racine n'emprunte rien de la coupe de l'habit; dans les chefs-d'œuvre de Raphael, les fonds sont négligés et les costumes inexacts. Les fureurs d'Oreste ou la prophétie de Joad lues dans un salon par Talma en frac faisoient autant d'effet que déclamées sur la scène par Talma en manteau grec ou en robe juive. Iphigénie étoit accoutrée comme Mme de Sévigné, lorsque Boileau adressoit ces beaux vers à son ami :

> Jamais Iphigénie, en Aulide immolée,
> N'a coûté tant de pleurs à la Grèce assemblée,
> Que dans l'heureux spectacle à nos yeux étalé
> En a fait sous son nom verser la Chanmêlé.

Cette exactitude dans la représentation de l'objet inanimé est l'esprit de la littérature et des arts de notre temps : elle annonce la décadence de la haute poésie et du vrai drame; on se contente des petites beautés, quand on est impuissant aux grandes; on imite, à tromper l'œil, des fauteuils et du velours, quand on ne peut plus peindre la physionomie de l'homme assis sur ce velours et dans ces fauteuils. Cependant, une fois descendu à cette vérité de la forme matérielle, on se trouve forcé de la reproduire, car le public, matérialisé lui-même, l'exige.

A l'époque de Shakespeare les *gentlemen* se tenoient sur le théâtre, ayant pour siége les planches mêmes, ou un tabouret dont ils payoient le prix. Le parterre, debout et pressé, rouloit dans un trou noir et poudreux : c'étoient deux camps hostiles en présence. Le parterre accueilloit les *gentlemen* avec des huées, leur jetoit de la boue et leur crachoit au nez en criant : « *A bas les sots !* » Les *gentlemen* ripostoient par les épithètes de *stinkards* et d'animaux. Les *stinkards* mangeoient des pommes et buvoient de la bière; les *gentlemen* jouoient aux cartes, et fumoient le tabac, nouvellement introduit. Le bél air étoit de déchirer les cartes, comme si l'on avoit fait quelque grande perte, d'en jeter avec colère les débris sur l'avant-scène, de rire, de parler haut, de tourner le dos aux acteurs. Ainsi furent accueillies et respectées, à leur apparition, les tragédies du grand maître : John Bull lançoit des trognons de pomme à la divinité dont il encense aujourd'hui les images. L'insulte de la fortune fit de Shakespeare et de Molière deux comédiens, afin de donner, pour quelques oboles, au dernier des misérables le droit d'outrager à la fois des chefs-d'œuvre et deux grands hommes.

Shakespeare a retrouvé l'art dramatique ; Molière l'a porté à sa perfection : semblables à deux philosophes anciens, ils s'étoient partagé l'empire des ris et des larmes, et tous les deux se consoloient peut-être des injustices du sort, l'un en peignant les travers, l'autre les douleurs des hommes.

CARACTÈRE DU GÉNIE DE SHAKESPEARE.

Shakespeare est donc admirable encore en raison des obstacles qu'il lui fallut surmonter. Jamais esprit plus vrai n'eut à se servir d'une langue plus fausse ; heureusement il ne savoit presque rien, et il échappa par son ignorance à l'une des contagions de son siècle : des chants populaires, des extraits de l'histoire d'Angleterre, puisés dans *Le Miroir des Magistrats,* de lord Buckhurst, des lectures des Nouvelles françoises de Belleforest, des versions des poëtes et des conteurs de l'Italie, composoient toute son érudition.

Ben Johnson, son rival, son admirateur et son détracteur, étoit au contraire très-instruit. Les cinquante-deux commentateurs de Shakespeare ont recherché curieusement les traductions des auteurs anciens qui pouvoient exister de son temps. Je ne remarque, comme pièces dramatiques, dans le catalogue, qu'une *Jocaste,* tirée des *Phéniciennes* d'Euripide, l'*Andria* et *L'Eunuque* de Térence, *Les Ménechmes* de Plaute et les tragédies de Sénèque. Il est douteux que Shakespeare ait eu connoissance de ces traductions ; car il n'a pas emprunté le fond de ses pièces des originaux *translatés en anglois,* mais de quelques imitations angloises de ces mêmes originaux : c'est ce qu'on voit par *Roméo et Juliette,* dont il n'a pris l'histoire ni dans *Girolamo de la Corte* ni dans la nouvelle de *Bandello,* mais dans un petit poëme anglois intitulé *La tragique Histoire de Roméo et Juliette.* Il en est ainsi du sujet d'*Hamlet,* qu'il n'a pu tirer immédiatement de *Saxo Grammaticus.*

La réforme sous Henri VIII, en faisant tomber les *miracles* et les *mystères,* hâta la renaissance du théâtre en dehors du cercle des croyances religieuses ; et si l'antiquité grecque n'eût rencontré Shakespeare pour l'empêcher de passer, le classique se fût emparé des lettres angloises un siècle avant son triomphe en France.

Au jugement de Samuel Johnson, et c'est en général l'opinion des Anglois, Shakespeare étoit plutôt doué du génie comique que du génie tragique : la critique remarque que dans les scènes les plus pathétiques le rire prend au poëte, tandis que dans les scènes comiques une pensée sérieuse ne lui vient jamais. Si nous autres François nous avons de la peine à sentir le *vis comica* de Falstaff, tandis que nous comprenons la douleur de Desdémone, c'est que les peuples ont différentes manières de rire, et qu'ils n'en ont qu'une de pleurer.

Les poëtes tragiques trouvent quelquefois le comique, les poëtes comiques s'élèvent rarement au tragique : il y a donc quelque chose de plus vaste dans le génie de Melpomène que dans l'esprit de Thalie. Quiconque représente le côté souffrant de l'homme peut aussi représenter le côté gai, parce que celui qui saisit le *plus* peut saisir le *moins*. Au contraire, le peintre qui s'attache aux choses plaisantes laisse échapper les rapports sévères, parce que la faculté de distinguer les petits objets suppose presque toujours l'impossibilité d'embrasser les grands. Un seul poëte comique marche l'égal de Sophocle et de Corneille, Molière : mais, chose remarquable, le comique du *Tartufe* et du *Misanthrope*, par son extrême profondeur et, si j'ose le dire, par sa *tristesse*, se rapproche de la gravité tragique.

Il y a deux manières de faire rire : l'une est de présenter d'abord les défauts, et de mettre ensuite en relief les qualités ; ce comique mène quelquefois à l'attendrissement ; l'autre manière consiste à donner d'abord des louanges, et à couvrir ensuite la personne louée de tant de ridicules, qu'on finit par perdre l'estime qu'on avoit conçue pour de nobles talents ou de hautes vertus. Ce comique est le *nihil mirari*, qui flétrit tout.

Le caractère dominant du fondateur du théâtre anglois se forme de la nationalité, de l'éloquence, des observations, des pensées, des maximes tirées de la connoissance du cœur humain et applicables aux diverses conditions de l'homme ; il se forme surtout de l'abondance de la vie. On comparoit un jour le génie de Racine à l'Apollon du Belvédère, et le génie de Shakespeare à la statue équestre de Philippe IV à Notre-Dame de Paris : « Soit, répondit Diderot : mais que penseriez-vous si cette statue de bois, enfonçant son casque, secouant ses gantelets, agitant son épée, se mettoit à chevaucher dans la cathédrale? » Le poëte d'Albion, doué de la puissance créatrice, anime jusqu'aux objets inanimés ; décorations, planches de la scène, rameau d'arbre, brin de bruyère, ossements, tout parle : rien n'est mort sous son toucher, pas même la mort.

Shakespeare fait un grand usage des contrastes; il aime à mêler les divertissements et les acclamations de la joie à des pompes funèbres et à des cris de douleur. Que des musiciens appelés aux noces de Juliette arrivent précisément pour accompagner son cercueil; qu'indifférents au deuil de la maison, ils se livrent à d'innocentes plaisanteries et s'entretiennent des choses les plus étrangères à la catastrophe, qui ne reconnoît là toute la vie, qui ne sent toute l'amertume de ce tableau et qui n'a été témoin de pareilles scènes? Ces effets ne furent point inconnus des Grecs; on retrouve dans Euripide des traces de ces naïvetés que Shakespeare mêle au plus haut ton tragique. Phèdre vient d'expirer; le chœur ne sait s'il doit entrer dans l'appartement de la princesse.

PREMIER DEMI-CHŒUR.

Compagnons, que ferons-nous? Devons-nous entrer dans le palais pour aider à dégager la reine de ses liens *étroits?*

SECOND DEMI-CHŒUR.

Ce soin appartient à ses esclaves. Pourquoi ne sont-ils pas présents? Quand on se mêle de beaucoup d'affaires, il n'y a plus de sûreté dans la vie.

Dans *Alceste,* La Mort et Apollon échangent des plaisanteries. La Mort veut saisir Alceste tandis qu'elle est jeune, parce qu'elle ne se soucie pas d'une proie ridée. Ces contrastes touchent de près au terrible; mais aussi une seule nuance, ou trop forte ou trop faible dans l'expression, les rend bas ou ridicules.

QUE LA MANIÈRE DE COMPOSER DE SHAKESPEARE A CORROMPU LE GOUT. — ÉCRIRE EST UN ART.

Shakespeare joue ensemble, et au même moment, la tragédie dans le palais, la comédie à la porte : il ne peint pas une classe particulière d'individus; il mêle, comme dans le monde réel, le roi et l'esclave, le patricien et le plébéien, le guerrier et le laboureur, l'homme illustre et l'homme ignoré; il ne distingue pas les genres, il ne sépare pas le noble de l'ignoble, le sérieux du bouffon, le triste du gai, le rire des larmes, la joie de la douleur, le bien du mal. Il met en mouvement la société entière, ainsi qu'il déroule en entier la vie d'un homme. Le poëte semble persuadé que notre existence n'est pas renfermée dans un seul jour, qu'il y a unité du berceau à la tombe : quand il tient une jeune tête, s'il ne l'abat pas, il ne vous la rendra que blanchie; le temps lui a remis ses pouvoirs.

Mais cette universalité de Shakespeare a, par l'autorité de l'exemple et l'abus de l'imitation, servi à corrompre l'art; elle a fondé l'erreur sur laquelle s'est malheureusement établie la nouvelle école dramatique. Si pour atteindre la hauteur de l'art tragique il suffit d'entasser des scènes disparates sans suite et sans liaison, de brasser ensemble le burlesque et le pathétique, de placer le porteur d'eau auprès du monarque, la marchande d'herbes auprès de la reine, qui ne peut raisonnablement se flatter d'être le rival des plus grands maîtres? Quiconque se voudra donner la peine de retracer les accidents d'une de ses journées, ses conversations avec des hommes de rangs divers, les objets variés qui ont passé sous ses yeux, le bal et le convoi, le festin du riche et la détresse du pauvre; quiconque aura écrit d'heure en heure son journal aura fait un drame à la manière du poëte anglois.

Persuadons-nous qu'écrire est un art, que cet art a des genres, que chaque genre a des règles. Les genres et les règles ne sont point arbitraires : ils sont nés de la nature même; l'art a seulement séparé ce que la nature a confondu; il a choisi les plus beaux traits sans s'écarter de la ressemblance du modèle. La perfection ne détruit point la vérité : Racine, dans toute l'excellence de son *art*, est plus *naturel* que Shakespeare, comme l'*Apollon*, dans toute sa *divinité*, a plus les formes *humaines* qu'un colosse égyptien.

La liberté qu'on se donne de tout dire et de tout représenter, le fracas de la scène, la multitude des personnages, imposent, mais ont au fond peu de valeur; ce sont liberté et jeux d'enfants. Rien de plus facile que de captiver l'attention et d'amuser par un conte : pas de petite fille qui sur ce point n'en remontre aux plus habiles. Croyez-vous qu'il n'eût pas été aisé à Racine de réduire en actions les choses que son goût lui a fait rejeter en récit? Dans *Phèdre*, la femme de Thésée eût attenté, sous les yeux du parterre, à la pudeur d'Hippolyte; au lieu du beau récit de Théramène, on auroit eu les chevaux de Franconi et un terrible monstre de carton; dans *Britannicus*, Néron, au moyen de quelque stratagème de coulisse, eût violé Junie sous les yeux des spectateurs; dans *Bajazet*, on eût vu le combat de ce frère du sultan contre les eunuques; ainsi du reste. Racine n'a retranché de ses chefs-d'œuvre que ce que des esprits ordinaires y auroient pu mettre. Le plus méchant drame peut faire pleurer mille fois davantage que la plus sublime tragédie. Les vraies larmes sont celles que fait couler une belle poésie, les larmes qui tombent au son de la lyre d'Orphée; il faut qu'il s'y mêle autant d'admiration que de douleur : les anciens donnoient aux Furies même un beau visage, parce qu'il y a une beauté morale dans le remords.

Cet amour du laid qui nous a saisis, cette horreur de l'idéal, cette passion pour les bancroches, les culs-de-jatte, les borgnes, les moricauds, les édentés ; cette tendresse pour les verrues, les rides, les escarres, les formes triviales, sales, communes, sont une dépravation de l'esprit ; elle ne nous est pas donnée par cette nature dont on parle tant. Lors même que nous aimons une certaine laideur, c'est que nous y trouvons une certaine beauté. Nous préférons naturellement une belle femme à une femme laide, une rose à un chardon, la baie de Naples à la plaine de Montrouge, le Parthenon à un toit à porc : il en est de même au figuré et au moral. Arrière donc cette école *animalisée* et *matérialisée* qui nous mènerait, dans l'effigie de l'objet, à préférer notre visage moulé avec tous ses défauts par une machine à notre ressemblance produite par le pinceau de Raphael.

Toutefois, je ne prétends pas ôter aux temps et aux révolutions les changements forcés qu'ils apportent dans les opinions littéraires comme dans les opinions politiques ; mais ces changements ne justifient pas la corruption du goût ; ils en montrent seulement une des causes. Il est tout simple que les mœurs en changeant fassent varier la forme de nos peines et de nos plaisirs.

Le silence intérieur régna dans la monarchie absolue sous le pouvoir de Louis XIV et sous la somnolence de Louis XV : manquant d'émotions au dedans, les poëtes en cherchoient au dehors ; ils empruntoient des catastrophes à Rome et à la Grèce, pour faire pleurer une société assez malheureuse pour n'avoir que des sujets de rire. A cette société si peu accoutumée aux événements tragiques, il ne falloit pas même présenter des scènes fictives trop sanglantes ; elle auroit reculé devant des horreurs, eussent-elles eu trois mille ans de date, eussent-elles été consacrées par le génie de Sophocle.

Mais aujourd'hui que le peuple, n'étant plus à l'écart, a pris sa place dans notre gouvernement, comme le chœur dans la tragédie grecque ; que des spectacles terribles et réels nous ont occupés depuis quarante années, le mouvement communiqué à la société tend à se communiquer au théâtre. La tragédie classique, avec ses unités et ses décorations immobiles, paroît et doit paroître froide : de la froideur à l'ennui il n'y a qu'un pas. Par là s'explique, sans l'excuser, l'outré de la scène moderne, le *fac-simile* de tous les crimes, l'apparition des gibets et des bourreaux, la présence des assassinats, des viols, des incestes, la fantasmagorie des cimetières, des souterrains et des vieux châteaux.

Il n'existe ni un acteur pour jouer la tragédie classique, ni un public pour la goûter, l'entendre et la juger. L'ordre, le vrai, le beau, ne sont ni connus, ni sentis, ni appréciés. Notre esprit est si gâté par le laisser-aller et l'outrecuidance du siècle, que si l'on pouvoit faire renaître la société charmante des Lafayette et des Sévigné, ou la société des Geoffrin et des philosophes, elles nous paroîtroient insipides. Avant et après la civilisation, lorsqu'on n'a pas ou qu'on n'a plus le goût des jouissances intellectuelles, on cherche la représentation des objets sensibles : les peuples commencent et finissent par des gladiateurs et des marionnettes ; les enfants et les vieillards sont puérils et cruels.

CITATION DE SHAKESPEARE.

S'il me falloit choisir parmi les plus beaux ouvrages de Shakespeare, je serois bien embarrassé entre *Macbeth*, *Richard III*, *Roméo et Juliette*, *Othello*, *Jules César*, *Hamlet*; non que j'estime beaucoup dans la dernière pièce le monologue tant vanté, et pour cause, de l'école voltairienne : je me demande toujours comment le prince très-philosophe du Danemark pouvoit avoir les doutes qu'il manifeste sur l'autre vie : après avoir causé avec la « pauvre ombre », *poor ghost,* du roi son père, ne devoit-il pas savoir à quoi s'en tenir ?

Une des plus fortes scènes qui soient au théâtre est celle des trois reines dans *Richard III*, Marguerite, Élisabeth et la duchesse. Écoutez Marguerite retraçant ses adversités pour s'endurcir aux misères de sa rivale, et finissant par ces mots : « Tu usurpes ma place, et tu ne prendrois pas la part qui te revient de mes maux ? Adieu, femme d'York ! reine des tristes revers ! *Farewell, York's wife, and queen of sad mischance!* » C'est là du tragique, et du tragique au plus haut degré.

Je ne sais si jamais homme a jeté des regards plus profonds sur la nature humaine que Shakespeare.

TROISIÈME SCÈNE DU QUATRIÈME ACTE DE MACBETH.

MACDUFF.

Qui s'avance ici ?

MALCOLM.

C'est un Écossois, et cependant je ne le connois pas.

MACDUFF.

Cousin, soyez le bienvenu!

MALCOLM.

Je le reconnois à présent. Grand Dieu, renverse les obstacles qui nous rendent étrangers les uns aux autres!

ROSSE.

Puisse votre souhait s'accomplir!

MACDUFF.

L'Écosse est-elle toujours aussi malheureuse?

ROSSE.

Hélas! déplorable patrie! elle est presque effrayée de connoître ses propres maux. Ne l'appelons plus notre mère, mais notre tombe. On n'y voit plus sourire personne, hors l'enfant qui ignore ses malheurs. Les soupirs, les gémissements, les cris frappent les airs, et ne sont point remarqués. Le plus violent chagrin semble un mal ordinaire; quand la cloche de la mort sonne, on demande à peine pour qui.

MACDUFF.

Oh! récit trop véritable!

MALCOLM.

Quel est le dernier malheur?

ROSSE, *à Macduff.*

... Votre château est surpris; votre femme et vos enfants sont inhumainement massacrés...

MACDUFF.

Mes enfants aussi?

ROSSE.

Femmes, enfants, serviteurs, tout ce qu'on a trouvé.

MACDUFF.

Et ma femme aussi?

ROSSE.

Je vous l'ai dit.

MALCOLM.

Prenez courage; la vengeance offre un remède à vos maux. Courons, punissons le tyran.

MACDUFF.

Il n'a point d'enfants!

Ce dialogue rappelle celui de Flavian et de Curiace dans Corneille. Flavian vient annoncer à l'amant de Camille qu'il a été choisi pour combattre les Horaces.

CURIACE.

Albe de trois guerriers a-t-elle fait le choix?

FLAVIAN.

Je viens pour vous l'apprendre.

CURIACE.

Eh bien! qui sont les trois?

FLAVIAN.

Vos deux frères et vous.

CURIACE.

Qui?

FLAVIAN.

Vous et vos deux frères.

Les interrogations de *Macduff* et de *Curiace* sont des beautés du même ordre : *Mes enfants aussi?* — *Femmes, enfants.* — *Et ma femme aussi?* — *Je vous l'ai dit.* — EH BIEN! QUI SONT LES TROIS? — VOS DEUX FRÈRES ET VOUS. — QUI? — VOUS ET VOS DEUX FRÈRES. Mais le mot de Shakespeare : *Il n'a point d'enfants!* reste sans parallèle.

Le même homme qui a tracé ce tableau a soupiré la scène charmante des adieux de *Roméo et Juliette* : Roméo, condamné à l'exil, est surpris par le jour naissant chez Juliette, à laquelle il est marié secrètement :

> Will thou be gone? It is not yet near day :
> It was the nightingale, and not the lark
> That pierced the fearful hollow of thine ear, etc.

JULIETTE.

« Veux-tu déjà partir? Le jour ne paroît point encore : c'étoit le rossignol et non l'alouette dont la voix a frappé ton oreille alarmée : il chante toute la nuit sur cet oranger lointain. Crois-moi, mon jeune époux, c'étoit le rossignol.

ROMÉO.

C'étoit l'alouette qui annonce l'aurore, ce n'étoit pas le rossignol. Regarde, ô mon amour! regarde les traits de lumière qui pénètrent les nuages dans l'orient. Les flambeaux de la nuit s'éteignent, et le jour se lève sur le sommet vaporeux des montagnes. Il faut ou partir et vivre, ou rester et mourir.

JULIETTE.

La lumière que tu vois là-bas n'est pas celle du jour : c'est quelque météore qui te servira de flambeau et t'éclairera sur la route de Mantoue. Reste encore; il n'est pas encore nécessaire que tu me *quittes*.

ROMÉO.

Eh bien, que je sois arrêté! que je sois conduit à la mort! si tu le désires, je suis satisfait. Je dirai : « Cette blancheur lointaine n'est pas celle du matin; ce n'est que le pâle reflet de la lune; ce n'est pas l'alouette dont les chants retentissent si haut au-dessus de nos têtes, dans la voûte du ciel! » Ah! je crains moins de rester que de partir. Viens, ô mort! Mais que regardes-tu, ma bien-aimée? Parlons, parlons encore ensemble; il n'est pas encore jour!

JULIETTE.

Il est jour! il est jour! Fuis, pars, éloigne-toi! C'est l'alouette qui chante; je reconnois sa voix aiguë. Ah! dérobe-toi à la mort : la lumière croît de plus en plus. »

Ce contraste des charmes du matin et des derniers plaisirs des deux jeunes époux avec la catastrophe qui va suivre est bien touchant : le sentiment dramatique en est plus naïf encore que celui des pièces grecques, et moins pastoral que celui des tragi-comédies italiennes. Je ne connois qu'une scène indienne de quelque ressemblance lointaine avec la scène de *Roméo et Juliette;* encore n'est-ce que par la fraîcheur des images, la simplicité des regrets et des adieux, nullement par l'intérêt de la situation. *Sacontala,* prête à quitter le séjour paternel, se sent arrêtée par son voile.

SACONTALA.

« Qui saisit ainsi les plis de mon voile?

UN VIEILLARD.

C'est le chevreau que tu as tant de fois nourri des grains du synmaka. Il ne veut pas quitter les pas de sa bienfaitrice.

SACONTALA.

Pourquoi pleures-tu, tendre chevreau? Je suis forcée d'abandonner notre commune demeure. Lorsque tu perdis ta mère, peu de temps après ta naissance, je te pris sous ma garde. Retourne à ta crèche, pauvre jeune chevreau; il faut à présent nous séparer. »

La scène des adieux de Roméo et de Juliette n'est point indiquée dans *Bandello*, elle appartient à Shakespeare. *Bandello* raconte en peu de mots la séparation des deux amants.

A la fine cominciando l'aurora a voler uscire, si basciarono, estrettamente abbraciarono gli amanti, e pieni di lagrime e sospiri si dissero adio.

« Enfin, l'aurore commençant à paroître, les deux amants se baisèrent et s'embrassèrent étroitement, et, pleins de larmes et de soupirs, ils se dirent adieu. »

SUITE DES CITATIONS.

FEMMES.

Rapprochez lady Macbeth et Marguerite de Desdémone, d'Ophelia, de Miranda, de Cordelia, de Jessica, de Perdita, d'Imogène, et vous serez émerveillés de la souplesse du talent du poëte. Ces jeunes femmes ont une idéalité ravissante : le vieux roi Lear, aveugle, dit à sa fidèle Cordelia : « Quand tu me demanderas ma bénédiction, je me mettrai à genoux et je te demanderai pardon ; nous vivrons ainsi en priant et en chantant. »

Ophelia, bizarrement parée de brins de paille et de fleurs, prenant son frère pour Hamlet qu'elle aime et qui a tué son père, lui adresse ces paroles : « Voilà du romarin ; c'est pour la mémoire : je vous en prie, cher amour, souvenez-vous de moi. . . . . . Je vous donnerois bien des violettes, mais elles se sont toutes fanées quand mon père est mort. »

Dans *Hamlet*, dans cette tragédie des aliénés, dans ce *Bedlam royal*, où tout le monde est insensé et criminel, où la démence simulée se joint à la démence vraie, où le fou contrefait le fou, où les morts eux-mêmes fournissent à la scène la tête d'un *fou*; dans cet odéon des ombres, où l'on ne voit que des spectres, où l'on n'entend que des rêveries, que le *qui vive* des sentinelles, que le criaillement des oiseaux de nuit et le bruit de la mer, Gertrude raconte qu'Ophelia s'est noyée « Au bord du ruisseau croît un saule qui réfléchit son feuillage gris dans le cristal de l'onde. Elle fit avec ce feuillage de capricieuses guirlandes entrelacées de coquelicots, d'orties, de marguerites et de ces longues fleurs pourpres que nos simples bergers appellent d'un nom grossier, mais que nos froides vierges nomment des doigts de mort. Là, grimpant pour attacher aux rameaux pendants sa couronne d'herbes sauvages, une jalouse éclisse se rompt; Ophelia et son trophée rustique tombent dans le ruisseau en pleurs; ses robes s'étalent larges, et la soutiennent un moment semblable à une *mermaid*[1]. Pendant ce temps, elle chantoit des morceaux de vieilles ballades, comme une personne incapable de sentir son propre péril, ou comme une créature née et revêtue de l'élément qu'elle habite. Mais cela ne pouvoit durer; ses vêtements, appesantis par l'eau qu'ils avoient bue, entraînèrent la pauvre infortunée de ses lais mélodieux à une fangeuse mort : *From melodious lay to muddy death.* »

On apporte le corps d'Ophelia dans le cimetière. La coupable reine s'écrie : « Des parfums au parfum! adieu! *Sweets to sweet! Farewell!* » Elle répand des fleurs sur le corps de la jeune fille. « J'avois espéré que tu serois la femme de mon Hamlet; je pensois, aimable fille, que je semerois de fleurs ton lit nuptial et non ton cercueil. »

C'est un enchantement que tout cela.

Othello, au milieu de son délire, dit à Desdémone : « O toi, fleur des bois, qui es si belle et exhales un parfum si doux! ton approche enivre les sens!... je voudrois que tu ne fusses jamais née... »

Le Maure, prêt à tuer sa femme endormie, s'approche du lit : « Je veux respirer encore la rose sur sa tige... encore un baiser; encore un! Sois telle que tu es là quand tu seras morte, et je veux te tuer et je t'aimerai après. *I will kill thee, and love thee after.* »

Dans *Le Conte d'Hiver,* on retrouve la même grâce appliquée au bonheur. Perdita s'adressant à Florizel :

« Et vous, le plus beau de mes amis, je voudrois bien avoir quelques fleurs de printemps qui pussent aller avec votre jeunesse... Je suis dépourvue de toutes les fleurs dont je voudrois entrelacer les festons pour vous en couvrir tout entier, vous, mon doux ami. »

Florizel répond :

« Quand vous parlez, je voudrois vous entendre parler toujours; si vous chantez, je voudrois vous entendre chanter toujours; je voudrois vous voir donner l'aumône, prier, régler votre maison, tout faire en chantant. Lorsque vous dansez, je voudrois que vous fussiez une vague de la mer toujours mobile. »

Dans Cymbeline, Imogène est accusée d'infidélité par Posthumus :

---

1. Vierge de la mer, fée de mer, sirène.

« Infidèle à sa couche ! Qu'est-ce qu'être infidèle ? Est-ce d'y veiller et d'y penser à lui ; d'y pleurer au son de chaque heure ? »

A la caverne, Arviragus croit Imogène morte et la rapporte dans ses bras ; alors Guiderius : — « O le plus charmant, le plus beau des lis, mon frère ne te soutient pas la moitié si bien que tu te soutenois toi-même !

« — O Mélancolie ! dit Belarius, qui jamais a pu sonder ton sein, trouver la terre qui indique la côte accessible à ta barque languissante ? »

Imogène se jette au cou de Posthumus détrompé : « Reste, lui dit-il, ô mon âme ! suspendue là comme un fruit, jusqu'à ce que l'arbre meure. »

..... Hang there like fruit, my soul,
Till the tree die!

« Eh quoi ! s'écrie Cymbeline, Imogène, ma fille, n'as-tu rien à demander à ton père ? — Votre bénédiction, seigneur, » répond Imogène en tombant à ses pieds. *Your blessing, sir*.

Je ne considère ici que le style et je n'entre point dans la composition du drame ; je ne montre point ce qu'il y a de poignant dans l'égarement d'Ophelia, de résolution d'amour dans l'adolescente Juliette ; ce qu'il y a de nature, de passion et de frayeur dans Desdémone, quand Othello la réveille pour la tuer ; ce qu'il y a de pieux, de tendre et de généreux dans Imogène, bien qu'en tout cela le romanesque prenne la place du tragique et que le tableau tienne plus des sens que de l'âme.

MODÈLES CLASSIQUES.

Mais enfin pleine et entière justice étant rendue à des suavités de pinceau et d'harmonie, je dois dire que les ouvrages de l'ère romantique gagnent beaucoup à être cités par extraits : quelques pages fécondes sont précédées de beaucoup de feuillets arides. Lire Shakespeare jusqu'au bout sans passer une ligne, c'est remplir un pieux mais pénible devoir envers la gloire et la mort : des chants entiers de Dante sont une chronique rimée dont la diction ne rachète pas toujours l'ennui. Le mérite des monuments des siècles classiques est d'une nature contraire : il consiste dans la perfection de l'ensemble et la juste proportion des parties.

Force est encore de reconnoître une autre vérité : Shakespeare n'a qu'un type pour ses jeunes femmes, toutes si jeunes, qu'elles sont presque des enfants : sœurs jumelles, elles se ressemblent (à part la différence des caractères de *fille*, d'*amante*, d'*épouse*); elles ont le même sourire, le même regard, le même son de voix; si l'on effaçoit leurs noms, ou si l'on fermoit les yeux, on ne sauroit laquelle d'entre elles a parlé; leur langage est plus élégiaque que dramatique. Ces têtes charmantes d'éphèbes sont des croquis tels que ces dessins tracés par Raphael, lorsqu'il vouloit fixer la physionomie d'une figure céleste au moment où elle apparoissoit à son génie; il se promettoit de convertir ce trait en tableau. Shakespeare, obligé de s'en tenir à ses premiers crayons, n'a pas toujours eu le temps de peindre.

N'allons donc pas comparer les ombres ossianiques du théâtre anglais, ces victimes si tendres et cependant si hardies qui se laissent immoler comme de courageux agneaux; n'allons pas comparer ces Délie de Tibulle, ces Chariclée d'Héliodore, aux femmes de la scène grecque et françoise, soutenant à elles seules le poids d'une tragédie. Autres sont des situations isolées, des effets heureux d'un instant, des touches vives; autres des rôles écrits d'un bout à l'autre avec la même supériorité, des caractères fortement accusés, occupant leur vraie place dans le tableau. Les Desdémone, les Juliette, les Ophelia, les Perdita, les Cordelia, les Miranda, ne sont ni des Antigone, ni des Électre, ni des Iphigénie, ni des Phèdre, ni des Andromaque, ni des Chimène, ni des Roxane, ni des Monime, ni des Bérénice, ni des Esther, ni même des Zaïre et des Aménaïde. Quelques phrases d'une passion émue, plus ou moins bien rendues en prose poétique, ne sauroient l'emporter sur les mêmes sentiments exprimés dans le pur langage des dieux. Iphigénie dit à son père :

> Peut-être assez d'honneurs environnoient ma vie
> Pour ne pas souhaiter qu'elle me fût ravie,
> Ni qu'en me l'arrachant un sévère destin
> Si près de ma naissance en eût marqué la fin.
> Fille d'Agamemnon, c'est moi qui la première,
> Seigneur, vous appelai de ce doux nom de père.
> . . . .
> Hélas! avec plaisir je me faisois conter
> Tous les noms des pays que vous allez dompter;
> Et déjà d'Ilion présageant la conquête,
> D'un triomphe si beau je préparois la fête.

Monime dit à Phœdime :

> Si tu m'aimois, Phœdime, il falloit me pleurer
> Quand d'un titre funeste on me vint honorer,
> Et lorsque, m'arrachant du doux sein de la Grèce,

> Dans ce climat barbare on traîna ta maîtresse,
> Retourne maintenant chez ces peuples heureux;
> Et si mon nom encor s'est conservé chez eux,
> Dis-leur ce que tu vois, et de toute ma gloire,
> Phœdime, conte-leur la malheureuse histoire.

La romance du *saule* approche-t-elle de cette complainte exhalée du *doux sein de la Grèce?*

Voulez-vous des combats de l'âme pour les opposer à l'amour de Juliette et de Desdémone?

Pauline répond à Polyeucte, qui lui conseille de retourner à Sévère :

> Que t'ai-je fait, cruel, pour être ainsi traitée,
> Et pour me reprocher, au mépris de ma foi,
> Un amour si puissant que j'ai vaincu pour toi?
> . . . .
> Souffre que de toi-même elle obtienne ta vie,
> Pour vivre sous tes lois à jamais asservie.

Polyeucte est allé à la mort, *à la gloire;* Pauline dit à Félix :

> Mon époux, en mourant, m'a laissé ses lumières;
> Son sang, dont tes bourreaux viennent de me couvrir,
> M'a dessillé les yeux et me les vient d'ouvrir.
> Je vois, je sais, je crois, je suis désabusée,
> De ce bienheureux sang tu me vois baptisée;
> Je suis chrétienne! . . . .
> . . . .

Que cela est beau! quelle lutte de toutes les affections de la nature humaine, au milieu desquelles intervient la Divinité pour créer miraculeusement une passion nouvelle dans le cœur de Pauline, l'enthousiasme religieux! On sent qu'on habite des régions plus élevées que la terre où demeurent Desdémone et Juliette. Ce *je suis chrétienne* est une déclaration d'amour dans le ciel.

Et Chimène? Il faudroit citer le rôle entier. Corneille compose le caractère du Cid et de Chimène d'un mélange d'honneur, de piété filiale et d'amour.

> J'aimois, j'étois aimée, et nos pères d'accord;
> Et je vous en contois la première nouvelle
> Au malheureux moment que naissoit leur querelle.

La passion, l'entraînement, l'intérêt dramatique vont croissant et s'échauffant de scène en scène jusqu'à ce vers fameux :

> Sors vainqueur d'un combat dont Chimène est le prix!

lequel amène ce cri de bonheur, de courage, d'orgueil et de gloire :

> Paroissez, Navarrois, Maures et Castillans !

Que sont enfin toutes les filles de Shakespeare auprès d'Esther?

> Est-ce toi, chère Élise? O jour trois fois heureux!
> Que béni soit le Ciel qui te rend à mes vœux!
> Toi qui, de Benjamin comme moi descendue,
> Fus de mes premiers ans la compagne assidue,
> Et qui, d'un même joug souffrant l'oppression,
> M'aidois à soupirer les malheurs de Sion.
> . . . .
> On m'élevoit alors, solitaire et cachée,
> Sous les yeux vigilants du sage Mardochée.
> . . . .
> Du triste état des Juifs, jour et nuit agité,
> Il me tira du sein de mon obscurité,
> Et sur mes foibles mains fondant leur délivrance,
> Il me fit d'un empire accepter l'espérance.
> . . . .
> Cependant mon amour pour notre nation
> A rempli ce palais des filles de Sion,
> Jeunes et tendres fleurs par le sort agitées,
> Sous un ciel étranger comme moi transplantées.
> . . . .
> Aux pieds de l'Éternel je viens m'humilier
> Et goûter le plaisir de me faire oublier.
> Mais à tous les Persans je cache leurs familles
> Il faut les appeler. Venez, venez, mes filles,
> Compagnes autrefois de ma captivité,
> De l'antique Jacob jeune postérité.

S'il étoit des Huns, Hottentots, Hurons, Wendes, Wilzes et Welches insensibles à la pudeur, à la noblesse, à la mélodie de cet ineffable langage, qu'ils soient septante fois sept fois heureux du charme de leurs propres ouvrages! « J'ai cru, dit Racine dans sa préface d'*Esther*, que je pourrois remplir toute mon action avec les seules scènes que Dieu lui-même, pour ainsi dire, a préparées. » Racine avoit raison de le croire : lui seul avoit cette harpe de David consacrée aux scènes *préparées* de Dieu.

En jugeant avec impartialité dans leur ensemble les ouvrages étrangers et les nôtres (si toutefois on peut juger les ouvrages étrangers, ce dont je doute beaucoup), on trouveroit qu'égaux en force de pensée, nous l'emportons par l'ordre et la raison de la composition. Le génie enfante, le goût conserve. Le goût est le bon sens du génie; sans le goût, le génie n'est qu'une sublime folie. Ce toucher sûr, par qui la lyre ne rend que le son qu'elle doit rendre, est encore plus rare que la faculté qui crée. L'esprit et le génie diversement répartis, enfouis, latents, inconnus, *passent souvent parmi nous sans déballer*, comme dit Montesquieu : ils existent en même proportion dans tous les âges ; mais dans le cours de ces âges il n'y a que certaines nations, chez ces nations qu'un certain moment où le goût se montre dans sa pureté : avant ce moment, après ce moment, tout pèche par défaut ou par excès. Voilà pourquoi les ouvrages accomplis sont si rares ; car il faut qu'ils soient produits aux heureux jours de l'union du goût et du génie. Or, cette grande rencontre, comme celle de quelques astres, semble n'arriver qu'après la révolution de plusieurs siècles, et ne durer qu'un instant.

SIÈCLE DE SHAKESPEARE.

Le moment de l'apparition d'un grand génie doit être remarqué, afin d'expliquer plusieurs affinités de ce génie, de montrer ce qu'il a reçu du passé, puisé dans le présent, laissé à l'avenir. L'imagination fantasmagorique de notre époque, qui pétrit des personnages avec des nuées ; cette imagination maladive, dédaignant la réalité, s'est engendré un Shakespeare à sa façon : l'enfant du boucher de Stratford est un géant tombé de Pélion et d'Ossa au milieu d'une société sauvage, et dépassant cette société de cent coudées ; que sais-je? Shakespeare est, comme Dante, une comète solitaire qui traversa les constellations du vieux ciel, retourna aux pieds de Dieu, et lui dit comme le tonnerre : « Me voici. »

L'amphigouri et le roman n'ont point droit de cité dans le domaine des faits. Dante parut en un temps qu'on pourroit appeler de ténèbres ; la boussole conduisoit à peine le marin dans les eaux connues de la Méditerranée ; ni l'Amérique ni le passage aux Indes par le cap de Bonne-Espérance n'étoient trouvés ; la poudre à canon n'avoit point encore changé les armes, et l'imprimerie le monde ; la féodalité pesoit de tout le poids de sa nuit sur l'Europe asservie.

Mais lorsque la mère de Shakespeare accoucha d'un enfant obscur, en 1564, déjà s'étoient écoulés les deux tiers du fameux siècle de la Renaissance et de la Réformation, de ce siècle où les principales découvertes modernes étoient accomplies, le vrai système du monde trouvé, le ciel observé, le globe exploré, les sciences étudiées, les beaux-arts arrivés à une perfection qu'ils n'ont jamais atteinte depuis. Les grandes choses et les grands hommes se pressoient de toutes parts :

des familles alloient semer dans les bois de la Nouvelle-Angleterre les germes d'une indépendance fructueuse ; des provinces brisoient le joug de leurs oppresseurs et se plaçoient au rang des nations.

Sur les trônes, après Charles Quint, François 1er, Léon X, brilloient Sixte Quint, Élisabeth, Henri IV, don Sébastien, et ce Philippe qui n'étoit pas un tyran vulgaire.

Parmi les guerriers, on comptoit : don Juan d'Autriche, le duc d'Albe, les amiraux Veniero et Jean André Doria, le prince d'Orange, les deux Guise, Coligny, Biron, Lesdiguières, Montluc, La Noue.

Parmi les magistrats, les légistes, les ministres, les politiques : L'Hôpital, Harlay, Du Moulins, Cujas, Sully, Olivarez, Cécil, d'Ossàt.

Parmi les prélats, les sectaires, les savants, les érudits, les gens de lettres : saint Charles Borromée, saint François de Sales, Calvin, Théodore de Bèze, Buchanan, Tycho-Brahé, Galilée, Bacon, Cardan, Kepler, Ramus, Scaliger, Étienne, Manuce, Just Lipse, Vida, Baronius, Mariana, Amyot, Du Haillan, Montaigne, Bignon, De Thou, d'Aubigné, Brantôme, Marot, Ronsard et mille autres.

Parmi les artistes : Titien, Paul Véronèse, Annibal Carrache, Sansovino, Jules Romain, le Dominiquin, Palladio, Vignole, Jean Goujon, le Guide, Poussin, Rubens, Van Dyck, Velasquez : Michel-Ange avoit voulu attendre pour mourir l'année de la naissance de Shakespeare.

Loin d'être un chef de civilisation rayonnant au sein de la barbarie, Shakespeare, dernier-né du moyen âge, étoit un barbare se dressant dans les rangs de la civilisation en progrès, et la rentraînant au passé. Il ne fut point une étoile solitaire, il marcha de concert avec des astres dignes de son firmament, Camoëns, Tasse, Ercilla, Lope de Vega, Calderon, trois poëtes épiques et deux tragiques du premier ordre. Examinons tout cela en détail, et commençons d'abord par le matériel de la société.

Aux jours de Shakespeare, si la culture de l'esprit étoit poussée plus loin, en différentes branches, qu'elle ne l'est même de notre temps, la société matérielle s'étoit également raffinée. Sans parler de l'Italie, où les palais, chefs-d'œuvre des arts, étoient meublés d'autres chefs-d'œuvre ; de l'Italie, enrichie du commerce de Florence, de Gênes, de Venise, étincelante de ses manufactures d'étoffes de soie, d'or et de velours ; sans aller chercher une civilisation complète au delà des Alpes, restons dans la patrie du poëte ; nous y verrons les améliorations considérables dues à l'administration d'Élisabeth.

Érasme nous apprend que sous Henry VII et Henry VIII on pouvoit à peine respirer dans les appartements ; ils ne recevoient l'air et le jour qu'au travers de treillis extrêmement serrés ; les vitraux étoient réservés au fenestrage des châteaux et des églises. Chaque étage des maisons s'avançoit en saillie et abritoit l'étage au-dessous : portés ainsi sur deux lignes obliques et à redans, les toits se touchoient presque, et les rues, noires, se trouvoient quasi fermées par le haut. La plupart des habitations n'avoient point de cheminées ; le plain-pied des chambres consistoit en un mastic de terre recouvert de joncs ou d'une couche de sable, destinée à absorber les immondices des chats et des chiens. Érasme attribue les pestes, fréquentes alors en Angleterre, à la malpropreté des Anglois.

Chez les riches, l'ameublement se composoit de tapisseries d'Arras, de longues planches portées sur des tréteaux en guise de tables de réfectoire, d'un buffet, d'une chaise, de quelques bancs et de plusieurs escabelles. Les pauvres dormoient sur une claie ou sur une paillasse, ayant pour couverture une serpillière, pour traversin une bûche. Celui qui possédoit un matelas de laine et un oreiller rempli de son excitoit l'envie de ses voisins. Harrison déclare tenir ces détails de la bouche des vieillards, et il ajoute : « A présent (règne d'Élisabeth) les fermiers ont trois ou quatre lits de plume garnis de couvertures et de tapis, de tentures de soie ; leurs tables sont parées de linge blanc, leurs buffets garnis de vaisselle de terre, d'une salière d'argent, d'une timbale et d'une douzaine de cuillères du même métal. »

Les fermiers de notre France actuelle, si fière de sa civilisation, ne sont pas encore tous arrivés à une pareille aisance.

Shakespeare s'éleva sous la protection de cette reine qui envoyoit le matelot chercher au bout du monde la richesse du laboureur. Assez de paix et de gloire florissoit dans l'intérieur de l'Angleterre pour qu'un poëte chantât en sûreté, sans toutefois que la société manquât *au dedans* et *au dehors* de spectacles propres à remuer l'âme et à échauffer la pensée.

Au dedans, Élisabeth offroit en sa personne un caractère historique. Shakespeare avoit vingt-trois ans lorsque Marie Stuart fut décapitée. Né de parents catholiques, peut-être catholique lui-même, il ouït raconter sans doute à ses coreligionnaires qu'Élisabeth essaya de faire séduire sa captive par Rolstone, afin de la déshonorer, et que, profitant du massacre de la Saint-Barthélemy, elle fut tentée de livrer la reine d'Écosse au talion des Écossois protestants. Qui sait si la curiosité n'avoit pas attiré le jeune William de Stratford à Fotheringay, au moment de la catastrophe? Qui sait s'il n'avoit pas vu le lit, la chambre, les voûtes tendues de noir, le billot, la tête de Marie séparée du tronc et dans laquelle un premier coup de hache mal appliqué avoit enfoncé la coiffe et des cheveux blancs? Qui sait si ses regards ne s'étoient pas arrêtés sur l'élégant cadavre, objet de la curiosité et de la souillure du bourreau ?

Plus tard Élisabeth jeta une autre tête aux pieds de Shakespeare ; Mahomet II décapitoit un Icoglan pour faire poser la mort devant un peintre. Étrange composé d'homme et de femme, Élisabeth ne paroît avoir eu dans sa vie enveloppée d'un mystère qu'une passion et jamais d'amour : « La dernière maladie de cette reine, disent les mémoires du temps, procédoit d'une tristesse qu'elle a toujours tenue fort secrète ; elle n'a jamais voulu user de remèdes quelconques, comme si elle eût pris cette résolution de longue main de vouloir mourir, ennuyée de sa vie par quelque occasion secrète qu'on a voulu dire être la mort du comte d'Essex. »

Ce XVIe siècle, printemps de la civilisation nouvelle, germoit en Angleterre plus qu'ailleurs ; il développoit, en les éprouvant, les générations puissantes dont les entrailles portoient déjà la liberté, Cromwell et Milton. Élisabeth dînoit au son des tambours et des trompettes, tandis que son parlement faisoit des lois atroces contre les papistes, et que le joug d'une sanglante oppression s'appesantissoit sur la malheureuse Irlande. Les hautes œuvres de Tiburn se mêloient aux ballets des nymphes, les austérités des puritains aux fêtes de Kenilworth, les comédies aux sermons, les libelles aux cantiques, les critiques littéraires aux discussions philosophiques et aux controverses des sectes.

Un esprit d'aventures agitoit la nation comme à l'époque des guerres de la Palestine : des volontaires croisés protestants s'embarquoient pour aller combattre les *idolâtres*, c'est-à-dire les *catholiques* ; ils suivoient sur l'Océan sir Francis Drake, sir Walter Raleigh, ces Pierre l'Ermite des mers, amis du Christ, ennemis de la croix. Engagés dans la cause des libertés religieuses, les Anglois servoient quiconque cherchoit à s'affranchir ; ils versoient leur sang sous le panache blanc d'Henri IV, sous le drapeau jaune du prince d'Orange. Shakespeare assistoit à ce spectacle : il entendit gronder les orages protecteurs qui jetèrent les débris des vaisseaux espagnols sur les grèves de sa patrie délivrée.

Au dehors, le tableau ne favorisoit pas moins l'inspiration du poëte : en Écosse, l'ambition et les vices de Murray, le meurtre de Rizzio, Darnley étranglé et son corps lancé au loin, Bothwell épousant Marie dans la forteresse de Dunbar, obligé de fuir et devenant pirate en Norvège, Morton livré au supplice.

Dans les Pays-Bas, tous les malheurs inséparables de l'émancipation d'un peuple : un cardinal de Granvelle, un duc d'Albe, la fin tragique du comte d'Egmont et du comte de Horn.

En Espagne, la mort de don Carlos, Philippe II bâtissant le sombre Escurial, multipliant les autodafés, et disant à ses médecins : « Vous craignez de tirer quelques gouttes de sang à un homme qui en fait répandre des fleuves. »

En Italie, l'histoire de la Cenci renouvelée des anciennes *aventures* de Venise, de Vérone, de Milan, de Bologne, de Florence.

En Allemagne, le commencement de Wallenstein.

En France, la plus prochaine terre de la patrie de Shakespeare, que voyoit-il ?

Le tocsin de la Saint-Barthélemy sonna la huitième année de la vie de l'auteur de *Macbeth* : l'Angleterre retentit de ce massacre ; elle en publia des détails exagérés, s'ils pouvoient l'être. On imprima à Londres et à Édimbourg, on vendit dans les villes et dans les campagnes des relations capables d'ébranler l'imagination d'un enfant. On ne s'entretenoit que de l'accueil fait par Élisabeth à l'ambassadeur de Charles IX. « Le silence de la nuit régnoit dans toutes les pièces de l'appartement royal. Les dames et les courtisans étoient rangés en haie de chaque côté, tous en grand deuil, et quand l'ambassadeur passa au milieu d'eux, aucun ne jeta un regard de politesse, ni ne lui rendit son salut. » Marloe mit sur la scène *Le Massacre de Paris*, et Shakespeare à son début put s'y trouver chargé de quelque rôle.

Après le règne de Charles IX, vint celui d'Henri III, si fécond en catastrophes : Catherine de Médicis, les mignons, la journée des Barricades, l'égorgement des deux Guise à Blois, la mort d'Henri III à Saint-Cloud, les fureurs de la Ligue, l'assassinat d'Henri IV, varioient sans cesse les émotions d'un poëte qui vit se dérouler cette longue chaîne d'événements. Les soldats d'Élisabeth, le comte d'Essex lui-même, mêlés à nos guerres civiles, combattirent au Havre, à Ivry, à Rouen, à Amiens. Quelques vétérans de l'armée angloise pouvoient conter au foyer de William ce qu'ils avoient su de nos calamités et de nos champs de bataille.

C'étoit donc le génie même de son temps qui souffloit à Shakespeare son génie. Les drames innombrables joués autour de lui préparoient des sujets aux héritiers de son art : Charles IX, le duc de Guise, Marie Stuart, don Carlos, le comte d'Essex, devoient inspirer Schiller, Ottway, Alfieri, Campistron, Thomas Corneille, Chénier, Raynouard.

Shakespeare naquit entre la révolution religieuse commencée sous Henri VIII et la révolution politique prête à s'opérer sous Charles Ier. Tout étoit meurtre et catastrophe au-dessus de lui ; tout fut meurtre et catastrophe au-dessous.

Au règne d'Édouard VI : Sommerset, le protecteur du royaume et oncle du jeune roi, envoyé au supplice.

Au règne de Marie : les martyrs du protestantisme, Jane Gray décapitée, Philippe, l'exterminateur des protestants, débarquant en Angleterre, comme pour passer en revue et dévouer à la mort le camp ennemi.

Au règne d'Élisabeth : les martyrs du catholicisme, Élisabeth elle-même, marquée de l'onction sainte, selon le rit romain, et devenue la persécutrice de la foi qui lui posa la couronne sur la tête; Élisabeth, fille de cette Anne Boleyn, cause du schisme, sacrifiée après Thomas Morus, morte à demi-folle, priant, riant, comparant la petitesse de son cou à la largeur du coutelas de l'exécuteur.

Shakespeare, dans sa jeunesse, rencontra de vieux moines, chassés de leurs cloîtres, lesquels avoient vu Henri VIII, ses réformes, ses destructions de monastères, ses *fous*, ses épouses, ses maîtresses, ses bourreaux : lorsque le poëte quitta la vie, Charles Ier comptoit seize ans.

Ainsi, d'une main, Shakespeare avoit pu toucher les têtes blanchies que menaça le glaive de l'avant-dernier des Tudor; de l'autre, la tête brune du second des Stuarts, que peignit Van-Dyck, et que la hache des parlementaires devoit abattre. Appuyé sur ces fronts tragiques, le grand tragique s'enfonça dans la tombe; il remplit l'intervalle des jours où il vécut de ses spectres, de ses rois aveugles, de ses ambitieux punis, de ses femmes infortunées, afin de joindre par des fictions analogues les réalités du passé aux réalités de l'avenir.

POËTES ET ÉCRIVAINS CONTEMPORAINS DE SHAKESPEARE.

Jacques Ier gouverna entre l'épée qui l'avoit effrayé dans le ventre de sa mère et l'épée qui fit mourir, mais ne fit pas trembler son fils. Son règne sépara l'échafaud de Fotheringay de celui de White-Hall ; espace obscur où s'éteignirent Bacon et Shakespeare.

Ces deux illustres contemporains se rencontrèrent sur le même sol ; je vous ai nommé plus haut les étrangers leurs compagnons de gloire. La France, la moins bien partagée alors dans les lettres, ne nous offre qu'Amyot, de Thou, Ronsard et Montaigne; esprits d'un moindre vol, Hardy et Garnier balbutioient à peine les premiers accents de notre Melpomène. Toutefois, la mort de Rabelais n'avoit précédé que de quinze années la naissance de Shakespeare : le bouffon eût été de taille à se mesurer avec le tragique.

Celui-ci avoit déjà passé trente-un ans sur la terre ; quand l'infortuné Tasse et l'héroïque Ercilla la quittèrent, tous deux morts en 1595. Le poëte anglois fondoit le théâtre de sa nation, lorsque Lope de Vega établissoit la scène espagnole : mais Lope eut un rival dans Calderon. L'auteur du *Meilleur Alcade* étoit embarqué en qualité de volontaire sur l'invincible Armada, au moment où l'auteur de Falstaff calmoit les inquiétudes de *la belle Vestale assise sur le trône d'Occident.*

Le dramatiste castillan rappelle cette fameuse flotte dans la *Fuerza lastimosa* : « Les vents, dit-il, détruisirent la plus belle armée navale qu'on ait jamais vue. » Lope venoit l'épée au poing assaillir Shakespeare dans ses foyers, comme les ménestrels de Guillaume le Conquérant attaquèrent les Scaldes d'Harold. Lope a fait de la religion ce que Shakespeare a fait de l'histoire : les personnages du premier entonnent sur la scène le *Gloria Patri* entrecoupé de romances ; ceux du second chantent des ballades égayées des *lazzi* du fossoyeur.

Blessé à Lépante en 1570, esclave à Alger en 1575, racheté en 1581, Cervantes, qui commença dans une prison son inimitable comédie, n'osa la continuer que longtemps après, tant le chef-d'œuvre avoit été méconnu ! Cervantes mourut la même année et le même mois que Shakespeare : deux documents constatent la richesse des deux auteurs.

William Shakespeare, par son testament, lègue à sa femme le second de ses lits après le meilleur ; il donne à deux de ses camarades de théâtre trente-deux shellings pour acheter une bague ; il institue sa fille aînée, Suzanne, sa légataire universelle ; il fait quelques petits cadeaux à sa seconde fille, Judith, laquelle signoit une croix au bas des actes, déclarant ne savoir écrire.

Michel Cervantes reconnoît, par un billet, qu'il a reçu en dot de sa femme, Catherine Salazor y Palacios, un dévidoir, un poêlon de fer, trois broches, une pelle, une râpe, une vergette, six boisseaux de farine, cinq livres de cire, deux petits escabeaux, une table à quatre pieds, un matelas garni de sa laine, un chandelier de cuivre, deux draps de lit, deux enfant-Jésus avec leurs petites robes et leurs chemises, quarante-quatre poules et poulets avec un coq. Il n'y a pas aujourd'hui si mince écrivain qui ne crie à l'injustice des hommes, à leur mépris pour les talents, s'il n'est gorgé de pensions dont la centième partie auroit fait la fortune de Cervantes et de Shakespeare. Le peintre du fou du roi Lear alla donc, en 1616, chercher un monde plus sage, avec le peintre de Don Quichotte ; dignes compagnons de voyage.

Corneille étoit venu pour les remplacer dans cette famille cosmopolite de grands hommes dont les fils naissent chez tous les peuples, comme à Rome les Brutus succédoient aux Brutus, les Scipion aux Scipion. Le chantre du *Cid*, enfant de six ans, vit les derniers jours du chantre d'*Othello*, comme Michel-Ange remit sa palette, son ciseau, son équerre et sa lyre à la mort l'année même où Shakespeare, le cothurne au pied, le masque à la main, entra dans la vie, comme le poëte mourant de la Lusitanie salua les premiers soleils du poëte d'Albion. Lorsque le jeune boucher de Stratford, armé du couteau, adressoit, avant de les égorger, une harangue à ses victimes, les brebis et les génisses, Comoëns faisoit entendre au tombeau d'Inès, sur les bords du Tage, les accents du cygne :

« Depuis tant d'années que je vous vois chantant, ô nymphes du Tage, ô vous, Lusitaniens ! la fortune me traîne errant à travers les malheurs et les périls, tantôt sur la mer, tantôt au milieu des combats. . . . . , tantôt dégradé par une honteuse indigence, sans autre asile qu'un hôpital. . . . . . . Il ne suffisoit pas que je fusse voué à tant de misères, il falloit encore qu'elles me vinssent de ceux-là même que j'ai chantés. . . . . . Poëtes ! vous donnez la gloire; en voilà le prix. . . . .

. . . .

Vao os annos descendo, e ja do estio
Ha pouco que passar até o outono, etc.

Mes années vont déclinant; avant peu j'aurai passé de l'été à l'automne. Les chagrins m'entraînent au rivage du noir repos et de l'éternel sommeil. »

Faut-il donc que chez toutes les nations et dans tous les siècles les plus grands génies arrivent à ces dernières paroles du Camoëns !

Milton, âgé de huit ans quand Shakespeare mourut, s'éleva comme à l'ombre du tombeau de ce grand homme; Milton se plaint aussi d'être venu dans de mauvais jours, un siècle trop tard. Il craint que *la froideur du climat ou des ans n'ait engourdi ses ailes humiliées*;

. . . .

cold climat, or years damp, my intended wing deprest. . . . .

Il a cette frayeur au moment même où il écrit le neuvième livre du *Paradis perdu*, qui renferme la séduction d'Ève et les scènes les plus pathétiques entre Ève et Adam !

Ces hommes divins, prédécesseurs ou contemporains de Shakespeare, ont quelque chose en eux qui participe de la beauté de leur patrie : Dante étoit un citoyen illustre et un guerrier vaillant; le Tasse eût été bien placé dans la troupe brillante qui suivoit Renaud; Lope et

Caldéron portèrent les armes; Ercilla est à la fois l'Homère et l'Achille de son épopée; Cervantes et le Camoëns montroient les cicatrices glorieuses de leur courage et de leur infortune. Le style de ces poëtes soldats a souvent l'élévation de leur existence : il auroit fallu à Shakespeare une autre carrière; il est passionné dans ses compositions, rarement noble : la dignité manque quelquefois à son style, comme elle manque à sa vie.

VIE DE SHAKESPEARE.

Et quelle a été cette vie? Qu'en sait-on? peu de chose. Celui qui l'a portée l'a cachée, et ne s'est soucié ni de ses travaux ni de ses jours.

Si l'on étudie les sentiments intimes de Shakespeare dans ses ouvrages, le peintre de tant de noirs tableaux sembleroit avoir été un homme léger, rapportant tout à sa propre existence : il est vrai qu'il trouvoit assez d'occupation dans une aussi grande vie intérieure. Le père du poëte, probablement catholique, d'abord chef bailli et alderman à Stratford, étoit devenu marchand de laine et boucher. William, fils aîné d'une famille de dix enfants, exerça le métier de son père. Je vous ai dit que le dépositaire du poignard de Melpomène saigna des veaux avant de tuer des tyrans, et qu'il adressoit des harangues pathétiques aux spectateurs de l'injuste mort de ces innocentes bêtes. Shakespeare dans sa jeunesse livra, sous un pommier resté célèbre, des assauts de cruchons de bière aux trinqueurs de Bidford. A dix-huit ans il épousa la fille d'un cultivateur, Anna Hathway, plus âgée que lui de sept années. Il en eut une première fille, et puis deux jumeaux, un fils et une fille. Cette fécondité ne le fixa et ne le toucha guère; il oublia si bien et si vite Mme Anna, qu'il ne s'en souvint que pour lui laisser, par *interligne*, dans son testament mentionné plus haut, *le second de ses lits après le meilleur*.

Une aventure de braconnier le chassa de son village. Appréhendé au corps dans le parc de sir Thomas Lucy, il comparut devant l'offensé, et se vengea de lui en placardant à sa porte une ballade satirique. La rancune de Shakespeare dura; car de sir Thomas Lucy il fit le bailli Shallow, dans la *seconde partie de Henri VI*, et l'accabla des bouffonneries de Falstaff. La colère de sir Thomas ayant obligé Shakespeare de quitter Stratford, il alla chercher fortune à Londres.

La misère l'y suivit. Réduit à garder les chevaux des gentlemen à la porte des théâtres, il disciplina une troupe d'intelligents serviteurs, qui prirent le nom de *garçons de Shakespeare* (Shakespeare's boys).

De la porte des théâtres se glissant dans la coulisse, il y remplit la fonction de *call boy* (garçon appeleur). Green, son parent, acteur à Black-Friars, le poussa de la coulisse sur la scène, et d'acteur il devint auteur. On publia contre lui des critiques et des pamphlets, auxquels il ne répondit pas un mot. Il remplissoit le rôle de *frère Laurence* dans *Roméo et Juliette,* et jouoit celui du *spectre* dans *Hamlet* d'une manière effrayante. On sait qu'il joutoit d'esprit avec Ben Johnson au club de la Sirène, fondé par sir Walter Raleigh. Le reste de sa carrière théâtrale est ignoré ; ses pas ne sont plus marqués dans cette carrière que par des chefs-d'œuvre qui tomboient deux ou trois fois l'an de son génie, *bis pomis utilis arbos,* et dont il ne prenoit aucun souci. Il n'attachoit pas même son nom à ces chefs-d'œuvre, tandis qu'il laissoit écrire ce grand nom au catalogue de comédiens oubliés, *entre-parleurs* (comme on disoit alors) dans des pièces encore plus oubliées. Il ne s'est donné la peine ni de recueillir ni d'imprimer ses drames : la postérité, qui ne lui vint jamais en mémoire, les exhuma des vieux répertoires, comme on déterre les débris d'une statue de Phidias parmi les obscures images des athlètes d'Olympie.

Dante se joint sans façon au groupe des grands poëtes : *Vidi quattro grand ombre a moi venire;* le Tasse parle de son immortalité ; ainsi des autres. Shakespeare ne dit rien de sa personne, de sa famille, de sa femme, de son fils (mort à l'âge de douze ans), de ses deux filles, de son pays, de ses ouvrages, de sa gloire ; soit qu'il n'eût pas la conscience de son génie, soit qu'il en eût le dédain, il paroît n'avoir pas cru au souvenir : « Ah ! ciel, s'écrie Hamlet, mort depuis deux mois et pas encore oublié ! On peut espérer alors que la mémoire d'un grand homme lui survivra six mois ; mais, par Notre-Dame, il faudra pour cela qu'il ait bâti des églises ; autrement, qu'il se résigne à ce qu'on ne pense plus à lui. »

Shakespeare quitta brusquement le théâtre à cinquante ans, dans la plénitude de ses succès et de son génie. Sans chercher des causes extraordinaires à cette retraite, il est probable que l'insouciant acteur descendit de la scène aussitôt qu'il eut acquis une petite indépendance. On s'obstine à juger le caractère d'un homme par la nature de son talent, et réciproquement la nature de ce talent par le caractère de l'homme ; mais l'homme et le talent sont quelquefois très-disparates sans cesser d'être homogènes. Quel est le véritable homme de Shakespeare le tragique ou de Shakespeare le joyeux vivant ? Tous les deux sont vrais ; ils se lient ensemble au moyen des mystérieux rapports de la nature.

Lord Southampton fut l'ami de Shakespeare, et l'on ne voit pas qu'il ait rien fait de considérable pour lui. Élisabeth et Jacques Ier protégèrent l'acteur, et apparemment le méprisèrent. De retour à ses foyers, il planta le premier mûrier qu'on ait vu dans le canton de Stratford. Il mourut en 1616, à Newplace, sa maison des champs. Né le 23 avril 1564, ce même jour, 23 avril, qui l'avoit amené devant les hommes le vint chercher, en 1616, pour le conduire devant Dieu. Enterré sous une dalle de l'église de Stratford, il eut une statue assise dans une niche comme un saint, peinte en noir et en écarlate, repeinte par le grand-père de mistress Siddon, et rebarbouillée de plâtre par Malone. Une crevasse se forma, il y a plusieurs années, dans le sépulcre ; le marguillier de surveillance ne découvrit ni ossements ni cercueil ; il aperçut de la poussière, et l'on a dit que c'étoit quelque chose que d'avoir vu la poussière de Shakespeare. Le poëte, dans une épitaphe, défendoit de toucher à ses cendres : ami du repos, du silence et de l'obscurité, il se mettoit en garde contre le mouvement, le bruit et l'éclat de son avenir. Voici donc toute la vie et toute la mort de cet immortel : une maison dans un hameau, un mûrier, la lanterne avec laquelle l'auteur-acteur jouoit le rôle de *frère Laurence* dans *Roméo et Juliette,* une grossière effigie villageoise, une tombe entr'ouverte.

Castrell, ministre protestant, acheta la maison de Newplace ; l'ecclésiastique bourru, importuné du pèlerinage des dévots à la mémoire du grand homme, abattit le mûrier ; plus tard il fit raser la maison, dont il vendit les matériaux. En 1740, des Angloises élevèrent à Shakespeare dans Westminster un monument de marbre ; elles honorèrent ainsi le poëte qui tant aima les femmes, et qui avoit dit dans *Cymbéline :* « L'Angleterre est un nid de cygnes au milieu d'un vaste étang. »

Shakespeare étoit-il boiteux comme lord Byron, Walter Scott et les Prières, filles de Jupiter? Les libelles publiés contre lui de son vivant ne lui reprochent pas un défaut si apparent à la scène. *Lame* se disoit d'une main comme d'un pied : *lame of one hand. Lame* signifie, en général, *imparfait, défectueux,* et se prend dans le même sens au figuré. Quoi qu'il en soit, le *boy* de Stratford, loin d'être honteux de son infirmité comme Childe-Harold, ne craint pas de la rappeler à l'une de ses maîtresses :

. . . . . lame by fortune's dearest spite.

« Boiteux par la moquerie la plus chère de la fortune. »

Shakespeare auroit eu beaucoup d'amours si l'on en comptoit une par sonnet : total, cent cinquante-quatre. Sir William Davenant se vantoit d'être le fils d'une belle hôtelière, amie de Shakespeare, laquelle tenoit l'auberge de *la Couronne* à Oxford. Le poëte se traite assez mal dans ses petites odes, et dit des vérités désagréables aux objets de son culte. Il se reproche à lui-même quelque chose ; gémit-il mystérieusement de ses mœurs, ou se plaint-il du peu d'honneur de sa vie ? C'est ce qu'on ne peut démêler. « Mon nom a reçu une flétrissure, *my name receives a brand*. Ayez pitié de moi, et souhaitez que je sois renouvelé, tandis que, comme un patient volontaire, je boirai un antidote d'Eysell contre ma forte corruption. . . . . Je ne puis toujours t'avouer, de peur que ma faute déplorée ne te fasse honte. Et toi, tu ne peux m'honorer d'une faveur publique sans ravir l'honneur à ton nom, *unless thou take that honour from thy name.* »

Des commentateurs se sont figuré que Shakespeare rendoit hommage à la reine Élisabeth ou à lord Southampton transformé symboliquement en une maîtresse. Rien de plus commun au xve siècle que ce mysticisme de sentiment et cet abus de l'allégorie : Hamlet parle d'Yorick comme d'une femme, quand les fossoyeurs retrouvent sa tête : « Hélas ! pauvre Yorick ! je l'ai connu, Horatio : c'étoit un compagnon joyeux et d'une imagination exquise. . . . . Là étoient attachées ces lèvres que j'ai baisées je ne sais combien de fois ! *That I have kiss'd, I know not how oft.* » Au temps de Shakspeare l'usage de s'embrasser sur la joue étoit inconnu : Hamlet dit à Yorick ce que Marguerite d'Écosse disoit à Alain Chartier.

Quoi qu'il en soit, beaucoup de sonnets sont visiblement adressés à des femmes. Des jeux d'esprit gâtent ces effusions érotiques ; mais leur harmonie avoit fait surnommer l'auteur *le poëte à la langue de miel*. Depuis Catulle il est question chez les nourrissons des muses d'une rose qu'il se faut hâter d'enlever à sa tige avant qu'elle soit effeuillée : Shakespeare parle plus clair ; il invite son amie à renaître dans une belle petite fille, laquelle renaîtra à son tour dans une autre belle petite fille, et ainsi de suite ; moyen sûr pour que la rose, toujours cueillie, ne soit jamais fanée.

Le créateur de Desdémone et de Juliette vieillissoit sans cesser d'être amoureux. La femme inconnue à laquelle il s'adresse en vers charmants étoit-elle fière et heureuse d'être l'objet des sonnets de Shakespeare ? On peut en douter : la gloire est pour un vieil homme ce que sont les diamants pour une vieille femme : ils la parent et ne peuvent l'embellir.

My love is strengthen'd, though more weak in seeming, etc.

« Mon amour est augmenté, quoique plus foible en apparence ; . . . . . notre amour nouveau n'étoit encore qu'au printemps quand j'avois accoutumé de le saluer de mes vers ; ainsi Philomèle chante au commencement de l'été, et retient ses soupirs à mesure que les jours mûrissent ; non que l'été soit maintenant moins doux qu'il étoit quand les hymnes mélancoliques du rossignol *silencioient* la nuit ! Mais une musique du désert s'élève à présent de chaque rameau, et les choses agréables, devenues communes, perdent leurs plus chères délices. Comme l'oiseau, je me tais quelquefois pour ne pas vous fatiguer de mes chansons. »

> That time of year thou may'st in me behold
> When yellow leaves, or none, or few, do hang, etc.

« Tu peux voir en moi ce temps de l'année où quelques feuilles jaunies pendent aux rameaux qui tremblent à la bise, voûtes en ruine et dépouillées, où naguère les petits oiseaux gazouilloient.. . . . . Tu vois en moi le rayon d'un feu qui s'éteint sur les cendres de sa jeunesse, comme sur un lit de mort où il expire, consumé par ce qui le nourrissoit. Ces choses que tu vois doivent rendre ton amour plus empressé d'aimer un bien que si tôt tu vas perdre.

> No longer mourn for me when I am dead,
> Than you shall hear the surly sullen bell, etc.

« Ne pleurez pas longtemps pour moi, quand je serai mort : vous entendrez la triste cloche, suspendue haut, annoncer au monde que j'ai fui ce monde vil, pour habiter avec les vers plus vils encore. Si vous lisez ces mots, ne vous rappelez pas la main qui les a tracés ; je vous aime tant que je veux être oublié dans vos doux souvenirs si en pensant à moi vous pouviez être malheureuse. Oh ! si vous jetez un regard sur ces lignes quand peut-être je ne serai plus qu'une masse d'argile, ne redites pas même mon pauvre nom, et laissez votre amour se faner avec ma vie. »

Il y a plus de poésie, d'imagination, de mélancolie dans ces vers que de sensibilité, de passion et de profondeur. Shakespeare aime, mais il ne croit pas plus à l'amour qu'il ne croyoit à autre chose : une femme pour lui est un oiseau, une brise, une fleur ; chose qui charme et passe. Par l'insouciance ou l'ignorance de sa renommée, par son état, qui le jetoit à l'écart de la société, en dehors des conditions où il ne pouvoit atteindre, il semble avoir pris la vie comme une heure légère et désoccupée, comme un loisir rapide et doux.

Les poëtes aiment mieux la liberté et la muse que leur maîtresse ; le pape offrit à Pétrarque de le séculariser, afin qu'il pût épouser Laure. Pétrarque répondit à l'obligeante proposition de Sa Sainteté : « J'ai encore bien des sonnets à faire. »

Shakespeare, cet esprit si tragique, tira son sérieux de sa moquerie, de son dédain de lui-même et de l'espèce humaine : il doutoit de tout. *Perhaps* est un mot qui lui revient sans cesse. Montaigne, de l'autre côté de la mer, répétoit : « Peut-être. Que sais-je ? »

SHAKESPEARE AU NOMBRE DES CINQ OU SIX GRANDS GÉNIES DOMINATEURS.

Pour conclure,

Shakespeare est au nombre des cinq ou six écrivains qui ont suffi aux besoins et à l'aliment de la pensée : ces génies mères semblent avoir enfanté et allaité tous les autres. Homère a fécondé l'antiquité ; Eschyle, Sophocle, Euripide, Aristophane, Horace, Virgile sont ses fils. Dante a engendré l'Italie moderne, depuis Pétrarque jusqu'au Tasse. Rabelais a créé les lettres françoises ; Montaigne, La Fontaine, Molière viennent de sa descendance. L'Angleterre est toute Shakespeare, et, jusque dans ces derniers temps, il a prêté sa langue à Byron, son dialogue à Walter Scott.

On renie souvent ces maîtres suprêmes ; on se révolte contre eux ; on compte leurs défauts ; on les accuse d'ennui, de longueur, de bizarrerie, de mauvais goût, en les volant et en se parant de leurs dépouilles ; mais on se débat en vain sous leur joug. Tout se teint de leurs couleurs ; partout s'impriment leurs traces : ils inventent des mots et des noms qui vont grossir le vocabulaire général des peuples ; leurs dires et leurs expressions deviennent proverbes, leurs personnages fictifs se changent en personnages réels, lesquels ont hoirs et lignée. Ils ouvrent des horizons d'où jaillissent des faisceaux de lumière ; ils sèment des idées, germes de mille autres ; ils fournissent des imaginations, des sujets, des styles à tous les arts : leurs œuvres sont des mines inépuisables ou les entrailles mêmes de l'esprit humain.

De tels génies occupent le premier rang ; leur immensité, leur variété, leur fécondité, leur originalité les font reconnoître tout d'abord pour lois, exemplaires, moules, types des diverses intelligences, comme il y a quatre ou cinq races d'hommes, dont les autres ne sont que des nuances ou des rameaux. Donnons-nous garde d'insulter aux désordres dans lesquels tombent quelquefois ces êtres puissants; n'imitons pas Cham le maudit; ne rions pas si nous rencontrons nu et endormi, à l'ombre de l'arche échouée sur les montagnes d'Arménie, l'unique et solitaire nautonnier de l'abîme. Respectons ce navigateur diluvien qui recommença la création après l'épuisement des cataractes du ciel : pieux enfants bénis de notre père, couvrons-le pudiquement de notre manteau.

Shakespeare, de son vivant, n'a jamais pensé à vivre après sa vie : que lui importe aujourd'hui mon cantique d'admiration? En admettant toutes les suppositions, en raisonnant d'après les vérités ou les erreurs dont l'esprit humain est pénétré ou imbu, que fait à Shakespeare une renommée dont le bruit ne peut monter jusqu'à lui? Chrétien, au milieu des félicités éternelles s'occupe-t-il du néant du monde? Déiste, dégagé des ombres de la matière, perdu dans les splendeurs de Dieu, abaisse-t-il un regard sur le grain de sable où il a passé? Athée, il dort de ce sommeil sans souffle et sans réveil qu'on appelle la mort. Rien donc de plus vain que la gloire au delà du tombeau, à moins qu'elle n'ait fait vivre l'amitié, qu'elle n'ait été utile à la vertu, secourable au malheur, et qu'il ne nous soit donné de jouir dans le ciel d'une idée consolante, généreuse, libératrice, laissée par nous sur la terre

TROISIÈME PARTIE.

LITTÉRATURE SOUS LES DEUX PREMIERS STUARTS ET PENDANT LA RÉPUBLIQUE.

CE QUE L'ANGLETERRE DOIT AUX STUARTS.

A ce nom des Stuarts, l'idée d'une longue tragédie vient à l'esprit. On se demande si Shakespeare n'auroit pas dû naître à leur époque : Non. Shakespeare, enveloppé dans le mouvement révolutionnaire, n'eût pas eu assez de loisir pour développer les diverses parties de son génie : peut-être même, devenu homme politique, n'eût-il rien produit ; les faits auroient dévoré sa vie.

La Grande-Bretagne doit à la race des Stuarts deux choses inappréciables pour une nation : la force et la liberté. Jacques Ier en apportant la couronne d'Écosse à l'Angleterre réunit les peuples de l'île en un seul corps, et fit disparoître du sol la guerre étrangère. L'Écosse avoit des alliances continentales ; presque toutes les fois que des hostilités éclatoient entre la France et l'Angleterre, l'Écosse faisoit une puissante diversion en faveur de la première. Si l'Écosse n'eût pas été réunie en 1792 à l'Angleterre, celle-ci n'auroit pu soutenir la longue guerre de la révolution.

Quant à la liberté angloise, les Stuarts la fixèrent en la combattant : Charles Ier la paya de sa tête, Jacques II de sa race.

JACQUES Ier. BASILICON DORON.

A l'époque où l'on existe on tient compte des médiocrités, par la raison que les médiocrités sont hargneuses, intrigantes, envieuses, et que du commun des choses et des hommes se compose le train du monde ; mais lorsqu'il s'agit du passé, rien n'oblige à ressusciter le troupeau vulgaire qui, désabusé sur lui-même par la bonne foi de la mort, seroit stupéfait de revivre et incapable de se tenir debout. Quelques personnages demeurent sur la vieille toile du temps quand le reste du tableau est effacé ; c'est d'eux qu'il se faut uniquement occuper : il suffit de nommer les individus secondaires, en ne s'arrêtant qu'aux grandes figures qui, à de longs intervalles, succèdent aux grandes figures. Cependant, il est essentiel de noter, chemin faisant, les révolutions survenues dans le fond ou dans la forme de la pensée humaine. Je dis *essentiel* pour parler comme les importants et les doctes, car, hors la religion et ses vertus, qui seules peuvent produire la liberté, est-il quelque chose d'*essentiel* dans ce monde ?

Le premier des quatre Stuarts qui monta sur le trône d'Angleterre a laissé des ouvrages plus estimés que sa mémoire ; je le nomme : il faut mentionner les rois qui peuvent écrire sur l'*Apocalypse, la vraie loi des monarchies libres*, et le Don Royal, *Basilicon Doron*. Si Jacques Ier ne se fût pas donné tant de peine afin d'établir le *droit divin* et conquérir le titre de *Majesté sacrée*, on n'auroit peut-être pas eu l'occasion de faire passer son malheureux fils pour l'auteur de l'*Icon Basiliké*.

Toutefois le *Don Royal*, Basilicon Doron, mérite un examen particulier : il contient des choses historiques intéressantes, et fait voir Jacques Ier sous un nouveau jour.

Le *Don* ou le *Présent Royal* est dédié à Henri, fils aîné de Jacques. Le roi, dans une épître au jeune prince, lui dit d'abord (je me sers d'une vieille traduction françoise, fidèle et naïve) : « Et afin que cette instruction soulage votre mémoire, je l'ai divisée en trois parties. La première vous dira votre devoir envers Dieu comme chrétien, la seconde votre devoir envers votre peuple comme roi, et la dernière vous enseignera comment vous avez à vous porter ès choses communes et ordinaires de notre vie, lesquelles de soi ne sont ni bonnes ni mauvaises, sinon en tant que l'on en use bien ou mal, et qui serviront toutefois à augmenter votre réputation et autorité, si vous en usez bien. »

Le roi s'adresse ensuite au lecteur :

« Or, parmi mes plus secrètes actions, lesquelles, outre mon attente, sont venues à la connoissance du public, il en est ainsi arrivé à mon écrit auquel je donnai le titre de *Don Royal*, parce que je l'adressois à mon fils aîné, destiné de Dieu, comme je crois, pour seoir un jour sur mon trône après moi.

« Pour tenir cet écrit plus caché, j'avois pris serment du libraire de n'en imprimer que sept copies pour les distribuer et faire garder secrètement par sept de mes plus confidents serviteurs, afin que si par le temps, qui perd et consume toutes choses, les unes étoient perdues, il en restât encore quelqu'une après ma mort, pour servir de gage à mon fils de la sincérité de mon affection envers lui, même du soin que j'ai eu de son éducation.

« Mais puisque, contre mon dessein, cet écrit est publié partout et ensuite sujet à la censure de tous (car chacun en jugera selon son humeur et sa passion), je suis maintenant contraint d'en permettre l'impression. »

La première partie de l'ouvrage, *Devoirs d'un roi chrétien envers Dieu,* renferme des choses bonnes, mais communes; on n'y trouve guère de remarquable que ce passage :

« J'ai nommé la conscience gardienne de la religion. C'est un œil que Dieu a mis dans l'homme toujours veillant sur toutes les actions de sa vie, pour lui donner joie et contentement du bien qu'il a fait, et un vif ressentiment au contraire quand il a mal fait. Car comme la conscience sert aux méchants de torture et de bourreau, aussi est-elle pour consolation aux gens de bien. N'est-ce pas un avantage grand d'avoir chez nous, et avec nous, pendant notre vie, le registre de tous les péchés desquels nous sommes accusés ou à l'heure de la mort, ou bien au jour du jugement?

« Gardez donc votre conscience nette, même de deux taches et imperfections auxquelles les hommes sont sujets pour la plupart, ou de stupidité qui engendre l'athéisme, ou de superstition, mère des hérésies. Par la première, j'entends une âme infectée de lèpre, une conscience cautérisée, devenue sans sentiment de son mal, et endormie dans son péché. Par la superstition, j'entends ceux qui se lient eux-mêmes à une autre règle et forme de servir Dieu, que celle qui est ordonnée en sa parole. »

La seconde partie du Présent Royal : *Devoirs d'un roi en sa charge,* s'ouvre par ce bel exorde :

« Comme vous portez ces deux qualités de chrétien et de roi, aussi faut-il que vous mettiez peine à vous en bien acquitter, afin que vous soyez et bon chrétien et bon roi tout ensemble, gardant justice et équité en votre administration, ce qui se fera par deux moyens : l'un à établir de bonnes lois et les faire bien observer, car l'un sans l'autre ne sert de rien, puisque l'observation de la loi est la vie de la loi; l'autre, que par vos mœurs et votre vie vous soyez en bon exemple à vos sujets, car naturellement le peuple forme ses mœurs au moule de son prince : même les lois n'ont tant de pouvoir et d'effet sur les hommes que la vie et l'exemple de ceux qui leur commandent. »

Jacques semble être un prophète de famille quand il écrit ces paragraphes sur la mort d'un bon roi et sur celle d'un tyran :

« Pour le premier, considérez la différence qu'il y a entre le roi légitime et le tyran ; et par ce moyen, vous entendrez beaucoup mieux quel est votre devoir, car les contraires mis à l'opposite l'un de l'autre se font mieux voir et discerner. L'un sait qu'il est ordonné pour son peuple, et que Dieu lui en a commis la charge et le gouvernement, duquel il est comptable : l'autre croit que le peuple est fait pour lui, afin de s'en servir pour ses passions et ses appétits déréglés; en un mot, que son peuple est sa proie, sa tyrannie le fruit de sa domination.

« Et ores qu'il y en ait que la déloyauté des sujets fait mourir avant le temps (ce qui arrive rarement), si est-ce que leur réputation vit après eux; et la déloyauté de ces traîtres est toujours suivie de sa punition en leurs corps, biens et renommée ; car l'infamie en reste même à leur postérité. Mais, quant au tyran, sa méchante vie arme et anime enfin ses sujets à devenir ses bourreaux. Et bien que la révolte ne soit jamais loisible de leur part, si est-on si las et rebuté de ses déportements que sa chute n'est guère regrettée par la plupart de son peuple, moins par ses voisins. Et, outre la mémoire honteuse qu'il laisse au monde après soi, et les peines éternelles qui l'attendent en l'autre, il arrive souvent que les auteurs de cet assassinat demeurent impunis, et le fait ratifié par les lois, approuvé par la postérité. Il vous est donc fort facile, mon fils, de choisir de ces deux façons de vivre la meilleure; et, élisant plutôt le chemin de la vertu, assurer votre vie et votre état : et ores qu'il vous arrive quelque infortune, vous soyez pour le moins regretté des gens de bien, votre vie approuvée, et votre nom en bonne odeur à tout le monde. »

En parlant des excès qu'il faut réprimer, Jacques dit à son héritier :

« Puisque vous avez l'autorité du magistrat légitime et souverain, ne souffrez point que ceux desquels vous avez l'honneur d'être issu, et qui auront eu puissance et autorité sur vous, soient diffamés par qui que ce soit : mêmement, puisque le fait vous touche aussi en particulier, pour ne laisser à ceux qui viendront après vous sujet de vous traiter à la même mesure que vous aurez mesuré les autres.

« Ayant donc l'honneur de tirer votre origine d'aussi illustres aïeux qu'autre prince de la chrestienté, réprimez l'insolence des médisants, qui sous titre de taxer un vice dans la personne, essayent malicieusement de tacher la race et la famille entière pour la rendre odieuse à la postérité. Car quel amour pouvez-vous espérer de ceux qui veulent mal à ceux desquels vous êtes né? Et pour quelle raison détruit-on tant qu'on peut les louveteaux et renardeaux sous la mère, sinon parce qu'on n'en peut aimer la race malfaisante? Et d'ailleurs pourquoi sera le poulain d'un coursier de Naples de plus grand prix en un marché que celui d'une haridelle, sinon pour l'estime qu'on fait de la race dont il est? Aussi est-ce une chose monstrueuse de voir une personne haïr le père et aimer les enfants ; et à la vérité le plus court chemin pour rendre le fils méprisé est de diffamer le père et l'exposer en haine. En un mot, j'en parle comme savant par mon expérience propre. Car, outre les jugements de Dieu que j'ai vus à l'œil, et remarqués sur les principaux chefs des conspirations faites contre mes pères et aïeux, je puis dire avec vérité n'en avoir point trouvé de plus fidèles et affectionnés à mon service, même au plus fort de mes affaires et afflictions, que ceux qui les ont fidèlement servis jusqu'à la fin, et particulièrement la reine, ma mère. J'entends de ceux qui lors étoient en âge de discrétion. Ainsi, mon fils, je vous décharge mon cœur et ma conscience, en vous ouvrant la vérité, et ne me soucie de ce qu'en diront ou penseront les traîtres, leurs fauteurs et complices. »

Ces énergiques paroles font voir que Jacques a été calomnié lorsqu'on a prétendu qu'il avoit été indifférent à la catastrophe de sa mère. Ces paroles ont d'autant plus de mérite qu'il n'étoit pas roi d'Angleterre lorsqu'il les écrivoit. En Écosse les ennemis de Marie Stuart l'environnoient, et Élisabeth, dont il attendoit le trône, vivoit encore.

Le paragraphe suivant donne une idée de l'état de l'Écosse à cette époque :

« Ce propos me ramentoit de parler des excès et ravages qui se font au haut pays d'Écosse et aux frontières. De ces gens il y a de deux sortes. Les uns en la terre ferme, qui sont grossiers pour la plupart, et toutefois non sans quelque reste et apparence de civilité. L'autre sorte est aux isles, entièrement sauvage et incivile. Faites valoir étroitement mes ordonnances contre telles gens, leurs chefs et conducteurs, et sans doute vous les dompterez. Quant aux autres, suivez ma piste et mon dessein à y faire des peuplades et colonies de gens civilisés du dedans de notre isle, afin de ramener ces barbares à quelque douceur et civilité ; ou bien les transporter ailleurs.

« Mais quant à la frontière, d'autant que je sais si vous n'êtes un jour roi de toute l'isle, selon que le droit de votre succession vous y appelle, que malaisément viendrez-vous à bout de jouir paisiblement de cette plus rude et stérile partie septentrionale, d'icelle même de bien assurer la couronne sur votre tête propre, il me seroit ensuite superflu de vous en parler davantage. Mais si un jour vous êtes seigneur de toute l'isle, vous en chevirez aussi facilement que de tout le reste ; car cette frontière viendra à être le milieu de votre royaume.

« La réformation de la religion fut faite en Écosse assez extraordinairement, et par œuvre de Dieu.

« Le changement ne se fit point ainsi que chez nos voisins d'Angleterre, on Danemark et plusieurs autres lieux de l'Allemagne, avec ordre et par l'autorité du prince, ou magistrat souverain. Aussi quelques esprits brouillons et bouillants parmi les désordres empiétèrent tellement l'autorité sur le peuple, qu'ayant après goûté la douceur du commandement, commencèrent à se figurer entre eux-mêmes une forme de gouvernement populaire, et s'y trouvant amorcés premièrement par le naufrage de ma grand'mère, puis par celui de feu ma mère, et après par la licence du long temps de ma minorité, avancèrent tellement l'œuvre de leur démocratie imaginaire, qu'ils ne se nourrissoient plus de là en avant que de l'espérance de se faire tribuns du peuple. »

Ce que dit ici Jacques Ier de la faction puritaine explique la théorie du *droit divin* qu'il fit si malheureusement soutenir dans la suite. N'ayant vu que les troubles et les désolations occasionnés par le principe de la *souveraineté du peuple,* il se réfugia dans le *droit divin* : il ne se trouvoit pas assez en sûreté dans le principe de l'hérédité monarchique.

Jacques discourt de la noblesse ; il en examine les défauts et les qualités. Le système du roi sur les grandes charges de l'État est d'un esprit judicieux. A l'égard des classes industrielles, Jacques devance les idées de son siècle : il veut que *l'on donne et que l'on publie toute liberté de commerce aux étrangers.*

Traitant du mariage des princes, Jacques recommande la pureté à son fils : un conseil politique d'une vérité frappante se trouve mêlé à ces instructions morales :

« Il vous faut principalement avoir égard aux raisons principales de l'institution du mariage, et toutes autres choses vous seront ajoutées, qui me fait désirer que vous en preniez une qui soit entièrement de votre religion, si son rang et ses autres qualités sont sortables à votre état et dignité. Car bien qu'à mon grand regret le nombre des grands princes faisant profession de notre religion soit petit, et à cette cause que ce mien avis réussira plus difficilement, si vous faut-il penser à bon escient à ces difficultés : à savoir comment vous et votre femme serez une chair, pour tenir cette union et amitié nécessaire, si vous êtes membres de deux Églises opposites : diversité de religions apporte quand et soi diversité de mœurs ; et la division de vos pasteurs causera division parmi vos sujets, qui prendront exemple sur votre maison et famille, outre la conséquence d'une mauvaise éducation de vos enfants. Et ne présumez pas de pouvoir toujours manier et former une femme à vos mœurs. — Salomon s'y trompa et se laissa tromper aux femmes, le plus sage toutefois de tous les rois; et à la vérité le don de persévérance est de Dieu, non pas de nous. »

Si Charles Ier eût suivi le conseil que Jacques donnoit à Henri, il se fût épargné bien des malheurs.

Au reste, l'horreur avec laquelle le roi d'Écosse parle de certaines dépravations me fait croire que sur ce point il a été encore mal jugé : un mot soldatesque de notre Henri IV ne peut pas faire autorité historique; il ne faut prendre ce mot que pour un *ventre-saint-gris*. L'abandonnement aux favoris prouve la foiblesse, et ne suppose pas nécessairement la corruption : quand on est livré à des vices honteux, on les cache, mais on ne fait pas avec un certain accent l'éloge des vertus contraires : le voile des paroles couvriroit mal la rougeur du front.

La troisième partie du *Basilicon Doron*, *Des déportements d'un roi ès choses communes et indifférentes*, amuse par sa naïveté. Jacques instruit son fils à être attentif à *sa grâce et sa façon à table* : Henri ne doit être ni friand ni gourmand; son vivre doit être apprêté sans beaucoup de sauces, « car ces compositions et meslinges ressemblent mieux à médecine qu'à viande, et l'usage en étoit anciennement blâmé par les Romains ». Henri doit éviter l'ivrognerie, vice qui croît avec l'âge et ne meurt qu'avec la vie : « En votre manger, mon fils, ne soyez grossier et incivil comme un cynique, ni mignard et délicat comme une épousée; mais mangez d'une façon franche, virile et honnête.

« Soyez pareillement modéré en votre dormir. . . . . . ; ne vous arrêtez point aux songes ni aux présages. . . . . . Votre habillement doit être modeste, non superflu comme d'un débauché, non chétif et mécanique comme d'un faquin, non trop curieusement enrichi et façonné comme d'un galant de cour, ni d'une façon grossière et rustique comme d'un manant, ni bigarré comme d'un gendarme éventé ou d'un mignon frisé, ni trop grave et simple comme d'un homme d'Église. . . . . En temps de guerre que votre vêtement soit plus brave et votre contenance plus gaillarde et relevée. Toutefois, que ce soit sans porter vos cheveux longs ou laisser croître vos ongles, qui ne sont qu'excrément de nature. »

Quant aux jeux et aux exercices, Jacques veut que son fils y mette du choix; il recommande le *courir*, le *sauter*, le *tirer des armes*, le *tirer de l'arc*, le *jouer à la paume*. « Exercez-vous, mon fils, à dompter les grands chevaux, et qui ont le plus de fougue, afin que je puisse dire de vous ce que Philippe disoit de son fils Alexandre : « La Macé-
« doine est trop peu de chose pour lui. »

Jacques permet aussi la chasse, mais la chasse aux chiens courants, qu'il trouve plus noble et plus propre à un prince. Au reste, il renvoie sur ce point son fils à Xénophon, « auteur ancien et renommé, lequel n'a eu dessein, dit-il, de flatter ni vous ni moi. »

« Quant au langage, mon fils, soyez franc en votre parler, naïf, net, court et sentencieux, évitant ces deux extrémités, ou de termes grossiers et rustiques, ou de mots trop recherchés qui ressentent l'écritoire.... Si votre esprit vous porte à composer en vers ou en prose, c'est chose que je ne veux blâmer. N'entreprenez point de trop long ouvrage; que cela ne vous divertisse de votre charge.

« Pour écrire dignement, il faut élire un sujet digne de vous, plein de vertu et non de vanité, vous rendant toujours clair et intelligible le plus que vous pourrez. Et si ce sont vers, souvenez-vous que ce n'est la partie principale de la poésie de bien rimer et couler doucement avec mots bien propres et bien choisis; mais plutôt, lorsqu'elle sera tournée en prose, d'y faire voir une riche invention des fleurs poétiques et des comparaisons belles et judicieuses, afin que la prose même retienne le lustre et la grâce du poëme. Je vous avise aussi d'écrire en votre langue propre; car il ne nous reste quasi rien à dire en grec et en latin, et prou de petits écoliers vous surpasseront en ces deux langues. Joint qu'il est plus séant à un roi d'orner et enrichir sa langue propre, en laquelle il peut et doit devancer tous ses sujets, comme pareillement en toutes autres choses honnêtes et recommandables. »

Ces derniers conseils sont curieux : ce roi auteur qui s'exprimoit avec tant d'emphase devant ses parlements montre ici du goût et de la mesure. Son ouvrage finit par une grande vue : Jacques croit que tôt ou tard la réunion de l'Écosse et de l'Angleterre produira un puissant empire.

Je me suis étendu sur le traité du *Don Royal*, presque ignoré aujourd'hui; on ne le connoît guère que par un de ces jugements composés à l'usage de ceux qui ne lisent rien par ceux qui n'ont point lu. Voltaire feuilletoit tout, sans se donner le temps d'étudier; il a jeté dans le monde une foule de ces opinions de prime-abord, qu'adoptent l'ignorance et la paresse : si quelquefois l'auteur de l'*Essai sur les Mœurs* rencontre juste, c'est qu'il devine. Ainsi, de siècle en siècle, des choses d'une fausseté évidente sont crues et répétées comme articles de foi; elles acquièrent par le temps une sorte de vérité et d'authenticité de mensonge que rien ne sauroit détruire.

Henri, ce nom me fait mal à écrire, Henri, à qui le *Basilicon Doron* est adressé, mourut à l'âge de dix-huit ans. S'il eût vécu, Charles Ier n'eût pas régné; les révolutions de 1649 et de 1688 n'auroient pas eu lieu; notre révolution n'auroit pas eu les mêmes conséquences : sans l'antécédent du jugement de Charles Ier, l'idée ne seroit venue à personne en France de conduire Louis XVI à l'échafaud ; le monde étoit changé.

Ces réflexions qui se présentent à l'occasion de toutes les catastrophes historiques sont vaines : il y a toujours un moment dans les annales des peuples où si telle chose n'étoit pas advenue, si tel homme n'étoit pas mort ou étoit mort, si telle mesure avoit été prise, si telle faute n'avoit été faite, rien de ce qui est arrivé ne seroit arrivé. Mais Dieu veut que les hommes naissent avec le caractère propre à l'événement qu'ils doivent amener : Louis XVI a cent fois pu se sauver ; il ne s'est pas sauvé, tout simplement parce qu'il étoit Louis XVI. Il est donc puéril de se lamenter sur des accidents qui produisent ce qu'ils sont destinés à produire : à chaque pas dans la vie, mille lointains divers, mille futuritions s'ouvrent devant nous ; cependant, vous n'atteignez qu'un horizon, vous ne courez qu'à un avenir.

RALEIGH. COWLEY.

Jacques Ier tua le fameux Walter Raleigh : l'*Histoire universelle* est encore lue à cause de sir Walter lui-même : s'il y a des livres qui font vivre le nom de leurs auteurs, il y a des auteurs dont le nom fait vivre leurs livres.

Cowley dans l'ordre des poëtes arrive immédiatement après Shakespeare, bien qu'il fût né plus tard que Milton : royaliste d'opinion, il travailla pour le théâtre, et composa des poëmes, des satires et des élégies. Il abonde en traits d'esprit ; sa versification manque, dit-on, d'harmonie ; son style, souvent recherché, est cependant plus naturel et plus correct que celui de ses prédécesseurs.

Cowley nous attaque : depuis Surrey jusqu'à lord Byron, il n'y a peut-être pas un écrivain anglois qui n'insulte le nom, le caractère et le génie françois. Nous, avec une impartialité et une abnégation admirables, nous acceptons l'outrage : confessant humblement notre infériorité, nous célébrons à son de trompe l'excellence de tous les auteurs d'outre-mer nés ou à naître, petits ou grands, mâles ou femelles.

Dans son poëme de la guerre civile, Cowley s'écrie :

> It was not so when Edward prov'd his cause,
> By a sword stronger than the salique laws,
> . . . . . ; when the French did fight,
> With women's hearts, against the women's right.

« Il n'en étoit pas ainsi quand Édouard soutenoit sa cause par une épée plus forte que la loi salique, alors que les François combattoient avec des cœurs de femme contre le droit des femmes. »

Le roi Jean, Charny, Ribeaumont, Beaumanoir, les trente Bretons, Duguesclin, Clisson et cent mille autres, avoient des cœurs de femme.

De tous les hommes qui ont illustré la Grande-Bretagne, celui qui m'attire le plus est lord Falkland : j'ai souhaité cent fois avoir été ce modèle accompli de lumières, de générosité, d'indépendance, de n'avoir jamais paru sur la terre dans ma propre forme et sous mon nom. Doué du triple génie des lettres, des armes et de la politique, fidèle aux muses sous la tente, à la liberté dans le palais, dévoué à un monarque infortuné, sans méconnoître les fautes de ce monarque, Falkland a laissé un souvenir mêlé de mélancolie et d'admiration. Les vers que Cowley lui adresse au retour d'une expédition militaire sont nobles et vrais : le poëte commence par énumérer les vertus et les talens de son héros, puis il ajoute :

> Such is the man whom we require, the same
> We lent the north, untouch'd, as is his fame.
> He is too good for war, and ought to be
> As far from danger, as from fear he's free.
> Those men alone, ...
> Whose valour is the only art they know,
> Were for sad war and bloody battles born;
> Let them the state defend, and he adorn.

« Voilà l'homme que nous redemandons aux Écossois, tel que nous le leur avons prêté, exempt de blessures comme sa gloire. Trop bon pour la guerre, il doit être tenu aussi loin du danger qu'il l'est de la crainte. Les guerriers dont la valeur est le seul art..... sont nés pour la triste guerre et les batailles sanglantes : qu'ils défendent l'État et que Falkland l'embellisse. »

Inutiles vœux ! la vie au milieu des malheurs de son pays devint à charge à l'ami des muses. Sa tristesse se laissoit remarquer jusque dans la négligence de ses vêtements. Le matin de la première bataille de Naseby, on devina son dessein de mourir au changement de ses habits : il se para comme pour un jour de fête ; il demanda du linge blanc : « Je ne veux pas, dit-il en souriant, que mon corps soit trouvé dans du linge sale : je prévois de grands malheurs, mais j'en serai dehors avant la fin de la journée. » Il se mit au premier rang du régiment de lord Byron : une balle de la liberté qu'il aimoit l'affranchit des serments de l'honneur dont il étoit l'esclave.

Il reste quelques discours et quelques vers de Falkland : secrétaire d'État de Charles I*er*, il rédigeoit avec Clarendon les proclamations royales. Il aida Chilling Worth dans son *Histoire du Protestantisme.*

La Bible, traduite en partie sous Henri VIII, fut retraduite sous Jacques II par les quarante-sept savants : cette dernière traduction est un chef-d'œuvre. Les auteurs de cette immense ouvrage firent pour la langue angloise ce que Luther fit pour la langue allemande, ce que les écrivains sous Louis XIII firent pour la langue françoise; ils la fixèrent.

ÉCRITS POLITIQUES SOUS CHARLES I*er* ET CROMWELL.

Chercher les lettres dans les temps d'orage, c'est demander un abri à ces vallées paisibles que les poëtes placent au bord de la mer; mais si l'on est mené par quelque génie heureux dans ces retraites, d'autres esprits vous poussent au milieu de la tempête et des flots. La politique monte sur le trépied et se transforme en sibylle; les pamphlets, les libelles, les vers satiriques abondent, s'imprègnent de haine et sont écrits avec le sang des factions. Les guerres civiles d'Angleterre firent pulluler des productions déplorables.

Un de ces fanatiques que Butler a livrés au ridicule, s'écrie :

« An alarm to all flesh, etc.

« Howle, howle, bawl and roar, ye lustfull, cursing, swearing, drunken, lewd, superstitious, devilish, sensual, earthly inhabitants of the whole earth; bow, bow, you most surly trees and lofty oaks; ye tall cedars and low shrubs, cry out aloud; hear, ye proud waves, and boistrous seas; also listen, ye uncircumcised, stiff-necked, and mad-raging bubbles, who even hate to be reformed. »

« Alarme à toute chair, etc.

« Hurlez, hurlez, criez, beuglez, rugissez, ô vous, libidineux, maudits jureurs, ivrognes, impurs, superstitieux, diaboliques, sensuels habitants terrestres de la terre. Courbez-vous, courbez-vous, ô vous arbres très-dédaigneux; et vous, chênes élevés, vous, hauts cèdres et petits buissons, criez de toutes vos forces; écoutez, écoutez, vagues orgueilleuses, et vous, mers indomptables; écoutez aussi, vous, incirconcis, écume roide, nue et enragée, qui haïssez la réforme. »

Les poëtes égaloient les orateurs.

> Dear friend J. C., with true unfeigned love
> I thee salute. . . . .
> . . . .

> . . . . . . dear friend; a member joyntly knit
> To all, in Christ, in heavenly places sit;
> And there, to friends no stranger would I be,
> . . . .
> For truly, friend, I dearly love, and own,
> All travelling souls, who truly sigh and groan
> For the adoption which sets free from sin, etc.

« Cher ami J. C., je te salue avec un amour sans réserve. . . , ... Cher ami, moi membre conjointement uni à tous en Christ, qui est assis aux lieux célestes. Là, je ne serois point étranger parmi les amis ; j'aime tendrement, et je l'avoue, les âmes voyageuses qui soupirent et gémissent véritablement pour l'adoption qui rachète les péchés. »

Cromwell ne s'élevoit guère au-dessus de cette éloquence ; on peut en juger par ses discours obscurs et ses lettres diffuses. Sa poésie étoit dans les faits et dans son épée : il fut poëte quand il regarda Charles Ier dans son cercueil. Sa muse étoit cette femme qui, à son dire, lui étoit apparue dans son enfance et lui avoit annoncé la royauté.

L'ABBÉ DE LAMENNAIS.

La révolution françoise a produit aussi des écrivains qui ont vu la liberté dans la religion ; mais ici notre supériorité est manifeste. C'est dans les champs de la Croix que l'abbé de Lamennais a recueilli cet intérêt si tendre pour la nature humaine, pour les classes laborieuses, pauvres et souffrantes de la société ; c'est en errant avec le Christ sur les chemins, en voyant les petits rassemblés aux pieds du Sauveur du monde qu'il a retrouvé la poésie de l'Évangile. Ne diroit-on pas que ce tableau est une parabole détachée du sermon de la Montagne ?

« C'étoit une nuit d'hiver. Le vent souffloit au dehors, et la neige blanchissoit les toits.

« Sous un de ces toits, dans une chambre étroite, étoient assises, travaillant de leurs mains, une femme à cheveux blancs et une jeune fille.

« Et de temps en temps la vieille femme réchauffoit à un petit brasier ses mains pâles. Une lampe d'argile éclairoit cette pauvre demeure, et un rayon de la lampe venoit expirer sur une image de la Vierge, suspendue au mur.

« Et la jeune fille leva les yeux, regarda en silence pendant quelques moments la femme à cheveux blancs ; puis elle lui dit : Ma mère, vous n'avez pas été toujours dans ce dénuement ?

« Et il y avoit dans sa voix une douceur et une tendresse inexprimables.

« Et la femme à cheveux blancs répondit : Ma fille, Dieu est le maître : ce qu'il fait est bien fait.

« Ayant dit ces mots, elle se tut un peu de temps; ensuite elle reprit :

« Quand je perdis votre père, ce fut une douleur que je crus sans consolations : cependant vous me restiez ; mais je ne sentois qu'une chose alors.

« Depuis, j'ai pensé que s'il vivoit et qu'il nous vît en cette détresse, son âme se briseroit, et j'ai reconnu que Dieu avoit été bon envers lui.

« La jeune fille ne répondit rien, mais elle baissa la tête, et quelques larmes, qu'elles s'efforçoit de cacher, tombèrent sur la toile qu'elle tenoit entre ses mains.

« La mère ajouta : Dieu qui a été bon envers lui a été bon aussi envers nous. De quoi avons-nous manqué, tandis que tant d'autres manquent de tout?

« Il est vrai qu'il a fallu nous habituer à peu, et ce peu, le gagner par notre travail; mais ce peu ne suffit-il pas, et tous n'ont-ils pas été dès le commencement condamnés à vivre de leur travail?

« Dieu, dans sa bonté, nous a donné le pain de chaque jour : et combien ne l'ont pas! un abri : et combien ne savent où se retirer!

« Il vous a, ma fille, donnée à moi : de quoi me plaindrois-je?

« A ces dernières paroles, la jeune fille tout émue tomba aux genoux de sa mère, prit ses mains, les baisa, et se pencha sur son sein en pleurant.

« Et la mère, faisant un effort pour élever la voix : Ma fille, dit-elle, le bonheur n'est pas de posséder beaucoup, mais d'espérer et d'aimer beaucoup.

« Notre espérance n'est pas ici-bas, ni notre amour non plus, ou, s'il y est, ce n'est qu'en passant.

« Après Dieu, vous m'êtes tout en ce monde; mais ce monde s'évanouit comme un songe, et c'est pourquoi mon amour s'élève avec vous vers un autre monde.

« Lorsque je vous portois dans mon sein, un jour j'ai prié avec plus d'ardeur la vierge Marie, et elle m'apparut pendant mon sommeil, et il me sembloit qu'avec un sourire céleste elle me présentoit un petit enfant.

« Et je pris l'enfant qu'elle me présentoit, et lorsque je le tins dans mes bras, la Vierge Mère posa sur sa tête une couronne de roses blanches.

« Peu de mois après vous naquîtes, et la douce vision étoit toujours devant mes yeux.

« Ce disant, la femme aux cheveux blancs tressaillit, et serra sur son cœur la jeune fille.

« A quelque temps de là, une âme sainte vit deux formes lumineuses monter vers le ciel, et une troupe d'anges les accompagnoit, et l'air retentissoit de leurs chants d'allégresse. »

Nous vivons, comme au siècle de Cromwell, dans un siècle de réforme : si l'on remarque au temps de Cromwell plus de morale et plus de conviction dans les âmes, on remarque en notre temps plus de mansuétude et de douceur dans les esprits. Le sentiment du puritain est loin de cette harmonie et de cette paix que la philosophie religieuse de M. Ballanche introduit dans le christianisme.

KILLING NO MURDER. LOCKE. HOBBES. DENHAM. HARRINGTON. HARVEY. SIEYÈS. MIRABEAU. BENJAMIN CONSTANT. CARREL.

Le pamphlet le plus célèbre de cette époque fut le *Killing no murder*, « Tuer n'est pas assassiner. » L'auteur, le colonel républicain Titus, invite, dans une dédicace ironique, son *Altesse Olivier Cromwell* à mourir pour le bonheur et la délivrance des Anglois. Depuis la publication de cet écrit, on ne vit plus le Protecteur sourire; il se sentoit abandonné de l'esprit de la révolution, d'où lui étoit venue sa grandeur. Cette révolution qui l'avoit pris pour guide ne le vouloit pas pour maître. La mission de Cromwell étoit accomplie; sa nation et son siècle n'avoient plus besoin de lui : le temps ne s'arrête pas pour admirer la gloire; il s'en sert et passe outre.

J'ai lu (dans Gui Patin peut-être) un fait curieux; il n'a jamais été remarqué, que je croie : le docteur affirme que *Killing no murder* fut d'abord écrit en françois par un gentilhomme bourguignon.

Voici Locke comme poëte : il fit de très-mauvais vers en l'honneur de Cromwell; Waller en avoit fait de très-beaux.

La bassesse de la flatterie qui survit à l'objet de l'adulation n'est que l'excuse d'une conscience infirme : on exalte un maître qui n'est plus pour justifier par l'admiration la servilité passée. Cromwell trahit la liberté dont il étoit sorti : si le succès étoit réputé l'innocence; si, débauchant jusqu'à la postérité, le succès la chargeoit de ses caïncs; si, esclave future, engendrée d'un passé esclave, cette postérité subornée devenoit la complice de quiconque auroit triomphé, où seroit le droit? où seroit le prix des sacrifices? Le bien et le mal n'étant plus que relatifs, toute moralité s'effaceroit des actions humaines.

D'un autre côté, qui voudroit défendre la sainte indépendance et la cause du faible contre le fort, si le courage, exposé à la vengeance des abjections du présent, devoit encore subir le blâme des lâchetés de l'avenir? L'infortune sans voix perdroit jusqu'à l'organe de la plainte, et ces deux grands avocats de l'opprimé, la probité et le génie.

Hobbes, royaliste par haine des doctrines populaires, se jeta dans une extrêmité opposée; il dériva tout de la force et de la nécessité, réduisant la justice à une des fonctions de la puissance, et ne la faisant pas sortir du sens moral. Il ne s'aperçut pas que la *démocratie* avoit autant de droit que l'*unité* à partir de ce même principe. La société, qui alloit selon sa pente naturelle vers l'établissement populaire, ne rétrograda point avec le système de Hobbes, malgré les excès de la révolution angloise; elle ne fut arrêtée dans sa marche que par Louis XIV, qui lui barra le chemin avec sa gloire. Hobbes enseignoit le scepticisme ainsi que nos philosophes du xviiie siècle, d'un ton impérieux et de toute la hauteur dogmatique. Il vouloit qu'on crût ferme à ce qu'il ne croyoit pas, et il prêchoit le doute en inquisiteur. Son style a de l'énergie, et son *Thucydide* est trop décrié. Cet esprit fort étoit le plus foible des hommes; il trembloit à la pensée de la tombe : la nature le conduisit jusqu'à l'âge de quatre-vingt-douze ans, pour le livrer évanoui à la mort, comme un patient tombé en défaillance est porté sous le fer fatal.

Sir John Denham vit encore un peu dans son poëme descriptif de Cooper's Hill. Il étoit royaliste et agent à Londres de la correspondance de Charles Ier avec la reine; Cowley l'étoit à Paris; les Muses servoient la tendresse conjugale et le malheur.

L'Oceana d'Harrington est une répétition de l'Utopie de Thomas More. Où un gouvernement parfait se trouve-t-il? En *Utopie, nulle part*, comme le nom le signifie.

Harvey écrivit sa découverte de la *grande* circulation du sang. Aucun médecin en Europe, ayant atteint l'âge de quarante ans, ne voulut adopter la doctrine d'Harvey, et lui-même perdit ses pratiques à Londres, parce qu'il avoit trouvé une importante vérité. Harvey fut encouragé de Charles Ier, et lui demeura fidèle. Servet, brûlé en *effigie* par les catholiques et en *personne* par Calvin, avoit indiqué la circulation du sang dans le *poumon* : le siècle ne fit d'un savant de génie qu'un hérétique vulgaire, lequel un autre hérétique conduisit au bûcher.

Au reste, quant aux pamphlets anglois de pure politique, lorsqu'ils ne sont point infectés du jargon théologique de l'époque, ce qui est rare, ils restent à une immense distance de nos investigations modernes. Si vous en exceptez Milton, aucun publiciste de la révolution de 1649 n'approche de Sieyès, de Mirabeau, de M. Benjamin Constant, encore moins de M. Carrel : ce dernier, serré, ferme, habile et logique écrivain, a dans sa manière quelque chose de l'éloquence positive des faits : son style creuse et grave ; c'est de l'histoire par les monuments.

MILTON.

SA NAISSANCE. COLLÉGE.

Au-dessus d'une foule de prosateurs et de poëtes, pendant les règnes orageux de Charles Ier et du Protecteur, s'élève la belle tête de Milton. Où sont les contemporains de ce génie, les Cowley, les Waller, les Denham, les Marvel, les Suckling, les Crashaw, les Lovelace, les Davenant, les Wither, les Habington, les Herbert, les Carew, les Stanley? Excepté deux ou trois de ces noms, quel lecteur françois connoît les autres ? Le *Génie du Christianisme* parle raisonnablement du *Paradis perdu*; j'avois à faire amende honorable d'une partie de mes jugements sur Shakespeare et Dante : je n'ai rien à réparer auprès de l'homme dont le poëme a été l'occasion de ces recherches sur la littérature angloise ; il ne me reste qu'à développer les motifs d'une admiration accrue par un examen plus approfondi d'un chef-d'œuvre. Obligé de m'arrêter à des beautés que j'essayois de faire passer dans notre langue, je les ai mieux appréciées, en désespérant de les reproduire telles que je les sentois.

Milton n'étoit plus ; on ne le connoissoit pas : son génie, sorti du tombeau comme une ombre, vint demander au monde pourquoi on l'ignoroit sur la terre. Étonné, on regarda ces grands mânes ; on se demanda si réellement l'auteur de douze mille vers oubliés étoit immortel. La vision éclatante et majestueuse fit d'abord baisser les yeux ; puis on se prosterna et on adora. Alors il fallut savoir ce qu'avoit été ce secrétaire de Cromwell, ce pamphlétaire apologiste du régicide, détesté des uns, méprisé des autres. Bayle commença, et s'enquit des *faits touchant la taille et la mine de Milton* : cette mine-là étoit fière, et valoit bien celle d'un roi.

Une malédiction étoit dans la famille noble de Milton, dépouillée de sa fortune pendant les guerres civiles de la Rose rouge et de la Rose blanche : le père de Milton étoit *protestant* et son grand-père catholique ; celui-ci avoit déshérité son fils. La malédiction de l'aïeul, sautant une génération, se reposa sur la tête du petit-fils.

Le père de Milton, établi à Londres, où il devint notaire (*scrivener*), épousa Sarah Caston, de l'ancienne famille de Bradshaw ou des Haughton, dont il eut une fille, Anne, et deux fils, Jean et Christophe. Christophe, le cadet, fut royaliste, devint un des barons de l'échiquier et juge des *common pleas* sous Jacques II ; il s'éteignit dans l'obscurité, dépouillé ou démissionnaire de sa place, peu de temps après ou avant la révolution de 1688 ; Jean, l'aîné, fut républicain, et mourut non aperçu, comme son frère ; mais la raison de la nuit qui l'environnoit étoit d'une tout autre nature ; on peut dire de lui ce qu'il a dit de la Montagne sainte dans le ciel : « On ne la voyoit point, parce qu'elle étoit obscurcie par l'excès de la lumière. »

Le père de Milton aimoit les arts : il avoit composé un *in Nomine* à quarante parties ; quelques vieux airs de lui ont été conservés dans le recueil de Wilby. Apollon, partageant ses présents entre le père et le fils, avoit donné la musique au père, la poésie au fils.

> Dividuumque Deum, genitorque puerque tenemus.
> (*Milto ad patrem.*)

Milton, le père, étoit peut-être né en France. Son immortel fils naquit le 9 décembre 1608, dans la Cité de Londres, Bread-street, à l'enseigne de *l'Aigle*, augure et symbole. Shakespeare vivoit encore : Milton reçut une éducation domestique lettrée, à l'ombre du tombeau de ce grand génie inculte. Il acheva ses humanités à l'école de Saint-Paul à Londres, sous le docteur Alexandre Gill ; il eut pour tuteur Young, puritain. Son extrême application à l'étude lui donna de bonne heure des douleurs de tête et une grande foiblesse de vue ; maux habituels de sa vie, dont il avoit reçu le germe de sa mère. A dix-sept ans il passa au collége de Christ à Cambridge en qualité de pensionnaire *minor*, et à la surveillance du savant William Chappel, depuis évêque de Cork et Ross en Irlande. La beauté de Milton le fit surnommer « la dame du collége de Christ » : *the lady of Christ's college*; il rappelle complaisamment ce nom dans un de ses discours à l'université. Il donna des marques de ses dispositions poétiques en composant des pièces latines et des paraphrases des psaumes en vers anglois. L'hymne sur *la Nativité* est admirable de rhythme, et d'un effet inattendu :

« C'étoit l'hiver ; l'enfant né du ciel étoit venu enveloppé dans de rudes et pauvres langes ; la Nature s'étoit dépouillée de sa riante parure pour sympathiser avec son maître : ce n'étoit pas le moment pour elle de se livrer aux plaisirs avec le Soleil, son amant ; seulement elle avoit caché sa foiblesse sous l'innocente neige, et jeté sur elle le saint et blanc voile des vierges. . . . . La terre étoit en paix ; les rois demeuroient en silence, comme s'ils sentoient l'approche de leur souverain. Les vents caressoient les vagues, annonçant tout bas de nouvelles joies au doux océan. Les étoiles, regardant immobiles et surprises, ne vouloient pas s'enfuir : malgré toute la lumière du matin, elles s'obstinoient à briller dans le ciel, jusqu'à ce que leur Seigneur leur parlât lui-même, et leur dît de s'en aller. »

Reçu bachelier en 1628, Milton, maître en 1632, quitta Cambridge par esprit d'indépendance, et refusa d'entrer dans le clergé. « Celui qui s'engage dans les *ordres*, dit-il, souscrit à son esclavage et prête un serment : il lui faut alors ou devenir parjure ou briser sa conscience. »

Quelques passages de sa première élégie latine, où il a l'air de préférer les plaisirs de Londres aux ennuis de Cambridge, devinrent la source des calomnies que l'on répandit contre lui dans la suite : on l'accusa d'avoir été vomi de l'université après les désordres d'une impure jeunesse ; des pamphlets assurèrent qu'il avoit été forcé d'aller cacher sa vie en Italie. Johnson pense que Milton fut le dernier étudiant de l'université puni d'une peine corporelle. Rien de tout cela n'est vrai, et ne s'accorde même pas avec les dates d'une vie aussi correcte que religieuse.

MILTON CHEZ SON PÈRE. — OUVRAGES DE SA JEUNESSE.

Le père de Milton, ayant fait une petite fortune, s'étoit retiré à la campagne d'Horton, près Colebrooke, en Buckinghamshire. Milton l'y rejoignit, et passa cinq années enseveli dans la lecture des auteurs grecs et latins. Il faisoit de temps en temps quelques courses à Londres pour acheter des livres et prendre des leçons de mathématiques, d'escrime et de musique.

Il écrivoit à un ami qui lui reprochoit de vivre dans la retraite :

« Vous croyez qu'un trop grand amour d'apprendre est une faute ; que je me suis abandonné à rêver inutilement mes années dans les bras d'une solitude lettrée, comme Endymion perdoit ses jours avec la lune sur le mont Latmus...... Mais ces belles espérances dont vous m'entretenez, qui flattent la vanité et la jeunesse, ne s'accordent point avec ce casque obscur de Pluton dont parle Homère. Je mettrois bas ce casque si dans ma vie cachée je n'avois d'autre vue que de satisfaire une frivole curiosité. Mais l'exemple terrible rapporté dans l'Évangile, du serviteur qui avoit enfoui son talent, est présent à mes yeux : ce n'est pas le plaisir d'une étude spéculative, c'est la considération même du commandement évangélique qui m'empêche d'aller aussi vite que d'autres et me retient par un religieux respect. Cependant, afin que vous voyiez que je me défie quelquefois de moi-même et que je prends note de certain retardement en moi, j'ai la hardiesse de vous envoyer quelques-unes de mes rêveries de nuit, dans la forme des stances de Pétrarque.

> How soon hath Time, the subtle thief of youth,
> Stol'n on his wing my three and twentieth year!
> My hasting days fly on with full career,
> But my late spring no bud or blossom shew'th.

« Combien vite le temps, adroit voleur de la jeunesse, a dérobé sur son aile mes vingt-trois années ! Mes jours hâtés fuient en pleine carrière ; mais mon dernier printemps ne montre ni boutons ni fleurs.... »

De 1624 à 1638 il composa l'*Arcades*, *Comus* ou le *Masque*, *Lycidas*, dans lequel il semble prophétiser la mort tragique de l'évêque Laud, l'*Allegro* et le *Penseroso*, des *Élégies* latines et des *Sylves*.

Johnson a fait de l'*Allegro* et du *Penseroso* une vive analyse.

« L'*homme gai* entend l'alouette le matin ; l'homme *pensif* entend le rossignol le soir.

« L'*homme gai* voit le coq se pavaner ; il prête l'oreille à l'écho qui répète le bruit du cor et de la meute dans le bois ; il voit le soleil s'élever avec gloire ; il écoute le chant de la laitière ; il regarde les travaux du laboureur et du faucheur ; il jette les yeux sur une tour éloignée où réside quelque belle dame : la nuit il fait ses délices de quelque conte fabuleux.

« L'homme *pensif* tantôt se promène à minuit pour rêver, tantôt écoute le triste son de la cloche du couvre-feu. Si le mauvais temps l'oblige de rentrer chez lui, il s'assied dans une chambre éclairée par la lueur du foyer. Ayant près de lui une lampe solitaire, il épie l'étoile du pôle pour découvrir l'habitation des âmes séparées de leur corps, ou bien il lit les scènes pathétiques de la tragédie ou de l'épopée. Quand vient le matin, matin obscurci par la pluie et le vent, il erre dans les sombres forêts où il n'y a pas de sentier ; il tombe assoupi au bord de quelque eau qui murmure, et, dans un enthousiasme mélancolique, il attend un rêve d'avenir ou une musique exécutée par quelques personnages aériens.

« La *gaieté* et la *mélancolie* sont toutes les deux solitaires, silencieuses habitantes des cœurs qui ne reçoivent ni ne transmettent des sentiments.

« L'*homme gai* assiste à la ville aux fêtes brillantes, aux savantes comédies de Ben Jonson et aux drames sauvages de Shakespeare (*wild dramas of Shakespeare*).

« Le *pensif*, loin de la foule, se promène dans les cloîtres ou fréquente les cathédrales. »

Pour le vieil âge de la *gaieté*, Milton ne fait point de provisions ; mais il conduit la *mélancolie* avec une grande dignité jusqu'à la fin de la vie.

Je ne sais si les deux caractères sont suffisamment distincts ; on ne peut trouver, il est vrai, de la gaieté dans la mélancolie du poëte, mais j'ai peur qu'on ne rencontre quelque mélancolie dans sa gaieté. Le *Penseroso* et l'*Allegro* sont deux nobles efforts d'imagination.

Milton a emprunté plusieurs images de ses beaux poëmes à l'*Anatomie de la Mélancolie*, par Burton, imprimée en 1624.

MILTON EN ITALIE.

En 1638 Milton obtint de son père la permission de voyager. Le vicomte Scudamore, ambassadeur de Charles Ier, reçut à Paris l'apologiste futur du meurtre de ce roi ; il le présenta à Grotius. A Florence, Milton visita Galilée, presque aveugle et demi-prisonnier de l'inquisition ; il a souvent rappelé le courrier céleste, *nuncius sidereus*, dans *Le Paradis perdu*, lui rendant ainsi l'hospitalité des grands hommes. A Rome il se lia avec Holstein, bibliothécaire du Vatican. Chez le cardinal Barberini il entendit chanter Léonora ; il lui adressa des vers inspirés par les lieux qui avoient entendu la voix d'Horace :

> Altera Torquatum cepit Leonora poetam,
> Cujus ab insano cessit amore furens.
> Ah ! miser ille tuo quanto felicius ævo
> Perditus, et propter te, Leonora, foret !

« Une autre Léonore ravit le Tasse, qui devint insensé par l'ardeur de l'amour. Ah! qu'avec bonheur, de ton temps, Léonore, l'infortuné se seroit perdu pour toi! »

Milton s'est plu à renfermer son génie dans quelques sonnets italiens; on aime à voir le terrible chantre de Satan se jouer à travers les doux nombres de Pétrarque :

> Canto, dal mio buon popol non inteso;
> E'l bel Tamigi cangio col bel Arno.
> Amor lo volse. . . . .
> Seppi ch' amor cosa mai volse indarno.

« Je chante, non entendu de mon bon peuple; j'ai changé la belle Tamise pour le bel Arno. L'amour l'a voulu; l'amour n'a jamais voulu une chose en vain. »

Milton connut à Naples Manso, marquis de Villa, vieillard qui eut le double honneur d'être l'ami du Tasse et l'hôte de Milton : il adressa à ce dernier un distique renouvelé du pape saint Grégoire ;

> Ut mens, forma, decor, facies, mos, si pietas sic,
> Non Anglus, verum Hercle, Angelus ipse fores.

« Si la piété répondoit au génie, à la forme, à la bonne grâce, à la beauté, aux manières, par Hercule! tu ne serois pas un Anglais, mais un Ange. »

Milton lui paya sa dette de reconnoissance dans une églogue latine pleine de charme :

> Diis dilecte senex, te Jupiter æquus oportet
> Nascentem, et miti lustrârit lumine Phœbus,
> Atlantisque nepos; neque enim nisi charus ab ortu
> Dis superis poterit magno favisse poetæ.

« Vieillard aimé des dieux, il faut que Jupiter (j'emprunte ici l'élégante traduction de M. Villemain) ait protégé ton berceau, et que Phœbus l'ait éclairé de sa douce lumière; car il n'y a que le mortel aimé des dieux dès sa naissance qui puisse avoir eu le bonheur de secourir un grand poëte. »

Le chantre à venir des innocentes joies d'Éden prioit le ciel de lui accorder un pareil ami; il promettoit alors de célébrer les rois de la Grande-Bretagne, cet Arthur qui « livra des combats sur la terre », *terris bella moventem*. Milton n'obtint pas la faveur qu'il imploroit; il n'a eu pour ami et pour défenseur de son nom que la postérité. Le poëte convie Manso de ne pas trop mépriser une muse hyperboréenne;

car, lui dit-il gracieusement, « dans l'ombre obscure de la nuit nous croyons avoir entendu des cygnes chanter sur la Tamise : »

> Nos etiam in nostro modulantes flumine cycnos
> Credimus obscuras noctis sensisse per umbras.

Milton avoit formé le projet de parcourir la Sicile et la Grèce : quel précurseur de Byron ! Les troubles de sa patrie le rappelèrent : il ne rentra point en Angleterre sans avoir vu Venise, cette beauté de l'Italie, aujourd'hui si belle encore, bien que mourante au bord de ses flots.

MILTON REVENU EN ANGLETERRE ; SES OCCUPATIONS ET SES PREMIERS OUVRAGES DE CONTROVERSE.

Le voyageur revenu à Londres ne prit aucune part active aux premiers mouvements de la révolution. Écoutons Johnson :

« Que notre respect pour Milton ne nous défende pas de regarder avec quelque degré d'amusement de grandes promesses et de petits effets, un homme qui revient en hâte au logis, parce que ses compatriotes luttent pour leur liberté, et qui, arrivé sur le théâtre de l'action, évapore son patriotisme dans une école privée. Cette période de la vie du poëte est celle devant laquelle tous ses biographes ont reculé : il leur est désagréable d'abaisser Milton au rang de maître d'école ; mais comme on ne peut nier qu'il enseigna des enfants, l'un trouve qu'il les instruisit pour rien, l'autre pour le seul amour de la propagation du savoir et de la vertu. Tous disent ce qu'ils savent n'être pas vrai, afin d'excuser une condition à laquelle un homme sage ne peut trouver aucun reproche à faire. »

L'esprit satirique et la malveillance de Johnson se font ici remarquer. Le docteur, qui n'avoit pas vu de révolution, ignoroit que dans ces grands troubles les champs de bataille sont partout, et que chacun choisit celui où l'appelle son inclination ou son génie : l'épée de Milton n'auroit pas fait pour la liberté ce que fit sa plume. Le docteur, grand royaliste, oublie encore que tous les royalistes ne prirent pas les armes ou ne montèrent pas sur l'échafaud, comme le duc d'Hamilton, le lord Holland et lord Capel ; que lord Arundel, par exemple, ami des muses comme Milton, et à qui la science doit les marbres d'Oxford, quitta Londres, tout grand-maréchal d'Angleterre qu'il étoit, au commencement de la guerre civile, et alla mourir paisiblement à Padoue : il est vrai que son malheureux neveu, Guillaume Howard, lord Strafford, paya pour lui tribut au malheur, et l'on sait trop par qui son sang fut répandu.

Pendant trois ans Milton donna des soins à l'éducation des deux fils de sa sœur et à quelques jeunes garçons de leur âge. Il habita successivement au cimetière de Saint-Bride dans Fleet-street et un grand hôtel avec un jardin dans Aldersgate. Il se fortifia dans les langues anciennes en les enseignant; il apprit l'hébreu, le chaldéen et le syriaque. En 1640, à l'époque de la convocation du long parlement, il débuta dans la polémique, et plaida la cause de la liberté religieuse contre l'Église établie. Son ouvrage, divisé en deux livres, adressé à un ami, a pour titre : *Of Reformation touching church discipline*, etc., « De la Réformation touchant la discipline de l'Église en Angleterre et des causes qui jusque ici l'ont empêchée ». Il publia ensuite trois traités : *Épiscopat anglais, Raison du Gouvernement de l'Église, Apologie pour Smectymnus*; ce nom étoit composé de la réunion de six lettres prises des noms des six théologiens auteurs du *Traité de Smectymnus*. Pour les lecteurs d'aujourd'hui, il n'y a rien à tirer de ces ouvrages, si ce n'est ce que Milton dit dans la *Raison du gouvernement de l'Église*, de son dessein de composer un poëme en *anglois*.

« Peut-être avec le temps, le travail et le penchant de la nature, j'enverrai *quelque chose* d'écrit à la postérité, qu'elle ne laissera pas volontiers mourir : je suis possédé de cette idée. Peu m'importe d'être célèbre au loin, je me contenterai des îles Britanniques, mon univers. Mais il ne suffit pas d'invoquer les filles de mémoire, il faut par des prières ferventes implorer l'Esprit éternel; lui seul peut envoyer le séraphin qui du feu sacré de son autel touche et purifie nos lèvres. »

Milton ne faisoit pas aussi bon marché de sa renommée que Shakespeare : celui-ci plaît par l'insouciance de sa vie; d'un autre côté on aime à voir un génie encore inconnu se prophétiser lui-même, quand la postérité, confirmant la prédiction, lui répond : « Non! je n'ai pas laissé mourir ce *quelque chose* que tu as écrit. »

Malheureusement, Milton, cédant à l'ardeur de son caractère dans cette dispute religieuse, parle avec dédain du savant et vénérable évêque anglican Usher, à qui la science doit des travaux admirables sur l'histoire de la chronologie.

MARIAGE DE MILTON.

Milton, à l'âge de dix-neuf ans, avoit composé sa septième élégie latine, dans laquelle il dit :

« Un jour de mai, dans une promenade aux environs de Londres, je rencontrai une jeune femme d'une beauté extraordinaire. J'en devins passionnément amoureux ; mais soudain je la perdis de vue : je n'ai jamais su qui elle étoit et ne l'ai jamais retrouvée. Je fis le serment de ne jamais aimer. »

Si le poëte tint son serment, il faudroit supposer qu'il n'aima aucune de ses trois femmes, car il se maria trois fois. En ce cas qu'auroit été la vierge si promptement évanouie? Peut-être cette compagne céleste qui visitoit l'Homère anglois pendant la nuit et lui dictoit ses plus tendres vers. Dans un beau portrait de Milton, M. Pichot raconte que cette sylphide mystérieuse étoit Léonora, l'Italienne : l'auteur du *Pèlerinage à Cambridge* brode là-dessus une touchante nouvelle historique. W. Bowles et M. Bulwer ont développé la même fiction.

Le comte d'Essex ayant pris Reading en 1643, le père et le frère de Milton, qui s'étoient retirés dans cette ville, retournèrent à Londres et vinrent demeurer chez le poëte. Milton avoit alors trente-cinq ans : un jour il se dérobe de sa maison, sans être accompagné de personne ; son absence dura un mois, au bout duquel il rentra marié sous le toit d'où il étoit sorti garçon. Il avoit épousé la fille aînée de Richard Powell, juge de paix de Forest-Hill, près Shotover, dans Oxfordshire. Richard Powell avoit emprunté du père de Milton 500 liv. sterl. qu'il ne lui rendit jamais, et qu'il crut payer en donnant sa fille au fils de son créancier. Ces noces, aussi furtives que des amours, en eurent l'inconstance : Milton ne quitta pas sa femme, comme Shakespeare, ce fut sa femme qui l'abandonna. La famille de Marie Powell étoit royaliste : soit que Marie ne voulût pas vivre avec un républicain, soit tout autre motif, elle retourna chez ses parents. Elle avoit promis de revenir à la Saint-Michel, et elle ne revint pas : Milton écrit lettres sur lettres, point de réponse ; il dépêche un messager, qui perd son éloquence et son temps. Alors l'époux délaissé se résout à répudier l'épouse fugitive : pour faire jouir les autres maris de l'indépendance qu'il se propose, son esprit le porte à changer en une question de liberté une question de susceptibilité personnelle ; il publie son traité sur le divorce.

TRAITÉ DE MILTON SUR LE DIVORCE.

Ce traité est divisé en deux livres : *The Doctrine and discipline of Divorce, restored to the good of both sexes*, etc. « Doctrine et discipline du divorce, rétablies pour le bien des deux sexes. » Il s'ouvre par une adresse au long parlement.

« S'il étoit sérieusement demandé, ô parlement renommé, assemblée choisie! qui de tous les docteurs et maîtres a jamais attiré à lui un plus grand nombre de disciples en matière de religion et de mœurs, on répondroit avec une apparence de vérité : C'est la coutume. La théorie et la conscience recommandent pour guide la vertu ; cependant, que cela arrive par le secret de la volonté divine ou par l'aveuglement originel de notre nature, la coutume est silencieusement reçue comme le meilleur instructeur. »

L'écrivain pose ensuite divers principes, qu'il ne prouve pas tous également.

« L'homme est l'occasion de ses propres misères, dans la plupart de ses maux, qu'il attribue à la main de Dieu. Ce n'est pas Dieu qui a défendu le divorce, c'est le prêtre. La loi de Moïse permet le divorce, la loi du Christ n'a pas aboli cette loi de Moïse. La loi canonique est ignorante et inique lorsque, en stipulant les droits du corps, elle n'a rien fait pour la réparation des injustices et des souffrances qui naissent de l'esprit. Le mariage n'est pas un remède contre les exigences de la nature ; il est l'accomplissement d'un amour conjugal et d'une aide mutuelle : l'amour et la paix de la famille font le mariage aux yeux de Dieu. Or, si l'amour et la paix n'existent pas, il n'y a plus de mariage. Rien ne trouble et ne désole plus un chrétien qu'un mariage où l'incompatibilité de caractère se rencontre ; l'adultère corporel n'est pas la plus grande offense faite au mariage : il y a un adultère spirituel, une infidélité des intelligences antipathiques, plus cruelle que l'adultère corporel. Prohiber le divorce pour cause naturelle est contre nature. Deux personnes mal engagées dans le mariage passent les nuits dans les discordes et les inimitiés, se réveillent dans l'agonie et la douleur ; ils traînent leur existence de mal en mal, jusqu'à ce que le meilleur de leurs jours se soit épuisé dans l'infortune, ou que leur vie se soit évanouie dans quelque peine soudaine. Moïse admet le divorce pour dureté de cœur ; le Christ n'a pas aboli le divorce, il l'a expliqué ; saint Paul a commenté les paroles du Christ. Le Christ ne faisoit pas de longs discours, souvent il parloit en monosyllabes ; il semoit çà et là comme des perles les grains célestes de sa doctrine ; ce qui demande de l'attention et du travail pour les recueillir. On peut dire à celui qui renvoie sa femme pour cause d'adultère : Pardonnez-lui. — Vous pouvez montrer de la miséricorde ; vous pouvez gagner une âme : ne pourriez-vous donc divorcer doucement avec celle qui vous rend malheureux? Dieu n'aime pas à labourer de chagrin le cœur de l'homme ; il ne se plaît pas dans nos combats contre des obstacles invincibles. Dieu le Fils a mis toute chose sous ses pieds ; mais il a commandé aux hommes de mettre tout sous les pieds de la Charité. »

Milton ne résout ici aucune question particulière ; il n'entre point dans les difficultés touchant les enfants et les partages : son esprit large étoit contraire à l'esprit anglois, qui se renferme dans le cercle de la société pratique. Milton généralise les idées, les applique à la société dans son ensemble, à la nature humaine entière ; il fait liberté de tout, et prêche l'indépendance de l'homme sous quelque rapport que ce soit. Et cependant cet ardent champion du divorce a divinement chanté la sainteté et les délices de l'amour conjugal : « Salut, amour conjugal, mystérieuse loi, véritable source de l'humaine postérité. » (*Paradis perdu*, livre IV.)

D'après ses principes sur le divorce, Milton voulut épouser une fille du docteur Dawis, jeune et spirituelle ; mais elle ne se soucioit pas du beau génie qui la recherchoit. La première femme du poëte se ressouvint de lui alors : la famille Powell, devenue moins royaliste à mesure que la cause royale devenoit moins victorieuse, désiroit un raccommodement. Milton étant allé chez un de ses voisins nommé Blackborough, soudain la porte d'une chambre s'ouvre : Marie Powell se jette en larmes aux pieds de son mari, et confesse ses torts ; Milton pardonne à la pécheresse : aventure qui nous a valu l'admirable scène entre Adam et Ève au Xe livre du *Paradis perdu*.

<pre>
                    Soon his heart relented
   Tow'rds her, his life so late and sole delight,
   Now at his feet submissive in distress !
</pre>

« Son cœur bientôt s'attendrit pour elle, naguère sa vie et ses seules délices, à présent à ses pieds soumise dans la douleur. »

La postérité a profité d'une tracasserie de ménage.

Un mariage romanesque commencé dans le mystère, renoué dans les larmes, eut pour résultat la naissance de trois filles, et deux de ces Antigone rouvrirent les pages de l'antiquité à leur père aveugle.

Après le triomphe des parlementaires, Milton offrit un asile à la famille de sa femme. Todd a retrouvé des papiers dans les archives publiques, par lesquels on voit que Milton prit possession du reste de la fortune de son beau-père lorsqu'il mourut, fortune qui lui revenoit comme hypothèque d'une somme prêtée par le père du poëte. La veuve de Powell pouvoit réclamer son douaire ; elle ne l'osa, « car, dit-elle, M. Milton est un homme dur et colère, et ma fille qu'il a épousée seroit perdue si je poursuivois ma réclamation. »

Les presbytériens ayant attaqué l'écrit sur le divorce, l'auteur, irascible, se détacha de leur secte, et devint leur ennemi.

DISCOURS SUR LA LIBERTÉ DE LA PRESSE.

Milton fit bientôt paroître son *Areopagitica*, le meilleur ouvrage en prose angloise qu'il ait écrit ; cette manière de s'exprimer, *liberté de la presse*, n'étant pas encore connue, il intitula son ouvrage : *A speech for the liberty of unlicens'd printing.*

TO THE PARLIAMENT OF ENGLAND.

Discours pour la liberté d'imprimer sans *licence* (permission) au parlement d'Angleterre.

Après avoir remarqué que la censure est inutile contre les mauvais livres, puisqu'elle ne les empêche pas de circuler, l'auteur ajoute :

« Tuer un homme, c'est tuer une créature raisonnable ; tuer un livre, c'est tuer la raison, c'est tuer l'immortalité plutôt que la vie. Les révolutions des âges souvent ne retrouvent pas une vérité rejetée, et faute de laquelle des nations entières souffrent éternellement.

« Le peuple vous conjure de ne pas rétrograder, d'entrer dans le chemin de la vérité et de la vertu. Il me semble voir dans ma pensée une noble et puissante nation se lever, comme un homme fort après le sommeil ; il me semble voir un aigle muant sa puissante jeunesse, allumant ses regards non éblouis au plein rayon du soleil de midi, ôtant à la fontaine même de la lumière céleste les écailles de ses yeux longtemps abusés, tandis que la bruyante et timide volée des oiseaux qui aiment le crépuscule fuit en désordre. Supprimerez-vous cette moisson fleurie de connoissances et de lumières nouvelles qui ont grandi et qui grandissent encore journellement dans cette cité ? Établirez-vous une oligarchie de vingt monopoleurs, pour affamer nos esprits ? N'aurons-nous rien au delà de la nourriture qui nous sera mesurée par leur boisseau ? Croyez-moi, lords et communes, je me suis assis parmi les savants étrangers ; ils me félicitoient d'être né sur une terre de liberté philosophique, tandis qu'ils étoient réduits à gémir de la servile condition où le savoir étoit réduit dans leur pays. J'ai visité le fameux Galilée devenu vieux, prisonnier de l'inquisition pour avoir pensé en astronomie autrement qu'un censeur franciscain ou dominicain. La liberté est la nourrice de tous les grands esprits : c'est elle qui éclaire nos pensées comme la lumière du ciel. »

A cet énergique langage on reconnoît l'auteur du *Paradis perdu*. Milton est un aussi grand écrivain en prose qu'en vers ; les révolutions l'ont rapproché de nous ; ses idées politiques en font un homme de notre époque : il se plaint dans ses vers d'être venu un siècle trop tard ; il auroit pu se plaindre dans sa prose d'être venu un siècle trop tôt. Maintenant l'heure de sa résurrection est arrivée ; je serois heureux d'avoir donné la main à Milton pour sortir de sa tombe comme prosateur ; depuis longtemps la gloire lui a dit comme poëte : « Lève-toi ! » Il s'est levé, et ne se recouchera plus.

La liberté de la presse doit tenir à grand honneur d'avoir pour patron l'auteur du *Paradis perdu* ; c'est lui qui le premier l'a nettement et formellement réclamée. Avec quel art pathétique le poëte ne rappelle-t-il pas qu'il a vu Galilée, sous le poids de l'âge et des infirmités, près d'expirer dans les fers de la censure pour avoir osé affirmer le mouvement de la Terre ! C'étoit un exemple pris à la hauteur de Milton. Où irions-nous aujourd'hui si nous tenions un pareil langage ?

> Regardez, regardez, peuples du nouveau monde :
> N'apercevez-vous rien sur votre mer profonde ?
> Ne vient-il pas à vous du fond de l'horizon
> Un cétacé informe au triple pavillon ?
> Vous ne devinez pas ce qui se meut sur l'onde :
> C'est la première fois qu'on lance une prison [1].

MORT DU PÈRE DE MILTON.
ÉVÉNEMENTS HISTORIQUES. TRAITÉ SUR L'ÉTAT DES ROIS ET DES MAGISTRATS.

En 1645 Milton recueillit les poëmes latins et anglois de sa jeunesse. Les chansons furent mises en musique par Henri Lawes, attaché à la chapelle de Charles Ier: la voix de l'apologiste alloit bientôt se faire entendre au cercueil du monarque à la chapelle de Windsor.

Le père de Milton mourut ; les parents de la femme du poëte retournèrent chez eux, et sa maison, dit Philips, redevint encore une fois le temple des muses. A cette époque, Milton fut au moment d'être employé en qualité d'adjudant dans les troupes de sir William Waller, général du parti presbytérien, dont nous avons des Mémoires.

Lorsque, au mois d'avril 1647, Fairfax et Cromwell se furent emparés de Londres, Milton, pour continuer plus tranquillement ses études, quitta son grand établissement de Berbicane, et se retira dans une petite maison de *High Holborne*, près de laquelle j'ai longtemps

---

1. Loi de la presse. M. A. Musset.

demeuré. Et c'est ici le lieu de rappeler une observation que j'ai faite au commencement de cet Essai : « Une vue de la littérature, isolée de l'histoire des nations, ai-je dit, créeroit un prodigieux mensonge; en entendant des poëtes successifs chanter imperturbablement leurs amours et leurs moutons, on se figureroit l'existence non interrompue de l'âge d'or sur la terre. . . . . Il y a toujours chez une nation au moment des catastrophes et parmi les plus grands événements un prêtre qui prie, un poëte qui chante, etc. »

Nous voyons Milton se marier, s'occuper de l'étude des langues, élever des enfants, publier des opuscules en prose et en vers, comme si l'Angleterre jouissoit de la plus profonde paix : et la guerre civile étoit allumée, et mille partis se déchiroient, et l'on marchoit dans le sang parmi des ruines.

En 1644 les batailles de Marstonmoor et de Newbury avoient été livrées; la tête du vieil archevêque Laud étoit tombée sous le fer du bourreau. Les années 1645 et 1646 virent le combat de Naseby, la prise de Bristol, la défaite de Montross, la retraite de Charles Ier à l'armée écossoise, qui livra aux Anglois leur monarque pour 400,000 livres sterling.

Les années 1647, 1648, 1649, furent plus tragiques encore; elles renferment dans leur période fatale le soulèvement de l'armée, l'enlèvement du roi par Joyce, l'oppression du parlement par les soldats, la seconde guerre civile, l'évasion du roi, la seconde arrestation de ce monarque, l'épuration violente du parlement, le jugement et la mort de Charles Ier.

Qu'on se reporte à ces dates, et l'on y placera successivement ces ouvrages de Milton dont je viens de parler. Milton assista peut-être comme spectateur à la décapitation de son souverain; il revint peut-être chez lui faire quelques vers ou arranger pour ses enfants un paragraphe de sa grammaire latine : *Genders are three : masculine, feminine and neuter;* « il y a trois genres, le masculin, le féminin et le neutre. » Le sort des empires et des hommes ne compte pas plus que cela dans le mouvement qui entraîne les sociétés.

En France, en 1793, il y avoit aussi des poëtes qui chantoient *Thyrsis,* un des personnages du Masque, et qui n'étoient pas des Milton; on alloit au spectacle, peuplé de bons villageois; les bergers occupoient la scène quand la tragédie couroit les rues. On sait que les terroristes étoient d'une bénignité de mœurs extraordinaire : ces tendres pastoureaux aimoient surtout les petits enfants. Fouquier-Tinville et son serviteur Samson, qui sentoit le sang, se délassoient le soir au théâtre, et pleuroient à la peinture de l'innocente vie des champs.

Charles Ier n'eut pas plus tôt été exécuté, que les presbytériens crièrent au meurtre, à l'inviolabilité de la personne royale : bien que ces girondins de l'Angleterre eussent puissamment contribué à la catastrophe, du moins ils ne votèrent pas, comme les girondins françois, la mort du prince dont ils déploroient la perte. Pour répondre à leur clameur, Milton écrivit son *Tenure of kings and magistrates*, « État des rois et des magistrats. » Il n'eut pas de peine à démontrer que ceux qui se lamentoient le plus du sort de Charles l'avoient eux-mêmes conduit à l'échafaud. Ainsi qu'il arrive dans toutes les révolutions, les partis essayent de tenir à certaines bornes où ils ont fixé le *droit* et la *justice*; mais les hommes qui les suivent les renversent et franchissent ce but, comme dans une charge de cavalerie le dernier escadron passe sur le ventre du premier, si celui-ci vient à s'arrêter.

Milton cherche à prouver qu'en tout temps et sous toutes les formes de gouvernement il a été légal de faire le procès à un mauvais roi, de le déposer ou de le condamner à mort. « Si un sujet, dit-il, en raison de certains crimes, est frappé par la loi dans lui-même, dans sa postérité, dans son héritage dévolu au roi, quoi de plus juste que le roi, en raison de crimes analogues, perde ses titres, et que son héritage soit dévolu au peuple? Direz-vous que les nations sont créées pour le monarque, et que celui-ci n'est pas créé pour les nations; que ces nations sont regardées, dans leur multitude, comme inférieures à l'Individu royal? Cette doctrine seroit une espèce de trahison contre la dignité de l'espèce humaine. Soutenir que les rois ne doivent rendre compte de leur conduite qu'à Dieu, c'est abolir toute société politique. C'est alors que les serments que les princes ont prêtés à leur couronnement sont de pures moqueries, et que les lois qu'ils ont juré de garder sont comme non avenues. » Milton dans ces doctrines n'alloit pas plus loin que Mariana, et il les appuyoit des textes de l'Écriture : la révolution angloise, en cela toute contraire à la nôtre, étoit essentiellement religieuse.

MILTON SECRÉTAIRE LATIN DU CONSEIL D'ÉTAT DE LA RÉPUBLIQUE. L'ICONOCLASTE.

Les écrits politiques de Milton le recommandèrent enfin à l'attention des chefs du gouvernement; il fut appelé aux affaires et nommé secrétaire latin du conseil d'État de la république : quand celui-ci se changea en Protectorat, Milton se trouva tout naturellement secrétaire du Protecteur pour la même langue latine. A peine entré dans ses nouvelles fonctions, il reçut l'ordre de répondre à l'*Eikon Basiliké*, publié à Londres après la mort de Charles, comme le testament de Louis XVI se répandit dans Paris après la mort du roi martyr. Une traduction françoise de l'Eikon parut sous ce titre : *Pourtraict de sa sacrée majesté durant sa solitude et ses souffrances.*

Milton intitula spirituellement sa réponse au *Pourtraict* : *L'Iconoclaste*. Tout en immolant de nouveau le monarque, il prétend n'avoir aucun dessein de souffleter une tête coupée, mais enfin les circonstances l'obligent à parler, et il préfère au roi Charles la reine Vérité : *Reginam Veritatem Regi Carolo anteponendam arbitratus.*

L'ouvrage est écrit avec méthode et clarté ; l'auteur y semble moins dominé par son imagination que dans ses autres traités politiques. « Discourir sur les malheurs d'une personne tombée d'un rang si élevé, et qui a payé sa dette finale à ses fautes et à la nature, n'est pas une chose en elle-même recommandable ; ce n'est pas non plus mon intention. Je ne suis poussé ni par l'ambition ni par la vanité de me faire un nom en écrivant contre un roi : les rois sont forts en soldats et faibles en arguments, ainsi que tous ceux qui sont accoutumés dès le berceau à user de leur volonté comme de leur main droite, et de leur raison comme de leur main gauche. Cependant, pour l'amour des personnes d'habitude et de simplicité, qui croient les monarques animés d'un souffle différent des autres mortels, je relèverai au nom de la liberté et de la république le gant qui a été jeté dans l'arène, quoiqu'il soit le gant d'un roi. »

Milton, d'autant plus cruel pour Charles Ier dans *L'Iconoclaste* qu'il est plus contenu, oppose à l'*Eikon* ce raisonnement au sujet de la mort de Strafford :

« Charles se repent, nous dit-il, d'avoir donné son consentement à l'exécution de Strafford : il est vrai que Charles déclara aux deux chambres qu'il ne pouvoit condamner son favori pour haute trahison ; que ni la crainte ni aucune considération ne lui feroient changer une résolution puisée dans sa conscience. Mais ou la résolution de Charles n'étoit pas puisée dans sa conscience, ou sa conscience reçut de meilleures informations, ou enfin sa conscience et sa ferme résolution plièrent les voiles devant quelque crainte plus forte ; car peu de jours après ses fermes et glorieuses paroles à son parlement il signa le bill pour l'exécution de Strafford. »

Milton appelle l'*Eikon* un livre de pénitence. « Charles étoit un diligent lecteur de poésie plus que de politique ; peut-être l'*Eikon* n'est qu'une pièce de vers : les mots en sont bons, la fiction claire ; il n'y manque que la rime. Charles donne la rudesse au parlement anglois, la vertu à la reine, dans des paroles qui arrivent presque à la douce autorité du sonnet. »

Milton se joue des réflexions du roi à Holmby et de sa lettre testamentaire au prince de Galles : il rappelle encore à ce propos les condamnations de diverses têtes couronnées, et descend impitoyable jusqu'à l'exécution de Marie Stuart, aïeule de Charles ; souvenir sans courage, car Charles dormoit à Windsor et n'entendoit pas ce que son ennemi lui disoit.

« Vous parlez, s'écrie le poëte, de la couronne d'épines de notre Sauveur ! Les rois peuvent sans doute trouver assez de couronnes d'épines cueillies et tressées par eux ; mais la porter comme Christ la porta n'est pas donné à ceux qui ont souffert pour leurs propres démérites. »

Malgré son intrépidité républicaine, le publiciste paroît embarrassé quand il arrive au dernier chapitre de l'*Eikon*. Ce dernier chapitre a pour titre : *Méditations sur la mort*. Que fait Milton ? Il fuit devant ces méditations. « Toutes les choses humaines, dit-il, peuvent être controversées : les jugements seront divers jusqu'à la fin du monde ; mais cette affaire de la mort est un cas simple, et n'admet pas de controverse : dans ce centre commun toutes les opinions se rencontrent. »

C'est ainsi que Milton prit part à la gloire du régicide : le bourreau fit jaillir jusqu'à lui le sang de Charles Ier, comme l'immolateur, dans les sacrifices antiques, arrosoit les spectateurs du sang de la victime.

Milton soupçonnoit l'*Eikon* de n'être pas du roi : ce qu'il avoit pressenti s'est trouvé vrai : l'ouvrage est du docteur Gauden. L'*Eikon* renferme une prière empruntée, mot pour mot, de celle de Pamela, dans l'*Arcadie* de Philippe Sidney. Ce fut un grand sujet de moquerie pour les républicains et de confusion pour les royalistes qui avoient cru à l'authenticité du *Pourtraict* de leur maître. Dans la suite, un nommé Henri Hills, imprimeur de Cromwell, prétendit que Milton et Bradshaw avoient obtenu de Dugar, éditeur de l'*Eikon*, l'insertion de la prière de Pamela, afin de détruire l'effet de l'*Eikon*. Rien dans le caractère de Milton n'autorise à croire qu'il eût pu se rendre coupable d'une pareille lâcheté. Comment auroit-il su qu'on imprimoit le Portrait royal ? Comment les parlementaires qui auroient connu l'existence du manuscrit ne l'auroient-ils pas arrêté ? Les violences arbitraires étoient fort en usage parmi ces gens libres, non les fourberies : dans la correspondance secrète du roi avec la reine, qu'ils surprirent et imprimèrent, ils ne changèrent rien. Les interpolations, les falsifications, les suppressions, sont des moyens bas, que la révolution angloise a laissés à notre révolution.

Toutefois, Johnson a cru qu'on avoit dépravé le texte de l'*Eikon Basiliké*: « Les factions, dit-il, laissent rarement un homme honnête, quoiqu'il puisse y être entré tel. . . . Les régicides s'emparèrent des papiers que le roi donna à Juxon sur l'échafaud, de sorte qu'ils furent au moins les éditeurs de cette prière (la prière prise de l'*Arcadie* de Sidney), et le docteur Biche, qui a examiné ce sujet avec beaucoup de soin, croit qu'ils en furent les fabricateurs. »

Pour moi, en examinant de près l'*Eikon Basiliké*, il m'est venu une autre espèce de doute sur cet ouvrage : je ne puis me persuader que l'*Eikon* soit sorti tout entier de la plume du docteur Gauden. Le ministre aura vraisemblablement travaillé sur des notes laissées par Charles Ier. Des sentiments intimes ne trompent pas; on ne peut se mettre si bien à la place d'un homme, que l'on reproduise les mouvements d'esprit de cet homme dans telle ou telle circonstance de sa vie. Il me semble, par exemple, que Charles Ier a pu seul écrire cette suite de pensées :

« Sous prétexte d'arrêter une bourrasque populaire, j'ai excité une tempête dans mon sein. (Charles se reproche ici la mort de Strafford.)

« O Dieu, que ta bénédiction m'octroie d'être toujours raisonnable comme homme, religieux comme chrétien, constant et juste comme roi !

« Les événements de toutes les guerres sont incertains, ceux de la guerre civile inconsolables : puis donc que, vainqueur ou vaincu, il me faut toujours souffrir, donne-moi de ton esprit au double.

« J'ai besoin d'un cœur propre à beaucoup souffrir?

« Ils m'ont bien peu laissé de cette vie, et seulement l'écorce.

« Mon fils, s'il faut que vous ne voyiez plus ma face, et que ce soit l'ordre de Dieu que je sois enterré pour jamais dans cette obscure et si barbare prison, adieu !

« Je laisse à vos soins votre mère : souvenez-vous qu'elle a été contente de souffrir pour moi, avec moi et avec vous aussi, par une magnanimité incomparable.

« Quand ils m'auront fait mourir, je prie Dieu qu'il ne verse point les fioles de son indignation sur la généralité du peuple.

« J'aimerois mieux que vous fussiez Charles *le Bon* que Charles *le Grand*. J'espère que Dieu vous aura destiné à pouvoir être l'un et l'autre.

« Vous ferez plus paroître et exercerez plus légitimement votre autorité en relâchant un peu de la sévérité des lois qu'en vous y attachant si fort; car il n'y a rien de pire qu'un pouvoir tyrannique exercé sous les formes de la loi.

« Que ma mémoire et mon nom vivent en votre souvenir.

« Adieu ! jusqu'à ce que nous puissions nous rencontrer au ciel, si nous ne le pouvons pas en la terre.

« J'espère qu'un siècle plus heureux vous attend. »

DÉFENSE DU PEUPLE ANGLOIS, CONTRE SAUMAISE.

Bientôt parut celui des ouvrages de Milton qui de son vivant lui donna le plus de renommée : c'est sa *Défense du peuple anglois*, contre l'écrit de Saumaise en faveur de la mémoire de Charles Ier. « Les attaques contre un roi qui n'est plus, dit avec raison et éloquence M. Villemain, ces insultes au delà de l'échafaud avoient quelque chose d'abject et de féroce, que l'éblouissement du faux zèle cachoit à l'âme enthousiaste de Milton. »

Defensio pro populo anglicano est écrit en prose latine, élégante et classique ; mais Milton ne s'y montre que le *traducteur* de ses propres sentiments *pensés* en anglois, et il perd ainsi son originalité nationale. Tous ces chefs-d'œuvre de latinité moderne feroient bien rire les écoliers de Rome s'ils venoient à ressusciter.

Milton dit d'abord à Saumaise que lui Saumaise ne sait pas le latin ; il lui demande comment il a écrit *persona regia*. Milton affectoit de faire remonter, en bonne latinité, *persona* à la signification classique, un *masque*, bien que Saumaise eût pour lui l'autorité de Varron et de Juvénal ; mais se relevant tout à coup, il ajoute : « Ton expression, Saumaise, est plus juste que tu ne l'imagines ; un tyran est en effet le masque d'un roi. »

Cette querelle sur le latin est une querelle commune entre les érudits ; tout homme habile en grec et en latin prétend que son voisin n'en sait pas un mot.

« Tu commences, Saumaise, ton écrit par ces mots : Une horrible nouvelle a dernièrement frappé nos oreilles ! un parricide a été commis en Angleterre ! Mais cette *horrible nouvelle* doit avoir eu une épée beaucoup plus longue que celle de saint Pierre, et tes oreilles doivent être d'une étonnante longueur, car cette nouvelle ne peut frapper que celles d'un âne... O avocat mercenaire ! ne pouvois-tu écrire la défense de Charles le père, selon toi le meilleur des rois défunts, à Charles le fils, le plus indigent de tous les rois vivants, sans mettre ton écrit à la charge de ce roi piteux ? Quoique tu sois un coquin, tu n'as pas voulu te rendre ridicule et appeler ton écrit : *Défense du roi*, car ayant *vendu* ton écrit, il n'est pas à *toi*; il appartient à ton roi, lequel l'a trop payé au prix de cent *jacobusses*, grande somme pour ce pauvre hère de monarque! »

Milton ne reçut-il pas de ses maîtres mille livres sterling pour sa réponse à Saumaise? C'étoit plus de cent *jacobusses*. Heureusement tout n'est pas de ce ton dans la défense.

« Je vais discourir sur des choses considérables et non communes : je dirai comment un roi très-puissant, après avoir foulé aux pieds les lois de la nation et ébranlé le culte, gouverna selon sa volonté et son bon plaisir, et fut enfin vaincu sur le champ de bataille par ses sujets : ils avoient souffert sous ce roi une longue servitude. Je dirai comment il fut jeté en prison; comment, n'ayant pu donner dans ses paroles ou ses actions l'espoir d'obtenir de lui une meilleure règle, il fut finalement condamné à mort par le suprême conseil du royaume, et décapité devant la porte même de son palais. Je dirai en vertu de quel droit et de quelles lois particulières à ce pays ce jugement fut prononcé, et je défendrai facilement mes dignes et vaillants compatriotes contre les calomnies domestiques et étrangères...

« La nature et les lois seroient en danger si l'esclavage parloit et que la liberté fût muette, si les tyrans rencontroient des hommes prêts à plaider leur cause, tandis que ceux qui ont vaincu ces tyrans ne pourroient trouver un avocat. Chose déplorable en vérité si la raison, présent de Dieu dont l'homme est doué, ne fournissoit pas plus d'arguments pour la conservation et la délivrance des hommes que pour leur oppression et leur ruine! »

De là l'auteur passe aux réponses directes. Saumaise avance qu'on a vu des rois, des tyrans assassinés dans leur palais ou tués dans des émeutes populaires, mais qu'on n'en a point vu conduits à l'échafaud. Milton lui demande s'il est meilleur de tuer un prince par violence et sans jugement que de le mener à un tribunal où il n'est condamné, comme tout autre citoyen, qu'après avoir été entendu dans sa défense?

Saumaise soutient que la loi de nature est imprimée dans le cœur des hommes : Milton répond que le droit de succession n'est point un droit de nature; qu'aucun homme n'est roi par la loi de nature. Il cite à cette occasion tous les rois jugés, et surtout en Angleterre. « Dans un ancien manuscrit, » dit-il, appelé *Modus tenendi parlamenta*, on lit : « Si le roi dissout le parlement avant que les affaires pour les« quelles le conseil a été convoqué ne soient dépêchées, il se rend cou« pable de parjure et sera réputé avoir violé le serment de son couron« nement. » « A qui la faute si Charles a été condamné? N'a-t-il pas pris les armes contre ses peuples? N'a-t-il pas fait massacrer cent cinquante-quatre mille protestants dans la seule province d'Ulster en Irlande? »

Hobbes prétend que dans la *Défense du peuple anglois* le style est aussi bon que les arguments sont mauvais. Voltaire dit que Saumaise attaque en pédant, et que Milton répond comme une bête féroce. « Aucun homme, selon Johnson, n'oublie son premier métier : les droits des nations et des rois deviennent des questions de grammaire, si des grammairiens les discutent. »

La *Défense* fut traduite du latin dans toutes les langues de l'Europe : le traducteur anglois s'appelle *Washington*.

Les ambassadeurs des puissances étrangères à Londres s'empressèrent d'aller faire leurs compliments à Milton sur son *admirable* ouvrage : c'est une chose si heureuse pour les rois que de tuer les rois! Philaras, Athénien de naissance, et ambassadeur du duc de Parme auprès du roi de France, écrivit des éloges sans fin à l'apologiste du jugement de Charles Ier. Nous avons vu les ambassadeurs ramper à Paris aux pieds des secrétaires de Bonaparte. Abstraction faite des hommes, les corps diplomatiques, qui ne sont plus en rapport avec le système de la nouvelle société, ne servent souvent qu'à troubler les cabinets auprès desquels ils sont accrédités, et à nourrir leurs maîtres d'illusions.

Milton a remué d'une main puissante toutes les idées agitées dans notre siècle. Ces idées ont dormi pendant cent cinquante années, et se sont réveillées en 1789. Ne croiroit-on pas que les ouvrages politiques du poëte ont été écrits de nos jours, sur des sujets que nous voyons traiter chaque matin dans les feuilles publiques?

Saumaise se vantoit d'avoir fait perdre la vue à Milton, et Milton d'avoir fait mourir Saumaise. Une réplique de celui-ci ne parut qu'après sa mort; il y traite Milton de *prostitué*, de *larron fanatique*, d'*avorton*, de *chassieux*, de *myope*, d'*homme perdu*, de *fourbe*, d'*impur*, de *scélérat audacieux*, de *génie infernal*, d'*imposteur infâme*; il déclare qu'il voudroit le voir torturer et expirer dans de la poix fondue ou dans de l'huile bouillante. Saumaise n'oublie pas quelques vers latins où Milton a manqué à la quantité. Vraisemblablement la colère du savant venoit moins de son horreur du régicide que des mauvaises plaisanteries de Milton contre le latin de la *Defensio regia*.

SECONDE DÉFENSE.

Milton répliqua peut-être encore avec plus de violence à la brochure de Pierre Du Moulin, chanoine de Canterbury, publiée par le ministre

François Morus : *Cri du sang royal vers le ciel contre les régicides anglois.* Les royalistes croyoient émouvoir les princes étrangers en appelant Cromwell régicide et usurpateur ; ils se trompoient : les souverains sont fort accommodants en fait d'usurpation ; ils n'ont horreur que de la liberté.

Defensio secunda est plus intéressante pour nous que la *première* : dans ce second traité, Milton a passé de la défense des principes à la défense des hommes : il raconte l'histoire de sa vie, et repousse les reproches qu'on lui adresse ; il établit ainsi magnifiquement le lieu de sa plaidoirie :

« Il me semble commander, comme du sommet d'une hauteur, une grande étendue de mer et de terre. Des spectateurs se pressent en foule : leurs visages inconnus trahissent des pensées semblables aux miennes. Ici des Germains dont la mâle force dédaigne la servitude ; ici des François d'une impétuosité vivante et généreuse au nom de la liberté ; de ce côté-ci le calme et la valeur de l'Espagnol ; de ce côté-là la retenue et la circonspecte magnanimité de l'Italien. Tous les amants de l'indépendance et de la vertu, le courageux et le sage, dans quelque endroit qu'ils se trouvent, sont pour moi. Quelques-uns me favorisent en secret, quelques-uns m'approuvent ouvertement ; d'autres m'accueillent par des applaudissements et des félicitations ; d'autres qui s'étoient refusés longtemps à toute conviction se livrent enfin captifs à la force de la vérité. Entouré par la multitude, je m'imagine à présent que des colonnes d'Hercule aux extrémités de la terre je vois toutes les nations recouvrant la liberté dont elles avoient été si longtemps exilées, je crois voir les hommes de ma patrie transporter dans d'autres pays une plante d'une qualité supérieure et d'une plus noble croissance que celle que Triptolème transporta de région en région : ils sèment les avantages de la civilisation et de la liberté parmi les cités, les royaumes et les nations. Peut-être n'approcherai-je pas inconnu de cette foule, peut-être en serai-je aimé si on lui dit que je suis cet homme qui soutient un combat singulier contre le fier avocat du despotisme. »

N'est-ce pas là ce qu'on appelle aujourd'hui *la propagande révolutionnaire* éloquemment annoncée ? Milton avoit seul ces idées ; on n'en trouve aucune trace dans les révolutionnaires de son temps. Sa fiction s'est réalisée : l'Angleterre a répandu ses principes et les formes de son gouvernement sur toute la terre.

L'auteur de *Defensio secunda*, en parcourant son sujet, trace plusieurs portraits historiques :

BRADSHAW.

« Jean Bradshaw, dont la liberté même recommande le nom à une éternelle mémoire, est sorti, comme chacun le sait, d'une noble famille. . . . Appelé par le parlement à présider le procès du roi, il ne se récusa pas, et accepta cette charge pleine de péril. Il joignoit à la science des lois un esprit généreux, une âme élevée, des mœurs intègres qui ne déplaisoient à personne. Il s'acquitta de son devoir avec tant de gravité, de constance, de présence d'esprit, qu'on eût pu croire que Dieu, comme autrefois dans son admirable providence, l'avoit désigné de tous temps parmi son peuple pour conduire ce jugement. »

Voilà ce que les partis font d'un homme ! Bradshaw étoit un avocat bavard et médiocre.

FAIRFAX.

« Il ne seroit pas juste de passer sous silence Fairfax, qui unit le plus grand courage à la plus grande modestie, à la plus haute sainteté de sa vie, et qui fut l'objet des faveurs de Dieu et de la nature. Ces louanges te sont justement dues, quoique tu te sois retiré à présent du monde, comme autrefois Scipion à Literne. Tu as vaincu non-seulement l'ennemi, mais l'ambition, mais la gloire, qui ont vaincu tant d'éclatants mortels. La pureté de tes vertus, la splendeur de tes actions consacrent la douceur de ce repos dont tu jouis, et qui constitue la récompense désirée des travaux des hommes. Tel étoit le repos que possédoient les héros de l'antiquité après une vie de gloire : les poëtes, désespérant de trouver des idées et des expressions propres à exprimer la paix de ces guerriers, disoient qu'ils avoient été reçus dans le ciel et admis à la table des dieux. Mais quelles que soient les causes de ta retraite, soit la santé, comme je le crois principalement, soit tout autre motif, je suis convaincu que rien ne t'auroit fait abandonner le service de ton pays, si tu n'avois su que dans ton successeur la liberté trouveroit un protecteur, l'Angleterre un refuge et une colonne de gloire. »

Les efforts de Milton sont visibles ; il appelle à lui toute la poésie de l'histoire pour masquer la véritable cause de la retraite de Fairfax, le jugement de Charles Ier. On sait la comédie que Cromwell fit jouer auprès de cet honnête mais pauvre homme.

CROMWELL.

Milton parle d'abord de la noble naissance du protecteur : la naissance joue un grand rôle dans les idées républicaines du poëte, lui-même noble.

« Il me seroit impossible de compter toutes les villes qu'il a prises, toutes les batailles qu'il a gagnées. La surface entière de l'empire britannique a été la scène de ses exploits et le théâtre de ses triomphes.......... A toi notre pays doit ses libertés ; tu ne pouvois porter un titre plus utile et plus auguste que celui d'auteur, de gardien, de conservateur de nos libertés. Non-seulement tu as éclipsé les actions de tous nos rois, mais celles qui ont été racontées de nos héros fabuleux. Réfléchis souvent au cher gage que la terre qui t'a donné la naissance a confié à tes soins : la liberté qu'elle espéra autrefois de la fleur des talents et des vertus, elle l'attend maintenant de toi ; elle se flatte de l'obtenir de toi seul. Honore les vives espérances que nous avons conçues, honore les sollicitudes de ta patrie inquiète. Respecte les regards et les blessures de tes braves compagnons, qui sous ta bannière ont hardiment combattu pour la liberté ; respecte les ombres de ceux qui périrent sur le champ de bataille ; respecte les opinions et les espérances que les États étrangers ont conçues de nous, de nous qui leur avons promis pour eux-mêmes tant d'avantage de cette liberté ; laquelle, si elle s'évanouissoit, nous plongeroit dans le plus profond abîme de la honte ; enfin respecte-toi toi-même ; ne souffre pas, après avoir bravé tant de périls pour l'amour des libertés, qu'elles soient violées par toi-même ou attaquées par d'autres mains. Tu ne peux être vraiment libre que nous ne le soyons nous-mêmes. Telle est la nature des choses : celui qui empiète sur la liberté de tous est le premier à perdre la sienne et à devenir esclave. »

Milton auroit pu écrire l'histoire comme Tite-Live et Thucydide. Johnson n'a cité que les louanges données au Protecteur par le poëte, pour mettre en contradiction le républicain avec lui-même : le beau passage que je viens de traduire montre ce qui faisoit le contre-poids de ces louanges. Aux jours de la toute-puissance de Bonaparte, qui auroit osé lui dire qu'il n'avoit obtenu l'empire que pour protéger la liberté? Cependant, Milton auroit mieux fait d'imiter quelques fermes démocrates, qui ne se rapprochèrent jamais de Cromwell et le regardèrent toujours comme un tyran ; mais Milton n'étoit pas démocrate.

Sur ces ouvrages, aujourd'hui complétement oubliés, reposa la réputation du grand écrivain pendant sa vie ; triste réputation, qui empoisonna ses jours et que n'a point consolés l'impérissable renommée sortie de la tombe du poëte. Tout ce qui tient aux entraînements des partis et aux passions du moment meurt comme eux et avec elles.

Les réactions de la restauration en Angleterre furent beaucoup plus vives que les réactions de la restauration en France, parce que les convictions étoient plus profondes et les caractères plus prononcés. Le retour des Bourbons n'a point étouffé les réputations de la république ou de l'empire, comme le retour des Stuarts étouffa la renommée de Milton. Il est juste aussi de dire que le poëte ayant écrit en latin la plupart de ses disquisitions, elles restèrent inaccessibles à la foule.

AFFRANCHISSEMENT DE LA GRÈCE.

De même qu'il avoit demandé la liberté de la presse, l'Homère anglois remplit un devoir filial en se déclarant pour l'affranchissement de la Grèce. Camoëns avoit déjà dit : « Et nous laissons la Grèce dans la servitude! » Milton écrit à Philarès « qu'il voudroit voir l'armée et les flottes de l'Angleterre employées à délivrer du tyran ottoman la Grèce, patrie de l'éloquence, » *ut exercitus nostros et classes ad liberandam ab ottomanico tyranno Græciam, eloquentiæ patriam.*

Si ces vœux avoient été exaucés, le plus beau monument de l'antiquité existeroit encore : les Vénitiens ne firent sauter une partie du temple de Minerve qu'en 1682 ; Cromwell auroit conservé le Parthenon, dont lord Elgin n'a dérobé que les ruines. Milton avoit encore ici une de ces idées qui appartiennent aux générations actuelles et qui de nos jours a porté son fruit.

Qu'il soit permis au traducteur de Milton de lui faire hommage de quelques lignes qui ont préparé la délivrance de la Grèce :

« Il s'agit de savoir si Sparte et Athènes renaîtront, ou si elles resteront à jamais ensevelies dans leur poussière. Malheur au siècle témoin passif d'une lutte héroïque, qui croiroit qu'on peut sans péril, comme sans pénétration de l'avenir, laisser immoler une nation! cette faute ou plutôt ce crime seroit tôt ou tard suivi du plus rude châtiment.

« Des esprits détestables et bornés, qui, s'imaginant qu'une injustice, par cela seul qu'elle est consommée, n'a aucune conséquence funeste, sont la peste des États. Quel fut le premier reproche adressé pour l'extérieur, en 1789, au gouvernement monarchique de la France? Ce fut d'avoir souffert le partage de la Pologne. Ce partage, en faisant tomber la barrière qui séparoit le Nord et l'Orient du Midi et de l'Occident de l'Europe, a ouvert le chemin aux armées qui tour à tour ont occupé Vienne, Berlin, Moscou et Paris.

« Une politique immorale s'applaudit d'un succès passager : elle se croit fine, adroite, habile ; elle écoute avec un mépris ironique le cri de la conscience et les conseils de la probité. Mais tandis qu'elle marche et qu'elle se dit triomphante, elle se sent tout à coup arrêtée par les voiles dans lesquels elle s'enveloppoit ; elle tourne la tête et se trouve face à face avec une révolution vengeresse qui l'a silencieusement suivie. Vous ne voulez pas serrer la main suppliante de la Grèce? Eh bien! sa main mourante vous marquera d'une tache de sang, afin que l'avenir vous reconnoisse et vous punisse [1]. »

A la chambre des pairs j'obtins un amendement pour qu'on ne vendît plus en Égypte sous le pavillon françois les victimes enlevées à la Morée :

« Considéré dans ses rapports avec les affaires du monde, disois-je, mon amendement est aussi sans le moindre inconvénient. Le terme générique que j'emploie n'indique aucun peuple particulier. J'ai couvert le Grec du manteau de l'esclave, afin qu'on ne le reconnût pas et que les signes de sa misère rendissent au moins sa personne inviolable à la charité du chrétien. . . . .

« J'ai lu hier une lettre d'un enfant de quinze ans datée des remparts de Missolonghi. — « Mon cher compère, écrit-il dans sa naïveté à un de ses camarades à Zante, j'ai été blessé trois fois ; mais je suis, moi et mes compagnons, assez guéri pour avoir repris nos fusils. Si nous avions des vivres, nous braverions des ennemis trois fois plus nombreux. Ibrahim est sous nos murs ; il nous a fait faire des propositions et des menaces ; nous avons tout repoussé. Ibrahim a des officiers françois avec lui ; qu'avons-nous fait aux François pour nous traiter ainsi? »

« Messieurs, ce jeune homme sera-t-il pris, transporté par des chrétiens aux marchés d'Alexandrie? S'il doit encore nous demander ce qu'il a fait aux François, que notre amendement soit là pour satisfaire à l'interrogation de son désespoir, au cri de sa misère, pour que nous puissions lui répondre : Non, ce n'est pas le pavillon de saint Louis qui protège votre esclavage, il voudroit plutôt couvrir vos nobles blessures.

« Pairs de France, ministres du roi très-chrétien, si nous ne pouvons pas par nos armes secourir la malheureuse Grèce, séparons-nous du moins par nos lois des crimes qui s'y commettent ; donnons un noble exemple qui préparera peut-être en Europe les voies à une politique plus élevée, plus humaine, plus conforme à la religion et plus digne d'un siècle éclairé ; et c'est à vous, messieurs, c'est à la France qu'on devra cette noble initiative [1]. »

Le combat de Navarin acheva de réaliser le souhait de Milton.

1. *Opinion, Chambre des Pairs, 15 mars 1826, et Réponse au garde des sceaux.*

MILTON AVEUGLE. SES DÉPÊCHES.

Hume a, je crois, remarqué le premier la phrase de Whitlocke, relative à Milton dans son emploi de secrétaire du conseil d'État. « Un certain Milton, aveugle, occupé à traduire en latin un traité entre la Suède et l'Angleterre. » L'historien ajoute : *These forms of expression are amusing to posterity, who consider how obscure Whitlocke himself, though lord-keeper and ambassador, and indeed a man of great abilities and merit, has become in comparison of Milton.* « Ces formules d'expression sont amusantes pour la postérité, qui remarque combien Whitlocke, quoique garde des sceaux et ambassadeur, d'ailleurs homme d'une grande habileté et d'un grand mérite, est devenu obscur en comparaison de Milton. »

Un ambassadeur se plaignoit à Cromwell du retard d'une réponse diplomatique; le Protecteur lui répondit : « Le secrétaire ne l'a point encore expédiée, parce qu'étant aveugle il va lentement. » L'ambassadeur répliqua : « Pour écrire convenablement en latin, n'a-t-on pu dans toute l'Angleterre trouver qu'un aveugle? » Cromwell, par un instinct de gloire, découvrit la gloire cachée de Milton et enchaîna la renommée du héros à celle du poëte : c'est quelque chose dans l'histoire du monde que Cromwell ayant pour secrétaire Milton.

On attribue à Milton les huit vers si connus que Cromwell envoya avec son portrait à Christine de Suède, et qui se terminent par ce trait :

Nec sunt hi vultus regibus usque truces.
Mon front n'est pas toujours l'épouvante des rois.

Les notes du cabinet de Saint-James avoient été jusque alors écrites en françois; Milton les rédigea en latin, et voulut faire du latin la langue diplomatique universelle : il n'y réussit pas. Le françois a généralement repris le dessus, à cause de sa clarté; mais l'orgueil national du cabinet de Londres suit aujourd'hui en anglois la correspondance officielle, ce qui la rend perplexe, comme je le sais par expérience.

Cromwell mourut; la mort aime la gloire : les entraves que le Protecteur avoit mises à l'opinion furent brisées. Si l'on peut tuer pendant quelques jours la liberté, elle ressuscite : le Christ rompit les chaînes de la mort, en dépit de la garde romaine qui veilloit à son sépulcre. On fit part aux souverains de l'avénement nominal de Richard à la puissance de son père : dans le recueil des lettres de Milton se trouvent celles qu'il adressa à la cour de France. De telles dépêches sont un monument par la nature des faits et par la nature des hommes. L'auteur du *Paradis perdu,* au nom du fils de Cromwell, écrit ainsi à Louis XIV et au cardinal Mazarin :

Richard, Protecteur de la république d'Angleterre, etc., au sérénissime et puissant prince Louis, roi de France.

« Sérénissime et puissant roi, notre ami et confédéré,
« Aussitôt que notre sérénissime père Olivier, Protecteur de la république d'Angleterre, par la volonté de Dieu l'ordonnant ainsi, quitta cette vie le 3ᵉ jour de septembre, nous, déclaré légalement son successeur dans la suprême magistrature (quoique dans les larmes et l'extrême tristesse), nous n'avons pu faire moins à la première occasion que de faire connoître par nos lettres cette matière à Votre Majesté. Comme vous avez été un très-cordial ami de notre père et de cette république, nous avons la confiance que cette nouvelle douloureuse et inattendue sera reçue par vous avec autant de chagrin qu'elle nous en a causé. Notre affaire à présent est de requérir Votre Majesté d'avoir une telle opinion de nous, comme d'une personne déterminée religieusement et constamment à garder l'amitié et l'alliance contractées entre vous et notre père renommé et, avec le même zèle et la même bonne volonté, à maintenir les traités par lui conclus, et entretenir les mêmes rapports et intérêts avec Votre Majesté. A cette intention, c'est notre plaisir que notre ambassadeur résidant à votre cour y reste accrédité par les pouvoirs qu'il avoit autrefois. Vous lui accorderez le même crédit pour agir en notre nom, comme si tout étoit fait par nous-même. En même temps nous souhaitons à Votre Majesté toutes sortes de prospérités.
« De notre cour, à Whitehall, 5 septembre 1658. »

A l'éminentissime seigneur cardinal Mazarin.

« Quoique rien ne puisse nous arriver de plus amer et de plus douloureux que d'écrire les tristes nouvelles de la mort de notre sérénissime et très-renommé père, cependant nous ne pouvons ignorer la haute estime qu'il avoit pour Votre Éminence et le grand cas que vous faisiez de lui.
« Nous n'avons aucune raison de douter que Votre Éminence, de l'administration de laquelle dépend la prospérité de la France, ne

gémisse comme nous sur la perte de votre constant ami et très-dévoué allié. Nous pensons qu'il est important, par nos lettres, de vous faire connoître un accident qui doit être aussi profondément déploré de Votre Éminence que du roi. Nous assurons Votre Éminence que nous observerons très-religieusement toutes les choses que notre père, de sérénissime mémoire, s'étoit engagé par les traités à confirmer et à ratifier. Nous ferons en sorte, au milieu de votre deuil pour un ami si fidèle, si florissant et applaudi de toutes les vertus, que rien ne manque à la foi de notre alliance, pour la conservation de laquelle, et pour le bien des deux nations, puisse le Seigneur Dieu tout-puissant conserver Votre Éminence !

« Westminter, septembre 1658. »

Milton est ici un grand historien de l'histoire de France et d'Angleterre ! Il est curieux de voir Richard faire, comme un vieil héritier des trois couronnes, ses préparatifs pour régner. Milton écrivoit, au nom d'un homme investi d'un pouvoir de quelques heures, à un jeune souverain qui devoit conduire son arrière-petit-fils, par la monarchie non contrôlée, à l'échafaud du premier Stuart. Cet échafaud de Whitehall se changea en trône lorsqu'un sang royal l'eut couvert de sa pourpre, et le Protecteur s'y assit. La France, sous le petit-fils d'Henri IV, alloit monter de tout ce que l'Angleterre devoit descendre sous Charles II et son frère. Il faut toujours que la gloire soit quelque part : en s'envolant de la tête de Cromwell, elle se posa sur celle de Louis XIV.

Louis XIV porta le deuil d'un régicide, et ce fut le chantre de Satan, le républicain apologiste de la mort de Charles Ier, l'ennemi des rois et des catholiques, qui fit part au monarque absolu, auteur de la révocation de l'édit de Nantes, de la mort d'Olivier, le Protecteur.

Ce qui paroît contraste ici est harmonie : les hautes renommées se mêlent, comme enfants d'une même famille. Tout ce qui a de la grandeur se touche : deux hommes de sentiments semblables, mais d'esprits inégaux, sont plus antipathiques l'un à l'autre que ne le sont deux hommes d'esprit supérieur, quoique opposés d'opinions et de conduite.

RICHARD CROMWELL.
OPINION DE MILTON SUR LA RÉPUBLIQUE, SUR LES DIMES, SUR LA RÉFORME PARLEMENTAIRE.

Tandis que Milton, au nom de Richard, rappeloit aux souverains et à leurs ministres le tendre amour et l'admiration profonde qu'ils avoient pour le juge d'un roi, les factions renaissoient en Angleterre. Les gouvernements qui ne tiennent qu'à l'existence d'un homme tombent avec cet homme : l'effet cesse avec la cause. L'ancien parti républicain de l'armée se souleva ; les officiers que Cromwell avoit destitués se réunirent. Lambert se mit à la tête de *la bonne vieille cause.* Menacé par les officiers, Richard eut la foiblesse de dissoudre la chambre des communes : la chambre des pairs étoit nulle.

Les assemblées aristocratiques règnent glorieusement lorsqu'elles sont souveraines et seules investies, de droit ou de fait, de la puissance : elles offrent les plus fortes garanties à la liberté, à l'ordre et à la propriété ; mais dans les gouvernements mixtes elles perdent la plus grande partie de leur valeur, et sont misérables quand arrivent les grandes crises de l'État. Elles n'ont jamais rien arrêté : foibles contre le roi, elles n'empêchent pas le despotisme ; foibles contre le peuple, elles ne préviennent pas l'anarchie. Toujours prêtes à être chassées dans les commotions populaires, elles ne rachètent leur existence qu'au prix de leurs parjures et de leur esclavage. La chambre des lords sauva-t-elle Charles Ier ? sauva-t-elle Richard Cromwell, auquel elle avoit prêté serment ? sauva-t-elle Jacques II ? sauvera-t-elle aujourd'hui les princes de Hanovre ? se sauvera-t-elle elle-même ? Ces prétendus contre-poids aristocratiques ne font qu'embarrasser la balance, et seront jetés tôt ou tard hors du bassin. Une aristocratie ancienne et opulente, ayant l'habitude de la tribune et des affaires, n'a qu'un moyen de garder le pouvoir quand il lui échappe : c'est de passer par degrés à la démocratie et de se placer insensiblement à sa tête, à moins qu'elle ne se croie encore assez forte pour jouer à la guerre civile ; terrible jeu !

Peu après la dissolution de la chambre des communes, Richard abdiqua : il étoit écrasé sous la renommée d'Olivier. Détestant le joug militaire, il n'avoit pas la force de le secouer ; sans conviction aucune, il ne se soucioit de rien ; il laissoit ses gardes lui dérober son dîner, et l'Angleterre aller toute seule. Il emporta deux grandes malles remplies de ces *adresses et de ces congratulations* en l'honneur de tous les hommes puissants, et à l'usage de tous les hommes serviles. On lui disoit dans ces *félicitations* que Dieu lui avoit donné l'autorité pour le *bonheur* des trois royaumes. « Qu'emportez-vous dans ces malles ? » lui demanda-t-on. — « Le *bonheur* du peuple anglois, » répondit-il en riant.

Le conseil des officiers rappela le Rump ; le Rump attaqua aussitôt l'autorité militaire, qui lui avoit rendu la vie. Lambert bloqua, selon l'usage, les communes. Ce parlement dissous, le peuple brûla en réjouissance sur les places publiques des monceaux de croupions de divers animaux. Monck parut, et tout annonça la restauration.

Que faisoit Milton pendant cette décomposition sociale? Voyant la liberté rétrograder, rêvant toujours la république, oubliant qu'il y a des moments où les écrits ne peuvent plus rien, il publia une brochure *sur le moyen prompt et facile d'établir une société libre*. Dans un exposé rapide, il rappelle ce que les Anglois ont fait pour abolir la monarchie :

« Si nous nous relâchons, dit-il, nous justifierons les prédictions de nos ennemis : ils ont condamné nos actions comme téméraires, rebelles, hypocrites, impies; nous ferons voir qu'un esprit dégénéré s'est soudainement répandu parmi nous. Préparés et faits pour un nouvel esclavage, nous serons en mépris à nos voisins; le nom anglois deviendra un objet de risée. D'ailleurs, si l'on retourne à la monarchie, l'on n'y restera pas longtemps; il faudra bientôt combattre ce que l'on a déjà combattu, sans parvenir jamais au point où l'on étoit parvenu; on perdra les batailles que l'on avoit déjà gagnées : Dieu n'écoutera plus ces ardentes prières qu'on lui adressoit pour être délivrés de la tyrannie, puisque nous n'aurons pas su mieux nous en tenir à la victoire. Ainsi sera rendu vain et plus méprisable que la boue le sang de tant d'Anglois vaillants et fidèles qui achetèrent la liberté de leur pays au prix de leur vie. Un roi veut être adoré comme un demi-dieu : il sera entouré d'une cour hautaine et dissolue; il dissipera l'argent de l'État en festins, en bals et en mascarades; débauchant notre première noblesse, mâles et femelles, il transformera les lords en chambellans, en écuyers et en grooms de la garde-robe. »

L'esprit pénétrant de Milton lui découvroit l'avenir; il voyoit les longs combats que l'on seroit obligé de livrer pour reconquérir ce qu'on alloit perdre : ce n'est qu'aujourd'hui même que l'Angleterre revient sur ce terrain, défendu pied à pied par le grand poëte publiciste. Et ce roi, *entouré d'une cour hautaine et dissolue*, que l'auteur du *Paradis perdu* peignoit si bien d'avance, étoit prêt à débarquer à Douvres.

Quelques mois avant la publication de cet ouvrage, il en avoit donné deux autres, le premier *sur l'autorité civile en matière ecclésiastique*, le second sur le meilleur moyen de chasser les *mercenaires* hors de l'Église : il examine le fait des dîmes, des redevances et des revenus de l'Église; il doute que les ministres du culte puissent être maintenus par le pouvoir de la loi.

Son opinion sur la réforme parlementaire mérite d'ête rappelée :

« Si l'on donne le droit à tous de nommer tout le monde, ce ne sera pas la sagesse et l'autorité, mais la turbulence et la gloutonnerie qui élèveront bientôt les plus vils mécréants de nos tavernes et de nos lieux de débauche, de nos villes et de nos villages, au rang et à la dignité de sénateur. Qui voudroit confier les affaires de la république à des gens à qui personne ne voudroit confier ses affaires particulières? Qui voudroit voir le trésor de l'État remis aux soins de ceux qui ont dépensé leur propre fortune dans d'infâmes prodigalités? Doivent-ils être chargés de la bourse du peuple, ceux qui la convertiroient bientôt dans leur propre bourse! Sont-ils faits pour être les législateurs de toute une nation, ceux qui ne savent pas ce qui est loi ou raison, juste ou injuste, oblique ou droit, licite ou illicite ; ceux qui pensent que tout pouvoir consiste dans l'outrage, toute dignité dans l'insolence, qui négligent tout pour satisfaire la corruption de leurs amis, ou la vivacité de leurs ressentiments, qui dispersent leurs parents et leurs créatures dans les provinces, pour lever des taxes et confisquer des biens? hommes les plus dégradés et les plus vils, qui achètent eux-mêmes ce qu'ils prétendent exposer en vente, d'où ils recueillent une masse exorbitante de richesses détournées des coffres publics ; ils pillent le pays et émergent en un moment de la misère et des haillons à un état de splendeur et de fortune. Qui pourroit souffrir de tels fripons de serviteurs, de tels vice-régents de leurs maîtres? Qui pourroit croire que les chefs de bandits seroient propres à conserver la liberté? Qui se supposeroit devenu d'un cheveu plus libre par une telle race de fonctionnaires (ils pourroient s'élever à cinq cents élus de telle sorte par les comtés et les bourgs), lorsque parmi ceux qui sont les vrais gardiens de la liberté il y en a tant qui ne savent ni comment user ni comment jouir de cette liberté qui ne comprennent ni les principes ni les mérites de la propriété? »

On n'a jamais rien dit de plus fort contre la réforme parlementaire. Cromwell avoit essayé cette réforme ; il fut bientôt obligé de dissoudre le parlement produit d'une loi d'élection élargie. Mais ce qui étoit vrai du temps de Milton n'est pas également vrai aujourd'hui. La disproportion entre les propriétaires et les classes populaires n'est plus aussi grande. Les progrès de l'éducation et de la civilisation ont commencé à rendre les électeurs d'une classe moyenne plus aptes à comprendre des intérêts qu'ils ne comprenoient pas autrefois. L'Angleterre de ce siècle a pu, quoique non sans péril, conférer des droits à une classe de citoyens qui au xviie siècle auroient renversé l'État en entrant dans les communes.

Ainsi, toutes les questions générales et particulières agitées aujourd'hui chez les peuples du continent et dans le parlement d'Angleterre avoient été traitées et résolues par Milton dans le sens où notre siècle les résout. Il a créé jusqu'à la langue constitutionnelle moderne : les mots de *fonctionnaires*, de *décrets*, de *motions*, etc., sont de lui. Quel étoit donc ce génie capable d'enfanter à la fois un monde nouveau et une parole nouvelle de politique et de poésie?

RESTAURATION. MILTON ARRÊTÉ ET REMIS EN LIBERTÉ. FIDÉLITÉ DU POETE A CROMWELL.

Milton eut la douleur de voir le fils de Charles Ier remonter sur le trône; non que son cœur ferme fût effrayé, mais ses chimères de liberté républicaine s'évanouissoient : toute chimère qui s'évanouit fait du mal et laisse un vide. Charles II, dans sa déclaration de Breda, annonçoit qu'il pardonnoit à tout le monde, s'en remettant aux communes du soin d'excepter les indignes du pardon. Les vengeances sanglantes sous les Stuarts et sous la maison de Hanovre ne purent être imputées à la couronne : elles furent l'œuvre des chambres. Les corps sont plus implacables que les individus, parce qu'ils réunissent en eux plus de passions et qu'ils sont moins responsables.

A l'avénement de Charles II, Milton se démit de la place de secrétaire latin, et quitta son hôtel de Petty-France, où pendant huit années il avoit reçu tant d'hommages. Il se retira chez un de ses amis, dans *Bartholomew-Close,* aux environs de *West-Smithfield.* Des poursuites furent commencées contre la *Défense du peuple anglois* et *L'Iconoclaste,* et le 27 juin 1660 le parlement ordonna l'arrestation de l'auteur de ces ouvrages. On ne le trouva point d'abord; mais peu de mois après on le voit remis entre les mains d'un sergent d'armes : il fut néanmoins bientôt relâché. Le 17 décembre de la même année il eut l'audace de s'adresser à cette terrible chambre qui pensoit l'avoir généreusement traité en ne faisant pas tomber sa tête : il réclama contre l'excès du salaire requis par le sergent; il croyoit qu'on l'avoit plus outragé en lui ôtant la liberté qu'en le privant de la vie. Les registres du parlement constatent ces deux faits :

Samedi, 15 décembre 1660.

« Ordonné que M. Milton, à présent à la garde d'un sergent d'armes de cette chambre, soit relâché en payant les honoraires. »

Lundi, 17 décembre 1660.

« Une plainte ayant été faite que le sergent d'armes a demandé des honoraires excessifs pour la garde de M. Milton,

« Ordonné qu'il en sera référé au comité des priviléges pour examiner cette affaire. »

Davenant sauva Milton : histoire honorable aux muses sur laquelle j'ai rimaillé jadis des vers détestables. Cunningham raconte autrement la délivrance du poëte : il prétend que Milton se déclara trépassé et qu'on célébra ses funérailles : Charles auroit applaudi à la ruse d'un homme échappé à la mort en faisant le mort. Le caractère de l'auteur de la *Défense* et les monuments de l'histoire ne permettent pas d'admettre cette anecdote. Milton fut oublié dans la retraite où il s'ensevelit; et à cet oubli nous devons *Le Paradis perdu*. Si Cromwell eût vécu dix ans de plus, comme le remarque M. Mosneron, il n'auroit jamais été question de son secrétaire.

Les fêtes de la restauration passées, les illuminations éteintes, vinrent les supplices. Charles s'étoit déchargé sur les communes de toute responsabilité de cette nature, et celles-ci n'épargnèrent pas les réactions violentes. Cromwell fut exhumé et sa carcasse pendue, comme si l'on eût hissé le pavillon de sa gloire sur les piliers du gibet. L'histoire a gardé dans le trésor de ses chartes la quittance du maçon qui brisa par ordre le sépulcre du Protecteur, et qui reçut une somme de 15 shellings pour sa besogne :

May the 4th day, 1664, recd then in full, of the worshipful serjeant Norforke, fiveteen shillinges, for taking up the corpes of Cromwell, et Jerton et Brassaw.

Rec. by me, JOHN LEWIS.

« Mai, le 4me jour, 1664, reçu alors en totalité, du respectable sergent Norforke, quinze schellings pour enlever le corps de Cromwell, et Jerton et Brassaw.

« Reçu par moi, JOHN LEWIS. »

Milton seul resta fidèle à la mémoire de Cromwell : tandis que de petits auteurs bien vils, bien parjures, bien vendus au pouvoir revenu, insultoient les cendres du grand homme aux pieds duquel ils avoient rampé, Milton lui donnoit un asile dans son génie, comme dans un temple inviolable.

Milton put rentrer dans les affaires : sa troisième femme (car il avoit épousé successivement deux autres femmes après la mort de Marie Powell) le suppliant d'accepter son ancienne place de secrétaire du conseil, il lui répondit : « Vous êtes femme, et vous voulez avoir des équipages ; moi je veux mourir honnête homme. » Demeuré républicain, il s'enferma dans ses principes avec sa muse et sa pauvreté. Il disoit à ceux qui lui reprochoient d'avoir servi un tyran : « Il nous a délivré des rois. » Il affirmoit n'avoir combattu que pour la cause de Dieu et de la patrie.

Un jour, se promenant dans le parc de Saint-James, il entendit tout à coup répéter autour de lui : Le roi ! le roi ! « Retirons-nous, dit-il à son guide ; je n'ai jamais aimé les rois. » Charles II aborde l'aveugle : « Monsieur, voilà comme le ciel vous a puni d'avoir conspiré contre mon père. » — « Sire, si les maux qui nous affligent dans ce monde sont le châtiment de nos fautes : votre père devoit être bien coupable. »

NOUVEAUX TRAVAUX DE MILTON ; SON DICTIONNAIRE LATIN, SA MOSCOVIE, SON HISTOIRE D'ANGLETERRE.

La saison la plus favorable aux inspirations de Milton étoit l'automne, plus en rapport avec la tristesse et le sérieux de ses pensées : il dit cependant dans quelques vers qu'il *renaît au printemps*. Il se croyoit recherché la nuit par une femme céleste. Il avoit eu trois filles de Marie Powell : l'une d'elles, Deborah, lui lisoit Isaïe en hébreu, Homère en grec, Ovide en latin, sans entendre aucune de ces langues : l'anecdote est contestée par Johnson. Aussi savant qu'il étoit grand poëte, on a vu qu'il écrivoit en latin comme en anglois ; il faisoit des vers grecs, témoin quelques-uns de ses opuscules. C'est dans le texte même des prophètes qu'il se pénétroit de leur feu ; la lyre du Tasse ne lui étoit point étrangère. Il parloit presque toutes les langues vivantes de l'Europe. Antoine Francini, Florentin, s'exprime sur Milton comme si le poëte d'Albion, à son passage en Italie, jouissoit déjà de tout son éclat :

> Nell' altera Babelle
> Per te il parlar confuse Giove in vano,
> . . . .
> Ch' ode oltr' all Anglia il tuo più degno idioma,
> Spagna, Francia, Toscana, e Grecia e Roma.

« Dans une autre Babel, la confusion des langues seroit vaine pour toi, qui outre l'anglois, ton plus noble idiome, entends l'espagnol, le françois, le toscan, le grec et le latin. »

Milton, vers la fin du protectorat, avoit commencé sérieusement à écrire *Le Paradis perdu* : il menoit de front avec ce travail des muses des travaux d'histoire, de logique et de grammaire. Il a rassemblé en trois volumes in-folio les matériaux d'un nouveau *Thesaurus Linguæ Latinæ*, qui ont servi aux éditeurs du dictionnaire de Cambridge imprimé en 1693. On a de lui une grammaire latine pour les enfants : Bossuet faisoit le catéchisme aux petits garçons de Meaux. L'auteur du *Paradis perdu* est dominé du sujet de son *poëme* jusque dans le traité d'*éducation* adressé à Hartlib, en 1650 : « La fin de tout savoir, dit-il, est d'apprendre à réparer les ruines de nos premiers parents, en retrouvant la vraie connoissance de Dieu. »

Ces travaux, qui auroient fait honneur à du Cange ou à un bénédictin de la congrégation de Saint-Maur, n'accabloient pas le génie de Milton et ne lui suffisoient pas : de même que Leibniz, il embrassoit l'histoire dans ses recherches. Sa *Moscovie* est un abrégé amusant par de petits détails de la nature des voyages. « Il fait si froid l'hiver en Moscovie, que la sève des branches mises au feu gèle en sortant du bout opposé à celui qui brûle. Moscou a un beau château à quatre faces, bâti sur une colline ; les murs de brique en sont très-hauts : on dit qu'ils ont dix-huit pieds d'épaisseur, seize portes et autant de boulevards. Ce château renferme le palais de l'empereur et neuf belles églises avec des tours dorées. »

C'est le Kremlin, d'où la fortune de Bonaparte s'envola.

L'*Histoire d'Angleterre* de Milton se compose de six livres ; elle ne va pas au delà de la bataille d'Hasting. L'Heptarchie, quoi qu'en dise Hume, y est fort bien débrouillée : le style de l'ouvrage est mâle, simple, entremêlé de réflexions presque toujours relatives au temps où l'historien écrivoit. Le troisième livre s'ouvre par une description de l'état de la société dans la Grande-Bretagne au moment où les Romains abandonnèrent l'île ; il compare cet état à celui de l'Angleterre lorsqu'elle se trouva délaissée du véritable pouvoir sous le règne de Charles Ier. A la fin du cinquième livre, Milton déduit les causes qui firent tomber les Anglo-Saxons sous le joug des Normands : il demande si les mêmes causes de corruption ne pourroient pas faire retomber ses compatriotes sous le joug de la superstition et de la tyrannie.

L'imagination du poëte ne dédaigne pas les origines fabuleuses des Bretons ; il consacre plusieurs pages aux règnes de ces monarques de romans qui depuis Brutus, arrière-petit-fils d'Énée, jusqu'à Cassibelan, ont gouverné la Grande-Bretagne. Sur son chemin il rencontre le roi Leir (Lear) :

« Leir, qui régna après Bladud, eut trois filles. Étant devenu vieux, il résolut de marier ses filles et de diviser son royaume entre elles ; mais il voulut auparavant connoître celle de ses trois filles qui l'aimoit le mieux. Gonorille, l'aînée, interrogée par son père, lui répondit, en invoquant le ciel, qu'elle *l'aimoit plus que son âme*. Ainsi, dit le vieil homme plein de joie, puisque tu honores mon âge défaillant, je te donne, avec un mari que tu choisiras, la troisième partie de mon royaume. Regan, la seconde fille interrogée, répondit à son père qu'elle l'aimoit au-dessus *de toutes les créatures;* et elle reçut une récompense égale à celle de sa sœur. Mais Cordeilla, la plus jeune et jusque là la plus aimée, fit cette sincère et vertueuse réponse : Mon père, mon amour pour vous est comme mon devoir l'ordonne : que peut demander de plus un père? que peut promettre de plus un enfant? ceux qui vont au delà vous flattent.

« Le vieillard, fâché d'entendre cela, et désirant que Cordeilla reprît ses paroles, répéta sa demande ; mais Cordeilla, avec une loyale tristesse pour les infirmités de son père, répondit, faisant allusion à ses sœurs, plutôt qu'en révélant ses propres sentiments : *Comptez* ce que vous avez, dit-elle, telle est votre *valeur,* et je vous aime ce que vous *valez.* — Eh bien, s'écria le roi Leir dans une grande colère, écoute ce que ton ingratitude te *vaut :* puisque tu n'as pas révéré ton vieux père comme ont fait tes sœurs, tu n'auras pas ta part de mon royaume.

« Cependant la renommée de la sagesse et des grâces de Cordeilla s'étant répandue au loin, Aganippus, grand monarque dans les Gaules, la demanda en mariage. Après quoi, le roi Leir, tombant de plus en plus dans les années, devint la proie de ses deux autres filles et de leurs maris. Il demeuroit chez sa fille aînée, et il n'avoit pour serviteurs que soixante chevaliers, et ils furent bientôt réduits à trente. Leir, ne pouvant digérer cet affront, se retira chez sa seconde fille ; mais la discorde s'étant mise parmi les serviteurs de différents maîtres, on ne laissa au roi que cinq chevaliers. Il retourna chez sa fille aînée, espérant qu'elle auroit pitié de ses cheveux blancs ; mais elle refusa de le recevoir, à moins qu'il ne se contentât d'un seul chevalier. Alors Cordeilla, sa plus jeune fille, revint en pensée au roi Leir ; il reconnut le sens caché de ses paroles, et il espéra qu'elle auroit pitié de sa misère. Il s'embarqua pour la France. Cordeilla, poussée de son amour et sans compter sur la plus petite récompense, se prit à verser des larmes au récit des malheurs de son père. Ne voulant pas qu'il fût vu dans la détresse ni par elle ni par personne, elle envoya secrètement un de ses plus fidèles serviteurs, qui le conduisit dans quelque bonne ville au bord de la mer, afin de le baigner, de le vêtir, de lui faire bonne chère, de le fournir d'une suite convenable à sa dignité. Cela étant fait, Cordeilla avec le roi son mari et tous les barons de son royaume allèrent au-devant de lui en grande fête et en grande joie. Cordeilla passa en Angleterre avec une armée, et remit son père sur le trône. Elle vainquit ses sœurs impies avec leurs ducs, et le roi Leir porta la couronne pendant trois ans. Il mourut après, et Cordeilla, menant une grande pompe et un grand deuil, l'enterra dans la ville de Leicester. Cordeilla régna cinq ans, jusqu'à ce que Marganus et Canedagius, fils de ses sœurs, lui firent la guerre, la dépossédèrent, l'emprisonnèrent, et elle se tua. »

Il m'a été impossible de faire sentir dans cette traduction le charme de l'original. Le conteur a vieilli son style à l'égal des chroniques dont il emprunte ce récit ; il m'auroit fallu reproduire l'histoire du roi Leir dans la langue de Froissart. Milton s'est plu à lutter avec Shakespeare comme Jacob avec l'ange.

TRAVAUX POÉTIQUES DE MILTON. PLAN DU PARADIS PERDU POUR UNE TRAGÉDIE.

Ce n'est pas tout : les compositions poétiques de Milton étoient aussi gigantesques que ses études en prose. Et ce n'étoit pas de ces fantaisies de la médiocrité abondante dont les vers ruissellent aussi facilement que des paroles : soit qu'il quittât la lyre pour la plume, ou la plume pour la lyre, Milton accroissoit toujours en quelque chose les moissons de la postérité. On eût dit qu'il avoit résolu de mettre, comme certains Pères de l'Église, la Bible entière en tragédies. On conserve, à la bibliothèque du collége de la Trinité à Cambridge, des manuscrits du poëte : parmi ces manuscrits se trouvent les titres de trente-six tragédies à prendre dans l'histoire d'Angleterre depuis Vertiger jusqu'à Édouard le Confesseur, et de quarante-huit tragédies à tirer des Livres Saints. Quelques notes et des indications de discours, de chants, de caractères, sont assez souvent jointes à ces titres.

Parmi les sujets sacrés choisis par Milton, j'ai remarqué celui d'Athalie. Milton n'eût point surpassé Racine ; mais il eût été curieux de voir comment ce mâle génie auroit conduit une action qui a produit le chef-d'œuvre de la scène. — Le poëte *républicain* auroit-il donné aux rois des avertissements plus nobles et plus sévères que le poëte *royaliste* :

> Loin du trône nourri, de ce fatal honneur,
> Hélas ! vous ignorez le charme empoisonneur.
> De l'absolu pouvoir vous ignorez l'ivresse,
> Et des lâches flatteurs la voix enchanteresse.
> Bientôt ils vous diront que les plus saintes lois,
> Maîtresses du vil peuple, obéissent aux rois ;

> Qu'un roi n'a d'autre frein que sa volonté même ;
> Qu'il doit immoler tout à sa grandeur suprême ;
> Qu'aux larmes, au travail le peuple est condamné,
> Et d'un sceptre de fer veut être gouverné ;
> Que s'il n'est opprimé, tôt ou tard il opprime.

Milton avoit aussi formé le projet de traduire Homère.

Voici un des plans du *Paradis perdu* pour une tragédie, tel qu'il existe écrit de la main du poëte dans les manuscrits du collége de La Trinité :

PLAN DU PARADIS PERDU,

TRAGÉDIE.

PERSONNAGES.

Michel.
L'Amour divin.
Chœur d'anges.
Lucifer.
Adam } avec le Serpent.
Ève }
La Conscience, }
La Mort, }
Le Travail, }
La Maladie, } muets.
Le Mécontentement, }
L'Ignorance, }
La Foi.
L'Espérance.
La Charité.

AUTRES PERSONNAGES.

Moïse.
La divine Justice, la Miséricorde, la Sagesse, l'Amour divin.
Hespérus, l'Étoile du soir.
Chœurs d'anges.
Lucifer.
Adam. — Ève.
La Conscience, }
Le Travail, }
La Maladie, }
Le Mécontentement, } muets.
L'Ignorance, }
La Peur, }
La Mort, }
La Foi. — L'Espérance. — La Charité.

ACTE I.

Moïse, *prologiste,* raconte qu'il a son vrai corps ; que ce corps ne se corrompt point, parce qu'il habite avec Dieu sur la montagne ; que lui, Moïse, est semblable à Élie et à Énoch ; qu'outre la pureté du lieu qu'il habite, les vents purs, la rosée et les nuages le préservent de la corruption. De là, il exhorte les hommes à parvenir à la vue de Dieu ; il leur dit qu'ils ne peuvent voir Adam dans l'état d'innocence, à cause de leurs péchés.

La Justice, la Miséricorde, la Sagesse s'enquièrent de ce qui arrivera à l'homme s'il tombe.

Chœur d'anges qui chantent un hymne à la création.

ACTE II.

L'Amour céleste, l'Étoile du soir et le Chœur chantent le cantique nuptial et décrivent le paradis.

ACTE III.

Lucifer machine la ruine d'Adam.
Le Chœur craint pour Adam, et raconte la rébellion et la chute de Lucifer.

ACTE IV.

Adam et Ève tombés.
La Conscience les cite à l'examen de Dieu.
Le Chœur se lamente et dit les biens qu'Adam a perdus.

ACTE V.

Adam et Ève chassés du paradis.
Un ange présente à Adam le Travail, la Peine, la Haine, l'Envie, la Guerre, la Famine, la Maladie, le Mécontentement, l'Ignorance, la Peur et la Mort, entrés dans le monde : Adam leur donne leurs noms, ainsi qu'à l'Hiver, à la Chaleur, à la Tempête, etc.
La Foi, l'Espérance et la Charité consolent Adam et l'instruisent.
Le Chœur conclut rapidement.

Dans ce plan, la plupart des personnages *surnaturels* du *Paradis perdu* sont remplacés par des personnages *allégoriques*. Lucifer, dans la tragédie, projette la ruine d'Adam comme Satan la machine dans le poëme; mais toutes les grandes scènes de l'Enfer sont supprimées, de même que les grandes scènes du Ciel : on ne voit point les conseils tenus dans l'Abîme; on n'entend point les oracles du Père, les paroles du Fils sur la sainte montagne : le drame ne comportoit pas ces développements de l'épopée. Le chœur raconte la rébellion et la chute de Lucifer; mais il est évident qu'il n'auroit pu le faire que d'une manière fort courte, non dans un long récit, et comme celui de Raphael. Dans la tragédie, l'Amour céleste et l'Étoile du soir chantent le cantique nuptial; dans le poëme, c'est le poëte lui-même qui entonne le cantique : on peut regretter le chant de l'Étoile du soir et en présumer la beauté. Mais Milton ne peut se passer de génie, témoin ce trait remarquable jeté dans une simple note : l'ange présente à

Adam, après sa chute, toutes les calamités de la terre, depuis le Travail jusqu'à la Mort ; Adam *pécheur* les *nomme,* comme dans son *innocence* il avoit imposé des *noms* aux innocents animaux de la création. Cette sublime allégorie ne se trouve point dans le *Paradis perdu.*

AUTRES DÉTAILS SUR MILTON.

Le chantre d'Éden disoit que le poëte doit être « un vrai poëme, » *ought himself to be a true poem,* c'est-à-dire un modèle des choses les meilleures et les plus honorables.

Milton se levoit à quatre heures du matin en été, à cinq en hiver. Il portoit presque toujours un habit de gros drap gris ; il étudioit jusqu'à midi, dînoit frugalement, se promenoit avec un guide, chantoit le soir en s'accompagnant de quelque instrument : il savoit l'harmonie et avoit la voix belle. Il s'étoit longtemps livré à l'exercice des armes. A en juger par *Le Paradis perdu,* il aimoit passionnément la musique et le parfum des fleurs. Il soupoit de cinq ou six olives et d'un peu d'eau, se couchoit à neuf heures et composoit la nuit dans son lit. Quand il avoit fait quelques vers, il sonnoit, et les dictoit à sa femme ou ses filles. Les jours de soleil, il se tenoit assis sur un banc à sa porte : il demeuroit dans Bunhill-Row, au bord d'une espèce de chemin.

Au dehors, on accabloit d'outrages le lion malade et abandonné ; on lui disoit : « Parricide de ton roi, si, par la clémence de Charles II, tu as échappé à ton supplice, tu n'es maintenant que plus puni. Vieux, infirme, pauvre, privé des yeux, réduit à écrire pour vivre, rappelle donc, pour gagner ta vie, Saumaise de la mort. » On lui reprochoit son âge, sa laideur, sa petitesse ; on lui appliquoit ce vers de Virgile :

Monstrum horrendum, informe, ingens, cui lumen ademptum,

observant que le mot *ingens* étoit le seul qui ne s'appliquât pas à sa personne. Il avoit la simplicité de répondre (*Defensio autoris*) qu'il étoit pauvre parce qu'il ne s'étoit jamais enrichi ; qu'il n'étoit ni petit ni grand ; qu'à aucun âge il n'avoit été trouvé laid ; que dans sa jeunesse, l'épée au côté, il n'avoit jamais craint les plus hardis. En effet, il avoit été très-beau, et l'étoit encore dans sa vieillesse : le portrait d'Adam étoit le sien (livre IV du *Paradis perdu*). Ses cheveux étoient admirables, ses yeux d'une pureté extraordinaire ; on n'y voyoit aucune tache, et il eût été impossible de le croire aveugle.

Si l'on ne connoissoit la rage des partis, croiroit-on qu'on pût jamais faire un crime à un homme d'être aveugle? Mais remercions ces abominables haines, elles nous ont valu quelques lignes admirables. Milton répond d'abord qu'il a perdu la vue à la défense de la liberté, et il ajoute ces paroles de sublimité et de tendresse :

« Dans la nuit qui m'environne, la lumière de la divine présence brille pour moi d'un plus vif éclat. Dieu me regarde avec plus de tendresse et de compassion parce que je ne puis plus voir que lui. La loi divine non-seulement doit me servir de bouclier contre les injures, mais me rendre plus sacré; non à cause de la privation de la vue, mais parce que je suis à l'ombre des ailes divines qui semblent produire en moi ces ténèbres. — J'attribue à cela les affectueuses assiduités de mes amis, leurs attentions consolantes, leurs bonnes visites et leurs égards respectueux. »

On voit à quelle extrémité il étoit réduit pour écrire, par le passage d'une de ses lettres à Pierre Heimbach :

« Celle de mes vertus, que vous appelez ma vertu politique, et que j'aimerois mieux que vous eussiez appelée mon dévouement à ma patrie (doux nom qui me charme toujours), ne m'a pas trop bien récompensé. En finissant ma lettre, si vous en trouvez quelque partie tracée incorrectement, vous en imputerez la faute au petit garçon qui écrit pour moi : il ignore absolument le latin, et je suis forcé misérablement de lui épeler chaque lettre que je dicte. »

Les maux de Milton étoient encore aggravés par des chagrins domestiques. J'ai déjà dit qu'il avoit perdu sa première femme, Marie Powell, morte en couches; sa seconde femme, Catherine Woodcock de Hackney, mourut aussi en couches, au bout d'un an. Sa troisième femme, Élisabeth Minshul, lui survécut, et le servit bien. Il paroît qu'il fut peu aimé : ses filles, qui jouent un si beau rôle poétique dans sa vie, le trompoient et vendoient secrètement ses livres. Il s'en plaignoit. Malheureusement, son caractère semble avoir eu l'inflexibilité de son génie. Johnson a dit avec précision et vérité que Milton croyoit la femme faite seulement pour *l'obéissance* et l'homme pour la *rébellion*.

PUBLICATION DU PARADIS PERDU.

Il touchoit à l'âge de cinquante-neuf ans, lorsqu'en 1667 il songea à publier *Le Paradis perdu*. Il en avoit montré le manuscrit, alors divisé en dix livres, à Ellwood, quaker, qui a laissé à la littérature angloise l'*Histoire sacrée* et la *Davidéide*. Le manuscrit du *Paradis perdu* n'étoit pas de la main de l'auteur : Milton n'ayant pas le moyen de payer un copiste, quelques amis avoient écrit alternativement sous sa dictée. Le censeur refusoit l'*imprimatur* à cet autre Galilée, découvreur d'astres nouveaux; il chicanoit à chaque vers; il lui sembloit surtout que le crime de *haute trahison* ressortoit du magnifique passage où la gloire obscurcie de Satan est comparée à une éclipse, laquelle alarme *les rois par la frayeur des révolutions*.

Mais comment le docteur Tomkyns ne s'aperçut-il pas des allusions aux mœurs de la dynastie restaurée, allusions si sensibles dans ces vers, qui font partie de la belle invocation à l'amour conjugal?

« Il n'a point ses plaisirs (l'amour) dans le sourire acheté des prostituées, dans de rapides jouissances sans passion, sans joie, et que rien ne rend chères; il ne les a point dans la danse des favorites ou sous le masque lascif, ou dans le bal de minuit, ou dans la sérénade donnée par un amant famélique à sa fière beauté, qu'il seroit mieux de quitter avec mépris. »

Milton peint encore plus clairement la cour de Charles dans la *cour de Bacchus*, lorsqu'il représente les courtisans prêts à le déchirer, lui Milton, comme les Bacchantes déchirèrent Orphée sur les monts de la Thrace :

« Chasse au loin les barbares discords de Bacchus et de ses enfants de la joie, race de cette horde forcenée qui déchira sur le Rhodope le chantre de la Thrace : il ravit l'oreille des bois et des rochers, jusqu'à ce qu'une clameur sauvage noya et la voix et la lyre : la muse ne put défendre son fils. »

Il est probable que l'ingénieuse lâcheté du censeur sauva *Le Paradis perdu* : Tomkyns n'osa point reconnoître le roi et ses amis dans un portrait dont la ressemblance frappoit tous les yeux.

Les libraires, intimidés, ne se pressoient pas d'acquérir le manuscrit d'un auteur pauvre, presque inconnu comme poëte, suspect et détesté comme prosateur. Enfin il y en eut un plus hardi que les autres : il osa se charger en tremblant de l'ouvrage fatal.

On a conservé le contrat de vente et le manuscrit du poëme souillé de l'*imprimatur*; le contrat porte ce titre :

Milton's agreement with Mr Symons for Paradise lost.

Dated 27th april 1667.

Convention de Milton avec M. Symons pour *Le Paradis perdu*, datée du 27 avril 1667.

Il est dit dans cette *convention* que Jean Milton, gentleman, cède à Samuel Symons, imprimeur, en propriété et pour toujours, pour la somme de 5 liv. st., à lui, Milton, présentement payée, tous les exemplaires, copies et manuscrits d'un poëme intitulé : *Paradis perdu*, ou de *quelque titre ou nom que ledit poëme est ou sera nommé.* Clause singulière, par laquelle on voit que Milton, son poëme fait et vendu, hésitoit encore sur le titre qu'il lui donneroit. Samuel Symons s'engage, en considération (*in consideration*) de l'acquisition du *Paradis perdu*, à payer une autre somme de 5 liv. st. à la fin de la première impression, quand il aura vendu 1,300 exemplaires de l'ouvrage. Il s'engage de plus à payer à Jean Milton ou à ses héritiers, à la fin d'une seconde édition, après la vente aussi de 1,300 exemplaires, une troisième somme de 5 liv. st. A la suite de ce contrat on voit trois quittances : l'une datée du 26 avril 1669, et signée *Jean Milton*, qui reconnoît avoir reçu les secondes 5 liv. st. mentionnées au contrat; l'autre signée d'Elisabeth, veuve Milton, le 21 décembre 1680, qui reconnoît avoir reçu la somme de 8 liv. st., en cession de tous ses droits sur l'édition en douze livres du *Paradis perdu;* enfin, une troisième quittance, ou plutôt des espèces de lettres patentes d'Élisabeth Milton, du 29 avril 1681, laquelle renonce à jamais à toute reprise contre Samuel Symons, à toutes réclamations qui pourroient être à faire, *from the beginning of the world unto the day of these presents,* « depuis le commencement du monde jusqu'au jour de ces présentes ». *Faites dans la trente-troisième année du règne de notre souverain seigneur Charles, par la grâce de Dieu roi d'Angleterre, d'Écosse, d'Irlande et de France, et défenseur de la foi.*

Ainsi Milton reçut 10 liv. sterl. pour la cession de la propriété du *Paradis perdu*, et sa veuve 8. Les dernières *lettres* de cette veuve sont datées de la *trente-troisième année du règne de Charles second*, c'est-à-dire que la révolution de 1649 est non avenue; que Cromwell n'a pas régné, et que Milton, secrétaire de la république et du Protecteur, n'a point écrit, sous la république et le Protectorat, le poëme immortel vendu pour 10 liv. st., payées dans l'espace de deux ans. Et c'est la veuve de Milton qui signe tout cela! Qu'importe? Il n'appartenoit pas plus à Charles II d'effacer les temps dont Cromwell et Milton avoient fixé la date, qu'à Louis XVIII de rayer de son règne celui de Napoléon.

SAMSON AGONISTE.
PARADIS RECONQUIS. NOUVELLE LOGIQUE. VRAIE RELIGION.
MORT DE MILTON.

Le *Paradis perdu* pendant toute la vie du poëte demeura enseveli au fond de la boutique du libraire aventureux. En 1667, dans toute la gloire de Louis XV, lorsque *Andromaque* faisoit son apparition sur la scène, John Milton étoit-il connu en France? Oui : peut-être de quelques gens de justice, comme un coquin d'écrivassier dont les diatribes avoient été dûment brûlées par la main du bourreau à Paris et à Toulouse.

Milton survécut sept ans à la publication de son poëme, et n'en vit point le succès. Johnson, qui retranche au poëte tout ce qu'il lui peut retrancher, ne lui veut pas même laisser l'amer plaisir d'avoir cru qu'il s'étoit trompé d'avoir pensé qu'il avoit perdu sa vie, ou qu'un âge indifférent et jaloux méconnoissoit son génie. Le docteur prétend que *Le Paradis perdu* eut un succès *véritable* durant la vie de l'auteur; que celui-ci « vit les progrès *silencieux* de son ouvrage ; qu'il ne fut point découragé, se reposant sur son propre mérite avec une confiance intime dans son talent, attendant sans impatience les vicissitudes de l'opinion et l'impartialité de la génération suivante ».

Cette supposition est contraire aux faits matériels, et l'on va voir par le *Samson* si Milton se croyoit apprécié de ses contemporains.

Milton avoit cette force d'âme qui surmonte le malheur et se sépare d'une illusion : ayant jeté tout son génie au monde dans son poëme, il continua ses travaux comme s'il n'avoit rien donné aux hommes, comme si *Le Paradis perdu* étoit un pamphlet tombé, un accident dont il ne falloit plus s'occuper. Il publia successivement *Samson, Le Pardis reconquis, Une nouvelle Logique,* un traité sur la *vraie religion.*

Le Paradis reconquis est une œuvre de lassitude, quoique calme et belle; mais la tragédie de *Samson* respire la force et la simplicité antique. Le poëte s'est peint dans la personne de l'Israélite aveugle, prisonnier et malheureux : noble manière de se venger de son siècle !

Le jour de la fête de Dagon, Samson obtient la permission de respirer un moment à la porte de sa prison, à Gaza; là, il se lamente de ses misères :

« Je cherche ce lieu infréquenté pour donner quelque repos à mon corps; mais je n'en trouve point à mes pensées inquiètes : comme des frelons armés, elles ne m'ont pas plus tôt rencontré seul, qu'elles se précipitent sur moi en foule et me tourmentent de ce que j'étois au

temps passé et de ce que je suis à présent. . . . .
Le plus grand de mes maux est la perte de la vue. Aveugle au milieu de mes ennemis! oh! cela est pire que les chaînes, les donjons, la mendicité, la décrépitude! Le plus vil des animaux est au-dessus de moi : le vermisseau rampe, mais il voit. Mais moi, plongé dans les ténèbres au milieu de la lumière! O ténèbres! ténèbres! ténèbres! en pleins rayons du midi! Ténèbres irrévocables, éclipse totale sans aucune espérance de jour! Si la lumière est si nécessaire à la vie, si elle est presque la vie; s'il est vrai que la lumière soit dans l'âme, pourquoi la vue est-elle confinée au tendre globe de l'œil, si aisé à éteindre? . . . . . . Ah! s'il en eût été autrement, je n'aurois pas été exilé de la lumière pour vivre dans la terre de la nuit, exposé à toutes les insultes de la vie, captif chez des *ennemis inhumains.* »

On croit que par ces dernières paroles le poëte faisoit allusion à l'exécution du second Henri Vane.

Samson, mené à la fête de Gaza pour amuser les convives, prie Dieu de lui rendre sa force; il ébranle les colonnes de la salle du banquet, et périt sous les illustres ruines dont il écrase les Philistins, comme Milton, en mourant, a enseveli ses ennemis sous sa gloire.

Milton dans ses derniers jours fut obligé de vendre sa bibliothèque. Il approchoit de sa fin. Le docteur Wright l'étant allé voir, le trouva retiré au premier étage de sa petite maison, dans une toute petite chambre : on montoit à cette chambre par un escalier tapissé momentanément d'une moquette verte, afin d'assourdir le bruit des pas et de commencer le silence de l'homme qui s'avançoit vers le silence éternel. L'auteur du *Paradis perdu,* vêtu d'un pourpoint noir, reposoit dans un fauteuil à coude : sa tête étoit nue; ses cheveux argentés tomboient sur ses épaules, et ses beaux yeux noirs d'aveugle brilloient sur la pâleur de son visage.

Le 10 novembre 1674, la divinité qui parloit la nuit au poëte le vint chercher; il se réunit dans l'Éden céleste à ces anges au milieu desquels il avoit vécu, et qu'il connoissoit par leurs noms, leurs emplois et leur beauté.

Milton trépassa avec tant de douceur qu'on ne s'aperçut pas du moment où, à l'âge de soixante-six ans moins un mois, il rendit à Dieu un des souffles les plus puissants qui animèrent jamais l'argile humaine. Cette vie du temps ni longue ni courte servit de base à une vie immortelle : le grand homme traîna assez de jours sur la terre pour s'ennuyer, pas assez pour épuiser son génie, qu'il posséda tout entier jusqu'à son dernier soupir. Bossuet, comme Milton, avoit cinquante-neuf ans lorsqu'il composa le chef-d'œuvre de son éloquence;

avec quel feu et quelle jeunesse il parle de ses cheveux blancs ! Ainsi l'auteur du *Paradis perdu* se plaint d'être glacé par les années, en peignant les amours d'Adam et d'Ève. L'évêque de Meaux prononça l'*Oraison funèbre de la reine d'Angleterre* en 1669, l'année même où Milton donna quittance des secondes 5 livres sterling reçues pour la vente de son poëme. Ces incomparables génies, qui tous les deux, dans des rangs opposés, avoient fait le portrait de Cromwell, s'ignoroient l'un l'autre, et n'entendirent peut-être jamais prononcer leurs noms : les aigles, qui sont vus de tous, vivent un à un et solitaires dans la montagne.

Milton mourut juste à moitié terme entre deux révolutions, quatorze ans après la restauration de Charles II, et quatorze ans avant l'avénement de Guillaume. Il fut enterré près de son père, dans le chœur de l'église de Saint-Gilles. Longtemps après les curieux alloient voir une petite pierre dont l'inscription n'étoit plus lisible : cette pierre gardoit les cendres délaissées de Milton ; on ne sait si le nom de l'auteur du *Paradis perdu* n'avoit point été effacé.

La famille du poëte s'enfonça vite dans l'obscurité. Trente ans s'étoient écoulés depuis la mort de Milton, lorsque Déborah, voyant pour la première fois le portrait du poëte, alors devenu célèbre, s'écria : « O mon père ! mon cher père ! » Déborah avoit épousé Abraham Clarke, tisserand dans Spithfields ; elle mourut âgée de soixante-seize ans, au mois d'août 1727. Une de ses filles se maria à Thomas Foster, tisserand aussi. Réduite à la misère, un critique proposa une souscription en sa faveur : « Cette proposition, dit-il, doit être bien reçue, puisqu'elle est faite par moi, qu'on pourroit regarder comme le Zoïle de l'Homère anglois. » Zoïle n'eut pas le plaisir de nourrir la petite-fille d'Homère des outrages qu'il avoit prodigués au père de l'épopée biblique. Le parterre anglois devint le tuteur de l'orpheline ; elle eut à son bénéfice une représentation du *Masque*, dont Samuel Johnson, d'ailleurs assez dur dans son jugement sur Milton, fit le prologue.

Déborah fut connue du professeur Ward et de Richardson, à qui nous devons une vie de Milton. Addison se fit le patron de Déborah, et obtint pour elle de la reine Caroline cinquante guinées.

Un fils de Déborah, Caleb Clarke, passa aux Indes dans les premières années du XVIIIe siècle. On a su par sir James Mackintosh que ce petit-fils de Milton avoit été clerc de paroisse à Madras. Caleb Clarke eut de sa femme Marie trois enfants : Abraham, Marie, morte en 1706, et Isaac. Abraham, arrière-petit-fils de Milton, épousa, au mois de septembre 1725, Anna Clarke ; il en eut une fille, Marie Clarke, portée sur les registres des naissances, à Madras, 2 avril 1727. Là disparoît toute trace de la famille de Milton. On ne sait ce que sont devenus Abraham et Isaac, qui ne moururent point à Madras et dont jusqu'à présent on n'a point fait vérifier le décès sur les registres de Calcutta et de Bombay. S'ils étoient retournés en Angleterre, ils n'auroient point échappé aux admirateurs et aux biographes de Milton : ils se sont donc perdus dans les vastes régions de l'Inde, au berceau du monde chanté par leur aïeul. Peut-être quelques gouttes inconnues du sang libre de Milton animent aujourd'hui le cœur d'un esclave; peut-être aussi coulent-elles dans les veines d'un prêtre de Buddha, ou dans celles d'un de ces bergers indiens, qui se retire au frais sous un figuier « et surveille ses troupeaux à travers les entaillures coupées dans le feuillage le plus épais. »

> Shelters in cool, and tends his pasturing herds
> At loopholes cut thro' thickest shade.....
> *Paradise lost,* 13, ix.

Rien de plus naturel que la curiosité qui nous porte à nous enquérir de la famille des hommes illustres : celle de Bonaparte n'a point péri, parce qu'il a laissé après lui les reines et les rois qu'il fit avec son épée. J'ai recherché ailleurs ce qu'étoient devenus les descendants de ce Cromwell dont le nom se trouve inséparablement uni dans la gloire à celui de Milton.

« Il est possible, ai-je dit, qu'un héritier direct d'Olivier Cromwell par Henri soit maintenant quelque paysan irlandois inconnu, catholique peut-être, vivant de pommes de terre dans les tourbières d'Ulster, attaquant la nuit les orangistes et se débattant contre les lois atroces du Protecteur. Il est possible encore que ce descendant inconnu de Cromwell ait été un Franklin ou un Washington en Amérique[1]. »

PARADIS PERDU.

DE QUELQUES IMPERFECTIONS DE CE POEME.

Le comte de Dorset, cherchant des livres, entra chez le libraire de Milton, et mit par hasard la main sur *Le Paradis perdu.* Le libraire pria humblement Sa Seigneurie de le lire et de lui procurer des acheteurs.

1. Les Quatre Stuarts.

Le comte l'emporta, le lut, le fit passer à Dryden, qui le lui renvoya avec ces mots : *Cet homme nous efface, nous et les anciens.*

Cependant, la renommée du *Paradis perdu* ne marcha qu'avec lenteur ; des mœurs frivoles et corrompues, l'aversion qu'on portoit à des sectes religieuses dont les excès avoient fait naître l'esprit d'incrédulité s'opposoient au succès d'un poëme aussi sévère par le sujet, le style et la pensée : ni le duc de Buckingham, ni le comte de Rochester, ni le chevalier Temple, ne s'occupent de Milton. Mais en 1688 une édition in-folio du *Paradis perdu*, sous le patronage de lord Sommers, fit du bruit : on eût dit que la gloire de l'ennemi des Stuarts par eux opprimée avoit attendu l'année de leur chute pour éclater. Si Milton eût vécu, comme son frère, jusqu'à l'époque de la révolution de 1688, eût-il trouvé grâce devant le gouvernement nouveau ? J'en doute ; on ne fit que changer de roi. Le vieux régicide Ludlow, accouru de Lausanne, se trouva aussi étranger sous Guillaume III qu'il l'eût été sous Jacques II : homme d'un autre temps, il retourna mourir dans sa solitude.

Peu à peu les éditions du *Paradis perdu* se multiplièrent. Addison lui consacra dix-huit articles du *Spectateur*. Alors il n'y eut plus assez d'autels pour le dieu ; Milton prit dans le culte public sa place à côté de Shakespeare.

Quelques voix opposantes se firent entendre pourtant : aucune grande renommée ne s'élève sans contradicteurs. On prétendit que Milton avoit imité Mosenius, Ramsay, Vida, Sannazar, Romœus, Flecther, Staforst, Taubman, Andreini, Quintianus, Malapert, Fox; on auroit pu ajouter à cette liste Saint-Avit, Dubartas et le Tasse : Saint-Avit a de très-belles scènes dans *Éden*. Il est probable que Milton à Naples, dans la compagnie de Manso, avoit lu les *Sette giornale del Mondo creato* du Tasse. Le chantre de la Jérusalem fait sortir Ève du sein d'Adam, tandis que *Dieu arrosoit d'un sommeil paisible les membres de notre premier père assoupi :*

> Ed irrigò di placida quiete
> Tutte le membra al sonnacchioso.....

Le Tasse amollit l'image biblique, et dans ses douces créations la femme n'est plus que le premier songe de l'homme.

Que fait tout cela à la gloire de Milton ? Ces prétendus originaux ont-ils ouvert leurs ouvrages par le réveil de Satan dans l'enfer ? ont-ils traversé le chaos avec l'Ange rebelle, aperçu la création du seuil de l'Empyrée, apostrophé le soleil, contemplé le bonheur de l'homme dans sa primitive innocence, deviné les majestueuses amours d'Ève et d'Adam ?

Soit qu'en traduisant Milton l'habitude d'une société intime m'ait accoutumé à ses défauts, soit qu'élargissant la critique je juge le poëte d'après les idées qu'il devoit avoir, je ne suis plus blessé des choses qui me choquoient autrefois. La découverte de l'artillerie dans le ciel me semble aujourd'hui découler d'une idée fort naturelle : Milton fait inventer par Satan ce qu'il trouve de pire parmi les hommes. Il revient souvent sur cette invention, à propos de la conspiration des poudres; il a cinq pièces latines *in Proditionem bombardicam, in inventorem bombardæ.*

Les railleries des démons sont une imitation des railleries des héros d'Homère. J'aime à voir l'*Iliade* apparoître au travers du *Paradis perdu*.

Les démons changés en serpents qui sifflent leur chef lorsqu'il se vient vanter d'avoir (sous la figure d'un serpent) perdu la race humaine sont les caprices, d'ailleurs étonnamment bien exprimés, d'une imagination surabondante. Dans les critiques que l'on a faites de ce passage, on n'a pas vu ou on n'a pas voulu voir l'explication que le poëte lui-même donne de la métamorphose : elle est conforme au sujet de l'ouvrage et aux traditions les plus populaires du christianisme. C'est pour la dernière fois que l'on aperçoit Satan : le prince des ténèbres, superbe intelligence au commencement du poëme, avant la séduction d'Adam, devient hideux reptile à la fin du poëme après la chute de l'homme : au lieu de l'esprit qui brilloit encore à l'égal du soleil éclipsé, il ne vous reste plus que l'*ancien serpent*, que le *vieux dragon* de l'abîme.

Il seroit moins injuste de reprocher à Milton quelques traits de mauvais goût. « Ce dîner (de fruits) qui ne refroidit pas, » par exemple. J'aurois voulu pouvoir supprimer les vers où Adam dit à Ève qu'elle est une *côte tortueuse* que lui Adam *avoit de trop*, et malheureusement cette injure se trouvoit placée dans un morceau dramatique d'une beauté achevée.

Le poëte abuse un peu de son érudition; mais après tout, mieux vaut être trop instruit que de ne l'être pas assez : Milton a tiré plus de beautés de son savoir que Shakespeare de son ignorance. N'est-il pas surprenant qu'au milieu de la mauvaise physique de son temps il annonce l'*attraction*, démontrée depuis par Newton? Kepler, Boullian et Hook, il est vrai, avoient mis sur la voie de la découverte, et Milton auroit pu connoître ce qu'on appeloit alors la force *tractoire*. Dans l'antiquité, Aristarque fait du Soleil le centre unique de l'univers.

Des nuances et des lumières manquent de fois à autre dans les tableaux du poëte; on devine que le peintre ne voit plus, comme en musique on reconnoît le jeu d'un aveugle à l'indéfini de certaines notes. Les descriptions du *Paradis perdu* ont quelque chose de doux, de velouté, de vaporeux, d'idéal, comme des souvenirs : les *soleils couchants* de Milton en rapport avec son âge, la nuit de ses paupières et la nuit approchante de sa tombe ont un caractère de mélancolie qu'on ne retrouve nulle part. Lui demanderez-vous rien de plus, lorsqu'en peignant une nuit dans Éden il vous dit : « Le rossignol répétoit ses plaintes amoureuses, et le silence étoit ravi » ? Cinq ou six vers, hors de tous les lieux communs, lui suffisent pour offrir le spectacle religieux du matin. « La lumière sacrée commença de poindre dans l'orient parmi les fleurs humides ; elles exhaloient leur encens matinal, alors que tout ce qui respire sur le grand autel de la terre élève vers le Créateur des louanges silencieuses et une odeur qui lui est agréable. » On croit lire un verset des psaumes : *Jubilate Deo, omnis terra; Benedic, anima mea, Domino.*

Enfin, si le poëte montre quelquefois de la fatigue ; si la lyre échappe à sa main lassée, il repose, et je me repose, avec lui : je ne voudrois pas que les beaux endroits du *Cid* et des *Horaces* fussent joints ensemble par des harmonies élégantes et travaillées ; les simplicités de Corneille sont un passage à ses grandeurs, qui me charme encore.

PLAN DU PARADIS PERDU.

Que dirai-je du *Paradis perdu* qui n'ait déjà été dit ? Mille fois on en a cité les traits sublimes, les discours, les combats, la chute des anges et cet enfer qui *eût fui épouvanté si Dieu n'en avoit creusé si profondément l'abîme*. J'insisterai donc principalement sur la composition générale de l'ouvrage, pour faire remarquer l'art avec lequel le tout est conduit.

Satan s'est réveillé au milieu du lac de feu (et quel réveil !). Il rassemble le conseil des légions punies ; il rappelle à ses compagnons de malheur et de désobéissance un ancien oracle qui annonçoit la naissance d'un monde nouveau, la création d'une nouvelle race, formée à dessein de remplir le vide laissé par les anges tombés : chose formidable ! c'est dans l'Enfer que l'on entend prononcer pour la première fois le nom de l'Homme.

Satan propose d'aller à la recherche de ce monde inconnu, de le détruire ou de le corrompre. Il part, explore l'Enfer, rencontre le Péché et la Mort, se fait ouvrir les portes de l'abîme, traverse le chaos, découvre la création, descend au soleil, arrive sur la Terre, voit nos premiers parents dans Éden, est touché de leur beauté et de leur innocence, et donne par ses remords et son attendrissement une idée ineffable de leur nature et de leur bonheur. Dieu aperçoit Satan du haut du Ciel, prédit la foiblesse de l'homme, annonce sa perte totale, à moins que quelqu'un ne se présente pour être sa caution et mourir pour lui : les anges restent muets d'épouvante. Dans le silence du Ciel, le Fils seul prend la parole, et s'offre en sacrifice. La victime est acceptée, et l'homme est racheté avant même d'être tombé.

Le Tout-Puissant envoie Raphael prévenir nos premiers pères de l'arrivée et des projets de leur ennemi. Le messager céleste fait à Adam le récit de la révolte des anges, arrivée au moment où le Père annonça du haut de la montagne sainte qu'il avoit engendré son Fils, et qu'il lui remettoit tout pouvoir. L'orgueil et la jalousie de Satan, excités par cette déclaration, l'entraînent au combat ; vaincu avec ses légions, il est précipité dans l'Enfer. Milton n'avoit aucune donnée pour trouver le motif de la révolte de Satan ; il a fallu qu'il tirât tout de son génie. Ainsi, avec l'art d'un grand maître, il fait connoître ce qui a précédé l'ouverture du poëme. Raphael raconte encore à Adam l'œuvre des six jours. Adam raconte à son tour à Raphael sa propre création. L'ange retourne au ciel. Ève se laisse séduire, goûte au fruit, et entraîne Adam dans sa chute.

Au dixième livre, tous les personnages reparoissent ; ils viennent subir leur sort. Au onzième et au douzième livre, Adam voit la suite de sa faute et tout ce qui arrivera jusqu'à l'Incarnation du Christ : le Fils doit en s'immolant racheter l'homme. Le Fils est un des personnages du poëme : au moyen d'une vision, il reste seul et le dernier sur la scène, afin d'accomplir dans le monologue de la croix l'action définitive : *consummatum est*.

Voilà l'ouvrage en sa simplicité. Les faits et les récits naissent les uns des autres ; on parcourt l'Enfer, le Chaos, le Ciel, la Terre, l'éternité, le temps, au milieu des blasphèmes et des cantiques, des supplices et des joies ; on se promène dans ces immensités tout naturellement, sans s'en apercevoir, sans ressentir aucun mouvement, sans se douter des efforts qu'il a fallu pour vous porter si haut sur des ailes d'aigle, pour créer un pareil univers.

Cette observation touchant la dernière apparition du Fils montre, contre l'opinion de certains critiques, que Milton auroit eu tort de retrancher les deux derniers livres. Ces livres, que l'on regarde, je ne sais pourquoi, comme les plus foibles du poëme, sont selon moi tout aussi beaux que les autres ; ils ont même un intérêt humain qui manque aux premiers. Du plus grand des poëtes qu'il étoit, l'auteur devient le plus grand historien, sans cesser d'être poëte. Michel annonce à nos premiers pères qu'il faut sortir du Paradis. Ève pleure ; elle se désole de quitter ses fleurs : « O fleurs, dit-elle, qui toutes avez reçu de moi vos noms. » Trait charmant, qu'on a cru d'un dernier poëte germanique, et qui n'est qu'une de ces beautés dont les ouvrages de Milton fourmillent. Adam se plaint aussi, mais c'est d'abandonner les lieux que Dieu avoit daigné honorer de sa présence : « J'aurois pu dire à mes enfants : Sur cette montagne il m'apparut ; sous cet arbre il se rendit visible à mes yeux ; entre ces pins j'entendis sa voix ; au bord de cette fontaine je m'entretins avec lui. »

Cette idée de Dieu dont l'homme est dominé dans *Le Paradis perdu* est d'une sublimité extraordinaire. Ève en naissant à la vie n'est occupée que de sa beauté, et ne voit Dieu qu'à travers l'homme ; Adam aussitôt qu'il est créé, devinant qu'il n'a pas pu se créer seul, cherche et appelle aussitôt son Créateur.

Ève demeure endormie au pied de la montagne : Michel, au sommet de la même montagne, montre à Adam, dans une vision, toute sa race. Alors se déroule la Bible. D'abord vient l'histoire de Caïn et d'Abel : « O maître, s'écrie Adam à l'ange, en voyant tomber Abel, est-ce là la mort? est-ce par ce chemin que je dois retourner à ma poussière natale ? » Remarquons que dans l'Écriture il n'est plus question d'Adam après sa chute ; un grand silence s'étend entre son péché et sa mort : pendant 930 années, il semble que le genre humain, sa postérité malheureuse, n'a osé parler de lui ; saint Paul même ne le nomme pas parmi les saints qui ont vécu de la foi ; l'apôtre n'en commence la liste qu'à Abel. Adam passe pour le chef des morts, parce que tous les hommes sont morts en lui, et néanmoins durant neuf siècles il vit défiler ses fils vers la tombe dont il étoit l'inventeur et qu'il leur avoit ouverte.

Après le meurtre d'Abel, l'ange montre à Adam un hôpital et les différentes espèces de mort, tableau plein de vigueur, à la manière du Tintoret. « Adam pleure à cette vue, dit le poëte, quoiqu'il ne fût pas né d'une femme. » Réflexion pathétique, inspirée au poëte par ce passage de Job : « L'homme *né de la femme* ne vit que peu de temps, et il est rempli de beaucoup de misère. »

L'histoire des géants de la montagne, que séduisent les femmes de la plaine, est merveilleusement contée. Le déluge offre une vaste scène. Dans ce xie livre, Milton imite Dante par ces formes d'interpellations du dialogue : MAITRE? Dante auroit invité Milton, comme un frère, à entrer avec lui dans le groupe des grands poëtes.

Au xiie livre, ce n'est plus une *vision*, c'est un *récit*. La Tour de Babel, la vocation d'Abraham, la venue du Christ, son incarnation, sa résurrection, sont remplies de beautés de tous les genres. Le livre se termine par le bannissement d'Adam et d'Ève et par les vers si tristes que tout le monde sait par cœur.

Dans ces deux derniers livres, la mélancolie du poëte s'est augmentée ; il paroît sentir davantage le poids du malheur et des ans. Il met dans la bouche de Michel ces paroles :

« Tu jouiras de la vie, et, pareil à un fruit parvenu à sa maturité, tu retomberas dans le sein de la terre dont tu es sorti. Tu seras non pas durement arraché, mais doucement cueilli par la mort, quand tu seras parvenu à cette maturité qui s'appelle vieillesse. Mais alors il te faudra survivre à ta jeunesse, à ta force, à ta beauté, qui se changera en laideur, en foiblesse, en maigreur. Tes sens émoussés auront perdu ces goûts et ces douceurs qui les flattent maintenant, et au lieu de cet air de jeunesse, de gaieté, de vivacité qui t'anime, règnera dans ton sang desséché une froide et stérile mélancolie, qui appesantira tes esprits et consumera enfin le baume de ta vie. »

Un commentateur, à propos du génie de Milton, dans ces derniers livres du *Paradis perdu*, dit : « C'est le même océan, mais dans le temps du reflux ; le même soleil, mais au moment où il finit sa carrière. »

Soit. La mer me paroît plus belle lorsqu'elle me permet d'errer sur ses grèves abandonnées et qu'elle se retire à l'horizon avec le soleil couchant.

CARACTÈRES DES PERSONNAGES DU PARADIS PERDU.
ADAM ET ÈVE.

Milton a placé dans le premier homme et la première femme le type original de leurs fils et de leurs filles sur la terre.

« Dans leurs regards divins brilloit l'image de leur glorieux auteur, avec la vérité, la sagesse, la sainteté sévère et pure ; sévère, mais placée dans cette véritable liberté filiale d'où vient la véritable autorité dans les hommes. Ils ne sont pas égaux, comme leur sexe n'est pas semblable : LUI formé pour la contemplation et le courage ; ELLE pour la mollesse et la douce grâce séduisante ; LUI pour Dieu seulement ; ELLE pour DIEU en LUI. Le beau large front de l'homme et son œil sublime déclaroient sa suprême puissance ; ses cheveux d'hyacinthe, partagés autour de son front, pendent en grappe d'une manière mâle, mais non au-dessous de ses larges épaules. La femme porte comme un voile sa chevelure d'or qui descend éparse et sans ornement jusqu'à sa ceinture déliée : ses tresses roulent en capricieux anneaux, comme la vigne replie ses attaches; ce qui implique la dépendance, mais une dépendance demandée avec un doux empire, par la femme accordée, par l'homme mieux reçue; accordée avec une soumission modeste, un décent orgueil, une tendre résistance; amoureux délai ! . . . .

« Ainsi ils passoient nus; ils n'évitoient ni la vue de Dieu ni celle de l'ange, car ils ne songeoient point au mal; ainsi en se tenant par la main, passoit le plus charmant couple qui s'unit jamais depuis dans les embrassements de l'amour, Adam, le plus beau des hommes qui furent ses fils, Ève, la plus belle des femmes qui naquirent ses filles. » (*Paradis perdu*, liv. IV.)

Adam, simple et sublime, instruit du Ciel et tirant son expérience de Dieu, n'a qu'une foiblesse, et l'on voit que cette foiblesse le perdra : après avoir raconté sa propre création à Raphael, ses conversations avec Dieu sur la solitude, il peint ses transports à la première vue de sa compagne.

« Il me sembla voir, quoique endormi, le lieu où j'étois et la figure glorieuse devant laquelle je m'étois tenu éveillé. En se baissant elle m'ouvrit le côté gauche, y prit une côte chaude des esprits du cœur, et ruisselant du sang nouveau de la vie. Large étoit la blessure, mais soudain remplie de chair et guérie. Il pétrit et modela cette côte avec ses mains : sous ses mains se forma une créature semblable à l'homme, mais d'un sexe différent. Elle étoit si agréablement belle, que tout ce qui avoit paru beau dans le monde ne parut plus rien maintenant, ou sembla confondu en elle, réuni en elle, et dans ses regards qui depuis ce temps ont répandu dans mon cœur une douceur non auparavant éprouvée. Sa présence inspira à toutes choses l'esprit d'amour et les amoureuses délices. Cette créature disparut et me laissa sombre : je m'éveillai pour la trouver ou pour déplorer à jamais sa perte et abjurer tous les autres plaisirs. Lorsque j'étois hors de tout espoir, la voici non loin, telle que je la vis dans mon songe, ornée de tout ce que le ciel et la terre pouvoient prodiguer pour la rendre aimable. Elle s'avança conduite par son divin Créateur (quoique invisible). Elle n'étoit pas ignorante de la nuptiale sainteté et des rites du mariage; la grâce étoit dans tous ses pas, le ciel dans ses yeux, dans chacun de ses mouvements la dignité et l'amour. Moi, transporté de joie, je ne pus m'empêcher de m'écrier à voix haute :

« Tu as rempli ta promesse, Créateur bon et doux, donateur de toutes choses belles! Mais celui-ci est le plus beau de tes présents, et tu n'y as rien épargné! Je vois maintenant l'os de mes os, la chair de ma chair, moi-même devant moi.

« Elle m'entendit; et quoiqu'elle fût divinement amenée, son inno-

cence, sa modestie virginale, sa vertu, la conscience de son prix.....
pour tout dire enfin, la nature elle-même, toute pure qu'elle étoit de
pensée pécheresse, produisit dans Ève un tel effet, qu'en me voyant
elle se détourna. Je la suivis; elle connut ce que c'étoit que l'honneur,
et avec une soumission majestueuse il lui plut d'agréer mes raisons.
Je la conduisis au berceau nuptial, rougissant comme le matin. Tous
les cieux et les étoiles fortunées versèrent sur cette heure leur influence
choisie. La terre et chaque colline donnèrent un signe de congratulation; les oiseaux furent joyeux; les fraîches brises, les vents légers,
murmurèrent dans les bois; en se jouant, leurs ailes nous jetèrent des
roses, nous jetèrent les parfums du buisson embaumé, jusqu'à ce que
l'amoureux oiseau de la nuit chanta les noces et ordonna à l'étoile du
soir de se hâter sur le sommet de sa colline, pour allumer la lampe
nuptiale.

« Ainsi je t'ai raconté ma condition et j'ai amené mon histoire jusqu'au comble de la félicité terrestre dont je jouis. Je dois avouer que
dans toutes les autres choses je trouve à la vérité du bonheur; mais,
soit que j'en use ou non, il ne produit dans mon esprit ni changement
ni véhéments désirs. . . . . Mais ici tout autrement! transporté je
vois, transporté je touche! Ici pour la première fois j'ai senti la passion, commotion étrange! Supérieur et calme dans toute autre joie,
ici foible contre le charme d'un regard puissant de la beauté. Ou la
nature a failli en moi et m'a laissé quelque partie non à l'épreuve
d'un pareil objet; ou, soustraite de mon côté, on m'a peut-être pris
trop de vie, du moins on a prodigué à la femme trop d'ornements . . . .
Quand j'approche de ses charmes, elle me paroît si absolue et si
accomplie en elle-même, si instruite de ses droits, que tout ce qu'elle
veut faire ou dire me semble le plus sage, le plus vertueux, le plus
discret, le meilleur. Tout savoir plus élevé tombe abaissé en sa présence; la sagesse discourant avec elle se perd déconcertée et paroît
folie. L'autorité et la raison la suivent comme si elle avoit été créée
la première. Enfin, pour tout achever, la grandeur d'âme et la
noblesse ont établi en elle leur demeure la plus charmante, et créé
autour d'elle un respect mêlé de frayeur comme une garde angélique. »

Qui a jamais dit ces choses-là? quel poëte a jamais parlé ce langage? Combien nous sommes misérables dans nos compositions
modernes, auprès de ces fortes et magnifiques conceptions? Milton a
soin d'écarter Ève quand Adam raconte à Raphael sa foiblesse; mais
Ève curieuse, cachée sous la feuillée, entend ce qui doit servir à la
perdre.

Ève a une séduction inexprimable; elle respire à la fois l'innocence et la volupté; mais elle est légère, présomptueuse, vaine de sa beauté : elle s'obstine à aller seule à ses ouvrages du matin, malgré les supplications d'Adam; elle est offensée des craintes qu'il lui témoigne; elle se croit capable de résister au prince des ténèbres. Le foible Adam lui cède; il la suit tristement des yeux à mesure qu'elle s'éloigne parmi les bocages. Ève n'est pas plus tôt arrivée auprès de l'arbre de science, qu'elle est séduite, en dépit des avertissements d'Adam et du Ciel, en dépit des images d'un rêve qui l'avoit pourtant effrayée, et dans lequel l'esprit de mensonge lui avoit dit ce que lui répète le serpent : quelques louanges de sa beauté l'énivrent; elle tombe.

La stupeur d'Adam, la résolution qu'il prend de goûter lui-même au fruit fatal pour mourir avec Ève, le désespoir des époux, les reproches, le pardon, le raccommodement, la proposition qu'Ève fait à son tour de se donner la mort ou de se priver de postérité, tout cela est du plus haut pathétique. Au surplus, Ève rappelle les femmes de Shakespeare; elle a quelque chose d'extrêmement jeune, une naïveté qui touche à l'enfance : c'est l'excuse d'une séduction accomplie avec tant de facilité.

Le style de ces scènes n'a jamais appartenu qu'à Milton. On sait par quels vers délicieux Ève rend compte de son premier réveil, en sortant des mains du Créateur. Dans ce même IVe livre, Ève dit à notre premier père :

« Doux est le souffle du matin, son lever doux avec le charme des oiseaux matineux; agréable est le soleil quand d'abord dans ce délicieux jardin il déploie ses rayons de l'orient sur l'herbe, les arbres, les fruits et les fleurs brillants de rosée; parfumée est la terre fertile après de molles pluies; charmant est le venir d'un soir paisible et gracieux; charmante la nuit silencieuse avec son oiseau solennel, et cette lune si belle, et ces perles du ciel, sa cour étoilée : mais ni le souffle du matin, quand il monte avec le charme des oiseaux matineux; ni le soleil levant sur ce délicieux jardin; ni l'herbe, ni le fruit, ni la fleur brillante de rosée; ni le parfum après de molles pluies, ni le soir paisible et gracieux, ni la nuit silencieuse avec son oiseau solennel, ni la promenade à la clarté de la lune ou à la tremblante lumière de l'étoile n'ont de douceur sans toi. »

A l'entrée du berceau nuptial et près d'y entrer, Adam s'arrête et cache le bonheur qu'il va goûter dans ce chaste et religieux souhait.

« Créateur, ton fortuné paradis est trop vaste pour nous; ton abondance manque de mains qui la partagent; elle tombe sur le sol sans être moissonnée : mais tu nous as promis à tous deux une race pour remplir la terre, une race qui glorifiera avec nous ta bonté infinie, et quand nous nous éveillons, et quand nous cherchons, comme à cette heure, le sommeil, ton présent. »

Adam s'éveille avant Ève sous le berceau :

« Il se soulève, appuyé sur le coude, et, suspendu sur sa bien-aimée, il contemple avec le regard d'un cordial amour la beauté qui, éveillée ou endormie, brille de toutes les sortes de grâces. Alors, avec une voix douce, comme quand Zéphyre souffle sur Flore, touchant doucement la main d'Ève, il murmure ces mots :

« Éveille-toi, ma beauté, mon épouse, mon dernier bien trouvé, le meilleur et le dernier présent du ciel! Mes délices toujours nouvelles, éveille-toi? Le matin brille, la fraîche campagne nous appelle; nous perdons les prémices du jour! »

Lorsque Raphael aperçoit Ève, il lui adresse les paroles de la Salutation angélique :

« Je te salue, mère des hommes, dont les entrailles fécondes rempliront le monde de fils plus nombreux que ne seront jamais les fruits variés dont les arbres de Dieu ont chargé cette table. »

Ainsi tout se sanctifie par les souvenirs de la religion dans les hymnes du poëte. Ces suaves peintures de la béatitude sont d'autant plus dramatiques que Satan en est le témoin : il apprend de la bouche même des époux heureux leur secret et le moyen de les perdre. La félicité d'Adam et d'Ève est redoutable ; chaque instant de leur bonheur fait frémir, puisqu'il doit être suivi de la perte de la race humaine :

« Ah! couple charmant, dit le prince de l'Enfer, vous ne vous doutez guère combien votre changement approche! Toutes vos délices vont s'évanouir et vous livrer au malheur; malheur d'autant plus grand que vous goûtez maintenant plus de joie! Couple heureux, mais trop mal gardé pour continuer d'être toujours si heureux ! . . . . . Non que je sois votre ennemi décidé; je pourrois avoir pitié de vous, abandonnés comme vous l'êtes, bien qu'on soit sans pitié pour moi! »

Si l'art du poëte se montre quelque part, c'est dans la peinture des amours de nos premiers parents après le péché. Le poëte emploie les mêmes couleurs ; mais l'effet n'en est plus le même : Ève n'est plus une épouse, c'est une maîtresse ; la vierge mariée des berceaux d'Éden est entrée dans les bosquets de Paphos; la volupté a remplacé l'amour; les blandices ont tenu lieu des chastes caresses. Comment le poëte a-t-il opéré cette métamorphose? Il n'a banni qu'un seul mot de ses descriptions : Innocence. Les deux époux sortent accablés de fatigue, du sommeil que leur a procuré l'enivrement du fruit défendu ; on voit qu'ils viennent d'engendrer Caïn. Ils découvrent avec honte sur leur visage les pâles traces du plaisir : ils s'aperçoivent qu'ils sont nus, et ils ont recours au figuier.

L'homme tombé, le globe est dérangé sur son axe; les saisons s'altèrent, et la mort fait son premier pas dans l'univers.

L'ÉTERNEL ET LE FILS.

Le caractère du Père tout-puissant est obscurément tracé. Il faut admirer la retenue de l'auteur : il a craint de prêter une parole mortelle à l'Être impérissable; il ne met dans la bouche de Jéhovah que des discours consacrés par le texte des livres saints et par les commentaires de l'élite des esprits chrétiens dans la suite des âges : tout roule sur les questions les plus abstraites de la grâce, du libre arbitre, de la prescience. L'Éternel s'agrandit au fond des ténèbres théologiques et philosophiques où la main du respect et du mystère le tient caché. Nous verrons que Milton, dans l'embarras de ses systèmes, ne s'étoit pas fait une idée bien distincte de la divinité unique.

Mais le caractère du Fils est une œuvre dont on n'a pas assez remarqué la perfection. Dans le Christ il y a de l'homme; l'homme peut donc mieux comprendre le Christ, et comme aussi dans le Christ il y a de la nature divine, c'est à travers l'homme que Milton s'est élevé à la connoissance réelle de l'Homme-Dieu.

La tendresse du Fils est ineffable et ne se dément jamais. Dès le troisième livre, il s'offre en victime expiatoire, même avant que l'homme soit tombé; il dit au Père : « Me voici, moi pour lui, vie pour vie, je me présente. Que ta colère tombe sur moi; prends-moi pour l'homme. Afin de le sauver, je quitterai ton sein; j'abandonnerai librement la gloire dont je jouis auprès de toi; pour lui, je mourrai satisfait : que la mort exerce sur moi sa fureur ! »

« Ses paroles cessèrent; mais dans son aspect miséricordieux le silence parle encore; il respire un immortel amour pour les hommes mortels. »

Au dixième livre, le Père envoie le Fils juger le couple criminel : « Je vais donc, dit le Fils, vers ceux qui t'ont offensé; mais tu sais que quel que soit le jugement c'est sur moi que retombera la plus grande peine. Je m'y suis engagé en ta présence; je ne m'en repens point, puisque j'espère obtenir de mon innocence l'adoucissement du châtiment quand il sera exercé sur moi. »

Le Fils refuse tout cortége : à la sentence qu'il va prononcer ne doivent assister que les deux coupables. Il descend dans le jardin comme *un vent doux du soir ;* sa voix, loin d'être effrayante, est portée par la brise aux oreilles d'Ève et d'Adam. L'homme et la femme se cachent ; il les appelle : « Adam, où es-tu ? » Adam hésite ; puis il s'avance avec peine suivi d'Ève ; il répond enfin : « Je me suis caché parce que j'étois nu. »

Le Fils ne lui fait aucun reproche, il réplique avec douceur : « Tu as souvent entendu ma voix ; au lieu de te causer de la crainte, elle te remplissoit de joie ; pourquoi est-elle devenue pour toi si terrible ? Tu dis que tu es nu : qui te l'a appris ? »

« Ainsi jugea l'homme, dit le poëte, celui qui étoit à la fois son juge et son sauveur !. . . . . Ensuite, voyant ces deux criminels debout et nus, au milieu d'un air qui allait souffrir de grandes altérations, il en eut compassion ; il ne dédaigna pas de prendre dès ce moment la forme de serviteur, qu'il prit lorsqu'il lava les pieds de ses serviteurs. Avec l'attention d'un père de famille, il couvrit leur nudité de peaux de bêtes. . . . . Il eut aussi pitié de leur nudité la plus ignominieuse ; il couvrit leur nudité intérieure de sa robe de justice, l'étendant entre eux et les regards de son père, vers lequel il retourna aussitôt. »

L'expression manque pour louer des choses si divines.

A la fin de ce même livre x, Ève et Adam, réconciliés et pénitents, vont prier Dieu à la même place où ils ont été jugés. Leurs prières volent au ciel ; le grand intercesseur les présente au Père, embaumées de l'encens qui fume sur l'autel d'or : « Considérez, ô mon père, quels sont les premiers fruits qu'a fait germer sur la terre cette grâce que vous avez fait entrer dans le cœur humain : ce sont des soupirs et des prières ; je vous les présente, moi qui suis votre prêtre. . . . . . . .L'homme ignore en quels termes il doit parler pour lui-même ; permettez que je sois son interprète, son avocat, sa victime de propitiation. Gravez en moi toutes ses actions, bonnes ou mauvaises : je perfectionnerai les premières ; j'expierai les autres par ma mort. »

Ici la beauté de la poésie égale la beauté du sentiment.

Enfin, dans le xiie livre, Milton, quittant les hauteurs de la Bible, descend à la mansuétude évangélique pour peindre le mystère de la Rédemption. « C'est afin de porter ton châtiment, dit Michel à Adam, qu'il se fera chair, qu'il s'exposera à souffrir une vie méprisée et une mort honteuse. . . . . Sur la terre il se voit trahi, blasphémé, arrêté avec violence, jugé, condamné à la mort, mort d'ignominie et de malédiction. Il est élevé sur une croix par son propre peuple; mais il meurt pour donner la vie, et il cloue à sa croix tes ennemis. »

Milton attendrit son génie aux rayons du christianisme : comme il a peint ce qui a précédé le temps, il vous laisse dans ce temps où il vous a introduit à la chute de l'homme. Pour lui, il passe à travers ce monde intermédiaire, qu'il dédaigne; il se hâte d'annoncer la destruction du temps, auquel il donne des ailes d'*heures,* de proclamer le renouvellement des choses, la réunion de la fin et du commencement dans le sein de Dieu.

ANGES.

Parmi les anges il y a une grande variété de caractères : Uriel, Raphael, Michel, ont des traits qui les distinguent les uns des autres. Raphael est l'ange ami de l'homme. La peinture que le poëte en fait est pleine de pudeur et de grâce.

Envoyé par Dieu vers nos premiers pères, en arrivant dans Éden il secoue ses six ailes, qui répandent au loin une odeur d'ambroisie. Adam appelle Ève : « Ève, approche-toi vite! Regarde entre ces arbres du côté de l'orient : vois-tu cette forme éclatante qui s'avance vers nous? on diroit d'une nouvelle aurore qui se lève. » Raphael aborde Adam, comme dans l'antiquité biblique des anges demandent l'hospitalité aux patriarches, ou comme dans l'antiquité païenne les dieux viennent s'asseoir à la table de Philémon et de Baucis. Raphael salue notre première mère des mêmes paroles dont Gabriel salua Marie, seconde Ève. Il raconte ensuite, comme je l'ai dit, ce qui s'est passé dans le Ciel, la chute des esprits rebelles et la création du monde; il contente la curiosité du père des hommes, et rougit, comme rougit un ange, quand Adam ose lui faire des questions sur les amours des esprits. Lorsqu'il retourne au Ciel, Adam lui dit : « Partez, hôte divin, soyez toujours le protecteur et l'ami de l'homme, et revenez souvent nous visiter. »

Michel, chef des milices du Ciel, est envoyé à son tour, mais pour bannir du Paradis les deux coupables. Il a pris la forme humaine et l'habillement d'un guerrier; son visage, quand la visière de son casque étoit levée, montre l'âge où la virilité commence et finit la jeunesse. Son épée pend comme un éclatant zodiaque à son côté, et dans sa main il porte négligemment une lance. Adam l'aperçoit de loin : « Il n'a point l'air terrible, dit-il à Ève : je ne dois pas être effrayé; mais il n'a pas non plus l'air doux et sociable de Raphael. » Le poëte connoît familièrement tous ces anges, et vous fait vivre avec eux. L'ange fidèle dans l'armée de Satan est énergique : je citerai bientôt un de ses discours. Il n'y a pas jusqu'au chérubin de ronde qui surprend Satan à l'oreille d'Ève dont le trait ne soit correctement dessiné. Satan insulte ce chérubin : « Ne pas me connoître prouve que toi-même es inconnu, et le dernier de ta bande. » Zéphon lui répond : « Esprit révolté, ne t'imagine pas que ta figure soit la même, et qu'on puisse te reconnoître ; tu n'as plus cet éclat qui t'environnoit, lorsque tu restois pur dans le Ciel. Ta gloire t'a quitté avec ton innocence ; le moindre d'entre nous peut tout contre toi ; ton crime fait ta foiblesse. »

Quand Satan lui-même se transforme en esprit de lumière, le poëte répand sur lui toutes les harmonies de son art. « Sous une couronne, les cheveux de l'archange flottent en boucles, et ombragent ses deux joues ; il porte des ailes dont les plumes, de diverses couleurs, sont semées d'or ; son habit court est fait pour une marche rapide, et il appuie ses pas pleins de décence sur une baguette d'argent. »

Tous ces esprits, d'une variété et d'une beauté infinies, ont l'air d'être peints, selon leurs caractères, par Michel-Ange et par Raphael ; ou plutôt on voit que Milton les a vêtus et représentés d'après les tableaux de ces grands maîtres : il les a transportés de la toile dans sa poésie, en leur donnant avec le secours de la lyre la parole que le pinceau avoit laissée muette sur leurs lèvres.

LES DÉMONS ET LES PERSONNAGES ALLÉGORIQUES.

Il est inutile de rappeler ce que chacun sait des esprits de ténèbres tels que Milton les a produits : il est reconnu que Satan est une incomparable création.

Louis Racine fait cette remarque, en parlant des quatre monologues de Satan : « A quelle occasion l'esprit de fureur, le roi du mal, fait-il quelques réflexions qu'on peut appeler sages ? 1° en contemplant la beauté du soleil ; 2° en contemplant la beauté de la terre ; 3° en contemplant la beauté de deux créatures qui, dans une conversation tranquille, s'assurent mutuellement de leur amour ; 4° en contemplant une de ces créatures, qui seule dans un bosquet, cultivant des fleurs, est l'image de l'innocence et de la tranquillité. Tout ce qui est beau, tout ce qui est bon excite d'abord son admiration ; cette admiration produit des remords, par le souvenir de ce qu'il a perdu, et le fruit de ces remords est de s'endurcir toujours. Le roi du mal devient par degrés digne roi de son nouvel empire. Ève cueillant des fleurs lui paroît heureuse. Sa tranquillité est le plaisir de l'innocence ; il va détruire ce qu'il admire, parce qu'il est le destructeur de tout plaisir.

Dans ces quatre monologues, le poëte conserve à Satan le même caractère et ne se copie point. Satan n'est pas le héros de son poëme, mais le chef-d'œuvre de sa poésie. »

Milton a presque donné un mouvement d'amour à Satan pour Ève; l'archange est jaloux à la vue des caresses que se prodiguent les deux époux. Ève séduisant un moment le rival de Dieu, le chef de l'Enfer, le roi de la haine, laisse dans l'imagination une idée incompréhensible de la beauté de la première femme.

Les personnages allégoriques du *Paradis perdu* sont le Chaos, la Mort et le Péché. Tel est le feu du poëte, que de la Mort et du Péché il a fait deux êtres réels et formidables. Rien n'est plus étonnant que l'instinct du Péché, lorsque du seuil de l'Enfer, entre les flammes du Tartare et l'océan du Chaos, ce fantôme devine que son père et son amant ont fait la conquête d'un monde. La Mort elle-même, avertie, dit au Péché, sa mère : « Quelle odeur je sens de carnage, proie innombrable! je goûte la saveur de la mort de toutes les choses qui vivent.... La forme pâle, renversant en haut ses larges narines dans l'air empesté, huma sa curée lointaine. »

Le péché (j'en ai fait l'observation dans *Le Génie du Christianisme*) est du genre féminin en anglois, et la mort du genre masculin. Racine a voulu sauver en françois cette difficulté des genres, en donnant à la Mort et au Péché des noms grecs; il appelle le péché *Ate,* et la mort *Ades* : je n'ai pas cru devoir me soumettre à ce scrupule; contre Louis Racine, j'ai l'autorité de Jean Racine :

> La Mort est *le seul dieu* que j'osois implorer.

Il m'a semblé que les lecteurs, accoutumés d'avance à cette fiction, se prêteroient au changement de genres, qu'ils feroient facilement la mort du genre masculin et le péché du genre féminin, en dépit de leurs articles.

Voltaire critiquoit un jour, à Londres, cette célèbre allégorie; Young, qui l'écoutoit, improvisa ce distique :

> You are so witty, profligate and thin,
> At once we think you Milton, Death and Sin.

« Vous êtes si spirituel, si silencieux et si maigre, que nous vous croyons à la fois Milton, la Mort et le Péché. »

Il ne me reste plus qu'à parler d'un autre personnage du *Paradis perdu,* je veux dire de Milton lui-même.

MILTON DANS LE PARADIS PERDU.

Le républicain se retrouve à chaque vers du *Paradis perdu*; les discours de Satan respirent la haine de la dépendance. Mais Milton, qui, enthousiaste de la liberté, avoit néanmoins servi Cromwell, fait connoître l'espèce de république qu'il comprenoit : ce n'est pas une république d'égalité, une république plébéienne : il veut une république aristocratique et dans laquelle il admet des rangs. « Si nous ne sommes pas tous égaux, dit Satan, nous sommes tous également libres : *rangs et degrés ne jurent pas avec la liberté, mais s'accordent avec elle*. Qui donc, en droit ou en raison, peut prétendre au pouvoir sur ceux qui sont par droit ses égaux, sinon en pouvoir et en éclat, du moins en liberté? Qui peut promulguer des lois et des édits parmi nous, nous qui même sans lois n'errons jamais? Qui peut nous forcer à recevoir celui-ci pour maître, à l'adorer au détriment de ces *titres impériaux qui prouvent que nous sommes faits pour gouverner, non pour obéir?* » (*Paradis perdu*, livre V.)

S'il pouvoit rester quelques doutes à cet égard, Milton, dans son *Moyen facile d'établir une société libre*, s'explique de manière à éclaircir ces doutes : il y déclare que la république doit être gouvernée par *un grand conseil perpétuel*; il ne veut pas du *remède populaire* propre à combattre l'ambition de ce conseil permanent, car le peuple se précipiteroit dans une démocratie licencieuse et sans frein, *a licentious and unbridled democracy*. Milton, ce fier républicain, étoit noble; il avoit des armoiries : il portoit un aigle d'argent éployé de sable à deux têtes de gueules, jambes et bec de sable : un aigle étoit du moins pour le poëte des armes parlantes. Les Américains ont des écussons plus féodaux que ceux des chevaliers du xive siècle; fantaisies qui ne font de mal à personne.

Les discours qui forment plus de la moitié du *Paradis perdu* ont pris un nouvel intérêt depuis que nous avons des tribunes. Le poëte a transporté dans son ouvrage les formes politiques du gouvernement de sa patrie : Satan convoque un véritable parlement dans l'Enfer; il le divise en deux chambres; il y a une chambre des pairs au Tartare. L'éloquence forme une des qualités essentielles du talent de l'auteur : les discours prononcés par ses personnages sont souvent des modèles d'adresse ou d'énergie. Abdiel, en se séparant des anges rebelles, adresse ces paroles à Satan :

« Abandonné de Dieu, esprit maudit, dépouillé de tout bien, je vois ta chute certaine; ta bande malheureuse, enveloppée dans cette perfidie, est atteinte de la contagion de ton crime et de ton châtiment. Ne t'agite plus pour savoir comment tu secoueras le joug du Messie de Dieu; ses indulgentes lois ne peuvent plus être invoquées ; d'autres décrets sont déjà lancés contre toi sans appel. Ce sceptre d'or que tu repousses est maintenant changé en une verge de fer pour meurtrir et briser ta désobéissance. Tu m'as bien conseillé : je fuis, non toutefois par ton conseil et devant tes menaces ; je fuis ces tentes criminelles et réprouvées dans la crainte que l'imminente colère, venant à éclater dans une flamme soudaine, ne fasse aucune distinction. Attends-toi à sentir bientôt sur ta tête la foudre, feu qui dévore! Alors, gémissant, tu apprendras à connoître celui qui t'a créé par celui qui peut t'anéantir. »

Il reste dans le poëme quelque chose d'inexplicable au premier aperçu : la république infernale veut détruire la monarchie céleste, et cependant Milton, dont l'inclination est toute républicaine, donne toujours la raison et la victoire à l'Éternel? C'est qu'ici le poëte étoit dominé par ses idées religieuses ; il vouloit, comme les indépendants, une république théocratique ; la liberté hiérarchique sous l'unique puissance du Ciel ; il avoit admis Cromwell comme lieutenant général de Dieu, protecteur de la république.

> Cromwell, our chief of men, who through a cloud
>   Not of war only, but detractions rude,
>   Guided by faith and matchless fortitude,
> To peace and truth thy glorious way hast plough'd,
> And on the neck of crowned fortune proud
>   Hast rear'd God's trophies, and his work pursued,
>   While Darwen stream with blood of Scots imbrued,
> And Dunbar field resounds thy praises loud,
> And Worcester's laureat wreath.   Yet much remains
>   To conquer still; peace hath her victories
>   No less renown'd than war : new foes arise
> Threat'ning to bind our souls with secular chains :
>   Help us to save free conscience from the paw
>   Of hireling wolves, whose gospel is their maw.

« Cromwell, chef des hommes, qui à travers le nuage non-seulement de la guerre, mais encore d'une destruction brutale, guidé par la foi et une grandeur d'âme incomparable, as labouré ton glorieux chemin vers la paix et la vérité! toi qui sur le cou de l'orgueilleuse Fortune couronnée as planté les trophées de Dieu et continué son ouvrage, tandis que le cours du Darwen se teignoit du sang des Écossois, que le champ de Dunbar retentissoit de tes louanges, et des lauriers tressés à Worcester ! il te reste encore beaucoup à conquérir ; la paix a ses victoires non moins renommées que celles de la guerre. De nouveaux ennemis s'élèvent menaçant de lier nos âmes avec des chaînes séculaires : aide-nous à sauver notre libre conscience des ongles des loups mercenaires, dont l'Évangile est leur ventre. »

Dans la pensée de Milton, Satan et ses anges pouvoient être les orgueilleux presbytériens qui refusoient de se soumettre aux *saints,* à la faction desquels Milton appartenoit, et dont il reconnoissoit l'inspiré Cromwell comme le chef en Dieu.

On sent dans Milton un homme tourmenté : encore ému des spectacles et des passions révolutionnaires, il est resté debout après la chute de la révolution réfugiée en lui et palpitante dans son sein. Mais le sérieux de cette révolution le domine; la gravité religieuse fait le contre-poids de ses agitations politiques. Et néanmoins, dans l'étonnement de ses illusions détruites, de ses rêves de liberté évanouis, il ne sait plus où se prendre; il reste dans la confusion, même à l'égard de la vérité religieuse.

Il résulte d'une lecture attentive du *Paradis perdu* que Milton flottoit entre mille systèmes. Dès le début de son poëme, il se déclare socinien par l'expression fameuse *un plus grand homme*. Il ne parle point du Saint-Esprit; il ne parle jamais de la Trinité, il ne dit jamais que le Fils est égal au Père. Le Fils n'est point engendré de toute éternité; le poëte place même sa création après celle des anges. Milton est arien, s'il est quelque chose : il n'admet point la *création* proprement dite ; il suppose une matière préexistante, coéternelle avec l'Esprit. La création particulière de l'univers n'est à ses yeux qu'un petit coin du chaos arrangé, et toujours prêt à retomber dans le désordre. Toutes les théories philosophiques connues du poëte ont pris plus ou moins de place dans ses croyances : tantôt c'est Platon avec les exemplaires des idées, ou Pythagore avec l'harmonie des sphères ; tantôt c'est Épicure ou Lucrèce avec son matérialisme, comme quand il montre les animaux à moitié formés sortant de la terre. Il est fataliste lorsqu'il fait dire à l'ange rebelle que lui *Satan* naquit *de lui-même* dans le *cercle fatal amenant l'heure de sa création*. Milton est encore panthéiste ou spinosiste; mais son panthéisme est d'une nature singulière.

Le poëte paroît d'abord supposer le panthéisme connu mêlé de matière et d'esprit ; mais si l'homme n'eût point péché, Adam, se dégageant peu à peu de la matière, seroit devenu de la nature des anges. Adam pèche. Pour racheter la partie spirituelle de l'homme, le Fils de Dieu, tout esprit, se matérialise; il descend sur la terre, meurt et remonte au ciel, après avoir passé à travers la matière. Le Christ devient ainsi le véhicule au moyen duquel la matière, mise en contact avec l'intelligence, se spiritualise. Enfin les temps étant accomplis, la matière, ou le monde matériel, cesse et va se perdre dans l'autre principe. « Le Fils, dit Milton, s'absorbera dans le sein du Père avec le reste des créatures : Dieu sera tout dans tout; » c'est le panthéisme spirituel succédant au panthéisme des deux principes.

Ainsi notre âme s'engloutira dans la source de la spiritualité. Qu'est-ce que cette mer de l'intelligence dont une faible goutte renfermée dans la matière étoit assez puissante pour comprendre le mouvement des sphères et s'enquérir de la nature de Dieu ? Qu'est-ce que l'infini ? Quoi ! toujours des mondes après des mondes ! L'imagination éprouve des vertiges en essayant de se plonger dans ces abîmes, et Milton y fait naufrage. Cependant, au milieu de cette confusion de principes, le poëte reste biblique et chrétien : il redit la chute et la rédemption. Puritain d'abord, ensuite indépendant, anabaptiste, il devient *saint*, quiétiste et enthousiaste : ce n'est plus qu'une voix qui chante l'Éternel. Milton n'alloit plus au temple, ne donnoit plus aucun signe extérieur de religion : dans le *Paradis perdu*, il déclare que la prière est le seul culte agréable à Dieu.

Ce poëme, qui s'ouvre aux Enfers et finit au Ciel en passant sur la terre, n'a, dans le vaste désert de la création nouvelle, que deux personnages humains : les autres sont les habitants surnaturels de l'abîme des félicités sans fin, ou du gouffre des misères éternelles. Eh bien, le poëte a osé entrer dans cette solitude ; il s'y présente comme un fils d'Adam, député de la race humaine perdue par la désobéissance ; il y paroît comme l'hiérophante, comme le prophète chargé d'apprendre l'histoire de la chute de l'homme et de la chanter sur la harpe consacrée aux pénitences de David. Il est si rempli de génie, de sainteté et de grandeur, que sa noble tête n'est point déplacée auprès de celle de notre premier père, en présence de Dieu et des anges. En sortant de l'abîme des ténèbres, il salue cette lumière sacrée interdite à ses yeux.

« Salut, lumière sacrée, fille du ciel, née la première, ou de l'Éternel coéternel rayon ! Puis-je te nommer ainsi sans blâme ? Puisque Dieu est lumière, et que de toute éternité il n'habite jamais que dans une lumière impénétrable, il habite donc en toi, brillante effusion d'une brillante essence incréée ! Ou si tu préfères t'entendre appeler le ruisseau de pur éther, qui dira ta source ? Avant le soleil, avant les cieux, tu étois : à la voix de Dieu tu couvris, comme d'un manteau, le monde qui naissoit des eaux noires et profondes, conquête faite sur le vide infini et sans forme.

« Maintenant je te visite de nouveau sur une aile plus hardie : échappé du lac Stygien. . . . je sens l'influence de ton vivifiant et souverain ambeau. Mais toi tu ne visites point ces yeux qui roulent en vain pour trouver ton rayon perçant et ne rencontrent aucune aurore, tant ils sont profondément éteints dans leur orbite, ou voilés d'un sombre tissu !

« Cependant, je ne cesse d'errer aux lieux fréquentés des muses... Je n'oublie pas non plus ces deux mortels semblables à moi en malheur: (Puissé-je les égaler en gloire!) L'aveugle Thayris et l'aveugle Méonides, et Tyrésias et Phrynée, devins antiques. Nourri des pensées qui mettent en mouvement les nombres harmonieux, je suis semblable à l'oiseau qui veille et chante dans l'obscurité : caché sous le plus épais couvert, il soupire ses nocturnes complaintes.

« Ainsi avec l'année reviennent les saisons ; mais le jour ne revient pas pour moi, ni ne reviennent la douce approche du matin ou du soir, la vue de la fleur du printemps, de la rose de l'été, des troupeaux et de la face divine de l'homme. Des nuages et des ténèbres qui durent toujours m'environnent. Les chemins agréables des hommes me sont coupés ; le livre du beau savoir ne me présente qu'un blanc universel, où les ouvrages de la nature sont pour moi effacés et rayés. La sagesse à son entrée m'est entièrement fermée !

« Brille donc davantage intérieurement, ô céleste lumière ! que toutes les facultés de mon esprit soient pénétrées de tes rayons ; mets des yeux à mon âme ; écarte et disperse tous les brouillards, afin que je puisse voir et dire les choses invisibles aux yeux des mortels. »

Ailleurs, non moins pathétique, il s'écrie :

« Ah ! si j'obtenois de ma céleste patronne un style qui répondît à ma pensée ! Elle daigne me visiter la nuit sans que je l'implore... . Il me reste à chanter un sujet plus élevé ; il suffira pour immortaliser mon nom, si je ne suis venu un siècle trop tard, si la froideur du climat ou des ans n'engourdit mes ailes humiliées. »

Quelle hauteur d'intelligence ne faut-il pas à Milton pour soutenir ce tête-à-tête avec Dieu et les prodigieux personnages qu'il a créés! Il n'a jamais existé un génie plus sérieux et en même temps plus tendre que celui de cet homme. « Milton, dit Hume, pauvre, vieux, aveugle, dans la disgrâce, environné de périls, écrivit le poëme merveilleux qui non-seulement surpasse tous les ouvrages de ses contemporains, mais encore tous ceux qu'il écrivit lui-même dans sa jeunesse et au temps de sa plus haute prospérité. » On sent en effet dans ce poëme, à travers la passion des légères années, la maturité de l'âge et la gravité du malheur; ce qui donne au *Paradis perdu* un charme extraordinaire de vieillesse et de jeunesse, d'inquiétude et de paix, de tristesse et de joie, de raison et d'amour.

QUATRIÈME PARTIE.

LITTÉRATURE SOUS LES DEUX DERNIERS STUARTS.

HOMMES ET CHOSES DE LA RÉVOLUTION ANGLOISE
ET DE LA RÉVOLUTION FRANÇOISE COMPARÉS.

En quittant Milton, si nous passions sans transition aux écrivains sous les deux derniers Stuarts, nous trébucherions de plus haut que les anges du *Paradis perdu* qui tombèrent du Ciel dans l'abîme. Mais il nous reste à jeter un regard sur la révolution d'où sortit le poëte, et à la comparer à notre révolution : en nous entretenant encore du siècle de Milton, nous parviendrons à descendre ainsi d'un mouvement insensible jusqu'au niveau des règnes de Charles et de Jacques. On a de la peine à se détacher de ces temps de 1649; ils eurent de curieuses affinités avec les nôtres; nous allons voir, par le parallèle des choses et des hommes, que nos jours révolutionnaires conservent sur les jours révolutionnaires de la république et du protectorat anglois, une incontestable, mais souvent malheureuse supériorité.

La révolution françoise a été vaincue dans les lettres par la révolution angloise; la république, l'empire, la restauration, n'ont rien à opposer au chantre du *Paradis perdu* : sous les autres rapports, excepté sous le rapport moral et religieux, notre révolution a laissé loin derrière elle la révolution de nos voisins.

Quand la révolution de 1649 s'accomplit, les communications entre les peuples n'étoient point arrivées au point où elles le sont aujourd'hui; les idées et les événements d'une nation n'étoient pas rendus communs à toute la terre par la multiplicité des chemins, la rapidité des courriers, l'extension du commerce et de l'industrie, les publications de la presse périodique. La révolution de la Grande-Bretagne ne mit point l'Europe en feu : renfermée dans une île, elle ne porta point ses armes et ses principes aux extrémités de l'Europe; elle ne prêcha point la liberté et les droits de l'homme le cimeterre à la main, comme Mahomet prêcha le Coran et le despotisme; elle ne fut ni obligée de repousser au dehors une invasion ni de se défendre au dedans contre un système de terreur : l'état religieux et social n'étoit pas tel qu'aujourd'hui.

Aussi les personnages de cette révolution n'atteignirent point la hauteur des personnages de la révolution françoise mesurée sur une bien plus grande échelle, et menée par une nation bien plus liée au destin général du monde. Est-ce Hampden ou Ludlow que l'on pourroit comparer à Mirabeau! Supérieurs en morale, ils lui étoient fort inférieurs en génie [1].

« Mêlé par les désordres et les hasards de sa vie aux plus grands événements et à l'existence des repris de justice, des ravisseurs et des aventuriers, Mirabeau, tribun de l'aristocratie, député de la démocratie, avoit du Gracchus et du don Juan, du Catilina et du Gusman d'Alfarache, du cardinal de Richelieu et du cardinal de Retz, du roué de la régence et du sauvage de la révolution ; il avoit de plus du *Mirabeau*, famille florentine exilée, qui gardoit quelque chose de ces palais armés et de ces grands factieux célébrés par Dante ; famille naturalisée françoise, où l'esprit républicain du moyen âge de l'Italie et l'esprit féodal de notre moyen âge se trouvoient réunis dans une succession d'hommes extraordinaires.

« La laideur de Mirabeau appliquée sur le fond de beauté particulière à sa race produisoit une sorte de puissante figure du *Jugement dernier* de Michel-Ange, compatriote des *Arrighetti*. Les sillons creusés par la petite vérole sur le visage de l'orateur avoient plutôt l'air d'escarres laissées par la flamme. La nature sembloit avoir moulé sa tête pour l'empire ou pour le gibet, taillé ses bras pour étreindre une nation ou pour enlever une femme. Quand il secouoit sa crinière en regardant le peuple, il l'arrêtoit ; quand il levoit sa patte et montroit ses ongles, la plèbe couroit furieuse. Au milieu de l'effroyable désordre d'une séance, je l'ai vu à la tribune, sombre, laid et immobile : il rappeloit le chaos de Milton, impassible et sans forme au centre de sa confusion.

« Deux fois j'ai rencontré Mirabeau à un banquet, une fois chez la nièce de Voltaire, madame la marquise de Villette, une autre fois au Palais-Royal avec des députés de l'opposition que Chapelier m'a fait connoître. Chapelier est allé à l'échafaud dans le même tombereau que mon frère et M. de Malesherbes.

« En sortant de notre dîner on discutoit des ennemis de Mirabeau :

---

1. Jusques et y compris le parallèle de Bonaparte et de Cromwell, tout ce qui suit est extrait, mais fort en abrégé, de mes *Mémoires*. Le commencement de chaque paragraphe est guillemeté.

jeune homme timide et inconnu, je me trouvois à côté de lui et n'avois pas prononcé un mot. Il me regarda en face avec ses yeux de vice et de génie, et m'appliquant sa main épatée sur l'épaule, il me dit : « Ils ne me pardonneront jamais ma supériorité ! » Je sens encore l'impression de cette main, comme si Satan m'eût touché de sa griffe de feu [1].

« Trop tôt pour lui, trop tard pour elle, Mirabeau se vendit à la cour, et la cour l'acheta. Il risqua l'enjeu de sa renommée devant une pension et une ambassade : Cromwell fut au moment de tronquer son avenir contre un titre et l'ordre de la Jarretière. Malgré sa superbe, il ne s'évaluoit pas assez haut : depuis, l'abondance du numéraire et des places a élevé le prix des consciences.

« La tombe délia Mirabeau de ses promesses et le mit à l'abri des périls que vraisemblablement il n'auroit pu vaincre : sa vie eût montré sa foiblesse dans le bien ; sa mort l'a laissé en puissance de sa force dans le mal. »

CLUBS.

Il y eut des factieux et des partis en Angleterre ; mais qu'est-ce que les *meetings* des saints, des puritains, des niveleurs, des agitateurs, auprès des clubs de notre révolution ? J'ai dit ailleurs (*Génie du Christianisme*) que Milton avoit placé dans son enfer une image des perversités dont il avoit été le témoin : qu'eût-il peint s'il avoit vu ce que je vis à Paris dans l'été de 1792, lorsque revenant d'Amérique je traversois la France pour aller à mes destinées.

« La fuite du roi du 21 juin 1791 [2] fit faire à la révolution un pas immense. Ramené à Paris le 25 du même mois, il avoit été détrôné une première fois, puisque l'Assemblée nationale déclara que les décrets auroient force de loi, sans qu'il fût besoin de la sanction ou de l'acceptation royale. Une haute cour de justice devançant le tribunal révolutionnaire étoit établie à Orléans. Dès cette époque madame Roland demandoit la tête de la reine, en attendant que la révolution lui demandât la sienne. L'attroupement du champ de Mars avoit eu lieu contre le décret qui suspendoit le roi de ses fonctions au lieu de le mettre en jugement. L'acceptation de la constitution, le 14 septembre, ne calma rien. Le décret du 29 septembre pour le règlement des sociétés popu-

---

1. Mirabeau se vantoit d'avoir la main très-belle : je ne m'y oppose pas ; mais j'étois fort maigre et il étoit fort gros, et sa main me couvroit toute l'épaule.
2. *Mes Mémoires*.

laires ne servit qu'à les rendre plus violentes : ce fut le dernier acte de l'Assemblée constituante ; elle se sépara le lendemain, et laissa à la France une révolution éternelle.

« L'Assemblée législative, installée le 1.er octobre 1791, roula dans le tourbillon qui alloit balayer les vivants et les morts. Des troubles ensanglantèrent les départements : à Caen on se rassasia de massacres et l'on mangea le cœur de M. de Belzunce. Le roi apposa son *veto* au décret contre les émigrés, et cet acte légal augmenta l'agitation. Pétion étoit devenu maire de Paris. Les députés décrétèrent d'accusation le 1er janvier 1792 les princes émigrés ; le 2 ils fixèrent à ce 1er janvier le commencement de l'an IVe de la liberté. Vers le 13 février les bonnets rouges se montrèrent dans les rues de Paris, et la municipalité fit fabriquer des piques. Le manifeste des émigrés parut le 1er mars. L'Autriche armoit. Le traité de Pilnitz et la convention entre l'empereur et le roi de Prusse étoient connus. Paris étoit divisé en sections, plus ou moins hostiles les unes aux autres. Le 20 mars 1792 l'Assemblée législative adopta la mécanique sépulcrale sans laquelle les jugements de la terreur n'auroient pu s'exécuter : on l'essaya d'abord sur des morts, afin qu'elle apprît d'eux son œuvre. On peut parler de cet instrument comme d'un bourreau, puisque des personnes touchées de ses bons services lui faisoient présent de sommes d'argent pour son entretien [1].

« Le ministre Roland (ou plutôt son étonnante femme) avoit été appelé au conseil du roi. Le 20 avril la guerre fut déclarée au roi de Hongrie et de Bohême, Marat publioit *L'Ami du peuple* malgré le décret dont lui Marat étoit frappé. Le régiment royal allemand et le régiment de Berchini désertèrent. Isnard parloit de la perfidie de la cour. Gensonné et Brissot dénonçoient le comité autrichien. Une insurrection éclata à propos de la garde du roi, qui fut licenciée. Le 28 mai l'Assemblée se forma en séances permanentes. Le 20 juin le château des Tuileries fut forcé par les masses des faubourgs Saint-Antoine et Saint-Marceau ; le prétexte étoit le refus de Louis XVI de sanctionner la proscription des prêtres : le roi courut risque de la vie. La patrie étoit décrétée en danger. On brûloit en effigie M. de Lafayette. Les fédérés de la seconde fédération arrivoient ; les Marseillois, attirés par Danton, étoient en marche : ils entrèrent dans Paris le 30 juillet, et furent logés par Pétion aux Cordeliers.

« Auprès de la tribune nationale s'étoient élevées deux tribunes concurrentes, celle des Jacobins et celle des Cordeliers, la plus formi-

---

1. *Moniteur,* n° 198.

dable alors, parce qu'elle donna des membres à la fameuse commune de Paris et qu'elle lui fournissoit des moyens d'action.

« Le club des Cordeliers étoit établi dans ce monastère, dont une amende en réparation d'un meurtre avoit servi à bâtir l'église sous saint Louis, en 1259[1]; elle devint en 1590 le repaire des plus fameux ligueurs. En 1792 les tableaux, les images sculptées ou peintes, les voiles, les rideaux du couvent des cordeliers avoient été arrachés : la basilique écorchée ne présentoit aux yeux que ses ossements et ses arêtes. Au chevet de l'église, où le vent et la pluie entroient par les rosaces sans vitraux, des établis de menuisier servoient de bureau au président, quand la séance se tenoit dans l'église. Sur ces établis étoient déposés des bonnets rouges dont chaque orateur se coiffoit avant de monter à la tribune. La tribune consistoit en quatre poutrelles arc-boutées et traversées d'une planche, dans leur x, comme un échafaud. Derrière le président, avec une statue de la Liberté, on voyoit de prétendus instruments de supplice de l'ancienne justice ; instruments remplacés par un seul, la machine à sang, comme les mécaniques compliquées sont remplacées par le bélier hydraulique. Le club des Jacobins *épurés* emprunta quelques-unes de ces dispositions des Cordeliers.

« Les orateurs, unis pour détruire, ne s'entendoient ni sur les chefs à choisir ni sur les moyens à employer : ils se traitoient de gueux, de gitons, de filous, de voleurs, de massacreurs, à la cacophonie des sifflets et des hurlements de leurs différents groupes de diables. Les métaphores étoient prises du matériel des meurtres ; empruntées des objets les plus sales, de tous les genres de voirie et de fumier, ou tirées des lieux consacrés aux prostitutions des hommes et des femmes. Les gestes rendoient les images sensibles, tout étoit appelé par son nom avec le cynisme des chiens, dans une pompe obscène et impie de juremens et de blasphèmes : détruire et produire, mort et génération, on ne démêloit que cela à travers l'argot sauvage dont les oreilles étoient assourdies. Les harangueurs à la voix grêle ou tonnante avoient d'autres interrupteurs que leurs opposants : les petites chouettes noires du cloître sans moines et du clocher sans cloches s'éjouissoient aux fenêtres brisées, en espoir du butin ; elles interrompoient les discours. On les rappeloit d'abord à l'ordre par le tintamarre de l'impuissante sonnette ; mais ne cessant point leur criaillement, on leur tiroit des coups de fusil pour leur faire faire silence : elles tomboient palpitantes, blessées et fatidiques, au milieu du Pan-

---

1. Elle fut brûlée en 1580.

dæmonium. Des charpentes abattues, des bancs boiteux, des stalles démantibulées, des tronçons de saints roulés et poussés contre les murs, servoient de gradins aux spectateurs crottés, poudreux, soûls, suants, en carmagnole percée, la pique sur l'épaule, ou les bras nus croisés.

DANTON.

« Les scènes des Cordeliers étoient dominées et souvent présidées par Danton, Hun à taille de Goth, à nez camus, à narines au vent, à méplats couturés. On parviendroit à peine à former cet homme dans la révolution angloise, en pétrissant ensemble Bradshaw, président de la commission qui jugea Charles Ier, Ireton, le fameux gendre de Cromwell, Axtel, grand exterminateur en Irlande, Scott, qui vouloit qu'on gravât sur sa tombe : *Ci-gît Thomas Scott, qui condamna le feu roi à mort,* Harisson, qui dit à ses juges : « *Plusieurs d'entre vous, mes juges, furent actifs avec moi dans les choses qui se sont passées en Angleterre ; ce qui a été fait l'a été par l'ordre du parlement, alors la suprême loi.* »

« Dans la coque de son église, comme dans la carcasse des siècles, Danton organisa l'attaque du 10 août et les massacres de septembre ; auteur de la circulaire de la commune, il invita les hommes libres à répéter dans les départements l'énormité perpétrée aux Carmes et à l'Abbaye. Mais Sixte-Quint n'égala-t-il pas pour le salut des hommes le dévouement de Jacques-Clément au mystère de l'Incarnation, de même que l'on compara Marat au Sauveur du monde? Charles IX n'écrivit-il pas aux gouverneurs des provinces d'imiter les massacres de la Saint-Barthélemy, comme Danton manda aux patriotes de copier les massacres de septembre? Les Jacobins étoient des plagiaires ; ils le furent encore en immolant Louis XVI à l'instar de Charles Ier. Des crimes s'étant trouvés mêlés au mouvement social de la fin du dernier siècle, quelques esprits se sont figuré mal à propos que ces crimes avoient produit les grandeurs de la révolution, dont ils n'étoient que d'affreuses inutilités : d'une belle nature souffrante on n'a admiré que la convulsion.

« A l'époque où les enfants avoient pour jouets de petites guillotines à oiseaux, où un homme en bonnet rouge conduisoit les morts au cimetière [1] ; à l'époque où l'on crioit vive l'enfer! vive la mort! où l'on célébroit les joyeuses orgies du sang, de l'acier et de la rage, où

---

1. Arrêté du conseil général de la commune, 27 brum. 93.

l'on trinquoit au néant, il falloit, en fin de compte, arriver au dernier banquet, à la dernière facétie de la douleur.

« Danton fut pris au traquenard qu'il avoit tendu : amené devant le tribunal, son ouvrage, il ne lui servit de rien de lancer des boulettes de pain au nez de ses juges, de répondre avec courage et noblesse, de faire hésiter la cour révolutionnaire, de mettre en péril et en frayeur la Convention, de raisonner logiquement sur des forfaits par qui la puissance même de ses ennemis avoit été créée.

« Il ne lui resta qu'à se montrer aussi impitoyable à sa propre mort qu'il l'avoit été à celle des autres, qu'à dresser son front plus haut que le coutelas suspendu. Du théâtre de la terreur, où ses pieds se colloient dans le sang épaissi de la veille, après avoir promené un regard de mépris sur la foule, il dit au bourreau : « Tu montreras ma tête au peuple; elle en vaut la peine. » Le chef de Danton demeura aux mains de l'exécuteur, tandis que l'ombre acéphale alla se mêler aux ombres décapitées de ses victimes : c'étoit encore de l'égalité. »

PEUPLE DES DEUX NATIONS

A L'ÉPOQUE RÉVOLUTIONNAIRE.

PAYSANS ROYALISTES ANGLOIS.

Le peuple anglois, rangé derrière les Hampden et les Ireton, n'avoit rien de la force du peuple qui marchoit avec les Mirabeau et les Danton, de ce peuple qui fit magnifiquement son devoir à la frontière, qui rejeta les nations étrangères dans leur propre foyer; elles l'éteignirent de leur sang, au moment où elles se flattoient de s'asseoir à notre feu et d'y boire le vin de nos treilles. Pris collectivement, le peuple est un poëte : auteur et acteur ardent de la pièce qu'il joue ou qu'on lui fait jouer, ses excès même ne sont pas tant l'instinct d'une cruauté native que le délire d'une foule enivrée de spectacles, surtout quand ils sont tragiques; chose si vraie que dans les horreurs populaires il y a toujours quelque chose de superflu donné au tableau et à l'émotion.

Il y eut des guerres civiles en Angleterre : ressemblèrent-elles à celles de nos provinces de l'ouest ? Là même où notre peuple se déchiroit de ses propres mains, il étoit encore prodigieux. Mais voyons d'abord le paysan anglois.

La cause de Charles I*er* et de son fils produisit de courageux défenseurs parmi les populations rustiques. Le fermier Pendrell, ou plutôt Pendrill, et ses quatre frères, se sont noblement placés dans l'histoire. Il existe un petit livre intitulé *Boscobel, ou abrégé de ce qui s'est passé dans la retraite mémorable de S. M.* (Charles II) *après la bataille de Worcester :* là se trouve consignée la fidélité des Pendrell. Charles II, parti de Worcester le 3 septembre 1651, à six heures du soir, après la perte de la bataille, arriva à quatre heures du matin à Boscobel avec le comte de Derby. « Ils frappèrent dans l'obscurité, dit la relation, à la porte d'un certain Pendrell, paysan catholique et concierge de la ferme appelée White-Ladies (les Dames blanches), laquelle avoit été une abbaye de filles bernardines ou de l'ordre de Cîteaux, éloignée d'un jet de pierre dans le bois. »

Le paysan reçut son jeune roi au péril de sa vie. « Aussitôt, continue la relation, on coupa les cheveux du roi ; on lui noircit les mains ; on mit ses habits dans la terre ; il en prit un de paysan en échange. On mena le roi dans le bois ; il se trouva seul dans un lieu inconnu, une serpe à la main. Ce jour-là Charles ne vit personne, parce que le temps fut humide, si ce n'est la belle-sœur de Pendrell, qui lui porta quelque chose dans le taillis pour se couvrir et aussi pour manger. Quand le roi ne pouvoit sortir de la ferme, à cause de quelque danger, on l'enfermoit dans une cache qui servoit aux prêtres catholiques pour y dire en secret leur messe. Cette cache se trouvoit dans une espèce de masure qui portoit le nom d'Hobbal et qu'habitoit Richard Pendrill, un des quatre frères de Guillaume. »

Charles II voulut se rendre à Londres ; Richard Pendrell lui servit de guide ; ils furent obligés de revenir, tous les passages étant gardés. « Le gravier qui étoit entré dans les souliers du roi avoit ensanglanté ses pieds, et la nuit étoit si noire qu'à deux pas de Richard il ne pouvoit l'apercevoir : il le suivoit, conduit par le bruit de son haut-de-chausse qui étoit de cuir. Ils furent de retour à Boscobel avant le jour. Richard, ayant caché le roi dans les broussailles, alla voir s'il n'y auroit pas quelques soldats dans sa maison : il n'y trouva qu'un seul homme, le colonel Careless. »

Ici je change d'historien : un homme fut mon ami et l'ami de M. Fontanes : je ne sais si au fond de sa tombe il me saura gré de révéler la noble et pure existence qu'il a cachée. Quelques articles qu'il ne signoit pas ont seulement paru dans diverses feuilles publiques : parmi ces articles se trouve un examen de *Boscobel.* Qu'il soit permis à l'amitié de citer de courts fragments de cet examen ; ils feront naître des regrets chez les hommes sensibles au mérite véritable : c'est le seul vestige des pas qu'un talent solitaire et ignoré a laissé sur le rivage en traversant la vie.

« Careless, dit M. Joubert, étoit un des plus illustres chefs de l'armée du roi : il avoit combattu jusqu'à l'extrémité à la journée de Worcester. Quand il avoit vu tout perdu, il s'étoit intrépidement placé avec le comte de Clives et Jacques Hamilton à l'une des portes de la ville conquise, pour arrêter le vainqueur et pour s'opposer à la poursuite des vaincus. Il garda ce poste qu'il s'étoit lui-même assigné, jusqu'à ce qu'il put croire que le temps avoit permis à son maître de s'éloigner et de se mettre hors de danger. Alors seulement il se retira : il alloit chercher un asile dans ses propres foyers, ignorant ce qu'étoit devenu Charles et s'il pourroit jamais le revoir, quand le sort l'offrit à sa vue.

« Qu'on juge de leur joie à cette rencontre inespérée. C'est alors qu'ils habitèrent ce fameux chêne, qui fut depuis regardé avec tant d'admiration, et dont on disoit en le montrant au voyageur : *Ce fut là le palais du roi*. Ce chêne étoit si gros et si touffu de branches, que vingt hommes auroient pu tenir sur sa tête. Charles, accablé de fatigue, avoit besoin de repos ; il n'osoit s'y livrer sur cet arbre, et quitter cet arbre étoit risquer d'être reconnu. Suspendu comme sur un abîme et caché parmi les rameaux, un instant de sommeil l'en eût précipité. Careless étoit robuste, il se chargea de veiller. Le roi se plaça dans ses bras, s'appuya contre son sein, et soutenu par ses mains vaillantes s'endormit dans les airs.

« Quel spectacle touchant ! Ce prince dans la fleur et dans la force de la jeunesse, réduit par le sommeil à la foiblesse de l'enfance, plongé dans l'assoupissement avec l'abandon de cet âge, tranquillement endormi, au milieu de tant de périls, entre les bras d'un homme austère, d'un guerrier attentif et veillant sur son roi, âgé de vingt-et-un ans, avec toutes les inquiétudes d'une mère ! Ainsi les lieux, les arbres, les forêts, ont leur destin comme les hommes.

« Charles quitta bientôt Boscobel. Un jour, étant dans la salle d'une hôtellerie, comme il levoit son chapeau à la dame du logis qui passoit par ce lieu, le sommelier l'ayant attentivement regardé, le reconnut. Cet homme le prit à l'écart, le pria de descendre avec lui dans la cave, et là, tenant une coupe, la remplit de vin, et but à la prospérité du roi. Je sais ce que vous êtes, lui dit-il ensuite en mettant un genou en terre, et vous serai fidèle jusqu'à ma mort. »

Ainsi a fait revivre ces scènes oubliées l'ami que j'ai perdu : il est allé rejoindre ces hommes d'autrefois.

N'a-t-on pas cru lire un épisode de nos guerres de l'ouest pendant la révolution? La fidélité semble être une des vertus de l'ancienne religion chrétienne : les Pendrill gardoient le culte de leurs aïeux ; ils avoient une cachette où le prêtre disoit la messe ; leur roi protestant y trouvoit un asile inviolable au pied du vieil autel catholique. Pour achever la ressemblance, la comtesse de Derby, qui défendit si vaillamment l'île de Man, et qui fut la dernière personne des trois royaumes à se soumettre à la république, étoit de la famille de La Tremoille : le prince de Talmont fut une des dernières victimes des guerres vendéennes.

PORTRAIT D'UN VENDÉEN.

Quoi qu'il en soit des bûcherons de Boscobel, près du *chêne royal* maintenant tombé, les Pendrell sont-ils des paysans vendéens ?

« Un jour[1], en 1798, à Londres, je rencontrai chez le chargé d'affaires des princes françois une foule de vendeurs de contre-révolutions. Dans un coin de cette foule étoit un homme de trente à trente-quatre ans, qu'on ne regardoit point, et qui lui-même ne faisoit attention qu'à une gravure de la mort du général Wolf. Frappé de son air, je m'enquis de sa personne. Un de mes voisins me répondit : « Ce n'est rien ; c'est un paysan vendéen, porteur d'une lettre de ses chefs. »

« Cet homme qui n'étoit rien avoit vu mourir Cathelineau, premier général de la Vendée et paysan comme lui ; Bonchamp, en qui revivoit Bayard ; Lescure, armé d'un cilice non à l'épreuve de la balle ; d'Elbée, fusillé dans un fauteuil, ses blessures ne lui permettant pas d'embrasser la mort debout ; La Rochejaquelein, dont les patriotes ordonnèrent de *vérifier* le cadavre, afin de rassurer la Convention au milieu de ses victoires sur l'Europe. Cet homme qui n'étoit rien avoit assisté aux deux cents prises et reprises de villes, villages et redoutes, aux sept cents actions particulières et aux dix-sept batailles rangées ; il avoit combattu trois cent mille hommes de troupes réglées, six à sept cent mille réquisitionnaires et gardes nationaux ; il avoit aidé à enlever cinq cents pièces de canon et cent cinquante mille fusils ; il avoit traversé les *colonnes infernales*, compagnies d'incendiaires commandées par des conventionnels ; il s'étoit trouvé au milieu de l'océan de feu qui, à trois reprises, roula ses vagues sur les bois de la Vendée ; enfin il avoit vu périr trois cent mille Hercules de charrue, compagnons de

---

1. *Mes Mémoires.*

ses travaux, et se changer en un désert de cendres cent lieues carrées d'un pays fertile.

« Les deux Frances se rencontrèrent sur ce sol nivelé par elles. Tout ce qui restoit de sang et de souvenir dans la France des croisades lutta contre ce qu'il y avoit de nouveau sang et d'espérance dans la France de la révolution. Le vainqueur sentit la grandeur du vaincu : Thurot, général des républicains, déclaroit que « les Vendéens seroient placés « dans l'histoire au premier rang des peuples soldats ». Un autre général écrivoit à Merlin de Thionville : « Des troupes qui ont battu de tels « François peuvent bien se flatter de vaincre tous les autres peuples. » Les légions de Probus, dans leur chanson, en disoient autant de nos pères. Bonaparte appela les combats de la Vendée « des combats de « géants ».

« Dans la cohue du parloir, j'étois le seul à considérer avec admiration et respect le représentant de ces anciens *Jacques,* qui, tout en brisant le joug de leurs seigneurs, repoussoient, sous Charles V, l'invasion étrangère : il me sembloit voir un enfant de ces communes du temps de Charles VII, lesquelles avec la petite noblesse de province reconquirent pied à pied, de sillon en sillon, le sol de la France. Il avoit l'air indifférent du sauvage; son regard étoit grisâtre et inflexible comme une verge de fer; sa lèvre inférieure trembloit sur ses dents serrées ; ses cheveux descendoient de sa tête en serpents engourdis, mais prêts à se dresser; ses bras, pendant à ses côtés, donnoient une secousse nerveuse à d'énormes poignets taillades de coups de sabre; on l'auroit pris pour un scieur de long. Sa physionomie exprimoit une nature populaire rustique, mise par la puissance des mœurs au service d'intérêts et d'idées contraires à cette nature; la fidélité naïve du vassal, la simple foi du chrétien s'y mêloient à la rude indépendance plébéienne accoutumée à s'estimer et à se faire justice. Le sentiment de sa liberté paroissoit n'être en lui que la conscience de la force de sa main et de l'intrépidité de son cœur. Il ne parloit pas plus qu'un lion ; il se grattoit comme un lion, bâilloit comme un lion, se mettoit sur le flanc comme un lion ennuyé, et rêvoit apparemment de sang et de forêts : son intelligence étoit du genre de celle de la mort. Quels hommes dans tous les partis que les François d'alors, et quelle race aujourd'hui nous sommes ! Mais les républicains avoient leur principe en eux, au milieu d'eux, tandis que le principe des royalistes étoit hors de France. Les Vendéens députoient vers les exilés; les géants envoyoient demander des chefs aux pygmées. L'agreste messager que je contemplois avoit saisi la révolution à la gorge, il avoit crié : « Entrez ; « passez derrière moi ; elle ne vous fera aucun mal, elle ne bougera

« pas; je la tiens. » Personne ne voulut passer : alors Jacques Bonhomme relâcha la révolution, et Charette brisa son épée. »

CROMWELL. BONAPARTE.

Délivrée des mains rustiques, la révolution tomba dans des mains guerrières : Bonaparte se jeta sur elle, et l'enchaîna.

J'ai déjà mesuré la taille de cet homme extraordinaire à celle de Washington ; il reste à dire si Napoléon trouva son pendant en Angleterre dans le protecteur.

Cromwell eut du prêtre, du tyran et du grand homme : son génie remplaça pour son pays la liberté. Il avoit trop d'énergie pour parvenir à créer une autre puissance que la sienne ; il ruina les institutions qu'il rencontra ou qu'il voulut donner, comme Michel-Ange brisoit le marbre sous son ciseau.

Transporté sur le théâtre de Napoléon, le vainqueur des Irlandois et des Écossois auroit-il été le vainqueur des Autrichiens, des Prussiens et des Russes ? Cromwell n'a pas créé des institutions comme Bonaparte ; il n'a pas laissé un code et une administration par qui la France et une partie de l'Europe sont encore régies. Napoléon réagit avec une force outrée ; mais il avoit pour excuse la nécessité de tuer le désordre : son bras vigoureux enfonça trop avant son épée, et il perça la liberté qui se trouvoit derrière l'anarchie.

« Les peuples vaincus ont appelé Napoléon un fléau [1] : les fléaux de Dieu conservent quelque chose de l'éternité et de la grandeur du courroux dont ils émanent : *Ossa arida... dabo vobis spiritum, et vivetis;*

« Ossements arides, je vous donnerai mon souffle, et vous vivrez. » Ce souffle ou cette force s'est manifestée dans Bonaparte tant qu'il a vécu. Né dans une île pour aller mourir dans une île aux limites de trois continents ; jeté au milieu des mers où Camoëns sembla le prophétiser en y plaçant le génie des tempêtes, Bonaparte ne se pouvoit remuer sur son rocher que nous n'en fussions avertis par une secousse; un pas du nouvel Adamastor à l'autre pôle se faisoit sentir à celui-ci. Si Napoléon, échappé aux mains de ses geôliers, se fût retiré aux États-Unis, ses regards attachés sur l'Océan auroient suffi pour troubler les peuples de l'ancien monde. Sa seule présence sur le rivage américain de l'Atlantique eût forcé l'Europe à camper sur le rivage opposé.

« Quand Napoléon quitta la France une seconde fois, on prétendit

---

1. *Mes Mémoires.*

qu'il auroit dû s'ensevelir sous les ruines de sa dernière bataille. Lord Byron, dans son ode satirique contre Napoléon, disoit :

> To die a prince — or live a slave,
> Thy choice is most ignobly brave.

« Mourir prince ou vivre esclave, ton choix est ignoblement brave. »

« C'étoit mal juger la force de l'espérance dans une âme accoutumée à la domination et brûlante d'avenir. Lord Byron crut que le dictateur des rois avoit abdiqué sa renommée avec son glaive, qu'il alloit s'éteindre oublié : lord Byron auroit dû savoir que la destinée de Napoléon étoit une muse, comme toutes les grandes destinées ; cette muse sut changer un dénouement avorté dans une péripétie qui renouveloit et rajeunissoit son héros. La solitude de l'exil et de la tombe de Napoléon a répandu sur une mémoire éclatante une autre sorte de prestige. Alexandre ne mourut point sous les yeux de la Grèce, il disparut dans les lointains pompeux de Babylone : Bonaparte n'est point mort sous les yeux de la France, il s'est perdu dans les fastueux horizons des zones torrides. L'homme d'une réalité si puissante s'est évaporé à la manière d'un songe ; sa vie, qui appartenoit à l'histoire, s'est exhalée dans la poésie de sa mort. Il dort à jamais, comme un ermite ou comme un paria, sous un saule, dans un étroit vallon entouré de rochers escarpés, au bout d'un sentier désert. La grandeur du silence qui le presse égale l'immensité du bruit qui l'environna. Les nations sont absentes, leur foule s'est retirée. L'oiseau des tropiques *attelé*, dit magnifiquement Buffon, *au char du soleil*, se précipite de l'astre de la lumière, et se repose seul un moment sur des cendres dont le poids a fait pencher le globe.

« Bonaparte traversa l'Océan pour se rendre à son dernier exil ; il s'embarrassoit peu de ce beau ciel qui ravit Christophe Colomb, Vasco et Camoëns. Couché à la poupe du vaisseau, il ne s'apercevoit pas qu'au-dessus de sa tête étinceloient des constellations inconnues ; leurs rayons rencontroient pour la première fois ses puissants regards. Que lui faisoient des astres qu'il ne vit jamais de ses bivouacs et qui n'avoient pas brillé sur son empire ? Et néanmoins, aucune étoile n'a manqué à sa destinée : la moitié du firmament éclaira son berceau ; l'autre étoit réservée pour illuminer sa tombe. »

LOVELACE.

MA DÉTENTION A LA PRÉFECTURE DE POLICE.
GOD SAVE THE KING.

En revenant à travers ces incidences politiques à la littérature, reprenant celle-ci au commencement de la restauration de Charles II, sous lequel nous avons vu Milton mourir, une observation se présente d'abord.

Dans le combat que se livrèrent la royauté et le peuple, le principe républicain eut Milton pour son poëte, le principe monarchique Lovelace pour son barde : tirez de là la conséquence de l'énergie relative des deux principes.

Enfermé dans Gate-House à Westminster, sur un mandat des communes, Lovelace composa une élégante et loyale chanson, longtemps redite par les *cavaliers* :

« Quand, semblable à la linotte, je suis renfermé, je chante d'une voix plus perçante la mansuétude, la douceur, la majesté et la gloire de mon roi. Quand je proclame de toute ma force combien il est bon, combien il est grand, les larges vents qui roulent la mer ne sont pas aussi libres que moi.

. . . .

« Des murs de pierre ne font pas une prison, des barreaux de fer une cage ; un esprit innocent et tranquille compose de tout cela une solitude. Si je suis libre en mon amour, si dans mon âme je suis libre, les anges seuls, qui prennent leur essor dans les cieux, jouissent d'une liberté semblable à la mienne. »

Nobles et généreux sentiments! pourtant ils n'ont point fait vivre Lovelace, tandis que l'apologiste du meurtre de Charles Ier s'est placé à côté d'Homère. D'abord Lovelace n'avoit pas le génie de Milton, ensuite il appartenoit par sa nature à des idées mortes. La fidélité est toujours admirable; mais les récentes générations conçoivent à peine ce dévouement à un individu, cette vertu resserrée dans les limites d'un système ou d'un attachement particulier ; elles sont peu touchées de l'honneur, soit qu'elles manquent de cet honneur même nécessaire pour le comprendre, soit qu'elles n'aient de sympathie qu'avec l'humanité prise dans le sens général, ce qui, du reste, justifie toutes les lâchetés. Montrose n'étoit point un personnage de Plutarque, comme l'a dit le cardinal de Retz ; c'étoit un de ces hommes restés d'un siècle qui finit dans un siècle qui commence ; leurs anciennes vertus sont aussi belles que les vertus nouvelles, mais elles sont stériles : plantées dans un sol épuisé, les mœurs nationales ne les fécondent plus.

Le colonel Richard Lovelace, rempli de mille séductions, et dont peut-être Richardson emprunta le nom en souvenir de ses grâces, mourut abandonné dans l'obscurité et la misère.

Sans être jeune et beau comme le colonel Lovelace, j'ai été comme lui enfermé. Les gouvernements qui depuis 1800 jusqu'à 1830 ont dominé la France avoient usé de quelque ménagement envers le serviteur des muses : Bonaparte, que j'avois violemment attaqué dans le *Mercure,* eut envie de me tuer ; il leva l'épée, et ne frappa pas.

Une généreuse et libérale administration toute lettrée, toute composée de poëtes, d'écrivains, de rédacteurs de feuilles publiques, n'a pas fait tant de façon avec un vieux camarade.

« Ma souricière, un peu plus longue que large, était haute de sept à huit pieds[1]. La prose et les vers de mes devanciers barbouilloient les cloisons tachées et nues. Un grabat à draps sales remplissoit les trois quarts de ma loge : une planche supportée par deux tasseaux, placée à deux pieds au-dessus du lit contre le mur, servoit d'armoire au linge, bottes et souliers des détenus. Une chaise, une table et un petit tonneau, meuble infâme, composoient le reste de l'ameublement. Une fenêtre grillée s'ouvroit fort haut ; j'étois obligé de monter sur la table pour respirer l'air et jouir de la lumière. A travers les barreaux de ma cage à voleur, je n'apercevois qu'une cour sombre, étroite, des bâtiments noirs autour desquels tremblotoient des chauves-souris. J'entendois le cliquetis des clefs et des chaînes, le bruit des sergents de ville et des espions, le pas des soldats, le mouvement des armes, les cris, les rires, les chansons dévergondées des prisonniers mes voisins, les hurlements de Benoît, condamné à mort comme meurtrier de sa mère et de son obscène ami. Je distinguois ces mots de Benoît, entre les exclamations confuses de la peur et du repentir : « Ah, ma mère ! ma pauvre mère ! » Je voyois l'envers de la société, les plaies de l'humanité, les hideuses machines qui font mouvoir ce monde, si beau à regarder en face quand la toile est levée.

« Le Génie de mes grandeurs passées et de ma *gloire* âgée de trente ans ne m'apparut point ; mais ma muse d'autrefois, bien pauvre, bien ignorée, vint rayonnante m'embrasser par ma fenêtre : elle étoit charmée de mon gîte et tout inspirée ; elle me retrouvoit comme elle

---

1. *Mes Mémoires.*

m'avoit vu dans ma misère à Londres, lorsque les premiers songes de *René* flottoient dans ma tête. Qu'allions-nous faire, la solitaire du Pinde et moi? Une chanson à l'instar de Lovelace? Sur qui? Sur un roi? Non! La voix d'un prisonnier eût été de mauvais augure : c'est du pied des autels qu'il faut adresser des hymnes au malheur. Et puis il faudroit être un grand poëte pour être écouté en disant :

> O toi, de ma piété profonde
> Reçois l'hommage solennel,
> Humble objet des regards du monde,
> Privé du regard paternel!
> Puisses-tu, né dans la souffrance,
> Et de ta mère et de la France
> Consoler la longue douleur [1].

« Je ne chantai donc pas la couronne tombée d'un front innocent; je me contentai de dire une autre couronne, blanche aussi, déposée sur le cercueil d'une jeune fille [2] :

> Tu dors, pauvre Élisa, si légère d'années!
> Tu ne sens plus du jour le poids et la chaleur :
> Vous avez achevé vos fraîches matinées,
> Jeune fille et jeune fleur.

« M. le préfet de police, des procédés duquel je n'ai qu'à me louer, m'offrit un meilleur asile aussitôt qu'il eut connu le lieu de plaisance où les amis de la liberté de la presse avoient eu la bonté de me loger pour avoir usé de la liberté de la presse. La fenêtre de mon nouveau réduit s'ouvroit sur un joli jardin. La linotte de Lovelace n'y gazouilloit pas; mais il y avoit force moineaux fringants, lestes, babillards, effrontés, querelleurs : on les trouve partout, à la campagne, à la ville, aux balustrades d'un château, à la gouttière d'une geôle; ils se perchent tout aussi gaiement sur l'instrument de mort que sur un rosier. A qui peut s'envoler qu'importent les souffrances de la terre? »

Ma chanson ne vivra pas plus que celle de Lovelace. Les jacobites n'ont laissé à l'Angleterre que le motet du *God save the King*. L'histoire de cet air est singulière : on le croit de Lulli; les jeunes filles des chœurs d'*Esther* charmèrent à Saint-Cyr l'oreille et l'orgueil du grand roi par les accords du *Domine, salvum fac Regem*. Les serviteurs de Jacques emportèrent la majestueuse invocation dans leur patrie; ils l'adressoient au Dieu des armées, en allant au combat pour leur

---

1. V. Hugo, *Odes et Ballades*.   2. *Élisa Trisell.*

souverain banni. Les Anglois de la faction de Guillaume, frappés de la beauté du Bardit des Fidèles, s'en emparèrent. Il resta à l'usurpation et à la souveraineté du peuple, lesquelles ignorent aujourd'hui qu'elles chantent un air étranger, l'hymne des Stuarts, le cantique du droit divin et de la légitimité. Combien de temps l'Angleterre priera-t-elle encore le maître des hommes de *sauver le Roi?* Comptez les révolutions entassées dans une douzaine de notes survivantes à ces révolutions !

Le *Domine salvum* du rite catholique est aussi un chant admirable : on l'entonnoit en grec au Xe siècle, lorsque l'empereur de Constantinople paroissoit dans l'hippodrome. Du spectacle il passa à l'Église : autre temps fini.

PROSE.

TILLOTSON. TEMPLE. BURNET. CLARENDON. ALGERNON SIDNEY.

Avec le règne de Charles II une révolution s'opéra dans le goût et dans la manière des écrivains anglois. Abandonnant les traditions nationales, ils commencèrent à prendre quelque chose de la régularité et du caractère de la littérature françoise. Charles avoit retenu de ses courses un penchant aux mœurs étrangères : Madame Henriette, sœur du roi, la duchesse de Portsmouth, maîtresse de ce roi, Saint-Évremond et le chevalier de Grammont, exilés à Londres, poussèrent de plus en plus la restauration des Stuarts à l'imitation de la cour de Louis XIV : la prose gagna à ce mouvement du dehors ; la poésie y perdit.

Tillotson épura la langue de la chaire sans s'élever à l'éloquence. Le chevalier Temple fut le d'Ossat de l'Angleterre, mais il est fort inférieur à notre grand diplomate, par les vues et le style de ses *Observations*, *Mélanges* et *Mémoires*. La philosophie compta Locke, la littérature proprement dite Hamilton, modèle d'élégance et de grâce, Shaftesbury, élève de Locke, et fils d'un père corrompu. Voltaire vante Shaftesbury, ennemi de la religion chrétienne. Les ouvrages de cet auteur ont été réunis sous le titre de *Characteristics of Men*. Les idées des *Characteristics*, que voile d'ailleurs une élocution embarrassée, sont tombées dans le domaine des lieux communs par les apports continuels des ans.

Burnet écrivit l'histoire de la réformation d'Angleterre d'une manière partiale et caustique, mais intéressante : son plus grand honneur est d'avoir été réfuté par Bossuet. Burnet étoit un brouillon et un factieux à la manière des Frondeurs : il n'a dans ses mémoires ni la candeur révolutionnaire de Whitelock, ni l'exaltation républicaine de Ludlow.

Le nom de Clarendon réveille le double souvenir d'une ingratitude royale et populaire. L'*Histoire de la Rébellion* est un ouvrage où les traces du talent disparoissent sous l'empreinte de la vertu. Quelques portraits sont vivement colorés, mais le genre des portraits est facile ; les esprits les plus communs y réussissent. Clarendon lui-même se réfléchit dans ses tableaux ; on ne se lasse pas de retrouver son image.

Algernon Sidney créa la langue politique : ses *Discours sur le Gouvernement* ont vieilli : Sidney n'est qu'un grand nom, et n'est pas une grande renommée. La mort tragique du fils du comte de Leicester est le fait saisissable qui donna un corps à des principes encore vagues dans l'opposition errante des Whigs. Dalrymple et après lui M. Mazure ont prouvé les disparates de Sidney ; il avoit le malheur de recevoir l'argent de la France : Louis XIV, par un très-mauvais jeu, ne croyoit qu'entraver Charles, et renversoit Jacques ; la corruption de sa politique portoit en soi son châtiment. Chez Bacon, l'intégrité n'étoit pas au niveau de la science ; chez Sidney le désintéressement n'égala pas la fermeté. Dieu nous garde de triompher des misères dont les natures les plus élevées ne sont point exemptes ! Le ciel ne nous donne des vertus et des talents qu'en y attachant des infirmités ; expiations offertes au vice, à la sottise et à l'envie. Les foiblesses d'un homme supérieur sont ces victimes noires, *nigræ pecudes,* que l'Antiquité sacrifioit aux dieux infernaux : et pourtant ils ne se laissent jamais désarmer !

La révolution de 1688 s'éleva de l'échafaud de Sidney dans la vapeur du sang de l'holocauste : aujourd'hui la rosée sanglante retombe, et l'Angleterre de 1688 s'évanouit.

POÉSIE.

DRYDEN, PRIOR, WALLER, BUCKINGHAM, ROSCOMMON, ROCHESTER, SHAFTESBURY, ETC.

Il peut sembler paradoxal de dire que la poésie angloise souffrit de l'invasion du goût françois, au moment même où Dryden paroît sur la scène ; mais toute langue qui se dépouille de son originalité pour s'adonner à l'imitation se gâte, même en se perfectionnant. A quelle distance Shakespeare et Milton, restés anglois, ne laissent-ils pas Dryden derrière eux !

L'esprit de la révolution de 1649 avoit été l'exaltation religieuse et l'austérité morale : la restauration de 1660 fut l'indifférence et le libertinage. « Tu es le plus mauvais sujet de mon royaume, » disoit Charles II à Shaftesbury. — « Oui, sire, répondoit celui-ci : Votre Majesté n'est pas un sujet. »

Ces réactions sont inévitables : la corruption de la régence suivit la morosité de la fin du règne de Louis XIV. Au sortir de la terreur, le dévergondage fut complet : les cadavres encore chauds et palpitants des pères, leur tête dans leurs bras et à leurs pieds, regardoient danser leurs enfants.

Dryden rendit la poésie angloise correcte à la manière de toutes les langues civilisées, où l'art est venu régulariser la nature. Pope caractérise le mérite de Dryden :

> Dryden taught to join
> The varying verse, the full resounding line,
> The long majestic march and energy divine.

« Dryden apprit à unir le mètre varié, le vers plein d'harmonie, la longue et majestueuse période et l'énergie divine. »

Ce jugement fait sentir qu'on n'est plus au siècle libre de l'auteur de *Macbeth*, et qu'on est arrivé au siècle académique de Boileau.

Dryden est lui-même le fondateur de la critique parmi ses compatriotes : ses dialogues sur la poésie dramatique sont encore lus. Il travailla trente ans pour le théâtre sans atteindre à la vie de Shakespeare et au pathétique d'Otway. « Dryden, qui d'ailleurs étoit un très-grand génie, dit Voltaire, met dans la bouche de ses héros amoureux ou des hyperboles de rhétorique, ou des indécences, deux choses également opposées à la tendresse. »

Shirley, Davenant, Otway, Congrève, Farquhar, Cibber, Steele, Colman, Foote, Rowe, Addison, Moore, Aaron Hill, Sheridan, Coleridge, etc., offrent la succession des poëtes dramatiques anglois jusqu'à nos jours. Tobin, Johanna Baillie, et quelques autres, ont essayé de ressusciter l'ancien style et l'ancienne forme du théâtre.

L'homme chez Dryden étoit misérable; Prior, jeune orangiste, attaqua le vieux poëte devenu catholique et resté fidèle à ses anciens maîtres. Le duc de Buckingham, aidé de ses amis, composa la jolie comédie *The Rehearsal* (La Répétition): l'auteur de *Don Sébastien* et de l'ode *La Fête d'Alexandre* étoit attaqué dans cette pièce. Buckingham se félicitoit d'avoir nui à la réputation de Dryden. C'est donc un grand bonheur que d'affliger le génie, que de lui ravir une part de sa gloire acquise au prix de tant de travaux, de dégoûts et de sacrifices!

Waller, Buckingham, Roscommon, Rochester, Shaftesbury et quelques autres poëtes licencieux et satiriques ne furent pas les premiers hommes de lettres de leur époque; mais ils donnèrent le ton à la littérature à la mode pendant le règne de Charles II. Le fils de Charles Ier fut un de ces hommes légers, spirituels, insouciants, égoïstes, sans attachement de cœur, sans conviction d'esprit, qui se placent assez souvent entre deux périodes historiques pour finir l'une et commencer l'autre; un de ces princes dont le règne sert de passage aux grands changements d'institutions, de mœurs et d'idées chez les peuples; un de ces princes tout exprès créés pour remplir les espaces vides qui dans l'ordre politique disjoignent souvent la cause de l'effet. Des exhumations et des exécutions ouvrirent un règne que des exécutions devoient clore. Vingt-deux années de débauche passèrent sous des fourches patibulaires; dernières années de joie à la façon des Stuarts, et qui avoient l'air d'une orgie funèbre.

La liberté méconnue sous Jacques Ier, ensanglantée sous Charles Ier, déshonorée sous Charles II, attaquée sous Jacques II, avoit pourtant été conservée dans les formes constitutionnelles, et ces formes la transmirent à la nation, qui continua de féconder le sol natal après l'expulsion des Stuarts. Ces princes ne purent jamais pardonner au peuple anglois les maux qu'il leur avoit faits; le peuple ne put jamais oublier que ces princes avoient essayé de lui ravir ses droits: il y avoit de part et d'autre trop de ressentiments et trop d'offenses. Toute confiance réciproque étant détruite, on se regarda en silence pendant quelques années. Les générations qui avoient souffert ensemble, également fatiguées, consentirent à achever leurs jours ensemble; mais les générations nouvelles, qui n'éprouvoient pas cette lassitude, ne nourrissant plus d'inimitiés, n'avoient pas besoin d'entrer dans ces compromis de malheur ; elles revendiquèrent les fruits du sang et des larmes de leurs pères : il fallut dire adieu aux choses du passé.

Les écrivains ci-dessus nommés avoient tout ce qu'il falloit pour briller au bivouac d'une halte de nuit, entre le règne populaire de Cromwell et le règne des parlements de Guillaume et de ses successeurs. La servile chambre des communes n'existoit plus que pour tuer les hommes de liberté qui naguère avoient fait sa puissance ; la monarchie de son côté laissoit mourir ses plus dévoués serviteurs. Le peuple et le roi sembloient s'abandonner mutuellement pour faire place à l'aristocratie : l'échafaud de Charles Ier les séparoit à jamais.

BUTLER. ÉCRIVAINS ABANDONNÉS.

Butler se présente en première ligne, comme témoin à charge dans le procès d'ingratitude intenté à la mémoire de Charles II : Charles savoit par cœur les vers d'*Hudibras*, Don-Quichotte politique. Cette satire pleine de verve contre les personnages de la révolution charmoit une cour où se montroient la débauche de Rochester et la grâce de Grammont : le ridicule étoit une espèce de vengeance à l'usage des courtisans.

Lorsqu'on est placé à distance des faits, qu'on n'a pas vécu au milieu des factions et des factieux, on n'est frappé que du côté grave et douloureux des événements ; il n'en est pas ainsi quand on a été soi-même acteur ou spectateur compromis dans des scènes sanglantes.

Tacite, que la nature avoit formé poëte, eût peut-être crayonné la satire de Pétrone s'il eût siégé au sénat de Néron ; il peignit la tyrannie de ce prince parce qu'il vécut après lui. Butler, doué d'un génie observateur, eût peut-être écrit l'histoire de Charles Ier s'il fût né sous la reine Anne ; il se contenta de rimer *Hudibras,* parce qu'il avoit vu les personnages de la révolution de Cromwell ; il les avoit vus, toujours parlant d'indépendance, présenter leurs mains à toutes les chaînes, et après avoir immolé le père se courber sous le joug du fils.

Cependant, le sujet du poëme de Butler, de ce poëme auquel travailla le fils aîné du duc de Buckingham, n'est pas aussi heureux que celui de la *Satire ménippée.* On se pouvoit railler de la Ligue malgré ses horreurs ; les railleries dont elle étoit l'objet avoient des chances de durée, parce que la Ligue n'étoit pas une révolution : elle n'étoit qu'une sédition dont le genre humain ne tiroit aucun profit. Les hommes de cette longue sédition, L'Hospital excepté, ne furent grands qu'individuellement ; ils ne jalonnèrent leur passage par aucune idée, aucun principe, aucune institution politiques utiles à la société. La Ligue assassina Henri III, plus dévot qu'elle, et combattit Henri IV qui la vainquit et l'acheta. Évanouie qu'elle fut, rien n'apparut derrière : elle n'eut pour écho que la Fronde, misérable brouillerie qui se perdit dans le plein pouvoir de Louis XIV.

Mais les troubles de 1649, en Angleterre, étoient d'une nature autrement grave ; on n'assistoit pas au duel de quelques princes ambitieux : la lutte existoit entre le peuple et le roi, entre la république et la monarchie : le souverain fut jugé solennellement et mis à mort ; le chef populaire qui le conduisit à l'échafaud et qui lui succéda n'étoit rien moins que Cromwell : *Un homme s'est rencontré.*

La dictature du peuple personnifiée dans un tribun dura neuf années : en se retirant elle emporta la monarchie absolue et déposa dans l'industrie angloise le germe de sa puissance, *l'acte de navigation.* Le contre-coup de la révolution de 1649 produisit la révolution de 1688, résultat immense.

Voilà pourquoi nous ne rions plus aux gausseries d'*Hudibras*, comme nous rions aux plaisanteries de la *Satire ménippée*. Les conséquences des troubles du règne de Charles Ier se font encore sentir au monde ; les abominations de la Saint-Barthélemy, les énormités de la corruption d'Henri III et de l'ambition des Guise n'ont laissé que l'effroi de la mémoire de ces abominations et de ces énormités. Un auteur qui essayeroit de faire un poëme burlesque sur la révolution de 1789 parviendroit-il à égayer la terreur ou à rapetisser Bonaparte ? Les parodies qui restent ne sont fournies que par des événements qui ne restent pas ; elles ressemblent à ces masques moulés sur le visage d'un mort tombé depuis en poussière ou sur celui d'un satyre dont le buste ne se retrouve plus.

On a dressé le catalogue des royalistes qui souffrirent pour la cause de Charles Ier ; il est long : Charles II l'augmenta. Waller, conspirateur poltron sous la république, poëte adulateur de l'usurpation heureuse, obtenoit tout de la légitimité restaurée, tandis que Butler mouroit de faim. Les couronnes ont leurs infirmités comme les bonnets rouges.

Une destinée fatale s'attache aux muses : Valeriano Bolzani a composé un traité *De Litteratorum Infelicitate* ; Israeli a publié *The Calamities of Authors* : ils sont loin d'avoir épuisé la matière. Dans la seule liste des poëtes anglois que j'ai nommés, on trouve :

Jacques, roi d'Écosse, dix-huit ans prisonnier et ensuite assassiné; Rivers, Surrey et Thomas More, portant leur tête à l'échafaud; Lovelace et Butler, que la pauvreté dévora.

Clarendon mourut à Rouen, exilé par Charles II. On condamna à être brûlé par la main du bourreau le mémoire justificatif du vertueux magistrat dont les écrits, mêlés à ceux de Falkland, avoient fait triompher la cause royale.

Milton, demi-proscrit, descendit aveugle au tombeau.

Dryden, vers la fin de ses jours, étoit obligé de vendre, morceau à morceau, son talent pour vivre : « Je n'ai guère lieu, disoit-il, de remercier mon étoile d'être né Anglois; c'est assez pour un siècle d'avoir négligé Cowley et vu Butler mourir de faim. »

Otway, depuis, s'étouffa en avalant trop vite le morceau de pain qu'on jeta à sa misère.

Que n'a pas souffert Savage, composant au coin des rues, écrivant ses vers sur des morceaux de papier ramassés dans le ruisseau, expirant dans une prison et laissant son cadavre à la piété d'un geôlier, qui le fit enterrer à ses frais?

Chatterton, après avoir été plusieurs jours sans manger, s'empoisonna.

Dans le cloître de la cathédrale de Worcester, on remarque une plaque sépulcrale; elle ne porte ni date, ni prière, ni symbole; on y lit ce seul mot : *Miserrimus*. Cet inconnu, ce *miserrimus* sans nom, n'est-ce point le génie?

FIN DES STUARTS.

Jacques II, après la mort de son frère, voulut tenter en faveur de l'Église romaine ce que son père n'avoit pu même exécuter pour l'épiscopat : il se croyoit le maître d'opérer un changement dans la religion de l'État aussi facilement qu'Henri VIII; mais le peuple anglois n'étoit plus le peuple des Tudors, et quand Jacques eût distribué à ses sujets tous les biens du clergé anglican, il n'auroit pas fait un seul catholique. Son plus grand tort fut de jurer en parvenant à la couronne ce qu'il n'avoit pas l'intention de tenir : la foi gardée n'a pas toujours sauvé les empires; la foi mentie les a souvent perdus.

Jacques, naturellement cruel, trouva un bourreau : Jefferys avoit commencé ses œuvres, vers la fin du règne de Charles II, dans le procès où Russel et Sidney perdirent la vie. Cet homme, qui à la suite de l'invasion de Monmouth fit exécuter dans l'ouest de l'Angleterre plus de deux cent cinquante personnes, ne manquoit pas d'un certain esprit de justice : une vertu qu'on n'aperçoit pas dans un homme de bien se fait remarquer quand elle est placée dans un homme de malheur.

La Hollande étoit depuis longtemps le foyer des intrigues des divers partis anglois : les émissaires de ces partis s'y rassembloient sous la protection de Marie, fille aînée de Jacques, femme du prince d'Orange, homme qui n'inspire aucune admiration et qui pourtant a fait des choses admirables. Souvent averti par Louis XIV, Jacques ne vouloit rien croire. La flotte de Guillaume mit à la voile ; il aborda avec treize mille hommes à Broxholme, dans Torbay.

A son grand étonnement, il n'y trouva personne ; il attendit dix jours en vain. Que fit Jacques pendant ces dix jours ? Rien : il avoit une armée de vingt mille hommes, qui se fût battue d'abord, et il ne prit aucune résolution. Sunderland, son ministre, le vendoit ; le prince Georges de Danemark, son gendre, et Anne, sa fille favorite, l'abandonnoient, de même que sa fille Marie, et son autre gendre Guillaume. La solitude commençoit à croître autour du monarque qui s'étoit isolé de l'opinion nationale. Jacques demanda des conseils au comte de Bedfort, père de lord Russel, décapité sous le règne précédent à la poursuite de Jacques : « J'avois un fils, répondit le vieillard, qui auroit pu vous secourir. »

Jacques s'enfuit ; il débarqua à Ambleteuse, le 2 janvier 1689 ; hôte fatal, il enseigna l'exil aux foyers dont il embrassa l'autel. On a retrouvé les os de Jacques II à Saint-Germain. Où sont les cendres de Louis XIV ? Où sont ses fils ?

Au surplus, qu'importent toutes ces choses ? Lord Russel embrassant lady Russel pour la dernière fois lui dit : « Cette chair que vous sentez encore dans peu d'heures sera glacée. » Les générations que je viens d'indiquer, combien occupent-elles de place dans le monde et dans cette page ? A mon retour en France en 1800, une nuit je voyageois en diligence ; la voiture fit un léger tressaut, que nous sentîmes à peine ; elle avoit rencontré un paysan ivre couché en travers dans le chemin ; nous avions passé sur une vie, et la roue s'étoit à peine élevée de terre de quelques lignes. Les Francs, nos pères, égorgèrent à Metz les Romains surpris au milieu d'une fête ; nos soldats ont valsé, il n'y a pas encore vingt-cinq ans, au monastère d'Alcobaça, avec le squelette d'Inès de Castro : malheurs et plaisirs, crimes et folies, quatorze siècles vous séparent, et vous êtes aussi complètement passés les uns que les autres! L'éternité commencée tout à l'heure est aussi ancienne que l'éternité datée de la première mort, du meurtre d'Abel. Néanmoins, les hommes, durant leur apparition éphémère sur ce globe, se persuadent qu'ils laissent d'eux quelque trace : sans doute! Chaque mouche a son ombre.

Les quatre Stuarts passèrent dans l'espace de quatre-vingt-quatre ans ; les six derniers Bourbons ayant porté, ou ayant droit de porter la couronne, à compter de la mort de Louis XV, ont disparu dans la période de cinquante-quatre années.

Dans l'un et dans l'autre royaume, un roi a péri sur l'échafaud, deux restaurations ont eu lieu et ont été suivies du bannissement des souverains légitimes, et pourtant il est vrai que loin d'être au bout des révolutions l'Europe, ou plutôt le monde, ne fait que les commencer.

CINQUIÈME PARTIE.

LITTÉRATURE SOUS LA MAISON DE HANOVRE.

ACHÈVEMENT ET PERFECTIONNEMENT DE LA LANGUE ANGLOISE. MORT DES LANGUES.

En quittant les Stuarts nous entrons dans le repos des cent quarante années qui suivit la chute de ces princes et laissa aux muses le temps d'épurer leur langage à l'abri de la liberté.

Au commencement de cet Essai, j'ai parlé de l'origine de la langue angloise; on a pu en remarquer les changements successifs dans notre course rapide à travers les siècles. Maintenant que j'approche de la fin de mon travail, voyons à quel degré de perfection cette langue étoit parvenue, et comment, après avoir été l'idiome des *conteors*, des *fableors*, des *harpeors*, elle devint l'idiome des Pope, des Addison, des Swift, des Gray, des Fielding, des Walter Scott et des Byron.

Le vieille langue angloise me paroît avoir eu plus de douceur que la langue angloise moderne : le *th* y termine une foule de mots et la troisième personne des verbes au singulier du présent de l'indicatif. Le *th* emprunté de l'Orient ne fut prononcé (sinon introduit dans l'alphabet grec avec le χ *chi*, le κ *kappa*, l'Ω *oméga*) que vers le commencement de la guerre du Peloponèse, à l'époque où Alcibiade rendoit Athènes folle comme une femme, par la difficulté gracieuse avec laquelle il exprimoit quelques lettres. Le *th* étoit une lettre composée que la molle Ionie sembloit fournir en aide à l'élégant élève de Périclès. Le grec moderne a retenu le Θ, le thêta.

Le *th* de l'ancien anglois, à la fin du mot, ne pouvoit être que le th *doux*, comme il se prononce dans *mouth, sooth, teeth*, et non le th *rude* du commencement du mot, comme dans *thunder, throbbing, thousand*.

La lettre se redoubloit souvent dans l'ancien anglois. L'*e* qui abonde et qui dispute la fin des mots au th étoit l'*e* muet retenu du françois; il contribuoit à émousser le son trop aigu. La preuve que ces lettres n'étoient point étymologiques, mais euphoniques, c'est que l'orthographe varioit de comté en comté et presque de village en village, selon l'oreille, écho de l'accent. Les mots mêmes varioient dans un rayon de quelques lieues : un marchand embarqué sur la Tamise descendit à terre, et demanda des œufs, *egges*, à une paysanne; elle répondit qu'elle n'entendoit pas le *françois*. Le compagnon de ce marchand requit à son tour des *ceyren*, des œufs; la bonne femme répliqua qu'elle le comprenoit bien : *thenne the good wyf sayd that shee understode him well*. Ainsi, à une soixantaine de milles de la ville où Johnson composa son dictionnaire, des œufs s'appeloient des *ceyren*.

A mesure que l'anglois changea de prononciation et de forme, et qu'il perdit de sa sobriété, il s'enrichit des tributs du temps. Le génie d'une langue se compose de la religion, des institutions politiques, du caractère, des mœurs et des usages d'un peuple. Si ce peuple étend au loin sa domination, il reçoit un accroissement d'idées et de sentiments des pays avec lesquels il entre en contact. Et voyez d'abord tout ce que peut recueillir une langue de la durée et de la variété des lois.

Il étoit de principe en Angleterre qu'une loi n'est jamais abolie : de cette sorte, l'histoire passée demeuroit présente au milieu des événements nouveaux, comme une aïeule immortelle au milieu de ses innombrables enfants et petits-enfants. Au commencement de ce siècle, un Anglois jeta le gant en pleine audience, et demanda le combat judiciaire contre son antagoniste.

Le droit coutumier anglois (*common law*) régit l'Angleterre en général.

Dans l'île de Man, on suit *les établissements* des anciens rois de cet État.

A Jersey et à Guernesey, les statuts de Rollon sont en vigueur.

Les procès des Indous et des Mogols sont jugés en appel à la cour du banc du roi à Londres, et se décident d'après les articles des Puranas et de l'Alcoran.

Dans les îles Ioniennes, le code de Justinien se mêle aux décisions de la cour de l'amirauté.

Au Canada les ordonnances des rois de France fleurissent, comme au temps de saint Louis.

Dans l'Ile-de-France le Code Napoléon règne, le droit castillan et aragonois dans les colonies anglo-espagnoles, la loi hollandoise au Cap de Bonne-Espérance.

La politique, l'industrie, le commerce, ont mêlé les mots particuliers de leurs dictionnaires à ceux du dictionnaire général.

La tribune fournit au trésor commun les discours de Strafford, de Vanes, de Bolingbroke, de Walpole, des deux Pitt, de Burke, de Fox, de Sheridan, de Canning, de Brougham.

L'économie sociale, les recherches d'Adam Smith, de Malthus, de Thornton, de Ricardo, de Macculloch, augmentent le vocabulaire.

Le service des possessions angloises dans les quatre parties de la terre a naturellement multiplié les voyageurs : quelle nouvelle source d'importation d'idées et d'images! Cent-et-un négociants de Londres, en 1600, réunissent une somme de 800,000 fr., et voilà les Bacchus et les Alexandre qui deviennent les maîtres et les conquérants de l'Inde.

Les Anglois eurent des grammaires et des dictionnaires samaritains, arabes, syriaques, presque avant d'avoir des dictionnaires grecs et latins : ils préludoient de la sorte à l'étude des langues mortes et vivantes de l'Asie; ils obéissoient à l'instinct de leur génie, qui les portoit à la pompe des images et à l'indépendance des règles. Wilkins, Colbrooke, Carey[1], Marsden, Morrison, Lockert, Gladwin, Lumsden, Gilchrist, Hadley, William Jones, se sont occupés du sanscrit, du bengali vulgaire, de la langue maloise, du persan, du chinois et de la langue commune de l'Indoustan. Ainsi, avec des lois qui ne meurent point, des colonies placées aux quatre vents du ciel, la langue angloise embrasse le temps et l'espace.

Nous possédions autrefois d'immenses contrées outre-mer; elles offroient un asile à l'excédant de notre population, un marché à notre commerce, une carrière à nos sciences, un aliment à notre marine : aujourd'hui nous sommes contraints d'ensevelir nos convicts dans des prisons infectes, faute d'un coin sur le globe pour y déposer ces malheureux; nous sommes exclus du nouvel univers où le genre humain recommence. Les langues angloise, portugoise, espagnole, servent en Afrique, en Asie, dans l'Océanie, dans les îles de la mer du Sud, sur le continent des deux Amériques, à l'interprétation de la pensée de plusieurs millions d'hommes, et nous, déshérités des conquêtes de notre génie, à peine entendons-nous parler dans quelque bourgade de la Louisiane et du Canada, sous une domination étrangère, la langue de Colbert et de Louis XIV : elle y reste comme un témoin des revers de notre fortune et des fautes de notre politique.

Mais si la langue de Milton et de Shakespeare tire des avantages réels de cette diffusion de puissance, elle en reçoit aussi des atteintes.

---

1. Il y a un autre Carey, poëte et musicien, auquel les Anglois attribuent, mal à propos, l'air du *God save the king*.

Lorsqu'elle se resserroit dans son camp natif, elle étoit plus individuelle, plus originale, plus énergique : elle se charge aux rives du Gange et du fleuve Saint-Laurent, au Cap de Bonne-Espérance, au Port Jackson dans l'Océanie, à l'île de Malte dans la Méditerranée, à l'île de La Trinité dans le golfe du Mexique, de locutions qui la dénaturent. Pickering a fait un traité des mots en usage aux États-Unis : on y peut voir avec quelle rapidité une langue s'altère sous un ciel étranger, par la nécessité où elle est de fournir des expressions à une culture nouvelle, à une industrie, à des arts du sol, à des habitudes nées du climat, à des lois, à des mœurs qui constituent une autre société.

Si un pareil travail pouvoit intéresser, je suivrois ici l'histoire des mots anglois ; je montrerois chez quels auteurs ils ont pris naissance, comment ils se sont perdus ou comment ils ont changé d'acception en s'éloignant de leur sens primitif ; je parlerois des mots composés, des mots négatifs, opposés aux mots positifs qui manquent trop à notre langue, des mots à la fois substantifs et verbes : *silence*, par exemple, signifie à la fois « silence », ou « faire faire silence », « *to silence silencer.* » Mais de telles recherches, extrêmement curieuses si elles avoient notre langue pour objet (comme on peut le voir dans le savant *tableau* de M. Chasles[1]), seroient, à propos d'une langue étrangère, fatigantes ou inintelligibles au lecteur françois.

Les langues ne suivent le mouvement de la civilisation qu'avant l'époque où leur perfectionnement s'achève : une fois arrivées là, elles s'arrêtent quelque temps, puis elles descendent et se détériorent. Il est à craindre que les talents supérieurs n'aient à l'avenir pour faire entendre leurs harmonies qu'un instrument discord ou fêlé. Une langue peut, il est vrai, acquérir des expressions nouvelles à mesure que les lumières s'accroissent ; mais elle ne sauroit changer sa syntaxe qu'en changeant son génie. Un barbarisme heureux reste dans une langue sans la défigurer ; des solécismes ne s'y établissent jamais sans la détruire. Nous aurons des Tertullien, des Stace, des Silius Italicus, des Claudien : aurons-nous désormais des Bossuet, des Corneille, des Racine, des Voltaire ? Dans une langue jeune, les auteurs ont des expressions et des images qui charment comme le premier rayon du matin ; dans une langue formée, ils brillent par des beautés de toutes les sortes ; dans une langue vieillie, les naïvetés du style ne sont plus

---

1. *Tableau de la marche et des progrès de la Langue et de la Littérature françoises*, etc.

que des réminiscences, les sublimités de la pensée que le produit d'un arrangement de mots péniblement cherchés, contrastés avec effort.

EFFET DE LA CRITIQUE SUR LES LANGUES. CRITIQUE EN FRANCE : NOS VANITÉS. MORT DES LANGUES.

La critique, d'abord si utile, est devenue à Londres, par son abondance et sa diversité, une autre source d'altération dans les monuments de la langue angloise, en rendant les idées perplexes sur les expressions, les tours, les mots qu'on doit rejeter, ou dont il est bon de se servir. Comment un auteur pourroit-il reconnoître la vérité au milieu de ces jugements divers prononcés sur le même ouvrage par le *Monthly Review*, le *Critical Review*, le *Quarterly Review*, l'*Edinburgh Review*, le *British Review*, l'*Eclectic Review*, le *Retrospective Review*, le *Foreign Review*, le *Quarterly Foreign Review*, par la *Literary Gazette*, par le *London Musæum*, par le *Monthly Censor*, par le *Gentleman's Magazine*, le *Monthly Magazine*, le *New Monthly Magazine*, l'*Edinburgh Magazine*, le *Literary Magazine*, le *London Magazine*, le *Blackwood's Magazine*, le *Brighton Magazine*, par l'*Annual Register*, par le *Classical Journal*, le *Quarterly Journal*, l'*Edinburgh philosophical Journal*, par le *Monthly Repertory*. Il seroit aisé d'ajouter cent autres noms à cette fastidieuse liste, à laquelle on pourroit joindre encore les articles littéraires des journaux quotidiens.

En France, nous sommes moins riches, et nos jugements actuels sont moins sévères. Il est possible que la littérature paroisse une occupation puérile à l'âge politique et positif qui commence parmi nous : si tel est le fait, on conçoit qu'on n'est guère tenté de se créer une multitude d'ennemis, pour la satisfaction de maintenir les vrais principes de l'art et du goût, dans une carrière où il n'y auroit plus ni gloire ni honneurs à recueillir.

Un critique a osé dans ces dernières années exercer la censure rigoureuse : quels cris n'a-t-il pas excités! Qu'auroient donc dit les auteurs d'aujourd'hui, si on les avoit traités comme on nous traitoit autrefois? Me sera-t-il permis de me citer pour exemple? J'ai eu contre moi une foule d'hommes de mérite : lorsque *Atala* parut, l'armée classique, M. l'abbé Morellet à sa tête, fondit sur ma Floridienne. Le *Génie du Christianisme* souleva le monde voltairien : il me fallut recevoir les admonitions des membres les plus distingués de l'Académie françoise. M. Ginguené, examinant mon ouvrage deux mois après sa publication, craint que sa critique n'arrive trop tard, le *Génie du Christianisme* étant déjà oublié. Le très-spirituel M. Hoffmann écrasa les *Martyrs* dans cinq ou six articles du *Journal de l'Empire*, enlevé alors à ses propriétaires, et lequel journal annonçoit ainsi ma fin prochaine dans le vaste cercle tracé par l'épée de Napoléon. Que faisions-nous, nous pauvres prétendants à la renommée? Pensions-nous que le monde étoit ébranlé sur sa base? Avions-nous recours au charbon ou au pistolet pour nous débarrasser de nous-mêmes ou du censeur? Pleins de notre mérite, nous obstinions-nous fièrement dans nos défauts, déterminés à dompter le siècle, à le faire passer sous les fourches caudines de nos sottises? Hélas! non; plus humbles, parce que nous ne possédions pas les talents sans pareils qui courent les rues maintenant, nous cherchions d'abord à nous justifier, ensuite à nous corriger. Si nous avions été attaqués d'une manière trop injuste, les larmes des muses lavoient et guérissoient nos blessures; enfin, nous étions persuadés que la critique n'a jamais tué ce qui doit vivre, et que l'éloge surtout n'a jamais fait vivre ce qui doit mourir.

N'attendez pas à cette heure une si modeste et si sotte condescendance des écrivains : les vanités se sont exaltées jusqu'au délire. L'orgueil est la maladie du temps : on ne rougit plus de se reconnoître et d'avouer tous les dons que nous a prodigués la libérale nature. Écoutez-nous parler de nous-mêmes : nous avons la bonté de faire tous les frais des éloges qu'on s'apprêtoit à nous donner; nous éclairons charitablement le lecteur sur nos mérites; nous lui apprenons à sentir nos beautés; nous soulageons son enthousiasme; nous cherchons son admiration *au fond de son cœur*.

Nous lui épargnons la pudeur
De *nous la* découvrir *lui*-même.

Tous, un à un, nous nous croyons en conscience et avec candeur l'homme de notre siècle, l'homme qui a ouvert une nouvelle carrière, l'homme qui a fait disparoître le passé, l'homme devant qui toutes les réputations se sont évanouies, l'homme qui restera et restera seul, l'homme de la postérité, l'homme de la rénovation des choses, l'homme de l'avenir. Heureux le jour qui nous a vus naître! Heureuse la société qui nous a portés dans ses entrailles! Il arrive qu'au milieu de notre superbe les bonnes gens courent le risque d'être étouffés : ils sont presque obligés de s'armer eux-mêmes de vanité pour se défendre de celle du passant, comme on fume dans un estaminet pour repousser la fumée de la pipe du voisin.

Cependant, il faut dire, afin d'être juste, que si la critique de détail a perdu sa puissance par le manque de règles reconnues, par la révolte de l'amour-propre endurci, la critique historique et générale a fait des progrès considérables : je ne sache pas qu'à aucune époque on ait jamais rencontré dans un même pays une réunion d'hommes aussi savants, aussi distingués que ceux qui honorent aujourd'hui, en France, les chaires publiques.

Que deviendra la langue angloise? Ce que deviennent toutes les langues. Vers l'an 1400, un poëte prussien, au banquet du grand-maître de l'Ordre teutonique, chanta, en vieux prussien, les faits héroïques des anciens guerriers du pays : personne ne le comprit, et on lui donna à titre de récompense cent noix vides. Aujourd'hui le bas-breton, le basque, le gallique meurent de cabane en cabane, à mesure que meurent les chevriers et les laboureurs. Dans la province angloise de Cornouailles, la langue des indigènes s'éteignoit vers l'an 1676 : un pêcheur disoit à des voyageurs : « Je ne connois guère que quatre ou cinq personnes qui parlent breton, et ce sont de vieilles gens comme moi, de soixante à quatre-vingts ans. »

Des peuplades de l'Orénoque n'existent plus ; il n'est resté de leur dialecte qu'une douzaine de mots prononcés dans la cime des arbres par des perroquets redevenus libres; la grive d'Agrippine gazouilloit des mots grecs sur les balustrades des palais latins. Tel sera tôt ou tard le sort de nos jargons modernes : quelque sansonnet de *New-Place* sifflera sur un pommier des vers de Shakespeare, inintelligibles au passant; quelque corbeau envolé de la cage du dernier curé franco-gaulois dira, du haut de la tour en ruines d'une cathédrale abandonnée, dira à des peuples étrangers, nos successeurs : « Agréez les accents d'une voix qui vous fut connue ; vous mettrez fin à tous ces discours. »

Soyez donc Shakespeare ou Bossuet, pour qu'en dernier résultat votre chef-d'œuvre survive dans la mémoire d'un oiseau à votre langage et à votre souvenir chez les hommes.

QU'IL N'Y AURA PLUS
DE RENOMMÉES LITTÉRAIRES UNIVERSELLES, ET POURQUOI.

La multiplicité et la diversité des langues modernes doivent faire faire cette triste question aux hommes tourmentés de la soif de vivre :

Peut-il y avoir maintenant dans les lettres des réputations universelles, comme celles qui nous sont venues de l'antiquité?

Dans l'ancien monde civilisé deux langues dominoient, deux peuples jugeoient seuls et en dernier ressort les monuments de leur génie. Victorieuse des Grecs, Rome eut pour les travaux de l'intelligence des vaincus le même respect qu'avoient Alexandrie et Athènes. La gloire d'Homère et de Virgile nous fut religieusement transmise par les moines, les prêtres et les clercs, instituteurs des barbares dans les écoles ecclésiastiques, les monastères, les séminaires et les universités. Une admiration héréditaire descendit de race en race jusqu'à nous, en vertu des leçons d'un professorat dont la chaire ouverte depuis quatorze siècles, confirme sans cesse le même arrêt.

Il n'en est plus ainsi dans le monde moderne civilisé : cinq langues y fleurissent; chacune de ces cinq langues a des chefs-d'œuvre qui ne sont pas reconnus tels dans les pays où se parlent les quatre autres langues : il ne s'en faut pas étonner.

Nul dans une littérature vivante n'est juge compétent que des ouvrages écrits dans sa propre langue. En vain vous croyez posséder à fond un idiome étranger; le lait de la nourrice vous manque, ainsi que les premières paroles qu'elle vous apprit à son sein et dans vos langes : certains accents ne sont que de la patrie. Les Anglois et les Allemands ont de nos gens de lettres les notions les plus baroques; ils adorent ce que nous méprisons; ils méprisent ce que nous adorons : ils n'entendent ni Racine ni La Fontaine, ni même complétement Molière. C'est à rire de savoir quels sont nos grands écrivains à Londres, à Vienne, à Berlin, à Pétersbourg, à Munich, à Leipzig, à Gœttingue, à Cologne; de savoir ce qu'on y lit avec fureur, et ce qu'on n'y lit pas. Je viens d'énoncer mon opinion sur une foule d'auteurs anglois : il est fort possible que je me sois trompé, que j'aie admiré et blâmé tout de travers, que mes arrêts paroissent impertinents et grotesques de l'autre côté de la Manche.

Quand le mérite d'un auteur consiste spécialement dans la diction, un étranger ne comprendra jamais bien ce mérite. Plus le talent est intime, individuel, national, plus ses mystères échappent à l'esprit qui n'est pas, pour ainsi dire, *compatriote* de ce talent. Nous admirons sur parole les Grecs et les Romains; notre admiration nous vient de tradition, et les Grecs et les Romains ne sont pas là pour se moquer de nos jugements de barbares. Qui de nous se fait une idée de l'harmonie de la prose de Démosthène et de Cicéron, de la cadence des vers d'Alcée et d'Horace, telles qu'elles étoient saisies par une oreille grecque et latine? On soutient que les beautés réelles sont de tous les temps, de tous les pays : oui, les beautés de sentiment et de pensée ; non, les beautés de style. Le style n'est pas, comme la pensée, cosmopolite ; il a une terre natale, un ciel, un soleil à lui.

Les peuples du Nord, écrivant toutes les langues, n'ont dans ces langues aucun style. Les vocabulaires variés qui encombrent la mémoire rendent les perceptions confuses : quand l'idée vous apparoît, vous ne savez de quel voile l'envelopper, de quel idiome vous servir pour la mieux rendre. Si vous n'aviez connu que votre langue et les glossaires grecs et latins de sa source, cette idée se seroit présentée revêtue de sa forme naturelle : votre cerveau ne l'ayant pas *pensée* à la fois dans différentes langues, elle n'eût point été l'avorton multiple, le produit indigeste de conceptions synchrônes ; elle auroit eu ce caractère d'unité, de simplicité, ce type de paternité et de race, sans lesquels les œuvres de l'intelligence restent des masses nébuleuses, ressemblant à tout et à rien. Le moyen d'être un méchant auteur, c'est de siffler à l'écho de la mémoire, comme à un perroquet, plusieurs dialectes : un esprit polyglotte ne charme guère que les sourds-muets. Il est très-bon, très-utile d'apprendre, d'étudier, de lire les langues vivantes quand on se consacre aux lettres, assez dangereux de les parler et surtout très-dangereux de les écrire.

Ainsi, plus ne s'élèveront de ces colosses de gloire dont les nations et les siècles reconnoissent également la grandeur. Il faut donc entendre dans un sens limité à l'égard des modernes ce que j'ai dit plus haut de ces génies mères, qui semblent avoir *enfanté et allaité tous les autres* : cela reste vrai quant au *fait*, non quant à *la renommée universelle*. A Vienne, à Pétersbourg, à Berlin, à Londres, à Lisbonne, à Madrid, à Rome, à Paris, on n'aura jamais d'un poëte allemand, anglois, portugois, espagnol, italien, françois, l'idée une et semblable que l'on s'y forme de Virgile et d'Homère. Nous autres grands hommes, nous comptions remplir le monde de notre renommée ; mais, quoi que nous fassions, elle ne franchira guère la limite où notre langue expire. Le temps des dominations suprêmes ne seroit-il point passé ? Toutes les aristocraties ne seroient-elles pas finies ? Les efforts infructueux que l'on a tentés dernièrement pour découvrir de nouvelles formes, pour trouver un nouveau nombre, une nouvelle césure, pour raviver la couleur, rajeunir le tour, le mot, l'idée, pour envieillir la phrase, pour revenir au naïf et au populaire, ne semblent-ils pas prouver que le cercle est parcouru ? Au lieu d'avancer on a rétrogradé ; on ne s'est pas aperçu qu'on retournoit au balbutiement de la langue, aux contes des nourrices, à l'enfance de l'art. Soutenir qu'il n'y a pas d'art, qu'il n'y a point d'idéal ; qu'il ne faut pas choisir, qu'il faut tout peindre ;

que le laid est aussi beau que le beau, c'est tout simplement un jeu d'esprit dans ceux-ci, une dépravation du goût dans ceux-là, un sophisme de la paresse dans les uns, de l'impuissance dans les autres.

AUTRES CAUSES QUI TENDENT A DÉTRUIRE LES RENOMMÉES UNIVERSELLES.

Enfin, outre cette division des langues qui s'oppose chez les modernes aux renommées universelles, une autre cause travaille à détruire les réputations : la liberté, l'esprit de nivellement et d'incrédulité, la haine des supériorités, l'anarchie des idées, la démocratie enfin est entrée dans la littérature, ainsi que dans le reste de la société. Or ces choses favorisant la passion de l'amour-propre et le sentiment d'envie agissent dans la sphère des lettres avec une vivacité redoublée. On ne reconnoît plus de maîtres et d'autorités ; on n'admet plus de règles ; on n'accepte plus d'opinions faites ; le libre examen est reçu au Parnasse, ainsi qu'en politique et en religion, comme conséquence du progrès du siècle. Chacun juge et se croit le droit de juger, d'après ses lumières, son goût, son système, sa haine ou son amour. De là une foule d'immortels, cantonnés dans leur rue, renfermés dans le cercle de leur école et de leurs amis, et qui sont inconnus ou sifflés dans l'arrondissement voisin.

La vérité avoit jadis de la peine à percer ; elle manquoit de véhicule, la presse quotidienne et libre n'existoit pas ; les gens de lettres formoient un monde à part, ils s'occupoient les uns des autres presque à l'insu du public. A présent que des journaux dénigrants ou admiratifs *sonnent la charge ou la victoire*, il faudroit avoir bien du guignon pour ignorer de son vivant ce que l'on vaut. Avec ces sentences contradictoires, si notre gloire commence plus tôt, elle finit plus vite : le matin un aigle, le soir un butor.

Telle est la nature humaine, particulièrement en France : si nous possédons quelques talents, nous nous empressons de les déprécier. Après les avoir élevés au pinacle, nous les roulons dans la boue ; puis nous y revenons, puis nous les méprisons de nouveau. Qui n'a vu vingt fois depuis quelques années les opinions varier sur le même homme ? Y a-t-il donc quelque chose de certain et de vrai sur la terre à présent ? On ne sait que croire : on hésite en tout, on doute de tout ; les convictions les plus vives sont éteintes au bout de la journée. Nous ne pouvons souffrir de réputations ; il semble qu'on nous vole ce qu'on admire : nos vanités prennent ombrage du moindre succès, et s'il dure un peu, elles sont au supplice. On n'est pas trop fâché, à part soi, qu'un homme de mérite vienne à mourir : c'est un rival de moins; son bruit importun empêchoit d'entendre celui des sots et le concert croassant des médiocrités. On se hâte d'empaqueter le célèbre défunt dans trois ou quatre articles de journal, puis on cesse d'en parler ; on n'ouvre plus ses ouvrages ; on plombe sa renommée dans ses livres, comme on scelle son cadavre dans son cercueil, expédiant le tout à l'éternité par l'entremise du temps et de la mort.

Aujourd'hui tout vieillit dans quelques heures : une réputation se flétrit, un ouvrage passe en un moment. La poésie a le sort de la musique ; sa voix, fraîche à l'aube, est cassée au coucher du soleil. Chacun écrit; personne ne lit sérieusement. Un nom prononcé trois fois importune. Où sont ces illustres qui en se réveillant un matin, il y a quelques années, déclarèrent que rien n'avoit existé avant eux, qu'ils avoient découvert des cieux et un monde ignorés, qu'ils étoient décidés à rendre pitoyables par leur génie les prétendus chefs-d'œuvre jusque alors si bêtement admirés? Ceux qui s'appeloient la *jeunesse* en 1830, où sont-ils? Voici venir des grands hommes de 1835, qui regardent ces vieux de 1830 comme des gens de mérite dans leur temps, mais aujourd'hui usés, passés, dépassés. Les maillots arriveront bientôt dans les bras de leur nourrice : ils riront des octogénaires de seize ans, de ces dix mille poëtes, de ces cinquante mille prosateurs, lesquels se couvrent maintenant de gloire et de mélancolie dans les coins et recoins de la France. Si par hasard on ne s'aperçoit pas que ces écrivains existent, ils se tuent pour attirer l'attention publique. Autre chimère! on n'entend pas même leur dernier soupir. Qui cause ce délire et ces ravages? L'absence du contre-poids des folies humaines, la religion.

A l'époque où nous vivons, chaque lustre vaut un siècle; la société meurt et se renouvelle tous les dix ans. Adieu donc toute gloire longue *universellement* reconnue. Qui écrit dans l'espoir d'un nom sacrifie sa vie à la plus sotte comme à la plus vaine des chimères. Bonaparte sera la dernière existence isolée de ce monde ancien qui s'évanouit : rien ne s'élèvera plus dans les sociétés nivelées, et la grandeur de l'individu sera désormais remplacée par la grandeur de l'espèce.

La jeunesse est ce qu'il y a de plus beau et de plus généreux; je me sens puissamment attiré vers elle, comme à la source de mon ancienne vie ; je lui souhaite succès et bonheur : c'est pourquoi je me fais un devoir de ne pas la flatter. Par les fausses routes où elle s'égare, elle ne trouvera en dernier résultat que le dégoût et la misère. Je sais qu'elle manque aujourd'hui de carrière, qu'elle se débat au milieu d'une société obscure : de là ces brillantes lueurs de talent qui percent subitement la nuit et s'éteignent : mais de longues et laborieuses études poursuivies à l'écart et en silence empliroient bien les jours, et vaudroient mieux que cette multitude de vers trop vite faits, trop tôt oubliés.

En achevant ce chapitre il me prend des remords et il me vient des doutes ; remords d'avoir osé dire que Dante, Shakespeare, Tasse, Camoëns, Schiller, Milton, Racine, Bossuet, Corneille et quelques autres, pourroient bien ne pas vivre *universellement* comme Virgile et Homère ; doutes d'avoir pensé que le temps des individualités *universelles* n'est plus.

Pourquoi chercherois-je à ôter à l'homme le sentiment de l'infini, sans lequel il ne feroit rien et ne s'élèveroit jamais à la hauteur qu'il peut atteindre ? Si je ne trouve pas en moi la faculté d'exister, pourquoi mes voisins ne la trouveroient-ils pas en eux ? Un peu d'humeur contre ma nature ne m'a-t-il pas fait juger d'une manière trop absolue les facultés possibles des autres ? Eh bien, remettons le tout dans le premier état : rendons aux talents nés ou à naître l'espoir d'une pérennité glorieuse, que quelques écrivains, hommes et femmes, peuvent justement nourrir aujourd'hui : qu'ils aillent donc à l'avenir *universel*, j'en serai charmé. Resté en route, je ne me plaindrai pas, surtout je ne regretterai rien :

Si post fata venit gloria, non propero.

MARIE. GUILLAUME. LA REINE ANNE.

ÉCOLE CLASSIQUE.

L'invasion du goût françois, commencée au règne de Charles II, s'acheva sous Guillaume et la reine Anne. La grande aristocratie qui s'élevoit prit du caractère noble et imposant de la grande monarchie, sa voisine et sa rivale. La littérature angloise, jusque alors presque inconnue à la France, passa le détroit. Addison vit Boileau en 1701, et lui présenta un exemplaire de ses poésies latines. Voltaire, obligé de se réfugier en Angleterre, au sujet de sa querelle avec le chevalier de Rohan-Chabot, dédia la *Henriade* à la reine Anne, et se gâta l'esprit par les idées philosophiques de Collins, de Chubb, de Tindal, de Wolston, de Tolland, de Bolingbroke. Il nous fit connoître Shakespeare, Milton, Dryden, Shaftesbury, Swift, et les présenta à la France comme des hommes d'une nouvelle espèce, découverts par lui dans un nouveau monde. Racine le fils traduisit *Le Paradis perdu*, et Rollin parla de ce poëme dans son *Traité des Études*.

Guillaume III étant parvenu à la couronne britannique, les écrivains de Londres et de Paris s'engagèrent dans la querelle des princes et des guerriers : Boileau dit *le passage du Rhin;* Prior répond que le régent du Parnasse occupe les neuf muses *à chanter que Louis n'a pas passé le Rhin*, ce qui étoit vrai. Philips traduisoit le *Pompée* de Corneille, et Roscommon en écrivoit le prologue; Addison célébroit les victoires de Marlborough et rendoit hommage à *Athalie;* Pope publioit son *Essai sur la Critique* dont l'*Art poétique* est le modèle : il donne à peu près les mêmes règles qu'Horace et Boileau ; mais tout à coup, se souvenant de sa dignité, il déclare fièrement que « les braves Bretons méprisent les lois étrangères : « *But we, brave Britons, foreign laws* « *despis'd.* » Foam traduisit l'*Art poétique* du poëte françois; Dryden en revit le texte, et remplaça seulement les noms des auteurs françois par des noms d'auteurs anglois : il rend le *hâtez-vous lentement* par *gently make haste.*

La Boucle de cheveux enlevée fut inspirée par *Le Lutrin*, et *La Dunciade* imitée des *Satires* de l'ami de Racine. Butler a traduit une de ces satires.

Le siècle littéraire de la reine Anne est un dernier reflet du siècle de Louis XIV. Et comme si le grand roi avoit eu pour destinée de rencontrer toujours Guillaume et de faire des conquêtes, ne pouvant envahir l'Angleterre avec des gens d'armes, il y pénétra avec des gens de lettres : le génie d'Albion, qui ne céda pas à nos soldats, céda à nos poëtes.

PRESSE PÉRIODIQUE. ADDISON. POPE. SWIFT. STEELE.

Une autre révolution, dont les conséquences ont été et sont encore incalculables, s'opéra : la presse périodique, à la fois politique et littéraire, fut fondée aux bords de la Tamise. Steele composa dans l'intérêt des wighs le *Tatler*, le *Spectator*, le *Mentor*, l'*Englishman*, le *Lover*, le *Reader*, le *Town-Talk*, le *Chit-Chat*, le *Plebeian* ; il combattoit l'*Examiner*, écrit par Swift dans l'esprit tory. Addison, Congreve, Walsh,

Arbuthnot, Gay, Pope, King, se rangeoient selon leur opinion sous les étendards de Swift et de Steele.

Jonathan Swift, né en Irlande, le 30 novembre 1667, est fort mal à propos appelé par Voltaire le Rabelais de l'Angleterre. Voltaire n'étoit sensible qu'aux impiétés de Rabelais et à sa plaisanterie, quand elle est bonne; mais la profonde satire de la société et de l'homme, la haute philosophie, le grand style du curé de Meudon, lui échappoient, comme il ne voyoit que le petit côté du christianisme, et ne se doutoit pas de la révolution intellectuelle et morale accomplie dans l'humanité par l'Évangile.

Le Tonneau, où le Pape, Luther et Calvin, sont attaqués; *Gulliver,* où les institutions sociales sont stigmatisées, n'offrent que de pâles copies de *Gargantua.* Les siècles où vécurent les deux auteurs mettent d'ailleurs entre eux une immense différence : Rabelais commença sa langue; Swift acheva la sienne. Il n'est pas certain d'ailleurs que *le Tonneau* soit de Swift ou qu'il l'ait fait seul. Swift s'amusa à fabriquer des vers de vingt, trente et soixante syllabes. L'historien Velly a traduit la satire sur la paix d'Utrecht intitulée : *John Bull.*

Guillaume III, qui fit tant de choses, instruisit Swift dans l'art de cultiver les asperges à la manière hollandoise. Jonathan aima Stella, l'emmena dans son doyenné de Saint-Patrick, et au bout de seize ans, quand il fut au bout de son amour, il l'épousa. Esther van Homrigh se prit d'une passion pour Swift, bien qu'il fût vieux, laid et dégoûtant : lorsqu'elle sut qu'il étoit sérieusement marié avec Stella, dont il ne se soucioit guère, elle mourut. Stella suivit de près Esther. Le vilain homme qui tua ces deux belles jeunes femmes n'a pu, à l'exemple des grands poëtes, leur donner une seconde vie.

Steele, compatriote de Swift, devint son rival en politique. Parvenu à la chambre des communes, il en fut expulsé comme auteur de libelles séditieux. A l'occasion de la création des douze pairs sous l'administration d'Oxford et de Bolingbroke, il écrivit une lettre mordante à sir Miles Wharton sur les *Pairs de circonstance.* La liaison de Steele avec le grand corrupteur Walpole ne l'enrichit pas; faisant trêve à ses pamphlets, il commença la littérature industrielle, et inventa une machine pour transporter du saumon frais à Londres.

On a su gré à Steele d'avoir purgé le théâtre des obscénités dont l'avoient infecté les écrivains de Charles II : le mérite étoit d'autant plus grand dans l'auteur des *Conscious Lovers,* qu'il avoit des mœurs très-peu régulières. Cependant son contemporain Gay, le fabuliste, faisoit représenter son *Beggar,* dont le héros est un voleur et l'héroïne une prostituée. Le *Beggar* est l'original de nos mélodrames d'aujourd'hui.

PASSAGE DE LA LITTÉRATURE CLASSIQUE
A LA LITTÉRATURE DIDACTIQUE, DESCRIPTIVE ET SENTIMENTALE.
POÈMES DE DIFFÉRENTS AUTEURS.

La littérature angloise classique, qui ressembloit à la nôtre, à la différence près des mœurs nationales, dégénéra vite, et passa du classique à l'esprit du XVIIIe siècle. Alors nous devînmes à notre tour imitateurs ; nous nous mîmes à copier nos voisins avec un engouement qui nous reprend encore par accès. Ici, la matière est si connue et tellement épuisée, qu'il seroit fastidieux de procéder dans un ordre chronologique et de répéter ce que chacun sait.

La poésie morale, technique, didactique, descriptive, compte Gay, Young, Akenside, Goldsmith, Gray, Bloomfield, Glover, Thomson, etc.; le roman rappelle Richardson et Fielding ; l'histoire, Hume, Robertson et Gibbon, qu'ont suivis Smollett et Lingard.

En outre de tous ces poëtes, on a lu, dans leur temps, *L'Art de conserver La santé,* par Armstrong ; *la Chasse,* par Somerville ; *L'Acteur,* par Lloyd ; *L'Art poétique,* de Roscommon ; *L'Art poétique,* de Francis ; *L'Art de la Politique,* de Bramston ; *L'Art de la cuisine,* de King.

L'Art de la Politique a de la verve. L'exorde de ces poëmes divers est imité du début de l'Art poétique d'Horace : Bramston compare un homme à la fois wigh et tory à une figure humaine, à sein de femme et à queue de morue.

> A lady's bosom, and a tail of cod.

Delacourt, dans son *Prospect of Poetry,* essaya l'harmonie imitative technique, comme en composa depuis, en France, M. Piis.

> RR's jar untuneful 'ver the quiv'ring tongue
> And serpent S with hissings spoils the song.

Les Plaisirs de l'Imagination, par Akenside, manquent d'imagination ; et le poëme sur *la Conversation,* de Stillingfleet, n'a pu être composé que chez un peuple qui ne sait pas causer.

Il faut encore rappeler *Le Naufrage,* par Falconer ; *Le Voyageur, Le Village abandonné,* de Goldsmith ; *La Création,* de Blackmore ; *Le Jugement d'Hercule,* de Shenstone.

Je nomme Dyer et Denham. Il faut lire la *Complainte du poëte,* par l'infortuné Otway, et le *Wanderer,* par le plus malheureux Savage :

c'est là qu'il a peint la furie du suicide : « Le sourcil à moitié brisé par l'agonie de la pensée, elle crie à l'homme : Pâle misérable, attends de moi ton soulagement; née du désespoir, le suicide est mon nom. »

Born of Despair, and Suicid my name.

YOUNG.

Young a fait une mauvaise école, et n'étoit pas lui-même un bon maître. Il dut une partie de sa première réputation au tableau que présente l'ouverture de ses *Nuits*. Un ministre du Tout-Puissant, un vieux père qui a perdu sa fille unique, s'éveille au milieu de la nuit pour gémir sur des tombeaux; il associe à la mort, au temps et à l'éternité, la seule chose que l'homme ait de grand en soi-même, la douleur. Ce tableau frappe.

Mais avancez un peu : quand l'imagination, éveillée par le début du poëte, a déjà créé un monde de pleurs et de rêveries, vous ne trouvez rien de ce qu'on vous a promis. Vous voyez un homme qui tourmente son esprit pour enfanter des idées tendres et tristes, et qui n'arrive qu'à une philosophie morose. Young, que le fantôme du monde poursuit jusqu'au milieu des tombeaux, ne décèle dans ses déclamations sur la mort qu'une ambition trompée; il prend son humeur pour de la mélancolie. Point de naturel dans sa sensibilité, d'idéal dans sa douleur; c'est toujours une main pesante qui se traîne sur la lyre

Young a cherché à donner à ses méditations le caractère de la tristesse : ce caractère se tire de ces trois sources : les scènes de la nature, le vague des souvenirs, les pensées de la religion.

Quant aux scènes de la nature, Young a voulu les faire servir à ses plaintes : il apostrophe la lune, il parle aux étoiles, et l'on ne se sent point ému. Je ne pourrois dire où gît cette tristesse qu'un poëte fait sortir des tableaux de la nature; elle est cachée dans les déserts; c'est l'Écho de la fable, desséchée par la douleur et habitante invisible de la montagne.

Ceux de nos bons écrivains qui ont connu le charme de la rêverie ont surpassé le docteur anglois. Chaulieu a mêlé, comme Horace, les pensées de la mort aux illusions de la vie :

> Grotte, d'où sort ce clair ruisseau,
> De mousse et de fleurs tapissée,
> N'entretiens jamais ma pensée
> Que du murmure de ton eau.
> . . . .

> Muses qui dans ce lieu champêtre
> Avec soin me fîtes nourrir ;
> Beaux arbres qui m'avez vu naître,
> Bientôt vous me verrez mourir.

La page la plus rêveuse d'Young ne peut être comparée à cette page de Rousseau :

« Quand le soir approchoit, je descendois des cimes de l'île, et j'allois volontiers m'asseoir au bord du lac, sur la grève, dans quelque asile caché ; là, le bruit des vagues et l'agitation de l'eau, fixant mes sens et chassant de mon âme toute autre agitation, la plongeoient dans une rêverie délicieuse où la nuit me surprenoit souvent sans que je m'en fusse aperçu. Le flux et le reflux de cette eau, son bruit continu, mais renflé par intervalle, frappant sans relâche mon oreille et mes yeux, suppléoient aux mouvements internes que la rêverie éteignoit en moi, et suffisoient pour me faire sentir avec plaisir mon existence, sans prendre la peine de penser. De temps à autre naissoit quelque faible et courte réflexion sur l'instabilité des choses du monde, dont la surface des eaux m'offroit l'image ; mais bientôt ces impressions légères s'effaçoient dans l'uniformité du mouvement continu qui me berçoit, et qui, sans aucun concours actif de mon âme, ne laissoit pas de m'attacher au point, qu'appelé par l'heure et le signal convenu, je ne pouvois m'arracher de là sans efforts. »

Young a mal profité des rêveries qu'inspirent de pareilles scènes, parce que son génie manquoit de tendresse.

Quant aux souvenirs du malheur, ils sont nombreux dans le poëte, mais sans vérité, comme le reste. Ils n'ont rien de ces accents de Gilbert, expirant à la fleur de l'âge, dans un hôpital, et abandonné de ses amis :

> Au banquet de la vie, infortuné convive,
> J'apparus un jour, et je meurs !
> Je meurs, et sur ma tombe, où lentement j'arrive,
> Nul ne viendra verser des pleurs.
>
> Adieu, champs fortunés, adieu, douce verdure,
> Adieu, riant exil des bois ;
> Ciel, pavillon de l'homme, admirable nature,
> Adieu pour la dernière fois !
>
> Ah ! puissent voir longtemps votre beauté sacrée
> Tant d'amis sourds à mes adieux !
> Qu'ils meurent pleins de jours, que leur mort soit pleurée,
> Qu'un ami leur ferme les yeux !

Dans plusieurs endroits, Young déclame contre la solitude : l'habitude de son cœur n'étoit donc ni du prêtre ni du poëte : les saints nourrissent leurs méditations au désert, et le Parnasse est aussi une montagne solitaire. Bourdaloue supplioit le chef de son ordre de lui permettre de se retirer du monde. « Je sens que mon corps s'affoiblit et tend à sa fin, écrivoit-il. J'ai achevé ma course ; et plût à Dieu que je pusse ajouter, j'ai été fidèle !... Qu'il me soit permis d'employer uniquement pour Dieu et pour moi-même ce qui me reste de vie...... Là, oubliant toutes les choses du monde, je passerai devant Dieu toutes les années de ma vie dans l'amertume de mon âme. » Si Bossuet, vivant au milieu des pompes de Versailles, a su pourtant répandre dans ses écrits une sainte et majestueuse tristesse, c'est qu'il avoit trouvé dans la religion toute une solitude.

Au surplus, dans ce genre descriptif élégiaque, notre siècle a surpassé le précédent. Ce n'est plus comme autrefois des descriptions vagues, mais des observations précises qui s'harmonisent aux sentiments, qui charment par leur vérité et laissent dans l'âme comme une sorte de plainte.

Regretter ce qu'il a perdu, habiter dans ses souvenirs, marcher vers la tombe, en s'isolant, c'est l'homme. Les images prises dans la nature ont mille rapports avec nos fortunes : celui-ci passe en silence, comme l'épanchement d'une source ; celui-ci attache un bruit à son cours, comme un torrent ; celui-ci jette sa vie, comme une cataracte : elle épouvante et disparoît.

Young pleure donc sur les cendres de Narcissa sans attendrir le lecteur. Une mère étoit aveugle ; on lui avoit caché que sa fille alloit mourir : elle ne s'aperçut de son malheur qu'en embrassant cette fille, et en trouvant sous ses lèvres maternelles l'huile sainte dont le prêtre avoit touché un front virginal. Voilà ce qui saisit le cœur plus que toutes les pensées des nuits du père de Narcissa.

GRAY. THOMSON. DELILLE. FONTANES.

De l'auteur des *Nuits* je passe au chantre des morts champêtres. Gray a trouvé sur la lyre une série d'accords et d'inspirations inconnus de l'antiquité. A lui commence cette école de poëtes mélancoliques qui s'est transformée de nos jours dans l'école des poëtes désespérés. Le premier vers de la célèbre élégie de Gray est une traduction presque littérale du dernier vers de ces délicieux tercets du Dante :

> Era già l'ora che volge 'l disio
> A' naviganti e' ntenerisce il cuore
> Lo di ch' han detto a'-dolci amici addio.

> E che lo nuovo peregrin d'amore
> Punge, se ode squilla di lontana
> Che paja 'l giorno pianger che si muore.

Gray dit :

> The curfew tolls the knell of parting day.

Dans mon temps, j'ai aussi imité *Le Cimetière de campagne*. (Qui ne l'a pas imité?)

> . . . .
> Eh! que sont les honneurs? L'enfant de la victoire,
> Le paisible mortel qui conduit un troupeau
> Meurent également; et les pas de la gloire,
> Comme ceux du plaisir, ne mènent qu'au tombeau.
> . . . .
> Peut-être ici la mort enchaîne en son empire
> De rustiques Newtons de la terre ignorés,
> D'illustres inconnus dont les talents sacrés
> Eussent charmé les dieux sur le luth qui respire :
> Ainsi brille la perle au fond des vastes mers;
> Ainsi meurent aux champs des roses passagères,
> Qu'on ne voit point rougir, et qui, loin des bergères,
> D'inutiles parfums embaument les déserts.
> . . . .

L'exemple de Gray prouve qu'un écrivain peut rêver sans cesser d'être noble et naturel, sans mépriser l'harmonie.

L'ode sur *Une Vue lointaine du collège d'Eton* est digne, dans quelques strophes, de l'élégie sur *Le Cimetière de campagne*.

> Ah happy hills! ah pleasing shade!
> Ah fields belov'd in vain!
> Where once my careless childhood stray'd,
> A stranger yet to pain!
> I feel the gales that from you blow
> A momentary bliss bestow;
> As, waving fresh their gladsome wing,
> My weary soul they seem to soothe,
> And, redolent of joy and youth,
> To breathe a second spring.
>
> Say, father Thames, for thou hast seen
> Full many a sprightly race,
> Disporting on thy margent green,
> The paths of pleasure trace;
> Who foremost now delight to cleave,
> With pliant arms, thy glassy wave?
> The captive linnet which enthrall?

> What idle progeny succeed
> To chase the rolling circle's speed,
> Or urge the flying ball?
> . . . .
> Alas! regardless of their doom,
> The little victims play!
> No sense have they of ills to come,
> Nor care beyond to-day.

« Heureuses collines, charmants bocages, chants aimés en vain, où jadis mon enfance insouciante erroit étrangère à la peine ! je sens les brises qui viennent de vous ; elles m'apportent un bonheur d'un moment : tandis qu'elles battent fraîchement de leur aile joyeuse, elles semblent caresser mon âme abattue, et, parfumées de joie et de jeunesse, me souffler un second printemps.

« Dis, paternelle Tamise (car tu as vu plus d'une race éveillée se jouant sur ta rive verdoyante y tracer les pas du plaisir), dis quels sont aujourd'hui les plus empressés à fendre d'un bras pliant ton onde cristalline, à enlacer la linotte captive. Dis quelle génération volage l'emporte à précipiter la course du cerceau roulant, ou à lancer la balle fugitive.

« Hélas! sans souci de leur destinée, folâtrent les petites victimes! Elles n'ont ni prévision des maux à venir, ni soin d'outre-journée. »

Qui n'a éprouvé les sentiments et les regrets exprimés ici avec toute la douceur de la muse? Qui ne s'est attendri au souvenir des jeux, des études, des amours de ses premières années? Mais peut-on leur rendre la vie? Les plaisirs de la jeunesse reproduits par la mémoire sont des ruines vues au flambeau.

Gray avoit la manie du *gentleman-like*; il ne pouvoit souffrir qu'on lui parlât de ses vers, dont il rougissoit. Il se piquoit d'être savant en histoire, et il l'étoit; il s'occupoit aussi des sciences naturelles; il avoit des prétentions à la chimie, comme dernièrement sir Davie ambitionnoit le renom de poëte, mais avec raison. Où sont la gentilhommerie, l'histoire et la chimie de Gray? Il ne vit que dans un sourire mélancolique de ces muses qu'il méprisoit.

Thomson a exprimé, comme Gray, mais d'une autre manière, ses regrets des jours de l'enfance :

> Welcome, kindred glooms!
> Congenial horrors hail! with frequent foot,
> Pleas'd have I, in my cheerful morn of life,
> When nurs'd by careless solitude I liv'd,

> And sung of nature with unceasing joy,
> Pleas'd have I wander'd thro' your rough domain;
> Trod the pure virgin-snows, myselfas pure.

« Bien-venues, ombres apparentes! sympathiques horreurs, salut! Que de fois, charmé au joyeux matin de ma vie, lorsque je vivois nourri par une solitude insouciante, chantant la nature dans une joie sans fin, que de fois j'ai erré charmé à travers les rudes régions des tempêtes et foulé les neiges virginales, moi-même aussi pur! etc. »

Comme les Anglois avaient leur Thomson, nous avions notre Saint-Lambert et notre Delille. Le chef-d'œuvre du dernier est sa traduction des *Géorgiques* (aux morceaux de sentiments près), mais c'est comme si vous lisiez Racine traduit dans la langue de Louis XV. On a des tableaux de Raphael, copiés par Mignard; tels sont les tableaux de Virgile calqués par l'abbé Delille.

Les *Jardins* sont un charmant ouvrage. Un style plus large se fait remarquer dans quelques chants de la traduction du *Paradis perdu*. Quoi qu'il en soit, cette école technique, placée entre l'école classique du xviie siècle et l'école romantique du xixe, est finie : ses hardiesses trop cherchées, ses labeurs pour ennoblir des choses qui n'en valent pas la peine, pour imiter des sons et des objets qu'il est inutile d'imiter, n'ont donné à l'école technique qu'une vie factice, passée avec les mœurs factices dont elle étoit née. Cette école, sans manquer de naturel, manque de nature; vouée à des arrangements puérils de mots, elle n'est ni assez originale comme école nouvelle, ni assez pure comme école antique. L'abbé Delille étoit le poëte des châteaux modernes, de même que le troubadour étoit le poëte des vieux châteaux : les vers de l'un, les ballades de l'autre font sentir la différence entre l'aristocratie dans la force de l'âge et l'aristocratie dans la décrépitude : l'abbé peint des lectures et des parties d'échecs dans les manoirs où le troubadour chantoit des croisades et des tournois.

La prose et les vers de M. de Fontanes se ressemblent et ont un mérite de même nature. Ses pensées et ses images ont une mélancolie ignorée du siècle de Louis XIV, qui connoissoit seulement l'austère et sainte tristesse de l'éloquence religieuse. Cette mélancolie se trouve mêlée aux ouvrages du chantre du *Jour des Morts,* comme l'empreinte de l'époque où l'auteur a vécu; elle fixe la date de sa venue; elle montre qu'il est né depuis Rousseau, non immédiatement après Fénelon. Si l'on réduisoit les écrits de M. de Fontanes à deux petits volumes, l'un de prose, l'autre de vers, ce seroit le plus élégant monument funèbre qu'on pût élever sur la tombe de l'école classique.

Parmi les odes posthumes de M. de Fontanes, il en est une sur l'*Anniversaire de sa naissance*; elle a le charme du *Jour des Morts*, avec un sentiment plus pénétrant et plus individuel. Je ne me souviens que de ces deux strophes :

> La vieillesse déjà vient avec ses souffrances.
> Que m'offre l'avenir? De courtes espérances.
> Que m'offre le passé? Des fautes, des regrets.
> Tel est le sort de l'homme; il s'instruit avec l'âge :
>   Mais que sert d'être sage,
>   Quand le terme est si près?
>
> Le passé, le présent, l'avenir, tout m'afflige :
> La vie à son déclin est pour moi sans prestige;
> Dans le miroir du temps elle perd ses appas.
> Plaisirs! allez chercher l'amour et la jeunesse;
>   Laissez-moi ma tristesse,
>   Et ne l'insultez pas!

Si quelque chose au monde devoit être antipathique à M. de Fontanes, c'étoit ma manière d'écrire. En moi commençoit, avec l'école dite romantique, une révolution dans la littérature françoise : toutefois mon ami, au lieu de se révolter contre ma barbarie, se passionna pour elle. Je voyois bien de l'ébahissement sur son visage quand je lui lisois des fragments des *Natchez*, d'*Atala*, de *René* ; il ne pouvoit ramener ces productions aux règles communes de la critique; mais il sentoit qu'il entroit dans un monde nouveau ; il voyoit une nature nouvelle; il comprenoit une langue qu'il ne parloit pas. Je reçus de lui d'excellents conseils : je lui dois ce qu'il peut y avoir de correct dans mon style; il m'apprit à respecter l'oreille; il m'empêcha de tomber dans l'extravagance d'invention et le rocailleux d'exécution de mes disciples, si j'ai des disciples.

Le 18 fructidor jeta M. de Fontanes à Londres. Nous allions souvent nous promener dans la campagne; nous nous arrêtions sous quelques-uns de ces larges ormes répandus dans les prairies. Appuyé contre le tronc de ces ormes, mon ami me contoit son ancien voyage en Angleterre, avant la révolution; il me redisoit les vers qu'il adressoit alors à deux jeunes ladies, devenues vieilles à l'ombre des tours de Westminster; tours qu'il retrouvoit debout comme il les avoit laissées, durant qu'à leur base s'étoient ensevelies les illusions et les heures de sa jeunesse. Nous dînions dans quelque taverne solitaire, à Chelsea sur la Tamise, en parlant de Shakespeare et de Milton.

> . . . . Au pied de Wetminster,
> Et devinoit Cromwell et rêvoit Lucifer[1].

---

1. *Les Consolations*, Sainte-Beuve.

Milton et Shakespeare avoient vu ce que mon ami et moi nous voyions; ils s'étoient assis comme nous au bord de ce fleuve, pour nous fleuve étranger de Babylone, pour eux fleuve nourricier de la patrie. Nous rentrions de nuit à Londres, aux rayons défaillants des étoiles, submergées l'une après l'autre dans le brouillard de la ville. Nous regagnions notre demeure, guidés par d'incertaines lueurs qui nous traçoient à peine la route, à travers la fumée de charbon rougissante autour de chaque réverbère : ainsi s'écoule la vie du poëte.

RÉACTION. TRANSFORMATION LITTÉRAIRE. HISTORIENS.

Quand nous devînmes enthousiastes de nos voisins, quant tout fut anglois en France, habits, chiens, chevaux, jardins et livres, les Anglois, par leur instinct de haine pour nous, devinrent anti-François; plus nous nous rapprochions d'eux, plus ils s'éloignoient de nous. Livré à la risée publique sur leur théâtre, on voyoit dans toutes les parades de John-Bull un François maigre, en habit de taffetas vert-pomme, chapeau sous le bras, jambes grêles, longue queue, air de danseur ou de perruquier affamé; on le tiroit par le nez, et il mangeoit des grenouilles. Un Anglois, sur notre scène, étoit toujours un mylord ou un capitaine, héros de sentiment et de générosité. La réaction à Londres s'étendit à la littérature entière; on attaqua l'école françoise : tantôt cherchant à reproduire le passé, tantôt essayant des routes inconnues, d'innovation en innovation on arriva à l'école moderne angloise.

Lorsque, en 1792, je me réfugiai en Angleterre, il me fallut réformer la plupart des jugements que j'avois puisés dans les critiques de Voltaire, de Diderot, de La Harpe et de Fontanes.

En ce qui touche les historiens, Hume étoit réputé écrivain tory-jacobite, lourd et rétrograde; on l'accusoit, ainsi que Gibbon, d'avoir surchargé la langue angloise de gallicismes; on lui préféroit son continuateur Smolett, esprit wigh et *progressif*. Gibbon venoit de disparoître; il passoit pour un rhéteur : philosophe pendant sa vie, devenu chrétien à sa mort, il demeuroit, en cette qualité, atteint et convaincu de pauvre homme; Hallam et Lingard n'avoient pas encore paru.

On parloit encore de Robertson parce qu'il étoit sec; on ne peut pas dire de la lecture de son histoire ce que dit M. Lerminier de la lecture de l'histoire d'Hérodote aux Jeux Olympiques : « La Grèce tressaillit et Thucydide pleura. » Le ministre écossois se seroit en vain efforcé de trouver ce discours que Thucydide met dans la bouche des Platéens, plaidant leur cause devant les Lacédémoniens, qui les condamnèrent à mort pour être restés fidèles aux Athéniens :

« Tournez les yeux sur les tombes de vos pères : immolés par les Mèdes, ensevelis dans nos sillons, c'est à eux que chaque année nous rendions les honneurs publics, comme à nos anciens compagnons d'armes. Pausanias les inhuma ici, croyant les déposer dans une terre hospitalière. Si vous nous ôtez la vie, si du champ de Platée vous faites un champ de Thèbes, ne sera-ce pas abandonner vos proches dans une terre ennemie au milieu de leurs meurtriers ? N'asservirez-vous pas le sol où les Hellènes conquirent leur liberté ? N'abolirez-vous pas les antiques sacrifices des fondateurs de ces temples ? Nous devenons suppliants des cendres de vos aïeux ; nous implorons ces morts pour n'être pas asservis aux Thébains. Nous vous rappellerons la journée où les actions les plus éclatantes nous illustrèrent, et nous terminerons ce discours, fin nécessaire et terrible, puisque nous allons peut-être mourir en cessant de parler. »

Avons-nous au milieu de nos campagnes des tombeaux où nous fassions chaque année des libations ? Avons-nous des temples qui rappellent des faits mémorables ? L'histoire grecque est un poëme, l'histoire latine un tableau, l'histoire moderne une chronique.

PHILOSOPHES. POËTES. POLITIQUES ÉCONOMISTES.

De 1792 à 1800, j'ai rarement entendu citer Locke en Angleterre : son système, disoit-on, étoit vieilli, et il passoit pour foible en *idéologie*. Quant à Newton, en tant qu'écrivain, on lui refusoit la terre, et on le renvoyoit au ciel, ce qui étoit juste.

> Il vint : il révéla le principe suprême,
> Constant, universel, un comme Dieu lui-même ;
> L'univers se taisoit ; il dit : *Attraction !*
> Ce mot, c'étoit le mot de la création [1].

Pour ce qui regarde les poëtes, les *élégants extraits* servoient d'exil à quelques pièces de Dryden. On ne pardonnoit point aux vers rimés de Pope, bien qu'on visitât sa maison à Twickenham, que l'on coupât des morceaux du saule pleureur planté par lui, et dépéri comme sa renommée.

---

1. *Contemplation. A mon père.* J.-J. Ampère.

Blair? Ennuyeux critique à la françoise : on le mettoit bien au-dessous de Johnson.

Le vieux *Spectateur*? Au grenier.

La littérature philosophique? En classe à Édimbourg.

Les ouvrages des politiques anglois ont peu d'intérêt général. Les questions générales y sont rarement touchées : ces ouvrages ne s'occupent guère que des vérités particulières à la constitution des peuples britanniques.

Les traités des économistes sont moins circonscrits : les calculs sur la richesse des nations, l'influence des colonies, le mouvement des générations, l'emploi des capitaux, la balance du commerce et de l'agriculture, s'appliquent en partie aux sociétés européennes.

Cependant, à l'époque dont je parle, M. Burke sortoit de l'individualité nationale politique : en se déclarant contre la révolution françoise, il entraîna son pays dans cette longue voie d'hostilités qui aboutit aux champs de Waterloo. Isolée pendant vingt-deux ans, l'Angleterre défendit sa constitution contre les idées qui l'envahissent aujourd'hui et l'entraînent au sort commun de l'ancienne civilisation.

THÉATRE. MISTRISS SIDDONS.
PARTERRE. INVASION DE LA LITTÉRATURE ALLEMANDE.

Il y avoit pourtant de l'ingratitude envers les classiques que l'on dédaignoit : on étoit revenu à Shakespeare et à Milton : eh bien, les écrivains du siècle de la reine Anne avoient rendu à la lumière ces deux poëtes, qui attendirent cinquante ans dans les limbes le moment de leur entrée dans la gloire. Dryden, Pope et Addison furent les promoteurs de l'apothéose. Ainsi Voltaire a contribué à l'illustration des grands hommes du règne de Louis XIV : cet esprit mobile, curieux, investigateur, ayant beaucoup de renommée, en prêtoit un peu à son prochain, à condition qu'elle lui seroit rendue à de gros intérêts.

Durant les huit années de mon émigration à Londres, je vis Shakespeare dominer la scène ; à peine Rowe, Congrève, Otway, y paroissent-ils quelquefois : ce peintre sublime et inégal des passions ne permettoit à personne de se placer auprès de lui. Mistriss Siddons, dans le rôle de lady Macbeth, jouoit avec une grandeur extraordinaire : la scène du somnambulisme glaçoit d'effroi le spectateur. Talma seul étoit au niveau de cette actrice ; mais son talent avoit quelque chose de la correction grecque, qui ne se retrouvoit pas dans celui de Mistriss Siddons.

Invité à une soirée chez lord Lansdown en 1822, Sa Seigneurie me présenta à une dame sévère, âgée de soixante-treize ans : elle étoit habillée de crêpe, portoit un voile noir comme un diadème sur ses cheveux blancs, et ressembloit à une reine abdiquée. Elle me salua d'un ton solennel et de trois phrases estropiées du *Génie du Christianisme*; puis elle me dit, avec non moins de solennité : « Je suis mistriss Siddons. » Si elle m'avoit dit : « Je suis lady Macbeth, » je l'aurois cru. Il suffit de vivre pour rencontrer ces débris d'un siècle, jetés par les flots du temps sur le rivage d'un autre siècle.

Le parterre anglois étoit en mes jours d'exil turbulent et grossier; des matelots buvoient de la bière au parterre, mangeoient des oranges, apostrophoient les loges. Je me trouvois un soir auprès d'un matelot entré ivre dans la salle; il me demanda où il étoit : je lui dis : A Covent-Garden : « *Pretty garden, indeed!* — Joli jardin, vraiment! » s'écria-t-il, saisi comme les dieux d'Homère d'un rire inextinguible. Mais John Bull, dans sa brutalité, étoit meilleur juge des beautés de Shakespeare que ces dandys qui préfèrent actuellement les pièces de Kotzebue et de nos boulevards, traduites en anglois, aux scènes de *Richard III* et d'*Hamlet*.

La littérature germanique a envahi la littérature angloise, comme la littérature italienne d'abord, et la littérature françoise ensuite, firent autrefois irruption dans la patrie de Milton. Walter Scott débuta dans la carrière des lettres par la traduction du *Berlichingen* de Gœthe. Puis les drames de Kotzebue profanèrent la scène de Shakespeare : on auroit pu choisir autrement, puisqu'on avoit Gœthe, Schiller et Lessing. Quelques poëtes écossois ont imité mieux, dans leur courage et dans leurs montagnes, ces chants guerriers de la nouvelle Germanie que M. Saint-Marc-Girardin nous a fait connoître, comme M. Ampère nous a initiés aux Edda, aux Sagas et aux Nibelungen.

« Comme elle dort (la reine de Prusse) doucement! Ses traits respirent encore je ne sais quel air de vie. Ah! puisses-tu dormir jusqu'au jour où ton peuple lavera dans le sang la rouille de son épée, dormir jusqu'à la nuit, la plus belle des nuits, qui verra briller sur les montagnes les signaux de la guerre. Éveille-toi alors, éveille-toi, sainte patronne de l'Allemagne : sois son ange, l'ange de la liberté et de la vengeance [1] ! »

---

1. Kærner, *Notices sur l'Allemagne.* M. Saint-Marc-Girardin.

ÉLOQUENCE POLITIQUE. FOX. BURKE. PITT.

L'éloquence politique pourroit être considérée comme faisant partie de la littérature britannique [1] : j'ai été à même de la juger à deux époques bien différentes de ma vie.

« L'Angleterre de 1688 étoit vers la fin du siècle dernier à l'apogée de sa gloire. Pauvre émigré à Londres de 1792 à 1800, j'ai entendu parler les Pitt, les Fox, les Sheridan, les Wilberforce, les Grenville, les Whitbread, les Lauderdale, les Erskine ; magnifique ambassadeur à Londres en 1822, je ne saurois dire à quel point je fus frappé lorsque, au lieu des grands orateurs que j'avois admirés autrefois, je vis se lever ceux qui étoient leurs seconds à la date de mon premier voyage, les écoliers à la place des maîtres. Albion s'en va, comme le reste ; les idées *générales* ont pénétré dans cette société *particulière,* et la mènent. Mais l'aristocratie éclairée, placée à la tête de ce pays depuis cent quarante ans, aura montré au monde une des plus belles et des plus puissantes sociétés qui aient fait honneur à l'espèce humaine, depuis le patriciat romain. Les derniers succès de la couronne britannique sur le continent ont précipité sa chute : l'Angleterre victorieuse, de même que Bonaparte vaincu, a perdu son empire à Waterloo.

« En 1796 j'assistai à la mémorable séance de la chambre des communes où M. Burke se sépara de M. Fox. Il s'agissoit de la révolution françoise, que M. Burke attaquoit et que M. Fox défendoit. Jamais les deux orateurs, qui jusque alors avoient été amis, ne déployèrent autant d'éloquence. Toute la chambre fut émue, et des larmes remplirent les yeux de M. Fox quand M. Burke termina sa réplique par ces paroles :

« Le très-honorable gentleman, dans le discours qu'il a fait, m'a
« traité à chaque phrase avec une dureté peu commune ; il a cen-
« suré ma vie entière, ma conduite et mes opinions. Nonobstant cette
« grande et sérieuse attaque, non méritée de ma part, je ne serai
« pas épouvanté ; je ne crains pas de déclarer mes sentiments dans
« cette chambre, ou partout ailleurs. Je dirai au monde entier que la
« constitution est en péril. C'est certainement une chose indiscrète en
« tout temps, et beaucoup plus indiscrète encore à cet âge de ma vie,
« que de provoquer des ennemis ou de donner à mes amis des raisons
« de m'abandonner. Cependant, si cela doit arriver pour mon adhé-

---

1. Tout ce qui suit, jusqu'au chapitre *Voyages*, est extrait de mes *Mémoires*, et marqué de guillemets.

« rence à la constitution britannique, je risquerai tout, et, comme
« le devoir public et la prudence publique me l'ordonnent, dans
« mes dernières paroles je m'écrierai : Fuyez la constitution fran-
« çoise! » (*Fly from the French constitution.*)

« M. Fox ayant dit qu'il ne s'agissoit pas de *perdre des amis,*
M. Burke s'écria :

« Oui ! il s'agit de perdre des amis ! Je connois le résultat de ma
« conduite; j'ai fait mon devoir au prix de mon ami, notre amitié
« est finie : *I have done my duty at the price of my friend; our
« friendship is at an end.* J'avertis les très-honorables gentlemen qui
« sont les deux grands rivaux dans cette chambre, qu'ils doivent à
« l'avenir (soit qu'ils se meuvent dans l'hémisphère politique, comme
« deux flamboyants météores, soit qu'ils marchent ensemble, comme
« deux frères), je les avertis qu'ils doivent préserver et chérir la
« constitution britannique; qu'ils doivent se mettre en garde contre
« les innovations, et se sauver du danger de ces nouvelles théories »
(*from the danger of these new theories*).

« Pitt, Fox, Burke, ne sont plus, et la constitution angloise a subi
l'influence des *nouvelles théories.* Il faut avoir vu la gravité des débats
parlementaires à cette époque, il faut avoir entendu ces orateurs dont
la voix prophétique sembloit annoncer une révolution prochaine, pour
se faire une idée de la scène que je viens de rappeler. La liberté contenue dans les limites de l'ordre sembloit se débattre à Westminster,
sous l'influence de la liberté anarchique qui parloit à la tribune encore
sanglante de la Convention.

« M. Pitt, grand et maigre, avoit un air triste et moqueur. Sa parole
étoit froide, son intonation monotone, son geste insensible; toutefois,
la lucidité et la fluidité de ses pensées, la logique de ses raisonnements subitement illuminés d'éclairs d'éloquence, faisoient de son
talent quelque chose hors de ligne.

« J'apercevois assez souvent M. Pitt lorsque de son hôtel, à travers
le parc Saint-James, il alloit à pied chez le roi. De son côté, Georges III
arrivoit de Windsor, après avoir bu de la bière dans un pot d'étain
avec les fermiers du voisinage; il franchissoit les vilaines cours de
son vilain châtelet, dans une voiture grise que suivoient quelques
gardes à cheval : c'étoit là le maître des rois de l'Europe, comme cinq
ou six marchands de la Cité sont les maîtres de l'Inde. M. Pitt, en
habit noir, épée à poignée d'acier au côté, chapeau sous le bras, montoit enjambant deux ou trois marches à la fois. Il ne trouvoit sur son
passage que trois ou quatre émigrés désœuvrés : laissant tomber sur
nous un regard dédaigneux, il passoit le nez au vent, la figure pâle.

« Ce grand financier n'avoit aucun ordre chez lui ; point d'heures réglées pour ses repas ou son sommeil. Criblé de dettes, il ne payoit rien, et ne se pouvoit résoudre à faire l'addition d'un mémoire. Un valet de chambre conduisoit sa maison. Mal vêtu, sans plaisir, sans passion, avide de pouvoir, il méprisoit les honneurs et ne vouloit être que *William Pitt.*

« Lord Liverpool, au mois de juin 1822, me mena dîner à sa campagne : en traversant la bruyère de Pulteney, il me montra la petite maison où mourut pauvre le fils de lord Chatham, l'homme d'État qui avoit mis l'Europe à sa solde et distribué de ses propres mains tous les milliards de la terre. »

CHANGEMENT DES MŒURS ANGLOISES.

GENTLEMEN-FARMERS. CLERGÉ. GRAND MONDE. GEORGES III.

« Séparés du continent par une longue guerre[1], les Anglois conservoient à la fin du dernier siècle leurs mœurs et leur caractère national. Tout n'étoit pas encore machine dans les classes industrielles, folie dans les hautes classes. Sur ces mêmes trottoirs où l'on voit maintenant se promener des figures sales et des hommes en redingote passoient de petites filles en mantelet blanc, chapeau de paille noué sous le menton avec un ruban, corbeille au bras, dans laquelle étoient des fruits ou un livre ; toutes tenant les yeux baissés, toutes rougissant lorsqu'on les regardoit. Les redingotes sans habit étoient si peu d'usage à Londres en 1793, qu'une femme qui pleuroit à chaudes larmes la mort de Louis XVI me disoit : « Mais, cher monsieur, est-il vrai que le pauvre roi étoit vêtu d'une redingote quand on lui coupa la tête ? »

« Les *gentlemen-farmers* n'avoient point encore vendu leur patrimoine pour habiter Londres ; ils formoient encore dans la chambre des communes cette fraction indépendante qui, se portant de l'opposition au ministère, maintenoit les idées d'ordre et de propriété. Ils chassoient le renard ou le faisan en automne, mangeoient l'oie grasse à Noël, crioient *Vivat* au *roast-beef,* se plaignoient du présent, vantoient

---

1. Extrait de mes *Mémoires.*

le passé, maudissoient Pitt et la guerre, laquelle augmentoit le prix du vin de Porto, et se couchoient ivres pour recommencer le lendemain la même vie. Ils se tenoient assurés que la gloire de la Grande-Bretagne ne périroit point, tant qu'on chanteroit *God save the King*, que les bourg-pourris seroient maintenus, que les lois sur la chasse resteroient en vigueur, et que l'on vendroit furtivement au marché les lièvres et les perdrix, sous le nom de *lions* et d'*autruches*.

« Le clergé anglican étoit savant, hospitalier et généreux ; il avoit reçu le clergé françois avec une charité toute chrétienne. L'université d'Oxford fit imprimer à ses frais, et distribuer gratis aux curés, un Nouveau Testament, selon la leçon romaine, avec ces mots : *A l'usage du clergé catholique exilé pour la religion*.

« Quant à la haute société angloise, chétif exilé, je n'en apercevois que les dehors. Lors des réceptions à la cour, ou chez la princesse de Galles, passoient des ladies assises de côté dans des chaises à porteur ; leurs grands paniers sortoient par la porte de la chaise, comme des devants d'autel ; elles ressembloient elles-mêmes, sur ces autels de leur ceinture, à des madones ou à des pagodes. Ces belles dames étoient les filles dont le duc de Guines et le duc de Lauzun avoient adoré les mères, et ces filles étoient en 1822 les mères et grand'-mères des petites-filles qui dansoient chez moi, en robe courte, au son du galoubet de Collinet. Il y a de cela onze années : onze années attachées au bas d'une robe doivent avoir rendu les pas moins légers. Et chacune de ces petites-filles a peut-être à présent onze petites filles, les plus vieilles âgées de onze ans et prêtes à se marier bientôt sur la célèbre bruyère ; rapides générations de fleurs.

« Georges III survécut à M. Pitt, mais il avoit perdu la raison et la vue. Chaque session, à l'ouverture du parlement, les ministres lisoient, aux chambres silencieuses et attendries, le bulletin de la santé du roi. On rencontroit le monarque aveugle, errant comme le roi Léar dans ses palais, tâtonnant avec ses mains les murs des salles du château de Windsor, ou assis devant un piano, jouant, en cheveux blancs, une sonate de Hændel, ou l'air favori de Shakespeare : C'est une belle fin de la *vieille Angleterre*, « OLD ENGLAND [1]. »

VOYAGES. LE CAPITAINE ROSS. JACQUEMONT. LAMARTINE.

Voyage ! grand mot ! il me rappelle ma vie entière. Les Américains veulent bien me regarder comme le chantre de leurs anciennes forêts,

---

1. Les extraits des Mémoires sont interrompus ici.

et l'Arabe Abou-Gosh se souvient encore de ma course dans les montagnes de la Judée. J'ai ouvert la porte de l'Orient à lord Byron et aux voyageurs qui depuis moi ont visité le Céphise, le Jourdain et le Nil; postérité nombreuse, que j'ai envoyée en Égypte, comme Jacob y envoya ses fils. Mes vieux et jeunes amis ont élargi le petit sentier qu'avoit laissé mon passage : M. Michaud, dernier pèlerin de ces croisades, s'est présenté au saint-sépulcre; M. Lenormant a visité les tombeaux de Thèbes pour nous conserver la langue de Champollion; il a vu renaître parmi les ruines de la Grèce la liberté que j'y avois vue expirer sous le turban, ivre de fanatisme, d'opium et de femmes. Mes traces en tous pays ont été effacées par d'autres traces; elles ne sont restées solitaires que dans la poussière de Carthage, comme les vestiges d'un hôte du désert sur les neiges canadiennes. Dans les savanes même d'Atala, les herbes sont remplacées par des moissons : trois grands chemins mènent au Natchez; et si Chactas vivoit encore, il pourroit être député au congrès de Washington. Enfin j'ai reçu une brochure des Chéroquois : ces sauvages me complimentent en anglois, comme un « éminent écrivain et le conducteur de la presse publique », *Eminent writer and conductor of the public press.*

Les voyages doivent être compris dans la littérature angloise. Il s'est opéré bien des changements dans la manière de les écrire depuis Shaw, Chandeler, Raleph, Hudson, Baffine, Anson, etc., jusqu'aux derniers explorateurs de terre et de mer. Il faudroit faire un volume sur les capitaines Cook et Van Couver, sur les mille et une courses à travers l'Inde, sur les découvertes de Claperton et de Laing, de Mungo-Park et des frères Lander, sur celles des capitaines Francklin, Parry et Ross. Si je me laissois entraîner à mon goût pour les voyages, il me seroit impossible de sortir de Tombouctou, des bords du Niger ou des vallées de l'Himalaya. Cependant, et afin de ne pas omettre cette grande branche de la littérature angloise, je citerai quelques passages extraits du journal du capitaine Ross : je m'intéresse particulièrement à ce monde arctique dont je rêvai la découverte dans ma jeunesse.

Le capitaine Ross, parti d'Angleterre en 1829, à la recherche du passage du nord-ouest, pénétra dans le détroit de Lancaster et l'*Inlet* du Prince-Régent. Arrêté par les glaces dans le golfe auquel il a donné le nom de Boothia, il demeura quatre ans enfermé sur la côte occidentale de ce golfe. Obligé d'abandonner son navire, *La Victoire*, il revint, sur la surface d'un océan gelé, chercher la baie de Baffin où il eut le bonheur de rencontrer le vaisseau baleinier *L'Isabelle*, qui le reçut à son bord : par un concours de circonstances extraordinaires, *L'Isabelle* étoit le vaisseau même que montoit le capitaine Ross lors de son premier voyage en 1828.

Pendant les quatre années de sa détention dans les glaces, le capitaine découvrit le pôle magnétique et la mer polaire de l'ouest, séparée seulement de la mer de l'est par un isthme fort étroit. Voyons maintenant les souffrances des voyageurs et l'espèce de poésie désolée de ces régions. Le capitaine peint de cette manière la nature hyperboréenne ; je me sers de la traduction de M. Defauconpret :

« La neige détruit l'effet de tout le paysage et en fait disparoître l'ensemble, en confondant les distances, les proportions, et surtout l'harmonie du coloris ; en nous donnant une misérable mosaïque de noir et de blanc, au lieu de ces douces dégradations de teintes et de ces combinaisons de couleurs que produit la nature dans sa parure d'été, au milieu des paysages les moins attrayants et les plus agrestes.

« Telles sont mes objections contre une vue de neige. L'expérience d'un jour suffit pour les suggérer. A plus forte raison devoient-elles se présenter à nous dans une misérable région où pendant plus de la moitié de l'année on n'a au-dessus de la tête que de la neige, où l'ouragan a des ailes de neige, où le brouillard est de la neige, où le soleil ne se montre que pour briller sur la terre que couvre la neige, quoiqu'il n'en tombe pas ; où l'haleine qui sort de la bouche se change en neige ; où la neige s'attache aux cheveux, aux cils et à tous les vêtements ; où elle remplit nos chambres, nos plats et nos lits, si nous ouvrons une porte pour donner accès à l'air extérieur ; où le cristal liquide qui doit étancher notre soif sort d'une bouilloire remplie de neige et suspendue sur une lampe ; où nous avons des sofas, des lits, des maisons de neige ; où la neige couvre le pont et le toit de notre navire, et forme nos observatoires et nos garde-manger enfin, où la neige, quand elle ne pourroit plus nous être d'aucun autre usage, serviroit à former nos cercueils et nos tombes. »

Le commandant Ross, neveu du capitaine, étoit allé faire une course chez une horde d'Esquimaux :

« Nos guides étoient complétement en défaut, car la neige qui tomboit étoit si épaisse, qu'ils ne pouvoient voir à dix toises devant eux. Nous fûmes donc forcés de renoncer à toute tentative ultérieure et de consentir à ce qu'ils construisissent une hutte de neige.

« Elle fut terminée en une demi-heure, et jamais nous n'eûmes lieu d'être plus satisfaits de ce genre d'architecture, qui en si peu de temps nous procura un abri contre le vent et la neige aussi bien qu'auroit pu faire la meilleure maison construite en pierre.

« Nos vêtements avoient été tellement pénétrés par la neige qui s'y étoit ensuite gelée, que nous ne pûmes les ôter que lorsque la chaleur de nos corps les eût rendus plus souples. Nous souffrions beaucoup de la soif, et tandis que les Esquimaux construisoient la hutte, nous fîmes fondre de la neige à l'aide d'une lampe à l'esprit de vin. Nous en eûmes bientôt une quantité suffisante pour nous quatre, et nos guides en furent aussi enchantés que surpris, car la même opération, qu'ils font dans un vase de pierre suspendu sur leur lampe, est pour eux l'ouvrage de trois à quatre heures.

« Notre habitation n'étoit pourtant pas sans inconvénient. Son extrême petitesse en étoit déjà un ; mais le plus grand étoit que les murs se fondoient, et que l'eau tombant sur nos habits les mouilloit à un tel point que nous fûmes obligés de les ôter et de nous glisser dans les sacs de fourrure dont nous étions munis. Par ce moyen nous écartâmes l'ennemi, et nous pûmes dormir. »

. . . .

« Nous eûmes un ouragan venant du nord, et il dura toute la journée avec tant de force, que nous ne pûmes sortir de la hutte. . . Le vent hurloit autour de nos murs de neige, et celle qu'il chassoit battoit contre eux avec un sifflement que j'étois charmé de pouvoir oublier en me livrant à une conversation qui m'empêchoit d'y faire attention. »

Le moment où le commandant Ross découvre l'Océan de l'ouest est remarquable :

« Mes compagnons, que j'avois quittés un moment, avoient annoncé leur arrivée sur les bords de l'Océan occidental par trois acclamations. C'étoit en effet pour eux, et encore plus pour moi, leur chef, un spectacle palpitant d'intérêt, et qui méritoit bien le salut ordinaire du marin. C'étoit cet Océan que nous avions cherché ; l'objet de notre ambition et de nos efforts ; l'espace d'eau libre qui, comme nous l'avions espéré, devoit nous porter autour du continent de l'Amérique et nous procurer le triomphe si désiré par nos prédécesseurs, et que nous-mêmes nous avions si longtemps et si inutilement travaillé à obtenir. Notre but eût été atteint si la nature n'y eût mis obstacle ; si notre chaîne de lacs eût été un bras de mer ; si cette vallée eût ouvert une communication libre entre les deux mers. Du moins, nous en avions reconnu l'impossibilité. Cet Océan tant désiré étoit à nos pieds ; nous allions bientôt voyager sur sa surface, et au milieu de notre désappointement nous avions du moins la consolation d'avoir écarté tous les doutes, banni toute incertitude, et de sentir que lorsque Dieu a dit non il ne reste à l'homme autre chose à faire qu'à se soumettre et à lui rendre grâces de ce qu'il a accordé. C'étoit un moment solennel, un moment à ne jamais oublier ; les acclamations des marins ne produisirent jamais une impression plus profonde qu'en ce moment où elles interrompoient le silence de la nuit, au milieu d'un désert de glace et de neige, où il n'y avoit pas un seul objet qui pût rappeler qu'il existoit des êtres vivants, et où il sembloit qu'aucun son n'eût jamais été entendu. » . . . .

. . . .
« On peut s'imaginer combien il me répugnoit de retourner au vaisseau, du point où nous étions parvenus, à l'instant où nous touchions presque à l'objet principal de notre expédition ; mais il faudroit être dans la situation où nous nous trouvions pour concevoir toute l'étendue de nos regrets et de notre désappointement. Notre distance du cap Turnagain n'étoit pas alors plus grande que l'espace que nous avions déjà parcouru, et quelques jours de plus à notre disposition nous auroient permis d'achever tout ce qui restoit à faire, de retourner triomphants à *La Victoire*, et de reporter en Angleterre un fruit véritablement digne de nos longs et pénibles travaux. Mais ce peu de jours n'étoient pas en notre pouvoir. . . . .

. . . .
« Nous déployâmes donc notre drapeau pour accomplir le cérémonial d'usage, et nous prîmes possession de tout le pays que nous apercevions jusqu'à cette pointe éloignée. Nous donnâmes à celle sur laquelle nous étions le nom de Pointe de la Victoire ; c'étoit le *nec plus ultrà* de nos travaux. . . . .

. . . .
« Nous élevâmes sur la Pointe de la Victoire un monticule de pierres de six pieds de hauteur, et dans l'intérieur nous plaçâmes une caisse d'étain contenant une courte relation de ce que nous avions fait depuis notre départ d'Angleterre. Telle est la coutume, et nous devions nous y conformer, quoiqu'il n'y eût pas la moindre apparence que notre petite histoire tombât jamais sous les yeux d'un Européen. Nous aurions pourtant travaillé à cet ouvrage avec une sorte d'espoir, si nous avions su alors qu'on nous regardoit déjà comme des hommes perdus, sinon morts, et que notre ancien ami Back, notre ami éprouvé, étoit sur le point de partir pour nous chercher et nous rendre à la société et à notre patrie. S'il arrive que le cours des recherches qu'il continue en ce moment le conduise au cap Turnagain, en cet endroit, et qu'il y trouve la preuve de la visite que nous y avons faite, nous savons ce que c'est pour le voyageur errant dans ces solitudes de trouver des traces qui lui rappellent sa patrie et ses amis, et nous pourrions presque lui envier ce bonheur imaginaire. »

Le sentiment de patrie exprimé au milieu de ces souffrances inouïes et de ces affreux climats ; ces noms confiés à un monument de neige et qui ne seront pas retrouvés ; cette gloire inconnue reposant sous quelques pierres, s'adressant du fond d'une solitude éternelle à une postérité qui n'existera jamais ; ces paroles écrites qui ne parleront point dans ces régions muettes, ou qui s'éteindront sous le bruit des glaces brisées par une tempête qu'aucune oreille n'entendra : tout cet ensemble de choses étonne. Mais la première émotion passée, on trouve, en dernier résultat, que la mort est au bout de tout : la vie et la mémoire de l'homme se perdent sur tous les rivages, dans le silence et les glaces de la tombe.

Voyez l'infortuné Jacquemont mourir loin de la France, environné de toutes les populations de l'Indostan : sa voix est-elle moins poignante que celle de ces marins se souvenant de leur pays, dans les solitudes hyperboréennes ? Couché sur le dos, parce qu'il n'avoit plus la force de se tenir assis, il traçoit au crayon, le 1er décembre 1832, ce billet à son frère :

« Ma fin, si c'est elle qui s'approche, est douce et tranquille. Si tu étois là assis sur le bord de mon lit, avec notre père et Frédéric, j'aurois l'âme brisée et ne verrois pas venir la mort avec cette résignation et cette sérénité. Console-toi ; console notre père ; consolez-vous mutuellement, mes amis.

« Mais je suis épuisé par cet effort d'écrire. Il faut vous dire adieu ! adieu ! Oh ! que vous êtes aimés de votre pauvre Victor ! — Adieu pour la dernière fois ! »

Les voyageurs modernes de la France peuvent lutter dans leurs descriptions avec les tableaux présentés par les voyageurs anglois : vous ne trouveriez dans les peintures de l'Inde rien d'aussi brillant que cette description de M. de Lamartine. Sous les pins, dans le sable foulé des chameaux, au milieu des caravanes, aux rayons du soleil de la Syrie, le lecteur aimera à se réchauffer en sortant de cette terre sans arbres, de ce sable de neige, marqué par les pas des renards et des ours, de ces huttes de frimas éclairées par ce que le capitaine Ross appelle le *crépuscule du midi* :

« A une demi-lieue environ de la ville, du côté du levant, l'émir Fakardin a planté une forêt de pins parasols sur un plateau sablonneux, qui s'étend entre la mer et la plaine de Bagdhad, beau village arabe au pied du Liban : l'émir planta, dit-on, cette magnifique forêt pour opposer un rempart à l'invasion des immenses collines de sable rouge qui s'élèvent un peu plus loin et qui menaçoient d'engloutir Bayruth et ses riches plantations. La forêt est devenue superbe ; les troncs des arbres ont soixante et quatre-vingts pieds de haut d'un seul jet, et ils étendent de l'un à l'autre leurs larges têtes immobiles qui, couvrent d'ombre un espace immense ; des sentiers de sable glissent sous les troncs des pins et présentent le sol le plus doux aux pieds des chevaux. Le reste du terrain est couvert d'un léger duvet de gazon semé de fleurs du rouge le plus éclatant ; les ognons de jacinthes sauvages sont si gros, qu'ils ne s'écrasent pas sous le fer des chevaux. À travers les colonnades de ces troncs de sapins, on voit d'un côté les dunes blanches et rougeâtres de sable qui cachent la mer, de l'autre la plaine de Bagdad et le cours du fleuve dans cette plaine, et un coin du golfe, semblable à un petit lac, tant il est encadré par l'horizon des terres et les douze ou quinze villages arabes jetés sur les dernières pentes du Liban, et enfin les groupes du Liban même, qui font le rideau de cette scène. La lumière est si nette et l'air si pur, qu'on distingue à plusieurs lieues d'élévation les formes des cèdres ou des caroubiers sur les montagnes, ou les grands aigles qui nagent sans remuer leurs ailes dans l'océan de l'éther. Ce bois de pins est certainement le plus magnifique de tous les sites que j'aie vus dans ma vie. Le ciel, les montagnes, les neiges, l'horizon bleu de la mer, l'horizon rouge et funèbre du désert de sable, les lignes serpentantes du fleuve, les têtes isolées des cyprès, les grappes des palmiers épars dans la campagne, l'aspect gracieux des chaumières couvertes d'orangers et de vignes retombant sur les toits, l'aspect sévère des hauts monastères maronites, faisant de larges taches d'ombre ou de larges jets de lumière sur les flancs ciselés du Liban ; les caravanes de chameaux chargés des marchandises de Damas, qui passent silencieusement entre les troncs d'arbres ; des bandes de pauvres juifs montés sur des ânes, tenant deux enfants sur chaque bras ; des femmes enveloppées de voiles blancs, à cheval, marchant au son du fifre et du tambourin, environnées d'une foule d'enfants vêtus d'étoffes rouges bordées d'or, et qui dansent devant leurs chevaux ; quelques cavaliers arabes courant le dgérid autour de nous sur des chevaux dont la crinière balaye littéralement le sable ; quelques groupes de Turcs assis devant un café bâti en feuillage, et fumant la pipe ou faisant la prière ; un peu plus loin les collines désertes de sable sans fin, qui se teignent d'or aux rayons du soleil du soir, et où le vent soulève des nuages de poussière enflammée ; enfin, le sourd mugissement de la mer, qui se mêle au bruit musical du vent dans les têtes de sapins, et au chant de milliers d'oiseaux inconnus, tout cela offre à l'œil et à la pensée du promeneur le mélange le plus sublime, le plus doux, et à la fois le plus mélancolique qui ait jamais enivré mon âme ; c'est le site de mes rêves, j'y reviendrois tous les jours. »

Le lecteur sera sur ce site de l'avis du poëte : il y reviendra.

ROMANS.
TRISTES VÉRITÉS QUI SORTENT DES LONGUES CORRESPONDANCES. STYLE ÉPISTOLAIRE.

Les romans, toujours à la fin du dernier siècle, avoient été compris dans la proscription générale. Richardson dormoit oublié: ses compatriotes trouvoient dans son style des traces de la société inférieure, au sein de laquelle il avoit vécu. Fielding se soutenoit bien; Sterne, entrepreneur d'originalité, étoit passé. On lisoit encore *Le Vicaire de Wakefield.*

Si Richardson n'a pas de style (ce dont nous ne sommes pas juges, nous autres étrangers), il ne vivra pas, parce qu'on ne vit que par le style. En vain on se révolte contre cette vérité: l'ouvrage le mieux composé, orné de portraits d'une bonne ressemblance, rempli de mille autres perfections, est mort-né si le style manque. Le style, et il y en a de mille sortes, ne s'apprend pas; c'est le don du ciel, c'est le talent. Mais si Richardson n'a été abandonné que pour certaines locutions bourgeoises, insupportables à une société élégante, il pourra renaître; la révolution qui s'opère en abaissant l'aristocratie et en élevant les classes moyennes rendra moins sensibles ou fera disparoître les traces des habitudes de ménage et d'un langage inférieur.

Les romans en lettres (vu l'espace étroit dans lequel l'action et les personnages sont renfermés) manquent d'un intérêt triste et d'une vérité philosophique qui sortent de la lecture des correspondances réelles. Prenez, par exemple, les œuvres de Voltaire; lisez la première lettre, adressée en 1715 à la marquise de Mimeure, et le dernier billet écrit le 26 mai 1778, quatre jours avant la mort de l'auteur, au comte de Lally Tollendal; réfléchissez sur tout ce qui a passé dans cette période de soixante-trois années.

Voyez défiler la longue procession des morts: Chaulieu, Cideville, Thiriot, Algarotti, Genonville, Helvétius; parmi les femmes, la princesse de Bareith, la maréchale de Villars, la marquise de Pompadour, la comtesse de Fontaine, la marquise Du Châtelet, madame Denis, et ces créatures de plaisir qui traversent en riant la vie, les Lecouvreur, les Lubert, les Gaussin, les Sallé, les Camargo, Terpsichores *aux pas mesurés par les Grâces,* dit le poëte, et dont les cendres légères sont aujourd'hui foulées par les danses aériennes de Taglioni.

Quand vous suivez quelque temps la même correspondance, vous tournez la page, et le nom écrit d'un côté ne l'est plus de l'autre; un nouveau Genonville, une nouvelle Du Châtelet paroissent et vont, à vingt lettres de là, s'abîmer sans retour : les amitiés succèdent aux amitiés, les amours aux amours.

L'illustre vieillard s'enfonçant dans ses années cesse d'être en rapport, excepté par la gloire, avec les générations qui s'élèvent; il leur parle encore du désert de Ferney, mais il n'a plus que sa voix au milieu d'elles. Qu'il y a loin des vers au fils unique de Louis XIV :

> Noble sang du plus grand des rois,
> Son amour et notre espérance, etc.,

aux stances à madame Du Deffant :

> Eh quoi! vous êtes étonnée
> Qu'au bout de quatre-vingts hivers
> Ma muse foible et surannée
> Puisse encor fredonner des vers!
> . . . .
> Quelquefois un peu de verdure
> Rit sous les glaçons de nos champs;
> Elle console la nature,
> Mais elle sèche en peu de temps.

Le roi de Prusse, l'impératrice de Russie, toutes les grandeurs, toutes les célébrités de la terre reçoivent à genoux, comme un brevet d'immortalité, quelques mots de l'écrivain qui vit mourir Louis XIV, passer Louis XV et son siècle, naître et régner Louis XVI, et qui, placé entre le grand roi et le roi martyr, est à lui seul toute l'histoire de France de son temps.

Mais une correspondance particulière entre deux personnes qui se sont aimées offre peut-être encore quelque chose de plus triste, car ce ne sont plus les *hommes,* c'est l'*homme* que l'on voit.

D'abord les lettres sont longues, vives, multipliées; le jour n'y suffit pas : on écrit au coucher du soleil; on trace quelques mots au clair de la lune, chargeant la lumière chaste, silencieuse, discrète, de couvrir de sa pudeur mille désirs. On s'est quitté à l'aube; à l'aube on épie la première clarté pour écrire ce que l'on croit avoir oublié de dire dans des heures de délices. Mille serments couvrent le papier où se reflètent les roses de l'aurore; mille baisers sont déposés sur les mots brûlants qui semblent naître du premier regard du soleil : pas une idée, une image, une rêverie, un accident, une inquiétude qui n'ait sa lettre.

Voici qu'un matin quelque chose de presque insensible se glisse sur la beauté de cette passion, comme une première ride sur le front d'une femme adorée. Le souffle et le parfum de l'amour expirent dans ces pages de la jeunesse, comme une brise s'allanguit le soir sur des fleurs ; on s'en aperçoit, et l'on ne veut pas se l'avouer. Les lettres s'abrègent, diminuent en nombre, se remplissent de nouvelles, de descriptions, de choses étrangères ; quelques-unes ont retardé, mais on est moins inquiet ; sûr d'aimer et d'être aimé, on est devenu raisonnable, on ne gronde plus, on se soumet à l'absence. Les serments vont toujours leur train ; ce sont toujours les mêmes mots, mais ils sont morts ; l'âme y manque : *Je vous aime* n'est plus là qu'une expression d'habitude, un protocole obligé, le *j'ai l'honneur d'être* de toute lettre d'amour. Peu à peu le style se glace ou s'irrite. Le jour de poste n'est plus impatiemment attendu, il est redouté : écrire devient une fatigue. On rougit en pensée des folies que l'on a confiées au papier ; on voudroit pouvoir retirer ses lettres et les jeter au feu. Qu'est-il survenu ? Est-ce un nouvel attachement qui commence, ou un vieil attachement qui finit ? N'importe : c'est l'amour qui meurt avant l'objet aimé.

Vivent les romans en lettres et sans lettres, où les sentiments ne se détruisent que par la violence, où ils ne cèdent jamais à ce travail caché au fond de la nature humaine ; fièvre lente du temps qui produit le dégoût et la lassitude, qui dissipe toute illusion et tout enchantement, qui mine nos passions, fane nos amours et change nos cœurs, comme elle change nos cheveux et nos années.

Cependant, il est une exception à cette infirmité des choses humaines : il arrive quelquefois que, dans une âme forte, un amour dure assez pour se transformer en amitié passionnée, pour devenir un devoir, pour prendre les qualités de la vertu ; alors il perd sa défaillance de nature et vit de ses principes immortels. Richardson a merveilleusement représenté une passion de cette sorte dans le caractère de Clémentine.

Au surplus, en laissant à part les lettres fictives des romans et ne considérant que la langue épistolaire, les Anglois n'ont rien à comparer aux lettres de madame de Sévigné : les lettres de Pope, de Swift, d'Arbuthnot, de Bolingbroke, de Lady Montague, et enfin celles de Junius, que l'on croit être de sir Philip Francis, sont des ouvrages et non des lettres ; elles ont plus ou moins de rapport avec les lettres de Pline le jeune et de Voiture. Je préférerois, pour mon goût, quelques lettres de l'infortuné lord Russel, de lady Russel, de miss Anne Seward, et le peu que l'on connoît des lettres de lord Byron.

NOUVEAUX ROMANS.

De *Clarisse* et de *Tome Jones* sont sorties les deux principales branches de la famille des romans modernes anglois, les romans à tableaux de famille et drames domestiques, les romans à aventures et à peintures de la société générale. Après Richardson les mœurs de l'*ouest* de la ville firent une irruption dans le domaine des fictions : les romans se remplirent de châteaux, de lords et de ladies, de scènes aux eaux, d'aventures aux *courses* de chevaux, au bal à l'Opéra, au Ranelagh, avec un *chit-chat,* un caquetage qui ne finissoit plus. La scène ne tarda pas à se transporter en Italie ; les amants traversèrent les Alpes avec des périls effroyables et des douleurs d'âme à attendrir les lions : *le lion répandit des pleurs!* Un jargon de bonne compagnie fut adopté : or, les modes de mots, les affectations d'un certain langage, d'une certaine prononciation, changeant dans la haute société angloise presque à chaque session parlementaire, un honnête lecteur est tout ébahi de ne plus savoir l'anglois qu'il croyoit savoir six mois auparavant. En 1822, lors de mon ambassade à Londres, le *fashionable* devoit offrir au premier coup d'œil un homme malheureux et malade ; il devoit avoir quelque chose de négligé dans sa personne, les ongles longs, la barbe non pas entière, non pas rasée, mais grandie un moment par surprise, par oubli, pendant les préoccupations du désespoir : mèche de cheveux au vent, regard profond, sublime, égaré et fatal ; lèvres contractées en dédain de la nature humaine ; cœur ennuyé, byronnien, noyé dans le dégoût et le mystère de l'être.

Aujourd'hui le *dandy* doit avoir un air conquérant, léger, insolent ; il doit soigner sa toilette, porter des moustaches ou une barbe taillée en rond comme la fraise de la reine Élisabeth, ou comme le disque radieux du soleil ; il décèle la fière indépendance de son caractère en gardant son chapeau sur sa tête, en se roulant sur les sophas, en allongeant ses bottes au nez des ladies assises en admiration sur des chaises devant lui. Il monte à cheval avec une canne, qu'il porte comme un cierge, indifférent au cheval qui est entre ses jambes, par hasard. Il faut que sa santé soit parfaite, et son âme toujours au comble de cinq ou six félicités. Quelques *dandys* radicaux, les plus avancés vers l'avenir, ont une pipe. Mais sans doute tout cela est changé, dans le temps même que je mets à le décrire.

Le roman est obligé, sous peine de mort, de suivre le mouvement de l'*ouest* de Londres. Vingt jeunes femmes, travaillant jour et nuit, n'écrivent pas assez vite pour rester dans la vérité des mœurs d'un bout du roman à l'autre : si malheureusement leur ouvrage a trois petits volumes, nombre exigé par les libraires, le premier chapitre est déjà vieilli lorsqu'elles arrivent au dernier.

Dans ces milliers de romans qui ont inondé l'Angleterre depuis un demi-siècle, deux ont gardé leur place, *Caleb William* et *Le Moine*. Dans tous les autres, beaucoup de talent et d'esprit est disséminé, comme on éparpille des dons précieux, des qualités rares, dans des feuilletons et des articles de journaux. Les ouvrages d'Anne Radcliffe font une espèce à part. Ceux de mistriss Barbauld, de miss Edgeworth, de miss Burnett, etc., ont, dit-on, beaucoup de chances de vivre.

« Il y devroit, dit Montaigne, avoir coertion des loix contre les *escrivains* ineptes et inutiles, comme il y a contre les vagabonds et fainéants. On banniroit des mains de notre peuple et moy et cent autres. L'*escrivaillerie* semble estre quelque symptosme d'un siècle desbordé. Quand écrivismes-nous tant que depuis que nous sommes en trouble ? Quand les Romains tant que lors de leur ruine ? »

Je n'ai presque point parlé des femmes angloises qui ont brillé jadis ou qui brillent maintenant dans les lettres, parce que j'aurois été entraîné, en suivant mon plan, à des parallèles que je ne veux point faire. Madame de Staël domine son époque, et ses ouvrages sont restés. Quelques Françoises se distinguent aujourd'hui par un rare mérite d'écrivain : une d'entre elles a ouvert une route où elle sera peu suivie, mais par laquelle elle arrivera certainement à l'avenir. Les femmes, quand elles ont du génie, y mêlent des secrets qui font une partie du charme de leur talent et qu'on n'en peut séparer : or, personne n'a le droit d'entrer dans ces mystères de la femme et de la muse. Enfin, le talent change souvent d'objet et de nature, il faut savoir attendre pour l'admirer dans ses modes divers. Plusieurs ont été séduites et comme enlevées par leurs jeunes années : ramenées au foyer maternel par le désenchantement, elles ont ajouté à leur lyre la corde grave ou plaintive sur laquelle s'exprime la religion ou le malheur.

WALTER SCOTT. LES JUIVES.

Mais ces écoles diverses de romanciers sédentaires, de romanciers voyageurs en diligence ou en calèche, de romanciers de lac et de montagne, de romanciers de ruines et de fantômes, de romanciers de villes et de salons, sont venues se perdre dans la nouvelle école de

Walter Scott, de même que la poésie s'est précipitée sur les pas de lord Byron.

L'illustre peintre de l'Écosse me semble avoir créé un genre faux ; il a, selon moi, perverti le roman et l'histoire : le romancier s'est mis à faire des romans historiques, et l'historien des histoires romanesques. J'en parle avec un peu d'humeur, parce que moi, qui tant décrivis, aimai, chantai, vantai les vieux temples chrétiens, à force d'en entendre rabâcher, j'en meurs d'ennui : il me restoit pour dernière illusion une cathédrale ; on me la fait prendre en grippe.

Quand un auteur jouit d'une réputation générale dans son pays, quand cette réputation s'est soutenue pendant un grand nombre d'années, il n'appartient à personne, et surtout il n'appartient pas à un étranger, de contester les titres de cette réputation ; ils sont établis sur les bases les plus solides : le vrai génie de la langue, l'instinct national et le consentement de l'opinion. Cela suppose toujours des qualités du premier ordre.

Je me récuse donc comme juge de tel auteur anglois dont le mérite ne me paroît pas atteindre ce degré de supériorité qu'il a aux yeux de ses compatriotes. Si dans Walter Scott je suis obligé de passer souvent des conversations interminables ; si je n'y rencontre pas toujours cette nature choisie, cette perfection de scènes, cette originalité, ces pensées, ces traits que je trouve dans Manzoni et dans plusieurs de nos romanciers modernes, c'est ma faute. Mais un des grands mérites de Walter Scott à mes yeux, c'est de pouvoir être mis entre les mains de tout le monde : il faut de plus grands efforts de talent pour intéresser, en restant dans l'ordre, que pour plaire en passant toute mesure ; il est moins facile de régler le cœur que de le troubler.

Burke retint la politique de l'Angleterre dans le passé ; Walter Scott refoula les Anglois jusqu'au moyen âge : tout ce qu'on écrivit, fabriqua, bâtit, fut gothique : livres, meubles, maisons, églises, châteaux. Mais les lairds de la Grande Charte sont aujourd'hui des *fashionables* de Bond-Street ; race frivole qui campe dans des manoirs antiques, en attendant l'arrivée des deux grands barons modernes, l'égalité et la liberté, qui s'apprêtent à les en chasser.

Walter Scott ne moule pas, comme Richardson, sur le type intérieur de l'homme ; il reproduit de préférence l'extérieur du personnage ; ses *fantaisies* ont un grand charme, témoin le portrait de la juive dans *Ivanhoe*.

« Rebecca montroit avec avantage sa taille, d'une proportion exquise, dans une espèce d'habillement oriental, à la mode des femmes de sa nation. Son turban de soie jaune seyoit à son teint rembruni. L'éclat de ses yeux, l'arc superbe de ses sourcils, son nez aquilin parfaitement formé, ses dents aussi blanches que des perles, ses tresses noires, chacune roulée en spirale, tombant avec profusion sur son sein et son col de neige, comme une simarre de la plus riche soie de Perse, entremêlée de fleurs, tout cela composoit un ensemble de charmes qui ne le cédoit point aux agréables vierges dont la belle juive étoit entourée. Un corset d'or et de perles serroit la taille de Rebecca depuis la gorge jusqu'à la ceinture, s'entr'ouvroit dans la partie supérieure, et laissoit voir un collier de diamants orné de pendants d'un prix inestimable. Une plume d'autruche se rattachoit avec une agrafe de pierrerie au turban de la fille de Sion... elle ressembloit à l'épouse des cantiques : *The very bride of the canticles.* »

Fontanes, cet ami que je regretterai éternellement, me demandoit un jour pourquoi dans la race juive les femmes sont plus belles que les hommes : je lui en donnai une raison de poëte et de chrétien. Les juives, lui dis-je, ont échappé à la malédiction dont leurs pères, leurs maris et leurs fils ont été frappés. On ne trouve aucune juive mêlée dans la foule des prêtres et du peuple qui insulta le Fils de l'Homme, le flagella, le couronna d'épines, lui fit subir les ignominies et les douleurs de la croix. Les femmes de la Judée crurent au Sauveur, l'aimèrent, le suivirent, l'assistèrent de leur bien, le soulagèrent dans ses afflictions. Une femme, à Béthanie, versa sur sa tête le nard précieux qu'elle portoit dans un vase d'albâtre; la pécheresse répandit une huile de parfum sur ses pieds, et les essuya avec ses cheveux. Le Christ, à son tour, étendit sa miséricorde et sa grâce sur les juives; il ressuscita le fils de la veuve de Naïm et le frère de Marthe; il guérit la belle-mère de Simon et la femme qui toucha le bas de son vêtement : pour la Samaritaine il fut une source d'eau vive, un juge compatissant pour la femme adultère. Les filles de Jérusalem pleurèrent sur lui, les saintes femmes l'accompagnèrent au Calvaire, achetèrent du baume et des aromates, et le cherchèrent au sépulcre en pleurant : *Mulier, quid ploras?* Sa première apparition après sa résurrection fut à Madeleine; elle ne le reconnoissoit pas; mais il lui dit : « Marie! » Au son de cette voix, les yeux de Madeleine s'ouvrirent, et elle répondit : « Mon maître! » Le reflet de quelque beau rayon sera resté sur le front des juives.

Fontanes parut satisfait de ces raisons, concluantes en effet pour les *doctes sœurs.*

ÉCOLE DES LACS.
POËTES DES CLASSES INDUSTRIELLES.

En même temps que le roman passoit à l'état *romantique,* la poésie subissoit une transformation semblable. Cowper abandonna l'école françoise pour faire revivre l'école nationale ; Burns, en Écosse, commença la même révolution. Après eux vinrent les restaurateurs des ballades : Coleridge, Wordsworth, Southey, Wilson, Campbell, Thomas Moore, Crabbe, Morgan, Rogers, Sheil, Hogg, ont amené cette poésie jusqu'à nos jours. *Gertrude of Wyoming* de Thomas Campbell, *Lalla-Rookh* de Thomas Moore, *Les Plaisirs de la Mémoire,* par Rogers, ont obtenu un grand succès. Plusieurs de ces poëtes appartiennent à ce qu'on appeloit *lake school,* parce qu'ils demeuroient aux bords des lacs de Cumberland et de Westmoreland, et qu'ils les chantoient quelquefois.

Thomas Moore, Campbell, Rogers, Crabbe, Wordsworth, Southey, Hunt, Knowles, lord Holland, vivent encore pour l'honneur des lettres angloises ; mais il faut être né Anglois pour apprécier tout le mérite d'un genre intime de composition, qui se fait particulièrement sentir aux hommes du sol. Je ne sais s'il seroit possible de bien rendre en françois les *mélodies* de Thomas Moore, le barde d'Erin : appliquez cette remarque à ces petites pièces de poésie de noms divers qui charment l'esprit et l'oreille d'un Anglois, d'un Irlandois, d'un Écossois. Le lyrique Burns, dont Campbell a célébré la mort, et le chansonnier des matelots, sont des enfants de la terre britannique ; ils ne pourroient vivre dans leur énergie et leur grâce sous un autre soleil. Nous prétendons comprendre Anacréon et Catulle : je suis persuadé que la finesse attique et l'urbanité romaine nous échappent.

L'Angleterre a vu de temps en temps des poëtes sortir des classes industrielles : Bloomfield, garçon cordonnier, est auteur du Garçon de ferme (*The Farmer's Boy*), poëme dont la langue est extrêmement savante. Aujourd'hui c'est un forgeron qui brille : Vulcain étoit fils de Jupiter[1]. Hogg, qui vient de mourir, le premier poëte de l'Écosse après Burns, étoit un fermier. Nous avons aussi nos muses du peuple : je ne parlerai point de la belle Cordière et de Clémence de Bourges, parce qu'en dépit de leurs talents et de leurs noms elles étoient riches ; maître Adam, menuisier de Nevers, s'oppose mieux au cordonnier anglois. A présent même, J.-C. Jouvenot, *ancien artisan serrurier,* a donné

[1]. On peut lire dans un des numéros du *National* un article excellent sur ces auteurs anglois de la classe du peuple.

deux volumes de poëmes, de comédies et de tragédies. Reboul, boulanger à Nîmes, adresse à une mère ces stances d'une poétique et touchante inspiration :

L'ANGE ET L'ENFANT.

A UNE MÈRE.

Un ange au radieux visage,
Penché sur le bord d'un berceau,
Sembloit contempler son image,
Comme dans l'onde d'un ruisseau.

« Charmant enfant, qui me ressemble,
« Disoit-il, oh! viens avec moi :
« Viens, nous serons heureux ensemble,
« La terre est indigne de toi.

« Là, jamais entière allégresse;
« L'âme y souffre de ses plaisirs;
« Les cris de joie ont leur tristesse;
« Les voluptés ont leurs soupirs.

« Eh quoi! les chagrins, les alarmes
« Viendroient troubler ce front si pur,
« Et par l'amertume des larmes
« Se terniroient ces yeux d'azur!

« Non, non; dans les champs de l'espace
« Avec moi tu vas t'envoler;
« La Providence te fait grâce
« Des jours que tu devois couler. »

Et secouant ses blanches ailes,
L'ange à ces mots a pris l'essor
Vers les demeures éternelles.....
Pauvre mère, ton fils est mort.

Si M. Reboul a pris femme parmi les filles de Cérès et que cette femme devienne sa muse, la France aura sa Fornarina.

Voici quelques vers d'un facteur de la poste aux lettres, au bureau de Poligny :

ÉLÉGIE AUX MANES DE MARIE GRAND.

Son aurore étoit belle; elle étoit à cet âge
Où l'aimable langueur qui pâlit le visage
Donne aux yeux tant de charme et parle à tant de cœurs!
Elle étoit à cet âge où l'on verse des pleurs.
O pleurs délicieux!..... Sa paupière arrosée

Payoit à la nature une douce rosée;
Déjà dans ses yeux bleus on voyoit chaque jour
Éclore, puis mourir un beau rayon d'amour.
. . . .
Elle étoit. . . . .
Tendre comme l'agneau qui bêle à la colline
Quand son dos caressant vers la brebis s'incline.
Hélas! tant de vertus ne devroient point finir.
Pourquoi n'en reste-t-il, hélas! qu'un souvenir?
. . . .
Elle tendit les bras, et nos cœurs s'enlacèrent;
Nos soupirs confondus ensemble s'étouffèrent!
Cette heure si cruelle étoit pour nous des jours :
Cette heure vit encore, et je pleure toujours.

LA PRINCESSE CHARLOTTE. KNOX.

Je viens de nommer Hogg le dernier poëte des chaumières des trois royaumes; je dirai quelques mots de la dernière muse des palais britanniques, afin qu'on voie tout mourir dans ce siècle de mort. La princesse Charlotte d'Angleterre a chanté les beautés de Claremont, en leur appliquant ces vers d'un grand poëte :

> To Claremont's terraced heights and Esher groves,
> Where, in the sweet solitude, embraced
> By the soft windings of the silent muse,
> From courts and cities Charlotte finds repose :
> Enchanting vale! beyond whate'er the muse
> Has of Achaia, of Hesperia sung.
> O vale of bliss! O softly swelling hills,
> On which the power of cultivation lies
> And joys to see the wonders of this soil!

« Terrasses élevées de Claremont! bocages d'Esher! c'est dans votre paisible solitude que, bercée par les doux accents de sa muse modeste, Charlotte trouve le repos loin des cités et des cours! Vallon enchanteur! bien au-dessus de tout ce qu'ont célébré les chantres de la Grèce et de l'Ausonie! O vallée du bonheur! ô collines doucement inclinées, sur lesquelles le génie de la culture s'enorgueillit de voir éclore les merveilles de sa puissance [1]! »

Quand on voit cette reine présumée rêver si jeune et si heureuse dans les bocages d'Esher, on peut croire qu'elle eût descendu dans la tombe avec moins de peine du haut du trône d'Élisabeth que du

---

[1]. J'emprunte ce texte et cette traduction à une biographie nouvellement publiée.

haut des terrasses de Claremont. J'avois vu cette princesse enfant dans les bras de sa mère; je ne l'ai point retrouvée en 1822, à Windsor, auprès de son père. Ces vols, que la mort commet sans cesse au milieu de nous, nous surprennent toujours; mais qui sait si ce n'est pas par un effet de sa miséricorde que la Providence a retiré si tôt du monde la fille de Georges IV? Que de bonheur en apparence attendoit Marie-Antoinette, quand elle vint poser à Versailles, sur sa belle tête, la plus belle couronne du monde! Abreuvée d'outrages quelques années plus tard, elle ne trouvoit pas une voix en France qui dît : Paix à ses douleurs! L'auguste victime n'étoit chantée qu'en terre étrangère par des fugitifs ou par des étrangers : l'abbé Delille demandoit des expiations à sa lyre fidèle; Alfieri composoit l'admirable sonnet :

Regina sempre!

Knox pleuroit la captivité de la reine veuve et martyre :

> If thy breast soft pity knows,
> O! drop a tear with me;
> Feel for th' unexampled woes
> Of widow'd royalty.
>
> Fallen, fallen from a throne!
> Lo! beauty, grandeur, power;
> Hark! 'tis a queen's, a mother's moan;
> From yonder dismal tow'r,
>
> I hear her say, or seem to say
> « Ye who listen to my story,
> Learn how transient beauty's day,
> How unstable human glory! »

« Si ton sein connoît la douce pitié, oh! répands avec moi une larme! laisse-toi toucher par les malheurs sans exemple de la veuve royale.

« Tombée, tombée du trône! Regardez la beauté, la grandeur, la puissance! Écoutez! c'est le gémissement d'une reine, d'une mère : Là, du fond de cette affreuse tour,

« Je l'entends qui dit, ou qui semble dire : Vous qui prêtez l'oreille à mon histoire, apprenez combien est rapide le jour de la beauté, combien inconstante la gloire humaine! »

CHANSONS. LORD DORSET. BÉRANGER.

La chanson, aussi ancienne en Angleterre qu'elle l'est dans le royaume de saint Louis, a pris toutes les formes : elle se change en hymne pour la religion ; elle reste chanson pour les mille riens et les mille accidents de la vie, gais ou tristes. *Les Marins* (The Seamen) de lord Dorset sont une composition d'une verve élégante. J'en prends la traduction littérale dans la poétique angloise de M. Hennet :

> A vous, mesdames, qui êtes à présent sur terre,
> Nous, qui sommes sur mer, nous écrivons ;
> Mais d'abord nous voudrions vous faire comprendre
> Combien il est difficile d'écrire ;
> Tantôt les muses, et tantôt Neptune,
> Nous devons implorer pour vous écrire
> Avec un fa, la, la, la, la, la.
>
> Car les muses auroient beau nous être propices
> Et remplir nos cerveaux vides,
> Si le fier Neptune soulève le vent
> Pour agiter la plaine azurée,
> Nos papier, plume, encre, et nous,
> Roulons avec le vaisseau sur la mer,
> Avec un fa, la, la, la, la, la.
>
> Donc, si nous n'écrivons pas à chaque poste,
> Ne nous accusez pas d'indifférence ;
> N'en concluez pas non plus que nos vaisseaux sont pris
> Par les Hollandois ou par le vent :
> Nous vous enverrons nos larmes par un chemin plus prompt ;
> Le flux vous les portera deux fois par jour
> Avec un fa, la, la, la, la, la.
>
> Mais à présent nos craintes deviennent plus orageuses
> Et renversent nos espérances,
> Lorsque vous, sans égard pour nos maux,
> Vous vous asseyez avec insouciance au spectacle,
> Et permettez peut-être à quelque homme plus heureux
> De vous baiser la main ou de jouer avec votre éventail
> Avec un fa, la, la, la, la, la.
>
> Or maintenant que nous avons exprimé tout notre amour
> Et en même temps toutes nos craintes,
> Dans l'espoir que cette déclaration excitera
> Quelque pitié pour nos pleurs,
> Puissions-nous n'apprendre jamais d'inconstance ;
> Nous en avons assez sur mer,
> Avec un fa, la, la, la, la, la.

Un couplet de l'original donnera l'idée du rhythme :

>And now we've told you all our loves
>And likewise all our fears,
>In hope this declaration moves
>Some pity for our tears;
>Let's hear of no inconstancy;
>We have too much of that at sea
>With a fa, la, la, la, la, la.

C'est la chanson françoise au xvIII^e siècle.

Une très-jolie chansonnette, *Le Pigeon*, représente une jeune femme envoyant un message à son amant :

>Why tarries my love,
>Why tarries my love,
>Why tarries my love from me?
>Come hither, my dove,
>I'll write to my love
>And send him a letter by thee, etc.

>Pourquoi tarde mon amour,
>Pourquoi tarde mon amour,
>Pourquoi tarde mon amour loin de moi?
>Viens ici, ma colombe;
>J'écrirai à mon amour,
>Et lui enverrai la lettre par toi.

>Je l'attacherai à ta patte,
>Je l'attacherai à ta patte,
>Je l'attacherai bien fort avec un ruban.
>— Ah! non pas à ma patte
>Belle lady, je vous prie,
>Mais attachez-la sous mon aile.

>Elle mit à son cou,
>Elle mit à son cou
>Un grelot et un collier si jolis.
>Elle attacha à son aile
>Le rouleau avec un ruban,
>Et le baisa, puis l'envoya dehors.

Le *God save the King*, le *Rule Britannia*, de Thomson, la ballade de Burns,

>Scots, who have with Wallace bled.

Écossois, qui avez répandu votre sang avec Wallace, etc.,

doivent rester dans leur langue naturelle. On admire surtout de Burns les *Two dogs, Cottier's Saturday night* : il y a plusieurs chansons à boire; quelques-unes décrivent des scènes de village. Toutes ces pièces, pleines d'*humour*, n'ont pas la verve des refrains de Desaugiers.

Mais si Thibaut, comte de Champagne, l'emporta sur tous les Thibauts anglois du XIIIe siècle, Béranger, dans le XIXe, laisse loin derrière lui tous les Bérangers de la Grande-Bretagne. L'art n'ôte rien au succès auprès de la foule quand il est réuni au vrai talent : les chansons de Béranger, composées avec le soin que Racine mettoit à ses vers, et qui sont, pour ainsi dire, travaillées à la loupe, sont descendues aux classes inférieures de la société; le peuple les a apprises par cœur, comme les écoliers apprennent le *récit de Théramène*. Ainsi que La Fontaine dans la fable, Béranger dans la chanson s'élève au plus haut style. La popularité attachée à des vers de circonstance, à des moqueries spirituelles passera, mais des beautés supérieures resteront. On sent dans les ouvrages de Béranger, sous une surface de gaieté, un fond de tristesse qui tient à ce qu'il y a de sincère et de permanent dans l'âme humaine. Des couplets tels que ceux-ci seront de toutes les Frances futures et redits dans tous les temps :

> Vous vieillirez, ô ma belle maîtresse!
> Vous vieillirez, et je ne serai plus.
> Pour moi le temps semble, dans sa vitesse,
> Compter deux fois les jours que j'ai perdus.
> Survivez-moi ; mais que l'âge pénible
> Vous trouve encor fidèle à mes leçons;
> Et bonne vieille, au coin d'un feu paisible,
> De votre ami répétez les chansons.

> Lorsque les yeux chercheront sous vos rides
> Les traits charmants qui m'auront inspiré,
> Des doux récits les jeunes gens avides
> Diront : Quel fut cet ami tant pleuré?
> De mon amour, peignez, s'il est possible,
> L'ardeur, l'ivresse, et même les soupçons;
> Et bonne vieille, au coin d'un feu paisible,
> De votre ami répétez les chansons.

> On vous dira : Savoit-il être aimable?
> Et sans rougir vous direz : Je l'aimois.
> D'un trait méchant se montra-t-il capable?
> Avec orgueil vous répondrez : Jamais.
> Ah! dites bien qu'amoureux et sensible
> D'un luth joyeux il attendrit les sons;
> Et bonne vieille, au coin d'un feu paisible,
> De votre ami répétez les chansons.

> Objet chéri, quand mon renom futile
> De vos vieux ans charmera les douleurs,

> A mon portrait quand votre main débile
> Chaque printemps suspendra quelques fleurs,
> Levez les yeux vers ce monde invisible
> Où pour toujours nous nous réunissons ;
> Et bonne vieille, au coin d'un feu paisible,
> De votre ami répétez les chansons.

En sortant de Dieppe, le chemin qui conduit à Paris monte assez rapidement : à droite, sur la berge élevée, on voit le mur d'un cimetière ; le long de ce mur est établi un rouet de corderie. Un soir du dernier été, je me promenois sur ce chemin ; deux cordiers marchant parallèlement à reculons, et se balançant d'une jambe sur l'autre, chantoient ensemble à demi-voix. Je prêtai l'oreille ; ils en étoient à ce couplet du *Vieux Caporal* :

> Qui là-bas sanglote et regarde?
> Eh ! c'est la veuve du tambour.
> En Russie, à l'arrière-garde,
> J'ai porté son fils nuit et jour.
> Comme le père, enfant et femme
> Sans moi restoient sous les frimas.
> Elle va prier pour mon âme.
>   Conscrits, au pas.
>   Ne pleurez pas,
>   Ne pleurez pas.
>   Marchez au pas.
> Au pas, au pas, au pas, au pas !

Ces hommes prononçoient le refrain : *Conscrits, au pas. Ne pleurez pas..... Marchez au pas, au pas, au pas*, d'un ton si mâle et si pathétique, que les larmes me vinrent aux yeux : en marquant eux-mêmes le pas et en dévidant leur chanvre, ils avoient l'air de filer le dernier moment du *Vieux Caporal*. Qui leur avoit appris cette complainte ? Ce n'étoit pas assurément la littérature, la critique, l'admiration enseignée, tout ce qui sert au bruit et au renom ; mais un accent vrai, sorti de quelque part, étoit arrivé à leur âme du peuple. Je ne saurois dire tout ce qu'il y avoit dans cette gloire particulière à Béranger, dans cette gloire solitairement révélée par deux matelots qui chantoient, au soleil couchant, à la vue de la mer, la mort d'un soldat.

BEATTIE.

Burns, Mason, Cowper moururent pendant mon émigration à Londres avant 1800 et en 1800 ; ils finissoient le siècle : je le commençois. Darwin et Beattie moururent deux ans après mon retour de l'exil.

Beattie avoit annoncé l'ère nouvelle de la lyre. *Le Minstrel*, ou le progrès du génie, est la peinture des premiers effets de la Muse sur un jeune barde, lequel ignore encore le génie dont il est tourmenté. Tantôt le poëte futur va s'asseoir au bord de la mer pendant une tempête, tantôt il quitte les jeux du village pour écouter à l'écart et dans le lointain le son des musettes : le poëme est écrit en stances rimées comme les vieilles ballades.

. . . .

« Si je voulois invoquer une muse savante, mes doctes accords diroient ici quelle fut la destinée du *barde* dans les jours du vieux temps ; je le peindrois portant un cœur content sous de simples habits : on verroit ses cheveux flottants et sa barbe blanchie ; sa harpe modeste, seule compagne de son chemin, répondant aux soupirs des brises, seroit suspendue à ses épaules voûtées ; le vieillard, en marchant, chanteroit à demi-voix quelque refrain joyeux.

« Mais un pauvre *minstrel* inspire aujourd'hui mes vers. . . . Dans les siècles gothiques (comme les vieilles ballades le racontent) vivoit autrefois un berger. Ses ancêtres avoient peut-être habité une terre aimée des muses, les grottes de la Sicile ou les vallées de l'Arcadie ; mais, lui, il étoit né dans les contrées du Nord, chez une nation fameuse par ses chansons et par la beauté de ses vierges ; nation fière quoique modeste, innocente quoique libre, patiente dans le travail, ferme dans le péril, inébranlable dans sa foi, invincible sous les armes.

. . . .

« Edwin n'étoit pas un enfant vulgaire : son œil sembloit souvent chargé d'une grave pensée ; il dédaignoit les hochets de son âge, hors un petit chalumeau, grossièrement façonné ; il étoit sensible, quoique sauvage, et gardoit le silence quand il étoit content ; il se montroit tour à tour plein de joie et de tristesse, sans qu'on en devinât la cause. Les voisins tressailloient et soupiroient à sa vue, et cependant le bénissoient. Aux uns il sembloit d'une intelligence merveilleuse ; aux autres il paroissoit insensé.

« Mais pourquoi dirois-je les yeux de son enfance ? Il ne se mêloit point à la foule brillante de ses jeunes compagnons ; il aimoit à s'enfoncer dans la forêt, ou à s'égarer sur le sommet solitaire de la montagne. Souvent les détours d'un ruisseau sauvage conduisent ses pas à des bocages ignorés. Tantôt il descend au fond des précipices, du sommet desquels se penchent de vieux pins ; tantôt il gravit des cimes escarpées, où le torrent brille de rocher en rocher, où les eaux, les forêts, les vents forment un concert immense, que l'écho grossit et porte jusqu'aux cieux.

« Quand l'aube commence à blanchir les airs, Edwin, assis au sommet de la colline, contemple au loin les nuages de pourpre, l'océan d'azur, les montagnes grisâtres, le lac qui brille foiblement parmi les bruyères vaporeuses, et la longue vallée étendue vers l'occident, où le jour lutte encore avec les ombres.

« Quelquefois, pendant les brouillards de l'automne, vous le verriez escalader le sommet des monts. O plaisir effrayant! debout sur la pointe d'un roc, comme un matelot sauvé du naufrage sur une côte déserte, il aime à voir les vapeurs se rouler en vagues énormes, s'allonger sur les horizons, là se creuser en golfe, ici s'arrondir autour des montagnes. Du fond du gouffre, au-dessous de lui, la voix de la bergère et le bêlement des troupeaux remontent jusqu'à son oreille, à travers la brume épaissie. . . . .
. . . .
. . . .

« Le romanesque enfant sort de l'asile où il s'étoit mis à couvert des tièdes ondées du midi. Elle est passée la pluie de l'orage; maintenant l'air est frais et parfumé. Dans l'orient obscur, déployant un arc immense, l'iris brille au soleil couchant. Jeune insensé qui croit pouvoir saisir le glorieux météore! combien vaine est la course que ton ardeur a commencée! La brillante apparition s'éloigne à mesure que tu la poursuis. Ah! puisses-tu savoir qu'il en est ainsi dans la jeunesse, lorsque nous poursuivons les chimères de la vie.

« Quand la cloche du soir chargeoit de ses gémissements la brise solitaire, le jeune Edwin, marchant avec lenteur et prêtant une oreille attentive, se plongeoit dans le fond des vallées; tout autour de lui, il croyoit voir errer des convois funèbres, de pâles ombres, des fantômes traînant des chaînes ou de longs voiles; mais bientôt ces bruits de la mort se perdoient dans le cri lugubre du hibou, ou dans les murmures du vent des nuits, qui ébranloit par intervalles les vieux dômes d'une église.

« Si la lune rougeâtre se penchoit à son couchant sur la mer mélancolique et sombre, Edwin alloit chercher les bords de ces sources inconnues où s'assembloient sur les bruyères les magiciennes des temps passés. Là, souvent le sommeil venoit le surprendre, et lui apportoit ses visions.

« Le songe a fui... Edwin, réveillé avec l'aurore, ouvre ses yeux enchantés sur les scènes du matin; chaque zéphyr lui apporte mille sons délicieux; on entend le bêlement du troupeau, le tintement de la cloche de la brebis, le bourdonnement de l'abeille ; la cornemuse fait retentir les rochers, et se mêle au bruit sourd de l'Océan lointain qui bat ses rivages.

« Le chien de la cabane aboie en voyant passer le pèlerin matinal ; la laitière, couronnée de son vase, chante en descendant la colline ; le laboureur traverse les guérets en sifflant ; le lourd chariot crie en gravissant le sentier de la montagne ; le lièvre étonné sort des épis vacillants ; la perdrix s'élève sur son aile bruyante ; le ramier gémit dans son arbre solitaire, et l'alouette gazouille au haut des airs.

. . . .
. . . .

« Quand la jeunesse du village danse au son du chalumeau, Edwin, assis à l'écart, se plaît à rêver au bruit de la musique. Oh ! comme alors tous les jeux bruyants semblent vains et tumultueux à son âme ! Céleste mélancolie, que sont près de toi les profanes plaisirs du vulgaire ! . . . .

« Le chant fut le premier amour d'Edwin ; souvent la harpe de la montagne soupira sous sa main aventureuse, et la flûte plaintive gémit suspendue à son souffle. Sa muse, encore enfant, ignoroit l'art du poëte, fruit du travail et du temps. Edwin atteignit pourtant cette perfection si rare, ainsi que mes vers le diront quelque jour. »

La citation est longue ; mais elle est importante pour l'histoire de la poésie : Beattie a parcouru la série entière des rêveries et des idées mélancoliques dont cent autres poëtes se sont crus les *discoverers*. Beattie se proposoit de continuer son poëme ; en effet, il en a écrit le second chant ; Edwin entend un soir une voix grave s'élevant du fond d'une vallée ; c'est celle d'un solitaire qui, après avoir connu les illusions du monde, s'est enseveli dans cette retraite, pour y recueillir son âme et chanter les merveilles du Créateur. Cet ermite instruit le jeune *minstrel*, et lui révèle le secret de son génie. L'idée étoit heureuse, mais l'exécution n'a pas répondu au bonheur de l'idée. Les dernières strophes du nouveau chant sont consacrées au souvenir d'un ami. Beattie étoit destiné à verser des larmes ; la mort de son fils brisa son cœur paternel : comme Ossian après la perte de son Oscar, il suspendit sa harpe aux branches d'un chêne. Peut-être le fils de Beattie étoit-il ce jeune *minstrel* qu'un père avoit chanté, et dont il ne voyoit plus les pas sur la montagne.

LORD BYRON. ORME D'HARROW[1].

On retrouve dans les premiers vers de lord Byron des imitations frappantes du *Minstrel*. A l'époque de mon exil en Angleterre, lord Byron habitoit l'école de Harrow, dans un village à dix milles de Londres. Il étoit enfant ; j'étois jeune et aussi inconnu que lui : je le devois précéder dans la carrière des lettres et y rester après lui. Il avoit été élevé sur les bruyères de l'Écosse, au bord de la mer, comme moi dans les landes de la Bretagne, au bord de la mer ; il aima d'abord la Bible et Ossian, comme je les aimois ; il chanta dans *Newstead-Abbey* les souvenirs de l'enfance, comme je les chantai dans le château de Combourg.

> When I roved, a young highlander, o'er the dark heath,
> And climb'd thy steep summit, oh! Morven of snow, etc.

« Lorsque j'explorois, jeune montagnard, la noire bruyère et gravissois ta cime penchée, ô Morven couronné de neiges, pour m'ébahir au torrent qui tonnoit au-dessous de moi, ou aux vapeurs de la tempête qui s'amonceloient à mes pieds. . . . .

. . . .

« Je me levois avec l'aube. Mon chien pour guide, je bondissois de montagne en montagne. Je fendois avec ma poitrine les vagues de la marée envahissante de la Dee, et j'écoutois de loin la chanson du *highlander*. Le soir, à mon repos, sur ma couche de bruyère, aucun songe, si ce n'est celui de Marie, ne se présentoit à ma vue. . . .

. . . .

« J'ai quitté ma givreuse demeure ; mes visions sont passées, mes montagnes évanouies : ma jeunesse n'est plus. Comme le dernier de ma race, je dois me faner seul et ne trouver de délices qu'aux jours dont je fus jadis le témoin. Ah ! l'éclat est venu, mais il a rendu mon lot amer ! Plus chères furent les scènes que mon enfance a connues !

. . . .

« Adieu donc, vous, collines où mon enfance fut nourrie ! et toi, douce fluente *Dee*, adieu à tes eaux ! Aucun toit dans la forêt n'abritera

---

1. Tout ce qui suit, jusqu'à la *Conclusion*, est tiré de mes *Mémoires* ; j'ai seulement abrégé quelques passages quand il s'est agi de moi, ne pouvant dire de mon vivant tout ce que j'en dirai dans ma tombe : c'est une chose fort commode que d'être mort, pour parler à son aise. Je n'ai point cette fois guillemetté le commencement des paragraphes pour annoncer la citation des *Mémoires*, parce que des citations de lord Byron étant insérées dans le texte même des *Mémoires*, il y auroit eu confusion de guillemets.

ma tête. Ah! Marie, aucun toit ne peut être le mien qu'avec vous! »

Dans mes longues courses solitaires aux environs de Londres, j'ai traversé plusieurs fois le village de Harrow, sans savoir quel génie il renfermoit. Je me suis assis dans le cimetière, au pied de l'orme sous lequel, en 1807, lord Byron écrivoit ces vers au moment où je revenois de la Palestine :

> Spot of my youth! whose hoary branches sigh,
> Swept by the breeze that fans thy cloudless sky, etc.

« Lieu de ma jeunesse, où soupirent les branches chenues effleurées par la brise qui rafraîchit ton ciel sans nuage! Lieu où je vague aujourd'hui seul, moi qui souvent ai foulé avec ceux que j'aimois ton gazon mol et vert, avec ceux qui, dispersés au loin, regrettent comme moi, par aventure, les heureuses scènes qu'ils connurent jadis! Oh! lorsque de nouveau je fais le tour de ta colline arrondie, mes yeux t'admirent, mon cœur t'adore, ô toi, orme affaissé sous les rameaux duquel je m'étendois, en livrant aux songes les heures du crépuscule! J'y délasse aujourd'hui mes membres fatigués comme j'avois coutume, mais, hélas! sans mes pensées d'autrefois!....

. . . . « Quand la destinée glacera ce sein qu'une fièvre dévore; quand elle en aura calmé les soucis et les passions, ... ici où il palpita, ici mon cœur pourra reposer. Puissé-je m'endormir où s'éveillèrent mes espérances, ... mêlé à la terre où coururent mes pas, ... pleuré de ceux qui furent en société avec mes jeunes années, oublié du reste du monde! »

Et moi je dirai : Salut, antique ormeau des songes, au pied duquel Byron enfant s'abandonnoit aux caprices de son âge, alors que je revois *René* sous ton ombre, sous cette même ombre où plus tard le poëte vint, à son tour, rêver *Childe-Harold!* Byron demandoit au cimetière témoin des premiers jeux de sa vie une tombe ignorée : inutile prière, que n'a point exaucée la gloire.

LES DEUX NOUVELLES ÉCOLES LITTÉRAIRES. QUELQUES
RESSEMBLANCES DE DESTINÉE.

Il y aura peut-être[1] quelque intérêt à remarquer dans l'avenir (si pour moi il y a avenir) la rencontre des deux chefs de la nouvelle

---

1. Suite de la citation des *Mémoires*.

école françoise et angloise, ayant un même fonds d'idées, des destinées, sinon des mœurs, à peu près pareilles : l'un pair d'Angleterre, l'autre pair de France ; tous deux voyageurs dans l'Orient, assez souvent l'un près de l'autre, et ne se voyant jamais : seulement la vie du poëte anglois a été mêlée à de moins grands événements que la mienne.

Lord Byron est allé visiter après moi les ruines de la Grèce : dans *Childe-Harold* il semble embellir de ses propres couleurs les descriptions de l'*Itinéraire*. Au commencement de mon pèlerinage, je reproduis l'adieu du sire de Joinville à son château ; Byron dit un égal adieu à sa demeure gothique.

Dans les *Martyrs*, Eudore part de la Messénie pour se rendre à Rome.

« Notre navigation fut longue, dit-il. . . . . Nous vîmes tous ces promontoires marqués par des temples ou des tombeaux. . . . . Nous traversâmes le golfe de Mégare. Devant nous étoit Égine, à droite le Pirée, à gauche Corinthe. Ces villes jadis si florissantes n'offroient que des monceaux de ruines. Les matelots mêmes parurent touchés de ce spectacle. La foule accourue sur le pont gardoit le silence : chacun tenoit ses regards attachés à ces débris ; chacun en tiroit peut-être secrètement une consolation dans ses maux, en songeant combien nos propres douleurs sont peu de chose comparées à ces calamités qui frappent des nations entières, et qui avoient étendu sous nos yeux les cadavres de ces cités. »

« . . . . Mes jeunes compagnons n'avoient entendu parler que des métamorphoses de Jupiter, et ils ne comprirent rien aux débris qu'ils avoient sous les yeux ; moi, je m'étois déjà assis, avec le prophète, sur les ruines des villes désolées, et Babylone m'enseignoit Corinthe. »

Lisez maintenant lord Byron, quatrième chant de *Childe-Harold* :

> . . . . As my bark did skim
> The bright blue waters with a fanning wind,
> Came Megara before me, and behind
> Ægina lay, Piræus on the right,
> And Corinth on the left ; I lay reclined
> Along the prow, and saw all these unite
> In ruin. . . . .
> . . . .
> The Roman saw these tombs in his own age,
> These sepulchres of cities, which excite

Sad wonder, and this yet surviving page
The moral lesson bears, drawn from such pilgrimage.

« . . . . Lorsque ma barque effleuroit le brillant azur des vagues sous une fraîche brise, Mégare vint devant moi, Égine restoit derrière, le Pirée à ma droite, Corinthe à ma gauche. J'étois appuyé sur la proue, et je vis ces ruines réunies. . . . . . .
. . . .
« Le Romain vit ces tombes dans son propre temps, ces sépulcres des cités qui excitent un triste étonnement; et cette page qui leur survit porte la morale leçon tirée d'un tel pèlerinage. »

Le poëte anglois est ici, comme le prosateur françois, derrière la lettre de Sulpicius à Cicéron; mais une rencontre si parfaite m'est singulièrement glorieuse, puisque j'ai devancé le chantre immortel au rivage où nous avons eu les mêmes souvenirs, et où nous avons commémoré les mêmes ruines.

J'ai encore l'honneur d'être en rapport avec lord Byron dans la description de Rome : *Les Martyrs* et ma *Lettre sur la campagne romaine* ont l'inappréciable avantage pour moi d'avoir deviné les inspirations d'un beau génie. M. de Béranger, notre immortel chansonnier, a placé dans le dernier volume de ses *chansons* une note trop obligeante pour que je la rapporte en entier; il a osé dire, en rappelant le mouvement que j'ai imprimé, selon lui, à la poésie françoise : « L'influence de l'auteur du *Génie du christianisme* s'est fait ressentir également à l'étranger, et il y auroit peut-être justice à reconnoître que le chantre de *Childe-Harold* est de la famille de René[1]. »

S'il étoit vrai que René entrât pour quelque chose dans le fond du personnage unique mis en scène sous des noms divers dans Childe-Harold, Conrad, Lara, Manfred, le Giaour; si par hasard lord Byron m'avoit fait vivre de sa vie, il auroit donc eu la foiblesse de ne jamais me nommer? J'étois donc un de ces pères qu'on renie quand on est arrivé au pouvoir? Lord Byron peut-il m'avoir complétement ignoré, lui qui cite presque tous les auteurs françois ses contemporains? N'a-t-il jamais entendu parler de moi, quand les journaux anglois comme les journaux françois ont retenti vingt ans auprès de lui de la con-

---

1. Dans un excellent article (*Biograph. univers.*, suppl.) sur lord Byron, M. Villemain a renouvelé la remarque de M. de Béranger : qu'on me pardonne si je cite la phrase qui me concerne; je cherche une excuse à ce que je dis ici dans ces pages extraites de mes *Mémoires* : le lecteur voudra bien compter pour rien une louange donnée par l'indulgence du talent : « Quelques pages incomparables de *René* avoient, il est vrai, épuisé ce caractère poétique. Je ne sais si Byron les imitoit ou les renouveloit de génie. »

troverse sur mes ouvrages, lorsque le *New Times* a fait un parallèle de l'auteur du *Génie du christianisme* et de l'auteur de *Childe-Harold?*

Point de nature, si favorisée qu'elle soit, qui n'ait ses susceptibilités, ses défiances : on veut garder le sceptre; on craint de le partager; on s'irrite des comparaisons. Ainsi un autre talent supérieur a évité mon nom dans un ouvrage sur la *littérature*. Grâce à Dieu, m'estimant à ma juste valeur, je n'ai jamais prétendu à l'empire; comme je ne crois qu'à la vérité religieuse dont la liberté est une forme, je n'ai pas plus de foi en moi qu'en toute autre chose ici-bas. Mais je n'ai jamais senti le besoin de me taire quand j'ai admiré : c'est pourquoi je proclame mon enthousiasme pour madame de Staël et pour lord Byron.

Au surplus, un document trancheroit la question si je le possédois. Lorsque *Atala* parut, je reçus une lettre de Cambridge, signé *G. Gordon, lord Byron.* Lord Byron, âgé de quinze ans, étoit un astre non levé : des milliers de lettres de critiques ou de félicitations m'accabloient; vingt secrétaires n'auroient pas suffi pour mettre à jour cette énorme correspondance. J'étois donc contraint de jeter au feu les trois quarts de ces lettres, et à choisir seulement, pour remercier ou me défendre, les signatures les plus obligatoires. Je crois cependant me souvenir d'avoir répondu à lord Byron; mais il est possible aussi que le billet de l'étudiant de Cambridge ait subi le sort commun. En ce cas mon impolitesse forcée se sera changée en offense dans un esprit irascible; il aura puni mon silence par le sien. Combien j'ai regretté depuis les glorieuses lignes de la première jeunesse d'un grand poëte!

Ce que je viens de dire sur les affinités d'imagination et de destinée entre le chroniqueur de René et le chantre de Childe-Harold n'ôte pas un seul cheveu à la tête du barde immortel. Que peut à la muse de la *Dee*, portant une lyre et des ailes, ma muse pédestre et sans luth? Lord Byron vivra, soit qu'enfant de son siècle comme moi, il en ait exprimé comme moi (et comme Goethe avant nous) la passion et le malheur, soit que mes périples et le falot de ma barque gauloise aient montré la route au vaisseau d'Albion sur des mers inexplorées.

D'ailleurs, deux esprits d'une nature analogue peuvent très-bien avoir des conceptions pareilles, sans qu'on puisse leur reprocher d'avoir marché servilement dans les mêmes voies. Il est permis de profiter des idées et des images exprimées dans une langue étrangère, pour en enrichir la sienne : cela s'est vu dans tous les siècles et dans tous les temps. Moi-même ai-je été sans devanciers? Je reconnois tout d'abord que dans ma première jeunesse *Ossian, Werther,* les *Rêveries du promeneur solitaire,* les *Études de la Nature* ont pu s'apparenter à mes idées; mais je n'ai rien caché, rien dissimulé du plaisir que me causoient des ouvrages où je me délectois. Quoi de plus doux que l'admiration? C'est de l'amour dans le ciel, de la tendresse élevée jusqu'au culte; on se sent pénétré de reconnoissance pour la divinité qui étend les bases de nos facultés, qui ouvre de nouvelles vues à notre âme, qui nous donne un bonheur si grand, si pur, sans aucun mélange de crainte ou d'envie.

ÉCOLE DE LORD BYRON.

Lord Byron a laissé une déplorable école [1] : je présume qu'il seroit aussi désolé des Childe-Harold auxquels il a donné naissance que je le suis des René qui rêvassent autour de moi. Les sentiments *généraux* qui composent le fond de l'humanité, la tendresse paternelle et maternelle, la piété filiale, l'amitié, l'amour, sont inépuisables; ils fourniront toujours des inspirations nouvelles au talent capable de les développer; mais les manières *particulières* de sentir, les *individualités* d'esprit et de caractère ne peuvent s'étendre et se multiplier dans de grands et nombreux tableaux. Les petits coins non découverts du cœur de l'homme sont un champ étroit; il ne reste rien à cueillir dans ce champ, après la main qui l'a moissonné la première. Une *maladie* de l'âme n'est pas un état permanent et naturel; on ne peut la reproduire, en faire une *littérature,* en tirer parti comme d'une passion incessamment modifiée au gré des artistes divers qui la manient et en changent la forme.

La vie de lord Byron a été l'objet de beaucoup d'investigations et de calomnies. Les jeunes gens ont pris au sérieux des paroles magiques; les femmes se sont senties disposées à se laisser séduire avec frayeur par ce *monstre,* à consoler ce Satan solitaire et malheureux. Qui sait? Il n'avoit peut-être pas trouvé la femme qu'il cherchoit, une femme assez belle, un cœur vaste comme le sien. Byron, d'après l'opinion fantasmagorique, est l'ancien serpent séducteur et corrupteur, parce qu'il a vu la corruption incurable de l'espèce humaine; c'est un génie fatal et souffrant placé entre les mystères de la matière et de l'intelligence, qui ne voit point de mot à l'énigme de l'univers, qui regarde la vie comme une affreuse ironie sans cause, comme un sourire pervers du mal : c'est le fils aîné du désespoir qui méprise et renie, qui, portant en lui une incurable plaie, se venge en menant à la douleur

---

1. Suite de la citation des *Mémoires.*

par la volupté tout ce qui l'approche; c'est un homme qui n'a point passé par l'âge de l'innocence, qui n'a jamais eu l'avantage d'être rejeté et maudit de Dieu; un homme qui, sorti réprouvé du sein de la nature, est le damné du néant.

Tel est le Byron des imaginations échauffées.

Tout personnage qui doit vivre ne va point aux générations futures tel qu'il étoit en réalité; à quelque distance de lui, son épopée commence: on idéalise ce personnage, on le transfigure; on lui attribue une puissance, des vices et des vertus qu'il n'eut jamais; on arrange les hasards de sa vie, on les violente, on les coordonne à un système. Les biographes répètent ces mensonges; les peintres fixent sur la toile ces inventions, et la postérité adopte le fantôme. Bien fou qui croit à l'histoire! L'histoire est une pure tromperie; elle demeure telle qu'un grand écrivain la farde et la façonne. Quand on trouveroit des mémoires qui démontreroient jusqu'à l'évidence que Tacite a débité des impostures en racontant les vertus d'Agricola et les vices de Tibère, Agricola et Tibère resteroient ce que Tacite les a faits.

Deux hommes distincts se rencontrent dans lord Byron: l'homme de la *nature* et l'homme du *système*. Le poëte, s'apercevant du rôle que le public lui faisoit jouer, l'accepta, et se mit à maudire le monde qu'il n'avoit pris d'abord qu'en rêverie: cette marche est sensible dans l'ordre chronologique de ses ouvrages. Quant au caractère de son *génie*, loin d'avoir l'étendue qu'on lui attribue, il est plutôt assez resserré. Sa pensée poétique et passionnée n'est qu'un gémissement, une plainte, une imprécation; en cette qualité, elle est admirable: il ne faut pas demander à la lyre ce qu'elle pense, mais ce qu'elle chante.

Lord Byron a beaucoup d'*esprit* et de l'esprit très-varié, mais d'une nature qui agite et d'une influence funeste; il a bien lu Voltaire, et il l'imite souvent. En suivant pas à pas le grand poëte anglois, on est forcé de reconnoître qu'il vise à l'effet, qu'il se perd rarement de vue, qu'il est presque toujours en attitude, qu'il pose complaisamment devant lui; mais l'affectation de bizarrerie, de singularité, d'originalité tient en général au caractère anglois. Si lord Byron a d'ailleurs expié son génie par quelques foiblesses, l'avenir s'embarrassera peu de ces misères, ou plutôt il les ignorera: le poëte cachera l'homme, et interposera le talent entre l'homme et les races futures: à travers ce voile divin, la postérité n'apercevra que le dieu.

Lord Byron a fait époque; il laissera une trace profonde et ineffaçable: l'accident qui le rendit boiteux, et qui augmenta sa sauvagerie, n'auroit pas dû l'affliger, puisqu'il ne l'empêcha pas d'être aimé. Malheureusement le poëte ne plaçoit pas toujours assez haut ses attachements et les recevoit de trop bas.

Plaignons Rousseau et Byron d'avoir encensé des autels peu dignes de leurs sacrifices : peut-être, avares d'un temps dont chaque minute appartenoit au monde, n'ont-ils voulu que le plaisir, chargeant leur talent de le transformer en passion et en gloire. A leur lyre, la mélancolie, la jalousie, les douleurs de l'amour ; à eux, sa volupté et son sommeil sous des mains légères : ils cherchoient de la rêverie, du malheur, des larmes, du désespoir dans la solitude, les vents, les ténèbres, les tempêtes, les forêts, les mers, et venoient en composer pour leurs lecteurs les tourments de Childe-Harold et de Saint-Preux, sur le sein *de la Padoana, et del Can de la Madona*.

Quoi qu'il en soit, dans le moment de leur ivresse, l'illusion de l'amour étoit complète : du reste, ils savoient bien qu'ils tenoient l'infidélité même dans leurs bras, qu'elle alloit s'envoler avec l'aurore : elle ne les trompoit pas par un faux semblant de constance ; elle ne se condamnoit pas à les suivre, lassée de leur tendresse ou de la sienne. Somme toute, Jean-Jacques et lord Byron ont été des hommes infortunés : c'étoit la condition de leur génie ; le premier s'est empoisonné ; le second, fatigué de ses excès et sentant le besoin d'estime, est retourné aux rives de cette Grèce où sa muse et la mort l'ont tour à tour si bien servi.

LORD BYRON AU LIDO.

J'ai précédé lord Byron dans la vie, il m'a précédé dans la mort [1] : il a été appelé avant son tour ; mon numéro primoit le sien, et pourtant le sien est sorti le premier. Byron auroit dû rester sur la terre : le monde me pouvoit perdre sans s'apercevoir de ma disparition et sans me regretter.

Tout ce que j'ai vu passer, ou tout ce qui a passé autour de moi, depuis que j'existe ne se peut dire. Que de tombeaux se sont ouverts et fermés sous mes yeux ! Cent fois par le soleil ou par la pluie, au bord d'une fosse ouverte dans laquelle on descendoit une bière avec des cordes, j'ai entendu le râlement de ces cordes ; j'ai ouï le bruit de la première pelletée de terre tombant sur la bière ; à chaque nouvelle pelletée le bruit creux s'assourdissoit et diminuoit. La terre, en comblant la sépulture, faisoit peu à peu monter le silence éternel à la surface du cercueil.

---

1. Suite de la citation des *Mémoires*.

Il n'y a pas encore deux années qu'un jour, au lever de l'aube, j'errois au Lido où tant de fois avoit erré lord Byron. Il ne sortit de la mer qu'une aurore ébauchée et sans sourire; la transformation des ténèbres en lumière, avec ses changeantes merveilles, ses étoiles éteintes tour à tour dans l'or et les roses du matin, ne s'opéra point. Quatre ou cinq barques serroient le vent à la côte; un grand vaisseau disparoissoit à l'horizon. Des mouettes posées marquetoient en troupe la plage mouillée; quelques-unes voloient pesamment au-dessous de la houle du large. Le reflux avoit laissé le dessin de ses arceaux concentriques sur la grève; le sable guirlandé de fucus étoit ridé par chaque flot, comme un front sur lequel le temps a passé. La lame déroulante enchaînoit ses festons blancs à la rive abandonnée.

Les vagues que je retrouvois ont été partout mes fidèles compagnes; ainsi que de jeunes filles, se tenant par la main dans une ronde, elles m'avoient entouré à ma naissance; je saluai ces berceuses de ma couche. Je me promenai au limbe des flots, écoutant leur bruit dolent, familier et doux à mon oreille. Souvent je m'arrêtois pour contempler l'immensité pélagienne : un mât, un nuage, c'étoit assez pour réveiller mes souvenirs.

J'avois jadis passé sur cette mer : en face du Lido une tempête m'avoit accueilli; je me disois au milieu de cette tempête que j'en avois affronté d'autres, mais qu'à l'époque de ma traversée de l'océan j'étois jeune, et qu'alors les dangers m'étoient des plaisirs [1]. Je me regardois donc comme bien vieux, lorsque du port de Trieste je voguois vers la Grèce et la Syrie! Sous quel amas de jours suis-je donc enseveli!

Lord Byron chevauchoit le long de ce rivage solitaire : quels étoient ses pensers et ses chants, ses abattements et ses espérances? Élevoit-il la voix pour confier à la tourmente les inspirations de son génie? Est-ce au murmure de cette vague qu'il trouva ces accents mélancoliques?

> . . . .
> If my fame should be, as my fortunes are,
> Of hasty growth and blight, and dull oblivion bar
> My name from on the temple where the dead
> Are honoured by the nations. — Let it be.
> . . . .

« Si ma renommée doit être comme le sont mes fortunes, d'une croissance hâtive et frêle [2]; si l'obscur oubli doit rayer mon nom du temple où les morts sont honorés par les nations : — soit. »

1. *Itinéraire.* 2. *Blight,* niellée.

Byron sentoit que ses *fortunes* étoient d'une *croissance frêle* et hâtive; dans ses moments de doute sur la gloire, puisqu'il ne croyoit pas à une autre immortalité, il ne lui restoit de joie que le néant. Ses dégoûts eussent été moins amers, sa fuite ici-bas moins stérile, s'il eût changé de voie : au bout de ses passions épuisées, quelque généreux effort l'auroit fait parvenir à une existence nouvelle. On est incrédule parce qu'on s'arrête à la surface de la matière : creusez la terre, vous trouverez le ciel.

Déjà j'étois revenu des forêts américaines, lorsque, auprès de Londres, sous l'orme de Childe-Harold enfant, je rêvai les ennuis de René et le vague de sa tristesse. J'avois vu la trace des premiers pas de Byron dans les sentiers de la colline d'Harrow; j'ai rencontré les vestiges de ses derniers pas à l'une des stations de son pèlerinage; non : je les cherchois en vain, ces vestiges. Soulevé par l'ouragan, le sable a couvert l'empreinte des fers du coursier demeuré sans maître : « Pêcheur de Malamoco, as-tu entendu parler de lord Byron? — Il chevauchoit presque tous les jours ici. — Sais-tu où il est allé? »

Ce fut un jour d'orage : prêt à périr entre Malte et les Sirtes, j'enfermai dans une bouteille vide ce billet : *F.-A. de Chateaubriand, naufragé sur l'île de Lampedouse, le 26 décembre 1806, en revenant de la Terre Sainte* [1]. Un verre fragile, quelques lignes ballottées sur un abîme sans fond, est tout ce qui convenoit à ma fortune et à ma mémoire. Les courants auroient peut-être poussé mon épitaphe vagabonde au Lido, à la borne même où Byron avoit marqué sa sépulture, comme le flot des ans a rejeté à ce bord ma vie errante.

Venise, quand je vous vis pour la première fois, vous étiez sous l'empire du grand homme, votre oppresseur et le mien : une île attendoit sa tombe; une île est la vôtre. Vous dormez l'un et l'autre immortels dans vos Sainte-Hélène. O Venise! nos destins ont été pareils! mes songes s'évanouissent à mesure que vos palais s'écroulent; les heures de mon printemps se sont noircies, comme les arabesques dont le faîte de vos monuments est orné. Mais vous périssez à votre insu; moi, je sais mes ruines. Votre ciel voluptueux, la vénusté des flots qui vous lavent m'ont retrouvé dans ces derniers jours aussi sensible à vos charmes que je le fus jamais. Inutilement je vieillis; l'énergie de ma nature s'est resserrée au fond de mon cœur; les ans n'ont réussi qu'à chasser ma jeunesse extérieure, à la faire entrer dans mon sein. Mais que me font ces brises du Lido, si chères au poëte de la fille

---

1. *Itinéraire.*

de Ravenne? Le vent qui souffle sur une tête à demi dépouillée ne vient d'aucun rivage heureux [1].

CONCLUSION.

Au surplus, la petite chicane que j'ai faite dans mes *Mémoires d'outre-tombe* au plus grand poëte que l'Angleterre ait eu depuis Milton ne prouve qu'une chose : le haut prix que j'aurois attaché au moindre souvenir de sa muse. Maintenant, lecteur, ne vous semble-t-il pas que nous achevons une course rapide parmi des ruines, comme celle que je fis autrefois sur les débris d'Athènes, de Jérusalem, de Memphis et de Carthage? En passant de renommée en renommée, en les voyant s'abîmer tour à tour, n'éprouvez-vous pas un sentiment de tristesse?

Regardez derrière vous ; demandez-vous que sont devenus ces siècles éclatants et tumultueux où vécurent Shakespeare et Milton, Henri VIII et Élisabeth, Cromwell et Guillaume, Pitt et Burke : tout cela est fini; supériorités et médiocrités, haines et amours, félicités et misères, oppresseurs et opprimés, bourreaux et victimes, rois et peuples, tout dort dans le même silence et dans la même poussière. Et cependant de quoi nous sommes-nous occupés? de la partie la plus vivante de la nature humaine, du génie qui reste à peine comme une ombre des vieux jours au milieu de nous, mais qui ne vit plus pour lui-même, et ignore s'il a jamais été.

Combien de fois l'Angleterre, dans ce tableau de dix siècles, a-t-elle été détruite sous nos yeux! A travers combien de révolutions n'avons-nous point passé pour arriver au bord d'une révolution plus grande, plus profonde, et qui enveloppera la postérité! J'ai vu ces fameux parlements britanniques dans toute leur puissance : que deviendront-ils? J'ai vu l'Angleterre dans ses anciennes mœurs et son ancienne prospérité : partout la petite église solitaire avec sa tour, le cimetière de campagne de Gray, des chemins étroits et sablés, des vallons remplis de vaches, des bruyères marbrées de moutons, des parcs, des châteaux, des villes; peu de grands bois, peu d'oiseaux, le vent de la mer. Ce n'étoient pas là ces champs de l'Andalousie où je trouvois les vieux chrétiens et les jeunes amours, parmi les débris voluptueux du palais des Maures, au milieu des aloès et des palmiers; ce n'étoit pas là cette campagne romaine dont le charme irrésistible me rappeloit

---

1. Fin de la citation des *Mémoires*.

sans cesse ; ces flots et ce soleil n'étoient pas ceux qui baignent et éclaire le promontoire sur lequel Platon enseignoit ses disciples, ce Sunium où j'entendois chanter le grillon qui demandoit en vain à Minerve le foyer des prêtres de son temple ; mais enfin telle qu'elle étoit, cette Angleterre, entourée de ses navires, couverte de ses troupeaux et professant le culte de ses grands hommes, étoit charmante.

Aujourd'hui ses vallées sont obscurcies par les fumées des forges et des manufactures, ses chemins changés en ornières de fer, et sur ces chemins, au lieu de Milton et de Shakespeare, on voit passer des chaudières errantes. Déjà ces pépinières de la science où grandirent les palmes de la gloire, Oxford et Cambridge, qui seront bientôt dépouillées, prennent un air désert : leurs colléges et leurs chapelles gothiques, demi abandonnés, affligent les regards ; dans leurs cloîtres poudreux, auprès des pierres sépulcrales du moyen âge, reposent oubliées les annales de marbre de ces peuples de la Grèce qui ne sont plus ; ruines qui gardent les ruines.

La société telle qu'elle est aujourd'hui n'existera pas : à mesure que l'instruction descend dans les classes inférieures, celles-ci découvrent la plaie secrète qui ronge l'ordre social depuis le commencement du monde ; plaie qui est la cause de tous les malaises et de toutes les agitations populaires. La trop grande inégalité des conditions et des fortunes a pu se supporter tant qu'elle a été cachée d'un côté par l'ignorance, de l'autre par l'organisation factice de la cité ; mais aussitôt que cette inégalité est généralement aperçue, le coup mortel est porté.

Recomposez, si vous le pouvez, les fictions aristocratiques ; essayez de persuader au pauvre, quand il saura lire, au pauvre à qui la parole est portée chaque jour par la presse, de ville en ville, de village en village, essayez de persuader à ce pauvre, possédant les mêmes lumières et la même intelligence que vous, qu'il doit se soumettre à toutes les privations, tandis que tel homme, son voisin, a sans travail mille fois le superflu de la vie, vos efforts seront inutiles : ne demandez point à la foule des vertus au delà de la nature.

Le développement matériel de la société accroîtra le développement des esprits. Lorsque la vapeur sera perfectionnée, lorsque, unie au télégraphe et aux chemins de fer, elle aura fait disparoître les distances, ce ne seront pas seulement les marchandises qui voyageront d'un bout du globe à l'autre avec la rapidité de l'éclair, mais encore les idées. Quand les barrières fiscales et commerciales auront été abolies entre les divers États, comme elles le sont déjà entre les provinces d'un même État; quand le *salaire*, qui n'est que l'*esclavage* prolongé, se sera émancipé à l'aide de l'égalité établie entre le producteur et le consommateur; quand les divers pays prenant les mœurs les uns des autres, abandonnant les préjugés nationaux, les vieilles idées de suprématie ou de conquête, tendront à l'unité des peuples, par quel moyen ferez-vous rétrograder la société vers des principes épuisés? Bonaparte lui-même ne l'a pu : l'égalité et la liberté, auxquelles il opposa la barre inflexible de son génie, ont repris leur cours et emportent ses œuvres; le monde de force qu'il créa s'évanouit; ses institutions défaillent; sa race même a disparu avec son fils. La lumière qu'il fit n'étoit qu'un météore; il ne demeure et ne demeurera de Napoléon que sa mémoire :

> A toi, Napoléon, l'Éternel en sa force
> T'arrachera ton peuple ainsi qu'un vain lambeau :
> Sa colère entrera dans ton étroit tombeau [1].

Il n'y avoit qu'une seule monarchie en Europe, la monarchie françoise; toutes les autres en étoient filles, toutes s'en iront avec leur mère. Les rois, jusque ici, à leur insu, avoient vécu derrière cette monarchie de mille ans, à l'abri d'une race incorporée, pour ainsi dire, avec les siècles. Quand le souffle de la révolution eut jeté à bas cette race, Bonaparte vint; il soutint les princes chancelants sur des trônes par lui abattus et relevés. Bonaparte passé, les monarques restants vivent tapis dans les ruines du Colisée napoléonien, comme les ermites à qui l'on fait l'aumône dans le Colisée de Rome; mais bientôt ces ruines mêmes leur manqueront.

La légitimité eût pu encore conduire le monde pendant plus d'un siècle à une transformation insensiblement accomplie, sans secousse et sans catastrophe : plus d'un siècle étoit encore nécessaire pour achever, sous une tutelle paternelle, l'éducation libre des peuples. Contre des fautes très-réparables se sont armées des passions qui n'ont pas vu d'abord que tout pouvoit s'arranger, et que le monde pouvoit être encore redevable à la légitimité d'un immense et dernier bienfait. Au lieu de descendre sur une pente douce et facile, il faudra donc continuer de marcher par des voies fangeuses ou coupées d'abîmes. Qu'est-ce que des haltes de quelques mois, de quelques années, pour une nation lancée à l'aventure dans un espace sans bornes? Quel esprit assez peu clairvoyant pourroit prendre ces intervalles de repos pour un repos définitif? Une étape est-elle un festin

---

1. *Napoléon*, par Edgar Quinet.

permanent? Le voyageur qui s'assied sur le bord de la route afin de se délasser est-il arrivé au bout de sa course? Tout pouvoir renversé, non par le hasard, mais par le temps, par un changement graduellement opéré dans les convictions ou dans les idées, ne se rétablit plus; en vain vous essayeriez de le relever sous un autre nom, de le rajeunir sous une forme nouvelle, il ne peut rajuster ses membres disloqués dans la poussière où il gît, objet d'insulte ou de risée. De la divinité qu'on s'étoit forgée, devant laquelle on avoit fléchi le genou, il ne reste que d'ironiques misères : lorsque les chrétiens brisèrent les dieux de l'Égypte, ils virent s'échapper des rats de la tête des idoles. Tout s'en va : il ne sort pas aujourd'hui un enfant des entrailles de sa mère qui ne soit un ennemi de la vieille société.

Mais quand atteindra-t-on à ce qui doit rester? Quand la société, composée jadis d'agrégations et de familles concentriques, depuis le foyer du laboureur jusqu'au foyer du roi, se recomposera-t-elle dans un système inconnu, dans un système plus rapproché de la nature, d'après des idées et à l'aide de moyens qui sont à naître? Dieu le sait. Qui peut calculer la résistance des passions, le froissement des vanités, les perturbations, les accidents de l'histoire? Une guerre survenue, l'apparition à la tête d'un État d'un homme d'esprit ou d'un homme stupide, le plus petit événement, peuvent refouler, suspendre ou hâter la marche des nations. Plus d'une fois la mort engourdira des races pleines de feu, versera le silence sur des événements prêts à s'accomplir, comme un peu de neige tombée pendant la nuit fait cesser les bruits d'une grande cité.

Le manque d'énergie à l'époque où nous vivons, l'absence des capacités, la nullité ou la dégradation des caractères, trop souvent étrangers à l'honneur et voués à l'intérêt, l'extinction du sens moral et religieux, l'indifférence pour le bien et le mal, pour le vice et la vertu, le culte du crime, l'insouciance et l'apathie avec laquelle nous assistons à des événements qui jadis auroient remué le monde, la privation des conditions de vie qui semblent nécessaires à l'ordre social, toutes ces choses pourroient faire croire que le dénouement approche, que la toile va se lever, qu'un autre spectacle va paroître; nullement. D'autres hommes ne sont pas cachés derrière les hommes actuels; ce qui frappe nos yeux n'est pas une exception, c'est l'état commun des mœurs, des idées et des passions; c'est la grande et universelle maladie d'un monde qui se dissout. Si tout changeoit demain avec la proclamation d'autres principes, nous ne verrions que ce que nous voyons : rêveries dans les uns, fureur dans les autres, également impuissantes, également infécondes.

Que quelques hommes indépendants réclament et se jettent à l'écart pour laisser s'écouler un fleuve de misères, ah ! ils auront passé avant elles ! Que de jeunes générations remplies d'illusions bravent le flot corrompu des lâchetés ; qu'elles marchent tête baissée vers un avenir pur qu'elles croiront saisir, et qui fuira incessamment ; rien de plus digne de leur courageuse innocence : trouvant dans leur dévouement la récompense de leur sacrifice, arrivées de chimère en chimère au bord de la fosse, elles consigneront le poids des années déçues à d'autres générations abusées, qui le porteront jusqu'aux tombeaux voisins, et ainsi de suite.

Un avenir sera, un avenir puissant, libre dans toute la plénitude de l'égalité évangélique ; mais il est loin encore, loin, au delà de tout horizon visible : on n'y parviendra que par cette espérance infatigable, incorruptible au malheur, dont les ailes croissent et grandissent à mesure que tout semble la tromper, par cette espérance plus forte, plus longue que le temps, et que le chrétien seul possède. Avant de toucher au but, avant d'atteindre l'unité des peuples, la démocratie naturelle, il faudra traverser la décomposition sociale, temps d'anarchie, de sang peut-être, d'infirmités certainement : cette décomposition est commencée ; elle n'est pas prête à reproduire de ses germes, non encore assez fermentés, le monde nouveau.

MILTON.

En finissant, revenons par un dernier mot au *premier titre* de cet ouvrage, et redescendons à l'humble rang de traducteur. Quand on a vu comme moi Washington et Bonaparte ; à leur niveau, dans un autre ordre de puissance, Pitt et Mirabeau ; parmi les hauts révolutionnaires, Robespierre et Danton ; parmi les masses plébéiennes, l'homme du peuple marchant aux exterminations de la frontière, le paysan vendéen s'enfermant dans les flammes de ses récoltes, que reste-t-il à regarder derrière la grande tombe de Sainte-Hélène ?

Pourquoi ai-je survécu au siècle et aux hommes auxquels j'appartenois par la date de l'heure où ma mère m'infligea la vie ? Pourquoi n'ai-je pas disparu avec mes contemporains, les derniers d'une race épuisée ? Pourquoi suis-je demeuré seul à chercher leurs os dans les ténèbres et la poussière d'un monde écroulé ? J'avois tout à gagner à ne pas traîner sur la terre. Je n'aurois pas été obligé de commencer et de suspendre ensuite mes justices d'outre-tombe, pour écrire ces Essais afin de conserver mon indépendance d'homme.

Lorsqu'au commencement de ma vie l'Angleterre m'offrit un refuge, je traduisis quelques vers de Milton pour subvenir aux besoins de l'exil : aujourd'hui, rentré dans ma patrie, approchant de la fin de ma carrière, j'ai encore recours au poëte d'Éden. Le chantre du *Paradis perdu* ne fut cependant pas plus riche que moi. Assis entre ses filles, privé de la clarté du ciel, mais éclairé du flambeau de son génie, il leur dictoit ses vers. Je n'ai point de filles ; je puis contempler l'astre du jour, mais je ne puis dire comme l'aveugle d'Albion :

. . . How glorious once above thy sphere!
« Soleil! j'eusse autrefois éclipsé ta lumière! »

Milton servit Cromwell, j'ai combattu Napoléon ; il attaqua les rois, je les ai défendus ; il n'espéra point en leur pardon, je n'ai pas compté sur leur reconnoissance. Maintenant que dans nos deux pays la monarchie penche vers sa fin, Milton et moi n'avons plus rien de politique à démêler ensemble ; je viens me rasseoir à la table de mon hôte ; il m'aura nourri jeune et vieux. Il est plus noble et plus sûr de recourir à la gloire qu'à la puissance.

FIN DE L'ESSAI SUR LA LITTÉRATURE ANGLOISE

TABLE.

LE PARADIS PERDU.

	Pages.
Remarques	3
Livre I	16
Livre II	52
Livre III	98
Livre IV	130
Livre V	174
Livre VI	214
Livre VII	254
Livre VIII	282
Livre IX	310
Livre X	362
Livre XI	410
Livre XII	450

ESSAI SUR LA LITTÉRATURE ANGLOISE.

Avertissement	481

INTRODUCTION.

Du latin comme source des langues de l'Europe latine	487
La langue angloise divisée en cinq époques	490

MOYEN AGE.

Lois et monuments	492
Costumes. Fêtes et jeux	495
Repas	498
Mœurs	499
Suite des mœurs. Vigueur et fin des siècles barbares	501

PREMIÈRE PARTIE.

PREMIÈRE ET SECONDE ÉPOQUE DE LA LITTÉRATURE ANGLOISE.

    Pages.

Littérature sous le règne des Anglo-Saxons et pendant le moyen âge. — Des Anglo-Saxons à Guillaume le Conquérant. — Bretons. — Tacite. — Poésies erses.................................. 505
Anglo-Saxons et Danois.. 507

TROISIÈME ET QUATRIÈME ÉPOQUE DE LA LITTÉRATURE ANGLOISE.

Trouvères anglo-normands...................................... 512
Suite des Trouvères anglo-normands. — Paradis terrestre. — Descente aux enfers.. 515
Miracles. — Mystères. — Satires................................ 518
Changement dans la littérature. — Lutte des deux langues......... 520
Retour par la loi à la langue nationale......................... 524
Chaucer. — Bower. — Barbour.................................... 525
Sentiment de la liberté politique : pourquoi différent chez les écrivains anglois et chez les écrivains françois des XVIe et XVIIe siècles. — Place occupée par le peuple dans les anciennes institutions des deux monarchies.. 528
Jacques Ier, roi d'Écosse. — Dumbard. — Douglas. — Worcester. — Rivers.. 533
Ballades et chansons populaires................................. 534
Childe-Waters... 537

DEUXIÈME PARTIE.

CINQUIÈME ET DERNIÈRE ÉPOQUE DE LA LANGUE ANGLOISE.

Littérature sous les Tudors..................................... 542
Hérésies et schismes qui précèdent le schisme de Luther......... 542
Attaques contre le clergé....................................... 544
Luther.. 546
Mariage. — Vie privée de Luther................................. 554
Portraits de Luther... 556
Portrait de Luther par Maimbourg, Bossuet et Voltaire........... 558
Ce qu'il faut penser de Luther.................................. 560
La Réformation.. 562
Commencement de la littérature protestante. — Knox. — Buchanan.. 568

TABLE. 797

	Pages.
Henri VIII auteur	570
Henri VIII ; suite	572
Surrey. — Thomas More	573
Édouard VI et Marie	574
Élisabeth. — Spenser	574
Shakespeare	576
Que j'ai mal jugé Shakespeare autrefois. — Faux admirateurs du poëte.	578
Opinion de Voltaire sur Shakespeare. — Opinion des Anglois	580
Que les défauts de Shakespeare tiennent à son siècle. — Langue de Shakespeare. — Langue de Dante	582
État matériel du théâtre en Angleterre au XVIe siècle	584
Caractère du génie de Shakespeare	586
Que la manière de composer de Shakespeare a corrompu le goût. — Écrire est un art	588
Citations de Shakespeare	594
Suite des citations. — Femmes	595
Modèles classiques	597
Siècle de Shakespeare	601
Poëtes et écrivains contemporains de Shakespeare	606
Vie de Shakespeare	609
Shakespeare au nombre des cinq ou six grands génies dominateurs	614

TROISIÈME PARTIE.

Littérature sous les deux premiers Stuarts et pendant la république. — Ce que l'Angleterre doit aux Stuarts	616
Jacques Ier. — *Basilicon Doron*	616
Raleigh. — Cowley	624
Charles Ier et Cromwell. — Écrits politiques	626
L'Abbé de La Mennais	627
Killing no murder. — Locke. — Hobbes. — Denham. — Harrington. — Harvey. — Sieyès. — Mirabeau. — Benjamin Constant. — Carrel.	629
MILTON. — Sa naissance. — Collége	631
Milton chez son père. — Ouvrages de sa jeunesse	633
Milton en Italie	635
Milton revenu en Angleterre. — Ses occupations et ses premiers ouvrages de controverse	637
Mariage de Milton	638
Traité de Milton sur le divorce	639
Discours sur la liberté de la presse	642
Mort du père de Milton. — Événements historiques. — Traité sur l'état des rois et des magistrats	643

	Pages.
Milton secrétaire latin du conseil d'État de la république. — *L'Iconoclaste*.	645
Défense du peuple anglois contre Saumaise	649
Seconde défense	654
Affranchissement de la Grèce	655
Milton aveugle. — Ses dépêches	657
Richard Cromwell. — Opinion de Milton sur la république, sur les dîmes, sur la réforme parlementaire	659
Restauration. — Milton arrêté et remis en liberté. — Fidélité du poëte à Cromwell	663
Nouveaux travaux de Milton. — Son dictionnaire latin. Sa Moscovie. Son Histoire d'Angleterre	665
Travaux poétiques de Milton. — Plan du *Paradis perdu*, pour une tragédie	668
Autres détails sur Milton	671
Publication du *Paradis perdu*	672
Samson Agoniste. *Paradis reconquis*. Nouvelle logique. Vraie religion. Mort de Milton	675
Paradis perdu. — De quelques imperfections de ce poëme	678
Plan du *Paradis perdu*	684
Caractères des personnages du *Paradis perdu*. — Adam et Ève	684
L'Éternel et le Fils	689
Anges	691
Les démons et les personnages allégoriques	692
Milton dans *Le Paradis perdu*	694

QUATRIÈME PARTIE.

LITTÉRATURE SOUS LES DEUX DERNIERS STUARTS.

Hommes et choses de la révolution angloise et de la révolution françoise comparés	699
Clubs	704
Danton	704

PEUPLE DES DEUX NATIONS A L'ÉPOQUE RÉVOLUTIONNAIRE.

Paysans royalistes anglois	705
Portrait d'un Vendéen	708
Cromwell. Bonaparte	710
Lovelace. — Ma détention à la préfecture de police. *God save the King*.	712

TABLE.

PROSE.

Tillotson. Temple. Burnet. Clarendon. Algernon-Sidney............ 715

POÉSIE.

Dryden. Prior. Waller. Buckingham. Roscommon. Rochester. Shaftesbury, etc.. 747
Butler. Écrivains abandonnés....................................... 719
Fin des Stuarts.. 724

CINQUIÈME PARTIE.

LITTÉRATURE SOUS LA MAISON DE HONOVRE.

Achèvement et perfectionnement de la langue angloise. Mort des langues. 724
Effet de la critique sur les langues. Critique en France. Nos vanités. Mort des langues...................................... 728
Qu'il n'y aura plus de renommées littéraires universelles, et pourquoi. 730
Autres causes qui tendent à détruire les renommées universelles..... 733
Marie. Guillaume. La reine Anne. École classique................... 735
Presse périodique. Addisson. Pope. Swift. Steele................... 736
Passage de la littérature classique à la littérature didactique, descriptive et sentimentale. Poëmes de différents auteurs................. 738
Young.. 739
Gray. Thomson. Delille. Fontanes................................. 744
Réaction. Transformation littéraire. — Historiens................ 746
Philosophes. Poëtes. Politiques économistes....................... 747
Théâtre. Mistriss Siddons. Parterre. Invasion de la littérature allemande. 748
Éloquence politique. Fox. Burke. Pitt............................ 750
Changement des mœurs angloises. — Gentlemen-Farmers. Clergé. Grand monde. Georges III..................................... 752
Voyages. Le capitaine Ross. Jacquemont. Lamartine.............. 753
Romans. — Tristes vérités qui sortent des longues correspondances. Style épistolaire.. 760
Nouveaux romans.. 763
Walter Scott. Les Juives... 764
Écoles des lacs. Poëtes des classes industrielles.................. 767
La princesse Charlotte. Knox..................................... 769
Chansons. Lord Dorset. Béranger................................. 774
Beattie... 774

	Pages.
Lord Byron. Orme d'Harrow	778
Les deux nouvelles écoles littéraires. Quelques ressemblances de destinée	779
École de lord Byron	783
Lord Byron au Lido	785
Conclusion	788
Milton	792

FIN DU TOME ONZIÈME.

www.ingramcontent.com/pod-product-compliance
Lightning Source LLC
Chambersburg PA
CBHW061725300426
44115CB00009B/1113